国家社科基金
GUOJIA SHEKE JIJIN HOUQI ZIZHU XIANGMU
后期资助项目

郭店簡詞義整理與研究 上

劉傳賓 著

上海古籍出版社

2018年度國家社科基金後期資助項目

（項目批準號：18FYY009）

國家社科基金後期資助項目
出版説明

　　後期資助項目是國家社科基金設立的一類重要項目,旨在鼓勵廣大社科研究者潛心治學,支持基礎研究多出優秀成果。它是經過嚴格評審,從接近完成的科研成果中遴選立項的。爲擴大後期資助項目的影響,更好地推動學術發展,促進成果轉化,全國哲學社會科學工作辦公室按照"統一設計、統一標識、統一版式、形成系列"的總體要求,組織出版國家社科基金後期資助項目成果。

全國哲學社會科學工作辦公室

凡　　例

本書以郭店簡爲研究對象，以"詞"爲中心，對郭店簡詞義進行了全面系統的整理和研究。相關情況説明如下：

一、研究基礎

筆者已完成博士學位論文《郭店竹簡研究綜論（文本研究篇）》，在其基礎上修訂並出版專著《郭店竹簡文本研究綜論》（上海古籍出版社，2017年），對郭店簡文本做了系統的梳理和研究。爲了配合研究，在前期的工作中，我們結合學界最新研究成果，完成了《郭店簡字詞全編》和《郭店簡釋文新校》的編寫工作，保證了研究工作的順利進行。

二、主要内容

本書主要内容分爲兩個部分：

第一部分爲前言"郭店簡詞義研究概述"。分爲"郭店簡基本概況""郭店簡字詞數量統計""郭店簡詞義研究概況""郭店簡字詞關係研究述略""郭店簡所見失傳古義研究舉例"五個小節，對郭店簡文字總體情況、文字釋讀、詞義解析、字詞關係等多個方面的研究進行了全面的歸納和總結。

第二部分爲正文"郭店簡詞義通解"。歸納總結出詞語 1 184 個，並對這些詞語的意義進行全面整理和解析。按《説文》體例，分爲十四卷，將相關詞語分列於各卷收字之下；未隸定字（指形體殘損、字跡模糊的殘字，以及形體完整但無法準確隸定、釋讀的疑難字），列入卷十五中。能夠隸定，但釋讀存有爭議的字，按照《説文》部首歸入各部之下。

"參考文獻"分爲"專著及學位論文"和"期刊論文"兩部分，皆按照作者名音序排列。

爲方便檢索，書後附有"筆畫檢字表"，按照筆畫數多少排列，同筆畫的字按照起筆順序排列。

三、本書體例

每一個詞語的解釋主要包括詞頭、用字、解字、詞義四個部分。

1. 詞頭：詞頭以通行字或隸定字寫出，依《説文》540 部爲序進行排列，並列出相應的《説文》小篆及或體、古文、籒文等形體。重文、合文分別歸入相應詞頭下，不再單列一卷。見於《説文》的字，按照《説文》順序排列；不見於《説文》的，則歸入相應部首之下。見於《説文》，但寫法與《説文》有異的字，一般按照該字在《説文》中的卷次排列，如"嗅"字，《説文》卷四作"齅"，本書將其歸入卷四，不按照从口歸入卷二。見於《説文》，但意義卻與《説文》不同，反而與《説文》中形體不同的另外一個字意義相同，通常情況下按照字形歸卷，但在"解字"中會詳細説明。如"墜"這個詞，見於《説文》卷十三《土部》，曰："墜，陊也。"卷十四《𨸏部》有"隊"字，曰："從高隊也。"從詞義來看，似當歸入卷十四，實際上，墜、隊本爲一字，今依字形歸入卷十三，在"用字"中將墜、隊二字的關係及來源詳加討論。通常情況下，同一部首下，先依序排列見於《説文》的字，然後再排列未見字。

"詞頭"以單音詞爲主，這主要是因爲先秦漢語以單音詞爲主，一字即是一詞，這在郭店簡中體現得尤爲明顯。複音詞中除了連綿詞、擬聲詞等單純詞外，更多的是複合詞，而這些複合詞的詞素在簡文中又有單用或跟不同詞素組合的情況。很多我們今天所謂的複音詞，在先秦漢語中更多的是詞組性質，還沒有真正凝結成爲一個整體，一個單詞，即便如"雖然""然後"等，多數情況下看作詞組更好。此外，構成複合詞後的詞素義跟單用時的詞義，很多時候是大不相同的，詞義並非是詞素義的簡單組合。基於以上考慮，本書以"詞"爲中心進行研究，複音詞則根據具體情況附於相應詞頭之下。如卷一"天"這個詞下，附有"天下"一詞，作複音詞解釋。

"字"和"詞"是兩個不同的概念，如《成之聞之》簡 3 有"肘"字，在簡文中用"守"，按照本書體例則只列"守"這個詞頭，不再出列"肘"字。無法釋讀或釋讀存在爭議的字，則以"字"爲准。如《語叢四》簡 24"莡"字，目前仍無確釋意見，暫以"莡"爲詞頭。

2. 用字：指記録同一個詞所使用的不同的文字或字形。如"一"這個詞，"用字"部分即列"一、弌、𠃌、能"四種字形。

3. 解字：對於部分釋讀仍存有爭論的疑難字詞，將學界代表性的意見進行簡單的梳理總結。對於那些釋讀已基本達成一致意見的字詞，儘管前期有很多不同意見，學者做了很多有益的討論，一般也不做總結説明。引用各家意見一般注明出處，但《郭店楚墓竹簡》整理者的意見僅隨文注明頁碼。

4. 詞義: 逐一歸納並列出一個詞語的不同義項,每個義項下列出郭店簡所有用例及出處。辭例所引郭店簡釋文均嚴格隸定,無法隸定的字(包括殘字)則直接列出原字圖片。辭例按照篇章順序排列,同一篇簡文按照簡號順序排列。

古文字材料中字與詞之間並非一一對應關係,"一詞對應多字""一字對應多詞"等現象十分普遍。前者如"祀"這個詞,簡文中使用了"祀"和"巳"二字來表示,按照本書體例,將二字讀爲"祀"的用例皆列於"祀"這個詞頭下。後者如"元"字既用爲"元",也用爲"願";在"元"這個詞頭下,主要列出"元"的相關詞義,並注明"用爲'願',參閱卷九'願'",詳細詞義在卷九"願"下列出,"元"下不重複羅列。

四、符號使用

1. 一句話中同一個詞語多次出現且意義不同,則在被討論的詞語下加下劃綫標明。如郭店《六德》簡 37—18"亓(其)返(反),夫不夫,婦不婦,父不父,子不子,君不君,臣不臣,緍(昏)所由作也"這句話,君、臣、父、子、夫、婦各有名詞、動詞兩種詞義用法,就在相應的場合分別加下劃綫。

2. "……"表示省略原簡文部分内容。如"曰"下辭例"孔子曰:……",爲節省篇幅,省略孔子所説的話並不會影響對"曰"字的語義分析。

3. 在討論字詞關係時,用"{X}"來表示"詞",以與"字"相區别。

4. 郭店簡釋文所使用的符號:"( )"用來注明通假字、異體字等,如"安(焉)";有時會先指出隸定字爲何字,然後再列出通假字,本字和通假字之間用"—"連接,如"智(智—知)"。"□"代表無法辨認的字,或可以確定數量的缺字。"〈 〉"表示譌寫的正字。"[ ]"表示補出的脱文。"{ }"表示删去的衍文。"☑"表示竹簡殘損。"="與"_"表示重文或合文,簡文中其他符號一般不保留。簡號採用整理者編號,連續的簡號省略相同的篇目簡稱。

五、篇目簡稱表

老甲 =《老子》甲本
老乙 =《老子》乙本
老丙 =《老子》丙本
太一 = 太一生水
魯穆公 = 魯穆公問子思
窮達 = 窮達以時
唐虞 = 唐虞之道

忠信＝忠信之道

成之＝成之聞之

性命＝性自命出

殘簡＝竹簡殘片

遺簡＝龍永芳《湖北荊門發現一枚遺漏的“郭店楚簡”》

前　言
——郭店簡詞義研究概論

第一節　郭店簡基本概況

郭店簡出土於湖北省荆門市郭店一號墓，内容皆爲古書，主要是儒家和道家著作，共計 13 種 18 篇。墓葬數次被盜，1993 年 10 月 18—24 日，湖北省考古工作人員對該墓進行了搶救性清理發掘。此次發掘所得竹簡共計 804 枚，出於椁室頭箱，出土時因編綫腐朽而散亂無序。竹簡大部分完整，少部分殘斷，同批部分竹簡被盜。竹簡長 15～32.4 釐米、寬 0.45～0.65 釐米，簡端或作平頭或削成梯形，有編痕 2～3 道①。

1998 年 5 月，《郭店楚墓竹簡》一書出版，郭店簡首次集中公佈。除了一少部分無字簡未公佈外，此次整理後公佈的簡支總計 730 枚，包括殘簡 27 枚②。

後來，又陸續發現並公佈了一枚遺簡以及一些新的簡背文字資料：

2000 年，李零先生指出《五行》簡 36 背書有文字"解"，疑爲簡支正面"卻"字改錯之字③（參閲表一）。李家浩先生認爲"卻"是"解"或"懈"字古文的另一種寫法，簡背文字爲"懈"，古人爲古籍注音、注義，早期往往寫在被注字相應的背面，古人把這種形式稱爲"音隐""義隐"④。

2002 年，龍永芳先生在《湖北荆門發現一枚遺漏的"郭店楚簡"》一文中公佈了一枚遺簡。該簡長 17.7 釐米，寬 0.5 釐米，兩端平齊，有三道編連綫。簡上共書 9 字，留天頭、地腳。其釋文爲："從所少好，與所少樂，損。"從形制和字

---

① 湖北省荆門市博物館：《荆門郭店一號楚墓》，《文物》，1997 年第 7 期，第 35—48 頁。

② 荆門市博物館編：《郭店楚墓竹簡·前言》，文物出版社，1998 年。

③ 李零：《郭店楚簡研究中的兩個問題——美國達慕斯學院郭店楚簡〈老子〉國際學術討論會感想》，《郭店楚簡國際學術研討會論文集》，湖北人民出版社，2000 年，第 51 頁附記 2。

④ 李家浩：《郭店楚簡〈五行〉中的"卻""懈"二字》，《出土文獻》，2019 年第 2 期，第 137—141 頁。

體來看,與《語叢三》一致。根據內容,可編入《語叢三》簡 16 之後①。

2006 年,劉祖信、鮑雲豐兩位先生發現並公佈了《尊德義》簡 11、簡 12、簡 15、簡 28 及《成之聞之》簡 13 背面文字(表一)。這些文字皆爲數字,分別爲"百八""百四""百一""百"和"七十二",書寫方向均與正面文字相反,書寫風格相同。除《成之聞之》背文距竹簡上端 17.5 釐米外,《尊德義》4 枚簡背文距竹簡上端基本都是 14.5 釐米②。

表一

五行	尊德義	尊德義	尊德義	尊德義	成之聞之
簡 36	簡 11	簡 12	簡 15	簡 28	簡 13

2011 年 11 月,《楚地出土戰國簡册合集(一)郭店楚墓竹書》一書出版,收録了目前已經公佈的所有有字簡原簡照片③(按:不包括摹本)。與《郭店楚墓竹簡》一書相比,有一些調整和改進:重新調整了簡序,同時將遺簡及部分殘簡綴補入相應的篇章;調整了個別有問題的簡的圖版,如《性自命出》篇第 17 號簡下半部分有一段,在《竹簡》一書中只剩下半邊,《竹書》對該簡做了調整;公佈了上述遺簡及簡背文字。

2013 年,官瓊梅先生又在《成之聞之》和《尊德義》兩篇共計 17 枚(《成之聞之》10 枚,《尊德義》7 枚)竹簡背面發現了一些文字,並公佈了摹本④。這些

① 龍永芳:《湖北荆門發現一枚遺漏的"郭店楚簡"》,《中國文物報》,2002 年 5 月 3 日。

② 劉祖信、鮑雲豐:《郭店楚簡背面記數文字考》,哈佛大學燕京學社、武漢大學中國傳統文化研究中心編:《新出楚簡國際學術研討會會議論文集》(郭店·其它簡卷),2006 年,第 158—161 頁。

③ 按:《簡牘名蹟選》(3)中《忠信之道》篇簡 1 上端綴合了一小斷殘簡,此綴合有誤,從《忠信之道》全篇簡支長度來看,簡 1 當爲完簡。該段殘簡不見於已公佈的竹簡殘片,不知從何處而來,《郭店楚墓竹書》亦未収録。參閱西林昭一編:《簡牘名蹟選》(3),二玄社,2009 年,第 4—35 頁。

④ 官瓊梅:《郭店楚簡背面新發現的字跡》,《中國文物報》,2013 年 5 月 8 日第 8 版。按:據官瓊梅測算,新發現簡背文字所在簡支的具體位置如下:一、《成之聞之》篇:4 號簡背面文字距簡頭 17.7 釐米;5 號簡背面文字距簡頭 17.6 釐米;6 號簡背面文字距簡頭 18 釐米;9 號簡背面文字距簡頭 17.7 釐米;11 號簡背面文字距簡頭 17.6 釐米;12 號簡背面文字距簡頭 17.5 釐米;14 號簡背面文字距簡頭 17.3 釐米;16 號簡背面文字距簡頭 17.6 釐米;17 號簡背面文字距簡頭 17.7 釐米;18 號簡背面文字距簡頭 17.6 釐米。二、《尊德義》篇:10 號簡背面文字距簡頭 14 釐米;13 號簡背面文字距簡頭 14 釐米;16 號簡背面文字距簡頭 14.4 釐米;24 號簡背面文字距簡頭 14.4 釐米;25 號簡背面文字距簡頭 14.2 釐米;26 號簡背面文字距簡頭 14.5 釐米;29 號簡背面文字距簡頭 14.2 釐米。

文字也都是數字,和先前公佈的簡背數字位置相當。黄傑先生懷疑公佈的摹本正反方向顛倒了,重新調整方向後對這些數字進行了推測①(參閱表二)。

表二

成之聞之									
八十一	八十	七十九	七十六	七十四	七十三	七十一	六十九	六十八	六十七
簡 4	簡 5	簡 6	簡 9	簡 11	簡 12	簡 14	簡 16	簡 17	簡 18

尊德義						
百九	百三	百	八十八(?)	八十七	百六	八十□/百 X
簡 10	簡 13	簡 16	簡 24	簡 25	簡 26	簡 29

　　上列摹本存在摹寫失真的情況,因未公佈照片,無法窺其原貌。所以黄傑先生的意見更多地被看成一種推測而並未被廣泛接受。實際上,這種推論是有道理的。參考《成之聞之》篇簡支編連順序,及首次公佈的《成之聞之》《尊德義》兩篇 5 枚確定的簡背數字和其他楚簡中數字的寫法,可以對《成之聞之》篇摹本進行復原。以簡 11、簡 12 爲例,簡背數字可復原如下②:

表三

成之聞之		繫　年	
七十四	七十三	七十四	七十三
簡 11	簡 12	簡 75	簡 74

---

①　黄傑:《新見有關郭店簡〈尊德義〉等篇編聯的重要信息》,簡帛網(http://www.bsm.org.cn/show_article.php? id＝1857),2013 年 6 月 6 日。
②　參閱劉傳賓:《郭店簡〈成之聞之〉〈尊德義〉簡背文字的性質、功用及其對編連的意義》,未刊。

　　《成之聞之》簡 12，推論的簡背數字是"七十三"，而摹本作" "，只有四個短橫。這並非數字"四"，因爲從《尊德義》簡 12 背面數字來看，"四"字寫作" "，與"厶"字寫法類同。同樣的寫法也見於清華簡，如《繫年》篇簡背數字"四"皆寫作" "形。"四"與"厶"形體上有相同的部分，上古音"四"爲心母質部，"厶"爲心母脂部，二者聲母相同，韵部爲陰入對轉①。《成之聞之》簡 13 背面數字"七十二"寫作" "，雖然是紅外照片，但也只有橫筆相對清楚，"七"和"十"的竪筆模糊而難以辨識（按："七十"爲合文）。如不憑藉任何技術手段，僅用肉眼觀察，恐怕僅能摹寫出橫筆罷了。推想簡 12 背面數字也應是如此，只不過因爲筆畫模糊，橫筆部分也少摹了一筆。類似的情況再如簡 11 背面數字推論爲"七十四"，而摹本作" "，竪筆部分也未摹寫出來，同時數字"四"也漏摹了左下部分筆畫。"七十三""七十四"復原後的寫法可與清華簡《繫年》背面簡序編號相比照。此外，簡 4 背文" "恐怕也是漏摹了"十"的竪筆而導致無法與推論數字"八十一"對應。僅漏摹一橫筆的如簡 9 背面數字" "、簡 14 背面數字" "，分別對應推論數字"七十六""七十一"，應該是漏摹了"七"或者"十"的一橫筆。在古文字中，數字"十"上的粗筆或一短橫有時也可以省略。但《成之聞之》簡 13 背面數字中的"十"中間寫有一短橫，且劉祖信、鮑雲豐兩位先生已指出兩篇簡文背面數字"書寫風格相同，極有可能是同一抄手所爲"②，故而我們得出上面的結論。簡 6、簡 16 背面數字" "" "當分別是"七十九""六十九"的誤摹。也有漏誤整個數字的，如簡 17 背面數字摹本" "爲十八，而推論的背面數字爲"六十八"，漏了數字"六"，同時也漏摹了"十"上的小短橫；簡 18 背面數字摹本" "，與推論數字"六十七"相比，漏摹了"六十"，也可認爲漏摹了"六"以及"十"上的小短橫。

　　綜上所論，郭店簡有字簡當爲 731 枚，文字總量的統計應該把新公佈的遺簡和簡背文字都計算在內。

---

① 按：戰國文字"四"字一般多寫作 、 、 等形，理論上這種寫法的"四"也可以看作一種省寫。

② 劉祖信、鮑雲豐：《郭店楚簡背面記數文字考》，《新出楚簡國際學術研討會會議論文集》（郭店·其他簡卷），2006 年，第 158—161 頁。

第二節　郭店簡字詞數量統計

（一）郭店簡文字總量統計

郭店簡現存文字總數,發掘簡報介紹爲一萬三千餘字①。張光裕先生主編的《郭店楚簡研究》第一卷《文字編》一書統計爲 12 072 字②。但該書出版較早,後來新公佈的簡背文字和遺簡並未統計在內。我們對郭店簡現存文字總數重新進行了統計,包括所有已經公佈照片的簡支上的文字,2013年公佈的《成之聞之》和《尊德義》兩篇 17 枚竹簡簡背文字摹本不計算在內。簡支上殘存筆畫(竹簡殘斷所存筆畫或字跡模糊所存筆畫)計算在內;簡支上存在文字的位置,但墨跡已經完全消褪,不計算在內。重新統計後的數字爲 12 247 字,包括合文 53 字,重文 221 字。各篇具體情況如下:

表四

篇　名	字數	合文	重文	篇　名	字數	合文	重文
老甲	1 088	1	14	成之	964	9	—
老乙	391	3	9	尊德義	924	3	16
老丙	271	1	1	性命	1 552	5	24
太一	306	10	12	六德	974	4	22
緇衣	1 154	2	8	語叢一	691	1	8
魯穆公	146	—	2	語叢二	344	—	—
窮達	288	1	—	語叢三	477	—	1
五行	1 247	2	100	語叢四	401	2	4
唐虞	705	4	—	殘簡	68	—	—
忠信	256	5	—	總計	12 247	53	201

---

① 湖北省荆門市博物館:《荆門郭店一號楚墓》,《文物》,1997 年第 7 期,第 46 頁。

② 張光裕主編:《郭店楚簡研究》第一卷《文字編》,藝文印書館,1999 年,《序言》第 2 頁。

（二）郭店簡單字、單詞數量統計

郭店簡單字的數量，也有學者做過統計。張光裕先生主編的《郭店楚簡研究》第一卷《文字編》分字頭 1 344 個，合文 22 個（不計重複）①，此外還有待考字 12 個（包括殘字）。張守中先生《郭店楚簡文字編》統計單字爲 1 226 字，合文 21 例（不計重複），存疑字 53 例，殘字 7 字②。張靜先生《郭店楚簡文字研究》統計單字爲 1 293 字③。

關於郭店簡現存文字數量的統計可以得到比較精確的數字，但是單字的數量則很難，主要原因在於學者對於同一個字頭下面該統屬哪些字形，意見不一。字形的分合不同，直接影響了單字（詞）數量的統計結果。比如《郭店楚簡文字編》將"箕""丌"看作兩個字，分列兩個字頭④，而《郭店楚簡研究》第一卷《文字編》卻都放在"其"字之下⑤。再有，受以往文字釋讀水平的影響，一些文字的分合受到了影響。比如郭店簡中寫作""（《緇衣》簡 24，又見於《成之聞之》簡 23）、""（《六德》簡 28）二形的字，可分別隸定爲"孞"和"字"。《郭店楚簡研究》第一卷《文字編》和《郭店楚簡文字編》都看作兩個字，並認爲後者是文字的"字"⑥。但實際上，前者學界多釋爲"娩"字，《説文》作"挽"；後者在簡文中用爲"免"，應該是"孞"的省體。二者皆應歸入"挽"字下。

爲更好地確定文字的數量，我們結合學界最新成果及個人研究，重新編寫完成了《郭店簡文字全編》，最終確定郭店簡單字總計 1 230 个，包括未隸定字 19 個（其中形體殘損、字跡模糊的殘字 12 個；形體完整，但無法準確隸定釋讀的疑難字 7 個）。

截至本書定稿，郭店簡單詞的數量未見有學者做過統計，而這項工作又是十分重要的，是系統地研究郭店簡詞義的前提和基礎。郭店簡單詞統計，就是要確定詞語都有哪些，包括詞語單個的確認和總體數量的統計。在先秦漢語中，詞彙以單音詞爲主，一個字往往就是一個詞，這種情況在郭店簡中亦是如此。那麽是否可以將上文統計的 1 230 個單字直接作爲"詞"來進行郭店簡詞義研究呢？答案是否定的，原因在於"字"和"詞"不能直接劃等號。蔣紹愚先生指出："詞是語言的單位，字是記録詞的文字符號，兩者有聯

① 張光裕主編：《郭店楚簡研究》第一卷《文字編》，藝文印書館，1999 年，《序言》第 2 頁。

② 張守中：《郭店楚簡文字編》，文物出版社，2000 年，《凡例》第 1—2 頁。

③ 張靜：《郭店楚簡文字研究》，安徽大學博士學位論文，2002 年，第 9—21 頁。

④ 張守中等撰集：《郭店楚簡文字編》，文物出版社，2000 年，第 82 頁。

⑤ 張光裕主編：《郭店楚簡研究》第一卷《文字編》，藝文印書館，1999 年，第 72—78 頁。

⑥ 張光裕主編：《郭店楚簡研究》第一卷《文字編》，藝文印書館，1999 年，第 152 頁"0354 號"和"0355 號"；張守中：《郭店楚簡文字編》，文物出版社，2000 年，第 197、206 頁。

繫,但不是一回事。"①在古文字材料中,"字"和"詞"很多都不是一一對應
的,一字可以表示多詞,一詞也可以使用多字(這種情況下文具體討論)。所
以,研究郭店簡詞義,要以詞爲單位,而不能以字爲單位。如《窮達以時》簡
14"譽毀才(在)仿(旁)"一語,"才"和"仿"二字分別表示的是"在"和"旁"
兩個詞。而我們的研究對象是"在"和"旁",而非"才"和"仿"。

郭店簡雖以單音詞爲主,但也有複音詞的存在。以"天""子""下"爲
例,三者既可以作爲單獨的詞使用,也可以作爲詞素出現,如天子、天下等。
出於研究的需要,本文主要以單音詞爲單位進行統計,不把複音詞單獨算作
一個詞來看待,而是將複音詞列於相應的詞語之下,作爲一個義項出現,如
天子、天下等複音詞即列於"天"這個詞下。王力先生曾指出:"要瞭解一個
合成詞的意義,單就這個詞的整體去理解它還不夠,還必須把這個詞的構成
部分(一般都是兩個字)拆開來分別解釋,然後合起來解釋其整體,纔算是真
正徹底理解這個詞的意義了。"②按照這樣的思路,我們共計歸納出單詞
1 184 個,包括上述 19 個未隸定字。具體情況如下:

表五

卷一　共計 59 個:									
1. 一	2. 天	3. 丕	4. 上	5. 帝	6. 旁	7. 下	8. 示	9. 禮	10. 禄
11. 祥	12. 福	13. 佑	14. 祇	15. 神	16. 祭	17. 祀	18. 祖	19. 禪	20. 社
21. 禍	22. 禁	23. 三	24. 王	25. 玉	26. 瑾	27. 瑜	28. 璐	29. 珛	30. 理
31. 靈	32. 玷	33. 气	34. 士	35. 壯	36. 中	37. 莊	38. 苣	39. 茅	40. 芸
41. 葉	42. 茲	43. 薄	44. 藪	45. 芳	46. 蘺	47. 蓋	48. 若	49. 折	50. 苟
51. 蒙	52. 草	53. 春	54. 藏	55. 莫	56. 藝	57. 著	58. 蕰	59. 葚	

卷二　共計 119 個:									
1. 小	2. 少	3. 分	4. 尚	5. 詹	6. 公	7. 必	8. 余	9. 宷	10. 釋
11. 叛	12. 牛	13. 牡	14. 牝	15. 牽	16. 物	17. 告	18. 口	19. 啾	20. 噬
21. 含	22. 味	23. 呼	24. 喟	25. 名	26. 吾	27. 君	28. 命	29. 問	30. 唯
31. 和	32. 哉	33. 咸	34. 啻	35. 吉	36. 周	37. 唐	38. 嚘	39. 嗜	40. 吟
41. 各	42. 否	43. 哀	44. 嘻	45. 嘍	46. 啼	47. 喻	48. 嚴	49. 單	50. 哭
51. 喪	52. 趣	53. 起	54. 之	55. 前	56. 歷	57. 歸	58. 歲	59. 此	60. 正
61. 是	62. 隨	63. 逝	64. 過	65. 進	66. 造	67. 逾	68. 道	69. 速	70. 逆
71. 遇	72. 逢	73. 迪	74. 通	75. 遷	76. 遂	77. 返	78. 逮	79. 達	80. 達
81. 迷	82. 遺	83. 遂	84. 逃	85. 近	86. 邇	87. 逞	88. 遠	89. 道	90. 遭
91. 迨	92. 道	93. 逍	94. 德	95. 復	96. 往	97. 彼	98. 微	99. 徐	100. 待
101. 退	102. 後	103. 得	104. 御	105. 徧	106. 征	107. 廷	108. 建	109. 行	110. 術
111. 衛	112. 齒	113. 牙	114. 足	115. 踊	116. 路	117. 蹙	118. 躁	119. 疋	

① 蔣紹愚:《古漢語詞彙綱要》,商務印書館,2012 年,第 27 頁。
② 王力:《序》,周士琦編著:《實用解字組詞詞典》,上海辭書出版社,1986 年。

卷三　共計 123 個：

1. 器　2. 舌　3. 拘　4. 鉤　5. 古　6. 十　7. 千　8. 博　9. 廿　10. 卅
11. 世　12. 言　13. 語　14. 談　15. 謂　16. 諒　17. 請　18. 諸　19. 讎　20. 諸
21. 詩　22. 誨　23. 譬　24. 謀　25. 論　26. 識　27. 謹　28. 信　29. 諱　30. 誥
31. 詔　32. 說　33. 話　34. 設　35. 託　36. 譽　37. 詠　38. 謾　39. 訨　40. 譌
41. 訐　42. 訟　43. 訶　44. 讓　45. 詘　46. 誰　47. 誅　48. 善　49. 謠　50. 譖
51. 謟　52. 鞠　53. 音　54. 韶　55. 章　56. 奉　57. 弆　58. 兵　59. 具　60. 共
61. 異　62. 戴　63. 與　64. 興　65. 要　66. 農　67. 革　68. 鞭　69. 鬻　70. 孚
71. 爲　72. 執　73. 又　74. 右　75. 厷　76. 父　77. 曼　78. 尹　79. 及　80. 秉
81. 反　82. 叔　83. 取　84. 友　85. 度　86. 事　87. 肅　88. 書　89. 堅　90. 臣
91. 臧　92. 役　93. 殺　94. 政　95. 敭　96. 專　97. 將　98. 導　99. 啟　100. 效
101. 故　102. 政　103. 數　104. 改　105. 變　106. 斂　107. 救　108. 敷　109. 赦　110. 攸
111. 敦　112. 敗　113. 攻　114. 牧　115. 教　116. 學　117. 散　118. 歟　119. 卜　120. 貞
121. 尗　122. 用　123. 爾

卷四　共計 72 個：

1. 目　2. 瞻　3. 督　4. 相　5. 瞀　6. 睃　7. 自　8. 皆　9. 魯　10. 者
11. 智　12. 百　13. 鼻　14. 嗅　15. 奭　16. 習　17. 羽　18. 雅　19. 離　20. 雁
21. 雄　22. 雌　23. 奪　24. 奮　25. 集　26. 難　27. 蔑　28. 羊　29. 羣　30. 美
31. 鳥　32. 朋　33. 烏　34. 焉　35. 棄　36. 再　37. 幽　38. 幾　39. 惠　40. 玄
41. 爰　42. 受　43. 爭　44. 敢　45. 殆　46. 死　47. 骨　48. 體　49. 臚　50. 股
51. 肖　52. 脫　53. 胥　54. 脂　55. 膿　56. 胲　57. 肞　58. 筋　59. 削　60. 利
61. 初　62. 則　63. 剛　64. 辨　65. 判　66. 列　67. 割　68. 制　69. 罰　70. 刑
71. 耕　72. 解

卷五　共計 78 個：

1. 節　2. 籥　3. 簡　4. 等　5. 笫　6. 策　7. 筆　8. 管　9. 笑　10. 其
11. 左　12. 差　13. 工　14. 式　15. 巧　16. 巨　17. 甘　18. 厭　19. 甚　20. 曰
21. 乃　22. 寧　23. 可　24. 奇　25. 乎　26. 于　27. 平　28. 嘗　29. 喜　30. 豈
31. 豐　32. 虞　33. 虘　34. 盛　35. 益　36. 盈　37. 盡　38. 儘　39. 去　40. 血
41. 主　42. 靜　43. 即　44. 既　45. 爵　46. 食　47. 養　48. 餘　49. 餌　50. 合
51. 今　52. 舍　53. 會　54. 入　55. 內　56. 缺　57. 缸　58. 侯　59. 短　60. 知
61. 矣　62. 高　63. 就　64. 享　65. 厚　66. 嗇　67. 牆　68. 來　69. 致　70. 憂
71. 愛　72. 夏　73. 夒　74. 舞　75. 舜　76. 弟　77. 久　78. 桀

卷六　共計 71 個：

1. 木　2. 梅　3. 楛　4. 權　5. 榮　6. 樹　7. 本　8. 根　9. 末　10. 果
11. 枝　12. 標　13. 枉　14. 格　15. 槁　16. 樸　17. 柔　18. 材　19. 築　20. 極
21. 桓　22. 杖　23. 臬　24. 樂　25. 梁　26. 采　27. 械　28. 柙　29. 板　30. 東
31. 楚　32. 之　33. 師　34. 出　35. 索　36. 南　37. 生　38. 華　39. 稽　40. 束
41. 橐　42. 圖　43. 國　44. 因　45. 囚　46. 固　47. 員　48. 財　49. 貨　50. 賢
51. 資　52. 賞　53. 賴　54. 貳　55. 賓　56. 費　57. 責　58. 賤　59. 貪　60. 貧
61. 貴　62. 賈　63. 邦　64. 鄰　65. 郵　66. 鄭　67. 祁　68. 邛　69. 邪　70. 鄉
71. 巷

續　表

卷七　共計100個:									
1.日	2.時	3.早	4.昧	5.昭	6.晉	7.昏	8.暗	9.曩	10.暑
11.昔	12.暱	13.昆	14.囂	15.朝	16.旗	17.旂	18.施	19.游	20.族
21.期	22.有	23.明	24.外	25.多	26.齊	27.棘	28.版	29.克	30.穡
31.穆	32.私	33.移	34.稷	35.積	36.康	37.年	38.秋	39.秦	40.稱
41.黎	42.精	43.糧	44.竊	45.粻	46.枭	47.麻	48.韭	49.家	50.室
51.繡	52.宛	53.定	54.安	55.宴	56.察	57.富	58.實	59.容	60.守
61.寵	62.宜	63.寢	64.寬	65.寡	66.客	67.寄	68.寒	69.害	70.宋
71.宗	72.窑	73.宮	74.呂	75.穴	76.窮	77.疾	78.痛	79.病	80.癉
81.瘁	82.冠	83.冒	84.最	85.同	86.冕	87.兩	88.罕	89.罪	90.置
91.巾	92.幣	93.常	94.席	95.布	96.帛	97.帽	98.希	99.白	100.敝

卷八　共計89個:									
1.人	2.保	3.仁	4.伯	5.伊	6.何	7.備	8.位	9.倫	10.依
11.側	12.作	13.僅	14.儀	15.任	16.儉	17.使	18.傳	19.倍	20.偏
21.僻	22.偽	23.倡	24.佚	25.侮	26.仆	27.傷	28.仇	29.伐	30.咎
31.倦	32.佐	33.免	34.佑	35.化	36.從	37.比	38.北	39.虚	40.眾
41.聚	42.徵	43.重	44.監	45.臨	46.身	47.衣	48.表	49.衭	50.襲
51.褻	52.祖	53.褐	54.衰	55.卒	56.袀	57.求	58.袞	59.老	60.考
61.孝	62.居	63.展	64.屠	65.屢	66.屬	67.屈	68.舟	69.服	70.方
71.允	72.兌	73.兄	74.競	75.貌	76.先	77.見	78.視	79.觀	80.覯
81.覺	82.親	83.歗	84.欲	85.歌	86.歟	87.次	88.欺	89.盜	

卷九　共計48個:									
1.顏	2.顧	3.順	4.頓	5.煩	6.面	7.首	8.形	9.修	10.彰
11.弱	12.文	13.后	14.司	15.詞	16.令	17.色	18.卿	19.旬	20.敬
21.畏	22.山	23.密	24.隋	25.崇	26.序	27.廣	28.廉	29.庶	30.廢
31.廟	32.庀	33.厥	34.厲	35.厭	36.厎	37.危	38.石	39.破	40.磨
41.長	42.肆	43.勿	44.而	45.豽	46.易	47.象	48.豫		

卷十　共計106個:									
1.馬	2.驥	3.驪	4.驕	5.篤	6.法	7.廌	8.逸	9.狀	10.狎
11.犯	12.猛	13.戾	14.獨	15.類	16.猶	17.獻	18.獄	19.能	20.火
21.然	22.烈	23.煬	24.光	25.熱	26.燥	27.熙	28.貞	29.黨	30.赤
31.赫	32.大	33.夷	34.亦	35.夭	36.交	37.執	38.暴	39.皋	40.夫
41.立	42.端	43.靖	44.並	45.思	46.慮	47.心	48.息	49.情	50.性
51.志	52.意	53.慎	54.忠	55.快	56.忻	57.惇	58.愿	59.慧	60.恭
61.慈	62.恩	63.慶	64.懷	65.懼	66.恃	67.慕	68.急	69.忒	70.愚
71.慢	72.怠	73.懈	74.惰	75.怫	76.忘	77.悸	78.愆	79.惑	80.忌
81.忿	82.怨	83.怒	84.慍	85.惡	86.悔	87.憯	88.悲	89.惙	90.悠
91.忡	92.憾	93.患	94.憚	95.恥	96.惡	97.忍	98.悌	99.愈	100.悅
101.戀	102.慈	103.悃	104.悛	105.懸	106.悟				

卷十一　共計 61 個：									
1. 水	2. 河	3. 江	4. 溫	5. 汝	6. 深	7. 濕	8. 濁	9. 治	10. 浸
11. 渚	12. 濟	13. 泊	14. 海	15. 衍	16. 混	17. 渙	18. 況	19. 沖	20. 淑
21. 清	22. 淵	23. 澤	24. 淫	25. 淺	26. 滋	27. 浦	28. 湖	29. 決	30. 津
31. 沒	32. 滯	33. 湯	34. 涵	35. 淡	36. 太	37. 泣	38. 涕	39. 渝	40. 滅
41. 池	42. 溪	43. 泳	44. 沌	45. 源	46. 流	47. 涉	48. 川	49. 侃	50. 谷
51. 容	52. 冬	53. 雨	54. 云	55. 鮪	56. 鯀	57. 鮮	58. 鮇	59. 龍	60. 非
61. 靡									

卷十二　共計 88 個：									
1. 不	2. 至	3. 臺	4. 銍	5. 西	6. 户	7. 門	8. 闢	9. 閒	10. 閉
11. 閱	12. 閔	13. 耳	14. 聖	15. 聰	16. 聽	17. 職	18. 聲	19. 聞	20. 手
21. 指	22. 揖	23. 拜	24. 推	25. 挫	26. 持	27. 攝	28. 擇	29. 捉	30. 授
31. 揣	32. 揚	33. 舉	34. 振	35. 損	36. 失	37. 撥	38. 攫	39. 拔	40. 技
41. 拙	42. 掩	43. 播	44. 扣	45. 拍	46. 抱	47. 女	48. 姓	49. 嫁	50. 妻
51. 婦	52. 嬰	53. 婉	54. 母	55. 威	56. 始	57. 好	58. 如	59. 孌	60. 妄
61. 毋	62. 民	63. 弗	64. 弋	65. 也	66. 戈	67. 賊	68. 戰	69. 或	70. 戮
71. 武	72. 戚	73. 我	74. 義	75. 琴	76. 瑟	77. 直	78. 亡	79. 望	80. 無
81. 區	82. 匿	83. 匹	84. 曲	85. 發	86. 彌	87. 孫	88. 由		

卷十三　共計 83 個：									
1. 繹	2. 經	3. 紀	4. 纇	5. 絶	6. 納	7. 繼	8. 縱	9. 細	10. 約
11. 結	12. 縛	13. 緑	14. 終	15. 練	16. 紬	17. 緇	18. 繁	19. 紛	20. 緒
21. 緝	22. 經	23. 絣	24. 素	25. 絲	26. 繰	27. 絫	28. 紈	29. 率	30. 虫
31. 雖	32. 虺	33. 强	34. 螽	35. 蚩	36. 蠻	37. 蚏	38. 它	39. 蛇	40. 龜
41. 黽	42. 二	43. 亟	44. 恆	45. 凡	46. 土	47. 地	48. 均	49. 壤	50. 基
51. 在	52. 城	53. 塞	54. 壇	55. 毀	56. 壞	57. 圭	58. 墜	59. 埋	60. 堵
61. 堯	62. 里	63. 野	64. 略	65. 當	66. 留	67. 畜	68. 疆	69. 男	70. 力
71. 功	72. 務	73. 勁	74. 勉	75. 勸	76. 勝	77. 動	78. 勞	79. 加	80. 勇
81. 飭	82. 勢	83. 勵							

卷十四　共計 68 個：									
1. 金	2. 銛	3. 鎮	4. 鋭	5. 鑪	6. 處	7. 且	8. 所	9. 斯	10. 斷
11. 升	12. 矜	13. 車	14. 輕	15. 軫	16. 載	17. 軍	18. 轉	19. 輗	20. 輪
21. 斬	22. 輔	23. 轍	24. 官	25. 陵	26. 陰	27. 陽	28. 隅	29. 降	30. 阤
31. 墮	32. 附	33. 隱	34. 陳	35. 陶	36. 除	37. 阼	38. 陣	39. 四	40. 五
41. 六	42. 七	43. 九	44. 萬	45. 禹	46. 獸	47. 亂	48. 丁	49. 成	50. 己
51. 辭	52. 辯	53. 子	54. 字	55. 季	56. 存	57. 疑	58. 疏	59. 喜	60. 辱
61. 巳	62. 目	63. 未	64. 申	65. 配	66. 醓	67. 醢	68. 尊		

續　表

卷十五　共計 **19** 個：		
未隸定字	完字共計 **7** 個： 1.　2.　3.　4.　5.　6.　7.	
	殘字共計 **12** 個： 1.　2.　3.　4.　5.　6.　7. 8.　9.　10.　11.　12.	

第三節　郭店簡詞義研究概況

　　郭店簡是戰國古書類簡牘第一次集中、大規模的發現，一經公佈便引起海內外學者普遍關注和廣泛討論，各類專題學術會議先後召開，如"郭店《老子》學術討論會"（1998 年，美國達慕思大學）、"郭店楚簡國際學術研討會"（1999年，武漢大學）、"郭店楚簡與歷史文化座談會"（2001 年，陝西師範大學）、"郭店楚簡國際研討會"（2003 年，荆門博物館）等。郭店簡發現至今已逾 40 年，相關研究成果也十分豐富，據筆者統計，各種研究專著（包括論文集、學位論文）合計三百餘部，各類學術論文三千多篇①；內容涉及多個方面，如疑難文字的釋讀、竹簡的編連與拼合、文本的對讀，以及圍繞簡文內容進行的思想史、學術史的研究等等。近年來，隨著上博簡、清華簡、安大簡等戰國簡牘的陸續公佈，學界研究的關注點不斷轉移，雖然郭店簡研究熱度有所減退，但仍爲學術討論的重點內容，相關研究著作、文章時有刊布，足以體現出這批材料的價值以及學界的重視程度。除了關注度高、研究成果豐富外，郭店簡研究的另一大特色是多學科領域的廣泛參與，如語言學、歷史學、哲學、文獻學等。這打破了古文字學者研究出土文獻材料的界限，"從根本上改變了以往古文字學界單兵作戰，獨自研究出土文獻的情形"②，真正實現了全方位、多角度共同協助，做到了不同學科領域的互補與促進。

---

① 劉傳賓：《郭店楚墓竹簡研究文獻要目綜覽》，《郭店竹簡研究綜論（文本研究篇）》（下冊），吉林大學博士學位論文，2010 年，第 273—479 頁。

② 胡蘭江：《郭店楚墓竹簡研究綜述》，《北京大學中國古文獻研究中心集刊》第 3 輯，北京大學出版社，2002 年，第 292 頁。

　　詞義研究是出土文獻研究的重要内容,不少學者做過相關的工作。甲骨文方面,如徐中舒先生的《甲骨文字典》①,趙誠先生的《甲骨文簡明詞典》②,崔恆昇先生的《簡明甲骨文詞典》③,劉釗、馮克堅先生的《甲骨文常用字字典》④,陳年福先生的《甲骨文詞義論稿》⑤等。金文方面,如張世超等先生的《金文形義通解》⑥,陳初生先生的《金文常用字典》⑦、鍾林先生的《金文解析大字典》⑧、王文耀先生的《簡明金文詞典》⑨等。簡帛方面,如雷黎明先生的《戰國楚簡字義通釋》⑩,張士博先生的《包山楚簡詞義研究》⑪,曲冰先生的《〈上海博物館藏戰國楚竹書〉(1—5)佚書詞語研究》⑫,沈剛先生的《居延漢簡語詞彙釋》⑬,葛紅麗先生的《〈居延新簡〉詞語通釋》⑭等。與甲骨、金文相比,簡帛資料數量更爲龐大、内容也更爲宏富,但在詞義研究方面,這種材料優勢卻並未真正轉化爲研究優勢。就郭店簡而言,目前尚無對詞義進行全面系統地整理和研究的論著。雷黎明先生的《戰國楚簡字義通釋》雖將郭店簡納入研究範疇,但同時還包括上博簡(一至九)和清華簡(一至五);在研究方法上也以例舉爲主而並非窮盡式,無法展現郭店簡詞義的全貌。張再興先生主持的教育部基地重大項目"兩周出土文獻'語義知識網路'建設"(項目號:06JJD740010)的最終結項成果《兩周出土文獻語義詞典》中包括《郭店楚簡卷》⑮,但該成果並未出版,無法得見。

　　先秦出土文獻皆以古文字書寫,在解析詞義之前,需要先解決文字的釋讀問題。曲冰先生説:"考釋和研讀古文字材料,識字爲最先,識字無誤,纔能通義,明内涵。"⑯這是有道理的。但這並不意味著古文字的釋讀與詞義

①　徐中舒主編:《甲骨文字典》,四川辭書出版社,1989 年。
②　趙誠編著:《甲骨文簡明詞典》,中華書局,2009 年。
③　崔恆昇編著:《簡明甲骨文詞典(增訂本)》,安徽教育出版社,2001 年。
④　劉釗、馮克堅主編:《甲骨文常用字字典》,中華書局,2018 年。
⑤　陳年福:《甲骨文詞義論稿》,上海古籍出版社,2007 年。
⑥　張世超、孫淩安、金國泰、馬如森:《金文形義通解》,中文出版社,1996 年。
⑦　陳初生編纂,曾憲通審校:《金文常用字典(修訂本)》,陝西人民出版社,2004 年。
⑧　鍾林:《金文解析大字典》,三秦出版社,2017 年。
⑨　王文耀編:《簡明金文詞典》,上海辭書出版社,1998 年。
⑩　雷黎明:《戰國楚簡字義通釋》,上海古籍出版社,2020 年。
⑪　張士博:《包山楚簡詞義研究》,華東師範大學碩士學位論文,2011 年。
⑫　曲冰:《〈上海博物館藏戰國楚竹書〉(1~5)佚書詞語研究》,吉林大學博士學位論文,2010 年。
⑬　沈剛:《居延漢簡語詞彙釋》,科學出版社,2008 年。
⑭　葛紅麗:《〈居延新簡〉詞語通釋》,華東師範大學博士學位論文,2007 年。
⑮　張再興:《〈兩周出土文獻語義詞典〉的編制》,《中國文字研究》第 16 輯,上海人民出版社,2012 年,第 224—226 頁。
⑯　曲冰:《〈上海博物館藏戰國楚竹書〉(1—5)佚書詞語研究》,吉林大學博士學位論文,2010 年,第 2 頁。

的解析是界限分明的兩個不同階段的工作,恰恰相反,二者往往密不可分,共同出現在同一次文字釋讀過程中。因爲每一個文字都是形、音、義的結合體,"三者是不能截然分開的"①,在文字釋讀的過程中,既要"就形以識其字,循音以通其讀"②,同時也要保證詞義能夠貫通上下文意。前輩學者已經充分認識到了這一點,如于省吾先生曾指出:"古文字是客觀存在的,有形可識,有音可讀,有義可尋。其形、音、義之間是相互聯系的,而且,任何古文字都不是孤立存在的。"③關於文字的釋讀的方法,楊樹達先生指出:"每釋一器,首求字形之無牾,終期文義之大安,初因字以求義,繼復因義而定字。義有不合,則活用其字形,借助於文法,乞靈於聲韻,以假讀通之。"④這些都充分説明了文字形、音、義三者之間的密切關係。郭店簡也並無例外,詞義研究成果多與文字的釋讀結合在一起。這些成果有的是就一個或多個字進行釋讀,如陳劍先生的《郭店簡〈六德〉用爲"柔"之字考釋》、沈培先生的《從郭店楚簡的"肆""隸""殺"説到甲骨文的"希"》等;有的是對一句或一段話進行疏解,如裘錫圭先生的《釋郭店〈緇衣〉"出言有丨,黎民所訐"——兼説"丨"爲"針"之初文》、李家浩先生的《關於郭店竹書〈六德〉"仁類蒦而速"一段文字的釋讀》等;有的是對一篇或幾篇簡文進行綜合研究或集釋,如李天虹先生的《郭店竹簡〈性自命出〉研究》,單育辰先生的《郭店〈尊德義〉〈成之聞之〉〈六德〉三篇整理與研究》等;有的是對全部簡文進行校訂和譯解,如李零先生的《郭店楚簡校讀記(增訂本)》、劉釗先生的《郭店楚簡校釋》。這些成果都爲郭店簡詞義整理和研究奠定了基礎。下面具體舉幾個例子:

郭店《老子》甲本簡1"慮"字原作"𢝊",辭例爲"絶爲⑤棄慮",簡文此句與傳世本差異較大,無法對讀。最早,裘錫圭先生認爲"慮"從"且"聲,讀爲"詐"⑥,學者多從之。但這種意見也存在明顯的不足,因爲《老子》所棄絶的是一般人所認爲的具有積極意義的"智""辨""巧""利"等,而"詐"明顯與之相反,不具備被棄絶的條件。很多學者意識到了這一點,如許抗生先生認爲"慮"字很可能是"慮"字,二字形似而誤⑦。裘錫圭先生進一步指出,楚簡

① 李學勤:《古文字學初階》,中華書局,2006年,第8頁。
② 楊樹達:《積微居甲文説·自序》,上海古籍出版社,2013年,第1頁。
③ 于省吾:《甲骨文字釋林·序》,中華書局,1979年,第3頁。
④ 楊樹達:《積微居金文説(增訂本)·自序》,中華書局,1997年,第1頁。
⑤ 按:字原作"爲",多讀爲"僞",當以讀"爲"爲是,指"人的有意作爲"。
⑥ 荆門市博物館編:《郭店楚墓竹簡》,文物出版社,1998年,第113頁注[三]"裘按"。
⑦ 許抗生:《初讀郭店竹簡〈老子〉》,《中國哲學》第20輯,遼寧教育出版社,1999年,第102頁注①。

中"膚(盧)"和"虍"相混,故"慮"可寫作"慮";也有可能是因形似而誤抄作從"虍"①。楚文字"慮"多寫作"慮",與"慮"僅存在"目"下一橫的有無,極易發生訛誤。如"戲"字多從"虍"作,但也偶有從"膚(盧)"寫作 字(郭店《老子》丙本簡 12)、字(郭店《緇衣》簡 26)等。再如"慮"字,從戲從心,在上博五《三德》簡 2 中讀爲"詐"。該字又見於清華一《祭公》簡 16 寫作"慮"(字),從"膚(盧)"不從"虍",辭例爲"汝毋以小謀敗大慮",對應今本《禮記·緇衣》作"毋以小謀敗大作"②。從詞義來看,將《老子》甲本簡 1 釋"慮"爲"慮"也是十分合適的。"慮"即思慮、謀劃之義,與"爲"皆指人有意的作爲,這跟道家順應自然的"無爲"思想正相違背,所以《老子》纔宣稱要棄絶。道家文獻中有見無爲、無慮的主張,如《莊子·天道》:"故古之王天下者,知雖落天地,不自慮也;辯雖彫萬物,不自説也;能雖窮海内,不自爲也。"

《語叢四》簡 10"字"字,辭例爲"車轍之~酗",整理者隸定爲"莖","莖酗"讀爲"醯盍"③。李零先生讀爲"醯醢",指肉羹④。林素清先生讀爲"密閡",意爲封閉阻隔⑤。劉信芳先生讀爲"魝鮪"⑥。陳偉先生初讀爲"魝鰌","魝"是一種小魚,"鰌"通"鰍",指泥鰍;後改讀爲"蜉蝣"或"浮遊",指一種昆蟲⑦。楊澤生、白於藍等先生讀爲"蔽晦",訓爲掩蔽或蒙蔽⑧;劉釗先生贊同此説,又提出讀爲"蔽翳"的可能,訓爲遮擋⑨。顧史考先生讀爲

①　裘錫圭:《關於〈老子〉的"絶仁棄義"和"絶聖"》,《出土文獻與古文字研究》第 1 輯,復旦大學出版社,2006 年,5 頁;相關論述又見裘錫圭:《糾正我在郭店〈老子〉簡釋讀中的一個錯誤》,《郭店楚簡國際學術研討會論文集》,湖北人民出版社,2000 年,第 26 頁。

②　清華大學出土文獻研究與保護中心編:《清華大學藏戰國竹簡(壹)》,中西書局,2011 年,第 178 頁注[四四]。按:"慮"字也有可能並非"慮"字訛寫而是"圖"字異體,郭店、上博《緇衣》對應此句作"毋以小謀敗大圖",慮、圖詞義近同。《詩經·小雅·雨無正》:"旻天疾威,弗慮弗圖。"鄭玄箋:"慮、圖,皆謀也。"

③　荆門市博物館編:《郭店楚墓竹簡》,文物出版社,1998 年,第 217 頁。

④　李零:《郭店楚簡校讀記》,《道家文化研究》第 17 輯(郭店楚簡專號),生活·讀書·新知三聯書店,1999 年,第 480 頁。

⑤　林素清:《郭店竹簡〈語叢四〉箋釋》,《郭店楚簡國際學術研討會論文集》,湖北人民出版社,2000 年,第 392 頁。

⑥　劉信芳:《郭店簡〈語叢〉文字試解(七則)》,《簡帛研究二〇〇一》,廣西師範大學出版社,2001 年,第 205 頁。

⑦　陳偉:《郭店竹書別釋》,湖北教育出版社,2003 年,第 235—236 頁;《郭店簡〈語叢四〉考釋(七則)》,《新出簡帛研究——新出簡帛國際學術研討會文集》,文物出版社,2004 年,第 324 頁。

⑧　白於藍:《釋"戲"》,《古文字研究》第 24 輯,中華書局,2002 年,第 356—357 頁;楊澤生:《〈語叢四〉札記》,簡帛研究網(http://www.jianbo.org/Wssf/2002/yangzesheng04.htm),2002 年 3 月 23 日。

⑨　劉釗:《郭店楚簡校釋》,福建人民出版社,2005 年,第 228 頁。

"鯢鰍"①。林清源先生讀爲"黽鰌","黽"訓爲蛙黽,指蝌蚪②。"𦰩"字隸
定有誤,上所從並非"必"字。常見的"必"字寫作🔖(《語叢四》簡6)一類形
體,而該字豎彎筆下部明顯多出一撇③。同在簡10讀爲"匹"的"佖"字
(🔖),所從之"必"彎筆下部並無一撇。清華三《赤鵠之集湯之屋》簡13、14
有形體相同的"𦰩""𦰩"二字,辭例皆爲"~地",與"𦰩"字相比,除上部不
從"艸"外,餘下皆同,整理者隸定爲"坒",讀爲"發"④。劉樂賢先生認爲該
字從耒從土,當爲"埱"之異體,義爲挖掘⑤;劉釗先生同意這種意見,並進一
步補充了睡虎地秦簡、嶽麓秦簡等材料中的用例⑥。這種意見是正確的。
謝明文先生指出"埱"字是"叔"的後起本字,陳劍先生指出"叔"的本義是持
杴挖土⑦。金文"叔"字作🔖(大克鼎,《集成》2836)、🔖(吳方彝蓋,《集成》
9898)等形,左半部爲"未"字,上爲"弌(杴)"⑧,下爲土粒之形。上引郭店
簡、清華簡諸字所從的"未",又是進一步演變的結果。在劉樂賢先生意見的
基礎上,溜達溜達(網名)將郭店簡的"𦰩"字隸定爲"璈",認爲"璈酺"即
《爾雅》之"鮂鮰"⑨。這種意見是正確的,不過"𦰩"當嚴格隸定爲"荃"。
"鮂"指較小的鱘類魚,"鮰"爲鱘魚和鰉魚的古稱,"鮂鮰"泛指小魚。

有的時候文字可識,但讀爲哪一個詞需要費一番思量。楊樹達先生曾
說:"識其字矣,未必遽通其義也,則通讀爲切要。"⑩郭店《忠信之道》簡3有
"𡊅"字,寫作"🔖",辭例爲"不𡊅生,不倍死"。學者已指出,"𡊅生倍死"可
與《禮記·經解》等文獻中的"倍死忘生"相對應。裘錫圭先生認爲"𡊅"字

---

① 顧史考:《郭店楚簡〈語叢四〉篇韻讀新解三則》,《簡帛》第1輯,上海古籍出版社,2006
年,第67—69頁。

② 林清源:《郭店楚簡〈語叢四〉"🔖🔖"考釋》,《古文字研究》第27輯,中華書局,2008年,
第411—417頁。

③ 劉樂賢:《釋〈赤鵠之集湯之屋〉的"埱"字》,清華大學出土文獻研究與保護中心網站,
2013年。

④ 清華大學出土文獻研究與保護中心編:《清華大學藏戰國竹簡(叁)》,中西書局,2012年,
第170頁注[二八]。

⑤ 劉樂賢:《釋〈赤鵠之集湯之屋〉的"埱"字》,清華大學出土文獻研究與保護中心網站,
2013年。

⑥ 劉釗:《埱》,《辭書研究》,2022年第5期,第127—128頁。

⑦ 謝明文:《釋甲骨文中的"叔"字》,《商周文字論集》,上海古籍出版社,2017年,第6—
15頁。

⑧ 裘錫圭:《釋"祕"——附:釋"弌"》,《古文字論集》,中華書局,1992年,第17—34頁。

⑨ 溜溜達達:《〈清華(叁)〉〈赤鵠之集湯之屋〉初讀》,簡帛網·簡帛論壇(http://www.bsm.
org.cn/forum/forum.php? mod=viewthread&tid=3051&extra=page%3D3&page=4),2013年1
月12日,第35樓。

⑩ 楊樹達:《積微居甲文説·自序》,上海古籍出版社,2013年,第1頁。

爲"皇"之別体①,得到了多數學者贊同②。"皇"字金文有寫作"🔲"(鄬侯少子簠,《集成》4152)的,與"皇"字形體相同。但是"皇"在簡文中讀爲何詞、怎樣解釋,學者有多種意見:裘錫圭先生讀爲"誆","誆生"與下文"背死"爲對文。陳偉先生依今本讀爲"忘",訓爲遺棄、不顧念③。張光裕先生讀爲"枉"④。劉釗先生贊同裘錫圭先生的意見,同時又懷疑"皇"當讀爲"妄","不皇(妄)生,不倍死"犹言"舍生忘死"⑤。"皇"當讀爲"誆",訓爲欺誆、欺罔。二者皆从"王"得聲,皆爲陽部字,音近可通。北大漢簡《周馴》簡7—8:"爲人君者,不可以大惑,惑則大信人,大信人則可皇,可皇則可奪。"整理者指出"皇"讀爲"誆"⑥,可爲此證。簡文"不皇生,不倍死"意思是"不欺誆生者,不背違死者"⑦。《禮記·經解》"倍死忘生"之"忘",孔穎達訓爲"遺忘",後世皆從之。"忘"當讀爲"罔",二字皆从"亡"聲,故可通用。罔,欺也;罔生⑧,欺罔生者。《詩經·小雅·節南山》:"勿罔君子。"朱熹集傳:"欺也。"

郭店簡內容皆爲古書,因爲有傳世文獻可資對比或上下文意的限定,很多時候可以確定簡文所記錄的詞語或框定詞語的意義,在此基礎上還需進行文字形體的解釋,纔能最終達到形音義的完全貫通。郭店《老子》甲本簡34"𦧛"字,辭例爲"未智牝牡之合~怒,精之至也"。"𦧛"字對應帛書乙本(甲本殘損)、傅奕本作"朘",漢簡本作"㕙",王弼本作"全",河上公本、嚴遵本作"㕙"。朘、㕙、全、㕙諸字音近可通⑨,學者多以"朘"字爲正,《説文·肉部》:"朘,赤子陰也。"裘錫圭先生指出"𦧛"字之義當與"朘"字相

---

① 荆門市博物館編:《郭店楚墓竹簡》,文物出版社,1998年,第163頁注[五]"裘按"。

② 按:部分學者認爲該字從王古聲,釋爲"辜"。參閲周鳳五:《郭店楚簡〈忠信之道〉考釋》,《中國文字》新24期,藝文印書館1998年,第124—125頁。徐新新:《郭店竹簡〈唐虞之道〉〈忠信之道〉〈魯穆公問子思〉〈窮達以時〉集釋——兼論竹簡的歷史背景和古書經傳情況》,華東師範大學碩士學位論文,2014年,第97頁。

③ 陳偉:《郭店楚簡別釋》,《江漢考古》,1998年第4期,第69頁。

④ 張光裕主編:《郭店楚簡研究》第一卷《文字編》,藝文印書館,1999年,第6頁。

⑤ 劉釗:《郭店楚簡校釋》,福建人民出版社,2005年,第163頁。

⑥ 北京大學出土文獻研究所編:《北京大學藏西漢竹書(叁)》,上海古籍出版社,2015年,第124頁注[一〇]。

⑦ 劉傳賓:《"倍死忘生"解詁》,《古文字研究》第33輯,中華書局,2020年,第612—617頁。

⑧ 按:文獻中有"罔生"一詞,意思是"苟活",這個詞出現時代非常晚,《禮記》此語不可據此解釋。"罔生"大概是由"罔之生"演變而來。《論語·雍也》:"人之生也直,罔之生也幸而免。"邢昺疏:"罔,誣罔也。"

⑨ 按:俞樾先生(《諸子平議》卷八《老子》"牝牡之合而全作"條)曾認爲王弼本《老子》"全"字爲"㑲(陰)"字之誤,並不可信。朱駿聲(《説文通訓定聲乾部》"全"字下)認爲全、朘、㕙等皆借爲"卵"字,亦不可信。

當①，代表了學界關於該字釋讀的主要思考方向。但關於該字形體的解析以及與"朘"字的關係，學界有多種意見。整理者釋爲"然"；在此基礎上，趙建偉先生認爲"然"當爲"朘"字形近訛寫②。部分學者認爲"㫃"字是與"朘"義同的另外一個字：如王輝先生隸作"㑹"，釋爲"陰"③；劉信芳先生依《説文》解"易"字從"日一勿"例，分析該字從"上一勿"，釋爲"陽"；廖名春等先生認爲該字上從"⊥"，牡器之形，下從"易"，釋爲"陽"④；何琳儀先生疑該字爲從士從勿的會意兼形聲字，讀若"物"⑤；楊琳先生認爲是男陰之"鳥（屌）"的專字⑥；蕭旭先生認爲該字從士刀聲，讀爲"弔"即俗"屌"字⑦。也有學者從語音通假的角度進行討論，如魏啓鵬先生釋爲"然"讀爲"勢"⑧。更多的學者傾向讀爲"朘"，但對"㫃"字的形體分析各有不同：如彭浩先生釋爲"然"⑨；許文獻先生疑爲"前"字⑩；李零先生認爲與"豪"字相近⑪；郭永秉先生認爲該字是"鳶"之變體⑫；黄德寬、徐在國先生認爲該字從士勿聲，疑爲"朘"字或體⑬；范常喜先生認爲字從士尋省聲，"士"即"⊥"爲雄性生殖器之象形⑭。也有部分學者認爲"㫃"字與"朘"並不對應，如崔仁義先

---

① 荆門市博物館編：《郭店楚墓竹簡》，文物出版社，1998 年，第 116 頁注［七一］"裘按"。

② 趙建偉：《郭店竹簡〈老子〉校釋》，《道家文化研究》第 17 輯（郭店楚簡專號），生活·讀書·新知三聯書店，1999 年，第 288 頁。

③ 王輝：《郭店楚簡釋讀五則》，《簡帛研究二〇〇一》，廣西師範大學出版社，2001 年，第 168—169 頁。

④ 劉信芳：《荆門郭店竹簡老子解詁》，藝文印書館，1999 年，第 41 頁。廖名春：《郭店楚簡老子校釋》，清華大學出版社，2003 年，第 330 頁。

⑤ 何琳儀：《貴尹求義》，《楚地簡帛思想研究（三）》，湖北教育出版社，2007 年，第 4—5 頁。

⑥ 楊琳：《楚簡〈老子〉男陰之"鳥"考釋》，《中國文字研究》第 22 輯，上海書店出版社，2015 年，第 57—60 頁。

⑦ 蕭旭：《郭店楚簡〈老子〉"㫃"字考》，未刊稿。

⑧ 魏啓鵬：《楚簡〈老子〉柬釋》，萬卷樓圖書有限公司，1999 年，第 33 頁。

⑨ 彭浩：《郭店楚簡〈老子〉校讀》，湖北人民出版社，2000 年，第 65 頁。

⑩ 許文獻：《楚簡中幾個特殊關係異文字組釋讀》，《第四届國際中國古文字學研討會論文集》，香港中文大學中國語言及文學系，2003 年，第 443—445 頁。

⑪ 李零：《郭店楚簡校讀記》，《道家文化研究》第 17 輯（郭店楚簡專號），生活·讀書·新知三聯書店，1999 年，467 頁。

⑫ 郭永秉：《由〈凡物流形〉"鳶"字寫法推測郭店〈老子〉甲組與"朘"相當之字應爲"鳶"字變體》，復旦大學出土文獻與古文字研究中心網站（http://www.gwz.fudan.edu.cn/SrcShow. asp?Src_ID=583），2008 年 12 月 31 日。按：顔世鉉先生（《利用語文學與新出土文獻校讀古書舉隅——以〈淮南子〉爲例》，"首届新語文學與早期中國研究國際研討會"論文，澳門大學，2016 年 6 月 19—22 日）也傾向這種意見。

⑬ 黄德寬、徐在國：《郭店楚簡文字考釋》，《吉林大學古籍整理研究所建所十五周年紀念論文集》，吉林大學出版社，1998 年，第 100 頁。

⑭ 范常喜：《〈郭店楚墓竹簡〉中兩個省聲字小考》，簡帛網（http://www.bsm.org.cn/show_ article.php?id=390），2006 年 8 月 1 日。

生釋爲"屻"①；李若暉先生釋爲"豖"，讀爲"豕"，"豕"類之字有淫逸義②；史傑鵬先生認爲該字从士勿聲，釋爲"勃"，勃起義③。將"亐"字分析爲从上、一、勿或从士、勿都是有問題的。該字由"上""亐"兩個部件構成，"上（土）"爲雄性生殖器之形，多見於甲骨文"牡"字所从，爲"牡"字初文④；"亐"當爲"豖"字省變。李零先生曾懷疑"亐"字"表示公豬生殖器"⑤。北大漢簡《老子》整理者在注解"㹆"字時，將"亐"字隸定爲"豙"，以爲"雄性生殖器之象形"；又在《〈老子〉主要版本全文對照表》中，將該字隸定爲"豖"⑥。"亐"當隸定爲"豖"，本義當爲雄性生殖器，非專指公豬生殖器，這就像"牡"字不專指公牛一樣。"豖"爲"朘"字初文，是早期象形寫法，而"朘"是後起形聲字。"朘"字《説文》訓爲"赤子陰"，語義範圍比較小，當爲隨文釋義⑦。

　　郭店簡《唐虞之道》篇有一個表示"禪讓"之義的詞語總計出現了 12 次，字形及簡號如下：

表六

A	
B	

　　從形體上看可分爲兩類，除了共同所从部件外，一類形體从"彳""壬"作；另一類形體从"辵"旁。因爲有相關文獻可以對應及上下文意的框定，可以確定這些字形皆用來表示"禪讓"之義，如簡 1"唐虞之道，~而

①　崔仁義：《荆門郭店楚簡〈老子〉研究》，科學出版社，1998 年，第 66 頁注 282。

②　李若暉：《郭店〈老子〉校注簡論（上）》，《郭店楚簡國際學術研討會論文彙編》第二册，武漢大學，1999 年，第 195—231 頁。

③　史傑鵬：《釋郭店老子簡的"勃"字》，簡帛網（http：//www.bsm.org.cn/show_article.php?id=1052），2009 年 5 月 14 日。

④　周忠兵：《甲骨文中幾個從上（牡）字的考辨》，《中國文字研究》第 7 輯，廣西教育出版社，2006 年，第 139—143 頁。

⑤　李零：《郭店楚簡校讀記（增訂本）》，北京大學出版社，2002 年，第 14 頁。

⑥　北京大學出土文獻研究所：《北京大學藏西漢竹書（貳）》，上海古籍出版社，2012 年，第 131 頁注[四]、181 頁。

⑦　劉傳賓：《"亐"字試論》，《中國文字研究》第 33 輯，華東師範大學出版社，2021 年，第 79—83 頁。

不傳”，簡 25“故堯之～乎舜也，如此也”。但該字該如何釋讀，學界頗有爭論。相關字形整理者皆隸定爲徟，從“彳”從“峀”從“壬”①，但並未給出具體釋讀意見。張光裕先生分別隸定爲“徻”“遖”，看作“播”字異構②；王輝先生贊同此説，訓爲“播遷”，義近“傳授”③。黄錫全先生釋爲“蹯”，讀爲“嬗”④。王寧先生認爲該字爲“侳”之繁構，讀爲“嬗”⑤。姜廣輝先生釋爲“擅”⑥。林志鵬先生釋爲“讓”⑦。多數學者認爲這些字形記録地是“禪”這個詞，如李零先生疑爲古“廛”字，借爲“禪”⑧。劉釗先生從整理者隸定，懷疑這些字形從“廛”得聲，古音廛、禪音近可通，故“徟”可讀爲“禪”⑨。何琳儀先生隸定爲“徸”，認爲此字右上從“番”，“番”與“單”均屬元部⑩。周鳳五先生認爲字從辵，番聲，讀作“禪”⑪。石小力先生認爲兩組字可分別隸定爲徲、遉，“徲”從彳從壇，“壇”即“壇”字異體，“徲”即“嬗”字異體。“遉”從壇省，即“遭”字。《廣韻》：“徲，走也，藏也。”《集韻》：“遭，亦作徲。”“徲”應爲“遭”字異體。“徲”“遭”與“禪”字音近，“遭”古書多訓爲“轉”，與“禪”意義相關。禪，古書或作“嬗”，《説文》：“嬗，一曰傳也。”段注：“凡禪位字當作嬗。禪非其義也，禪行而嬗廢矣。”⑫這種意見比較好地解決了“禪”這個詞的字形問題，據此，兩組字形可分別釋爲“徲”“遭”，讀爲“禪”。

　　有的時候，雖有傳世文獻或其他出土文獻可資比對，但也不能不加辨析地完全以這些文獻作爲文字釋讀的定點。《老子》第 13 章前半部分内容各本如下：

---

① 荆門市博物館編：《郭店楚墓竹簡》，文物出版社，1998 年，第 158 頁注［二］。

② 張光裕：《郭店楚簡研究》第一卷《文字編》，藝文印書館，1999 年，第 4—5 頁。

③ 王輝：《郭店楚簡零釋三則》，《中國文字》新 26 期，藝文印書館，2000 年，第 157—159 頁。

④ 黄錫全：《〈唐虞之道〉疑難字句新探》，《長沙三國吴簡暨百年來簡帛發現與研究國際學術研討會論文集》，2005 年，第 213—214 頁。

⑤ 王寧：《釋“徟”》，簡帛研究網（http://www.jianbo.org/Wssf/2003/wangning01.htm），2003 年 2 月 15 日。

⑥ 姜廣輝：《郭店楚簡與早期儒學》，簡帛研究網（http://www.jianbo.org/Wssf/Jiangguanghui1.htm，http://www.jianbo.org/Wssf/Jiang2.htm），2000 年 3 月 3 日。

⑦ 鄭剛：《所謂唐虞之道》，《楚簡孔子論説辨證》，汕頭大學出版社，2004 年，第 3—15 頁。

⑧ 李零：《郭店楚簡校讀記》，《道家文化研究》第 17 輯（郭店楚簡專號），生活·讀書·新知三聯書店，1999 年，第 498 頁。

⑨ 劉釗：《郭店楚簡校釋》，福建人民出版社，2005 年，第 150 頁。

⑩ 何琳儀：《郭店楚簡選釋》，《簡帛研究二〇〇一》（上册），廣西師範大學出版社，2001 年，第 163 頁。

⑪ 周鳳五：《郭店楚墓竹簡〈唐虞之道〉新釋》，《“中研院”歷史語言研究所集刊》，第 70 本第 3 分，1999 年，第 741—742 頁。

⑫ 石小力：《清華簡〈五紀〉的“壇”與郭店簡〈唐虞之道〉的“禪”》，《出土文獻》，2021 年第 4 期，第 35—43 頁。

表七

王弼本	寵辱若驚，貴大患若身。何謂寵辱若驚？寵爲下，得之若驚，失之若驚，是謂寵辱若驚。（按：傅奕本同）
河上公本	寵辱若驚，貴大患若身。何謂寵辱？辱爲下，得之若驚，失之若驚，是謂寵辱若驚。
帛書乙本	寵辱若驚，貴大患若身。何謂寵辱若驚？寵之爲下也，得之若驚，失之若驚，是謂寵辱若驚。（按：甲本"失"字下殘"之"字，"下"後無"也"字）
漢簡本	寵辱若［驚］，貴大患若身。何謂寵辱？寵爲下，是謂寵辱。得之若驚，失之若驚，是謂寵辱若驚。

郭店本	寵辱若△，貴大患若身。何謂寵辱？寵爲下也。得之若△，失之若△，是謂寵辱△。
△	

郭店本中與各本"驚"字對應的字形如上，因有多種文獻可資比對，多數學者認爲上述字形記錄的是"驚"這個詞。如整理者認爲字從系從賏，釋爲"纓"，讀作"驚"；裘錫圭先生也釋爲"纓"，但認爲字從賏從縈，系旁兼充全字形旁①。李守奎先生曾對貝、見二字的區別做過分析，指出"'貝'字上部均作平首狀，而'見'字上部所從'目'旁則是銳角形"②。據此，白於藍先生認爲上述諸字並非從"賏"而是從"眀"，該字當隸定作"纓"，從眀縈聲，爲"督"字異體，讀作"驚"，或直接釋爲"驚"字異體③。若釋讀爲"驚"，郭店本和其他各本都存在一些共性的問題無法解決：首先，多數學者將"寵辱"看作並列的兩件事，則"寵辱若驚"和"貴大患若身"這兩句並列的語句結構卻不一致。其次，針對"寵辱"提出的問題，答覆時卻只提到"寵"④。解決這些問題，關鍵在於對"△"字的重新釋讀。裘錫圭先生認爲"△"字除第二例從"眀"外，餘皆從"賏"，可分別隸定爲纓、纓，白於藍釋爲"督"是可信的，但應讀爲榮⑤。這種意見應該是正確的。古音督、榮二字皆爲匣母耕部，音近可通。從句子結構來看，"寵辱"當爲動賓結構⑥，"寵辱若榮"與"貴大患若

---

① 荆門市博物館編：《郭店楚墓竹簡》，文物出版社，1998年，第119頁注［五］。
② 李守奎：《江陵九店56號墓竹簡考釋四則》，《江漢考古》，1997年第4期，第67頁。
③ 白於藍：《讀郭店簡瑣記（三篇）》，《古文字研究》第26輯，中華書局，2006年，第308—309頁。
④ 裘錫圭：《"寵辱若驚"是"寵辱若榮"的誤讀》，《中華文史論叢》，2013年第3期，第6—10頁。
⑤ 裘錫圭：《"寵辱若驚"是"寵辱若榮"的誤讀》，《中華文史論叢》，2013年第3期，第4—5頁。
⑥ 按：自古已有學者將"寵"字看作動詞，如元代吳澄説："寵猶愛也。"（《道德真經吳澄注》，華東師範大學出版社，2010年，第15頁）近代劉師培説："'寵'、'貴'對文，'辱'與'大患'對文，寵亦貴也。"（《老子斠補》，《劉申叔遺書》，江蘇古籍出版社，1997年，第875頁）

身"兩句結構完全一致,意思是説"像寵榮那樣寵辱,像貴身那樣貴大患"①。
從文意來看,"寵爲下也"是對"寵辱"的解釋;後文"得之若榮,失之若榮,是
謂寵辱榮"是來解釋"寵辱若榮"的②。客觀地説,將"驚"字改讀"榮"字後,
此章文意更加順暢,内容也更符合老子思想。相關各本中的"驚"字,當是對
"△"字的誤釋。

　　在詞義研究過程中,只有識其字(瞭解文字構形),通其讀(通曉所記録
的詞語),明其義,纔能算作完全釋義。但並不是所有的簡文都可以做到這
一點。有的文字可以確釋,但所記録的詞語無法確定,如《窮達以時》簡 10
"空"字爲"穴"字異體,但無法確定該讀爲何詞。有的可以依靠文獻對比或
上下文意確定用詞和詞義,但卻無法肯定釋爲何字,如"罷"字,簡文中用爲
"一"。有的暫時採用一種傾向性的釋讀意見,如《六德》簡 30"爪"字,學者
或釋爲"瑟",讀爲"殺""失"等③;或釋爲"羍",讀爲"叛"④。今暫從顔世鉉
先生意見,釋爲"麗"讀爲"麗",訓"絶"⑤。有的字形和語義皆無法知曉,如
"閔"(《忠信之道》簡 9)、"蒸"(《尊德義》簡 24)等。面對這些情況,我們只
能結合已有成果給出總結和描述,無法遽下論斷。

第四節　郭店簡字詞關係研究述略

　　古文字學研究初期以文字考釋、字形分析爲主,隨著古文字學的發展並
逐漸進入成熟期,大規模釋字的階段已經結束,相關研究逐漸轉向與語言
學、歷史學、文學、文獻學、哲學等多個學科的深度融合。字詞關係研究便是
文字學與語言學結合的一個範例,也是近年來學術研究的一個熱點。"字"
是中國傳統語言文字學的術語,是形、音、義的結合體,是最小的結構單位,
屬於書寫符號系統。"詞"是語言學的概念,是語言中能獨立運用的最小的
音義結合體⑥,屬於語言符號系統。漢字是用來記録漢語詞彙的,但字和詞

---

①　裘錫圭:《"寵辱若驚"是"寵辱若榮"的誤讀》,《中華文史論叢》,2013 年第 3 期,第 6 頁。

②　彭浩:《郭店楚簡〈老子〉校讀》,湖北人民出版社,2000 年,第 85 頁。

③　荆門市博物館編:《郭店楚墓竹簡》,文物出版社,1998 年,第 190 頁注[二一]。張光裕:
　　《〈郭店楚簡研究文字編〉緒説》,《中國出土資料研究》第 3 號,中國出土資料研究學會,
　　1999 年,第 12 頁。

④　劉國勝:《郭店竹簡釋字八則》,《武漢大學學報》,1999 年第 5 期,第 43 頁。

⑤　顔世鉉:《郭店楚墓竹簡儒家典籍文字考釋》,《經學研究論叢》第 6 輯,學生書局,1999 年,
　　第 184 頁。

⑥　李濟中、姚錫遠主編:《現代漢語專題》,中國社會出版社,1997 年,第 94 頁。

並不都是一一對應關係,同一個漢字可以記錄多個不同的單音詞,即一字對應多詞;同一個單音詞可以使用不同的漢字來記錄,即一詞對應多字①。明晰字與詞的區別是研究的基礎。蔣禮鴻先生曾指出:"講訓詁,探求語源,如若不嚴格區分'詞'和'字'的概念,就會在實踐中產生若干難於解釋的麻煩,或自陷於矛盾。"②在傳統語言文字學中,字和詞的界限並不清楚,20世紀初,在現代語言理論的影響下,"詞"的概念正式建立起來,字和詞纔最終得以科學區分③。章士釗先生最早提出"詞"的概念,並對字、詞、句之間的關係進行了討論:

> 句,集字而成者也。如《孟子》云:"齊宣王見孟子於雪宮。"共九字爲一句。分視之則爲字,合觀之則爲句,此字與句之區別也。右所引句,共九字也,而自文法上視之,則"孟子""齊宣王""雪宮",皆名詞;"見",動詞;"於",前置介詞。名詞三,動詞一,前置介詞一,共五詞也。是一字可爲一詞,(如"見"字爲動詞,"於"字爲前置介詞之類。)而一詞不必爲一字,(如"齊宣王"三字、"孟子"兩字,始爲一名詞之類。)泛論之則爲字,而以文法規定之則爲詞。此字與詞之區別也。④

這段話反映了學界早期對字詞關係的基本認識,雖未必科學,但具有開創性。隨著語言文字學的發展,人們對於字詞關係的認識也逐漸深入,如周祖謨先生在《漢字與漢語的關係》中指出:

> 漢字是一個個方塊式的字,每一個字都代表語言的一個音節。語言裏的詞有的是一個音節,就用一個漢字來代表,例如"人""走""高""大"之類;有的是兩個或兩個以上的音節,就要用兩個或兩個以上的漢字代表,例如"人民""革命""偉大""工業化""圖書館"之類。因此,字跟詞並不完全相應。有些漢字就相當於語言裏的一個詞,有些漢字只相當於一個詞的語音組織的一部分,甚至於很少單獨應用。例如:崎嶇、澎湃、淅瀝、逍遥、嘮叨、吩咐……,這裏面每一個字只代表整個詞的

---

① 蔣紹愚:《古漢語詞彙綱要》,商務印書館,2012年,第185頁。
② 蔣禮鴻:《讀〈同源字論〉後記》,《懷任齋文集》,上海古籍出版社,1986年,第85頁。
③ 晁繼周:《二十世紀的現代漢語詞彙學》,《二十世紀的中國語言學》,北京大學出版社,1998年,第380頁。
④ 章士釗:《中等國文典》,商務印書館,1907年,第1頁。

一個音節，並不是一個獨立的詞。①

　　相較於"字"而言，"詞"的認定要更加複雜。"詞"包含語法學和詞彙學兩個層面，有單音詞、複音詞，有單純詞、合成詞，可以是一字一詞，也可以是多字組成一詞。正是由於上述學者的討論研究，纔奠定了我們今天對於字詞關係的科學認識。

　　傳統語言文字學有"字"的概念，没有"詞"的概念，但並非没有"詞"的意識，只過不用"詞"來表述罷了，如果要表達"詞"的觀念，往往也用"字"②。如《周禮·春官·肆師》："凡師不功，則助牽王車。"鄭玄注："故書'功'爲'工'。鄭司農云：'工'讀爲'功'。古者'工'與'功'同字。"從出土文獻資料來看，古人很早就已經意識到字詞關係的存在並能夠在實踐中有規律地廣泛使用。田煒先生指出："從人們運用文字記錄語言開始，用哪一個字記錄哪一個詞就成了不可回避的問題，字詞關係的概念應是隨著文字的誕生而産生的。"③這是十分正確的。《卜辭通纂》所收第 375 片甲骨内容如下：

　　　　癸卯卜：今日雨。
　　　　其自東來雨。
　　　　其自南來雨。
　　　　其自西來雨。
　　　　其自北來雨。

在這段卜辭中，除了卜、日、雨三字本字本用外，其餘皆爲假借。姚孝遂先生

① 周祖謨：《漢字和漢語的關係》，《周祖謨語言學論文集》，商務印書館，2001 年，第 393 頁。按：該文寫於 1957 年。

② 李運富：《漢語字詞關係研究之檢討》，《溫州大學學報（社會科學版）》，2020 年第 1 期，第 1—12 頁。按：王寧先生指出，"詞是語言中最小的可以獨立運用的意義單位，是音與義的結合體。字以它的字形將已具備語音、語義的詞記錄下來，因而成爲形、音、義的統一體。由於古代漢語在相當長的歷史時期内是以單音詞爲主的，訓詁材料又是針對書面文獻的，因此我們所見到的用漢字記錄下來的訓詁材料，絶大部分一字即一詞，所以在古人心目中，對字詞没有明確的區分"；"漢字與漢語詞的單位在語音上幾乎完全切合，不切合的僅僅是連綿詞；因爲只有連綿詞被認爲是不能分開的雙音單純詞，與漢字的單音節不能一致"。就整個詞彙系統而言，連綿詞佔比較小，所以傳統語言文字學"字"的概念雖不科學，但基本能夠滿足絶大多數指稱的需要。參閲王寧主編：《訓詁學（第 2 版）》，高等教育出版社，2010 年，第 115 頁；《漢字與漢語的辯證關係》，《漢字六論》，中國大百科全書出版社，2017 年，第 69—70 頁。

③ 田煒：《西周金文字詞關係研究》，上海古籍出版社，2016 年，第 3 頁。

曾指出,甲骨文中的天干、地支、否定詞、代詞等皆爲假借字,假借字在甲骨文中的佔比相當大,有 70%左右①。這體現了早期人們對於字詞關係的自覺意識。田煒先生曾舉里耶秦簡編號爲 8—461 的木方文字來説明這一問題,也很有代表性②。木方文字内容(部分)如下:

> [叚如故更]假人;……大如故更泰守;賞如故更償責;吏如故更事;卿如故更鄉;……[者]如故更諸;酉如故更酒;灋如故更廢官;鼠如故更予人;……

木方"某如故更某"的句式是用來分散多義詞職能的,"從'大'分出'泰守'的'泰',從'賞'分出負償之義寫作'償',從'吏'分出事務之義寫作'事',從'卿'分出鄉里之義寫作'鄉',從'酉'分出酒食的'酒',從'灋'分出'廢官'的'廢',從'鼠'分出'予人'的'予'"③。由一個字記録的多義詞分化爲兩個字記録的兩個詞,這是早期詞語分化的典型例證。

　　"漢語字詞關係的研究,是漢語史和漢字史研究的重要課題,既涉及對漢語字、詞等基本概念的科學認識和準確判斷,也涉及詞彙和漢字系統發展規律和特點的揭示和把握。"④因此,積極開展字詞關係研究是十分必要的。比較早關注並系統論述字詞關係的是裘錫圭先生,其《文字學概要》一書單列"字形跟音義的錯綜關係"一章(第十二章),從"一形多音義"和"一詞多形"兩個方面進行了系統闡述⑤。從字(或字形)出發,探求所記録的詞(或音義),或從詞(或音義)出發,探求用來記録詞的字(或字形),奠定了字詞關係研究的理論基礎。此後,關於字詞關係的研究多數都是在這個理論框架下進行的,如陳斯鵬先生的《楚系簡帛中字形與音義關係研究》一書,全面採用了"字形"和"音義"的概念,同時也提出了字詞關係中的"代償現象"和"分工現象",進一步推動了字詞關係研究的深入和細化⑥。再如田煒先生的《西周金文字詞關係研究》一書,系統分析了西周金文"一字對應一詞""一字多音義""一詞用多字""多字對應多詞"的複雜字詞關係,同時也指出

---

① 姚孝遂:《古漢字的形體結構及其發展階段》,《古文字研究》第 4 輯,中華書局,1980 年,第 16 頁。
② 田煒:《西周金文字詞關係研究》,上海古籍出版社,2016 年,第 1—2 頁。
③ 陳侃理:《里耶秦方與"書同文字"》,《文物》,2014 年第 9 期,第 79 頁。
④ 黃德寬:《從出土文獻資料看漢語字詞關係的複雜性》,《歷史語言學研究》第 7 輯,商務印書館,2014 年,第 84 頁。
⑤ 裘錫圭:《文字學概要》,商務印書館,1988 年,第 255—279 頁。
⑥ 陳斯鵬:《楚系簡帛中字形與音義關係研究》,中國社會科學出版社,2011 年。

了字詞關係研究中共時考察與歷時考察的重要性,豐富了字詞關係研究的理論內涵①。此外,裘先生創造性地使用"{X}"這種形式來表示"音義",以示與"X"這個字相區別,也成爲目前出土文獻字詞關係研究中詞語表示的普遍方式。王寧先生在《漢字學概要》第四章"漢字的構形關係和使用關係"中,從構形關係和使用關係兩個方面,系統闡釋了異寫字、異構字、傳承字、同形字及同音借用字、職能分化字、同源通用字等概念,進一步爲字詞關係研究奠定了基礎②。蔣紹愚先生在《古漢語詞彙綱要》第七章"詞彙和文字的關係"中,從詞彙學的角度出發,系統討論了異體字、同形字、假借字、區別字、同源字五種字,強調了釐清字詞關係對於詞彙學研究的重要性③。李運富先生先後發表了系列論文對字詞關係研究進行檢討,認爲已有研究"偏重同詞異字和同字異詞現象,總體來看理論尚不完善",進而認爲應將字詞關係研究納入漢字職用學體系④。

隨著出土文獻資料大量發現,字詞關係的複雜性與多樣性得以更加充分地展現,也吸引了越來越多的關注。2019 年 10 月 26—27 日,"首屆漢語字詞關係學術研討會"在浙江大學召開;2021 年 10 月 23—24 日,"第二屆漢語字詞關係學術研討會"在中山大學召開。兩次會議論文分別結集爲《漢語字詞關係研究(1)》和《漢語字詞關係研究(2)》⑤。專門性學術會議的召開,反映了學界對於字詞關係研究的重視程度。相關研究成果也十分豐碩,材料涉及甲骨、金文、簡帛等,時代從商代一直延續到秦漢。甲骨文方面,如朴仁順先生的《殷商甲骨文形義關係研究》、夏大兆先生的《甲骨文字用研究》、何挺先生的《甲骨文一字記錄多詞釋例》、朱生玉先生的《甲骨文"牢""陷""坎""沈""逐"系等字詞關係再研究》等⑥;金文方面,如田煒先生的

---

①　田煒:《西周金文字詞關係研究》,上海古籍出版社,2016 年。

②　王寧主編:《漢字學概要》,北京師範大學出版社,2001 年,第 91—108 頁。

③　蔣紹愚:《古漢語詞彙綱要》,商務印書館,2005 年,第 185—214 頁。

④　李運富:《論漢語字詞形義關係的表述》,《湖北民族學院學報(社會科學版)》,1997 年第 4 期,第 48—53 頁;《論漢字職能的變化》,《古漢語研究》,2001 年第 4 期,第 49—55 頁;《論漢字的記錄職能(上)》,《徐州師範大學學報(哲學社會科學版)》,2003 年第 1 期,第 56—59 頁;《論漢字的記錄職能(下)》,《徐州師範大學學報(哲學社會科學版)》,2003 年第 2 期,第 67—70 頁;《論出土文本字詞關係的考證與表述》,《古漢語研究》,2005 年第 2 期,第 74—81 頁;《論漢字職用的考察和描寫》,《上海師範大學學報(哲學社會科學版)》,2017 年第 1 期,第 5—12 頁;《漢語字詞關係研究之檢討》,《溫州大學學報(社會科學版)》,2020 年第 1 期,第 1—12 頁。

⑤　李運富、汪維輝主編:《漢語字詞關係研究(1)》,中西書局,2021 年。陳斯鵬主編:《漢語字詞關係研究(2)》,中西書局,2021 年。

⑥　朴仁順:《殷商甲骨文形義關係研究》,中國社會科學出版社,2006 年。夏大兆:《甲骨文字用研究》,安徽大學博士學位論文,2014 年。何挺:《甲骨文一字記錄多詞釋(轉下頁)

《西周金文字詞關係研究》、王天嬌先生的《西周金文高頻字記詞職能研究》、楊秀恩先生的《春秋金文用字研究》、杜易芹先生的《商代金文通用字整理與研究》等①。簡帛字詞關係研究是出土文獻字詞關係研究的熱點。楚簡方面，如陳斯鵬先生的《楚系簡帛中字形與音義關係研究》、禤健聰先生的《戰國楚系簡帛用字習慣研究》、張通海先生的《楚系簡帛文字字用研究》、劉暢先生的《包山楚簡字用研究》、陳夢兮先生的《楚簡"一詞多形"現象研究》、趙明先生的《〈清華大學藏戰國竹簡〉——四字形與音義關係研究》、蘇娜先生的《清華大學藏戰國竹簡(壹—捌)字詞關係研究》、邵成山先生的《〈上海博物館藏戰國楚竹書(九)〉字用研究》、田曉紅先生的《安大簡〈詩經〉字詞對應關係研究》等。② 秦簡方面，如胥紫翼先生的《〈嶽麓書院藏秦簡(一—四)〉字形與音義關係研究》、徐亦磊先生的《〈嶽麓書院藏秦簡(一—五)〉字詞關係研究》、王輝先生的《〈天水放馬灘秦簡〉字用及字詞關係研究》、蔡宏煒先生的《放馬灘秦簡字詞關係及相關問題研究》等③。漢簡方面，如周朋升先生的《西漢初簡帛用字習慣研究(文獻用例篇)》、涂彝琛先生的《北大漢簡〈妄稽〉篇字詞關係及相關問題研究》、林嵐先生的《西漢早期簡牘(18 種)用字習慣研究》、鄧亞楠先生的《〈銀雀山漢墓竹簡·壹〉字詞關係研究》等④。此外還有跨時代或多種材料的綜合研究，如張再興先

(接上頁)例》，浙江大學碩士學位論文，2020 年。朱生玉：《甲骨文"牢""陷""坎""沈""逐"系等字詞關係再研究》，《語言研究》，2019 年第 2 期，第 87—95 頁。

① 田煒：《西周金文字詞關係研究》，上海古籍出版社，2016 年。王天嬌：《西周金文高頻字記詞職能研究》，山東理工大學碩士學位論文，2020 年。楊秀恩：《春秋金文用字研究》，《寶雞文理學院學報(社會科學版)》，2011 年第 3 期，第 19—21、26 頁。杜易芹：《商代金文通用字整理與研究》，西南大學碩士學位論文，2020 年。

② 陳斯鵬：《楚系簡帛中字形與音義關係研究》，中國社會科學出版社，2011 年。禤健聰：《戰國楚系簡帛用字習慣研究》，科學出版社，2017 年。張通海：《楚系簡帛文字字用研究》，安徽大學博士學位論文，2009 年。劉暢：《包山楚簡字用研究》，北京師範大學碩士學位論文，2001 年。陳夢兮：《楚簡"一詞多形"現象研究》，浙江大學博士學位論文，2017 年。趙明：《〈清華大學藏戰國竹簡〉——四字形與音義關係研究》，哈爾濱師範大學碩士學位論文，2015 年。蘇娜：《清華大學藏戰國竹簡(壹—捌)字詞關係研究》，濟南大學碩士學位論文，2021 年。邵成山：《〈上海博物館藏戰國楚竹書(九)〉字用研究》，安徽大學碩士學位論文，2019 年。田曉紅：《安大簡〈詩經〉字詞對應關係研究》，天津師範大學碩士學位論文，2022 年。

③ 胥紫翼：《〈嶽麓書院藏秦簡(一—四)〉字形與音義關係研究》，湖南大學碩士學位論文，2018 年。徐亦磊：《〈嶽麓書院藏秦簡(一—五)〉字詞關係研究》，河北師範大學碩士學位論文，2020 年。王輝：《〈天水放馬灘秦簡〉字用及字詞關係研究》，西北師範大學碩士學位論文，2020 年。蔡宏煒：《放馬灘秦簡字詞關係及相關問題研究》，鄭州大學碩士學位論文，2020 年。

④ 周朋升：《西漢初簡帛用字習慣研究(文獻用例篇)》，吉林大學博士學位論文，2015 年。林嵐：《西漢早期簡牘(18 種)用字習慣研究》，華東師範大學碩士學位論文，2021 年。涂彝琛：《北大漢簡〈妄稽〉篇字詞關係及相關問題研究》，鄭州大學碩士學位論文，2020 年。鄧亞楠：《〈銀雀山漢墓竹簡·壹〉字詞關係研究》，東北師範大學碩士學位論文，2021 年。

生的《秦漢簡帛文獻斷代用字譜》、王貴元先生的《簡帛文獻用字研究》、吳
國升先生的《出土春秋文獻中一詞對應多字現象的初步考察（名詞篇）》、孫
濤先生的《東漢出土文獻用字習慣研究》、何余華先生的《殷商已見通今詞
的用字歷史研究》等①。

　　字詞關係研究實際上並不僅僅局限於探討"字"和"詞"之間的關係，還
涉及字際關係和詞際關係。李運富先生曾指出："在考證某個字符的'形音
義'（構形屬性）和實際'用法'（職能屬性）的過程中，有時會涉及許多相關
的字和詞，因爲一個字符可能記錄多個詞，一個詞也可以用不同的字符來記
錄，從而形成複雜的字詞關係、字際關係和詞際關係。"②最理想的狀態是在
討論字詞關係之前，已經將字際關係和詞際關係釐清辨明，而實際上這項工
作是十分困難的。舉一個簡單的例子，楚文字"剔""戲""惕"三個形體都可
以用來記錄｛傷｝，三者皆從易聲，"剔""戲"從"刀"和"戈"取意，大概表達
的是肉體外在的創傷；"惕"從"心"，大概表示的是心理的傷害。"剔""戲"
"惕"三者是否可以看作"傷"字的異體呢？"刀""戈"作爲意符可以代換，
似乎可以看作一字異體，但《玉篇·戈部》："戲，戈也。"《字彙·戈部》："戲，
鉞也。"當戈、鉞講的"戲"與"傷"字有別，看作一個字並不合適。表示傷害
意的"戲"和表示戈、鉞意的"戲"當爲同形字關係。"惕"也是單獨的一個
字，《説文》："惕，放也。"與"傷"也不是同一個字。而且表示心理傷害的
"惕"和表示肉體創傷的"剔""戲"可能本來就不是一個字，這就像從"羊"
和從"牛"的"牢"本來可能表達是圈養牛、羊的差別，從"豕"和從"鹿"的
"逐"本來表達的是追逐對象的不同，從"羊""牛""豕"的"牝""牡"二字表
達的是公母動物的區別，體現的是"專詞專字"的原始思維模式。這樣看來，
把"剔""戲""惕"三者都看作"傷"字異體，在字詞關係中只體現出"傷－
｛傷｝"這樣一種對應關係恐怕並不合適。正是意識到了這一點，不少學者
不使用"字"的概念轉而使用"字形"。這種做法一定程度上可以避免在討
論字際關係過程中所遇到的麻煩，但也有明顯的問題，一個字的異體當作不
同的字形單位恐怕並不合適。比如記錄｛從｝的"从""从""從"三字，《説
文》雖然收錄"从""從"二字，但不應強行分別，二者應是一字異體。"最初

---

① 張再興主編：《秦漢簡帛文獻斷代用字譜》，上海辭書出版社，2021 年。王貴元：《簡帛文
　獻用字研究》，《西北大學學報（哲學社會科學版）》，2008 年第 3 期，第 159—163 頁。吳國
　升：《出土春秋文獻中一詞對應多字現象的初步考察（名詞篇）》，《出土文獻綜合研究集
　刊》第 10 輯，巴蜀書社，2019 年，第 68—88 頁。何余華：《殷商已見通今詞的用字歷史研
　究》，博士學位論文，北京師範大學，2018 年。孫濤：《東漢出土文獻用字習慣研究》，華東
　師範大學碩士學位論文，2019 年。
② 李運富：《論出土文本字詞關係的考證與表述》，《古漢語研究》，2005 年第 2 期，第 74 頁。

以二‘人’相從狀會意,後來纔加上‘辵’旁作‘從’,爲繁體;‘辵’旁或可省作‘止’旁,作‘伀’,繁簡正好介乎‘从’‘從’之間。”①

　　詞際關係研究也十分的複雜。一個詞往往擁有多個義項,而通常情況下所有的義項都使用同一個字來記錄。從語言學的角度而言,意義、語音等差異過大義項,可能本就是不同的詞。那麼這些用同一個字表示的當爲不同的詞的義項,要怎樣來記錄它們呢?目前普遍採用的是“﹛X數字﹜”的形式表示,爲了與“詞”相區別,一般採用“音義”的概念。以﹛胡﹜爲例,既可以當國名、氏名講,也可以作疑問代詞,似當分爲兩個詞,可分別記錄爲﹛胡₁﹜和﹛胡₂﹜②;再如﹛已﹜,既有已止、已然之義,又可作句末語氣詞,可分別記錄爲﹛已₁﹜和﹛已₂﹜③。值得肯定的是,這種方式起到了將不同的義項區分爲不同的詞的作用,但還不是表示所要記錄詞語的精準表達方式。因爲“數字”只是起到了計數功能(即計數本由同一個字所記錄的詞最終可以區分成多少個詞),還不能與具體的詞(義項)固定結合。如上述的﹛胡₁﹜﹛胡₂﹜、﹛已₁﹜﹛已₂﹜,所記錄的義項相互顛倒也並無不可。此外,詞際關係的複雜性還體現在,“究竟如何算是同一個音義、如何算是不同的音義,一個詞的不同義位算不算同一個音義,語法功能不同算不算同一個音義,詞義有理性意義、社會意義還有特指意義,這些意義是不是要完全相同纔算是同一個音義”④。相較於“字”和“詞”而言,“字形”和“音義”可以將字詞對應關係體現得更爲細微,但是同時也會失去整體性,即有時在一組字詞關係中無法完整展現各種字形和音義之間錯綜複雜的關係。

　　關於郭店簡字詞關係,也有學者做過研究。如趙菁華先生的《郭店楚簡〈老子〉與馬王堆帛書〈老子〉用字比較研究》、黃欣先生的《郭店楚簡用字研究》、孫文麗先生的《郭店楚簡用字研究》、張素鳳先生的《〈郭店楚墓竹簡〉中一形數用現象分析》等⑤。總體而言,關於郭店簡字詞關係的研究工作開展得並不充分,表現在三個方面:一是相關的研究論著雖間有涉及,但專門

---

① 陳斯鵬:《楚系簡帛中字形與音義關係研究》,中國社會科學出版社,2011年,第149頁。
② 禤健聰:《戰國楚系簡帛用字習慣研究》,科學出版社,2017年,第139—140頁。
③ 陳斯鵬:《楚系簡帛中字形與音義關係研究》,中國社會科學出版社,2011年,第50—52頁。
④ 田煒:《西周金文字詞關係研究》,上海古籍出版社,2016年,第21頁。
⑤ 趙菁華:《郭店楚簡〈老子〉與馬王堆帛書〈老子〉用字比較研究》,北京師範大學碩士學位論文,2000年。黃欣:《郭店楚簡用字研究》,中國人民大學碩士學位論文,2005年。孫文麗:《郭店楚簡用字研究》,中國人民大學碩士學位論文,2008年。張素鳳:《〈郭店楚墓竹簡〉中一形數用現象分析》,《勵耘語言學刊》,2016年第2輯,第230—240頁。

的研究成果較少;二是已有成果或以單篇爲研究對象,或爲舉例性質的討論,針對這批材料的窮盡式研究做得還不夠;三是已有研究更多地側重於字際關係的討論,無法展現郭店簡字詞關係的整體面貌。這些都是亟待解決的問題,也是未來研究的方向。後文"詞義的整理與研究"部分以"詞"爲單位,在每個"詞"下列出了簡文中所使用的相應的文字,一定程度上反映了郭店簡字詞的對應關係。下面舉幾個具體例子①:

（一）**字詞完全對應**。指的是一字只記錄一詞,同時這個詞也只使用這個字來記錄,即字詞之間是一種雙向完全對應關係,對於彼此而言都是唯一的②。如"下＝{下}",在郭店簡中,"下"字共計 70 例,全部用爲{下},同時{下}也全部用"下"字來記錄。再如"口＝{口}",郭店簡"口"字共計 5 例,全部用爲{口},同時{口}也全部用"口"字來記錄。除此之外,還有一些基礎字詞是完全對應關係的,如"子＝{子}""車＝{車}""力＝{力}""耳＝{耳}""心＝{心}""王＝{王}""木＝{木}""山＝{山}""水＝{水}""土＝{土}""金＝{金}""日＝{日}""月＝{月}"等。數字中的"四＝{四}""五＝{五}""六＝{六}""七＝{七}""八＝{八}""九＝{九}""十＝{十}"也是如此③。出現頻率較少的字詞在郭店簡中也符合完全對應的條件,如"朕＝{倦}""汱＝{滅}""�＝{朘}"等。但是在其他文獻中恐怕並不如此,如"{朘}",郭店簡僅《老子》甲本中出現 1 例,寫作"�",就這批材料而言,滿足完全對應的條件。但"{朘}"馬王堆帛書乙本寫作"朘",北大漢簡寫作"㹟",屬於一詞對應多字的情況。總體而言,相較於其他字詞關係,字詞完全對應相對較少。

（二）**一字對應一詞**。指的是一字只記錄一詞,是一種單向對應關係。如"二—{二}","二"字在郭店簡中共計 4 例,全部用來記錄{二};"三—{三}","三"字共計 11 例,全部用來記錄{三}。在單向對應關係中,對應關係是不可逆的。一字只記錄一詞,但並不意味著這個詞不可以使用其他字來記錄。如"{二}"除了使用了"二"字外,還使用了"弍"字(1 例)來記錄;{三}除了使用"三"字來記錄外,還使用了"厽"(9 例)、"參"(1 例)二字。再如"童—{動}","童"字僅 1 例,用來記錄{動},但{動}還使用了"適"

---

① 按:此處所討論的字詞對應關係只針對郭店簡這一批材料,不涉及其他出土文獻,所呈現出來的字詞對應關係是不全面的,僅體現了郭店簡的特點,無法涵蓋所有字詞關係的可能性,也並不一定適用於其他材料。爲稱說方便,此處仍使用"字"和"詞"的概念,在具體討論過程中,"詞"一般不根據義項的不同區別爲不同的"音義",而"字"有時指的是字形。

② 陳斯鵬:《楚系簡帛中字形與音義關係研究》,中國社會科學出版社,2011 年,第 15 頁。

③ 按:在出土文獻中,廿、卅二字多分別讀爲"二十"和"三十",可能爲合音詞。參閱張世超:《北京大学藏西汉竹书的文字学启示》,《古代文明》,2014 年第 4 期,第 104—109 頁。

(2 例)、“遑”(1 例)、“僮”(1 例)、“敼”(4 例)、“敼”(1 例)五字,相關辭例如下:

1. 童　童(動)非爲達也。(《窮達以時》簡 11)
2. 遑　遑(動)而愈出。(《老子》甲本簡 23)
　　　凡遑(動)民必訓(順)民心。(《尊德義》簡 39)
3. 迲　竺(孰)能庀吕(以)迲(動)者。(《老子》甲本簡 10)
4. 僮　道[之]僮(動)也。(《老子》甲本簡 37)
5. 敼　或敼(動)之,或逆之。(《性自命出》簡 10)
6. 敼　凡敼(動)眚(性)者,勿(物)也。(《性自命出》簡 10—11)
　　　兼(詠)思而敼(動)心。(《性自命出》簡 26)
　　　哭之敼(動)心也。(《性自命出》簡 30)
　　　樂之敼(動)心也。(《性自命出》簡 30)

“一字對應一詞”是從“字”出發,考察一字的記詞功能,絕大多數字詞關係都滿足“一字對應一詞”這一條件。

(三) 一字對應多詞。指一字可以記錄多詞,同樣是一種單向對應關係。如“少—｛少｝/｛小｝”,“少”字總計 33 例,分別用來記錄｛少｝(4 例)和“小”(29 例)。“大—｛大｝/｛太｝/｛天｝”,郭店簡“大”字總計 83 例,分別用來記錄｛大｝(75 例)、｛太｝(7 例)、｛天｝(1 例,形近訛誤)。“才—｛在｝/｛茲｝/｛存｝/｛哉｝”,“才”字總計 31 例,分別用來記錄｛在｝(23 例)、｛茲｝(1 例)、｛存｝(3 例)、｛哉｝(3 例)四詞。在郭店簡中,用“才”記錄｛在｝爲常例,用來記錄｛存｝｛茲｝｛哉｝的相關辭例如下:

1. ｛茲｝　余才(茲)尾(宅—度)天心。(《成之聞之》簡 33)
2. ｛存｝　丌(其)所才(存)者內(入)矣(矣)。(《成之聞之》簡 3)
　　　　　君臣不相才(存)也。(《語叢三》簡 3)
　　　　　才(存)心,嗌(益)。(《語叢三》簡 15)
3. ｛哉｝　矣(噫),善才(哉),言虖(乎)!(《魯穆公問子思》簡 4)
　　　　　可(何)懂(難)之又(有)才(哉)?(《窮達以時》簡 2)
　　　　　青(情)女(安)逵(失)才(哉)。(《性自命出》簡 38)

再如“古—｛古｝/｛故｝/｛父｝/｛楛｝/｛固｝”,“古”字簡文總計 96 例,分別用來記錄｛古｝(15 例)、｛故｝(77 例)、｛父｝(1 例)、｛楛｝(1 例)、｛固｝(2

例)五詞。在郭店簡中,用"古"字來記録{古}和{故}爲常例,例不贅舉,用來記録{父}{楛}{固}的相關辭例如下:

1. {父}　　　塱(遇)吾(造)古(父)也。(《窮達以時》簡 11)
2. {楛}　　　百工不古(楛)。(《忠信之道》簡 7)
3. {固}　　　因亙(恆)則古(固)。(《尊德義》簡 17)
　　　　　　亡(毋)音(意),亡(毋)古(固),亡(毋)義(我),亡(毋)必。
　　　　　　(《語叢三》簡 64 上+65 上)

　　從具體的用例考察來看,"一字對應多詞"這種情況多數都是由假借或詞義分化所引起的。

　　(四)一詞對應一字。指的是一詞只使用一字來記録,是一種單向對應關係。如"{佑}—右",在郭店簡中,{佑}共計 1 例,見於《唐虞之道》簡 15"天堕(地)右(佑)之",使用"右"字來記録;"{已}—已",{已}共計 14 例,皆使用"已"字來記録。同樣需要説明的是,一詞只使用一字來記録,不意味著這個字只能記録這一詞,還可以記録其他詞。如"右"字除了記録{佑}外,更多地用來記録{右}(3 例);"已"字除了記録{已}外,還用來記録{祀}(1 例),見於《成之聞之》簡 40"君子斱(慎)六立(位)昌(以)已(祀)天棠(常)"。再如"{内}—内",{内}共計 16 例,皆使用"内"字來記録;但"内"字除了記録{内}外,還用來記録{入}(2 例)和{納}(3 例)。"一詞對應一字"是從"詞"的角度來探討字詞的對應關係,相較於"一詞對應多字"而言,這種現象相對較少。

　　(五)一詞對應多字。指的是一詞使用多字來記録,同樣是一種單向對應關係。如"{讓}—壤/毁",在郭店簡中,{讓}共計 3 例,使用"壤"字來記録 1 例,使用"毁"字來記録 2 例;"{伯}—白/敀",{伯}共計 3 例,使用"白"字記録 2 例,使用"敀"字記録 1 例。"{疑}—矣/悉/惥",{疑}共計 9 例,使用"矣"字記録 1 例,使用"悉"字記録 5 例,使用"惥"字記録 3 例。"{爭}—静/秒/鯖/婧",{爭}共計 9 例,使用"静"字記録 6 例,使用"秒""鯖""婧"三字各 1 例。"{己}—己/忌/异/昌/丌",{己}共計 23 例,使用"己""忌""异(異)"三字 2 例,使用"昌"字 16 例,使用"丌"字 1 例。"{矣}—矣/戻/悉/壴/歠",{矣}共計 56 例,使用"矣"字 21 例,使用"戻"字 2 例,使用"悉"字 14 例,使用"壴"字 15 例,使用"歠"字 4 例。

　　通過對記録詞語的文字使用情況進行考察,可以發現詞語的用字規律,如郭店簡中{後}共計 45 見,分別寫作"逡""逄""句""后",其中"先後""前

後”的｛後｝寫作“遉”和“迻”，“迻”字 2 見(《性自命出》簡 17、19)，實爲
“遉”之訛；“然後”“而後”的｛後｝寫作“句”“后”，“后”字儘 1 見(《唐虞之
道》簡 3)。也可以看到一些有趣的現象：在同一批材料的不同篇章中，用字
習慣或有不同。以｛矣｝爲例，《唐虞之道》篇皆使用“歖”字；《語叢二》和
《語叢三》兩篇皆使用“矣”字，符合學者所説的《語叢》一至三爲同一抄手抄
寫而成的觀點。也有特殊現象，如《老子》甲、乙、丙三篇一般認爲是同一抄
手抄寫而成，但《老子》甲、乙兩篇皆使用“矣”字，而《老子》丙篇卻使用
“壴”字。再如《成之聞之》《尊德義》《性自命出》《六德》四篇學者多認爲是由同
一抄手抄寫而成，但是《成之聞之》篇皆使用“忎”字，《尊德義》篇皆使用“矣”
字，《性自命出》和《六德》兩篇皆使用“壴”字，區别十分明顯。造成這些差異
原因，除了個人書寫習慣外，恐怕更多地還是反映了底本對於抄寫的影響。

（六）**多字詞交叉對應**。指的是在一組對應關係中，有多個字詞參與其中，
形成了交叉對應關係。多字詞交叉對應也是一種雙向部分對應關係，在所有字
詞關係中，最爲常見的就是多字詞交叉對應。上述除了第一種“字詞完全對應”
外，其他四種字詞關係嚴格來講都屬於多字詞交叉對應。先舉一個簡單的例子：

在郭店簡中，｛養｝共計 15 例，分别使用“牧”“敔”“羕”三字來記録，其中
“敔”字共計 9 例，都用來記録｛養｝；“牧”字 1 例，當爲“敔”字訛寫，也只用
來記録｛養｝。而“羕”字用來記録｛養｝(5 例)外，還用來記録｛祥｝(1 例)和
｛詠｝(3 例)。在郭店簡中，｛祥｝和｛詠｝也只使用“羕”來記録。

再來看一個稍微複雜一點的例子：

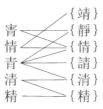

在郭店簡中，“青”字共計 25 例，其中用爲｛請｝1 例，｛請｝也只用“青”字記
録；用爲｛靜｝3 例，｛靜｝還可以使用“靑”字來記録；用爲｛情｝20 例，｛情｝還
可以使用“情”和“靑”二字來記録；用爲｛清｝1 例，｛清｝還可以使用“清”字
來記録。“靑”字共計 2 例，分别用來記録｛靜｝和｛情｝。“情”字共計 7 例，

其中1例用來記録｛靖｝,6例用來記録｛情｝。"清"字共計8例,其中3例用來記録｛清｝,5例用來記録｛精｝。"精"字共計2例,全部用來記録｛精｝。多字詞交叉對應可以將相關的字詞全部勾連起來,形成一個相對龐大的字詞關係網,有助於幫助我們全面瞭解相關字詞之間的複雜關係。

　　田煒先生將多字詞的對應關係分爲兩種,一種是"部分通用",另一種是"完全通用"①。"部分通用"指的是在一組多字詞對應關係中,並非所有的字都可以與所用的詞通用。上述兩組例子都屬於這種情況,如"羕"字可以記録｛養｝｛祥｝｛詠｝三詞,但是"牧"和"救"兩個字卻只能用來記録｛養｝。"完全通用"指的是在一組多字詞對應關係中,所有的字和詞都可通用。如在早期出土文獻材料中,"月""夕"二字同形,都可以用來記録｛月｝｛夕｝二詞,是一種完全通用關係②。實際上還存在另外一種情況,即"字詞完全交叉對應關係",郭店簡有這種情況:

"城"字共計23例,全部用來記録｛成｝;"成"字共計1例,用來記録｛城｝。

　　以上討論了字詞對應關係的六種情況,通過對字詞關係的討論,有助於我們瞭解前人的用字習慣,有時會在文字的釋讀過程中起到決定性的作用。郭店簡中有這樣幾個"子"字需要注意,具體辭例如下:

　　1. 㾓(絶)㦣(爲)弃(棄)慮(慮—慮),民复(復)季子。(《老子》甲本簡1)

　　2. 行矣而亡(無)㒸(違),羕(養)心於子㫃(諒),忠(忠)信日益而不自智(知)也。(《尊德義》簡21)

　　3. 子生於耑(性),易生於子。(《語叢二》簡23)

這些"子"字學者或認爲當讀爲｛慈｝。《老子》甲本簡1"季子",今本作"孝慈",整理者認爲"季"爲"孝"之誤字,讀"孝子"爲"孝慈"③。《尊德義》簡21"養心於子㫃",裘錫圭先生讀爲"養心於子諒"④。《禮記·樂記》:"致樂以治心,則易直子諒之心油然生矣。易直子諒之心生則樂,樂則安,安則久,

　　①　田煒:《西周金文字詞關係研究》,上海古籍出版社,2016年,第168頁。
　　②　田煒:《西周金文字詞關係研究》,上海古籍出版社,2016年,第169—172頁。
　　③　荆門市博物館編:《郭店楚墓竹簡》,文物出版社,1998年,第111頁。
　　④　荆門市博物館編:《郭店楚墓竹簡》,文物出版社,1998年,第175頁注[七]"裘按"。

久則天,天則神。"同樣的文字也見於《禮記·祭義》。"子諒",《韓詩外傳》作"慈良"。陳偉、單育辰等先生讀爲｛慈良｝①。《語叢二》簡23"子"字,裘錫圭先生認爲當讀爲《禮記·樂記》"易直子(慈)諒"之｛子｝②。

《老子》甲本簡1"季子",季旭昇等學者很早就指出當讀爲本字。《説文》:"季,少偁也。从子稚省,稚亦聲。""《老子》常以'嬰兒'比喻原始渾樸的善德","季子"猶言"嬰兒"③。裘錫圭先生也指出今本《老子》第二十八章有"復歸於嬰兒"一句,與"民復季子"義近④。《尊德義》和《語叢二》兩處"子"字意義相同,皆應如本字讀。上引《禮記·樂記》的内容,孔穎達疏曰:"子謂子愛。"李零先生在校讀《語叢二》時曾指出:"簡文的'子',是指愛子。古人亦以'子愛'稱人君愛民。"⑤這種意見都是正確的。郭店簡中有｛慈｝,共計3例,相關辭例如下:

> 1. 六新(親)不和,安(焉)又(有)孝孳(孳—慈)。(《老子》丙本簡3)
> 2. 古(故)孳(孳—慈)吕(以)悉(愛)之,則民又(有)新(親)。(《緇衣》簡25)
> 3. 昏(聞)坴(舜)丝(茲—慈)虖(乎)弟[□□□□□□]爲民宝(主)也。(《唐虞之道》簡23—24)

從用字習慣上看,｛慈｝皆使用"丝"或从"丝"的字來記録。這樣看來,上列三例"子"字都應讀爲本字,不應該讀爲｛慈｝。在傳世文獻中,"子諒"被改爲"慈良",就如同"季子"被改爲"孝慈"一樣,都是不合適的。

第五節　郭店簡所見失傳古義研究舉例

出土文獻資料對於豐富我們對漢語詞義的認識有重要的作用。一是有助於瞭解詞的本義,糾正以往錯誤的認知。如"之"字,《説文》曰:"出也。

---

① 陳偉:《郭店楚簡别釋》,湖北教育出版社,2003年,第171頁;單育辰:《郭店〈尊德義〉〈成之聞之〉〈六德〉三篇整理與研究》,科學出版社,2015年,第96頁。

② 荆門市博物館編:《郭店楚墓竹簡》,文物出版社,1998年,第206頁注[六]"裘按"。

③ 季旭昇:《讀郭店楚墓竹簡札記:卞、絶爲棄作、民復季子》,《中國文字》新24期,藝文印書館,1998年,第133—134頁。

④ 裘錫圭:《糾正我在郭店〈老子〉簡釋讀中的一個錯誤》,《郭店楚簡國際學術研討會論文集》,湖北人民出版社,2000年,第29頁。

⑤ 李零:《郭店楚簡校讀記(增訂本)》,北京大學出版社,2002年,第172頁。

象艸過中,枝莖益大,有所之。一者,地也。"從古文字材料看,"之"字從止從一,人之所之也①。《爾雅·釋詁》:"之,往也。"再如"我"字,《説文》曰:"施身自謂也。或説我,頃頓也。從戈從才。才,或説古垂字,一曰古殺字。"從古文字材料看,"我"字是一種刃部有齒的斧鉞形器②。二是可以發現一些詞語久已失傳意義和用法,加深我們對詞義系統地全面理解,也有利於彌補相關工具書的不足。林澐先生曾指出:"雖然先秦時代的字義通過種種渠道有相當一部分傳到後代,並通過歷代訓詁學者們的整理、研究,我們今天尚能通曉,但仍有許多字義湮滅在歷史的長河中。"③由於傳遺後世的文獻有限,很多詞語的意義和用法無法完全保留下來,再加上後人研究的遺漏和誤解,導致部分詞義湮滅無存,不載於字典辭書。出土文獻時代普遍較早,且没有經歷歷代傳抄刊刻失誤的煩擾,能夠比較真實地反映當時語言和詞彙的基本特點,通過對出土文獻資料的研讀,可以發現一些詞語久已失傳意義和用法。朱德熙先生曾指出"屯(純)"可作總括詞,訓爲"皆"④。相關用例如鄂君啟舟節"屯三舟爲一航",鄂君啟車節"屯十以當一車""屯二十擔以當一車",銀雀山漢簡343—344簡"直者屯産,術者半死"等。後一例中的"産"字與"死"相對,義爲"活""生存",與"生"爲同義詞,不見於相關工具書,但在秦漢出土文獻資料中卻多有用例:

1. 以生子,子不<u>産</u>。(睡虎地秦簡《日書》甲種簡38—39)

2. <u>産</u>爲材士,死效黄土。(北大秦簡《公子從軍》簡15)

3. 泰原有死者,三歲而復<u>産</u>。(北大秦木牘《泰原有死者》)

4. 今不智(知)死<u>産</u>、存所。(里耶秦簡8—534)

5. 不智(知)衣服、死<u>産</u>、在所。(里耶秦簡8—894)

6. 有氣則<u>産</u>,無氣則死。(馬王堆漢墓帛書《養生方》第197行)

張世超、田煒先生等先生認爲"産"的這種用法是受到秦"書同文字"的影響,與秦"書同文字"政策密切相關的里耶秦簡8—461木方中的"曰産",即是以"産"代"生"⑤。再如裘錫圭、陳劍等先生指出"休"和"光"有"賞賜"之

① 羅振玉:《增訂殷虚書契考釋(中)》,東方學會,1927年,第63頁。
② 林澐:《説戚、我》,《古文字研究》第17輯,中華書局,1989年,第198—205頁。
③ 林澐:《古文字學簡論》,中華書局,2012年,第140頁。
④ 朱德熙:《説"屯(純)、鎮、衡"——爲〈唐蘭先生紀念論文集〉作》,《朱德熙古文字論集》,中華書局,1995年,第173—184頁。
⑤ 張世超:《北京大學藏西漢竹書的文字學啟示》,《古代文明》,2014年第4期,第106頁;田煒:《論出土秦和西漢早期文獻中的"生"和"産"》,《中國語文》,2016年第2期,第202—210頁。

義①；吳振武師、王挺斌先生等指出"伐"和"斬"有"攻治"之義②。相關研究成果頗多，此不贅述。

　　在郭店簡中，也可以發現一些詞語的意義和用法不傳於後世，值得重視，下面舉幾個例子：

　　（一）"多"③。郭店簡《六德》篇"多"字的用法特殊，具體辭例如下：

> 1. 以義使人多。（15）
> 2. 以忠事人多。（17）
> 3. 以智率人多。（18）
> 4. 以信從人多也。（20）
> 5. 親此多也，密此多，美此多也。（25—26）
> 6. 暱之爲言也猶暱暱也，小而軫多也。（32—33）

上述諸例，"多"皆非"多少"之義。廖名春先生訓爲"賢、美、好"；顏世鉉先生先後讀爲"宜""祇""尔"等；沈培先生讀爲"何"④。郭店《五行》簡 40 有與《六德》簡 32—33 類似的文字：

> 暱之爲言猶暱暱也，小而軫者也。

"多"字與"者"字對應。陳劍先生指出"如果將這些'多'字都換成'者'字來讀，可以説是再通順不過了"，進而認爲"多"字可以"直接解釋爲指示代詞，意爲'……的（人或東西）'，跟'者'字的部分用法相類"⑤。類似的情況，還可以從其他文獻材料中找到綫索。在甲骨文中，"多"字常可用來修飾

---

① 裘錫圭：《文字學概要（修訂本）》，商務印書館，2013 年，第 141 頁。陳劍：《釋"琮"及相關諸字》，《甲骨金文考釋論集》，綫裝書局，2007 年，第 289 頁。

② 吳振武：《趙鈹銘文"伐器"解》，《訓詁論叢》第 3 輯，文史哲出版社，1997 年，第 795—805 頁。王挺斌：《戰國秦漢簡帛古書訓釋研究》，清華大學博士學位論文，2018 年，第 110—114 頁。

③ 按：相關討論參閲拙文《上博六〈平王問鄭壽〉札記兩則》，《南開語言學刊》，2020 年第 2 期，第 150—153 頁。

④ 廖名春：《郭店楚簡〈六德〉篇校釋》，《清華簡帛研究》第 1 輯，清華思想文化研究所，2000 年，第 73 頁。顏世鉉：《郭店楚簡〈六德〉箋釋》，《"中研院"歷史語言研究所集刊》第 72 本第 2 分，2001 年，第 461 頁；《郭店楚簡散論（二）》，《江漢考古》，2000 年第 1 期，第 40 頁。沈培：《郭店楚簡札記四則》，《簡帛語言文字研究》第 1 輯，巴蜀書社，2002 年，第 11—16 頁。

⑤ 陳劍：《郭店簡〈六德〉用爲"柔"之字考釋》，《戰國竹書論集》，上海古籍出版社，2013 年，第 104—105 頁。

親屬、爵位、官職、方國等與人有關的名詞而組成"多字結構",如"多兄""多侯""多士"等;而西周以後,此類結構多使用"者(諸)"字來修飾①。再如《説文》"奢"字籀文作"夸",《詛楚文》"宣夸(奢)競縱"正如此作。凡此,皆可爲證。

利用這一規律,可以解決其他材料的釋讀問題。上博六《平王問鄭壽》簡6有這樣一句話:

> 君王所改多=(多多),君王保邦。

"多"字重文。整理者認爲"多多",言益多②。"所改多多"不見於文獻記載。"多多"一語雖有見,但所在文獻皆爲漢以後,時代較晚。又簡文"多多"一語接於動詞之後且居於句尾,與常見文例句法不合。此處"多"字重文前一個當換讀爲"者",此句話當爲"君王所改者多,君王保邦"。

關於"多"字與"者"字的對應關係,顧史考先生認爲"多"是"者也"合音③,陳劍先生也有此懷疑④。虞萬里先生認爲這是一種方言替代的現象——即"以殷商語言爲主的'多字結構'之'多'在改朝易姓的過程中逐漸爲以姬周爲主的由方言方音上升爲雅言雅音的'諸'所代替"⑤。目前這一問題還没有完全搞清楚,有待進一步研究。

(二)"逾"。《老子》甲本簡19有這樣一句話:

> 天陛(地)相舍(合)也,㠯(以)逾甘零(露)。

"逾"字,對應帛書本、北大漢簡本《老子》皆作"俞",今本作"降"。帛書整理者讀"俞"爲"揄"或"輸"⑥,郭店簡整理者從之⑦,北大漢簡整理者讀爲

---

① 虞萬里:《由甲骨刻辭"多字結構"説到"多""諸"之音義及其民族與時地》,《中國文字研究》第2輯,廣西教育出版社,2001年,第211—255頁。

② 馬承源主編:《上海博物館藏戰國楚竹書(六)》,上海古籍出版社,2007年,第262頁。

③ 顧史考:《郭店楚簡〈成之〉等篇雜志》,《清華大學學報(哲學社會科學版)》,2006年第1期,第88頁。

④ 陳劍:《郭店簡〈六德〉用爲"柔"之字考釋》,《戰國竹書論集》,上海古籍出版社,2013年,第105頁注①。

⑤ 虞萬里:《由甲骨刻辭"多字結構"説到"多""諸"之音義及其民族與時地》,《中國文字研究》第2輯,廣西教育出版社,2001年,第222頁。

⑥ 國家文物局古文獻研究室編:《馬王堆漢墓帛書(壹)》,文物出版社,1980年,第15頁注[六〇]。

⑦ 荆門市博物館編:《郭店楚墓竹簡》,文物出版社,1998年,第115頁注[四八]。

"輸"①。魏啟鵬先生讀爲"輸",《玉篇》:"輸,瀉也。"②丁原植先生讀"逾"爲"實"③。廖名春先生初讀"逾"爲"雨",義爲降;後讀爲"輸",訓爲墮落、傾瀉,與"降"義近④。李零先生初依本字讀,後改讀爲"輸",傾委墮瀉之義⑤。趙建偉先生讀"逾"爲"濡",潤也⑥。孟蓬生、劉釗先生讀"逾"爲"降"⑦。

除郭店簡外,"逾"字還見於其他出土文獻材料,或寫作"榆""渝"等:

1. 逾淯、逾漢、逾夏、逾江。(鄂君啟舟節)
2. 王曰:"如四與五之間,載之專車以上乎?抑四航以逾乎?"沈尹子莖曰:"四航以逾。"(上博六《莊王既成》簡3—4)
3. 及昏,乃命左軍銜枚溯江五里以須,亦命右軍銜枚渝江五里以須。(清華七《越公其事》簡64—65。按:"渝"字對應今本《國語·吳語》作"踰")
4. 逾堂階,南面而立。(上博七《武王踐阼》簡2)
5. 煮棗將榆,齊兵又進,子來救[寡]人可也,不救寡人,寡人弗能支。(馬王堆帛書《戰國縱橫家書·蘇秦謂陳軫章》第238—239行)
6. 楚師圍之於鄭,盡逾鄭師與其四將軍,以歸於郢。(清華二《繫年》簡131)
7. 王命平夜悼武君率師侵晉,逾郘,止滕公涉澗以歸。(清華二《繫年》簡131)

"逾"字最早見於鄂君啟舟節,由於"淯"字(原作"𣲰")舊被誤釋爲"沽"讀

① 北京大學出土文獻研究所編:《北京大學藏西漢竹書(貳)》,上海古籍出版社,2012年,第160頁注[三]。
② 魏啟鵬:《楚簡〈老子〉柬釋》,萬卷樓圖書有限公司,1999年,第221頁。
③ 丁原植:《郭店竹簡〈老子〉釋析與研究》,萬卷樓圖書有限公司,1998年,第127頁。
④ 廖名春:《楚簡〈老子〉校釋之一》,《華學》第3輯,紫禁城出版社,1998年,第203頁;《郭店楚簡老子校釋》,清華大學出版社,2003年,第190頁。按:讀"逾"爲"雨"源自高明先生(《帛書老子校注》,中華書局,1996年,第399頁)讀帛書本"俞"爲"雨"。
⑤ 李零:《郭店楚簡校讀記》,《道家文化研究》第17輯(郭店楚簡專號),生活·讀書·新知三聯書店,1999年,第465頁;《郭店楚簡校讀記(增訂本)》,北京大學出版社,2002年,第13頁。
⑥ 趙建偉:《郭店竹簡〈老子〉校釋》,《道家文化研究》第17輯(郭店楚簡專號),生活·讀書·新知三聯書店,1999年,第277頁。
⑦ 孟蓬生:《郭店楚簡字詞考釋(續)》,《簡帛語言文字研究》第1輯,巴蜀書社,2002年,第24—27頁。劉釗:《郭店楚簡校釋》,福建人民出版社,2005年,第16頁。

爲"湖"，與"漢""夏""江"爲江河名不同，故以往多訓爲渡越、轉換水路等①。劉和惠先生認爲"逾"有二義：一是"越過"（逾湖），二是"順流而下"（逾漢、逾夏、逾江）②。船越昭生先生認爲"逾"字皆當訓爲"順水而下"③，但因爲"🈚"字的釋讀問題，這一意見並未得到認同。陳偉先生在吸收已有成果的基礎上，改釋"🈚"爲"油"，讀爲"淯"，淯水即白河的古稱；進而指出舟節中"逾"皆應解作"順水而下"④。但此義並非常訓，也不見載於相關字典辭書及訓詁著作，故並未得到應有的重視。直到郭店簡的發現，陳偉先生訓"逾"爲"下"⑤，纔重新引起學界關注。此後上博簡、清華簡等資料相近公佈，學界也對"逾"字古義有了比較全面的認識。陳劍先生總結説，"逾"有"下"之義，包括具體空間上的"下"，即"自上而下"；以及抽象意義的"下"即"攻下"義⑥。這是十分正確的。出土文獻中還有一些可訓爲"下"的"逾"或"揄"字用例：

1. □禱蒸都於五世王父以逾至親父。（《秦家嘴》M12）

2. 賽禱于荆王以逾順至文王以逾（新蔡簡甲三 5）

3. 脡祭景平王以逾至文君。（新蔡簡甲三 201）

4. 荆王、文王以逾至文君。（新蔡簡零 301、150）

5. □景平王以逾至□（新蔡簡甲三 280）

6. 文王以逾就禱大牢。（新蔡簡乙四 96）

7. 將逾趣廩。（新蔡簡甲一 12）

8. 將逾趣廩。（新蔡簡乙一 26、2）

9. 將逾□（新蔡簡甲二 16）

10. 上逾趣廩。（新蔡簡乙四 9）

11. 其亟日夜揄趣至甘泉之置。（北大漢簡三《趙正書》簡 4—5）

① 郭沫若：《關於鄂君啟節的研究》，《文物參考資料》，1958 年第 4 期，第 3—7 頁。于省吾：《"鄂君啟節"考釋》，《考古》，1963 年第 8 期，第 445 頁。黄盛璋：《關於鄂君啟節交通路綫的復原問題》，《中華文史論叢》第 5 輯，1964 年，第 145 頁，

② 劉和惠：《鄂君啟節新探》，《考古與文物》，1982 年第 5 期，第 60—64 頁。

③ 船越昭生：《鄂君啟節について》，《東方學報》第 43 册，1972 年，第 73—74 頁。

④ 陳偉：《〈鄂君啟節〉之"鄂"地探討》，《江漢考古》，1986 年第 2 期，第 89 頁。按：關於鄂君啟節研究的歷史，參閱陳偉：《〈鄂君啟節〉——延綿 30 年的研讀》，簡帛網（http://www.bsm.org.cn/？guwenzi/5336.html#_edn12），2009 年 8 月 25 日。

⑤ 陳偉：《郭店楚簡別釋》，湖北教育出版社，2003 年，第 21 頁。

⑥ 陳劍：《詞義研究數則：以出土文獻爲中心》，香港浸會大學饒宗頤國學院講座（http://jas.hkbu.edu.hk/ycy.php？page=event/ycy/detail&id=124），2018 年 3 月 16 日。

蘇建洲先生認爲這些"逾"也應訓爲"下",屬於空間位置的由上往下①。

有的學者主張上述"逾"類諸字皆應讀爲"降",如湯餘惠先生讀舟節中的"逾"爲"降",俞、降二字皆喉音,韻部侯、東陰陽對轉②。上引《老子》郭店本"逾"字,對應帛書本、北大漢簡本《老子》皆作"俞",今本作"降",看似可以爲證。但讀"逾"爲"降"後,舟節中"降湘""降漢""降夏""降江"不辭,不符合古漢語表述習慣。"降"字表示的是空間上的自上而下,舟節中的"逾"更多是表示位置的移動。袁瑩先生認爲"逾"讀爲"降"可分爲兩類:一類是下降的"降",訓爲"下";一類是降服的"降",訓爲"投降""征服""攻克"等③。王挺斌先生已經指出"逾""降"二者"形體懸殊,古音看似接近,其實仍有距離(原注:此蒙張富海賜教)";"下"本有降落、降下之義,後來引申出"攻克""降服"一類的意思④。蘇建洲先生也認爲"'逾'或讀爲'降',實無必要",還是當讀爲本字,訓爲"下"⑤。作爲"攻克""降服"講的"下",傳世文獻也有相關用例,如《逸周書·允文》:"上下和協,靡敵不下。"《商君書·慎法》:"千乘能以守者自存也,萬乘能以戰者自完也,雖桀爲主,不肯詘半辭以下其敵。"《淮南子·道應》"子發攻蔡,踰之",李家浩先生已指出"踰之"猶《史記·陳涉世家》"攻陳,下之"之"下之"⑥。關於"逾"字的來源,李守奎先生追溯到甲骨文中的" ",本義即是順流而下⑦,當爲可信。

(三)"後"。郭店簡《五行》簡45—46有這樣一段話:

> 耳目鼻口手足六者,心之役也。心曰唯,莫敢不唯;諾,莫敢不諾;進,莫敢不進;後,莫敢不後;深,莫敢不深;淺,莫敢不淺。

簡文"後"字,學者多依本字解。此句對應帛書本作"[心]曰進,莫敢不進;

---

① 蘇建洲:《説北大簡〈趙正書〉的"揄趣至"》,《文史》,2021年第4期,第251—257頁。
② 湯餘惠:《戰國銘文選》,吉林大學出版社,1993年,第46頁注[10]。
③ 袁瑩:《戰國秦漢文字中"俞"聲字讀爲"降"補論》,《古文字研究》第34輯,中華書局,2022年,第554—557頁。
④ 王挺斌:《戰國秦漢簡帛古書訓釋研究》,清華大學博士學位論文,2018年,第106—107頁。
⑤ 蘇建洲:《説北大簡〈趙正書〉的"揄趣至"》,《文史》,2021年第4期,第251—257頁。按:在2022年11月5—6日召開的"中國古文字學第二十四屆學術年會"的小組發言討論中,蘇建洲先生再次表達了這一意見。
⑥ 李家浩:《包山卜筮簡218—219號研究》,《長沙三國吳簡暨百年來簡帛發現與研究國際學術研討會論文集》,中華書局,2005年,第203頁。
⑦ 李守奎:《"俞"字的考釋與闡釋》,《首屆新語文學與早期中國研究國家研討會論文集》,澳門大學,2016年6月19—22日,第167—179頁。

［心曰退，莫敢不退］”，其中“心曰退，莫敢不退”一句帛書本脱，但帛書《説》
中有“進亦然，退亦然”之語，龐樸先生指出其是用來解説“心曰進，莫敢不
進；心曰退，莫敢不退”①。賈淑傑先生在對比了帛書本和郭店本後，認爲
“進”“退”相反相對，依上下文而言，當以作“退”爲佳②。從文意來看，這樣
理解無疑是比較合適的。

　　用“後”來表示“退”，“後”和“退”之間到底是什麽關係，其他出土文獻
可以爲我們提供一些綫索。安大簡《羔羊》篇（簡31—32）内容如下：

　　　　☐□後人自公，委蛇委蛇。羔羊之裘，素絲五總。委蛇委蛇，後人
　　自公。羔羊☐［自］公後人。

簡文“後”字對應今本《詩·召南·羔羊》作“退”。整理者認爲“後”當爲原
貌，强調“後”之義，遠勝《毛詩》，蓋因“後”“退”二字形體相近，故今本將
“後”改寫作“退”③。陳劍先生則認爲簡本的原貌原義應與今本毛詩基本一
致，“後”應是“退”之誤而不是相反，又將“人”改釋爲“以”，讀爲“食”④。李
松儒、單育辰先生也認爲“後”字有可能是“退”字的訛體⑤。同樣的情況再
如清華十《四時》簡36—37：

　　　　凡作風雨，如未及日位而作於月位，乃後以從之，其過日位，乃進以
　　從之，以日位爲極，以月夾之。

整理者認爲“後”與“進”相對，疑“後”爲“退”字之訛⑥。

　　此外，出土文獻中也有一些“退”表示“後”義的例子，如清華八《治邦之
道》簡9：

　　　　毋懷樂以忘難，必慮前退，則患不至。

　① 龐樸：《竹帛〈五行〉篇校注及研究》，萬卷樓圖書有限公司，2000年，第78頁。
　② 賈淑傑：《戰國楚簡〈五行〉校注》，東北師範大學碩士學位論文，2002年，第72頁。
　③ 安徽大學漢字發展與應用研究中心編：《安徽大學藏戰國竹簡（一）》，中西書局，2019年，
　　　第90頁注［一］。
　④ 陳劍：《簡談安大簡中幾處攸關〈詩〉之原貌原義的文字錯訛》，《中國文字》，2019年冬季
　　　號，第12—14頁。
　⑤ 李松儒、單育辰：《談安大簡〈詩經〉中的一些文字問題》，《戰國文字研究》第2輯，安徽大
　　　學出版社，2020年，第20頁。
　⑥ 清華大學出土文獻研究與保護中心編：《清華大學藏戰國竹簡（拾）》，中西書局，2020年，
　　　第141頁注［一二五］。

整理者疑"退"爲"後"字之訛①。子居(網名)認爲將"退"看作"後"的訛字，不如訓"前"爲"進"②。上博六《用曰》簡5"見前顧後"、上博七《武王踐阼》簡7"見其前，必慮其後"，可與《治邦之道》簡9參照，因此"前退"仍當看作"前後"爲好。

尉侯凱先生不同意"後""退"因形近而誤寫這種意見，認爲抄手不會在安大簡《羔羊》一篇詩內連續三次將"退"字錯寫作"後"③。從郭店簡用字情況來看，⌇退⌇共計5見，皆寫作"退"；⌇後⌇共計45見，分別寫作"逡"④ "句""后"，其中"先後""前後"的⌇後⌇皆寫作"逡"。在其他出土文獻中也基本如此，⌇退⌇和⌇後⌇用字區分明顯，不見大範圍訛混之例，這與楚文字"亟—亙""龜—黽"等經常訛混的情況不同，"後"與"退"之間的文字錯訛只是偶爾爲之，這也是學者將其看作"錯(訛)字"而不看作"訛混"的原因。但同時必須承認的是"後""退"二字確實形體相近，具備文字錯訛的條件。馬王堆帛書《老子》乙本(第223行)有這樣一句話：

是以聖人<u>退</u>其身而身先，外其身而身存。

"退"字，北大漢簡本、今傳本皆作"後"，從文意來看，此處無疑作"後"是更爲合適的。李零先生提出古文字"後""退"寫法相近，常相混淆⑤。此句也見於帛書《老子》甲本(第104行)，與"退"對應之字作"芮"，从"內"聲，讀爲"退"；第107行"功遂身退"之"退"也借"芮"來表示⑥。"'芮''後'形體差異巨大，二者不存在互相訛混的可能，這説明帛書《老子》甲、乙本'是以聖人退其身而身先'之'退'是其原貌，絶非'後'之訛誤。"⑦當然理論上也存在另外一種可能性，即帛書甲、乙兩本皆因文字錯訛而誤寫"後"爲"退"，其中甲本又因音近而被改寫爲"芮"。但這種推測太過迂曲，可能性是非常

---

① 清華大學出土文獻研究與保護中心編：《清華大學藏戰國竹簡(捌)》，中西書局，2018年，第141頁注[三七]。

② 子居：《清華簡八〈治邦之道〉解析》，中國先秦史網(https://www.preqin.tk/2019/05/10/735/)，2019年5月10日。

③ 尉侯凱：《也談安大簡〈羔羊〉中的"後人自公"》，《戰國文字研究——青年學者論壇論文集》，2022年11月19—20日，第334頁。

④ 按："逡"字1見(《性自命出》簡17)，爲"逡"之訛。

⑤ 李零：《人往低處走：〈老子〉天下第一》，生活·讀書·新知三聯書店，2008年，第44頁。

⑥ 湖南省博物館、復旦大學出土文獻與古文字研究中心編纂：《長沙馬王堆帛書集成(肆)》，中華書局，2014年，第46頁注[二八]。

⑦ 尉侯凱：《也談安大簡〈羔羊〉中的"後人自公"》，《戰國文字研究——青年學者論壇論文集》，2022年11月19—20日，第338頁。

小的。

　　這樣看來,"後"與"退"之間的關係僅僅關注形體的錯訛是不夠的,還要從二者之間意義上的聯繫找綫索。尉侯凱先生認爲在上古漢語中的"退""後"各有一種特殊用法,即"退"可以表示"後","後"也有類似"退"的含義①。這種意見是有道理的。以"進"和"前"爲例,《玉篇·辵部》:"進,前也。"《廣雅·釋詁二》:"前,進也。"二字互訓。與"進"和"前"相對相反的"退"和"後",理論上也存在密切的語義聯繫②,但相關字典辭書中不見記載。

　　需要注意的是,文獻中"進"和"後"是可以對應的,陳偉武先生稱之爲反義並列結構③,很多時候"後"字還是如本字解較好。如《論語·雍也》:"非敢後也,馬不進也。"也有疑似"後"用爲"退"的例子,如《禮記·曲禮上》:"僕御婦人則進左手,後右手。御國君,則進右手,後左手而俯。"《商君書·慎法》:"而今夫世俗治者,莫不釋法度而任辯慧,後功力而進仁義,民故不務耕戰。"這兩例"後"都應該理解爲"使居後"之義,高亨先生將《商君書·慎法》中的"後"理解爲"放在後面"是正確的④。出土文獻中也有同樣的情況:

　　　1. 凡貴人,使處前位一行,後則見亡,進則禄爵有賞,幾莫之當。(上博四《曹沫之陳》簡 24 下+50)

　　　2. [或]有軒冕之賞,或有斧鉞之威,以此前後之,猶不能以牧民,而反忎下之相濟也,豈不差哉?(上博七《吳命》簡 5)

　　　3. ▨□庶能進後人,願大夫之毋留徒,以損不穀之(上博八《王居》簡 4)

《曹沫之陳》中的"後"當理解爲"落後"之義,不能看作"退",理解爲"後退"。《尉繚子·經卒令》有類似的話語:"鼓行交鬬,則前行進爲犯難,後行進爲辱衆。逾五行而前者有賞,逾五行而後者有誅,所以知進退先後,吏卒之功也。""逾五行而後者有誅"可與簡文"後則見亡"參照,都是在説戰鬬行

---

①　尉侯凱:《也談安大簡〈羕羊〉中的"後人自公"》,《戰國文字研究——青年學者論壇論文集》,2022 年 11 月 19—20 日,第 334—341 頁。

②　按:由"後退"引申出向後、後面等義,或有"後面"引申出向後、後退等義,似乎都是比較合理的。

③　陳偉武:《從楚簡和秦簡看上古漢語詞彙研究的若干問題》,《歷史語言學研究》第 7 輯,商務印書館,2014 年,第 95—96 頁。

④　高亨注譯:《商君書注譯》,中華書局,1974 年,第 521 頁。

進中“落後”將受到懲罰。上博七《吳命》中的“前後”,是“使之前”“使之後”之義,不能理解爲“進退”,陳偉先生認爲前幾句的意思是用軒冕之賞和斧鉞之威“前後”人們①,應該是正確的。《王居》中的“進後”,也即“前後”,“前後人”與《吳命》中的“前後之”結構類似。

---

① 　陳偉:《讀〈吳命〉札記》,《新出楚簡研讀》,武漢大學出版社,2010 年,第 319 頁。

目　　錄

上　　册

下　　册

卷　一

0001 一　　一　　古文 

【用字】 一、弌、翟、能

【解字】

“弌”即“弍”字。

“翟”字屢見於出土文獻材料，最早見於鄂君啟節，羅長銘先生釋“歲翟”爲“載倅”，“解爲裝載隨從的人們”；殷滌非先生疑“翟”爲“罷”字繁文，“‘歲罷’或有歲暑之意”①。郭沫若先生讀爲“能”，認爲“‘戠翟返’者是限制舟行往返的時間。翟字从羽从能聲，當是態之異文，在此讀爲能，言舟之往返有效期間爲一年”②。這一意見信從者頗多，如商承祚先生認爲“‘翟’借爲‘能’，或爲‘能’之異體”③；饒宗頤先生認爲“‘翟’字爲‘能’之繁構”④；何琳儀先生亦讀“翟”爲“能”，認爲“與乃之音義均同”⑤。于省吾先生認爲“翟”即“羸”字，讀爲“盈”。“歲盈返”，言歲滿而返，可見此節的通行有效期間以一年爲限⑥。李零先生贊同這種意見，將該字與季嬴青匿的“”字聯繫起來，認爲“歲翟返”意思是“滿一年要交還此節，即所謂‘皆有期以反節’，這是舟節的使用時限”⑦。陳漢平先生亦贊同這種意見，認爲應讀爲“羸”本字，或讀爲“盈”⑧。姚漢源先生讀“翟”爲“翼”，或即爲“翼”異體，“翼”通“翌”⑨。朱德熙先生認爲“翟”从“羽”从“能”聲，即“翼”字的異

① 殷滌非、羅長銘：《壽縣出土的“鄂君啟金節”》，《文物參考資料》，1958 年第 4 期，第 9—10 頁。

② 郭沫若：《關於鄂君啟節的研究》，《文物參考資料》，1958 年第 4 期，第 4 頁。

③ 商承祚：《鄂君啟節考》，《文物精華》第 3 輯，上海教育出版社，1987 年，第 52 頁。

④ 饒宗頤：《楚繒書疏證》，《“中研院”歷史語言研究所集刊》第 40 本(上)，1968 年，第 2 頁。

⑤ 何琳儀：《戰國古文字典——戰國文字聲系》，中華書局，1998 年，第 77 頁。

⑥ 于省吾：《鄂君啟節考釋》，《考古》，1963 年第 8 期，第 444 頁。

⑦ 李零：《楚國銅器銘文匯釋》，《古文字研究》第 13 輯，中華書局，1986 年，第 370 頁。

⑧ 陳漢平：《金文編訂補》，中國社會科學出版社，1993 年，第 593 頁。

⑨ 姚漢源：《鄂君啟節釋文——戰國時長江中游的水運》，《安徽考古學會會刊》第 7 輯，1983 年。按：該文有刪節錯訛，1993 年 1 月經本人校正，完稿未再發表。

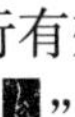

體,讀爲"代"。"歲代返"意思是説"一年之内分批輪流返回"①。劉先枚先生讀"歲罷返"爲"歲貸返",同時又認爲"罷"可能是"翼"的異體②。隨後,在包山、望山、天星觀卜筮祭禱類簡中,"罷"字亦有出現,辭例皆爲"罷禱……"。包山簡整理者讀爲"嗣"③、吳鬱芳先生讀爲"罷"④、何琳儀先生讀爲"祖"⑤。陳偉武先生認爲"'罷'讀爲'仍',古書亦作'扔',因也,'罷禱'即連續而禱"⑥。孔仲溫先生讀"罷"爲"熊",認爲"熊"與"嬴"通,"嬴"與"盈"通,故在鄂君啟節中可讀爲"盈";在包山等簡中"罷禱"讀爲"禜禱","禜"蓋爲《周禮·春官》中"太祝"所掌"六祈"之一⑦。郭店竹簡的發現證明"罷"當讀爲"一",後來,新蔡簡、上博簡、清華簡陸續公佈,也再次證明了這一點。關於"罷"字的構形解析,吳振武先生、孔仲溫先生、陳偉武先生等學者都將戰國文字中的"罷"與《小屯南地甲骨》2169 的""聯繫起來,認爲它們是同一個字⑧。張世超試圖在字形上找到綫索,將"罷"字與中山王響壺(《集成》9735)的""字聯係起來,認爲"楚文字以象熊奔逸狀之'罷'爲'逸',用爲'一',是爲假借";又説"楚文字之'罷'似乎亦或用其物類之象,讀爲'能'"⑨。大部分學者從語音的角度出發,對"罷"字構形進行解説。何琳儀先生認爲"罷"從羽聲,爲"壹"的假借字⑩;鄭偉先生等認爲從"能"得聲,遠紹侗臺語等古代楚方言⑪;王志平先生從漢語本身和漢藏比較兩方面考察,認爲"一"、"能"中古音不近,但上古音很接近⑫;宋華強先生指

---

① 朱德熙、李家浩:《鄂君啟節考釋(八篇)》,《朱德熙文集》第 5 卷,中華書局,1999 年,第 193 頁。
② 劉先枚:《釋罷》,《江漢考古》,1985 年第 3 期,第 73—74 頁。
③ 湖北省荆沙鐵路考古隊編:《包山楚簡》,文物出版社,1991 年,第 53 頁注釋[359]。
④ 吳鬱芳:《〈包山楚簡〉卜禱簡牘釋讀》,《考古與文物》,1996 年第 2 期,第 76 頁。
⑤ 何琳儀:《戰國古文字典——戰國文字聲系》,中華書局,1998 年,第 77 頁。
⑥ 陳偉武:《戰國楚簡考釋斠議》,《第三屆國際中國古文字學研討會論文集》,香港中文大學中國文化研究所、中國語言及文學系,1997 年,第 652—657 頁。
⑦ 孔仲溫:《楚簡中有關祭禱的幾個固定字詞試釋》,《第三屆國際中國古文字學研討會論文集》,香港中文大學中國文化研究所、中國語言及文學系,1997 年,第 579—583 頁。
⑧ 按:吳振武先生未專文討論,其意見見於上引陳偉武先生《戰國楚簡考釋斠議》一文;又陳先生又説:"1997 年 6 月 14 日,承吳振武先生面告:甲骨文'熊'字與戰國文字'罷'相近,'罷'上部所从之'羽'應由象形文裂變而來。"
⑨ 張世超:《釋"逸"》,《中國文字研究》第 6 輯,廣西教育出版社,2005 年,第 8—10 頁。
⑩ 何琳儀:《郭店竹簡選釋》,《簡帛研究二〇〇一》,廣西師範大學出版社,2001 年,第 162 頁。
⑪ 鄭偉:《古代楚方言"罷"字的來源》,《中國語文》,2007 年第 4 期,第 378—381 頁;林虹瑛、村瀬望、古屋昭弘:《戰國文字"罷"について》,《中國語學研究·開篇》第 23 期,2004 年。
⑫ 王志平:《"罷"字的讀音及相關問題》,《古文字研究》第 27 輯,中華書局,2008 年,第 394—399 頁。

出"'乃'、'能'都是泥母之部字,古書中不乏相通的例子。文獻中'一'、'壹'與'乃'相通,和楚簡中'一'、'壹'與'罷'相通顯然是平行現象,這可以進一步證明'罷'確實是從'能'得聲的",這種現象屬於"聲近通假"①。周鳳五先生提出,"罷"有"一"、"能"、"代"(代禱)三種讀法②;顏世鉉先生進一步證明,"楚系的'罷'所從的'羽'和'能'當都是聲符,能是泥紐之部。'罷'字可讀爲'能'。'罷'字也可讀爲'代',代爲定紐職部,'羽'和'代'是旁對轉關係……'能'和'代'則爲旁紐陰入對轉";又説"'罷'從'羽'(魚部)、'能'(之部),二者均爲聲符。'罷'可讀作'能'(之部)、'代'(職部)以及'一'(質部),在語音的關係上是可以説得通的"。③　李天虹先生認爲整理者對"罷"的隸定可能存在失誤,羽、能二字與一的古音相距均較遠,難以通轉,當隸定爲"譶",以甹爲聲。古音甹、一均質部字,甹屬匣母,一屬影母,音極相近,可以通轉④。范常喜先生贊同李天虹先生的意見,但論證的角度有所不同⑤。劉雲先生將"罷"釋爲"鷊",認爲戰國文字中"罷"是從甲骨文中的""、史墻盤中的""字所從""(改讀爲"殪")演變而來的。"鷊"從"壹"聲,"壹"與"一"古音相同,都是影母質部,文獻中也有極多的通假例證⑥。按:以往意見多將《成之》簡18的"貴而罷讓"中的"罷"字讀爲"能",現在看來恐怕是不正確的,清華簡十三《大夫食禮》簡3有同樣的話語,簡文中讀爲"揖"⑦。

　　新蔡簡有從"日"從"能"的"罷"字,寫作""(甲三22、59),辭例爲"日癸丑";字又見於清華六《子儀》簡19"明而返之"。或從"大"作"奆",寫作"",見於清華六《子儀》簡10"明,公送儀";或下部從""作"",見於清華十《四告》簡10"日,其會邦君、諸侯、大正、小子、師氏、御事"。從文例上看,這些字皆當讀爲"翌"。甲骨文中的"翌"字或借"翼"

①　宋華強:《楚簡"罷禱"新釋》,簡帛網(http://www.bsm.org.cn/show_article.php?id=412),2006年9月3日。

②　周鳳五:《讀郭店竹簡〈成之聞之〉札記》,《古文字與古文獻》試刊號,楚文化研究會籌備處,1999年,第46—48頁。

③　顏世鉉:《郭店楚簡散論(一)》,《郭店楚簡國際學術研討會論文集》,湖北人民出版社,2000年,第105頁。

④　李天虹:《郭店楚簡文字雜釋》,《郭店楚簡國際學術研討會論文集》,湖北人民出版社,2000年,第94—95頁。

⑤　范常喜:《新蔡楚簡"耳禱"即"○(從羽從能)禱"説》,簡帛網(http://www.bsm.org.cn/show_article.php?id=440#_edn26),2006年10月17日。

⑥　劉雲:《釋"鷊"及相關諸字》,復旦大學出土文獻與古文字研究中心網站(http://www.guwenzi.com/SrcShow.asp?Src_ID=1147),2010年5月12日。

⑦　石小力:《清華簡第十三輯中的新用字現象》,《出土文獻》,2023年第4期,第35—36頁。

的象形初文"𦐃"(《合集》154)表示,或加注義符"日"作"𦐈"(《合集》20819),或加注聲符"立"作"𦐇"(《合集》28905);西周金文作"𦐇"(小盂鼎,《集成》2839);石鼓文作"𦐇"(《吾水》)。石小力先生認爲"罷"字是"翼"字異體,所从"能"形來源於甲骨文"翼"的象形初文;"罷"字从羽,翼聲,是爲羽翼之"翼"所造的形聲字;象形的"翼"演變爲"能"形,既有變形聲化的現象,也有類化的作用。同時根據甲骨金文中從"翼"之字,推測了"翼"演變成"能"的路徑①:

中山王𧲲壺、上博簡等材料中"一"又寫作"𪕙-",沈培先生指出此字當爲"一"字,《凡甲》簡21"𪕙-生兩,兩生三……"是堅强的證據②。此後,學者多從此説。關於"𪕙-"字的構形,多數學者隸定爲"𪕙-"。蘇建洲先生認爲該字不能如此隸定,該字下部與"鼠"字寫法不同,而且也看不出聲符"一",認爲下部當从"印(抑)"聲③;後來又放棄了此説。楊澤生先生認爲該字是"乙(钇)"字④。石小力先生認爲"𪕙-"字所从"鼠"形,是"翼"形的一種變體,該字从翼从一,是羽翼之"翼"的異體⑤。總體而言,石小力先生關於"罷""𪕙-"二字構形的解析是有道理的。

【詞義】

一、數詞。

1. 王凥(處)一女(安一焉)。老甲 22

2. 罷(一)块(缺)罷(一)湦(湼一盈)。太一生水 7

3. 一人又(有)慶,蕫(萬)民膊(賴)緇衣 13 之。14

4. 或(又)㠯(以)䏏(智一知)六德 38 丌(其)戈(弌一一)壴(喜一矣)。39

5. 君子於此戈(弌一一)歠(偏)者亡(無)所澨(廢)。六德 40

6. 能獣(獸一守)戈(弌一一)凵(曲)女(安一焉)。六德 43

7. 者迨憂不逮從一衍(道)。語叢一 75

① 石小力:《説戰國楚文字中用爲"一"的"翼"字》,《中國語文》,2022 年第 1 期,第 106—113 頁。

② 沈培:《略説〈上博(七)〉新見的"一"字》,復旦大學出土文獻與古文字研究中心網站(http://www.gwz.fudan.edu.cn/Web/Show/582),2008 年 12 月 31 日。

③ 蘇建洲:《〈上博七·凡物流形〉"一""逐"二字小考》,古文字網,2009 年 1 月 2 日。

④ 楊澤生:《上博簡〈凡物流形〉中的"一"字試解》,《古文字論壇》第 1 輯(曾憲通教授八十慶壽專號),中山大學出版社,2015 年,第 139—155 頁。

⑤ 石小力:《説戰國文字"𪕙-"字的來源》,《古文字研究》第 34 輯,中華書局,2022 年,第 404—407 頁。

8. 凡迖(過)正一旨(以)逹(逸—失)亓(其)迱(它)_{語叢二} **40** 者也。**41**

9. 若四旹(時)一逋(逝)一坴(來)。_{語叢四} **21**

10. 三肔(雄)一魷(雌)。_{語叢四} **26**

11. 三魷一茝。_{語叢四} **26**

12. 一王母_{語叢四} **26** 保三殹(嬰)兒(婗)。_{語叢四} **27**

13. 翆(一)_{語叢四} **25** 言之善,足旨(以)宎(終)殜(世)。**3**

二、純一。

1. 隹(唯)尹身(允)及湯,咸又(有)一悥(德)。_{緇衣} **5**

三、一樣;如一。

1. 娽(淑)人君子,亓(其)義(儀)翆(一)也。_{五行} **16**

2. 能爲翆(一),肰(然)句(後)能爲君子。_{五行} **16**

3. 鼎(勳—則)民悥(德)_{緇衣} **16** 戈(弌—一)。**17**

4. 畧(淑)人君子,甘(箕—其)義(儀)戈(弌—一)也。_{緇衣} **39**

5. 穼(窮—窮)達旨(以)旹(時),悥(德)行戈(弌—一)也。_{窮達} **14**

6. 四海(海)之內,亓(其)眚(性)戈(弌—一)也。_{性命} **9**

四、一概;全部。

1. 一宮之人不夯(勝)_{成之} **7** 亓(其)敬。**8**

2. 一宮之人不夯(勝)亓(其)[哀]。_{成之} **8**

3. 一匍(軍)之人不夯(勝)亓(其)戜(勇)。_{成之} **9**

五、太一。

1. 大(太)一生水,水反補(輔)大(太)一。_{太一} **1**

2. 天反補(輔)大(太)一。_{太一} **1**

3. 天陞(地)_{太一} **5** 者,大(太)一斋_(之所)生也。**6**

4. 是古(故)大(太)一賢(臧—藏)於水。_{太一} **6**

六、副詞。一旦;一經。

1. 能(一)牙(與)之齊,宎(終)身弗改(改)之豆(喜—矣)。_{六德} **19**

七、用爲"揖",參閱卷十二"揖"(第 608 頁)。

0002 天 　 天

【用字】　天、大、夫、而

【詞義】

一、天空,與"地"相對。

1. 天陞(地)弗敔(敢)臣。_{老甲} **18**

2. 天坒（地）相畠（合）也。老甲 19

3. 先天坒（地）生。老甲 21

4. 天大，坒（地）大，道（道）大，王亦大。老甲 22

5. 坒（地）鼟（法）天═（天，天）鼟（法）道（道）。老甲 23

6. 天坒（地）之勿（間）。老甲 23

7. 是㠯（以）成（城—成）天。太一 1

8. 天反補（輔）大（太）一。太一 1

9. 天坒（地）［復相輔］太一 也。2

10. 神明者，天坒（地）斎═（之所）生也。太一 5

11. 天坒（地）太一 5 者，大（太）一斎═（之所）生也。太一 6

12. 此天斎═（之所）不能殺。太一 7

13. 上，燹（燹—氣）也，而胃（謂）之天。太一 10

14. 天坒（地）明（名）忎（字）竝═（並立）。太一 12

15. 天坒（地）右（佑）之。唐虞 15

16. 不昪（期）忠信 4 而可蟿（要）者，天也。5

17. 㐀（配）天陞（地）也者。忠信 5

二、天神；上天。

1. 夫天多昪（期—忌）韋（諱），而民爾（彌）畓（畔—叛）。老甲 30

2. 絅（治）人事天，莫若嗇。老乙 1

3. 又（有）天又（有）人，天人又（有）分。窮達 1

4. 謢（察）天人之分，而皆（智—知）所行矣。窮達 1

5. 惪（德），天邅（道）也。五行 5

6. 夫晢（聖）人上事天，效（教）民又（有）尃（尊）也。唐虞 4

7. 天奎（降）大棠（常），㠯（以）里（理）人侖（倫）。成之 31

8.《大壄（禹）》曰：“余才（茲）厇（宅—度）天心”。成之 33

9. 言余之此而厇（宅—度）於天心也。成之 33

10. 侴（命）性命 2 自天降。3

11. 天生鯀（倫）。語叢一 3

12. 皆（智—知）天所爲。語叢一 29

三、天命。

1. 壆（壠—遇）不壆（壠—遇），天也。窮達 11

2. 幾而皆（智—知）之，天也。五行 48

3. 大〈天〉坒（施）者（諸）亓（其）人，天也。五行 48

4. 又（有）天又（有）畬（命）。語叢一 2

5. 又(有)天又(有)龠(命)。語叢一 **12**

6. 又(有)天又(有)命又(有)語叢三 **68**上生。**70**上

四、自然。

1. 天逳(道)鼎₌(員員)。老甲 **24**

2. 攻(功)述(遂)身遏(退),天之道(道)也。老甲 **39**

3. 天象亡(無)坓(形)。老乙 **12**

4. 天逳(道)貴溺(弱)。太一 **9**

5. 是古(故)夨₌(少人—小人)燮(䚤—亂)天棠(常)㠯(以)逆大道(道)。成之 **32**

6. 君子釘(治)人侖(倫)㠯(以)川(順)成之 **32** 天悳(德)。**33**

7. 聖(聖)人天悳(德)。成之 **37**

8. 而可㠯(以)至川(順)天棠(常)态(疑—矣)。成之 **38**

9. 是成之 **39** 古(故)君子斳(慎)六立(位)㠯(以)巳(祀)天棠(常)。**40**

10. 《易》,所㠯(以)會(會)天術(道)人術(道)語叢一 **36** 也。**37**

11. 譸(察)天道(道)㠯(以)悤(化)民燋(燖—氣)。語叢一 **68**

12. 天型(形)成(城—成)。語叢三 **17**

13. 義,天道(道)□ 殘簡 **7**

五、"天下"。古時多指中國範圍內的全部土地;全國。

1. 天下樊(樂)進而弗詁(厭)。老甲 **4**

2. 古(故)天下莫能與之鬭(靜—爭)。老甲 **5**

3. 不谷(欲)㠯(以)兵弝(強)老甲 **6** 於天下。**7**

4. 天下谷(皆)督(智—知)散(美)之爲媥(媄—美)也。老甲 **15**

5. 卑(譬)道(道)之才(在)天下也。老甲 **20**

6. 可㠯(以)爲天下母。老甲 **21**

7. 古(故)爲天下貴。老甲 **29**

8. 㠯(以)亡(無)事老甲 **29** 取(取)天下。**30**

9. 天下之勿(物)生於又(有),生於亡(無)。老甲 **37**

10. [故貴以身]老乙 **7** 爲天下,若可㠯(以)厇(託)天下矣。**8**

11. 恶(愛)㠯(以)身爲天下,若可㠯(以)迖(寄)天下矣。老乙 **8**

12. 淯₌(清青—清靜)爲天下定(正)。老乙 **15**

13. 攸(攸—修)之天下,[其德乃溥]。老乙 **17**

14. 㠯(以)天下豒(觀)天下。老乙 **18**

15. 虗(吾)可(何)㠯(以)督(智—知)天[下之然哉]?老乙 **18**

16. 敡(埶—設)大象,天下往。老丙 **4**

17. 夫樂(樂)〔殺,不可〕_{老丙 7} 曼(以)昊(得)志於天下。_{老丙 8}

18. 秒(利)天下而弗秒(利)也。_{唐虞 1}

19. 秒(利)天下而弗秒(利)也。_{唐虞 2}

20. 悉(愛)天下之民。_{唐虞 7}

21. 古者堙(堯)生於天子而又(有)天下。_{唐虞 14}

22. 卒王天下而不矣(喜)。_{唐虞 18}

23. 及丌(其)又(有)天下也,不目(以)天下爲重。_{唐虞 19}

24. 又(有)天下弗能冒(嗌—益),亡(無)天下弗能鼎(員—損)。_{唐虞 19}

25. 亟(極)忎(仁)_{唐虞 19}之至,秒(利)天下而弗秒(利)也。₂₀

26. 上直(直—德)鼎(勳—則)天下又(有)君而_{唐虞 20}世明。₂₁

27. 能目(以)天下諱(襢—禪)歆(歆—矣)。_{唐虞 22}

28. 智(智—知)丌(其)能敉(養)天下_{唐虞 22}之老也。₂₃

29. 智(智—知)丌(其)能紀(事)天下之長也。_{唐虞 23}

30. 堙(堯)諱(襢—禪)天下_{唐虞 24}而昼(受—授)之。₂₅

31. 旱=(五十)而紀(治)天下。_{唐虞 26}

32. 諱(襢—禪)天下而_{唐虞 26}昼(受—授)▪以(臤—賢)。₂₇

33. 天下北(必)堞(壞)。_{唐虞 28}

34. □天下 □殘簡 23

六、“天子”。古以君權爲神所授,故稱帝王爲天子。

1. 立而爲天子。_{窮達 3}

2. 髮(靫—釋)板(版)管(築)而碞(差—佐)天子。_{窮達 4}

3. 殹(舉)而爲天子帀(師)。_{窮達 5}

4. 天子罝(親)齒。_{唐虞 5}

5. 古者堙(堯)生於天子而又(有)天下。_{唐虞 14}

6. 升爲天子而不奢(喬—驕)。_{唐虞 16}

7. 升爲天子而不奢(喬—驕)。_{唐虞 17}

七、形近譌誤。

(一) 譌爲“而”。

1. 文_{五行 29}〔王在上,於昭〕于而〈天〉。_{五行 30}

2. 南面而王而〈天〉下而甚君。_{唐虞 25}

(二) 譌爲“大”。

1. 大〈天〉坒(施)者(諸)元(其)人,天也。_{五行 48}

(三) 譌爲“夫”。

1. 夫〈天〉生百勿(物),人爲貴。_{語叢一 18}

（四）"夫"字誤寫，參閱卷十"夫"（第516頁）。

（五）"而"字誤寫，參閱卷九"而"（第481頁）。

0003 丕   𠀚

【用字】 不

【詞義】

一、大。

    1. 唯髦（冒）不（丕）嘼（單）叏（再—稱）悳（德）。**成之22**

0004 上   丄   古文 丄

【用字】 上、峚、迮

【解字】

    "迮"字，整理者（173頁）如此隸定。張光裕先生讀爲"上"①；涂宗流、劉祖信兩位先生隸定爲"迮"，讀爲"撫"②；單育辰先生認爲該字從辵從丕，讀爲"恆"③。今暫從整理者和張光裕先生的意見。

【詞義】

一、上面，高處。

    1. 亓（其）才（在）民上也。**老甲3**

    2. 亓（其）才（在）民上也。**老甲4**

    3. 上，燹（燹—氣）也，而胃（謂）之天。**太一10**

    4. 亓（其）上［□□□］。▨**太一13**

    5. 又（有）余（餘）於上。**太一14**

    6. 孯=（君子）簊（衽）筶（席）之上。**成之34**

二、指天。

    虖=（虖虖—赫赫）**五行25** 才（在）上。**五行26**

三、在上面的一方。

    1. 夫瞾（聖）人上事天。**唐虞4**

---

① 張光裕主編：《郭店楚簡研究》第一卷《文字編》，藝文印書館，1999年。

② 涂宗流、劉祖信：《郭店楚簡先秦儒家佚書校釋》，萬卷樓圖書有限公司，2001年，第119—120頁。

③ 單育辰：《郭店〈尊德義〉〈成之聞之〉〈六德〉三篇整理與研究》，科學出版社，2015年，第91頁。

2. 上交者也。性命 55

3. 上交近事君。性命 56

四、高位。

1. 臤（聖）唐虞 27 者不才（在）上。唐虞 28

五、尊長或在上位的人；君主。

1. 爲上可臦（望）而舀（智—知）也。緇衣 3

2. 上人悉（疑）鼎（勮—則）百眚（姓）賦（惑）。緇衣 5

3. 上好悬（仁）。緇衣 11

4. 鼎（勮—則）民至（致）行异（異—己）吕（以）敚（悦）上。緇衣 11

5. 下之事上也。緇衣 14

6. 上好此勿（物）也。緇衣 14

7. 古（故）上之好亞（惡）不可不訢（慎）也。緇衣 15

8. 古（故）上不可吕（以）埶（執—褻）茎（刑）而翠（翌—輕）雀（爵）。緇衣 28

9. 民不從上之佥（命）。成之 2

10. 繇（由）走（上）之弗身也。成之 6

11. 是古（故）成之 6 走（上）句（苟）身備（服）之。成之 7

12. 走（上）句（苟）昌（倡）之。成之 9

13. 君上卿（享）成（城—成）不唯杳（本）。成之 12

14. 上不吕（以）亓（其）道（道），民之從之也難。成之 15

15. 是吕（以）上之巫（亙—亟）成之 24 炙（務）才（在）訐（信）於眾。25

16. 爲人上者之炙（務）也。尊德義 1

17. 下之事上也。尊德義 36

18. 上好是勿（物）也。尊德義 36

19. 昏（聞）道（道）反上。性命 55

20. 子也者，酓（會）埻（埻—最）長材六德 21 吕（以）事上。22

21. 上共下之宜（義）。六德 22

22. 上下麿（虘—皆）旻（得）亓（其）所之胃（謂）訐（信）。語叢一 65

23. 父子，至上下也。語叢一 69

24. 善事亓（其）上語叢四 18 者。19

25. □而上又（有）殘簡 24 賞慶女（安—焉）。六德 11

六、上帝。

1. 上帝板=（板板），下民采（卒—瘁）靼（擔—癉）。緇衣 7

2. 畲（昔）才（在）上帝戟（割）繡（申）臞（觀）文王惠（德）。緇衣 37

3. 上帝臨〈臨(臨)〉女(汝),毋戒(弍—貳)尒(爾)心。五行 48

七、等級高的。

1. 上士昏(聞)道(道),堇(僅)能行於丌(其)中。老乙 9

2. 上惪(德)女(如)浴(谷)。老乙 11

3. 鎬(銛)纏(功)爲上,弗媄(媄—美)也。老丙 7

4. 上牺(牆—將)甸(軍)居右。老丙 9

5. 勮(則)民谷(欲)丌(其)貴之上也。成之 18

6. 善取,人能從之,上也。尊德義 11

八、次序在前的。

1. 大(太)上下𦫼(智—知)又(有)之。老丙 1

九、以……爲上;崇尚、推崇。動詞。①

1. 古(故)吉事上左,䘮(喪)事上右。老丙 8

2. 上直(直—德)叟(受—授)𠬦(臤—賢)之胃(謂)也。唐虞 20

3. 上直(直—德)鼎(勮—則)天下又(有)君而唐虞 20 世明。21

十、存疑。

1. 让(上)愄(畏)勮(則)□。尊德義 18

0005 帝　　帝

【用字】　帝

【詞義】

一、上帝。

1. 上帝板=(板板),下民采(卒—瘁)貆(担—癉)。緇衣 7

2. 䒼(昔)才(在)上帝戴(割)繻(申)觀文王惪(德)。緇衣 37

3. 上帝臨〈臨(臨)〉女(汝),毋戒(弍—貳)尒(爾)心。五行 48

二、君主。

1. 六帝興於古,虜〈虘(皆)〉采(由)此也。唐虞 8

2. 忠事帝埜(堯),乃弋(式)丌(其)臣。唐虞 9

三、用爲"啻",參閱卷二"啻"(第 63 頁)。

---

① 按:這種用法的"上",一般多認爲通假爲"尚"。有學者認爲"推崇"之意當是"上"的引申義,非通假爲"尚"。參閱于智榮、邸宏香:《〈古代漢語〉疏誤再商榷》,《長春師範學院學報》,1999 年第 5 期。

0006 旁　　𤕰　　古文 𤕰 𤕰　　籀文 𤕰

【用字】　仿

【詞義】

一、邊;側。

　　1. 譽呈(毀)才(在)仿(旁),聖(聖—聽)之弋(任)之。窮達 **14**

0007 下　　丅　　古文 丅

【用字】　下

【詞義】

一、下面,低處。

　　1. [千里之行始於]老甲 **26** 疋〈足〉下。**27**

　　2. 又(有)余(餘)於下太一 **14**

　　3. 不足於下者,有余(餘)於上。太一 **14**

　　4. 下,土也。太一 **10**

　　5. 丌(其)下高㠯(以)勥(勥—強)。太一 **13**

　　6. 下事坓(地)。唐虞 **4**

二、地。

　　1. 明_(明明)才(在)下。五行 **25**

三、在下面的一方。

　　1. 下交者也。性命 **56**

　　2. 上交近事君,下交㝵(得)性命 **56** 眾近從正(政)。**57**

四、地位低的人;百姓。

　　1. 大(太)上下智(智—知)又(有)之。老丙 **1**

　　2. 為上可逆(望)而智(智—知)也,為下緇衣 **3** 可頪(類)而䇫(識)也。**4**

　　3. 上人忞(疑)鼎(勛—則)百眚(姓)貮(惑),下難緇衣 **5** 智(智—知)鼎(勛—則)君倀(長)袋(勞)。**6**

　　4. 上好㤥(仁),鼎(勛—則)下之為緇衣 **10** 㤥(仁)也秇(耕—爭)先。**11**

　　5. 咸(城—成)王之孚,下土之弋(式)。緇衣 **13**

　　6. 下之事上也,不從丌(其)所㠯(以)命,而從丌(其)所行。上好此勿(物)也,緇衣 **14** 下必又(有)甚女(安—焉)者矣。**15**

　　7. 下之事上也,不從亓(其)所盒(命),而從亓(其)所行。尊德義 **36**

　　8. 上好是勿(物)也,尊德義 **36** 下必又(有)甚女(安—焉)者。**37**

9. 昏(聞)衍(道)反下。性命 56

10. 上恭下之宜(義)。六德 22

11. 下攸(修)忑(惎—其)六德 41 杳(本)。42

12. 上下麿(膚—皆)旻(得)亓(其)所之胃(謂)訐(信)。語叢一 65

13. 善叟(使)亓(其)下。語叢四 17

五、等級低的。

1. 鼥(寵)爲下也。老乙 6

2. 下士昏(聞)道(道),大芺(笑)之。老乙 9

3. 上帝板₌(板板),下民釆(卒—瘁)軥(担—瘅)。緇衣 7

4. 方才(在)下立(位)。唐虞 19

5. 父子,至上下也。語叢一 69

六、位置低,與"高"相對。

1. 高下之相涅(涅—盈)也。老甲 16

七、居人下;謙下。

1. 㠯(以)亓(其)老甲 2 能爲百浴(浴—谷)下。3

2. 亓(其)才(在)民上也,㠯(以)老甲 3 言下之。4

八、"天下"。古時多指中國範圍内的全部土地;全國。

1. 天下樂(樂)進而弗詀(厭)。老甲 4

2. 古(故)天下莫能與之斸(靜—爭)。老甲 5

3. 不谷(欲)㠯(以)兵弜(強)老甲 6 於天下。7

4. 天下夳(皆)習(智—知)敳(美)之爲娀(媺—美)也。老甲 15

5. 卑(譬)道(道)之才(在)天下也。老甲 20

6. 可㠯(以)爲天下母。老甲 21

7. 古(故)爲天下貴。老甲 29

8. 㠯(以)亡(無)事老甲 29 取(取)天下。30

9. 天下之勿(物)生於又(有),生於亡(無)。老甲 37

10. [故貴以身]老乙 7 爲天下,若可㠯(以)厇(託)天下矣。8

11. 惡(愛)㠯(以)身爲天下,若可㠯(以)迖(寄)天下矣。老乙 8

12. 清₌(清青—清靜)爲天下定(正)。老乙 15

13. 攸(攸—修)之天下,[其德乃溥]。老乙 17

14. 㠯(以)天下矔(觀)天下。老乙 18

15. 埶(執—設)大象,天下往。老丙 4

16. 夫樂(樂)[殺,不可]老丙 7 㠯(以)旻(得)志於天下。8

17. 秒(利)天下而弗秒(利)也。唐虞 1

18. 秢(利)天下而弗秢(利)也。唐虞 2

19. 孝之布(殺),态(愛)天下之民。唐虞 7

20. 古者埜(堯)生於天子而又(有)天下。唐虞 14

21. 卒王天下而不矣(喜)。唐虞 18

22. 及亓(其)又(有)天下也,不呂(以)天下爲重。唐虞 19

23. 又(有)天下弗能喑(嗌一益),亡(無)天下弗能鼎(員一損)。唐虞 19

24. 秢(利)天下而弗秢(利)也。唐虞 20

25. 上直(直一德)鼎(勳一則)天下又(有)君而唐虞 20 世明。21

26. 能呂(以)天下徝(徻一禪)歓(歓一矣)。唐虞 22

27. 耆(智一知)亓(其)能救(養)天下唐虞 22 之老也。23

28. 耆(智一知)亓(其)能紏(事)天下之長也。唐虞 23

29. 埜(堯)徝(徻一禪)天下唐虞 24 而受(授)之,南面而王而〈天〉下而
　　甚君。25

30. 𡔖=(五十)而紏(治)天下。唐虞 26

31. 徝(徻一禪)天下而唐虞 26 叜(受一授)又(臤一賢)。唐虞 27

32. 天下朮(必)埰(壞)。唐虞 28

33. ☐天下 ☐殘簡 23

0008　示　　示　　　古文

【用字】　旨、覎

【解字】

　　"旨"即旨字,从"匕"从"口",會以匕(勺子)把食物放進嘴裏之意。

　　"覎"即"視"字。《緇衣》簡 42"旨"字,對應今本作"示",上博簡作
"覎"。整理者(136 頁注[一〇六])讀爲"指"。《爾雅·釋言》:"指,示
也。"裘錫圭先生在"按語"中指出"'旨''示'古音相近"。旨,章紐脂部;
示,船紐脂部。二字音近可通。

【詞義】

一、給人看。

1. 呂(以)覎(視一示)民䞌(厚)。緇衣 2

2. 章(彰)好呂(以)覎(視一示)民忿(慾一欲)。緇衣 6

3. 旨(旨一示)我周行。緇衣 42

4. 自覎(視一示)亓(其)所能,鼎(鼎一員一損)。語叢三 13

5. 自覎(視一示)亓(其)所不族(足),旹(嗌一益)。語叢三 14

0009　禮　　禮　古文 〲

【用字】　豊

【詞義】

一、儒家經典名。

　1. 《敔（時—詩）》《箸（書）》《豊（禮）》《樂（樂）》。**性命 15**

　2. 《豊（禮）》《樂（樂）》，又（有）爲叓（舉）之也。**性命 16**

　3. 蓳（觀）者（諸）六德 24《豊（禮）》《樂（樂）》鼎（勳—則）亦才（在）壴（喜—矣）。**25**

二、爲表敬意或表隆重而舉行的儀式。

　1. 言昌（以）霓（喪）豊（禮）居之也。**老丙 9**

　2. 戜（戰）窔（勝）勳（則）昌（以）霓（喪）豊（禮）居之。**老丙 10**

　3. 賓（賓）客之豊（禮）必又（有）夫齊_（齊齊）之頌（容）。**性命 66**

　4. 祭（祭）祀之豊（禮）必又（有）夫齊_（齊齊）之敬。**性命 66**

三、古代社會的行爲準則和道德規範。

　1. 齊之昌（以）豊（禮）。**緇衣 24**

　2. 豊（禮）型（形）於內胃（謂）之悳（德）之行。**五行 2**

　3. 不共（恭）亡（無）豊（禮）。**五行 22**

　4. 安（安）而敬之，豊（禮）也。**五行 28**

　5. 聖（聖）智（智），豊（禮）樂（藥—樂）之所繇〈繇（由）〉生也。**五行 28**

　6. 悬（仁）義，豊（禮）所𦦈（由）生也。**五行 31**

　7. 行而敬之，豊（禮）也。**五行 31**

　8. 共（恭）而專（博）交，豊（禮）也。**五行 37**

　9. 好豊（禮）者也。**五行 50**

　10. ［□□］唐虞 10［□］豊（禮）。**12**

　11. 君子不緄（逞）人於豊（禮）。**成之 35**

　12. 繇（繇—由）豊（禮）智（智—知）**尊德義 9** 樂（樂）。**10**

　13. 又（有）**尊德義 10** 智（智—知）豊（禮）而不智（智—知）樂（樂）者，亡（無）智（智—知）樂（樂）而不智（智—知）豊（禮）者。**11**

　14. 斈（教）昌（以）豊（禮）。**尊德義 13**

　15. 勳（則）民淳（淫）悁遠豊（禮）亡（無）新（親）悬（仁）。**尊德義 16**

　16. 敬壯（莊）、逯（歸）豊（禮）。**尊德義 20**

　17. 君民者，訋（治）民返（復）豊（禮）。**尊德義 23**

　18. 爲邦而不昌（以）豊（禮）。**尊德義 24**

19. 非豊(禮)而民兌(悦)尊德義24 志(戴)。25

20. 亡。悳(德)者,虔(且)莫大唐(虖—乎)豊(禮)樂(樂)。尊德義29

21. 豊(禮)不尊德義31 隶(逮)於尖_(少人—小人)。32

22. 豊(禮)夂〈复(作)〉於青(青—情)。性命18

23. 乍(作)豊(禮)樂(樂),斮(折—制)坓(刑)灋(法)。六德2

24. 豊(禮)樂(樂),共也。六德26

25. 又(有)義又(有)豊(禮)。語叢一16

26. 悳(德)生豊(禮),豊(禮)生樂。語叢一24

27. 智(智—知)人而句(後)語叢一26 智=豊=(智禮—知禮,知禮)而句(後)智(智—知)行。27

28. 豊(禮)因人之悥(情)而爲之語叢一31 卲(節)戻(文)者也。97

29. 豊(禮)生於肸(莊),樂生於京(諒)。語叢一33

30. 豊(禮)妻(齊)樂悪(靈)勮(則)戜(戚—慼)。語叢一34

31. 樂奮(每—繁)語叢一34 豊(禮)悪(靈)勮(則)誩(詒—慢)。35

32. 豊(禮),交之行述(術)也。語叢一42

33. 智(智—知)豊(禮)慶(然)句(後)智(智—知)型(刑)。語叢一63

34. 豊(禮)不同,不奪(豊)不殺。語叢一103

35. 豊(禮)生於悥(情),語叢二1 厰(嚴)生於豊(禮)。2

36. 戻(文)生於豊(禮),専(博)生於戻(文)。語叢二5

37. 豊(禮),行之語叢三36 也。37

38. 内(納)賏(貨)也,豊(禮)朮(必)及。語叢三60

0010 禄　　禓

【用字】 彔

【解字】

　　"彔"即"彔"字異體①。

【詞義】

一、俸禄;官吏的俸給。

1. 交(效)彔(彔—禄)雀(雀—爵)者也。魯穆公6

2. [遠]彔(彔—禄)簹(箈—爵)者也。魯穆公7

3. [爲]義而遠彔(彔—禄)簹(箈—爵)。魯穆公7

---

① 李家浩:《戰國竹簡〈緇衣〉中的"逯"》,《古墓新知——紀念郭店楚簡出土十周年論文專輯》,國際炎黃文化出版社,2003年,第17—24頁。

4. 因而它（施）彔（禄）女（安—焉）。六德 14

0011 祥　　祥

【用字】　羕

【詞義】

一、妖祥。

　　1. 賹（賹—益）生曰羕（祥）。老甲 35

0012 福　　福

【用字】　福、畐、畐

【解字】

　　"畐""畐"皆爲"福"字異體，从"酉"作。郭店簡只有一個寫作"福"的字，見於《語叢四》簡 3，用爲"富"。

【詞義】

一、古稱富貴壽考等齊備爲福。與"禍"相對。

　　1. 賞與坓（刑），柴（禍）畐（福）之羿（基）也。尊德義 2

二、用爲"富"，參閱卷七"富"（第 386 頁）。

0013 祐　　祐

【用字】　右

【解字】

　　"祐"，今寫作"佑"。

【詞義】

一、保祐；祐助。

　　1. 天陞（地）右（佑）之。唐虞 15

0014 祗　　禔

【用字】　鬺

【詞義】

一、用爲"希"，罕也，後作"稀"。

　　1. 大音鬺（祗—希）聖（聖—聲）。老乙 12

0015 神　　禰

【用字】　神

【詞義】

一、神靈。

1. 是㠯(以)成(城—成)神明。太一2
2. 神明遉(復)相桏(輔)也。太一2
3. 佥(陰)昜(陽)者,神明斎=(之所)生也。太一5
4. 神明者,天陞(地)斎=(之所)生也。太一5
5. 神明𤰔從。唐虞15

0016 祭　　祭

【用字】　祭、簪

【解字】

“祭”即“祭”字。

“簪”字,在郭店《緇衣》簡22用爲“祭”。整理者(134頁注[六一])認爲:“簪,今本作‘葉’。……《禮記·緇衣》鄭注:‘葉公,楚縣公葉公子高也。臨死遺書曰顧命。’孫希旦云:‘葉當作祭’,‘祭公之顧命者,祭公謀父將死告穆王之言也。今見《逸周書·祭公解篇》’。”李學勤先生認爲:“該字上部從𦫶,應隸寫爲簪。《説文》沒有𦫶字,惟在彗字下説:‘掃竹也。從又持𦫶。’並云:彗字或從竹作篲。古文則從竹、習作篲。……《説文》説的𦫶,是𦥑、羽的變形,當視爲省又的彗。這樣我們知道,郭店簡我們談的那個字實際是從彗聲。祭是精母月部,從彗聲的字也屬月部,或爲精母,或爲心母,與祭通假是很自然的。”[1]張光裕先生認爲是“葉”字之訛,讀作“祭”[2]。陳高志先生認爲應隸定爲“晉”,與“祭”爲雙聲通假[3]。李家浩先生認爲“晉”是“箭”的古文,“箭”從“前”聲,古書中有從“前”聲之字與“淺”通用的例子。郭店簡“淺、察”二字所從聲旁相同,“察”從“祭”聲,故“晉”可讀爲“祭”。

① 李學勤:《釋郭店簡祭公之顧命》,《文物》,1998年第7期,第45頁。按:“𦥑”與小篆“𦥑”同形,彗之所從,並非“𦥑”字。
② 張光裕主編:《郭店楚簡研究》第一卷《文字編》,藝文印書館,1999年,第669頁。
③ 陳高志:《〈郭店楚墓竹簡·緇衣篇〉部分文字隸定檢討》,《張以仁先生七秩壽慶論文集》,臺北學生書局,1999年,第367頁。

楚大府鎬"晉"字讀爲"薦",進也①。劉信芳先生認爲字从甘从芈,應是
"茟"之異構,"茟公"即"祭公"②。徐在國先生認爲字釋爲"晉",本象二倒
矢插入器形,爲箭字古文。後來二倒矢訛爲牽,成爲晉字聲符,下器形訛爲
日。祭字古音屬精紐月部,箭字爲精紐元部,二字聲紐相同,月、元對轉,而
"晉"爲"箭"字古文,故簡文"晉公"可以讀爲祭公③。李零先生認爲西周金
文""字乃"射"字異構,郭店該字亦爲"射"。"祭公",今本作"葉公",
"射"是船母鐸部,"葉"是書母葉部,古讀相近④。沈培先生隸定爲"晉",並
指出上博簡""字很可能就是"箭",戰國文字"晉"常以"箭"作爲聲旁⑤。
上博本簡 12 對應之字作。曾侯乙墓竹簡中有""字,亦見於戰國梁十
九年鼎(《文物》1981 年 10 期 66 頁圖六);金文中又有以此爲偏旁的字作
""""""""(《金文編》737 頁),舊有釋"雪""溓""豐""謝"諸
説⑥。吳振武師認爲金文"纛"字很可能就是深淺之"淺"的會意寫法,其字
形所表現的就是以手持"銎"(箭)測水之深淺,同時又兼用"銎"(箭)聲表
示其讀音("箭"、"淺"同爲精母元部字)。它的構造方法,跟古"受"字在會
意的同時又兼用"舟"聲正是相同的。……淺可以讀作"祭",自然也沒問
題⑦。李天虹先生同意""爲晉,从"箭"聲。曾侯乙墓竹簡之字很可能爲
"撍"字,金文""等字應隸定爲从水从撍,可讀爲"祭"⑧。

【詞義】

一、祭祀。

　1. 孫ᵥ(子孫)㠯(以)丌(其)祭(祭)祀不已(輟)。 **老乙 16**

　2. 祭(祭)祀之豊(禮)必又(有)夫齊ᵥ(齊齊)之敬。 **性命 66**

二、人名。

　1.《晉(晉—祭)公之募(寡—顧)令(命)》 **緇衣 22**

① 李家浩:《楚大府鎬銘文新釋》,《語言學論叢》第 22 輯,商務印書館,1999 年,第 98—99 頁
　　"補記"。
② 劉信芳:《郭店簡〈緇衣〉解詁》,《郭店楚簡國際學術研討會論文集》,湖北人民出版社,
　　2000 年,第 172 頁。
③ 徐在國:《郭店楚簡文字三考》,《簡帛研究二〇〇一》,廣西師範大學出版社,2001 年,第
　　181—182 頁。
④ 李零:《郭店楚簡校讀記(增訂本)》,北京大學出版社,2002 年,第 76 頁。
⑤ 沈培:《卜辭"雉眾"補釋》,《語言學論叢》第 26 輯,商務印書館,2002 年,第 238—239 頁。
⑥ 周法高主編:《金文詁林》,香港中文大學,1974 年,第 6337—6340 頁。
⑦ 吳振武:《假設之上的假設——金文"纛公"的文字學解釋》,《吉林大學古籍整理研究所建
　　所二十周年紀念論文集》,吉林文史出版社,2003 年,第 1—8 頁。
⑧ 李天虹:《釋曾侯乙墓竹簡的""》,《古文字研究》第 26 輯,中華書局,2006 年,第 303—
　　307 頁。

0017 祀　　祀

【用字】　祀、巳

【詞義】

一、祭祀。

　　1. 孫=(子孫)呂(以)丌(其)祭(祭)祀不宅(輟)。老乙16

　　2. 君子斩(慎)六立(位)呂(以)巳(祀)天棠(常)。成之40

　　3. 祭(祭)祀之豊(禮)必又(有)夫齊_(齊齊)之敬。性命66

0018 祖　　祖

【用字】　且

【詞義】

一、祖先。

　　1. 新(新—親)事且(祖)滝(廟),效(教)民孝也。唐虞5

0019 禪　　禪

【用字】　徣、逇

【解字】

　　"禪"這個詞集中出現在《唐虞之道》篇,共計12例,從形體上看可分爲兩類,除了共同所從部件外,一類形體從"彳""壬"作;另一類形體從"辵"旁。相關字形整理者(158頁注[二])隸定爲徣,從"彳"從"畜"從"壬",義爲禪讓。李零先生疑爲古"廛"字,借爲"禪"①。張光裕先生分別隸定爲"徣""逇",並認爲其與"●"(《緇衣》簡29)、"●"(《五行》簡32)皆爲"播"字異構②;王輝先生贊同此説,訓爲"播遷",與"傳授"是近義詞③。姜廣輝先生釋爲"擅"④。何琳儀先生隸定爲"徢",認爲此字下右上從"番","番"與"單"均屬元部;右下從"土",後演化爲"壬"形⑤。周鳳五先生認爲此字

---

① 李零:《郭店楚簡校讀記》,《道家文化研究》第17輯(郭店楚簡專號),生活·讀書·新知三聯書店,1999年,第498頁。

② 張光裕主編:《郭店楚簡研究》第一卷《文字編》,藝文印書館,1999年,第4—5頁。

③ 王輝:《郭店楚簡零釋三則》,《中國文字》新26期,藝文印書館,2000年,第157—159頁。

④ 姜廣輝:《郭店楚簡與早期儒學》,簡帛研究網(http://www.jianbo.org/Wssf/Jiangguanghui1.htm, http://www.jianbo.org/Wssf/Jiang2.htm),2000年3月3日。

⑤ 何琳儀:《郭店楚簡選釋》,《簡帛研究二○○一》(上册),廣西師範大學出版社,2001年,第163頁。

从辵,番聲,讀作"禪"是音近假借。禪,禪母元部,與"番"滂母元部音近可通①。黄錫全先生認爲字有兩種寫法,一从彳、从壬、从番;一从辵、从番,可釋爲"蹯",借爲"嬗",即禪讓。《五行》簡32有"𨑒"字與此字所从同,讀爲"旛"。"番""蹯""旛""禪""嬗"俱爲元部②。王寧先生認爲此字爲"偅"之繁構,讀爲"嬗",二字同透母雙聲、耕元通轉疊韻,音近而假③。劉釗先生認爲"徥"字形體構形頗怪異,疑爲一個从"廛"得聲的字。古音"廛""禪"音近可通,故"徥"可讀爲"禪"④。林志鵬先生釋爲"讓"⑤。石小力先生認爲《唐虞之道》篇諸字當分別隸定爲徸、迶,"徸"从彳从𡊄,"𡊄"即"壇"字異體,"徸"即"徸"字異體。"迶"从𡊄省,即"遺"字。《廣韻》:"徸,走也,藏也。"《集韻》:"遺,亦作徸。""徸"應爲"遺"字異體。"徸""遺"與"禪"字音近,"遺"古書多訓爲"轉",與"禪"意義相關。禪,古書或作"嬗",《説文》:"嬗,一曰傳也。"段注:"凡禪位字當作嬗。禪非其義也,禪行而嬗廢矣。"⑥

【詞義】

一、禪讓,以帝王之位傳人。

1. 湯(唐)吳(虞)之道(道),徸(徸—禪)而不偦(傳)。**唐虞 1**

2. 徸(徸—禪)而不偦(傳),睪(聖)之**唐虞 1** 盛也。**2**

3. 算(尊)▪夂(臤—賢)古(故)徸(徸—禪)。**唐虞 7**

4. 徸(徸—禪)之湅(流),世亡(無)忈(隱)直(直—德)。**唐虞 7**

5. 徸(徸—禪)而不偦(傳)。**唐虞 14**

6. 迶(遺—禪)也者。**唐虞 20**

7. 不迶(遺—禪)而能蝸(化)民者。**唐虞 21**

8. 能㠯(以)天下徸(徸—禪)歝(歟—矣)。**唐虞 22**

9. 埜(堯)徸(徸—禪)天下**唐虞 24** 而戛(受—授)之。**25**

10. 古(故)埜(堯)之徸(徸—禪)虎(乎)坴(舜)也。**唐虞 25**

① 周鳳五:《郭店楚墓竹簡〈唐虞之道〉新釋》,《"中研院"歷史語言研究所集刊》,第70本第3分,1999年,第741—742頁。

② 黄錫全:《〈唐虞之道〉疑難字句新探》,《長沙三國吳簡暨百年來簡帛發現與研究國際學術研討會論文集》,2005年,第213—214頁。

③ 王寧:《釋"徥"》,簡帛研究網(http://www.jianbo.org/Wssf/2003/wangning01.htm),2003年2月15日。

④ 劉釗:《郭店楚簡校釋》,福建人民出版社,2005年,第150頁。

⑤ 鄭剛:《所謂唐虞之道説》,《楚簡孔子論説辨證》,汕頭大學出版社,2004年,第3—15頁。

⑥ 石小力:《清華簡〈五紀〉的"壇"與郭店簡〈唐虞之道〉的"禪"》,《出土文獻》,2021年第4期,第35—43頁。

11. 僤（僤—禪）天下而**唐虞 26** 叞（受—授）◼（臤—賢）。**27**
12. 僤（僤—禪），義之至也。**唐虞 8**

0020 社　　祉

【用字】　社

【解字】

　　"祼"爲"社稷"合文。

【詞義】

一、傳說中的土地之神。"社稷"本指土神和穀神，後來泛稱國家。

　　1. 㠯（以）奉祼＝（社稷—社稷）。**六德 22**

0021 禍　　禍

【用字】　化、祡

【詞義】

一、災難；災禍。

　　1. 化（禍）莫大虖（唬—乎）不智（智—知）足。**老甲 6**
　　2. 賞與坓（刑），祡（禍）畐（福）之羿（基）也。**尊德義 2**

0022 禁　　禁

【用字】　欽

【解字】

　　"欽"即"欽"字。

【詞義】

一、禁止；制止。

　　1. 正（征）欽（欽—禁），所㠯（以）**尊德義 2** 戉（攻）〔囗也〕。**3**

0023 三　　三　　　　古文 弎

【用字】　三、厽、參

【詞義】

一、數目。

　　1. 三言㠯（以）**老甲 1** 爲貞（使）不足。**2**

2. 垔(禹)立三年,百眚(姓)昌(以)惠(仁)道(道)。緇衣 12

3. 二十又三。緇衣 47

4. 三者,忠人弗乍(作),訐(信)人弗爲也。忠信 6

5. 橐(槁)木三年,不必爲邦旡(旗)。成之 30

6. 丌(其)厽(三)述(術)者,術(道)之而已(已)。性命 15

7. 亞(惡)類(類)厽(三)。性命 41

8. 厽(三)新(親)不朗〈刞(斷)〉。六德 30

9. 凡君子所昌(以)立身大攎(法)厽(三)。六德 44

10. 厽(三)者不迵(通),非言行也。六德 45

11. 厽(三)者咎(皆)迵(通),肰(然)句(後)是也。六德 46

12. 猷(猶)三冤(軍)之旂〈旆〉也。語叢三 2

13. 三迵(踊),夐(文)也。語叢三 41

14. 明(名)式(二),勿(物)參(三)。語叢三 67 上

15. 厽(三)牒(世)之槀(福—富),不足昌(以)出芒(喪—亡)。語叢四 3

16. 三肮(雄)一䖵(雌)。語叢四 26

17. 三䖵一茊。語叢四 26

18. 一王母 語叢四 26 保三敀(嫛)兒(婗)。27

二、泛指多數或多次。

1. 孫(孫)叟(叔)三躲(舍)邪(郰—期)思少司馬。窮達 8

0024 王 王 古文 𠇳

【用字】 王

【詞義】

一、先秦時代天子、諸侯的稱號。

1. 庆(矦—侯)王能守之。老甲 13

2. 庆(矦—侯)王女(如)能 老甲 18 戰(獸—守)之。19

3. 天大,坓(地)大,道(道)大,王亦大。老甲 22

4. 王尻(處)一女(安—焉)。老甲 22

5. 悉(儀)坓(刑)文王,萬邦乍(作)孚。緇衣 2

6. 成(城—成)王之孚,下土之弋(式)。緇衣 13

7. 王言女(如)絲,丌(其)出女(如)緍。緇衣 29

8. 王言女(如)索,緇衣 29 丌(其)出女(如)緤(綍)。30

9. 穆=(穆穆)緇衣 33 文王,於戢(緝)逅(熙)敬坓(止)。34

10. 箈(昔)才(在)上帝戡(割)繻(申)矖(觀)文王恵(德)。緇衣 37

11. 非亓(其)緇衣 7 峀(止)之共,售(唯)王悉(邛)。8

12. 文王之貝(視—見)也女(如)此。五行 29

13. 文王复(作)韶(罰)。成之 38

14. 文王之型(刑)莫至(重)女(安—焉)。成之 39

15. 是古(故)先王之六德 39 香(教)民也,訇(始)於孝弟(悌)。40

16. 是古(故)先六德 40 王之孕(教)民也。41

二、首領,同類中最突出的。

　　1. 江洰(海)所㠯(以)爲百湪(浴—谷)王。老甲 2

　　2. 是㠯(以)能爲百浴(谷)王。老甲 3

三、統治,稱王,成就王業。

　　1. 埜(堯)羍(舜)之王,秢(利)天下而弗秢(利)也。唐虞 1

　　2. 君民而不喬(喬—驕),卒王天下而不夨(喜)。唐虞 18

　　3. 南面而王而〈天〉下而甚君。唐虞 25

四、古代對祖父母輩的尊稱。

　　1. 一王母語叢四 26 保三敓(嬰)兒(婗)。27 上

0025　玉　　王　　古文 𤣩

【用字】　玉

【詞義】

一、礦物的一種,質地細密、堅硬、溫潤而有光澤。

　　1. 金玉浧(浧—盈)室,莫能獸(獸—守)也。老甲 38

　　2. 金玉浧(浧—盈)室不語叢四 24 女(如)愸(謀)。25

二、玉制樂器。

　　1. 金聖(聖—聲)而玉晨(晨—振)之,又(有)恵(德)者也。五行 19

　　2. 玉音,聖(聖)也。五行 19

　　3. 肰(然)句(後)能金聖(聖—聲)而玉晨(晨—振)之。五行 20

三、(容色)溫和。

　　1. 悉(愛)勬(則)玉_色_(玉色,玉色)勬(則)型(形)。五行 13

　　2. 見臤(臤—賢)人勬(則)玉_色_(玉色,玉色)勬(則)型(形)。五行 14

四、(聲音)聖明賢德。

　　1. 聝(聞)君子道(道)鼎(勬—則)玉_音_(玉音,玉音)勬(則)型(形)。五行 15

0026 瑾　　瑾

【用字】　菫
【詞義】
一、美玉。
　　1. 粜(無—珉)荟(璐)菫(瑾)愈(瑜)垍(寶)山石。窮達 13
　　　　　　　　　　　·

0027 瑜　　瑜

【用字】　愈
【詞義】
一、美玉。
　　1. 粜(無—珉)荟(璐)菫(瑾)愈(瑜)垍(寶)山石。窮達 13
　　　　　　　　　　　　　·

0028 璐　　璐

【用字】　荟
【詞義】
一、美玉。
　　1. 粜(無—珉)荟(璐)菫(瑾)愈(瑜)垍(寶)山石。窮達 13
　　　　　　　·

0029 珉　　珉

【用字】　粜
【詞義】
一、指朱、白、蒼三色的雜色玉。
　　1. 粜(無—珉)荟(璐)菫(瑾)愈(瑜)垍(寶)山石。窮達 13
　　·

0030 理　　理

【用字】　里、䢭
【解字】
　　“䢭”字整理者(126 頁)釋爲“釐”,可信。“釐”字,墜貱簠盖(《集成》4190)作 [字形],“䢭”當爲“釐”字省寫①。

---

① 劉傳賓:《“䢭”字釋讀的整理與研究》,《語言研究集刊》第 15 輯,2015 年,第 312—330 頁。

【詞義】

一、治玉。

　　1. 不爲［□□□□］窮達 13 不釐（釐—理）。窮達 15

二、治理。

　　1. 天夅（降）大弅（常），㠯（以）里（理）人侖（倫）。成之 31

　　2. 不釐（釐—理）勮（則）亡（無）愄（畏—威）。尊德義 33

三、紋理。

　　1. ［□］勿（物）㠯（以）日，勿（物）又（有）里（理）而語叢三 18

四、道理。

　　1. 童（重）義集（集—襲）釐（釐—理），言此章也。尊德義 39

五、理順;梳理。

　　1. 里（理）性命 17 亓（其）眚（青—情）而出内（入）之。18

　　2. 善里（理）而句（後）樂生。語叢一 32

　　3. 叔（叔—賢）者能里（理）之。語叢一 54

六、順。

　　1. 天型（形）成（城—成），人牙（與）勿（物）斯（斯）里（理）。語叢三 17

0031　靈（靈）　　　　靈　　　或體　靈

【用字】　霻

【解字】

　　《說文》以"靈"爲"靈"的或體。

【詞義】

一、善;美好。

　　1. 豊（禮）妻（齊）樂霻（靈）勮（則）戜（戚—蹙）。語叢一 34

　　2. 樂𦱳（每—繁）語叢一 34 豊（禮）霻（靈）勮（則）詔（詔—慢）。35

0032　玷

【用字】　砧、石

【解字】

　　"玷"字，《說文》作"刓"（刓）。段玉裁認爲刓、玷爲古今字。《緇衣》簡

35"玷"字寫作"石"，當是省訛。

【詞義】

一、玉上的瑕斑。

　　1. 白珪（圭）之石〈砧（玷）〉,尚可緇衣 35 礕（磨）也。36

2. 此言之砧（玷），不可爲也。緇衣 36

0033　气　　𣱁

【用字】　䰴、燹、燹、勞
【解字】

　　“䰴”爲“既”字異體；“燹”“燹”爲“燹”字異體；“勞”即“劈”字。《説文》曰：“气，雲气也。”卷七“氣”字曰：“氣，饋客芻米也。或作餼、槩。”气、氣本爲二字。古書多以“氣”爲“气”。

【詞義】

一、雲氣；氣體。

　　1. 上，燹（燹—氣）也，而胃（謂）之天。太一 10

二、風尚；風氣。

　　1. 讙（察）天道（道）昌（以）㦤（化）民燹（燹—氣）。語叢一 68

三、中國古代哲學概念。

　　1. 心叀（使）燹（燹—氣）曰弜（劈—強）。老甲 35

四、人的精神狀態。

　　1. 憙（憙—喜）蒼（怒）态（哀）悲之燹（燹—氣），眚（性）也。性命 2

　　2. 臂（嚳—佛）舀（陶）之燹（燹—氣）也。性命 44

　　3. 又（有）燹（燹—氣）又（有）志。語叢一 48

　　4. 燹（燹—氣），㝩（容）㲋（司）也。語叢一 52

五、“血氣”。

　　（一）氣，氣息。“血氣”，血液和氣息。

　　1. 𢖩虎（乎）脂膚血勞（劈—氣）之𦘔（青—情）。唐虞 11

　　2. 凡又（有）血燹（燹—氣）者，䎽（嚳—皆）又（有）憙（憙—喜）語叢一 45
　　　又（有）态（怒）。46

　　（二）“血氣”，血緣；血統。

　　1. 非我血䰴（既—氣）之新（親）。六德 15

0034　士　　士

【用字】　士、事
【詞義】

一、男子的美稱。

　　1. 士又（有）志於君子道（道）胃（謂）之𢽲（旹—志）士。五行 7

2. 士成（城—成）言不行，明（名）弗夏（得）急（疑—矣）。**成之 13**

3. 士亡（無）友不可。**語叢四 22**

4. 士又（有）悠（謀）友，勵（則）言談不**語叢四 23** 勺（弱）。**24**

二、對品德好、有學識或有技藝的人的美稱。

1. 古之善爲士者。**老甲 8**

2. 上士昏（聞）道（道），董（僅）能行於丌（其）中。**老乙 9**

3. 中士昏（聞）道（道），若昏（聞）若亡。**老乙 9**

4. 下士昏（聞）道（道），大芺（笑）之。**老乙 9**

5. 士又志於君子道胃（謂）之嵗（時—志）士。**五行 7**

6. 逡（後），士之隥（尊）臤（臤—賢）者也。**五行 44**

7. 者（諸）厌（矦—侯）之門，義士**語叢四 8** 之所厪（存）。**9**

三、最低級的貴族階層；又指各級官員的總稱。

1. 毋吕（以）卑（嬖）士憩（息—疾）夫＝（大夫）卿事（士）。**緇衣 23**

四、嬖士，受寵幸的姬妾、侍臣。

1. 毋吕（以）卑（嬖）士憩（息—疾）夫＝（大夫）卿事（士）。**緇衣 23**

0035 壯　　壯

【用字】 壯、壓

【詞義】

一、強壯；強健。

1. 勿（物）壓（壯）鼎（勵—則）老，是胃（謂）不道（道）。**老甲 35**

二、用爲"莊"，參閱本卷"莊"（第 29 頁）。

三、用爲"狀"，參閱卷十"狀"（第 498 頁）。

0036 中　　中　　古文 中　　籀文 中

【用字】 中、审、忠

【詞義】

一、裏面；中間；中央。多指位置。

1. 固（囿—國）中又（有）四大女（安—焉）。**老甲 22**

2. 上士昏（聞）道（道），董（僅）能行於丌（其）中。**老乙 9**

3. 大（太）敦（教—學）之中。**唐虞 5**

4. 夫古者**唐虞 15** 叄（舜）屋（居）於茅＝（艸茅—草茅）之中而不惪（憂）。**16**

　5. 尻（居）茅＝（艸茅—草茅）之中而不惪（憂），智（智—知）命唐虞 **16** 也。**17**

　6. 售（唯—雖）才（在）中（草）邘（茆—茅）之审（中）**六德 12**

二、中等。

　1. 中士昏（聞）道（道），若昏（聞）若亡。**老乙 9**

　2. 聖（聖）人之眚（性）與中人之眚（性）。**成之 26**

三、正；不偏不倚。

　1. 獸（獸—守）中，箮（篤）也。**老甲 24**

　2. 及行勨（則）戈（治）者中。**語叢三 33**

四、内心。

　1. 君子亡（無）审（中）心之惪（憂）勨（則）亡＿审＿心＿之＿智＿（無中心之智，無中心之智）勨（則）亡＿审＿心＿**五行 5**［之＿悦＿］（無中心之悦，無中心之悦）［則］不安（安）。**6**

　2. 㠯（以）亓（其）审（中）心與人交，兑（悦）也。**五行 32**

　3. 审（中）心兑（悦）𡊍（壇—旃），䢯（遷）**五行 32** 於㳝＿（兄弟）。**33**

　4. 审（中）心**五行 33** 誙（辯）肰（然）而正行之，槀（植—直）也。**34**

　5. 型（形）於审（中），雙（戔—發）於色。**成之 24**

　6. 或繇（由）忠（忠—中）出，或蟄（埶—設）之外。**尊德義 30**

　7. 𢼄（教），所㠯（以）生惪（德）于审（中）者也。**性命 18**

　8. 或遜（繇—由）中出，或**語叢一 19** 遜（繇—由）外内（入）。**20**

　9. 𡊍（繇—由）中出者，悬（仁）、忠、訐（信）。**語叢一 21**

五、用爲"沖"，沖虚，參閱卷十一"沖"（第 565 頁）。

0037　莊　　壯　古文 㶤

【用字】　壯、妝、牂、臧、牆、牄、慭

【解字】

　　《五行》簡 36 "牆" 字，整理者讀爲 "莊"，指出該字對應帛書本作 "裝"，解説部分作 "莊"。學者多從之。"牆" 字還見於《老子》甲本簡 21，學者多從裘錫圭先生意見讀爲 "狀"①（詳參閱卷十"狀"，第 498 頁），李零先生進而認爲《五行》簡 36 "牆" 字該字也應釋讀爲 "狀"。目前多數學者釋讀爲 "莊"。

_____

① 裘錫圭：《以郭店〈老子〉爲例談談古文字》，《中國哲學》第 21 輯，遼寧教育出版社，2000 年，第 187—188 頁。

【詞義】

一、莊重;莊嚴。

　　1. 毋吕(以)卑(嬖)御慇(息—疾)妝(莊)句(后)。緇衣 23

　　2. 遠(遠)而牆(莊)之,敬也。五行 36

　　3. 酓(尊)悬(仁)、新(親)忠(忠)、敬壯(莊)。尊德義 20

　　4. 宙(庿—廟—貌)谷(欲)壯(莊)而毋杲(拔)。性命 63

　　5. 豊(禮)生於牂(莊),樂生於京(諒)。語叢一 33

　　6. 又(有)昚(慎)又(有)懋(莊)。語叢一 46

　　7. 牙(與)牂(莊)語叢三 9 者尻(處),昌(嗌—益)。10

二、人名。

　　1. 塦(堲—遇)楚臧(臧—莊)也。窮達 8

0038　葅　　葿

【用字】　苴

【詞義】

一、香草名。

　　1. 苴(葅)[蘭生於深林]。窮達 12

0039　茅　　茅

【用字】　茅、茻

【解字】

　　"茻"字《説文》寫作"茻",《玉篇·艸部》:"茻,同茻。"

【詞義】

一、草本植物總稱。

　　1. 夫古者唐虞 15 숖(舜)昆(居)於茅﹦(艸茅—草茅)之中而不惪(憂)(憂)。16

　　2. 昆(居)茅﹦(艸茅—草茅)之中而不惪(憂)。唐虞 16

　　3. 售(唯—雖)才(在)屮(草)茻(茻—茅)之审(中)。六德 12

0040　芸　　芸

【用字】　員

【詞義】

一、"芸芸",眾貌;盛貌。

1. 天道鼎=(員員—芸芸),各邁(復)亓(其)堇(根)。老甲24

0041　葉　　芦

【用字】　葉

【詞義】

一、植物的葉子。

1. 飤(食)韭亞(惡)替(智—知)宰(終)亓(其)葉。語叢四11

0042　茲　　茲

【用字】　丝、才

【解字】

《説文》:"茲,艸木多益。"卷四又有"兹"字,曰:"黑也。从二玄。"

【詞義】

一、指示代詞。此;這。

1. 余才(茲)厇(宅—度)天心。成之33

2. 型(刑)丝(茲)亡(無)愯(赦)。成之39

二、用爲"慈",參閱卷十"慈"(第537頁)。

三、用爲"緇",參閱卷十三"緇"(第680頁)。

0043　薄　　薄

【用字】　尃

【詞義】

一、輕微;微小。

1. 曡(厚)於義,尃(薄)於㥅(仁)。語叢一82

0044　藪　　藪

【用字】　婁

【詞義】

一、大澤;湖澤。特指有淺水和茂草的沼澤地帶。

1. 亦非又(有)譯(澤)婁(藪)㠯(以)多也。成之27

0045 芳　　芳

【用字】 芳

【詞義】

一、芳香。

　　1. [不以無人]嗅（鼻—嗅）而不芳。窮達 13

0046 蒩　　蒩

【用字】 蒩

【解字】

　　郭店簡整理者隸定爲“蒩”，讀爲“蒩”。《説文》：“朝會束茅表位曰蒩。”於簡文中有表徵之意，今本作“表”。

【詞義】

一、標準。

　　1. 此吕（以）大臣不可不敬，民之蒩（蒩）也。緇衣 21
　　2. 義也者，羣（群）善之蒩（蒩）也。性命 13

0047 蓋　　蓋

【用字】 害

【詞義】

一、句首語氣詞。

　　1. 害（蓋）言疾也。成之 22
　　2. 害（蓋）遉（道）不説（悦）之匋（詞）也。成之 29
　　3. 害（蓋）言審之也。成之 30
　　4. 害（蓋）此言也，言余之此而厇（宅—度）於天心也。成之 33
　　5. 害（蓋）成之 37 言訫（慎）求之於吕（己），而可吕（以）至川（順）天棠（常）迄（疑—矣）。38
　　6. 害（蓋）此言也，言不霏（奉）大棠（常）者，文王之型（刑）莫臸（重）女（安—焉）。成之 39
　　7. 害（蓋）亡（無）不吕（以）也。六德 33

二、用爲“褐”，參閲卷八“褐”（第 437 頁）。

0048 若 　𦥑

【用字】　若

【解字】

　　"若"字上所從當爲"叒",《説文》卷六有"叒"字(小篆𣕩,籀文作𣕩),或即是"若"字。

　　《老子》乙篇簡6"辱"字下墨點(𠂆),鄔可晶先生認爲是"省代符",代替上文數次出現的在"榮"字前的"若"字①。

【詞義】

一、如;好像。

　　1. 岂(美)牙(與)亞(惡),相去可(何)若?　老乙 4

　　2. 態(寵)厦(辱)若纓(嫈一榮),貴大患若身。　老乙 5

　　3. 旻(得)之若纓(嫈一榮),逴(逸一失)之若纓(嫈一榮)。　老乙 6

　　4. [何謂貴大患]老乙 6 若身? 7

　　5. 中士昏(聞)道(道),若昏(聞)若亡。　老乙 9

　　6. [進]残简 20 道(道)若退(退)。　老乙 11

　　7. 大成(城一成)若老乙 13 夬(缺),丌(其)甬(用)不尚(敝)。14

　　8. 大浧(涅一盈)若中(沖),丌(其)甬(用)不穿(窘一窮)。　老乙 14

　　9. 大攷(巧)若仙(拙),大成(城一盛)若詘(絀),大桌(植一直)老乙 14 若屈(屈)。15

　　10. 訢(慎)卒(終)若訇(始),勮(則)糅(無)敗(敗)事壴(喜一矣)。　老丙 12

　　11. 爱不若也,可從也而不可及也。　尊德義 23

　　12. 若語叢四 17 茧(妍)蚩(蚩)之足。18

　　13. 若齒之事胉(舌),而卒(終)弗齒(噬)。　語叢四 19

　　14. 若兩輪之相迿(轉),而卒(終)不相敗(敗)。　語叢四 20

　　15. 若四旹(時)一適(逝)一歪(來)。　語叢四 21

二、及;趕得上。

　　1. 朱(持)而浧(涅一盈)老甲 37 之,不╎不╎若巳(已)。　老甲 38

　　2. 絧(治)人事天,莫若嗇。　老乙 1

　　3. 丌(其)先也不若丌(其)逡(後)也。　成之 35

　　4. 丌(其)夯(勝)也不若丌(其)巳(已)也。　成之 36

────────

① 鄔可晶意見參閲裘錫圭:《"寵辱若驚"是"寵辱若榮"的誤讀》"編按",《出土文獻與古典學重建》,中西書局,2018 年,第 176—177 頁。

三、乃,副詞。

1. 若可吕（以）厇（託）天下矣。**老乙 8**

2. 若可吕（以）迖（寄）天下矣。**老乙 8**

0049 斯（折）　　　籀文　　　篆文

【用字】　斯、斯、楺

【解字】

　　《説文》"斯"字篆文左側从上下二"中"形,豎筆有間隔,後世誤認爲一筆相接,則左側从"手"作"折"。

【詞義】

一、折斷;弄斷。

1. 秒（利）木会（陰）者,不斯（折）**語叢四 16** 亓（其）杦（枝）。**17**

二、裁斷;裁決。

2. 門外之綑（治）,谷（欲）亓（其）楺（折）也。**性命 59**

三、用爲"制",參閲卷四"制"（第 244 頁）。

0050 苟

【用字】　句、狗

【詞義】

一、如果。

1. 句（苟）又（有）車,必見甘（箕—其）歔（散—轍）;句（苟）又（有）衣,必見亓（其）尚（敝）。人緇衣 **40 正上** 句（苟）又（有）言,必睹（聞）亓（其）聖（聖—聲）;**40 背** 句（苟）又（有）行,必見甘（箕—其）成（城—成）。**40 正下**

2. 句（苟）又（有）亓（其）殜（世）。**窮達 2**

3. 是古（故）**成之 6** 击（上）句（苟）身備（服）之。**7**

4. 击（上）句（苟）昌（倡）之。**成之 9**

5. 句（苟）不從亓（其）繇（由）。**成之 12**

6. 句（苟）不從亓（其）繇（由）。**成之 14**

7. 句（苟）吕（以）亓（其）壽（青—情）。**性命 50**

8. 句（苟）又（有）亓（其）壽（青—情）。**性命 51**

9. 句（苟）毋（無）大害。**性命 61**

10. 句（苟）叚（臤—賢）□**六德 12** 此。**1**

11. 句（苟）淒（濟）夫人之善它（也）。**六德 16**

二、苟且;隨便。

  1. 言語叢四 1 而狗(苟),牆(墙)又(有)耳。2

0051　蒙　　蒙

【用字】　冡

【詞義】

一、覆蓋;包;裹。

  1. 冒(帽)衺(袿—絰)冡(蒙)蕙(懂—巾)。窮達 3

0052　草　　草

【用字】　屮、茅("艸茅"合文)

【解字】

  草,《説文》:"草斗,櫟實也。一曰象斗子。从艸早聲。"草木之"草",《説文》作"艸",俗作"草"。

【詞義】

一、草本植物總稱。

  1. 夫古者唐虞 15 坖(舜)凥(居)於茅₌(艸茅—草茅)之中而不惌(憂),升爲天子而不喬(喬—驕)。16

  2. 凥(居)茅₌(艸茅—草茅)之中而不惌(憂),暜(智—知)命唐虞 16 也。

  3. 隹(唯—雖)才(在)屮(草)茆(茆—茅)之审(中)。六德 12

0053　萅(春)　　萅

【用字】　萅、旹

【解字】

  "旹"字从屮从日,爲"春"字異體。楚文字"春"字主要有萅、旹兩種寫法,該字或由"旹"訛變而來,即聲旁"屯"訛爲"屮";也有可能就是省略聲旁"屯"的一種表意寫法,表示春日草木滋生①。今暫從前説。

【詞義】

一、春季。

  1. 旹(萅—春)秋亡(無)不呂(以)亓(其)生也亡語叢三 20 耳。21

---

①　李守奎:《再論隸定——〈楚文字字編〉隸定之檢討》,《漢字學論稿》,人民美術出版社,2016年,第 162 頁。

二、儒家經典《春秋》。

  1. 雚(觀)者(諸)《易》《旹(春)秋》鼎(勛—則)亦才(在)壴(喜—矣)。六德25

  2.《旹(春)秋》,所吕(以)會(會)古含(今)之**語叢—40** 事也。41

0054 藏   藏

【用字】 臧

【解字】

  "臧"即"臟"字,《玉篇·貝部》:"臟,藏也。""臟"字在楚文字中用來表示⎨藏⎬,非後世臟物或貪污、行賄之⎨臟⎬。

【詞義】

一、收藏;儲藏。

  1. 甚悉(愛)必大賈(費),佝(厚)臧(臟—藏)必多頁(亡)。老甲36

二、隱匿;隱藏。

  1. 是古(故)大(太)一臧(臟—藏)於水。太—6

0055 莫   莫

【用字】 莫

【詞義】

一、無定代詞,没有誰;没有什麼。

  1. 古(故)天下莫能與之虧(靜—爭)。老甲5

  2. 皋(罪)莫至(重)虐(唬—乎)甚欲(欲),咎莫憯(僉—憯)虐(唬—乎)谷(欲)旻(得),老甲5 化(禍)莫大虐(唬—乎)不斲(智—知)足。6

  3. 民莫之命(令)天〈而〉自望(均)女(安—焉)。老甲19

  4. 金玉浧(浧—盈)室,莫能獸(獸—守)也。老甲38

  5. 䋊(治)人事天,莫若嗇。老乙1

  6. 古(故)莫之斲(智—知)而不斈(鄰—閔)。窮達12

  7. 莫尊德義7 不又(有)道(道)女(安—焉)。8

  8. 叓(且)莫大虐(唬—乎)豊(禮)樂(樂)。尊德義29

  9. 慮(慮)𡴎(斯)莫牙(與)之性命48 結壴(喜—矣)。49

  10. 非聖(聖)斲(智)者莫之能也。六德3

  11. 非悬(仁)宜(義)者莫之能也。六德4

  12. 非忠(忠)訐(信)者莫之能也。六德5

二、副詞,不;無;没有。

  1. 不攷(克)鼎(勛—則)莫＿斲＿丌＿巫＿(莫智其互—莫知其極,莫知其

極），可㠯（以）又（有）郘（國）。老乙 2

2. 心曰售（唯），莫敔（敢）不售（唯）；如（諾），莫敔（敢）不如（諾）；五行 45 進，莫敔（敢）不進；遶（逡—後），莫敔（敢）不遶（後）；汖（深），莫敔（敢）不汖（深）；濼（淺）莫敔（敢）不濼（淺）。46

3. 文王之型（刑）莫至（重）女（安—焉）。成之 39

4. 莫旻（得）膳（善）亓（其）所。語叢三 47

三、用爲"慕"，參閱卷十"慕"（第 540 頁）。

0056　藝

【用字】　𡎐、𡎑

【解字】

埶，《説文》曰："種也。"今寫作"藝"。楚文字"埶"字多从"女"寫作"𡎐"，女、母、毋作偏旁常可替換。郭店簡《尊德義》篇"埶"字 4 見，皆从"毋"作，分別寫作𤑔（簡 7）、𤑓（簡 14）、𤑔（簡 14）、𤑕（簡 30）。《語叢三》簡 51"𡎐"字寫作𤑖，右上"刌"旁訛省，與"勿"近似。參見卷三"設"（第 139 頁）、卷十三"勢"（第 710 頁）。

【詞義】

一、種植。

1. 句（后）褁（褬—稷）之𡎐（埶—藝）墬（地）。尊德義 7

二、才能；技藝。

1. 斈（教）㠯（以）𡎐（埶—藝）。尊德義 14

三、古代統治階級教育子弟的六種科目——六藝（禮、樂、射、御、書、數），或儒家的經典——六經（《易》《書》《詩》《禮》《樂》《春秋》）。

1. 遊於𡎐（埶—藝）。語叢三 51

0057　著

【用字】　屡、煮

【詞義】

一、明顯；顯著。

1. 訏（信）不煮（著）勭（則）言不樂（樂）。成之 2

二、表現；顯露。

1. 鼎（勭—則）好悬（仁）不舉（舉—堅）而亞＝（亞亞—惡惡）不屡（著）也。緇衣 44

三、明白規定。

　　1. 斳(折—制)爲君臣之義,者(著)爲父子之新(親)。**成之 31**

0058 蒞

【用字】 位、立

【詞義】

一、臨視;治理。

　　1. 勴(則)吕(以)态(哀)悲位(蒞)之。**老丙 10**

　　2. 共(恭)吕(以)位(蒞)之。**緇衣 25**

　　3. 古(故)孚=(君子)之立(蒞)民也。**成之 3**

0059 葨

【用字】 葨

【解字】

　　"葨"字,劉釗先生讀爲"媞"①。李零先生讀爲"鍉",是與甌同類的粗陶盆②。林素清先生、何琳儀先生、劉傳賓等讀爲"柢",《説文》:"柢,木根也。"③陳偉先生讀爲"實",指果實④。顧史考先生讀爲"寔(實)",認爲《管子·小問》"祝曰:'除君苛疾,與若之多虛而少實'",含意或與此相類⑤。張崇禮先生認爲"葨"是"堤"的假借字,指瓶類的底座⑥。陳劍先生認爲"葨"即"草案",大約就是承盤(有足)之屬⑦,今從之。

【詞義】

一、草案,承盤(有足)之屬。

　　1. 三銃一葨。**語叢四 26**

---

① 劉釗:《讀郭店楚簡字詞札記》,《郭店楚簡國際學術研討會論文集》,湖北人民出版社,2000 年,第 81—82 頁。

② 李零:《郭店楚簡校讀記(增訂本)》,北京大學出版社,2002 年,第 50 頁。

③ 林素清:《郭店竹簡〈語叢四〉箋釋》,《郭店楚簡國際學術研討會論文集》,湖北人民出版社,2000 年,第 394 頁。何琳儀:《郭店竹簡選釋》,《簡帛研究二〇〇一》,廣西師範大學出版社,2001 年,第 167 頁。劉傳賓:《讀簡札記三則》,《中國文字研究》第 22 輯,上海書店出版社,2015 年,第 70—71 頁。

④ 陳偉:《郭店竹書別釋》,湖北教育出版社,2003 年,第 242 頁。

⑤ 顧史考:《郭店楚簡〈語叢四〉篇韻讀新解三則》,《簡帛》第 1 輯,上海古籍出版社,2006 年,第 64 頁。

⑥ 張崇禮:《郭店楚簡〈語叢四〉解詁一則》,簡帛網(http://www.bsm.org.cn/show_article.php?id=544),2007 年 4 月 7 日。

⑦ 陳劍:《試説戰國文字中寫法特殊的"兂"和從"兂"諸字》,《戰國竹書論集》,上海古籍出版社,2013 年,第 318—352 頁。

卷　　二

0060 小　　川

【用字】　少

【解字】

　　"小人"合文當是"少人"二字合寫。"少"用爲"小"。

【詞義】

一、細、微，與"大"相對。

　　1. 大少（小）之多惕（惕—易）必多蟹（難—難）。老甲 14

　　2. 猷（猶）少（小）浴（谷）之亝（與）江沔（海）。老甲 20

　　3. 毋㠯（以）少（小）惎（謀）敗（敗）大緇衣 22 愚（圖）。23

　　4. 不五行 34 㠯（以）少（小）道（道）害（害）大道（道），柬（簡）也。35

　　5. 又（有）少（小）辠（罪）而亦（赦）之，匿也。五行 38

　　6. 又（有）少（小）辠（罪）而弗亦（赦）也，不芙（察）於道（道）也。五行 39

　　7. 少（小）而訪〈診（胗）〉者也。五行 40

　　8. 少（小）而軫者，能又（有）取安（安—焉）。五行 43

　　9. 又（有）是改（攺—施）少（小）尊德義 37 又（有）秎（利），迧（遷）而大又（有）憙（害）者，又（有）之。又（有）是改（攺—施）少（小）又（有）憙（害），迧（遷）而大又（有）秎（利）者，又（有）之。38

　　10. 句（苟）毋（無）大害，少（小）枉，內（納）之可也。性命 61

　　11. 少（小）材埶（埶—設）者（諸）少（小）官。六德 14

　　12. 少（小）而六德 32 覍（軫）多（者）也。33

　　13. 少（小）者，㠯（以）攸（修）亓（其）身。六德 47

　　14. 少（小）不忍，伐大紮（謀）。語叢二 51

二、身份低微。

　　1. 日屑（暑）雨，少（小）緇衣 9 民隹（唯）日悁（怨）。10

　　2. 晉（晉）各（冬）旨（旨—祁）滄（寒），少（小）民亦隹（唯）日悁（怨）。

緇衣 10

3. 少（小）⌷ 人剴（豈）能好亓（其）駚（匹）。緇衣 42

4. 尖＝（少人—小人）燮（亃—亂）天棠（常）㠯（以）逆大迵（道）。成之 32

5. 少（小）人成之 34 不經（逞）人於刃（恩）。成之 35

6. 此尖（少人—小人）矣。尊德義 25

7. 豊（禮）不尊德義 31 隶（逮）於尖＿（少人—小人）。32

8. 不𣉻（智—知）亓（其）𡉈（鄉）之尖＝（少人—小人）、君子。語叢四 11

三、身份低微的人。

1. 古（故）緇衣 21 君不與少（小）悬（謀）大。22

四、使變小。

1. 鼎（鄡—則）民不能大甘（箕—其）姥（媄—美）而少（小）甘（箕—其）亞（惡）。緇衣 35

五、小氣。

1. 𧮏（教）㠯（以）只（技），尊德義 14 鄡（則）民少（小）㠯（以）炱（鄰—隱）。15

四、《小雅》，《詩經》的組成部分。

1.《少（小）顕（夏—雅）》緇衣 7

2.《少（小）顕（夏—雅）》緇衣 36

0061　少　　𡚵

【用字】　少

【詞義】

一、數量小，與"多"相對。

1. 貝（視）索（素）保（抱）簋（僕—樸），少厶（私）須〈募（寡）〉欲（欲）。老甲 2

2. 從所少好，牙（與）所少樂，鼎（鼎—員—損）。遺簡

二、副貳。

1. 孫（孫）𠭯（叔）三躲（舍）邪（耶—期）思少司馬。窮達 8

三、用爲"小"，參閱本卷"小"（第 39 頁）。

0062　分　　𠈌

【用字】　分、貧

【詞義】

一、分開;區分。

　　1. 分成之31 爲夫婦之攴(鞭—辨)。32

　　2. 六哉(職)歆(既)分,目(以)裕六惪(德)。六德 10

二、分配;給予。

　　1. 畐(福—富)而貧(分)賤,勮(則)民欲其成之17 畐(福—富)之大也。18

三、差異;區別。

　　1. 又(有)天又(有)人,天人又(有)分。窮達 1

　　2. 諓(察)天人之分,而訾(智—知)所行矣。窮達 1

0063　尚　　尚

【用字】　尚、𡮂

【解字】

　　《忠信之道》簡 3"𡧯而者尚"一句語義難懂,其中"尚"字(𡮂)寫法特殊,所從"冂(堂之初文)"形右側的筆畫缺失,同樣的寫法"尚"字還見於望山簡 41 𡮂、彭家灣 M183 簡 1 𡮂、唐維寺簡 3 𡮂 等楚文字材料,皆用爲{當}。或釋爲"甚",同樣的寫法見於上博《命》簡 10 𡮂,辭例爲"甚善"。該字有多種釋讀意見:李零先生讀爲"常"①,學者多從之。馮時先生讀爲"償"②。陳劍先生認爲該字與"瞻"字右部相同③。董珊先生讀爲"耽"④。

【詞義】

一、尊重;崇尚。

　　1. 保此衍(道)者不谷(欲)𡮂(尚)呈(呈—盈)。老甲 10

二、超過;高出。

　　1. 不囟(使)相尚。太一 12

① 李零:《郭店竹簡校讀記》,《道家文化研究》第 17 輯(郭店楚簡專號),生活·讀書·新知三聯書店,1999 年,第 502 頁。

② 馮時:《戰國竹書〈忠信之道〉釋論》,《古墓新知——紀念郭店楚簡出土十周年論文專輯》,國際炎黃文化出版社,2003 年,第 47 頁。

③ 陳劍:《讀〈上博(六)〉短札五則》,簡帛網(http://www.bsm.org.cn/show_article.php?id=643),2007 年 7 月 20 日。

④ 董珊:《讀〈上博六〉雜記(續四)》,簡帛網(http://www.bsm.org.cn/show_article.php?id=649),2007 年 7 月 21 日。

三、副詞,還;猶。

    1. 白珪(圭)之石〈砧(玷)〉,尚可緇衣 **35** 礣(磨)也。**36**

四、待考。

    1. 窑而者尚,訐(信)**忠信 3** 之至也。**4**

五、用爲"嘗",參閱卷五"嘗"(第 270 頁)。

六、用爲"黨",參閱卷十"黨"(第 509 頁)。

0064　詹　　𤐋

【用字】　𤐋

【解字】

    "𤐋"字見於《語叢一》107,原作"𤐋",整理者未釋;裘錫圭先生"按語"認爲从"炎"省聲,或即"澹"字別體,讀爲"詹",同"譫",意爲多言、妄言。何家興先生認爲該字形體糅合"淡""澹"二字而成①。

【詞義】

一、多言;妄言。同"譫"。

    1. 快(決)牙(與)訐(信),器也,各㠯(以)𤐋(澹─譫)**語叢─107** 訋(詞)
        敐(毀)也。**語叢─108**

二、用爲"瞻",參閱卷四"瞻"(第 195 頁)。

0065　公　　公

【用字】　公

【詞義】

一、古爵位名,五等爵第一位。又爲諸侯的通稱及古代朝廷最高官位的
    通稱。

    1.《晉(晉─祭)公之募(寡─顧)命(命)》**緇衣 22**

    2. 魯(魯)穆公昏(問)於子思曰:……**魯穆公 1**

    3. 公不敓(悦),耴(揖)而退(退)之。**魯穆公 2**

    4. 公曰:……**魯穆公 3**

---

① 何家興:《"通假糅合"補説——兼釋〈郭店楚簡〉中的"𤐋"》,《中國文字研究》第 23 輯,上
    海書店出版社,2016 年,第 43 頁。

0066 必 𢖁

【用字】 必、𢖁、比

【解字】

楚文字"必"多寫作"𢖁","比"當爲"𢖁"之訛,所从"才"旁訛爲"卜"。

【詞義】

一、一定,副詞。

1. 必非(微)溺(妙)玄達,深不可志(識)。**老甲 8**

2. 大少(小)之多惖(惕—易)必多鞿(難)。**老甲 14**

3. 甚悆(愛)必大賈(費),同(厚)貨(臧—藏)必多貣(亡)。**老甲 36**

4. 㠯(以)太一 **10** 道(道)從事者必厇(託)丌(其)明(名)。**11**

5. 剴(豈)必緇衣 **12** 聿(盡)惡(仁)? **13**

6. 上好此勿(物)也,緇衣 **14** 下必又(有)甚女(安—焉)者矣。**15**

7. 句(苟)又(有)車,必見甘(箕—其)敭(散—轍);句(苟)又(有)衣,必見亓(其)尚(敝)。人緇衣 **40 正上** 句(苟)又(有)言,必暗(聞)丌(其)聖(聖—聲);**40 背** 句(苟)又(有)行,必見甘(箕—其)成(城—成)。**40 正下**

8. 𢖁(必)正丌(其)身。**唐虞 3**

9. 䎽(聖)唐虞 **27** 者不才(在)上,天下𢖁(必)壞(壞)。**28**

10. 至訐(信)女(如)峕(時),𢖁(必)至而不結。**忠信 2**

11. 勳(則)民必有甚女(安—焉)者。**成之 7**

12. 反此遳(道)也,民必因此至(重)也成之 **18** 㠯(以)返(復)之。**19**

13. 是古(故)谷(欲)人之悆(愛)㠯(己)也,勳(則)必先悆(愛)人。谷(欲)人之敬㠯(己)也,勳(則)必先敬人。**成之 20**

14. 橐(槁)木三年,不必爲邦罤(旗)。**成之 30**

15. 善者民必眾_(眾,眾)未必訋(治)。**尊德義 12**

16. 傑(傑—桀)不胃(謂)丌(其)民必嬰(亂),而民又(有) **尊德義 22** 爲嬰(亂)矣。**23**

17. 善者民必禀(福—富,富)未必和,不和不_女_(不安,不安)不樂(樂)。**尊德義 27**

18. 上好是勿(物)也,尊德義 **36** 下必又(有)甚女(安—焉)者。**37**

19. 凡遉(動)民必訓(順)民心。**尊德義 39**

20. 凡至樂(樂)必悲,哭亦悲,㫃(皆)至丌(其)悥(情)也。**性命 29**

21. [不]迡(過)十㠯(舉—舉),丌(其)心必才(在)女(安—焉)。**性**

命 38

22. 凡兌(悅)人勿悉(隱)也,身必從之。性命 59

23. 凡交毋剌(烈),必叟(使)又(有)末。性命 60

24. 行谷(欲)惠(勇)而必至。性命 63

25. 孚_(君子)鞁(執)志必又(有)夫坓_(往往—廣廣)之心,出言必又(有)性命 65 夫柬_(簡簡)之訐(信),宷(賓)客之豊(禮)必又(有)夫齊_(齊齊)之頌(容),祭(祭)祀之豊(禮)必又(有)夫齊_(齊齊)之敬,66 居竷(喪)必又(有)夫緣_(蠻蠻—戀戀)之忞(哀)。67

26. 生民斯(斯)必又(有)夫婦、父子、君臣。六德 42

27. 爲衛(道)者必繇(由)六德 47 此。48

28. 朳(必)行,鼎(員—損)。語叢三 16

29. 豊(禮)朳(必)及。語叢三 60

30. 歆(既)旻(得)丌(其)級(急),言必又(有)及,及語叢四 5 之而弗亞(惡),必聿(盡)丌(其)古(故)。聿(盡)之而惥(疑),必攷(審)銘(喻)=15 之=(銘之。銘之)而不可,必夐(文)㠯(以)訛,母(毋)命(令)砮(智—知)我。6

31. 邦又(有)巨豭(雄),必先與之㠯(以)爲堋(朋)。語叢四 14

二、肯定;確定。

1. 凡比〈朳(必)〉,又(有)不行者也。語叢二 39

三、堅持己見;固執。

1. 亡(毋)義(我),亡(毋)必。語叢三 65 上

0067　余　𢀈

【用字】　余

【詞義】

一、代詞,表示第一人稱。

1. "余才(茲)厇(宅—度)天心",害(蓋)此言也,言余之此而厇(宅—度)於天心也。成之 33

二、用爲"餘",參閱卷五"餘"(第 280 頁)。

三、用爲"除",參閱卷十四"除"(第 731 頁)。

四、用爲"豫",參閱卷九"豫"(第 492 頁)。

0068　宋(審)　𡧃　　篆文 𡦞

【用字】　攴

【解字】

　　"攴"字,林素清認爲字从攴,主省聲,即"拄"字①。涂宗流、劉祖信先生認爲字从午得聲,疑讀爲"忤",用同"伍"②。徐在國先生認爲字从"攴""十"聲,讀爲"執"③。陳偉先生疑是"收"字之訛④。顧史考先生認爲字左旁似與"丨"同,爲"針"之初文,从"丨"聲而來的"夽"往往讀爲文部字或用作文部字的聲旁,故似可與書紐真部的"呻"字通假⑤。陳劍先生讀爲"審"⑥。按:該字又見於上博四《曹沫之陳》簡 30 作"⿰",整理者疑爲"枚"字⑦。陳劍先生讀爲"審",存有疑問⑧。李銳先生讀爲"什",存有疑問⑨。孟蓬生先生認爲字皆从"丨"(古本切)聲,釋爲"慎"⑩;尉侯凱先生從之⑪。蘇建洲先生認爲"十""劦"二聲相同,字可讀作"協"⑫。

【詞義】

一、副詞。詳盡地;明白地。

　　1. 聿(盡)之而悆(疑),必攴(審)鋊(喻)＝《語叢四》15 之＝(鋊之。鋊之)而不可,必曼(文)㠯(以)訛。6

0069 釋　　　𥼐

【用字】　𥼐、𥼶、𥼐

①　林素清:《郭店竹簡〈語叢四〉箋釋》,《郭店楚簡國際學術研討會論文集》,湖北人民出版社,2000 年,第 393 頁。

②　涂宗流、劉祖信:《郭店楚簡先秦儒家佚書校釋》,萬卷樓圖書有限公司,2001 年,第 322 頁。

③　徐在國:《郭店楚簡文字三考》,《簡帛研究二〇〇一》,廣西師範大學出版社,2001 年,第 178 頁。

④　陳偉:《郭店竹書別釋》,湖北教育出版社,2003 年,第 238 頁。

⑤　顧史考:《郭店楚簡〈語叢四〉篇韻讀新解三則》,《簡帛》第 1 輯,上海古籍出版社,2006 年,第 60—61 頁。

⑥　陳劍:《郭店簡〈窮達以時〉〈語叢四〉的幾處簡序調整》,《國際簡帛研究通訊》第 2 卷第 5 期,2002 年,第 6 頁。

⑦　馬承源主編:《上海博物館藏戰國楚竹書(四)》,上海古籍出版社,2004 年,第 262 頁。

⑧　陳劍:《上博竹書〈曹沫之陳〉新編釋文(稿)》,簡帛研究網(http://www.bamboosilk.org/admin3/2005/chenjian001.htm),2005 年 2 月 12 日;《戰國竹書論集》,上海古籍出版社,2013 年,第 121 頁。

⑨　李銳:《〈曹劌之陳〉釋文新編》,清華大學簡帛研究網(http://www.confucius2000.com/admin/list.asp?id=1623),2005 年 2 月 22 日。

⑩　孟蓬生:《上博竹書(四)閒詁(續)》,簡帛研究網(http://www.jianbo.org/admin3/2005/mengpengsheng002.htm),2005 年 3 月 6 日。

⑪　尉侯凱:《郭店簡零釋三則》,《戰國文字研究》第 2 輯,安徽大學出版社,2020 年,第 80 頁。

⑫　蘇建洲:《上博楚簡(四)考釋六則》,《中國文字》新 31 期,2006 年,第 151—153 頁。

【解字】

　　"曻"從"又"從"臭(睪)",或是"釋"的專字。"怠"即"懌"字。

【詞義】

一、解;消融。

　　1. 覬(涣)虖(唬—乎)丌(其)奴(如)怠(懌—釋)。老甲 9

二、解開;鬆開;卸下。

　　1. 曻(斁—釋)板(版)箮(築)而咨(差—佐)天子。窮達 4

　　2. 曻(斁—釋)杕(械)檖(枊)而爲者(諸)厌(矦—侯)棍(相)。窮達 6

　　3. 曻(斁—釋)板(鞭)柽(箠)而爲晋卿。窮達 7

三、赦宥;免除。

　　1. 從允怠(懌—釋)佁(過)。成之 36

四、釋放。

　　1. 樊(樂)谷(欲)睪(斁—釋)而又(有)峀(止)。性命 64

0070 叛 　𪕥

【用字】　啟

【詞義】

一、背離;反叛。

　　1. 夫天多异(期—忌)韋(諱),而民爾(彌)啟(畔—叛)。老甲 30

0071 牛 　半

【用字】　牛

【詞義】

一、哺乳動物。牛科,身體大,頭有兩角,趾端有蹄,尾巴尖端有長毛;草食反芻;力氣大,能耕田或拉車;肉、乳可食,角、皮、骨可作器物。

　　1. 行年七十而靑(脭—屠)牛於朝(潮—朝)訶(歌)。窮達 5

　　2. 白(百)里迡(遭)逍(鬻)五羊,爲敀(伯)數(牧)牛。窮達 7

　　3. 牛生而倀(粻)。性命 7

0072 牡 　牡

【用字】　戊

【詞義】

一、雄性的獸類。

　　1. 未智(智—知)牝戊(牡)之會(合)家(朘)蒸(怒),精(精)之至也。
　　　　老甲 34

二、植物中不開花的。

　　1. 綻(疏)衰六德 27 齊,戊(牡)林(麻)實(實—經)。28

0073 牝 　牝

【用字】　牝

【詞義】

一、雌的動物。

　　1. 未智(智—知)牝戊(牡)之會(合)家(朘)蒸(怒),精(精)之至也。
　　　　老甲 34

0074 牽 　牽

【用字】　墼

【詞義】

一、拉;牽引向前。

　　1. 可馭(馭—御)也,而不可墼(墼—牽)也。成之 16

0075 物 　物

【用字】　勿

【詞義】

一、客觀存在的物體;東西。

　　1. 是古(故)聖(聖)人能尃(輔)萬勿(物)之自肰(然)而弗老甲 12 能
　　　　爲。13

　　2. 萬勿(物)牆(牆—將)自愚(化)。老甲 13

　　3. 萬勿(物)牆(牆—將)自定。老甲 14

　　4. 萬勿(物)隻(作)而弗忖(始)也。老甲 17

　　5. 萬勿(物)牆(牆—將)自賓(賓)。老甲 19

　　6. 萬勿(物)方(並)复〈乍(作)〉。老甲 24

　　7. 天〈而〉哦(奇)勿(物)慈(慈—滋)记(起)。老甲 31

8. 鐾(法)勿(物)慈(慈—滋)章(彰)。老甲 **31**

9. 勿(物)壐(壯)鼎(勅—則)老,是胃(謂)不逋(道)。老甲 **35**

10. 天下之勿(物)生於又(有),生於亡(無)。老甲 **37**

11. 是昌(以)能椆(輔)蘆(萬)勿(物)老丙 **13** 之自狀(然)而弗能爲。**14**

12. [以己爲]太—**6** 蘆(萬)勿(物)母。**7**

13. 昌(以)忌(己)爲蘆(萬)勿(物)經(經)。太—**7**

14. 上好此勿(物)也,緇衣 **14** 下必又(有)甚女(安—焉)者矣。**15**

15. 大明不出,旬(丏—萬)勿(物)膚(皆)旬(暗)。唐虞 **27**

16. 至忠女(如)土,蝸(化)勿(物)而不嚞(奏—伐)。忠信 **2**

17. 羣(群)勿(物)旮(皆)成,而百善膚(皆)立。忠信 **7**

18. 故孚₌(君子)不貴彶(德—庶)勿(物)而貴與成之 **16** 民又(有)同也。**17**

19. 古(故)糸(終)是勿(物)也而又(有)深女(安—焉)者。尊德義 **19**

20. 是古(故)凡勿(物)才(在)疾之。成之 **22**

21. 上好是勿(物)也,尊德義 **36** 下必又(有)甚女(安—焉)者。**37**

22. 凡勿(物)亡(無)不異也者。性命 **8**

23. 衍(道)者,羣(群)勿(物)之衍(道)。性命 **14**

24. 凡勿(物)繇(由)室(望—無)生。語叢—**1**

25. 又(有)勿(物)又(有)明(名)。語叢—**2**

26. 又(有)勿(物)又(有)繇(繇—由)又(有)練。語叢—**10**

27. 又(有)勿(物)又(有)宔(容)。語叢—**13**

28. 又(有)勿(物)又(有)宔(容)。語叢—**14**

29. 夫⟨天⟩生百勿(物),人爲貴。語叢—**18**

30. 凡勿(物)語叢—**48** 又(有)厸(本)又(有)卯(標)。**49**

31. 亡(無)勿(物)不勿(物)。語叢—**71**

32. 凡勿(物)壐(邎—由)望(無)生。語叢—**104**

33. 勿(物)各止於亓(其)所。語叢—**105**

34. 天型成(城—成),人异(與)勿(物)斯(斯)里(理)。語叢三 **17**

35. [口]勿(物)昌(以)日,勿(物)又(有)里(理)而語叢三 **18** 墬(地)能貪(含)之生之者,才(在)曇(早)。**19**

36. 勿(物)不葡(備),不城(成)悬(仁)。語叢三 **39**

37. 昼(文)衣(依)勿(物),昌(以)啻(青—情)行之者。語叢三 **44**

38. 亡(無)勿(物)不勿(物)。語叢三 **64 下**

39. 明(名)式(二),勿(物)参(三)。語叢三 **67 上**

40. 虔(呼)勿(物)。語叢三 **72** 上

二、內容;實質。

　　1. 君子言又(有)勿(物),行又(有)緇衣 **37** 迖(格)。**19**

三、社會;外界環境。

　　1. 及亓(其)見於外,鼎(鼑—則)勿(物)取之也。性命 **2**

　　2. 所好所亞(惡),勿(物)也。性命 **4**

　　3. 凡眚(性)爲宔(主),勿(物)取之也。性命 **5**

　　4. 凡見者之胃(謂)勿(物)。性命 **12**

　　5. 勿(物)性命 **12** 之敓(埶—勢)者之胃(謂)敓(埶—勢)。性命 **13**

　　6. 敬,勿(物)之卽(節)也。性命 **39**

四、哲學用語。物質,與“心”相對。

　　1. 坒(待)勿(物)而句(後)复(作)。性命 **1**

　　2. 凡敳(動)眚(性)性命 **10** 者,勿(物)也。性命 **11**

0076　告　　　告

【用字】　告

【詞義】

一、告訴。

　　1. 我黽(龜)欿(既)猒(厭),緇衣 **46** 不我告猷。**47**

0077　口　　　口

【用字】　口

【詞義】

一、嘴。人和動物進飲食的器官,也是人和大部分動物發聲的器官。

　　1. 耳官(目)鼻口爭(手)足六者,心之设(役)也。五行 **45**

　　2. 口惠(惠)而實(實)弗从(從),孠(君子)弗言尒(爾)。忠信 **5**

　　3. 猷(猶)口之不可量(蜀—獨)言也。性命 **7**

　　4. 未(味),口飤(司)語叢一 **51** 也。**52**

　　5. 口不新(慎)而尿(戶)之閟(閉)。語叢四 **4**

0078　啾　　　嗤

【用字】　嚚

【詞義】

一、歌吟。

1. 詟(詸—啾)遊(由)聖(聖—聲)。**性命 33**

0079 噬 

【用字】 齧

【詞義】

一、咬。

1. 若齒之事舌(舌),而宊(終)弗齧(噬)。**語叢四 19**

0080 含 

【用字】 含、念、畬、貪

【詞義】

一、包含。

1. 畬(含)悳(德)之䨱(厚)者,比於赤子。**老甲 33**

2. 民不從上之皿(命),不信丌(其)言,而能念(含)悳(德)者,未之**成之 2** 又(有)也。**3**

3. 未賞而民蕙(懽—勸),含禀(福—富)者也。**性命 52**

4. 而**語叢三 18** 墜(地)能貪(含)之生之者,才(在)曩(早)。**19**

二、用爲"今",參閱卷五"今"(第 281 頁)。

0081 味 

【用字】 未、杳

【詞義】

一、味道;滋味。

1. 淡可(呵)丌(其)𣞤(無)杳(味)也。**老丙 5**

2. 未(味)亡(無)未(味)。**老甲 14**

二、品嘗,辨別滋味。

1. 未(味)亡(無)未(味)。**老甲 14**

三、味覺。

1. 又(有)聖(聖—聲)又(有)臭(嗅)**語叢一 47** 又(有)未(味)。**48**

2. 未(味),口𣪠(司)**語叢一 51** 也。**52**

0082　呼　　呀

【用字】　唐、虖

【解字】

《性命》簡 35 "（字）"字，整理者（180 頁）隸定爲"枀"。龐樸先生初認爲字從亡從木，亦即"手"旁加"無"。撫，拊心也，《禮記》孔疏曰："撫心爲辟，跳躍爲踊……男踊女辟，是哀痛之至極也。"後來又隸定爲"枀"，即"撫"，讀爲"辟"①。彭林先生認爲揆諸今本，當以"辟"字當之，鄭玄釋爲"拊"②。李零先生認爲此字下半與"敝"字所從相同，仍有可能讀爲"辟"，"辟"是幫母錫部字，"敝"是並母月部字，讀音相近③。饒宗頤先生釋爲"擗"。"擗"字亦作"辟"，《邶風·柏舟》："寤辟有摽。"辟和摽都訓爲拊心。搥心爲擗，跳躍爲踴，故云"辟斯踴"④。陳偉先生釋爲"撫"，原從亡從米。亡、無相通，郭店簡中的"亡"多讀爲"無"，《説文》"撫"字古文即從亾、亡作。從"米"之字有"敉"，亦作"侎"，《説文》曰："撫也。"此字下部的"米"也許讀爲"敉（侎）"，爲義符。撫有拍擊之意，在這個意義上也寫作"拊"、與辟（擗）意略同，可換用。後來又認爲字從"米"聲，辟、米二字上古音聲母爲幫、明旁紐，韻部爲錫脂通轉，則字可讀爲"辟"⑤。廖名春先生讀爲"擗"，與"拊"義近⑥。李天虹先生認爲字下部所從究爲何形尚存爭議，但上部從"亡"似可確定，故目前來看字以讀"撫"爲宜⑦。劉釗先生認爲"枀"字從"亡"從"尚"省，在此讀爲"辟"，意爲"拊心"，即"搥胸"⑧。張光裕先生認爲字從"亡"從"釆"，"釆"《説文》讀爲"辨"，"辨""辟"雙聲通假，但始終難厭人意；辟或可

---

① 龐樸：《初讀郭店楚簡》，《歷史研究》，1998 年第 4 期，第 9 頁；龐樸：《撫心曰辟》，《中國哲學》第 20 輯（郭店楚簡研究），遼寧教育出版社，1999 年，第 365 頁。

② 彭林：《〈郭店楚簡·性自命出〉補釋》，《中國哲學》第 20 輯（郭店楚簡研究），遼寧教育出版社，1999 年，第 319 頁。

③ 李零：《郭店楚簡校讀記》，《道家文化研究》第 17 輯（郭店楚簡專號），生活·讀書·新知三聯書店，1999 年，第 509 頁。

④ 饒宗頤：《從郭店楚簡談古代樂教》，《郭店楚簡國際學術研討會論文集》，湖北人民出版社，2000 年，第 3 頁。

⑤ 陳偉：《郭店簡書〈人雖有性〉校釋》，《中國哲學史》，2000 年第 4 期，第 13 頁；《郭店竹書別釋》，湖北教育出版社，2003 年，第 196 頁。

⑥ 廖名春：《郭店楚簡〈性自命出〉篇校釋》，《清華簡帛研究》第 1 輯，清化大學思想文化研究所，2000 年，第 51—52 頁。

⑦ 李天虹：《郭店竹簡〈性自命出〉研究》，湖北教育出版社，2003 年，第 173 頁。

⑧ 劉釗：《郭店楚簡校釋》，福建人民出版社，2005 年，第 100 頁。

讀爲闋，與“釆”古音俱屬元部，亦缺乏證據①。鄭剛先生釋爲“粤”，上所從爲“由”字，與“巢”同形；下所從“米”相當於“丂”。“聘”是滂母耕部，與“辟”字的並母錫部對轉可通②。馮勝君師懷疑該字上部所從類似“亡”的偏旁，可能是“虍”旁的變體或誤摹；又進一步認爲該字爲“虖”字誤摹，讀爲“呼”③。按：《語叢》諸篇“虎”字寫作𧆞（《語叢一》簡 60）、𧆞（《語叢三》簡 68 下）、𧆞（《語叢三》簡 57）等形，“𧆞”字或可與之比對，仔細觀察字形可知，在所謂“亡”形的右下方多出一撇筆，或許是就是對“虍”形誤摹的挽救。《語叢》諸篇“虎”字舊多隸定爲“虗”，誤，當隸定爲“虎”，參閱卷五“乎”（第 267 頁）。

【詞義】

一、呼作。

　1. 又（有）眚（性）又（有）生，虎（呼）生。語叢三 58

　2. 又（有）眚（性）又（有）生，虎（呼）……語叢三 68 下

　3. 虎（呼）勿（物）。語叢三 72 上

二、稱呼。

　1. 唐（唬—呼）牙（與）公（容）牙（與）夫亓（其）行者。語叢一 109

三、大聲叫喊。

　1. 宎（終）日唐（唬—呼）而不惪（嚘），和之至也。老甲 34

　2. 帰（寢）四𡗥（鄰）六德 3 之帝（啼）唐（唬—呼）。4

　3. 戀（嘆）旲（斯）虎＿（呼，呼）旲（斯）通（踊）。性命 35

四、喚；召喚。

　1. 或命（令）之或唐（唬—呼）豆（屬）。老甲 2

0083　嘳　　🈶　　或體　🈲

【用字】　𦜶

【詞義】

一、歎息；歎聲。

　1. 羕（詠）思而𨑞（動）心，𦜶（嘳）女（如）也。性命 26

---

①　張光裕：《〈郭店楚簡研究〉第一卷〈文字編〉校補》，《長沙三國吳簡暨百年來簡帛發現與研究國際學術研討會論文集》，2005 年，第 267—268 頁。

②　鄭剛：《由簡文解經典文字例：釋“辟”》，《楚簡孔子論説辨證》，汕頭大學出版社，2004 年，第 137—142 頁。

③　馮勝君：《郭店簡與上博簡對比研究》，綫裝書局，2007 年，第 223、226—227 頁。

0084 名　　名

【用字】　名、眀

【解字】

　　"眀"從月從口,爲"名"之異體。在郭店簡中,除了《緇衣》簡38"名"字從"夕"寫作"名"外,餘皆從月寫作"眀"。

【詞義】

一、事物的名稱。

1. 牂(牆—將)自(貞—鎮)之目(以)亡(無)眀(名)之蔓(蹼—僕—樸)。老甲13

2. 道(道)丠(亙—恆)亡(無)眀(名)。老甲18

3. 訇(始)制(折—制)又(有)眀=(名。名)老甲19 亦猷(既)又(有),夫亦牂(牆—將)替(智—知)屵(止)。20

4. 未替(智—知)兀(其)眀(名),芋(字)之曰道(道),虗(吾)老甲21 弜(勞—強)爲之眀(名)曰大。22

5. 道(道)亦兀(其)志(字)也,訇(青—請)昏(問)兀(其)眀(名)。太一10

6. 目(以)太一10 道(道)從事者必愳(託)兀(其)眀(名),古(故)事戉(城—成)而身長。11

7. 聖(聖)人之從事也,亦愳(託)兀(其)太一11 眀(名),古(故)社(功)城(成)而身不剔(傷)。12

8. 天陘(地)眀(名)志(字)竝=(並立),古(故)悊(過)兀(其)方。太一12

9. 又(有)天又(有)會(命),又(有)勿(物)又(有)眀(名)。語叢一2

10. 又(有)龠(命)又(有)夏(文)又(有)眀(名)。語叢一4

11. 又(有)夐(色)又(有)眀(名)。語叢一13

12. 又(有)生虍(乎)眀(名)。語叢一96

13. 眀(名),婁(數)也。語叢二44

14. 眀(名)弌(二),勿(物)參(三)。語叢三67上

二、聲譽;名聲。

1. 眀(名)與身筥(孰)新(親)?老甲35

2. 此目(以)生不可敓(奪)志,死不可敓(奪)名。緇衣38

3. [□非]爲眀(名)也,古(故)莫之眷(智—知)而不箸(鄰—閔)。窮達12

　　4. 母（梅）白（伯）_{窮達 14} 靭（初）湝（醨）酺（醯），遂（後）明（名）易（揚），非亓（其）悳（德）加。₉

　　5. 士成（城一成）言不行，明（名）弗旻（得）悉（疑一矣）。_{成之 13}

　　6. 叚（治）者_{語叢三 28} 至亡（無）閔（閒一間）勮（則）城（成）明（名）。₂₉

三、待考。

　　1. 明（名）。_{語叢三 69 下}

　　2. ☒明（名）☒_{殘 25}

0085　吾　　吾　

【用字】　虗
【詞義】

一、代詞。表示第一人稱。我。

　　1. 虗（吾）_{老甲 21} 弝（猇一強）爲之明（名）曰大。₂₂

　　2. 虗（吾）可（何）㠯（以）智（智一知）亓（其）肰（然）也。_{老甲 30}

　　3. 虗（吾）所㠯（以）又（有）大患者，爲虗（吾）又（有）身。返（及）虗（吾）亡（無）身，或可（何）［患焉？］_{老乙 7}

　　4. 虗（吾）可（何）㠯（以）智（智一知）天［下之肰哉？］_{老乙 18}

　　5. 虗（吾）夫=（大夫）共（恭）憂（且）龏（儉），枺（摩）人不斂（斂）。_{緇衣 26}

　　6. 人售（唯一雖）曰不稱（利），虗（吾）弗訐（信）_{緇衣 44} 之矣。₄₅

　　7. 咠（鄉）者虗（吾）昏（問）忠臣於子思。_{魯穆公 3}

　　8. 非_{魯穆公 7} 子思，虗（吾）亞（惡）昏（聞）之矣。₈

　　9. 母（毋）達（逸一失）虗（吾）㣶（謀）。_{語叢二 50}

二、用於人名，“管夷吾”。

　　1. 喬（管）叟（寺一夷）虗（吾）匇（拘）繇（囚）畀（束）縛，叜（鞥一釋）杕（械）橰（柙）而爲者（諸）厌（矦一侯）棩（相）。_{窮達 6}

0086　君　　君　　古文　

【用字】　君
【詞義】

一、君王；君主。

　　1. 鼎（勮一則）君不悉（疑）亓（其）臣=（臣，臣）不惑於君。_{緇衣 4}

　　2. 下難_{緇衣 5} 智（智一知）鼎（勮一則）君倀（長）裳（勞）。₆

3. 臣事君，**緇衣6** 言亓（其）所不能，不訇（辭）亓（其）所能，鼎（勦—則）君不袋（勞）。**7**

4. 民吕（以）君爲心，君吕（以）民爲體。**緇衣8**

5. 心好鼎（勦—則）體安（安）之，君好鼎（勦—則）民忿（慾—欲）**緇衣8** 之。**9**

6. 古（故）心吕（以）體墜（法—廢），君吕（以）民芒（喪—亡）。**緇衣9**

7. 古（故）**緇衣21** 君不與少（小）慇（謀）大。**22**

8. 悉（恆—亟）叟（爯—稱）**魯穆公1** 亓（其）君之亞（惡）者，可冐（謂）忠臣矣。**2**

9. 亟（亙—亟）叟（爯—稱）亓（其）君之亞（惡）者可冐（謂）忠**魯穆公3** 臣矣。**4**

10. 夫爲亓（其）君之古（故）殺亓（其）身者。**魯穆公5**

11. 夫爲亓（其）君之古（故）殺亓（其）身者。**魯穆公6**

12. 上直（直—德）鼎（勦—則）天下又（有）君而**唐虞20** 世明。**21**

13. 君黝（絇）禨（冕）而立於复（阵）。**成之7**

14. 君衰絰（絰）而尻（處）立（位）。**成之8**

15. 君上卿（享）成（城—成）不唯杏（本）。**成之12**

16. 斳（折—制）爲君臣之義。**成之31**

17. 酋（尊）惪（德）義，明虘（虖—乎）民侖（倫），可吕（以）爲君。**尊德義1**

18. 上交近事君，下交晏（得）**性命56** 眾近從正（政）。**57**

19. 冐（謂）**六德14** 之君。**15**

20. 宜（義）者，君惪（德）也。**六德15**

21. 古（故）夫_（夫夫）、婦_（婦婦）、父_（父父）、子_（子子）、君（君君）、臣_（臣臣），六者客（各）**六德23** 行亓（其）戠（職）。**24**

22. 外立（位），君、臣、婦也。**六德27**

23. 絟（疏）斬布，實（實—経），丈（杖），爲父也，爲君亦肤（然）。**六德27**

24. 爲父監（監—絕）君，不爲君監（監—絕）父。**六德29**

25. 君臣宜（義）生言（焉）。**六德34**

26. 父聖（聖），子忌（仁），夫智（智），婦信，君宜（義），**六德34** 臣宜〈忠〉。**35**

27. 古（故）夫_（夫夫）、婦_（婦婦）、父_（父父）、子_（子子）、君_（君君）、臣_（臣臣），此六者客（各）**六德35** 行亓（其）戠（職）。**36**

28. 夫不夫，婦不婦，父不父，子不子，君不君，**六德37** 臣不臣。**38**

29. 父子不新（親），君臣亡（無）宜（義）。**六德39**

30. 生民斯（斯）必又（有）夫婦、父子、君臣。**六德42**

31. 奢(友),君臣語叢一80……①

32. 君臣、朋奢(友),丌(其)臭(睪—擇)者也。語叢一87

33. 君猷(猶)父也。語叢三1

34. 所語叢三2呂(以)異於父,君臣不相才(存)也。3

35. 奢(友),君臣之衙(道)也。語叢三6

36. 君又(有)語叢四22愳(謀)臣。23

37. 聖(聖—聽)君而會(會),貝(視)届(庿—廟—貌)而内(納)之。語叢四27

二、“君子”,對統治者和貴族男子的通稱,又泛指才德出眾的人。

1. 君子居勮(則)貴左,甬(用)兵勮(則)貴右。老丙6

2. 君子馭(智—知)此之胃(謂)□太一8

3. 罟(淑)人君子,亓(其)義(儀)不緇衣4弋(忒)。5

4. 可言緇衣30不可行,君子弗言;可行不可言,君子弗行。31

5. 君子道(道—導)人呂(以)言,而歪(歪—極)呂(以)行。緇衣32

6. 古(故)君子顤(顧)言而緇衣34行,呂(以)成其訐(信)。35

7. 身(允)也君子,壓(展)也大成(城—成)。緇衣36

8. 君子言又(有)勿(物),行又(有)緇衣37迲(格)。38

9. 古(故)君子多睹(聞),齊而獸(獸—守)之。緇衣38

10. 罟(淑)人君子,甘(箕—其)義(儀)戈(弋——一)也。緇衣39

11. 君子不自畱(留)女〈女(安—焉)〉。緇衣41

12. 售(唯)君子能好甘(箕—其)馳(匹)。緇衣42

13. 古(故)君子之奢(友)也緇衣42又(有)苩(鄉)。43

14. 君子好戟(仇)。緇衣43

15. 古(故)君子憻(惇)於忌(反)呂(己)。窮達15

16. 君子亡(無)审(中)心之悳(憂)勮(則)亡(無)审(中)心之馭(智)。五行5

17. 五行㫃(皆)型(形)于内而嵗(時)行五行6之,胃(謂)之君[子]。7

18. 士又(有)志於君子道(道)胃(謂)之嵗(嗒—志)士。五行7

19. 未見君子,悳(憂)心五行9不能惄=(惄惄);歔(既)見君子,心不能兌(悦)。10

20. 未見君子,悳(憂)心不能惄=(忡忡—忡忡);歔(既)見君子,心不

---

① 按:此句不少學者認爲與簡81連讀爲:“奢(友)君臣,語叢一80無親也。81”,這是不正確的,同樣的句子見於《語叢三》簡6—7。所以,簡80下當有脱簡。

能降。五行 12

21. 聣（聰）勴（則）聲＿君＿子＿道＿（聞君子道，聞君子道）鼎（勴—則）玉音。五行 15

22. 叟（淑）人君子，亓（其）義（儀）罷（一）也。五行 16

23. 能爲罷（一），肰（然）句（後）能爲君子，誋（慎）亓虽（蜀—獨）也。五行 16

24. 君子誋（慎）亓（其）五行 17［獨也］。18

25. 君子之爲惪（德）也，五行 18［有與］訇（始），亡（無）残簡 21［與］𡴻（終）也。五行 19

26. 未尚（嘗）五行 22 聲（聞）君子道（道），胃（謂）之不聣（聰）。23

27. 聲（聞）君子道而不替（智—知）五行 23 亓（其）君子道（道）也，胃（謂）之不聖（聖）。24

28. 聲（聞）君子道（道），聣（聰）也。五行 26

29. 君子寁（集）大成（城—成）。五行 42

30. 能進之爲君子，弗能進也，各坒（止）於亓（其）里。五行 42

31. 疋膚＿（膚膚）逵者（諸）君子道（道），胃（謂）之臤（臤—賢）。五行 43

32. 君五行 43 子替（智—知）而與（舉）之，胃（謂）之隬（尊）臤（臤—賢）。44

33. 孚（君子）女（如）此。忠信 3

34. 口㥍（惠）而實（實）弗从（從），孚（君子）弗言尒（爾）。忠信 5

35. 心疋（疏）［而貌］忠信 5 翠（親），孚（君子）弗申尒（爾）。6

36. 古（故）行而鰽（鯖—爭）兑（悅）民，孚（君子）弗采（由）也。忠信 6

37. 孚（君子）亓（其）它（施）也忠信 7 忠。8

38. 古（故）孚＝（君子）之立（莅）民也，身備（服）善㠯（以）先之，敬訢（慎）㠯（以）肘（守）之。成之 3

39. 君子之於𠭥（教）也，亓（其）遏（道—導）民也不憲（浸），勴（則）亓（其）漳（淳—敦）也弗深忩（疑—矣）。成之 4

40. 畲（昔）者君子有言曰："戰與型（刑）人，君子之述（墜）惪（德）也。"成之 6

41. 是古（故）君子之求者（諸）昌（己）也深。成之 10

42. 是君子之於言也，非從末淊（流）者之貴，竆（竆—窮）澟（源）反杏（本）者之貴。成之 11

43. 是古（故）孚＝（君子）成之 13 之於言也，非從末淊（流）者之貴，竆（窮）澟（源）反杏（本）者之貴。14

44. 故孥=（君子）不貴徔（徔—庶）勿（物）而貴與 成之 16 民又（有）同
也。17

45. 古（故）君子所逞（復）之不多，所求之不逢〈遠〉。成之 19

46. 君子曰：……成之 22

47. 君子曰：……成之 29

48. 是吕（以）孥=（君子）貴 成之 30 成之。31

49. 君子剀（治）人侖（倫）吕（以）川（順）成之 32 天惪（德）。33

50. 孥=（君子）簺（衽）笴（席）之上，叞（讓）而憂（受）幽（幽）。成之 34

51. 君子不經（逞）人於豊（禮）。成之 35

52. 君子曰：……成之 36

53. 唯君子道（道）可近求而可遠逞也。成之 37

54. 舀（昔）者孥=（君子）有言曰：“聖（聖）人天惪（德）”。成之 37

55. 古（故）君子新（慎）六立（位）吕（以）巳（祀）天棠（常）。成之 40

56. 是吕（以）君子人道（道）之取先。尊德義 8

57. 坓（刑）不隶（逮）於君子。尊德義 31

58. 孥_（君子）婒（媄—美）亓（其）青（青—情）。性命 20

59. 孥_（君子）靾（執）志必又（有）夫坒_（往往—廣廣）之心。性命 65

60. 孥_（君子）身吕（以）爲宔（主）心。性命 67

61. 君子不卞（偏）女（如）衔（道）。六德 5

62. 君子女（如）谷（欲）求人衔（道）。六德 6

63. 君子言，訐（信）言尒（爾）言。六德 36

64. 孥_（君子）不帝（啻）明虗（乎）民敓（微）而巳（已）。六德 38

65. 君子於此戈（弍——一）歔（偏）者亡（無）所墻（法—廢）。六德 40

66. 孥_（君子）明虗（乎）此 六德 42 六者。43

67. 凡君子所吕（以）立身大墻（法）厽（三）。六德 44

68. 厽（三）者，君子所生牙（與）之立，死牙（與）之逈（敝）也。六德 46

69. 佖（匹）婦禺（愚）夫，語叢四 10 不訾（智—知）亓（其）苫（鄉）之尖=
（少人—小人）、君子。11

三、君臨；統治。

1. 古（故）君民者，章好吕（以）貝（視—示）民欱（慾—欲），蕙（懂—謹）
亞（惡）吕（以）潫（御）民淫〈淫〉，鼎（勮—則）民不賦（惑）。緇衣 6

2. 君民而不鬐（喬—驕），卒王天下而不矣（喜）。唐虞 18

3. 君民者，訷（治）民逞（復）豊（禮），民余（捨）慧（害）訾（智—知）尊德
義 23 生。六德 49

四、行君道。

1. 南面而王而〈天〉下而甚君。唐虞 25

2. 古（故）夫_（夫夫）、婦_（婦婦）、父_（父父）、子_（子子）、君_（君君）、臣_（臣臣），六者客（各）六德 23 行亓（其）戠（職）。24

3. 古（故）夫_（夫夫）、婦_（婦婦）、父_（父父）、子_（子子）、君_（君君）、臣_（臣臣），此六者客（各）六德 35 行亓（其）戠（職）。36

4. 夫不夫，婦不婦，父不父，子不子，君不君，六德 37 臣不臣。38

五、《尚書》篇名。

1.《君舀（牙）》鼎（員—云）：……緇衣 9

2.《君迪（陳）》鼎（員—云）：……緇衣 19

3.《君奭》鼎（員—云）：……緇衣 36

4.《君迪（陳）》鼎（員—云）：……緇衣 39

5.《君奭》曰：……成之 22

6.《君奭》曰：……成之 29

0087 命　　命

【用字】　命、令、龠、會

【詞義】

一、差使；使令。

1. 下之事上也，不從亓（其）所㠯（以）命，而從亓（其）所行。緇衣 14

2. 下之事上也，不從亓（其）所龠（命），而從亓（其）所行。尊德義 36

二、命令；使命。

1. 行不訐（信）勴（則）龠（命）不從。成之 1

2. 民不從上之龠（命）。成之 2

3. 售（唯—雖）䡇（厚）亓（其）龠（命），民弗從之怣（惥—矣）。成之 5

4. 惪（德）之洈（流），瀭（速）唐（唬—乎）楷（置）蚤（郵）而迪（傳）尊德義 28 龠（命）。29

三、命運；天命。

1. 甘（箕—其）集大令（命）于坒（厥）身。緇衣 37

2. 暑（聖）㠯（以）壾（壖—遇）命，㣺（仁）㠯（以）遣（逢）峕（時）。唐虞 14

3. 凥（居）茅_（艸茅—草茅）之中而不惪（憂），智（智—知）命唐虞 16 也。17

4. 智（智—知）人所㠯（以）智_龠_（智命—知命，知命）而句（後）智（智—知）道（道）。尊德義 9

5. 又(有)暜(智—知)忌(己)而不暜(智—知)螽(命)者,亡(無)暜(智—知)螽(命)而不暜(智—知)忌(己)者。尊德義 10

6. 眚(性)自螽(命)出,螽(命)_{性命 2}自天降。3

7. 又(有)天又(有)螽(命)。語叢一 2

8. 又(有)螽(命)又(有)曼(文)又(有)明(名)。語叢一 4

9. 又(有)天又(有)螽(命)。語叢一 12

10. 丌(其)暜(智—知)尃(博),虘(然)句(後)暜(智—知)螽(命)。語叢一 28

11. 暜(智—知)道(道)虘(然)句(後)暜(智—知)螽(命)。語叢一 30

12. 暜(智—知)螽(命)者亡(無)杁(必)。語叢二 47

13. 又(有)天又(有)命又(有)。語叢三 68 上

14. 命牙(與)曼(文)牙(與)。語叢三 71 上

四、生命。

1. 敔(養)眚(性)命之正,女(安)命而弗宊(夭),敔(養)生而弗戜(傷)。唐虞 11

五、古書篇名。

1.《瞽(晉—祭)公之募(寡—顧)令(命)》鼎(員—云):……緇衣 22

2.《詔螽(命)》曰:……成之 25

六、用爲"令",參閱卷九"令"(第 466 頁)。

0088 問　間

【用字】　昏

【詞義】

一、詢問;質問。

1. 道(道)亦丌(其)志(字)也,啻(青—請)昏(問)丌(其)明(名)。太一 10

2. 魯(魯)穆公昏(問)於子思曰……魯穆公 1

3. 昏(鄉)者虘(吾)昏(問)忠臣於子思。魯穆公 3

0089 唯　唯

【用字】　唯、售、隹

【解字】

清華一《保訓》篇"隹"字 3 見,寫作(簡 1)、(簡 6)、(簡 11),保

留了象徵眼目之形的點筆,是一種存古現象。郭店簡《六德》簡 7()、簡 12()"唯"字所从"隹"的鳥頭部分多一撇筆,與之並非同類。楚文字"尸"部分形體上部有增加一筆的現象,如《孔子見季桓子》簡 13 的(僕)、簡 19 的(備)等,皆是如此。楚文字"隹"部分筆畫訛與"尸"近似,《六德》篇的兩例"唯"字或亦是此類現象。

【詞義】

一、答應聲。

　　1. 售(唯)與可(呵),相去幾可(何)? 老乙 4

　　2. 心曰售(唯),莫敢(敢)不售(唯)。五行 45

二、副詞。只有;只是。

　　1. 夫售(唯)嗇,是㠯(以)槀(早)｜是㠯(以)槀(早)｜備(備—服)。老乙 1

　　2. 非亓(其)緇衣 7 尐(止)之共,售(唯)王葊(邛)。8

　　3. 售(唯)君子能好甘(箕—其)駜(匹)。緇衣 42

　　4. 售(唯)又(有)悳(德)者,肰(然)句(後)能金聖(聖—聲)而玉曑(晨—振)之。五行 20

　　5. 唯君子道(道)可近求而可遠道也。成之 37

　　6. 售(唯)悳(德)可。尊德義 28

　　7. 售(唯)性命 14 人術(道)爲可術(道)也。15

　　8. 售(唯)眚(性)悉(愛)爲近悬(仁)。性命 40

　　9. 售(唯)性命 40 宜(義)術(道)爲忻(近)忠(忠)。41

　　10. 售(唯)亞(惡)不忎(仁)爲忻(近)宜(義)。性命 41

　　11. 售(唯)人術(道)爲性命 41 可術(道)也。42

三、助詞。

　　(一) 表示肯定。

　　1. 少(小)緇衣 9 民佳(唯)日悁(怨)。10

　　2. 少(小)民亦佳(唯)日悁(怨)。緇衣 10

　　3. 售(唯)亓(其)人所才(在)。六德 48

　　4. 臤(賢)語叢三 52 者佳(唯)亓(其)止也㠯(以)異。53

　　(二) 用於句首,無實義。

　　1. 佳(唯)尹身(允)及湯,咸又(有)一悳(德)。緇衣 5

　　2. 佳(唯)乍(作)五瘧(瘧—虐)之基(刑)曰纍(法)。緇衣 27

　　3. 售(唯)氅(冒)不(丕)昌(單)叟(禹—稱)悳(德)。成之 22

四、以;因爲。

　　1. 天〈夫〉售(唯)老甲 17 弗居也,是㠯(以)弗去也。18

2. 君上卿（享）成（城—成）不唯杏（本）。成之 12

3. 夫售（唯）是,古（故）惪（德）可易而攷（敚—施）可迡（遭）也。尊德義 37

五、用爲“雖”,參閱卷十三“雖”（第 685 頁）。

0090　和　　^{和（篆形）}

【用字】　和
【詞義】

一、聲音相應。

1. 音聖（聖—聲）之相和也。老甲 16

二、和諧;協調。

1. 惪（德）之行五,和胃（謂）之惪（德）,四行和胃（謂）之善。五行 4

2. 和勮（則）譽（樂）,譽（樂）勮（則）又（有）惪（德）。五行 29

3. 悬（仁）義,豊（禮）所剺〈緐（由）〉生也,四行之所和也。五行 31

4. 和五行 31 勮（則）同,同勮（則）善。32

5. 和鼎（勮—則）同,同鼎（勮—則）善。五行 46

三、和順;平和。

1. 弚（終）日虖（嗁—呼）而不惪（嗄）,和之至也。老甲 34

2. 和曰㬜（同）,똼（智—知）和曰明。老甲 34

3. 人之逆（悅）肰（然）可牙（與）和女（安）者。性命 46。

四、和睦;融洽。

1. 六新（親）不和,女（安—焉）又（有）孝孨（孳—慈）。老丙 3

2. 善者民必慓＿（福—富,富）未必和,不和不＿女＿（不安,不安）不樂（樂）。尊德義 27

五、使和睦。

1. 新（親）父子,和大臣。六德 3

六、和蓄。

1. 和亓（其）光。老甲 27

七、調和;調治。

1. 訋（治）樂（樂）和忞（哀）,民不可致也。尊德義 31

0091　哉　　^{哉（篆形）}

【用字】　才

【詞義】

一、語氣詞。表示感歎,相當於"啊"。

  1. 悆(疑—嘻),善才(哉),言虔(唬—乎)! 魯穆公 4

二、語氣詞。表示疑問或反問,相當於"呢"或"嗎"。

  1. 可(何)蕙(懂—難)之又(有)才(哉)? 窮達 2

  2. 𦘔(青—情)女(安)逤(逸—失)才(哉)? 性命 38

0092 咸   咸

【用字】 咸、臧

【解字】

  "緇衣"簡 1"臧"即"臧"字,爲"咸"字形近訛誤。

【詞義】

一、皆。

  1. 劓(則)民臧〈咸〉放(飭)而葦(刑)不屯(頓)。緇衣 1

  2. 隹(唯)尹身(允)及湯,咸又(有)一悳(德)。緇衣 5

0093 啻   啻

【用字】 帝

【詞義】

一、但;只。

  1. 𦱤＿(君子)不帝(啻)明虔(乎)民敚(微)而已(已)。六德 38

0094 吉   吉

【用字】 吉

【詞義】

一、吉利。

  1. 古(故)吉事上左,霓(喪)事上右。老丙 8

0095 周   周   古文 周

【用字】 周、迪

【詞義】

一、至;極端的。

  1. 人之好我,緇衣 41 旨(旨—示)我周行。42

二、朝代名或部族命。

　　1. 譽(舉)而爲天子市(師)，壎(塦—遇)周文也。**窮達 5**

三、循環。

　　1. 迥(周)而或(又)〔始〕。**太一 6**

0096 唐　　　　齎　　古文 陽

【用字】　湯

【詞義】

一、陶唐氏，即堯的部落名。

　　1. 湯(唐)吳(虞)之道(道)。**唐虞 1**

　　2. 古(故)湯(唐)吳(虞)之興[□□]**唐虞 3** 也。**4**

0097 嘊

【用字】　悥

【詞義】

一、聲音嘶啞。

　　1. 㝷(終)日唇(唬—呼)而不悥(嘊)，和之至也。**老甲 34**

0098 嗜　　　　嗜

【用字】　旨

【解字】

　　"旨"字，甲骨、金文或從匕從口作"旨"，會以匕(勺子)把食物放進口中之意；或從匕從甘作"旨"，表示食物味道甘美。在郭店簡中，"旨""旨"二形皆見。《尊德義》簡 26 中讀爲"嗜"。

【詞義】

一、愛好；貪求。

　　1. 不吕(以)旨(旨—嗜)谷(欲)萬(害)亓(其)義㲋。**尊德義 26**

0099 吟　　　　吟　　或體 詥、詥

【用字】　唫

【詞義】

一、嘆。

　　1. 嗌（吟）遊（由）忞（哀）也。**性命 33**

0100　各　　🔲

【用字】　各、客

【詞義】

一、指示代詞。指代一定群體中的不同個體。

　　1. 天道鼎＝（員員），各遺（復）亓（其）堇（根）。**老甲 24**

　　2. 能進之爲君子，弗能進也，各㞢（止）於亓（其）里。**五行 42**

　　3. 亓（其）甬（用）心各異，斈（教）叀（使）肰（然）也。**性命 9**

　　4. 六者客（各）**六德 23** 行亓（其）敔（職）。**24**

　　5. 此六者客（各）**六德 35** 行亓（其）敔（職）。**36**

　　6. 勿（物）各止於亓（其）所。**語叢一 105**

　　7. 各㠯（以）豫（澹—譫）**語叢一 107** 訇（詞）敓（毀）也。**108**

二、用爲“格”，參閱卷六“格”（第 303 頁）。

0101　否　　🔲

【用字】　伓

【詞義】

一、惡。

　　1. 善伓（否），㠯（己）也。**窮達 14**

0102　哀　　🔲

【用字】　哀、悥、忞

【詞義】

一、悲傷。

　　1. 古（故）殺［人眾］，**老丙 9** 齣（則）㠯（以）忞（哀）悲位（莅）之。**10**

　　2. 能遷（差）沱（池）亓（其）孚（羽），肰（然）句（後）能至哀。**五行 17**

　　3. 斿（繇—由）樊（樂）暜（智—知）忞（哀）。**尊德義 10**

　　4. 訇（治）樊（樂）和忞（哀），民不可**𡆥**也。**尊德義 31**

　　5. 悥（憙—喜）惹（怒）忞（哀）悲之燚（氣），眚（性）也。**性命 2**

6. 忞（哀）、樂（樂），丌（其）眚（性）相近也。**性命 29**

7. 噫（吟）遊（由）忞（哀）也。**性命 33**

8. 甬（用）靑（青—情）之**性命 42** 至者，忞（哀）樂（樂）爲甚。**43**

9. 居霋（喪）必又（有）夫繺﹍（戀戀）之忞（哀）。**性命 67**

10. 慙（哀）生於恴（憂）。**語叢二 31**

11. 迵（踊），哀也。**語叢三 41**

12. 旻（得）者樂，遳（逸—失）者哀。**語叢三 59**

13. 又（有）哀之哀▢**殘簡 6**

0103　嘻

【用字】　忞

【解字】

　　“忞”舊多讀爲“噫”，僅此一見。在郭店簡中，“矣”多與“喜”相通，故“忞”似當讀爲“嘻”。在先秦文獻中，“嘻”作爲歎詞常見，如《莊子·讓王》：“嘻，異哉！此非吾所謂道也。”或寫作“譆”，如《莊子·養生主》：“譆，善哉！技蓋至此乎？”《說文》有“譆”字，訓爲“痛”，與“嘻”語義有異。

【詞義】

一、歎詞。

　　1. 忞（疑—嘻），善才（哉），言靥（唬—乎）！**魯穆公 4**

0104　嗖

【用字】　嚳

【解字】

　　“閔嚳”見於郭店《忠信之道》篇，“嚳”即“嗖”字。有多種釋讀意見。周鳳五讀爲“蠻貉”，亦作“蠻貊”，泛指四方落後部族。《論語·衛靈公》：“言忠信，行篤敬，雖蠻貊之邦行矣。”馮時讀爲“端愨”，意爲謹慎樸實，專誠不貳①。劉信芳讀爲“煩僂”，泛指廢疾者②。劉剛讀爲“辟陋”，指代楚、莒之

---

① 馮時：《戰國竹書〈忠信之道〉釋論》，《古墓新知——紀念郭店楚簡出土十周年論文專輯》，香港國際炎黃文化出版社，2003 年，第 49—52 頁。

② 劉信芳：《楚簡〈容成氏〉官廢疾者文字叢考》，《古文字研究》第 25 輯，中華書局，2004 年，第 327 頁。

類所謂蠻夷之邦①。邱德修讀爲"開嘍"。目前,多數學者贊同讀爲"蠻貉"。

【詞義】

一、待考。

1. 氏(是)古_(故古)之所**忠信8**㠯(以)行虎(乎)閔嚠(嘍)者,女(如)此也。**忠信9**

0105　啼

【用字】　帝

【解字】

""當爲"帝"字,或釋爲"央",不確。《説文》有"嗁"無"啼",徐鍇曰:"今俗人作啼。"

【詞義】

一、痛哭。引申爲叫;鳴。

1. 新(親)父子,和大臣,帰(寢)四(鄰)**六德3**之帝(啼)唐(唬—呼)。**4**

0106　喻

【用字】　䚡、鉻

【解字】

　　《説文》有"諭"(卷三)無"喻",本同一詞,古代通用。後來逐漸有分工,在比喻、明白的意義上用"喻",在告訴的意義上用"諭"。

　　"鉻"字,劉釗先生讀爲"裕",寬容、寬裕的意思。"裕裕其遷"意爲"安徐從容地離開"②。林素清先生認爲从金、谷聲,讀爲"峪";谷,古音見紐屋部;峪,疑紐屋部,可通③。徐在國先生認爲該字爲"金谷"二字合文,"谷"字在簡文中讀作"欲";此句爲"必執金,欲其遷",一定拿著金,想使巨雄遷徙④。陳劍先生讀爲"喻"⑤。陳偉先生認爲"鉻"下有重文或合文符,疑讀

①　劉剛:《説"閔嘍"》,復旦大學出土文獻與古文字研究中心網站(http://www.gwz.fudan.edu.cn/SrcShow.asp?Src_ID=534),2008年10月27日。

②　劉釗:《讀郭店楚簡字詞札記》,《郭店楚簡國際學術研討會論文集》,湖北人民出版社,2000年,第90頁。

③　林素清:《郭店竹簡〈語叢四〉箋釋》,《郭店楚簡國際學術研討會論文集》,湖北人民出版社,2000年,第393頁。

④　徐在國:《郭店楚簡文字三考》,《簡帛研究二〇〇一》,廣西師範大學出版社,2001年,第178頁。

⑤　陳劍:《郭店簡〈窮達以時〉〈語叢四〉的幾處簡序調整》,《國際簡帛研究通訊》2卷第5期,2002年,第6頁。按:文中注明"鉻"可讀爲"喻"是裘錫圭先生的意見。

作“金谷”①。顧史考先生認爲“鍂”字从“谷”“金”聲,或可視爲“崟”字異體,而“崟”多通“岑”“唫”(即“吟”古字)等②。尉侯凱先生認爲“鍂”字當爲“訟”字異體,辯解的意思③。今暫從陳劍先生意見。

【詞義】

一、告知。

1. 聿(盡)之而㲋(疑),必攸(審)鍂= **語叢四 15** 之=(喻之,喻之)而不可,必旻(文)目(以)訛,母(毋)命(令)智(智—知)我。**6**

二、比喻;比方。

1. 俞(喻)而智(智—知)之胃(謂)之進之。**五行 47**

0107 嚴　　古文 

【用字】 嚴、厰、敔、詬

【詞義】

一、威嚴。

1. 不敬不_嚴_(不嚴,不嚴)不隣(尊)。**五行 22**
2. 敬(敬)而不卸(懈),嚴(嚴)也。嚴(嚴)而畏(畏)**五行 36** 之,隣(尊)也。**37**
3. 型(刑)非詬(嚴)也。**語叢一 64**
4. 厰(嚴)生於豊(禮),敬生於厰(嚴)。**語叢二 2**

二、嚴肅;端莊。

1. 敔(敢—嚴)唇(唬—乎)丌(其)奴(如)客。**老甲 9**

0108 單　

【用字】 嘼

【解字】

該字對應今本《尚書》亦作“單”。

【詞義】

一、盡。通“殫”。

1. 隹(唯)髦(冒)不(丕)嘼(單)爯(爯—稱)悳(德)。**成之 22**

---

① 陳偉:《郭店竹書别釋》,湖北教育出版社,2003 年,第 238 頁。

② 顧史考:《郭店楚簡〈語叢四〉篇韻讀新解三則》,《簡帛》第 1 輯,上海古籍出版社,2006 年,第 60—61 頁。

③ 尉侯凱:《郭店簡零釋三則》,《戰國文字研究》第 2 輯,安徽大學出版社,2020 年,第 80—81 頁。

0109　哭　　𡘜

【用字】　哭

【詞義】

一、因悲傷或過分激動而流淚、發聲。

　　1. 凡至樂(樂)必悲,哭亦悲,呇(皆)至丌(其)悥(情)也。**性命 29**

　　2. 哭之敨(動)心也,祴(浸)潀(殺)。**性命 30**

0110　喪　　𡴗

【用字】　喪、𡸪、芒、峉

【解字】

　　"喪"字本从"桑"得聲,後"桑"形根部形變音化爲"亡"(同時兼有表意作用),抑或增加"死"旁以表意。"芒"(按:也有學者隸定爲"屮")爲"喪"字省簡,舊或以爲"芒"字,恐不可信。"芒"字在簡文中除用爲"喪"字外,也用爲"亡",或是形、義皆近的"同義換讀"①。也有可能單純的是因爲"芒"字从"亡",在某些時候被借用來表示"亡"字。鋒芒之"芒"本作"亡",後蓋爲草木頭上的細刺(麥芒之類)義新造字加"中"或"艸",遂與"喪"字形同。"峉"爲"芒"字之訛,下部"亡"形訛寫爲"乍"。

【詞義】

一、哀葬死者的禮儀。

　　1. 古(故)吉事上左,𡸪(喪)事上右。**老丙 8**

　　2. 言㠯(以)𡸪(喪)豊(禮)居之也。**老丙 9**

　　3. 戠(戰)敓(勝)勮(則)㠯(以)𡸪(喪)豊(禮)居之。**老丙 10**

　　4. 居𡸪(喪)必又(有)夫繺_(戀戀)之态(哀)。**性命 67**

　　5. 喪,悬(仁)之峉(端)也。**語叢一 98**

　　6. 喪,悬(仁)也。**語叢三 35**

二、失去;丟掉。

　　1. 悲峉〈芒(喪)〉丌(其)所也,亡(無)非是……**語叢一 73**

　　2. 皮(破)邦芒(喪)**語叢四 6** 牆(牆—牆—將),滰(流)漠(澤)而行。**7**

三、用爲"亡",參閱卷十二"亡"(第 663 頁)。

---

①　禤健聰:《楚簡"喪"字補釋》,《戰國楚系簡帛用字習慣研究》,科學出版社,2017 年,第 509—516 頁。

0111 趣　　鮖

【用字】　取

【解字】

　　“取”字,陳偉先生讀爲“趣”,志趣、情態①。

【詞義】

一、志趣。

　　1.《坴(賚)》《武》樂(樂)取(趣)。**性命 28**

0112 起　　趣　　古文 趫

【用字】　记、逗

【詞義】

一、興起;産生;開始。

　　1. 人多老甲**30** 替(智—知),天〈而〉哦(奇)勿(物)慾(慈—滋)记(起)。**31**

二、啓發;開導。

　　1. 逗(起)習(習)曼(文)彰(章),肙(嗌—益)。**語叢三 10**②

0113 止　　屮

【用字】　止、芷、出

【解字】

　　《性命》簡 64“芷”字,原作 ⿰,整理者(181 頁)釋爲“志”;劉釗先生從之,訓爲志向③。趙建偉先生讀爲“持”④。吕浩先生認爲字下部从“止”,即“止”字,“有止”與“無末”相對⑤。《郭店楚墓竹書》認爲該字下部並非从“心”或“止”,而與“出”最接近,字是否是“志”字或楚簡常見的“芷”之訛字,待考(如果是“芷”,讀“止”可從)⑥。按:該字寫作 ⿰,下从“出”(同篇簡 65“出”字寫作 ⿰,可資比較),似當隸定爲“出”。楚文字“芷”字多見,上从“之”下从“止”,該字或爲“芷”字訛寫,在簡文中讀爲“止”。《荀子·不

①　陳偉:《郭店簡書〈人雖有性〉校釋》,《中國哲學史》,2000 年第 4 期,第 11 頁。

②　按:李零先生認爲此處是“早起”之意。

③　劉釗:《郭店楚簡校釋》,福建人民出版社,2005 年,第 106 頁。

④　趙建偉:《郭店竹簡〈忠信之道〉〈性自命出〉校釋》,《中國哲學史》,1999 年第 2 期,第 39 頁。

⑤　吕浩:《〈郭店楚簡〉釋文訂補》,《中國文字研究》第 2 輯,廣西教育出版社,2001 年,第 280 頁。

⑥　陳偉等:《郭店楚墓竹書》,文物出版社,2011 年,第 121 頁注[84]。

苟》"見由則恭而止",楊倞注:"止,謂不放縱也。"

【詞義】

一、停止。

 1. 夫亦脟(牊—將)智(智—知)坒(止)。老甲 20

 2. 智(智—知)坒(止)所㠯(以)不訆(殆)。老甲 20

 3. 智(智—知)坒(止)不怠(怠—殆)。老甲 36

 4. 樂與餌,佸(過)客坒(止)。老丙 4

 5. 咸(城—成)戠(歲)太一 3 而坒(止)。4

 6. 各坒(止)於亓(其)里。五行 42

 7. 衍_(人衍—人道)虖(御)止。六德 26

 8. 不㝵(得)亓(其)人鼎(勳—則)止也。六德 48

 9. 勿(物)各止於亓(其)所。語叢一 105

 10. 臤(賢)語叢三 52 者隹(唯)亓(其)止也㠯(以)異。53

 11. 人之眚(性)非與止虖(乎)亓(其)語叢三 57……

二、控制;約束;不放縱。

 1. 樊(樂)谷(欲)罨(釋)而又(有)凷(止)。性命 64

三、容止;禮貌。

 1. 臤(淑)訢(慎)尒(爾)坒(止),不侃(愆—愆)于義(儀)。緇衣 32

四、阻止;禁止。

 1. 非亓(其)緇衣 7 坒(止)之共,隹(唯)王蒽(邛)。8

 2. 可㽙(教)也而不迪亓(其)民,而民不可坒(止)也。尊德義 20

 3. 坒(止)之。語叢一 111

五、通"之"。

 1. 穆=(穆穆)緇衣 33 文王,於�(緝)逨(熙)敬坒(止)。緇衣 34

0114 前　肯

【用字】　歬、肯

【解字】

 楚文字"前"多从止从舟作"歬",爲表意字。小篆亦作"歬",今作"前"。《窮達以時》簡 9"前"字作"[字形]",下所从爲"舟"而非"月",只不過"舟"形的左撇筆與其他部分較爲疏離,卻與"止"形的下橫筆相連,容易被誤解爲"止"旁下橫筆左下彎折的寫法或增加的飾筆。《尊德義》簡 2"前"字作"[字形]"从止从月,"月"當爲"舟"形訛變,亦應爲"歬"字,可隸定爲"肯",

與從"肉"的"肯"同形但並非一字。該字上所從"止"旁與常見的"止"字相比多出一筆,與《窮達》簡9"岢"字同,同樣的寫法還見安徽壽縣朱家集楚王熊元諸器、上博五《弟子問》等材料。或釋爲"脡",以上所從爲"延"字①。李天虹先生已指出,"延"和確切的"脡"字,"止"旁上未見添加一筆的現象,且該字並不見確切的"彳"旁②。上博九《陳公治兵》簡20"前"字從"之"作,"之"有適、往等義,與"止"形、義皆有關聯,或爲表意偏旁代換。該字上所從"止"旁所添加的一筆,皆爲從左向右書寫的橫筆且向右下傾斜,而"之"字對應的筆畫卻爲從右向左的撇點筆,二者明顯不同。

【詞義】

一、表示方位,與"後"相對。

　　1. 聖(聖)人之才(在)民岢(前)也,吕(以)身逡(後)之。**老甲3**

　　2. 亓(其)才(在)民岢(前)也,民弗轟(害)也。**老甲4**

二、表時間,與"後"相對,表示過去的或較早的。

　　1. 子疋(胥)岢(前)多礼(功),逡(後)翏(戮)死。**窮達9**。

　　2. 賞與坓(刑),柴(禍)禀(福)之羿(基)也,或(又)肯(岢—前)之者
　　矣。**尊德義2**

0115　歷　　歷

【用字】　鬲

【詞義】

一、歷山。

　　1. 坒(舜)畎(耕)於鬲(歷)山。**窮達2**

0116　歸　　歸

【用字】　逞

【詞義】

一、返回。

　　1. 鑵,可去可逞(歸)。**語叢一101**

---

① 劉洪濤:《上博竹簡〈弟子問〉考證二則》,《古文字研究》第32輯,中華書局,2018年,第424—425頁。按:該字舊有賮、胐、岢、肯、肻、脡、前等多種釋讀意見,尤以釋脡、前兩種意見影響最大。參閱孫合肥:《壽縣朱家集楚銅器"前"字補説》,《漢字漢語研究》,2018年第2期,第80—83、128頁。

② 李天虹:《楚文字中的"前"與"脡(延)"——由壽縣楚器中的楚考烈王名説起》,簡帛網(http://m.bsm.org.cn/?chujian/5649.html),2011年4月16日。

二、歸附;歸依。

　　1. 考逡(後)而逯(歸)先。唐虞 6

　　2. 畲(尊)悬(仁)、新(親)悬(忠)、敬壯(莊)、逯(歸)豊(禮)。尊德義 20

　　3. 䎽(智—知)亓(其)㠯(以)又(有)所逯(歸)也。六德 11

0117　歲　　　歲

【用字】　散

【詞義】

一、年。

　　1. 成(城—成)散(歲)太一 3 而㞢(止)。4

　　2. 古(故)散(歲)者,淫(濕)澡(燥)斋二(之所)生也。太一 4

0118　此　　　此

【用字】　此

【詞義】

一、代詞。表示近指。

　　(一)相當於這;這個;這些。

　　1. 䎽(智—知)足之爲足,此丞(亙—恆)足矣。老甲 6

　　2. 保此衍(道)者不谷(欲)竘(尚)呈(呈—盈)。老甲 10

　　3. 此亡(無)敗(敗)事矣。老甲 11

　　4. 峇(皆)䎽(智—知)善,此丌(其)不善巳(已)。老甲 15

　　5. 此天斋二(之所)不能殺。太一 7

　　6. 君子䎽(智—知)此之胃(謂)□太一 8

　　7. 上好此勿(物)也,緇衣 14 下必又(有)甚女(安—焉)者矣。15

　　8. 耆(教)此㠯(以)遑(逸—失),民此㠯(以)緩(緒—煩)。緇衣 18

　　9. 此㠯(以)大臣不可不敬,民之蘲(蕝)也。緇衣 21

　　10. 此言之砧(玷),不可爲也。緇衣 36

　　11. 此㠯(以)生不可敚(奪)志,死不可敚(奪)名。緇衣 38

　　12. 此㠯(以)嫛(邇)者不贼(惑)而遠者不惢(疑)。緇衣 43

　　13. 此之胃(謂)[也]。五行 11

　　14. 此之胃(謂)也。五行 26

　　15. 此之胃(謂)也。五行 30

16. 此之胃（謂）五行 41 也。42

17. 此之胃（謂）也。五行 48

18. 六帝興於古，虗〈虘（皆）〉采（由）此也。唐虞 8

19. 此吕（以）䜊（智—知）亓（其）弗秒（利）也。唐虞 27

20. 夫此之胃（謂）此〈也〉。忠信 4

21. 反此遚（道）也，民必因此至（重）也成之 18 吕（以）逡（復）之。19

22. 此言也，言訐（信）於眾之可吕（以）成之 25 淒（濟）惪（德）也。26

23. 此吕（以）民夋（皆）又（有）眚（性）而聖（聖）人不可莫（慕）也。成
之 28

24. 害（蓋）此言也，言余之此而厇（宅—度）於天心也。成之 33

25. 害（蓋）此言也，言不霏（奉）大棠（常）者，文王之型（刑）莫至（重）
女（安—焉）。成之 39

26. 行此夏（文）也，肰（然）句（後）可遚（遠—就）也。尊德義 17

27. 此尖_（少人—小人）人矣。尊德義 25

28. 非侖（倫）而民備（服）㺄（御），此嬰（亂）矣。尊德義 25

29. 反之，此遚（往—枉）矣。尊德義 31

30. 童（重）義巢（巢—襲）萐（釐—理），言此章也。尊德義 39

31. 句（苟）殴（叴—賢）▨六德 12 此。1

32. 孚（教）此民尒（爾）叏（使）六德 2 之又（有）占（嚮）也。3

33. 足此民尒（爾）六德 4 生死之甬（用）。5

34. 此六戠（職）也。六德 9

35. 吕（以）貢（任）此［六職］也。六德 10

36. 新（親）此多（者）也，審（蜜—密）此多（者）［也］，六德 25 頹（媖—
美）此多（者）也。26

37. 此六者客（各）六德 35 行亓（其）戠（職）。36

38. 君子於此戈（弍—一）歔（偏）者亡（無）所牆（法—廢）。六德 40

39. 不叏（使）此民也惪（憂）亓（其）身。六德 41

40. 孚_（君子）明虗（乎）此六德 42 六者。43

41. 爲術（道）者必繇（由）六德 47 此。48

42. 爲孝，此非孝也。語叢—55

43. 爲弟（悌），語叢—55 此非弟（悌）也。56

44. 爲之，語叢—57 此非也。弗爲，此非也。58

45. 此㦔（謀）旻（得）矣（疑—矣）。語叢二 50

46. 此飤（食）乍（作）安（安—焉）。語叢三 56

47. 行聿(盡)此友䆗(疑—矣)。**語叢三 62**

48. ☐此丌(其)☐**殘簡 12**

(二) 相當於“如此;這般”。

1. 文王之貝(視—見)也女(如)此。**五行 29**

2. 古畣(昔)▪叹(臤—賢)忎(仁)聖(聖)者女(如)此。**唐虞 2**

3. 古(故)埜(堯)之禮(禮—禪)虎(乎)丞(舜)也,女(如)此也。**唐虞 25**

4. 忎(仁)者爲此進。**唐虞 28** 女(如)此也。**29**

5. 孝(君子)女(如)此。**忠信 3**

6. 女(如)此也。**忠信 9**

二、“也”字訛寫,參閱卷十二“也”(第 634 頁)。

0119 正  古文 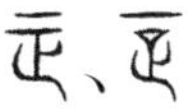

【用字】 正、貞、定

【解字】

“正”字甲骨、金文多从止从丁聲,後“丁”旁簡化作一横畫,又在增加一短横爲飾筆,楚文字多是如此。《唐虞之道》篇“正”字作(簡 3)、(簡 13)、(簡 13)等形,从丁聲,是一種存古現象。也有可能是受到齊文字的影響,齊文字“正”常从“丁”作,而《唐虞之道》篇正是具有齊系文字特點的抄本。

【詞義】

一、正中;平正;不偏斜。

1. 宙(中)心**五行 33** 誽(辯)肰(然)而正行之。**34**

2. 敓(養)眚(性)命之正。**唐虞 11**

二、正直;公正。

1. 我好青(青—静)而民自正。**老甲 32**

2. 邦豙(家)緍(昏)叟(𤔔—亂),女(安—焉)又(有)正臣。**老丙 3**

3. 好氏(是)貞(貞—正)稟(植—直)。**緇衣 3**

4. 隹(誰)秉寅(國)成(城—成),不自爲貞(貞—正)。**緇衣 9**

5. ☐**11** 之正者,能㠯(以)天下禮(禮—禪)款(歖—矣)。**唐虞 22**

6. 正勳(則)民不夌(鄰—隱)。**尊德義 34**

三、糾正;匡正。

1. 凡逃(過)正一㠯(以)達(逸—失)丌(其)迱(它)**語叢二 40** 者也。**41**

四、使端正。

1. 㠯(以)正之邦。**老甲 29**

  2. 北(必)正丌(其)身,肰(然)后(後)正世。**唐虞 3**

五、官長;君長。

  1. 清(清)＝(清青—清靜)爲天下定(正)。**老乙 15**

六、規範;法則。

  1. 獸(猶)三冘(軍)之㫐也,正也。**語叢三 2**

七、用爲"政",參閱卷三"政"(第 182 頁)。

八、用爲"征",參閱本卷"征"(第 112 頁)。

九、用爲"徵",參閱卷八"徵"(第 431 頁)。

0120 是   籀文

【用字】   是、氏

【詞義】

一、肯定;認爲是正確的。

  1. 厽(三)者咎(皆)迵(通),肰(然)句(後)是也。**六德 46**

二、代詞,表示近指,相當於"此""這"。

  1. 是㠯(以)能爲百衆(浴—谷)王。**老甲 3**

  2. 是胃(謂)果而不㢟(強)。**老甲 7**

  3. 是㠯(以)爲之頌(容)。**老甲 8**

  4. 是㠯(以)聖(聖)人亡(無)爲古(故)亡(無)敗(敗)。**老甲 11**

  5. 是古(故)聖(聖)人能尃(輔)萬勿(物)之自肰(然)而弗**老甲 12** 能
    爲。**13**

  6. 是㠯(以)聖(聖)人**老甲 14** 獸(猶)蠽(難)之。**老甲 15**

  7. 是**老甲 16** 㠯(以)聖(聖)人居亡(無)爲之事,行不言之孚(教)。**17**

  8. 是㠯(以)弗去也。**老甲 18**

  9. 是胃(謂)玄同。**老甲 28**

  10. 是㠯(以)聖(聖)人之言曰:我糕(無)事而民自㝮(福—富)。**老甲 31**

  11. 是胃(謂)不道(道)。**老甲 35**

  12. 夫售(唯)嗇,是㠯(以)梟(早)｛是㠯(以)梟(早)｝備(備—服),是
    胃(謂)[重積德]。**老乙 1**

  13. 是胃(謂)寵(寵)㕑(辱)𦀂(縈—榮)。**老乙 6**

  14. 是㠯(以)聿(建)言又(有)之。**老乙 10**

  15. 娪(娓—美)之,是樂殺人。**老丙 7**

16. 是呂(以)攴(偏)酒(牆—將)老丙 8 甸(軍)居左,上酒(牆—將)甸(軍)居右。9

17. 是呂(以)聖(聖)老丙 12 人欲(欲)不欲(欲)。13

18. 是呂(以)能榑(輔)蕰(萬)勿(物)老丙 13 之自肰(然)而弗能爲。14

19. 是呂(以)成(城—成)天。太一 1

20. 是呂(以)成(城—成)陘(地)。太一 1

21. 是呂(以)成(城—成)神明。太一 2

22. 是呂(以)成(城—成)会(陰)易(陽)。太一 2

23. 是呂(以)成(城—成)四歲(時)。太一 2

24. 是呂(以)成(城—成)倉(寒)然(熱)。太一 3

25. 是呂(以)成(城—成)淫(濕)澡(燥)。太一 3

26. 是古(故)大(太)一贅(臧—藏)於水。太一 6

27. 好氏(是)自(貞—正)槇(植—直)。緇衣 3

28. 氏(是)古_(故古)之所忠信 8 呂(以)行虎(乎)閟甞(嘍)者,女(如)此也。9

29. 是古(故)亡虍(乎)亓(其)身而成之 4 廌(存)虘(唬—乎)亓(其)訇(詞)。5

30. 是古(故)塁(畏—威)備(服)型(刑)罰(罰)之蔞(屢)行也。成之 5

31. 是古(故)成之 6 赴(上)句(苟)身備(服)之,勅(則)民必有甚女(安—焉)者。7

32. 是古(故)君子之求者(諸)呂(己)也深。成之 10

33. 是君子之於言也,非從末淒(流)者之貴,竆(竆—窮)漊(源)反杏(本)者之貴。成之 11

34. 是古(故)孚_(君子)成之 13 之於言也,非從末淒(流)者之貴,竆(竆—窮)漊(源)反杏(本)者之貴。14

35. 是呂(以)民可成之 15 敬逴(道—導)也,而不可穿(弇—掩)也。16

36. 是古(故)谷(欲)人之惡(愛)呂(己)也,勅(則)必先惡(愛)人。成之 20

37. 是呂(以)龔(智—知)而求之不疾,亓(其)达(去)人弗遠忞(疑—矣)。成之 21

38. 是古(故)凡勿(物)才(在)疾之。成之 22

39. 是呂(以)上之玴(互—亟)成之 24 炎(務)才(在)訐(信)於眾。25

40. 勅(則)猷(猶)是也。成之 27

41. 是呂(以)孚_(君子)貴成之 30 成(城—成)之。1

42. 是古(故)尖₌(少人—小人)變(𤔔—亂)天祟(常)㠯(以)逆大道(道)。成之 32
43. 是古(故)成之 33 唯君子道(道)可近求而可遠遣也。37
44. 是成之 39 古(故)君子訢(慎)六立(位)㠯(以)巳(祀)天祟(常)。40
45. 是㠯(以)君子人道(道)之取先。尊德義 8
46. 是㠯(以)爲正(政)者,季(教)道(道—導)尊德義 12 之取(取)先。13
47. 古(故)夂(終)是勿(物)也而又(有)深女(安—焉)者,可學也而不可矣(疑)也。尊德義 19
48. 上好是勿(物)也,尊德義 36 下必又(有)甚女(安—焉)者。37
49. 夫售(唯)是,古(故)悳(德)可易而攺(攺—施)可迲(遭)也。尊德義 37
50. 又(有)是攺(攺—施)少(小)尊德義 37 又(有)秎(利),迲(遭)而大又(有)憲(害)者,又(有)之。38
51. 又(有)是攺(攺—施)少(小)又(有)憲(害),迲(遭)而大又(有)秎(利)者,又(有)之。尊德義 38
52. 是㠯(以)敬女(安—焉)。性命 21
53. 是古(故)丌(其)心性命 29 不遠。30
54. 是古(故)夫死又(有)宔(主)。六德 19
55. 是㠯(以)敓(暱)也。六德 33
56. 是古(故)先王之六德 39 季(教)民也,訇(始)於孝弟(悌)。40
57. 是古(故)先六德 40 王之季(教)民也,不㕜(使)此民也𢝊(憂)丌(其)身,遾(逸—失)丌(其)𢿱(偏)。41
58. 是㠯(以)丌(其)軔(斷)㕤(嶽—獄)遫(速)。六德 44
59. 悲岦〈岜(喪)〉丌(其)所也,亡(無)非是語叢一 73
60. 早與臤(臤—賢)人,是胃(謂)行。語叢四 12
61. 臤(臤—賢)人不才(在)昃(側),是語叢四 12 胃(謂)迷惑。13
62. 不與晳(智)悬(謀),是胃(謂)自忎(惎—欺)。語叢四 13
63. 棗(早)與晳(智)悬(謀),是語叢四 13 胃(謂)童(重)埅(基)。四 14

三、表示加重或加強肯定語氣。

1. 女(如)酒(牆—將)又(有)敗(敗),鴋(雄)是爲割(害)。語叢四 16

0121 隨　

【用字】　陮

【解字】

　　"隓"即"墮"字。

【詞義】

一、跟從;跟隨。

　　1. 先遂(後)之相隓(墮—隨)也。老甲 16
　　　　　　　　　　　　·

0122　逝　　𣥜

【用字】　譶、適

【解字】

　　《老子》甲本簡 22"譶"(𦧱)字,對應今本作"逝",整理者(116 頁注[五三])隸定爲"譅",待考。崔仁義先生認爲"譅"通"逝",古韻同在月部①。劉信芳先生認爲字从"湆""臽"聲,讀爲"逝",遠也;《語叢四》"適"字,釋爲"衍",讀爲"愆"②。裘錫圭先生認爲曾侯乙編鐘音律銘文中屢見用爲此字聲旁的那個字,其異文作"湆",當是"譅"的異體。"湆"在鐘磬銘文中所代表的詞"很可以就是與'遣'音近的'衍'。'衍'字古訓'溢',訓'廣',訓'大',有'延伸''擴大''超過'一類意思"。簡文此字大概也應該讀爲"衍"③。李零先生初認爲此字與《語叢四》"適"字所从相同,似可讀"遣",與"遠""反"等字押韻,暫讀爲"逝";後讀爲"羨",从"次"得聲,與"衍"音義皆近④。趙建偉先生將該字與《語叢四》"適"字聯繫起來,認爲從字形上看,當爲从水、从音(?)、欣聲之字,在此讀爲"濫",訓爲"氾"。今本"大曰逝"的"逝"乃"濫"之訓。《語叢四》之字亦應讀爲"濫",訓爲差失、過差⑤。周鳳五先生釋爲"衍",引申有"流行"義,各通行本之"逝"爲異詞同義⑥。大西克也先生隸定爲"譅",認爲字从"曺"聲,讀作"遣",訓"去""行"⑦。陳偉

---

①　崔仁義:《荆門郭店楚簡〈老子〉研究》,科學出版社,1998 年,第 56 頁注 149。

②　劉信芳:《荆門郭店竹簡老子解詁》,藝文印書館,1999 年,第 25 頁。

③　裘錫圭:《郭店〈老子〉簡初探》,《道家文化研究》第 17 輯(郭店楚簡專號),生活·讀書·新知三聯書店,1999 年,第 48 頁。

④　李零:《郭店楚簡校讀記》,《道家文化研究》第 17 輯(郭店楚簡專號),生活·讀書·新知三聯書店,1999 年,第 466 頁;《郭店楚簡校讀記(增訂本)》,北京大學出版社,2002 年,第 6,9—11 頁。

⑤　趙建偉:《郭店竹簡〈老子〉校釋》,《道家文化研究》第 17 輯(郭店楚簡專號),生活·讀書·新知三聯書店,1999 年,第 272—273 頁。

⑥　周鳳五:《楚簡文字瑣記(三則)》,中國文化大學史學系第一屆簡帛學術討論會宣讀論文,1999 年,第 3—8 頁。

⑦　大西克也:《談談郭店楚簡〈老子甲本〉"譅"字的讀音和訓釋問題》,《中國出土資料研究》第 4 號,中國出土資料研究學會,2000 年,第 74—80 頁。

先生釋爲"遣"，讀爲"衍"①。饒宗頤先生讀爲"逝"，"大曰逝"者即從"地大"之"泰折"取義②。何琳儀先生隸定爲"澈"，曾侯乙編鐘中疑讀"殺"，简本"澈"應據王弼本作"逝"，帛甲、乙本作"筮"；"逝""筮""澈""殺"均屬月部字，故可通假③。廖名春認爲"齮"與《語叢四》"適"字皆讀作"衍"。《廣雅·釋詁》："衍，大也。""衍"、"大"義近，故曰"大曰齮（衍）"。"衍"有流、行義，故後人以近義詞"逝"代之。帛書甲、乙本又音誤爲"筮"④。孟蓬生先生認爲《老子》甲本《語叢四》二字下皆从"齒"，隸寫爲"臼"非，在此分別讀爲"澁""噬"，字與"齲"本一字一詞，其語源義當爲"切斷"，後代由於讀音的轉變而發往分化⑤。王寧先生讀爲"噬"⑥。韓禄伯釋爲"源"⑦。劉釗先生認爲該字是個三聲字，即从"音"（遣字初文）、从"次"、从"臼"（陷字初文，或即"坎"字初文，又戰國文字中坎與陷字的初文相混），讀爲"衍"或"羨"，"大、溢"的意思⑧。今按："齮"字右上从"次"，隸定爲"齮"不準確。

《語叢四》"適"字，整理者（219 頁注［一七］）隸定爲"齮"，从"臼"聲，讀作"憒"，《說文》："亂也。"弗憒，指齒舌之不相亂。裘錫圭先生"按語"（219 頁注［一七］）認爲此字見於曾侯乙墓鐘磬銘文，可能有"臼"和"臽"兩種讀音，在此似當讀爲"臽（陷）"或"衍（訓錯過）"。林素清先生認爲字从遣、从欠，當讀爲"愆"⑨。涂宗流、劉祖信先生讀爲"陷"，借爲"愆"⑩。李零先生讀爲"噬"，亦可按照"裘按"的讀音讀爲"陷"，是咬的意思，原文此句是說"牙齒配合舌頭但不咬舌頭"⑪。陳劍先生認爲"適""齮"當爲一字，可看

① 陳偉：《郭店楚墓竹簡考釋補正》，《華學》第 4 輯，紫禁城出版社，2000 年，第 31 頁。

② 饒宗頤：《說齮——〈老子〉"大曰逝"說》，《長沙三國吳簡暨百年來簡帛發現與研究國際學術研討會論文集》，中華書局，2005 年，第 209—210 頁。

③ 何琳儀：《郭店楚簡選釋》，《簡帛研究二○○一》，廣西師範大學出版社，2001 年，第 159—160 頁。

④ 廖名春：《郭店簡〈老子〉校釋札記》，《華學》第 5 輯，紫禁城出版社，2001 年，第 185 頁。

⑤ 孟蓬生：《郭店楚簡字詞考釋》，《古文字研究》第 24 輯，2002 年，第 406—407 頁。

⑥ 王寧：《釋郭店楚簡中的"噬"與"澁"》，簡帛研究網（http://www.jianbo.org/Wssf/2002/wangning02.htm），2002 年 8 月 27 日。

⑦ 韓禄伯著，邢文改編，余瑾譯：《簡帛老子研究》，學苑出版社，2002 年，第 68 頁。

⑧ 劉釗：《郭店楚簡校釋》，福建人民出版社，2005 年，第 18 頁。

⑨ 林素清：《郭店竹簡〈語叢四〉箋釋》，《郭店楚簡國際學術研討會論文集》，湖北人民出版社，2000 年，第 393 頁。

⑩ 涂宗流、劉祖信：《郭店楚簡先秦儒家佚書校釋》，萬卷樓圖書有限公司，2001 年，第 326 頁。

⑪ 李零：《郭店楚簡校讀記》，《道家文化研究》第 17 輯（郭店楚簡專號），生活·讀書·新知三聯書店，1999 年，第 461 頁；《郭店楚簡校讀記（增訂本）》，北京大學出版社，2002 年，第 48 頁。

作"逝"字異體,所從"畜"爲"畜"省寫(省去下"甶"),"童"讀"滯",停滯、
凝滯①。陳偉先生認爲可能釋爲"遣",讀爲"譴",爲過錯義②。劉釗先生認
爲從"音"(遣)從"曰"(臽),讀作"愆";"遣""愆"古音皆在溪紐元部,"臽"
在匣紐談部,讀音相近,故可以相通。"愆"義爲過錯、差錯③。顧史考先生
讀爲"噬"④。黃錫全先生釋"遣"⑤。周鳳五先生讀爲"遣",往也,"衍"
"逝""遣"蓋一詞之分化⑥。

【詞義】

一、往也。

   1. 大曰靈=(噬—逝,逝)曰連=(轉,轉)曰反(返)。**老甲 22**

   2. 若四峕(時)一適(逝)一㘴(來)。**語叢四 21**

0123 過

【用字】 過、伿、愆、迡

【詞義】

一、路過;經過。

   1. 樂與餌,愆(過)客坒(止)。**老丙 4**

二、超過。引申爲超過限度;過分。

   1. 古(故)愆(過)亓(其)方。**太一 12**

   2. 鼑(勳—則)忠敬不足而賈(富)貴巳(已)迡(過)也。**緇衣 20**

   3. [不]迡(過)十呈(舉—舉),亓(其)心必才女(安—焉)。**性命 38**

三、過失;錯誤。

   1. 從允悬(懌—釋)愆(過),劻(則)先者余(豫),㘴(來)者訐(信)。**成之 36**

   2. 肰(然)而亓(其)愆(過)不亞(惡)。**性命 49**

   3. 遬(速),悬(謀)之方也,又(有)愆(過)鼑(勳—則)咎。**性命 49**

   4. 人不斳(慎)旲(斯)又(有)愆(過),訐(信)壴(喜—矣)。**性命 49**

   5. 凡迡(過)正一目(以)達(逸—失)亓(其)迆(它)**語叢二 40** 者也。**41**

---

①　陳劍:《郭店簡補釋三篇》,《古墓新知——紀念郭店楚簡出土十周年論文專輯》,國際炎黃
　　文化出版社,2003 年,第 121—125 頁。

②　陳偉:《郭店竹書別釋》,湖北教育出版社,2003 年,第 240 頁。

③　劉釗:《郭店楚簡校釋》,福建人民出版社,2005 年,第 232 頁。

④　顧史考:《郭店楚簡先秦儒書宏微觀》,學生書局,2006 年,第 253 頁。

⑤　黃錫全:《讀上博楚簡札記》,《新出簡帛研究》,文物出版社,2004 年,第 94—102 頁。

⑥　周鳳五:《上博〈性情論〉小箋》,《齊魯學刊》,2002 年第 4 期,第 13—16 頁。

四、動詞。犯錯。

　　1. 孝(教)不孝(教),遠(復)眾之所|=|华(過)。老甲 12

　　2. 學不學,遠(復)眾斋=(之所)此(過)。老丙 13

　　3. 售(唯—雖)忞(過)不亞(惡)。性命 50

　　4. 行之不忞(過),暜(智—知)道(道)者也。性命 55

五、給予。

　　1. 膳(善)日過我,我日過膳(善)。語叢三 52

0124 進　　雈

【用字】 進

【詞義】

一、向前、向上移動,與"退"相對。

　　1. 能進之爲君子,弗能進也,各些(止)於亓(其)里。五行 42

　　2. 進,莫敔(敢)不進。五行 46

　　3. 進谷(欲)孫(孫—遜)而毋攷(巧)。性命 64

二、(被)推舉;推薦。

　　1. 天下樂(樂)進而弗詀(厭)。老甲 4

　　2. 忎(仁)者爲此進。唐虞 28

三、靠近。

　　1. 目而暜(智—知)之胃(謂)之進之;矞(喻)而暜(智—知)之胃(謂)
　　　之進之;辟(譬)而暜(智—知)之胃(謂)之進之。五行 47

　　2. 先_(先之)㠯(以)悳(德),勳(則)民進善女(安—焉)。尊德義 16

0125 造　　誥

【用字】 吿、戝

【解字】

　　"吿"簡文寫作**告**,"造"之專字,舊多直接釋爲"告",不確。裘錫圭先生(146 頁注[一三]"裘按")指出:"楚簡'告'字中的上端皆直,此'告'字上端則向左傾斜,與楚簡'告'(引者按:此字排印有誤,或本爲"部""賠""敓"等中的一字)、'倌'等字所從之'告'相同,故此字無疑當讀爲'造'。有學者指出'造'字所從之'告'與祝告之'告'本非一字,是有道理的。"這種意見是正確的,"吿"字還見於《容成氏》簡52(**告**)、徐莫敖昭嗇戈(,《銘圖》17310)等,皆用爲"造"。大西克也①、陳劍②等先生對"吾"字有專文討論。

"戉"即"戚"字,由甲骨文"戚"字省簡而來,是一種存古現象,參閱卷十二"戚"(第658頁)。

【詞義】

一、用於人名,"造父"。

1. 塓(塓—遇)吾(造)古(父)也。**窮達 11**

2. 戉(戚—造)父之馭(馭—御)馬也,馬之道(道)也。**尊德義 7**

0126　逾　　逾

【用字】　遊

【解字】

　　楚文字"逾"从"舟","遊"爲"逾"字省寫。《老子》甲本簡19"遊"所从"舟"旁與"辵"旁中的"彳"形成借筆。"遊"字還見於清華九《治政之道》簡1( )、清華九《成人》簡20( )、上博六《莊王既成》簡4(、)、包山簡135( )等材料,可資比較。

　　"逾"字,對應帛書本、北大漢簡本《老子》皆作"俞",今本作"降"。帛書整理者讀"俞"爲"揄"或"輸"③,郭店簡整理者(115頁注[四八])從之,北大漢簡整理者讀爲"輸"④。魏啟鵬先生、何琳儀、程燕先生等同意此説⑤。丁原植先生認爲似當讀如"賈"⑥;劉信芳先生同意此説⑦。廖名春先生初讀"逾"爲"雨",義爲降;後讀爲"輸",訓爲墮落、傾瀉,與"降"義近⑧。

①　大西克也:《戰國楚系文字中的兩種"告"字——兼釋上博楚簡〈容成氏〉的"三佸"》,《簡帛》第1輯,上海古籍出版社,2006年,第81—93頁。

②　陳劍:《釋造》,《甲骨金文考釋論集》,綫裝書局,2007年,第127—176頁。

③　國家文物局古文獻研究室編:《馬王堆漢墓帛書(壹)》,文物出版社,1980年,第15頁注[六十]。

④　北京大學出土文獻研究所編:《北京大學藏西漢竹書(貳)》,上海古籍出版社,2012年,第160頁注[三]。

⑤　魏啟鵬:《楚簡〈老子〉柬釋》,萬卷樓圖書有限公司,1999年,第221頁。何琳儀、程燕:《郭店簡〈老子〉校記(甲篇)》,《簡帛研究二○○二、二○○三》,廣西師範大學出版社,2005年,第38頁。

⑥　丁原植:《郭店竹簡〈老子〉釋析與研究》,萬卷樓圖書有限公司,1998年,第127頁。

⑦　劉信芳:《荊門郭店竹簡老子解詁》,藝文印書館,1999年,第20頁。

⑧　廖名春:《楚簡〈老子〉校釋之一》,《華學》第3輯,紫禁城出版社,1998年,第203頁;《郭店楚簡老子校釋》,清華大學出版社,2003年,第190頁。按:讀"逾"爲"雨"源自高明先生(《帛書老子校注》,中華書局,1996年,第399頁)讀帛書本"俞"爲"雨"。

李零先生初依本字讀,後改讀爲"輪",傾委墮瀉之義①。趙建偉先生認爲古"俞"聲與"需"聲之字每每相通,疑"俞""逾"皆讀爲"濡",潤也②。孟蓬生先生認爲逾(俞)爲"降"之借字,無須輾轉爲説。降爲古侵部字,戰國以後,降字已入東韻,故可與幽、侯部字發生音轉關係③。劉釗先生認爲"逾"讀爲"降",古音"逾"在喻紐侯部,"降"在見紐冬部,而从"降"爲聲的"隆""癃"則在來紐冬部。"來""喻"二紐爲一系,"東""冬"古代關係非常密切,或謂古代東、冬不分④。陳偉先生讀爲"逾",訓爲"下",適與傳世本"以降甘露"的"降"對應⑤。陳劍先生總結説,"逾"有"下"之義,包括具體空間上的"下",即"自上而下";以及抽象意義的"下"即"攻下"義⑥。今從之。

　　訓爲"下"的"逾"或寫作"踰""榆""渝""揄"等,還見於其他出土文獻,詳細討論參閱前言"郭店簡詞義研究概論"第五節相關部分。

【詞義】

一、下。

　　1. 天陞(地)相事(合)也,㠯(以)遊(逾)昌〈甘〉雺(露)。**老甲 19**

0127 道　　譴

【用字】　道

【解字】

　　整理者(168 頁)疑釋爲"道"。白於藍先生認爲是"向"字異構,景仰、崇尚之意⑦。李零先生讀爲"借"⑧。劉釗先生讀爲"措",安置或運用之意⑨。

① 李零:《郭店楚簡校讀記》,《道家文化研究》第 17 輯(郭店楚簡專號),生活·讀書·新知三聯書店,1999 年,第 465 頁;《郭店楚簡校讀記(增訂本)》,北京大學出版社,2002 年,第 13 頁。

② 趙建偉:《郭店竹簡〈老子〉校釋》,《道家文化研究》第 17 輯(郭店楚簡專號),生活·讀書·新知三聯書店,1999 年,第 277 頁。

③ 孟蓬生:《郭店楚簡字詞考釋(續)》,《簡帛語言文字研究》第 1 輯,巴蜀書社,2002 年,第 24—27 頁。

④ 劉釗:《郭店楚簡校釋》,福建人民出版社,2005 年,第 16 頁。

⑤ 陳偉:《郭店楚簡別釋》,湖北教育出版社,2002 年,第 21 頁。

⑥ 陳劍:《詞義研究數則:以出土文獻爲中心》,香港浸會大學饒宗頤國學院講座(http://jas.hkbu.edu.hk/ycy.php?page＝event/ycy/detail&id＝124),2018 年 3 月 16 日。

⑦ 白於藍:《〈郭店楚墓竹簡〉讀後記》,《中國古文字研究》第 1 輯,吉林大學出版社,1999 年,第 115 頁。

⑧ 李零:《郭店楚簡校讀記》,《道家文化研究》第 17 輯(郭店楚簡專號),生活·讀書·新知三聯書店,1999 年,第 516 頁。

⑨ 劉釗:《讀郭店楚簡字詞札記》,《郭店楚簡國際學術研討會論文集》,湖北人民出版社,2000 年,第 84 頁。

李學勤先生讀爲“措”，訓爲“置”①。吕浩先生讀爲“徂”，及、至之意②。

【詞義】

一、待考。

1. 是古(故)**成之33**唯君子道(道)可近求而可遠遣也。**37**

0128 速  籀文  古文 

【用字】 遬

【解字】

“遬”即“速”字，《尊德義》簡28寫作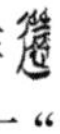，上部增加兩撇筆，與其他字形不同。楚文字“速”舊多以爲从“朱”或二“朱”形，後者多見，分别隸定爲“迷”和“遯”，恐不確，當直接隸定爲“速”和“遬”。

【詞義】

一、快；迅速。

1. 不女(如)㠯(以)樂(樂)之遬(速)也。**性命36**

2. 遬(速)，悬(謀)之方也，又(有)怂(過)鼎(勳—則)咎。**性命49**

3. 是㠯(以)丌(其)𣂰(斷)㤈(嶽—獄)遬(速)。**六德44**

4. 悳(德)之澅(流)，遬(速)虐(唬—乎)楷(置)蚤(郵)而連(傳)**尊德義28**奋(命)。**29**

二、用爲“束”，參閲卷六“束”(第335頁)。

0129 逆 

【用字】 逆

【詞義】

一、違背；抵觸，與“順”相對。

1. 是古(故)尖=(少人—小人)燮(亂—亂)天棠(常)㠯(以)逆大道(道)。**成之32**

二、迎合。

1. 凡眚(性)，**性命9**或敦(動)之，或逆之，或室(節)之，或萬(厲)之，或出之，或羕(養)之，或長之。**10**

---

① 李學勤：《試説郭店簡〈成之聞之〉兩章》，《煙臺大學學報》，2000年第4期，第459頁。

② 吕浩：《〈郭店楚簡〉釋文訂補》，《中國文字研究》第2輯，廣西教育出版社，2001年，第284頁。

2. 逆眚(性)者,兑(悦)也。性命 11

3. 雚(觀)亓(其)之〈先〉逄〈逡(後)〉而逆訓(順)之。性命 17

4. ▨眚(性),又(有)逆眚(性)▨殘簡 9

0130 遇 

【用字】 堣

【詞義】

一、契合;投合。

1. 堣(堣—遇)尭(堯)也。窮達 3

2. 堣(堣—遇)武丁也。窮達 4

3. 礐(舉)而爲天子帀(師),堣(堣—遇)周文也。窮達 5

4. 堣(堣—遇)齊逗(桓)也。窮達 6

5. 堣(堣—遇)秦穆。窮達 7

6. 堣(堣—遇)楚臧(臧—莊)也。窮達 8

7. 堣(堣—遇)舌(造)古(父)也。窮達 11

8. 聖㠯(以)堣(堣—遇)命,忎(仁)㠯(以)逳(逢)旹(時)。唐虞 14

9. 未嘗堣(堣—遇)[□□]唐虞 14 竝(並)於大旹(時)。唐虞 15

二、得志;見賞。

1. 堣(堣—遇)不堣(堣—遇),天也。窮達 11

0131 逢 

【用字】 逳

【詞義】

一、遇到;遇見。

1. 䎹(聖)㠯(以)堣(堣—遇)命,忎(仁)㠯(以)逳(逢)旹(時)。唐虞 14

0132 迪 

【用字】 迪

【詞義】

一、道;道理。

1.《吕垩(刑)》鼎(員—云):"翻(播)垩(刑)之迪。"緇衣 29

二、引導;開導。

1. 可孝(教)也而不可迪亓(其)民,而民不可𣥺(止)也。尊德義 20

三、用爲"由",參閱卷七"由"(第669頁)。

0133　通　　踊

【用字】　迵

【詞義】

一、貫通。

　　1. 厽(三)者迵(通),言行皆(皆)迵(通)。六德 45

　　2. 厽(三)者不迵(通),非言行也。六德 45

　　3. 厽(三)者皆(皆)迵(通),狀(然)句(後)是也。六德 46

二、用爲"踊",參閱本卷"踊"(第118頁)。

0134　遷　　　　古文

【用字】　遷

【詞義】

一、遷移;遷徙。

　　1. 审(中)心兌(悅)臺(壇—旆),肈(遷)五行 32 於㛒_(兄弟)。33

0135　遜

【用字】　孫、愻

【解字】

　　"孫"即"孫"字,"愻"即"愻"字。

【詞義】

一、使順達。

　　1. 孫(孫—遜)民效(教)也。唐虞 12

二、謙遜;退讓。

　　1. 共(恭)㠯(以)位(蒞)之,鼎(勖—則)民緇衣 25 又(有)愻(愻—遜)

　　　心。26

　　2. 進谷(欲)孫(孫—遜)而毋攷(巧)。性命 64

0136　返　　　　

【用字】　反、返

【詞義】

一、還；回歸。

　　1. 迶(轉)曰反(返)。老甲 22

　　2. 未又(有)善事人而不返者。語叢二 45

二、用爲"反"，參閱卷三"反"(第 168 頁)。

0137　逮　　逮

【用字】　隶、逮

【詞義】

一、及；及至。

　　1. 荆(刑)不隶(逮)於君子，豊(禮)不尊德義 31 隶(逮)於尖＿(少人—小人)。32

二、待考。

　　1. 者迣憂不逮從一衍(道)。語叢一 75

0138　違　　違

【用字】　緯、慧

【詞義】

一、去；離開。

　　1. 可弖(以)緯(緯—違)六德 43 丌(其)亞(惡)。44

二、違背；違反。

　　1. 行矣而亡(無)慧(違)。尊德義 21

0139　達　　達　　或體 達

【用字】　達、逵

【解字】

　　齊系文字"達"字變形音化爲从"舌"聲①，清華簡《邦家之政》簡 9、《治政之道》簡 36 中的"達"字也具有齊文字特點。目前來看，還不能據齊文字來證明楚文字"達"也變形音化爲从"舌"聲。首先，楚文字从"辵"的"達"

① 孫剛、李瑶：《試說戰國齊、楚兩系文字中的"達"》，《江漢考古》，2018 年第 6 期，第 122—125 頁。

絕大多數是不從"舌"聲的,僅有的清華簡兩例或受齊文字影響。既然是變形音化,何以齊文字從"舌"的如此多見,而楚文字卻不多見。其次,楚文字"舌"字多見,沒有一例寫作"言"形的。再次,清華一《楚居》簡 7"熊達"的"達"字作"▨",與從"辵"的"達"不是一個字,不能因爲此字從"舌",就認爲從"辵"的"達"也從"舌"。道理很簡單,兩個不同的字往往可以讀爲同一個詞。最後,楚文字以兩短橫表示省略的情況十分多見,增添飾符"口"也不稀奇,那些從"肉"的"達",也有可能只是進一步增添的飾符。所以認爲楚文字"達"從"舌"聲中間還有缺環,需要新材料證明。各系文字皆源自商周,同一個字形體間有同但也有異,不能强行將不同區系的等同起來。實際上,可以確定的"達"字比較早的形體是西周金文,但從辵、午、羊的構形本義是什麽,我們現在仍然無法説清楚。基於此,我們仍將這一系列字分別隸定爲"達"和"避"。

【詞義】

一、暢通。

　　1. 古之善爲士者,必非(微)溺(妙)玄達,深不可志(識)。**老甲 8**

二、達到。

　　1. 正(政)不達曼(文),生虎(乎)不達**語叢一—60** 亓(其)糜(然)也。**61**

三、顯貴;顯達。

　　1. 童(動)非爲達也。**窮達 11**

　　2. 穿(窮—窮)達吕(以)皆(時)。惪(德)行弋(弌——一)也。**窮達 14**

　　3. 穿(窮—窮)達吕(以)皆(時)。**窮達 15**

四、通曉;通達事理。

　　1. 疋膚_(膚膚)達者(諸)君子道(道),胃(謂)之殹(殹—賢)。**五行 43**

　　2. 亞(惡)之而不可非者,避(達)於義者也。**性命 54**

0140　迷　　讄

【用字】　迷

【詞義】

一、困惑;迷亂。

　　1. 殹(殹—賢)人不才(在)戻(側),是**語叢四 12** 胃(謂)迷惑。**13**

0141　遺　　讚

【用字】　遺、逤

【詞義】

一、遺忘。

　　1. 尊(尊)▇(叟—賢)_{唐虞 8} 遷(遺)罤(親)。₉

二、遺留。

　　1. 貴禀(福—富)喬(喬—驕)，自遷(遺)智(咎)_{老甲 38}也。₃₉

　　2. 亓(其)古之遷(遺)言塈(歟)？_{緇衣 46}

0142 遂　　遂　　古文 遹

【用字】　述

【詞義】

一、成功;完成。

　　1. 攻(功)述(遂)身逻(退)，天之道(道)也。_{老甲 39}

　　2. 成(城—成)事述(遂)杠(功)，而百眚(姓)曰我自肰(然)也。_{老丙 2}

　　3. 晢(智)而比卽(次)，勳(則)民谷(欲)亓(其)晢(智)之述(遂)也。_{成之 17}

　　4. 孝(娩—勉)之述(遂)也，弡(強)之工(功)也。_{成之 23}

二、往;行。

　　1. 惪(直)而述(遂)之，遝(肆)也。_{五行 34}

0143 逃　　逃

【用字】　逃

【解字】

　　劉信芳先生讀爲"佻"①。李零、劉釗先生認爲是逃避之"逃"②。

【詞義】

一、待考。

　　1. 逃生於惡。_{語叢二 18}

0144 近　　訴　　古文 岸

【用字】　近、忻

---

① 劉信芳:《郭店簡〈語叢〉文字試解(七則)》,《簡帛研究二○○一》,廣西師範大學出版社, 2001 年,第 204 頁。

② 李零:《郭店楚簡校讀記(增訂本)》,北京大學出版社,2002 年,第 174 頁;劉釗:《郭店楚簡校釋》,福建人民出版社,2005 年,第 204 頁。

【詞義】

一、近，與"遠"相對。

1. 唯君子逴（道）可近求而可遠逴也。成之 37

二、接近；鄰近。

1. 善弗爲亡（無）近。五行 7

2. 莫尊德義 7 不又（有）道（道）女（安—焉），人逴（道）爲近。8

3. 訂（始）者近晝（青—情），夃（終）者近義。性命 3

4. 忞（哀）、樊（樂），丌（其）晝（性）相近也。性命 29

5. 從丌（其）所爲，丒（近）旻（得）之壴（喜—矣）。性命 36

6. 售（唯）晝（性）惡（愛）爲近悬（仁）。性命 40

7. 售（唯）性命 40 宜（義）衍（道）爲忻（近）忠（忠）。41

8. 售（唯）亞（惡）不忎（仁）爲忻（近）宜（義）。性命 41

9. 上交近事君，下交旻（得）性命 56 眾近從正（政），攸（修）身近至悬（仁）。57

三、親近。

1. 新（親）逴（遷—就—戚）造（遠）近，售（唯）丌（其）人所才（在）。六德 48

0145 邇　　籬　　古文 迩

【用字】　僂

【詞義】

一、近。

1. 此㠯（以）僂（邇）者不賊（惑）而遠者不惫（疑）。緇衣 43

0146 逞　　趆

【用字】　絰

【詞義】

一、顯示；誇耀。

1. 少（小）人成之 34 不絰（逞）人於刃（恩），君子不絰（逞）人於豊（禮）。35

0147 遠　　遠　　古文 逺

【用字】　遠、遠、逺、貜、造

【解字】

《成之》簡 19 "🖎"、簡 34 "🖎"，裘錫圭先生 "按語"（169 頁注［二一］）認爲是 "遠" 字誤寫。趙平安先生釋爲 "遱"，即 "趏"，越也，簡 19 指踰越界限、超出常度，簡 34 指失墜、墜落①。今按：二字當隸定爲 "遱"，暫從裘錫圭先生意見，爲 "遠" 字誤寫。

【詞義】

一、遙遠，指空間距離大。與 "近" 相對。

　　1. 呂（以）楼（邇）者不賊（惑）而遠者不忎（疑）。緇衣 43

　　2. 所求之不逮〈遠〉。成之 19

　　3. 丌（其）遻（去）人弗遠忎（疑—矣）。成之 21

　　4. 所厇（宅—度）不逮〈遠〉忎（疑—矣）。成之 34

　　5. 唯君子道（道）可近求而可遠道也。成之 37

　　6. 是古（故）丌（其）心性命 29 不遠。30

二、遠離；不接近。

　　1. ［爲］義而遠彔（录—禄）箐（箈—爵）。魯穆公 7

　　2. 劻（則）民潯（淫）惃遠豊（禮）亡（無）新（親）悬（仁）。尊德義 16

三、違背；乖離。

　　1. 爲之者敗（敗）之，靾（執）之者遠老甲 10 之。11

四、關係疏遠，多指血統關係。

　　1. 不貗（遠）不敬。五行 22

　　2. 呂（以）亓（其）外心與人交，遹（遠）也。五行 36

　　3. 遹（遠）而牆（莊）之，敬（敬）也。五行 36

　　4. 新（親）遉（邇—就—戚）遉（遠）近，售（唯）丌（其）人所才（在）。六德 48

五、待考。

　　1. □遉（遠）🖎 □殘簡 15

0148　道　　🖎　　古文 🖎

【用字】　道、遉、衍、衕

【解字】

　　"道、遉、衍" 皆爲 "道" 之異體。"衍" 字在郭店簡中大量出現，整理者釋

①　趙平安：《釋郭店簡〈成之聞之〉中的 "遱" 字》，《簡帛研究二〇〇一》，廣西師範大學出版社，2001 年，第 175 頁。

爲“道”，指出《汗簡》“道”字與簡文同。廖名春先生初釋爲“行”，是“道”字的同義詞；後認爲字當爲“道”字的别構，當以“人”代“首”或“頁”，以“行”代“辵”而成，將“道”寫成“衍”疑是戰國時通行的寫法①。也有不同意見，如李學勤先生認爲甲骨文的“衍”，包括其不同寫法，都是“行”字，不能釋作“道”。讀爲“道”的“衍”是聲符“頁”省去“首”而形成的，讀爲“行”的“衍”是人步於衢道之間的會意字，二者來源本不一樣②。劉釗先生認爲“衍”字乃“行”字異體，同義换讀爲“道”③。黄釗先生認爲該字是“術”字形誤④。“衍”字在郭店簡中皆用爲“道”，多數學者直接釋爲“道”。

還需要補充的是，這一字形又見於石鼓文等材料，舊有如下諸説：薛尚功、楊慎等釋爲“道”，錢大昕、郭沫若、羅君惕、李鐵華等釋爲“行”，何琳儀先生釋爲“永”。有學者又指出石鼓文此字源於甲骨文，如于省吾、李孝定、劉釗等先生釋爲“永”，羅振玉、王襄、李學勤等先生釋爲“行”，嚴一萍先生釋爲“道”⑤。

【詞義】

一、道路。

1. 君子不卞(偏)女(如)衍(道)。**六德 5**

二、方法；途徑。

1. 效(教)民大川(順)之道(道)也。**唐虞 6**

2. 者迻叏不逮從一衍(道)。**語叢一 75**

三、道理；規律。

1. 㠯(以)衍(道)砻(差—佐)人宔(主)者。**老甲 6**

2. 攻(功)述(遂)身退(退)，天之道(道)也。**老甲 39**

3. 長生售(舊—久)貝(視)之道(道)也。**老乙 3**

4. 善，人**五行 4** 道(道)也。**5**

5. 悳(德)，天道(道)也。**五行 5**

6. 士又(有)志於君子道(道)胃(謂)之嵗(峕—志)士。**五行 7**

7. 聣(聰)鼽(則)聳=君=子=道=(聞君子道，聞君子道)鼎(鼽—則)玉

---

① 廖名春：《從荆門楚簡論先秦儒家與〈周易〉的關係》，《國際易學研究》第 4 輯，華夏出版社，1998 年，第 309—322 頁；《〈老子〉“無爲而無不爲”説新證》，《中國哲學(郭店楚簡研究)》第 20 輯，遼寧教育出版社，1999 年，第 150 頁。

② 李學勤：《説郭店簡“衍”字》，《簡帛研究》第 3 輯，廣西教育出版社，1998 年，第 40—43 頁。

③ 劉釗：《郭店楚簡校釋》，福建人民出版社，2005 年，第 8 頁。

④ 黄釗：《竹簡〈老子〉的版本歸屬及其文獻價值探微》，《郭店楚簡國際學術研討會論文集》，湖北人民出版社，2000 年，第 489—490 頁。

⑤ 李若暉：《郭店楚簡“衍”字略考》，《郭店竹書老子論考》，齊魯書社，2004 年，第 246 頁。

音。五行15

8. 善，人五行19 遁（道）也。20

9. 惪（德），而〈天〉遁（道）［也］。五行20

10. 未尚（嘗）五行22 聖（聞）君子遁（道），胃（謂）之不聰（聰）。23

11. 聖（聞）君子遁（道）而不智（智—知）五行23 亓（其）君子遁（道）也，
胃（謂）之不聖（聖）。24

12. 聖（聞）君子遁（道），聰（聰）也。五行26

13. 聖（聖）人智（智—知）而〈天〉五行26 遁（道）也。27

14. 不五行34 昌（以）少（小）遁（道）蠹（害）大遁（道），柬（簡）也。35

15. 不匿，不㝱（察）五行37 於遁（道）。38

16. 不㝱（察）於遁（道）也。五行39

17. 疋膚_（膚膚）達者（諸）君子遁（道），胃（謂）之臤（臤—賢）。五行43

18. 聖（聞）遁（道）而兌（悦）者，好惪（仁）者也。五行49

19. 聖（聞）遁（道）而墊（畏）者，好五行49 義者也。50

20. 聖（聞）遁（道）而共（恭）者，好豊（禮）者也。五行50

21. 聖（聞）遁（道）而戀（樂）者，好惪（德）者也。五行50

22. 爰（受—授）臤（臤—賢）鼎（勵—則）民興效（教）而蟲（化）虎（乎）
遁（道）。唐虞21

23. 上不昌（以）亓（其）遁（道），民之從之也難。成之15

24. 反此遁（道）也，民必因此至（重）也成之18 昌（以）返（復）之。19

25. 售（唯—雖）亓（其）於善遁（道）也，亦非又（有）譯（澤）婁（藪）昌
（以）多也。成之27

26. 是古（故）尖_（少人—小人）燮（闇—亂）天棠（常）昌（以）逆大遁
（道）。成之32

27. 唯君子遁（道）可近求而可遠遁也。成之37

28. 不繇（由）亓（其）遁（道），不行。尊德義3

29. 晉（教）非改（改）遁（道）也，敁（教）之也。尊德義4

30. 塱（禹）昌（以）人遁（道）訇（治）亓（其）民，傑（傑—桀）昌（以）人
遁（道）嬰（亂）亓（其）民。尊德義5

31. 聖_（聖人）之訇（治）民，民之遁（道）也。尊德義6

32. 禹尊德義6 之行水，水之遁（道）也。7

33. 戚（戚—造）父之馭（馭—御）馬也，馬之遁（道）也。尊德義7

34. 句（后）褬（褬—稷）之䵼（埶—藝）墬（地），地之遁（道）也。尊德義7

35. 莫尊德義7 不又（有）遁（道）女（安—焉），人遁（道）爲近。8

36. 是吕(以)君子人道(道)之取先。**尊德義 8**

37. 督(智—知)龠(命)而句(後)督_道_(智道—知道,知道)而句(後)督(智—知)行。**尊德義 9**

38. 衕(道)旨(始)於青(青—情)。**性命 3**

39. 長眚(性)者,衕(道)也。**性命 12**

40. 衕(道)者,羣(群)勿(物)之衕(道)。**性命 14**

41. 凡衕(道),心述(術)爲宔(主)。**性命 14**

42. 衕(道)四述(術),售(唯)**性命 14** 人衕(道)爲可衕(道)也。**性命 15**

43. 亓(其)先逡〈逡(後)〉之舍(舍—序),鼎(勪—則)宜(義)衕(道)也。**性命 19**

44. 樂(樂)亓(其)衕(道)。**性命 21**

45. 亓(其)訇(詞),宜(義)道(道)也。**性命 22**

46. 售(唯)**性命 40** 宜(義)衕(道)爲忻(近)忠(忠)。**41**

47. 所爲衕(道)者四,售(唯)人衕(道)爲**性命 41** 可衕(道)也。**42**

48. 行之不悠(過),督(智—知)道(道)者也。**性命 55**

49. 昏(聞)道(道)反上,上交者也。**性命 55**

50. 昏(聞)衕(道)反下,下交者也。**性命 56**

51. 昏(聞)道(道)反呂(己),攸(修)身者也。**性命 56**

52. 衕(道),人之**六德 5**……

53. 君子女(如)谷(欲)求人衕(道),▨□**六德 6**

54. [不]繇(由)亓(其)衕(道)。**六德 7**

55. 衕_(人衕—人道)虡(御)止。**六德 26**

56. 衕(道)不可徧(偏)也**六德 43**

57. 爲衕(道)者必繇(由)**六德 47** 此。**48**

58. 人**語叢一 18** 之道(道)也。**19**

59. 悬(仁)生於人,我(義)生於道(道)。**語叢一 22**

60. 虞(然)句(後)督(智—知)道(道)。**語叢一 30**

61. 督(智—知)道(道)虞(然)句 11 督(智—知)龠(命)。**語叢一 30**

62. 《易》,所吕(以)會(會)天衕(道)人衕(道)**語叢一 36** 也。**37**

63. 譱(察)天道(道)吕(以)愚(化)民燊(燊—氣)。**語叢一 68**

64. 長弟(悌),崔(親)道(道)也。**語叢一 80**

65. 督(友),君臣之衕(道)也。**語叢三 6**

66. 志於衕(道)。**語叢三 50**

67. 聿(盡)飤(食)之衕(道),此飤(食)乍(作)安(安—焉)。**語叢三 56**

68. 凡敫（說）之道（道），級（急）者爲首。語叢四 5

69. 聿（盡）亓（其）紝衜（道）☐殘簡 2

70. 義，天道（道）☐殘簡 7

四、宇宙萬物的本原、本體。

1. 保此衜（道）者不谷（欲）豈（尚）呈（呈—盈）。老甲 10

2. 衜（道）死（亙—恆）亡（無）爲也。老甲 13

3. 道（道）死（亙—恆）亡（無）明（名）。老甲 18

4. 卑（譬）道（道）之才（在）天下也。老甲 20

5. 未督（智—知）亓（其）明（名），绅（字）之曰道（道）。老甲 21

6. 天大，陞（地）大，道（道）大，王亦大。老甲 22

7. 天漐（法）道＝（道，道）漐（法）自狀（然）。老甲 23

8. 天道鼎＝（員員），各遝（復）亓（其）堇（根）。老甲 24

9. 勿（物）蘽（壯）鼎（勱—則）老，是胃（謂）不遀（道）。老甲 35

10. 返（反）也者，道（道）[之]僮（動）也。老甲 37

11. 溺（弱）也者，道（道）之甬（用）也。老甲 37

12. 學者日昺（嗌—益），爲道（道）者日鼎（員—損）。老乙 3

13. 上士昏（聞）道（道），堇（僅）能行於亓（其）中。老乙 9

14. 中士昏（聞）道（道），若昏（聞）若亡。老乙 9

15. 下士昏（聞）道（道），大芺（笑）之。老乙 9

16. 弗大老乙 9芺（笑），不足呂（以）爲道（道）矣。10

17. 明道（道）女（如）孛（昧），迡（遟—夷）道（道）老乙 10 女（如）纇（纇），[進]殘簡20道（道）若退（退）。老乙 11

18. 道（道）[始無名，善始善成]。老乙 12

19. 古（故）大老丙 2道（道）斐（爰—廢），女（安—焉）又（有）急（仁）義。老丙 3

20. 古（故）道（道）[之出言]，老丙 4淡可（呵）亓（其）糅（無）杏（味）也。5

21. 天道（道）貴溺（弱），雀（削）戎（城—成）者呂（以）昺（嗌—益）生者。太一 9

22. 道（道）亦亓（其）志（字）也，喿（青—請）昏（問）亓（其）明（名）。太一 10

23. 呂以太一 10道（道）從事者必忑（託）亓（其）明（名）。11

五、政治主張或思想體系。

1. 湯（唐）吳（虞）之道（道），愇（嬗—禪）而不愇（傳）。唐虞 1

2. 罪(聖)迶(道)備歕(歎—矣)。唐虞 3

3. 忠之爲忠信 6 衍(道)也。7

4. 訐(信)之爲衍(道)也。忠信 7

5. 同方而交,吕(以)迶(道)者也。性命 57

六、道德;道義。

1. 貧而民聚女(安—焉),又(有)衍(道)者也。性命 53

七、述説。

1. 害(蓋)迶(道)不説(悦)之刌(詞)也。成之 29

八、施行;實行。

1. 埀(禹)立三年,百眚(姓)吕(以)悬(仁)道(道)。緇衣 12

2. 衍(道)四述(術),售(唯)性命 14 人衍(道)爲可衍(道)也。15

3. 所爲衍(道)者四,售(唯)人衍(道)爲性命 41 可衍(道)也。性命 42

九、説;講述。

1. 亓(其)厽(三)述(術)者,衍(道)之而已(已)。性命 15

十、待考。①

1. 凡愳(謀),已(已)衙(道)者也。語叢二 38

0149 遭

【用字】 徂、迢、遹、徨

【解字】

　　"徂"字,整理者(164 頁注[十九])讀爲"亶",《爾雅·釋詁》:"亶,誠也。""迢"字,裘錫圭先生"按語"(146 頁注[九]、175 頁注[二四])疑讀爲"轉"。郭店簡中有"轉"字,作"連""涵",從用字習慣看,似當有別。"徂""迢"爲一字異體;"遹""徨"分别爲"遭""徨"二字異體。《集韻》:"遭,亦作徨。""徨"應爲"遭"字異體。"徂""迢""遹""徨"皆應爲一字異體。《廣雅·釋詁四》:"遭,轉也。"關於"遹""徨"二字的釋讀,參閲卷一"禪"。《説文》有"趄"而無"遭"字。

【詞義】

一、轉,改變方向。

1. 白(百)里迢(遭)迢(鬻)五羊。窮達 7

2. 亓(其)言尒(爾)訐(信),古(故)徂(遭)而可爰(受)也。忠信 8

---

① 按:《十四種》認爲是"寡"字之譌。

3. 古(故)惪(德)可易而攺(攺—施)可迌(遵)也。**尊德義 37**

4. 迌(遵)而大又(有)害(害)者。**尊德義 38**

5. 迌(遵)而大又(有)秒(利)者。**尊德義 38**

二、用爲"襌",參閱卷一"襌"(第 20 頁)。

0150 迯

【用字】 迯

【詞義】

一、待考。

1. 者迯㥅不逮從一衍(道)。**語叢一 75**

0151 遃

【用字】 遃

【詞義】

一、待考。

1. ☐＼遃審(蜜—密)。**殘簡 11**

0152 逍

【用字】 逍

【解字】

　　《語叢三》簡 58、59 不應連讀;劉釗先生下接簡 20,待定。"逍"李零先生讀爲"閲",經歷。張光裕先生認爲字从辵从肖,應隸定爲"逍","逍"字於先秦璽印屢見,用作姓氏,通作"趙"①。

【詞義】

一、待考。

1. 又(有)逍**語叢三 58**……

0153 德　　　德

【用字】 惪、惪、直

---

① 張光裕主編:《郭店楚簡研究》第一卷《文字編》,藝文印書館,1999 年。

【解字】

　　“悳”“惪”爲一字異體，《説文》有“悳”字而無“惪”字。悳，《説文》曰：“外得於人，内得於己也。”即今之“德”字。段注：“俗字叚德爲之。”《説文》卷二：“德，升也。”按照《説文》的意見，“悳”“德”本非一字。郭店簡“德”字多寫作“悳”形，如《老子》甲本簡33“📖”，共計69例，爲典型楚文字寫法；僅有4例寫作“惪”形，集中見於《語叢三》篇，如該篇簡50“📖”，與楚文字不類，而與三晉文字相合。“直”即“直”字，與《説文》篆文同。“直”形寫法見於《唐虞之道》篇，凡4見，寫作“📖”形，與楚文字有異（上博六《天子建州（乙篇）》簡5“直”字作“📖”）而與三晉文字寫法相同。學者已經指出《唐虞之道》《語叢三》等篇是具有齊系文字特點的抄本，李守奎先生進一步指出該篇有少量文字與三晉文字、燕文字相合①。

【詞義】

一、道德；品行；節操。

1. 畲（含）悳（德）之蘽（厚）者，比於赤子。_{老甲33}
2. 上悳（德）女（如）浴（谷），大白女（如）辱（辱），挃（往—廣）悳（德）女（如）不足，建（建）悳（德）女（如）[偷，質]貞（貞）女（如）窓（愈—渝）。_{老乙11}
3. 攸（攸—修）之身，丌（其）悳（德）乃甶（貞）。_{老乙16}
4. 攸（攸—修）之豪（家），丌（其）悳（德）又（有）舍（舍—餘）。_{老乙16}
5. 攸（攸—修）_{老乙16}之邑（鄉），丌（其）悳（德）乃長。₁₆
6. 攸（攸—修）之邦，丌（其）悳（德）乃奉（豐）。_{老乙17}
7. 又（有）廾（匊—覺）悳（德）行，四方忎（順）之。_{緇衣12}
8. 鼎（勩—則）民悳（德）_{緇衣16}弋（弌——一）。₁₇
9. 畲（昔）才（在）上帝戠（割）繡（申）矔（觀）文王悳（德）。_{緇衣37}
10. 厶（私）惠不罋（壞—懷）悳（德）。_{緇衣41}
11. 非亓（其）悳（德）加。_{窮達9}
12. 悳（德）行弋（弌——一）也。_{窮達14}
13. 悬（仁）型（形）於内胃（謂）之悳（德）之行。_{五行1}
14. 義型（形）於内胃（謂）之悳（德）之_{五行1}行。₂
15. 豊（禮）型（形）於内胃（謂）之悳（德）之行。_{五行2}
16. [智形]於内胃（謂）之悳（德）之行。_{五行3}

---

① 李守奎：《異源字的楚化過程與外來文本的流傳》，《中國文字學會第八屆學術年會論文集》，中國人民大學，2015年，第289—296頁。

17. 聖(聖)型(形)於內胃(謂)之惪(德)五行 3 之行。4

18. 不型(形)於內胃(謂)之﹝惪之﹞行。五行 4

19. 惪(德)之行五,和胃(謂)之惪(德),四行和胃(謂)之善。五行 4

20. 惪(德),天遺(道)也。五行 5

21. 不樂(藥)劇(則)亡(無)惪(德)。五行 6

22. 惪(德)弗五行 7 之(志)不成(城—成)。8

23. 不樂(藥)五行 8 亡(無)惪(德)。9

24. 君子之爲惪(德)也,五行 18﹝有與﹞訂(始),亡(無)殘簡 21﹝與﹞宎(終)也。五行 19

25. 金聖(聖—聲)而玉昬(晨—振)之,又(有)惪(德)者也。五行 19

26. 惪(德),而〈天〉道(道)﹝也﹞。五行 20

27. 售(唯)又(有)惪(德)者,狀(然)句(後)能金聖(聖—聲)而玉昬(晨—振)之。五行 20

28. 不樂亡(無)惪(德)。五行 21

29. 見(視—見)臤(臤—賢)人而不葬(智—知)元(其)又(有)惪(德)也。五行 24

30. 行之而哉(時),惪(德)也。五行 27

31. 和劇(則)譬(樂),譬(樂)劇(則)又(有)惪(德),又(有)惪(德)劇(則)邦豪(家)舉(舉)。五行 29

32. 聟(聞)道(道)而譬(樂)者,好惪(德)者也。五行 50

33. 狟(亶—禪)之湨(流),世亡(無)志(隱)直(直—德)。唐虞 7

34. 今之弋(式)於直(直—德)者,未唐虞 17 年不弋(式)。18

35. 迺(遭—禪)也者,上直(直—德)夎(受—授)﹅(臤—賢)之胃(謂)也。唐虞 20

36. 上直(直—德)鼎(劇—則)天下又(有)君而唐虞 20 世明。21

37. 民不從上之龠(命),不訐(信)亓(其)言,而能念(含)惪(德)者,未之成之 2 又(有)也。3

38. 戰與型(刑)人,君子之述(墜)惪(德)也。成之 6

39. 售(唯)髦(冒)不(不)曓(單)夎(再—稱)惪(德)。成之 22

40. 允市(師)淒(濟)惪(德)。成之 25

41. 言訐(信)於眾之可呂(以)成之 25 淒(濟)惪(德)也。26

42. 君子訵(治)人侖(倫)呂(以)川(順)成之 32 天惪(德)。33

43. 聖(聖)人天惪(德)。成之 37

44. 奮(尊)惪(德)義,明啇(唬—乎)民侖(倫),可呂(以)爲君。尊德義 1

45. 晝(教)吕(以)樂(樂),勳(則)民閒(淑)悳(德)清(清)酒。尊德義 13

46. 爲古(故)銜(率)民古(嚮)方者,售(唯)悳(德)可。尊德義 28

47. 亡(明)悳(德)者,虞(且)莫大唐(虖—乎)豊(禮)樂(樂)。尊德義 29

48. 夫售(唯)是,古(故)悳(德)可易而攺(皈—施)可迌(遷)也。尊德義 37

49. 晝(教),所吕(以)生悳(德)于审(中)者也。性命 18

50. 訇(殆)亓(其)悳(德)也。性命 27

51. 戔(賤)而民貴之,又(有)悳(德)者也。性命 53

52. 同兌(悅)而交,吕(以)悳(德)者也。性命 58

53. 可(何)胃(謂)六悳(德)？六德 1

54. 六哉(職)歈(既)分,吕(以)裕六悳(德)。六德 10

55. 六悳(德)者六德 10 □

56. 宜(義)者,君悳(德)也。六德 15

57. 忘(忠)者,臣悳(德)也。六德 17

58. 智(智)也者,夫悳(德)也。六德 19

59. 訐(信)也者,婦悳(德)也。六德 20

60. 聖(聖)也者,父悳(德)也。六德 21

61. 悬(仁)者,子悳(德)也。六德 23

62. 人又(有)六悳(德),厽(三)新(親)不則〈斫(斷)〉。六德 30

63. 生悳(德),悳(德)生豊(禮)。語叢一 24

64. 又(有)悳(德)者不迻(移)。語叢二 48

65. 惎(義),悳(德)之聿(盡)也。語叢三 24

66. 悳(德)至區者語叢三 26

67. 庳(狎)於悳(德)。語叢三 50

68. 樂,備(服)悳(德)者之所樂也。語叢三 54

二、德政;善教。

1. 晝(教)之緇衣 23 吕(以)悳(德)。24

2. 先_(先之)吕(以)悳(德),勳(則)民進善女(安—焉)。尊德義 16

3. 悳(德)之湶(流),遬(速)唐(虖—乎)楮(置)蚤(郵)而迿(傳)尊德義 28 飤(命)。29

三、恩惠;恩德。

1. 非(靡)言不讐(讎),非(靡)悳(德)亡(無)返(復)。語叢四 1

四、心意。

1. 隹(唯)尹身(允)及湯,咸又(有)一悳(德)。緇衣 5

0154 復　復

【用字】　遉、复

【解字】

　　在楚文字中"复"字以及作爲偏旁的"复"皆變形聲化从"酉"。

【詞義】

一、返回;還。

　　1. 民复(復)季子。老甲 1

　　2. 居吕(以)須〈募(寡—顧)〉遉(復)也。老甲 24

　　3. 天道(道)鼎₌(員員),各遉(復)亓(其)堇(根)。老甲 24

　　4. 君民者,訂(治)民遉(復)豊(禮)。尊德義 23

　　5. 攻　遉(往)者遉(復)。尊德義 32

　　6. 亓(其)反善遉(復)訂(始)也性命 26 斳(慎)。27

二、報答。

　　1. 古(故)君子所遉(復)之不多,所求之不迏〈遠〉。成之 19

　　2. 非(靡)言不賵(讎),非(靡)惪(德)亡(無)遉(復)。語叢四 1

三、報復。

　　1. 反此遉(道)也,民必因此至(重)也成之 18 吕(以)遉(復)之。19

　　2. 弗悳(勇)勶(則)尊德義 33 亡(無)遉(復)。34

　　3. 亞(惡)言遉(復)己而死糕(無)日。語叢四 4

四、副詞,又;再。

　　1. 神明遉(復)相椨(輔)也。太一 2

　　2. 佥(陰)易(陽)遉(復)相椨(輔)也。太一 2

　　3. 四歲(時)太一 2 遉(復)相椨(輔)也。3

　　4. 倉(寒)然(熱)遉(復)相椨(輔)也。太一 3

　　5. 淫(濕)澡(燥)遉(復)相椨(輔)也。太一 3

　　6. 肰(然)句(後)遉(復)吕(以)查(教)。性命 18

　　7. 巳(已)鼎(勶—則)勿遉(復)言也。性命 61

五、免除徭役或勞役。

　　1. 孝(教)不孝(教),遉(復)眾之所₌化(過)。老甲 12

　　2. 學不學,遉(復)眾斎₌(之所)迅(過)。老丙 13

0155 往　徃　古文 徍

【用字】　徃、遉、徍

【詞義】

一、去;到(某處)。與"來"、"返"相對。

　　1. 攻▮逵(往)者返(復)。尊德義 32

二、歸向。

　　1. 埶(埶—設)大象,天下徍₌(往;往)而不善(害),女(安—焉)坖(坪—平)大。老丙 4。

三、"往言",説出去的話。

　　1. 逵(往)言剔(傷)人,埊(來)言剔(傷)吕(己)。語叢四 2

四、前進。

　　1. 戢(勇)而行之不果,丌(其)怣(疑)也弗㯓(枉—往)怣(疑—矣)。成之 21

0156 彼　　𢓊

【用字】　皮

【詞義】

一、代詞。他;他們。

　　1. 皮(彼)求我鼎(勒—則),女(如)不我旻(得)。緇衣 18

0157 微　　𢾭

【用字】　散、非

【詞義】

一、幽深;精妙。

　　1. 古之善爲士者,必非(微)溺(妙)玄達,深不可志(識)。老甲 8

二、隱。"民隱",民眾之苦痛。

　　1. 㝊₋(君子)不帝(啻)明虖(乎)民散(微)而已(已)。六德 38

三、卑賤。

　　1. 淶虎(乎)大人之興,散(微)也。唐虞 17

0158 徐　　𢓲

【用字】　舍

【解字】

　　"舍"即"舍"字。

【詞義】

一、緩慢，與"疾"相對。

　　1. 牁（牂—將）舍（舍—徐）淸（清）。老甲 10

　　2. 牁（牂—將）舍（舍—徐）生。老甲 10

0159　待　　待

【用字】　㞢

【詞義】

一、等待。

　　1. 㞢（待）勿（物）而句（後）复（作），㞢（待）兌（悅）而句（後）行，㞢（待）習（習）而句（後）性命 1 奠（奠—定）。2

0160　復（退）　　得　　或體 納　　古文 退

【用字】　退、遏

【解字】

　　"退"字《説文》作"復"，古文作"退"；"遏"字是在古文基礎上增加了飾符"口"。

【詞義】

一、退卻；後退。

　　1. ［進］殘簡 20 道（道）若退（退）。老乙 11

　　2. 退（退）谷（欲）肅而毋䇐（至—輕）。性命 65

二、使退卻；使後退。

　　1. 憨（惻—賊），遏（退）人也。語叢二 43

三、離去。

　　1. 攻（功）述（遂）身遏（退），天之道（道）也。老甲 39

　　2. 退（退）而敆（養）丌（其）生。唐虞 27

四、使歸；使返回。

　　1. 公不敓（悅），耳（揖）而退（退）之。魯穆公 2

0161　後　　後　　古文 逡

【用字】　後、逡、遙、逡、句、后

【解字】

"後"字初文寫作"夋",从"幺"从"夊",甲骨文多見。林義光先生認爲"夊"象足形,"幺"象繫繩,"足有所繫,故後不得前"①。後來增加"彳"或"辵"旁寫作"後"或"遳"。"遳"字从"糸"从"辵",同樣的寫法還見於其他材料,如清華一《祭公》簡 13 寫作![字],淅川徐家嶺 M11 出土的有銘小口鼎寫作![字]。一般認爲"遳"是"遳"字訛寫,上博六《莊王既成》簡 2"遳"字寫作![字],與"遳"字形近。"遳"字也有可能是"遳"字之省,上博簡、清華簡中多見"辵"字(![字],上博七《武王踐阼》簡 6;![字],清華一《金縢》簡 8),即"遳"字之省,"幺"即"糸",故"遳""辵"或爲一字異體。《五行》簡 46"遳"字在"遳"字基礎上纍加"止"旁。

【詞義】

一、走在後面;遲到。

1. 聖(聖)人之才(在)民攷(前)也,吕(以)身遳(後)之。老甲 3

2. 遳(後),士之陴(尊)臤(臤一賢)者也。五行 44

3. 遳(遳一後),莫敓(敢)不遳(後)。五行 46

4. 樂(樂)事谷(欲)遳(後)。性命 62

二、位置在後,與"前"相對。

1. 先遳(後)之相墮(墮一隨)也。老甲 16

三、時間較晚或順序在後,與"先"相對。

1. 初(初)濇(醯)醋(醯),遳(後)明(名)昜(揚)。窮達 9

2. 子疋(胥)攷(前)多杠(功),遳(後)翏(戮)死。窮達 9

3. 先署(聖)唐虞 5 牙(與)遳(後)耵(聖),考遳(後)而逗(歸)先。6

4. 丌(其)先也不若丌(其)遳(後)也。成之 35

5. 蘽(觀)亓(其)之〈先〉遳〈遳(後)〉而逆訓(順)之。性命 17

6. 堂(堂一當)事因方而斯(折一制)之,亓(其)先遳〈遳(後)〉之舍(舍一序),鼎(勴一則)宜(義)衕(道)也。性命 19

7. 兄弟,至先遳(後)也。語叢一 70

四、"然後"。後世文獻多以爲承接連詞,表示某事接在前句所述事情之後。

1. 能爲罷(一),肰(然)句(後)能爲君子。五行 16

2. 能遅(差)沱(池)亓(其)羿(羽),肰(然)句(後)能至哀。五行 17

3. 肰(然)句(後)能金聖(聖一聲)而玉晷(晨一振)之。五行 20

4. 北(必)正丌(其)身,肰(然)后(後)正世。唐虞 3

---

① 林義光:《文源》,中西書局,2012 年,第 307—308 頁。

5. 行此夏(文)也,肰(然)句(後)可遱(還—就)也。**尊德義 17**

6. 肰(然)句(後)返(復)吕(以)香(教)。**性命 18**

7. 肰(然)句(後)亓(其)内(入)杲(拔—撥)人之心也敓(厚)。**性命 23**

8. 肰(然)句(後)可吕(以)軔(斷)峹(獄—獄)。**六德 43**

9. 厽(三)者爯(皆)迥(通),肰(然)句(後)是也。**六德 46**

10. 丌(其)智(智—知)尃(博),虒(然)句(後)智(智—知)侖(命)。**語叢一 28**

11. 智(智—知)天所爲,智(智—知)人所爲,**語叢一 29** 虒(然)句(後)智道(智道—知道,知道)虒(然)句(後)智(智—知)侖(命)。**30**

12. 智(智—知)豊(禮)虒(然)句(後)智(智—知)型(刑)。**語叢一 63**

五、"而後"。與"以後""然後"用法類似。

1. 傑(傑—桀)不易**尊德義 5** 壴(禹)民而句(後)嬰(亂)之,湯不易傑(傑—桀)民而句(後)訇(治)之。**6**

2. 智(智—知)侖(命)而句(後)智道(智道—知道,知道)而句(後)智(智—知)行。**尊德義 9**

3. 百之而句(後)菁(服)。**尊德義 27**

4. 坒(待)勿(物)而句(後)复(作),坒(待)兊(悦)而句(後)行,坒(待)習(習)而句(後)**性命 1** 奠(奠—定)。**2**

5. 凡惪(憂),思而句(後)悲。**性命 31**

6. 凡樊(樂),思而句(後)忻。**性命 32**

7. 而句(後)**語叢一 4** 又(有)鯈(倫)。**5**

8. 而句(後)**語叢一 6** 又(有)夐(厚)。**7**

9. 而句(後)好亞(惡)**語叢一 8** 生。**9**

10. 而句(後)**語叢一 10** 香(教)生。**11**

11. 智(智—知)忌(己)而句(後)智人(智人—知人,知人)而句(後)**語叢一 26** 智豊(智禮—知禮,知禮)而句(後)智(智—知)行。**27**

12. 善里(理)而句(後)樂生。**語叢一 32**

0162　得　　得　　省體　旻

【用字】　旻

【詞義】

一、得到;獲得。與"失"相對。

1. 咎莫曾(憯—憯)虘(唬—乎)谷(欲)旻(得)。**老甲 5**

2. 不貴難㝵(得)之貨。老甲 12

3. 㝵(得)之若纓(筲—榮),遙(逸—失)之若纓(筲—榮)。老乙 6

4. 不貴戁(難)㝵(得)之貨。老丙 13

5. 皮(彼)求我鼎(㓷—則),女(如)不我㝵(得)。緇衣 18

6. 㮚(智)弗思不㝵(得)。五行 8

7. 倀(長)㓷(則)㝵(得),㝵(得)㓷(則)不亡(忘)。五行 14

8. 弗㝵(得)㠯(疑—矣)。成之 11

9. 未有可㝵(得)也者。成之 12

10. 士咸(城—成)言不行,明(名)弗㝵(得)㠯(疑—矣)。成之 13

11. 從丌(其)所爲,㞣(近)㝵(得)之壴(喜—矣)。性命 36

12. 弗㝵(得)之壴(喜—矣)。性命 37

13. 售(唯—雖)𡕯(堯)求之弗㝵(得)也。六德 7

14. 夬(缺)生虐(乎)未㝵(得)也。語叢一 91

15. 㝵(得)者樂,遙(逸—失)者哀。語叢三 59

二、曉悟;瞭解。

1. 募(寡)人惑女(安—焉),而未之㝵(得)也。魯穆公 4

2. 飤(既)㝵(得)丌(其)級(急),言必又(有)及。語叢四 5

三、可以;能夠。

1. 莫㝵(得)膳(善)亓(其)所。語叢三 47

四、適合;適當。

1. 此彭(謀)㝵(得)矣(疑—矣)。語叢二 50

五、可;能夠。

1. 古(故)不可㝵(得)天〈而〉新(親),亦不可㝵(得)而疋(疏);不可㝵(得)而秎(利),亦不可㝵(得)而𢾗(害);老甲 28 不可㝵(得)而貴,亦{可}不可㝵(得)而戔(賤)。29

六、控制;駕馭。

1. 上交近事君,下交㝵(得)性命 56 眾近從正(政)。57

七、投合;投契。

1. 外六德 36 內㕛(皆)㝵(得)也。37

2. 㝵(得)亓(其)人鼎(㓷—則)㚔(舉—舉)女(安—焉),不㝵(得)亓(其)人鼎(㓷—則)止也。六德 48

3. 上下𪊨(𪊨—皆)㝵(得)亓(其)所之胃(謂)訐(信)。語叢一 65

八、實現。

1. 夫㯥(樂)[殺,不可]老丙 7 㠯(以)㝵(得)志於天下。8

九、"不得已",無可奈何,不能不如此。

　　1.［不］_{老丙6}旻(得)巳(已)而甬(用)之。₇

0163　御　　禦　　古文 𢢐

【用字】　御、潗、虡、㻛、馭、呎、語

【解字】

　　《緇衣》簡6"潗"字,對應今本作"御",上博《緇衣》作"虡"。關於"潗"字的釋讀有多種意見:整理者(129頁)隸定爲"洓";廖名春先生從之,讀爲"止"①。裘錫圭先生"按語"(132頁注［一九］)認爲該字上部與《窮達以時》篇二號簡"殜"字右旁相同,似當釋爲"渫"。《説文》:"渫,除去也。"白於藍先生釋爲"渫",讀爲"遏",禁止②。李零先生隸定爲"涤",讀爲"御"③;黃錫全、虞萬里持相同觀點④。劉信芳先生隸定爲"泎",認爲字從水,作聲,古人治木以水浸泡,故"柞"或從水作,引申爲"治"。字讀爲"作",亦通。今本作"禦",失之遠矣⑤。何琳儀先生認爲字從"作",讀"禦",二者均屬魚部,可通。又《説文》"乍"訓"止",《廣雅·釋詁》"禦"亦訓"止",可證二字音義均近⑥。白於藍先生認爲字與今本之"禦"字相對應,據其文義當讀爲"遏"。渫從枼聲,遏從曷聲,典籍中從枼聲之字與從曷聲之字常可相通。《爾雅·釋詁下》:"遏,止也。"《詩·大雅·民勞》:"式遏寇虐,憯不畏明。"鄭箋:"遏,止也。"從文義上來看,將簡本之"洓"釋爲"渫",讀爲"遏"訓爲禁止,與今本之"禦"是完全密合的⑦。陳斯鵬先生認爲從"乍"得聲,讀爲"迮",訓爲"止"⑧。劉樂賢先生認爲此字爲錯寫,當從今本讀爲"御"⑨。

---

①　廖名春:《郭店簡從"朱"之字考釋》,《華學》第6輯,紫禁城出版社,2003年,第80頁。

②　白於藍:《郭店楚墓竹簡釋讀札記》,《古文字論集(二)》(《考古與文物》叢刊第4號),2001年,第176頁。

③　李零:《郭店楚簡校讀記》,《道家文化研究》第17輯(郭店楚簡專號),生活·讀書·新知三聯書店,1999年,第522頁。

④　黃錫全:《讀上博楚簡札記》,《新出楚簡與儒學思想國際學術研討會論文集》,清華大學思想文化研究所,2002年,第29頁;虞萬里:《上博簡、郭店簡〈緇衣〉與傳本合校補證(上)》,《史林》,2002年第2期。

⑤　劉信芳:《郭店竹簡文字考釋拾遺》,《江漢考古》,2000年第1期,第44頁;《郭店簡〈緇衣〉解詁》,《郭店楚簡國際學術研討會論文集》,湖北人民出版社,2000年,第167頁。

⑥　何琳儀:《郭店楚簡選釋》,《簡帛研究二〇〇一》,廣西師範大學出版社,2001年,第161頁。

⑦　白於藍:《郭店楚墓竹簡釋讀札記》,《古文字論集(二)》(《考古與文物》叢刊第4號),2001年,第173—179頁。

⑧　陳斯鵬:《初讀上博楚簡》,簡帛研究網(http://www.jianbo.org/Wssf/2002/chensipeng01.htm),2002年2月5日。

⑨　劉樂賢:《讀上博簡札記》,《上博館藏戰國楚竹書研究》,上海書店出版社,2002年,第385頁。

黃錫全先生認爲此字釋讀有兩種可能，一是从“亡”，爲“茫”字異體，即
“芒”。一是从“困”或“根”①。裘錫圭先生放棄了前説，也認爲該字爲“虜”
字之誤②。陳偉先生釋爲“涃”，讀爲“困”，“困”有阻礙義，與“禦”訓阻止的
義項相通，故可換用③。鄭剛先生認爲字上所从非“亡”，象草、木、竹之類的
堆積。當是“蕛”或“籞”的異體或本字，會意表示水邊竹木搭起來的籞。
“蕛”或“籞”从“御”得聲，讀爲“禦”没有問題④。馮勝君師傾向於釋該字爲
“渫”，訓爲“除去也”，認爲該字所从與、![字形](《語叢四》
簡3)等形體的右旁有關係。同時在論述過程中還提出過一種可能，認爲
《性命》簡35“![字形]”字，上部所从可能是“虍”旁的變體或誤摹，當釋爲“虜”，
讀爲“呼”。“![字形]”字也有可能从“虍”得聲，讀爲“御”⑤。郭靜雲先生認爲
“渫”無疑是“渫”，二字的結構完全相同，上面的“止”與“世”聲符經常混
用。根據《説文》：“渫，除去也。”“渫”即掃除的意思，與經本所用的“御”字
讀音不同，字義雖有交接之處，但也不同。因此，郭店版本在此處有異文⑥。

《六德》簡26“![字形]”字，整理者(188頁)隸定爲“宋”；裘錫圭先生“按語”(189
頁)疑“道宋”是以上一篇的篇名，“止”即此篇至此完了之意。“宋”也有可能當
釋爲“柞”或“枼”。李零先生讀爲“御”⑦；廖名春先生初讀爲“亡(無)”，後隸
定爲“朱”，從李零先生意見讀爲“御”⑧。吕浩先生讀爲“罔”，誣也⑨。顏世
鉉先生讀爲“亡”，“道亡止”是六經所含六德之道無所窮止之意⑩。陳偉先

① 黃錫全：《郭店上海楚簡對讀札記》，《古墓新知——紀念郭店楚簡出土十周年論文專輯》，
　國際炎黃文化出版社，2003年，第28—30頁。
② 裘錫圭：《談談上博簡和郭店簡中的錯別字》，《華學》第6輯，紫禁城出版社，2003年，第
　50頁。
③ 陳偉：《上博、郭店二本〈緇衣〉對讀》，《上博館藏戰國楚竹書研究》，上海書店出版社，2002
　年，第419頁。
④ 鄭剛：《由簡文解經典文字例：釋“辟”》，《楚簡孔子論説辨證》，汕頭大學出版社，2004年，
　第137—142頁。
⑤ 馮勝君：《郭店簡與上博簡對比研究》，綫裝書局，2007年，第90—97頁。
⑥ 郭靜雲：《“虜”與“御”論二字在商周語文中的涵義以及其在戰國漢代時期的關係》，簡帛
　研究網(http://www.bamboosilk.org/admin3/2009/guojingyun012.htm#_ftn4)，2008年10月
　23日。
⑦ 李零：《郭店楚簡校讀記》，《道家文化研究》第17輯(郭店楚簡專號)，生活·讀書·新知
　三聯書店，1999年，第520頁。
⑧ 廖名春：《郭店楚簡〈六德〉篇校釋》，《清華簡帛研究》第1輯，清華大學思想文化研究所，
　2000年，第78頁；《郭店簡从“朱”之字考釋》，《華學》第6輯，紫禁城出版社，2003年，第
　82頁。
⑨ 吕浩：《〈郭店楚簡〉釋文訂補》，《中國文字研究》第2輯，廣西教育出版社，2001年，第
　280頁。
⑩ 顏世鉉：《郭店楚簡〈六德〉箋釋》，《“中研院”歷史語言研究所集刊》第72本第2分，2001
　年，第469、472頁。

生認爲該字是"困"字古文,阻礙之意①。

　　《尊德義》簡25"殊"字,整理者(174頁)釋爲"楪",疑讀爲"世"。劉信芳先生認爲右從"桀",讀爲"列"②。廖名春先生認爲右從"朱",通"御"。《大戴禮記·子張問入官》:"欲民之速服也者,莫若以道御之也……不以道御之,雖服必強矣。"③劉釗先生讀爲"際"④。許文獻先生釋爲"困",讀爲"根"⑤。陳劍先生疑讀爲"懾"⑥。單育辰先生讀爲"世",並從下句讀⑦。

　　"湅""殊""虡"三字當合觀,所謂"止"形當從馮勝君師意見,可能是"虍"旁的變體或誤摹,皆讀爲"御"。

　　《尊德義》簡24"戻"字,李零先生釋爲"户"⑧;陳斯鵬先生進一步認爲該字所從"人"爲"伏"字初文"勹",爲纍增聲符,音近讀爲"户"⑨。劉釗先生認爲是"人""所"二字,整句讀爲"猶人之亡所適也"⑩。何琳儀先生認爲是"所人"合文,讀爲"黨人"⑪。陳偉先生認爲是"所"字異構⑫;劉樂賢先生指出曾侯乙墓竹簡"所"字下部有一類似"勹"的部件,與該字接近,證明"戻"確爲"所"字異體⑬。彭裕商先生讀爲"瞽"⑭。鄭剛先生讀爲"遽"⑮。李鋭先生讀爲"御"⑯;陳劍先生進一步將該句讀爲"猷(猶)戻(御)之亡

①　陳偉:《郭店竹書別釋》,湖北教育出版社,2002年,第122—123頁。

②　劉信芳:《郭店竹簡文字考釋拾遺》,《江漢考古》,2000年第1期,第44頁。

③　廖名春:《郭店簡從"朱"之字考釋》,《華學》第6輯,紫禁城出版社,2003年,第81頁。

④　劉釗:《郭店楚簡校釋》,福建人民出版社,2003年,第132頁。

⑤　許文獻:《"朱"字與從"朱"之字相關問題再釋》,《中國學術年刊》第28期(春季號),2006年,第213—235頁。

⑥　陳劍:《郭店簡〈尊德義〉和〈成之聞之〉的簡背數字與其簡序關係的考察》,《簡帛》第2輯,上海古籍出版社,2007年,第217頁。

⑦　單育辰:《郭店〈尊德義〉〈成之聞之〉〈六德〉三篇整理與研究》,科學出版社,2015年,第48頁。

⑧　李零:《郭店楚簡校讀記》,《道家文化研究》第17輯(郭店楚簡專號),生活·讀書·新知三聯書店,1999年,第524頁。

⑨　陳斯鵬:《郭店楚簡解讀四則》,《古文字研究》第24輯,中華書局,2002年,第409頁。

⑩　劉釗:《讀郭店楚簡字詞札記》,《郭店楚簡國際學術研討會論文集》,湖北人民出版社,2000年,第86頁。

⑪　何琳儀:《郭店竹簡選釋》,《簡帛研究二〇〇一》,廣西教育出版社,2001年,第166頁。

⑫　陳偉:《郭店簡書〈尊德義〉校釋》,《中國哲學史》,2001年第3期,第116頁。

⑬　劉樂賢:《讀楚簡札記二則》,簡帛研究網(http://www.jianbo.org/admin3/list.asp?id=1207),2004年5月29日。

⑭　彭裕商:《讀楚簡隨記》,《考古與文物》,2003年第6期,第84頁。

⑮　鄭剛:《〈尊德義〉中的禮與性》,《康樂集——曾憲通教授七十壽慶論文集》,中山大學出版社,2006年,第119—120頁。

⑯　李鋭:《讀楚簡〈周易〉札記一則》,孔子2000網(http://www.confucius2000.com/qhjb/dcjzyzjlze.htm),2004年4月24日。

（無）適（策）也"①,今從之。

【詞義】

一、駕馭車馬。

　　1. 甙（戚—造）父之駜（馭—御）馬也,馬之道（道）也。**尊德義 7**

　　2. 猷（猶）灰（御）之亡（無）適（策）也。**尊德義 24**

二、治理;統治。

　　1. 可駜（馭—御）也,而不可掔（牽）也。**成之 16**

　　2. 非侖（倫）而民備（服）殊（御）,此嬰（亂）矣。**尊德義 25**

三、妃嬪。"嬖御",受寵幸的姬妾、侍臣。

　　1. 毋昌（以）卑（嬖）御愿（息—疾）妝（莊）句（后）。**緇衣 23**

四、同"禦"。阻止;禁止。②

　　1. 蕙（懂—謹）亞（惡）昌（以）淶（御）民淫〈淫〉。**緇衣 6**

　　2. 衍（人衍—人道）虔（御）止。**六德 26**

五、"強御"。豪強,有權勢的人。

　　1. 遙（肆）而不螿（畏）弱（弜—強）語（御）,果也。**五行 34**

0164 徧 徧

【用字】 徧

【解字】

　　李零先生、丁原植先生等讀爲"體"③。陳偉先生認爲字疑从"編"省聲,讀爲"遍"④。劉國勝先生認爲字右旁系"冊"繁寫,从二冊从曰,古文"扁"是一個从冊的字,則此字可隸作"冊",釋爲"徧",周遍、周全之義⑤。劉信芳先生隸定爲"徼",是《説文》"邎"字之異構,應讀作田獵之"獵",意爲求道不可如獵之

---

① 陳劍:《郭店簡〈尊德義〉和〈成之聞之〉的簡背數字與其簡序關係的考察》,《簡帛》第 2 輯,上海古籍出版社,2007 年,第 217 頁。

② 按:《説文》段注:"（禦）後人用此爲禁禦字。"睡虎地秦簡《田律》:"百姓居田舍者毋敢酤酒,田嗇夫、部佐謹禁御之,有不從令者有罪。"

③ 李零:《郭店楚簡校讀記》,《道家文化研究》第 17 輯（郭店楚簡專號）,生活·讀書·新知三聯書店,1999 年,第 511 頁。丁原植:《郭店竹簡儒家佚籍四種試析》,臺灣古籍出版有限公司,2000 年,第 260 頁。

④ 陳偉:《郭店楚簡〈六德〉諸篇零釋》,《武漢大學學報（哲學社會科學版）》,1999 年第 5 期,第 32 頁。

⑤ 劉國勝:《郭店竹簡釋字八則》,《武漢大學學報（哲學社會科學版）》,1999 年第 5 期,第 43 頁。

取物,即不可得道之全體①。范麗梅先生讀爲"察"。"獵"古音在來紐葉部,
"察"古音在初紐月部,二者音近可通②。劉釗先生釋爲"徧",今作"遍"③。

【詞義】

一、周遍。

　　1. 衍(道)不可儠(徧)也。六德 **43**

0165　延(征)　　延　　　或體 延

【用字】　正

【詞義】

一、征伐;征戍。

　　1. 正(征)欽(欽—禁),所㠯(以)尊德義 **2** 戉(攻)[□也]。**3**
　　2. 虽(夏)用戈,正(征)不備(服)也。唐虞 **13**
　　3. 悉(愛)而正(征)之,吳(虞)虽(夏)之幻(治)也。唐虞 **13**

0166　廷　　廷

【用字】　廷

【詞義】

一、朝廷。帝王布施政令,接受朝見之所。

　　1. 朝(潮—朝)廷之立(位),叚(讓)而処(處)戔(賤)。成之 **34**

0167　建　　建

【用字】　畫

【詞義】

一、豎起;樹立。

　　1. 善畫(建)者不枈(拔)。老乙 **15**

二、疑爲古書名。

　　1. 是㠯(以)畫(建)言又(有)之:……老乙 **10**

---

① 劉信芳:《郭店簡文字例解三則》,《"中研院"歷史語言研究所集刊》第 71 本第 4 分,2000
　　年,第 937—940 頁。
② 范麗梅:《郭店楚簡〈六德〉"仁類蓎而束"相關段落釋讀》,《楚地簡帛思想研究(三)——
　　"新出楚簡國際學術研討會"論文集》,湖北教育出版社,2007 年,第 463 頁。
③ 劉釗:《郭店楚簡校釋》,福建人民出版社,2005 年,第 119、120 頁。

三、疑讀爲"健",剛健。

1. 畫(建)悳(德)女(如)[偷]。老乙 11

0168 行

【用字】 行

【詞義】

一、道路,引申爲道理,規律。"周行",大路,引申爲"至善之道"。

1. 人之好我,緇衣 41 旨(旨—示)我周行。42

二、去;離開。

1. 皮(破)邦芒(喪)語叢四 6 痽(牆—牆—將),湟(流)溴(澤)而行。7

三、品行;德性。

1. 又(有)井(勼—覺)悳(德)行,四方忑(順)之。12

2. 五行:悬(仁)型(形)於內胃(謂)之悳(德)之行,不型(形)於內胃(謂)之行。義型(形)於內胃(謂)之悳(德)之五行 1 行,不型(形)於內胃(謂)之行。豊(禮)型(形)於內胃(謂)之悳(德)之行,不型(形)於內胃(謂)之 2[行。智形]於內胃(謂)之悳(德)之行,不型(形)於內胃(謂)之行。聖(聖)型(形)於內胃(謂)之悳(德)3 之行,不型(形)於內胃(謂)之｛悳之｝行。

3. 悳(德)之行五,和胃(謂)之悳(德),四行和胃(謂)之善。五行 4

4. 五行皆(皆)型(形)于內而敳(時)行五行 6 之,胃(謂)之君。7

5. 悬(仁)義,豊(禮)所鼕〈鯀(由)〉生也,四行之所和也。五行 31

6. 埜(堯)𡐤(舜)之行,㤅(愛)翠(親)障(尊)▉又(臤—賢)。唐虞 6

四、行爲。

1. 鼎(勵—則)民言不隓(危)行[=](行,行)不隓(危)緇衣 31 言。32

2. 君子逪(道—導)人目(以)言,而𣥏(歪—極)目(以)行。緇衣 32

3. 鼎(勵—則)民訢(慎)於言而薑(懂—謹)於行。緇衣 33

4. 言從行之,鼎(勵—則)行不可匿。緇衣 34

5. 君子言又(有)勿(物),行又(有)緇衣 37 迻(格)。緇衣 38

6. 句(苟)又(有)行,必見甘(箕—其)成(城—成)。緇衣 40

7. 悳(德)行戈(式—一)也。窮達 14

8. 五行:悬(仁)型(形)於內胃(謂)之悳(德)之行,不型(形)於內胃(謂)之行。義型(形)於內胃(謂)之悳(德)之五行 1 行,不型(形)於內胃(謂)之 2[行智形]於內胃(謂)之悳(德)之行,不型(形)於內胃

（謂）之行。聖（聖）型（形）於內胃（謂）之惪（德）3之行,不型（形）於內胃（謂）之|惪之|行。4

9. 行谷（欲）惠（勇）而必至。性命63

10. 厽（三）者逈（通）,言行舍（皆）逈（通）。六德45

11. 厽（三）者不逈（通）,非言行也。六德45

12. 智（智—知）豊（禮）而句（後）智（智—知）行。語叢一27

13. 豊（禮）,交之行述（術）也。語叢一42

14. 早與戝（臤—賢）人,是胃（謂）𢖍行。語叢四12

五、用;施行。

1. 是老甲16曰（以）聖（聖）人居亡（無）爲之事,行不言之孝（教）。17

2. 上士聞道（道）,僅能行於其中。老乙9

3. 正（政）之不行。緇衣27

4. 精（精）智（智—知）,迖（略）而行之。緇衣39

5. 售（唯—雖）戝（臤—賢）弗行矣。窮達2

6. 五行舍（皆）型（形）于內而敓（時）行五行6之,胃（謂）之君。7

7. 不柬（簡）不_行_（不行,不行）不義。五行22

8. 智（智—知）而行之,義也。五行27

9. 行之而敓（時）,惪（德）也。五行27

10. 安（安）五行30而行之,義也。31

11. 行而敬（敬）之,豊（禮）也。五行31

12. 又（有）大辠（罪）而大䜌（誅）之,行也。五行35

13. 不柬〈柬（簡）〉,不行。五行37

14. 又（有）大辠（罪）而弗大五行38䜌（誅）也,不行也。39

15. 是古（故）墨（畏—威）備（服）型（刑）罰（罰）之婁（屢）行也。成之5

16. 不繇（由）兀（其）道（道）,不行。尊德義3

17. 行此夐（文）也,肰（然）句（後）可逿（遠—就）也。尊德義17

18. 正（政）弗行矣。尊德義19

19. 歔（勇）而行之不果,亓（其）忎（疑）也弗桿（枉—往）忎（疑—矣）。成之21

20. 惎（義）凥（處）之也,豊（禮）行之語叢三36也。37

21. 夐（文）衣（依）勿（物）,曰（以）妻（青—情）行之者。語叢三44

六、運行;運動。

1. 是古（故）大（太）一贄（賦—藏）於水,行於敓（時）。太一6

七、做；從事。

1. 鼎（勛—則）民至（致）行异（異—己）吕（以）敓（悅）上。緇衣 11

2. 下之事上也，不從亓（其）所吕（以）命，而從亓（其）所行。緇衣 14

3. 可言緇衣 30 不可行，君子弗言。31

4. 可行不可言，君子弗行。緇衣 31

5. 行鼎（勛—則）酯（稽）亓（其）所尚（敝）緇衣 33

6. 言從行之，鼎（勛—則）行不可匿。緇衣 34

7. 古（故）君子賹（顧）言而緇衣 34 行，吕（以）成其訐（信）。緇衣 35

8. 諓（察）天人之分，而嵒（智—知）所行矣。窮達 1

9. 宔（中）心五行 33 諓（辯）肰（然）而正行之，槀（植—直）也。五行 34

10. 古（故）行而鰭（鯖—爭）兑（悅）民，孚（君子）弗采（由）也。忠信 6

11. 行不訐（信）勛（則）侖（命）不從。成之 1

12. 士咸（城—成）言不行，明（名）弗夏（得）悉（疑—矣）。成之 13

13. 行之不疾，未又（有）能深之者也。成之 23

14. 嵒（智—知）道（道）而句（後）嵒（智—知）行。尊德義 9

15. 行矣而亡（無）愳（違）。尊德義 21

16. 下之事上也，不從亓（其）所侖（命），而從亓（其）所行。尊德義 36

17. 坒（待）兑（悅）而句（後）行。性命 1

18. ［□之不可］性命 6 畢（蜀—獨）行，獸（猶）口之不可畢（蜀—獨）言也。7

19. 行之不佬（過），嵒（智—知）道（道）者也。性命 55

20. 嵒（智—知）行者，嵒（智—知）不行者。六德 18

21. 正（政）亓（其）虗（然）而行，怠（息）安（安—焉）尒（爾）也。語叢一 59

22. 政亓（其）虗（然）而行，怠（息）女（安—焉）。語叢一 67

23. 勿（物）各止於亓（其）所，我行語叢一 105 怵（恷—求）者，亡（無）又（有）自坴（來）也。99

24. 凡比〈朼（必）〉，又（有）不行者也。語叢二 39

25. 亓（其）所之同，亓（其）行者異。語叢二 52

26. 又（有）行而不遝（遒—由），又（有）遝（遒—由）而語叢二 53 不行。54

27. 所不行，异（嗌—益）。語叢三 16

28. 朼（必）行，鼎（員—損）。語叢三 16

29. 及行勛（則）叟（治）者中。語叢三 33

30. 行聿（盡）此友祀（疑—矣）。語叢三 62

八、履行。

1. 六者客（各）六德 23 行亓（其）哉（職）。24

2. 此六者客(各)六德35 行亓(其)戠(職)。36

九、經過;經歷。

1. 行年七十而青(腈—屠)牛於朝(潮—朝)訶(歌)。窮達5

十、流行;傳佈。

1. 氏(是)古▪(故古)之所忠信8 呂(以)行虎(乎)閔罶(嘍)者,女(如)此也。忠信9

十一、使水流通;治水。

1. 禹尊德義6 之行水,水之道也。7

十二、待考。

1. 虖(唬—呼)牙(與)公(容)牙(與)夫亓(其)行者。語叢一109

2. 交行勒(則)八□語叢三34

3. 替(智—知)行,人之□殘簡3

0169　術　　䘒

【用字】　述

【詞義】

一、途徑;方法。

1. 凡術(道),心述(術)爲宔(主)。性命14

2. 衕(道)四述(術),售(唯)性命14 人術(道)爲可衕(道)也。15

3. 亓(其)厽(三)述(術)者,衕(道)之而已(已)。性命15

4. 豊(禮),交之行述(術)也。語叢一42

0170　衞(衛)　　　衛

【用字】　衞

【解字】

　《説文》有"衞"字而無"衛"字。《正字通·行部》:"衛,同衞。俗省。"

【詞義】

一、周代諸侯國名。

1. 鄇(奠—鄭)壟(衛)之樂(樂)。性命27

0171　齒　　齒　　古文　齒

【用字】　齒

【詞義】

一、牙齒。

　　1. 若齒之事脮(舌)，而帘(終)弗齸(噬)。語叢四 19

二、齒讓；尊長。

　　1. 天子䍐(親)齒，效(教)民弟(悌)也。唐虞 5

0172 牙　　𦣹　　古文 𦣹

【用字】　牙、𦣹

【詞義】

一、古書篇名。

　　1.《君𦣹(牙)》鼎(員一云)：……緇衣 9

二、用爲"與"，參閱卷三"與"(第 153 頁)。

0173 足　　𤴐

【用字】　足、疋、族

【詞義】

一、人體下肢的總稱，又專指踝骨以下的部分。

　　1. [千里之行始於]老甲 26 疋〈足〉下。27

　　2. 耳官(目)鼻口乎(手)足六者，心之㲋(役)也。五行 45

　　3. 蚰(蚿)蟁(蛩)之足。語叢四 18

二、充足；足夠；滿足。

　　1. 三言㠯(以)老甲 1 爲叓(使)不足。老甲 2

　　2. 化(禍)莫大虖(唬—乎)不替(智—知)足。老甲 6

　　3. 替(智—知)足之爲足，此丞(亙—恆)足矣。老甲 6

　　4. 夫老甲 13 亦牺(牆—將)替=足[=](智足—知足，知足)目(以)束
　　　(靜)，萬勿(物)牺(牆—將)自定。14

　　5. 古(故)替(智—知)足不㦻(辱)。老甲 36

　　6. 㞷(往—廣)悳(德)女(如)不足。老乙 11

　　7. 訐(信)不足，女(安—焉)老丙 1 又不訐(信)。2

　　8. 堃(地)不足於東南，丌(其)上[□□□]。太一 13

　　9. 不足於下者，又(有)余(餘)於上。太一 14

　　10. 鼎(勛—則)忠敬不足而賈(富)貴巳(已)迌(過)也。緇衣 20

11. 百工不古（楛），而人救（養）膚（皆）足。忠信 7

12. 糧弗足惫（疑—矣）。成之 13

13. 依惠勮（則）民材（財）足。尊德義 32

14. 弗杸（輔）不足。性命 48

15. 自貝（視—示）其所不族（足），旻（嗌—益）。語叢三 14

三、使充足；補益；成全。

1. 足民救（養）也。［□□］唐虞 10

2. 足此民尒（爾）六德 4 生死之甬（用）。六德 5

四、值得；夠得上。

1. 弗大老乙 9 芺（笑），不足㠯（以）爲道（道）矣。老乙 10

2. 貝（視）之不足見，聖（聽）之不足瞄（聞），而不可飲（既）也。老丙 5

3. 正（政）之不行，孝（教）之不成（城—成）也，鼎（勮—則）堻（刑）罰不
   緇衣 27 足恥，而雀（爵）不足蘉（懂—勸）也。28

4. 不兌（說）而足救（養）者，墜（地）也。忠信 4

5. 坖（均）不足㠯（以）坙（坪—平）正（政），宩（悑—寬）尊德義 34 不足㠯
   （以）安民，戗（勇）不足㠯（以）沬（勵）眾，尃（博）不足㠯（以）聟
   （智—知）善。35

6. 快（慧）不足㠯（以）聟（智—知）侖（倫），殺尊德義 35 不足㠯（以）夯
   （勮—勝）民。

7. 叟（使）之足㠯（以）生，足㠯（以）死。六德 14

8. 罷（一）語叢四 25 言之善，足㠯（以）宨（終）殜（世）。3

9. 厽（三）殜（世）之臱（福—富），不足㠯（以）出岜（喪—亡）。語叢四 3

0174 踊 踊

【用字】 迵、通

【詞義】

一、跳躍。

1. 虔（呼）旲（斯）通（踊）。性命 35

2. 通（踊），忥（慍）之宨（終）也。性命 35

3. 凡同（痛）者迵（踊）。語叢一 102

4. 迵（踊），哀也。語叢三 41

5. 三迵（踊），叟（文）也。語叢三 41

0175 路　　蹈

【用字】　迻、逤

【詞義】

一、道路。

　　1. 凡於迻(路)毋惷〈思〉,毋畺(蜀—獨)言。**性命 60**

0176 蹙　　蹙

【用字】　戚

【詞義】

一、恭敬誠篤貌。

　　1. 豐(禮)妻(齊)樂悬(靈)勧(則)戚(戚—蹙)。**語叢一 34**

0177 躁

【用字】　梟

【詞義】

一、浮躁。

　　1. 凡甬(用)心之梟(躁)者,思爲戡(甚)。**性命 42**

0178 疋　　　　

【用字】　疋

【解字】

　　"疋膚膚"帛書本作"索繩繩",解作"衡盧盧"①。李零先生讀爲"胥儵儵"②。龐樸先生疑爲《呂氏春秋》"索盧參"③。魏啟鵬讀爲"赫嘘嘘"④。廖名春讀爲"胥膚膚"⑤。王志平讀爲"胥慺慺"⑥。

① 國家文物局古文獻研究室編:《馬王堆漢墓帛書(壹)》,文物出版社,1980 年,第 25 頁。
② 李零:《郭店楚簡校讀記》,《道家文化研究》第 17 輯(郭店楚簡專號),生活·讀書·新知三聯書店,1999 年,第 492 頁。
③ 龐樸:《竹帛〈五行〉篇校注及研究》,萬卷樓圖書有限公司,2000 年,第 74 頁。
④ 魏啟鵬:《簡帛〈五行〉箋釋》,萬卷樓圖書有限公司,2000 年,第 49 頁。
⑤ 廖名春:《出土簡帛叢考》,湖北教育出版社,2004 年,第 120—122 頁。
⑥ 王志平:《説"索繩繩"》,《簡帛語言文字研究》第 1 輯,巴蜀書社,2002 年,第 46—51 頁。

【詞義】

一、待考。

　　1. 疋膚（膚膚）達者（諸）君子道（道），胃（謂）之殹（臤—賢）。**五行 43**

二、用爲“胥”，參閱卷四“胥”（第 232 頁）。

三、用爲“疏”，參閱卷十四“疏”（第 747 頁）。

卷 三

0179 器　　器

【用字】　器
【詞義】
一、器具。
　　1. 快(決)牙(與)信,器也。語叢一 107
二、才能;能力。
　　1. 民多秏(利)器,而邦慈(慈一滋)昏。老甲 30
三、人才。
　　1. 大器曼成(城一成)。老乙 12

0180 舌　　舌

【用字】　䖔
【詞義】
一、舌頭。
　　1. 若齒之事䖔(舌),而卒(終)弗齧(噬)。語叢四 19

0181 拘　　拘

【用字】　㧆
【詞義】
一、拘捕;扣押。
　　1. 桼(管)毀(寺一夷)虘(吾)㧆(拘)繇(囚)爲(梏)縛。窮達 6

0182 鉤　　鉤

【用字】　鉤

【詞義】

一、帶鉤。

　　1. 戗(竊)鉤者戜(誅)。語叢四 8

0183 古　　古　　　古文 𡔦

【用字】 古

【詞義】

一、往昔;舊時。與"今"相對。

　　1. 古之善爲士者。老甲 8

　　2. 丌(其)古之遴(遺)言毄(歟)?緇衣 46

　　3. 古睿(昔)叹(叹—賢)忢(仁)睪(聖)者女(如)此。唐虞 2

　　4. 六帝興於古。唐虞 8

　　5. 古者吴(虞)坴(舜)管(篤)事宍(瞽)寠(瞍)。唐虞 9

　　6. 古者埜(堯)生於天子而又(有)天下。唐虞 14

　　7. 夫古者唐虞 15 坴(舜)屈(居)於茅₌(艸茅—草茅)之中而不惪(憂)。16

　　8. 古者埜(堯)之异(與—舉)坴(舜)也。唐虞 22

　　9. 古者罒(聖)人廿(二十)而唐虞 25 冒(冠)。26

　　10. 古之甬(用)民者,求之於咠(己)爲死(互—呕)。成之 1

　　11.《諆(詩)》,所吕(以)會(會)古含(今)之慃(恃—志)語叢一 38 也者。39

　　12.《旹(春)穋〈秋〉》,所吕(以)會(會)古含(今)之語叢一 40 事也。41

二、古典。

　　1. 凡古樊(樂)龍心,肙(嗌—益)樊(樂)龍袹(指)。性命 28

三、用爲"故",參閱本卷"故"(第 179 頁)。

四、用爲"固",參閱卷六"固"(第 338 頁)。

五、用爲"楛",參閱卷六"楛"(第 299 頁)。

六、用爲"父",參閱本卷(第 165 頁)。

0184　十　　十

【用字】 十

【詞義】

一、數詞。

　　1. 二十又三。緇衣 47

2. 行年七十而脀（膌—屠）牛於朝（潮—朝）訶（歌）**窮達 5**

3. 辛=（五十）而紀（治）天下，卡=（七十）而至（致）正（政）。**唐虞 26**

4. 七十二。**成之 13 背**

5. ［不］迪（過）十豈（舉—舉）。**性命 38**

6. 丌（其）覬（衍）十又二。**六德 45**

二、十倍。

1. 十之方靜（靜—爭）。**尊德義 27**

0185 千　　千

【用字】　千

【詞義】

一、數詞。十百爲千。

1. 至千**窮達 10** 里。**11**

0186 博　　博

【用字】　尃

【詞義】

一、寬廣；廣闊。

1. 及丌（其）尃（博）長而壘（厚）**成之 27** 大也。**28**

二、廣泛；普遍。

1. 共（恭）而尃（博）交，豊（禮）也。**五行 37**

三、廣博；淵博。

1. 尃（博）不足吕（以）舀（智—知）善。**尊德義 35**

2. 丌（其）舀（智—知）尃（博）。**語叢一 28**

3. 尃（博）生於戁（文）。**語叢二 5**

0187 廿　　廿

【用字】　廿

【詞義】

一、數詞。二十。

1. 古者咠（聖）人廿（二十）而**唐虞 25** 冐（冠）。**唐虞 26**

0188 卅　　卅

【用字】　卅

【詞義】

一、數詞。三十。

1. 卅(三十)而又(有)豪 唐虞 **26**

0189 世　　世

【用字】　世、殜

【詞義】

一、父子相繼爲一世;一代。

1. 厽(三)殜(世)之豪(福—富),不足旨(以)出芒(喪—亡)。語叢四 **3**

二、一生。

1. 足旨(以)宎(終)殜(世)。語叢四 **3**

三、時代。

1. 又(有)亓(其)人,亡(無)亓(其)窮達 **1** 殜(世)。**2**

2. 句(苟)又(有)亓(其)殜(世)。窮達 **2**

四、人世;當代。

1. 北(必)正亓(其)身,肰(然)后(後)正世。唐虞 **3**

2. 徸(襢—禪)之溰(流),世亡(無)忎(隱)直(直—德)。唐虞 **7**

3. 上直(直—德)鼎(勵—則)天下又(有)君而唐虞 **20** 世明。**21**

0190 言　　言

【用字】　言、音

【詞義】

一、説話;説。

1. 行不言之孝(教)。老甲 **17**

2. 智(智—知)者弗言＝(言,言)者弗智(智—知)。老甲 **27**

3. 猷(猶)唇(唬—乎),亓(其)貴言也。老丙 **2**

4. 言亓(其)所不能。緇衣 **7**

5. 可言緇衣 **30** 不可行,君子弗言。**31**

6. 可行不可言,君子弗行。緇衣 **31**

7. 古（故）言繼衣 **32** 鼎（勩—則）慮（慮）亓（其）所卒（終）。**33**

8. 君子言又（有）勿（物）。繼衣 **37**

9. 善才（哉），言虖（唬—乎）！魯穆公 **4**

10. 君子弗言尒（爾）。忠信 **5**

11. 猷（猶）口之不可虽（蜀—獨）言也。性命 **7**

12. 《箸（書）》，又（有）爲言之也性命 **16**

13. 未言而信。性命 **51**

14. 言及鼎（勩—則）性命 **59** 明亖（畀—舉）之而毋惥（僞）。**60**

15. 毋虽（蜀—獨）言。性命 **60**

16. 已（已）鼎（勩—則）勿遉（復）言也。性命 **61**

17. 君子言，訐（信）言尒（爾）言，煬言尒（爾）敔（語）。六德 **36**

18. 言語叢四 **1** 而狗（苟），牆（墻）又（有）耳。**2**

二、解釋引文、詞語或某種現象的發端詞，相當於"就是説"或"意思是"。

1. 言呂（以）堯（喪）豊（禮）居之也。老丙 **9**

2. 害（蓋）言疾也。成之 **22**

3. 此言也，言信於眾之可呂（以）成之 **25** 淒（濟）悳（德）也。**26**

4. 害（蓋）言寡之也。成之 **30**

5. 害（蓋）此言也，言余之此而厇（宅—度）於天心也。成之 **33**

6. 害（蓋）成之 **37** 言訢（慎）求之於呂（己）。**38**

7. 害（蓋）此言也，言不霏（奉）大棠（常）者。成之 **39**

8. 童（重）義巣（巢—襲）蕫（釐—理），言此章也。尊德義 **39**

三、名詞。話；言論；言辭。

1. 三言呂（以）老甲 **1** 爲叓（使）不足。**2**

2. 呂（以）老甲 **3** 言下之。**4**

3. 是呂（以）聖（聖）人之言曰：……老甲 **31**

4. 出言又（有）丨（針—慎），利（黎）民所訃（信）。繼衣 **17**

5. 王言女（如）索繼衣 **29**，亓（其）出女（如）綍（綍）。**30**

6. 王言女（如）絲，亓（其）出女（如）綸。繼衣 **30**

7. 鼎（勩—則）民言不隉（危）行[=]（行，行）不隉（危）繼衣 **31** 言。**32**

8. 君子道（道—導）人呂（以）言，而歪（歪—極）呂（以）行。繼衣 **32**

9. 鼎（勩—則）民訢（慎）於言而蕙（懂—謹）於行。繼衣 **33**

10. 言從行之，鼎（勩—則）行不可匿。繼衣 **34**

11. 古（故）君子賏（顧）言而繼衣 **34** 行。**35**

12. 出內（入）自尒（爾）帀（師），于繼衣 **39** 庶（庶）言同。**40**

13. 人緇衣 40 正上句（苟）又（有）言，必暗（聞）丌（其）聖（聖—聲）。40 背

14. 宋人又（有）言曰：……緇衣 45

15. 丌（其）古之迻（遺）言壁（歟）？緇衣 46

16. 丌（其）言介（爾）訐（信）。忠信 8

17. 信不煮（著）勴（則）言不樊（樂）。成之 2

18. 爲（昔）者君子有言曰：……成之 6

19. 是君子之於言也。成之 11

20. 士成（城—成）言不行，明（名）弗㝵（得）忿（矣）。成之 13

21. 是古（故）孚＝（君子）成之 13 之於言也。14

22. 此言也，言信於眾之可昌（以）成之 25 淒（濟）惪（德）也。26

23. 害（蓋）此言也，言余之此而氒（宅—度）於天心也。成之 33

24. 言成之 35 䛔（語）羣（梏—鞠）之。36

25. 爲（昔）者孚＝（君子）有言曰：……成之 37

26. 害（蓋）此言也，言不霏（奉）大裳（常）者。成之 39

27. 出言必又（有）性命 65 夫柬＝（簡簡）之信。66

28. 君子言，訐（信）言介（爾）言，煬言介（爾）敯（語）。六德 36

29. 厽（三）者迵（通），言行爯（皆）迵（通）。六德 45

30. 厽（三）者不迵（通），非言行也。六德 45

31. 言昌（以）訇（詞），睿（睿—情）昌（以）舊（久）。語叢四 1

32. 非（靡）言不賭（讎）。語叢四 1

33. 逞（往）言剔（傷）人，坴（來）言剔（傷）呂（己）。語叢四 2

34. 亞（惡）言遞（復）己而死糅（無）日。語叢四 4

35. 猷（既）旻（得）丌（其）級（急），言必又（有）及。語叢四 5

36. 士又（有）愳（謀）友，勴（則）言談不語叢四 23 勺（弱）。24

37. 罷（一）語叢四 25 言之善，足昌（以）卆（終）殜（世）。3

四、政令；號令。

　1. 此言之砧（玷），不可爲也。緇衣 36

五、言辭；辭令；辭章。

　1. 人之攷（巧）性命 45 言秒（利）訇（詞）者。46

　2. 喬（教）昌（以）言。尊德義 15

六、"之爲言"。訓詁術語。

　1. 柬〈柬（簡）〉之爲言獸（猶）練五行 39 也。40

　2. 匿（暱）之爲言也獸（猶）匿＝（暱暱）也。五行 40

　3. 敭（暱）之爲言也獸（猶）敭＝（暱暱）也。六德 32

七、古書名。

　　1. 是呂（以）畫（建）言又（有）之：……老乙 **10**

八、形近訛寫爲“音”。

　　1. 叚（曩）我二人，毋（無）又（有）倉（合）才（在）音〈言〉。成之 **29**

九、用爲“焉”，參閱卷四“焉”（第 225 頁）。

0191　語　　　語

【用字】　䛷、敔

【解字】

　　《六德》簡 36“敔”字，舊多釋爲“設”，單育辰先生隸定爲“敔”，讀爲
“語”①。今從之。

【詞義】

一、話語；言論。

　　1. 言成之 **35** 䛷（語）皋（梏—鞠）之。成之 **36**

　　2. 君子言，訐（信）言尒（爾）言，煬言尒（爾）敔（語）。六德 **36**

二、用爲“御”，參閱卷二“御”（第 108 頁）。

0192　談　　　談

【用字】　談

【詞義】

一、言談；言論。

　　1. 士又（有）怣（謀）友，勪（則）言談不語叢四 **23** 勻（弱）。**24**

0193　謂　　　謂

【用字】　胃

【詞義】

一、令；使。

　　1. 傑（傑—桀）不胃（謂）亓（其）民必嬰（亂）。尊德義 **22**

---

① 　單育辰：《佔畢隨錄之十四》，簡帛網（http://www.bsm.org.cn/show_article.php?id＝1421），
2011 年 3 月 25 日。

二、叫做;稱爲。

1. 下,土也,而胃(謂)之墜(地)。太一10

2. 上,燚(氣)也,而胃(謂)之天。太一10

3. 可(何)女(如)而可胃(謂)忠臣? 魯穆公1

4. 可胃(謂)忠臣矣。魯穆公2

5. 可胃(謂)忠魯穆公3臣矣。4

6. 悬(仁)型(形)於內胃(謂)之惪(德)之行,不型(形)於內胃(謂)之行。五行1

7. 義型(形)於內胃(謂)之惪(德)之五行1行,不型(形)於內胃(謂)之行。2

8. 豊(禮)型(形)於內胃(謂)之惪(德)之行,不型(形)於內胃(謂)之五行2[行]。3

9. [智形]於內胃(謂)之惪(德)之行,不型(形)於內胃(謂)之行。五行3

10. 聖(聖)型(形)於內胃(謂)之惪(德)五行3之行,不型(形)於內胃(謂)之⺊惪(德)之⺊行。4

11. 惪(德)之行五,和胃(謂)之惪(德),四行和胃(謂)之善。五行4

12. 胃(謂)之君[子]。五行7

13. 士又(有)志於君子道(道)胃(謂)之歲(時一志)士。五行7

14. 胃(謂)之不聦(聰)。五行23

15. 胃(謂)之不明。五行23

16. 胃(謂)之不聖(聖)。五行24

17. 胃(謂)之不軺(智一知)。五行24

18. 胃(謂)之既(臤一賢)。五行43

19. 胃(謂)之隑(尊)既(臤一賢)。五行44

20. 胃(謂)之隑(尊)既(臤一賢)者也。五行44

21. 目而軺(智一知)之胃(謂)之進之。五行47

22. 諭(喻)而軺(智一知)之胃(謂)之進之。五行47

23. 辟(譬)而軺(智一知)之胃(謂)之進之。五行47

24. 胃(謂)六德14之君。15

25. 胃(謂)之[臣]。六德17

26. 胃(謂)之夫。六德18

27. 胃(謂)之婦。六德20

28. 胃(謂)之聖(聖)。六德21

29. 胃(謂)之宜(義)。六德22

30. 胃(謂)之孝。六德22

三、指稱;意指。

　　1. 君子軒(智—知)此之胄(謂)□太一8

　　2. 此之胄(謂)〔也〕。五行 11

　　3. 此之胄(謂)也。五行 26

　　4. 此之胄(謂)也。五行 30

　　5. 此之胄(謂)五行 41 也。42

　　6. 此之胄(謂)也。五行 48

　　7. 上直(直—德)叜(受—授)▮(臤—賢)之胄(謂)也。唐虞 20

　　8. 夫此之胄(謂)此〈也〉。忠信 4

　　9. 忠訐(信)之胄(謂)此〈也〉。忠信 5

　　10. 凡見者之胄(謂)勿(物)。性命 12

　　11. 快於㫖(己)者之胄(謂)兌(悅)。性命 12

　　12. 勿(物)性命 12 之敓(埶—勢)者之胄(謂)敓(埶—勢),又(有)爲也
　　　　者之胄(謂)古(故)。13

　　13. 上下厝(厝—皆)旻(得)亓(其)所之胄(謂)信。語叢一 65

　　14. 憗(愛)膳(善)之胄(謂)㤅(仁)。語叢一 92

　　15. 備之胄(謂)聖(聖)。語叢一 94

　　16. 浧(浧—盈)聖(聖—聽)之胄(謂)聖(聖—聲)。語叢一 100

四、通"爲",相當於"是"。

　　1. 是胄(謂)果而不㢟(強)。老甲 7

　　2. 是胄(謂)玄同。老甲 28

　　3. 是胄(謂)不遁(道)。老甲 35

　　4. 是胄(謂)〔重積德〕。老乙 1

　　5. 可(何)胄(謂)龍(寵)老乙 5 㦿(辱)? 6

　　6. 是胄(謂)龍(寵)㦿(辱)縈(營—榮)。老乙 6

　　7. 可(何)胄(謂)六惪(德)? 六德 1

　　8. 是胄(謂)䜌行。語叢四 12

　　9. 是語叢四 12 胄(謂)迷惑。13

　　10. 不與軒(智)㤽(謀),是胄(謂)自惎(惎—欺)。語叢四 13

　　11. 是語叢四 13 胄(謂)童(重)亞(基)。14

0194　諒　　　䛀

【用字】　京、𠨰

【解字】

《語叢一》簡33"京"字原作"",整理者(194 頁)釋爲"亳";在此基礎上,黄德寬先生"疑讀吒"①。陳偉先生讀爲"薄","逼近、靠近義,這里指人際關係的親近"②。劉釗先生讀爲"度",義爲"法度"或"度量"③。吴振武師改釋爲"亭",讀爲"寧"④。清華二《繫年》簡9—10 也有這個字:"晉文侯乃逆平王于少鄂,立之于師。三年,乃東徙,止于成周,晉人焉始啟于師,鄭武公亦政(正)東方之諸侯。"董珊先生釋爲"京",認爲"京師"指晉都鄂,亦見於金文⑤。曹方向先生認爲《語叢一》中的"京"字與此二字形體近同,亦當釋爲"京",進一步讀作"諒",訓作誠、信⑥。趙平安先生同意曹方向先生的意見,改釋爲"京",讀爲"諒"⑦。

【詞義】

一、誠;信。

1. 羕(養)心於子㫃(諒),忠(忠)信。 尊德義 21
2. 樂生於京(諒)。語叢一 33

0195 請　　請

【用字】 書

【解字】

楚文字"青"字及作爲偏旁的"青"基本上都增加"口"形。

【詞義】

一、請求。

1. 書(青—請)昏(問)丌(其)明(名)。太一 10

---

① 黄德寬主編:《古文字譜系疏證》,商務印書館,2007 年,第 1471 頁。

② 陳偉:《郭店竹書別釋》,湖北教育出版社,2003 年 1 月,第 211 頁。

③ 劉釗:《郭店楚簡校釋》,福建人民出版社,2005 年,第 189 頁。

④ 吴振武:《談齊"左掌客亭"陶匜——從構形上解釋戰國文字中舊釋爲"亳"的字應是"亭"字》,《社會科學戰綫》,2012 年第 12 期,第 204 頁。

⑤ 董珊:《讀清華簡〈繫年〉》,復旦大學出土文獻與古文字研究中心網站(http://www.gwz.fudan.edu.cn/Web/Show/1752),2011 年 12 月 26 日;又見氏著《簡帛文獻考釋論叢》,上海古籍出版社,2014 年。

⑥ 曹方向:《小議清華簡〈繫年〉及郭店簡中的"京"字》,簡帛網(http://www.bsm.org.cn/show_article.php?id=1615),2012 年 1 月 2 日。

⑦ 趙平安:《"京"、"亭"考辨》,《復旦學報(社會科學版)》,2013 年第 4 期,第 87—92、169 頁。

0196 諾 諾

【用字】 如

【詞義】

一、答應；允許。

  1. 如（諾），莫敔（敢）不如（諾）。五行 45

0197 讎 讎

【用字】 賵

【解字】

  "賵"似亦可讀爲"酬"（《説文》"醻"字或體），可訓爲酬對、答對。

【詞義】

一、對答；應對。

  1. 非（靡）言不賵（讎）。語叢四 1

0198 諸 諸

【用字】 者

【詞義】

一、眾；各個。

  1. 戛（戞—釋）杕（械）櫝（柙）而爲者（諸）厌（矢—侯）椙（相）。窮達 6

  2. 敓（竊）邦者爲者（諸）厌（矢—侯）。語叢四 8

  3. 者（諸）厌（矢—侯）之門，義士語叢四 8 之所廌（存）。9

二、"之於"的合音。

  1. 疋膚﹍（膚膚）達者（諸）君子逜（道）。五行 43

  2. 大〈天〉陞（施）者（諸）亓（其）人，天也。五行 48

  3. 人陞（施）者（諸）人，儸也。五行 49

  4. 是古（故）君子之求者（諸）弖（己）也深。成之 10

  5. 不求者（諸）亓（其）杏（本）而戉（攻）者（諸）亓（其）成之 10 末。11

  6. 戠（察）反者（諸）弖（己）而可弖（以）成之 19 斬（智—知）人。20

  7. 戠（察）者（諸）出所弖（以）斬（智—知）尊德義 8 弖（己）。9

  8. ［任］者（諸）父兄，貢（任）者（諸）子弟。六德 13

  9. 大材墏（埶—設）者（諸）六德 13 大官，少（小）材墏（埶—設）者（諸）少

（小）官。**14**

10. 雚（觀）者（諸）《旹（詩）》《箸（書）》鼎（勑—則）亦才（在）豆（喜—
矣），雚（觀）者（諸）**六德 24**《豊（禮）》《樂（樂）》鼎（勑—則）亦才
（在）豆（喜—矣），雚（觀）者（諸）《易》《旾（春）秌（秋）》鼎（勑—
則）亦才（在豆（喜—矣）。**25**

11. 不**語叢三 4** 我（義）而加（加）者（諸）己，弗受（受）也。**語叢三 5**

0199 詩　　　謈

【用字】　謈、叏、戠、陵、戠

【詞義】

一、《詩經》。

1.《叏（寺—詩）**緇衣 1**》鼎（員—云）：……**2**

2.《叏（寺—詩）》鼎（員—云）：……**緇衣 3**

3.《叏（寺—詩）》鼎（員—云）：……**緇衣 4**

4.《叏（寺—詩）》鼎（員—云）：……**緇衣 9**

5.《叏（寺—詩）》鼎（員—云）：……**緇衣 12**

6.《叏（寺—詩）》鼎（員—云）：**緇衣 13**

7.《叏（寺—詩）**緇衣 15**》鼎（員—云）：……**16**

8.《叏（寺—詩）》鼎（員—云）：……**緇衣 17**

9.《叏（寺—詩）》鼎（員—云）：……**緇衣 18**

10.《叏（寺—詩）》鼎（員—云）：……**緇衣 26**

11.《叏（寺—詩）》鼎（員—云）：……**緇衣 30**

12.《叏（寺—詩）》鼎（員—云）：……**緇衣 32**

13.《叏（寺—詩）》鼎（員—云）：……**緇衣 33**

14.《叏（寺—詩）》鼎（員—云）：……**緇衣 39**

15.《叏（寺—詩）》鼎（員—云）：……**緇衣 41**

16.《叏（寺—詩）》鼎（員—云）：……**緇衣 41**

17.《叏（寺—詩）》鼎（員—云）：……**緇衣 43**

18.《叏（寺—詩）》鼎（員—云）：……**緇衣 45**

19.《叏（寺—詩）》鼎（員—云）：……**緇衣 46**

20.《戠（旹—詩）》《箸（書）》《豊（禮）》《樂（樂）》。**性命 15**

21.《戠（旹—詩）》，又（有）爲_（爲爲）之也。**性命 16**

22. 雚（觀）者（諸）《戠（旹—詩）》《箸（書）》鼎（勑—則）亦才（在）豆

（喜—矣）。六德 24

23.《謥（詩）》,所㠯（以）會（會）古含（今）之愻（恃—志）語叢一 38 也者。39

二、《虞詩》,逸詩。

1.《吳（虞）陵（陜—詩）》曰：……唐虞 27

0200 誨　　　𧩈

【用字】　悉

【詞義】

一、教導;誘導。

1. 猷（既）生畜之,六德 20 或（又）從而孚（教）悉（誨）之。21

0201 譬　　　𤕟

【用字】　卑、辟

【詞義】

一、比喻;比方。

1. 卑（譬）迧（道）之才（在）天下也。老甲 20

2. 辟（譬）而䬴（智—知）之胃（謂）之進之。五行 47

0202 謀　　　𧫼　　　古文 𢖍、𢋹

【用字】　悉、悉、卯、㣇

【解字】

《語叢二》簡 50、51"㣇"字,裘錫圭先生"按語"（206 頁注［十二］［十三］）疑是"埶"字簡寫,在此讀爲"勢"。李零、劉釗等先生支持這一意見①。湯余惠、吳良寶先生認爲字確爲"埶"字簡寫,演變軌跡爲:

$$\text{𢋹} \rightarrow \text{𢖍} \rightarrow \text{㣇} \rightarrow \text{㣇}$$

簡 51 中應讀爲"節","節"古音屬質部,"埶"屬月部,質、月二部關係密切,故"節"字傳抄古文"㤑"可以從"坴（埶）"得聲②。李家浩先生指出《古文四

---

① 李零:《郭店楚簡校讀記》,北京大學出版社,2002 年,第 170 頁;劉釗:《郭店楚簡校釋》,福建人民出版社,2005 年,第 207 頁。

② 湯余惠、吳良寶:《郭店楚簡文字拾零（四篇）》,《簡帛研究二〇〇一》,廣西師範大學出版社,2001 年,第 199—200 頁。

聲韻》引《林罕集》之古文"未"與"杉"確實同字,故"杉"當釋爲"未"。但"杉"字左旁應是"埶"的簡寫,並以之爲聲符。此"未"字在簡文中當讀爲"謀"。同時認爲簡文之"伐"字當訓爲"敗"①。白於藍先生初贊同李家浩意見,後放棄此説釋爲"圖",考釋如下:中山王䥺大鼎銘文中"社稷"一詞四見,其中"社"字均作"𣱵"形。上博簡《鬼神之明》簡 2 背"岐社"之"社"作"𥛽"。以上三例"社"字古文,可隸定爲"顚",其右旁與"杉"字左旁亦完全同形。此外,中山王䥺圓壺有"茅(苗)蒐狃(畋)獵,于皮(彼)新杢(土)"語,其中"杢(土)"字作"𣏟"。與"杢"字比較,"杉"字只是多了右側兩撇。據此,"杉"似亦可理解爲是一個與"社"或"土"字音近的字。上古音"圖"爲定母魚部字,字音與社、土十分接近。典籍中從土聲之字與從者聲之字常可互通②。

【詞義】

一、考慮;謀劃。

1. 亓(其)未菲(兆)也,易愻(謀)也。老甲 25

2. [□]戋(治)者卯(謀)。語叢三 32

3. 卯(謀)勮(則)䧺(難)堲(犯)也。語叢三 45

二、計謀;策略。

1. 毋吕(以)少(小)愻(謀)敗(敗)大 緇衣 22 愻(圖)。23

2. 䝬(教)吕(以)蘁(懽—權)愻(謀)。尊德義 16

3. 遬(速),愻(謀)之方也,又(有)𢟪(過)鼎(勮—則)咎。性命 49

4. 天生綸(倫),人生卯(謀)。語叢一 3

5. 替(智)生於眚(性),卯(謀)生於替(智)。語叢二 20

6. 敓(悦)生於卯(謀),肝(好)生於敓(悦)。語叢二 21

7. 凡愻(謀),巳(已)衛(道)者也。語叢二 38

8. 母(毋)逵(逸—失)虔(吾)杉(謀),此杉(謀)旻(得)矣(矣)。語叢二 50

9. 少(小)不忍,伐大杉(謀)。語叢二 51

10. 不與替(智)愻(謀),是胃(謂)自忒(惎—欺)。語叢四 13

11. 曑(早)與替(智)愻(謀),是 語叢四 13 胃(謂)童(重)𡐏(基)。14

---

① 李家浩:《關於郭店楚墓竹簡〈語叢二〉51 號簡文的釋讀》,《新出楚簡國際學術研討會會議論文集(郭店·其他簡卷)》,武漢大學,2006 年,第 84 頁。

② 白於藍編著:《簡牘帛書通假字字典》,福建人民出版社,2008 年,第 221 頁。按:此書在引錄李家浩觀點的出處時有誤,誤引爲《仰天湖楚簡剩義》,應予以訂正。白於藍:《釋"杉"》,復旦大學出土文獻與古文字研究中心網站(http://www.gwz.fudan.edu.cn/SrcShow.asp?Src_ID=1213),2010 年 7 月 9 日。

12. 君又(有)_{語叢四 22} 惎(謀)臣。₂₃

13. 士又(有)惎(謀)友。_{語叢四 23}

14. 金玉涅(涅一盈)室不_{語叢四 24}女(如)惎(謀)。₂₅

15. 古(故)惎(謀)爲可貴。_{語叢四 25}

三、圖謀;營求。

1. 古(故)_{緇衣 21}君不與少(小)惎(謀)大。₂₂

0203 論

【用字】 侖

【詞義】

一、分析,說明道理。

1. 古(故)爲正(政)者,或侖(論)之,或羕(養)之。_{尊德義 30}

2. 聖(聖)人比亓(其)_{性命 16}穎而侖(論)會(會)之。₁₇

0204 識

【用字】 志、䇂

【詞義】

一、知道;認識。

1. 深不可志(識)。_{老甲 8}

2. 爲下_{緇衣 3}可穎(類)而䇂(識)也。₄

3. 多志(識),齊而_{緇衣 38}新(親)之。₃₉

0205 謹

【用字】 蘴

【詞義】

一、慎重;小心。

1. 蘴(懂一謹)亞(惡)㠯(以)渫(御)民淫〈淫〉。_{緇衣 6}

2. 鼎(勖一則)民訫(慎)於言而蘴(懂一謹)於行。_{緇衣 33}

0206 信 古文

【用字】 訐、訕

【解字】

"訐"字从"丨",今暫從裘錫圭先生意見讀爲"信"。關於丨、訐二字的釋讀,參閱卷十"慎"(第530頁)。

【詞義】

一、誠信;不欺。

1. 訐(信)不足,女(安—焉)_{老丙1} 又不訐(信)。₂

2. 訐(信)㠯(以)結之。_{緇衣25}

3. 㠯(以)成其訐(信)。_{緇衣35}

4. 訐(信)之至也。_{忠信1}

5. 訐(信)硃(積)鼎(勸—則)可訐(信)也。_{忠信1}

6. 忠_{忠信1} 訐(信)硃(積)而民弗罙(親)訐(信)者。₂

7. 至訐(信)女(如)峕(時)。_{忠信2}

8. 訐(信)人不伓(倍)。_{忠信3}

9. 訐(信)_{忠信3} 之至也。₄

10. 大忠不兌(説),大訐(信)不昇(期)。_{忠信4}

11. 忠訐(信)之胃(謂)此〈也〉。_{忠信5}

12. 訐(信)人弗爲也。_{忠信6}

13. 訐(信)之爲衒(道)也。_{忠信7}

14. 丌(其)言尒(爾)訐(信)。_{忠信8}

15. 訐(信),旮(義)之昇(期—基)也。_{忠信8}

16. 行不訐(信)勳(則)侖(命)不從,_{成之1} 訐(信)不者(著)勳(則)言不樂(樂)。₂

17. 悤(忠)爲可訐(信)也。_{尊德義4}

18. 兼(養)心於子俍(諒),悤(忠)訐(信)。_{尊德義21}

19. 不悤(忠)勳(則)不訐(信)。_{尊德義33}

20. 丌(其)出於悳(情)也訐(信)。_{性命23}

21. 悤(忠),訐(信)_{性命39} 之方也。₄₀

22. 訐(信),青(青—情)之方也。_{性命40}

23. 出言必又(有)_{性命65} 夫柬_(簡簡)之訐(信)。₆₆

24. 悤(忠)、訐(信)也。_{六德1}

25. 悤(忠)牙(與)訐(信)喿(就)[矣]。_{六德2}

26. 非悤(忠)訐(信)者莫之能也。_{六德5}

27. 勳(則)民話(訐)㠯(以)募(寡)訐(信)。_{尊德義15}

28. 㠯(以)訐(信)從人多(者)也。_{六德20}

29. 訐(信)也者,婦悳(德)也。**六德 20**

30. 夫晢(智),婦訐(信)。**六德 34**

31. 晢(智)衜(衠—率)訐(信)。**六德 35**

32. 訐(信)言尒(爾)言。**六德 36**。

33. 𨑃(遙—由)中出者,𢗉(仁)、忠、訐(信)。**語叢一 21**

34. 上下𡪞(𡪞—皆)㝵(得)亓(其)所之胃(謂)訐(信)。**語叢一 65**

35. 訐(信)非至齊也。**語叢一 66**

36. 快(決)牙(與)訐(信),器也。**語叢一 107**。

二、相信;信任。

1. 訐(信)不足,女(安—焉)**老丙 1** 又不訐(信)。**2**

2. 出言又(有)丨(針—慎),秝(利—黎)民所訐(信)。**緇衣 17**

3. 而**緇衣 17** 訐(信)亓(其)所戔(賤)。**18**

4. 虗(吾)弗訐(信)**緇衣 44** 之矣。**45**

5. 𩫏(就—戚)而訐(信)之,新(親)。**五行 33**

6. 訐(信)硃(積)鼎(勳—則)可訐(信)也。**忠信 1**

7. 忠**忠信 1** 訐(信)硃(積)而民弗罜(親)訐(信)者。**2**

8. 不訐(信)丌(其)言。**成之 2**

9. 民管(孰)弗訐(信)?**成之 24**

10. 是𠃧(以)上之亟(亙—亟)**成之 24** 孞(務)才(在)訐(信)於眾。**25**

11. 言訐(信)於眾之可𠃧(以)**成之 25** 淒(濟)悳(德)也。**26**

12. 𧻚(來)者訐(信)。**成之 36**

13. 㫚(斯)人訐(信)之壴(喜—矣)。**性命 51**

14. 未言而訐(信)。**性命 51**

三、確實;果真。

1. 雀(爵)立(位),所𠃧(以)訐(信)亓(其)肰(然)也。**尊德義 2**

2. 人不訢(慎)㫚(斯)又(有)怴(過),訐(信)壴(喜—矣)。**性命 49**

四、符契;憑證。

1. 㡀(幣)帛,所𠃧(以)爲訐(信)牙(與)諓(徵)也。**性命 22**

0207 諱 

【用字】 韋

【詞義】

一、忌諱;隱諱。有所顧忌而不敢説或不願意説。

1. 夫天多异(期—忌)韋(諱),而民爾(彌)畚(畔—叛)。**老甲 30**

0208 誥　　誥　　古文 ᷇

【用字】　喜

【詞義】

一、《尚書》篇名。

　　1.《尹喜（誥）》晶（員—云）：……緇衣 5

　　2.《康喜（誥）》晶（員—云）：……緇衣 28

　　3.《康喜（誥）》曰：……成之 38

0209 詔　　詔

【用字】　詔

【解字】

　　“詔”字，廖名春先生釋爲“詔”，讀爲“韶”①。李零先生疑右半爲“呂”②。張光裕先生疑釋爲“詔”③。周鳳五先生認爲右半是“陵”，讀爲“冏”④。何琳儀先生認爲右半是“呂”，讀爲“旅”⑤。李學勤先生釋爲“詛”，讀爲“誕”⑥。

【詞義】

一、古書篇名。

　　1.《詔命》曰：……成之 25

0210 説　　説

【用字】　兌、敓

【解字】

　　《説文》“悦懌”之字寫作“説”，後來寫作“悦”。爲了將二者區別，暫將

①　廖名春：《荊門郭店楚簡與先秦儒學》，《中國哲學》第 20 輯（郭店楚簡研究），遼寧教育出版社，1999 年，第 53 頁。

②　李零：《郭店楚簡校讀記》，《道家文化研究》第 17 輯（郭店楚簡專號），生活·讀書·新知三聯書店，1999 年，第 515 頁。

③　張光裕：《〈郭店楚簡研究文字編〉緒説》，《中國出土資料研究》第 3 號，中國出土資料研究學會，1999 年，第 11 頁。

④　周鳳五：《讀郭店竹簡〈成之聞之〉札記》，《古文字與古文獻》試刊號，楚文化研究會籌備處，1999 年，第 52 頁。

⑤　何琳儀：《郭店竹簡選釋》，《簡帛研究二〇〇一》，廣西教育出版社，2001 年，第 165 頁。

⑥　李學勤：《試論楚簡中的〈説命〉佚文》，《煙台大學學報》，2008 年第 2 期，第 90 頁。

“悦懌”之意歸入卷十“悦”字下。

【詞義】

一、解説;陳述。

　　1. 大忠不兑（説），大訐（信）不昇（期）。忠信 4

　　2. 不兑（説）而足救（養）者，坒（地）也。忠信 4

二、説服;勸説別人聽從。

　　1. 晢（教）尊德義 13 曰（以）攴（鞭—辯）兑（説）。14

　　2. 凡敚（説）之道（道），級（急）者爲首。語叢四 5

三、用爲“悦”，參閱卷十“悦”（第 552 頁）。

0211 話　　舙　　籀文 䛡

【用字】　話

【解字】

　　《説文》:“話，合會善言也。从言昏聲。”從郭店簡字形看，“昏”當爲“舌”形訛變。清華簡八《攝命》簡 13 也有“話”字，寫作“䛦”。

【詞義】

一、話語。

　　1. 訢（慎）尒（爾）出話（話）。緇衣 30

0212 設　　設

【用字】　埶

　　“埶”即“埶”字。《六德》簡 13“埶”字寫作“埶”，左下“土”旁的最下一横筆與“女”旁共用一筆，同樣的寫法還見於《性自命出》簡 5、簡 11、簡 13（兩例）。《老子丙》簡 4“埶”字寫作“埶”，右上“卂”旁寫法，與楚文字部分“舟”字的寫法近似。參閱卷一“藝”（第 37 頁）、卷十三“勢”（第 710 頁）。

【詞義】

一、置設。

　　1. 埶（埶—設）大象，天下往。老丙 4

　　2. 大材埶（埶—設）者（諸）六德 13 大官。14

　　3. 少（小）材埶（埶—設）者（諸）少（小）官。六德 14

二、獲得。

　　1. 或繇（由）忠（忠—中）出，或埶（埶—設）之外。尊德義 30

0213 託 

【用字】 厇、侂

【詞義】

一、寄託;依靠。

1. 若可㠯(以)厇(託)天下矣。**老乙 8**

2. 鼎(勳—則)大臣不台(以)而𢢃(埶—褻)臣侂(託)也。**緇衣 21**

二、假託。

1. 㠯(以)**太一 10** 道(道)從事者必侂(託)丌(其)明(名)。**11**

2. 聖(聖)人之從事也,亦侂(託)丌(其)**太一 11** 明(名)。**12**

0214 譽 

【用字】 譽、㘌、恴

【解字】

"㘌"或爲"譽"字異體,口、言作爲表意偏旁可以代换;理論上也可以將"口"旁看作飾符,如此,則㘌、譽二字爲通假關係。"恴"即"悆"字。

【詞義】

一、稱贊;贊譽。

1. 丌(其)卽(即—次)新(親)譽之。**老丙 1**

2. 㘌(譽)皇(毁)才(在)仿(旁)。**窮達 14**

3. 凡敚(悦),乍(作)於恴(悆—譽)者也。**語叢二 42**

0215 詠  或體 

【用字】 羕

【詞義】

一、歌唱;吟詠。

1. 羕(詠)思而敷(動)心。**性命 26**

2. 沯=(奮,奮)异(斯)羕=(詠,詠)异(斯)猷。**性命 34**

0216 諼 

【用字】 楥

【解字】

李零先生讀爲"喧"①。何琳儀先生讀爲"諼"②,劉釗先生從之③。連劭名先生讀爲"緩"④。

【詞義】

一、欺詐。

　1. 楥(諼)生於忩(㣧—欲),旱(訐)生於楥(諼)。語叢二 15

0217 誆 　誰

【用字】 㞷、忘

【解字】

　"㞷"字釋讀主要分爲兩大類:一、認爲"㞷"從王古聲,即"辜"字。周鳳五先生讀爲"孤",訓爲"負"⑤。徐新新先生如字讀,認爲與"背"文意相同⑥。二、認爲"㞷"字爲"皇"之別體。裘錫圭先生"按語"(第 163 頁注[五])讀爲"誆","誆生"與下文"背死"爲對文。陳偉先生依今本讀爲"忘"⑦。張光裕先生讀爲"枉"⑧。劉釗先生贊同裘錫圭先生的意見,同時又懷疑"皇"當讀爲"妄",《禮記》《大戴禮記》中的"忘"亦應讀爲"妄","'倍死忘(妄)生'猶言'貪生怕死','不皇(妄)生,不倍死'猶言'捨生忘死'"⑨。此外,劉信芳先生直接讀"㞷"爲"忘"⑩。裘錫圭先生的意見是正確的。"皇"字金文有寫作"■"(酄侯少子簋,《集成》4152)者,與"㞷"字形體相同。"皇"當讀爲"誆",訓爲欺誆、欺罔。二者皆从"王"得聲,皆爲陽部字,音近可通。北大漢簡《周馴》簡7—8:"爲人君者,不可以大縠(愨),愨則大信人,大信人則可皇,可皇則可奪。"整理者指出"皇"讀爲"誆"⑪,可爲郭

---

① 李零:《郭店楚簡校讀記》,《道家文化研究》第 17 輯(郭店楚簡專號),生活·讀書·新知三聯書店,1999 年,第 539 頁。

② 何琳儀:《郭店竹簡選釋》,《簡帛研究二〇〇一》,廣西教育出版社,2001 年,第 167 頁。

③ 劉釗:《郭店楚簡校釋》,福建人民出版社,2005 年,第 204 頁。

④ 連劭名:《郭店楚簡〈語叢〉叢釋》,《孔子研究》,2003 年第 2 期,第 30 頁。

⑤ 周鳳五:《郭店楚簡〈忠信之道〉考釋》,《中國文字》新 24 期,1998 年,第 124—125 頁。

⑥ 徐新新:《郭店竹簡〈唐虞之道〉〈忠信之道〉〈魯穆公問子思〉〈窮達以時〉集釋——兼論竹簡的歷史背景和古書經傳情況》,華東師範大學碩士學位論文,2014 年,第 97 頁。

⑦ 陳偉:《郭店楚簡別釋》,《江漢考古》,1998 年第 4 期,第 69 頁。

⑧ 張光裕主編:《郭店楚簡研究》第一卷《文字編》,藝文印書館,1999 年,第 6 頁。

⑨ 劉釗:《郭店楚簡校釋》,福建人民出版社,2005 年,第 163 頁。

⑩ 劉信芳:《楚簡帛通假彙釋》,高等教育出版社,2011 年,第 422 頁。

⑪ 北京大學出土文獻研究所編:《北京大學藏西漢竹書(叄)》,上海古籍出版社,2015 年,第 124 頁注[一〇]。

店簡旁證。簡文“不𡈼生,不倍死”意思是“不欺誑生者,不背違死者”①。

【詞義】

一、欺騙;欺誑。

1. 古(故)不𡈼(皇—誑)生,不伓(倍)死也。**忠信 3**

2. 忘(誑)生於吁(訏)。**語叢二 16**

0218 譌(訛)　

【用字】　訛、譌

【解字】

《説文》段注:“訛者俗字。”

【詞義】

一、欺騙。

1. 不譌(訛)不宿(諂)。**忠信 1**

2. 忠人亡(無)**忠信 2** 譌(訛)。**忠信 3**

3. 至忠亡(無)譌(訛)。**忠信 4**

二、僞言;虚僞不實的話。

1. 必夏(文)吕(以)訛。**語叢四 6**

三、用爲“過”,參閲卷二“過”(第 81 頁)。

0219 訏　

【用字】　吁、旱、話

【解字】

“旱”字寫作,即“吁”字,同樣的寫法還見於清華簡《楚居》《成人》等篇。《語叢二》簡 15“旱”字李零先生讀爲“嘩”②。

【詞義】

一、詭訛。

1. 勳(則)民話(訏)吕(以)募(寡)計(信)。**尊德義 15**

2. 旱(訏)生於楥(諼),**語叢二 15** 忘(誑)生於吁(訏)。**16**

---

① 劉傳賓:《“倍死忘生”解詁》,《古文字研究》第 33 輯,中華書局,2020 年,第 612—617 頁。

② 李零:《郭店楚簡校讀記》,《道家文化研究》第 17 輯(郭店楚簡專號),生活 · 讀書 · 新知三聯書店,1999 年,第 539 頁。

0220 訟　　𧥢　　古文 𧮉

【用字】　奮

【解字】

　　“奮”學者多釋爲“誇”①。劉信芳先生釋爲“謏”②。范麗梅先生釋爲“讛”③。李零先生讀爲“詔”④。廖名春先生讀爲“逆”⑤。梁立勇先生釋爲“訟”⑥,當可信。

【詞義】

一、訴訟。

　　1. 而峇(獄—獄)奮〈訟〉亡(無)繇(由)迮(作)也。六德24
　　2. 而峇(獄—獄)奮〈訟〉戜(蔑)繇(由)亡〈乍(作)〉也。六德36

0221 訶(呵)　　　　𧦮

【用字】　可

【解字】

　　訶、呵爲一字異體,《說文》有“訶”無“呵”,今寫作“呵”。

【詞義】

一、同“訶”。大聲呵斥;斥責。

　　1. 售(唯)與可(呵),相去幾可(何)?老乙4

二、語氣詞。表頓宕。⑦

　　1. 淡可(呵)丌(其)槑(無)杏(味)也。老丙5

三、用爲“歌”,參閱卷八“歌”(第456頁)。

―――――――――

① 黃德寬、徐在國:《郭店楚簡文字考釋》,《吉林大學古籍整理研究所建所十五周年紀念文集》,吉林大學出版社,1998年,第105—106頁。王子今:《郭店簡〈六德〉“奮狈”“韌狈”試解》,《清華簡帛研究》第1輯,2000年,第207—211頁。
② 劉信芳:《郭店竹簡文字考釋拾遺》,《江漢考古》,2000年第1期,第46頁。
③ 范麗梅:《郭店楚簡〈六德〉“仁類蔑而束”相關段落釋讀》,《楚地簡帛思想研究(三)——“新出楚簡國際學術研討會”論文集》,湖北教育出版社,2007年,第459—460頁。
④ 李零:《郭店楚簡校讀記》,《道家文化研究》第17輯(郭店楚簡專號),生活·讀書·新知三聯書店,1999年,第519—520頁。
⑤ 廖名春:《郭店簡〈六德〉校釋札記》,《新出楚簡試論》,臺灣古籍出版有限公司,2001年,第123頁。
⑥ 梁立勇:《郭店簡二三字試釋》,簡帛研究網(http://www.jianbo.org/Wssf/2003/liangliyong01.htm),2003年1月17日。
⑦ 按:李零先生讀爲“分”,見《郭店楚簡校讀記》,《道家文化研究》第17輯(郭店楚簡專號),生活·讀書·新知三聯書店,1999年,第474頁。

0222 讓　　

【用字】　叟、纕

【解字】

　　“叟”字,《説文》小篆作,籀文作,字形分析爲“从爻工交叩”。“叟”字甲骨文作(《合集》10990),西周金文作(薛侯盤,《集成》10133),在表意初文上增加土和攴繁化,戰國文字中進一步演變,人形上部的兩側訛變爲類似口形的寫法,如郭店簡中相關諸形作(《成之》簡29)、(《成之》簡34)、(《成之》簡34)、(《語叢四》簡23)。《説文》將“叟”字分析爲“从爻工交叩”,誤。爻、工是攴、土之訛①。《成之》簡18有,即“綴(纕)”字,讀爲“讓”。包山簡155有字,字跡模糊,《包山楚簡文字全編》將該字處理爲②,恐怕有誤,“叟”字上類似口形的寫法丢失;本當作,即“糐”字,讀爲“襄”。

【詞義】

一、謙讓;退讓。

　　1. 貴而罷(擺)綴(纕—讓)。成之 18

　　2. 叟(讓)而爰(受)嚳(幽)。成之 34

　　3. 叟(讓)而処(處)戔(賤)。成之 34

0223 詘　　　　或體

【用字】　詘

【詞義】

一、“詘詘”,樸拙無巧。

　　1. 不又(有)夫詘_(詘詘)之心鼎(勖—則)湺(流)。性命 46

二、用爲“紐”,參閲卷十三“紐”(第 680 頁)。

0224 誰　　

【用字】　佳

---

①　于省吾:《甲骨文字釋林》,中華書局,1979 年,第 132—134 頁;李守奎、賈連翔、馬楠:《包山楚簡文字全編》,上海古籍出版社,2012 年,第 58 頁“叟”字頭下“按語”。

②　李守奎、賈連翔、馬楠:《包山楚簡文字全編》,上海古籍出版社,2012 年,第 58 頁。

【詞義】

一、疑問代詞,用以指人。

　　1. 隹(誰)秉或(國)成(城一成)。緇衣 9

0225 誅　　　誅

【用字】　敚、戜

【詞義】

一、懲罰。

　　1. 又(有)大辠(罪)而大敚(誅)之,行也。五行 35

　　2. 又(有)大辠(罪)而大敚(誅)之,東〈柬(簡)〉也。五行 38

　　3. 又(有)大辠(罪)而弗大五行 38 敚(誅)也,不行也。39

二、殺戮。

　　1. 攼(竊)鉤者戜(誅)。語叢四 8

0226 蕭(善)　　　蕭　　篆文 善

【用字】　善、膳、蕭

【解字】

　　“蕭”即“膳”之異體。

【詞義】

一、吉祥;美好。

　　1. 夵(皆)智(智—知)善,此丌(其)不善巳(已)。老甲 15

　　2. 又(有)頪(媄—美)又(有)膳(善)。語叢一 15

二、善行;善道;善言;善德。

　　1. 善伓(否),㠯(己)也。窮達 14

　　2. 四行和胃(謂)之善。五行 4

　　3. 善,人五行 4 遃(道)也。5

　　4. 善弗爲亡(無)近。五行 7

　　5. [君]子之爲善也。五行 18

　　6. 金聖(聖—聲),善也。五行 19

　　7. 善,人五行 19 道(道)也。20

　　8. 和五行 31 𠣯(則)同,同𠣯(則)善。32

　　9. 和鼎(𠣯—則)同,同鼎(𠣯—則)善。五行 46

　　10. 群勿(物)夵(皆)成,而百善膚(皆)立。忠信 7

11. 身備（服）善㠯（以）先之。**成之 3**

12. 售（唯—雖）丌（其）於善道（道）也。**成之 27**

13. 先ͦ（先之）㠯（以）悳（德），勸（則）民進善女（安—焉）。**尊德義 16**

14. 尃（博）不足㠯（以）智（智—知）善。**尊德義 35**

15. 義也者，羣（群）善之蓝（範）也。**性命 13**

16. 亓（其）反善遉（復）訋（始）也**性命 26** 訢（慎）。**27**

17. 句（苟）淒（濟）夫人之善它（也）。**六德 16**

18. 悉（義），蕭（膳—善）之方也。**語叢三 25**

19. 膳（善）日過我，我日過膳（善）。**語叢三 52**

20. 罷（一）**語叢四 25** 言之善。**3**

三、和善；慈善。

1. 善者民必眾。**尊德義 12**

2. 善者民必禀（福—富）。**尊德義 27**

3. 眚（性）善者也。**性命 52**

4. 又（有）聖（聖）又（有）善。**語叢一 17**

5. 又（有）憡（察）膳（善），亡（無）爲膳（善）。**語叢一 84**

6. 慇（愛）膳（善）之胃（謂）悬（仁）。**語叢一 92**

四、喜愛；親善。

1. 善亓（其）卽（節）。**性命 21**

五、善於；擅長。

1. 古之善爲士者。**老甲 8**

2. 善疌（建）者不楳（拔），善休（抱）者**老乙 15** 不兌（脫）。**16**

3. 善取，人能從之，上也。**尊德義 11**

4. 善不［善，眚（性）也］。**性命 4**

5. 所善所不善，埶（執—勢）也。**性命 5**

6. 善里（理）而句（後）樂生。**語叢一 32**

7. 未又（有）善事人而不返者。**語叢二 45**

8. 不膳（善）睪（擇），不爲替（智）。**語叢三 38**

9. 善叓（使）亓（其）下。**語叢四 17**

10. 善事亓（其）上**語叢四 18** 者。**19**

11. 善［□□□］**語叢四 19** 者。**20**

12. 善兑〈叓（使）〉**語叢四 20** 亓（其）民者。**21**

六、高明。

1. 善者果而巳（已），不㠯（以）取弪（強）。**老甲 7**

七、改善。

　　1. 莫旻(得)膳(善)亓(其)所。語叢三 47

八、"善哉",好啊。成語。

　　1. 咎(疑—嘻),善才(哉),言虘(唬—乎)！魯穆公 4

0227　謠

【用字】　誅

【解字】

　　原作,"謠"字異體。"誅"字從言從月(肉)從木,將"言"旁置於左側,突出了其表意作用。《説文》無"謠"字,對應之字作"䚍",釋曰"徒歌",段注:"䚍、謠古今字也,謠行而䚍廢矣。"䚍、謠當爲一字異體。或以爲"繇"字從"言",本爲"謠"字異體,但古文字未見以"繇"爲⸢謠⸥之例。楚文字記録⸢謠⸥,除了使用"誅"字外,亦或使用"要"字(上博簡《性情論》簡 14),用字上與"繇"區别明顯。故而,不應將"誅""繇"二字簡單地混同。《尊德義》簡 9、10 有兩例"歌"字,原分别作、,用來記録⸢繇⸥,構字部件與"誅"相同而位置不同,"言"旁居於下部。從形體上看,與"繇"字構形一脈相承。通過對"誅"字的構形分析可以看出,文字偏旁的位置在文字構形中是有一定區别作用的。

【詞義】

一、古代歌唱時不用樂器伴奏叫謠。

　　1. 昏(聞)訶(歌)誅(謠)鼎(勮—則)舀(陶)女(如)也斯(斯)畬(奮)。
　　　性命 24

0228　譫

【用字】　㷒

【解字】

　　"澹"字原作"㷒",整理者未釋;裘錫圭先生"按語"(200 頁注[二一])認爲從"炎"省聲,或即"澹"字别體,讀爲"詹",同"譫",意爲多言、妄言。劉釗先生讀爲"誕","誕詞"即"誕辭",意爲荒誕不經之言①。

【詞義】

一、多言;妄言。

　　1. 各㠯(以)㷒(澹—譫)語叢—107 訡(詞)敗(毁)也。108

___
　①　劉釗:《郭店楚簡校釋》,福建人民出版社,2005 年,第 73 頁。

0229　諂

【用字】　窑

【詞義】

一、隱瞞。

　　1. 不譌(訛)不窑(諂),忠之至也。**忠信 1**

0230　鞫

【用字】　羍

【解字】

　　《成之聞之》簡 36"羍"字,整理者(168 頁)釋爲"啐";裘錫圭先生"按語"(170 頁注[三二])指出,《集韻》以"吟、啐"爲"嚌"字或體,月韻亦有"吟"字,訓爲"語相呵拒",簡文"啐"字應該讀爲月韻之"吟"字。張光裕先生讀爲"嚌"①。李零先生認爲字乃"桔"字所從,疑讀爲"噪",指言語爭吵②。趙平安先生釋"羍"爲"桔"字③。劉釗先生讀爲"較",較量④;劉信芳先生也讀爲"較",訓爲"競爭"⑤。陳劍先生讀爲"鞫"⑥;高佑仁先生從之⑦。張新俊先生讀爲"窮"⑧;單育辰先生從之⑨。白於藍先生初讀爲"吾",後改讀爲"狎"⑩。上博簡《卉茅之外》簡 3 有"羍"字,辭例爲"敢戟(陳)□羍(較),不智(知)亓若茲(哉)",曹錦炎先生讀爲"較"⑪;程浩先生

---

① 張光裕主編:《郭店楚簡研究》第一卷《文字編》,藝文印書館,1999 年。
② 李零:《郭店楚簡校讀記》,《道家文化研究》第 17 輯(郭店楚簡專號),生活·讀書·新知三聯書店,1999 年,第 515 頁。
③ 趙平安:《釋"靮"及相關諸字》,《新出簡帛與古文字古文獻研究》,商務印書館,2009 年,第 114—120 頁。
④ 劉釗:《郭店楚簡校釋》,福建人民出版社,2005 年,第 143 頁。
⑤ 劉信芳:《楚簡帛通假彙釋》,高等教育出版社,2011 年,第 124 頁。
⑥ 陳劍:《郭店簡〈尊德義〉和〈成之聞之〉的簡背數字與其簡序關係的考察》,《簡帛》第 2 輯,上海古籍出版社,2007 年,第 209—225 頁。
⑦ 高佑仁:《郭店〈成之聞之〉簡補釋四則》,《第十二屆中國文字國際學術研討會會議論文集》,臺灣中山大學,2009 年,第 127—148 頁。
⑧ 張新俊:《據新出楚簡談談甲骨卜辭中的"桔""圉"等字》,"楚簡·楚文化與先秦歷史文化國際學術研討會"會議論文,2011 年。
⑨ 單育辰:《郭店〈尊德義〉〈成之聞之〉〈六德〉三篇整理與研究》,科學出版社,2015 年,第 149 頁。
⑩ 白於藍編著:《簡牘帛書通假字字典》,福建人民出版社,2008 年;《戰國秦漢簡帛古書通假字彙纂》,福建人民出版社,2012 年。
⑪ 曹錦炎:《上博竹書〈卉茅之外〉注釋》,《簡帛》第 18 輯,上海古籍出版社,2019 年,第 1—11 頁。

讀爲"誥"或"告"①；董珊先生讀爲"告"②。今暫從陳劍先生意見。

【詞義】

一、審問。

　　1. 言_{成之}**35** 誩（語）皋（梏—鞠）之。_{成之}**36**

0231　音　　𤤶

【用字】　音

【詞義】

一、聲音；樂音。

　　1. 音聖（聖—聲）之相和也。_{老甲}**16**

　　2. 大音鼍（祇—希）聖（聖—聲）。_{老乙}**12**

　　3. 聳（聞）君子道（道）鼎（𪔂—則）玉＿音＿（玉音，玉音）𪔂（則）型（形）。_{五行}**15**

　　4. 玉音，聖（聖）也。_{五行}**19**

二、"言"字訛寫，參閱本卷"言"（第124頁）。

0232　韶　　𩐯

【用字】　卲

【詞義】

一、舜樂名。

　　1. 蒦（觀）《卲（韶）》《頭（夏）》鼎（𪔂—則）免（勉）女（如）也_{性命}**25** 鼻（斯）睿（僉—斂）。**26**

　　2.《埜（賚）》《武》樊（樂）取（趣），《卲（韶）》《頭（夏）》樊（樂）愳（情）。
　　_{性命}28

0233　章　　章

【用字】　章、彰

---

① 程浩：《上博逸詩〈卉茅之外〉考論》，清華大學出土文獻研究與保護中心網站，2019年7月
　　3日。網盤地址：https://pan.baidu.com/s/1FoOGnZibFtDmhMUr2xBokQ。

② 董珊：《上博簡〈艸茅之外〉的再理解》，"先秦秦漢史"微信公衆號（https://mp.weixin.
　　qq.com/s/BWcegJNuyipVmqHD—ICU0A），2019年7月28日。

【詞義】

一、音樂一曲爲一章。也指詩、文的段落。

　　1. 童(重)義巣(菓—襲)董(釐—理),言此章也。**尊德義 39**

二、"文章"。禮樂制度。

　　1. 迶(起)習(習)旻(文)彰(章),舟(嗌—益)。**語叢三 10**

三、用爲"彰",參閱卷九"彰"(第 462 頁)。

0234 奉

【用字】　奉、霖

【解字】

　　"霖"字,黄德寬、徐在國先生認爲字右下所從非"孝",乃是"毛",此字從"雨""肶"聲,應釋爲"膗(脆)"①。顔世鉉先生認爲字右下從"丰",讀作"奉","奉大常"猶"奉天時""奉天命"之意②。李零先生認爲字從雨從朔(下半左右反置),疑讀"逆"③。廖名春先生疑字爲"霸"之異體,與"伯"通,而"伯"與"率"義同,"率"可訓爲循、遵④。李學勤先生認爲字下部從"膗"聲,其"隹"旁借"月"旁豎筆,當讀爲"敦",勉也⑤。涂宗流、劉祖信先生認爲字從雨從胖,胖亦聲,疑讀爲"胖",古荆楚方言語詞,言人之所爲達到極至⑥。崔永東先生認爲蓋爲"霡"之訛。《説文》:"霡,霡霂,小雨也。""霡"作動詞用當有沐浴的含義,在上述引文的語境中又有接受、服從的意思⑦。郭沂先生認爲字從雨、從月,丰聲,今讀"奉"。"丰""奉"皆並母東部⑧。孟

---

① 黄德寬、徐在國:《郭店楚簡文字考釋》,《吉林大學古籍整理研究所建所十五周年紀念論文集》,吉林大學出版社,1998 年,第 109—110 頁。

② 顔世鉉:《郭店楚簡淺釋》,《張以仁先生七秩壽慶論文集》,學生書局,1999 年,第 386—387 頁。

③ 李零:《郭店楚簡校讀記》,《道家文化研究》第 17 輯(郭店楚簡專號),生活·讀書·新知三聯書店,1999 年,第 516 頁。

④ 廖名春:《郭店楚簡引〈書〉論〈書〉考》,《郭店楚簡國際學術研討會論文集》,湖北人民出版社,2000 年,第 120 頁。

⑤ 李學勤:《試説郭店簡〈成之聞之〉兩章》,《清華簡帛研究》第 1 輯,清化大學思想文化研究所,2000 年,第 23—27 頁。

⑥ 涂宗流、劉祖信:《郭店楚簡先秦儒家佚書校釋》,萬卷樓圖書有限公司,2001,第 103、105 頁。

⑦ 崔永東:《讀郭店楚簡〈成之聞之〉與〈老子〉札記》,《簡帛研究二○○一》,廣西師範大學出版社,2001 年,第 70 頁。

⑧ 郭沂:《郭店竹簡與先秦學術思想》,上海教育出版社,2001 年,第 228 頁。

蓬生先生認爲當即"霸"字,字從丯聲,猶"霸"之或借芇爲之也①。陳偉先生疑當讀爲"溯",朝向的意思②。劉釗先生認爲"霹"字從"屰"得聲,故可讀爲"逆"③。白於藍先生認爲該字當分析爲從雨胖聲,胖字從肉丰聲,所從"丰"可與《老子》甲本簡30"丯(邦)"字比較,在簡文中讀爲"奉"④。

【詞義】

一、祭祀;供奉。

　　1. 上共下之宜(義),弖(以)奉裡₌(社褆—社稷)。六德 22

二、擁戴;尊崇;跟隨。

　　1. 害(蓋)此言也,言不霹(奉)大埪(常)者。成之 39

三、用爲"豐",參閱卷五"豐"(第 271 頁)。

0235 弇　　弇　　古文 鳳

【用字】 穽

【詞義】

一、待考。

　　1. 墮(墮)之穽(弇)也。成之 23

二、用爲"掩",參閱卷十二"掩"(第 618 頁)。

0236 兵　　屌　　古文 㒼　　籀文 兵

【用字】 兵

【詞義】

一、兵器;武器。

　　1. 古(故)曰兵者[非君子之器,不]老丙 6

　　2. 出弍(式)兵革。唐虞 12

二、士卒;軍隊。

　　1. 弖(以)戠(奇)甬(用)兵。老甲 29

　　2. 甬(用)兵勶(則)貴右。老丙 6

①　孟蓬生:《上博簡〈緇衣〉三解》,《上博館藏戰國楚竹書研究》,上海書店出版社,2002 年,第 446 頁。

②　陳偉:《郭店簡書〈德義〉校釋》,《楚地出土簡帛文獻思想研究(一)》,湖北教育出版社,2002 年,第 79 頁。

③　劉釗:《郭店楚簡校釋》,福建人民出版社,2005 年,第 147 頁。

④　白於藍:《郭店楚簡補釋》,《江漢考古》,2001 年第 2 期,第 58 頁。

三、戰爭;軍事。

　　1. 不谷(欲)吕(以)兵弢(強)_{老甲} **6** 於天下。**7**

0237　具　　貝

【用字】　具
【詞義】

一、副詞。表示範圍,相當於"都""皆"。也作"俱"。

　　1. 民具尔(爾)贍(瞻)。_{緇衣} **16**

0238　共　　芍

【用字】　共
【詞義】

一、共同,共同具有或承受。

　　1. 上共下之宜(義)。_{六德} **22**

　　2. 豊(禮)樂(樂),共也。_{六德} **26**

二、副詞。一同;皆。

　　1. 非亓(其)_{緇衣} **7** 坒(止)之共,售(唯)王荟(邛)。**8**

三、用爲"恭",參閱卷十"恭"(第 537 頁)。

0239　異　　畀

【用字】　異
【詞義】

一、不同。

　　1. 凡勿(物)亡(無)不異也者。_{性命} **8**

　　2. 亓(其)甬(用)心各異。_{性命} **9**

　　3. 所_{語叢三} **2** 吕(以)異於父。**3**

　　4. 亓(其)所之同,丌(其)行者異。_{語叢二} **52**

　　5. 臤(賢)_{語叢三} **52** 者佳(唯)亓(其)止也吕(以)異。**53**

0240　戴　　戴　　籀文　戴

【用字】　忎

【詞義】

一、尊奉;擁戴。

1. 非豊(禮)而民兑(悦)尊德義24忎(戴)。25

0241　與　　𦥑　　古文𢌳

【用字】　异、與、牙

【詞義】

一、參與。

1. 又(有)與訇(始),又(有)與各(冬—終)也。五行18

二、幫助;援助。

1. 從(縱)忎(仁)、署(聖)可牙(與)。唐虞15

三、親近。

1. 曓(早)與臤(臤—賢)人,是胃(謂)𢌳行。語叢四12

2. 不與䎽(智)悊(謀),是胃(謂)自忎(惎—欺)。語叢四13

3. 曓(早)與䎽(智)悊(謀),是語叢四13胃(謂)童(重)亞(基)。14

4. 必先與之㠯(以)爲堋(朋)。語叢四14

四、連詞,表示並列關係。和;同。

1. 明(名)與身箮(孰)新(親)?老甲35

2. 身與貨老甲35箮(孰)多?36

3. 賏(得)與貟(亡)箮(孰)疠(病)?老甲36

4. 售(唯)與可(呵),相去幾可(何)?老乙4

5. 岜(美)牙(與)亞(惡),相去可(何)若?老乙4

6. 樂與餌,怣(過)客坒(止)。老丙4

7. 先署(聖)唐虞5牙(與)逡(後)耴(聖)。6

8. 戠(刑)與型(刑)人,君子之述(墜)悳(德)也。成之6

9. 聖(聖)人之眚(性)與中人之眚(性)。成之26

10. 賞與坓(刑),祡(禍)槑(福)之羿(基)也。尊德義2

11. 肖(幣)帛,所㠯(以)爲訏(信)牙(與)諓(徵)也。性命22

12. 聖(聖)牙(與)䎽(智)臱(就)豆(喜—矣),六德1悬(仁)牙(與)宜(義)臱(就)豆(喜—矣),忠(忠)牙(與)信臱(就)[矣]。2

13. 埶(執—勢)牙(與)聖(聖—聲)爲可憭(察)也。語叢一86

14. 快(決)牙(與)信,器也。語叢一107

15. 厝(唬—呼)牙(與)㕚(容)牙(與)夫亓(其)行者。語叢一109

16. 飤(食)牙(與)頴(色)牙(與)疾(息)。語叢一 110

17. 天型(形)成(城—成),人异(與)勿(物)斯(斯)里(理)。語叢三 17

18. 命牙(與)叟(文)牙(與)語叢三 71 上

五、介詞,表示動作行爲有關的對象。跟;同。

1. 古(故)天下莫能异(與)之鬭(靜—爭)。老甲 5

2. 古(故)緇衣 21 君不與少(小)悆(謀)大。22

3. 吕(以)亓(其)审(中)心與人交,兌(悦)也。五行 32

4. 吕(以)亓(其)外心與人交,遠也。五行 36

5. 而貴與成之 16 民又(有)同也。17

6. 凡心又(有)志也,亡(無)牙(與)不[可]。性命 6

7. 人之遗(悦)肰(然)可牙(與)和女(安)者。性命 46

8. 慮(慮)异(斯)莫牙(與)之性命 48 結豈(喜—矣)。49

9. 能(一)牙(與)之齊,舍(終)身弗改之豈(喜—矣)。六德 19

10. 厽(三)者,君子所生牙(與)之立,死牙(與)之逃(敝)也。六德 46

11. 牙(與)爲悉(義)者遊,旻(嗌—益)。語叢三 9

12. 牙(與)壟(莊)語叢三 9 者尻(處),旻(嗌—益)。10

13. 牙(與)蒦者尻(處),晶(晶—員—損)。語叢三 11

14. 牙(與)不好語叢三 11 敚(敎—學)者遊,晶(晶—員—損)。12

15. 從所少好,牙(與)所少樂,晶(晶—員—損)。遺簡

六、介詞,表示對待、比較,相當於"於"。

1. 猷(猶)少(小)浴(谷)之异(與)江洒(海)。老甲 20

七、用爲"舉",參閱卷十二"舉"(第 613 頁)。

八、用爲"歟",參閱卷八"歟"(第 454 頁)。

九、待考。

1. 勛(則)聖(聖)人不可由與埄(埣)之。成之 28

2. 人之眚(性)非與止虖(乎)亓(其)語叢三 57

3. 虖(嘑—呼)牙(與)宆(容)牙(與)夫丌(其)行者。語叢一 109

4. 命牙(與)叟(文)牙(與)語叢三 71 上

0242　興　　　𦥷

【用字】　興

【詞義】

一、興起。

1. 古(故)湯(唐)吳(虞)之興[□□]唐虞 3 也。4

2. 六帝興於古，虐〈𠁥（皆）〉采（由）此也。**唐虞 8**

3. 泳虎（乎）大人之興，散（微）。**唐虞 17**

4. 叕（受—授）■叹（臤—賢）鼎（勳—則）民興效（教）而蟡（化）虎（乎）道（道）。**唐虞 21**

5. 豊（禮）亝（作）於嗇（青—情），**性命 18** 或興之也。**19**

6. 售（唯—雖）難（難）**語叢四 14** 亓（其）興。**16**

0243 要  古文 

【用字】 墨

【解字】

"墨"字整理者（163 頁）隸定爲"墨"；裘錫圭先生"按語"（164 頁注［一〇］）疑上部是"要"之變體，讀爲"要"，約也。李零先生疑是"婁"字變體，下从"土"，讀爲"遇"①。陳劍先生認爲該字上爲"夏"，讀爲"讶"，迎也②。陳斯鵬先生隸定爲"蠅"，即"蠅"字，讀爲"繩"③。李鋭先生以字从黽从虫从土，疑从"蠅"聲讀爲"承"。"蠅"古音爲喻紐蒸部字，"承"爲禪紐蒸部字，可通④。劉釗先生認爲"墨"字从"土""螻"聲，應即"墂"字的繁文，在此讀爲"要"，訓爲"約"⑤。禤健聰先生隸定爲"螬"，疑是"蚓"之異體"螾"繁構，簡文中與"養"對文，故可讀爲"演"⑥。郭永秉先生對古文字中的"要"和从"要"之字進行了梳理研究，認爲裘錫圭先生對《忠信》簡 5"墨"字的釋讀意見是可信的⑦。

【詞義】

一、約也。

1. 不昇（期）**忠信 4** 而可墨（要）者，天也。**5**

---

① 李零：《郭店楚簡校讀記》，《道家文化研究》第 17 輯（郭店楚簡專號），生活·讀書·新知三聯書店，1999 年，第 502 頁。

② 陳劍：《釋〈忠信之道〉的"配"字》，《國際簡帛研究通訊》第 2 卷第 6 期，2002 年，第 5—6 頁。

③ 陳斯鵬：《讀郭店楚墓竹簡札記（十則）》，《中山大學學報論叢》，1999 年第 6 期，第 144—148 頁。

④ 李鋭：《郭店楚墓竹簡補釋》，《華學》第 6 輯，紫禁城出版社，2003 年，第 89—90 頁。

⑤ 劉釗：《郭店楚簡校釋》，福建人民出版社，2005 年，第 164 頁。

⑥ 禤健聰：《楚簡釋讀瑣記（五則）》，《古文字研究》第 27 輯，中華書局，2008 年，第 370—371 頁。

⑦ 郭永秉：《談古文字中的"要"字和从"要"之字》，《古文字研究》第 28 輯，中華書局，2010 年，第 108—115 頁。

0244 農 　農　古文 農、農　籀文 農

【用字】 戎

【詞義】

一、農民。

1. 戎（農）夫犮（務）飤（食）不弜（強）咖（耕）。成之 13

0245 革 　革

【用字】 革

【詞義】

一、革製的甲、胄、盾等用具。

1. 出弋（式）兵革。唐虞 12

0246 鞭 　鞭　古文 金

【用字】 支、板

【解字】

　　《老子》甲本簡 1 "支" 字整理者隸定爲 "卞"，讀爲 "辯"。裘錫圭先生 "按語"（113 頁注［一］）認爲該字當爲 "鞭" 的古文，在簡文中讀爲 "偏" "辯" "辨" 等。何琳儀、程燕先生將 "鞭" 字古文演變序列推測如下：

　　認爲鞭本爲借體象形字，由於聲化的趨勢，其象形部分亦從宀聲。鞭（金）並紐元部；宀，明紐元部，聲韻均合，《古文四聲韻》尚且保存金從宀之遺意。Ａ又作二形疑爲楚文字之變異，又作乓形，增二飾筆，戰國文字中屢見不鮮。至於漢碑作乇形，隸定爲卞，顯然是楚文字支之省簡。本簡支（卞）讀辯①。黎廣基先生讀爲 "辨"，"分辨" 之意②。今按：關於 "鞭" 古文的討論學界已基本達成共識。《老子》甲本簡 1 等舊讀爲 "辯" 的字，應讀爲 "辨"。郭店簡中 "辯" "偏" 等字也使用 "鞭" 字古文或以之爲聲的字表示。

---

① 何琳儀、程燕：《郭店〈老子〉校釋（甲篇）》，《簡帛研究二〇〇二、二〇〇三》，廣西師範大學出版社，2005 年，第 34—43 頁。

② 黎廣基：《郭店楚簡老子叢考》，香港中文大學碩士學位論文，2003 年，第 12—13 頁。

【詞義】

一、馬鞭。

1. 宴(斁—釋)板(鞭)柽(箠)而爲罾卿。**窮達 7**

二、用爲"辨",參閲卷四"辨"(第 242 頁)。

三、用爲"偏",參閲卷八"偏"(第 422 頁)。

四、用爲"辯",參閲卷十四"辯"(第 740 頁)。

0247 鬻 

【用字】 逌

【解字】

《説文》:"鬻,鍵也。""𧶠,衒也。""鬻賣"之義,《説文》作"𧶠",今多以"鬻"字來表達。裘錫圭先生"按語"(146 頁注[九])認爲"逌"本當爲"䢻(邅)",讀爲"𧶠"。

【詞義】

一、賣。

1. 白(百)里迌(邅)逌(鬻)五羊,爲敀(伯)斁(牧)牛。**窮達 7**

0248 孚  古文 

【用字】 孚

【詞義】

一、信。

1. 㦱(儀)坓(刑)文王,萬邦乍(作)孚。**緇衣 2**

2. 咸(城—成)王之孚,下土之弋(式)。**緇衣 13**

0249 爲  古文 

【用字】 爲、爲

【解字】

"爲"字本从爪(手形)从象,楚文字省略了大象的身體,或是以兩短横來代替。郭店簡中有"蝸"字,寫作(《唐虞》簡 21)、(《唐虞》簡 21)、(《忠信》簡 2)等形,从虫从爲,"虫"形由象尾訛變而來,侯乃峰先生認爲"蝸"字可直接隸定作"爲"①。"蝸"字異體寫作"蟲"(,《老子》甲本簡

---

① 侯乃峰:《安大簡〈詩經〉中的"蝸"字試析》,《安徽大學學報(哲學社會科學版)》,2022 年第 6 期,第 81—87 頁。

32)，纍加一“虫”形，類似的情況還見於“慶”字。這種偏旁類增的情況至少説明兩個問題：一是書寫者恐已不知“虫”本爲象尾之形；二是“蝺”已從“爲”字中分化出來。在郭店簡中，“蝺”“蟲”皆用爲“化”，參閱卷八“化”（第427頁）。

【詞義】

一、做；幹。

1. 爲亡（無）爲。老甲14
2. 爲而弗志（恃）也。老甲17
3. 爲之於亓（其）老甲25 亡（無）又（有）也。26
4. 亡（無）爲而亡（無）不爲。老乙4
5. 不自爲貞（貞—正）。緇衣9
6. 上好悬（仁），鼎（勳—則）下之爲緇衣10 悬（仁）也秾（耕—爭）先。11
7. 此言之砧（玷），不可爲也。緇衣36
8. 善弗爲亡（無）近。五行7
9. ［君］子之爲善也。五行18
10. 君子之爲悳（德）也。五行18
11. 訐（信）人弗爲也。忠信6
12. 而民又（有）尊德義22 爲孌（亂）矣。23
13. 《峕（時—詩）》，又（有）爲₌（爲爲）之也。性命16
14. 從丌（其）所爲，怌（近）叓（得）之壴（喜—矣）。性命36
15. 隹（唯—雖）未之爲。性命51
16. 智（智—知）可六德17 爲者，智（智—知）不可爲者。18
17. 古（故）人鼎（勳—則）爲六德22［人也］。23
18. 智（智—知）天所爲，智（智—知）人所爲。語叢一29
19. 不可爲也，語叢一56 而不可不爲也。57
20. 弗爲，此非也。語叢一58
21. 人亡（無）能爲。語叢一83
22. 又（有）憏（察）膳（善），亡（無）爲膳（善）。語叢一84
23. 牙（與）爲悡（義）者遊，釪（嗌—益）。語叢三9

二、刻意去做某事。

1. 爲之者敗（敗）之。老甲10
2. 爲之者敗（敗）之。老丙11
3. 義亡（無）能爲也。語叢一53
4. 爲孝，此非孝也。語叢一55

5. 爲弟(悌),語叢一55 此非弟(悌)也。56

6. 不可爲也,語叢一56 而不可不爲也。57

7. 爲之,語叢一57 此非也。58

三、人爲干預。

1. 㡭(䌛—絕)愚(爲)弃(棄)慮〈慮(慮)〉。老甲1

2. 是古(故)聖(聖)人能專(輔)萬勿(物)之自肰(然)而弗老甲12 能爲。13

3. 是㠯(以)能補(輔)蓳(萬)勿(物)老丙13 之自肰(然)而弗敢(敢)爲。14

四、設立;建立。

1. 或舍(舍—序)爲性命19 之卽(節),鼎(嗣—則)夏(文)也。20

2. 豊(禮)因人之悥(情)而爲之語叢一31 卽(節)夏(文)者也。97

五、成;成爲。

1. 江海(海)所㠯(以)爲百㿝(浴—谷)王,㠯(以)亓(其)老甲2 能爲百㿝(浴—谷)下,是㠯(以)能爲百㿝(浴—谷)王。3

2. 古(故)爲天下貴。老甲29

3. 不足㠯(以)爲遄(道)矣。老乙10

4. 斳(折—制)爲君臣之義,者(著)爲父子之新(親),分成之31 爲夫婦之支(鞭—辨)。32

六、施行;推行。

1. 爲道(道)者日鼎(員—損)。老乙3

2. 忠之爲忠信6 衛(道)也。7

3. 訐(信)之爲衛(道)也。忠信7

4. 所爲衛(道)者四。性命41

5. 爲衛(道)者必䌛(由)六德47 此。48

七、治;治理。

1. 三言㠯(以)老甲1 爲叀(使)不足。2

2. [故貴以身]老乙7 爲天下。8

3. 怎(愛)㠯(以)身爲天下。老乙8

4. 是㠯(以)爲正(政)者,者(教)道(道—導)尊德義12 之取(取)先。13

5. 爲邦而不㠯(以)豊(禮)。尊德義24

6. 古(故)爲正(政)者,或侖(論)之,或羕(養)之。尊德義30

八、作;作爲;充當;擔任。

1. 古之善爲士者。老甲8

2. 可旨（以）爲天下母。老甲 21

3. 爲上可暒（望）而軒（智—知）也，爲下緇衣 3 可頪（類）而篝（識）也。4

4. 不可爲緇衣 45 卜箮（筮）也。46

5. 立而爲天子。窮達 3

6. 邵（吕）室（望）爲牂（臧）埜（棘）瀘（津）。窮達 4

7. 礜（舉）而爲天子帀（師）。窮達 5

8. 夐（戮—釋）杕（械）檤（柙）而爲者（諸）厌（矣—侯）棍（相）。窮達 6

9. 夐（戮—釋）板（鞭）柽（箠）而爲晷卿。窮達 7

10. 出而爲命（令）尹。窮達 8

11. 能爲罷（一），肰（然）句（後）能爲君子。五行 16

12. 升爲天子而不鬠（喬—驕）。唐虞 16

13. 升爲天子而不鬠（喬—驕）。唐虞 17

14. 昏（聞）坴（舜）丝（慈）虎（乎）弟[□□□□□□]唐虞 23 爲民宝（主）也。24

15. 古（故）亓（其）爲宖（瞽）寞（瞍）子也，甚孝。唐虞 24

16. 及亓（其）爲堥（堯）臣也，甚忠。唐虞 24

17. 槁木三年，不必爲邦罞（旗）。成之 30

18. 可旨（以）爲君。尊德義 1

19. 爲人上者之炗（務）也。尊德義 1

20. 尚（幣）帛，所旨（以）爲訐（信）牙（與）諟（徵）也。性命 22

21. 悬（仁）嫠（義）爲之桯（桌）。語叢一 93

22. 敓（竊）鉤者弎（誅），竊邦者爲者（諸）厌（矣—侯）。語叢四 8

九、算作；當作；叫做。

1. 軒（智—知）足之爲足，此亟（亙—恆）足矣。老甲 6

2. 天下呇（皆）軒（智—知）敓（美）之爲娍（媺—美）也，亞（惡）巳（已）。
　 老甲 15

3. 慇（寵）爲下也。老乙 6

4. 鎬（銛）纏（功）爲上，弗娍（媺—美）也。老丙 7

5. 旨（以）忌（己）爲蔂（萬）勿（物）經（經）。太一 7

6. 民旨（以）君爲心，君旨（以）民爲體。緇衣 8

7. 不旨（以）匹夫唐虞 18 呈（巠—輕）。19

8. 不旨（以）天下爲重。唐虞 19

9. 古之甬（用）民者，求之於吕（己）爲亟（亙—亟）。成之 1

10. 售（唯）眚（性）𢝔（愛）爲近悬（仁）。性命 40

11. 售（唯）**性命 40** 宜（義）衕（道）爲忻（近）悤（忠）。**41**

12. 售（唯）亞（惡）不悬（仁）爲忻（近）宜（義）。**性命 41**

13. 孠_（君子）身呂（以）爲宝（主）心。**性命 67**

14. 不膳（善）罦（擇），不爲智（智）。**語叢三 38**

15. 必先與之呂（以）爲堋（朋）。**語叢四 14**

十、略等於"是"。

1. 清（清）=（清青—清靜）爲天下定（正）。**老乙 15**

2. 能進之爲君子。**五行 42**

3. 能宎（終）之爲難。**成之 30**

4. 悬（仁）爲可新（親）**尊德義 3** 也，義爲可畬（尊）也，悤（忠）爲可訐（信）也，孠（學）爲可肙（嗌—益）也，耆（教）爲可頪（類）也。**4**

5. 人迶（道）爲近。**尊德義 8**

6. 凡售（性）爲宝（主），勿（物）取之也。**性命 5**

7. 凡衕（道），心述（術）爲宝（主）。**性命 14**

8. 售（唯）**性命 14** 人衕（道）爲可衕（道）也。**15**

9. 凡思之甬（用）心爲甚。**性命 32**

10. 凡學者隶〈求〉亓（其）心爲難。**性命 36**

11. 售（唯）人衕（道）爲**性命 41** 可衕（道）也。**42**

12. 凡甬（用）心之枭（躁）者，思爲戡（甚）。**性命 42**

13. 甬（用）智（智）之疾者，患爲甚。**性命 42**

14. 甬（用）青（青—情）之**性命 42** 至者，忩（哀）樂（樂）爲甚。**43**

15. 甬（用）身之𢛚（兑—弁—變）者，兑（悦）爲甚。**性命 43**

16. 甬（用）力之聿（盡）者，秝（利）爲甚。**性命 43**

17. 凡人愚（僞）爲可亞（惡）也。**性命 48**

18. 凡人青（青—情）爲可兑（悦）也。**性命 50**

19. 夫〈天〉生百勿（物），人爲貴。**語叢一 18**

20. 墊（執—勢）牙（與）聖（聖—聲）爲可憭（察）也。**語叢一 86**

21. 生爲貴。**語叢三 67 下**

22. 爲亓（其）型（形）。**語叢三 70 下**

23. 凡敓（説）之迶（道），級（急）者爲首。**語叢四 5**

24. 女（如）㽅（牆—將）又（有）敗（敗），骯（雄）是爲劼（割—害）。**語叢四 16**

25. 古（故）愳（謀）爲可貴。**語叢四 25**

26. 生爲貴。**殘簡 4**

十一、介詞。表示目的,相當於"爲了"。

 1. 童(動)非爲達也。**窮達 11**

 2. [□非]爲明(名)也。**窮達 12**

 3. 又(有)爲也者之胃(謂)古(故)。**性命 13**

 4.《欹(時—詩)》,又(有)爲_(爲爲)之也。**性命 16**

 5.《箸(書)》,又(有)爲言之也。**性命 16**

 6.《豊(禮)》《樂(樂)》,又(有)爲昰(舉—舉)之也。**性命 16**

 7. 求丌(其)心,又(有)爲也,弗旻(得)之豆(喜—矣)。**性命 37**

 8. 人之不能呂(以)爲也,**性命 37** 可斳(智—知)也。**38**

十二、介詞。表示對象,相當於"替"、"給"。

 1. 爲敀(伯)敼(牧)牛。**窮達 7**

 2. 人不難爲之死。**性命 44**

十三、介詞。表示原因,相當於"因"、"由於"。

 1. 虙(吾)所呂(以)又(有)大患者,爲虙(吾)又(有)身。**老乙 7**

 2. 夫爲亓(其)君之古(故)殺亓(其)身者。**魯穆公 5**

 3. 夫爲亓(其)君之古(故)殺亓(其)身者。**魯穆公 6**

 4. 不爲[□□□□]**窮達 13** 不蔞(釐—理)。**15**

 5. 悉(仁)者爲此進。**唐虞 28**

 6. 爲古(故)衙(衛—率)民呂(鄉)方者,售(唯)悳(德)可。**尊德義 28**

 7. 絑(疏)斬布,賞(實—經),丈(杖),爲父也,爲君亦肰(然)。**六德 27**

 8. 絑(疏)衰**六德 27** 齊,戉(牡)枺(麻)賞(實—經),爲昆弟也,爲妻亦肰(然)。**28**

 9. 晨(祖)字(姤—免),爲宗族也,爲弸(朋)睿(友)**六德 28** 亦肰(然)。**29**

 10. 父孝子慗(慇—愛),非又(有)爲也。**語叢三 8**

 11. 爲父幽(醤—絕)君,不爲君幽(醤—絕)父。**六德 29**

 12. 爲昆弟幽(醤—絕)妻,不爲妻幽(醤—絕)昆弟。**六德 29**

 13. 爲**六德 29** 宗族爪(麗—離)弸(朋)替(友),不爲弸(朋)替(友)爪(麗—離)宗族。**30**

十四、"無爲"。道家主張清淨虛無,順應自然,稱爲"無爲"。

 1. 是呂(以)聖(聖)人亡(無)爲古(故)亡(無)敗(敗)。**老甲 11**

 2. 衙(道)亙(亙—恆)亡(無)爲也。**老甲 13**

 3. 爲亡(無)爲。**老甲 14**

 4. 是**老甲 16** 呂(以)聖(聖)人居亡(無)爲之事。**17**

5. 我亡（無）爲而民自蝝（蝝—化）。老甲 32

6. 鼎（員—損）之或（又）鼎（員—損），呂（以）至亡（無）爲。老乙 3 也。

7. 亡（無）爲而亡（無）不爲。老乙 4

8. 聖（聖）人粜（無）爲古（故）粜（無）敗（敗）也。老丙 11

9. 兀（其）生也亡（無）爲虍（乎）兀（其）型（刑）。語叢一 62

十五、“之爲言”。訓詁術語。

1. 柬〈柬（簡）〉之爲言獣（猶）練五行 39 也。40

2. 匿（昵）之爲言也獣（猶）匿_（昵昵）也。五行 40

3. 敞（昵）之爲言也獣（猶）敞_（昵昵）也。六德 32

十六、“爲人”。指待人處事的態度。

1. 又（有）亓（其）爲人之迎_（節節）女（如）也。性命 44

2. 又（有）亓（其）爲人之柬（簡）柬（簡）女（如）也。性命 45

3. 又（有）兀（其）爲人之快（慧）女（如）也。性命 47

4. 又（有）兀（其）爲人之惖（原—愿）女（如）也。性命 47

十七、用於“爲+之+名詞”的雙賓語結構，詞義隨文而釋，並不固定。

1. 是呂（以）爲之頌（容）老甲 8

2. 虖（吾）老甲 21 弜（勥—強）爲之名曰大。22

十八、用爲“僞”，參閱卷八“僞”（第 423 頁）。

0250　飌（孰）　　飌

【用字】　箮、竺

【解字】

　　“飌”即“孰”字，《説文》曰：“食飪也。”此義今寫作“熟”，而“孰”字假借爲表示疑問代詞等用法。

【詞義】

一、疑問代詞，誰；什麼。

1. 竺（孰）能濁（濁）呂（以）束（靜）老甲 9 者。10

2. 竺（孰）能庀呂（以）迲（動）者。老甲 10

3. 明（名）與身箮（孰）新（親）？老甲 35

4. 身與貨老甲 35 箮（孰）多？36

5. 貲（持）與貢（亡）箮（孰）疠（病）？老甲 36

6. 民箮（孰）弗從？成之 24

7. 民箮（孰）弗訏（信）？成之 24

0251　又　　㇈

【用字】　又

【詞義】

一、副詞。表示整數之外,再加零數。

　　1. 二十又三。繼衣 **47**

　　2. 亓(其)籩(衍)十又二。六德 **45**

二、用爲"有",參閱卷七"有"(第 365 頁)。

0252　右　　司

【用字】　右

【解字】

　　《説文》"右"字重見於卷二、卷三。卷二曰:"助也。从口从又。"徐鍇曰:"言不足以左,復手助之。"《説文》卷三:"右,手口相助也。从又从口。"臣鉉等曰:"今俗別作佑。""左右""佑助"等義與手形("又"旁)有關,故今暫歸本卷,卷二不再重出。

【詞義】

一、指右手一邊的方位,與"左"相對。

　　1. 君子居勴(則)貴左,甬(用)兵勴(則)貴右。老丙 **6**

　　2. 古(故)吉事上左,鞎(喪)事上右。老丙 **8**

　　3. 是㠯(以)攴(鞭—偏)牉(牂—將)老丙 **8** 氟(軍)居左,上牉(牂—將)

　　　氟(軍)居右,言㠯(以)鞎(喪)豊(禮)居之也。**9**

二、用爲"佑",參閱卷八"佑"(第 429 頁)。

0253　厷　　彡　　或體 胁　　古文 ㇆

【用字】　厷

【解字】

　　"股肱"之意今作"肱"。

【詞義】

一、胳膊上從肩到肘的部分。

　　1. 懷(勞)亓(其)胿(股)厷(肱)之力弗敢畐(單—憚)也。六德 **16**

0254 父

【用字】 父、古

【詞義】

一、父親。

    1. 惡(愛)父,亓(其)稻(稽—繼)惡(愛)人。五行 33

    2. 煮(著)爲父子之新(親)。成之 31

    3. 父兄之所樊(樂)。性命 61

    4. 新(親)父子,和大臣。六德 3

    5. [任]者(諸)父兄。六德 13

    6. 聖(聖)也者,父悳(德)也。六德 21

    7. 古(故)夫＿(夫夫)、婦＿(婦婦)、父＿(父父)、子＿(子子)、君＿(君君)、臣＿(臣臣)。六德 23

    8. 內立(位),父、子、六德 26 夫也。27

    9. 紙(疏)斬布,實(實—絰),丈(杖),爲父也,爲君亦肰(然)。六德 27

    10. 爲父㡭(㡭—絕)君,不爲君㡭(㡭—絕)父。六德 29

    11. 父子新(親)生言(焉)。六德 34

    12. 父聖(聖),子惌(仁)。六德 34

    13. 古(故)夫＿(夫夫)、婦＿(婦婦)、父＿(父父)、子＿(子子)、君＿(君君)、臣＿(臣臣)。六德 35

    14. 父不父,子不子。六德 37

    15. 男女不卞(辨),父子不新(親)。六德 39

    16. 父子不新(親),君臣亡(無)宜(義)。六德 39

    17. 生民斯(斯)必又(有)夫婦、父子、君臣。六德 42

    18. 民之父母新(親)民易,叟(使)民相新(親)也戁(難)。六德 49

    19. 父子,至上下也。語叢一 69

    20. [□□]父,又(有)罤(親)又(有)隓(尊)。語叢一 78

    21. 父亡(無)亞(惡),君猷(猶)父也。語叢三 1

    22. 所語叢三 2 目(以)異於父,君臣不相才(存)也。3

    23. 父孝子慇(惌—愛),非又(有)爲也。語叢三 8

二、對男子的美稱。

    1. 塁(塙—遇)吾(造)古(父)也。窮達 11

    2. 戠(戚—造)父之馭(馭—御)馬也,馬之道(道)也。尊德義 7

三、動詞。爲父之事。

1. 古(故)夫﹅(夫夫)、婦﹅(婦婦)、父﹅(父父)、子﹅(子子)、君﹅(君君)、臣﹅(臣臣)。六德 23
2. 古(故)夫﹅(夫夫)、婦﹅(婦婦)、父﹅(父父)、子﹅(子子)、君﹅(君君)、臣﹅(臣臣)。六德 35
3. 父不父,子不子。六德 37

0255　曼　　　　凰

【用字】　曼
【詞義】

一、無。

1. 大器曼成(城—成)。老乙 12

0256　尹　　　尹　　古文　鼠

【用字】　尹
【詞義】

一、職官名。

1. 孫(孫)昭(叔)三躲(舍)邪(耶—期)思少司馬,出而爲命(令)尹。窮達 8

二、《尹誥》。尚書篇名。

1.《尹亯(誥)》鼎(員—云):……緇衣 5

三、人名。

1. 隹(唯)尹身(允)及湯,咸又(有)一惪(德)。緇衣 5
2. 虜﹦(虢虢—赫赫)帀(師)尹,民具尒(爾)贍(瞻)。緇衣 16

0257　及　　　月　　古文　乁、弓、遂

【用字】　及、返
【解字】

　　《唐虞》簡 24"及"字,舊多釋爲"秉",認爲是"及"之誤字。李家浩先生認爲該字可與"及"字古文對比①。《語叢三》簡 33、簡 60 兩處"及"字,整理者

---

① 李家浩:《讀〈郭店楚墓竹簡〉瑣議》,《中國哲學》第 20 輯(郭店楚簡研究),遼寧教育出版社,1999 年。

(210、212 頁)釋爲"兼"。劉釗先生釋爲"兼",讀爲"廉",分別訓爲正直、廉潔①
李零先生均釋爲"及",簡 33"及"字疑讀爲"急"②。

【詞義】

一、追上;趕上。

    1. 旹(時)弗可及歕(歎—矣)。唐虞 15

    2. 可從也而不可及也。尊德義 23

    3. 及(及)生於忩(忩—欲),伀(慫)生於返(及)。語叢二 19

    4. 亡(無)及也巳(已)。語叢四 27 背

二、達到。

    1. 非旹(教)所及也。尊德義 18

    2. 豊(禮)札(必)及。語叢三 60

三、涉及;關聯。

    1. 言及鼎(勬—則)性命 59 明豈(舉—舉)之而毋愿(僞)。60

    2. 歆(既)旻(得)丌(其)級(急),言必又(有)及,及語叢四 5 之而弗亞
        (惡),必聿(盡)丌(其)古(故)。15

四、介詞。直到;等到。

    1. 及丌(其)又(有)天下也,不目(以)天下爲重。唐虞 19

    2. 及丌(其)爲埜(堯)臣也,甚忠。唐虞 24

    3. 及丌(其)尃(博)長而曡(厚)成之 27 大也。28

    4. 及亓(其)見於外,鼎(勬—則)勿(物)取之也。性命 2

五、連詞。表示並列關係,相當於"與""和"。

    1. 隹(唯)尹身(允)及湯,咸又(有)一悳(德)。緇衣 5

六、連詞。表示假設關係。

    1. 返(及)虗(吾)亡(無)身,或可(何)[患焉]? 老乙 7

七、待考。

    1. 及行勬(則)夋(治)者中。語叢三 33

0258 秉　秉

【用字】　秉

---

① 劉釗:《郭店楚簡校釋》,福建人民出版社,2005 年,第 216、219 頁。

② 李零:《郭店楚簡校讀記》,《道家文化研究》第 17 輯(郭店楚簡專號),生活·讀書·新知
　三聯書店,1999 年,第 530 頁;《郭店楚簡校讀記(增訂本)》,北京大學出版社,2002 年,第
　150 頁。

【詞義】

一、執掌。

    1. 隹（誰）秉彧（國）成（城—成）。緇衣 **9**

0259 反　　反　　古文 反

【用字】　反、返、忑

【詞義】

一、反面；相反。

    1. 返（反）也者，道（道）［之］僮（動）也 老甲 **37**

    2. 丌（其）返（反），夫不夫，婦不婦…… 六德 **37**

二、復；回報。

    1. 竆（窮）㳡（源）反杏（本）者之貴。成之 **11**

    2. 不反丌（其）杏（本）。成之 **12**

    3. 竆（窮）㳡（源）反杏（本）者之貴。成之 **14**

    4. 不反丌（其）杏（本）。成之 **15**

    5. 丌（其）反善遉（復）訇（始）也 性命 **26** 斳（慎）。**27**

    6. 未又（有）善事人而不返者。語叢二 **45**

三、違背；違反。

    1. 反此道（道）也。成之 **18**

    2. 反之，此遉（往—枉）矣。尊德義 **31**

四、掉轉；轉到相反的方向。

    1. 水反補（輔）大（太）一。太一 **1**

    2. 天反補（輔）大（太）一。太一 **1**

五、反省。

    1. 古（故）君子憚（惇）於忑（反）吕（己）。窮達 **15**

    2. 戠（察）反者（諸）吕（己）而可吕（以）成之 **19** 鼜（智—知）人。**20**

    3. 昏（聞）道（道）反上，上交者也。性命 **55**

    4. 昏（聞）衕（道）反下，下交者也。性命 **56**

    5. 昏（聞）道（道）反吕（己），攸（修）身者也。性命 **56**

六、用爲"返"，參閱卷二"返"（第 87 頁）。

0260 叔　　枀　　或體 枀

【用字】　弔

【詞義】

一、古代兄弟排行,行三爲叔。古人有名有字,字常用排行。

　　1. 孫(孫)叔(叔)三躬(舍)邪(邸—期)思少司馬。窮達 8

0261 取　　甲

【用字】　取、敢

【詞義】

一、獲得。

　　1. 大而五行 42 旻(晏—罕)者,能又(有)取安(安—焉)。五行 43

　　2. 少(小)而轸者,能又(有)取安(安—焉)。五行 43

二、選擇;採用;取用。

　　1. 是吕(以)君子人道(道)之取先。尊德義 8

　　2. 善取,人能從之,上也。尊德義 11

　　3. 嗇(教)道(道—導)尊德義 12 之取(取)先。13

　　4. 而語叢—71 亡(無)非吕(己)取之者。72

　　5. 恙(疑)取再。語叢二 49

三、通"趣",促發。①

　　1. 及亓(其)見於外,鼎(勘—則)勿(物)取之也。性命 2

　　2. 凡眚(性)爲宔(主),勿(物)取之也。性命 5

　　3. [人]售(唯—雖)又(有)眚(性)心,弗取不出。性命 6

四、招致。②

　　1. 剛之桓(樹)也,剛取之也。性命 8

　　2. 柔之性命 8 約,柔取之也。9

---

① 按:李學勤先生認爲簡文"物取之"就是《樂記》的"感於物"[《釋郭店簡祭公之顧命》,《中
國哲學》第 20 輯(郭店楚簡研究),遼寧教育出版社,1999 年,第 25 頁]。趙建偉先生指出:
《莊子·天地》"其心之出,有物采之"之"采"即"取"。采之、取之,是説人之心性在外物作
用之下而動作出入。《樂記》"人心之動,物使之然也,感於物而動"即其旨[《郭店竹簡〈老
子〉校釋》,《道家文化研究》第 17 輯(郭店楚簡專號),生活·讀書·新知三聯書店,1999
年,第 36 頁]。季旭昇先生讀爲"趣",訓爲促發((《上海博物館藏戰國楚竹書(一)》讀
本》,萬卷樓圖書股份有限公司,2004 年,第 155 頁)。李鋭先生讀爲"促",促使(《孔孟之
間"性"論研究——以郭店、上博簡爲基礎》,清華大學博士學位論文,2005 年,第 30 頁)。
② 按:此從從陳劍先生意見(《郭店簡補釋三篇》,《古墓新知——紀念郭店楚簡出土十周年
論文專輯》,國際炎黄文化出版社,2003 年,第 120 頁)。季旭昇先生讀爲"趣",訓爲促發
((《上海博物館藏戰國楚竹書(一)》讀本》,萬卷樓圖書股份有限公司,2004 年,第 160
頁)。李鋭先生讀爲"趨"(《孔孟之間"性"論研究——以郭店、上博簡爲基礎》,清華大學
博士學位論文,2005 年,第 33 頁)。

3. 彊(強)之鼓(樹)也,彊(強)取之也。語叢三 46

五、攻取;奪取。

1. 善者果而巳(已),不㠯(以)取弜(強)。老甲 7

2. 《叄(賚)》《武》樂(樂)取(趣)。性命 28

六、治。

1. 㠯(以)亡(無)事老甲 29 取(取)天下。30

0262 友  古文 

【用字】 友、䶣、䶣、䶣

【詞義】

一、朋友。

1. 倗(朋)䶣(友)卣(攸)㪇(攝)。緇衣 45

2. 㫚(祖)字(娩—免),爲宗族也,爲弸(朋)䶣(友)六德 28 亦肰(然)。29

3. 爲六德 29 宗族𠂔(麗—離)𠭁(朋)䶣(友),不爲𠭁(朋)䶣(友)𠂔(麗—離)宗族。30

4. 䶣(友),君臣語叢一 80[之道也]。81

5. 君臣、朋䶣(友),丌(其)臭(睪—擇)者也。語叢一 87

6. 行𦘔(盡)此友𡵂(矣)。語叢三 62

7. 士亡(無)友不可。語叢四 22

8. 士又(有)𢘓(謀)友,𠟭(則)言談不語叢四 23 勹(弱)。24

二、親善;友愛。

1. 古(故)君子之䶣(友)也緇衣 42 又(有)𦊅(鄉)。43

2. 䶣(友),君臣之衍(道)也。語叢三 6

0263 度 

【用字】 厇

【詞義】

一、忖度;謀慮。

1. 余才(茲)厇(宅—度)天心。成之 33

2. 言余之此而厇(宅—度)於天心也。成之 33

3. 所厇(宅—度)不遠𡵂(矣)。成之 34

0264 事 𤔲 古文 𠭆

【用字】 事、叓、𠭆

【詞義】

一、事情。引申爲政事；職務；工作。

1. 丌（其）老甲7事好長。8

2. 𨛷（臨）事之紀。老甲11

3. 此亡（無）敗（敗）事矣。老甲11

4. 是老甲16㠯（以）聖（聖）人居亡（無）爲之事。17

5. 實（賽—塞）亓（其）事。老乙13

6. 成（城—成）事述（遂）社（功）也。老丙2

7. 古（故）吉事上左，喪（喪）事上右。老丙8

8. 訢（慎）𠂤（終）若訂（始），勸（則）糅（無）敗（敗）事壴（喜—矣）。老丙12

9. 㠯（以）太—10 道（道）從事者必㤅（託）丌（其）明（名），古（故）事城（成）而身長。11

10. 聖（聖）人之從事也，亦㤅（託）丌（其）太—11 明（名）。12

11. 𢼸（教）㠯（以）事。尊德義15

12. 夫生而又（有）戠（職）事者也，非𢼸（教）所及也。尊德義18

13. 堂（堂—當）事因方而斳（折—制）之。性命19

14. 售（唯—雖）能丌（其）事，不能丌（其）心，不貴。性命37

15. 凡㤅（憂）患之事谷（欲）妊（任），樂（樂）事谷（欲）逡（後）。性命62

16. 《旹（春）穋〈秋〉》，所㠯（以）會（會）古含（今）之語叢—40 事也。41

17. 豪（家）事乃又（有）暇。語叢四26

二、侍奉。

1. 絤（治）人事天，莫若嗇。老乙1

2. 臣事君。緇衣6

3. 下之事上也。緇衣14

4. 智（智—知）而事之。五行44

5. 夫眔（聖）人上事天。唐虞4

6. 下事埅（地）。唐虞4

7. 旹（時）事山川。唐虞4

8. 新（新—親）事且（祖）㾼（廟）。唐虞5

9. 古者吳（虞）坴（舜）管（篤）事氒（瞽）寬（瞍）。唐虞9

10. 忠事帝埜（堯）。唐虞 9

11. 督（智—知）丌（其）能紤（事）天下之長也。唐虞 23

12. 下之事上也。尊德義 36

13. 上交近事君。性命 57

14. 又（有）事人［者］。六德 9

15. 㠯（以）忞（忠）叀（事）人多（者）。六德 17

16. 子也者,曾（會）埠（埠—最）長材六德 21 㠯（以）事上。22

17. 未又（有）善事人而不返者。語叢二 45

18. 善事亓（其）上語叢四 18 者。19

三、以……爲事。

　1. 事亡（無）事。老甲 14

四、“無事”。指無爲。道家主張順乎自然,無爲而治。

　1. 事亡（無）事。老甲 14

　2. 㠯（以）亡（無）事老甲 29 取（取）天下。30

　3. 我粦（無）事而民自寡（福—富）。老甲 31

五、用爲“士”,參閱卷一“士”（第 27 頁）。

0265 蕭　　蕭　　古文 蕭

【用字】　蕭

【解字】

　　“蕭”字,簡文原作“”,形體模糊,舊多隸定爲“昜”。張光裕先生釋爲“昜”①。劉昕嵐先生釋爲“尋”,可作“循”字解②。涂宗流、劉祖信先生疑讀爲“昜”,改變之義③。廖名春先生認爲當隸定作“灵”,爲“昚”之異體,即“慎”字,訓爲謹慎④。白於藍先生認爲當隸定爲“耑”,讀爲“端”,直也⑤。陳偉先生釋爲“尋”,有探求、揣度義,簡書中似有此訓,指退卻時的慎重⑥。

---

①　張光裕:《郭店楚簡研究》第一卷《文字編》,藝文印書館,1999 年,第 705 頁。

②　劉昕嵐:《郭店楚簡〈性自命出〉篇箋釋》,《郭店楚簡國際學術研討會論文集》,湖北人民出版社,2000 年,第 352 頁。

③　涂宗流、劉祖信:《郭店楚簡先秦儒家佚書校釋》,萬卷樓圖書有限公司,2001 年,第 184、187 頁。

④　廖名春:《郭店簡〈性自命出〉篇校釋札記》,《新出楚簡試論》,臺灣古籍出版有限公司,2001 年,第 168 頁。

⑤　白於藍:《郭店楚墓竹簡釋讀札記》,《古文字論集（二）》（《考古與文物》叢刊第四號）,2001 年,第 173—179 頁。

⑥　陳偉:《郭店竹書別釋》,湖北教育出版社,2003 年,第 201 頁。

李零先生初釋爲"尋",後目驗原簡,指出字作"繡",這里讀爲"肅"①。上博
簡對應之字讀"肅"。

【詞義】

一、恭敬;莊嚴。

　　1. 退谷(欲)肅而毋坙(坙—輕)。性命 65

0266 書　　書

【用字】 箸

【詞義】

一、《尚書》。

　　1.《耑(時—詩)》《箸(書)》《豊(禮)》《樂(樂)》。性命 15

　　2.《箸(書)》,又(有)爲言之也。性命 16

　　3. 堇(觀)者(諸)《耑(時—詩)》《箸(書)》鼎(勵—則)亦才(在)亙
　　　(喜—矣)。六德 24

0267 堅　　堅

【用字】 罊

【詞義】

一、堅定;不動搖。

　　1. 鼎(勵—則)好息(仁)不罊(罊—堅)而亞=(亞亞—惡惡)不屡(著)
　　　也。緇衣 44

0268 臣　　臣

【用字】 臣

【詞義】

一、君主制時的官吏。

　　1. 女(安—焉)又(有)正臣。老丙 3

　　2. 鼎(勵—則)君不惫(疑)亓(其)臣(臣,臣)不惑於君。緇衣 4

　　3. 臣事君。緇衣 6

　　4. 大臣之不新(親)也。緇衣 20

---

① 李零:《郭店楚簡校讀記》,《道家文化研究》第 17 輯(郭店楚簡專號),生活·讀書·新知三
　　聯書店,1999 年,第 511 頁;《上博楚簡三篇校讀記》,萬卷樓圖書有限公司,2002 年,第 78 頁。

5. 鼎(勛—則)大臣不台(以)而敪(埶—褻)臣忎(託)也。緇衣 21

6. 此昌(以)大臣不可不敬。緇衣 21

7. 鼎(勛—則)大臣不惄(怨)。緇衣 22

8. 可(何)女(如)而可冐(謂)忠臣？魯穆公 1

9. 可冐(謂)忠臣矣。魯穆公 2

10. 古(鄉)者虗(吾)昏(問)忠臣於子思。魯穆公 3

11. 可冐(謂)忠魯穆公 3 臣矣。4

12. 及丌(其)爲埜(堯)臣也,甚忠。唐虞 24

13. 忠(忠)者,臣惪(德)也。六德 17

14. 斳(折—制)爲君臣之義。成之 31

15. 新(親)父子,和大臣。六德 3

16. 忠(忠)者,臣惪(德)也。六德 17

17. 古(故)夫_(夫夫)、婦_(婦婦)、父_(父父)、子_(子子)、君_(君
　　君)、臣_(臣臣)。六德 23

18. 外立(位),君、臣、婦也。六德 27

19. 君臣宜(義)生言(焉)。六德 34

20. 君宜(義),六德 34 臣宜〈忠〉。35

21. 古(故)夫_(夫夫)、婦_(婦婦)、父_(父父)、子_(子子)、君_(君
　　君)、臣_(臣臣)。六德 35

22. 君不君,六德 37 臣不臣。38

23. 君臣亡(無)宜(義)。六德 39

24. 生民斯(斯)必又(有)夫婦、父子、君臣。六德 42

25. 奮(友),君臣語叢一 80 [之道也]。

26. 君臣、朋奮(友),丌(其)臭(罜—擇)者也。語叢一 87

27. 君臣不相才(存)也。語叢三 3

28. 奮(友),君臣之衍(道)也。語叢三 6

29. 君又(有)語叢四 22 悐(謀)臣。23

二、役使;統屬。

1. 天陛(地)弗敢臣。老甲 18

三、盡臣的本分。

1. 古(故)夫_(夫夫)、婦_(婦婦)、父_(父父)、子_(子子)、君_(君
　　君)、臣_(臣臣)。六德 23

2. 古(故)夫_(夫夫)、婦_(婦婦)、父_(父父)、子_(子子)、君_(君
　　君)、臣_(臣臣)。六德 35

3. 君不君，六德 37 臣不臣。38

四、臣子的本分。

1. 忠事帝埜（堯），乃弋（式）丌（其）臣。唐虞 9

0269 臧 臧 籀文 臧

【用字】 臧、牂

【詞義】

一、供人役使者的賤稱。

1. 邵（呂）室（望）爲牂（臧）埜（棘）澅（津）。窮達 4

二、用爲"莊"，參閲卷一"莊"（第 29 頁）。

三、"咸"字形近訛寫，參閲卷二"咸"（第 63 頁）。

0270 役 役 古文 伇

【用字】 伇

【詞義】

一、使役；驅使。

1. 耳官（目）鼻口乎（手）足六者，心之伇（役）也。五行 45

0271 殺 殺 古文 殺、殺、布

【用字】 殺、瀺、布

【解字】

　　《唐虞》簡7、《語叢一》簡 103、《語叢三》簡 40 諸例"布"字，整理者隸定爲"蚤"，誤。陳偉先生指出其爲"殺"字古文，衰減義①。李零先生同意釋爲"殺"，但讀爲"施"，延昜、推廣義，與下文"禪之傳"的"傳"互文見義②。彭裕商先生釋爲"蚄"，讀爲"方"，即"旁"，訓爲"廣"③。李鋭先生釋爲"殺"，讀爲"粲"，"孝之粲"即將孝推廣、散佈④。黄錫全先生認爲當以釋"殺"或"蔡"爲是，讀爲"次"⑤。

---

① 陳偉：《郭店楚簡别釋》，《江漢考古》，1998 年第 4 期，第 69 頁。

② 李零：《郭店楚簡校讀記（增訂本）》，北京大學出版社，2002 年，第 98 頁。

③ 彭裕商：《讀〈郭店楚墓竹簡〉札記》，《古文字研究》第 24 輯，中華書局，2002 年，第 392 頁。

④ 李鋭：《孔孟之間"性"論研究——以郭店、上博簡爲基礎》，清華大學博士學位論文，2005 年，第 26 頁。

⑤ 黄錫全：《〈唐虞之道〉疑難字句新探》，《長沙三國吳簡暨百年來簡帛發現與研究國際學術研討會論文集》，中華書局，2005 年，第 218 頁。

林志鵬先生釋爲"希",讀爲"肆",《説文》:"肆,極陳也。"引申爲展放①。按:"殺"字古文作"$\widetilde{\mathcal{A}}$",當隸定爲"布",與"希"字古文"$\widetilde{\mathcal{A}}$"相比,二者"頭部顯然不同"②,不當混而爲一。

【詞義】

一、殺死;殺戮。

　　1. 媘(媄—美)之,是樂殺人。老丙7

　　2. 古(故)殺[人眾]。老丙9

　　3. 夫爲亓(其)君之古(故)殺亓(其)身者。魯穆公5

　　4. 夫爲亓(其)君之古(故)殺亓(其)身者。魯穆公6

　　5. 殺冡(瘥—戮),所吕(以)瑴(敘—除)詻(怨)也。尊德義3

　　6. 殺尊德義35不足吕(以)夯(弅—勝)民。36

二、減省。

　　1. 此天帝=(之所)不能殺。太一7

　　2. 哭之勤(動)心也,漸(浸)溺(殺)。性命30

　　3. 豊(禮)不同,不奉(豐)不布(殺)。語叢一103

三、等差;等級。

　　1. 憨(慭—愛)罶(親)勦(則)亓(其)布(殺)憨(慭—愛)人。語叢三40

四、通"施",延易,推廣。③

　　1. 孝之布(殺),惡(愛)天下之民。唐虞7

0272 殹

【用字】　殹

【解字】

　　陳松長先生釋爲"政","樂政"是對《語叢一》內容的一個總括。"樂政"又可讀爲"樂正",在《禮記》中"樂正"是司掌樂政的官名④。周鳳五先生釋爲"政",讀爲"正"⑤。劉釗先生讀爲"疏",認爲與簡34"樂繁"正相反⑥。

① 林志鵬:《郭店楚墓竹書〈唐虞之道〉重探》,《楚地出土簡帛思想研究(三)》,湖北教育出版社,2007年,第498—499頁。

② 陳劍:《金文"彖"字考釋》,《甲骨金文考釋論集》,綫裝書局,2007年,第243—272頁。

③ 按:此爲李零先生意見,暫從之。不歸入"施"字下。

④ 陳松長:《郭店楚簡〈語叢〉小識(八則)》,《古文字研究》第22輯,中華書局,2000年,第257—258頁。

⑤ 周鳳五:《郭店楚簡〈語叢一〉重編新釋》,2000年稿本。

⑥ 劉釗:《郭店楚簡〈語叢一〉箋釋》,《吉林大學古籍研究所建所二十周年紀念文集》,吉林文史出版社,2003年,第70頁。

【詞義】

一、待考。

　　1. 樂殼。**語叢－112**

0273 叟

【用字】　叟

【解字】

　　黄德寬、徐在國先生認爲"叟"是古文"鞭"字繁體,似讀爲"變"①。李零先生認爲該字或與楚文字"家"有關②。陳斯鵬先生左下旁是"元"字的反向寫法,從"殳"與從"支"同意,應釋爲"寇"③。劉釗先生疑爲"寇"字④。

【詞義】

一、待考。

　　1. 者迻叟不逮從一衔(道)。**語叢－75**

0274 尃　　　🖌

【用字】　尃

【詞義】

一、用爲"博",參閲本卷"博"(第 123 頁)。

二、用爲"附",參閲卷十四"附"(第 729 頁)。

三、用爲"輔",參閲卷十四"輔"(第 725 頁)。

四、用爲"薄",參閲卷一"薄"(第 31 頁)。

五、待考。

　　1. □🖌尃(?)□**殘簡 22**

0275 將　　　🖌

【用字】　牆、牆

【解字】

　　尊德義簡 13"牆"字,整理者(175 頁注[五])認爲是《説文》"牆"字古文。

---

① 黄德寬、徐在國:《郭店楚簡文字考釋》,《吉林大學古籍整理研究所建所十五周年紀念文集》,吉林大學出版社,1998 年,第 107—108 頁。

② 李零:《郭店楚簡校讀記(增訂本)》,北京大學出版社,2002 年,第 162 頁。

③ 陳斯鵬:《郭店楚簡解讀四則》,《古文字研究》第 24 輯,中華書局,2002 年,第 411 頁。

④ 劉釗:《郭店楚簡校釋》,福建人民出版社,2005 年,第 197 頁。

周鳳五先生讀爲"莊"①。李零先生讀爲"將",疑"爭將"同"將爭"②。陳斯鵬先生讀爲"商",五音之一,"清商"可能爲樂章的泛稱③。陳偉先生讀爲"壯","清壯"爲清新豪健之意④。孫飛燕先生認爲"淑德清牆"一語可以同上博簡《容成氏》簡1的"其德酋清"比對,"清牆"可以讀爲"清瀏"或"清瀏"⑤。連劭名先生讀爲"將",訓爲"壯"⑥。曹峰先生讀爲"猒"⑦。顧史考先生讀爲"鏘"⑧。

【詞義】

一、將帥;將領。

　　1. 皮(破)邦芒(喪)_{語叢四 6} 牆(牆—將)。₇

二、"將軍",官名,後專指武將。

　　1. 吕(以)攴(鞭—偏)牆(牆—將)_{老丙 8} 匐(軍)居左,上牆(牆—將)匐(軍)居右。₉

三、副詞。相當於"將要"、"快要"。

　　1. 牆(牆—將)舍(舍—徐)淸(清)。_{老甲 10}

　　2. 牆(牆—將)舍(舍—徐)生。_{老甲 10}

　　3. 而萬勿(物)牆(牆—將)自愄(化)。_{老甲 13}

　　4. 牆(牆—將)貞(貞—鎮)之吕(以)亡(無)明_(名)之蔓(蹼—僕—樸)。_{老甲 13}

　　5. 夫_{老甲 13}亦牆(牆—將)智₌足_[=](智足—知足,知足)吕(以)朿(靜),萬勿(物)牆(牆—將)自定。₁₄

　　6. 萬勿(物)牆(牆—將)自賓(賓)。_{老甲 19}

　　7. 夫亦牆(牆—將)智(智—知)止(止)。_{老甲 20}

　　8. 女(如)牆(牆—將)又(有)敗(敗),骷(雄)是爲諲(割—害)。_{語叢四 16}

四、待考。

　　1. 耆(教)吕(以)樂(樂),勮(則)民刜(淑)惪(德)淸(清)牆。_{尊德義 13}

①　周鳳五:《郭店楚簡識字札記》,《張以仁先生七秩壽慶論文集》,學生書局,1999 年,第 359 頁。

②　李零:《郭店楚簡校讀記》,《道家文化研究》第 17 輯(郭店楚簡專號),生活·讀書·新知三聯書店,1999 年,第 525 頁。

③　陳斯鵬:《郭店楚墓竹簡考釋補正》,《華學》第 4 輯,紫禁城出版社,2000 年,第 81 頁。

④　陳偉:《郭店簡書〈尊德義〉校釋》,《中國哲學史》,2001 年第 3 期,第 113—114 頁。

⑤　孫飛燕:《讀〈尊德義〉札記一則》,簡帛網(http://m.bsm.org.cn/?chujian/4963.html),2007 年 11 月 27 日。

⑥　連劭名:《郭店楚簡〈尊德義〉考述》,《人文論叢》(2007 年卷),中國社會科學出版社,2008 年,第 321—340 頁。

⑦　曹峰:《〈尊德義〉分章考釋》,《中國文字》第 34 期,藝文印書館,2009 年,第 51—73 頁。

⑧　顧史考:《郭店楚簡〈尊德義〉篇簡序新案》,"出土文獻研究方法國際學術研討會"論文集,2011 年。

0276 導　　遵

【用字】　道、遒

【解字】

　　“道、遒”皆爲“道”之異體。

【詞義】

一、引導;開導。

　　1. 君子道(道—導)人呂(以)言。緇衣 32

　　2. 亓(其)遒(道—導)民也不憲(浸)。成之 4

　　3. 是呂(以)民可 成之 15 敬遒(道—導)也。16

　　4. 𡥄(教)道(道—導)尊德義 12 之取(取)先。13

　　5. 民可叟(使)道(道—導)尊德義 21 之。22

　　6. 民可遒(道—導)也。尊德義 22

0277 啟　　啟

【用字】　啟

【詞義】

一、打開。

　　1. 啟亓(其)逡(兌)。老乙 13

0278 效　　𣁋

【用字】　交

【詞義】

一、獻出;盡力。

　　1. 交(效)彔(录—禄)舊(雀—爵)者也。魯穆公 6

0279 故　　故

【用字】　古

【詞義】

一、緣故;原因。

　　1. 夫爲亓(其)君之古(故)殺亓(其)身者。魯穆公 5

　　2. 夫爲亓(其)君之古(故)殺亓(其)身者。魯穆公 6

3. 爲古(故)衛(衛—率)民岢(嚮)方者。**尊德義 28**

4. 又(有)爲也者之胃(謂)古(故)。**性命 13**

5. 必書(盡)丌(其)古(故)。**語叢四 15**

二、連詞。因此;所以。

1. 古(故)天下莫能异(與)之鬭(靜—爭)。**老甲 5**

2. 是昌(以)聖(聖)人亡(無)爲古(故)亡(無)敗(敗)。**老甲 11**

3. 亡(無)報(執)古(故)亡(無)遑(逸—失)。**老甲 11**

4. 是古(故)聖(聖)人能尃(輔)萬勿(物)之自狀(然)而弗**老甲 12** 能爲。**13**

5. 古(故)宛(終)亡(無)難(雖—難)。**老甲 15**

6. 古(故)不可昃(得)天〈而〉新(親)。**老甲 28**

7. 古(故)爲天下貴。**老甲 29**

8. 古(故)智(智—知)足不屡(辱)。**老甲 36**

9. 古(故)大**老丙 2** 迫(道)雙(發—廢),女(安—焉)又(有)愳(仁)義。**3**

10. 古(故)道(道)〔之出言〕,**老丙 4** 淡可(呵)丌(其)粜(無)杏(味)也。**5**

11. 古(故)曰兵者〔非君子之器〕。**老丙 6**

12. 古(故)吉事上左,霓(喪)事上右。**老丙 8**

13. 古(故)殺〔人眾〕,**老丙 9** 勬(則)昌(以)忞(哀)悲位(蒞)之。**10**

14. 聖(聖)人粜(無)爲古(故)粜(無)敗(敗)也。**老丙 11**

15. 粜(無)報(執)古(故)〔無失〕。**老丙 11**

16. 古(故)戲(歲)者,淫(濕)澡(燥)斋=(之所)生也。**太一 4**

17. 是古(故)大(太)一贊(贓—藏)於水,行於戲(時)。**太一 6**

18. 古(故)事成(城—成)而身長。**太一 11**

19. 古(故)肛(功)城(成)而身不剔(傷)。**太一 12**

20. 古(故)怎(過)丌(其)方。**太一 12**

21. 古(故)君民者,章(彰)好昌(以)貝(視—示)民您(慾—欲)。**緇衣 6**

22. 古(故)心昌(以)體褻(法—廢),君昌(以)民芒(喪—亡)。**緇衣 9**

23. 古(故)倀(長)民者章(彰)志昌(以)卲(昭)百眚(姓)。**緇衣 11**

24. 古(故)上之好亞(惡)不可不訢(慎)也。**緇衣 15**

25. 古(故)**緇衣 21** 君不與少(小)慰(謀)大。**22**

26. 古(故)孿(孿—慈)昌(以)忞(愛)之。**緇衣 25**

27. 古(故)上不可昌(以)褄(執—褻)垫(刑)而翠(翠—輕)雀(爵)。

緇衣 28

28. 古（故）大人不昌（倡）湮（流）。緇衣 30

29. 古（故）言緇衣 32 鼎（勪—則）慮（慮）亓（其）所卒（終）。33

30. 古（故）君子顒（顧）言而緇衣 34 行。35

31. 古（故）君子多睯（聞），齊而獣（獸—守）之。緇衣 38

32. 古（故）君子之備（友）也緇衣 42 又（有）苫（嚮）。43

33. 童（動）非爲達也，古（故）穿（窮—窮）而不窮達 11 ［□；□非］爲眀（名）也，古（故）莫之智（智—知）而不爹（鄰—悶）。12

34. 古（故）君子憚（惇）於怎（反）㠯（己）。窮達 15

35. 古（故）湯（唐）吳（虞）之興［□□］唐虞 3 也。4

36. 怎（愛）唐虞 6 罕（親）古（故）孝，算（尊）㪟（旣—賢）古（故）徨（禪—禪）。7

37. 古（故）亓（其）爲宛（瞀）寞（瞑）子也，甚孝。唐虞 24

38. 古（故）堃（堯）之徨（禪—禪）虎（乎）坴（舜）也。唐虞 25

39. 古（故）不皇（皇—誑）生，不怀（倍）死也。忠信 3

40. 古（故）行而鮮（鯖—爭）兌（悅）民，孚（君子）弗采（由）也。忠信 6

41. 古（故）纑（蠻—蠻）罕（親）尃（附）也。忠信 8

42. 亓（其）言尒（爾）訏（信），古（故）怚（遹）而可叏（受）也。忠信 8

43. 氐（是）古（故古）之所忠信 8 㠯（以）行虎（乎）閔嚳（嘍）者。9

44. 古（故）孚（君子）之立（蒞）民也。成之 3

45. 是古（故）亡虙（乎）亓（其）身而成之 4 鷹（存）虖（乎）亓（其）釕（詞）。5

46. 是古（故）塁（畏—威）備（服）型（刑）鄮（罰）之褁（屢）行也。成之 5

47. 是古（故）成之 6 赱（上）句（苟）身備（服）之。7

48. 是古（故）君子之求者（諸）㠯（己）也深。成之 10

49. 是古（故）孚（君子）成之 13 之於言也。14

50. 古（故）孚（君子）不貴後（庻—庶）勿（物）而貴與成之 16 民又（有）同也。17

51. 古（故）君子所遻（復）之不多，所求之不遠。成之 19

52. 是古（故）谷（欲）人之怎（愛）㠯（己）也。成之 20

53. 是古（故）凡勿（物）才（在）疾之。成之 22

54. 是古（故）尖（少人—小人）變（闇—亂）天尝（常）㠯（以）逆大道（道）。成之 32

55. 是古（故）成之 33 唯君子道（道）可近求而可遠造也。37

56. 古（故）君子斳（慎）六立（位）㠯（以）巳（祀）天棠（常）。成之 40

57. 古（故）彖（終）是勿（物）也而又（有）深女（安—焉）者。尊德義 19

58. 古（故）爲正（政）者。尊德義 30

59. 古（故）惪（德）可易而攺（攺—施）可迣（遷）也。尊德義 37

60. 是古（故）兀（其）心性命 29 不遠。30

61. 古（故）曰：……六德 16

62. 是古（故）夫死又（有）宝（主）。六德 19

63. 古（故）人鼎（勳—則）爲六德 22 ［人也］。23

64. 古（故）夫＿（夫夫）、婦＿（婦婦）、父＿（父父）、子＿（子子）、君＿（君君）、臣＿（臣臣），六者客（各）六德 23 行亓（其）歖（職）。24

65. 古（故）夫＿（夫夫）、婦＿（婦婦）、父＿（父父）、子＿（子子）、君＿（君君）、臣＿（臣臣），此六者客（各）六德 35 行亓（其）歖（職）。36

66. 是古（故）先王之六德 39 季（教）民也，䤣（始）於孝弟。40

67. 是古（故）先六德 40 王之季（教）民也。41

68. 古（故）曰：……六德 49

69. 古（故）愳（謀）爲可貴。語叢四 25

三、事理；法則。主要指合乎儒家思想的各種禮制和倫理道德規範。

1. 室（節）眚（性）者，古（故）也。性命 11

0280 政　　政

【用字】　政、正

【詞義】

一、政治；政事

1. 是㠯（以）爲正（政）者，季（教）道（道—導）尊德義 12 之取（取）先。13

2. 古（故）爲正（政）者，或侖（論）之，或羕（養）之。尊德義 30

3. 坓（均）不足㠯（以）坓（坪—平）正（政）。尊德義 34

4. 下交旻（得）性命 56 衆近從正（政）。57

二、法教；禁令。

1. 季（教）之㠯（以）正（政）。緇衣 24

2. 季（教）亓（其）正（政）。尊德義 18

三、政策；政令。

1. 正（政）之不行。緇衣 27

2. 正（政）弗行矣。尊德義 19

3. 正(政)亓(其)虞(然)而行,忩(怠)安(安—焉)尒(爾)也。語叢一 59

4. 正(政)不達戞(文),生虖(乎)不達語叢一 60 亓(其)虞(然)也。61

5. 政①亓(其)虞(然)而行,忩(怠)女(安—焉)。語叢一 67

四、政治權利。

1. 丰=(七十)而至(致)正(政)。唐虞 26

0281 數　　數

【用字】　婁、睿

【解字】

《語叢二》簡 44"名數",李零先生認爲即儒家討論性情和欲望的範疇;劉釗先生認爲"名數"指名目或種類。《性命》簡 22"睿"字,張光裕、周鳳五等先生釋爲"數";馮勝君師贊同此説,該字可與中山王鼎、上博四《曹沫之陳》簡 25 的"數"字比較②。"其數",周鳳五先生認爲"猶'九拜'之屬"③。

【詞義】

一、數目。

1. 亓(其)睿(數),戞(文)也。性命 22

2. 婁(數),不肀(盡)也。語叢一 90

3. 明(名),婁(數)也。語叢二 44

0282 改　　改

【用字】　改、亥

【詞義】

一、變更;更改。

1. 虽(蜀—獨)立不亥(改)。老甲 21

2. 衣備(服)不改(改)。緇衣 16

3. 亓(其)頌(容)不改(改)。緇衣 17

4. 改(改)悬(忌)窝(勝)。尊德義 1

5. 耆(教)非改(改)道(道)也。尊德義 4

---

① 按:周鳳五先生讀爲"正"(《郭店楚簡〈語叢一〉重編新釋》,2000 年稿本)。

② 馮勝君:《郭店簡與上博簡對比研究》,綫裝書局,2007 年,第 217 頁注【1】。

③ 張光裕主編:《郭店楚簡研究》第一卷《文字編》,藝文印書館,1999 年,第 586 頁;周鳳五:《上博〈性情論〉小箋》,《齊魯學刊》,2002 年第 4 期,第 13—16 頁。

6. 季(學)非改(改)侖(倫)也。**尊德義 5**

7. 宎(終)身弗改(改)之豈(喜—矣)。**六德 19**

0283　變　　𢰃

【用字】　貞、叓

【解字】

　　"貞""叓"二字皆爲"党"字,今通行字作"弁"。郭店簡諸字學者多隸定爲"叓",即"叓"形之譌。一般情況下,"叓"爲"吏/史","叓"爲"弁",李零先生指出二者主要區別在於"𦥑"下是否加有向左右分撇的兩點,但二者經常混淆①。張桂光先生認爲"史(使)"與"弁"二者是有區別的,"貞"形或右側有短筆的"𣥂"形應讀爲"史";兩側均有明晰短筆的"𣥂"形應讀爲"變"②。陳斯鵬先生同意張桂光的意見,同時認爲"史""弁"二字有雙向訛混③。目前,學者多認爲"弁""吏"二字大致有別,但也存在混同的情況,釋讀時除分辨形體外,還需結合語句考察④。

【詞義】

一、改變;變化。

1. 丌(其)聖(聖—聲)叓(党—變)鼎(勳—則)[心從之],**性命 32** 丌(其)心叓(党—變)鼎(勳—則)丌(其)聖(聖—聲)亦狀(然)。**33**

二、勉也。

1. 不叓(党—變)不兌(悅)。**五行 21**

2. 尻_(尻色—顏色)㕚(容)伨(貌),㤅(恩—溫)叓(党—變)也。**五行 32**

3. 甬(用)身之貞(党—變)者,兌(悅)爲甚。**性命 43**

0284　斂　　𣂼

【用字】　斂、睿

---

① 李零:《郭店楚簡校讀記》,《道家文化研究》第 17 輯(郭店楚簡專號),生活·讀書·新知三聯書店,1999 年,第 468、491 頁。

② 張桂光:《〈郭店楚墓竹簡〉釋注續商榷》,《簡帛研究二○○一》,廣西師範大學出版社,2001 年,第 186—187 頁。

③ 陳斯鵬:《楚簡"史""弁"續辨》,《古文字研究》第 27 輯,中華書局,2008 年,第 400—406 頁。

④ 陳偉:《讀郭店竹書〈老子〉札記(四則)》,《江漢論壇》,1999 年第 10 期,第 11—12 頁。

【詞義】

一、約束;節制。

1. 虗(吾)夫₌(大夫)共(恭)虔(且)韇(儉),杕(靡)人不斂(斂)。緇衣 26

2. 蘁(觀)《卲(韶)》《頲(夏)》鼎(勩—則)免(勉)女(如)也性命 25 舁(斯)睿(僉—斂)。26

3. 恳(憂)谷(欲)睿(僉—斂)而毋惛(昏)。性命 64

0285 救　𦏧

【用字】　坴

【詞義】

一、窮盡;終止。

1. 舁(終)身不坴(救)。老乙 13

0286 斁　𢿢

【用字】　愳

【詞義】

一、厭。

1. 備(服)之亡(無)愳(懌—斁)。緇衣 41

0287 赦　𤕦　或體 𤕦

【用字】　亦、懇

【詞義】

一、赦免;寬恕罪過。

1. 又(有)少(小)皋(罪)而亦(赦)之。五行 38

2. 又(有)少(小)皋(罪)而弗亦(赦)也。五行 39

3. 型(刑)丝(茲)亡(無)懇(赦)。成之 39

0288 攸　𢿢　秦嶧山刻石 𢿢

【用字】　卣

【詞義】

一、助詞。用在動詞前,組成名詞性詞組,相當於"所"。

1. 儽(朋)脊(友)卣(攸)鄴(攝)。緇衣 45

0289 敦　　𡙻

【用字】　屯、淳

【詞義】

一、敦厚;篤厚。

　　1. 屯(敦)虖(嘑—乎)丌(其)奴(如)樸(樸)。老甲9

二、浸潤。

　　1. 𣉻(則)丌(其)淳(淳—敦)也弗深急(矣)。成之4

0290 敗　　𣈆　　籀文 𣈆

【用字】　𣈆、敗

【解字】

　　𣈆、敗皆爲"敗"字。"𣈆"同《説文》籀文,"敗"即"𣈆"之省。甲骨文"敗"字有從鼎和從貝兩種形體,會撲鼎(貝)使敗壞之意,而以從"貝"之形爲多。後來"敗"字不從"鼎"而從"貝",或出於形聲化的需要,古音"貝"爲幫母月部,"敗"爲並母月部,讀音相近。

【詞義】

一、(事情)失敗。跟"成"相對。

　　1. 是吕(以)聖(聖)人亡(無)爲(故)亡(無)敗(敗)。老甲11

　　2. 此亡(無)敗(敗)事矣。老甲11

　　3. 聖(聖)人粦(無)爲古(故)粦(無)敗(敗)也。老丙11

　　4. 䚛(慎)卒(終)若訋(始),𣉻(則)粦(無)敗(敗)事豈(喜—矣)。老丙12

　　5. 人之敗(敗)也,死(亙—恆)於丌(其)叀(且)成(城—成)也敗(敗)之。老丙12

　　6. 女(如)酒(醬—將)又(有)敗(敗),𣍲(雄)是爲劃(割—害)。語叢四16

二、使……失敗。

　　1. 爲之者敗(敗)之,報(執)者遠老甲10之。11

　　2. 爲之者敗(敗)之,報(執)之者逢(逸—失)之。老丙11

　　3. 人之敗(敗)也,死(亙—恆)於丌(其)叀(且)成(城—成)也敗(敗)之。老丙12

三、破壞;毀壞。

　　1. 毋吕(以)少(小)惎(謀)敗(敗)大緇衣22𡊮(圖)。23

四、妨害。

1. 若兩輪之相遫(轉),而佇(終)不相敗(敗)。語叢四 20

0291 攻 

【用字】 攻、戉

【詞義】

一、攻打;进击。

1. 正(征)欽(禁),所㠯(以)尊德義 2 戉(攻)[□也]。3

二、专心从事;致力研究。

1. 不求者(諸)丌(其)杳(本)而戉(攻)者(諸)丌(其)成之 10 末。11

三、用爲“功”,參閱卷十三“功”(第 704 頁)。

四、待考。

1. 攻遑(往)者復(復)。尊德義 32

0292 牧 

【用字】 牧、敳

【詞義】

一、放養牲畜。

1. 白(百)里退(邅)道(鬻)五羊,爲敀(伯)敳(牧)牛。窮達 7

二、“敹”字形近訛寫,用爲“養”,參閱卷五“養”(第 279 頁)。

0293 教  古文 、

【用字】 敎、𡥈、效、季、斆

【詞義】

一、政教;教化。

1. 行不言之季(教)。老甲 17

2. 𡥈(教)此㠯(以)遾(逸—失)。緇衣 18

3. 孜(孫—遜)民效(教)也。唐虞 12

4. 叜(受—授)㕡(臤—賢)鼎(勳—則)民興效(教)而蟡(化)虍(乎)道(道)。唐虞 21

5. 君子之於𡥈(教)也。成之 4

6. 𡥈(教)㠯(使)肰(然)也。性命 9

7. 肰(然)句(後)返(復)昌(以)耆(教)。**性命 18**

8. 耆(教),所昌(以)生惪(德)于审(中)者也。**性命 18**

9. 兑(悦)亓(其)耆(教)。**性命 21**

10. 而句(後)**語叢一 10** 耆(教)生。**11**

二、教育;訓誨。

1. 孝(教)不孝(教),返(復)眾之所|=|迲(過)。**老甲 12**

2. 正(政)之不行,孝(教)之不成(城—成)也。**緇衣 27**

3. 效(教)民又(有)尊(尊)也。**唐虞 4**

4. 效(教)民又(有)新(新—親)也。**唐虞 4**

5. 效(教)民**唐虞 4** 又(有)敬也。**唐虞 5**

6. 效(教)民孝也。**唐虞 5**

7. 效(教)民弟(悌)也。**唐虞 5**

8. 效(教)民大川(順)之道(道)也。**唐虞 6**

9. 耆(教)道(道—導)**尊德義 12** 之取(取)先。**13**

10. 不耆(教)亓(其)人。**尊德義 19**

11. 可孝(教)也而不可迪亓(其)民。**尊德義 20**

12. 旮(皆)耆(教)亓(其)人者也。**性命 28**

13. 未耆(教)**性命 51** 而民死(亙—恆)。**52**

14. 孝(教)此民尒(爾)叟(使)**六德 2** 之又(有)占(嚮)也。**3**

15. [有]教(教)者,又(有)學(學)者。**六德 9**

16. 或(又)從而孝(教)愄(誨)之。**六德 21**

17. 是古(故)先王之**六德 39** 耆(教)民也。**40**

18. 王之孝(教)民也。**六德 41**

三、意動用法,以……爲教。

1. 孝(教)不孝(教),返(復)眾之所|=|迲(過)。**老甲 12**

四、傳授(知識技能)。

1. 耆(教)之**緇衣 23** 昌(以)惪(德)。**24**

2. 耆(教)之昌(以)正(政)。**緇衣 24**

3. 耆(教)爲可頪(類)也。**尊德義 4**

4. 耆(教)非改(改)道(道)也,敎(教)之也。**尊德義 4**

5. 耆(教)昌(以)豊(禮)。**尊德義 13**

6. 耆(教)昌(以)樂(樂)。**尊德義 13**

7. 耆(教)**尊德義 13** 昌(以)攴(鞭—辯)兑(説)。**14**

8. 耆(教)昌(以)埶(埶—藝)。**尊德義 14**

9. 耊(教)㠯(以)只(技)。尊德義 14

10. 耊(教)㠯(以)言。尊德義 15

11. 耊(教)㠯(以)事。尊德義 15

12. 耊(教)㠯(以)蠪(懽—權)㥜(謀)。尊德義 16

13. 夫生而又(有)歆(職)事者也,非耊(教)所及也。尊德義 18

14. 耊(教)亓(其)正(政)。尊德義 18

15. 不耊(教)亓(其)人,正(政)弗行矣。尊德義 19

16. 樂,或生或敎(教)者也。語叢一 43

五、用爲"學(敩)",參閱本卷"敩"(第 189 頁)。

0294　敩(學)　　𣪊　　省體 𪛓

【用字】　學、敩、𦥑、敽、敎

【解字】

　　學習之義,今寫作"學"。《語叢一》簡 61"敩"字兩見,此例爲"敩,敩亓也"。整理者(200 頁注[十四])讀爲"教,學其也",或"學,教其也"。陳斯鵬先生讀爲"敩(學),敩(學)亓(己)也",認爲可與《尊德義》簡5"學非改倫也,學己也"相對照,"學己"意即"使己學(覺悟)"①。周鳳五先生同意整理者意見,但認爲"其"字後脫"然"字②。呂浩先生疑當讀爲"學,教己也",意思是學就是教自己③。

【詞義】

一、學習。

1. 㡭(㡭—絕)𦥑(學)亡(無)㥜(憂)。老乙 4

2. 學不學,遝(復)眾亝=(之所)迊(過)。老丙 13

3. 𦥑(學)爲可㕌(嗌—益)也。尊德義 4

4. 𦥑(學)非改(改)侖(倫)也,𦥑(學)异(㠯—己)也。尊德義 5

5. 可學也而不可矣(疑)也。尊德義 19

6. [人生]性命 7 而學,或叜(使)之也。7

7. 凡學者隶〈求〉亓(其)心爲難。性命 36

8. 敩=(𦥑,學)亓(己)也。語叢一 61

9. 可學也而不可矣(疑)也。尊德義 19

① 陳斯鵬:《郭店楚墓竹簡考釋補正》,《華學》第 4 輯,紫禁城出版社,2000 年,第 81—82 頁。

② 周鳳五:《郭店竹簡〈語叢一〉重編新釋》,2000 年稿本。

③ 呂浩:《〈郭店楚簡〉釋文訂補》,《中國文字研究》第 2 輯,廣西教育出版社,2001 年,第 282 頁。

　　10. [有]敎(教)者,又(有)學(學)者,此六敨(職)也。六德 9

　　11. 牙(與)不好語叢三 11 敎(教—學)者遊,鼑(鼑—員—損)。12

二、使……學。

　　1. 學(學)非改(改)侖(倫)也,學(學)异(異—己)也。尊德義 5

　　2. 敎₌(學,學)丌(己)也。語叢一 61

三、意動用法,以……爲學。

　　1. 學不學,遆(復)眾斉₌(之所)迏(過)。老丙 13

四、學問;學識。

　　1. 學者日月(嗌—益),爲道(道)者日鼑(員—損)。老乙 3

五、學校。

　　1. 大(太)敎(教—學)之中,天子翠(親)齒。唐虞 5

0295 散　　〔散字〕

【用字】　後

【解字】

　　丁原植先生讀爲"踐"①;廖名春先生亦讀爲"踐",訓爲殘、毀②。劉信芳先生讀爲"殘"③。池田知久先生如字讀,跟從義④。劉釗先生等讀爲"散",訓爲失散⑤。

【詞義】

一、分散。

　　1. 丌(其)幾也,易後(散)也。老甲 25

0296 歅

【解字】

　　李零先生讀爲"列",指長幼次序⑥。劉釗先生指出"歅"字與蔡侯申盤的"歅"字寫法相同,"歅"疑讀爲"躐",意爲"超越"⑦。劉信芳先生讀爲

---

①　丁原植:《郭店竹簡老子釋析與研究》,萬卷樓圖書有限公司,1998 年,第 60 頁。

②　廖名春:《郭店楚簡老子校釋》,清華大學出版社,2003 年,第 266—267 頁。

③　劉信芳:《荊門郭店竹簡老子解詁》,藝文印書館,1999 年,第 32 頁。

④　池田知久:《郭店楚簡老子研究》,東京大學文學部中國思想文學研究室,1999 年,第 182 頁。

⑤　劉釗:《郭店楚簡校釋》,福建人民出版社,2005 年,第 20 頁。

⑥　李零:《郭店楚簡校讀記》,《道家文化研究》第 17 輯(郭店楚簡專號),生活·讀書·新知三聯書店,1999 年,第 529 頁。

⑦　劉釗:《郭店楚簡校釋》,福建人民出版社,2005 年,第 212 頁。

"獵","獵習"謂"涉獵學習"①。楊澤生先生認爲其左旁與《五行》25 號簡的"號"字左旁相同,疑應讀爲"隙",空閒②。

【詞義】

一、待考。

 1. 尻(處)而亡(無)歔_{語叢三 **12**}習(習)也,鼏(鼎—員—損)。**13**

0297　卜　　卜　　　古文 卜

【用字】　卜

【詞義】

一、占卜。

 1. 人而亡(無)贄(貟—恆),不可爲_{緇衣 **45**}卜箮(筮)也。**46**

0298　貞　　貞

【用字】　貞、甴

【詞義】

一、真誠。

 1. 攸(攸—修)之身,亓(其)惪(德)乃甴(貞)。_{老乙 **16**}

二、堅定不移。多指意志或操守。

 1. [質]貞(貞)女(如)愶(愈—渝)。_{老乙 **11**}

三、用爲"正",參閱卷二"正"(第 75 頁)。

四、用爲"鎮",參閱卷十四"鎮"(第 714 頁)。

0299　玭(兆)　　玭　　　古文 玭

【用字】　莊

【解字】

 《説文》作"玭",今作"兆"。

【詞義】

一、顯現;預示。

 1. 亓(其)未莊(兆)也,易愳(謀)也。_{老甲 **25**}

————————

①　劉信芳:《郭店簡文字例解三則》,《"中研院"歷史語言研究所集刊》第 71 本第 4 分,2000 年,第 933—944 頁。

②　楊澤生:《戰國竹書研究》,中山大學博士學位論文,2002 年,第 65 頁。

0300 用　　用　　古文 用

【用字】　用、甬

【詞義】

一、使用。

1. 㠯（以）戝（奇）甬（用）兵。**老甲 29**

2. 甬（用）兵勳（則）貴右。**老丙 6**

3. ［不]**老丙 6** 旻（得）巳（已）而甬（用）之。**7**

4. 咎（皋）采（陶）內用五型（刑）。**唐虞 12**

5. ▢**唐虞 12** 用戠（威），畠（夏）用戈。**13**

6. 亓（其）甬（用）心各異。**性命 9**

7. 凡思之甬（用）心爲甚。**性命 32**

8. 凡甬（用）心之枭（躁）者，思爲戡（甚）。**性命 42**

9. 甬（用）舝（智）之疾者，患爲甚。**性命 42**

10. 甬（用）青（青—情）之性**性命 42** 至者，态（哀）樊（樂）爲甚。**43**

11. 甬（用）身之貞（覍—變）者，兌（悅）爲甚。**性命 43**

12. 甬（用）力之聿（盡）者，称（利）爲甚。**性命 43**

13. 呁（賓）客之用緇（幣）也，非正（徵）。**語叢三 55**

二、運用；應用。

1. 溺（弱）也者，道（道）之甬（用）也。**老甲 37**

2. 丌（其）甬（用）不尙（敝）。**老乙 14**

3. 丌（其）甬（用）不穿（窮—窮）。**老乙 14**

三、治理。

1. 古之甬（用）民者，求之於㠯（己）爲死（互—亙）。**成之 1**

四、聽從。

1. 非甬（用）䂂，斷（折—制）㠯（以）坓（刑）。**緇衣 26**

五、費用；器用。

1. 足此民尒（爾）**六德 4** 生死之甬（用）。**5**

0301 爾　　爾

【用字】　尒、而

【解字】

《説文》：“尒，詞之必然也。”又：“爾，麗爾，猶靡麗也。”二者分爲兩字。

尒、爾本當爲一字省、繁兩寫。西周金文"爾"字作🗲（何尊）、🗲（史墻盤）等形，戰國"尒"字作🗲（忠信6）、🗲（六德4）等形，比較可知，"尒"當爲"爾"形的截除性簡化。

【詞義】

一、代詞，用於第二人稱。你；你們；你的；你們的。

1. 惪（情—靖）共（恭）尒（爾）立（位）。緇衣 3

2. 虩＝（虩虩—赫赫）币（師）尹，民具尒（爾）贍（瞻）。緇衣 16

3. 訢（慎）尒（爾）出話（話），敬尒（爾）愳（畏—威）義（儀）。緇衣 30

4. 呇（淑）訢（慎）尒（爾）丳（止），不侃（諐—愆）于義（儀）。緇衣 32

5. 出内（入）自尒（爾）币（師），于緇衣 39 廃（庶）言同。40

6. 上帝舜〈墅（臨）〉女（汝），毋戌（弍—貳）尒（爾）心。五行 48

二、語氣詞。

1. 孚（君子）弗言尒（爾）。忠信 5

2. 孚（君子）弗申尒（爾）。忠信 6

3. 丌（其）言尒（爾）訐（信）。忠信 8

4. 季（教）此民尒（爾）叓（使）六德 2 之又（有）占（嚮）也。3

5. 足此民尒（爾）六德 4 生死之甬（用）。5

6. 正（政）亓（其）虡（然）而行，忑（悆）安（安—焉）尒（爾）也。語叢一 59

三、此。

1. 節（即）於而（爾）也。成之 26

2. 君子言，訐（信）言尒（爾）言，煬言尒（爾）敔（語）。六德 36

四、用爲"彌"，參閲卷十二"彌"（第 669 頁）。

卷　四

0302　目　　目　　古文 ⊜

【用字】　目、宦

【詞義】

一、眼睛。

1. 耳宦(目)鼻口乎(手)足六者,心之设(役)也。**五行 45**
2. 三(四)枳(肢)朕(倦)陸(陸—惰),耳目耵(聰)明衰。**唐虞 26**
3. 目之好**性命 43** 色,耳之樂(樂)聖(聖—聲)**44**
4. 公(容)毘(色),目敂(司)也。**語叢一 50**

二、比照;仿照。

1. 目而暜(智—知)之胃(謂)之進之。**五行 47**

0303　瞻　　瞻

【用字】　贍

【詞義】

一、瞻仰;敬視。

1. 虞=(虩虩—赫赫)帀(師)尹,民具尒(爾)贍(瞻)。**緇衣 16**

0304　督　　穮

【用字】　矛

【解字】

"矛"字,崔仁義先生認爲是"咎"字省形,讀爲"旄"[1]。丁原植先生

---

[1]　崔仁義:《荊門郭店楚簡〈老子〉研究》,科學出版社,1998 年,第 54 頁。

讀爲"瞀",昏亂,眩惑①;魏啟鵬、劉釗等先生從之②。趙建偉先生釋爲"矜",讀爲"勤"③。李零先生讀爲"侮"④;陳錫勇先生從之⑤。劉信芳先生讀爲"務",事也⑥;彭裕商、吳毅強等先生從之⑦。白於藍先生釋爲"岑",讀爲"勤"⑧。彭浩先生讀爲"謀"⑨。廖名春先生讀爲"瘠"⑩。趙彤先生讀爲"銳"。

【詞義】

一、昏亂。

1. 身不矛(瞀)。**老乙 13**

0305 相　　相

【用字】　相

【詞義】

一、共;互相;交互。

1. 又(有)亡(無)之相生也,**老甲 15** 戁(難)惖(惕—易)之相城(成)也,長崇(短)之相型(形)也,高下之相涅(涅—盈)也,音聖(聖—聲)之相和也,先逡(後)之相隓(墮—隨)也。**16**

2. 天陛(地)相膏(合)也。**老甲 19**

3. 售(唯)與可(呵),相去幾可(何)? **老乙 4**

4. 峕(美)牙(與)亞(惡),相去可(何)若? **老乙 4**

5. 神明遵(復)相楠(輔)也。**太一 2**

---

① 丁原植:《郭店竹簡〈老子〉釋析與研究(增修版)》,萬卷樓圖書有限公司,1999 年,第 302 頁。

② 魏啟鵬:《楚簡〈老子〉柬釋》,《道家文化研究》第 17 輯(郭店楚簡專號),生活·讀書·新知三聯書店,1999 年,第 247 頁。劉釗:《郭店楚簡校釋》,福建人民出版社,2005 年,第 34 頁。

③ 趙建偉:《郭店楚簡〈老子〉校釋》,《道家文化研究》第 17 輯(郭店楚簡專號),生活·讀書·新知三聯書店,1999 年,第 286 頁。

④ 李零:《郭店楚簡校讀記》,《道家文化研究》第 17 輯(郭店楚簡專號),生活·讀書·新知三聯書店,1999 年,第 472 頁。

⑤ 陳錫勇:《郭店楚簡老子論證》,里仁書局,2005 年,第 250—251 頁。

⑥ 劉信芳:《荊門郭店竹簡老子解詁》,藝文印書館,1999 年,第 61 頁。

⑦ 彭裕商、吳毅強:《郭店楚簡老子集釋》,2011 年,第 469 頁。

⑧ 白於藍:《郭店楚簡〈老子〉"矛""賽""埜"校釋》,《古籍整理研究學刊》,2000 年第 2 期,第 58—59 頁。

⑨ 彭浩:《郭店楚簡〈老子〉校讀》,湖北人民出版社,2000 年,第 95 頁。

⑩ 廖名春:《郭店楚簡老子校釋》,清華大學出版社,2003 年,第 458 頁。

6. 佥(陰)昜(陽)逯(復)相補(輔)也。太一2

7. 倉(寒)然(熱)逯(復)相補(輔)也。太一3

8. 溼(濕)澡(燥)逯(復)相補(輔)也。太一3

9. 不囟(使)相尚。太一12

10. 丌(其)眚(性)相近也。性命29

11. 叏(使)民相新(親)也戀(難)。六德49

12. 君臣不相才(存)也。語叢三3

13. 若兩輪之相迣(轉),而弚(終)不相敗(敗)。語叢四20

二、職官名。古代輔佐的大臣。後專指宰相。

1. 夐(斀—釋)杕(械)樏(柙)而爲者(諸)庆(矦—侯)槻(相)。窮達6

0306 瞽　　瞽

【用字】 宧

【解字】

　　"宧"字,整理者未釋。黃德寬、徐在國兩位先生隸定爲"宧",讀爲"瞽"①;李零先生同之②。李家浩先生釋爲"兆",讀爲"瞽"③。張光裕先生隸定爲"冘",認爲與"兆"爲同字異體④。劉信芳先生釋爲"庀",同"庇",讀爲"瞍"。《说文》:"瞍,目不明也。"⑤今學者多隸定爲"宧",讀爲"瞽"。

【詞義】

一、眼瞎。"宧寞",文獻作"瞽瞍(叟)",舜的父親。

1. 古者吳(虞)夎(舜)筶(篤)事宧(瞽)寞(瞍)。唐虞9

2. 古(故)丌(其)爲宧(瞽)寞(瞍)子也,甚孝。唐虞24

0307 瞍(瞍)　　　瞍

【用字】 寞

① 黃德寬、徐在國:《郭店楚簡文字考釋》,《吉林大學古籍整理研究所建所十五周年紀念文集》,吉林大學出版社,1998 年,第 104 頁。

② 李零:《郭店楚簡校讀記》,《道家文化研究》第 17 輯(郭店楚簡專號),生活·讀書·新知三聯書店,1999 年,第 499 頁。

③ 李家浩:《讀〈郭店楚墓竹簡〉瑣議》,《中國哲學》第 20 輯(郭店楚簡研究),遼寧教育出版社,1999 年,第 341—342 頁。

④ 張光裕主編:《〈郭店楚簡研究文字編〉緒説》,《中國出土資料研究》第 3 號,中國出土資料研究學會,1999 年,第 10 頁。

⑤ 劉信芳:《郭店竹簡文字考釋拾遺》,《江漢考古》,2000 年第 1 期,第 42 頁。

【解字】

“寞”字原作🔲(簡9)、🔲(簡24),整理者(157頁)如此隸定。李家浩先生疑讀爲“瞙”,目不明①。李零先生疑讀爲“盲”,盲與叟(瞍)義同,都指有眼珠無瞳仁的盲人②。周鳳五先生讀爲“幕”,古籍中虞幕和瞽二人俱能聽協風,簡文合二人爲“瞽幕”③。劉信芳先生讀爲“矇”,瞳子冢而不明也④。“瞽瞍”又見於上博簡《子羔》篇,對應“瞍”字作“宷(🔲)”,李學勤先生認爲“🔲”從“卉(艸)”聲,可讀叟(瞍)”⑤。劉洪濤先生對“瞍”字的釋讀有進一步音理上的説明⑥。綜合來看,或以爲“寞”字從“艸”得聲;或以爲“莫”爲“蒐”字訛寫,讀爲“瞍”。類似的例子如上博九《陳公治兵》簡2(🔲)有地名“蒲寞”,即見於《左傳》桓公十一年的“蒲騷”。

《説文》有“𡨄”字,今寫作“叟”。“𡨄”字本象手持火把在屋中索物,會搜索、搜尋之意,是“搜”字初文。季旭昇先生認爲今字“叟”形上部當是由“宀”形和“火”形結合訛變而成⑦。“叟”字后多假借爲長老的尊稱。

【詞義】

一、盲人,有目無珠。“宧寞”,文獻作“瞽瞍(叟)”,舜的父親。

　　1. 古者吳(虞)坴(舜)筶(篤)事宧(瞽)寞(瞍)。唐虞9
　　2. 古(故)丌(其)爲宧(瞽)寞(瞍)子也,甚孝。唐虞24

0308 自 🔲 古文 🔲

【用字】 自

【詞義】

一、代詞。表示第一人稱,相當於“自己”“本身”。

　　1. 貴㝍(福—富)喬(喬—驕),自逷(遺)智(咎)老甲38 也。39

---

① 李家浩:《讀〈郭店楚墓竹簡〉瑣議》,《中國哲學》第20輯(郭店楚簡研究),遼寧教育出版社,1999年,第341—342頁。

② 李零:《郭店楚簡校讀記》,《道家文化研究》第17輯(郭店楚簡專號),生活·讀書·新知三聯書店,1999年,第499頁。

③ 周鳳五:《郭店楚墓竹簡〈唐虞之道〉新釋》,《“中研院”歷史語言研究所集刊》第70本第3分,1999年,第749頁。

④ 劉信芳:《郭店竹簡文字考釋拾遺》,《江漢考古》,2000年第1期,第42頁。

⑤ 李學勤:《楚簡〈子羔〉研究》,《上博館藏戰國楚竹書研究續編》,上海書店出版社,2004年,第12—17頁。

⑥ 劉洪濤:《郭店竹簡〈唐虞之道〉“瞽瞍”補釋》,《江漢考古》,2010年第4期,第103、109—111頁。

⑦ 季旭昇:《説文新證》,福建人民出版社,2010年,第201頁。

2. 不自爲貞（貞一正）。緇衣 9

3. 君子不自畱（留）女〈女（安一焉）〉。緇衣 41

4. 日㠯（嗌一益）而不自䎽（智一知）也。尊德義 21

5. 悆（怵一求）者，亡（無）又（有）自坒（來）也。語叢一 99

6. 嘮（嘩一華），自悆（悆一宴）也。語叢二 43

7. 自見（視一示）丌（其）所能，鼏（鼏一員一損）。語叢三 13

8. 自見（視一示）亓（其）所不族（足），㠯（嗌一益）。語叢三 14

9. 不與䎽（智）愚（謀），是胃（謂）自忢（惎一欺）。語叢四 13

二、介詞。表示時間或方位的由始，相當於"從"、"由"。

1. 出內（入）自尒（爾）帀（師），于緇衣 39 庹（庶）言同。40

2. 自生民未之又（有）也。唐虞 21

3. 眚（性）自螽（命）出，螽（命）性命 2 自天降。3

三、副詞。自然地，不藉助外物。

1. 而萬勿（物）牆（牆一將）自愚（化）。老甲 13

2. 萬勿（物）牆（牆一將）自定。老甲 14

3. 萬勿（物）牆（牆一將）自寅（賓）。老甲 19

4. 民莫之命（令）天〈而〉自坒（均）女（安一焉）。老甲 19

5. 我糅（無）事而民自寠（福一富）。老甲 31

6. 我亡（無）爲而民自蠡（蝸一化）。老甲 32

7. 我好䝬（青一靜）而民自正。老甲 32

8. 我谷（欲）不谷（欲）而民自檣（樸）。老甲 32

四、"自然"。天然，非人爲的。

1. 是古（故）聖（聖）人能尃（輔）萬勿（物）之自肰（然）而弗老甲 12 能
   爲。13

2. 道（道）蔡（法）自肰（然）。老甲 23

3. 城（成）事述（遂）䢜（功），而百眚（姓）曰我自肰（然）也。老丙 2

4. 是呂（以）能棓（輔）蠆（萬）勿（物）老丙 13 之自肰（然）而弗能爲。14

0309 皆　凶

【用字】　旮、曆、虘、虖

【解字】

"旮"即"皆"字，從"从"從"甘"；"曆"即"虘"字。"虖"字見於《唐虞》
簡8，原作"象"，整理者（159 頁注［十一］）隸定爲"虘"，從今聲，讀爲"咸"；

裘錫圭先生"按語"認爲是"膚(皆)"之訛體。周鳳五先生從整理者意見,並據此認爲同篇簡 27 的"膚"字所从的"君"當爲"今"之訛①。"虞"字,楊澤生先生認爲下部爲"旬",隸定爲"膚",連同"膚"字,皆讀爲"均"②。按:該字下爲"日"而非"口"形,整理者隸定恐不確,今暫從李守奎先生意見隸定爲"虞"③,當爲"膚"字訛寫而非"膚"字,同篇簡 27 有"膚"字。"膚"字多數學者讀爲"皆",今從之。

【詞義】

一、都;俱。表示總括。

1. 天下呰(皆)暂(智—知)歓(美)之爲娪(媄—美)也。老甲 15

2. 呰(皆)暂(智—知)善,此丌(其)不善巳(已)。老甲 15

3. 五行呰(皆)型(形)于内而蔵(時)行五行 6 之。7

4. 六帝興於古,虞〈膚(皆)〉采(由)此也。唐虞 8

5. 大明不出,旬(丏—萬)勿(物)膚(皆)旬(暗)。唐虞 27

6. 而人敚(養)膚(皆)足。忠信 7

7. 群勿(物)呰(皆)成,而百善膚(皆)立。忠信 7

8. 此昌(以)民呰(皆)又(有)眚(性)而聖(聖)人不可莫(慕)也。成之 28

9. 亓(其)訇(始)出呰(皆)生性命 15 於人。16

10. 呰(皆)菁(教)亓(其)人者也。性命 28

11. 呰(皆)至丌(其)悥(情)也。性命 29

12. 谷(欲)呰(皆)夐(文)而毋愚(僞)。性命 65

13. 外六德 36 内呰(皆)夐(得)也。37

14. 言行呰(皆)迥(通)。六德 45

15. 厽(三)者呰(皆)迥(通)。六德 46

16. 凡又(有)血燚(燹—氣)者,膚(膚—皆)又(有)悥(悥—喜)。語叢—45

17. 上下膚(膚—皆)夐(得)亓(其)所之胃(謂)託(信)。語叢— 65

18. 膚(膚—皆)至女(安—焉)。語叢三 65 貳

19. 亡(無)勿(物)不勿(物),膚(膚—皆)至女(安—焉)。語叢— 71

① 周鳳五:《郭店楚墓竹簡〈唐虞之道〉新釋》,《"中研院"歷史語言研究所集刊》第 70 本第 3 分,2000 年,第 748、756 頁。

② 楊澤生:《楚地出土簡帛中的總括副詞》,《簡帛語言文字研究》第 2 輯,巴蜀書社,2006 年,第 20 頁。

③ 李守奎:《楚文字編》,華東師範大學出版社,2003 年,第 305 頁。

20. 膚(膚—皆)又(有)之。**語叢一 106**
21. 咠莗膚(膚—皆)🐾☐。**殘簡 5**

0310　魯　　🔺

【用字】　魯
【詞義】

一、周代諸侯國名。

1. 魯(魯)穆公昏(問)於子思曰。**魯穆公 1**

0311　者　　🔺

【用字】　　者、多
【解字】

　　郭店簡中部分"多"字用爲"者",集中出現於《六德》篇。學者有多種解釋：廖名春先生訓爲"賢、美、好"①。顏世鉉先生先後提出讀爲"宜""祇""爾"等意見②。沈培先生讀爲"何"③。《六德》簡 32—33"少(小)而尗(輇)多(者)也"一句可以與郭店《五行》簡 40"匿之爲言猶匿匿也,小而輇者也"對讀,"多"字與"者"字對應。陳劍先生指出"如果將這些'多'字都換成'者'字來讀,可以說是再通順不過了",進而認爲"多"字可以"直接解釋爲指示代詞,意爲'……的(人或東西)',跟'者'字的部分用法相類"④。類似的現象還可以從其他文獻材料中找到綫索。甲骨文"多"字常可用來修飾親屬、爵位、官職、方國等與人有關的名詞而組成"多字結構",如"多兄""多侯""多士"等;而西周以後,此類結構多使用"者(諸)"字來修飾⑤。再如《說文》"奢"字籀文作"夻",《詛楚文》"宣夻競縱"之"奢"正如此作。上博六《平王問鄭壽》簡 6 有這樣一句話："君王所改多_(多多),君王保邦。"

---

① 廖名春：《郭店楚簡〈六德〉篇校釋》,《清華簡帛研究》第 1 輯,清華思想文化研究所,2000年,第 73 頁。
② 顏世鉉：《郭店楚簡〈六德〉箋釋》,《"中研院"歷史語言研究所集刊》第 72 本第 2 分,2001年,第 461 頁;《郭店楚簡散論(二)》,《江漢考古》,2000 年第 1 期,第 40 頁。
③ 沈培：《郭店楚簡札記四則》,《簡帛語言文字研究》第 1 輯,巴蜀書社,2002 年,第 11—16 頁。
④ 陳劍：《郭店〈六德〉用爲"柔"之字考釋》,《戰國竹書論集》,上海古籍出版社,2013 年,第 104—105 頁。
⑤ 虞萬里：《由甲骨刻辭"多字結構"說到"多""諸"之音義及其民族與時地》,《中國文字研究》第 2 輯,廣西教育出版社,2001 年,第 211—255 頁。

“多”字重文,整理者解釋説,“多多”,言益多。《史記·淮陰侯列傳》:“上問曰:‘如我能將幾何?’信曰:‘陛下不過能將十萬。’上曰:‘於君何如?’曰:‘臣多多而益善耳。’上笑曰:‘多多益善,何爲爲我禽?’”①“所改多多”不見於文獻記載,“多多”一語雖有見,但所在文獻皆爲漢以後,時代較晚。簡文“多多”一語接於動詞之後且居於句尾,與常見文例句法不合。此處“多”字重文前一個當換讀爲“者”,此句話當爲“君王所改者多,君王保邦”②。“所+X(動詞)+者多”這類表達方式文獻多見,如《管子·法法》:“故法之所立,令之所行者多。”《淮南子·主術訓》:“愚人之智,固已少矣,其所事者多,故動而必窮矣。”關於“多”字與“者”字的對應關係,學界有不同的推測。顧史考先生認爲“多”是“者也”合音③;陳劍先生也有此懷疑④。虞萬里先生則認爲這是一種方言替代的現象——即“以殷商語言爲主的‘多字結構’之‘多’在改朝易姓的過程中逐漸爲以姬周爲主的由方言方音上升爲雅言雅音的‘諸’所代替”⑤。目前這一問題還没有完全搞清楚,有待於進一步研究。

【詞義】

一、代詞。通常用在謂詞或謂詞性詞組之後,構成體詞性者字結構,表示“……的人”“……的事”。也可用在主謂結構的後面。

　　1. 㠯(以)衍(道)砝(差—佐)人宔(主)者。老甲 6

　　2. 善者果而已(已)。老甲 7

　　3. 古之善爲士者。老甲 8

　　4. 保此衍(道)者不谷(欲)盈(尚)呈(呈—盈)。老甲 10

　　5. 爲之者敗(敗)之,報(執)之者遠老甲 10 之。11

　　6. 督(智—知)之者弗言=(言,言)之者弗督(智—知)。老甲 27

　　7. 學者日㤅(嗌—益),爲道(道)者日晶(員—損)。老乙 3

　　8. 善畫(建)者不杲(拔),善袑(抱)者老乙 15 不兑(脱)。16

　　9. 爲之者敗(敗)之,報(執)之者達(逸—失)之。老丙 11

　　10. 雀(削)成(城—成)者㠯(以)㤅(嗌—益)生者。太一 9

---

① 馬承源主編:《上海博物館藏戰國楚竹書(六)》,上海古籍出版社,2007 年,第 262 頁。

② 劉傳賓:《上博六〈平王問鄭壽〉札記兩則》,《南開語言學刊》,2020 年第 2 期,第 150—153 頁。

③ 顧史考:《郭店楚簡〈成之〉等篇雜志》,《清華大學學報(哲學社會科學版)》,2006 年第 1 期,第 88 頁。

④ 陳劍:《郭店簡〈六德〉用爲“柔”之字考釋》,上海古籍出版社,2013 年,第 105 頁注①。

⑤ 虞萬里:《由甲骨刻辭“多字結構”説到“多”“諸”之音義及其民族與時地》,《中國文字研究》第 2 輯,廣西教育出版社,2001 年,第 222 頁。

11. 㠯（以）_{太一10}道（道）從事者必㧢（託）亓（其）明（名）。₁₁

12. ［不足於上］_{太一9}者，又（有）余（餘）於下。₁₄

13. 不足於下者，又（有）余（餘）於上。_{太一14}

14. 又（有）邦（國）者章（彰）好章（彰）亞（惡），㠯（以）貝（視—示）民 𦝫（厚）。_{緇衣2}

15. 古（故）君民者，章（彰）好㠯（以）貝（視—示）民㭄（慾—欲）。_{緇衣6}

16. 古（故）倀（長）民者章（彰）志㠯（以）卲（昭）百眚（姓）。_{緇衣11}

17. 倀（長）民者，衣備（服）不改（改）。_{緇衣16}

18. 倀（長）民者，㝅（教）之_{緇衣23}㠯（以）惪（德）。₂₄

19. 此㠯（以）𨕦（邇）者不贼（惑）而遠者不㤹（疑）。_{緇衣43}

20. 隹（唯）又（有）惪（德）者，肰（然）句（後）能金聖（聖—聲）而玉晨（晨—振）之。_{五行20}

21. 𦔻（聞）道（道）而兌（悅）者，好㥏（仁）者也。_{五行49}

22. 𦔻（聞）道（道）而塦（畏）者，好_{五行49}義者也。₅₀

23. 𦔻（聞）道（道）而共（恭）者，好豊（禮）者也。_{五行50}

24. 𦔻（聞）道（道）而譽（樂）者，好惪（德）者也。_{五行50}

25. 亓（其）所才（存）者內（入）㤹（疑—矣）。_{成之3}

26. 非從末淲（流）者之貴，窮（窮）𣻳（源）反杏（本）者之貴。_{成之11}

27. 窮（窮）𣻳（源）反杏（本）者之貴。_{成之14}

28. 從允懌（懌—釋）㦡（過），勳（則）先者余（豫），坴（來）者訐（信）。_{成之36}

29. 爲人上者之㒸（務）也。_{尊德義1}

30. 又（有）䌛（智—知）㠯（己）而不䌛（智—知）侖（命）者，亡（無）䌛（智—知）侖（命）而不䌛（智—知）㠯（己）者。_{尊德義10}

31. 又（有）_{尊德義10}䌛（智—知）豊（禮）而不䌛（智—知）樂（樂）者，亡（無）䌛（智—知）樂（樂）而不䌛（智—知）豊（禮）者。₁₁

32. 善者民必眾。_{尊德義12}

33. 是㠯（以）爲正（政）者，㝅（教）道（道—導）_{尊德義12}之取（取）先。₁₃

34. 君民者，訇（治）民返（復）豊（禮）。_{尊德義23}

35. 善者民必㝅（福—富）。_{尊德義27}

36. 古（故）爲正（政）者。_{尊德義30}

37. 攻 ▨ 遣（往）者返（復）。_{尊德義32}

38. 訇（始）者近青（青—情），㝉（終）者近義。_{性命3}

39. 䌛（智—知）宜（義）者能內（入）之。_{性命4}

40. 凡敓(動)眚(性)**性命 10** 者，勿(物)也。**11**

41. 逆眚(性)者，兌(悅)也。**性命 11**

42. 室(節)眚(性)者，古(故)也。**性命 11**

43. 萬(厲)眚(性)者，宜(義)也。**性命 11**

44. 出眚(性)者，埶(執—勢)也。**性命 11**

45. 兼(養)眚(性)**性命 11** 者，習(習)也。**12**

46. 長眚(性)者，術(道)也。**性命 12**

47. 凡見者之胃(謂)勿(物)，快於己(己)者之胃(謂)兌(悅)。**性命 12**

48. 勿(物)**性命 12** 之埶(執—勢)者之胃(謂)埶(執—勢)，又(有)爲也者之胃(謂)古(故)。**13**

49. 凡學者隶〈求〉亓(其)心爲難。**性命 36**

50. 戔(察)亓(其)見者。**性命 38**

51. 所爲術(道)者四。**性命 41**

52. 非聖(聖)智(智)者莫之能也。**六德 3**

53. 非悬(仁)宜(義)者莫之能也。**六德 4**

54. 非忠(忠)訫(信)者莫之能也。**六德 5**

55. 又(有)衙(衛—率)人者，又(有)從人者。**六德 8**

56. 又(有)貞(使)人者，又(有)事人[者]。**六德 9**

57. [有]敓(教)者，又(有)學(學)者。**六德 9**

58. 智(智—知)可**六德 17** 爲者，智(智—知)不可爲者。**18**

59. 智(智—知)行者，智(智—知)不行者。**六德 18**

60. 君子於此戈(弌——一)歔(偏)者亡(無)所墒(法—廢)。**六德 40**

61. 少(小)者，吕(以)攸(修)亓(其)身。**六德 47**

62. 爲術(道)者必縣(由)**六德 47** 此。**48**

63. 殹(臤—賢)者能里(理)之。**語叢一 54**

64. 悆(㤅—求)者，亡(無)又(有)自坓(來)也。**語叢一 99**

65. 凡同(痛)者迥(踊)。**語叢一 102**

66. 未又(有)善事人而不返者。**語叢二 45**

67. 未又(有)嘩(嘩—華)而忠者。**語叢二 46**

68. 智(智—知)𠳢(命)者亡(無)旂(必)。**語叢二 47**

69. 又(有)悳(德)者不迻(移)。**語叢二 48**

70. 亓(其)所之同，亓(其)行者異。**語叢二 52**

71. 牙(與)爲彝(義)者遊，畠(嗌—益)。**語叢三 9**

72. 牙(與)𣏞(莊)**語叢三 9** 者凥(處)，畠(嗌—益)。**10**

73. 牙（與）龏者尻（處），鼏（鼎—員—損）。語叢三 11

74. 牙（與）不好語叢三 11 攼（教—學）者遊，鼏（鼎—員—損）。12

75. 叟（治）者至亡（無）語叢三 26 閟（閒—間）。27

76. 叟（治）者語叢三 28 至亡（無）閟（閒—間）勴（則）成（城—成）明（名）。29

77. 憖（慼—愛）叟（治）者罺（親）。語叢三 30

78. 喆（智）叟（治）者霣（寡）悷（悔）。語叢三 31

79. ［□］叟（治）者卯（謀）。語叢三 32

80. 及行勴（則）叟（治）者中。語叢三 33

81. 臤（賢）語叢三 52 者佳（唯）亓（其）止也目（以）異。53

82. 備（服）惪（德）者之所樂也。語叢三 54

83. 旻（得）者樂，逹（逸—失）者哀。語叢三 59

84. 凡敩（説）之道（道），級（急）者爲首。語叢四 5

85. 敓（竊）鉤者戜（誅），敓（竊）邦者爲者（諸）庆（矦—侯）。語叢四 8

86. 秒（利）木佘（陰）者，不斯（折）語叢四 16 亓（其）枳（枝）。17

87. 秒（利）亓（其）渚者，不賽（賽—塞）亓（其）溪（溪）。語叢四 17

88. 善事亓（其）上語叢四 18 者。19

89. 善［□□□］語叢四 19 者。20

90. 善愩〈叟（使）〉語叢四 20 亓（其）民者。21

二、代詞。用在數詞的後面，表示幾種人、幾件事情，或幾樣東西。

1. 耳官（目）鼻口坙（手）足六者，心之迓（役）也。五行 45

2. 三者，忠人弗乍（作），訐（信）人弗爲也。忠信 6

3. 六者客（各）六德 23 行亓（其）戠（職）。24

4. 此六者客（各）六德 35 行亓（其）戠（職）。36

5. 孠_（君子）明虍（乎）此六德 42 六者。43

6. 厽（三）者迵（通），言行旮（皆）迵（通）。六德 45

7. 厽（三）者不迵（通），非言行也。六德 45

8. 厽（三）者旮（皆）迵（通），肰（然）句（後）是也。六德 46

9. 厽（三）者，君子所牙（與）之立，死牙（與）之遊（敝）也。六德 46

三、語氣詞。用在句末，表示語氣完畢。

1. 下必又（有）甚女（安—焉）者矣。緇衣 15

2. 交（效）彔（彔—禄）雀（雀—爵）者也。魯穆公 6

3. ［遠］彔（彔—禄）雀（雀—爵）者也。魯穆公 7

4. 又（有）惪（德）者也。五行 19

5. 大而旻(晏一罕)者也。五行40

6. 少(小)而訪〈診(軫)〉者也。五行40

7. 斳(智—知)而事之,胃(謂)之隣(尊)叚(臤—賢)者也。五行44

8. 逡(後),士之隣(尊)叚(臤—賢)者也。五行44

9. 聱(聞)道(道)而兌(悅)者,好惡(仁)者也。五行49

10. 聱(聞)道(道)而塁(畏)者,好五行49 義者也。50

11. 聱(聞)道(道)而共(恭)者,好豊(禮)者也。五行50

12. 聱(聞)道(道)而彎(樂)者,好惪(德)者也。五行50

13. 魝(則)民必有甚女(安—焉)者。成之7

14. 未有可旻(得)也者。成之12

15. 未又(有)能深之者也。成之23

16. 或(又)肯(䏌—前)之者矣。尊德義2

17. 夫生而又(有)戠(職)事者也。尊德義18

18. 下必又(有)甚女(安—焉)者。尊德義37

19. 凡勿(物)亡(無)不異也者。性命8

20. 喬(教),所㠯(以)生惪(德)于审(中)者也。性命18

21. 奋(皆)喬(教)亓(其)人者也。性命28

22. 又(有)婏(媄—美)書(青—情)者也。性命51

23. 眚(性)善者也。性命52

24. 含票(福—富)者也。性命52

25. 又(有)性命52 心愚(畏)者也。53

26. 又(有)惪(德)者也。性命53

27. 又(有)衍(道)者也。性命53

28. 又(有)內骿者也。性命54

29. 亞(惡)之而不可非者,遧(達)於義者也。性命54

30. 非之性命54 而不可亞(惡)者,箐(篤)於㤅(仁)者也。55

31. 行之不愆(過),斳(智—知)道(道)者也。性命55

32. 昏(聞)道(道)反上,上交者也。性命55

33. 昏(聞)衍(道)反下,下交者也。性命56

34. 昏(聞)道(道)反㠯(己),攸(修)身者也。性命56

35. 同方而交,㠯(以)道(道)者也。性命57

36. 同兌(悅)而交,㠯(以)惪(德)者也。性命58

37. 不同兌(悅)而交,㠯(以)猷者也。性命58

38. 豊(禮)因人之情而爲之語叢—31 卲(節)㪻(文)者也。97

39. 所吕(以)會(會)古含(今)之慗(恃—志)語叢一 38 也者。39

40. 樂,或生或敫(教)者也。語叢一 43

41. □者也。語叢一 44

42. 而語叢一 71 亡(無)非吕(己)取之者。72

43. 丌(其)臭(罩—擇)者也。語叢一 87

44. 多弙(好)者,亡(無)弙(好)者也。語叢一 89

45. 唐(唬—呼)牙與(與)公(容)牙(與)夫丌(其)行者語叢一 109

46. 凡愳(謀),巳(已)衠(道)者也。語叢二 38

47. 凡比〈朼(必)〉,又(有)不行者也。語叢二 39

48. 凡迏(過)正一吕(以)達(逸—失)丌(其)迱(它)語叢二 40 者也。41

49. 凡敓(悅),乍(作)於惥(愚—譽)者也。語叢二 42

50. 夏(文)衣(依)勿(物),吕(以)青(青—情)行之者。語叢三 44

51. 思語叢三 48 亡(無)不遒(遒—由)我者。49

52. 亡=(無無)緣(由)也者。語叢三 66 上

53. 亡(無)非樂者。語叢三 66 下

四、語氣詞。用在名詞主語的後面,表示提頓。

1. 返(反)也者,道(道)[之]僮(動)也。老甲 37

2. 溺(弱)也者,道(道)之甬(用)也。老甲 37

3. 古(故)曰兵者[非君子之器]。老丙 6

4. 古(故)戋(歲)者,淫(濕)澡(燥)斋=(之所)生也。太一 4

5. 淫(濕)澡(燥)者,倉(寒)然(熱)斋=(之所)生也。太一 4

6. 倉(寒)然(熱)者,[四時之所生也]。太一 4

7. 四戋(時)太一 4 者,会(陰)易(陽)斋=(之所)生[也]。5

8. 会(陰)易(陽)者,神明斋=(之所)生也。太一 5

9. 神明者,天墬(地)斋=(之所)生也。太一 5

10. 天墬(地)太一 5 者,大(太)一斋=(之所)生也。6

11. 古酱(昔)▪又(臤—賢)忎(仁)署(聖)者女(如)此。唐虞 2

12. 遍(遵—禪)也者,上直(直—德)爱(受—授)又(臤—賢)之胄(謂)
也。唐虞 20

13. 署(聖)唐虞 27 者不才(在)上,天下朼(必)垺(壞)。28

14. 忎(仁)者爲此進。唐虞 28

15. 惪(德)者,虗(且)莫大唐(唬—乎)豊(禮)樂(樂)。尊德義 29

16. 義也者,羣(群)善之蓝(蕰)也。性命 13

17. 習(習)也性命 13 者,又(有)吕(以)習(習)元(其)眚(性)也。14

18. 衍(道)者,羣(群)勿(物)之衍(道)。**性命 14**

19. 元(其)厽(三)述(術)者,衍(道)之而巳(已)。**性命 15**

20. 六悳(德)者……**六德 10**

21. 宜(義)者,君悳(德)也。**六德 15**

22. 忠(忠)者,臣悳(德)也。**六德 17**

23. 智(智)也者,夫悳(德)也。**六德 19**

24. 訐(信)也者,婦悳(德)也。**六德 20**

25. 聖(聖)也者,父悳(德)也。**六德 21**

26. 忎(仁)者,子悳(德)也。**六德 23**

27. 子也者,會(會)墇(墇—最)長材**六德 21** 昌(以)事上。**23**

五、語氣詞。用在複合句前面分句的後尾,起提頓作用,引出後面的説明解釋。

1. 奝(含)悳(德)之蠆(厚)者,比於赤子。**老甲 33**

2. 虖(吾)所昌(以)又(有)大患者,爲虖(吾)又(有)身。**老乙 7**

3. 悉(恆—亟)叓(再—稱)**魯穆公 1** 元(其)君之亞(惡)者。**2**

4. 亟(亙—亟)叓(再—稱)元(其)君之亞(惡)者。**魯穆公 3**

5. 夫爲元(其)君之古(故)殺元(其)身者。**魯穆公 5**

6. 亟(亙—亟)叓(再—稱)元(其)君之亞(惡)者。**魯穆公 5**

7. 夫爲元(其)君之古(故)殺元(其)身者。**魯穆公 6**

8. 大而**五行 42** 旻(晏—罕)者,能又(有)取安(安—焉)。**43**

9. 少(小)而軫者,能又(有)取安(安—焉)。**五行 43**

10. 今之弋(式)於直(直—德)者,未**唐虞 17** 年不弋(式)。**18**

11. 不遹(遹—禪)而能蜗(化)民者,自生民未之又(有)也。**唐虞 21**

12. 智(智—知)□**唐虞 11** 之正者,能昌(以)天下徸(徸—禪)欨(歟—矣)。**22**

13. 忠**忠信 1** 訐(信)碏(積)而民弗罜(親)訐(信)者。**2**

14. 不兑(説)而足敓(養)者,堅(地)也。**忠信 4**

15. 不昇(期)**忠信 4** 而可墾(要)者,天也。**5**

16. 伲(配)天堅(地)也者。**忠信 5**

17. 氏(是)古_(故古)之所**忠信 8** 昌(以)行虖(乎)閦嘼(嘼)者。**9**

18. 古之甬(用)民者,求之於昌(己)爲亟(亙—亟)。**成之 1**

19. 而能念(含)悳(德)者,未之**成之 2** 又(有)也。**3**

20. 古(故)夅(終)是勿(物)也而又(有)深女(安—焉)者。**尊德義 19**

21. 害(蓋)此言也,言不霏(奉)大棠(常)者。**成之 39**

22. 爲古(故)衛(衛—率)民古(嚮)方者,售(唯)惪(德)可。**尊德義 28**

23. 迡(遵)而大又(有)害(害)者,又(有)之。**尊德義 38**

24. 迡(遵)而大又(有)秒(利)者,又(有)之。**尊德義 38**

25. 凡甬(用)心之梟(躁)者,思爲戡(甚)。**性命 42**

26. 甬(用)眘(智—知)之疾者,患爲甚。**性命 42**

27. 甬(用)青(青—情)之**性命 42**至者,态(哀)樂(樂)爲甚。**43**

28. 甬(用)身之奠(兑—變)者,兑(悅)爲甚。**性命 43**

29. 甬(用)力之聿(盡)者,秒(利)爲甚。**性命 43**

30. 人之攷(巧)**性命 45**言秒(利)訇(詞)者。**46**

31. 人之逸(悅)肰(然)可牙(與)和女(安)者。**性命 46**

32. 亞(惡)之而不可非者,避(達)於義者也。**性命 54**

33. 非之**性命 54**而不可亞(惡)者,簹(篤)於悬(仁)者也。**55**

34. 膌(遶—由)中出者,悬(仁)、忠、訐(信)。**語叢一 21**

35. 凡又(有)血燮(燹—氣)者,脣(膚—皆)又(有)惪(憙—喜)。**語叢一 45**

36. 陞(地)能貪(含)之生之者,才(在)橐(早)。**語叢三 19**

37. 惪(德)至區者。**語叢三 26**

六、語氣詞。用在時間詞後。

1. 峕(嚮)者虗(吾)昏(問)忠臣於子思。**魯穆公 3**

2. 古者吴(虞)釜(舜)簹(篤)事宓(瞽)寞(瞍)。**唐虞 9**

3. 古者埜(堯)生於天子而又(有)天下。**唐虞 14**

4. 夫古者**唐虞 15**釜(舜)屇(居)於茅=(艸茅—草茅)之中而不悥(憂)。**16**

5. 古者埜(堯)之异(與—舉)釜(舜)也。**唐虞 22**

6. 古者耤(聖)人廿(二十)而**唐虞 25**冟(冠)。**26**

7. 旹(昔)者君子有言曰:……**成之 6**

8. 旹(昔)者孯=(君子)有言曰:……**成之 37**

七、語氣詞。用字句末,表示疑問或測度。

1. 竺(孰)能濕(濁)吕(以)朿(靜)**老甲 9**者。**10**

2. 竺(孰)能庀吕(以)迬(動)者。**老甲 10**

八、"多"字用爲"者"。

1. 吕(以)宜(義)叟(使)人多(者)。**六德 15**

2. 吕(以)悪(忠)叟(事)人多(者)。**六德 17**

3. 吕(以)眘(智—知)衛(衛—率)人多(者)。**六德 18**

4. 吕(以)訐(信)從人多(者)也。**六德 20**

5. 新(親)此多(者)也,審(蜜—密)此多(者)[也],六德 **25** 頪(媄—美)此多(者)也。**26**

6. 少(小)而六德 **32** 岜(軨)多(者)也。**33**

九、用爲"諸",參閱卷三"諸"(第 131 頁)。

十、待考。

1. 窑而者尚。**忠信 3**

2. 者迲疐不逮從一衞(道)。**語叢一 75**

3. [□□]者惢(義)肰(然)不肰(然)。**語叢一 76**

4. 者。**語叢三 72 下**

5. ☑者。**殘簡 16**

0312 智　　𥏬　　古文 𣉩

【用字】　聟、𣉩、聟、智、䀠、𥏬

【解字】

甲骨文"智"字從"大"從"口"從"子",異體不從"口"而從"册",表示大人把簡册上的知識傳授給小孩,引申表示"智慧"之義。楚文字"智"字多從"于"("子"之訛變),下從"甘","大"形或訛爲"矢"。

【詞義】

一、智慧;聰明。

1. 非亓(其)聟(智—知)**窮達 9** 惷(衰)也。**10**

2. 君子亡(無)审(中)心之悥(憂)勮(則)亡_审_心_之_聟_(無中心之智,無中心之智)勮(則)亡(無)审(中)心五行 **5**[之悦]。**6**

3. 聟(智)弗思不旻(得)。**五行 8**

4. 不聟(智),思不能倀(長)。**五行 9**

5. 不悥(仁)不䀠〈智〉。**五行 9**

6. 聟(智)之思也倀(長)。**五行 14**

7. 型(形)**五行 14** 勮(則)聟(智)。**15**

8. 不聖(聖)不_**五行 20** 聟_(不智,不智)不悥(仁)。**21**

9. 胃(謂)之不聟(智)。**五行 24**

10. 貝(視—見)而聟(智—知)之,聟(智)也。**五行 25**

11. 明_(明明),聟(智)也。**五行 25**

12. 貝(視—見)而聟(智—知)之,**五行 27** 聟(智)也。**28**

13. 聖(聖)聟(智),豊(禮)樂(藥—樂)之所彝〈繇(由)〉生也。**五行 28**

14. 視(視—見)而智(智—知)之,智(智)也。五行 30
15. 不忢(惎—欺)弗智(智—知)。忠信 1
16. 智(智)而比即(次),勳(則)民谷(欲)丌(其)智(智)之述(遂)也。成之 17
17. 智(智)頪(類)五。性命 40
18. 甬(用)智(智)之疾者,患爲甚。性命 42
19. 憙(憙—喜)谷(欲)智(智)而亡(無)末。性命 63
20. 聖(聖)、智(智)也,悬(仁)、宜(義)也,忠(忠)、訐(信)也。六德 1
21. 聖(聖)牙(與)智(智)亶(就)壴(喜—矣)。六德 1
22. 非聖智(智)者莫之能也。六德 3
23. 㠯(以)智(智)銜(衛—率)人多(者)。六德 18
24. 智(智)也者,夫悳(德)也。六德 19
25. 夫智(智),婦訐(信)。六德 34
26. 智(智)銜(衛—率)訐(信)。六德 35
27. 又(有)悬(仁)又(有)智(智)。語叢一 16
28. 智(智)生於眚(性),卯(謀)生於智(智)。語叢二 20
29. 智(智)𢾊(治)者寡(寡)恳(悔)。語叢三 31
30. 不膳(善)睪(擇),不爲智(智)。語叢三 38
31. 不與智(智)恳(謀)。語叢四 13
32. 彙(早)與智(智)恳(謀)。語叢四 13

二、用爲"知",參閱卷五"知"(第 284 頁)。

0313 百  古文 

【用字】 百、白

【詞義】

一、數詞。十的十倍。

1. 民秎(利)百伓(倍)。老甲 1
2. 百八尊德義 11 背
3. 百厶(四)尊德義 12 背
4. 百一尊德義 15 背
5. 百尊德義 28 背

二、概數。言其多。

1. 江海(海)所㠯(以)爲百浴(浴—谷)王,㠯(以)亓(其)老甲 2 能爲百

　　泉（浴—谷）下，是吕（以）能爲百泉（浴—谷）王。**3**

2. 而百眚（姓）曰我自肰（然）也。**老丙 2**

3. 上人惷（疑）鼎（勮—則）百眚（姓）賦（惑）。**緇衣 5**

4. 采（卒—瘁）袋（勞）百眚（姓）。**緇衣 9**

5. 古（故）倀（長）民者章（彰）志吕（以）卲（昭）百眚（姓）。**緇衣 11**

6. 百眚（姓）吕（以）惥（仁）道（道）。**緇衣 12**

7. 百工不古（楛）。**忠信 7**

8. 群勿（物）舍（皆）成，而百善膚（皆）立。**忠信 7**

9. 夫〈天〉生百勿（物）。**語叢一 18**

三、百倍。

1. 百之而句（後）菢（服）。**尊德義 27**

四、用於人名。百里奚。

1. 白（百）里迣（遳）道（鬻）五羊。**窮達 7**

0314　鼻　　鼻

【用字】　鼻、臭

【解字】

　　《語叢一》"臭"即"罜"字，當爲"畀"的形近訛寫，用爲"鼻"。

【詞義】

一、鼻子。

1. 耳官（目）鼻口乎（手）足六者，心之设（役）也。**五行 45**

2. 臭（嗅），臭〈畀（鼻）〉皾（司）也。**語叢一 51**

0315　齅（嗅）　　齅

【用字】　嗅、臭、臭

【解字】

　　《説文》有"齅"，曰："以鼻就臭也。"同"嗅"。《窮達以時》簡 13"嗅"字，整理者（145 頁）如此隸定，裘錫圭先生"按語"（146 頁注［十五］）疑當釋爲"嚊"，當是"嗅"之異體。

【詞義】

一、用鼻子辨別氣味。

　　［不以無人］嗅（嚊—嗅）而不芳。**窮達 13**

二、嗅覺。

  1. 又(有)聖(聖—聲)又(有)臭(嗅)語叢一 47 又(有)未(味)。48

  2. 臭(嗅),臭〈畀(鼻)〉鈑(司)也。語叢一 51

0316 奭　　奭　　古文 奭

【用字】　奭

【詞義】

一、《尚書》篇名。"奭",周武王同族"召公"之名。

  1.《君奭》鼎(員—云):……緇衣 36

  2.《君奭》曰:……成之 22

  3.《君奭》曰:……成之 29

0317 習　　習

【用字】　習、習

【解字】

    郭店簡"習"寫作"習""習"二形,前者見於《性自命出》篇,後者見於《語叢三》篇。

【詞義】

一、學習;練習。

  1. 坐(待)習(習)而句(後)性命 1 箅(莫—定)。2

  2. 量(蜀—獨)性命 60 尻(處)鼎(勤—則)習(習)。61

  3. 迨(起)習(習)夏(文)彰(章),舟(嗌—益)。語叢三 10

  4. 尻(處)而亡(無)斂語叢三 12 習(習)也,鼎(鼎—員—損)。13

二、習慣。

  1. 羕(養)眚(性)性命 11 者,習(習)也。12

  2. 習(習)也性命 13 者,又(有)㠯(以)習(習)亓(其)眚(性)也。14

三、教化;訓練。

  1. 習(習)也性命 13 者,又(有)㠯(以)習(習)亓(其)眚(性)也。14

0318 羽　　羽

【用字】　乎

【詞義】

一、羽毛。

　　1. 能遲(差)沱(池)亓(其)羿(羽),肰(然)句(後)能至哀。五行 17

0319　雅　　　雗

【用字】　頣
【解字】

　　"頣"即"夏"字,簡文中讀爲"雅"。

【詞義】

一、《詩經》的組成部分,"大雅"、"小雅"。

　　1.《大頣(夏—雅)》鼎(員—云):……緇衣 7

　　2.《少(小)頣(夏—雅)》鼎(員—云):……緇衣 7

　　3.《大虽(夏—雅)》云:……緇衣 35

　　4.《少(小)頣(夏—雅)》鼎(員—云):……緇衣 36

0320　離　　　雦

【用字】　祘
【解字】

　　《六德》"祘"字,裘錫圭先生"按語"(190 頁注［二一］)認爲似與《性命》"祘(瑟)"爲一字,疑當讀爲"殺",省減;劉釗先生從之①。張光裕先生釋爲"瑟",讀爲"失"②。顏世鉉先生認爲該字是"麗"字古文,讀作"離",訓"絶"③。李零先生認爲似可讀"疾",又此字爲"麗"所从,"麗""瑟"古音亦近;又認爲"疾"有非難之意,從讀音考慮,也可能讀爲"失"④。劉國勝先生釋爲"羘",讀爲"叛"⑤。彭林先生讀爲"殺",殺止⑥。陳偉先生讀爲"麗",

---

① 劉釗:《郭店楚簡校釋》,福建人民出版社,2005 年,第 116 頁。

② 張光裕:《〈郭店楚簡研究文字編〉緒説》,《中國出土資料研究》第 3 號,中國出土資料研究學會,1999 年,第 12 頁。

③ 顏世鉉:《郭店楚墓竹簡儒家典籍文字考釋》,《經學研究論叢》第 6 輯,學生書局,1999 年,第 184 頁。

④ 李零:《郭店楚簡校讀記》,《道家文化研究》第 17 輯(郭店楚簡專號),生活·讀書·新知三聯書店,1999 年,第 520 頁;《郭店楚簡校讀記(增訂本)》,北京大學出版社,2002 年,第 137 頁。

⑤ 劉國勝:《郭店竹簡釋字八則》,《武漢大學學報》,1999 年第 5 期,第 43 頁。

⑥ 彭林:《再論郭店簡〈六德〉"爲父絶君"及相關問題》,《中國哲學史》,2001 年第 2 期,第 102 頁。

訓爲"附著"①。單育辰先生讀爲"離",訓爲"離棄"②。

【詞義】

一、棄絶。

　　1. 爲六德 **29** 宗族𠂤（麗—離）弸（朋）𣌭（友），不爲弸（朋）𣌭（友）𠂤（麗—離）宗族。**30**

0321　雁　　　雁

【用字】　鳷

【解字】

　　"鳷"即"鴈"字異體③，亦即今之"雁"字，鳥、隹作爲偏旁可以替換。《説文》將"鴈""雁"分爲二字，曰："鴈，䳜也。""雁，鳥也。"段注在"鴈"字下曰："鴈與雁各字……許意《隹部》雁爲鴻雁，《鳥部》鴈爲䳜。"在"雁"字下曰："此與《鳥部》鴈別。鴈从鳥爲䳜，雁从隹爲鴻雁。"同時也指出："今字雁、鴈不分久矣。"實際上，鴈、雁當爲一字異體。劉釗先生讀"鳷"爲"雁"，但仍解釋爲鵝④。簡文中當釋讀爲"雁"，此句解説陳劍先生已有論述⑤。

　　楚文字常見的"鳷"字寫作🖼(上博《陳公治兵》簡 19)、🖼(《新蔡》甲三·209+89)等形，郭店簡"鳷"字(🖼)所从"鳥"形的軀幹和尾巴部分變形因爲形近而變形音化爲"干"。干，見紐元部；雁，疑紐元部，音近可通。字書有"鴩"（或寫作"鼾"）字，《正字通·鳥部》："鴩，同鴈。一作鳱，别作鵿"《禽經》："鴩以水言，自北而南。"張華注："隨陽鳥也，冬適南方，集于江干之上，故字从干。"明楊慎《鵙鴄》："《禽經》鴻鴈之鴈作鴩，斥省爲干，故鵙或爲鴩，皆古鴈字也。"又《史記·秦本紀》"與晉戰鴈門"，"鴈門"《六國年表》作"岸門"。由此可知，"雁"確可从"干"得聲。

① 陳偉：《郭店竹書别釋》，湖北教育出版社，2003 年，第 126 頁。
② 單育辰：《郭店〈尊德義〉〈成之聞之〉〈六德〉三篇整理與研究》，科學出版社，2015 年，第280 頁。
③ 黄德寬、徐在國：《郭店楚簡文字考釋》，《吉林大學古籍整理研究所建所十五周年紀念文集》，吉林大學出版社，1998 年，第 110 頁。李家浩：《讀〈郭店楚墓竹簡〉瑣議》，《中國哲學》第 20 輯(郭店楚簡研究)，遼寧教育出版社，1999 年，第 346—347 頁。
④ 劉釗：《郭店楚簡校釋》，福建人民出版社，2005 年，第 93 頁。
⑤ 陳劍：《説〈性自命出〉的"牛生而倀"及相關問題》，復旦大學出土文獻與古文字研究中心網站(http://www.fdgwz.org.cn/Web/Show/7837)，2021 年 10 月 29 日。

【詞義】

一、鴻雁。

1. 牛生而倀(粻),鳶(鴈—雁)生而戟(陣)。**性命 7**

0322 雄 

【用字】 鈜

【詞義】

一、雄性的動物。

1. 三鈜(雄)一鈚(雌)。**語叢四 26**

二、傑出的人物。

1. 邦又(有)巨鈜(雄)。**語叢四 14**

2. 鈜(雄)是爲劊(割—害)。**語叢四 16**

0323 雌 

【用字】 鈚

【詞義】

一、雌性的動物。

1. 三鈜(雄)一鈚(雌)。**語叢四 26**

0324 奪 

【用字】 敓

【解字】

《説文》“敓”“奪”分爲兩字,前者曰“強取”;後者曰“手持隹失之也”,即喪失之意。段注:“後人假奪爲敓,奪行而敓廢矣。”

【詞義】

一、喪失。

1. 此㠯(以)生不可敓(奪)志,死不可敓(奪)名。**緇衣 38**

0325 奮 

【用字】 畜、沓、悆

【詞義】

一、振作。

1. 昏(聞)訶(歌)謠(謠)鼎(勳—則)舀(陶)女(如)也斯(斯)畜(奮)。

性命 **24**

2. 悥（憙—喜）炅（斯）慁＿（惛—陶，陶）炅（斯）咠＿（奮，奮）炅（斯）姜。

性命 **34**

3. 不又（有）夫惥（奮）性命 **46** 狣（作）之書（青—情）鼎（鼱—則）悉（侮）。**47**

0326 蠢（集）　　　蠢　　　或體　雧

【用字】　集、雧

【詞義】

一、聚集；會合。

1. 甘（箕—其）集大命于乎（厥）身。緇衣 **37**

2. 君子雧（集）大成（城—成）。五行 **42**

0327 鸝（難）　　　鸝　　　或體　難　　　古文　雝　雝　雝

【用字】　難、難、鸇、懃、懃、蕙、雝

【解字】

　　《説文》有"鸝"字，段玉裁指出："今爲難易字，而本義隱矣。""難"即"難"字，"土"爲飾符；"鸇"字是在"難"字基礎上增加兩個飾符"土"而成；"懃"即"懃"字；"蕙"即"懂"字。《説文》古文"雝"或即"雝"字之變。"艱"字《説文》籀文作"囏"，甲骨文从"壴"而非"喜"，禤健聰先生認爲《語叢三》簡 45"難"字寫作"雝"，是糅合了"艱"字而成①。李守奎先生認爲"壴"早期有元部字的讀音，"艱""難"是同一個詞不同時代的不同寫法②。劉洪濤先生認爲"艱"字籀文作"囏"和"難"字古文"雝"所从的"喜""壴"都是古"豈"字，是聲符③。

【詞義】

一、困難。

1. 不貴難昜（得）之貨。老甲 **12**

2. 大少（小）之多惕（惕—易）必多鸇（難—難）。老甲 **14**

---

① 禤健聰：《戰國楚系簡帛用字習慣研究》，科學出版社，2017 年，第 226 頁。

② 李守奎：《郭店楚簡"雝"字蠡測》，《古文字研究》第 26 輯，中華書局，2006 年，第 297—302 頁。

③ 劉洪濤：《〈説文〉"艱"字籀文、"難"字古文考》，《勵耘學刊（語言卷）》，2016 年第 1 期，第 266—276 頁。

3. 古(故)卒(終)亡(無)難(難—難)。**老甲 15**

4. 戁(戁—難)惕(惕—易)之相城(成)也。**老甲 16**

5. 不貴戁(難)旻(得)之貨。**老丙 13**

6. 下難緇衣 5 瞽(智—知)鼎(則—則)君倀(長)裚(勞)。**6**

7. 可(何)蘥(懂—難)之又(有)才(哉)？**窮達 2**

8. 上不呂(以)亓(其)道(道)，民之從之也難。**成之 15**

9. 能卒(終)之爲難。**成之 30**

10. 凡學者隶〈求〉亓(其)心爲難。**性命 36**

11. 售(唯—雖)難不貴。**性命 50**

12. 叟(使)民相新(親)也戁(難)。**六德 49**

13. 卯(謀)勸(則)雖(難)埜(犯)也。**語叢三 45**

二、意動用法，以……爲難事。

　　1. 是呂(以)聖(聖)人**老甲 14** 猷(猶)雞(難—難)之。**15**

　　2. 人不難爲之死。**性命 44**

三、畏懼。

　　1. 售(唯—雖)戁(難)①**語叢四 14** 亓(其)興。**16。**

0328 蔑　　𤐫

【用字】　戉

【解字】

　　"蔑"字本從莧從戈，象以武器斫人之脛，爲伐滅之義。楚文字承之，又或將左下人形寫爲"勿"（如上博四《曹沫之陣》簡 13、20 寫作 、 ）。《六德》簡 36"戉"字，整理者（188 頁）直接釋爲"蔑"。徐在國先生認爲此字從首從火從戈，隸作"戉"，讀爲"蔑"②。《説文》："莧，火不明也。從首從火，首亦聲……讀與蔑同。"劉釗先生隸定爲"𤐫"③。孫合肥先生認爲此字是"'戈'旁增'火'聲化改造作'威'。"④"滅""威"二字楚文字皆有見，皆從"戌"而非"戈"，差異明顯。雖然"戉"字很有可能受到了"威"字的影響，將

---

① 按：陳劍先生讀"戁"爲"難"，認爲是"使其興難"之意；或不破讀，意爲恐、懼（《郭店〈窮達以時〉〈語叢四〉的幾處簡序調整》，《國際簡帛研究通訊》第 2 卷第 5 期，2002 年，第 5—6 頁）。

② 徐在國：《郭店楚簡文字三考》，《新出楚簡文字考》，安徽大學出版社，2007 年，第 34—35 頁。

③ 劉釗：《郭店楚簡校釋》，福建人民出版社，2005 年，第 109 頁。

④ 孫合肥：《戰國文字形體研究》，安徽大學博士學位論文，2014 年，第 554 頁。

“戈”旁置於“昔”下而非整字右邊，但將其分析爲从昔从威並不合適。

【詞義】

一、無；没有。

　　1. 此六者客（各）六德 35 行亓（其）戠（職），而岙（嶽—獄）旮〈訟〉戜（蔑）緐（由）亡〈乍（作）〉也。36

0329　羊　　　羊

【用字】　羊

【詞義】

一、家畜。六畜（馬牛羊雞犬豕）之一。

　　1. 白（百）里迚（遷）逪（鷝）五羊，爲敀（伯）敭（牧）牛。窮達 7

0330　羣（群）　　　羣

【用字】　羣

【詞義】

一、眾多。

　　1. 羣（群）勿（物）皆（皆）成，而百善膚（皆）立。忠信 7
　　2. 義也者，羣（群）善之蓝（蕰）也。性命 13
　　3. 衍（道）者，羣（群）勿（物）之衍（道）。性命 14

二、會合；聯合。

　　1. 湍（揣）而羣（群）之，不可長保也。老甲 38

0331　美　　　美

【用字】　美、岜、媺、娟、頯、散

【解字】

　　岜、美或爲一字分化，本即頭戴裝飾物的人形正、側之貌。《説文》：“媺，色好也。”“美，甘也。”“美”本指容貌之美，後增加女旁而寫作“媺”，《説文》遂與“美”分爲二字。楚文字記錄｛美｝時多使用在“岜”字基礎上增加女旁或頁旁的“媺”“頯”等字。

【詞義】

一、與“惡”相對，指善的，好的。

　　1. 天下皆（皆）智（智—知）散（美）之爲媺（媺—美）也。老甲 15

2. 鏞(銛)纏(功)爲上,弗娹(媄—美)也。老丙 7

3. 岂(美)牙(與)亞(惡),相去可(何)若? 老乙 4

4. 好娹(媄—美)女(如)好茲(緇)衣。緇衣 1

5. 鼎(勮—則)民不能大其娹(媄—美)而少(小)其亞(惡)。緇衣 35

6. 未言而訐(信),又(有)娹(媄—美)耆(青—情)者也。性命 51

7. 頯(媄—美)此多(者)也。六德 26

8. 又(有)頯(媄—美)又(有)膳(善)。語叢一 15

二、美化;裝飾。

1. 娹(媄—美)之,是樂殺人。老丙 7

三、修養;修美。

1. 孾_(君子)娹(媄—美)亓(其)耆(青—情)。性命 20

0332 鳥　　　　（字形）

【用字】　鳥

【詞義】

一、飛禽。

1. 攫鳥猒(猛)獸(獸)弗扣。老甲 33

0333 朋　　　　（字形）

【用字】　朋、僵、玤、彁、彊

【解字】

　　"鬲"爲"鳳"字古文,《説文》以爲"朋"字。"朋"本爲人持兩串玉之形,與"鳳"本不相同。《六德》"彁""彊"二字當即"佣""僵",劉釗先生即如此釋。"弓"爲"人"形之變。"弓"字單獨成字時,下部往往有一點或短橫的飾筆,作偏旁時多有省略。"弓"形、"人"形作偏旁多有譌混。

【詞義】

一、朋友。

1. 僵(朋)旮(友)卣(攸)夒(攝)。緇衣 45

2. 晨(祖)字(娩—免),爲宗族也,爲彁(朋)旮(友)六德 28 亦肰(然)。29

3. 爲六德 29 宗族爪(麗—離)彊(朋)替(友),不爲彊(朋)替(友)爪(麗—離)宗族。30

4. 君臣、朋睿(友)，丌(其)臭(睪—擇)者也。語叢一87

5. 邦又(有)巨猷(雄)，必先與之吕(以)爲堋(朋)。語叢四14

0334　烏(於)　　　　　古文

【用字】　於

【解字】

　　"於"字即"烏"字，今分化爲二字。

【詞義】

一、在；存在。

　　1. 凡於这(路)毋愳〈思〉。性命60

二、介詞。也作"于"。

　　(一)表示地點、處所，相當於"在"。

　　1. 不谷(欲)吕(以)兵弜(強)於天下。7

　　2. 天下之勿(物)生於又(有)，生於亡(無)。老甲37

　　3. 堇(僅)能行於丌(其)中。老乙9

　　4. [不可]老丙7吕(以)旻(得)志於天下。8

　　5. 是古(故)大(太)一贁(贜—藏)於水，行於嵗(時)。太一6

　　6. [天不足]太一12於西北。13

　　7. 埅(地)不足於東南。太一13

　　8. 坴(舜)畂(耕)於鬲(歷)山。窮達2

　　9. 宭(陶)笴(拍)窮達2於河臣(浦)。3

　　10. 行年七十而脊(膌—屠)牛於朝(潮—朝)訶(歌)。窮達5

　　11. 驪(騏)空(穴—?)於旮(皋)埜(棘)。窮達10

　　12. 愳(仁)型(形)於內胃(謂)之惪(德)之行，不型(形)於內胃(謂)之行。五行1

　　13. 義型(形)於內胃(謂)之惪(德)之五行1行，不型(形)於內胃(謂)之行。五行2

　　14. 豊(禮)型(形)於內胃(謂)之惪(德)之行，不型(形)於內胃(謂)之五行2[行]。3

　　15. [智形]於內胃(謂)之惪(德)之行，不型(形)於內胃(謂)之行。五行3

　　16. 聖(聖)型(形)於內胃(謂)之惪(德)五行3之行，不型(形)於內胃(謂)之{惪(德)之}行。4

17. 各虚（止）於亓（其）里。五行 42

18. 型（形）於审（中）燮（癹—發）於色。成之 24

19. 及亓（其）見於外，鼎（勮—則）勿（物）取之也。性命 2

20. 勿（物）各止於亓（其）所。語叢一 105

21. 唯（雖）敢（勇）力晊（聞）於邦不女（如）材。語叢四 24

（二）表示"在……方面"。

1. 鼎（勮—則）民訢（慎）於言而蕙（懂—謹）於行。緇衣 33

2. 古（故）君子憚（惇）於忌（反）己（己）。窮達 15

3. 不叟（察）五行 37 於迺（道）。38

4. 不叟（察）於迺（道）也。五行 39

5. 羕（養）心於子俍（諒），忠（忠）訐（信）。尊德義 21

6. 亞（惡）之而不可非者，避（達）於義者也。性命 54

7. 筥（篤）於悬（仁）者也。性命 55

8. ［薄］於義。語叢一 77

9. 靐（厚）於義，專（薄）於悬（仁）。語叢一 82

10. 君子於此戈（弌—一）歔（偏）者亡（無）所鴇（法—廢）。六德 40

（三）表示時間或時機，相當於"在"。

1. 爲之於亓（其）老甲 25 亡（無）又（有）也。26

2. 絅（治）之於亓（其）未敉（圂—亂）。老甲 26

3. 人之歔（敗）也，丞（亙—恆）於丌（其）虞（且）成也歔（敗）之。老丙 12

4. 六帝興於古，鬳〈膚（皆）〉采（由）此也。唐虞 8

5. 竝（並）於大旹（時）。唐虞 15

（四）表示動作關照的對象。相當於"對""對於"。

1. 而皇（況）於人唐（唬—乎）？緇衣 46

2. 士又（有）志於君子迺（道）胃（謂）之哉（旹—志）士。五行 7

3. 君子之於香（教）也。成之 4

4. 是君子之於言也。成之 11

5. 是古（故）孚＝（君子）成之 13 之於言也。14

6. 售（唯一雖）丌（其）於善道也。成之 27

（五）引進動作行爲涉及的對象。

1. 酓（含）悳（德）之靐（厚）者，比於赤子。老甲 33

2. 伐於弱（勞—強），賔（賣）於［□］。太一 9

3. 臣不惑於君。緇衣 4

4. 魯（魯）穆公昏（問）於子思。魯穆公 1

5. 峕（嚮）者虘（吾）昏（問）忠臣於子思。魯穆公 3

6. 宷（中）心兑（悦）塦（壇—旃），鏨（遷）五行 32 於㻌_（兄弟）。33

7. 夫古者唐虞 15 㙤（舜）尻（居）於茅_（艸茅—草茅）之中而不惪（憂）。16

8. 今之弋（式）於直（直—德）者。唐虞 17

9. 古之甬（用）民者，求之於㠯（己）爲烋（亙—亟）。成之 1

10. 君黚（袀）褺（冕）而立於𡉉（阼）。成之 7

11. 節（即）於而（爾）也，成之 26 勮（則）猷（猶）是也。27

12. 言余之此而氒（宅—度）於天心也。成之 33

13. 害（蓋）成之 37 言斳（慎）求之於㠯（己）。38

14. 坓（刑）不隶（逮）於君子，豊（禮）不尊德義 31 隶（逮）於尖_（少人—小人）。32

15. 快於㠯（己）者之胃（謂）兑（悦）。性命 12

（六）表示起始、來源，相當於"自""從"。

1. 衍（道）䎽（始）於青_（青—情，情）生於眚（性）。性命 3

2. 亓（其）䎽（始）出蒥（皆）生性命 15 於人。16

3. 豊（禮）夂〈复（作）〉於青（青—情）。性命 18

4. 凡聖（聖—聲），亓（其）出於情也訐（信）。性命 23

5. 青（青—情）出於眚（性）。性命 40

6. 䎽（始）於孝弟（悌）。六德 40

7. 悬（仁）生於人，我（義）生於迠（道）。語叢一 22

8. 或生於内，或生於外。語叢一 23

9. 豊（禮）生於牂（莊），樂生於京（諒）。語叢一 33

10. 情生於眚（性），豊（禮）生於情，語叢二 1 厰（嚴）生於豊（禮），敬生於厰（嚴），2 兢生於敬，恥生於慈（兢），3 㤹（整—利）生於惪（恥），斂（廉）生於㤹（整—利）。4

11. 𡨋（文）生於豊（禮），專（博）生於𡨋（文）。語叢二 5

12. 大生於□。語叢二 6

13. 惪（悒）生於惪（憂）。語叢二 7

14. 慇（慇—愛）生於眚（性），罕（親）生於慇（慇—愛），語叢二 8 忠生於罕（親）。9

15. 㤅（㤅—欲）生於眚（性），慮（慮）生於㤅（㤅—欲），語叢二 10 㤅（倍）生於慮（慮），靜（靜—爭）生於㤅（倍），11 尚（黨）生於靜（靜—爭）。12

16. 悬（貪）生於㤅（㤅—欲），怀（倍）生於悬（貪），語叢二 13 豩生於怀

（倍）。**14**

17. 楥(諼)生於忩(念—欲),旱(訐)生於楥(諼),**語叢二 15** 忘(誆)生於
　　吁(訐)。**16**

18. 淁(浸)生於忩(念—欲),惡生於淁(浸),**語叢二 17** 逃生於惡。**18**

19. 返(及)生於忩(念—欲),伴(愖)生於返(及)。**語叢二 19**

20. 智(智)生於眚(性),卯(謀)生於智(智),**語叢二 20** 敓(悅)生於卯
　　(謀),丣(好)生於敓(悅),**21** 從生於丣(好)。**22**

21. 子生於眚(性),易生於子,**語叢二 23** 希(肆)生於易,宆(容)生於希
　　(肆)。**24**

22. 惡生於眚(性),忢(怒)生於惡,**語叢二 25** 夿(乘—勝)生於忢(怒),
　　忈(惎—忌)生於甇(乘—勝),**26** 憗(惻—賊)生於忢(惎—
　　忌)。**27**

23. 憙(憙—喜)生於眚(性),樂生於憙(憙—喜),**語叢二 28** 悲生於樂。**29**

24. 愳(慍)生於眚(性),息(憂)生於愳(慍),**語叢二 30** 悫(哀)生於息
　　(憂)。**31**

25. 瞿(懼)生於眚(性),監生於瞿(懼),**語叢二 32** 望生於監。**33**

26. 弜(強)生於眚(性),立生於弜(強),**語叢二 34** 剏(斷)生於立。**35**

27. 臥〈休(弱)〉生於眚(性),恖(疑)生於休(溺—弱),**語叢二 36** 北生於
　　恖(疑)。**37**

28. 凡敓(悅),乍(作)於愿(愿—譽)者也。**語叢二 42**

29. 志於衍(道),虞(狎)於惠(德),厌於**語叢三 50** 悬(仁)。**51**

30. 遊於埶(埶—藝)。**語叢三 51**

（七）表示被動,相當於"被"。

　　1. 古者埜(堯)生於天子而又(有)天下。**唐虞 14**

　　2. 是弖(以)上之瓲(亙—亟)**成之 24** 灷(務)才(在)訐(信)於眾。**25**

　　3. 此言也,言訐(信)於眾之可弖(以)**成之 25** 淒(濟)惠(德)也。**26**

（八）引進比較的對象,相當於"比"、"跟"。

　　1. [不足於上]**太一 9** 者,又(有)余(餘)於下;不足於下者,又(有)余
　　　　(餘)於上。**14**

　　2. 所**語叢三 2** 弖(以)異於父,君臣不相才(存)也。**3**

（九）表示方式、對象,相當於"以"、"用"。

　　1. 少(小)人**成之 34** 不經(逞)人於刃(恩),君子不經(逞)人於豊(禮)。**35**

三、助詞。表示語氣。

　　1. 於昗(緝)迺(熙)敬圵(止)。**緇衣 34**

0335 焉

【用字】 言、安、女、女

【解字】

《緇衣》簡 41"女"字用爲"焉",當爲"女"訛省。安、女本皆爲"安"字①,具體參閱卷七"安"(第 384 頁)。

【詞義】

一、副詞。相當於"乃"、"則"、"於是就"。

1. 女(安—焉)老丙 1 又不訐(信)。2

2. 女(安—焉)又(有)愳(仁)義。老丙 3

3. 女(安—焉)又(有)孝孿(孿—慈)。老丙 3

4. 女(安—焉)又(有)正臣。老丙 3

5. 女(安—焉)坒(坪—平)大。老丙 4

二、語氣詞。用於句尾,表示陳述或肯定,相當於"矣""呢"。

1. 民莫之命(令)天〈而〉自望(均)女(安—焉)。老甲 19

2. 囿(囿—域)中又(有)四大女(安—焉)。老甲 22

3. 王凥(處)一女(安—焉)。老甲 22

4. 下必又(有)甚女(安—焉)者矣。緇衣 15

5. 募(寡)人惑女(安—焉)。魯穆公 4

6. 能又(有)取安(安—焉)。五行 43

7. 能又(有)取安(安—焉)。五行 43

8. 勜(則)民必有甚女(安—焉)者。成之 7

9. 文王之型(刑)莫至(重)女(安—焉)。成之 39

10. 莫尊德義 7 不又(有)道(道)女(安—焉)。8

11. 勜(則)民進善女(安—焉)。尊德義 16

12. 古(故)夅(終)是勿(物)也而又(有)深女(安—焉)者。尊德義 19

13. 亓(其)葷(載)也亡(無)至(重)女(安—焉)。尊德義 29

14. 侖(倫)隶(列)亓(其)頪(類)尊德義 30 女(安—焉)。31

15. 下必又(有)甚女(安—焉)者。尊德義 37

16. 是旨(以)敬女(安—焉)。性命 21

17. 丌(其)心必才(在)女(安—焉)。性命 38

18. 貧而民聚女(安—焉)。性命 53

---

① 陳劍:《説"安"字》,《甲骨金文考釋論集》,綫裝書局,2007 年,第 107—123 頁。

19. ☐而上又(有)殘簡24賞慶女(安—焉)。六德11

20. 因而它(施)彔(祿)女(安—焉)。六德14

21. 男女六德33卞(辨)生言(焉)。34

22. 父子新(親)生言(焉)。六德34

23. 君臣宜(義)生言(焉)。六德34

24. 能獸(獸—守)戈(式——)凵(曲)女(安—焉)。六德43

25. 旻(得)亓(其)人鼎(勘—則)塑(塱—舉)女(安—焉)。六德48

26. 正(政)亓(其)虡(然)而行,怠(怠)安(安—焉)仐(爾)也。語叢—59

27. 政亓(其)虡(然)而行,怠(怠)女(安—焉)。語叢—67

28. 亡(無)勿(物)不勿(物),膚(皆)至女(安—焉)。語叢—71

29. 此飤(食)乍(作)安(安—焉)。語叢三56

30. 膚(膚—皆)至女(安—焉)。語叢三65下

三、"女"形近譌省爲"女"。

1. 君子不自畱(留)女〈女(安—焉)〉。緇衣41

0336 棄 　　古文 　　籀文

【用字】 弃

【詞義】

一、抛棄;放棄。

1. 㭪(㭪—絶)替(智—知)弃(棄)攴(鞭—辨)。老甲1

2. 㭪(㭪—絶)攷(巧)弃(棄)秒(利)。老甲1

3. 㭪(㭪—絶)悬(爲)弃(棄)慮〈(慮—慮)〉。老甲1

0337 再 　　再

【用字】 再

【詞義】

一、第二次。

1. 學(幽)明不再。窮達15

2. 㲑(疑)取再。語叢二49

0338 幽 　　

【用字】 學

【詞義】

一、與“明”相對應,在陰陽對立中指“陰”。

1. 學(幽)明不再。**窮達 15**

二、微,指下位。

1. 毀(讓)而叒(受)學(幽)。**成之 34**

0339 幾 

【用字】 幾

【詞義】

一、細微的跡象;事情的苗頭或預兆。

1. 亓(其)幾也,易後(散)也。**老甲 25**

2. 幾而智(智—知)之,天也。**五行 48**

二、代詞。表示疑問,用以詢問數目的多少。

1. 相去幾可(何)? **老乙 4**

0340 惠  古文 

【用字】 惠、叀

【詞義】

一、恩惠;好處。

1. 依惠勳(則)民材(財)足。**尊德義 32**

二、給予恩惠、好處。

1. 厶(私)惠不壐〈壞(懷)〉悳(德)。**緇衣 41**

三、説得好。

1. 口叀(惠)而實(實)弗从(從)。**忠信 5**

0341 玄  古文 

【用字】 玄

【詞義】

一、神妙;深奥。

1. 古之善爲士者,必非(微)溺(妙)玄達。**老甲 8**

二、相一致;混同。

1. 是胃(謂)玄同。**老甲 28**

0342 爰　　爰

【用字】　爰

【詞義】

一、連詞。表示承接關係,相當於"於是"。

　　1. 爰①不若也,可從也而不可及也。尊德義 23

0343 受　　受

【用字】　受

【解字】

　　"受"字本从二"又(手形)"从"舟","舟"亦聲。楚文字"受"字或有訛變,上部手形和舟旁訛寫似从"臼"从"丨"。郭店簡"受"字 7 見,最標準寫法見於《忠信之道》簡8(受),其餘皆有不同程度訛變(詳參卷十二"授")。

【詞義】

一、接受。

　　1. 古(故)徂(遷)而可受(受)也。忠信 8

　　2. 叕(讓)而受(受)學(學)。成之 34

　　3. 弗受(受)也。語叢三 5

二、用爲"授",參閱卷十二"授"(第612頁)。

0344 爭　　爭

【用字】　靜、靚、靗、枞、婧、鰆

【解字】

　　楚文字"青"字及作爲偏旁的"青"基本上都增加"口"形。"婧"即"婧"字;"鰆"右半从生从甘,當是"鰆"形之訛,即"鰆"字;"靜""靗""靚",皆爲"靜"字異體,第二例从"青"不从"青",後二例又進一步增加飾符"口"。

【詞義】

一、爭奪;奪取。

　　1. 吕(以)亓(其)不靚(靜—爭)也,古(故)天下莫能异(與)之靚(靜—爭)。老甲 5

　　2. 上好悬(仁),鼎(勛—則)下之爲緇衣 10 悬(仁)也枞(耕—爭)先。11

---

　　① 按:李零先生疑爲"受"字之誤,讀爲"紂"。

3. 古(故)行而鯖(鯖—爭)兑(悦)民。忠信 6
4. 樵(津)沕(梁)䟫(埥—爭)舟。成之 35
5. 鼽(則)民埜(野)㠯(以)静(静—爭)。尊德義 14
6. 十之方静(静—爭)。尊德義 27
7. 静(静—爭)生於忢(悟)。語叢二 11
8. 尚(黨)生於静(静—爭)。語叢二 12

0345 敢(敢)  籀文  古文 

【用字】 敔

【解字】

與古文形同,今作"敢"。

【詞義】

一、有膽量做某種事情。

1. 天陛(地)弗敔(敢)臣。老甲 18
2. 而弗敔(敢)爲。老丙 14
3. 莫敔(敢)不售(唯)。五行 45
4. 莫敔(敢)不如(諾)。五行 45
5. 莫敔(敢)不進。五行 46
6. 莫敔(敢)不逡(後)。五行 46
7. 莫敔(敢)不罙(深)。五行 46
8. 莫敔(敢)不濮(淺)。五行 46
9. 懩(勞)丌(其)溺(股)忲(肱)之力弗敔(敢)嘼(單—憚)也。六德 16
10. 㕽(危)丌(其)死弗敔(敢)忎(愛)也。六德 17

二、用爲"嚴",參閱卷二"嚴"(第 68 頁)。

0346 殆 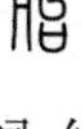

【用字】 怠、忩、訂、訂

【解字】

"忩"字,整理者(181 頁)釋爲"怡",趙建偉、李零先生讀爲"始"①。廖

---

① 趙建偉:《郭店竹簡〈忠信之道〉〈性自命出〉校釋》,《中國哲學史》,1999 年第 2 期,第 38 頁。李零:《郭店楚簡校讀記》,《道家文化研究》第 17 輯(郭店楚簡專號),生活·讀書·新知三聯書店,1999 年,第 510 頁。

名春先生讀爲"殆",危險①。劉釗先生讀爲"殆",危殆,指憂患意識②。陳偉先生讀"怡",和悦③。上博《性情論》對應之字作"忻"。按:"忩"疑爲"怠"字,讀爲"殆",畏懼。

【詞義】

一、危險。

1. 督(智—知)坒(止)所弖(以)不訂(殆)。老甲20

2. 督(智—知)坒(止)不忩(怠—殆)。老甲36

二、大概。

1. 訂(殆)亓(其)惪(德)也。性命27

三、畏懼。

1. 不又(有)夫巫(互—嘔)忩(怠—殆)志＿(之志)鼎(勮—則)縵(慢)。性命45

0347　死　　　㱑　　　古文　𠨂

【用字】　死

【詞義】

一、生命終結。與"生"相對。

1. 死不可敓(奪)名。緇衣38

2. 逡(後)翏(戮)死。窮達9

3. 古(故)不韋(皇—誆)生,不伓(倍)死也。忠信3

4. 人不難爲之死。性命44

5. 足此民尒(爾)六德4 生死之甬(用)。5

6. 叀(使)之足弖(以)生,足弖(以)死。六德14

7. 厃(危)丌(其)死弗敢(敢)恧(愛)也。六德17

8. 是古(故)夫死又(有)宔(主)。六德19

9. 君子所生牙(與)之立,死牙(與)之遊(敝)也。六德46

10. 亞(惡)言遵(復)已而死糅(無)日。語叢四4

0348　骨　　　骨

【用字】　骨

---

① 廖名春:《新出楚簡試論》,臺灣古籍出版有限公司,2001 年,第 161 頁。

② 劉釗:《郭店楚簡校釋》,福建人民出版社,2005 年,第 102 頁。

③ 陳偉:《郭店竹書别釋》,湖北教育出版社,2003 年,第 205 頁。

【詞義】

一、人及動物的骨頭、骨骼。

　　1. 骨溺(弱)堇(筋)秫(柔)而捉老甲 **33** 固。**34**

0349　體　　　體

【用字】　體、膿、豊

【詞義】

一、身體,全身的總稱。

　　1. 君呂(以)民爲體。**緇衣 8**

　　2. 心好鼎(勸—則)體安(安)之。**緇衣 8**

　　3. 古(故)心呂(以)體灋(法—廢)。**緇衣 9**

　　4. 非亡(無)膿(體)壯(狀)也。**窮達 10**

　　5. 亓(其)豊(體)**語叢一 46** 又(有)厺(容)又(有)頤(色)。**47**

二、體會;體察。

　　1. 體亓(其)宜(義)而卽(節)夏(文)之。**性命 17**

0350　臚(膚)　　　臚　　籀文　膚

【用字】　膚

【解字】

　　《說文》:"臚,皮也。""膚"字爲"臚"字籀文。《五行》簡 43"疋膚膚"的
解釋,參閱卷二"疋"(第 119 頁)。

【詞義】

一、人體的表皮,皮膚。

　　1. 虎虎(乎)脂膚血努(胬—氣)之青(青—情)。**唐虞 11**

二、待考。

　　1. 疋膚﹍(膚膚)達者(諸)君子道(道),胃(謂)之叚(臤—賢)。**五行 43**

0351　股　　　股

【用字】　𦘓

【詞義】

一、大腿,自胯至膝蓋的部分。

　　1. 懷(勞)丌(其)𦘓(股)忱(肱)之力弗敢(敢)詈(單—憚)也。**六德 16**

0352　肖　　　（字形）

【用字】　枭

【詞義】

一、相貌相似。不似其先,故曰不肖;引申指不才、不賢。

　　　1. 釞(治)之至,敉(養)不枭(肖)。唐虞28

0353　脫　　　（字形）

【用字】　兌

【詞義】

一、脫落;掉下。

　　　1. 善休(抱)者老乙15 不兌(脫)。16

0354　胥　　　（字形）

【用字】　疋

【詞義】

一、用於人名。

　　　1. 子疋(胥)峕(前)多红(功),遂(後)翏(戮)死。窮達9

0355　脂　　　（字形）

【用字】　脂

【詞義】

一、脂,泛指油脂、油膏。"脂膚",皮膚。

　　　1. 虎(乎)脂膚血努(劈—氣)之喜(青—情)。唐虞11

0356　膬（脆）　　　（字形）

【用字】　霓

【解字】

　　"膬"今作"脆"。楚文字中有"霓"字,見於清華一《楚居》簡6作"　"、
上博九《陳公治兵》簡3作"　",皆讀爲"雪",用於人名"熊雪"(楚國國君
熊嚴次子,也作"仲雪")。"霓"與"霓"當爲一字異體。"雪"字从"彗"聲,

彗在邪紐月部,毳在清紐月部,二者音近可通。

【詞義】

一、容易折斷或容易破碎。

　　1. 亓(其)毳(䨖—雪—脆)也,易畬(畔—判)也。老甲 25

0357　脆　　脆

【用字】　豙

【解字】

　　"豙"原寫作"亐",辭例爲"未智牝牡之合~怒,精之至也"。"亐"字對應帛書乙本(甲本殘損)、傅奕本作"脄",漢簡本作"㲋",王弼本作"全",河上公本、嚴遵本作"峻"。脄、㲋、全、峻諸字音近可通①,學者多以"脄"字爲正,《説文·肉部》:"脄,赤子陰也。"裘錫圭先生指出"亐"字之義當與"脄"字相當②,代表了學界關於該字釋讀的主要思考方向。但關於該字形體的解析以及與"脄"字的關係,學界有多種意見。整理者釋爲"然";在此基礎上,趙建偉先生認爲"然"當爲"脄"字形近訛寫③。部分學者認爲"亐"字是與"脄"義同的另外一個字:如王輝先生隸作"佥",釋爲"陰"④;劉信芳先生依《説文》解"易"字从"日一勿"例,分析該字从"上一勿",釋爲"陽";廖名春等先生認爲該字上从"丄",牡器之形,下从"易",釋爲"陽"⑤;何琳儀先生疑該字爲從士從勿的會意兼形聲字,讀若"物"⑥;楊琳先生認爲是男陰之"鳥(屌)"的專字⑦;蕭旭先生認爲該字從士刀聲,讀爲"弔"即俗"屌"字⑧。也有學者從語音通假的角度進行討論,如魏啟鵬先生釋爲"然"讀爲"勢"⑨。更多的學者

---

①　按:俞樾先生(《諸子平議》卷八《老子》"牝牡之合而全作"條)曾認爲王弼本《老子》"全"字爲"佥(陰)"字之誤,並不可信。朱駿聲(《説文通訓定聲·乾部》"全"字下)認爲全、脄、峻等皆借爲"卵"字,亦不可信。

②　荊門市博物館編:《郭店楚墓竹簡》,文物出版社,1998 年,第 116 頁注[七一]"裘按"。

③　趙建偉:《郭店竹簡〈老子〉校釋》,《道家文化研究》第 17 輯(郭店楚簡專號),生活·讀書·新知三聯書店,1999 年,第 288 頁。

④　王輝:《郭店楚簡釋讀五則》,《簡帛研究二○○一》,廣西師範大學出版社,2001 年,第 168—169 頁。

⑤　劉信芳:《荊門郭店竹簡老子解詁》,藝文印書館,1999 年,第 41 頁。廖名春《郭店楚簡老子校釋》,清華大學出版社,2003 年,第 330 頁。

⑥　何琳儀:《貴尹求義》,《楚地簡帛思想研究(三)》,湖北教育出版社,2007 年,第 4—5 頁。

⑦　楊琳:《楚簡〈老子〉男陰之"鳥"考釋》,《中國文字研究》第 22 輯,上海書店出版社,2015 年,第 57—60 頁。

⑧　蕭旭:《郭店楚簡〈老子〉"亐"字考》,未刊稿。

⑨　魏啟鵬:《楚簡〈老子〉柬釋》,萬卷樓圖書有限公司,1999 年,第 33 頁。

傾向讀爲"胺",但對"与"字的形體分析各有不同:如彭浩先生釋爲"然"①;許文獻先生疑爲"前"②;李零先生認爲與"豕"相近③;郭永秉先生認爲該字是"鷹"之變體④;黃德寬、徐在國先生認爲該字从士、勿聲,疑爲"胺"或體⑤;范常喜先生認爲字從士、尋省聲,"士"即"丄"爲雄性生殖器之象形⑥。也有部分學者認爲"与"與"胺"並不對應,如崔仁義先生釋爲"吻";⑦李若暉先生釋爲"豙",讀爲"豕","豕"類之字有淫逸義⑧;史傑鵬先生認爲該字从士、勿聲,釋爲"勃",勃起義⑨。將"与"字分析爲从上、一、勿或从士、勿都是有問題的,該字由"丄""丂"兩個部件構成。"丄(丄)"爲雄性生殖器之形,多見於甲骨文"牡"字所从,爲"牡"字初文⑩;"丂"當爲"豕"字省變。李零先生曾懷疑"与"字"表示公豬生殖器"⑪。北大漢簡《老子》整理者在注解"狡"字時,將"与"字隸定爲"豸",以爲"雄性生殖器之象形";又在《〈老子〉主要版本全文對照表》中,將該字隸定爲"家"⑫。"与"當隸定爲"家"字,本義當爲雄性生殖器,非專指公豬生殖器,這就像"牡"字不專指公牛一樣。"家"爲"胺"字初文,是早期象形寫法,而"胺"是後起形聲字。"胺"字《説文》訓爲"赤子陰",語義範圍比較小,當爲隨文釋義⑬。

---

① 彭浩:《郭店楚簡〈老子〉校讀》,湖北人民出版社,2000年,第65頁。

② 許文獻:《楚簡中幾個特殊關係異文字組釋讀》,《第四屆國際中國古文字學研討會論文集》,香港中文大學中國語言及文學系,2003年,第443—445頁。

③ 李零:《郭店楚簡校讀記》,《道家文化研究》第17輯(郭店楚簡專號),生活·讀書·新知三聯書店,1999年,第467頁。

④ 郭永秉:《由〈凡物流形〉"鷹"字寫法推測郭店〈老子〉甲組與"胺"相當之字應爲"鷹"字變體》,復旦大學出土文獻與古文字研究中心網站(http://www.gwz.fudan.edu.cn/SrcShow.asp?Src_ID=583),2008年12月31日。按:顏世鉉先生(《利用語文學與新出土文獻校讀古書舉隅——以〈淮南子〉爲例》,"首屆新語文學與早期中國研究國際研討會"論文,澳門大學,2016年6月19—22日)也傾向這種意見。

⑤ 黃德寬、徐在國:《郭店楚簡文字考釋》,《吉林大學古籍整理研究所建所十五周年紀念論文集》,吉林大學出版社,1998年,第100頁。

⑥ 范常喜:《〈郭店楚墓竹簡〉中兩個省聲字小考》,簡帛網(http://www.bsm.org.cn/show_article.php?id=390),2006年8月1日。

⑦ 崔仁義:《荊門郭店楚簡〈老子〉研究》,科學出版社,1998年,第66頁注282。

⑧ 李若暉:《郭店〈老子〉校注簡論(上)》,《郭店楚簡國際學術研討會論文彙編》第2冊,1999年,武漢大學,第195—231頁。

⑨ 史傑鵬:《釋郭店老子簡的"勃"字》,簡帛網(http://www.bsm.org.cn/show_article.php?id=1052),2009年5月14日。

⑩ 周忠兵:《甲骨文中幾個從丄(牡)字的考辨》,《中國文字研究》第7輯,廣西教育出版社,2006年,第139—143頁。

⑪ 李零:《郭店楚簡校讀記(增訂本)》,北京大學出版社,2002年,第14頁。

⑫ 北京大學出土文獻研究所編:《北京大學藏西漢竹書(貳)》,上海古籍出版社,2012年,第131頁注[四]、第181頁。

⑬ 劉傳賓:《"与"字試論》,《中國文字研究》第33輯,華東師範大學出版社,2021年,第79—83頁。

【詞義】

一、男性的生殖器。

1. 未替（智—知）牝戊（牡）之脅（合）豢（朘）蕊（怒），精之至也。**老甲 34**

0358 肕（肢）　　肜　　　或體 肜

【用字】　枳

【詞義】

一、人體兩臂兩腿的總稱。

1. 三（四）枳（肢）朕（倦）陸（陸—惰）。**唐虞 26**

0359 筋　　筋

【用字】　蕫

【詞義】

一、動物肌腱或骨頭上的韌帶。

1. 骨溺（弱）蕫（筋）秾（柔）而捉**老甲 33** 固。**34**

0360 削　　削

【用字】　鈔、雀

【詞義】

一、減少；削弱。

1. 雀（削）成（城—成）者旨（以）昮（嗌—益）生者。**太—9**
2. 勳（則）叚（壞）墬（地）不鈔（削）。**語叢四 23**

0361 利　　利　　　古文 㓝

【用字】　秒、初、愁

【解字】

《說文》有"愁"字，或省作"愁""㓝"。秒、初皆爲"利"字異體，楚文字"刀"旁多寫作"勿"或"刃"形。

【詞義】

一、利益；好處。與"害"相對。

1. 巹（醫—絕）攺（巧）弃（棄）秒（利）。**老甲 1**

2. 勳(則)民力羇(稽)昌(以)面(湎)称(利)。尊德義 **15**

3. 又(有)是攼(蚊—施)少(小) 尊德義 **37** 又(有)称(利)。**38**

4. 迱(遷)而大又(有)称(利)者。尊德義 **38**

5. 甬(用)力之聿(盡)者,称(利)爲甚。性命 **43**

二、獲利;得利;以……爲利。

1. 民称(利)百伓(倍)。老甲 **1**

2. 不可昱(得)而称(利)。老甲 **28**

3. 人售(唯—雖)曰不称(利)。緇衣 **44**

三、有利;對……有利。

1. 称(利)天下而弗称(利)也。唐虞 **1**

2. 称(利)天下而弗称(利)也。唐虞 **2**

3. 旻(沒) 唐虞 **2** 而弗称(利)。**3**

4. 称(利)天下而弗称(利)也。唐虞 **20**

5. 此昌(以)替(智—知)丌(其)弗称(利)也。唐虞 **27**

6. 称(利)木佥(陰)者,不斳(折) 語叢四 **16** 亓(其)枳(枝)。**17**

7. 称(利)亓(其)渚者,不寚(賽—塞)其(其)渓(溪)。語叢四 **17**

四、犀利;智巧。

1. 人之攷(巧) 性命 **45** 言称(利)訇(詞)者。**46**

五、技巧;靈便。

1. 民多称(利)器,而邦慈(慈—滋)昏。老甲 **30**

六、和;仁。

1. 憝(憝—利)生於悬(恥),斅(廉)生於憝(憝—利)。語叢二 **4**

七、用爲"黎",參閱卷七(第 380 頁)。

0362 初

【用字】 剉

【解字】

"剉"爲"初"字異體。在郭店簡中"卒"字多从"宀"寫作"采","衣"字多寫作"卒"形,該字似可隸定爲从卒从刃。但是因爲楚文字中"初"字多从"衣"作,上博簡中多見,爲了區別,故該字隸定爲"剉"。

【詞義】

一、引起追敘往事之詞,猶言"原先""早先"。

1. 剉(初)酓(醯)酧(醯),逡(後)明(名)昜(揚)。窮達 **9**

0363 則　　𦊆　　古文　𦊆　　籕文　𦊆

【用字】　勛、鼎

【解字】

　　"勛"與《説文》"則"字籕文近同。"鼎"字簡文作"昗",當爲訛省,或進一步將下部鼎足省爲兩短橫。在簡文中,"昗"用爲"則",當爲"勛"形省寫。

【詞義】

一、法則;準則。

　　1. 皮(彼)求我鼎(勛—則),女(如)不我叟(得)。緇衣18

二、連詞。表示承接關係。

　　1. 勿(物)堅(壯)鼎(勛—則)老。老甲35

　　2. 不叔(克)鼎(勛—則)莫智(智—知)亓(其)死(亙—極)。老乙2

　　3. 君子居勛(則)貴左,甬(用)兵勛(則)貴右。老丙6

　　4. 古(故)殺[人眾],老丙9 勛(則)昌(以)杰(哀)悲位(涖)之。10

　　5. 戲(戰)窌(勝)勛(則)昌(以)麃(喪)豊(禮)居之。老丙10

　　6. 訢(慎)弇(終)若訂(始),勛(則)糅(無)敗(敗)事壴(喜—矣)。老丙12

　　7. 勛(則)民臧〈咸〉放(飭)而埜(刑)不屯(頓)。緇衣1

　　8. 鼎(勛—則)民緇衣2 耆(青—情)不紈(忒)。3

　　9. 鼎(勛—則)君不惷(疑)亓(其)臣。緇衣4

　　10. 上人惫(疑)鼎(勛—則)百眚(姓)贼(惑)。緇衣5

　　11. 下難緇衣5 暜(智—知)鼎(勛—則)君倀(長)裘(勞)。6

　　12. 鼎(勛—則)民不賊(惑)。緇衣6

　　13. 鼎(勛—則)君不裘(勞)。緇衣7

　　14. 心好鼎(勛—則)體安(安)之,君好鼎(勛—則)民惫(慾—欲)之。緇衣8 9

　　15. 上好惫(仁),鼎(勛—則)下之爲緇衣10 惫(仁)也柉(耕—爭)先。11

　　16. 鼎(勛—則)民至(致)行异(異—己)昌(以)敓(悦)上。緇衣11

　　17. 鼎(勛—則)民惪(德)緇衣16 戈(弌—一)。17

　　18. 鼎(勛—則)忠敬不足而貫(富)貴巳(已)迆(過)也。緇衣20

　　19. 鼎(勛—則)大臣不台(以)而壑(執—褻)臣怎(託)也。緇衣21

　　20. 鼎(勛—則)大臣不悁(怨)。緇衣22

　　21. 鼎(勛—則)民又(有)蕙(懂—勸)心。緇衣24

　　22. 鼎(勛—則)民又(有)孚(娩—免)心。緇衣24

23. 鼎（勳—則）民又（有）新（新—親）。緇衣 25

24. 訐（信）邑（以）結之，鼎（勳—則）民不伓（倍）。緇衣 25

25. 鼎（勳—則）民緇衣 25 又（有）悆（懸—遜）心。26

26. 鼎（勳—則）堅（刑）罰不緇衣 27 足恥。28

27. 鼎（勳—則）民言不隉（危）行[＝]（行，行）不隉（危）緇衣 31 言。32

28. 古（故）言緇衣 32 鼎（勳—則）慮（慮）亓（其）所夅（終），行鼎（勳—則）餡（稽）亓（其）所尙（敝），鼎（勳—則）民訢（慎）於言而蕙（懂—謹）於行。33

29. 言從行之，鼎（勳—則）行不可匿。緇衣 34

30. 鼎（勳—則）民不能大其娩（媄—美）而少（小）其亞（惡）。緇衣 35

31. 鼎（勳—則）好悆（仁）不礜（礜—堅）而亞＝（亞亞—惡惡）不屚（著）也。緇衣 44

32. 君子亡（無）审（中）心之㥯（憂）勳（則）亡＿审＿心＿之＿智＿（無中心之智，無中心之智）勳（則）亡＿审＿心五行 5[之＿悦＿]（無中心之悦，無中心之悦）[則]不＿安＿（不安，不安）勳（則）不＿樂＿（不藥—不樂，不樂）勳（則）亡（無）悳（德）。6

33. 我心勳（則）五行 10[悦]。11

34. 清（清—精）五行 12 勳（則）詧＿（察，察）勳（則）安＿（安，安）勳（則）愳＿（恩—溫，溫）勳（則）兌＿（悦，悦）勳（則）燾＿（就—戚，戚）勳（則）新＿（親，親）勳（則）怸＿（愛，愛）勳（則）玉＿色＿（玉色，玉色）勳（則）型＿（形，形）勳（則）悆（仁）。13

35. 倀（長）勳（則）旻＿（得，得）勳（則）不＿亡＿（不忘，不忘）勳（則）明＿（明，明）勳（則）見＿臤＿人＿（見賢人，見賢人）勳（則）玉＿色＿（玉色，玉色）勳（則）型＿（形，形）五行 14 勳（則）暬（智）。15

36. 翌（翌—輕）勳（則）型＿（形，形）勳（則）不＿亡＿（不忘，不忘）勳（則）聦＿（聰，聰）勳（則）耸＿君＿子＿道＿（聞君子道，聞君子道）鼎（勳—則）玉＿音＿（玉音，玉音）勳（則）型＿（形，形）五行 15 勳（則）聖（聖）。16

37. 和勳（則）譽＿（樂，樂）勳（則）又＿悳＿（有德，有德）勳（則）邦家（家）舉（舉）。五行 29

38. 和五行 31 勳（則）同＿（同，同）勳（則）善。32

39. 和鼎（勳—則）同＿（同，同）鼎（勳—則）善。五行 46

40. 上直（直—德）鼎（勳—則）天下又（有）君而唐虞 20 世明。21

41. 爰（受—授）▉又（臤—賢）鼎（勳—則）民興效（教）而蝸（化）虎（乎）

道。唐虞21

42. 忠碄(積)鼏(勴—則)可罜(親)也，訐(信)碄(積)鼏(勴—則)可訐(信)也。忠信1

43. 行不訐(信)勴(則)佥(命)不從，成之1 訐(信)不煮(著)勴(則)言不樊(樂)。2

44. 勴(則)丌(其)漳(淳—敦)也弗深怠(疑—矣)。成之4

45. 勴(則)民必有甚女(安—焉)者。成之7

46. 勴(則)民鮮不從怠(疑—矣)。成之9

47. 勴(則)民谷(欲)丌(其)暜(智)之迷(遂)也。成之17

48. 勴(則)民谷(欲)丌(其)成之17 瞏(福—富)之大也。18

49. 勴(則)民谷(欲)丌(其)貴之上也。成之18

50. 勴(則)必先惡(愛)人。成之20

51. 勴(則)必先敬人。成之20

52. 勴(則)猷(猶)是也。成之27

53. 勴(則)聖(聖)人不可由與堲(墲)之。成之28

54. 勴(則)先者余(豫)，埜(來)者訐(信)。成之36

55. 勴(則)民果呂(以)至(至—勁)。尊德義13

56. 勴(則)民凩(淑)悳(德)清牺。尊德義13

57. 勴(則)民蛰(執—褻)陉(陵)很(長)貴呂(以)忘(妄)。尊德義14

58. 勴(則)民埜(野)呂(以)靜(靜—爭)。尊德義14

59. 勴(則)民少(小)呂(以)竺(吝)。尊德義15

60. 勴(則)民話(訏)呂(以)募(寡)訐(信)。尊德義15

61. 勴(則)民力揾(稸)呂(以)面(湎)秒(利)。尊德義15

62. 勴(則)民潯(淫)惃遠豊(禮)亡(無)新(親)悬(仁)。尊德義16

63. 勴(則)民進善女(安—焉)。尊德義16

64. 因巠(亙—恆)勴(則)古(固)，戠(察)辵(迡—愿)勴(則)亡(無)避(僻)，不黨(黨)勴(則)亡(無)尊德義17 悁(怨)。18

65. 让愚(畏)勴(則)□ 。尊德義18

66. 民，惡(愛)勴(則)子也，弗惡(愛)勴(則)讐(仇)也。尊德義26

67. 依惠勴(則)民材(財)足，不旹(時)勴(則)亡(無)薏(懂—勸)也。尊德義32

68. 不尊德義32 惡(愛)勴(則)不新(親)，不悥(惓—寬)勴(則)弗罢(懷)，不蓳(釐—理)勴(則)亡(無)愄(畏—威)，不忠(忠)勴(則)不訐(信)，弗惠(勇)勴(則)33 亡(無)遉(復)。34

69. 𥎒勬(則)民不悭(悭—輕)，正勬(則)民不癸(鄰—隱)，䛊(恭)勬
(則)民不悁(怨)。**尊德義 34**

70. 及元(其)見於外，鼎(勬—則)勿(物)取之也。**性命 2**

71. 元(其)先迻〈迻(後)〉之舍(舍—序)，鼎(勬—則)宜(義)衍(道)
也。**性命 19**

72. 或舍(舍—序)爲**性命 19** 之卲(節)，鼎(勬—則)旻(文)也。**20**

73. 瞎(聞)芙(笑)聖(聖—聲)鼎(勬—則)鮮(侃)女(如)也斯(斯)憙
(憙—喜)，昏(聞)訶(歌)謡(謠)鼎(勬—則)舀(陶)女(如)也斯
(斯)畬(奮)，聖(聖—聽)盍(琴)开(瑟)之聖(聖—聲)**性命 24** 鼎
(勬—則)誣(悸)女(如)也斯(斯)懃(歎)，蘿(觀)《坴(賚)》《武》
鼎(勬—則)齊女(如)也異(斯)攴〈复(作)〉，蘿(觀)《卲(韶)》《頸
(夏)》鼎(勬—則)免(勉)女(如)也 **25** 異(斯)魯(僉—斂)。**26**

74. 奠(鄭)霝(衛)之樊(樂)，鼎(勬—則)非元(其)聖(聖—聲)而從
(縱)之也。**性命 27**

75. 丌(其)刺(烈)鼎(勬—則)溰(流)女(如)也㠯(以)悲。**性命 31**

76. 丌(其)聖(聖—聲)夏(兌—弁—變)鼎(勬—則)［心從之］。**性命 32**

77. 丌(其)心夏(兌—弁—變)鼎(勬—則)丌(其)聖(聖—聲)亦肤
(然)。**性命 33**

78. 不又(有)夫柬_(簡簡)之心鼎(勬—則)采。**性命 45**

79. 不又(有)夫死(亙—亟)怠(怠—殆)志_(之志)鼎(勬—則)縵
(慢)。**性命 45**

80. 不又(有)夫詘_(詘詘)之心鼎(勬—則)溰(流)。**性命 46**

81. 不又(有)夫恋(奮)**性命 46** 狎(作)之耆(青—情)鼎(勬—則)悉(侮)。**47**

82. 遬(速)，悆(謀)之方也，又(有)㤭(過)鼎(勬—則)咎。**性命 49**

83. 言及鼎(勬—則)**性命 59** 明呈(舉—舉)之而毋惥(偽)。**60**

84. 虽(蜀—獨)**性命 60** 尻(處)鼎(勬—則)習(習)。**61**

85. 巳(已)鼎(勬—則)勿逡(復)言也。**性命 61**

86. 蘿(觀)者(諸)《哉(旹—詩)》《箸(書)》鼎(勬—則)亦才(在)壴
(喜—矣)，蘿(觀)者(諸)**六德 24**《豊(禮)》《樊(樂)》鼎(勬—則)亦
才(在)壴(喜—矣)，蘿(觀)者(諸)《易》《旹(春)》賝(秋)》鼎
(勬—則)亦才(在)壴(喜—矣)。**25**

87. 旻(得)元(其)人鼎(勬—則)望(舉—舉)女(安—焉)，不旻(得)元
(其)人鼎(勬—則)止也。**六德 48**

88. 豊(禮)妻(齊)樂霝(靈)勬(則)戚(戚—慼)。**語叢一 34**

89. 樂𦵏（每—繁）語叢一34 豊（禮）惡（靈）𠛕（則）誈（訐—慢）。35

90. 君臣不相才（存）也，語叢三3 𠛕（則）可巳（已）。4

91. 未又（有）亓（其）至𠛕（則）悬（仁），𣱱（治）者語叢三28 至亡（無）閉（閒—間）𠛕（則）城（成）明（名）。29

92. 及行𠛕（則）戔（治）者中。語叢三33

93. 交行𠛕（則）𢆶□。語叢三34

94. 惡（愛—愛）𡥋（親）𠛕（則）亓（其）布（殺）惡（愛—愛）人。語叢三40

95. 卯（謀）𠛕（則）𩁟（難）𡏳（犯）也。語叢三45

96. 忠𠛕（則）會（會）。語叢三63

97. 山亡（無）陸（陸—隤）𠛕（則）坨（阤），戌（城）𣎆（無）褧（衰）𠛕（則）坨（阤）。語叢四22

98. 君又（有）語叢四22 悬（謀）臣，𠛕（則）叚（壞）墬（地）不鈔（削）。23

99. 士又（有）悬（謀）友，𠛕（則）言談不語叢四23 匀（弱）。24

100. □𠛕（則）▨▨語叢殘簡17

三、助詞。相當於"之"。

1. 古（故）人鼎（𠛕—則）爲六德22［人也］。23

0364　剛　　𠛢　　古文 𠇑

【用字】　剛、弜、𢻃、弃

【解字】

《六德》簡31"弃"字，整理者（188頁）隸定爲"㡀"，學者多從之。在此基礎上，陳偉先生釋爲"持"；後又認爲字从之从廾，疑當釋爲"志"，通"識"，有認知、判識之義①。涂宗流、劉祖信先生隸定爲"开"，同"弄"，借爲"攏"，集中、聚集②。顏世鉉先生讀爲"持"，通"制"，裁斷之意③。劉信芳先生隸定爲"㩉"，讀爲"橃"，"弋"也，也就是木樁④。廖名春先生讀爲"止"，滅也⑤。

---

① 陳偉：《關於郭店楚簡〈六德〉諸篇編連的調整》，《江漢考古》，2000年第1期，第50頁；《郭店簡書〈大常〉校釋》，《楚地出土簡帛文獻思想研究（一）》，湖北教育出版社，2002年，第127頁。

② 涂宗流、劉祖信：《郭店楚簡先秦儒家佚書校釋》，萬卷樓圖書有限公司，2001年，第210頁。

③ 顏世鉉：《郭店楚簡〈六德〉箋釋》，《"中研院"歷史語言研究所集刊》第72本第2分，2001年，第479頁。

④ 劉信芳：《郭店楚簡〈六德〉解詁一則》，《古文字研究》第22輯，2000年，第215頁。

⑤ 廖名春：《郭店簡〈六德〉校釋札記》，《新出楚簡試論》，臺灣古籍出版有限公司，2001年，第81頁。

劉釗先生認爲"屰"借喻剛物①。鄭剛先生釋爲"開",意爲"張"或"達"②。《十四種》讀爲"直"③。清華七《子犯子餘》有 🖼(簡1)、🖼(簡4)二字,上從"之"作,范常喜先生認爲與"屰"字同,進而將"屰"字釋爲"植",指直立之木④。

　　也有學者不同整理者的隸定。沈培先生認爲該字上不從"止"。李家浩先生認爲上爲"亡"之誤,隸定爲"芒",讀爲"剛"⑤。今從之。

【詞義】

一、堅硬;剛強;堅毅。與"柔"相對。

　　1. 弜(勞—剛),義之方。五行41

　　2. 不弜(勞—剛)不矛(柔)。五行41

　　3. 剛之桓(樹)也,剛取之也。性命8

　　4. 宜(義)頪(類)芒(剛)六德31 而㡭(㡭—絕)。32

　　5. 宜(義)㢟(強—剛)而柬(簡)。六德32

　　6. 㢟(強—剛)莛(柔)膚(膚—皆)🖼 □殘5

0365　辨　　辮

【用字】　卞、攴

【詞義】

一、判別;區分。

　　1. 㡭(㡭—絕)替(智—知)弃(棄)攴(鞭—辨)。老甲1

　　2. 分成之31 爲夫婦之攴(鞭—辨)。32

　　3. 君子不卞(偏)女(如)衒(道)。六德5

　　4. 男女六德33 卞(辨)生言(焉)。34

　　5. 男女不卞(辨)。六德39

0366　判　　𣂪

【用字】　畐

① 劉釗:《郭店楚簡校釋》,福建人民出版社,2005年,第117頁。

② 鄭剛:《五際例:〈六德〉篇"仁內義外章"通解》,《楚簡孔子論説辨證》,汕頭大學出版社,2004年,第105—106頁。

③ 陳偉等:《楚地出土戰國簡册[十四種]》,經濟科學出版社,2009年,第242頁注[53]。

④ 范常喜:《郭店簡〈六德〉"宜頪芒而㡭"新詮》,《古文字研究》第34輯,中華書局,2022年,第296—302頁。

⑤ 李家浩:《關於郭店竹書〈六德〉"仁類壹而速"一段文字的釋讀》,《出土文獻研究》第10輯,2011年,第42—55頁。

【解字】

《老子》對應之字今本作"泮",李零先生等皆從今本讀①。趙建偉先生讀爲"分"②。劉釗先生讀爲"判"③。

【詞義】

一、分離;分散。

1. 亓(其)霾(靃—雪—脆)也,易畔(畔—判)也。**老甲 25**

0367 列　　䏿

【用字】　隶

【詞義】

一、陳列;羅列。

1. 侖(倫)隶(列)亓(其)頪(類)**尊德義 30** 女(安—焉)。**31**

0368 割　　劇

【用字】　劃、戠

【解字】

《緇衣》簡 37"戠"字,今本《尚書》作"割",整理者(136 頁)認爲从戈从害,讀作"割"。周桂鈿先生認爲是分開、分別之意④。廖名春先生讀爲"蓋",表推測原因⑤。劉信芳先生讀爲"害"⑥。

【詞義】

一、用刀截斷。

1. 眾而不劃(割)=(害,割)而不豈(蹼—僕—仆)。**語叢四 18**

二、待考。

1. 畬(昔)才(在)上帝戠(割)繡(申)驩(觀)文王悳(德)。**緇衣 37**

---

① 李零:《郭店楚簡校讀記》,《道家文化研究》第 17 輯(郭店楚簡專號),生活·讀書·新知三聯書店,1999 年,第 469 頁。

② 趙建偉:《郭店竹簡〈老子〉校釋》,《道家文化研究》第 17 輯(郭店楚簡專號),生活·讀書·新知三聯書店,1999 年,第 290 頁。

③ 劉釗:《郭店楚簡校釋》,福建人民出版社,2005 年,第 20 頁。

④ 周桂鈿:《郭店楚簡〈緇衣〉校讀札記》,《中國哲學》第 20 輯(郭店楚簡研究),遼寧教育出版社,1999 年,第 215 頁。

⑤ 廖名春:《郭店楚簡引〈書〉論〈書〉考》,《郭店楚簡國際學術研討會論文集》,湖北人民出版社,2000 年,第 115 頁。

⑥ 劉信芳:《郭店簡〈緇衣〉解詁》,《郭店楚簡國際學術研討會論文集》,湖北人民出版社,2000 年,第 176 頁。

三、用爲“害”,參閲卷七“害”(第 393 頁)。

0369　制　　䰍　　古文 䰍

【用字】　斳、斳
【詞義】
一、制定。
　　1. 斳(折—制)爲君臣之義。成之 31
　　2. 斳(折—制)坓(刑)攡(法)。六德 2
二、約束;控制。
　　1. 訋(始)斳(折—制)又(有)明(名)。老甲 19
　　2. 斳(折—制)㠯(以)坓(刑)。緇衣 26
三、決斷;裁決。
　　1. 坣(堂—當)事因方而斳(折—制)之。性命 19

0370　罰　　𠛬

【用字】　罰、䂈
【解字】
　　“䂈”爲“罰”字異體,楚文字“刀”旁多寫作“勿”或“刃”形。
【詞義】
一、處罰;懲治。
　　1. 鼎(勮—則)坓(刑)罰不緇衣 27 足恥。28
　　2. 敬緇衣 28 明乃罰。29
　　3. 是古(故)㘁(畏—威)備(服)型(刑)䂈(罰)之婁(屢)行也。成之 5
　　4. 退(還—率)大頤(夏—戛),文王㇏(作)䂈(罰)。成之 38

0371　刑　　𠛬

【用字】　型、刑、坓
【解字】
　　《説文》:“荆,罰辠也。”“刑,剄也。”可知表示刑法之字《説文》作“荆”,
今作“刑”。
【詞義】
一、刑罰。又專指肉刑、死刑。
　　1. 勮(則)民臧〈咸〉放(飭)而坓(刑)不屯(頓)。緇衣 1

2. 齊之㠯(以)巠(刑)。緇衣 24

3. 非甬(用)䇐,斲(折—制)㠯(以)巠(刑)緇衣 26,隹(唯)乍(作)五瘧(瘧—虐)之巠(刑)曰鎃(法)。27

4. 鼎(勳—則)巠(刑)罰不緇衣 27 足恥。28

5. 古(故)上不可㠯(以)褺(埶—褻)巠(刑)而翟(翟—輕)雀(爵)。緇衣 28

6. 翻(播)巠(刑)之迪。緇衣 29

7. 咎(皋)采(陶)內用五型(刑)。唐虞 12

8. 是古(故)巤(畏—威)備(服)型(刑)罰(罰)之婁(屢)行也。成之 5

9. 文王之型(刑)莫㝉(重)女(安—焉)。成之 39

10. 賞與巠(刑),柴(禍)槑(福)之羿(基)也。尊德義 2

11. 巠(刑) 🖊,所㠯(以)𩏩舉(舉)也。尊德義 3

12. 巠(刑)不隶(逮)於君子。尊德義 31

13. 斲(折—制)巠(刑)檅(法)。六德 2

14. 遒(遒—由)樂語叢— 24 智(智—知)型(刑)。25

15. 亓(其)生也亡(無)爲虎(乎)亓(其)型(刑)。語叢— 62

16. 智(智—知)豊(禮)虞(然)句(後)智(智—知)型(刑)。語叢— 63

17. 型(刑)非詣(嚴)也。語叢— 64

二、施加刑罰;懲治。

　1. 戰與型(刑)人,君子之述(墜)悳(德)也。成之 6

　2. 型(刑)丝(茲)亡(無)愳(赦)。成之 39

　3. 未型(刑)而民愚(畏)。性命 52

三、效法。通"型"。

　1. 悆(儀)巠(刑)文王,萬邦乍(作)孚。緇衣 2

四、《尚書》篇名。

　1.《邰(呂)巠(刑)》鼎(員—云):……緇衣 13

　2.《呂巠(刑)》鼎(員—云):……緇衣 26

　3.《呂巠(刑)》鼎(員—云):……緇衣 29

0372 耕　　耕

【用字】　㶳、㘞、畖

【解字】

　　"畖"字或隸定爲"㶳",認爲是从"爭"得聲,誤。其當爲"耕"的會意字,"力"爲耒耜之形,整個文字爲以手持耒耕田之意。《緇衣》簡 11 有"秡"
字,馮勝君師疑爲"耕"字異體,簡文中讀爲"爭"①,可信。

【詞義】

一、翻土犁地。泛指從事農業勞動。

　　1. 坴(舜)畎(耕)於髙(歷)山。**窮達 2**

　　2. 戎(農)夫炁(務)飤(食)不弝(強)咖(耕)。**成之 13**

0373 解　　解

【用字】　靭

【解字】

　　"靭"即"解"字異體,楚文字"刀"旁多寫作"勿"或"刃"形。

【詞義】

一、排解;消解。

　　1. 靭(解)亓(其)紛。**老甲 27**

---

　　①　馮勝君:《郭店簡與上博簡對比研究》,綫裝書局,2007 年,第 117 頁。

卷　　五

0374　節　　𥰭

【用字】　節、卲、迎、室

【詞義】

一、準則;法度。

　　1. 或舍(舍—序)爲性命 **19** 之卲(節),鼎(艊—則)𣆶(文)也。性命 **20**

　　2. 善亓(其)卲(節)。性命 **21**

　　3. 勿(物)之卲(節)也。性命 **39**

二、控制;節制。按禮儀行事。

　　1. 凡眚(性),性命 **9** 或䵅(動)之,或逆之,或室(節)之……**10**

　　2. 室(節)眚(性)者,古(故)也。性命 **11**

　　3. 體亓(其)宜(義)而卲(節)𣆶(文)之。性命 **17**

　　4. 至(致)頌(容)窅(庿—廟—貌)所㠯(以)𣆶(文)卲(節)也。性命 **20**

　　5. 豊(禮)因人之𢝫(情)而爲之語叢—**31** 卲(節)𣆶(文)者也。**97**

三、"節節",整飭貌。

　　1. 又(有)亓(其)爲人之迎▁(節節)女(如)也。性命 **44**

四、用爲"即",參閱本卷"即"(第 277 頁)。

0375　籥　　𥱼

【用字】　籚

【解字】

　　古音"籚"爲見母元部,"籥"爲喻母藥部,相隔較遠。但清華三《良臣》篇"龠寺虘"之"龠"讀爲{管},"管"亦爲見母元部。或以爲"籚""籥"二者形近互訛,或以爲"管""籥"同爲竹管樂器,屬於義近換用。

【詞義】

一、"橐籥",亦作"橐爐"。古代冶煉時用以鼓風吹火的裝置,猶今之風箱。

　　1. 丌(其)猷(猶)囡(橐)籊(籥)與(歟)?　老甲 23

0376　簡　　𥳑

【用字】　柬、東

【詞義】

一、嚴;嚴肅。

　　1. 不果五行 21 不_柬_(不簡,不簡)不行。22

　　2. 不五行 34 㠯(以)少(小)道(道)蠤(害)大道(道),柬(簡)也。35

　　3. 不又(有)夫柬_(簡簡)之心鼎(勛—則)采。性命 45

　　4. 又(有)亓(其)爲人之柬_(簡簡)女(如)也。性命 45

　　5. 出言必又(有)性命 65 夫柬_(簡簡)之訐(信)。66

　　6. 宜(義)弜(強—剛)而柬(簡)。六德 32

二、"柬"形近謁寫"東"。嚴;嚴肅。

　　1. 不東〈柬(簡)〉,不行。五行 37

　　2. 又(有)大皋(罪)而大叞(誅)之,東〈柬(簡)〉也。五行 38

　　3. 東〈柬(簡)〉之爲言猷(猶)練五行 39 也。五行 40

　　4. 東〈柬(簡)〉,義之方也。五行 40

0377　等　　𥬇

【用字】　坒

【詞義】

一、同;等同。

　　1. 貴_(貴貴),亓(其)坒(等)障(尊)叚(臤—賢),義也。五行 35

0378　筮　　𥷨

【用字】　箸、杏

【詞義】

一、古人用蓍占卦以卜問吉凶。

　　1. 不可爲緇衣 45 卜箸(筮)也。46

　　2. 黽〈龜〉杏(筮)猷(猶)弗䎽(智—知)。緇衣 46

0379　策　　𥱾

【用字】　迪

【解字】

　　該字李零先生釋讀爲"樞"①。劉釗先生隸定爲"迪",釋爲"適",歸從、歸向②。何琳儀先生讀爲"狀"③。陳斯鵬先生認爲"適"讀爲"楯",門簧之屬④。彭裕商先生釋爲"相"⑤。李鋭先生釋爲"衒"⑥。劉樂賢先生釋爲"逪"⑦。鄭剛先生認爲字从辵从者,是"途"字異體⑧。陳劍先生認爲"適"當讀爲"策"⑨。

【詞義】

一、馬鞭。

　　1. 猷(猶)灰(御)之亡(無)迪(策)也。尊德義24

0380　箓　　𥬞

【用字】　柽

【解字】

　　白於藍先生認爲該字右部是"氐"字的異構,釋作"柢",讀爲"箓"⑩。何琳儀先生釋爲"校",讀爲"囂",或讀爲"桔"⑪。王志平先生讀爲"枚",訓

①　李零:《郭店楚簡校讀記》,《道家文化研究》第17輯(郭店楚簡專號),生活·讀書·新知三聯書店,1999年,第524頁。

②　劉釗:《讀郭店楚簡字詞札記》,《郭店楚簡國際學術研討會論文集》,湖北人民出版社,2000年,第86頁。

③　何琳儀:《郭店竹簡選釋》,《簡帛研究二〇〇一》,廣西教育出版社,2001年,第166頁。

④　陳斯鵬:《郭店楚簡解讀四則》,《古文字研究》第24輯,中華書局,2002年,第409頁。

⑤　彭裕商:《讀楚簡隨記》,《考古與文物》,2003年第6期,第84頁。

⑥　李鋭:《讀楚簡〈周易〉札記一則》,孔子2000網(http://www.confucius2000.com/qhjb/dcjzyzjlze.htm),2004年4月24日。

⑦　劉樂賢:《讀楚簡札記二則》,簡帛研究網(http://www.jianbo.org/admin3/list.asp?id=1207),2004年5月29日。

⑧　鄭剛:《〈尊德義〉中的禮與性》,《康樂集——曾憲通教授七十壽慶論文集》,中山大學出版社,2006年,第119—120頁。

⑨　陳劍:《郭店簡〈尊德義〉和〈成之聞之〉的簡背數字與其簡序關係的考察》,《簡帛》第2輯,上海古籍出版社,2007年,第217頁。

⑩　白於藍:《郭店楚墓竹簡考釋(四篇)》,《簡帛研究二〇〇一》,廣西師範大學出版社,2001年,第193—195頁。

⑪　何琳儀:《郭店竹簡選釋》,《簡帛研究二〇〇一》,廣西師範大學出版社,2001年,第162頁。

爲馬策①。

【詞義】

一、鞭子;馬鞭。

　　1. 晏(戰—釋)板(鞭)柽(箠)而爲罾卿。窮達 7

0381　管　　䇦

【用字】　䇦

【解字】

　　"䇦",《説文》:"讀若書卷。""卷"字,《説文》从卩䇦聲。

【詞義】

一、人名。"管夷吾",即"管仲"。

　　1. 䇦(管)叟(寺—夷)虡(吾)甸(拘)緜(囚)肀(束)縛。窮達 6

0382　笑　　𣏌

【用字】　芺

【詞義】

一、因喜悦而開顏或出聲。

　　1. 下士昏(聞)道(道),大芺(笑)之。老乙 9

　　2. 弗大老乙 9 芺(笑),不足吕(以)爲道(道)矣。10

　　3. 芺(笑),慭〈悥(喜)〉之澤_(淺澤)也。性命 22

　　4. 聑(聞)芺(笑)聖(聖—聲)鼎(勮—則)羕(侃)女(如)也斯(斯)悥(悥—喜)。性命 24

0383　箕(其)　　箕　　古文 𠀠 𥃩 𢍏　　籀文 𠔜 𠥓

【用字】　其、甘、丌、亓、忎

【詞義】

一、代詞。

　　(一)表示第三人稱,相當於"他(她、它、他們)的",或"他""她""它"。

　　　1. 吕(以)亓(其)老甲 2 能爲百浴(浴—谷)下。3

────────

① 王志平:《郭店簡〈窮達以時〉校釋》,《簡牘學研究》第 3 輯,甘肅人民出版社,2002 年,第 47 頁。

2. 亓(其)才(在)民上也,呂(以)老甲3言下之。4

3. 亓(其)才(在)民上也,民弗厚(厚)也。老甲4

4. 亓(其)才(在)民苪(前)也,民弗藄(害)也。老甲4

5. 呂(以)丌(其)不靜(靜—爭)也。老甲5

6. 未替(智—知)亓(其)明(名)。老甲21

7. 各返(復)亓(其)董(根)。老甲24

8. 亓(其)安(安)也,易枼(持)也。老甲25

9. 亓(其)未菾(兆)也,易愻(謀)也。老甲25

10. 亓(其)霡(靃—雪—脆)也,易畱(畔—判)也。老甲25

11. 亓(其)幾也,易後(散)也。老甲25

12. 爲之於亓(其)老甲25亡(無)又(有)也。26

13. 絅(治)之於亓(其)未㲋(㝓—亂)。老甲26

14. 胐〈閟(閉)〉亓(其)逫(兌),賽(賽—塞)亓(其)門,和亓(其)光,迵(同)亓(其)斳₌(慎—塵),劦(挫)亓(其)籥(銳),制(解)亓(其)紛。老甲27

15. 閟(閉)亓(其)門,賽(賽—塞)亓(其)逫(兌),宨(終)身不丞(瞀)。老乙13

16. 啟亓(其)逫(兌),賽(賽—塞)亓(其)事。老乙13

17. 丌(其)甬(用)不肖(敝)。老乙14

18. 丌(其)甬(用)不穷(窮)。老乙14

19. 孫₌(子孫)呂(以)丌(其)祭(祭)祀不乇(輟)。老乙16

20. 丌(其)悳(德)乃由(貞)。老乙16

21. 丌(其)悳(德)又(有)舍(舍—餘)。老乙16

22. 丌(其)悳(德)乃長。老乙17

23. 丌(其)悳(德)乃奉(豐)。老乙17

24. 猷(猶)唬(唬—乎),丌(其)貴言也。老丙2

25. 淡可(呵)丌(其)牒(無)朁(味)也。老丙5

26. 人之敗(敗)也,死(亙—恆)於丌(其)叟(且)成(城—成)也敗(敗)之。老丙12

27. 道(道)亦丌(其)呓(字)也,昔(青—請)昏(問)丌(其)明(名)。太一10

28. 呂(以)太一10道(道)從事者必厇(託)丌(其)明(名)。11

29. 亦厇(託)丌(其)太一11明(名)。12

30. 古(故)怹(過)丌(其)方。太一12

31. 丌(其)下高呂(以)弱(弝—強)。太一13

32. 丌（其）上〔□□□〕。太一 **13**

33. 鼎（勳—則）君不怠（疑）丌（其）臣。緇衣 **4**

34. 叔（淑）人君子，丌（其）義（儀）不緇衣 **4** 弋（忒）。**5**

35. 不從丌（其）所吕（以）命，而從丌（其）所行。緇衣 **14**

36. 丌（其）頌（容）不改（改）。緇衣 **17**

37. 大人不新（親）丌（其）所臤（臤—賢），而緇衣 **17** 訐（信）丌（其）所戔（賤）。**18**

38. 未見聖（聖），如丌（其）弗克見。緇衣 **19**

39. 丌（其）出女（如）絔。緇衣 **29**

40. 丌（其）出女（如）綍（綍）。緇衣 **30**

41. 古（故）言緇衣 **32** 鼎（勳—則）慮（慮）丌（其）所宐（終），行鼎（勳—則）餂（稽）丌（其）所尙（敝）。**33**

42. 古（故）君子賜（顧）言而緇衣 **34** 行，吕（以）成其訐（信），鼎（勳—則）民不能大其（箕—其）姠（媄—美）而少（小）其（箕—其）亞（惡）。**35**

43. 其（箕—其）集大命于乎（厥）身。緇衣 **37**

44. 叔（淑）人君子，其（箕—其）義（儀）戈（弍—一）也。緇衣 **39**

45. 句（苟）又（有）車，必見其（箕—其）歔（歔—轍）；句（苟）又（有）衣，必見丌（其）尙（敝）。人緇衣 **40** 正上句（苟）又（有）言，必畔（聞）丌（其）聖（聖—聲）；**40** 背句（苟）又（有）行，必見其（箕—其）成（城—成）。**40** 正下

46. 售（唯）君子能好其（箕—其）駥（匹），少（小）|=|人劓（豈）能好丌（其）駥（匹）。緇衣 **42**

47. 丌（其）亞（惡）又（有）方。緇衣 **43**

48. 悉（恆—亟）夏（再—稱）魯穆公 **1** 丌（其）君之亞（惡）者。**2**

49. 丕（亙—亟）夏（再—稱）丌（其）君之亞（惡）者。魯穆公 **3**

50. 夫爲丌（其）君之古（故）殺丌（其）身者。魯穆公 **5**

51. 丕（亙—亟）夏（再—稱）丌（其）君之亞（惡）者。魯穆公 **5**

52. 夫爲丌（其）君之古（故）殺丌（其）身者。魯穆公 **6**

53. 非丌（其）悳（德）加。窮達 **9**

54. 非丌（其）替（智—知）窮達 **9** 蹇（衰）也。**10**

55. 丌（其）義（儀）罷（一）也。五行 **16**

56. 諮（慎）丌量（蜀—獨）也。五行 **16**

57. 能遷（差）沱（池）丌（其）翌（羽）。五行 **17**

58. 君子諮（慎）丌（其）五行 **17**〔獨也〕。**18**

59. 見臤（賢）人而不替（智—知）丌（其）又（有）悳（德）也。五行 **24**

60. 㠯(以)亓(其)審(中)心與人交,兑(悦)也。五行32
61. 怣(愛)父,亓(其)稀(稽—繼)怣(愛)人。五行33
62. 亓(其)坓(等)隡(尊)殴(取—賢)。五行35
63. 㠯(以)亓(其)外心與人交,遠(遠)也。五行36
64. 各坒(止)於亓(其)里。五行42
65. 朼(必)正丌(其)身。唐虞3
66. 乃弋(式)丌(其)孝。唐虞9
67. 乃弋(式)丌(其)臣。唐虞9
68. 及丌(其)又(有)天下也。唐虞19
69. 督(智—知)丌(其)能救(養)天下唐虞22之老也。23
70. 督(智—知)丌(其)能紀(事)天下之長也。唐虞23
71. 古(故)丌(其)爲宧(瞀)寞(瞑)子也,甚孝。唐虞24
72. 及丌(其)爲埜(堯)臣也,甚忠。唐虞24
73. 退(退)而救(養)丌(其)生。唐虞27
74. 此㠯(以)督(智—知)丌(其)弗秒(利)也。唐虞27
75. 孚(君子)丌(其)它(施)也忠信7忠。8
76. 丌(其)言尒(爾)訐(信)。忠信8
77. 不訐(信)丌(其)言。成之2
78. 丌(其)所才(存)者内(入)㒸(疑—矣)。成之3
79. 君子之於善(教)也,亓(其)遳(道—導)民也不憲(浸),勵(則)丌(其)漳(淳—敦)也弗深㒸(疑—矣)。成之4
80. 是古(故)亡虗(乎)丌(其)身而成之4鳶(存)虗(唬—乎)丌(其)訇(詞),售(唯—雖)靐(厚)丌(其)龠(命),民弗從之㒸(疑—矣)。5
81. 一宫之人不奆(勝)成之7丌(其)敬。8
82. 一匐(軍)之人不奆(勝)丌(其)啟(勇)。成之9
83. 丌(其)鳶(存)也不靐(厚)。成之9
84. 丌(其)重也弗多㒸(疑—矣)。成之10
85. 不求者(諸)丌(其)杏(本)而戉(攻)者(諸)丌(其)成之10末。11
86. 句(苟)不從丌(其)繇(由),不反丌(其)杏(本)。成之12
87. 句(苟)不從丌(其)繇(由)。成之14
88. 不反丌(其)杏(本)。成之15
89. 勵(則)民谷(欲)丌(其)督(智)之述(遂)也。成之17
90. 勵(則)民谷(欲)丌(其)成之17覍(福—富)之大也。成之18
91. 勵(則)民谷(欲)丌(其)貴之上也。成之18

92. 亓(其)迲(去)人弗遠惎(疑—矣)。成之 21

93. 亓(其)惎(疑)也弗楃(枉—往)惎(疑—矣)。成之 21

94. 亓(其)鬶(淫)也固惎(疑—矣)。成之 24

95. 亓(其)生而未又(有)非之。成之 26

96. 售(唯—雖)亓(其)於善道(道)也。成之 27

97. 及亓(其)尃(博)長而薹(厚)成之 27 大也。28

98. 所㠯(以)訐(信)亓(其)肰(然)也。尊德義 2

99. 不繇(由)亓(其)道(道)，不行。尊德義 3

100. 壐(禹)㠯(以)人道(道)訋(治)亓(其)民，傑(傑—桀)㠯(以)人道(道)瓔(亂)亓(其)民。尊德義 5

101. 耆(教)亓(其)正(政)，尊德義 18 不耆(教)亓(其)人，正(政)弗行矣。19

102. 可孷(教)也而不可迪亓(其)民。尊德義 20

103. 傑(傑—桀)不胃(謂)亓(其)民必瓔(亂)。尊德義 22

104. 不㠯(以)旨(旨—嗜)谷(欲)蠆(害)亓(其)義包。尊德義 26

105. 亓(其)韋(載)也亡(無)至(重)女(安—焉)。尊德義 29

106. 侖(倫)隶(列)亓(其)頪(類)尊德義 30 女(安—焉)。31

107. 不從亓(其)所龠(命)，而從亓(其)所行。尊德義 36

108. 求亓(其)兼(養)。尊德義 39

109. 及亓(其)見於外，鼎(勤—則)勿(物)取之也。性命 2

110. 亓(其)眚(性)[也。人生]性命 7 而學。8

111. 亓(其)眚(性)戈(弌——一)也。性命 9

112. 亓(其)甬(用)心各異。性命 9

113. 又(有)㠯(以)習(習)亓(其)眚(性)也。性命 14

114. 亓(其)厽(三)述(術)者。性命 15

115. 亓(其)訋(始)出俖(皆)生性命 15 於人。16

116. 聖(聖)人比亓(其)性命 16 頪(類)而侖(論)會(會)之，蓳(觀)亓(其)之〈先〉迮〈迻(後)〉而逆訓(順)之，體亓(其)宜(義)而即(節)雯(文)之，里(理)17 亓(其)殸(青—情)而出內(入)之。18

117. 亓(其)先迮〈迻(後)〉之舍(舍—序)，鼎(勤—則)宜(義)術(道)也。性命 19

118. 孚_(君子)婎(媞—美)亓(其)殸(青—情)。性命 20

119. 善亓(其)即(節)，好亓(其)頌(容)，樂(樂)亓(其)術(道)，兑(悅)亓(其)耆(教)，是㠯(以)敬女(安—焉)。性命 21

120. 丌(其)睿(數)，夐(文)也。性命22

121. 丌(其)訇(詞)，宜(義)道(道)也。性命22

122. 凡聖(聖—聲)，丌(其)出於悥(情)也訐(信)，肰(然)句(後)丌(其)內(入)㮥(扸—撥)人之心也敂(厚)。性命23

123. 丌(其)居卲(次)也舊(久)，丌(其)反善遳(復)訇(始)也性命26 斳(愼)。27

124. 丌(其)出內(入)也訓(順)，訇(殆)丌(其)惪(德)也。性命27

125. 鄗(奠—鄭)㙣(衛)之樊(樂)，鼎(勳—則)非丌(其)聖(聖—聲)而從(縱)之也。性命27

126. 㯂(皆)至丌(其)悥(情)也。性命29

127. 忞(哀)、樊(樂)，丌(其)眚(性)相近也，是古(故)丌(其)心性命29 不遠。30

128. 丌(其)剌(烈)繇_(䜌䜌—戀戀)女(如)也。性命30

129. 丌(其)剌(烈)鼎(勳—則)溎(流)女(如)也目(以)悲。性命31

130. 丌(其)聖(聖—聲)叀(兒—變)鼎(勳—則)[心從之]。性命32

131. 丌(其)心叀(兒—變)鼎(勳—則)丌(其)聖(聖—聲)亦肰(然)。性命33

132. 凡學者隶〈求〉丌(其)心爲難。性命36

133. 從丌(其)所爲。性命36

134. 售(唯—雖)能丌(其)事，不能丌(其)心，不貴。性命37

135. 求丌(其)心。性命37

136. 丌(其)心必才(在)女(安—焉)。性命38

137. 戕(察)丌(其)見者。性命38

138. 肰(然)而丌(其)怣(過)不亞(惡)。性命49

139. 句(苟)目(以)丌(其)青(青—情)。性命50

140. 不目(以)丌(其)青(青—情)，售(唯—雖)難不貴。性命50

141. 句(苟)又(有)丌(其)青(青—情)。性命51

142. 門內之絅(治)，谷(欲)丌(其)性命58 䖱(宛)也。59

143. 門外之絅(治)，谷(欲)丌(其)樺(折)也。性命59

144. 䎽(智—知)丌(其)目(以)又(有)所逗(歸)也。六德11

145. 畜我女(如)丌(其)六德15 子弟。16

146. 㦇(勞)丌(其)朓(股)忲(肱)之力弗敢啚(單—憚)也。六德16

147. 亾(危)丌(其)死弗敢悉(愛)也。六德17

148. 六者客(各)六德23 行丌(其)戠(職)。24

149. 毚(豫)亓(其)志,求救(養)新(親)志_(之志)。六德 33

150. 此六者客(各)六德 35 行亓(其)戠(職)。36

151. 亓(其)返(反)。六德 37

152. 或(又)㠯(以)暜(智—知)六德 38 亓(其)戈(弌——)壴(喜——矣)。39

153. 不叀(使)此民也恿(憂)亓(其)身,達(逸—失)亓(其)歔(偏)。六德 41

154. 下攸(修)恶(甚—其)六德 41 杏(本)。42

155. 可㠯(以)絆(緯—違)六德 43 亓(其)亞(惡)。44

156. 是㠯(以)亓(其)剚(斷)浴(獄—獄)遬(速)。六德 44

157. 亓(其)罤(繹)之也六德 44 六。45

158. 亓(其)覭(衍)十又二。六德 45

159. 少(小)者,㠯(以)攸(修)亓(其)身。六德 47

160. 亓(其)暜(智—知)尃(博)。語叢一 28

161. 亓(其)豊(體)語叢一 46 又(有)宊(容)又(有)頙(色)。47

162. 亓(其)生也亡(無)爲虖(乎)亓(其)型(刑)。語叢一 62

163. 上下膚(膚—皆)旻(得)亓(其)所之胃(謂)訐(信)。語叢一 65

164. 悲崖〈岂(喪)〉亓(其)所也。語叢一 73

165. 亓(其)臬(罤—擇)者也。語叢一 87

166. 勿(物)各止於亓(其)所。語叢一 105

167. 唐(唬—呼)牙(與)宊(容)牙(與)夫亓(其)行者。語叢一 109

168. 凡迊(過)正一㠯(以)達(逸—失)亓(其)迊(它)語叢二 40 者也。41

169. 亓(其)所之同,亓(其)行者異。語叢二 52

170. 亓(其)弗亞(惡)語叢三 1 也。2

171. 峕(旹—春)穆〈秋〉亡(無)不㠯(以)亓(其)生也亡語叢三 20 耳。21

172. 未又(有)亓(其)至勴(則)悬(仁)。語叢三 28

173. 慇(慇—愛)罤(親)勴(則)亓(其)布(殺)慇(慇—愛)人。語叢三 40

174. 或遰(遳—由)亓(其)闕(闕),或遰(遳—由)亓(其)不語叢三 42 聿(盡),或遰(遳—由)亓(其)可。43

175. 莫旻(得)膳(善)亓(其)所。語叢三 47

176. 臤(賢)語叢三 52 者隹(唯)亓(其)止也㠯(以)異。53

177. 人之眚(性)非與止虗(乎)亓(其)語叢三 57 又(有)眚(性)又(有)生。58

178. 爲亓(其)型(形)。語叢三 70 下

179. 不暜(智—知)亓(其)旹(鄉)之夵_(少人—小人)、君子。語叢四 11

180. 飤(食)韭亞(惡)智(智—知)卒(終)亓(其)葉。語叢四 11

181. 必聿(盡)亓(其)古(故)。語叢四 15

182. 售(唯—雖)戁(難)語叢四 14 亓(其)興。16

183. 不斳(折—制)語叢四 16 亓(其)枳(枝)。17

184. 秒(利)亓(其)渚者,不實(賽—塞)亓(其)溓(溪)。語叢四 17

185. 善吏(使)亓(其)下。語叢四 17

186. 善事亓(其)上語叢四 18 者。19

187. 善兑〈叟(使)〉語叢四 20 亓(其)民者。21

188. 猷(既)旻(得)亓(其)級(急)。語叢四 5

189. 才(在)夫亓(其)埶(埶—勢)□殘簡 1

190. □亓(其)亡(無)不繇(由)□殘簡 10

191. □此亓(其)□殘簡 12

(二) 反身代詞,指自己。

1. 言亓(其)所不能,不釘(辭)亓(其)所能。緇衣 7

2. 自貝(視—示)亓(其)所能,鼎(鼎—員—損)。語叢三 13

3. 自貝(視—示)亓(其)所不族(足),昌(嗌—益)。語叢三 14

(三) 表示指示,相當於"這""那""其中的"。

1. 亓(其)老甲 7 事好長。8

2. 虔(吾)可(何)昌(以)智(智—知)亓(其)肰(然)也。老甲 30

3. 不叙(克)鼎(鼬—則)莫=智(智—知)亓=(其)亟=(亙—極)(莫知其極,莫知其極),可昌(以)又(有)邽(國)。老乙 2

4. 堇(僅)能行於亓(其)中。老乙 9

5. 又(有)亓(其)人,亡(無)亓(其)窮達 1 殜(世)。2

6. 句(苟)又(有)亓(其)殜(世)。窮達 2

7. 聲(聞)君子道(道)而不智(智—知)五行 23 亓(其)君子道(道)也。24

8. 大〈天〉陞(施)者(諸)亓(其)人。五行 48

9. 亓(其)五行 48 人陞(施)者(諸)人。49

10. 吳(虞)㭪(舜)亓(其)人也。唐虞 10

11. 旮(皆)斈(教)亓(其)人者也。性命 28

12. 又(有)亓(其)爲人之迎_(節節)女(如)也。性命 44

13. 又(有)亓(其)爲人之柬_(簡簡)女(如)也。性命 45

14. 又(有)亓(其)爲人之快(慧)女(如)也。性命 47

15. 又(有)亓(其)爲人之嶤(原—愿)女(如)也。性命 47

16. 上不昌(以)亓(其)道(道),民之從之也難。成之 15

17. 丌(其)先也不若丌(其)逡(後)也。成之 35

18. 丌(其)努(勝)也不若丌(其)巳(已)也。成之 36

19. 售(唯—雖)又(有)丌(其)丞(亙—亟)而成之 29 可能。30

20. ☑[不]繇(由)丌(其)衍(道)。六德 7

21. 售(唯)丌(其)人所才(在)。六德 48

22. 旻(得)亓(其)人鼎(鼎—則)塑(舉—舉)女(安—焉),不旻(得)亓(其)人鼎(鼎—則)止也。六德 48

23. 正(政)亓(其)虞(然)而行。語叢一 59

24. 生虎(乎)不達語叢一 60 亓(其)虞(然)也。61

25. 政亓(其)虞(然)而行,心(怠)女(安—焉)。語叢一 67

26. 聿(盡)亓(其)純衍(道)☑殘簡 2

二、副詞。表示揣測、祈使、反問的語氣。

1. 丌(其)猷(猶)囙(囊)簹(簺)與(歟)? 老甲 23

2. 亓(其)古之遐(遺)言與(歟)? 緇衣 46

三、助詞。用於句中,無實義。

1. 猷(猶)虖(唬—乎)丌(其)老甲 8 奴(如)愳(畏)四乡(鄰),敵(敢—嚴)虖(唬—乎)丌(其)奴(如)客,觀(渙)虖(唬—乎)丌(其)奴(如)愳(懌—釋),屯(敦)虖(唬—乎)丌(其)奴(如)檣(樸),坉(沌)虖(唬—乎)亓(其)奴(如)湿(濁)。老甲 9

2. 此丌(其)不善巳(已)。老甲 15

3. 非亓(其)緇衣 7 岦(止)之共,售(唯)王蕬(邛)。8

四、其次。次第在後的,較前差一等的。

1. 丌(其)卽(卽—次)新(親)譽之,丌(其)歑(既—次)愳(畏)之,丌(其)卽(次)炙(侮)之。老丙 1

五、用爲"期",參閱卷七"期"(第 365 頁)。

六、待考。

1. ☑丌(其)☑殘簡 19

0384 左　　〔圖〕

【用字】 左

【詞義】

一、方位名。左邊;左方。與"右"相對。

1. 君子居鼎(則)貴左。老丙 6

2. 古(故)吉事上左。老丙8
3. 是吕(以)攴(鞭—偏)牀(牆—將)老丙8 匍(軍)居左。9

0385　差　　　𢓇

【用字】　遅

【詞義】

一、"差池",不齊貌。

1. 能遅(差)沱(池)亓(其)羿(羽),肰(然)句(後)能至哀。五行17

二、用爲"佐",參閲卷八"佐"(第426頁)。

0386　工　　　工　　　古文　玉

【用字】　工

【詞義】

一、工匠;工人。

1. 百工不古(楛)。忠信7

二、用爲"功",參閲卷十三"功"(第704頁)。

0387　式　　　𢧄

【用字】　弋

【解字】

　　《唐虞》"弋"字共5例,爭議頗多。李零先生讀簡9(兩例)、17、18爲"戴",讀簡12爲"載"①。白於藍先生讀簡9、12爲"試"或"式",訓爲用②。周鳳五先生讀簡9爲"式",虛詞;讀簡12爲"式",訓爲用;讀簡17爲"式",法式;讀簡18爲"忒"③。陳偉先生讀簡9爲"式",用爲動詞,猶垂范;讀簡12爲"試",訓爲用,孟蓬生先生同之④。李鋭先生讀簡18爲"式",敬也⑤。劉釗先

① 李零:《郭店楚簡校讀記》,《道家文化研究》第17輯(郭店楚簡專號),生活·讀書·新知三聯書店,1999年,第499—501頁。

② 白於藍:《〈郭店楚墓竹簡〉讀後記》,《中國古文字研究》第1輯,吉林大學出版社,1999年,第112—113頁。

③ 周鳳五:《郭店楚墓竹簡〈唐虞之道〉新釋》,《"中研院"歷史語言研究所集刊》第70本第3分,1999年,第749—753頁。

④ 陳偉:《郭店楚簡別釋》,湖北教育出版社,2002年,第67—68頁。孟蓬生:《郭店楚簡字詞考釋(續)》,《簡帛語言文字研究》第1輯,2002年,第32—33頁。

⑤ 李鋭:《郭店楚墓竹簡補釋》,《華學》第6輯,紫禁城出版社,2003年,第88—89頁。

生讀簡 9、12 爲"式",訓爲用;讀簡 17 爲"式",訓爲效法;讀簡 18 爲"式",差也①。黃錫全先生讀簡 9 爲"式",疑爲法度、楷模、表率之義②。趙建偉先生讀簡 9 爲"試",訓爲驗;讀簡 17 爲"式",訓爲取法,或讀爲"軾",訓爲恭敬③。

【詞義】

一、榜樣;模範。

　　1. 成(城—成)王之孚,下土之弌(式)。**緇衣 13**

二、用。

　　1. 古者吳(虞)舜(舜)管(篤)事宓(瞽)寞(瞍),乃弌(式)兀(其)孝;
　　　忠事帝埜(堯),乃弌(式)兀(其)臣。**唐虞 9**

　　2. 出弌(式)兵革。**唐虞 12**

三、敬。

　　1. 今之弌(式)於直(直—德)者,未唐虞 17 年不弌(式)。**唐虞 18**

0388 巧　　巧

【用字】　攷

【詞義】

一、虛浮不實。

　　1. 佥(豁—絕)攷(巧)弃(棄)秒(利)。**老甲 1**

　　2. 人之攷(巧)**性命 45** 言秒(利)訇(詞)者。**46**

二、技巧;技能。

　　1. 大攷(巧)仳(拙)。**老乙 14**

　　2. 進谷(欲)孙(孫—遜)而毋攷(巧)。**性命 64**

0389 巨　　巨　　或體 𣪏　　古文 𡉚

【用字】　巨

【詞義】

一、大。

　　1. 邦又(有)巨骹(雄),必先與之吕(以)爲坍(朋)。**語叢四 14**

① 劉釗:《郭店楚簡校釋》,福建人民出版社,2005 年,第 154—156 頁。

② 黃錫全:《〈唐虞之道〉疑難字句新探》,《長沙三國吳簡暨百年來簡帛發現與研究國際學術研討會論文集》,中華書局,2005 年,第 220 頁。

③ 趙建偉:《楚簡校記》,《楚地簡帛思想研究(三)》,湖北教育出版社,2007 年,第 180 頁。

0390 甘　　日

【用字】 昌

【解字】

　　"昌"字甲金文从日从口,"唱"之初文。楚文字"口"旁或寫作"甘",或將"日"旁移入"口"内而變爲圓圈形。這樣寫法的"昌"與"甘"字形近,《老子》甲本簡19"甘"字即誤寫爲"昌"(日),同樣寫法的"昌"字還見於《緇衣》簡30(日)、《成之》簡9(日)。還需要指出的是,《老子》甲本簡19"日"字内似从"口"形,與"昌"所从的圓圈形不同,若如此,則這種"口"内再加"口"形的寫法或當爲{甘}的專字。

【詞義】

一、甜,五味之一。

　　1. 天陛(地)相盒(合)也,吕(以)遮(逾)昌〈甘〉零(露)。老甲 19

0391 猒　　猒

【用字】 猒、詁

【解字】

　　猒,《説文》:"飽也。"引申爲滿足、厭棄等義,今寫作"厭(饜)"。厭,《説文》曰:"筓也。"即今之"壓"。

【詞義】

一、滿足。

　　1. 天下樂(樂)進而弗詁(厭)。老甲 4

二、厭棄;嫌棄。

　　1. 我電(黽)欽(既)猒(厭),緇衣 46 不我告猒。47

0392 甚　　昗　　古文 呑

【用字】 甚、戡

【詞義】

一、過分;嚴重。

　　1. 下必又(有)甚女(安—焉)者矣。緇衣 15

　　2. 剃(則)民必有甚女(安—焉)者。成之 7

　　3. 下必又(有)甚女(安—焉)者。尊德義 37

　　4. 凡思之甬(用)心爲甚。性命 32

5. 凡甬(用)心之喿(躁)者,思爲戡(甚)。性命 42

6. 甬(用)智(智)之疾者,患爲甚。性命 42

7. 忢(哀)樂(樂)爲甚。性命 43

8. 甬(用)身之貞(兇—變)者,兌(悅)爲甚。性命 43

9. 甬(用)力之聿(盡)者,秒(利)爲甚。性命 43

二、副詞。非常;很。

1. 皐(罪)莫至(重)虘(唬—乎)甚欲(欲)。老甲 5

2. 甚悉(愛)必大賷(費),卮(厚)贅(賕—藏)必多頁(亡)。老甲 36

3. 古(故)丌(其)爲宎(瞀)寞(瞙)子也,甚孝;及丌(其)爲墊(堯)臣也,甚忠。唐虞 24

4. 南面而王而〈天〉下而甚君。唐虞 25

5. 眾弜(強)甚多不女(如)岢(時)。語叢四 25

0393 曰　　　ㄩ

【用字】　曰

【詞義】

一、説。

1. 是㠯(以)聖(聖)人之言曰：……老甲 31

2. 而百眚(姓)曰我自肰(然)也。老丙 2

3. 古(故)曰……老丙 6

4. 夫子曰：……緇衣 1

5. 子曰：……緇衣 2

6. 子曰：……緇衣 3

7. 子曰：……緇衣 5

8. 子曰：……緇衣 8

9. 子曰：……緇衣 10

10. 子曰：……緇衣 12

11. 子曰：……緇衣 14

12. 子曰：……緇衣 16

13. 子曰：……緇衣 17

14. 子緇衣 19曰：……20

15. 子曰：……緇衣 23

16. 子曰：……緇衣 27

17. 子曰：……緇衣 **29**

18. 子曰：……緇衣 **30**

19. 子曰：……緇衣 **32**

20. 子曰：……緇衣 **34**

21. 子曰：……緇衣 **37**

22. 子曰：……緇衣 **40**

23. 子曰：……緇衣 **41**

24. 子曰：……緇衣 **42**

25. 子曰：……緇衣 **43**

26. 人售（唯—雖）曰不称（利）。緇衣 **44**

27. 子曰：……緇衣 **45**

28. 宋人又（有）言曰：……緇衣 **45**

29. 魯（魯）穆公昏（問）於子思曰：……魯穆公 **1**

30. 子思曰：……魯穆公 **1**

31. 公曰：……魯穆公 **3**

32. 子思曰：……魯穆公 **3**

33. 戌（城—成）孙（孫）弋曰：……魯穆公 **4**

34. 心曰售（唯），莫敔（敢）不售（唯）。五行 **45**

35.《吴（虞）陵（侍—詩）》曰：……唐虞 **27**

36. 畲（昔）者君子有言曰：……成之 **6**

37. 睧（聞）之曰：……成之 **1**

38.《君奭》曰：……成之 **22**

39. 君子曰：……成之 **22**

40.《詔命》曰：……成之 **25**

41.《君奭》曰：……成之 **29**

42. 学=（君子）曰：……成之 **29**

43.《大壆（禹）》曰：……成之 **33**

44. 君子曰：……成之 **36**

45. 畲（昔）者学=（君子）有言曰：……成之 **37**

46.《康寡（誥）》曰：……成之 **38**

47. 古（故）曰：……六德 **16**

48. 古（故）曰：……六德 **49**

二、謂；叫做；稱爲。

1. 芋（字）之曰道（道）。老甲 **21**

2. 虐(吾)_{老甲21} 弱(雺—強)爲之明(名)曰大。₂₂

3. 大曰𧨊₌(噬逝,逝)曰連₌(轉,轉)曰反(返)。_{老甲22}

4. 和曰票(同),督(智—知)和曰明。_{老甲34}

5. 貝(䀋—益)生曰羕(祥),心叀(使)燹(燹—氣)曰弱(雺—強)。_{老甲35}

6. 隹(唯)乍(作)五瘧(瘧—虐)之埜(刑)曰灋(法)。_{緇衣27}

0394 乃　　乃　　　古文 ${}$ 　　籀文 ${}$

【用字】　乃

【詞義】

一、代詞。你的。

　　1. 敬_{緇衣28} 明乃罰。₂₉

二、副詞。於是。

　　1. 亓(其)悳(德)乃甶(貞)。_{老乙16}

　　2. 亓(其)悳(德)乃長。_{老乙17}

　　3. 亓(其)悳(德)乃奉(豐)。_{老乙17}

　　4. 乃弋(式)亓(其)孝。_{唐虞9}

　　5. 乃弋(式)亓(其)臣。_{唐虞9}

　　6. 豪(家)事乃又(有)睱。_{語叢四26}

0395 寧　　寍

【用字】　寍

【詞義】

一、安寧;安定。

　　1. 邦豪(家)之不寍(寍—寧)_{緇衣20}也。₂₁

0396 可　　可

【用字】　可

【詞義】

一、可以;行;能夠。

　　1. 深不可志(識)。_{老甲8}

　　2. 可㠯(以)爲天下母。_{老甲21}

3. 古（故）不可旻（得）天〈而〉新（親），亦不可旻（得）而疋（疏）。**老甲 28**

4. 不可旻（得）而秈（利），亦不可旻（得）而叡（害）。**老甲 28**

5. 不可旻（得）而貴，亦｛可｝不可旻（得）而戔（賤）。**老甲 29**

6. 可**老甲 36** 目（以）長舊（久）。**老甲 37**

7. 不可長保也。**老甲 38**

8. 可目（以）又（有）鄏（國）。**老乙 2**

9. 可目（以）長［久］。**老乙 2**

10. 亦不可目（以）不纍（禔─鬼─畏）人。**老乙 5**

11. 若可目（以）厇（託）天下矣。**老乙 8**

12. 若可目（以）迖（寄）天下矣。**老乙 8**

13. 而不可歓（既）也。**老丙 5**

14. 爲上可痓（望）而臂（智─知）也，爲下**緇衣 3** 可頪（類）而薜（識）也。**4**

15. 不可不訢（慎）也。**緇衣 15**

16. 此目（以）大臣不可不敬，民之藍（蕝）也。**緇衣 21**

17. 古（故）上不可目（以）埶（執─褻）坓（刑）而翌（翌─輕）雀（爵）。**緇衣 28**

18. 可言**緇衣 30** 不可行，君子弗言。**31**

19. 可行不可言，君子弗行。**緇衣 31**

20. 言從行之，鼎（勬─則）行不可匿。**緇衣 34**

21. 白珪（圭）之石〈砧（玷）〉，尚可**緇衣 35** 礍（磨）也。**36**

22. 此言之砧（玷），不可爲也。**緇衣 36**

23. 此目（以）生不可敓（奪）志，死不可敓（奪）名。**緇衣 38**

24. 不可爲**緇衣 45** 卜簹（筮）也。**緇衣 46**

25. 可（何）女（如）而可胃（謂）忠臣？**魯穆公 1**

26. 可胃（謂）忠臣矣。**魯穆公 2**

27. 可胃（謂）忠**魯穆公 3** 臣矣。**4**

28. 從（縱）忞（仁）、罶（聖）可牙（與），峕（時）弗可及歓（歎─矣）。**唐虞 15**

29. 忠碩（積）鼎（勬─則）可罜（親）也，訐（信）碩（積）鼎（勬─則）可訐（信）也。**忠信 1**

30. 不异（期）**忠信 4** 而可螷（要）者，天也。**忠信 5**

31. 古（故）徂（遭）而可受也。**忠信 8**

32. 未有可旻（得）也者。**成之 12**

33. 是目（以）民可成之**15** 敬遉（道—導）也，而不可穿（弇—掩）也。**16**

34. 可馸（馭—御）也，而不可睾（睪—牽）也。成之**16**

35. 可不訢（慎）虖（唬—乎）？成之**19**

36. 戠（察）反者（諸）昌（己）而可目（以）成之**19** 智（智—知）人。**20**

37. 言訐（信）於眾之可目（以）成之**25** 淒（濟）惪（德）也。**26**

38. 勑（則）聖（聖）人不可由與埅（埤）之。成之**28**

39. 此目（以）民夲（皆）又（有）眚（性）而聖（聖）人不可莫（慕）也。成之**28**

40. 售（唯—雖）又（有）丌（其）巟（互—嘔）而成之**29** 可能。**30**

41. 是古（故）成之**33** 唯君子道（道）可近求而可遠誻也。**37**

42. 而可目（以）至川（順）天裳（常）志（疑—矣）。成之**38**

43. 可目（以）爲君。尊德義**1**

44. 息（仁）爲可新（親）尊德義**3** 也，義爲可酓（尊）也，忠（忠）爲可訐（信）也，學（學）爲可冑（嗌—益）也，斎（教）爲可頪（類）也。**4**

45. 肰（然）句（後）可遷（邊—就）也。尊德義**17**

46. 可學也而不可矣（疑）也。尊德義**19**

47. 可孚（教）也而不可迪亓（其）民，而民不可歨（止）也。尊德義**20**

48. 民可叏（使）道（道—導）尊德義**21** 之，而不可叏（使）智（智—知）之。**22**

49. 民可道（道—導）也，而不可弜（勞—強）也。尊德義**22**

50. 爰不若也，可從也而不可及也。尊德義**23**

51. 售（唯）惪（德）可。尊德義**28**

52. 釛（治）樂（樂）和志（哀），民不可貳也。尊德義**31**

53. 古（故）惪（德）可易而改（攺—施）可迚（遷）也。尊德義**37**

54. 猷（猶）口之不可量（蜀—獨）言也。性命**7**

55. 售（唯）性命**14** 人衍（道）爲可衍（道）也。**15**

56. 人之不能目（以）爲也，性命**37** 可智（智—知）也。**38**

57. 售（唯）人衍（道）爲性命**41** 可衍（道）也。**42**

58. 人之逆（悅）肰（然）可牙（與）和女（安）者。性命**46**

59. 弗牧〈牧（養）〉不可。性命**47**

60. 凡人愚（偽）爲可亞（惡）也。性命**48**

61. 凡人書（青—情）爲可兊（悅）也。性命**50**

62. 亞（惡）之而不可非者，遑（達）於義者也。性命**54**

63. 非之性命**54** 而不可亞（惡）者。**55**

64. 內(納)之可也。性命 61

65. 暜(智—知)可六德 17 爲者,暜(智—知)不可爲者。18

66. 可㠯(以)蚓(斷)岙(獄—獄)。六德 42

67. 朕(然)句(後)可㠯(以)蚓(斷)岙(獄—獄)。六德 43

68. 衍(道)不可繻(徧)也。六德 43

69. 可㠯(以)緯(緯—違)六德 43 亓(其)亞(惡)。44

70. 不可爲也。語叢— 56

71. 而不可不爲也。語叢— 57

72. 𪔂(埶—勢)牙(與)聖(聖—聲)爲可憬(察)也。語叢— 86

73. 可去可逗(歸)。語叢— 101

74. 君臣不相才(存)也,語叢三 3 勮(則)可巳(已)。4

75. 不敚(悅),可去也。語叢三 4

76. 或遰(邎—由)亓(其)可。語叢三 43

77. 鎓之而不可。語叢四 6

78. 士亡(無)友不可。語叢四 22

79. 古(故)愳(謀)爲可貴。語叢四 25

二、用爲"何",參閱卷八"何"(第 415 頁)。

三、用爲"呵",參閱卷二"呵"(第 143 頁)。

0397 奇　　奇

【用字】　𢿃、吙

【詞義】

一、奇異;不平常。

　　1. 天〈而〉吙(奇)勿(物)𢎘(慈—滋)𫟹(起)。老甲 31

二、出人意料;變幻莫測。

　　1. 㠯(以)𢿃(奇)甬(用)兵。老甲 29

0398 乎　　𠂹

【用字】　唐、虎、虎、虎、虐

【解字】

　　"虎""虎""虎""虐"四字皆由"虎"字增加飾筆或偏旁分化而來。"虎"字甲骨、金文本像"虎"形,楚文字虎足、尾之形的訛變爲"人"(段注以爲

"儿")形寫作""(上博五《三德》簡18)。楚文字中有在"虎"字的"人"形軀幹部分增加一橫筆的形體寫作""(上博二《民之父母》簡2),在簡文中多用爲{乎}。舊多以此類形體爲"虎"字異體,一橫筆爲飾筆,無實際意義。從用字習慣來看,楚文字"虎"下人形多不增加飾筆,如(上博三《周易》簡3)、(上博四《交交鳴鳥》簡2)、(安大《詩經》簡46)等,而增加飾筆後的字形多用爲{乎},二者不應混同,當隸定"虎"。《忠信之道》簡9""字,將"人"形省作一豎筆,爲"虎"字異體。清華五《厚父》簡9""字與""字形近,簡文中用爲{呼},似亦應隸定爲"虎"。楚文字中也有在"虎"字的"人"形左右增加類似"八"形的形體寫作(上博四《曹沫之陣》簡42),舊亦以爲"虎"字異體,從用字習慣看,該形體多用來表示{乎}和{呼},當與"虎"字區別開來,隸定爲"虖"。《唐虞之道》簡17 字5見,舊多釋爲"虖"。西周金文"虖"字寫作(沈子它簋蓋,《集成》4330)、(班簋,《集成》4341)等形,金文本从兮虍聲,"兮"旁變形音化爲"乎"。西周金文"兮"字寫作(兮甲盤,《集成》10174)、"乎"字寫作(豆閉簋,《集成》4276),二者形體相近。""字下所从與"兮""乎"有異,當是"虎"字的異體。《語叢三》簡58有(《語叢三》簡58)字,"人"形或省寫爲一豎筆,如(《語叢一》簡96)、(《語叢三》簡57)等形,此類形體應該是"虎""虖"兩種寫法的融合,簡文中用爲{乎}和{呼},可隸定爲"虖"。"虐"字郭店簡多見,多用爲{吾},偶爾用爲"乎",寫作(郭店《老甲》簡21)、(郭店《緇衣》44)等形,下所从"壬"本由"人"與"土"結合而來(可參考"望"字),若考慮構形來源,似亦可隸定爲"虙"。從用字習慣來看,虎、虖、虖、虐各有側重,彼此不同,皆看作"虎"字異體,恐怕並不合適。

【詞義】

一、介詞。相當於"於"。

1. 皋(罪)莫至(重)虖(唬—乎)甚欲(欲),咎莫僉(僉—憯)虖(唬—乎)谷(欲)旻(得),化(禍)莫大虖(唬—乎)不智(智—知)足。老甲 5 . 6

2. 虎(乎)脂膚血努(劈—氣)之青(青—情)。唐虞 11

3. 淲虎(乎)大人之興,散(微)也。唐虞 17

4. 受(授)■又(叟—賢)鼎(勳—則)民興效(教)而蝸(化)虎(乎)道(道)。唐虞 21

5. 昏(聞)燊(舜)丝(慈)虎(乎)弟。唐虞 23

6. 古(故)埜(堯)之徸(徸—禪)虎(乎)燊(舜)也。唐虞 25

7. 氏(是)古_(故古)之所忠信 8 目(以)行虖(乎)閔嚳(嘍)者。9

8. 是古(故)亡虐(乎)丌(其)身而成之 4 𨾊(存)虐(唬—乎)丌(其)訇(詞)（詞）。5

9. 明虐(唬—乎)民侖(倫)。尊德義1

10. 遬(速)虐(唬—乎)楮(置)蚤(郵)而連(傳)尊德義28 仚(命)。29

11. 亡。悳(德)者,虘(且)莫大虐(唬—乎)豊(禮)樂(樂)。尊德義29

12. 君子不帝(啻)明虐(乎)民散(微)而已(已)。六德38

13. 孚＿(君子)明虐(乎)此六德42 六者。43

14. 正(政)不達晕(文),生虐(乎)不達語叢一60 丌(其)慶(然)也。61

15. 丌(其)生也亡(無)爲虐(乎)丌(其)型(刑)。語叢一62

16. 夬(缺)生虐(乎)未夏(得)也。語叢一91

17. 又(有)生虐(乎)明(名)。語叢一96

18. 人之啙(性)非與止虐(乎)丌(其)……語叢三57

二、語氣詞。

（一）表示反問語氣。

1. 而皇(況)於人虐(唬—乎)? 緇衣46

2. 可不斳(慎)虐(唬—乎)? 成之19

（二）表示感歎語氣。

1. 善才(哉),言虐(唬—乎)! 魯穆公4

三、助詞。形容詞後綴。

1. 夌(夜—豫)虐(唬—乎)奴(如)各(冬)涉川,猷(猶)虐(唬—乎)丌(其)老甲8 奴(如)愄(畏)四㚓(鄰),敓(敢—嚴)虐(唬—乎)丌(其)奴(如)客,觀(渙)虐(唬—乎)丌(其)奴(如)㦶(懌—釋),屯(敦)虐(唬—乎)丌(其)奴(如)檏(樸),坉(沌)虐(唬—乎)丌(其)奴(如)湿(濁)。9

2. 猷(猶)虐(唬—乎),丌(其)貴言也。老丙2

0399 亏(于)   丂

【用字】 于

【詞義】

一、介詞。相當於"在"。

（一）表示地點。

1. 甘(箕—其)集大命于氒(厥)身。緇衣37

2. 五行㒥(皆)型(形)于內而歲(時)行五行6 之,胃(謂)之君[子]。7

3. 文五行 **29**[王在上,於昭]于而〈天〉。五行 **30**

4. 膏(教),所㠯(以)生悳(德)于审(中)者也。性命 **18**

（二）表示方面。

1. 咠(淑)訫(慎)尒(爾)峟(止),不侃(愆—愆)于義(儀)。緇衣 **32**

二、連詞。和。

1. 出内(入)自尒(爾)帀(師),于緇衣 **39** 庶(庶)言同。**40**

0400 平　平　古文 平

【用字】　坪

【詞義】

一、整治;平定。

1. 堅(均)不足㠯(以)坪(坪—平)正(政)。尊德義 **34**

二、安寧;平和。

1. 往而不害(害),女(安—焉)坪(坪—平)大。老丙 **4**

三、安定;安寧。

1. 不川(順)不坪(坪—平)。尊德義 **12**

0401 嘗　嘗

【用字】　嘗、尚

【詞義】

一、副詞。曾經。

1. 嘗又(有)之矣。魯穆公 **5**

2. 未尚(嘗)五行 **22** 聖(聞)君子道(道),胃(謂)之不聦(聰)。**23**

3. 未尚(嘗)貝(視—見)臤(臤—賢)人,胃(謂)之不明。五行 **23**

4. 未嘗塦(塦—遇)[□□]唐虞 **14** 立(並)於大旹(時)。**15**

0402 喜　喜　古文 喜

【用字】　悥、豊、矣

【解字】

　　《唐虞之道》簡18"喜"字,或隸定爲"矣",不確。該字仍是"矣"字,大體可以分爲上下兩個部分(兩部分分別用"○"和"□"標記出來)。與"矣"字上所從爲"以(㠯)"(如《窮達以時》簡5"矣")相比,該字起筆爲"ㄑ",明顯書寫失誤。爲了挽救這一失誤,於是在不規範的書寫基礎上遷就已寫成筆畫繼續書寫。"ㄟ"形的右下筆畫成爲"矢"字右上的捺筆,"矢"字撇筆的上半部分成爲"以(㠯)"字形體的一部分。

【詞義】

一、喜悦;高興。

　　1. 卒王天下而不矣(喜)。唐虞 18

　　2. 悳(悳—喜)蓜(怒)忢(哀)悲之燹(燹—氣),眚(性)也。性命 2

　　3. 睧(聞)芺(笑)聖(聖—聲)鼎(勸—則)義(侃)女(如)也斯(斯)悳(悳—喜)。性命 24

　　4. 悳(悳—喜)斈(斯)慆(慆—陶)。性命 34

　　5. 迡(舞),悳(悳—喜)之卒(終)也。性命 34

　　6. 悳(悳—喜)谷(欲)軒(智)而亡(無)末。性命 63

　　7. 膚(膚—皆)又(有)悳(悳—喜)語叢— 45 又(有)蓜(怒)。46

　　8. 悳(悳—喜)生於眚(性),樂生於悳(悳—喜)。語叢二 28

二、譌寫爲"愳"。

　　1. 芺(笑),愳〈悳(喜)〉之澤_(淺澤)也。性命 22

　　2. 樊(樂),愳〈悳(喜)〉之深澤也。性命 23

0403　豈　　豈

【用字】　剴

【詞義】

一、副詞。表示反詰,相當於"難道"。

　　1. 剴(豈)必緇衣 12 聿(盡)悬(仁)? 13

　　2. 少(小) |=| 人剴(豈)能好亓(其)馳(四)。緇衣 42

0404　豐　　豐　　古文 豐

【用字】　奉、夆

【詞義】

一、豐厚;豐富。

　　1. 攸(攸—修)之邦,亓(其)悳(德)乃奉(豐)。老乙 17

二、使……豐盛、豐滿、豐富。

　　1. 豊(禮)不同,不夆(豐)不殺。語叢— 103

0405 虞　　虞

【用字】　吳

【詞義】

一、遠古部落名,舜爲其酋長,居於蒲阪。也可專指虞舜。

　　1.《吳(虞)陵(陟—詩)》曰:……**唐虞 27**

　　2.古(故)湯(唐)吳(虞)之興[□□]**唐虞 3** 也。**4**

　　3.吳(虞)夌(舜)丌(其)人也。**唐虞 10**

　　4.古者吳(虞)夌(舜)篕(篤)事宎(瞽)寊(瞍)。**唐虞 9**

　　5.湯(唐)吳(虞)之道(道),亶(亶—禪)而不僡(傳)。**唐虞 1**

二、朝代名。帝舜有天下之號。

　　1.悉(愛)而正(征)之,吳(虞)虽(夏)之紂(治)也。**唐虞 13**

0406 虐　　虐　　古文 虐

【用字】　瘧

【解字】

　　“瘧”即“瘧”字,讀爲“虐”。

【詞義】

一、苛虐。

　　1.佳(唯)乍(作)五瘧(瘧—虐)之坖(刑)曰爇(法)。**緇衣 27**

0407 盛　　盛

【用字】　盛、成

【詞義】

一、豐盛;眾多。

　　1.大成(城—盛)若詘(絀)。**老乙 14**

二、極點;頂點。

　　1.亶(亶—禪)而不僡(傳),啻(聖)之**唐虞 1** 盛也。**2**

0408 益　　益

【用字】　弔、脯、賆

【解字】

"畬"即"嗌"字,與《説文》"嗌"字古文形近。"肦"即"膉"字;"賹"即"賹"字。

【詞義】

一、增多;增長。

　1. 賹(賹—益)生曰羕(祥)。_{老甲 35}

　2. 學者日畬(嗌—益)。老乙 3

　3. 又(有)天下弗能畬(嗌—益)。唐虞 19

　4. 孯(學)爲可畬(嗌—益)也。尊德義 4

　5. 日畬(嗌—益)而不自督(智—知)也。尊德義 21

二、助;補助。

　1. 雀(削)成(城—成)者弖(以)畬(嗌—益)生者。太一 9

三、有益。

　1. 牙(與)爲敓(義)者遊,畬(嗌—益)。語叢三 9

　2. 牙(與)牂(莊)語叢三 9 者尻(處),畬(嗌—益)。10

　3. 迵(起)習(習)夏(文)彰(章),畬(嗌—益)。語叢三 10

　4. 自貝(視—示)亓(其)所不族(足),畬(嗌—益)。語叢三 14

　5. 遊語叢三 14 蒽(佚),畬(嗌—益)。15

　6. 嵩(崇)志,畬(嗌—益)。語叢三 15

　7. 才(存)心,畬(嗌—益)。語叢三 15

　8. 所不行,畬(嗌—益)。語叢三 16

四、"益樂",指《賚》《武》。

　1. 凡古樊(樂)龍心,畬(嗌—益)樊(樂)龍貀(指)。性命 28

五、用爲人名。

　1. 肦(膉—益)幻(治)火。唐虞 10

0409　盈　　盈

【用字】　涅、呈

【詞義】

一、滿;圓滿。

　1. 保此衍(道)者不谷(欲)尙(尚)呈(呈—盈)。老甲 10

　2. 大涅(涅—盈)若中(沖)。老乙 14

　3. 罷(一)块(缺)罷(一)涅(涅—盈)。太一 7

二、充滿。

 1. 高下之相涅(涅—盈)也。**老甲 16**

 2. 朱(持)而涅(涅—盈)**老甲 37** 之。**老甲 38**

 3. 金玉涅(涅—盈)室,莫能獸(獸—守)也。**老甲 38**

 4. 蒸(怒)谷(欲)涅(涅—盈)而毋暴(暴)。**性命 64**

 5. 涅(涅—盈)聖(聖—聽)之胃(謂)聖(聖—聲)。**語叢一 100**

 6. 金玉涅(涅—盈)室不**語叢四 24** 女(如)愳(謀)。**25**

0410　盡　　畫

【用字】　畫

【解字】

 《説文》:"盡,器中空也。从皿,聿聲。"又曰:"聿,火餘也。从火,聿聲。一曰薪也。"火餘之意今寫作"燼"。《説文》分析有誤。"盡"字甲骨文作 (《合集》3515)、 (《合集》3518)等形,金文作 (中山王方壺,《集成》9735),侯馬盟書作 (3:7)、 (156:17)等形,從字形上看,象手拿刷子清洗器皿之形,最後一個形體即爲"盡"字小篆的由來。《説文》中的"聿"字,本當爲"手拿刷子"之形的訛變。"手拿刷子"之形,郭店簡多見,寫作 (《語叢一》簡6) (《語叢四》簡15)等,即"聿"字。《説文》解作"聿飾也",不可信。在戰國文字中,"聿"多用爲"盡",或可直接看作"盡"字之省。

【詞義】

一、竭;完。

 1. 婁(數),不聿(盡)也。**語叢一 90**

 2. 必聿(盡)丌(其)古(故)。**語叢四 15**

 3. 聿(盡)之而忢(疑),必攷(審)谷(喻)之。**語叢四 15**

 4. 聿(盡)亓(其)紝術(道)☐**殘簡 2**

二、全部使出或用出。

 1. 甬(用)力之聿(盡)者,称(利)爲甚。**性命 43**

三、副詞。全部;都。

 1. 剴(豈)必**緇衣 12** 聿(盡)息(仁)?**13**

四、極限;盡頭。

 1. 悘(義),惪(德)之聿(盡)也。**語叢三 24**

五、窮盡。

 1. 又(有)迱(地)又(有)型(形)又(有)聿(盡)。**語叢一 6**

2. 又（有）聿（盡）又（有）覃（厚）。語叢一 14

六、待考。①

1. 或遄（邎―由）元（其）不語叢三 42 聿（盡）。語叢三 43

2. 聿（盡）飤（食）之衍（道），此飤（食）乍（作）妟（安―焉）。語叢三 56

3. 行聿（盡）此友妟（疑―矣）。語叢三 62

0411 儘

【用字】 儘

【解字】

　　李零先生讀爲“狎”，與“習”音義相近②。魏啟鵬先生讀爲“佮”，訓爲“合”③。劉信芳先生讀爲“據”，訓爲“持”④。

【詞義】

一、待考。

1. 丌（其）五行 48 人陞（施）者（諸）人，儘也。49

0412 去　　去

【用字】 去、迲

【詞義】

一、離開。

1. 鐘，可去可逞（歸）。語叢一 101

2. 不攽（悅），可去也。語叢三 4

二、距離。

1. 售（唯）與可（呵），相去幾可（何）？老乙 4

2. 毕（美）牙（與）亞（惡），相去可（何）若？老乙 4

3. 丌（其）迲（去）人弗遠惫（疑―矣）。成之 21

<hr>

① 按：這三例“聿”字，舊多讀爲“進”，從字習慣上來看，當讀爲“盡”更好。《語叢三》簡 62 “聿”字，學者或讀爲“贐”。《孟子·公孫丑下》“行者必以贐”，趙注：“送行者贈賄之禮也。時人謂之贐。”（武漢大學簡帛研究中心、荊門市博物館編著：《郭店楚墓竹書》，文物出版社，2011 年，第 165 頁注 [62]）目前來看，因對相關文意理解還不透徹，無法給出準確的訓釋。

② 李零：《郭店楚簡校讀記》，《道家文化研究》第 17 輯（郭店楚簡專號），生活·讀書·新知三聯書店，1999 年，第 492 頁。

③ 魏啟鵬：《簡帛〈五行〉箋釋》，萬卷樓圖書有限公司，2000 年，第 54 頁。

④ 劉信芳：《簡帛五行解詁》，藝文印書館，2000 年，第 166 頁。

三、失掉;失去。

　　1. 是呂(以)弗去也。**老甲18**

0413　血　　　血

【用字】　血
【詞義】

一、有血統關係的。"血氣",血緣;血統。

　　1. 非我血歆(既—氣)之新(親)。**六德15**

二、血液。"血氣",血液和氣息。

　　1. 虎虎(乎)脂膚血勢(劈—氣)之青(青—情)。**唐虞11**

　　2. 凡又(有)血燹(燹—氣)者。**語叢一45**

0414　主　　　主

【用字】　主、宔
【詞義】

一、君主。

　　1. 呂(以)衍(道)碻(差—佐)人宔(主)者。**老甲6**

　　2. 昏(聞)夆(舜)丝(慈)虎(乎)弟[□□□□□□]**唐虞23** 爲民宔(主)也。**24**

二、事物的根本、基礎。

　　1. 凡眚(性)爲宔(主),勿(物)取之也。**性命5**

　　2. 凡衍(道),心述(術)爲宔(主)。**性命14**

　　3. 孳_(君子)身呂(以)爲宔(主)心。**性命67**

三、死人的牌位。

　　1. 是古(故)夫死又(有)宔(主)。**六德19**

0415　靜　　　靜

【用字】　靜、靗、靗、束、青、青
【解字】

　　楚文字"青"字及作爲偏旁的"青"基本上都增加"口"形寫作"青", "青"字寫作"青","靜"字寫作"靜""靗""靗"。《字彙補》曰:"青,古文青字。"古文字多見加"宀"爲飾符,若如此,則可將"青"看作"青"字異體。楚文字材料中"青"字並不多見,從用字習慣來看,"青"字基本都用爲{靜}。

郭店簡"青"字兩見,另一例見於《性自命出》簡62"身谷(欲)青(青—靜)而毋訦(訦—滯)",上博一《性情論》與之對應之字亦作"青"。這兩篇簡文"青"字多見,皆用爲﹛情﹜;﹛靜﹜僅出現一次,皆寫作"青(青)",或當是有意區別。上博三《恆先》"青"字5見,皆用爲﹛靜﹜:屢(樸)、青(青—靜)、虛(虛)(簡1);青(青—靜),大青(青—靜)(簡1);虛(虛)、青(青—靜)爲弌(一)(簡2);青(青—靜)同而未或朙(明)(簡2)。上博八《蘭賦》簡5"身體肚(重)青(青—靜),而目耳裝(勞)矣","靜""勞"相對。安大簡《仲尼曰》簡11:"堇(僅)㠯(以)卑(避)戁(難)青(青—靜)尻(處)","靜處"爲常語。清華八《治邦之道》簡21"各堂(當)弌(一)官,劓(則)事青",整理者讀"青"爲"靖",訓爲"安",似亦可讀爲"靜"。由此可見,《語叢四》簡1"青"字舊讀爲"情"恐不確,亦當讀爲"靜",或可訓爲"安",《禮記·樂記》有"安則久"之語。"青"字的"宀"旁並非飾符而用以表意,或許是受到了"安"字影響。"爭"本從二"又"(手形)從力(犁形),象犁耕之形。而《尊德義》簡14( )、27( )所從"爭"的右側"又"旁變爲"攴"。

【詞義】

一、安靜;寧靜。

1. 竺(孰)能濕(濁)㠯(以)朿(靜)老甲9者。10
2. 智(智—知)足㠯(以)朿(靜)。老甲14
3. 我好青(青—靜)而民自正。老甲32
4. 青(青—靜)勝(勝)然(熱)。老乙15
5. 淸=(清青—清靜)爲天下定(正)。老乙15
6. 身谷(欲)青(青—靜)而毋訦(訦—滯)。性命62
7. 言㠯(以)訇(詞),青(青—靜)㠯(以)舊(久)。語叢四1

二、用爲"爭",參閲卷四"爭"(第228頁)。

0416 即

【用字】 節、卽、即

【解字】

"卽"爲"即"字異體。從用字習慣來看,在郭店簡中,"節"用爲﹛即﹜,而"卽"字用爲﹛次﹜。

【詞義】

一、就;接近;靠近。

1. 節(即)於而(爾)也。成之26

二、用爲“節”，參閱本卷“節”（第 247 頁）。

三、用爲“次”，參閱卷八“次”（第 456 頁）。

0417 既

【用字】　旣、歆、歙

【解字】

　　旣、歆、歙皆爲“既”字異體。

【詞義】

一、副詞。已；已經。

　　1. 明（名）**老甲 19** 亦歆（既）又（有）**20**

　　2. 而不可歆（既）也。**老丙 5**

　　3. 我歆（既）見，我弗迪（由）聖（聖）**緇衣 19**

　　4. 我甶（龜）歙（既）猒（厭）。**緇衣 46**

　　5. 歆（既）見君子，心不能兌（悦）。**五行 10**

　　6. 亦歆（既）見坒（之）。**五行 10**

　　7. 亦歆（既）詢（覯）坒（之）。**五行 10**

　　8. 歆（既）見君子，心不能降。**五行 12**

　　9. 歆（既）又（有）**六德 9** 夫六立（位）也。**六德 10**

　　10. 六戠（職）歆（既）分。**六德 10**

　　11. 歆（既）生畜之。**六德 20**

　　12. 歆（既）旻（得）丌（其）級（急）。**語叢四 5**

二、用爲“次”，參閱卷八“次”（第 456 頁）。

三、用爲“气”，參閱卷一“气”（第 27 頁）。

0418 爵

【用字】　雀、雈、篧

【解字】

　　“雈”即“雀”字異體，“篧”爲“篧”字異體，“口”旁皆爲飾符。

【詞義】

一、爵位。

　　1. 古（故）上不可目（以）褻（執—褻）荓（刑）而翠（翠—輕）雀（爵）。**緇衣 28**

　　2. 交（效）彔（彔—禄）雈（雀—爵）者也。**魯穆公 6**

3. [遠]彔(泉—祿)篕(箮—爵)者也。**魯穆公7**

4. [爲]義而遠彔(泉—祿)篕(箮—爵)。**魯穆公7**

5. 雀(爵)立(位),所㠯(以)訐(信)亓(其)狀(然)也。**尊德義2**

二、授予爵位。

1. 而雀(爵)不足蕼(懽—勸)也。**緇衣28**

0419 食　　食

【用字】　飤

【詞義】

一、糧食。

　　1. 戎(農)夫炃(務)飤(食)不弜(強)咖(耕)。**成之13**

二、飲食;食物的通稱。

　　1. 聿(盡)飤(食)之衍(道),此飤(食)乍(作)安(安—焉)。**語叢三56**

三、吃。

　　1. 飤(食)牙(與)頴(色)牙(與)疾(息)。**語叢一110**

　　2. 飤(食)韭亞(惡)督(智—知)㝸(終)亓(其)葉。**語叢四11**

0420 養　　養　　古文 㹇

【用字】　敄、羕、牧

【解字】

　　《性命》簡47"牧"字作"䍻"、上博一《性情論》簡38作"敄"(䍻),二者在簡文中用爲"養"。"敄"字,《説文》以爲"養"字古文。裘錫圭先生認爲郭店《性命》簡47"䍻"字與常見"牧"字不同,當是"敄"字誤摹。按:"䍻"當釋爲"牧","攴"上之筆畫與"牛"形頭部誤連,與常見形體有異。參照上博簡,此當爲"敄"字形近誤寫。

【詞義】

一、養育;長養。

　　1. 紃(治)之至,敄(養)不矦(肖)。**唐虞28**

　　2. 古(故)爲正(政)者,或侖(論)之,或羕(養)之。**尊德義30**

　　3. 民心又(有)惢(恆),求亓(其)羕(養)。**尊德義39**

二、供養;奉養。

　　1. 督(智—知)丌(其)能敄(養)天下**唐虞22**之老也。**23**

　　2. 求敄(養)新(親)志_(之志)。**六德33**

三、修養;涵養。

1. 敓(養)眚(性)命之正,女(安)命而弗宎(夭),敓(養)生而弗剔(傷)。**唐虞 11**

2. 退(退)而敓(養)亓(其)生。**唐虞 27**

3. 羕(養)心於子倞(諒),忠(忠)訐(信)。**尊德義 21**

4. 或羕(養)之,或長之。**性命 10**

5. 羕(養)眚(性)**性命 11** 者,習(習)也。**12**

四、形近訛寫爲"牧"。

1. 弗牧〈敓(養)〉不可。**性命 47**

五、給養。

1. 足民敓(養)也。**唐虞 10**

2. 不兌(說)而足敓(養)者,墬(地)也。**忠信 4**

3. 而人敓(養)膚(皆)足。**忠信 7**

六、保養;養護。

1. 敓(養)生而弗剔(傷)。**唐虞 11**

0421 餘　　餘

【用字】　余、舍
【詞義】

一、多餘;剩餘。

1. 又(有)余(餘)於下。**太一 14**

2. 又(有)余(餘)於上。**太一 14**

3. 亓(其)悳(德)又(有)舍(舍—餘)。**老乙 16**

0422 餌　　餌

【用字】　餌
【解字】

《説文》卷三有"䭇"字,"餌"爲"䭇"字或體。

【詞義】

一、食物。

1. 樂與餌,佁(過)客巡(止)。**老丙 4**

0423 合 合

【用字】 龠、畣

【解字】

　　"龠""畣"即"合"字，舊多隸定爲"龠"，不準確，下所从爲"甘"。

【詞義】

一、閉；合攏。

　　1. 龠（合）〔抱之木，生於毫〕末。老甲26

二、符合；不違背。

　　1. 毀（曩）我二人，毋（無）又（有）龠（合）才（在）音〈言〉。成之29

三、結合。特指兩性的交配。

　　1. 天陸（地）相畣（合）也，吕（以）遳（逾）昌〈甘〉零（露）。老甲19

　　2. 未咨（智—知）牝戉（牡）之龠（合）冢（朘）惹（怒），精（精）之至也。

　　老甲34

0424 今 今

【用字】 今、含

【詞義】

一、現在。

　　1. 今之弍（式）於直（直—德）者。唐虞17

二、現代。與"古代"相對。

　　1. 所吕（以）龠（會）古含（今）之愙（恃—志）語叢—38 也者。39

　　2. 所吕（以）龠（會）古含（今）之語叢—40 事也。41

0425 舍 舍

【用字】 舍、躲

【詞義】

一、辭去。

　　1. 孫（孫）咠（叔）三躲（舍）邘（邙—期）思少司馬。窮達8

二、用爲"徐"，參閱卷二"徐"（第103頁）。

三、用爲"餘"，參閱本卷"餘"（第280頁）。

四、用爲"序"，參閱卷九"序"（第472頁）。

0426 會　　會　　古文 衿

【用字】　會

【解字】

　　"會"即"會"字,下从"甘"。

【詞義】

一、會合;會聚。

　　1. 聖(聖)人比亓(其)性命 16 頪(類)而侖(論)會(會)之。17

　　2. 會(會)墇(埻—最)長材六德 21 㠯(以)事上。22

　　3. 所㠯(以)會(會)天衍(道)人衍(道)語叢一 36 也。37

　　4. 所㠯(以)會(會)古含(今)之悘(恃—志)語叢一 38 也者。39

　　5. 所㠯(以)會(會)古含(今)之語叢一 40 事也。41

二、相合;符合。

　　1. 忠勮(則)會(會)。語叢三 63

　　2. 聖(聖—聽)君而會(會)。語叢四 27 上

0427 入　　　　入

【用字】　内

【詞義】

一、進入;進去;進來。與"出"相對。

　　1. 出内(入)自尒(爾)帀(師),于緇衣 39 庶(庶)言同。40 正

　　2. 暂(智—知)宜(義)者能内(入)之。性命 4

　　3. 里(理)性命 17 亓(其)青(青—情)而出内(入)之。18

　　4. 亓(其)内(入)㝷(拔—撥)人之心也敂(厚)。性命 23

　　5. 亓(其)出内(入)也訓(順)。性命 27

　　6. 或語叢一 19 遊(邎—由)外内(入)。語叢一 20

二、接納;採納。

　　1. 唯(雖)弜(強)之弗内(入)㤅(疑—矣)。成之 15

三、合;契合。

　　1. 亓(其)所才(存)者内(入)㤅(疑—矣)。成之 3

0428 内　　　　内

【用字】　内

【詞義】

一、裏面。與"外"相對。

1. 咎(皋)采(陶)内用五型(刑)。唐虞 12

2. 四沺(海)之内,亓(其)售(性)戈(弍——一)也。性命 9

3. 門内之絅(治),谷(欲)亓(其)性命 58 覢(宛)也。59

4. 内立(位),父、子、六德 26 夫也。27

5. 門内六德 30 之絅(治)紉(恩)笰(弇—掩)宜(義)。31

6. 外六德 36 内咎(皆)旻(得)也。37

二、心裏;内心。

1. 悬(仁)型(形)於内胃(謂)之惪(德)之行,不型(形)於内胃(謂)之行。五行 1

2. 義型(形)於内胃(謂)之惪(德)之五行 1 行,不型(形)於内胃(謂)之行。2

3. 豊(禮)型(形)於内胃(謂)之惪(德)之行,不型(形)於内胃(謂)之五行 2[行]。

4. [智形]於内胃(謂)之惪(德)之行,不型(形)於内胃(謂)之行。五行 3

5. 聖(聖)型(形)於内胃(謂)之惪(德)五行 3 之行,不型(形)於内胃(謂)之{惪(德)之}行。4

6. 五行咎(皆)型(形)於内而歲(時)行五行 6 之。7

7. 又(有)内齱者也。性命 54

8. 悬(仁),内也。六德 26

9. 或生於内,或生於外。語叢一 23

三、用爲"入",參閱本卷"入"(第 282 頁)。

四、用爲"納",參閱卷十三"納"(第 675 頁)。

0429 缺   𡙇

【用字】 夬、块

【詞義】

一、破損;殘缺。

1. 大成(城一成)若老乙 13 夬(缺)。14

2. 夬(缺)生虖(乎)未旻(得)也。語叢一 91

二、月虧。

1. 罷(一)块(缺)罷(一)涅(涅—盈)。太一 7

0430　缿

【用字】　缿

【解字】

　　該字陳劍先生釋爲“缿”，今從之①。“缿”即“瓨”字異體，《廣雅·釋器》：“瓨，瓶也。”《方言》卷五：“瓨，罌也。”郭璞注：“今江東通名大甖爲瓨。”

【詞義】

一、瓶、甕之類的瓦器。

　　1. 三缿一莒。**語叢四 26**

0431　侯　　𦎫　　古文 𦍋

【用字】　矦

【詞義】

一、諸侯。

　　1. 矦（矦—侯）王能守之。**老甲 13**
　　2. 矦（矦—侯）王女（如）能 **老甲 18** 獸（獸—守）之。**19**
　　3. 夔（斲—釋）杕（械）櫎（枑）而爲者（諸）矦（矦—侯）椙（相）。**窮達 6**
　　4. 竊邦者爲者（諸）矦（矦—侯）。**語叢四 8**
　　5. 者（諸）矦（矦—侯）之門，義士 **語叢四 8** 之所廌（存）。**9**

0432　短　　𥐏

【用字】　耑

【詞義】

一、“長”的反義詞。

　　1. 長耑（短）之相型（形）也。**老甲 16**

0433　知　　𢇻

【用字】　䛴、䛈、䛈、智、䛈

―――――――――

①　陳劍：《試說戰國文字中寫法特殊的“亢”和從“亢”諸字》，《戰國竹書論集》，上海古籍出版社，2013 年，第 318—352 頁。

【解字】

郭店簡“知”字皆借“智”字爲之。《語叢一》簡63“𣉻”字右上“于”字寫法特殊,中豎貫通上横畫,同樣的寫法“于”字見於上博八《成王既邦》簡16。从此類“于”形的“智”字,除了《語叢一》簡63兩例外,還見於《五行》簡30。《忠信之道》簡1“智”字原作,楚文字“智”下多从“甘”,此字下所从與“甘”字有異,或爲訛寫。《五行》簡30“𦦗”字下非从“甘”,而从“臼”从“乂”。“學”字上从“臼”从“爻”,該字所从或即此省寫。甲骨文“智”字从“大”从“口”从“子”,異體不从“口”而从“册”,表示大人把簡册上的知識傳授給小孩,引申表示“智慧”之義。“𦦗”字从“臼”从“乂”或許也用來表意,强調教學之意。

【詞義】

一、知道;瞭解。

1. 㡭(𢇍—絶)𣉻(智—知)弃(棄)攴(鞭—辨)。**老甲1**
2. 化(禍)莫大虐(唬—乎)不𣉻(智—知)足。**老甲6**
3. 𣉻(智—知)足之爲足。**老甲6**
4. 夫**老甲13** 亦牆(牆—將)𣉻₌足[₌](智足—知足,知足)已(以)朿(静),萬勿(物)牆(牆—將)自定。**14**
5. 天下皆(皆)𣉻(智—知)敚(美)之爲媺(媄—美)也。**老甲15**
6. 皆(皆)𣉻(智—知)善。**老甲15**
7. 夫亦牆(牆—將)𣉻(智—知)𣥠(止)。**老甲20**
8. 𣉻(智—知)𣥠(止)所已(以)不訇(殆)。**老甲20**
9. 未𣉻(智—知)亓(其)明(名)。**老甲21**
10. 𣉻(智—知)之者弗言₌(言,言)之者弗𣉻(智—知)。**老甲27**
11. 虗(吾)可(何)已(以)𣉻(智—知)亓(其)肰(然)也。**老甲30**
12. 人多**老甲30** 𣉻(智—知)。**31**
13. 未𣉻(智—知)牝戊(牡)之倉(合)家(朘)惹(怒)。**老甲34**
14. 𣉻(智—知)和曰明。**老甲34**
15. 古(故)𣉻(智—知)足不㞙(辱),𣉻(智—知)𣥠(止)不怠(怠—殆)。**老甲36**
16. 不叡(克)鼎(勳—則)莫₌𣉻₋亓₋亙₋(莫智其亙—莫知其極,莫知其極),可已(以)又(有)郕(國)。**老乙2**
17. 虗(吾)可(何)已(以)𣉻(智—知)天[下之然哉]?**老乙18**
18. 大(太)上下𣉻(智—知)又(有)之。**老丙1**
19. 君子𣉻(智—知)此之胃(謂)☑**太一8**
20. 爲上可䁥(望)而𣉻(智—知)也。**緇衣3**

21. 下難繼衣 5 智(智—知)鼎(勮—則)君倀(長)裘(勞)。6

22. 精(精)智(智—知),迖(略)而行之。繼衣 39

23. 電(龜)咎(筮)獣(猶)弗智(智—知)。繼衣 46

24. 謢(察)天人之分,而智(智—知)所行矣。窮達 1

25. 古(故)莫之智(智—知)而不誉(鄰—閔)。窮達 12

26. 聳(聞)君子道(道)而不智(智—知)五行 23 亓(其)君子道(道)
　　也。24

27. 貝(視—見)臤(臤—賢)人而不智(智—知)亓(其)又(有)悳(德)
　　也。五行 24

28. 貝(視—見)而智(智—知)之,智(智)也。五行 25

29. 聳(聞)而智(智—知)之,聖(聖)也。五行 25

30. 聳(聞)而智(智—知)之,聖(聖)也。五行 26

31. 聖(聖)人智(智—知)而〈天〉五行 26 道(道)也。27

32. 智(智—知)而行之,義也。五行 27

33. 見而智(智—知)之,五行 27 暫(智)也。28

34. 智(智—知)而安(安)之,悬(仁)也。五行 28

35. 貝(視—見)而智(智—知)之,智(智)也。五行 30

36. 舀(智—知)而安(安)之,悬(仁)也。五行 30

37. 君五行 43 子智(智—知)而與(舉)之。44

38. 智(智—知)而事之。五行 44

39. 目而智(智—知)之胃(謂)之進之。五行 47

40. 剏(喻)而智(智—知)之胃(謂)之進之。五行 47

41. 辟(譬)而智(智—知)之胃(謂)之進之。五行 47

42. 幾而智(智—知)之,天也。五行 48

43. 敜(養)生而弗戕(傷),智(智—知)□唐虞 11

44. 智(智—知)命唐虞 16 也。17

45. 智(智—知)亓(其)能敜(養)天下唐虞 22 之老也。23

46. 智(智—知)亓(其)能紇(事)天下之長也。唐虞 23

47. 此吕(以)智(智—知)亓(其)弗秒(利)也。唐虞 27

48. 不忍(基—欺)弗智(智—知)。忠信 1

49. 戩(察)反者(諸)吕(己)而可吕(以)成之 19 智(智—知)人。20

50. 是吕(以)智(智—知)而求之不疾。成之 21

51. 戩(察)者(諸)出所吕(以)智=尊德義 8 吕=(智己—知己,知己)所吕
　　(以)智=人=(智人—知人,知人)所吕(以)智=㑹=(智命—知命,知

命)而句(後)짙_道_(智道—知道,知道)而句(後)짙(智—知)行。**9**

52. 歈(繇—由)豊(禮)짙(智—知)**尊德義 9** 樂(樂),歈(繇—由)樂(樂)짙(智—知)忝(哀)。**10**

53. 又(有)짙(智—知)吕(己)而짙(智—知)龠(命)者,亡(無)짙(智—知)龠(命)而不짙(智—知)吕(己)者。**尊德義 10**

54. 又(有)**尊德義 10** 짙(智—知)豊(禮)而不짙(智—知)樂(樂)者,亡(無)짙(智—知)樂(樂)而不짙(智—知)豊(禮)者。**11**

55. 日嗌(益)而不自짙(智—知)也。**尊德義 21**

56. 民可叀(使)道(道—導)**尊德義 21** 之,而不可叀(使)짙(智—知)之。**22**

57. 民余(捨)憲(害)짙(智—知)**尊德義 23** 生。**六德 49**

58. 交矣而弗짙(智—知)也,亡。**尊德義 29**

59. 尃(博)不足吕(以)짙(智—知)善,快(慧)不足吕(以)짙(智—知)龠(倫)。**尊德義 35**

60. 짙(智—知)靑(靑—情)[者能]**性命 3** 出之,짙(智—知)宜(義)者能內(入)之。**4**

61. 人之不能吕(以)爲也,**性命 37** 可짙(智—知)也。**38**

62. 行之不忨(過),짙(智—知)道(道)者也。**性命 55**

63. 짙(智—知)亓(其)吕(以)又(有)所逯(歸)也。**六德 11**

64. 짙(智—知)可**六德 17** 爲者,督(智—知)不可爲者。**18**

65. 짙(智—知)行者,짙(智—知)不行者,胃(謂)之夫。**六德 18**

66. 或(又)吕(以)짙(智—知)**六德 38** 亓(其)戈(弋—一)喜(喜—矣)。**39**

67. 又(有)生又(有)짙(智—知)。**語叢一 8**

68. 遹(遹—由)樂**語叢一 24** 짙(智—知)型(刑)。**25**

69. 督(智—知)忌(己)而句(後)짙_人_(智人—知人,知人)而句(後)**語叢一 26** 짙_豊_(智禮—知禮,知禮)而句(後)짙(智—知)行。**27**

70. 亓(其)짙(智—知)尃(博),燋(然)句(後)짙(智—知)龠(命)。**語叢一 28**

71. 智(智—知)天所爲,짙(智—知)人所爲,**語叢一 29** 燋(然)句(後)짙_道_(智道—知道,知道)燋(然)句(後)짙(智—知)龠(命)。**30**

72. 짙(智—知)豊(禮)燋(然)句(後)짙(智—知)型(刑)。**語叢一 63**

73. 憭(察)所짙(智—知),憭(察)所不짙(智—知)。**語叢一 85**

74. 짙(智—知)龠(命)者亡(無)朼(必)。**語叢二 47**

75. 母（毋）命（令）替（智─知）我。**語叢四 6**

76. 不替（智─知）亓（其）峆（鄉）之夳＝（少人─小人）、君子，飤（食）韭亞（惡）替（智─知）㝆（終）亓（其）葉。**語叢四 11**

77. 替（智─知）行，人之囗**殘 3**

0434 矣 　　𦥯

【用字】　矣、态、吳、毕、壴、歀

【解字】

　　"吳""毕"皆爲"疑"字，具體參閱卷十四"疑"（第 746 頁）。學者或認爲"态"是"疑"字異體，但在郭店簡中，"态"字還用爲"噫""矣"等，因此，直接將"态"字釋爲"疑"並不合適。"歀"即"歀"字。

　　從用字習慣上看，不同的篇章在表示｛矣｝這個詞時用字並不相同，大多數篇章用"矣"字，《唐虞之道》篇用"歀"字，《成之聞之》篇用"态"字，《性自命出》篇、《六德》篇用"壴"字，《語叢二》篇用"吳"字，《語叢三》篇用"毕"字。學者多認爲書手在抄寫簡文時深受底本的影響，但這個影響到底有多大，是否會完全忠實於底本很值得懷疑。從｛矣｝這個詞的用字習慣來看，明顯體現出不同書手的個人用字習慣，爲我們深入研究抄本與底本的關係提供了新的思考方向。

【詞義】

一、語氣詞。

　（一）表示已然。

　　1. 嘗又（有）之矣。**魯穆公 5**

　　2. 而替（智─知）所行矣。**窮達 1**

　（二）表示必然。

　　1. 若可吕（以）乇（託）天下矣。**老乙 8**

　　2. 若可吕（以）迖（寄）天下矣。**老乙 8**

　　3. 虗（吾）弗訐（信）**緇衣 44** 之矣。**45**

　　4. 售（唯）毆（臤─賢）弗行矣。**窮達 2**

　　5. 窮（窮）忢（仁）歀（歀─矣）。**唐虞 3**

　　6. 翆（聖）道（道）備歀（歀─矣）。**唐虞 3**

　　7. 峕（時）弗可及歀（歀─矣）。**唐虞 15**

　　8. 能吕（以）天下徸（徸─禪）歀（歀─矣）。**唐虞 22**

　　9. 丌（其）所才（存）者内（入）态（疑─矣）。**成之 3**

10. 勳(則)丌(其)濤(淳—敦)也弗深愆(疑—矣)。成之 4

11. 民弗從之愆(疑—矣)。成之 5

12. 勳(則)民鮮不從愆(疑—矣)。成之 9

13. 丌(其)重也弗多愆(疑—矣)。成之 10

14. 弗旻(得)愆(疑—矣)。成之 11

15. 糧弗足愆(疑—矣)。成之 13

16. 明(名)旻(得)愆(疑—矣)。成之 13

17. 唯(雖)弜(強)之弗内(入)愆(疑—矣)。成之 15

18. 丌(其)迲(去)人弗遠愆(疑—矣)。成之 21

19. 丌(其)愆(疑)也弗桿(枉—往)愆(疑—矣)。成之 21

20. 丌(其)緊(淫)也固愆(疑—矣)。成之 24

21. 所厇(宅—度)不迻〈遠〉愆(疑—矣)。成之 34

22. 而可昌(以)至川(順)天棠(常)愆(疑—矣)。成之 38

23. 或(又)肯(耇—前)之者矣。尊德義 2

24. 正(政)弗行矣。尊德義 19

25. 而民又(有)尊德義 22 爲嬰(亂)矣。23

26. 亞(近)旻(得)之壴(喜—矣)。性命 36

27. 弗旻(得)之壴(喜—矣)。性命 37

28. 愿(偽)㫞(斯)戔(鄰—隱)壴(喜—矣)。性命 48

29. 戔(鄰—隱)㫞(斯)慮(慮)壴(喜—矣)。性命 48

30. 慮(慮)㫞(斯)莫牙(與)之性命 48 結壴(喜—矣)。49

31. 㫞(斯)人訐(信)之壴(喜—矣)。性命 51

32. 聖(聖)牙(與)韶(智)臮(就)壴(喜—矣)。六德 1

33. 悬(仁)牙(與)宜(義)臮(就)壴(喜—矣)。六德 2

34. 宑(終)身弗改(改)之壴(喜—矣)。六德 19

35. 蘿(觀)者(諸)《哉(時—詩)》《箬(書)》鼎(勳—則)亦才(在)壴(喜—矣),蘿(觀)者(諸)六德 24《豐(禮)》《樂(樂)》鼎(勳—則)亦才(在)壴(喜—矣),蘿(觀)者(諸)《易》《旾(春)絑(秋)》鼎(勳—則)亦才(在)壴(喜—矣)。25

36. 或(又)昌(以)韶(智—知)六德 38 丌(其)戈(弌——)壴(喜—矣)。39

37. 此杉(謀)旻(得)矣(疑—矣)。語叢二 50

38. 行聿(盡)此友毗(疑—矣)。語叢三 62

(三)表示十分肯定。

1. 此壬(亙—恆)足矣。老甲 6

2. 此亡(無)敗(敗)事矣。**老甲 11**

3. 不足㠯(以)爲道(道)矣。**老乙 10**

4. 勴(則)粭(無)敗(敗)事壴(喜─矣)。**老丙 12**

5. 下必又(有)甚女(安─焉)者矣。**緇衣 15**

6. 可胄(謂)忠臣矣。**魯穆公 2**

7. 可胄(謂)忠魯穆公 3 臣矣。**4**

8. 此尖̲(少人─小人)矣。**尊德義 25**

9. 此嬰(亂)矣。**尊德義 25**

10. 反之,此遑(往─枉)矣。**尊德義 31**

11. 人不斳(慎)畀(斯)又(有)㦛(過),訐(信)壴(喜─矣)。**性命 49**

（四）表示感歎。

1. 虖(吾)亞(惡)昏(聞)之矣。**魯穆公 8**

（五）用在句中,表示停頓。

1. 行矣而亡(無)慧(違)。**尊德義 21**

2. 交矣而弗訾(智─知)也。**尊德義 29**

二、用爲"疑",參閱卷十四"疑"(第 746 頁)。

三、用爲"喜",參閱本卷"喜"(第 270 頁)。

0435 高　　高

【用字】　高

【詞義】

一、高處。

1. 高下之相湼(湼─盈)也。**老甲 16**

二、由下至上距離大。

1. 亓(其)下高㠯(以)弲(勥─強)。**太一 13**

0436 就　　𢓜　籀文 𢓜

【用字】　𢍜、逳

【解字】

　　"𢍜"字見於甲骨文,很早就有人據《説文》"就"字籀文"𢓜",將其釋爲"就",但並未被學者所採信。1947 年,朱德熙先生在《釋𢍜》一文中指出甲骨文的"𢍜"並非"亯""京"二字合文,釋爲"就"是正確的。"𢍜"在卜辭中用爲地名，讀爲“戚”，“就是公孫敖與晉襄公相會的戚”。同時又指出，西周金文中的“𦤱”也應該釋爲“就”①。高田忠周先生也曾將西周金文中的“𦤱”字釋爲“就”②。這種意見是正確的，但没有引起足夠的重視。1980年，史惠鼎在陝西長安縣出土，銘文有“🔳”字，辭例爲“日就月將”。李零先生指出此爲見於《詩·周頌·敬之》和《禮記·孔子閒居》的古代成語。鼎銘“🔳”字從辵從𦤱，正與正始石經等假借爲“戚”字的“就”字相同③。經過李零先生的討論，釋“就”基本可以確定下來了。何琳儀先生對“𦤱”字構形做了推測，認爲該字是由“亯”旁與“京”旁借用筆畫揉合而成④。後來郭店簡、新蔡簡、上博簡、清華簡等材料陸續公佈，多見“𦤱”和從“𦤱”之字，再次證明釋“𦤱”爲“就”是可信的⑤。

《尊德義》簡17“遒”字寫作🔳，整理者（173頁）疑爲“逾”，學者多從之，但破讀各不相同：涂宗流、劉祖信先生讀爲“偷”，苟且、怠惰之義⑥；陳偉先生讀爲“愉”，訓爲“服”⑦；連劭名先生讀爲“俞”，訓爲“安”⑧；陳劍先生疑讀爲“喻”或“諭”；劉信芳等先生讀爲“諭”⑨；白於藍、鄧少平等先生讀爲“諭”，訓爲“教”⑩；單育辰先生釋爲“𨒅（就）”，認爲與“逾”字形體相去較遠，“是‘𨒅’的一種略有變化的字體”，訓爲“成就”⑪。今按：“遒”字亦見於《六德》簡48（🔳），《尊德義》簡17此字略有省略，二者皆當爲“𨒅”之異體。

---

① 朱德熙：《釋𦤱》，《朱德熙古文字論集》，中華書局，1995年，第1頁。

② 按：高田忠周意見參閲周法高主編：《金文詁林》第7册，香港中文大學，1974年，第3523—3528頁所引。

③ 李零：《古文字雜識（兩篇）》，《于省吾教授百年誕辰紀念文集》，吉林大學出版社，1996年，第270—274頁。按：林素清先生指出，1996年周鳳五先生在臺灣大學爲學生講授鄂君啟節時，已談到𦤱字應釋爲“就”。參閲林素清：《重編郭店楚簡〈六德〉》，《古墓新知——紀念郭店楚簡出土十周年論文專輯》，國際炎黄文化出版社，2003年，第75—76頁。

④ 何琳儀：《戰國古文字典——戰國文字聲系》，中華書局，1998年，第232頁。

⑤ 按：“𦤱”字釋讀過程參閲拙著《郭店竹簡文本研究綜論》，上海古籍出版社，2017年，第497—504頁。

⑥ 涂宗流、劉祖信：《郭店楚簡先秦儒家佚書校釋》，萬卷樓圖書有限公司，2001年，第107—142頁。

⑦ 陳偉：《郭店簡書〈尊德義〉校釋》，《中國哲學史》，2001年第3期，第108—120頁。

⑧ 連劭名：《郭店楚簡〈尊德義〉考述》，《人文論叢》（2007年卷），中國社會科學出版社，2008年，第321—340頁。

⑨ 劉信芳：《楚簡帛通假彙釋》，高等教育出版社，2011年，第529頁。

⑩ 白於藍：《簡牘帛書通假字字典》，福建人民出版社，2008年，第71頁。鄧少平：《郭店楚簡〈成之聞之〉〈尊德義〉補釋》，《中國文字》新36期，2011年，藝文印書館，第81—88頁。按：陳劍先生意見轉引自鄧少平先生文章。

⑪ 單育辰：《佔畢隨録之十四》，簡帛網（www.bsm.org.cn/?chujian/5615.html），2011年3月25日。

【詞義】

一、接近。

　　1. 聖(聖)牙(與)暂(智)豪(就)壴(喜一矣)，_{六德1} 悬(仁)牙(與)宜
　　　（義)豪(就)壴(喜一矣)，忠(忠)牙(與)訐(信)豪(就)[矣]。₂

二、成就。

　　1. 肰(然)句(後)可遉(違一就)也。_{尊德義 17}

三、用爲"戚"，參閱卷十二"戚"(第 658 頁)。

0437　亯(享)　　　　亯　　　篆文 亯

【用字】　卿

【解字】

　　即今之"享"字。

【詞義】

一、享有;享用。

　　1. 君上卿(享)戚(城一成)不唯㪔(本)。_{成之 12}

0438　厚　　　厚　厔

【用字】　疊、敆、㫏

【解字】

　　金文"厚"字外爲厂(崖巖之形)，內象盛酒的罈子，林澐先生認爲象酒窖藏于山崖之中，意思是酒味醇厚。楚文字"厚"形體發生了劇烈變化，在郭店簡中，"厚"字上从石，下訛變爲與毛、戈(或弋)等形相近，或據以隸定爲"毛""戔"等形。李守奎先生認爲楚文字"厚"是从石从章("墉"字初文)省的會意兼形聲字，隸定爲"疊"，會城牆之厚。

　　"㫏"字原作 [字形]，異體寫作"砏"，見於清華簡《祭公之命》簡 13([字形])、18([字形])。

【詞義】

一、與"薄"相對。引申爲重;大;多;深。

　　1. 民弗疊(厚)也。_{老甲 4}

　　2. 㪔(含)惠(德)之疊(厚)者。_{老甲 33}

　　3. 㫏(厚)贅(賥一藏)必多頁(亡)。_{老甲 36}

　　4. 售(唯一雖)疊(厚)丌(其)龠(命)，民弗從之㤅(矣)。_{成之 5}

5. 丌(其)鴈(存)也不𣈏(厚)。成之9

6. 及丌(其)尃(博)長而𣈏(厚)成之27 大也。28

7. 亓(其)内(入)枼(拔—撥)人之心也敏(厚)。性命23

8. 而句(後)語叢一6 又(有)𣈏(厚)。7

9. 又(有)聿(盡)又(有)𣈏(厚)。語叢一14

10. 𣈏(厚)於義,尃(薄)於息(仁)。語叢一82

11. 息(仁),𣈏(厚)之[□也]。語叢三22

二、忠厚;厚道。

　1. 㠯(以)貝(視—示)民𣈏(厚)。緇衣2

0439 嗇 　書 　古文 𩓣

【用字】 嗇

【詞義】

一、愛惜;吝惜。

　1. 絅(治)人事天,莫若嗇。老乙1

　2. 夫售(唯)嗇,是㠯(以)景(早)｛是㠯(以)景(早)｝備(備—服)。老乙1

0440 牆(墙) 　牆 　籀文 𤖻、𤖻

【用字】 牆

【解字】

　"牆"字,楚文字多寫作"牆"(《語叢四》簡2 牆),今寫作"墙"。

【詞義】

一、用土築或用磚石等砌成的屏障或外圍。

　1. 言語叢四1 而狗(苟),牆(墙)又(有)耳。2

0441 來 　來

【用字】 坴

【詞義】

一、到來,與"往"相對。

　1. 亡(無)又(有)自坴(來)也。語叢一99

　2. 若四峕(時)一逋(逝)一坴(來)。語叢四21

二、未來；將來。

1. 𠟭（則）先者余（豫），逨（來）者訐（信）。**成之 36**

2. 逨（來）言剔（傷）吕（己）。**語叢四 2**

0442 致 

【用字】 至

【詞義】

一、竭力。

1. 鼎（𠟭—則）民至（致）行异（㠯—己）吕（以）敚（悅）上。**緇衣 11**

二、歸還。

1. 𠦃₌（七十）而至（致）正（政）。**唐虞 26**

三、詳審；推究。

1. 至（致）頌（容）宙（庿—廟—貌）所吕（以）旻（文）即（節）也。**性命 20**

四、進獻。

1. 內（納）之或內（納）之，至（致）之或至（致）之，**語叢四 27 背下**至（致）而 **27 正下**亡（無）及也已（已）。**27 背上**

0443 憂 

【用字】 𢝊、㥑

【解字】

《說文》卷五《夊部》："憂，和之行也。"卷十《心部》："𢝊，愁也。"憂愁之意本作"𢝊"，或省作"㥑"，今作"憂"。

【詞義】

一、憂慮；憂傷。

1. 㡭（𢇍—絕）學亡（無）㥑（憂）。**老乙 4**

2. 君子亡（無）宙（中）心之㥑（憂）𠟭（則）亡（無）宙（中）心之𣉻（智）。**五行 5**

3. 未見君子，㥑（憂）心**五行 9** 不能惙₌（惙惙）。**10**

4. 未見君子，㥑（憂）心不能㤈₌（忡忡—忡忡）。**五行 12**

5. 夫古者**唐虞 15** 叜（舜）佢（居）於茅₌（艸茅—草茅）之中而不㥑（憂）。**16**

6. 佢（居）茅₌（艸茅—草茅）之中而不㥑（憂），𣉻（智—知）命。**唐虞 16**

7. 凡㥑（憂），思而句（後）悲。**性命 31**

8. 惥(慍)昪(斯)悥_(憂,憂)昪(斯)慼(慽)。**性命 34**

9. 凡悥(憂)患之事谷(欲)妊(任)。**性命 62**

10. 悥(憂)谷(欲)睿(僉—敛)而毋惛(昏)。**性命 64**

11. 不叓(使)此民也悥(憂)兀(其)身。**六德 41**

12. 惥(慍)生於悥(憂)。**語叢二 7**

13. 悥(憂)生於惥(慍)。**語叢二 30**

14. 悲(哀)生於悥(憂)。**語叢二 31**

0444　愛

【用字】　恖、愍

【解字】

　　"愍"即"恖"字。

【詞義】

一、親愛;對人或事物懷有很深的感情。

1. 古(故)㝈(挚—慈)㠯(以)恖(愛)之。**緇衣 25**

2. 新(親)勳(則)恖_(愛,愛)勳(則)玉色。**五行 13**

3. 不新(親)不_恖_(不愛,不愛)不悬(仁)。**五行 21**

4. 新(親)而篤(篤)之,恖(愛)也。**五行 33**

5. 恖(愛)父,亓(其)稺(稽—繼)恖(愛)人。**五行 33**

6. 恖(愛)罜(親)陦(尊)㕚(臤—賢)。**唐虞 6**

7. 恖(愛)**唐虞 6**罜(親)古(故)孝。**7**

8. 恖(愛)天下之民。**唐虞 7**

9. 恖(愛)罜(親)亢(忘)㕚(臤—賢)。**唐虞 8**

10. 恖(愛)罜(親)算(尊)㕚(臤—賢)。**唐虞 10**

11. 恖(愛)而正(征)之。**唐虞 13**

12. 是古(故)谷(欲)人之恖(愛)㠯(己)也,勳(則)必先恖(愛)人。**成之 20**

13. 民恖(愛),勳(則)子也;弗恖(愛),勳(則)讐(仇)也。**尊德義 26**

14. 不**尊德義 32**恖(愛)勳(則)不新(親)。**33**

15. 恖(愛)頪(類)七,售(唯)眚(性)恖(愛)爲近悬(仁)。**性命 40**

16. 愍(恖—愛)罜(親)勳(則)亓(其)布(殺)愍(恖—愛)人。**語叢三 40**

17. 父孝子愍(恖—愛)。**語叢三 8**

二、仁愛。

1. 愍(恖—愛)膳(善)之胃(謂)息(仁)。**語叢一 92**

2. 懸(懸—愛)生於眚(性),罕(親)生於懸(懸—愛)。語叢二 8

3. 懸(懸—愛)𢀈(治)者罕(親)。語叢三 30

4. 懸(懸—愛),㤅(仁)語叢三 35 也。36

三、憐惜;愛惜。

1. 㤅(愛)吕(以)身爲天下。老乙 8

四、吝惜;吝嗇。

1. 甚㤅(愛)必大賈(費)。老甲 36

2. 𢀕(危)丌(其)死弗敫(敢)㤅(愛)也。六德 17

0445 夏　　夓　　古文 𠍺

【用字】　頙、𢑚

【詞義】

一、朝代名,即夏后氏。

1. 𢑚(夏)用戈。唐虞 13

2. 吳(虞)𢑚(夏)之幻(治)也。唐虞 13

二、樂歌名。

1. 雚(觀)《卲(韶)》《頙(夏)》鼎(勮—則)免(勉)女(如)也性命 25 㝉
(斯)睿(僉—斂)。26

2. 《卲(韶)》《頙(夏)》樊(樂)㥋(情)。性命 28

0446 夔　　夒

【用字】　愳

【詞義】

一、古人名,堯、舜時樂官。

1. 愳(畏—夔)守樂,孫(孫—遜)民效(教)也。唐虞 12

0447 舞　　𣞶　　古文 翌

【用字】　迣

【詞義】

一、跳舞。

1. 猷(猶)㝉(斯)迣(舞)。性命 34

2. 迣(舞),㥋(憙—喜)之㝵(終)也。性命 34

0448 舜(舜)　　舜　　古文 𡐨

【用字】　𡐨
【詞義】

一、上古帝王名。

1. 𡐨(舜)畂(耕)於鬲(歷)山。窮達 2

2. 堥(堯)𡐨(舜)之王,稱(利)天下而弗稱(利)也。唐虞 1

3. 堥(堯)𡐨(舜)之行,惡(愛)罤(親)隀(尊)▪(臤—賢)。唐虞 6

4. 古者吳(虞)𡐨(舜)篅(篤)事冭(瞽)寞(瞍)。唐虞 9

5. 吳(虞)𡐨(舜)丌(其)人也。唐虞 10

6. 夫古者唐虞 15 𡐨(舜)屈(居)於茅₌(艸茅—草茅)之中而不惡(憂)。16

7. 古者堥(堯)之畀(與—舉)𡐨(舜)也,昏(聞)𡐨(舜)孝,智(智—知)丌(其)能敄(養)天下唐虞 22 之老也;昏(聞)𡐨(舜)弟(悌),智(智—知)丌(其)能約(事)天下之長也;昏(聞)𡐨(舜)丝(慈)虖(乎)弟[□□□□□]23 爲民宝(主)也。24

8. 古(故)堥(堯)之徨(徸—禪)虖(乎)𡐨(舜)也。唐虞 25

0449 弟　　弟　　古文 𢂎

【用字】　弟、㹙
【解字】

　　"㹙"爲"兄弟"合文。

【詞義】

一、同父母後生的男子。

1. 审(中)心兑(悦)𡉙(壇—旃),遱(遷)五行 32 於㹙₌(兄弟)。33

2. 昏(聞)𡐨(舜)丝(慈)虖(乎)弟。唐虞 23

3. 貢(任)者(諸)子弟。六德 13

4. 畜我女(如)丌(其)六德 15 子弟。16

5. 爲昆弟也,爲妻亦肰(然)。六德 28

6. 爲昆弟幽(斷—絶)妻,不爲妻幽(斷—絶)昆弟。六德 29

7. 兄弟,至先遂(後)也。語叢—70

二、用爲"悌",參閱卷十"悌"(第 551 頁)。

0450 久　　𠃊

【用字】　舊、售

【解字】

　　"雟"爲"舊"字異體。

【詞義】

一、長久。

　　1. 可 老甲36 㠯(以)長舊(久)。37

　　2. 長生雟(舊—久)貝(視)之道(道)也。老乙3

　　3. 大舊(久)而不俞(渝),忠之至也。忠信3

　　4. 亓(其)居即(次)也舊(久)。性命26

　　5. 青(青—情)㠯(以)舊(久)。語叢四1

0451　桀　　　𣛧

【用字】　傑

【解字】

　　"傑"字从人从桀,楚文字"桀"本寫作"枙",从木,句聲,古音"句"爲見母月部字,"桀"爲群母月部字,韻部相同,聲母皆爲牙音①。《説文》將"桀"字分析爲"从舛在木上也","舛"當由聲符"句"訛變而來。比較完整的"枙"字見於上博五《鬼神之明》,分別寫作▮(簡2)、▮(簡2背),郭店簡"傑"字所从爲簡省寫法。

【詞義】

一、人名、夏代的最後一位君主。

　　1. 傑(傑—桀)㠯(以)人道嬰(亂)亓(其)民。尊德義5

　　2. 傑(傑—桀)不易 尊德義5 塛(禹)民而句(後)嬰(亂)之。6

　　3. 湯不易傑(傑—桀)民而句(後)訇(治)之。尊德義6

　　4. 傑(傑—桀)不胃(謂)亓(其)民必嬰(亂)。尊德義22

---

①　李守奎、張峰:《説楚文字中的"桀"與"傑"》,《簡帛》第7輯,上海古籍出版社,2012年,第79—86頁。

卷　　六

0452　木　　（篆文）

【用字】　木

【詞義】

一、樹木。

　　1. 槀（槁）木三年，不必爲邦羿（旗）。成之 30

　　2. 秒（利）木会（陰）者，不斳（折）語叢四 16 亓（其）枳（枝）。17

0453　梅　　（篆文）　　或體（篆文）

【用字】　母

【解字】

　　《窮達》簡 14 "母" 讀爲 "梅" 從陳劍先生意見①。

【詞義】

一、梅伯。人名。

　　1. 母（梅）白（伯）窮達 14 靭（初）湝（醢）酺（醢）。9

0454　楛　　（篆文）

【用字】　古

【詞義】

一、粗劣；不堅固或不精細。

　　1. 忠之爲忠信 6 衍（道）也，百工不古（楛），而人敚（養）膚（皆）足。7

―――――――

① 陳劍：《郭店簡〈窮達以時〉〈語叢四〉的幾處簡序調整》，《國際簡帛研究通訊》第 2 卷第 5 期，2002 年。

0455 權　　權

【用字】　蠜

【詞義】

一、權謀。

　　1. 酓(教)吕(以)蠜(懽—權)怨(謀)。尊德義 **16**

0456 榮　　榮

【用字】　縈、縈

【解字】

　　"縈""縈"二形當爲一字,整理者(119 頁注[五])認爲从糸从賏,釋爲"縈",讀爲"嫈";裘錫圭先生"按語"認爲該字从賏从縈,"賏""縈"皆影母耕部字,如"縈"的"糸"旁兼充全字形旁,此字仍可釋爲"縈"。白於藍認爲該字从朙縈聲,當隸定爲"縈",可釋爲"督"字異體,讀爲"嫈",或直接釋爲"嫈"字異體①。裘錫圭先生後來修正自己的意見,認爲二形"下部原作'縈',確爲'縈'之簡體";上部所从分別爲"朙"或"賏",故該字可分別隸定爲"縈""縈",二者爲一字,當釋爲"督",讀爲"榮"②。

【詞義】

一、光榮。

　　1. 憵(寵)㥜(辱)若縈(督—榮),貴大患若身。老乙 **5**

　　2. 憵(寵)爲下也,昜(得)之若縈(督—榮),達(逸—失)之若縈(督—榮),是胃(謂)憵(寵)㥜(辱)縈(督—榮)。老乙 **6**

0457 樹　　樹　　籀文 樹

【用字】　桓、鼓

【詞義】

一、樹立;建立。

　　1. 剛之桓(樹)也,剛取之也。性命 **8**

　　2. 彊(強)之鼓(樹)也,彊(強)取之也。語叢三 **46**

---

① 白於藍:《讀郭店簡瑣記(三篇)》,《古文字研究》第 26 輯,中華書局,2006 年,第 308—309 頁。

② 裘錫圭:《"寵辱若驚"是"寵辱若榮"的誤讀》,《中華文史論叢》,2013 年第 3 期,第 9—10 頁。

0458 本　朩　　古文 㘱

【用字】　查、盉

【詞義】

一、事物的根本;基礎。

　　1. 不求者(諸)亓(其)查(本)而攼(攻)者(諸)亓(其)**成之 10** 末。**11**

　　2. 窋(窮)濴(源)反查(本)者之貴。**成之 11**

　　3. 不反亓(其)查(本)。**成之 12**

　　4. 君上卿(享)成(城—成)不唯查(本)。**成之 12**

　　5. 非從末濼(流)者之貴,窋(窮)濴(源)反查(本)者之貴。**成之 14**

　　6. 不反亓(其)查(本)。**成之 15**

　　7. 孝,查(本)也。**六德 41**

　　8. 下攸(修)忈(惎—其)**六德 41** 查(本)。**42**

　　9. 凡勿(物)**語叢一 48** 又(有)盉(本)又(有)卯(標)。**49**

0459 根　　根

【用字】　堇

【詞義】

一、事物的本原。

　　1. 天道(道)鼎₌(員員),各返(復)亓(其)堇(根)。**老甲 24**

0460 末　　末

【用字】　末

【詞義】

一、物的端;尾。

　　1. 龠(合)[抱之木,生於毫]末。**老甲 26**

二、非根本的;不重要的事。

　　1. 不求者(諸)亓(其)查(本)而攼(攻)者(諸)亓(其)**成之 10** 末。**11**

　　2. 非從末濼(流)者之貴。**成之 11**

　　3. 非從末濼(流)者之貴。**成之 14**

三、終了;結束。

　　1. 必叏(使)又(有)末。**性命 60**

　　2. 惥(悥—喜)谷(欲)智(智)而亡(無)末。**性命 63**

0461 果　　果

【用字】　果

【詞義】

一、成爲事實;實現。

　　1. 善者果而巳(已)。老甲 7

　　2. 果而弗戁(戔—伐),果而弗喬(喬—驕),果而弗矜(矜),是胃(謂)
　　果而不迓(強)。老甲 7

二、果敢;有決斷。

　　1. 不逮(肆)不_果_(不果,不果)五行 21 不柬(簡)。22

　　2. 逮(肆)而不墨(畏)弜(弱—弜—強)語(御),果也。五行 34

　　3. 戲(勇)而行之不果。成之 21

　　4. 勮(則)民果目(以)巠(巠—勁)。尊德義 13

0462 枝　　枳

【用字】　枳

【詞義】

一、植物主幹分出的莖條。

　　1. 不斳(折)語叢四 16 亓(其)枳(枝)。17

二、用爲"肢",參閱卷四"肔(肢)"(第 235 頁)。

0463 標　　檺

【用字】　卯

【解字】

　　"卯"字,李天虹先生讀爲"標",訓爲"末"①。何琳儀先生釋爲"化"②。
白於藍先生讀爲"流",訓爲"末"③。劉桓先生讀"末"④。

---

① 李天虹:《郭店楚簡文字雜釋》,《郭店楚簡國際學術研討會論文集》,湖北人民出版社,
2000 年,第 98 頁。

② 何琳儀:《郭店竹簡選釋》,《簡帛研究二〇〇一》,廣西教育出版社,2001 年,第 167 頁。

③ 白於藍:《郭店楚墓竹簡釋讀札記》,《古文字論集(二)》(《考古與文物》叢刊第 4 號),
2001 年,第 174 頁。

④ 劉桓:《郭店楚簡札記》,《簡帛研究二〇〇二、二〇〇三》,廣西師範大學出版社,2005 年,
第 62 頁。

【詞義】

一、樹梢。也泛指末梢。

　　1. 凡勿(物)語叢－48 又(有)盚(本)又(有)卯(標)。49

0464 枉　　桂

【用字】　桂、逜

【詞義】

一、邪曲;不正直。

　　1. 反之,此逜(往—枉)矣。尊德義 31

二、過失;錯誤。

　　1. 句(苟)毋(無)大害,少(小)桂(枉),内(納)之可也。性命 61

0465 格　　榴

【用字】　各、迖

【解字】

　　《緇衣》篇簡 37—38"行又迖"之"迖"字,上博簡對應之字作"塂"。郭店簡整理者(136 頁)認爲從今本讀作"格"。陳高志先生認爲所從"丯"爲"割"字初文。今本作"格",但"割""格"二字僅聲母相同,上古韻部相差很遠,應是同義詞的代換。簡 39"迖而行之"之"迖"釋爲"恪",敬也①。顏世鉉先生認爲"迖"字是從"辵"從"戟"省所造之"格"字,從"辵"表"格"有"來""至"之義;亦即釋作"格",又可讀爲"略"②。劉信芳先生認爲從"丯",讀爲"格"。"戟"從"丯"聲,《釋名·釋兵》"戟,格也",故可讀爲"格"。"迖而行之"讀爲"略而行之"③。劉釗先生認爲從"辵""丯"聲,讀爲"格",古音"丯"在見紐月部,"格"在見紐鐸部,聲紐相同,韻部主要元音相同,可以通轉。"迖"又讀爲"略",亦通。④ 上博一《緇衣》"塂"字,孟蓬生先生認爲"丯"是"屰"的變形。"塂"則是格(訓爲登或陞)的本字。"屰"聲與

① 陳高志:《讀〈郭店楚墓竹簡〉札記》,《中國哲學》第 21 輯(郭店簡與儒學研究),遼寧教育出版社,2000 年,第 240—243 頁。

② 顏世鉉:《郭店楚簡淺釋》,《張以仁先生七秩壽慶論文集》,學生書局,1999 年,第 385—387 頁。

③ 劉信芳:《郭店簡〈緇衣〉解詁》,《郭店楚簡國際學術研討會論文集》,湖北人民出版社,2000 年,第 177 頁。

④ 劉釗:《郭店楚簡校釋》,福建人民出版社,2005 年,第 64—65 頁。

“各”聲相通,所以“埅”可借爲“格”或“略”①。馮勝君師認爲“哉”字有從
“夅”作,或從“各”作,引用裘錫圭先生的説法爲證:“《説文》有‘格’字,疑
與‘詞’‘嘏’等兩半皆聲之字同例,似‘夅’聲在古代有與‘各’相近的一種
讀法。”②裘先生之説見於《談談隨縣曾侯乙墓的文字資料》(《文物》,1979
年第 7 期,第 33 頁注 20)。現在又有郭店竹簡爲證,裘先生的意見應該是正
確的。

【詞義】

一、法式;標準。

　　1. 行又(有)_{緇衣 37} 迲(格)。₃₈

二、擊;鬥。

　　1. 民五之方各(格)。_{尊德義 26}

0466　橐(槁)　　　豪

【用字】　槁

【詞義】

一、草木乾枯。

　　1. 橐(槁)木三年,不必爲邦咡(旗)。_{成之 30}

0467　樸　　　襆

【用字】　箮、檏、僕、蔓

【解字】

　　“箮”即“㡍”字,爲《説文》“僕”字古文。“蔓”即“箮”字異體,“又”爲
飾符。或可將“蔓”看作“撲”字,“又”爲表意偏旁。

【詞義】

一、質樸;厚重。

　　1. 貝(視)索(素)保(抱)箮(㡍—僕—樸)。_{老甲 2}

　　2. 屯(敦)虖(乎)丌(其)奴(如)檏(樸)。_{老甲 9}

　　3. 牆(牆—將)自(貞—鎮)之吕(以)亡(無)明(名)之蔓(㡍—僕—
樸)。_{老甲 13}

①　孟蓬生:《上博簡〈緇衣〉三解》,《上博館藏戰國楚竹書研究》,上海書店出版社,2002 年,
　　第 444—447 頁。

②　馮勝君:《郭店簡與上博簡對比研究》,綫裝書局,2007 年,第 138—140 頁。

4. 僮（僕—樸）售（唯—雖）妻（細）。老甲 18

5. 我谷（欲）不谷（欲）而民自檏（樸）。老甲 32

0468 柔　　𣜩

【用字】　柔、矛、㹱、𦝼、𦾔

【解字】

　　“𦝼”字，李零先生認爲上半是“蔑”字所从，字不从“刀”①。廖名春先生認爲从“曹”省聲，當讀爲“曹”，昏暗不明②。顔世鉉先生認爲上半爲“蔑”所从，下半爲“制”，讀爲“淛”，親愛之意③。徐在國先生認爲當讀爲“蔑”或“制”④。陳偉先生認爲上半與簡 36“蔑”字所从相同，釋爲“曹”或“夢”，昏暗不明之意⑤。劉釗先生認爲借喻“柔”物⑥。陳劍先生認爲該字與《五行》“柔”字相當，下半象“以刀斷草”形，是“茭”的表意初文，“茭”“柔”音通，故可以讀爲“柔”⑦。

【詞義】

一、柔軟；柔弱。

1. 骨溺（弱）堇（筋）㹱（柔）而捉老甲 33 固。34

2. 不弼（彊—強）不林（綠），不弼（彊—剛）不矛（柔）。五行 41

3. 柔之性命 8 約，柔取之也。9

4. 愳（仁）穎（類）𦝼〈𦾔（蔑—柔）〉而遬（速—束）。六德 31

5. 愳（仁）𦝼〈𦾔（蔑—柔）〉而啟（暱），宜（義）㺃（強—剛）而束（簡）。六德 32

6. 㺃（強—剛）𦾔（柔）膚（膚—皆）𥏽☐殘 5

二、溫和；溫順。

1. 矛（柔），愳（仁）之方也。五行 41

---

①　李零：《郭店楚簡校讀記》，《道家文化研究》第 17 輯（郭店楚簡專號），生活·讀書·新知三聯書店，1999 年，第 520 頁。

②　廖名春：《新出楚簡試論》，臺灣古籍出版有限公司，2001 年，第 175 頁。

③　顔世鉉：《郭店楚簡〈六德〉箋釋》，《“中研院”歷史語言研究所集刊》第 72 本第 2 分，2001 年，第 478—479 頁。

④　徐在國：《郭店楚簡文字三考》，《簡帛研究二〇〇一》，廣西師範大學出版社，2001 年，第 181 頁。

⑤　陳偉：《郭店竹書別釋》，湖北教育出版社，2003 年，第 127 頁。

⑥　劉釗：《郭店楚簡校釋》，福建人民出版社，2005 年，第 117 頁。

⑦　陳劍：《郭店簡〈六德〉用爲“柔”之字考釋》，《戰國竹書論集》，上海古籍出版社，2013 年，第 97—105 頁。

2. 谷（欲）柔齊而泊。**性命 63**

0469 材   𣏂

【用字】 材

【解字】

　　鄧少平先生認爲“材”當讀爲“財”，“長財”傳世文獻有見，《周禮·天官·冢宰》：“其足用、長財、善物者，賞之。”《鹽鐵論》：“蕃貨長財，以佐助邊費。”①可備一説。

【詞義】

一、才能；才幹。

　　1. 唯（雖）戝（勇）力睧（聞）於邦不女（如）材。**語叢四 24**

　　2. 子也者，會（會）埠（埻—最）長材**六德 21** 昌（以）事上。**22**

二、有才能的人。

　　1. 大材毲（埶—設）者（諸）**六德 13** 大官，少（小）材毲（埶—設）者（諸）少（小）官。**14**

三、用爲“財”，參閱卷六“財”（第 339 頁）。

四、待考。

　　1. 材**六德 11** □人民。**六德 47**

0470 築   𡙛

【用字】 篕

【詞義】

一、擣土的杵。

　　1. 娿（鞂—釋）板（版）篕（築）而砝（差—佐）天子。**窮達 4**

0471 極   𣏂

【用字】 亟、死、歪

【解字】

　　“亙”字郭店簡作“死”，與《説文》“恆”字古文同形，但郭店簡中有“恆”

---

① 北京大學《儒藏》編纂與研究中心編：《郭店楚墓竹簡十二種校釋》，北京大學出版社，2023 年，第 329 頁。

字作“㤅”,故釋“巫”爲“亙”。“巠”即“巠”字。

【詞義】

一、頂點;終極。

　　1. 至虗(虛),巫(亙—極)也。老甲 24

　　2. 不叔(克)鼎(勘—則)莫＿智＿丌＿巫＿(莫智其亙—莫知其極,莫知其極),可㠯(以)又(有)邸(國)。老乙 2

　　3. 亟(極)忎(仁)唐虞 19 之至,秒(利)天下而弗秒(利)也。20

二、盡頭;終了。

　　1. 君子道(道—導)人㠯(以)言,而巠(巠—極)㠯(以)行。緇衣 32

0472　桓　　桓

【用字】　逭

【詞義】

一、齊桓公,春秋時齊國的國君。

　　1. 塛(堨—遇)齊逭(桓)也。窮達 6

0473　杖　　枝

【用字】　丈

【詞義】

一、指居喪時所執的喪棒。

　　1. 綎(疏)斬布,實(實—絰),丈(杖),爲父也,爲君亦肰(然)。六德 27

0474　梟　　梟

【用字】　㯡

【解字】

　　黃德寬、徐在國先生釋爲“枉”,邪曲①。李零先生釋爲“梟”;後又認爲該字聲旁同於《語叢一》簡 108 的“毀”字,或可讀爲“歸”②。劉釗先生釋爲

①　黃德寬、徐在國:《郭店楚簡文字考釋》,《吉林大學古籍研究所建所十五周年紀念文集》,吉林大學出版社,1998 年,第 108 頁。

②　李零:《郭店楚簡校讀記》,《道家文化研究》第 17 輯(郭店楚簡專號),生活·讀書·新知三聯書店,1999 年,第 536 頁;《郭店楚簡校讀記(增訂本)》,北京大學出版社,2002 年,第 164 頁。

"桅",即"臬",本義是箭靶,引申爲法度①。周鳳五先生釋爲"根"②。何琳儀先生以該字左旁與《古文四聲韻》所引《古老子》"兢"字相似,从木从兢,疑是"柯"之異體,讀爲"恆",常也③。李鋭先生同意何琳儀先生的釋字,讀爲"共"④。

【詞義】

一、法度。

    1. 悬(仁)悬(義)爲之桯(臬)。語叢一 93

0475 樂   𤔔

【用字】 樂、樂、樊、樊、樊、樊、樊、響

【解字】

    《性命》簡 15"樊"字寫作𤔔,上部中間"白"旁受"丝"影響而類化爲"幺"。同樣的例子如上博七《君人者何必安哉》甲本簡 5(𤔔)、乙本簡 4(𤔔)"樂"字寫作"樂"。《尊德義》簡 31"樊"字寫作𤔔,上部中間"白"旁下類增"幺"形。《性命》簡 32、簡 33"樊"字分别寫作𤔔、𤔔,上部中間"白"旁訛爲"日"。《六德》簡 25"樊"字寫作𤔔,"白"中間缺省一横筆。

【詞義】

一、音樂。

    1. 樂與餌,怂(過)客坒(止)。老丙 4

    2. 聖(聖)䎽(智—知),豊(禮)樂(藥—樂)之所豺〈豺(由)〉生也。五行 28

    3. 愚(畏—夔)守樂。唐虞 12

    4. 豺(豺—由)豊(禮)䎽(智—知)尊德義 9 樊(樂)。10

    5. 豺(豺—由)樊(樂)䎽(智—知)态(哀)。尊德義 10

    6. 又(有)尊德義 10 䎽(智—知)豊(禮)而不䎽(智—知)樊(樂)者。11

    7. 亡(無)䎽(智—知)樊(樂)而不䎽(智—知)豊(禮)者。尊德義 11

    8. 香(教)弖(以)樊(樂)。尊德義 13

    9. 虞(且)莫大虗(唬—乎)豊(禮)樊(樂)。尊德義 29

---

① 劉釗:《讀郭店楚簡字詞札記》,《郭店楚簡國際學術研討會論文集》,湖北人民出版社,2000 年,第 90 頁。

② 周鳳五:《郭店竹簡〈語叢一〉重編新釋》,稿本,2000 年。

③ 何琳儀:《釋兢》,《新出土文獻與古代文明研究》,上海大學出版社,2004 年,第 110—111 頁。

④ 李鋭:《孔孟之間"性"論研究——以郭店、上博簡爲基礎》,清華大學博士學位論文,2005 年,第 47 頁。

10. 訋(治)樂(樂)和忞(哀)。**尊德義 31**

11. 舁(莫—鄭)埊(衛)之樂(樂)。**性命 27**

12. 凡古樂(樂)龍心，鼻(嗌—益)樂(樂)龍鮨(指)。**性命 28**

13. 不女(如)㠯(以)樂(樂)之邀(速)也。**性命 36**

14. 乍(作)豊(禮)樂(樂)，斮(折—制)垈(刑)㠯(法)。**六德 2**

15. 豊(禮)樂(樂)，共也。**六德 26**

16. 豊(禮)生樂，遜(邎—由)樂 **語叢— 24** 㗊(智—知)型(刑)。**25**

17. 善里(理)而句(後)樂生。**語叢— 32**

18. 樂生於京(諒)。**語叢— 33**

19. 豊(禮)妻(齊)樂悫(靈)勮(則)戉(戚—慼)。**語叢— 34**

20. 樂蓁(每—繁)**語叢— 34** 豊(禮)悫(靈)勮(則)誷(誷—慢)。**35**

21. 樂，或生或敩(教)者也。**語叢— 43**

22. 樂政。**語叢— 112**

23. 樂，備(服)惪(德)者之所樂也。**語叢三 54**

二、喜悅；愉快。

1. 不安(安)勮(則)不＿樂＿(不藥—不樂，不樂)勮(則)亡(無)惪(德)。**五行 6**

2. 不安(安)不＿樂＿(不藥—不樂，不樂)**五行 8** 亡(無)惪(德)。**9**

3. 不安(安)不＿樂＿(不樂，不樂)亡(無)惪(德)。**五行 21**

4. 和勮(則)譻＿(樂，樂)勮(則)又(有)惪(德)。**五行 29**

5. 聱(聞)道(道)而譻(樂)者，好惪(德)者也。**五行 50**

6. 不和不＿女＿(不安，不安)不樂(樂)。**尊德義 27**

7. 樊(樂)，慐〈熹(喜)〉之深澤也。**性命 23**

8. 凡至樊(樂)必悲。**性命 29**

9. 忞(哀)、樊(樂)，丌(其)眚(性)相近也。**性命 29**

10. 樊(樂)之敱(動)心也。**性命 30**

11. 凡樊(樂)，思而句(後)忻。**性命 32**

12. 杲(謀)遊(由)樊(樂)也。**性命 33**

13. 忞(哀)樊(樂)爲甚。**性命 43**

14. 蜀(蜀—獨)尻(處)而樊(樂)。**性命 54**

15. 樊(樂)谷(欲)罤(釋)而又(有)㞢(止)。**性命 64**

16. 樂生於惪(憙—喜)。**語叢二 28**

17. 悲生於樂。**語叢二 29**

18. 旻(得)者樂，遑(逸—失)者哀。**語叢三 59**

19. 亡(無)非樂者。語叢三 66 下

三、指儒家六經中的《樂經》。

1.《峕(時—詩)》《箸(書)》《豊(禮)》《樊(樂)》。性命 15

2.《豊(禮)》《樊(樂)》又(有)爲垦(舉—舉)之也。性命 16

3. 蘿(觀)者(諸)六德 24《豊(禮)》《樊(樂)》鼎(劓—則)亦才(在)壴(喜—矣)。25

四、喜好;喜愛。

1. 天下樊(樂)進而弗訨(厭)。老甲 4

2. 媠(媄—美)之,是樂殺人。老丙 7

3. 夫樊(樂)[殺,不可]老丙 7 邑(以)旻(得)志於天下。8

4. 訐(信)不悊(著)劓(則)言不樊(樂)。成之 2

5. 樊(樂)亓(其)衍(道)。性命 21

6. 目之好性命 43 色,耳之樊(樂)聖(聖—聲)。44

7. 父兄之所樊(樂),句(苟)毋(無)大害。性命 61

8. 樂,備(服)惪(德)者之所樂也。語叢三 54

9. 從所少好,牙(與)所少樂,晶(鼎—員—損)。遺簡

五、歌頌。

1.《垄(賚)》《武》樊(樂)取(趣),《卲(韶)》《頵(夏)》樊(樂)悥(情)。性命 28

六、安樂;享樂。

1. 樊(樂)事谷(欲)遳(後)。性命 62

0476 梁　　㮚　　古文 㮞

【用字】　汈

【詞義】

一、橋。

1. 樵(津)汈(梁)塘(婧—爭)舟。成之 35

0477 采　　𤓰

【用字】　采

【解字】

上博一《性情論》簡 37 對應之字作"㤞"。"采"字,趙建偉先生認爲同

"彩",彩飾、浮華①;劉釗先生認爲意爲文飾,指外表華麗,徒有虛名②。陳偉先生讀爲"倸",奸也,正可與上博簡對應③。

【詞義】

一、待考。

　　1. 不又(有)夫柬＿(簡簡)之心鼎(勖—則)采。性命 45

0478　械　　牅

【用字】　杕

【解字】

　　整理者(146 頁注[八])讀爲"桎"。李家浩先生讀爲"械"④。李零先生認爲"械"是"桎梏"類刑具的總稱⑤。

【詞義】

一、鐐銬和枷之類的刑具。

　　1. 叜(斁—釋)杕(械)橁(柙)而爲者(諸)厌(矦—侯)椙(相)。窮達 6

0479　柙　　柙　　古文 ⿱⿱

【用字】　橁

【解字】

　　"橁"字右所從"庵",見於《語叢三》簡 50。《窮達以時》"橁"字,整理者(146 頁注[八])從朱德熙、裘錫圭的意見,以"辛"爲"梏"之表意初文,認爲"橁"似可讀爲"梏";《語叢三》"庵"字,整理者僅作隸定,未作解釋。郭店簡發現之前,在出土文獻中與"庵"相關的字形還有"辛""虤""虣"等,舊有釋皋、梏、摯、罜、甲等多種意見⑥。李零先生對相關材料做了全面考察,認

①　趙建偉:《郭店竹簡〈忠信之道〉〈性自命出〉校釋》,《中國哲學史》,1999 年第 2 期,第 38 頁。

②　劉釗:《郭店楚簡校釋》,福建人民出版社,2005 年,第 102 頁。

③　陳偉:《郭店竹書別釋》,湖北教育出版社,2003 年,第 204 頁。

④　李家浩:《讀〈郭店楚墓竹簡〉瑣議》,《中國哲學》第 20 輯(郭店楚簡研究),遼寧教育出版社,1999 年,第 350—351 頁。

⑤　李零:《郭店楚簡校讀記》,《道家文化研究》第 17 輯(郭店楚簡專號),生活·讀書·新知三聯書店,1999 年,第 494—495 頁。

⑥　孫詒讓:《古籀餘論》,中華書局,1989 年,第 48 頁。朱德熙、裘錫圭:《平山中山王墓銅器銘文的初步研究》,《朱德熙文集》第 5 卷,商務印書館,1999 年,第 101 頁注[13]。張政烺:《庚壺釋文》,《張政烺文史論集》,中華書局,2004 年,第 726—727 頁。郭若愚:《長沙仰天湖戰國竹簡文字的摹寫與考釋》,《戰國楚簡文字編》,上海書畫出版社,1994 年,第 117 頁。于豪亮:《中山三器銘文考釋》,《考古學報》,1979 年第 2 期,第 179—180 頁。

爲"牵字古音原同於甲,乃是關押之押的本字;虢字從之,則是柙的本字"①。近些年公佈的上博簡、清華簡等資料中,麈、虢等字多見,多數辭例語義明顯,讀爲"甲"無疑是非常合適的。《窮達以時》"樑",李家浩先生認爲"麈"就是"庸"字的異體,《玉篇·虍部》有"庸"字,注云"今作'狎'";《語叢三》"麈於德"即"狎於德",習於德的意思。"樑"就是"楠"字的異體,《玉篇·术部》以"楠"爲"柙";《窮達以時》"杸樑"讀爲"械柙",並引《管子·小匡》"魯君……將殺管仲。……魯君乃不殺,遂生束縛而柙以予齊"相比較②。"杸樑",白於藍先生讀爲"桎檻"③;馮勝君師讀爲"械檻"④。

【詞義】

一、指關人用的囚籠,用囚籠押解。

1. 夒(靮—釋)杸(械)樑(柙)而爲者(諸)戾(矦—侯)楬(相)。窮達 6

0480 板

【用字】　板

【詞義】

一、"板板",邪僻;反常。

1. 上帝板=(板板),下民采(卒—瘁)觚(担—癉)。緇衣 7

二、用爲"鞭",參閱卷三"鞭"(第 156 頁)。

三、用爲"版",參閱卷七"版"(第 375 頁)。

0481 東　　東

【用字】　東

【詞義】

一、東方。

1. 堅(地)不足於東南。太—13

二、"柬"字形近訛寫,用爲"簡",參閱卷五"簡"(第 248 頁)。

① 李零:《古文字雜識(兩篇)》,《于省吾教授百年誕辰紀念文集》,吉林大學出版社,1996 年,第 270—274 頁。

② 李家浩:《讀〈郭店楚墓竹簡〉瑣議》,《中國哲學》第 20 輯(郭店楚簡研究),遼寧教育出版社,1999 年,第 350—353 頁。

③ 白於藍:《〈郭店楚墓竹簡〉讀後記》,《中國古文字研究》第 1 輯,吉林大學出版社,1999 年,第 110—116 頁。

④ 馮勝君:《二十世紀古文獻新證研究》,齊魯書社,2006 年,第 131—132 頁。

0482 楚　　楚

【用字】　楚

【詞義】

一、楚莊王,春秋時楚國國君。

　　1. 壏(塙—遇)楚臧(臧—莊)也。窮達 8

0483 之　　止

【用字】　止、坒、斎("之所"合文)、先("先之"合文)

【詞義】

一、往;到……去。

　　1. 亓(其)所之同,丌(其)行者異。語叢二 52

　　2. 言余之此而厇(宅—度)於天心也。成之 33

二、爲。

　　1. 弖(以)正之邦。老甲 29

三、代詞。

　　(一) 指代人或事物的名稱。

　　1. 或命(令)之或廖(虖—呼)豆(屬)。老甲 2

　　2. 弖(以)身逡(後)之。老甲 3

　　3. 弖(以)老甲 3 言下之。4

　　4. 古(故)天下莫能异(與)之酮(靜—爭)。老甲 5

　　5. 是弖(以)爲之頌(容)。老甲 8

　　6. 爲之者敗(敗)之,耤(執)之者遠老甲 10 之。11

　　7. 厌(矦—侯)王能守之。老甲 13

　　8. 牁(牁—將)自(貞—鎮)之弖(以)亡(無)明(名)之蔓(蹼—僕—樸)。老甲 13

　　9. 是弖(以)聖(聖)人老甲 14 獣(猶)蠽(難)之。老甲 15

　　10. 厌(矦—侯)王女(如)能老甲 18 獣(獸—守)之。19

　　11. 爭(字)之曰道(道)。老甲 21

　　12. 虘(吾)老甲 21 弱(夛—強)爲之明(名)曰大。22

　　13. 爲之於亓(其)老甲 25 亡(無)又(有)也。26

　　14. 紃(治)之於亓(其)未叟(䁅—亂)。老甲 26

　　15. 䓆(智—知)之者弗言₌(言,言)之者弗䓆(智—知)。老甲 27

16. 朱（持）而涅（湼—盈）老甲 37 之。38

17. 湍（揣）而群之。老甲 38

18. 鼎（員—損）之或（又）鼎（員—損）。老乙 3

19. 旻（得）之若纓（賏—榮），遷（逸—失）之若纓（賏—榮）。老乙 6

20. 下士昏（聞）道（道），大芙（笑）之。老乙 9

21. 是呂（以）畫（建）言又（有）之。老乙 10

22. 攸（攸—修）之身。老乙 16

23. 攸（攸—修）之豪（家）。老乙 16

24. 攸（攸—修）老乙 16 之芇（鄉）。17

25. 攸（攸—修）之邦。老乙 17

26. 攸（攸—修）之天下。老乙 17

27. 大（太）上下智（智—知）又（有）之，丌（其）即（即—次）新（親）譽
之，丌（其）猷（既—次）愄（畏）之，丌（其）即（次）灷（侮）之。老丙 1

28. 貝（視）之不足見，聖（聖—聽）之不足聑（聞）。老丙 5

29. ［不］老丙 6 旻（得）巳（已）而甬（用）之。7

30. 娟（媄—美）之，是樂殺人。老丙 7

31. 言呂（以）霗（喪）豊（禮）居之也。老丙 9

32. 勳（則）呂（以）忞（哀）悲位（蒞）之。老丙 10

33. 戠（戰）窊（勝）勳（則）呂（以）霗（喪）豊（禮）居之。老丙 10

34. 爲之者敗（敗）之，報（執）之者遷（逸—失）之。老丙 11

35. 人之敗（敗）也，丕（互—恆）於丌（其）屢（且）成（城—成）也敗（敗）
之。老丙 12

36. 君子智（智—知）此之胃（謂）☐太—8

37. 下，土也，而胃（謂）之陞（地）。太—10

38. 上，燓（燅—氣）也，而胃（謂）之天。太—10

39. 心好鼎（勳—則）體安（安）之，君好鼎（勳—則）民念（慾—欲）緇衣 8
之。9

40. 四方忞（順）之。緇衣 12

41. 蕙（萬）民購（賴）緇衣 13 之。14

42. 喬（教）之緇衣 23 呂（以）悳（德），齊之呂（以）豊（禮）。24

43. 喬（教）之呂（以）正（政），齊之呂（以）莝（刑）。緇衣 24

44. 古（故）孳（孳—慈）呂（以）惡（愛）之。緇衣 25

45. 信呂（以）結之。緇衣 25

46. 共（恭）呂（以）位（蒞）之。緇衣 25

47. 翻(播)埜(刑)之迪。緇衣 29

48. 言從行之。緇衣 34

49. 齊而獸(獸—守)之。緇衣 38

50. 多志(識),齊而緇衣 38 新(親)之。39

51. 精(精)晢(智—知),迷(略)而行之。緇衣 39

52. 備(服)之亡(無)惎(懌—斁)。緇衣 41

53. 虘(吾)弗訐(信)緇衣 44 之矣。45

54. 耴(揖)而退(退)之。魯穆公 2

55. 嘗又(有)之矣。魯穆公 5

56. 虘(吾)亞(惡)昏(聞)之矣。魯穆公 8

57. 聖(聖—聽)之弋(任)之。窮達 14

58. 悬(仁)型(形)於內胃(謂)之悳(德)之行,不型(形)於內胃(謂)之
    行。五行 1

59. 義型(形)於內胃(謂)之悳(德)之五行 1 行,不型(形)於內胃(謂)
    之行。2

60. 豊(禮)型(形)於內胃(謂)之悳(德)之行,不型(形)於內胃(謂)之
    五行 2 [行。]3

61. [智形]於內胃(謂)之悳(德)之行,不型(形)於內胃(謂)之行。五行 3

62. 聖(聖)型(形)於內胃(謂)之悳(德)五行 3 之行,不型(形)於內胃
    (謂)之{德之}行。4

63. 和胃(謂)之悳(德),四行和胃(謂)之善。五行 4

64. 五既行㭘(皆)型(形)于內而畝(時)行五行 6 之,胃(謂)之君
    [子]。7

65. 胃(謂)之畝(時—志)士。五行 7

66. 亦見圭(之),亦猷(既)詢(觀)圭(之)。五行 10。

67. 金聖(聖—聲)而玉晷(晨—振)之。五行 19

78. 肰(然)句(後)能金聖(聖—聲)而玉晷(晨—振)之。五行 20

79. 胃(謂)之不聪(聰)。五行 23

70. 胃(謂)之不明。五行 23

71. 胃(謂)之不聖(聖)。五行 24

72. 胃(謂)之不晢(智)。五行 24

73. 貝(視—見)而晢(智—知)之。五行 25

74. 聂(聞)而晢(智—知)之。五行 25

75. 聂(聞)而晢(智—知)之。五行 26

76. 智(智—知)而行之。五行27

77. 行之而戠(時)。五行27

78. 貝(視—見)而智(智—知)之。五行27

79. 智(智—知)而安(安)之。五行28

80. 安(安)而敬之。五行28

81. 貝(視—見)而智(智—知)之。五行30

82. 䤚(智—知)而安(安)之。五行30

83. 安(安)五行30而行之。31

84. 行而敬之。五行31

85. 䜇(就—戚)而訐(信)之。五行33

86. 新(親)而箺(篤)之。五行33

87. 审(中)心五行33 詯(辯)肰(然)而正行之。34

88. 惪(直)而述(遂)之。五行34

89. 又(有)大皋(罪)而大敚(誅)之。五行35

90. 遠(遠)而楉(莊)之。五行36

91. 戁(嚴)而塱(畏)五行36之。37

92. 又(有)大皋(罪)而大敚(誅)之。五行38

93. 又(有)少(小)皋(罪)而亦(赦)之。五行38

94. 能進之爲君子。五行42

95. 胃(謂)之殴(臥—賢)。五行43

96. 君五行43子智(智—知)而與(舉)之,胃(謂)之䧑(尊)殴(臥—賢)。44

97. 智(智—知)而事之,胃(謂)之䧑(尊)殴(臥—賢)者也。五行44

98. 目而智(智—知)之胃(謂)之進。五行47

99. 剬(喻)而智(智—知)之胃(謂)之進之。五行47

100. 辟(譬)而智(智—知)之胃(謂)之進之。五行47

101. 幾而智(智—知)之,天也。五行48

102. 悉(愛)而正(征)之。唐虞13

103. 天陸(地)右(佑)之。唐虞15

104. 埜(堯)徸(徸—禪)天下唐虞24而叜(受—授)之。25

105. 未之又(有)也。忠信2

106. 是呂(以)孚=(君子)貴成之30成(城—成)之。1

107. 暗(聞)之曰:……成之1

108. 身備(服)善呂(以)先之,敬斳(慎)呂(以)肘(守)之。成之3

109. 民弗從之忎(疑—矣)。成之5

110. 是古(故)**成之 6** 走(上)句(苟)身備(服)之。**7**
111. 走(上)句(苟)昌(倡)之。**成之 9**
112. 唯(雖)弝(強)之弗內(入)怠(疑—矣)。**成之 15**
113. 民之從之也難。**成之 15**
114. 民必因此至(重)也**成之 18** 目(以)退(復)之。**19**
115. 是古(故)凡勿(物)才(在)疾之。**成之 22**
116. 疾之。**成之 22**
117. 未又(有)能深之者也。**成之 23**
118. 亓(其)生而未又(有)非之。**成之 26**
119. 鼎(則)聖(聖)人不可由與𡐓(墠)之。**成之 28**
120. 能宎(終)之爲難。**成之 30**
121. 害(蓋)言寡之也。**成之 30**
122. 言**成之 35** 訢(語)𡗗(梏—鞫)之。**36**
123. 害(蓋)**成之 37** 言新(慎)求之於吕(己)。**38**
124. 或(又)肯(寿—前)之者矣。**尊德義 2**
125. 叴(教)非改(改)道(道)也,敎(教)之也。**尊德義 4**
126. 傑(傑—桀)不易**尊德義 5** 墨(禹)民而句(後)嬰(亂)之,湯不易傑(傑—桀)民而句(後)訂(治)之。**6**
127. 善取,人能從之,上也。**尊德義 11**
128. 先₌(先之)目(以)悳(德)。**尊德義 16**
129. 民可叀(使)道(道—導)**尊德義 21** 之,而不可叀(使)智(智—知)之。**22**
130. 𢡺裟(勞)之,匓也。**尊德義 24**
131. 猷(猶)㕣(御)之亡(無)遼(策)也。**尊德義 24**
132. 民五之方各(格),**尊德義 26** 十之方静(静—爭),百之而句(後)菔(服)。**27**
133. 或侖(論)之,或羕(養)之,或繇(由)宖(忠—中)出,或埶(埶—設)之外。**尊德義 30**
134. 及亓(其)見於外,鼎(鼎—則)勿(物)取之也。**性命 2**
135. 智(智—知)青(青—情)[者能]**性命 3** 出之,智(智—知)宜(義)者能內(入)之。**4**
136. 凡眚(性)爲宔(主),勿(物)取之也。**性命 5**
137. 或叀(使)之也。**性命 8**
138. 剛之梪(樹)也,剛取之也。**性命 8**

139. 柔之**性命 8** 約,柔取之也。**9**

140. 或敳(動)之,或逆之,或室(節)之,或萬(厲)之,或出之,或羕
（養)之,或長之。**性命 10**

141. 亓(其)厽(三)述(術)者,衍(道)之而巳(已)。**性命 15**

142. 《敆(時—詩)》,又(有)爲_(爲爲)之也。**性命 16**

143. 《箸(書)》,又(有)爲言之也**性命 16**

144. 《豊(禮)》《樊(樂)》又(有)爲呈(舉—舉)之也。**性命 16**

145. 聖(聖)人比亓(其)**性命 16** 頪(類)而侖(論)會(會)之,蓳(觀)亓
（其)之〈先〉遂(後))而逆訓(順)之,體亓(其)宜(義)而即
（節)夐(文)之,里(理)**17** 亓(其)靑(青—情)而出內(入)之。**18**

146. 豊(禮)攵〈复(作))於靑(青—情),**性命 18** 或興之也。**19**

147. 堂(堂—當)事因方而斲(折—制)之。**性命 19**

148. 或舍(舍—序)爲**性命 19** 之即(節),鼎(勴—則)夐(文)也。**20**

149. 鼎(勴—則)非亓(其)聖(聖—聲)而從(縱)之也。**性命 27**

150. 𡊨(近)旻(得)之壴(喜—矣)。**性命 36**

151. 弗旻(得)之壴(喜—矣)。**性命 37**

152. 眚(性)或生之。**性命 39**

153. 人不難爲之死。**性命 44**

154. 慮(慮)㠱(斯)莫牙(與)之**性命 48** 結壴(喜—矣)。**49**

155. 㠱(斯)人訐(信)之壴(喜—矣)。**性命 51**

156. 戔(賤)而民貴之,又(有)悳(德)者也。**性命 53**

157. 亞(惡)之而不可非者。**性命 54**

158. 非之**性命 54** 而不可亞(惡)者。**55**

159. 行之不𢘓(過)。**性命 55**

160. 凡兌(悅)人勿悈(隱)也,身必從之。**性命 59**

161. 言及鼎(勴—則)**性命 59** 明呈(舉—舉)之而毋愚(僞)。**60**

162. 內(納)之可也。**性命 61**

163. 孝(教)此民尔(爾)叀(使)**六德 2** 之又(有)古(嚮)也。**3**

164. 售(唯—雖)㠹(堯)求之弗旻(得)也。**六德 7**

165. 叀(使)之足㠯(以)生。**六德 14**

166. 胃(謂)**六德 14** 之君。**15**

167. 胃(謂)之〔臣〕。**六德 17**

168. 胃(謂)之夫。**六德 18**

169. 能(一)牙(與)之齊,宎(終)身弗改(改)之壴(喜—矣)。**六德 19**

170. 胃（謂）之婦。六德 20

171. 歐（既）生畜之,六德 20 或（又）從而孝（教）愳（誨）之,胃（謂）之聖
     （聖）。21

172. 胃（謂）之宜（義）。六德 22

173. 胃（謂）之孝。六德 22

174. 丌（其）睪（繹）之也六德 44 六。45

175. 君子所生牙（與）之立,死牙（與）之迸（敝）也。六德 46

176. 豊（禮）因人之惪（情）而爲之語叢一 31 卽（節）戈（文）者也。97

177. 殹（臤—賢）者能里（理）之。語叢一 54

178. 爲之,語叢一 57 此非也。58

179. 而語叢一 71 亡（無）非昌（己）取之者。72

180. 悬（仁）悡（義）爲之梪（梪）。語叢一 93

181. 備之胃（謂）聖（聖）。語叢一 94

182. 虘（虘—皆）又（有）之。語叢一 106

183. 生（之）之。語叢一 111

184. 坓（地）能貪（含）之生之者。語叢三 19

185. 悡（義）凥（處）之也,豊（禮）行之語叢三 36 也。37

186. 戈（文）衣（依）勿（物）,㠯（以）耆（青—情）行之者。語叢三 44

187. 彊（強）之鼓（樹）也,彊（強）取之也。語叢三 46

188. 銛之而不可。語叢四 6

189. 必先與之㠯（以）爲堋（朋）。語叢四 14

190. 及語叢四 5 之而弗亞（惡）。15

191. 書（盡）之而悆（疑）,必攷（審）銛＝語叢四 15 之＝（喻之。喻之）而不
     可,必戈（文）㠯（以）訛。6

192. 內（納）之或內（納）之,至（致）之或至（致）之。語叢四 27 背下

（二）"之爲言",古注釋用語。

1. 柬〈柬（簡）〉之爲言猷（猶）練五行 39 也。40

2. 匿（暱）之爲言也猷（猶）匿＿（暱暱）也。五行 40

3. 敡（暱）之爲言也猷（猶）敡＿（暱暱）也。六德 32

（三）作前置賓語。

1. 民莫之命（令）天〈而〉自㙡（均）女（安—焉）。老甲 19

2. 募（寡）人惑女（安—焉）,而未之旻（得）也。魯穆公 4

3. 未之又（有）也。魯穆公 6

4. 古（故）莫之臂（智—知）而不悆（鄰—閔）。窮達 12

5. 自生民未之又（有）也。唐虞 21

6. 未之又（有）也。忠信 2

7. 未之成之 2 又（有）也。3

8. 售（唯—雖）未之爲。性命 51

9. 非聖（聖）臂（智）者莫之能也。六德 3

10. 非㥶（仁）宜（義）者莫之能也。六德 4

11. 非忠（忠）訐（信）者莫之能也。六德 5

（四）複指提前賓語。

1. 可（何）蕙（懂—難）之又（有）才（哉）？窮達 2

2. 此之胃（謂）〔也〕。五行 11

3. 此之胃（謂）也。五行 26

4. 此之胃（謂）也。五行 30

5. 此之胃（謂）五行 41 也。42

6. 此之胃（謂）也。五行 48

7. 上直（直—德）爱（受—授）▪（臤—賢）之胃（謂）也。唐虞 20

8. 夫此之胃（謂）此〈也〉。忠信 4

9. 忠訐（信）之胃（謂）此〈也〉。忠信 5

10. 非從末淲（流）者之貴，窊（窮—窮）潒（源）反杏（本）者之貴。成之 11

11. 非從末淲（流）者之貴，窊（窮）涼（源）反杏（本）者之貴。成之 14

12. 是呂（以）君子人道（道）之取先。尊德義 8

13. 喬（教）道（道—導）尊德義 12 之取（取）先。13

14. 凡見者之胃（謂）勿（物），快於昌（己）者之胃（謂）兑（悅），勿（物）
性命 12 之㣇（執—勢）者之胃（謂）㣇（執—勢），又（有）爲也者之胃
（謂）古（故）。13

15. 上下脣（脣—皆）旻（得）亓（其）所之胃（謂）訐（信）。語叢—65

16. 慇（慇—愛）膳（善）之胃（謂）㥶（仁）。語叢—92

17. 浧（浧—盈）聖（聖—聽）之胃（謂）聖（聖—聲）。語叢—100

四、助詞。

（一）用於定語和中心詞之間，表示領屬或修飾關係。

1. 古之善爲士者。老甲 8

2. 翻（臨）事之紀。老甲 11

3. 不貴難旻（得）之貨。老甲 12

4. 遝（復）眾之所□（=）㢟（過）。老甲 12

5. 是古（故）聖（聖）人能尃（輔）萬勿（物）之自肰（然）而弗老甲 12 能爲。13

6. 牄(牂—將)貞(貞—鎮)之𣫆(以)亡(無)明(名)之蔓(蹼—僕—樸)。老甲13

7. 是老甲16𣫆(以)聖(聖)人居亡(無)爲之事,行不言之孝(教)。17

8. 天陸(地)之勿(間)。老甲23

9. 九成(城—成)之臺(臺)甲〈乍(作)〉[於纍土]。老甲26

10. 是𣫆(以)聖(聖)人之言曰:……老甲31

11. 舍(含)惪(德)之𢌿(厚)者,比於赤子。老甲33

12. 天下之勿(物)生於又(有),生於亡(無)。老甲37

13. 攻(功)述(遂)身退(退),天之逌(道)也。老甲39

14. 又(有)郂(國)之母。老乙2

15. 長生售(舊—久)貝(視)之道(道)也。老乙3

16. 人齋=(之所)槩(禩—鬼—畏)。老乙5

17. 人之敗(敗)也,死(互—恆)於亓(其)䙰(且)成(城—成)也敗(敗)之。老丙12

18. 不貴懃(難)旻(得)之貨。老丙13

19. 退(復)眾齋=(之所)𨓦(過)。老丙13

20. 是𣫆(以)能桷(輔)蘷(萬)勿(物)老丙13之自肰(然)而弗啟(敢)爲。14

21. 古(故)歲(歲)者,湮(濕)澡(燥)齋=(之所)生也。太一4

22. 湮(濕)澡(燥)者,倉(寒)然(熱)齋=(之所)生也。太一4

23. 四歲(時)太一4者,会(陰)易(陽)齋=(之所)生[也]。5

24. 会(陰)易(陽)者,神明齋=(之所)生也。太一5

25. 神明者,天陸(地)齋=(之所)生也。太一5

26. 天陸(地)太一5者,大(太)一之齋=(之所)生也。6

27. 此天齋=(之所)不能殺,陸(地)齋=(之所)太一7不能蓳(釐—埋),会(陰)易(陽)齋=(之所)不能成(城—成)。8

28. 非亓(其)緇衣7叟(止)之共,售(唯)王𢙞(邛)。8

29. 成(城—成)王之孚,下土之弋(式)。緇衣13

30. 古(故)上之好亞(惡)不可不斳(慎)也,民之菓(表)也。緇衣15

31. 此𣫆(以)大臣不可不敬,民之蓝(蕝)也。緇衣21

32. 隹(唯)乍(作)五瘧(瘧—虐)之𡎲(刑)曰壀(法)。緇衣27

33. 白珪(圭)之石〈砧(玷)〉,尚可緇衣35礕(磨)也。36

34. 此言之砧(玷),不可爲也。緇衣36

35. 亓(其)古之遞(遺)言壆(歟)? 緇衣46

36. 惫(恆—亟)夏(再—稱)魯穆公1 亓(其)君之亞(惡)者。2

37. 丞(亙—亟)夏(再—稱)亓(其)君之亞(惡)者。魯穆公3

38. 夫爲亓(其)君之古(故)殺亓(其)身者。魯穆公5

39. 丞(亙—亟)夏(再—稱)亓(其)君之亞(惡)者。魯穆公5

40. 夫爲亓(其)君之古(故)殺亓(其)身者。魯穆公6

41. 丞(亙—亟)魯穆公6[稱其君]之亞(惡)者。魯穆公7

42. 詧(察)天人之分,而暜(智—知)所行矣。窮達1

43. 君子亡(無)宀(中)心之㥈(憂)勮(則)亡˰宀˰心˰之˰暜˰(無中心之智,無中心之智)勮(則)亡(無)宀(中)心五行5[之悅]。6

44. 豊(禮)樂(藥—樂)之所㙑〈繇(由)〉生也。五行28

45. 四行之所和也。五行31

46. 義之方也。五行40

47. 㥁(仁)之方也。五行41

48. 弜(勥—剛),義之方。五行41

49. 㥁(仁)之方也。五行41

50. 湯(唐)吳(虞)之道(道)。唐虞1

51. 㣙(嬗—禪)而不傅(傳),曌(聖)之唐虞1 盛也。2

52. 秒(利)天下而弗秒(利)也,志(仁)之至也。唐虞2

53. 大(太)敫(教—學)之中。唐虞5

54. 效(教)民大川(順)之道(道)也。唐虞6

55. 孝,态(仁)之免(冕)也。唐虞7

56. 㣙(嬗—禪),義之至也。唐虞8

57. [字]虎(乎)脂膚血勞(劈—氣)之書(青—情)。唐虞11

58. 敓(養)眚(性)命之正。唐虞11

59. 吳(虞)蟲(夏)之幻(治)也。唐虞13

60. 夫古者唐虞15 坌(舜)佢(居)於茅=(艸茅—草茅)之中而不㥈(憂)。16

61. 佢(居)茅=(艸茅—草茅)之中而不㥈(憂)。唐虞16

62. 泳虎(乎)大人之興,散(微)也。唐虞17

63. 今之弋(式)於直(直—德)者。唐虞17

64. 亟(極)志(仁)唐虞19 之至。20

65. ……之正者。唐虞22

66. 暜(智—知)丌(其)能敓(養)天下唐虞22 之老也。23

67. 暜(智—知)丌(其)能紀(事)天下之長也。唐虞23

68. 乿（治）之至，敄（養）不枭（肖）。唐虞 28

79. 嬰（亂）之至，泯（滅）◼又（臤—賢）。唐虞 28

70. 忠之至也。忠信 1

71. 訐（信）之至也。忠信 1

72. 忠之至也。忠信 3

73. 訐（信）忠信 3 之至也。4

74. 忠，忎（仁）之實也。忠信 8

75. 訐（信），惡（義）之旡（期—基）也。忠信 8

76. 古＿（故古）之所忠信 8 㠯（以）行虎（乎）閟嚮（嘆）者。9

77. 民不從上之龠（命）。成之 2

78. 君子之述（墜）惪（德）也。成之 6

79. 一宮之人不夯（勝）成之 7 丌（其）敬。8

80. 一宮之人不夯（勝）丌（其）［哀］。成之 9

81. 一匋（軍）之人不夯（勝）丌（其）戡（勇）。成之 9

82. 彊（強）之工（功）也。成之 23

83. 釕（治）之工（功）也。成之 23

84. 是㠯（以）上之夬（互—亙）成之 24 厇（務）才（在）訐（信）於眾。25

85. 聖（聖）人之眚（性）與中人之眚（性）。成之 26

86. 害（蓋）遉（道）不説（悦）之訂（詞）也。成之 29

87. 斳（折—制）爲君臣之義，惪（著）爲父子之新（親），分成之 31 爲夫婦之攴（鞭—辨）。32

88. 孚＝（君子）篚（衽）筶（席）之上，戝（讓）而爰（受）嶨（幽）。成之 34

89. 朝（潮—朝）廷之立（位），戝（讓）而处（處）戔（賤）。成之 34

90. 文王之型（刑）莫至（重）女（安—焉）。成之 39

91. 爲人上者之厇（務）也。尊德義 1

92. 柴（禍）禀（福）之羿（基）也。尊德義 2

93. 民之道（道）也。尊德義 6

94. 水之道（道）也。尊德義 7

95. 馬之道（道）也。尊德義 7

96. 墬（地）之道（道）也。尊德義 7

97. 惪（憙—喜）惹（怒）态（哀）悲之敪（燹—氣）。性命 2

98. 四洤（海）之内，亓（其）眚（性）弍（弌—一）也。性命 9

99. 勿（物）性命 12 之赘（埶—勢）者之胃（謂）赘（埶—勢），又（有）爲也者之胃（謂）古（故）。13

100. 羣（群）善之蓝（蕰）也。性命 13

101. 衍（道）者羣（群）勿（物）之衍（道）。性命 14

102. 亓（其）先迻〈迻（後）〉之舍（舍—序）。性命 19

103. 芺（笑），憙〈憙（喜）〉之澤＿（淺澤）也。性命 22

104. 樊（樂），憙〈憙（喜）〉之深澤也。性命 23

105. 肰（然）句（後）亓（其）内（入）桀（拔—撥）人之心也敄（厚）。性命 23

106. 聖（聖—聽）蘁（琴）牙（瑟）之聖（聖—聲）性命 24 鼎（鼑—則）誖（悸）女（如）也斯（斯）戁（歎）。25

107. 鄟（奠—鄭）壄（衛）之樊（樂）。性命 27

108. 戁（歎），思之方也。性命 32

109. 迋（舞），憙（憙—喜）之卆（終）也。性命 34

110. 通（踊），慍（慍）之卆（終）也。性命 35

111. 𣢉，宜（義）之方也。性命 38

112. 宜（義），敬之方也。性命 39

113. 敬，勿（物）之卽（節）也。性命 39

114. 管（篤），忢（仁）之方也。性命 39

115. 忢（仁），眚（性）之方也。性命 39

116. 忠（忠），訐（信）性命 39 之方也。40

117. 訐（信），青（青—情）之方也。性命 40

118. 膋（膋—佛）舀（陶）之燓（燓—氣）也。性命 44

119. 不又（有）夫柬＿（簡簡）之心鼎（鼑—則）采。性命 45

120. 不又（有）夫死（亙—亟）怠（怠—殆）志＿（之志）鼎（鼑—則）縵（慢）。性命 45

121. 人之攷（巧）性命 45 言秎（利）訋（詞）者，不又（有）夫詘＿（詘詘）之心鼎（鼑—則）澶（流）。46

122. 人之逸（悦）肰（然）可牙（與）和女（安）者，不又（有）夫意（奮）性命 46 狄（作）之青（青—情）鼎（鼑—則）悉（侮）。47

123. 釿（慎），忢（仁）之方也。性命 49

124. 遬（速），悊（謀）之方也。性命 49

125. 門内之絅（治），谷（欲）亓（其）性命 58 姽（宛）也。59

126. 門外之絅（治），谷（欲）亓（其）樺（折）也。性命 59

127. 父兄之所樊（樂），句（苟）毋（無）大害。性命 61

128. 凡悥（憂）患之事谷（欲）妊（任）。性命 62

129. 孚_(君子)靲(執)志必又(有)夫叀_(往往—廣廣)之心,出言必又(有)**性命**65 夫柬(簡)柬(簡)之訐(信),宿(賓)客之豊(禮)必又(有)夫齊_(齊齊)之頌(容),縈(祭)祀之豊(禮)必又(有)夫齊_(齊齊)之敬,66 居霠(喪)必又(有)夫繺_(蠻蠻—戀戀)之态(哀)。67

130. 帰(寢)四笶(鄰)**六德**3 之帝(啼)虘(唬—呼)。4

131. 足此民尒(爾)**六德**4 生死之甬(用)。5

132. 售(唯—雖)才(在)中(草)卭(茆—茅)之审(中)。**六德**12

133. 非我血歙(既—氣)之新(親)。**六德**15

134. 句(苟)淒(濟)夫人之善它(也),懍(勞)丌(其)肕(股)忲(肱)之力弗敔(敢)罾(單—憚)也。**六德**16

135. 上共下之宜(義)。**六德**22

136. 門內**六德**30 之絧(治)籾(恩)穽(弇—掩)宜(義),門外之絧(治)宜(義)斬籾(恩)。31

137. 求救(養)新(親)志_(之志)。**六德**33

138. 民之父母新(親)民易。**六德**49

139. 人**語叢**一18 之道(道)也。19

140. 豊(禮)因人之悥(情)而爲之**語叢**一31 即(節)夏(文)者也。97

141. 所呂(以)會(會)古含(今)之悗(恃—志)**語叢**一38 也者。39

142. 所呂(以)會(會)古含(今)之**語叢**一40 事也。41

143. 宿(賓)客,青(青—清)漳(廟)之夏(文)也。**語叢**一88

144. 喪,悬(仁)之尚(端)也。**語叢**一98

145. 猷(猶)三冕(軍)之旆〈旂〉也,正也。**語叢**三2

146. 奢(友),君臣之衍(道)也。**語叢**三6

147. 孝**語叢**三6 之紡(方)也。7

148. 悬(仁),壟(厚)之[口也]。**語叢**三22

149. [口,口]之尚(端)也。**語叢**三23

150. 悆(義),悳(德)之聿(盡)也。**語叢**三24

151. 悆(義),蕭(膳—善)之方也。**語叢**三25

152. 樂,備(服)悳(德)者之所樂也。**語叢**三54

153. 聿(盡)飤(食)之衍(道)。**語叢**三56

154. 人之眚(性)非與止虍(乎)亓(其)**語叢**三57

155. 罷(一)**語叢**四25 言之善。3

156. 厽(三)殜(世)之橐(福—富)。**語叢**四3

157. 凡敚(說)之道(道),級(急)者爲首。**語叢**四5

158. 者(諸)疢(俟—侯)之門,義士_{語叢四 8} 之所膚(存)。9

159. 車獻(散—轍)之莖(鮇)酶(鮪),不見江沽(湖)之水。_{語叢四 10}

160. 不酲(智—知)亓(其)占(鄉)之夵_(少人—小人)、君子。_{語叢四 11}

161. 若_{語叢四 17} 蚩(蚿)蝨(蚤)之足。₁₈

(二) 用於主謂之間,形成"主之謂"結構。

1. 聖(聖)人之才(在)民耑(前)也,吕(以)身逡(後)之。_{老甲 3}

2. 酲(智—知)足之爲足,此亙(互—恆)足矣。_{老甲 6}

3. 天下耸(皆)酲(智—知)散(美)之爲媂(媄—美)也,亞(惡)巳(已)。_{老甲 15}

4. 又(有)亡(無)之相生也,_{老甲 15} 戁(戁—難)惕(惕—易)之相成(城—成)也,長崇(短)之相型(形)也,高下之相浧(浧—盈)也,音聖(聖—聲)之相和也,先逡(後)之相墮(墮—隨)也。₁₆

5. 酲(智—知)岦(止)所吕(以)不訇(殆),卑(譬)道(道)之才(在)天下也,猷(猶)少(小)浴(谷)之與江洅(海)。_{老甲 20}

6. 未酲(智—知)牝戊(牡)之會(合)家(朘)葸(怒),精(精)之至也。_{老甲 34}

7. 旱(終)日虐(唬—呼)而不憂(嘎),和之至也。_{老甲 34}

8. 溺(弱)也者,道(道)之甬(用)也。_{老甲 37}

9. 聖(聖)人之從事也。_{太一 11}

10. 鼎(勱—則)下之爲繃_{緇衣 10} 悬(仁)也赦(耕—爭)先。₁₁

11. 下之事上也。_{緇衣 14}

12. 古(故)上之好亞(惡)不可不訢(慎)也,民之菒(表)也。_{緇衣 15}

13. 大臣之不新(親)也。_{緇衣 20}

14. 邦豪(家)之不窔(寍—寧)_{緇衣 20} 也。_{緇衣 21}

15. 正(政)之不行,孚(教)之不咸(城—成)也。_{緇衣 27}

16. 人之好我_{緇衣 41},旨(旨—示)我周行。_{緇衣 42}

17. 古(故)君子之眷(友)也_{緇衣 42} 又(有)甘(鄐)。_{緇衣 43}

18. 悬(仁)型(形)於內胃(謂)之惪(德)之行。_{五行 1}

19. 義型(形)於內胃(謂)之惪(德)之_{五行 1} 行。₂

20. 豊型(形)於內胃(謂)之惪(德)之行。_{五行 2}

21. [智形]於內胃(謂)之惪(德)之行。_{五行 3}

22. 聖(聖)型(形)於內胃(謂)之惪(德)_{五行 3} 之行。₄

23. 惪(德)之行五。_{五行 4}

24. 悬(仁)之思也清(清—精)。_{五行 12}

25. 暂（智）之思也伥（長）。五行 14

26. 聖（聖）之思也翟（翟—輕）。五行 15

27. ［君］子之爲善也。五行 18

28. 君子之爲悳（德）也。五行 18

29. 文王之貝（視—見）也女（如）此。五行 29

30. 逡（後），士之障（尊）殴（臤—賢）者也。五行 44

31. 耳官（目）鼻口罕（手）足六者，心之迓（役）也。五行 45

32. 堥（堯）奎（舜）之王，秒（利）天下而弗秒（利）也。唐虞 1

33. 古（故）湯（唐）吳（虞）之興［□□］唐虞 3 也。4

34. 堥（堯）奎（舜）之行，惡（愛）翚（親）障（尊）▪又（臤—賢）。唐虞 6

35. 孝之布（殺），惡（愛）天下之民。唐虞 7

36. 徝（徸—禪）之溇（流），世亡（無）忘（隱）直（直—德）。唐虞 7

37. 古者堥（堯）之异（與—舉）奎（舜）也。唐虞 22

38. 古（故）堥（堯）之徝（徸—禪）虎（乎）奎（舜）也。唐虞 25

39. 忠之爲忠信 6 術（道）也。7

40. 訐（信）之爲術（道）也。忠信 7

41. 古之甬（用）民者，求之於昌（己）爲死（亙—亟）。成之 1

42. 古（故）孖＝（君子）之立（蒞）民也。成之 3

43. 是古（故）塞（畏—威）備（服）型（刑）罰（罰）之婁（屢）行也，成之 5
    緐（由）走（上）之弗身也。6

44. 是古（故）君子之求者（諸）昌（己）也深。成之 10

45. 上不昌（以）亓（其）道（道），民之從之也難。成之 15

46. 勮（則）民谷（欲）亓（其）暂（智）之述（遂）也。成之 17

47. 勮（則）民谷（欲）亓（其）成之 17 稟（稟—福—富）之大也。18

48. 勮（則）民谷（欲）亓（其）貴之上也。成之 18

49. 是古（故）谷（欲）人之惡（愛）昌（己）也，勮（則）必先惡（愛）人。成之 20

50. 谷（欲）人之敬昌（己）也，勮（則）必先敬人。成之 20

51. 孚（娩—勉）之述（遂）也。成之 23

52. 陘（墮）之穿（弇）也。成之 23

53. 聖＝（聖人）之訂（治）民，民之道（道）也。尊德義 6

54. 墨（禹）尊德義 6 之行水，水之道（道）也。7

55. 戦（戚—造）父之馭（馭—御）馬也，馬之道（道）也。尊德義 7

56. 句（后）褪（襖—稷）之毅（執—藝）墜＝（地，地）之道（道）也。尊德義 7

57. 猷（猶）戻（御）之亡（無）適（策）也。尊德義 24

58. 民五之方各(格)。尊德義 26

59. 惪(德)之漮(流)。尊德義 28

60. 下之事上也。尊德義 36

61. 金石之又(有)聖(聖—聲)〔也〕。性命 5

62. 猷(猶)口之不可量(蜀—獨)言也。性命 7

63. 剛之桓(樹)也,剛取之也。性命 8

64. 柔之性命 8 約,柔取之也。9

65. 哭之斀(動)心也。性命 30

66. 樂(樂)之斀(動)心也。性命 30

67. 凡思之甬(用)心爲甚。性命 32

68. 人之不能昌(以)爲也。性命 37

69. 目之好性命 43 色,耳之樂(樂)聖(聖—聲)。44

70. 行之不惥(過),暂(智—知)道者也。性命 55

71. 非我血歆(既—氣)之新(親)。六德 15

72. 是古(故)先王之六德 39 耆(教)民也。40

73. 是古(故)先六德 40 王之孝(教)民也。41

74. 豊(禮),交之行述(術)也。語叢一 42

75. 彊(強)之鼓(樹)也,彊(強)取之也。語叢三 46

76. 宧(賓)客之用緰(幣)也,非正(徵)。語叢三 55

77. 口不訢(慎)而宋(户)之閟(閉)。語叢四 4

78. 義士語叢四 8 之所厵(存)。9

79. 若齒之事胋(舌)。語叢四 19

80. 若兩輪之相迴(轉),而宐(終)不相敗(敗)。語叢四 20

（三）用於實詞(名詞或代詞)與介詞之間。

1. 君子之於耆(教)也。成之 4

2. 是君子之於言也。成之 11

3. 是古(故)孚₌(君子)成之 13 之於言也。14

（四）用於中心詞和補語之間。

1. 古(故)君子所返(復)之不多,所求之不逻〈遠〉。成之 19

2. 是昌(以)暂(智—知)而求之不疾。成之 21

3. 甬(勇)而行之不果。成之 21

4. 行之不疾。成之 23

5. 不女(如)昌(以)樂(樂)之遫(速)也。性命 36

6. 凡甬(用)心之臬(躁)者,思爲戡(甚)。性命 42

7. 甬（用）替（智）之疾者,患爲甚。**性命 42**

8. 甬（用）晝（青—情）之**性命 42** 至者,忞（哀）樂（樂）爲甚。**43**

9. 甬（用）身之貞（弁—變）者,兌（悦）爲甚。**性命 43**

10. 甬（用）力之聿（盡）者,秘（利）爲甚。**性命 43**

11. 又（有）亓（其）爲人之逆_（節節）女（如）也。**性命 44**

12. 又（有）亓（其）爲人之柬_（簡簡）女（如）也。**性命 45**

13. 又（有）亓（其）爲人之快（慧）女（如）也。**性命 47**

14. 又（有）亓（其）爲人之彔（原—愿）女（如）也。**性命 47**

（五）用於句首、句中或句末,起調整音節的作用。

1. 亓（其）生而未又（有）非之。**成之 26**

2. 反之。**尊德義 31**

3. 又（有）之。**尊德義 38**

4. 又（有）之。**尊德義 38**

五、連詞。表示順承關係。

1. 此言也,言訐（信）於衆之可吕（以）**成之 25** 淒（濟）悳（德）也。**26**

六、用於古書名。

1. 《醬（晉—祭）公之募（寡—顧）令（命）》鼎（員—云）：……**緇衣 22**

七、用爲“志”,參閱卷十“志”（第 529 頁）。

八、“先”字訛省,參閱卷八“先”（第 447 頁）。

九、待考。

1. 大少（小）之多惕（惕—易）必多鍪（難）。**老甲 14**

2. 衍（道）,人之**六德 5** □

3. 替（智—知）行人之**殘簡 3**

4. 又（有）哀之哀□**殘簡 6**

0484 師　　師　　古文 𠁀

【用字】 帀

【詞義】

一、職官名。“太師”的省稱,周代輔助國君的官。

1. 舉（舉）而爲天子帀（師）。**窮達 5**

2. 虩_（虩虩—赫赫）帀（師）尹,民具尒（爾）贍（瞻）。**緇衣 16**

二、衆人。

1. 出內（入）自尒（爾）帀（師）,于**緇衣 39** 庶（庶）言同。**40**

2. 允帀（師）淒（濟）惪（德）。成之 25

0485 出　　〔〕

【用字】　出

【詞義】

一、由內到外，與"入"相對。

1. 遑（動）而愈（愈）出。老甲 23

2. 出內（入）自尒（爾）帀（師），于緇衣 39 庶（庶）言同。40

3. 出弋（式）兵革。唐虞 12

4. 或繇（由）忠（忠—中）出。尊德義 30

5. 里（理）性命 17 亓（其）責（青—情）而出內（入）之。18

6. 亓（其）出內（入）也訓（順）。性命 27

7. 或遄（遄—由）中出，或語叢一 19 遄（遄—由）外內（入）。20

8. 壟（遄—由）中出者，悬（仁）、忠、訏（信）。語叢一 21

9. 不足吕（以）出𦱦（喪—亡）。語叢四 3

二、發出；說出。

1. 出言又（有）丨（針—慎）。緇衣 17

2. 王言女（如）絲，亓（其）出女（如）綸。緇衣 29

3. 王言女（如）索，緇衣 29 亓（其）出女（如）緯（紼）。30

4. 訢（慎）尒（爾）出話（話），敬尒（爾）悬（畏—威）義（儀）。緇衣 30

5. 出言必又（有）性命 65 夫齊＿（齊齊）之訏（信）。66

三、出仕；做官。

1. 出而爲命（令）尹。窮達 8

四、出來；升起。

1. 大明不出，句（丏—萬）勿（物）膚（皆）旬（暗）。唐虞 27

五、表現。

1. 哉（察）者（諸）出①所吕（以）晢（智—知）尊德義 8 吕（己）。9

六、產生；發生。

1. 眚（性）自佥（命）出，佥（命）性命 2 自天降。3

---

① 按：此句"出"字，李銳先生讀爲"拙"；湯志彪先生讀爲"內"，內心之義，或如字讀，理解爲
"之所出"；尉侯凱先生釋爲"此"。參閲李銳：《孔孟之間"性"論研究——以郭店、上博簡
爲基礎》，清華大學博士學位論文，2005 年，第 53 頁。湯志彪：《郭店簡補議兩則》，《第一
屆文史青年論壇論文集》，華東師範大學，2018 年，第 66 頁。尉侯凱：《郭店簡零釋三則》，
《戰國文字研究》第 2 輯，安徽大學出版社，2020 年，第 77—78 頁。

2. ［人］售（唯—雖）又（有）售（性）心，弗取不出。性命 6

3. 亓（其）訇（始）出甾（皆）生性命 15 於人。16

4. 亓（其）出於悥（情）也訏（信）。性命 23

5. 䐓（青—情）出於甾（性）。性命 40

七、使……出；引發。

1. 䜈（智—知）䐓（青—情）［者能］性命 3 出之。4

2. 或出之。性命 10

3. 出甾（性）者，埶（執—勢）也。性命 11

0486 索

【用字】 索

【詞義】

一、大繩子。後泛指各種繩索。

1. 王言女（如）索，緇衣 29 亓（其）出女（如）緋（緋）。緇衣 30

二、用爲"素"，參閱卷十三"素"（第 682 頁）。

0487 南 古文

【用字】 南

【詞義】

一、方位名，與"北"相對。

1. 墬（地）不足於東南。太一 13

2. 南面而王而〈天〉下而甚君。唐虞 25

0488 生

【用字】 生

【詞義】

一、生長；長出。

1. 貟（贖—益）生曰祥（祥）。老甲 35

2. 雀（削）成（城—成）者昌（以）貟（嗌—益）生者。太一 9

二、産生；發生。

1. 牆（牆—將）舍（舍—徐）生。老甲 10

三、生存；生活。

　　1. 長生舊（舊—久）見（視）之道（道）也。老乙 3

　　2. 訂（治）民非退（還—懷）生而已（已）也。尊德義 25

四、活。與“死”相對。

　　1. 此吕（以）生不可攽（奪）志。緇衣 38

　　2. 足此民尒（爾）六德 4 生死之甬（用）。5

　　3. 叟（使）之足吕（以）生。六德 14

　　4. 君子所生牙（與）之立。六德 46

　　5. 民余（捨）憙（害）督（智—知）尊德義 23 生。六德 49

五、活著的人。

　　1. 古（故）不室（皇—誑）生。忠信 3

六、生命。

　　1. 攽（養）生而弗戕（傷）。唐虞 11

　　2. 退（退）而攽（養）丌（其）生。唐虞 27

　　3. 又（有）生又（有）督（智—知）。語叢一 8

　　4. 又（有）眚（性）又（有）生，虎（呼）生。語叢三 58

　　5. 生爲貴。語叢三 67 下

　　6. 又（有）眚（性）又（有）生，虎（呼）語叢三 68 下

　　7. 又（有）眚（性）又（有）生語叢三 71 下

　　8. 生爲貴。殘簡 4

七、出生。

　　1. 古者埜（堯）生於天子而又（有）天下。唐虞 14

　　2. 丌（其）生而未又（有）非之。成之 26

　　3. 夫生而又（有）戠（職）事者也。尊德義 18

　　4. 牛生而倀（糧），鳶（鴈—雁）生而戜（陣）。性命 7

八、生育；養育。“生民”又指人民。

　　1. 自生民未之又（有）也。唐虞 21

　　2. 生民六德 7［□□□夫婦、父子、君臣］。8

　　3. 歔（既）生畜之。六德 20

　　4. 生民斯（斯）必又（有）夫婦、父子、君臣。六德 42

九、生成；産生。

　　1. 又（有）亡（無）之相生也。老甲 15

　　2. 先天埅（地）生。老甲 21

　　3. 天下之勿（物）生於又（有），生於亡（無）。老甲 37

4. 大（太）一生水。太一 1

5. 古（故）烕（歲）者，溼（濕）澡（燥）斎＝（之所）生也。太一 4

6. 溼（濕）澡（燥）者，倉（寒）然（熱）斎＝（之所）生也。太一 4

7. 四烕（時）太一 4 者，佘（陰）易（陽）斎＝（之所）生［也］。5

8. 佘（陰）易（陽）者，神明斎＝（之所）生也。太一 5

9. 神明者，天陞（地）斎＝（之所）生也。太一 5

10. 天陞（地）太一 5 者，大（太）一斎＝（之所）生也。6

11. 聖（聖）智（智），豊（禮）樂（藥—樂）之所豴〈縣（由）〉生也。五行 28

12. 悬（仁）義，豊（禮）所豴〈縣（由）〉生也。五行 31

13. 靑（青—情）生於眚（性）。性命 3

14. 亓（其）訂（始）出皆（皆）生性命 15 於人。16

15. 喬（教），所弖（以）生悳（德）于审（中）者也。性命 18

16. 眚（性）或生之。性命 39

17. 男女六德 33 卞（辨）生言（焉），父子新（親）生言（焉），君臣宜（義）生
言（焉）。34

18. 聖（聖）生悬（仁）。六德 35

19. 凡勿（物）豴（由）室（望—無）生。語叢一 1

20. 天生繇（倫），人生卯（謀）。語叢一 3

21. 而句（後）好亞（惡）語叢一 8 生。9

22. 而句（後）語叢一 10 喬（教）生。11

23. 夫〈天〉生百勿（物），人爲貴。語叢一 18

24. 悬（仁）生於人，我（義）生於道（道）。語叢一 22

25. 或生於內，或生於外。語叢一 23

26. 生悳（德），悳（德）生豊（禮），豊（禮）生樂。語叢一 24

27. 善里（理）而句（後）樂生。語叢一 32

28. 豊（禮）生於牂（莊），樂生於京（諒）。語叢一 33

29. 樂，或生或敓（教）者也。語叢一 43

30. 生虎（乎）不達語叢一 60 亓（其）臩（然）也。61

31. 亓（其）生也亡（無）爲虎（乎）亓（其）型（刑）。語叢一 62

32. 夬（缺）生虎（乎）未夏（得）也。語叢一 91

33. 又（有）生虎（乎）明（名）。語叢一 96

34. 凡勿（物）壥（遴—由）室（無）生。語叢一 104

35. 悳（情）生於眚（性），豊（禮）生於悳（情），語叢二 1 厰（嚴）生於豊
（禮），敬生於厰（嚴），2 兢生於敬，恥生於慈（兢），3 愁（憗—利）生

於恥(恥),戲(廉)生於愁(黎—利)。**4**

36. 夏(文)生於豊(禮),尃(博)生於夏(文)。**語叢二 5**

37. 大生於▢**語叢二 6**

38. 惡(惱)生於意(憂)。**語叢二 7**

39. 憨(惡—愛)生於眚(性),罜(親)生於憨(惡—愛),**語叢二 8** 忠生於罜(親)。**語叢二 9**

40. 念(忿—欲)生於眚(性),慮(慮)生於念(忿—欲),**語叢二 10** 惡(悟)生於慮(慮),靜(靜—爭)生於惡(悟),**11** 尚(黨)生於靜(靜—爭)。**12**

41. 念(貪)生於念(忿—欲),怀(倍)生於念(貪),**語叢二 13** 豻生於怀(倍)。**14**

42. 㧊(諼)生於念(忿—欲),吁(訐)生於㧊(諼),**語叢二 15** 忘(誑)生於吁(訐)。**16**

43. 滯(浸)生於念(忿—欲),惡生於滯(浸),**語叢二 17** 逃生於惡。**18**

44. 返(及)生於念(忿—欲),伴(慀)生於返(及)。**語叢二 19**

45. 旮(智)生於眚(性),卯(謀)生於旮(智),**語叢二 20** 敓(悅)生於卯(謀),矸(好)生於敓(悅),**21** 從生於矸(好)。**22**

46. 子生於眚(性),易生於子,**語叢二 23** 希(肆)生於易,公(容)生於希(肆)。**24**

47. 惡生於眚(性),忞(怒)生於惡,**語叢二 25** 剩(乘—勝)生於忞(怒),忎(基—忌)生於剩(乘—勝),**26** 懃(惻—賊)生於忎(基—忌)。**27**

48. 憙(憙—喜)生於眚(性),樂生於憙(憙—喜),**語叢二 28** 悲生於樂。**29**

49. 惡(惱)生於眚(性),悥(憂)生於惡(惱),**語叢二 30** 悲(哀)生於悥(憂)。**31**

50. 瞿(懼)生於眚(性),監生於瞿(懼),**語叢二 32** 望生於監。**33**

51. 愳(強)生於眚(性),立生於愳(強),**語叢二 34** 剚(斷)生於立。**35**

52. 臥〈休(弱)〉生於眚(性),惢(疑)生於休(弱),**語叢二 36** 北生於惢(疑)。**37**

53. 迺(邎—由)臾(鼻?)鯀生。**語叢二 44**

54. 坙(地)能貪(含)之生之者,才(在)曩(早)。**語叢三 19**

55. 旹(旹—春)穆〈秋〉亡(無)不㠯(以)丌(其)生也亡**語叢三 20**

十、待考。

1. 生。**語叢三 70 上**

2. ▢生。**殘簡 13**

0489 華 🌿

【用字】 嘩

【解字】

《説文》:"華,榮也。从艸从琴。""琴,艸木華也。"｛華｝本寫作"琴",後來增加艸旁寫作"華(琴)",二者本爲一字,《説文》誤分爲二。段注認爲琴、華"音義皆同"。《正字通·人部》:"琴,華本字。"楚文字"華"多寫作从艸从于(亏),當是由此類形體訛變而成。

【詞義】

一、浮華。

1. 未又(有)嘩(嘩—華)而忠者。**語叢二 46**

二、華麗。

1. 嘩(嘩—華),自悬(悬—宴)也。**語叢二 43**

0490 稽 禣

【用字】 餄

【詞義】

一、計議;議論。

1. 行鼎(勮—則)餄(稽)亓(其)所尚(敝)。**緇衣 33**

0491 束 束

【用字】 戒、遫

【解字】

"遫"即"速"字。"戒"字寫作，整理者釋爲"棄",裘錫圭先生"按語"(146 頁注[七])疑爲"束"。陳偉武先生釋爲"箅",即"誥"之古文,讀爲"梏",意思是以梏拘系犯人①,學者多從之。同樣的字形後來又在清華九《禱辭》中出現,分別寫作（簡 4）、（簡 17）,在簡文中用爲"束"。郭店簡該字也當釋爲"束","束縛"爲常語。

【詞義】

一、捆縛。

1. 莽(管)叟(寺—夷)虗(吾)旬(拘)繇(囚)戒(束)縛。**窮達 6**

---

① 陳偉武:《楚系簡帛釋讀掇瑣》,《古文字研究》第 24 輯,中華書局,2002 年,第 362—363 頁。

二、約束。

　　1. 悬(仁)頪(類)鞠〈莡(蓗—柔)〉而遯(速—束)。六德31

0492　囊　　橐

【用字】 囝

【解字】

　　該字見於《老子》甲本簡23，原作"囝"，整理者(116頁注［五六］)隸定爲"囝"，讀作"囊"；劉信芳先生同意此説①；劉釗先生進而認爲字從"乇"得聲，讀爲"囊"，古音"乇""囊"皆在透紐鐸部，故可相通②。崔仁義先生釋爲"囚"③。陳偉先生認爲該字所從爲"卜"，隸定爲"囝"。甲骨文中讀爲"咎"，從"咎"得聲之字有"囊"，與"囊"屬於同類物品，字異而義通④。

【詞義】

一、風箱。

　　1. 丌(其)猷(猶)囝(囊)籥(籥)與(歟)？老甲23

0493　圖　　圖

【用字】　惥

【詞義】

一、思慮；謀劃。

　　1. 毋呂(以)少(小)惡(謀)敗(敗)大緇衣22惥(圖)。23

0494　國　　國

【用字】　或、邨、固

【解字】

　　"固"字，裘錫圭先生指出："此字亦見雲夢秦簡(按：《爲吏之道》簡34，原作囝)，是'囿'字異體。'有'與'域'古音相近可通。"⑤上博七《凡物流

---

① 劉信芳：《荊門郭店竹簡老子解詁》，藝文印書館，1999年，第28頁。
② 劉釗：《郭店楚簡校釋》，福建人民出版社，2005年，第19頁。
③ 崔仁義：《荊門郭店楚簡〈老子〉研究》，科學出版社，1998年，第57頁注152。
④ 陳偉：《郭店竹書別釋》，湖北教育出版社，2003年，第21頁。
⑤ 裘錫圭：《郭店〈老子〉簡初探》，《道家文化研究》第17輯(郭店楚簡專號)，生活·讀書·新知三聯書店，1999年，第49頁。

形》有"図"字,寫作█(甲本簡4)、█(乙本簡4),皆用爲"域"。"図"字見於甲骨文(《丙編》9031),爲"圅"形之"面"的異體,上博簡"図"字或是一種存古現象。李天虹認爲該字從"厷",隸定爲"囜",讀爲"國";古音"厷"爲見母蒸部字,"或"爲匣母職部字,音近可通①。細審字形,"又"下所從當爲"口"而非"厶",同篇作爲偏旁的"口"形多有與之相同之例。李零先生認爲:"'口'中所從與古文字中的'厷'寫法無別……但並不是'厷'字,而是從'或'字的異體(省去下面的一横)變化而來",字讀爲"國"或"域"皆通②。何琳儀、程燕先生認爲,"域",匣紐之部;"囜",匣紐蒸部,之、蒸陰陽對轉。也可能"囜"是"國"之誤寫,二者形、音均近③。按:細審"囜"字,"又"下所從確爲"口"而非"厶",同篇作爲偏旁的"口"形多有與之相同之例。但這並不意味著"囜"一定讀爲"域"。三晉璽印有寫作█(《三晉文字編》第870頁"國"字頭下引作█)的"國"字,印文爲"安~君",當讀爲"安國君"④。"安國"大概是功德或雅號⑤,一説爲地望⑥,秦亦有"安國君",後爲秦孝文王(參《史記·呂不韋列傳》)。由此,郭店簡中的"囜"字很有可能就讀爲"國"。

【詞義】

一、國家。

1. 莫䜌(智─知)丌(其)死(亙─極),可㠯(以)又(有)鄭(國)。 **老乙2**

2. 又(有)鄭(國)之母,可㠯(以)長[久]。 **老乙2**

3. 又(有)鄭(國)者章好章亞(惡)。 **緇衣2**

4. 隹(誰)秉或(國)成(城─成)。 **緇衣9**

二、地域;區域。

1. 囜(圅─國)中又(有)四大女(安─焉)。 **老甲22**

0495 因 █

【用字】 因

---

① 李天虹:《郭店楚簡文字雜釋》,《郭店楚簡國際學術研討會論文集》,湖北人民出版社,2000年,第98頁。

② 李零:《郭店楚簡校讀記(增訂本)》,北京大學出版社,2002年,第13—14頁。

③ 何琳儀、程燕:《郭店簡〈老子〉校記(甲篇)》,《簡帛研究二〇〇二、二〇〇三》,廣西師範大學出版社,2005年,第38—39頁。

④ 王克林:《山西榆次古墓發掘記》,《文物》,1974年第12期,第73頁。

⑤ 劉澤華、劉景泉:《戰國時期的食邑與封君述考》,《北京師範學院學報(社會科學版)》,1982年,第67—68頁。

⑥ 張頷:《"安國君"印跋》,《中國歷史博物館館刊》,1980年,第107、114—115頁。

【詞義】

一、憑藉；依靠。

　　1. 民必因此至(重)也成之18 吕(以)遽(復)之。19

　　2. 堂(堂—當)事因方而斳(折—制)之。性命19

二、副詞。於是；因此就。

　　1. 因而它(施)汞(祿)女(安—焉)。六德14

三、沿襲。

　　1. 因丞(互—恆)勳(則)古(固)。尊德義17

四、順隨；順著。

　　1. 豊(禮)因人之意(情)而爲之語叢—31 卽(節)戛(文)者也。97

0496 囚　　　八

【用字】　絛

【詞義】

一、拘繫；拘禁。

　　1. 桼(管)戔(寺—夷)虐(吾)宕(拘)絛(囚)斝(束)縛。窮達6

0497 固　　　古

【用字】　固、古

【詞義】

一、堅固；牢固；牢實。

　　1. 骨溺(弱)堇(筋)秣(柔)而捉老甲33 固。34

　　2. 因丞(互—恆)勳(則)古(固)。尊德義17

二、誠然；確實。

　　1. 丌(其)鞰(淫)也固怠(疑—矣)。成之24

三、愚陋；固執。

　　1. 亡(毋)眘(意)，亡(毋)古(固)，語叢三64 上亡(毋)義(我)，亡(毋)

　　　 必。65 上

0498 員　　　眞　　　籀文 鼎

【用字】　鼎

【解字】

“員”字从〇（“圓”之初文）从鼎，圓鼎口是圓的，故置圓形於鼎上，以會圓形之意。《老子》甲本簡 24“員員”，李零先生讀爲“云云”①。趙建偉先生認爲“員”同“運”，“員員”蓋即運而不已之義②。劉信芳先生讀爲“圓圓”，“天道圓圓”是《老子》已認識到事物的周期性循環規律③。劉釗先生認爲“員”爲“圓”之本字，“員員”指迴轉不停，周而復始④。

【詞義】

一、迴轉不停，周而復始。

　　1. 天道（道）鼎＝（員員），各遝（復）亓（其）堇（根）。老甲 24

二、用爲“云”，參閱卷十一“云”（第 577 頁）。

三、用爲“損”，參閱卷十二“損”（第 614 頁）。

0499　財　　　財

【用字】　材

【詞義】

一、財物；財富。

　　1. 依惠勷（則）民材（財）足。尊德義 32

0500　貨　　　貨

【用字】　貨、賃

【詞義】

一、財物；貨物。

　　1. 聖（聖）人谷（欲）老甲 11 不谷（欲），不貴難旻（得）之貨。12

　　2. 身與貨老甲 35 箮（孰）多？36

　　3. 不貴戁（難）旻（得）之貨。老丙 13

　　4. 内（納）賃（貨）也，豊（禮）北（必）及。語叢三 60

---

①　李零：《郭店楚簡校讀記》，《道家文化研究》第 17 輯（郭店楚簡專號），生活·讀書·新知三聯書店，1999 年，第 466 頁。

②　趙建偉：《郭店竹簡〈老子〉校釋》，《道家文化研究》第 17 輯（郭店楚簡專號），生活·讀書·新知三聯書店，1999 年，第 267—268 頁。

③　劉信芳：《荊門郭店竹簡老子解詁》，藝文印書館，1999 年，第 30 頁。

④　劉釗：《郭店楚簡校釋》，福建人民出版社，2005 年，第 19 頁。

0501 賢

【用字】　臤、𡰥

【解字】

　　“臤”即“𡰥”字，本从又（手形）从丁（圓點形），丁亦聲符，會以手持取物品之意，“掔”之初文。後改从臣聲，金文多見。楚文字“𡰥”多从又从丁从臣作，偶有省略丁旁（如郭店《語叢三》簡 52），亦有保持初文从又从丁的寫法（如《唐虞之道》篇）。

【詞義】

一、才德出眾的。

　　1. 售（唯—雖）臤（𡰥—賢）弗行矣。窮達 2

　　2. 明䬣（則）見　臤_人_（見賢人，見賢人）䬣（則）玉色。五行 14

　　3. 未尚（嘗）貝（視—見）臤（𡰥—賢）人。五行 23

　　4. 貝（視—見）臤（𡰥—賢）人而不胥（智—知）亓（其）又（有）惪（德）也。五行 24

　　5. 貝（視—見）臤（𡰥—賢）人，明也。五行 27

　　6. 句（苟）臤（𡰥—賢）▢六德 12

　　7. 臤（𡰥—賢）者能里（理）之。語叢一 54

　　8. 𡰥（賢）語叢三 52 者隹（唯）亓（其）止也吕（以）異。53

　　9. 橐（早）與臤（𡰥—賢）人。語叢四 12

　　10. 臤（𡰥—賢）人不才（在）𠈃（側）。語叢四 12

二、用作意動，以爲賢，崇尚。

　　1. 大人不新（親）亓（其）所臤（𡰥—賢）。緇衣 17

三、才德出眾的人。

　　1. 亓（其）坓（等）𨾃（尊）臤（𡰥—賢）。五行 35

　　2. 胃（謂）之臤（𡰥—賢）。五行 43

　　3. 胃（謂）之𨾃（尊）臤（𡰥—賢）。五行 44

　　4. 胃（謂）之𨾃（尊）臤（𡰥—賢）者也。五行 44

　　5. 士之𨾃（尊）臤（𡰥—賢）者也。五行 44

　　6. 古箮（昔）𡰥（𡰥—賢）忎（仁）睪（聖）者女（如）此。唐虞 2

　　7. 悉（愛）罜（親）𨾃（尊）𡰥（𡰥—賢）。唐虞 6

　　8. 尊（尊）𡰥（𡰥—賢）古（故）𩁹（襢—禪）。唐虞 7

　　9. 悉（愛）罜（親）亢（忘）𡰥（𡰥—賢）。唐虞 8

　　10. 尊（尊）𡰥（𡰥—賢）唐虞 8 遱（遺）罜（親）。9

11. 悉（愛）罳（親）算（尊）▪臤（臤—賢）。唐虞 10
12. 上直（直—德）叟（受—授）▪臤（臤—賢）之胃（謂）也。唐虞 20
13. 叟（受—授）▪臤（臤—賢）鼎（勬—則）民興效（教）而蝸（化）虎（乎）道（道）。唐虞 21
14. 徣（徣—禪）天下而唐虞 26 叟（受—授）▪臤（臤—賢）。27
15. 嬰（亂）之至，洈（滅）▪臤（臤—賢）。唐虞 28

0502 賚　　賚

【用字】　坴
【詞義】
一、《詩·周頌》詩篇名。
　1. 蘿（觀）《坴（賚）》《武》鼎（勬—則）齊女（如）也舁（斯）攴〈复（作）〉。性命 25
　2.《坴（賚）》《武》樊（樂）取（趣），《卲（韶）》《顕（夏）》樊（樂）意（情）。性命 28

0503 賞　　賞

【用字】　賞
【詞義】
一、獎賞；賞賜。
　1. 賞與坓（刑），柒（禍）祟（福）之羿（基）也。尊德義 2
　2. 未賞而民蘁（懽—勸），含祟（福—富）者也。性命 52
　3. 而上又（有）殘簡 24 賞慶女（安—焉）。六德 11

0504 賴　　賴

【用字】　購
【詞義】
一、依賴；依靠。
　1. 一人又（有）慶，蘁（萬）民購（賴）緇衣 13 之。14

0505 貳　　貳

【用字】　戉

【詞義】

一、不專一；不忠誠。

    1. 毋戌(弍—弍)尒(爾)心。五行 48

0506 賓　　賓　　古文 ⟨古文字形⟩

【用字】　賓、賓、实

【解字】

“賓”字在目前所見的楚文字中出現 5 次，或從“宀”或從“勹”。首見於包山簡，辭例爲“食室所以 ⟨字⟩ 𥴬”，整理者釋爲“食”①；陳松長先生隸定爲“𠣪”，讀作“購”②；何琳儀先生疑爲“𩚏”之省文，讀爲“庖”③。後郭店簡中再次出現“賓”字(⟨字⟩)，整理者認爲是“賓”字異體④，魏啓鵬、劉釗等先生從之⑤。也有學者將其看作“賓”字省形或簡化⑥。因爲傳世本、馬王堆帛書本、北大漢簡本《老子》與“賓”對應之字皆作“賓”，故起初學者皆無異議。郭店簡“賓”字的發現，引發了學者對舊有相關文字的關注和重新釋讀。如湯志彪先生指出包山簡中“宀”旁常寫作“勹”，故“𠣪”當與“賓”爲一字，讀爲“賓”，陳列之意；“賓”寫作“賓”當是省去了聲符，可能是戰國楚文字特有的寫法⑦。

2011 年公佈的清華二《繫年》簡 52“賓”字再次出現，辭例爲“焉將賓此子也”，類似的語句見於《左傳》文公七年：“舍適嗣不立而外求君，將焉寘此？”兩相參照，可知“賓”與“寘”字對應。整理者疑“賓”爲“寘”字之省⑧。蘇建洲先生認爲該字與郭店簡、包山簡中的“賓”字同形，皆當釋爲“賓”，讀爲“寘”；又懷疑“賓”即“賓”字，讀爲“賓”⑨。陳偉先生同意釋“賓”之説，同

---

① 湖北省荆沙鐵路考古隊：《包山楚簡》，文物出版社，1991 年，第 37 頁。

② 陳松長：《〈包山楚簡〉遣册釋文訂補》，《第二屆國際中國古文字研討會論文集續編》，香港中文大學，1995 年，第 395—396 頁。

③ 何琳儀：《戰國古文字典——戰國文字聲系》，中華書局，1998 年，第 238 頁。

④ 荆門市博物館：《郭店楚墓竹簡》，文物出版社，1998 年，第 115 頁注[四六]。

⑤ 魏啓鵬：《楚簡〈老子〉柬釋》，《道家文化研究》第 17 輯（郭店楚簡專號），1999 年，第 220 頁。劉釗：《郭店楚簡校釋》，福建人民出版社，2005 年，第 16 頁。

⑥ 崔仁義：《荆門郭店楚簡〈老子〉研究》，科學出版社，1998 年，第 58 頁；廖名春：《郭店楚簡老子校釋》，清華大學出版社，2003 年，第 187 頁。

⑦ 湯志彪：《包山遣册簡補釋一則》，《古籍研究》2008 卷·上，安徽大學出版社，2008 年，第 6—8 頁。

⑧ 李學勤主編：《清華大學藏戰國竹簡（貳）》，中西書局，2011 年，第 158 頁注[十]。

⑨ 參閲蘇建洲：《關於〈系年〉的“賓”字》，復旦大學出土文獻與古文字研究中心網站“學術討論”論壇（www.fdgwz.org.cn/forum/forum.php?mod=viewthread&tid=5336&extra=page%3D25），2011 年 12 月 20 日；又復旦大學出土文獻與古文字研究中心網站“學術討論”論壇（www.fdgwz.org.cn/forum/forum.php?mod=viewthread&tid=5415&page=1），2012 年 （轉下頁）

時認爲《繫年》“宜”字也可讀爲“擯”，排斥、棄絶之意①。戰國時代（網名）懷疑清華簡“宜”爲“真”或“貞”字；有髙散人（網名）同意該字爲“貞”字之變②。華東師範大學中文系戰國簡讀書小組釋“宜”爲“實”，讀爲“真”；又疑爲“賽”字的省寫，讀爲“置”③。孟蓬生先生認爲“宜”字爲“實”字異構，從宀從貝，會室中實貝之義；也可以看作“實”字省“毌”而成④。

受《繫年》“宜”字的啟發，學者或對郭店簡《老子》甲本中的“宜”字重新進行討論。如白於藍先生釋爲“實”，“萬物將自宜”可理解爲“萬物將會自然富裕殷實”⑤。劉剛先生釋爲“真”，“萬物將自宜”即“萬物將自處”之義⑥。

2016 年，清華六《子儀》篇公佈，“宜”字兩見，辭例分別爲“民恆不󰀀”（簡 15），“莫往兮何以󰀀言”（簡 9），句意理解尚存爭議，多從馬楠先生讀爲“真”⑦。陳偉武先生在綜合考察上列所有字例後，認爲“旬”“宜”皆爲“寶”字異體，讀爲“保”⑧。

單育辰、李松儒先生認爲郭店簡中的“宜”字與《繫年》、包山簡中“宜”字來源不同，並非一字⑨。

我們認爲楚文字中的五例“宜”字並非同一個字，其來源大體可以分爲兩類：在包山簡、清華簡中當釋爲“實”讀爲“真”，也可以看作是從“實”字中分化出來的一個字形，專門表示“真”；在郭店簡中，則爲“寶”字省寫。不同來源

（接上頁）1 月 7 日；又《〈清華大學藏戰國竹簡（貳）·繫年〉考釋四則》，《簡帛》第 7 輯，上海古籍出版社，2012 年，第 74—77 頁。

①　陳偉：《讀清華簡《系年》札記（三）》，簡帛網（www.bsm.org.cn/?chujian/5794.html），2011年 12 月 23 日；又《讀清華簡〈繫年〉札記》，《江漢考古》，2012 年第 3 期，第 122、117—120 頁。

②　參閱復旦大學出土文獻與古文字研究中心網站“學術討論”論壇（www.fdgwz.org.cn/forum/forum.php?mod＝viewthread&tid＝5336&extra＝page%3D25），2011 年 12 月 20 日。

③　華東師範大學中文系戰國簡讀書小組：《讀〈清華大學藏戰國竹簡（貳）·繫年〉書後（三）》，簡帛網（www.bsm.org.cn/?chujian/5801.html），2012 年 1 月 1 日。

④　參閱復旦大學出土文獻與古文字研究中心網站論壇發言（www.fdgwz.org.cn/forum/forum.php?mod＝viewthread&tid＝5415&page＝1），2012 年 1 月 7 日。

⑤　白於藍：《釋“宜”——兼論今本〈老子〉第三十二章“萬物將自宜”》，《文史》，2014 年第 4輯，第 261—269 頁。

⑥　劉剛：《從清華簡談〈老子〉的“萬物將自宜”》，《文史》，2014 年第 4 輯，第 271—274 頁。

⑦　馬楠：《清華簡〈子儀〉相關史事與簡文編連釋讀》，《簡帛》第 20 輯，上海古籍出版社，2020年，第 36—37 頁。

⑧　陳偉武：《釋戰國楚簡“寶”字的兩種異體》，古籍新詮——先秦兩漢文獻國際學術研討會，香港中文大學，2017 年 12 月 14—15 日。

⑨　單育辰：《由清華二考釋舊有文字一例》，復旦大學出土文獻與古文字研究中心網站“學術討論”論壇，2012 年 1 月 6 日；又《戰國簡帛文字雜識（十一則）》，《簡帛》第 7 輯，上海古籍出版社，2012 年，第 92—93 頁。李松儒：《清華簡〈系年〉集釋》，中西書局，2015 年，第 167 頁。

的文字在演變過程中可能會成爲同形字,形體雖同,表達的意義卻彼此有異。
"賓"字初文从宀从人(也有从"卩"或"女"),出於形聲化的需要,"人"形多變
爲"万"("丏"之初文)形。西周金文"賓"字常有饋贈之義,故字加从"貝"旁,
成爲最通行的寫法。楚文字"賓"可寫作 (上博《孔子詩論》簡 27),"丏"與
"貝"爲上下結構;也有寫作左右結構的,如 (上博《容成氏》簡 13)、(新蔡
零 224)、(清華《四時》簡 5)①等。郭店《性自命出》簡 66"賓"字作"",
原聲旁"万(丏)"已經解散變形爲"一(短橫)"和"人"兩部分。有的近一步
將"万(丏)"省作"人",如 (新蔡甲一 23)、(上博《季康子問於孔子》簡
16)等。郭店簡的"宾"字或是進一步省略了"人"旁而成②。

【詞義】

一、賓客;客人。

1. 宾(賓)客之豊(禮)必又(有)夫齊_(齊齊)之頌(容)。**性命 66**

2. 宾(賓)客,青(青—清)漳(廟)之夏(文)也。**語叢一 88**

3. 宾(賓)客之用繒(幣)也。**語叢三 55**

二、賓服;歸順。

1. 萬勿(物)牆(牆—將)自宾(賓)。**老甲 19**

0507　費　　

【用字】　賈

【詞義】

一、耗費;損耗。

1. 甚悉(愛)必大賈(費)。**老甲 36**

0508　責　　

【用字】　賓

【詞義】

一、責求;要求。

1. 伐於弜(弜—強),賓(責)於[□]。**太一 9**

---

① 按:清華簡《四時》篇"賓"字 8 見,皆如此作。

② 劉傳賓:《楚簡"宾"字形體來源解析》,《西南大學漢語言文獻研究所建所 40 周年紀念會暨古文字與古文獻國際學術研討會論文集》,西南大學,2024 年 11 月 15—18 日,第 498—511 頁。

0509 賤　　賤

【用字】　賤、戔

【詞義】

一、卑賤；地位低下。

　　1. 亦¦可¦不可旻（得）而戔（賤）。老甲 29

　　2. 翠（翠—輕）𢇍（𢇍—絕）貧戔（賤）而至（重）𢇍（𢇍—絕）買（富）貴。
　　　　緇衣 44

　　3. 稟（稟—福—富）而貧（分）賤。成之 17

　　4. 叚（讓）而处（處）戔（賤）。成之 34

　　5. 戔（賤）而民貴之。性命 53

二、輕視；認爲賤。

　　1. 而緇衣 17 訐（信）亓（其）所戔（賤）。18

0510 貪　　貪

【用字】　貪、怠

【詞義】

一、過分愛財，求取財物不擇手段。

　　1. 怠（貪）生於㤅（㤅—欲），怀（倍）生於怠（貪）。語叢二 13

二、用爲“含”，參閱卷二“含”（第 50 頁）。

0511 貧　　貧　　古文 貧

【用字】　貧

【詞義】

一、貧窮；缺少錢財。

　　1. 翠（翠—輕）𢇍（𢇍—絕）貧戔（賤）而至（重）𢇍（𢇍—絕）買（富）貴。
　　　　緇衣 44

　　2. 貧而民聚女（安—焉）。性命 53

二、用爲“分”，參閱卷二“分”（第 40 頁）。

0512 貴　　貴

【用字】　貴

【詞義】

一、珍貴;貴重。

　　1. 夫〈天〉生百勿(物),人爲貴。語叢一 18

　　2. 生爲貴。語叢三 67 下

　　3. 古(故)惡(謀)爲可貴。語叢四 25

　　4. 生爲貴。殘簡 4

二、崇尚;重視;看得貴重。

　　1. 不貴難旻(得)之貨。老甲 12

　　2. 貴大患若身。老乙 5

　　3. 猷(猶)膚(虖─乎),丌(其)貴言也。老丙 2

　　4. 君子居勮(則)貴左,甬(用)兵勮(則)貴右。老丙 6

　　5. 不貴戁(難)旻(得)之貨。老丙 13

　　6. 天道(道)貴溺(弱)。太一 9

　　7. 非從末溠(流)者之貴,窲(窮─窮)漒(源)反査(本)者之貴。成之 11

　　8. 非從末溠(流)者之貴,窲(窮)淲(源)反査(本)者之貴。成之 14

　　9. 古(故)孚=(君子)不貴徣(徝─庶)勿(物)而貴與成之 16 民又(有)同也。17

　　10. 是呂(以)孚=(君子)貴成之 30 成(城─成)之。成之 1

　　11. 孚=(君子)娗(娗─美)亓(其)書(青─情),貴[其義]。性命 20

　　12. 不能丌(其)心,不貴。性命 37

　　13. 不呂(以)丌(其)書(青─情),售(唯─雖)難不貴。性命 50

三、顯貴;禄位高。

　　1. 不可旻(得)而貴。老甲 29

　　2. 古(故)爲天下貴。老甲 29

　　3. 貴票(福─富)鸯(喬─驕)。老甲 38

　　4. 鼎(勮─則)忠敬不足而買(富)貴已(已)迪(過)也。緇衣 20

　　5. 翠(翠─輕)丝(絲─絕)貧戔(賤)而至(重)丝(絲─絕)買(富)貴。緇衣 44

　　6. 貴_(貴貴),亓(其)坒(等)障(尊)叚(叚─賢),義也。五行 35

　　7. 貴而罷(捐)綴(纏─讓),勮(則)民谷(欲)丌(其)貴之上也。成之 18

　　8. 勮(則)民裝(執─褻)陸(陵)倀(長)貴呂(以)忘(妄)。尊德義 14

四、敬重;尊重;看得高貴。

　　1. 貴_(貴貴),亓(其)坒(等)障(尊)叚(叚─賢),義也。五行 35

　　2. 戔(賤)而民貴之,又(有)惪(德)者也。性命 53

0513 瑕

【解字】

"瑕"字,整理者(219 頁注[二三])認爲該字从人从石从貝,疑讀爲"祏"。林素清先生讀爲"石",重量單位①。李零先生讀爲"則",指法度、規則②。裘錫圭先生讀爲"度"③。顧史考先生先後有讀爲"託""故""加"等多種意見④。徐在國先生認爲該字上爲"叚"字之訛,讀爲"故"⑤。

【詞義】

一、待考。

1. 豙(家)事乃又(有)瑕。**語叢四 26**

0514 邦　　　鞤　　古文 甾

【用字】　邦

【詞義】

一、國家,一定人群在一定區域組成的實體。

1. 吕(以)正之邦。**老甲 29**

2. 民多秝(利)器,而邦慈(慈—滋)昏。**老甲 30**

3. 攸(攸—修)之邦。**老乙 17**

4. 吕(以)邦瞿(觀)邦。**老乙 18**

5. 邦豙(家)緍(昏)叟(裔—亂)。**老丙 3**

6. 萬邦乍(作)孚。**緇衣 2**

7. 邦豙(家)之不窞(窞—寧)**緇衣 20** 也。**21**

8. 又(有)悳(德)則(則)邦豙(家)嬰(舉)。**五行 29**

9. 槀(槀)木三年,不必爲邦罪(旗)。**成之 30**

10. 爲邦而不吕(以)豊(禮)。**尊德 24**

---

① 林素清:《郭店竹簡〈語叢四〉箋釋》,《郭店楚簡國際學術研討會論文集》,湖北人民出版社,2000 年,第 394 頁。

② 李零:《郭店楚簡校讀記(增訂本)》,北京大學出版社,2002 年,第 49—50 頁。

③ 轉引自陳劍:《郭店簡〈窮達以時〉〈語叢四〉的幾處簡序調整》,《國際簡帛研究通訊》第 2 卷第 5 期,第 5 頁。

④ 顧史考:《郭店楚簡先秦儒書宏微觀》,學生書局,2006 年,第 232 頁;《郭店楚簡〈語叢四〉篇韻讀新解三則》,《簡帛》第 1 輯,上海古籍出版社,2006 年,第 62—63 頁;《"刉"字讀法試解》,《古文字研究》第 28 輯,中華書局,2010 年,第 498—500 頁。

⑤ 徐在國:《説楚簡"叚"兼及相關字》,簡帛網(http://www.bsm.org.cn/show_article.php?id=1113),2009 年 7 月 15 日。

11. 皮(破)邦芒(喪)**語叢四 6** 痀(牆—將)。**語叢四 7**

12. 敓(竊)邦者爲者(諸)厌(矦—侯)。**語叢四 8**

13. 邦又(有)巨觔(雄)。**語叢四 14**

14. 唯(雖)敃(勇)力聑(聞)於邦不女(如)材。**語叢四 24**

0515　鄰　　�

【用字】　㚒

【解字】

《汗簡》"鄰"之古文作"𠳄"，"㚒"从𠳄从文，𠳄、文皆聲。

【詞義】

一、鄰國；鄰居。

1. 猷(猶)唐(乎)丌(其)**老甲 8** 奴(如)愄(畏)四㚒(鄰)。**9**

2. 帰(寝)四㚒(鄰)**六德 3** 之帝(啻)唐(唬—呼)。**4**

0516　郵　　𦻊

【用字】　蚤

【解字】

"蚤"字原作"𠂢"，裘錫圭先生"按語"(175 頁注[一五])認爲从"又"聲，故兩字可讀爲"置郵"。簡文此句見於《孟子·公孫丑上》。

【詞義】

一、古代傳遞文書、供應食宿、車馬的驛站。

1. 遾(速)唐(唬—乎)楷(置)蚤(郵)而逋(傳)**尊德義 28** 龠(命)。**29**

0517　鄭　　𩠐

【用字】　奠

【解字】

"奠"字本寫作𩵋(鄭同媿鼎，《集成》2415)或𩵋(宜侯矢簋，《集成》4320)等形，从西从一或丌(表示把酒樽置於桌上供奉，有祭奠之意)，楚文字承之。今从"酉"作。

【詞義】

一、周代諸侯國名。

1. 奠(奠—鄭)壄(衛)之樂(樂)。**性命 27**

0518　祁　　禥

【用字】　旨

【解字】

　　"旨"即"旨"字。

【詞義】

一、大。

　　1. 睯(晉)各(冬)旨(旨—祁)滄(寒)。**緇衣 10**

0519　邛　　巧

【用字】　恭

【解字】

　　劉釗先生讀郭店簡《緇衣》"恭"爲"恭"①。

【詞義】

一、待考。

　　1. 非亓(其)**緇衣 7** 圵(止)之共,售(唯)王恭(邛)。**8**

0520　邪　　絠

【用字】　絠

【詞義】

一、不正當;邪惡。

　　1. 思亡(無)絠(邪)。**語叢三 48**

0521　鄉　　鄉

【用字】　昔、㟼

【解字】

　　昔、㟼二形爲一字異體(下文用"▲"代替),本寫作 昔、㟼 等形。此類形體較早見於陶文與璽印,皆用爲人名,舊不識。其後公佈的包山簡出現一例,寫作" 昔 ",亦用爲人名,滕壬生先生釋爲"昔",周鳳五先生釋爲"岳",

---

①　劉釗:《郭店楚簡校釋》,福建人民出版社,2005 年,第 54 頁。

何琳儀先生釋爲“吅”①。九店簡出現兩例,其中簡 44“”字,李家浩先生認爲是“‘昔’字省變”,包山簡“”爲進一步省變②;林清源先生從之,認爲二者只是从“甘”與从“口”之别③;簡 27“”字,李家浩先生釋爲“享”,大概是將其認作“亯”()字④。1997 年公佈的公朱右官鼎器、蓋同銘,“▲”字兩見,張光裕先生提出兩種釋讀意見:(一)根據字形可釋爲“善”,讀爲“膳”;(二)根據未發表的楚簡(當指上博簡),可讀爲{向(嚮)}或{鄉(卿)}⑤。1998 年郭店簡公佈後,因有傳世文獻可以對讀,能夠確定“▲”字在郭店簡中用爲{鄉}和{嚮}二字。據此,裘錫圭先生“按語”(第 120 頁注[二八])認爲該字是“向”之訛體,“‘向’本从‘八(宀)’,變从二‘八’”。“鄉”“嚮”“向”三字上古音聲、韻皆同(曉母陽部),文獻常見相通之例。此前發現“▲”字諸例亦可講通⑥:陶文、璽印、包山簡當釋爲“向”;九店簡讀爲{饗},{饗}也是曉母陽部字。《璽彙》3293“”字“口”下加兩短横,與“向”字寫作(向孝子鼎,集成 1349)這類形體相似。因此,釋“向”之説得到了學界普遍接受。其後所見“▲”字諸例又皆可讀爲陽部諸字,更進一步加深了學界對釋“▲”爲“向”的認同,相關研究論著多徑直將“▲”字釋寫爲“向”。湯餘惠、吴良實先生認爲“▲”爲“向”字訛變的軌迹如下⑦:

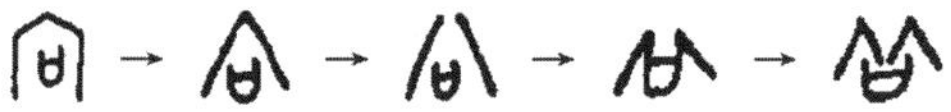

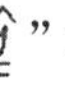

劉志基先生也對“向”字所从“宀”形演變序列做了描述:

---

① 滕壬生:《楚系簡帛文字編》,湖北教育出版社,1995 年,第 567 頁。按:後來滕壬生先生改從釋“向”,參閱滕壬生:《楚系簡帛文字編(增訂本)》,湖北教育出版社,2008 年,第 682 頁。周鳳五:《包山楚簡〈集箸〉、〈集箸言〉析論》,《中國文字》新 21 期,藝文印書館,1996 年,第 30 頁。何琳儀:《戰國古文字典——戰國文字聲系》,中華書局,1998 年,第 1510 頁。

② 湖北省文物考古研究所、北京大學中文系編:《九店楚簡》,2000 年,第 109 頁注[一七四]。按:九店簡初稿釋文曾收入《江陵九店東周墓》(科學出版社,1995 年)一書,《九店楚簡》一書再次收入時有所修訂。

③ 林清源:《楚國文字構形演變研究》,東海大學中國文學系博士學位論文,1997 年,第 67 頁。

④ 湖北省文物考古研究所、北京大學中文系編:《九店楚簡》,2000 年,第 48 頁。

⑤ 張光裕:《萍廬藏公朱右官鼎跋》,《中國文字》新 23 期,1997 年,第 73—78 頁。

⑥ 按:公朱右官鼎辭例簡短,存疑。

⑦ 湯餘惠、吴良實:《郭店楚墓竹簡零拾(四篇)》,《簡帛研究二〇〇一》,廣西師範大學出版社,2001 年,第 200—201 頁。

認爲如果"宀"形左右兩筆接筆處未銜接而稍留空隙,再將被忽略了的"宀"的傳統構形中兩根垂直綫條恢復而向内側相互靠近,就成了"仦"①。俞紹宏先生認爲"∧""∧∧"可互作,"宀"形"改造成羊頭形(即'羊')以表音"②。但是"▲"字與常見的"向"字形體相比存在著明顯的差異:(一)"▲"字上部作"∧∧""∧∧""仦"等形,與"向"字所从"宀"旁作"∧""∧""冂"不同。(二)"▲"字或从"甘"作,而"向"字基本上都是从"口"的。所以部分學者嘗試對"▲"字進行重新釋讀:(一)陳松長先生釋爲"丘","爲鄉里之單位"③。(二)顔世鉉先生認爲"▲"字从"羊"聲,疑爲"襄"字省體,可讀爲|鄉|、|向|、|曩|等④。(三)冀小軍先生釋爲"皿",讀爲|鄉|、|嚮|或|卿|⑤。(四)王寧先生認爲"▲"字上从"北",或爲書寫方便而變爲羊角形,下从"曰"或"口",應當是甲骨文"𤔲"(或寫作"𤔲""𤔲")字形變,"𤔲"是"響"之初文,在甲骨文中借爲|向|,"在楚簡帛書裏經過演化,直用爲'向'了"⑥。(五)徐在國、黄德寬先生認爲該字"應分析爲从'北'从'口'……从'北'可爲《説文》訓'向'爲朝北窗户之一證"⑦。(六)廖名春先生隸定爲"咒",認爲是"鄉""饗"字的異體。上部"卯"爲"卿""鄉"之省,象兩人相向對坐,下部"口"與"饗"字下从"食"同,作爲形符可以互用⑧。(七)李若暉先生將《老子》乙本中的"▲"字隸定爲"昚",認爲是"鄉"之形變⑨。(八)上博六《慎子曰恭儉》簡6"𤔲"字,李朝遠先生隸定爲"苩",釋爲"鄉",方鄉,趨鄉⑩。(九)李守奎先生疑爲"卿"字的省形⑪;譚生力先生贊同這種意見,同時認爲"▲"字也有可能是"卯(卿字所从)字經過人、卩同義偏旁替換,添加羡符口所致"⑫。(十)趙平安先生認爲"▲"字來源於甲

① 劉志基:《説楚簡帛文字中的"宀"及其相關字》,《中國文字研究》第5輯,廣西教育出版社,2004年,第150—154頁。
② 俞紹宏:《上海博物館藏楚簡校注》,中國社會科學出版社,2016年,第353頁。
③ 陳松長:《郭店楚簡〈語叢〉小識(八則)》,《古文字研究》第22輯,中華書局,2000年,第260頁。
④ 顔世鉉:《郭店楚簡散論(三)》,《大陸雜誌》第101卷第2期,2000年,第74—75頁。
⑤ 冀小軍:《釋楚簡中的"𤔲"字》,簡帛研究網,2002年7月21日。
⑥ 王寧:《申論楚簡中的"向"字》,簡帛研究網,2002年7月21日。
⑦ 徐在國、黄德寬:《上海博物館藏戰國楚竹書(一)〈緇衣〉〈性情論〉釋文補正》,《古籍整理研究學刊》,2002年第2期,第3頁。
⑧ 廖名春:《郭店楚簡老子校釋》,清華大學出版社,2003年,第488—489頁。
⑨ 李若暉:《郭店竹簡〈老子〉論考》,齊魯書社,2004年,第144頁注11。
⑩ 馬承源主編:《上海博物館藏戰國楚竹書(六)》,上海古籍出版社,2007年,第282頁。
⑪ 李守奎、賈連翔、馬楠:《包山楚簡文字全編》,上海古籍出版社,2012年,第313頁"向"字"按語"。
⑫ 譚生力:《説𤔲》,《江漢考古》,2014年第6期,第103—107頁。

骨文🦴（《合集》20280）、🦴（《合集》14436）、🦴（《合集》36529）、🦴（《合集》18281）等形體，从“羊”得聲，皆應釋爲“尚”①。“卿”象兩人相向饗食之狀，後來寫作“饗”；“鄉”是從“卿”分化出來的，這一點學界有比較統一的認識②。“▲”字構型來源本當如李守奎、譚生力先生所言，从卯从口，只不過“卯”形已經發生了訛變。“卯”形的這種訛變是出於表音的需要，或如趙平安先生所言从“羊”得聲，但更可能的是从“屮”得聲。上博四《逸詩》簡3、4有“屮”字作🌱、🌱，與“𣥂”形近似，“觀”字所从“屮”多寫作“𠂤”形。詳細論證參閱拙文《從用字習慣角度談談“🌱”字的釋讀問題》（待刊）。

【詞義】

一、古代地方基層組織之一，後指縣以下的農村行政單位。

　　1. 攸（攸—修）老乙 **16** 之甘（鄉）。**17**

　　2. 㠯（以）甘（鄉）矓（觀）甘（鄉）。老乙 **18**

　　3. 不晢（智—知）亓（其）甘（鄉）之尖=（少人—小人）、君子。語叢四 **11**

二、方向；方位。這個意義又作“向”“嚮”。

　　1. 古（故）君子之眘（友）也緇衣 **42** 又（有）甘（嚮）。**43**

　　2. 季（教）此民尒（爾）叏（使）六德 **2** 之又（有）甘（嚮）也。**3**

三、從前；往時。這個意義又作“曏”“向”“嚮”。

　　1. 甘（嚮）者虖（吾）昏（問）忠臣於子思。魯穆公 **3**

四、趨向；靠近。這個意義又作“向”“嚮”。

　　1. 爲古（故）衒（衛—率）民甘（嚮）方者。尊德義 **28**

0522　腶（巷）　　🔣　　省體 🔣

【用字】　遆

【詞義】

一、“巷伯”，宦官，太監。因居宮巷，掌宮内事，故稱。

　　1. 亞=（亞亞—惡惡）女（如）亞（惡）遆（巷）白（伯）。緇衣 **1**

---

① 趙平安：《戰國文字🌱的來源考辨》，《深圳大學學報（人文社會科學版）》，2013 年第 1 期，第 60—63 頁；又見氏著《新出簡帛與古文字古文獻研究續集》，商務印書館，2018 年，第 29—39 頁。

② 裘錫圭：《文字學概要（修訂本）》，商務印書館，2013 年，第 146 頁。

卷 七

0523　日　　日　　古文 ⊖

【用字】　日

【詞義】

一、太陽。

    1. 日屠(暑)雨,少(小)**緇衣 9** 民佳(唯)日悁(怨)。**10**

    2. 少(小)民亦佳(唯)日悁(怨)。**緇衣 10**

二、一晝夜;一天。

    1. 冬(終)日虖(嘑—呼)而不惪(嚘)。**老甲 34**

三、狀語,指每天,一天天。

    1. 學者日眚(嗌—益),爲迫(道)者日鼎(員—損)。**老乙 3**

    2. 日眚(嗌—益)而不自䚘(智—知)也。**尊德義 21**

    3. 膳(善)日過我,我日過膳(善)。**語叢三 52**

四、光陰;時間。"無日",不日,爲時不久。

    1. 亞(惡)言�(復)己而死粜(無)日。**語叢四 4**

五、待考。

    1. [□]勿(物)㠯(以)日。**語叢三 18**

0524　時　　時　　古文 旹

【用字】　旹、㫉、㫉

【詞義】

一、季度;季節。四時。

    1. 是㠯(以)成(城—成)四㫉(時)。**太一 2**

    2. 四㫉(時)**太一 2** 返(復)補(輔)也。**3**

    3. 四㫉(時)**太一 4** 者,会(陰)易(陽)斋〓(之所)生[也]。**5**

　　4. 若四旹(時)一適(逝)一娃(來)。語叢四 21

二、四時。

　　1. 是古(故)大(太)一賸(臧—藏)於水,行於歲(時)。太一 6

　　2. 訐(信)女(如)旹(時)。忠信 2

三、時機;機遇。

　　1. 穿(窮)達呂(以)旹(時)。窮達 14

　　2. 穿(窮)達呂(以)旹(時)。窮達 15

　　3. 伭(仁)呂(以)遣(逢)旹(時)。唐虞 14

　　4. 竝(並)於大旹(時)。唐虞 15

　　5. 旹(時)弗可及歖(歙—矣)。唐虞 15

　　6. 眾弪(強)甚多不女(如)旹(時)。語叢四 25

四、按照規定的或一定的時間。

　　1. 五行舍(皆)型(形)于內而歲(時)行五行 6 之。7

　　2. 行之而歲(時),悳(德)也。五行 27

　　3. 旹(時)事山川。唐虞 5

　　4. 不旹(時)勴(則)亡(無)蘁(懂—勸)也。尊德義 32

五、用爲"詩",參閱卷三"詩"(第 132 頁)。

0525 早　　　昂

【用字】　杲、暴

【詞義】

一、比一定的時間靠前(跟"遲"、"晚"相對)。

　　1. 是呂(以)杲(早)｛是呂(以)杲(早)｝備(備—服)。老乙 1

　　2. 陛(地)能貪(含)之生之者,才(在)暴(早)。語叢三 19

　　3. 暴(早)與臤(臤—賢)人,是胃(謂)䌶行。語叢四 12

　　4. 暴(早)與督(智)愨(謀),是語叢四 13胃(謂)童(重)至(基)。14

二、衍文。

　　是呂(以)杲(早)｛是呂(以)暴(早)｝備(備—服)。老乙 1

0526 昧　　　昧

【用字】　孛

【解字】

　　《老子》乙本"孛"字,整理者(119 頁注［一一］)指出,帛書乙本作"費",

帛書整理小組疑"費"當作"曹"。黄德寬、徐在國先生讀作"昧"①。魏啓鵬先生讀爲"晦"，暗也②。今按：今本《老子》對應之字作"昧"，暫從之。

【詞義】

一、暗；昏暗。

　　1. 明道(道)女(如)孛(昧)。老乙 10

0527　昭　　　昭

【用字】　卲

【詞義】

一、顯示；彰明。

　　1. 古(故)倀(長)民者章(彰)志呂(以)卲(昭)百眚(姓)。緇衣 11

0528　晉　　　晉

【用字】　䏌

【解字】

　　"䏌"字,在郭店《緇衣》簡 22 用爲"祭"。整理者(134 頁注[六一])認爲䏌,今本作"葉"。……《禮記·緇衣》鄭注："葉公,楚縣公葉公子高也。臨死遺書曰顧命。"孫希旦云："葉當作祭","祭公之顧命者,祭公謀父將死告穆王之言也。今見《逸周書·祭公解篇》"。李學勤先生認爲該字上部从芈,應隸寫爲䏌。《説文》没有芈字,惟在彗字下説："掃竹也。从又持芈。"並云：彗字或从竹作篲。古文則从竹、習作篲。……《説文》説的芈,是翡、羽的變形,當視爲省又的彗。這樣我們知道,郭店簡我們談的那個字實際是从彗聲。祭是精母月部,从彗聲的字也屬月部,或爲精母,或爲心母,與祭通假是很自然的③。張光裕先生認爲是"葉"字之訛,讀作"祭"④。陳高志先生認爲字應隸定爲"晉",與"祭"爲雙聲通假⑤。李家浩先生認爲"晉"是"箭"的古文,"箭"从"前"聲,古書中有从"前"聲之字與"淺"通用的例子。

①　黄德寬、徐在國：《郭店楚簡文字考釋》,《吉林大學古籍整理研究所建所十五周年紀念文集》,吉林大學出版社,1998 年,第 101 頁。

②　魏啓鵬：《楚簡〈老子〉柬釋》,《道家文化研究》第 17 輯(郭店楚簡專號),生活·讀書·新知三聯書店,1999 年,第 245 頁。

③　李學勤：《釋郭店簡祭公之顧命》,《文物》,1998 年第 7 期,第 45 頁。

④　張光裕主編：《郭店楚簡研究》第一卷《文字編》,藝文印書館,1999 年,第 669 頁。

⑤　陳高志：《〈郭店楚墓竹簡·緇衣篇〉部分文字隸定檢討》,《張以仁先生七秩壽慶論文集》,學生書局,1999 年,第 367 頁。

郭店簡"淺""察"二字所從聲旁相同,"察"從"祭"聲,故"晉"可讀爲"祭"。楚大府鎬"晉"字讀爲"薦",進也①。劉信芳先生認爲從甘從芊,應是"彗"之異構,"彗公"即"祭公"②。徐在國先生釋爲"晉",本象二倒矢插入器形,爲箭字古文。後來二倒矢訛爲"珵",成爲晉字聲符,下器形訛爲日。祭字古音屬精紐月部,箭字爲精紐元部,二字聲紐相同,月、元對轉,而"晉"爲"箭"字古文,故簡文"晉公"可以讀爲祭公③。李零先生認爲西周金文"𦥑"字乃"射"字異構,郭店該字亦爲"射"。"祭公",今本作"葉公","射"是船母鐸部,"葉"是書母葉部,古讀相近④。沈培先生釋爲"晉",並指出上博簡"𥛱"字很可能就是"箭",戰國文字"晉"常以"箭"作爲聲旁⑤。

上博本簡 12 對應之字作"𥛱"。曾侯乙墓竹簡中有"𦥑"字,亦見於戰國梁十九年鼎(《文物》1981 年 10 期 66 頁圖六);金文中又有以此爲偏旁的字作"𦥑""𦥑""𦥑""𦥑"(《金文編》737 頁),舊有釋"雪""溓""豐""謝"諸説⑥。吳振武師認爲金文"𥛱"字很可能就是深淺之"淺"的會意寫法,其字形所表現的就是以手持"珵"(箭)測水之深淺,同時又兼用"珵"(箭)聲表示其讀音("箭""淺"同爲精母元部字)。它的構造方法,跟古"受"字在會意的同時又兼用"舟"聲正是相同的。……淺可以讀作"祭",自然也没問題⑦。李天虹先生同意"𥛱"爲晉,從"箭"聲。曾侯乙墓竹簡之字很可能爲"揩"字,金文"𦥑"等字應隸定爲從水從揩,可讀爲"祭"⑧。

【詞義】

一、進。引申爲至、到。

    1. 聲(晉)各(冬)旨(旨—祁)滄(寒)。緇衣 **10**

① 李家浩:《楚大府鎬銘文新釋》,《語言學論叢》第 22 輯,商務印書館,1999 年,第 98—99 頁"補記"。

② 劉信芳:《郭店簡〈緇衣〉解詁》,《郭店楚簡國際學術研討會論文集》,湖北人民出版社,2000 年,第 172 頁。

③ 徐在國:《郭店楚簡文字三考》,《簡帛研究二〇〇一》,廣西師範大學出版社,2001 年,第 181—182 頁。

④ 李零:《郭店楚簡校讀記(增訂本)》,北京大學出版社,2002 年,第 76 頁。

⑤ 沈培:《卜辭"雄衆"補釋》,《語言學論叢》第 26 輯,商務印書館,2002 年,第 238—239 頁。

⑥ 周法高主編:《金文詁林》,香港中文大學,1974 年,第 6337—6340 頁。

⑦ 吳振武:《假設之上的假設——金文"𦥑公"的文字學解釋》,《吉林大學古籍整理研究所建所二十周年紀念論文集》,吉林文史出版社,2003 年,第 1—8 頁。

⑧ 李天虹:《釋曾侯乙墓竹簡的"𥛱"》,《古文字研究》第 26 輯,中華書局,2006 年,第 303—307 頁。

0529　昏　　昏

【用字】　昏、緍、惛

【詞義】

一、糊塗；昏亂。

　　1. 民多礽（利）器，而邦慈（慈—滋）昏。老甲 30

　　2. 邦豪（家）緍（昏）叟（闙—亂）。老丙 3

　　3. 惪（憂）谷（欲）睿（僉—斂）而毋惛（昏）。性命 64

　　4. 緍（昏）所由緜（由）矩（作）也。六德 38

二、用爲"聞"，參閱卷十二"聞"（第 606 頁）。

三、用爲"問"，參閱卷二"問"（第 60 頁）。

0530　暗　　暗

【用字】　旬

【詞義】

一、光不足；昏暗。

　　1. 大明不出，旵（丏—萬）勿（物）虐（皆）旬（暗）。唐虞 27

0531　曩　　曩

【用字】　㲫

【解字】

　　此句今本《君奭》作"襄我二人，汝有合哉言"。"襄"字，李學勤先生讀爲"曩"，"曩我二人，無有合在言"，是説周公、召公二人意見不一致，故簡文解釋爲"道不説（悦）之詞也"①。陳偉先生疑"襄"讀爲"曩"，簡文大致是説：先前我們二人，在言辭上不相和諧②。

【詞義】

一、從前；過去。

　　1. 㲫（曩）我二人，毋（無）又（有）曾（合）才（在）音〈言〉。成之 29

────────────

①　李學勤：《郭店簡"君子貴誠之"試解》，《中國歷史文物》，2002 年第 1 期，第 30—31 頁。

②　陳偉：《郭店竹書別釋》，湖北教育出版社，2003 年，第 143 頁。

0532 暑　　𣈙

【用字】　屠

【詞義】

一、炎熱,也指炎熱的季節。

　　1. 日屠(暑)雨。緇衣 9

0533 昔　　𥩟　　　籀文 𦒹

【用字】　畣

【解字】

　　郭店簡、上博簡"昔"字多從"田"作"畣",清華簡"昔"字多從"日"作"畣"。

【詞義】

一、從前;往日。與"今"相對。

　　1. 畣(昔)才(在)上帝戠(割)繻(申)䠽(觀)文王悳(德)。緇衣 37

　　2. 古畣(昔)䢍(臤—賢)忎(仁)睪(聖)者女(如)此。唐虞 2

　　3. 畣(昔)者君子有言曰:……成之 6

　　4. 畣(昔)者孚=(君子)有言曰:……成之 37

0534 曋　　𣇆　　　或體 𣇆

【用字】　匽、敀

【解字】

　　"敀"字,整理者隸定爲"敀",裘錫圭先生"按語"(190 頁注[二三])疑即《説文》作"叓"的"更"字。李零先生認爲該字原從丙從攴,古從丙之字與從方之字往往通假①。廖名春先生疑讀爲"晃",與"光"音同,言廣也,所照廣遠也②。丁原植先生認爲該字既可表現"逸入"或"光大"的作爲,則"敀敀"應指這種作用持續發展的特徵③。涂宗流、劉祖信先生認爲從口更聲,

────────

① 李零:《郭店楚簡校讀記》,《道家文化研究》第 17 輯(郭店楚簡專號),生活·讀書·新知三聯書店,1999 年,第 520 頁。

② 廖名春:《郭店楚簡〈六德〉篇校釋》,《清華簡帛研究》第 1 輯,清化大學思想文化研究所,2000 年,第 68—88 頁。

③ 丁原植:《郭店竹簡儒家佚籍四種試析》,臺灣古籍出版有限公司,2000 年,第 246 頁。

應隸定爲"哽"，阻塞、不通暢①。顏世鉉先生釋爲"訥"，讀爲"納"或"内"，有隱藏之意②。劉信芳先生隸定爲"皴"，從"臽"聲。將"～之爲言也猶～～也"與《五行》簡40"匿之爲言也猶匿匿也"對照，讀此字爲"匿"，亦即"隱"。"皴皴"即"匿匿"，猶如"惻隱"③。范麗梅先生認爲此字從字形上看可隸定作"皴"，但從文義上看應作"皴"，從"内"聲。"内"作爲聲符時，易與"丙"字相混。此字出現四次（不包括重文），可有三種讀法。在"仁鞫而～""～之爲言也"中讀爲"曋"，近也；在"猶～～也"中讀爲"繩"，"繩繩"意指衆多而綿延不絶的樣子；在"是以～也"中讀爲"匿"，隱藏之意。"内"泥紐物部，"曋"泥紐質部，"繩"神紐蒸部，"匿"泥紐職部，皆可通④。陳偉先生認爲左從"容"右從"攴"，讀爲"容"，容納、盛受之義。左旁"口"上二筆寫得像"人"字，也許是因爲右邊加有"攴"旁，書寫空間擁擠的緣故⑤。劉釗先生疑讀爲"綿"，與"簡"相對。古音"丙"在幫紐陽部，"綿"在明紐元部，聲爲一系，韻部主要元音相同，可以通轉⑥。鄭剛先生隸定爲"滂"或"旁"⑦。李家浩先生認爲《五行》篇的"匿"和《六德》篇的"皴"都應該釋讀爲"曋"，訓爲"親"；"曋曋"當是形容親曋的樣子。⑧ 類似的話《五行》簡40作"匿之爲言猶匿匿也，小而軫者也"，龐樸先生據此讀爲"匿"。

【詞義】

一、親曋。

1. <u>匿</u>(曋)之爲言也猷(猶)匿_(曋曋)也。五行40

2. <u>匿</u>(曋)，五行40 悬(仁)之方也。41

3. 悬(仁)鞫〈莗(薹—柔)〉而<u>皴</u>(曋)。六德32

4. <u>皴</u>(曋)之爲言也猷(猶)皴_(曋曋)也。六德32

5. 是㠯(以)<u>皴</u>(曋)也。六德33

---

① 涂宗流、劉祖信：《郭店楚簡先秦儒家佚書校釋》，萬卷樓圖書有限公司，2001年，第210頁。

② 顏世鉉：《郭店楚簡〈六德〉箋釋》，《"中研院"歷史語言研究所集刊》第72本第2分，2001年，第479—480頁。

③ 劉信芳：《郭店楚簡〈六德〉解詁一則》，《古文字研究》第22輯，2000年，第215、216頁。

④ 范麗梅：《郭店楚簡〈六德〉"仁類莗而束"相關段落釋讀》，《楚地簡帛思想研究（三）——"新出楚簡國際學術研討會"論文集》，湖北教育出版社，2007年，第450—459頁。

⑤ 陳偉：《郭店簡書〈大常〉校釋》，《楚地出土簡帛文獻思想研究（一）》，湖北教育出版社，2002年，第51頁。

⑥ 劉釗：《郭店楚簡校釋》，福建人民出版社，2005年，第117頁。

⑦ 鄭剛：《五際例：〈六德〉篇"仁内義外章"通解》，《楚簡孔子論説辨證》，汕頭大學出版社，2004年，第108—110頁。

⑧ 李家浩：《關於郭店竹書〈六德〉"仁類莗而速"一段文字的釋讀》，《出土文獻研究》第10輯，2011年，第42—55頁。

二、"暱暱"。親暱的樣子。

  1. 匪(暱)之爲言也猷(猶)匪_(暱暱)也。五行 40
  2. 啟(暱)之爲言也猷(猶)啟_(暱暱)也。六德 32

0535　昆　　𞠎

【用字】　昆

【解字】

　　《六德》篇"昆",整理者未釋,裘錫圭先生"按語"(189 頁注[十七])指出該字在簡文中必當讀爲昆弟的"昆",所在簡文可以與《儀禮·喪服》相關內容對讀。在此基礎上,多位學者對該字的釋讀進行了研究:李家浩先生認爲該字可以與"昆"字傳抄古文對應①;張光裕先生認爲該字類昆蟲之形②;黃德寬、徐在國先生認爲該字从"云"聲,讀爲"昆"③。陳秉新先生釋爲"扗",讀爲"昆"④。

【詞義】

一、兄。

  1. 綖(疏)衰六德 27 齊,戉(牡)枺(麻)實(實—経),爲昆弟也,爲妻亦肰(然)。28
  2. 爲昆弟幽(繼—絶)妻,不爲妻幽(繼—絶)昆弟。六德 29

0536　嚻

【用字】　嚻

【解字】

　　"嚻"字,整理者(181 頁)隸定爲"嚻";黃德寬、徐在國先生疑此字乃"豐"字繁體,應隸定爲"豊",釋爲"豊",讀爲"禮"⑤。趙建偉先生認爲此字蓋"論"之異形,讀爲"倫",序也⑥。李零先生認爲此字與"禮"字的聲旁相

---

①　李家浩:《楚墓竹簡中的"昆"字及從"昆"之字》,《著名中年語言學家自選集:李家浩卷》,安徽教育出版社,2002 年,第 306—317 頁。
②　張光裕:《〈郭店楚簡研究文字編〉緒説》,《中國出土資料研究》第 3 號,中國出土資料研究學會,1999 年,第 12 頁。
③　黃德寬、徐在國:《郭店楚簡文字續考》,《江漢考古》,1999 年第 2 期,第 76 頁。
④　陳秉新:《楚系文字釋叢》,《楚文化研究論集》第 5 集,黃山書社,2003 年,第 356 頁。
⑤　黃德寬、徐在國:《郭店楚簡文字考釋》,《吉林大學古籍整理研究所建所十五周年紀念論文集》,吉林大學出版社,1998 年,第 110 頁。
⑥　趙建偉:《郭店竹簡〈忠信之道〉、〈性自命出〉校釋》,《中國哲學史》,1999 年第 2 期,第 39 頁。

似，疑是“禮”字的異體①。劉信芳先生釋爲“鼉”，讀爲“獵”，引申爲追逐②。涂宗流、劉祖信先生認爲从日从册，册亦聲，應隸定爲“暜”，告誠③。郭沂先生認爲此字簡文中間部分的聲旁，與郭店簡多見的應隸定爲“台”字的聲旁相同，疑此字是“台”字的異體，這裏當讀爲“怡”④。李天虹先生認爲此字與《六德》“獻”“儶”所从形體相同，當釋爲“册”，或可讀作“策”，指謀略⑤。上博《性情論》對應之字爲“敨”，據此，李零先生讀“鼉”爲“動”⑥。

【詞義】

一、待考。

　1. 虽（蜀—獨）凥（處）而樂（樂），又（有）內鼉者也。**性命 54**

0537　鼂（朝）　　鼂

【用字】 朝

【解字】

　　古文字“潮”主要有“淖”“剌”“鼂”三種寫法，作爲表意偏旁，“水”和“川”可以替換，故“淖”“剌”爲一字異體。“鼂”字右側所从“刂”多認爲是“潮”之象形初文⑦，陳斯鵬先生曾對其演變軌跡作了總結：

$$\text{［圖］［圖］} \rightarrow \text{［圖］［圖］} \rightarrow \text{［圖］［圖］［圖］}$$

“鼂”字在“刂（潮）”之象形初文的基礎上增加了聲符“卓（朝）”。“刂”作爲構形部件在多個文字中出現，作聲符時可與“龠/翟”聲系相通⑧。“朝”字，《説文》寫作“鼂”，从舟舟聲，當由“鼂”字訛變而來，故《説文》“鼂”

① 李零：《郭店楚簡校讀記》，《道家文化研究》第 17 輯（郭店楚簡專號），生活·讀書·新知三聯書店，1999 年，第 510—511 頁。

② 劉信芳：《郭店簡文字例解三則》，《“中研院”歷史語言研究所集刊》第 71 本第 4 分，2000 年，第 937—940 頁。

③ 涂宗流、劉祖信：《郭店楚簡先秦儒家佚書校釋》，萬卷樓圖書有限公司，2001 年，第 179 頁。

④ 郭沂：《郭店竹簡與先秦學術思想》，上海教育出版社，2001 年，第 259—260 頁。

⑤ 李天虹：《郭店竹簡〈性自命出〉研究》，湖北教育出版社，2003 年，第 187 頁。

⑥ 李零：《上博楚簡三篇校讀記》，中國人民大學出版社，2007 年，第 119 頁。

⑦ 陳漢平：《屠龍絕緒》，黑龍江教育出版社，1989 年，第 338—339 頁。陳斯鵬：《讀〈上博竹書（五）〉小記》，簡帛網（www.bsm.org.cn/?chujian/4528.html），2006 年 4 月 1 日。魏宜輝：《説“盜”》，《語言研究》，2014 年第 1 期，第 38 頁。蘇建洲：《利用〈上博竹書〉字形考釋金文二則》，簡帛網（www.bsm.org.cn/?chujian/4953.html），2007 年 11 月 3 日；蘇建洲：《〈上博楚竹書〉文字及相關問題研究》，萬卷樓圖書股份有限公司，2008 年，第 134—138 頁。

⑧ 賀張凡：《從“刂”諸字研究述議》，《出土文獻》，2023 年第 3 期，第 69—83、156 頁。

字實爲"潮"字。又《説文》有"潮"字寫作"淖",則"鞝"和"淖"本皆爲"潮"字。

【詞義】

一、朝廷,古代君臣議事之處。

    1. 朝(潮—朝)廷之立(位),叕(讓)而処(處)戔(賤)。**成之 34**

二、"朝歌",地名。

    1. 行年七十而青(腈—屠)牛於朝(潮—朝)訶(歌)。**窮達 5**

0538 旗　　燺

【用字】　羿

【詞義】

一、旗幟的總稱。古代又專指上面有熊虎圖像的一種軍旗。

    1. 槁(槁)木三年,不必爲邦羿(旗)。**成之 30**

0539 旍　　㫓　　或體　燺

【用字】　旍、翬

【解字】

    《語叢三》簡 2"旍"字,湯餘惠先生認爲古文字井、丹形近易混,"旍"所從"井"旁乃"丹"之訛寫①。黃德寬、徐在國兩位先生據《古文四聲韻》卷四綫韻引《古老子》"戰"作㫓等,釋該字爲"戰"②。顏世鉉、李零、劉釗等先生認爲該字從"井"聲,讀爲"旌"③。

    《五行》簡 32"翬"字原作"㪿",整理者隸定爲"重"(150 頁),裘錫圭先生"按語"(153 頁注[四〇])認爲此字與《唐虞之道》篇中意爲"禪讓"之字的右旁相似,疑彼字當讀爲"禪",此字讀爲"旍"。"中心悦旍",意即"中心悦之焉"。張光裕先生認爲該字與《唐虞之道》篇讀爲"禪"的字皆爲"播"字

---

① 湯餘惠:《釋"旍"》,《吉林大學古籍整理研究所建所十五周年紀念文集》,吉林大學出版社,1998 年,第 66—67 頁。

② 黃德寬、徐在國:《郭店楚簡文字考釋》,《吉林大學古籍整理研究所建所十五周年紀念文集》,吉林大學出版社,1998 年,第 108 頁。

③ 顏世鉉:《郭店楚簡淺釋》,《張以仁先生七秩壽慶論文集》,學生書局,1999 年,第 396 頁。李零:《郭店楚簡校讀記》,《道家文化研究》第 17 輯(郭店楚簡專號),生活·讀書·新知三聯書店,1999 年,第 529 頁。劉釗:《郭店楚簡校釋》,福建人民出版社,2005 年,第 210 頁。

異構①。李零先生疑爲"廛"字異體,讀爲"旃"②。張光裕先生認爲是"播"字異構。③ 劉信芳先生讀"焉"④。王輝先生釋爲播,斷句爲"中心悦,播遷於兄弟","悦"後省略了虛詞"焉","播"有遷徙之義⑤。白於藍先生讀爲"然",王引之《經傳釋詞》:"然,猶焉也。"⑥劉釗先生隸定爲"番",認爲字從"釆"聲,讀爲"播",意爲遷播、流佈⑦。鄭剛先生讀爲"忭"⑧。黃錫全先生認爲該字與《唐虞之道》篇讀爲"禪"的字同,皆從番,《五行》簡 32 該字讀爲"旃"⑨。石小力先生隸定爲"𡏄",認爲是"壇"字異體。清華簡十一《五紀》篇"𡏄(壇)"字出現 3 次,除從"亯"寫作 (簡 49)、(簡 53)外,也有"亯"旁之"尒"形訛變爲"釆/米"的寫法,作 (簡 52),郭店簡《五行》簡 32 之字寫法正與之同。在《五行》篇中,"𡏄(壇)"當從裘錫圭先生意見讀爲"旃","旃"從"丹"聲,丹、亶古音皆爲端母元部,故"旃""壇"音近可通。《説文》"旃"字或體即爲"斻",亦可爲證⑩。

【詞義】
一、古代赤色、無飾、曲柄的旗子。
　　1. 猒(猶)三𡔖(軍)之旂〈旃〉也,正也。**語叢三 2**
二、代詞。表示指稱,用于謂語之後。相當於"之"和"焉"。
　　1. 审(中)心兑(悦)𡏄(壇—旃),𨖷(遷)**五行 32** 於𢓊_(兄弟)。**33**

0540 施　　

【用字】　埞、攺、它
【解字】

　　"攺"即《説文》"㪤"字,用爲{施}。在古文字中,作爲偏旁的"它"後世

① 張光裕主編:《郭店楚簡研究》第一卷《文字編》,藝文印書館,1999 年,第 4—5 頁。
② 李零:《郭店楚簡校讀記》,《道家文化研究》第 17 輯(郭店楚簡專號),生活·讀書·新知三聯書店,1999 年,第 491—492 頁。
③ 張光裕主編:《郭店楚墓竹簡》第一卷《文字編》,藝文印書館,1999 年,"緒言"第 4 頁。
④ 劉信芳:《簡帛五行解詁》,藝文印書館,2000 年,第 102 頁。
⑤ 王輝:《郭店楚簡零釋三則》,《中國文字》新 26 期,藝文印書館,2000 年,第 157—159 頁。
⑥ 白於藍:《郭店楚墓竹簡釋讀札記》,《考古與文物》叢刊第 4 號《古文字論集(二)》,2001 年,第 178 頁。
⑦ 劉釗:《郭店楚簡校釋》,福建人民出版社,2005 年,第 82 頁。
⑧ 鄭剛:《所謂唐虞之道》,《楚簡孔子論説辨證》,汕頭大學出版社,2004 年,第 11 頁。
⑨ 黃錫全:《〈唐虞之道〉疑難字句新探》,《長沙三國吳簡暨百年來簡帛發現與研究國際學術研討會論文集》,2005 年,第 213—214 頁。
⑩ 石小力:《清華簡〈五紀〉的"壇"與郭店簡〈唐虞之道〉的"禪"》,《出土文獻》,2021 年第 4 期,第 35—43 頁。

多訛作"也"，如"地"字楚文字多寫作"埅"，亦本從"它"作。郭店簡在記錄
｛施｝時，皆使用"它"字或從"它"的"攺""埅"二字。從古音上看，它、也古
韻皆爲歌部，可通。《説文》："施，旗皃。從㫃，也聲。""攺，敳也。從攴，也
聲。讀與施同。"段注："（攺）今字作施，施行而攺廢矣。"攺、施本不同字，今
假"施"爲"攺"。

【詞義】

一、施予；給予。

> 1. 大〈天〉埅（施）者（諸）亓（其）人，天也。**五行 48**
>
> 2. 亓（其）**五行 48** 人埅（施）者（諸）人，儳也。**49**
>
> 3. 孚（君子）亓（其）它（施）也**忠信 7** 忠，古（故）繺（鞏—鞏）罜（親）専
>   （附）也。**8**
>
> 4. 夫售（唯）是，古（故）惪（德）可易而攺（攺—施）可迣（達）也。**尊德
>   義 37**
>
> 5. 又（有）是攺（攺—施）少（小）**尊德義 37** 又（有）秒（利），迣（達）而大又
>   （有）慐（害）者，又（有）之。**38**
>
> 6. 又（有）是攺（攺—施）少（小）又（有）慐（害），迣（達）而大又（有）秒
>   （利）者，又（有）之。**尊德義 38**
>
> 7. 因而它（施）彔（禄）女（安—焉）。**六德 14**

0541　遊（游）　　　　𨕖

【用字】　遊

【解字】

　　《説文》有"游"字，小篆作𣸣，釋曰："旌旗之流也。"下附古文𨕖，即
"遊"字。"遊"和"游"本是兩個不同的字，前者爲遨遊、交遊之"遊"。郭店
簡皆爲"遊"而非"游"，故字頭定爲"遊"，但卷次仍依"游"字編排。

【詞義】

一、交遊；交結。

> 1. 牙（與）爲悆（義）者遊，㫃（嗌—益）。**語叢三 9**
>
> 2. 牙（與）不好**語叢三 11** 敄（教—學）者遊，鼎（員—損）。**12**

二、求學。

> 1. 遊於埶（埶—藝）。**語叢三 51**

三、"遊俠"。優遊安逸。

> 1. 遊**語叢三 14** 蒽（俠），㫃（嗌—益）。**15**

四、用爲"由",參閲本卷"由"(第 669 頁)。

0542 族 㞜

【用字】 族

【詞義】

一、有血緣關係的親屬合稱。

    1. 畏(祖)字(娩—免),爲宗族也。六德 28。

    2. 爲六德 29 宗族𠂤(麗—離)㡌(朋)㚄(友),不爲㡌(朋)㚄(友)𠂤

    (麗—離)宗族。六德 30

二、用爲"足",參閲卷二"足"(第 117 頁)。

0543 期 郿 古文 丌

【用字】 异、邜、丌

【解字】

    "邜"即"郿"字,簡文中讀爲"期",爲地名專字。

【詞義】

一、約定。

    1. 不异(期)忠信 4 而可蜸(要)者,天也。5

    2. 大忠不兑(説),大訐(信)不异(期)。忠信 4

二、一定的時間;期限。

    1. 思亡(無)丌(期)。語叢三 48

三、地名。

    1. 孫(孫)昪(叔)三躲(舍)邜(郿—期)思少司馬。窮達 8

四、用爲"忌",參閲卷十"忌"(第 544 頁)。

五、用爲"基",參閲卷十三"基"(第 696 頁)。

0544 有 㝡

【用字】 有、又

【詞義】

一、中國哲學用語。與"無"相對,可感覺的實物,最普遍的存在。

    1. 又(有)亡(無)之相生也。老甲 15

    2. 天下之勿(物)生於又(有),生於亡(無)。老甲 37

二、與"無"相對。

1. 親(盜)惄(惻—賊)亡(無)又(有)。_{老甲 1}

2. 訂(始)斳(折—制)又(有)明(名)。_{老甲 19}

3. 明(名)_{老甲 19} 亦猷(既)又(有)。₂₀

4. 又(有)桶(狀)蟲(蟲—混)成(城—成)。_{老甲 21}

5. 固(囿—國)中又(有)四大女(安—焉)。_{老甲 22}

6. 爲之於亓(其)_{老甲 25} 亡(無)又(有)也。₂₆

7. 親(盜)惄(惻—賊)多又(有)。_{老甲 31}

8. 可吕(以)又(有)郘(國)。_{老乙 2}

9. 又(有)郘(國)之母。_{老乙 2}

10. 爲虐(吾)又(有)身。_{老乙 7}

11. 是吕(以)畫(建)言又(有)之：……_{老乙 10}

12. 亓(其)惪(德)又(有)舍(舍—餘)。_{老乙 16}

13. 大(太)上下眢(智—知)又(有)之。_{老丙 1}

14. 女(安—焉)_{老丙 1} 又(有)不訐(信)。₂

15. 女(安—焉)又(有)息(仁)義。_{老丙 3}

16. 女(安—焉)又(有)孝孳(孳—慈)。_{老丙 3}

17. 女(安—焉)又(有)正臣。_{老丙 3}

18. 又(有)余(餘)於下。_{太一 14}

19. 又(有)余(餘)於上。_{太一 14}

20. 又(有)郘(國)者章(彰)好章(彰)亞(惡)。_{緇衣 2}

21. 佳(唯)尹身(允)及湯,咸又(有)一惪(德)。_{緇衣 5}

22. 又(有)廾(觔—覺)惪(德)行,四方忺(順)之。_{緇衣 12}

23. 一人又(有)慶,蓳(萬)民購(賴)_{緇衣 13} 之。₁₄

24. 下必又(有)甚女(安—焉)者矣。_{緇衣 15}

25. 宔(從)頌(容)又(有)棠(常)。_{緇衣 16}

26. 出言又(有)丨(針—慎)。_{緇衣 17}

27. 鼎(勑—則)民又(有)蘲(憧—勸)心。_{緇衣 24}

28. 鼎(勑—則)民又(有)孚(娩—免)心。_{緇衣 24}

29. 鼎(勑—則)民又(有)新(新—親)。_{緇衣 25}

30. 鼎(勑—則)民_{緇衣 25} 又(有)慭(愻—遜)心。₂₆

31. 君子言又(有)勿(物),行又(有)_{緇衣 37} 迖(格)。₃₈

32. 句(苟)又(有)車,必見其(箕—其)敽(敚—轍);句(苟)又(有)衣, 必見亓(其)尚(敝)。人_{緇衣 40} 正上句(苟)又(有)言,必瞎(聞)亓

（其）聖（聖—聲）;**40** 肎句（苟）又（有）行,必見甘（箕—其）成（城—

成）。**40 正下**

33. 古（故）君子之眘（友）也 **緇衣 42** 又（有）甘（嚮）,亓（其）亞（惡）又（有）方。**43**

34. 宋人又（有）言曰：……**緇衣 45**

35. 嘗又（有）之矣。**魯穆公 5**

36. 未之又（有）也。**魯穆公 6**

37. 又（有）天又（有）人,天人又（有）分。**窮達 1**

38. 又（有）亓（其）人,亡（無）亓（其）**窮達 1** 殜（世）。**2**

39. 句（苟）又（有）亓（其）殜（世）,可（何）蕙（慬—難）之又（有）才（哉）？**窮達 2**

40. 士又（有）志於君子道（道）胃（謂）之歲（時—志）士。**五行 7**

41. 又（有）與訇（始）,又（有）與各（冬—終）也。**五行 18**

42. 又（有）惪（德）者也。**五行 19**

43. 售（唯）又（有）惪（德）者。**五行 20**

44. 貝（視—見）臤（臤—賢）人而不嚭（智—知）亓（其）又（有）惪（德）也。**五行 24**

45. 嚳（樂）勷（則）又（有）惪（德）,又（有）惪（德）勷（則）邦豪（家）甖（舉）。**五行 29**

46. 又（有）大辠（罪）而大豉（誅）之。**五行 35**

47. 又（有）大辠（罪）而大豉（誅）之。**五行 38**

48. 又（有）少（小）辠（罪）而亦（赦）之。**五行 38**

49. 又（有）大辠（罪）而弗大 **五行 38** 豉（誅）也。**39**

50. 又（有）少（小）辠（罪）而弗亦（赦）也。**五行 39**

51. 能又（有）取安（安—焉）。**五行 43**

52. 能又（有）取安（安—焉）。**五行 43**

53. 效（教）民又（有）算（尊）也。**唐虞 4**

54. 效（教）民又（有）新（新—親）也。**唐虞 4**

55. 效（教）民 **唐虞 4** 又（有）敬也。**5**

56. 古者楚（堯）生於天子而又（有）天下。**唐虞 14**

57. 及亓（其）又（有）天下也。**唐虞 19**

58. 又（有）天下弗能帚（嗌—益）。**唐虞 19**

59. 上直（直—德）鼎（勷—則）天下又（有）君而 **唐虞 20** 世明。**21**

60. 自生民未之又（有）也。**唐虞 21**

61. 卅(三十)而又(有)家。唐虞 26

62. 未之又(有)也。忠信 2

63. 未之成之 2 又(有)也。3

64. 簹(昔)者君子有言曰：……成之 6

65. 勴(則)民必有甚女(安一焉)者。成之 7

66. 未有可旻(得)也者。成之 12

67. 古(故)孥̲(君子)不貴徔(徱一庶)勿(物)而貴與成之 16 民又(有)同也。17

68. 行之不疾，未又(有)能深之者也。成之 23

69. 丌(其)生而未又(有)非之。成之 26

70. 亦非又(有)譯(澤)婁(藪)吕(以)多也。成之 27

71. 此吕(以)民夻(皆)又(有)眚(性)而聖(聖)人不可莫(慕)也。成之 28

72. 叚(㬜)我二人，毋(無)又(有)會(合)才(在)音〈言〉。成之 29

73. 售(唯一雖)又(有)丌(其)烅(互一亟)而成之 29 可能。30

74. 簹(昔)者孥̲(君子)有言曰：……成之 37

75. 莫尊德義 7 不又(有)道(道)女(安一焉)。8

76. 又(有)斳(智一知)吕(己)而不斳(智一知)侖(命)者。尊德義 10

77. 又(有)尊德義 10 斳(智一知)豊(禮)而不斳(智一知)樂(樂)者。11

78. 夫生而又(有)哉(職)事者也。尊德義 18

79. 古(故)夅(終)是勿(物)也而又(有)深女(安一焉)者。尊德義 19

80. 而民又(有)尊德義 22 爲嬰(亂)矣。23

81. 下必又(有)甚女(安一焉)者。尊德義 37

82. 又(有)是攺(敄一施)少(小)尊德義 37 又(有)称(利)，迡(遭)而大又(有)盍(害)者，又(有)之。38

83. 又(有)是攺(敄一施)少(小)又(有)盍(害)，迡(遭)而大又(有)称(利)者，又(有)之。尊德義 38

84. 民心又(有)悆(恆)。尊德義 39

85. 凡人售(唯一雖)又(有)眚(性)。性命 1

86. 金石之又(有)聖(聖一聲)[也]。性命 5

87. [人]售(唯一雖)又(有)眚(性)心，弗取不出。性命 6

88. 凡心又(有)志也。性命 6

89. 又(有)爲也者之胃(謂)古(故)。性命 13

90. 又(有)吕(以)習(習)元(其)眚(性)也。性命 14

91.《峕(時—詩)》,又(有)爲_(爲爲)之也。**性命 16**

92.《箸(書)》,又(有)爲言之也。**性命 16**

93.《豊(禮)》《樊(樂)》,又(有)爲昦(舉—舉)之也。**性命 16**

94. 求亓(其)心,又(有)爲也。**性命 37**

95. 又(有)亓(其)爲人之迊_(節節)女(如)也,**性命 44** 不又(有)夫柬_
(簡簡)之心鼎(勴—則)采。**45**

96. 又(有)亓(其)爲人之柬_(簡簡)女(如)也,不又(有)夫厸(互—
亙)忞(怠—殆)志_(之志)鼎(勴—則)縵(慢)。**性命 45**

97. 不又(有)夫詘_(詘詘)之心鼎(勴—則)潅(流)。**性命 46**

98. 不又(有)夫奮(奮)**性命 46** 狅(作)之㫃(青—情)鼎(勴—則)悆
(悔)。**47**

99. 又(有)亓(其)爲人之快(慧)女(如)也。**性命 47**

100. 又(有)亓(其)爲人之憇(原—愿)女(如)也。**性命 47**

101. 又(有)怣(過)鼎(勴—則)咎。**性命 49**

102. 人不斳(慎)昪(斯)又(有)怣(過),訐(信)㐀(喜—矣)。**性命 49**

103. 句(苟)又(有)亓(其)㫃(青—情)。**性命 51**

104. 又(有)娖(媄—美)㫃(青—情)者也。**性命 51**

105. 又(有)**性命 52** 心愄(畏)者也。**53**

106. 又(有)惪(德)者也。**性命 53**

107. 又(有)衍(道)者也。**性命 53**

108. 又(有)内㸌者也。**性命 54**

109. 必叟(使)又(有)末。**性命 60**

110. 樊(樂)谷(欲)罜(釋)而又(有)耑(止)。**性命 64**

111. 孚_(君子)羝(執)志必又(有)夫崖_(往往—廣廣)之心,出言必
又(有)**性命 65** 夫柬_(簡簡)之訐(信),宿(賓)客之豊(禮)必又
(有)夫齊_(齊齊)之頌(容),祭(祭)祀之豊(禮)必又(有)夫齊_
(齊齊)之敬,**66** 居霚(喪)必又(有)夫緣_(蠻蠻—戀戀)之忞
(哀)。**67**

112. 季(教)此民尒(爾)叟(使)**六德 2** 之又(有)古(嚮)也。**3**

113. 又(有)衒(衒—率)人者,又(有)從人者;**六德 8** 又(有)叟(使)人
者,又(有)事人[者;有]敊(教)者,又(有)睪(學)者。**9**

114. 猷(既)又(有)**六德 9** 夫六立(位)也。**10**

115. □而上又(有)**殘 24** 賞慶女(安—焉)。**11**

116. 昏(智—知)亓(其)㠯(以)又(有)所逞(歸)也。**六德 11**

117. 是古（故）夫死又（有）宔（主）。六德 19

118. 人又（有）六惪（德）。六德 30

119. 生民斯（斯）必又（有）夫婦、父子、君臣。六德 42

120. 又（有）天又（有）盦（命），又（有）勿（物）又（有）明（名）。語叢一 2

121. 又（有）盦（命）又（有）曼（文）又（有）明（名），而句（後）語叢一 4 又（有）緐（倫）。5

122. 又（有）迣（地）又（有）型（形）又（有）聿（盡），而句（後）語叢一 6 又（有）蕈（厚）。7

123. 又（有）生又（有）智（智—知）。語叢一 8

124. 又（有）勿（物）又（有）繇（繇—由）又（有）緤。語叢一 10

125. 又（有）天又（有）盦（命），又（有）迣（地）又（有）悾（形）。語叢一 12

126. 又（有）勿（物）又（有）宓（容），又（有）奚（色）又（有）明（名）。語叢一 13

127. 又（有）勿（物）又（有）宓（容），又（有）聿（盡）又（有）蕈（厚），語叢一 14 又（有）頪（媄—美）又（有）膳（善）。15

128. 又（有）惥（仁）又（有）智（智），又（有）義又（有）豊（禮），語叢一 16 又（有）聖（聖）又（有）善。17

129. 凡又（有）血燹（燹—氣）者，麿（虐—皆）又（有）惪（憙—喜）語叢一 45 又（有）忞（怒），又（有）夿（慎）又（有）懃（莊）；亓（其）豊（體）46 又（有）宓（容）又（有）頤（色），又（有）聖（聖—聲）又（有）臭（嗅）47 又（有）未（味），又（有）燹（燹—氣）又（有）志。48

130. 凡勿（物）語叢一 48 又（有）蓋（本）又（有）卯（標），又（有）紋（終）又（有）絧（始）。49

131. 又（有）罩（親）又（有）障（尊）。語叢一 78

132. 又（有）憪（察）膳（善）。語叢一 84

133. 又（有）生虎（乎）明（名）。語叢一 96

134. 亡（無）又（有）自垄（來）也。語叢一 99

135. 麿（虐—皆）又（有）之。語叢一 106

136. 又（有）不行者也。語叢二 39

137. 未又（有）善事人而不返者，語叢二 45 未又（有）嘮（嘩—華）而忠者 46

138. 又（有）惪（德）者不迻（移）。語叢二 48

139. 又（有）行而不遜（遜—由），又（有）遜（遜—由）而語叢二 53 不行。54

140. 非又(有)爲也。語叢三 8

141. 勿(物)又(有)里(理)而語叢三 18

142. 未又(有)亓(其)至勌(則)悬(仁)。語叢三 28

143. 又(有)眚(性)又(有)生,虍(呼)生。又(有)逍語叢三 58

144. 又(有)天又(有)命又(有)語叢三 68 上

145. 又(有)眚(性)又(有)生。語叢三 68 下

146. 又(有)眚(性)又(有)生。語叢三 71 下

147. 癰(墙)又(有)耳。語叢四 2

148. 言必又(有)及。語叢四 5

149. 邦又(有)巨骯(雄)。語叢四 14

150. 女(如)牺(牂—將)又(有)敗(敗)。語叢四 16

151. 君又(有)語叢四 22 悬(謀)臣。23

152. 士又(有)悬(謀)友。語叢四 23

153. 豪(家)事乃又(有)貶。語叢四 26

154. 又(有)哀之哀□殘簡 6

155. 又(有)逆眚(性)□殘簡 9

156. □而上又(有)殘簡 24

0545 朙(明)　　　古文

【用字】　明

【解字】

　　今寫作"明",即"朙"字古文。"累",一般看作"盟"字異體,讀爲"明"。但是在郭店、上博簡中"盟"字從未如此作,頗疑此字是"神明"之"明"的專用字。

【詞義】

一、光明;明亮。

　　1. 明道(道)女(如)孛(昧)。老乙 10

　　2. 嚳(幽)明不再。窮達 15

二、泛指日、月。

　　1. 大明不出。唐虞 27

三、聰明;英明。

　　1. 替(智—知)和曰明。老甲 34

　　2. 不亡(忘)勌(則)明_(明,明)勌(則)見叚(叚—賢)人。五行 14

    3. 未尚(嘗)見(視—見)臤(臤—賢)人,胃(謂)之不明。五行 23

    4. 見(視—見)臤(臤—賢)人,明也。五行 27

四、"神明"。神靈;神祇。

    1. 是呂(以)成(城—成)神明。太一 2

    2. 神明遉(復)相楠(輔)也。太一 2

    3. 佘(陰)易(陽)者,神明斋=(之所)生也。太一 5

    4. 神明者,天壑(地)斋=(之所)生也。太一 5

    5. 神明 從。唐虞 15

五、修明;嚴明。

    1. 敬緇衣 28 明乃罰。29

六、眼力好,看得清楚。

    1. 不聪(聰)不明。五行 20

    2. 耳目耵(聰)明衰。唐虞 26

七、"明明"。明察貌。

    1. 明_(明明),督(智)也。五行 25

    2. 明_(明明)才(在)下,虜=(虩虩—赫赫)五行 25 才(在)上。26

八、昌明。

    1. 上直(直—德)鼎(鼎—則)天下又(有)君而唐虞 20 世明。21

九、明白;通曉。

    1. 明虖(唬—乎)民侖(倫)。尊德義 1

    2. 孚_(君子)不帝(啻)明虖(乎)民散(微)而巳(已)。六德 38

    3. 孚_(君子)明虖(乎)此六德 42 六者。43

十、顯明;彰明。

    1. 言及鼎(鼎—則)性命 59 明呈(嬰—舉)之而毋愿(偽)。60

0546 外 　　 𣕒 　　 古文 𡖄

【用字】　外

【詞義】

一、外面,與"內"相對。

    1. 呂(以)亓(其)外心與人交,遠(遠)也。五行 36

    2. 或繇(由)忠(忠—中)出,或轂(執—設)之外。尊德義 30

    3. 及亓(其)見於外,鼎(鼎—則)勿(物)取之也。性命 2

    4. 門外之紉(治),谷(欲)亓(其)樺(折)也。性命 59

5. 宜(義),外也。六德 26

6. 外立(位),君、夺(皆)臣、婦也。六德 27

7. 門外之絅(治)宜(義)斬紉(恩)。六德 31

8. 外六德 36 內㝵(得)也。37

9. 或語叢—19 遹(遹—由)外內(入)。20

10. 或生於內,或生於外。語叢— 23

0547 多　多　古文 竹

【用字】 多

【詞義】

一、數量大,與"少""寡"相對。

1. 大少(小)之多惕(惕—易)必多雙(難)。老甲 14

2. 夫天多昇(期—忌)諱(諱),而民爾(彌)畔(畔—叛)。老甲 30

3. 民多秒(利)器,而邦慈(慈—滋)昏。老甲 30

4. 人多老甲 30 䵍(智—知),天〈而〉哦(奇)勿(物)慈(慈—滋)记(起),
鏊(法)勿(物)慈(慈—滋)章(彰),俔(盜)惎(惻—賊)多又
(有)。31

5. 厚(厚)贇(贜—藏)必多頁(亡)。老甲 36

6. 古(故)君子多暗(聞),齊而戰(獸—守)之。緇衣 38

7. 多志(識),齊而緇衣 38 新(親)之。39

8. 子疋(胥)茡(前)多杠(功),逡(後)翏(戮)死。窮達 9

9. 兀(其)重也弗多怣(疑—矣)。成之 10

10. 古(故)君子所逻(復)之不多,所求之不逑〈遠〉。成之 19

11. 亦非又(有)譯(澤)婁(籔)㠯(以)多也。成之 27

12. 多肝(好)者,亡(無)肝(好)者也。語叢— 89

13. 眾弪(強)甚多不女(如)峕(時)。語叢四 25

二、重。與"輕"相對。

1. 身與貨老甲 35 篔(孰)多?36

0548 齊　齊

【用字】 齊、妻

【解字】

　　《緇衣》簡 38 "齊"字,今本作"質"。裘錫圭先生"按語"(136 頁注〔九

七])認爲"齊""質"古音相近。李鋭先生從之,訓爲"敬"①。劉信芳先生認爲"齊"謂度量而選擇之②。劉釗先生按本字讀,訓爲"敬"③。《語叢一》簡34"妻"字,整理者(194頁)讀爲"齊"。陳偉先生認爲此字上部與楚簡所見之"妻"所從有異,而與"弁"之所從相同,當釋爲"繁",繁、煩音同義通,故亦可讀爲"煩"④。

【詞義】

一、整齊;一致。

　　1. 信非至齊也。語叢一 66

　　2. 能(一)牙(與)之齊,卆(終)身弗改(改)之豆(喜—矣)。六德 19

二、用作使動,使整齊、一致。

　　1. 齊之昌(以)豊(禮)。緇衣 24

　　2. 齊之昌(以)埜(刑)。緇衣 24

三、莊重;肅靜。後寫作"齋"。

　　1. 蘿(觀)《坴(賚)》《武》鼎(勳—則)齊女(如)也舁(斯)攴〈复(作)〉。性命 25

　　2. 谷(欲)柔齊而泊。性命 63

　　3. 豊(禮)妻(齊)樂霝(靈)勳(則)哉(戚—蹙)。語叢一 34

　　4. 賓(賓)客之豊(禮)必又(有)夫齊‿(齊齊)之頌(容),祭(祭)祀之豊(禮)必又(有)夫齊‿(齊齊)之敬。性命 66

四、敬。

　　1. 古(故)君子多睧(聞),齊而獸(獸—守)之。緇衣 38

　　2. 多志(識),齊而緇衣 38 新(親)之。38

五、將喪服下部的邊折轉縫起來。

　　1. 綎(疏)衰六德 27 齊,戉(牡)枺(麻)實(實—経)。28

六、周代諸侯國名,春秋五霸之一。

　　1. 壆(堨—遇)齊逗(桓)也。窮達 6

0549 棘　　棘

【用字】　坴

---

① 李鋭:《郭店楚墓竹簡補釋》,《華學》第6輯,紫禁城出版社,2003年,第86頁。

② 劉信芳:《郭店簡〈緇衣〉解詁》,《郭店楚簡國際學術研討會論文集》,湖北人民出版社,2000年,第177頁。

③ 劉釗:《郭店楚簡校釋》,福建人民出版社,2005年,第65頁。

④ 陳偉:《〈語叢〉一、三中有關"禮"的幾條簡文》,《郭店楚簡國際學術研討會論文集》,湖北人民出版社,2000年,第145頁。

【解字】

　　“埭”字劉信芳先生讀爲“萊”。《春秋》襄公七年“公會齊侯，伐萊”，杜注：“萊國，今東萊黃縣。”劉釗先生讀爲“棘”。王志平先生讀爲“汲”，認爲呂望是河内汲人。按：當讀爲“棘”。“棘”地有二：（一）春秋魯邑。在今山東肥城市東南。《春秋》成公三年：“叔孫僑如帥師圍棘。”（二）春秋齊地。在今山東淄博市臨淄西北。《左傳》昭公十年：“桓子召子山，私具幄幕、器用、從者之衣屨，而反棘焉。”

【詞義】

一、地名。棘津。

　　1. 邵（呂）室（望）爲牂（臧）埭（棘）瀘（津），戰（守）監門_{窮達4}埭（棘）坙（地）。₅

二、泛指有芒刺的草木。

　　1. 驪（騹）空（穴—?）於旮（皋）埭（棘）。_{窮達 10}

0550　版　　　版

【用字】　板

【詞義】

一、築墙用的夾板。

　　1. 昙（戭—釋）板（版）箮（築）而砼（差—佐）天子。_{窮達4}

0551　克　　　亯　　古文亯、桼

【用字】　克、叙

【解字】

　　《緇衣》簡19“克”字寫作“亯”，與甲骨、金文一脈相承；《老子》乙本簡2“克”字增添了“又”旁寫作“叙”（叙）。楚文字“克”多添加“又”旁。“叙”字右下墨塊或是抄寫者筆誤，本當爲重文號。

【詞義】

一、能。

　　1. 未見聖（聖），如亓（其）弗克見。_{緇衣 19}

二、戰勝；制服。

　　1. [重積德則無]_{老乙1}不＝叙＝（不克，不克）鼎（勮—則）莫舒（智—知）亓（其）巫（亙—極）。₂

0552 稽　　稽

【用字】　𥟖

【詞義】

一、耕種;農事。

　　1. 㥄(教)㠯(以)事,剕(則)民力𥟖(稽)㠯(以)面(湎)籾(利)。**尊德義 15**

0553 穆　　穆

【用字】　穆、繆

【解字】

　　《老子》甲本簡21“敓繆”,整理者(112頁)釋爲“敓繆(穆)”。崔仁義先生釋爲“敓綉”,通作“寞寥”①。魏啓鵬先生認爲“敓”讀爲“悦”,經籍多以“説”爲之。“穆”,和美也。“敓(悦)穆”,謂莊敬肅穆也②。趙建偉先生認爲“敓”疑讀爲“悦”或“娧”,《説文》“悦,好也,與娧同”。“繆”即“穆”。“娧穆”,美好莊嚴的樣子③。劉釗先生讀爲“悦穆”,“繆”爲“繆”字異體,“悦穆”意爲愉悦和樂④。李零認爲上字原從攴從兑,爲《説文》“敓”字的古文;下字原從糸從穆,相當今“繆”字,王弼本作“寂寥”,疑簡本仍讀“寂寥”。但“寂”是覺部字,而“敓”是月部字,不能通假。案簡文上字見於楚占卜簡或加示旁,與“祝”字相似,疑是“祝”字之誤,“祝”是章母覺部字,“寂”是從母覺部字,古音相近;“繆”是明母覺部字,“寥”是來母幽部字,古音亦相近⑤。廖名春先生認爲“敓”即“挩”,通“涗”,清也;疑本字爲“清”,同義互用爲“涗”,楚簡借爲“敓”。“繆”與“寥”音近通用⑥。黎廣基先生認爲“敓”字讀爲“莜”或“鋭”,“繆”讀爲“穆”,幽微之義。“莜穆”乃近義連字詞,義爲微妙無形之貌⑦。何琳儀、程燕先生認爲“敓”,帛甲作“繡”,帛乙作

---

①　崔仁義:《荊門郭店楚簡〈老子〉研究》,科學出版社,1998年,第56頁。

②　魏啓鵬:《楚簡〈老子〉柬釋》,萬卷樓圖書有限公司,1999年,第222頁。

③　趙建偉:《郭店竹簡〈老子〉校釋》,《道家文化研究》第17輯(郭店楚簡專號),生活·讀書·新知三聯書店,1999年,第272頁。

④　劉釗:《郭店楚簡校釋》,福建人民出版社,2005年,第17頁。

⑤　李零:《郭店楚簡校讀記》,《道家文化研究》第17輯(郭店楚簡專號),生活·讀書·新知三聯書店,1999年,第465—466頁。

⑥　廖名春:《郭店簡〈老子〉校釋札記》,《華學》第5輯,紫禁城出版社,2001年,第184頁。

⑦　黎廣基:《郭店楚簡〈老子〉“敓繆”考》,《中國文字研究》第3輯,廣西教育出版社,2002年,第207—213頁。

"蕭",王本、傅本作"寂";"繡""蕭"與"寂"均屬齒音幽部;"寂"从叔得聲,"叔"與"攸"均屬舌音。"繆",帛甲作"繆",帛乙作"漻",河本、王本作"寥",想本作"漠",傅本作"寞";皐、翏均屬幽部,聲系可通;寥、寞義近可通①。今按:魏啓鵬先生指出《文子·精誠》:"悦穆胸中,廓然無形,寂然無聲。"可資比對。

【詞義】

一、美好。

  1. 穆穆緇衣 33 文王。34

二、人名。

  (一)魯穆公。戰國初期魯國國君。

    1. 魯(魯)穆公昏(問)於子思曰:⋯⋯魯穆公 1

  (二)秦穆公。春秋時期秦國國君。

    1. 堁(堁—遇)秦穆。窮達 7

三、"悦穆"。愉悦和樂。

  1. 攸(悦)繆(穆)。老甲 21

四、"秋"字訛寫,參閱本卷"秋"(第 379 頁)。

0554 私 𥝲

【用字】 厶

【詞義】

一、個人的;私有的。與"公"相反。

  1. 少厶(私)須〈募(寡)〉欲(欲)。老甲 2

二、私自;私下。

  1. 厶(私)惠不塁(壞—懷)悳(德)。緇衣 41

0555 移 𢓊

【用字】 迻

【解字】

  《説文》:"迻,遷徙也。""移,禾相倚移也。"遷移之義今作"移"。

---

① 何琳儀、程燕:《郭店簡〈老子〉校記(甲篇)》,《簡帛研究二〇〇二、二〇〇三》,廣西師範大學出版社,2005 年,第 38 頁。

【詞義】

一、遷徙。

　　1. 又（有）惪（德）者不迻（移）。語叢二 **48**

0556 稷　　禝　　古文 稷

【用字】　禝

【解字】

　　“禝”字右下從“女”作“禝”，徐在國先生指出該字所從“女”形的當爲人形和止形之訛。

【詞義】

一、人名，后稷。

　　1. 后禝（禝—稷）幻（治）土。唐虞 **10**

　　2. 句（后）禝（禝—稷）之蓺（埶—藝）墬＝（地，地）之道（道）也。尊德義 **7**

二、五穀之神。“社稷”本指土神和穀神，後來泛稱國家。

　　1. 昌（以）奉裡＝（社禝—社稷）。六德 **22**

0557 積　　積

【用字】　碑

【解字】

　　“碑”，從石省從朿，上博六《用曰》簡 8 有“碑”字，寫作 ，或隸定爲“庶”。

【詞義】

一、積聚；積纍。

　　1. 忠碑（積）鼎（勣—則）可罜（親）也，訐（信）碑（積）鼎（勣—則）可訐（信）也。忠信 **1**

　　2. 忠忠信 **1** 訐（信）碑（積）而民弗罜（親）訐（信）者，未之又（有）也。**2**

0558 康　　康

【用字】　康

【解字】

　　《説文》有“穅”字，小篆作 ，下收或體作 ，即“康”字。段注：“凡康寧、康樂皆本義空中之引伸。今字分別乃以本義從禾，引伸義不從禾。”今字頭定爲“康”，卷次仍依“穅”字編排。

【詞義】

一、古書篇名。

1.《康享(誥)》鼎(員—云)：……緇衣 28

2.《康享(誥)》曰：……成之 38

0559 年

【用字】 年

【詞義】

一、歲。

1. 壆(禹)立三年。緇衣 12

2. 稟(槁)木三年，不必爲邦羿(旗)。成之 30

二、年齡；壽命。

1. 行年七十而肯(賭—屠)牛於朝(潮—朝)訶(歌)。窮達 5

三、待考。

1. 未唐虞 17 年不弋(式)。18

0560 秋　　籀文

【用字】 秌、穆

【解字】

“秌”即“秋”字異體。

【詞義】

一、四時之一，秋季。

1. 旹(旾—春)穆〈秋〉亡(無)不㠯(以)丌(其)生也亡語叢三 20

二、《春秋》，古書名。

1. 雚(觀)者(諸)《易》《旾(春)秌(秋)》鼎(勳—則)亦才(在)壴(喜—矣)。六德 25

2.《旾(春)穆〈秋〉》，所㠯(以)會(會)古含(今)之語叢一 40 事也。41

0561 秦　　籀文

【用字】 秦

【詞義】

一、"秦穆公"。春秋時期秦國國君。

    1. 塏（塙—遇）秦穆。窮達 **7**

0562 稱　稱

【用字】　冓

【解字】

    "冓"即"再"字,簡文中讀爲"稱"。

【詞義】

一、述説;聲言。

    1. 惡（恆—亟）冓（再—稱）魯穆公 **1** 亓（其）君之亞（惡）者。**2**
    2. 丞（亙—亟）冓（再—稱）亓（其）君之亞（惡）者。魯穆公 **3**
    3. 丞（亙—亟）冓（再—稱）亓（其）君之亞（惡）者。魯穆公 **5**

二、稱頌;頌揚。

    1. 售（唯）髦（冒）不（丕）嘼（單）冓（再—稱）悳（德）。成之 **22**

0563 黎　黎

【用字】　秒

【解字】

    "秒"即"利"字異體,楚文字"刀"旁多寫作"勿"或"刃"形。

【詞義】

一、"黎",眾多。"黎民",百姓、民眾。

    1. 出言又（有）丨（針—慎）,秒（利—黎）民所訐（信）。緇衣 **17**

0564 精　精

【用字】　精、淸

【解字】

    淸、靑分別爲清、青二字異體。

【詞義】

一、精液。

    1. 未耆（智—知）牝戊（牡）之會（合）㕣（朘）慾（怒）,精（精）之至也。
老甲 **34**

二、精深。

    1. 精(精)替(智—知),迷(略)而行之。緇衣 **39**

    2. 思不漬(清—精)不譯(察)。五行 **8**

    3. 不㥼(仁),思不能漬(清—精)。五行 **9**

    4. [不]㥼(仁),思不能漬(清—精)。五行 **11**

    5. 㥼(仁)之思也漬(清—精)。五行 **12**

    6. 漬(清—精)五行 **12** 勶(則)譯(察)。**13**

0565 糧 糧

【用字】 糧

【詞義】

一、穀物;糧食。

    1. 戎(農)夫㒭(務)飤(食)不勥(強)咖(耕),糧弗足巹(疑—矣)。成之 **13**

0566 竊(竊) 竊

【用字】 攲

【詞義】

一、偷盜。

    1. 攲(竊)鉤者戜(誅),攲(竊)邦者爲者(諸)厌(疾—侯)。語叢四 **8**

0567 粮 粮

【用字】 悢

【詞義】

一、反芻。

    1. 牛生而悢(粮)。性命 **7**

0568 枲 枲

【用字】 腎

【詞義】

一、麻。

    1. 咎(皋)繇(陶)衣腎(枲)蓋(褐)。窮達 **3**

0569　麻　　麻

【用字】　杕

【詞義】

一、麻布喪服。

　　1. 齊,戉(牡)杕(麻)實(實—絰),爲昆弟也,爲妻亦肰(然)。六德 28

0570　韭　　韭

【用字】　韭

【詞義】

一、韭菜。

　　1. 飤(食)韭亞(惡)替(智—知)윤(終)亓(其)葉。語叢四 11

0571　家　　家　　古文 家

【用字】　家、豢、㹇、豪

【詞義】

一、家庭。

　　1. 攸(攸—修)之豢(家)。老乙 16

　　2. [以家觀]老乙 17 豢(家)。18

　　3. 豢(家)事乃又(有)賖。語叢四 26

二、夫妻互稱爲家。

　　1. 卅(三十)而又(有)家。唐虞 26

三、古代的卿大夫的及其家族或封地。"邦家",國家。

　　1. 邦豢(家)緍(昏)叟(闋—亂)。老丙 3

　　2. 邦豢(家)之不窜(窜—寧)緇衣 20 也。21

　　3. 又(有)惪(德)勶(則)邦豢(家)쁓(舉)。五行 29

四、用爲"嫁",參閱卷十二"嫁"(第 620 頁)。

0572　室　　室

【用字】　室

【詞義】

一、房屋的通稱。

　　1. 金玉浧(浧—盈)室,莫能獣(獣—守)也。老甲 38

2. 金玉浧(涅—盈)室不語叢四 **24** 女(如)慇(謀)。**25**

二、用爲"節",參閱卷五"節"(第 247 頁)。

0573 嚮

【用字】 峕、昔

【解字】

關於峕、昔二形的解析,參閱卷六"鄉"(第 349 頁)。

【詞義】

一、趨向;歸向。

   1. 爲古(故)衛(衛—率)民峕(嚮)方者,售(唯)悳(德)可。**尊德義 28**

二、方向;目標。

   1. 古(故)君子之睿(友)也緇衣 **42** 又(有)昔(嚮)。**緇衣 43**

   2. 季(教)此民尒(爾)夏(使)六德 **2** 之又(有)峕(嚮)也。**六德 3**

三、從前;原來。

   1. 峕(嚮)者虐(吾)昏(問)忠臣於子思。**魯穆公 3**

0574 宛　　　（圖）　　或體（圖）

【用字】 儫

【解字】

　　"儫"字,整理者(181 頁)隸定爲"簡"。顔世鉉先生疑从二"冑",讀爲"弇"①。李零先生釋爲"逸"②。劉國勝先生釋爲"逸",訓爲隱匿③;廖名春先生同之④;劉昕嵐先生訓逸爲閒適安樂⑤。李天虹先生隸定爲"儫",疑讀爲"匼"或"宛"⑥。陳偉先生讀爲"宛",訓爲委屈順從⑦。劉釗先生疑讀爲"掩"⑧。曹錦炎先生認爲"儫"爲上博一《性情論》對應"矗"字省寫,音同

① 顔世鉉:《郭店楚簡淺釋》,《張以仁先生七秩壽慶論文集》,學生書局,1999 年,第 394—395 頁。

② 李零:《郭店楚簡校讀記》,《道家文化研究》第 17 輯(郭店楚簡專號),生活·讀書·新知三聯書店,1999 年,第 511 頁。

③ 劉國勝:《郭店竹簡釋字八則》,《武漢大學學報》,1999 年第 5 期,第 42 頁。

④ 廖名春:《新出楚簡試論》,臺灣古籍出版有限公司,2001 年,第 165 頁。

⑤ 劉昕嵐:《郭店楚簡〈性自命出〉篇箋釋》,《郭店楚簡國際學術研討會論文集》,湖北人民出版社,2000 年,第 350 頁。

⑥ 李天虹:《釋"儫""儫"》,《古文字研究》第 24 輯,中華書局,2002 年,第 400—402 頁。

⑦ 陳偉:《郭店竹書別釋》,湖北教育出版社,2002 年,第 198—199 頁。

⑧ 劉釗:《郭店楚簡校釋》,福建人民出版社,2005 年,第 105 頁。

"冤",讀爲"弅(掩)"或"掩"①。

【詞義】

一、待考。

　　1. 門内之絅(治),谷(欲)亓(其)**性命58** 觼(宛)也。**59**

0575　定　　宀

【用字】　定、畀

【解字】

　　"畀"即"奠"字,古文字"奠"从酉从丌,表示把酒樽置於桌上供奉,有祭奠之意。

【詞義】

一、安定;平定。

　　1. 萬勿(物)牊(牂—將)自定。**老甲14**

二、固定;不變。

　　1. 心亡(無)畀(奠—定)志。**性命1**

　　2. 坒(待)習(習)而句(後)**性命1** 畀(奠—定)。**2**

三、用爲"正",參閱卷二"正"(第78頁)。

0576　安　　宀

【用字】　安、女

【解字】

　　"安""女"字,或隸定爲"安""女"。陳劍先生認爲"女"字象一個斂手跪坐之人的股、脛之間多加了一筆形,表示將臀部放在脚後跟上(按:裘錫圭先生認爲這一筆可以理解爲表示某種藉墊物),這種坐姿稱爲"安坐"②。季旭昇先生認爲"安"形多了"宀"旁,大概是表示"女子安居于室之意"③。"安""女"二字多對應"安""焉"二詞,從郭店簡來看,多數情況下以"安"爲"安"、以"女"爲"焉",但是二者交叉混用之例並不少見,具體對應關係祇能

　　① 曹錦炎:《楚簡文字中的"兔"及相關諸字》,《新出土文獻與古代文明研究》,上海大學出版社,2004 年,第 114 頁。

　　② 陳劍:《説"安"字》,《甲骨金文考釋論集》,綫裝書局,2007 年。

　　③ 季旭昇:《説文新證》,福建人民出版社,2010 年。

視上下文意而定①。

【詞義】

一、安穩;穩固。

　　1. 亓(其)安(安)也,易枽(持)也。老甲 25

二、安適;安逸。

　　1. 心好賏(勦一則)體安(安)之。緇衣 8。

　　2. 亡(無)审(中)心[之悦則]不﹒安﹒(不安,不安)賏(則)不樂

　　　(藥)。五行 6

　　3. 不型(形)不﹒安﹒(不安,不安)不樂(藥一樂)。五行 8

　　4. 諜(察)賏(則)安﹒(安,安)賏(則)㤅(恩一溫)。五行 13

　　5. 不悬(仁)不﹒安﹒(不安,不安)不樂(樂)。五行 21

　　6. 不和不﹒女﹒(不安,不安)不樂(樂)。尊德義 27

　　7. 人之逸(悦)肰(然)可牙(與)和女(安)者。性命 46

三、使……安適;使……安逸。

　　1. 智(智一知)而安(安)之,悬(仁)也。五行 28

　　2. 安(安)而敬之,豊(禮)也。五行 28

　　3. 智(智一知)而安(安)之,悬(仁)也。五行 30

　　4. 安(安)五行 30 而行之,義也。31

四、使……安定;使……安居。

　　1. 懇(惼一寬)尊德義 34 不足目(以)女(安)民。35

五、安於;習慣。

　　1. 女(安)命而弗宎(夭)。唐虞 11

六、副詞。表示疑問,相當於"豈""怎麼"。

　　1. 青(青一情)女(安)遷(逸一失)才(哉)? 性命 38

七、用爲"焉",參閱卷四"焉"(第 225 頁)。

0577 宴　宴

【用字】 悬

【解字】

　　"悬"即"悬"字,關於"晏"與"晏"之區別和聯繫,馮勝君師已有詳細

---

① 劉傳賓:《楚系簡帛文獻"女"、"安"二形體與"安"、"{焉}"二詞對應關係研究》,《出土文獻》第 11 輯,2017 年,第 147—155 頁。

討論,見《試説東周文字中部分"嬰"及从"嬰"之字的聲符——兼釋甲骨文中的"瘦"和"頸"》(《出土文獻與傳世典籍的詮釋——紀念譚樸森先生逝世兩周年國際學術研討會論文集》,上海古籍出版社,2010 年,第 67—80 頁)。

【詞義】

一、喜樂。

    1. 嘕(嘩—華),自愄(愄—宴)也。語叢二 43

0578 察   寮

【用字】   詧、癸、戠、散、講、憭、評

【詞義】

一、考察;調查。

    1. 詧(察)天人之分。窮達 1

    2. 不匿,不癸(察)五行 37 於迬(道)。38

    3. 不癸(察)於迬(道)也。五行 39

    4. 戠(察)反者(諸)吕(己)而可吕(以)成之 19 晢(智—知)人。20

    5. 戠(察)者(諸)出所吕(以)晢(智—知)尊德義 8 吕(己)。9

    6. 戠(察)辵(迡—慝)勑(則)亡(無)避(僻)。尊德義 17

    7. 散(察)丌(其)見者。性命 38

    8. 講(察)天道(道)吕(以)愚(化)民燚(燚—氣)。語叢一 68

    9. 又(有)憭(察)膳(善),亡(無)爲膳(善)。語叢一 84

    10. 憭(察)所晢(智—知),憭(察)所不晢(智—知)。語叢一 85

    11. 埶(勢)牙(與)聖(聖—聲)爲可憭(察)也。語叢一 86

二、明察。

    1. 思不淒(清—精)不評(察)。五行 8

    2. 淒(清—精)五行 12 勑(則)評_(察,察)勑(則)安(安)。13

0579 富   富

【用字】   稟、稟、稟、窠、買

【解字】

    "稟"即"稟"字,二者皆爲"福"字異體,从"酉";"買"爲"富"字異體,亦从"酉"。

【詞義】

一、財物;財富。

    1. 勪(則)民谷(欲)丌(其)**成之 17** 畐(福—富)之大也。**18**

    2. 未賞而民蘁(懽—勸),含畐(福—富)者也。**性命 52**

    3. 厽(三)喋(世)之畐(福—富)。**語叢四 3**

二、富有;富足。

    1. 我糅(無)事而民自畐(福—富)。**老甲 31**

    2. 貴畐(福—富)僑(喬—驕)。**老甲 38**

    3. 大臣之不新(親)也,鼎(勪—則)忠敬不足而賈(富)貴巳(已)迖(過)也。**緇衣 20**

    4. 翌(翠—輕)朁(朁—絶)貧戔(賤)而至(重)朁(朁—絶)賈(富)貴。**緇衣 44**

    5. 畐(福—富)而貧(分)賤。**成之 17**

    6. 善者民必畐_(福—富,富)未必和。**尊德義 27**

0580 實　　實

【用字】　實

【詞義】

一、事實;實際。

    1. 忠,㤅(仁)之實(實)也。**忠信 8**

二、副詞。實在;確實。

    1. 口更(惠)而實(實)弗從(從)。**忠信 5**

三、用爲"經",參閱卷十三"經"(第 681 頁)。

0581 容　　容　　古文 宭

【用字】　公、頌、松

【詞義】

一、寬容。

    1. 公(容)生於希(肆)。**語叢二 24**

二、容貌;儀容。

    1. 是吕(以)爲之頌(容)。**老甲 8**

    2. 宩(從)頌(容)又(有)崇(常)。**緇衣 16**

    3. 亓(其)頌(容)不改(改)。**緇衣 17**

4. 甗_（甗色—顔色）佁（容）佼（貌）。五行 32

5. 至（致）頌（容）宙（庿—廟—貌）所㠯（以）曼（文）卲（節）也。性命 20

6. 好亓（其）頌（容）性命 21

7. 賓（賓）客之豊（禮）必又（有）夫齊_（齊齊）之頌（容）。性命 66

8. 又（有）勿（物）又（有）公（容）。語叢一 13

9. 又（有）勿（物）又（有）公（容）。語叢一 14

10. 又（有）公（容）又（有）頤（色）。語叢一 47

11. 公（容）毙（色），目毁（司）也。語叢一 50

12. 燹（燹—氣），公（容）毁（司）也。語叢一 52

13. 唐（唬—呼）牙（與）公（容）牙（與）夫丌（其）行者。語叢一 109

0582 守　　月

【用字】　守、肘、獸、戰

【解字】

　　“肘”字見於《成之》簡 3，原作“ ”。劉桓先生認爲“ ”上从父，下似爲“斤”，釋作“斧”①。崔永東先生認爲此字爲“右”字之訛②。多數學者將此字釋爲“守”，如袁國華先生疑爲“守”字譌體或省體③。張桂光先生亦疑爲“守”字的省文④。周鳳五先生釋郭店簡“ ”字爲“寸”，讀爲“守”。“守”，古音書紐幽部；“寸”，清紐文部，二字可通⑤。何琳儀先生很早就指出“守”从“肘”聲，郭店簡出土後又指出“ ”字應爲“肘”之初文，讀爲“守”⑥。劉釗先生提出兩種可能：第一種可能是“ ”即“守”字省寫，守字本从“肘”聲，故“守”可省去義符“宀”而只保留聲符；第二種可能是“ ”字可直接釋爲“肘”，假借爲“守”。他又進一步引《璽彙》“敬守”（3307、

① 劉桓：《讀〈郭店楚墓竹簡〉札記》，《簡帛研究二〇〇一》，廣西師範大學出版社，2001 年，第 64 頁。

② 崔永東：《讀郭店楚簡〈成之聞之〉與〈老子〉札記》，《簡帛研究二〇〇一》，廣西師範大學出版社，2001 年，第 69 頁。

③ 袁國華：《郭店楚簡文字考釋十一則》，《中國文字》新 24 期，藝文印書館，1998 年，第 141—142 頁。

④ 張桂光：《〈郭店楚墓竹簡〉釋注續商榷》，《簡帛研究二〇〇一》，廣西師範大學出版社，2001 年，第 188 頁。

⑤ 周鳳五：《讀郭店簡〈成之聞之〉札記》，《古文字與古文獻》試刊號，1999 年，第 44 頁。

⑥ 何琳儀：《戰國古文字典——戰國文字聲系》，中華書局，1998 年；《郭店竹簡選釋》，《文物研究》第 12 輯，黃山書社，2000 年，第 164 頁。

4231）、《禮記·郊特牲》“知其義而敬守之,天子之所以治天下也”、《管子·內業》“敬守勿失,是謂成得”爲證,認爲“敬慎以之”應即“敬慎以守之”①。李天虹也將“”字釋爲“肘”,她指出古文字“寸”一般作“”形,與“”雖然相近,但是差別也是一目瞭然②。李家浩先生認爲《成之聞之》“”字即“寸”字,爲“肘”之初文③。

【詞義】

一、掌管。

1. 愚(畏—蘷)守樂。唐虞 12

2. 戰(守)監門窮達 4 埜(棘)墜(地)。5

二、保守;保持。

1. 矦(矦—侯)王能守之,而萬勿(物)牆(牆—將)自愚(化)。老甲 13

2. 矦(矦—侯)王女(如)能老甲 18 獸(獸—守)之。19

3. 獸(獸—守)中,箽(篤)也。老甲 24

4. 金玉浧(浧—盈)室,莫能獸(獸—守)也。老甲 38

5. 古(故)君子多瞗(聞),齊而獸(獸—守)之緇衣 38

6. 敬新(慎)曰(以)肘(守)之。成之 3

7. 能獸(獸—守)戈(式—一)凵(曲)女(安—焉)。六德 43

0583　寵　　

【用字】　憝

【詞義】

一、光寵;榮耀。

1. 憝(寵)戛(辱)若鶯(嘗—榮),貴大患若身。老乙 5

2. 可(何)胃(謂)憝(寵)老乙 5 戛(辱)? 6

3. 憝(寵)爲下也。老乙 6

4. 是胃(謂)憝(寵)戛(辱)鶯(嘗—榮)。老乙 6

① 劉釗:《讀郭店楚簡字詞札記》,《郭店楚簡國際學術研討會論文集》,湖北人民出版社,2000 年,第 83—84 頁。

② 李天虹:《釋郭店楚簡〈成之聞之〉篇中的“肘”》,《古文字研究》第 22 輯,2000 年,第 262—264 頁。

③ 李家浩:《楚簡所記楚人祖先“妣(鬻)熊”與“穴熊”爲一人說——兼說上古音幽部與微、文二部音轉》,《文史》,2010 年第 3 輯,第 5—44 頁。

0584 宜　　🔲　　古文 🔲 、🔲

【用字】　宜

【詞義】

一、合適;相稱。

　　1. 義,宜也。語叢三 35
　　　　·

二、用爲"義",參閱卷十二"義"(第 660 頁)。

三、"忠"字訛寫,參閱卷十"忠"(第 534 頁)。

0585 寢(寢)　　🔲　　籀文 🔲

【用字】　帚

【解字】

　　《説文》:"寢,臥也。"下收籀文"寢"。"寢"即"寢"字,今作"寢"。《玉篇》:"寢,臥也。或作寢。"《集韻》:"寢,古作寢。"段玉裁曰:"(寢)今人皆作寢,寢乃寢部寢字之省。"楚文字"寢"多寫作"寢"或"帚","帚"即掃帚,會在屋內打掃,以供居息之意,加"爿"("牀"字初文)旁,加強居息之意①。唐蘭先生曾指出"'帚'古讀如'侵'"②,如此,則"帚"亦有表音的作用。

【詞義】

一、停止;平息。

　　1. 帚(寢)四夌(鄰)六德 3 之帝(啻)唐(虖—呼)。4
　　　·

0586 寬　　🔲

【用字】　寢

【解字】

　　"寢"即"愜"字異體。《尊德義》簡 33"愜"字模糊,劉信芳先生認爲是"愜"字③。簡 34"愜"字,整理者(174 頁)疑當釋爲"愫";劉釗先生認爲"愫"意爲心不安④。白於藍先生認爲从"爰",與"寬"義近⑤。李零先生

① 季旭昇:《説文新證》,福建人民出版社,2010 年,第 619 頁。

② 唐蘭:《殷墟文字記》,1934 年,第 23 頁下。

③ 劉信芳:《郭店竹簡文字考釋拾遺》,《江漢考古》,2000 年第 1 期,第 45 頁。

④ 劉釗:《郭店楚簡校釋》,福建人民出版社,2005 年,第 129 頁。

⑤ 白於藍:《〈郭店楚墓竹簡〉讀後記》,《中國古文字研究》第 1 輯,吉林大學出版社,1999 年,第 115 頁。

認爲從"寽",讀爲"埒",同等之義①。涂宗流、劉祖信先生認爲此字從心從
俞,似應隸定爲愈,讀爲"偷",偷惰,意爲對偷惰的容忍,引申爲"寬容"②。
劉信芳先生釋爲"愋",疑讀爲"緩"③。陳偉先生疑是"爰"之變體,應釋爲
"愋",讀爲"緩",指爲政寬緩④。單育辰先生將兩處"愋"字皆讀爲"寬"⑤。
"愋"字還見於上博二《從政》篇,學者亦多讀爲"寬"。

【詞義】

一、寬緩。

　　1. 不憇(愋—寬)勪(則)弗悪(懷)。尊德義 **33**

　　2. 憇(愋—寬)尊德義 **34** 不足吕(以)女(安)民。**35**

0587 寰　　　　寰

【用字】　　寰、須

【解字】

　　《老子》甲本簡2、簡24兩處"寰"字原分別作"𢓜""𢓜",整理者(114
頁注[七]、116頁注[五八])釋爲"須",簡2疑爲"寰"字之誤寫;簡24
"須",待也,各本作"觀"。趙建偉先生認爲須、寰、顧、觀形音皆相近,故常
互作⑥。此二形皆應是"寰(寰)"字謆省,舊或以"須"字讀,不確。李零先
生指出,原字仍是"寰"字,只是寫得比較擠,略去右邊兩點,並非"須"字⑦。
顏世鉉先生認爲當釋爲"寰"字。《魯穆公問子思》簡4"寰人惑焉"、《尊德
義》簡15"民吁以寰信"、《語叢三》簡31"智者寰謀",寰字分別作𢓜、𢓜、
𢓜,字下部或從"公"之形,亦有省其形者;而上舉《老子》甲簡二字則是從
"彡",或繁簡不同,其爲一字當無疑⑧。白於藍先生釋爲"寰"。此字原篆作
"𢓜",與須字形似而實異。郭店簡《老子》甲本簡2有"少厶(私)寰欲"語,

①　李零:《郭店楚簡校讀記》,《道家文化研究》第17輯(郭店楚簡專號),生活·讀書·新知
　　三聯書店,1999年,第524頁。

②　涂宗流、劉祖信:《郭店楚簡先秦儒家佚書校釋》,萬卷樓圖書有限公司,2001年,第133、
　　137頁。

③　劉信芳:《郭店竹簡文字考釋拾遺》,《江漢考古》,2000年第1期,第45頁。

④　陳偉:《郭店簡書〈尊德義〉校釋》,《中國哲學史》,2001年第3期,第117頁。

⑤　單育辰:《郭店〈尊德義〉〈成之聞之〉〈六德〉三篇整理與研究》,科學出版社,2015年,第
　　74—75、78頁。

⑥　趙建偉:《郭店楚簡〈老子〉校釋》,《道家文化研究》第17輯(郭店楚簡專號),生活·讀
　　書·新知三聯書店,1999年,第267頁。

⑦　李零:《郭店楚簡校讀記》,《道家文化研究》第17輯(郭店楚簡專號),生活·讀書·新知
　　三聯書店,1999年,第468頁。

⑧　顏世鉉:《郭店楚簡散論(二)》,《江漢考古》,2000年第1期,第38—41頁。

其寡字正作"",與上引之字字形全同,可以爲證。至於須字,見於包山楚簡和曾侯乙墓簡,其于包山簡中之形體如下:(簡 88)、(簡 102)、(簡 102 反)、(簡 130 反)、(簡 145 反)。其于曾侯乙墓竹簡中之形體如下:(簡 6)、(簡 10)、(簡 68)。很顯然,這兩種形體之須字與上引之"寡"字均有差別,包山簡之"須"字象徵鬍鬚的部分均爲三筆,而"寡"字頁旁左下均爲兩筆;曾侯乙墓簡之"須"字象徵鬍鬚的部分雖爲兩筆,但卻均作彎曲飄逸狀,且均與象徵面頰的部分連爲一體。可見,""之爲寡,當可無疑①。何琳儀、程燕先生釋爲"須",《釋詁》"須,待也"。"須"也可能是"寡"之誤,觀、寡音近可通。中山王方壺"顧"作"頯",右從"寡",與"觀"形亦頗近②。劉釗先生將簡 2 隸定爲"夒",認爲是"寡"字簡省的寫法,非"須"之誤;釋簡 24 之字爲"須",意爲等待③。

【詞義】

一、少。與"多"相對。

　　1. 勑(則)民話(訏)昌(以)募(寡)訐(信)。尊德義 15

　　2. 旮(智)叟(治)者賔(寡)恶(悔)。語叢三 31

二、形近訛寫爲"須"。

　　(一)少。與"多"相對。

　　　　1. 少厶(私)須〈募(寡)〉欲(欲)。老甲 2

　　(二)用爲"顧",參閱卷九"顧"(第 459 頁)。

三、"寡人",寡德之人。古代王侯自謙之辭。

　　1. 募(寡)人惑女(安—焉),而未之昊(得)也。魯穆公 4

0588 客　　

【用字】　客

【詞義】

一、賓客;客人。

　　1. 敢(嚴)唐(唬—乎)丌(其)奴(如)客。老甲 9

　　2. 樂與餌,怵(過)客坒(止)。老丙 4

————————

①　白於藍:《郭店楚簡拾遺》,《華南師範大學學報(社會科學版)》,2000 年第 3 期,第 88—91 頁。

②　何琳儀、程燕:《郭店〈老子〉校釋(甲篇)》,《簡帛研究二〇〇二、二〇〇三》,廣西師範大學出版社,2005 年,第 34—43 頁。

③　劉釗:《郭店楚簡校釋》,福建人民出版社,2005 年,第 6、19 頁。

3. 寍(賓)客之豊(禮)必又(有)夫齊﹍(齊齊)之頌(容)。**性命 66**

4. 寉(賓)客,晝(青—清)漳(廟)之叓(文)也。**語叢一 88**

5. 寍(賓)客之用繒(幣)也,非正(徵)。**語叢三 55**

二、用爲"各",參閱卷二"各"(第 65 頁)。

0589 寄

【用字】 达

【詞義】

一、委託;託付。

　　1. 若可吕(以)达(寄)天下矣。**老乙 8**

0590 寒

【用字】 蒼、倉、滄

【解字】

　　郭永秉先生認爲用作"寒"的類"倉"形字(或其所从聲旁)是"寒"字譌變之形,與"倉"形混同①。劉傳賓進一步認爲"倉""寒"二形的譌變是雙向的②。

【詞義】

一、冷。

　　1. 杲(躁)勢(勝)蒼(寒)。**老乙 15**

　　2. 是吕(以)成(城—成)倉(寒)然(熱)。**太一 3**

　　3. 倉(寒)然(熱)遉(復)相楠(輔)也。**太一 3**

　　4. 溼(濕)澡(燥)者,倉(寒)然(熱)肵﹦(之所)生也。**太一 4**

　　5. 倉(寒)然(熱)者,[四時之所生也]。**太一 4**

　　6. 瞀(晉)各(冬)旨(旨—祁)滄(寒)。**緇衣 10**

0591 害

【用字】 害、晝、畫、禹、憲、蠹、韧

---

① 郭永秉:《從戰國文字所見的類"倉"形"寒"字論古文獻中表"寒"義的"滄/凔"是轉寫誤釋的產物》,《出土文獻與古文字研究》第 6 輯,上海古籍出版社,2014 年,第 379—398 頁。

② 劉傳賓:《"倉""寒"二字譌混現象補説》,紀念于省吾先生誕辰 120 周年、姚孝遂先生誕辰 90 周年學術研討會,2016 年。

【詞義】

一、傷害;損害。

1. 亓(其)才(在)民祡(前)也,民弗箸(害)也。老甲 4

2. 不可旻(得)而杒(利),亦不可旻(得)而叙(害)。老甲 28

3. 往而不箸(害),女(安—焉)坒(坪—平)大。老丙 4

4. 弖(以)少(小)迬(道)蠆(害)大迬(道),柬(簡)也。五行 35

5. 不弖(以)旨(旨—嗜)谷(欲)萬(害)亓(其)義回。尊德義 26

6. 民余(捨)慧(害)簪(智—知)尊德義 23 生。24

7. 又(有)是飤(攸—施)少(小)尊德義 37 又(有)杒(利),迌(遭)而大又(有)慧(害)者,又(有)之。38

8. 又(有)是飤(攸—施)少(小)又(有)慧(害),迌(遭)而大又(有)杒(利)者,又(有)之。尊德義 38

9. 句(苟)毋(無)大害,少(小)枉,内(納)之可也。性命 61

10. 而民弗箸(害)也。語叢四 21

二、災害;禍患。

1. 女(如)酒(牆—將)又(有)敗(敗),钪(雄)是爲劅(割—害)。語叢四 16

三、妨礙。

1. 眾而不劅(割)ᵬ(害,割)而不豊(䠙—僕—仆)。語叢四 18

0592 宋 宀

【用字】 宋

【詞義】

一、周代諸侯國名。

1. 宋人又(有)言曰:……緇衣 45

0593 宗 宀

【用字】 宗

【詞義】

一、"宗族"。以父親爲血源紐帶劃定的家族。

1. 晨(祖)字(娩—免),爲宗族也。六德 28

2. 爲六德 29 宗族丌(麗—離)彁(朋)替(友),不爲彁(朋)替(友)丌(麗—離)宗族。30

0594 窑

【用字】　窑

【解字】

　　"窑"字,或隸定爲"訇"。《忠信之道》簡 1"窑"字,張光裕先生釋爲"害(?)"。趙建偉先生釋爲"造",訓爲"僞"①。李零先生隸定爲"窑",疑是"竂"字之省,讀爲"孚",信也②。周鳳五先生釋爲"達",訓爲"曉解"③。魏宜輝、周言,陳斯鵬,何琳儀等先生釋爲"訇",分別讀爲"詔""謠""悁",訓爲欺詐、虚妄不實之詞、疑④。陳偉先生讀爲"悁"⑤。馮時先生隸定爲"窑",認爲是"竂"字異構,讀爲"葆",訓爲隱藏⑥。簡 3"窑"字,李零先生讀爲"陶"⑦。周鳳五先生讀爲"達"⑧。趙建偉先生讀爲"由",訓爲順隨⑨。陳斯鵬先生讀爲"遥"⑩。陳偉先生認爲是"大古"合文,與"大久"類似⑪。董珊先生讀爲"蹈","蹈"的詞義是對諾言的踐履⑫。

【詞義】

一、用爲"詔",參閲卷三"詔"(第 148 頁)。

二、用爲"陶",參閲卷十四"陶"(第 731 頁)。

---

①　趙建偉:《郭店竹簡〈忠信之道〉〈性自命出〉校釋》,《中國哲學史》,1999 年第 2 期,第 34 頁。

②　李零:《郭店竹簡校讀記》,《道家文化研究》第 17 輯(郭店楚簡專號),生活·讀書·新知三聯書店,1999 年,第 502 頁。

③　周鳳五:《郭店楚簡〈忠信之道〉考釋》,《中國哲學》第 21 輯,遼寧教育出版社,2000 年,第 138—139 頁。

④　魏宜輝、周言:《讀〈郭店楚墓竹簡〉札記》,《古文字研究》第 22 輯,中華書局,2000 年,第 235 頁。陳斯鵬:《郭店楚墓竹簡考釋補正》,《華學》第 4 輯,紫禁城出版社,2000 年,第 79—80 頁。何琳儀:《郭店竹簡選釋》,《簡帛研究二〇〇一》,廣西教育出版社,2001 年,第 164 頁。

⑤　陳偉:《郭店竹書別釋》,湖北教育出版社,2003 年,第 74—75 頁。

⑥　馮時:《戰國竹書〈忠信之道〉釋論》,《古墓新知——紀念郭店楚簡出土十周年論文專輯》,國際炎黄文化出版社,2003 年,第 43—44 頁。

⑦　李零:《郭店竹簡校讀記》,《道家文化研究》第 17 輯(郭店楚簡專號),生活·讀書·新知三聯書店,1999 年,第 502 頁。

⑧　周鳳五:《郭店楚簡〈忠信之道〉考釋》,《中國哲學》第 21 輯,遼寧教育出版社,2000 年,第 140—141 頁。

⑨　趙建偉:《郭店竹簡〈忠信之道〉〈性自命出〉校釋》,《中國哲學史》,1999 年第 2 期,第 35 頁。

⑩　陳斯鵬:《郭店楚墓竹簡考釋補正》,《華學》第 4 輯,紫禁城出版社,2000 年,第 79—80 頁。

⑪　陳偉:《郭店竹書別釋》,湖北教育出版社,2003 年,第 76—79 頁。

⑫　董珊:《讀〈上博六〉雜記(續四)》,簡帛網(http://www.bsm.org.cn/show_article.php?id=649),2007 年 7 月 21 日。

三、待考。

  1. 宛而者尚,訐(信)**忠信 3** 之至也。**4**

0595 宫　　宮

【用字】　宫
【詞義】

一、宗廟。

  1. 一宫之人不勞(勝)**成之 7** 丌(其)敬。**8**

  2. 一宫之人不勞(勝)丌(其)[哀]。**成之 8**

0596 吕　　呂

【用字】　吕、邙
【詞義】

一、"吕望"。人名,周初人吕尚,亦稱太公望。

  1. 邙(吕)室(望)爲牂(臧)枖(棘)澕(津)。**窮達 4**

二、《吕刑》,《尚書》篇名。

  1.《邙(吕)坓(刑)》鼎(員一云):……**緇衣 13**

  2.《吕坓(刑)》鼎(員一云):……**緇衣 26**

  3.《吕坓(刑)》鼎(員一云):……**緇衣 29**

0597 穴　　內

【用字】　窒
【解字】

  《龍龕手鑑·穴部》:"窒,俗,音塞。"《正字通·穴部》:"窒,古文塞。以土窒穴也。"《集韻》:"窒,蘇則切,音塞,以土塞穴也。"據此,徐在國先生釋爲"塞",訓爲阻塞、滯塞①;白於藍先生釋字同,訓爲"止"②。王志平先生釋爲"穴"③。從其他出土文獻資料來看,釋爲"穴"有形體上的證據。如上博

---

① 徐在國:《郭店楚簡文字三考》,《簡帛研究二○○一》,廣西教育出版社,2001 年,第 178 頁。

② 白於藍:《郭店楚墓竹簡考釋(四篇)》《簡帛研究二○○一》,廣西教育出版社,2001 年,第 19 頁。

③ 王志平:《郭店簡〈窮達以時〉校釋》,《簡牘學研究》第 3 輯,甘肅人民出版社,2002 年,第 63 頁。

三《周易》簡56"取彼在窨",對比其他各本可知此處"窨"當釋爲"穴"[1];再如新蔡簡中楚先祖名"窨熊"和"穴熊"互見[2]。但從詞義來看,釋"穴"並不合適。鄔可晶先生認爲"窨"義當與"駒(約)"相近,故讀爲"鞫",訓爲"窮"[3]。從目前的研究情況來看,將該字看作"穴"字的異體應該是正確的,但在簡文中具體讀爲哪一個詞,還需要繼續討論。

【詞義】

一、待考。

　　1. 驪(騹)窨(穴—?)於厽(皋)埜(棘)。窮達 10

0598　窨(窮)　　　　窨

【用字】　窨、窨、穿

【詞義】

一、盡;終極。

　　1. 丌(其)甬(用)不穿(窮)。老乙 14

　　2. 窨(窮)伩(仁)歔(歔—矣)。唐虞 3

二、窮盡。

　　1. 穿(窮)四洖(海),至千窮達 10 里。11

三、困窨,不得志,與"達"相反。

　　1. 古(故)穿(窮)而不窮達 11[□]。12

　　2. 穿(窮)達吕(以)旹(時)。窮達 14

　　3. 穿(窮)達吕(以)旹(時)。窮達 15

四、貧窮;缺少財物或人手等。

　　1. 窨₌(身窨—身窮)不塱(均)。唐虞 2

五、窮究。

　　1. 窨(窮)潒(源)反查(本)者之貴。成之 11

　　2. 窨(窮)潒(源)反查(本)者之貴。成之 14

---

①　陳仁仁:《戰國楚竹書〈周易〉研究》,武漢大學出版社,2010 年,第 353 頁。

②　張富海:《楚先"穴熊""鬻熊"考辨》,《簡帛》第 5 輯,上海古籍出版社,2010 年,第 209—213 頁;李家浩:《楚簡所記楚人祖先"妣(鬻)熊"與"穴熊"爲一人説——兼説上古音幽部與微、文二部音轉》,《安徽大學漢語言文字研究叢書·李家浩卷》,安徽大學出版社,2013 年,第 188—238 頁。

③　鄔可晶:《關於郭店簡〈窮達以時〉"窨"的一點推測》,《中國文字》新 40 期,藝文印書館,2014 年,第 209—212 頁。

0599 疾　　㞷　　古文 𤻲　　籀文 𤶈

【用字】　疾、𢛲

【解字】

　　關於"𢛲"字的釋讀,參閱卷十"息"。

【詞義】

一、嫉妒;非毀。

　　1. 毋㠯(以)卑(嬖)御𢛲(息—疾)妝(莊)句(后),毋㠯(以)卑(嬖)士
　　　𢛲(息—疾)夫=(大夫)卿事(士)。緇衣 **23**

二、亟;盡力。

　　1. 是㠯(以)智(智—知)而求之不疾。成之 **21**

　　2. 是古(故)凡勿(物)才(在)疾之。成之 **22**

　　3. 害(蓋)言疾也。成之 **22**

　　4. 疾之,成之 **22** 行之不疾,未又(有)能深之者也。**23**

　　5. 甬(用)智(智)之疾者,患爲甚。性命 **42**

三、用爲"息",參閱卷十"息"(第525頁)。

0600 痛　　痛

【用字】　同

【詞義】

一、悲痛。

　　1. 凡同(痛)者迵(踊)。語叢—**102**

0601 病　　𥏫

【用字】　疠

【詞義】

一、有害。

　　1. 貴(持)與貢(亡)管(孰)疠(病)?老甲 **36**

0602 癉　　𤺎

【用字】　𪕿

【解字】

“癉”，段注“或作‘瘅’”，今本正如此。

【詞義】

一、勞累致病。

　　1. 上帝板=(板板)，下民卒(卒—瘁)𤚥(担—癉)。緇衣7

0603 瘁

【用字】 卒

【詞義】

一、勞；勞累。

　　1. 下民卒(卒—瘁)𤚥(担—癉)。緇衣7
　　2. 卒(卒—瘁)袋(勞)百眚(姓)。緇衣9

0604 冠　　𡤋

【用字】 冒

【解字】

“冒”字，整理者(159頁注[二九])以爲下部爲“目”之誤，當釋爲“冒”，讀爲“冃”。李零先生認爲从“宀”从“自”，似乎與“冒”字有別，疑是“冠”字異體①。周鳳五先生釋爲“冠”②。李天虹先生認爲下部是“首”，“冠”字異體③。楊澤生先生疑从“自”“尹”聲或“君”省聲，“尹”形像冠，兼作意符，字當釋爲“冠”④。

【詞義】

一、古時表示男子已成年而舉行的加冠禮稱冠。男子已成年亦稱冠。

　　1. 古者殸(聖)人廿(二十)而唐虞25 冒(冠)。26

0605 冒　　𣇊　　古文 𡦫

【用字】 冒、髦

---

① 李零：《郭店楚簡校讀記》，《道家文化研究》第17輯(郭店楚簡專號)，生活·讀書·新知三聯書店，1999年，第500頁。
② 周鳳五：《郭店楚墓竹簡〈唐虞之道〉新釋》，《“中研院”歷史語言研究所集刊》第70本第3分，1999年，第741頁。
③ 李天虹：《郭店楚簡與傳世文獻互徵七則》，《江漢考古》，2000年第3期，第83、85頁。
④ 楊澤生：《戰國竹書研究》，中山大學博士學位論文，2002年，第71頁。

【詞義】

一、努力。

　　1. 售(唯)髦(冒)不(丕)昌(單)叟(再—稱)惪(德)。成之 22

二、用爲"帽",參閱本卷"帽"(第 404 頁)。

0606 最　　鼂

【用字】　墇

【解字】

　　"墇"即"墇"。李零先生認爲同"準"①。陳偉先生釋爲"墉"②。劉信芳、顏世鉉先生讀爲"敦",敦厚③。涂宗流、劉祖信先生讀爲"享"④。丁原植先生訓"會墇"爲匯聚依據⑤;廖名春先生訓爲學習、看齊⑥。林素清先生讀爲"最",訓爲"聚","會最"爲同義復用⑦。劉釗先生讀爲"敦",通"屯",聚集之義。讀"最"亦通,"會最"即"會萃",會聚之意⑧。單育辰先生讀爲"匯"⑨。

【詞義】

一、會聚。

　　1. 子也者,會(會)墇(墇—最)長材 六德 21 吕(以)事上。22

0607 同　　同

【用字】　同、迵、臮

① 李零:《郭店楚簡校讀記》,《道家文化研究》第 17 輯(郭店楚簡專號),生活·讀書·新知三聯書店,1999 年,第 519 頁。
② 陳偉:《關於郭店楚簡〈六德〉諸篇編連的調整》,《江漢考古》,2000 年第 1 期,第 50 頁。
③ 劉信芳:《郭店竹簡文字考釋拾遺》,《江漢考古》,2000 年第 1 期,第 46 頁。顏世鉉:《郭店楚簡〈六德〉箋釋》,《"中研院"歷史語言研究所集刊》第 72 本第 2 分,2001 年,第 468 頁。
④ 涂宗流、劉祖信:《郭店楚簡先秦儒家佚書校釋》,萬卷樓圖書有限公司,2001 年,第 189—219 頁。
⑤ 丁原植:《郭店楚簡儒家佚籍四種釋析》,臺灣古籍出版有限公司,2000 年。
⑥ 廖名春:《郭店簡〈六德〉校釋札記》,《新出楚簡試論》,臺灣古籍出版有限公司,2001 年,第 171—180 頁。
⑦ 林素清:《重編郭店楚簡〈六德〉》,《古墓新知——紀念郭店楚簡出土十周年論文專輯》,國際炎黃文化出版社,2003 年,第 74 頁。
⑧ 劉釗:《郭店楚簡校釋》,福建人民出版社,2005 年,第 114 頁。
⑨ 單育辰:《郭店〈尊德義〉〈成之聞之〉〈六德〉三篇整理與研究》,科學出版社,2015 年,第 251 頁。

【詞義】

一、同樣;一樣。與"異"相對。

1. 出內(入)自尒(爾)帀(師),于緇衣 39 庶(庶)言同。40

2. 古(故)孝=(君子)不貴彶(彶—庶)勿(物)而貴與成之16 民又(有)同也。17

3. 同方而交,㠯(以)道(道)者也;不同方而[交,以故者也]。性命 57

4. 同兑(悦)而交,㠯(以)惪(德)者也;不同兑(悦)而交,㠯(以)猷者也。性命 58

5. 豊(禮)不同,不宰(豐)不殺。語叢一 103

6. 亓(其)所之同,丌(其)行者異。語叢二 52

二、齊一;統一。

1. 迵(同)亓(其)斳{=}(慎一塵)。老甲 27

2. 和曰景(同),𢝔(智—知)和曰明。老甲 34

3. 和五行 31 勴(則)同,同勴(則)善。32

4. 和鼎(勴—則)同,同鼎(勴—則)善。五行 46

三、混同。

1. 是胃(謂)玄同。老甲 28

四、用爲"痛",參閱卷七"痛"(第 398 頁)。

0608　冕　　屄

【用字】　免、褐

【詞義】

一、古代帝王、諸侯及卿大夫所戴的禮帽。

1. 孝,㤪(仁)之免(冕)也。唐虞 7

2. 君黝(紒)褐(冕)而立於复(阼)。成之 7

0609　兩　　兩

【用字】　兩

【詞義】

一、數詞。凡二物配對者叫做兩;二物相對立者也叫做兩。

1. 若兩輪之相迵(轉),而㞑(終)不相敗(敗)。語叢四 20

0610 罕(罕)　　　罕

【用字】　罕

【解字】

　　《説文》有"罕"而無"罕"。"罕"字,段注引《五經文字》曰:"經典相承隸省作罕。"

【詞義】

一、少;稀少。

　　1. 大而罕(罕—罕)者也。五行 40

　　2. 大而五行 42 罕(罕—罕)者,能又(有)取安(安—焉)。43

0611 罪　　　罪

【用字】　辠

【解字】

　　罪,《説文》曰:"捕魚竹网。"辠,《説文》曰:"犯法也。从辛从自,言辠人蹙鼻苦辛之憂。秦以辠似皇字,改爲罪。""辠"今作"罪"。

【詞義】

一、作惡或犯法的行爲。

　　1. 又(有)大辠(罪)而大戝(誅)之。五行 35

　　2. 又(有)大辠(罪)而大戝(誅)之。五行 38

　　3. 又(有)少(小)辠(罪)而亦(赦)之。五行 38

　　4. 又(有)大辠(罪)而弗大五行 38 戝(誅)也。39

　　5. 又(有)少(小)辠(罪)而弗亦(赦)也。五行 39

二、過失;錯誤。

　　1. 辠(罪)莫至(重)虐(嘑—乎)甚欲(欲)。老甲 5

三、懲罰;治罪。

　　1. 辠(罪)淫〈淫〉暴(暴)囗唐虞 12

0612 置　　　置

【用字】　椿

【詞義】

一、驛站,用馬車或馬傳遞。

　　1. 惪(德)之湹(流),遬(速)虐(嘑—乎)椿(置)蚤(郵)而迲(傳)尊德義

28 畣（命）。**29**

0613 巾　　巾

【用字】　蘮

【詞義】

一、頭巾。冠的一種。

　　1. 冒（帽）袤（絰—絰）冕（蒙）蘮（懂—巾）。**窮達 3**

0614 幣　　幣

【用字】　㡀、繲

【解字】

　　《語叢三》簡 55"繲"字原作，右下所从之"酉"（可直接釋爲"丙"，楚文字"丙"多从"口"作）由"巾"字演變而來①。

【詞義】

一、古代以束帛爲祭祀或餽贈的禮物，叫做幣。

　　1. 㡀（幣）帛，所呂（以）爲訐（信）牙（與）諆（徵）也。**性命 22**

　　2. 寄（賓）客之用繲（幣）也，非正（徵）。**語叢三 55**

0615 常　　常　　或體 裳

【用字】　棠、張

【解字】

　　《説文》："常，下裙也。"即今之"裳"。郭店簡不用此意。《窮達》簡 10 "張山"，學者多以之爲"山名"：如白於藍先生讀爲"腸山"，指太行山②。王志平先生讀"張"爲"常"，《史記·夏本紀》："太行、常山至於碣石，入於海。"③徐在國先生讀"張"爲"長"訓爲"大"。按："峇棘"當指"叢棘"之類的意思，非地名，故"張山"也可能不是具體的地名。

【詞義】

一、常道；規律。

　　1. 寁（從）頌（容）又（有）棠（常）。**緇衣 15**

---

①　魏宜輝：《楚系簡帛文字形體訛變分析》，南京大學博士學位論文，2003 年，第 52—53 頁。

②　白於藍：《郭店楚墓竹簡考釋（四篇）》，《簡帛研究二〇〇一》，廣西師範大學出版社，2001 年，第 196 頁。

③　王志平：《郭店簡〈窮達以時〉校釋》，《簡牘學研究》第 3 輯，甘肅人民出版社，2002 年，第 63 頁。

2. 天夅(降)大黹(常),吕(以)里(理)人侖(倫)。成之 31

3. 是古(故)尖=(少人—小人)燮(嗇—亂)天黹(常)吕(以)逆大道(道)。成之 32

4. 言新(慎)求之於吕(己),而可吕(以)至川(順)天黹(常)㒥(疑—矣)。成之 38

5. 害(蓋)此言也,言不霏(奉)大黹(常)者。成之 39

6. 是成之 39 古(故)君子新(慎)六立(位)吕(以)巳(祀)天黹(常)。40

二、山名,指常山。

1. 驥(驥)駒(約)張(常)山。窮達 10

0616 席　　席　　古文 囷

【用字】　筶
【詞義】

一、供坐臥鋪墊的用具。

1. 孚=(君子)簊(衽)筶(席)之上。成之 34

0617 布

【用字】　布
【詞義】

一、古代麻葛織品稱布。後來有了棉花,棉織品也稱布。

1. 綎(疏)斬布,實(實—経),丈(杖),爲父也,爲君亦狀(然)。六德 27

0618 帛

【用字】　帛
【詞義】

一、絲織物的總稱。

1. 尚(幣)帛,所吕(以)爲訐(信)牙(與)諎(徵)也。性命 22

0619 帽

【用字】　冒
【解字】

《説文》卷七有"冃"字,曰:"小兒蠻夷頭衣也。"段注:"冃即今之帽字也。"
【詞義】
一、戴著。
　　1. 冒(帽)袤(絰—絰)冕(蒙)蕙(懂—巾)。窮達 3

0620 希

【用字】 鬵
【詞義】
一、無。
　　1. 大音鬵(祇—希)聖(聖—聲)。老乙 12

0621 白　　白　　古文 申

【用字】 白
【詞義】
一、白色。
　　1. 白珪(圭)之石〈砧(玷)〉,尚可緇衣 35 碧(磨)也。36
二、潔淨。
　　1. 大白女(如)憂(辱)。老乙 11
三、用爲"百",參閱卷四"百"(第 211 頁)。
四、用爲"伯",參閱卷八"伯"(第 415 頁)。

0622 敝　　㡀

【用字】 尚、逋
【詞義】
一、破舊。
　　1. 句(苟)又(有)衣,必見亓(其)尚(敝)。緇衣 40
二、衰敝。
　　1. 大成(城—成)若老乙 13 夬(缺),亓(其)甬(用)不尚(敝)。14
　　2. 厽(三)者,君子所生牙(與)之立,死牙(與)之逋(敝)也。六德 46
三、弊端;弊病。
　　1. 行鼎(劼—則)䈄(稽)亓(其)所尚(敝)。緇衣 33

国家社科基金
GUOJIA SHEKE JIJIN HOUQI ZIZHU XIANGMU
后期资助项目

郭店簡詞義整理與研究 下

劉傳賓 著

上海古籍出版社

卷　　八

0623　人　　尺

【用字】　人、尖（"少人"合文）、聖（"聖人"合文）、衍（"人衍"合文）

【詞義】

一、由古類人猿進化而來的、能製造工具並使用工具進行勞動的高等動物。

1. 人老甲22 檗（法）壁（地）。23

2. 人多老甲30 軒（智—知）。31

3. 人斎=（之所）粟（褪—鬼—畏），亦不可目（以）不粟（褪—鬼—畏）人。老乙5

4. 娼（媄—美）之，是樂殺人。老丙7

5. 人之歕（敗）也。老丙12

6. 林（麾）人不歙（斂）。緇衣26

7. 人緇衣40 正上句（苟）又（有）言。40背

8. 人售（唯—雖）曰不秒（利）。緇衣44

9. 人而亡（無）賮（賈—恆）。緇衣45

10. 而皇（況）於人唐（唬—乎）？緇衣46

11. 又（有）天又（有）人，天人又（有）分。窮達1

12. 謨（察）天人之分。窮達1

13. 又（有）亓（其）人，亡（無）亓（其）窮達1 殊（世）。2

14. 目（以）亓（其）審（中）心與人交。五行32

15. 亓（其）稽（稽—繼）惡（愛）人。五行33

16. 目（以）亓（其）外心與人交。五行36

17. 大〈天〉壁（施）者（諸）亓（其）人。五行48

18. 亓（其）五行48 人壁（施）者（諸）人。49

19. 一宮之人不努（勝）成之7 亓（其）敬。8

20. 一宮之人不努（勝）亓（其）[哀]。成之8

21. 一剷(軍)之人不獉(勝)丌(其)戤(勇)。成之9

22. 戠(察)反者(諸)吕(己)而可吕(以)成之19 暂(智—知)人。20

23. 谷(欲)人之恶(愛)吕(己)也,勶(則)必先恶(愛)人。成之20

24. 谷(欲)人之敬吕(己)也,勶(則)必先敬人。成之20

25. 丌(其)迲(去)人弗遠厽(疑—矣)。成之21

26. 戁(曩)我二人,毌(無)又(有)會(合)才(在)音〈言〉。成之29

27. 少(小)人成之34 不經(逞)人於刃(恩)。35

28. 暂(智—知)吕(己)所吕(以)暂﹦人﹦(智人—知人,知人)所吕(以)暂(智—知)侖(命)。尊德義9

29. 善取,人能從之,上也。尊德義11

30. 不番(教)亓(其)人,正(政)弗行矣。尊德義19

31. 凡人隻(唯—雖)又(有)眚(性),心亡(無)霏(奠—定)志。性命1

32. 亓(其)訇(始)出斉(皆)生性命15 於人。16

33. 肰(然)句(後)亓(其)內(入)槷(拔—撥)人之心也敏(厚)。性命23

34. 斉(皆)番(教)亓(其)人者也。性命28

35. 人之不能吕(以)爲也。性命37

36. 人不難爲之死。性命44

37. 凡人僞(僞)爲可亞(惡)也。性命48

38. 人不斳(慎)异(斯)又(有)恌(過),訐(信)壴(喜—矣)。性命49

39. 凡人喜(青—情)爲可兊(悅)也。性命50

40. 异(斯)人訐(信)之壴(喜—矣)。性命51

41. 凡兊(悅)人勿悆(隱)也,身必從之。性命59

42. 衍(道),人之六德5 ▢

43. 句(苟)淒(濟)夫人之善它(也)。六德16

44. 古(故)人鼎(勶—則)爲六德22[人也]。23

45. 人又(有)六恵(德),厽(三)新(親)不剴〈剺(斷)〉。六德30

46. 隻(唯)丌(其)人所才(在)。六德48

47. 天生緜(倫),人生卯(謀)。語叢一3

48. 夫〈天〉生百勿(物),人爲貴。語叢一18

49. 人語叢一18 之道(道)也。19

50. 悬(仁)生於人。語叢一22

51. 暂(智—知)忌(己)而句(後)暂﹦人﹦(智人—知人,知人)而句(後)語叢一26 暂(智—知)豊(禮)。27

52. 暂(智—知)人所爲。語叢一29

53. 豊(禮)因人之悥(情)而爲之_{語叢一31} 卲(節)夏(文)者也。**97**

54. 人亡(無)能爲。**語叢一83**

55. 憨(惻一賊),遝(退)人也。**語叢二43**

56. 未又(有)善事人而不返者。**語叢二45**

57. 人异(與)勿(物)斳(斯)里(理)。**語叢三17**

58. 憨(慁一愛)罕(親)勮(則)亓(其)布(殺)憨(慁一愛)人。**語叢三40**

59. 人之眚(性)非與止虎(乎)亓(其)**語叢三57**

60. 督(智一知)行,人之☐。**殘簡3**

二、民;百姓。

1. 絤(治)人事天。**老乙1**

2. 君子道(道一導)人呂(以)言。**緇衣32**

3. 百工不古(楛),而人敚(養)膚(皆)足。**忠信7**

4. 戰與型(刑)人,君子之述(墜)悥(德)也。**成之6**

5. 君子不緷(逞)人於豊(禮)。**成之35**

6. 爲人上者之忒(務)也。**尊德義1**

7. 聚人民。**六德4**

8. ☐人民。**六德47**

三、指某人、某種人或某些人。

1. 畟(淑)人君子,亓(其)義(儀)不緇衣4弌(忒)。**5**

2. 畟(淑)人君子,其義(儀)弌(一)也。**緇衣39**

3. 人之好我,緇衣41旨(旨一示)我周行。**42**

4. 宋人又(有)言曰:……緇衣45

5. 㝫(淑)人君子,亓(其)義(儀)麗(一)也。**五行16**

6. 吳(虞)坴(舜)亓(其)人也。**唐虞10**

7. 忠人亡(無)忠信2譌(訛),訐(信)人不怀(倍)。**3**

8. 忠人弗乍(作),訐(信)人弗爲也。**忠信6**

9. 人之攷(巧)性命45言稱(利)訽(詞)者。**46**

10. 人之逆(悅)肰(然)可牙(與)和女(安)者。**性命46**

四、別人;他人。

1. 遅(往)言剔(傷)人。**語叢四2**

2. 又(有)銜(衛一率)人者,又(有)從人者。**六德8**

3. 又(有)叓(使)人者,又(有)事人[者]。**六德9**

4. 呂(以)宜(義)叓(使)人多(者)。**六德15**

5. 呂(以)忠(忠)叓(事)人多(者)。**六德17**

6. 㠯(以)酓(智—知)衛(衛—率)人多(者)。六德 18

7. 㠯(以)訏(信)從人多(者)也。六德 20

五、人才。

1. 旻(得)亓(其)人鼎(勬—則)望(舉—舉)女(安—焉)，不旻(得)亓
(其)人鼎(勬—則)止也。六德 48

六、指人的品性行爲。

1. 又(有)亓(其)爲人之迎_(節節)女(如)也。性命 44

2. 又(有)亓(其)爲人之柬_(簡簡)女(如)也。性命 45

3. 又(有)亓(其)爲人之快(慧)女(如)也。性命 47

4. 又(有)亓(其)爲人之菒(原—愿)女(如)也。性命 47

5. 悬(仁)，人也。殘簡 8

七、"寡人"。古代君主的謙稱。

1. 募(寡)人惑女(安—焉)。魯穆 4

八、"一人"。古代稱天子。亦爲天子自稱。

1. 一人又(有)慶，蓳(萬)民購(賴)緇衣 13 之。14

九、"人主"。國君。

1. 㠯(以)衍(道)砻(差—佐)人宝(主)者。老甲 6

十、"上人"。居於上位的人，指君主。

1. 上人惫(疑)鼎(勬—則)百眚(姓)賊(惑)。緇衣 5

十一、"大人"。指在高位者，如王公貴族。

1. 大人不新(親)亓(其)所臤(臤—賢)。緇衣 17。

2. 古(故)大人不昌(倡)浘(流)。緇衣 30

3. 淶虎(乎)大人之興，散(微)也。唐虞 17

十二、"小人"。平民百姓。指被統治者。

1. 少(小)|ᐟ|人劕(豈)能好亓(其)駜(匹)。緇衣 42

2. 尖=(少人—小人)燮(亂)天裳(常)㠯(以)逆大衍(道)。成之 32

3. 少(小)人成之 34 不緅(逞)人於刃(恩)。35

4. 此少(小)人矣。尊德義 25

5. 豊(禮)不尊德義 31 隶(逮)於尖_(少人—小人)。32

6. 不酓(智—知)亓(其)苫(鄉)之尖=(少人—小人)、君子。語叢四 11

十三、"賢人"。志行崇高，才德兼修的人。

1. 明勬(則)見_臤_人_(見賢人，見賢人)勬(則)玉色。五行 14

2. 未尚(嘗)貝(視—見)臤(臤—賢)人。五行 23

3. 貝(視—見)臤(臤—賢)人而不酓(智—知)亓(其)又(有)悳(德)也。五

行 24

4. 覮(視—見)殴(臤—賢)人，明也。五行 27

5. 曩(早)與殴(臤—賢)人，是胄(謂)頼行。語叢四 12

6. 殴(臤—賢)人不才(在)昃(側)。語叢四 12

十四、"聖人"。指品德最高尚、智慧最高超的人。

1. 聖(聖)人之才(在)民前也，呂(以)身逡(後)之。老甲 3

2. 是呂(以)聖(聖)人亡(無)爲古(故)亡(無)敗(敗)。老甲 11

3. 聖(聖)人谷(欲)老甲 11 不谷(欲)。12

4. 是古(故)聖(聖)人能專(輔)萬勿(物)之自肰(然)而弗老甲 12 能爲。13

5. 是呂(以)聖(聖)人老甲 14 猷(猶)韄(難)之。15

6. 是老甲 16 呂(以)聖(聖)人居亡(無)爲之事。17

7. 是呂(以)聖(聖)人之言曰：……老甲 31

8. 聖(聖)人糕(無)爲古(故)糕(無)敗(敗)也。老丙 11

9. 是呂(以)聖(聖)老丙 12 人欲(欲)不欲(欲)。13

10. 聖(聖)人之從事也。太一 11

11. 聖(聖)人智(智—知)而〈天〉五行 26 道(道)也。27

12. 夫噐(聖)人上事天。唐虞 4

13. 古者哲(聖)人廿(二十)而唐虞 25 冐(冠)。26

14. 聖(聖)人之眚(性)與中人之眚(性)。成之 26

15. 勸(則)聖(聖)人不可由與墰之。成之 28

16. 此呂(以)民剳(皆)又(有)眚(性)而聖(聖)人不可莫(慕)也。成之 28

17. 聖(聖)人天惪(德)。成之 37

18. 聖₌(聖人)之釘(治)民，民之道(道)也。尊德義 6

19. 聖(聖)人比元(其)性命 16 頪(類)而侖(論)會(會)之。17

十五、"中人"。中等的人；常人。

1. 聖(聖)人之眚(性)與中人之眚(性)。成之 26

十六、"人倫"。人類的倫常。

1. 天夆(降)大棠(常)，呂(以)里(理)人侖(倫)。成之 31

2. 君子釘(治)人侖(倫)呂(以)川(順)成之 32 天惪(德)。33

十七、"人道"。爲人之道。指一定社會中要求人們遵循的道德規範。

1. 善，人五行 4 道(道)也。5

2. 善，人五行 19 道(道)也。20

3. 壑（禹）㠯（以）人道（道）訂（治）亓（其）民，傑（傑—桀）㠯（以）人道（道）䜌（亂）亓（其）民。尊德義 5

4. 人道（道）爲近。尊德義 8

5. 是㠯（以）君子人道（道）之取先。尊德義 8

6. 售（唯）性命 14 人術（道）爲可術（道）也。15

7. 售（唯）人術（道）爲性命 41 可術（道）也。42

8. 君子女（如）谷（欲）求人術（道）。六德 6

9. 術（人術—人道）虡（御）止。六德 26

10. 所㠯（以）㑹（會）天術（道）人術（道）語叢一 36 也。37

0624　保　　𤣥　　古文 𠊪　　古文 𣎆

【用字】　保、伓

【詞義】

一、保持。

　　1. 保此術（道）者不谷（欲）㙯（尚）呈（呈—盈）。老甲 10

二、據有；佔有。

　　1. 湍（揣）而群之，不可長保也。老甲 38

三、保養。

　　1. 一王母語叢四 26 保三殹（嬰）兒（婗）。27 正

四、用爲"抱"，參閱卷十二"抱"（第 619 頁）。

0625　仁　　𠈁　　古文 𢗥 𡰥

【用字】　㥈、忎、念

【解字】

　　《性命》簡 39"忎"字作 𣥍，從某種程度上來講，"忎"字可以看作是"㥈"字之省。

【詞義】

一、古代一種含義極廣的道德範疇，其核心是愛人，與人相親。不同的階級和派別有不同的解釋。

　　1. 女（安—焉）又（有）㥈（仁）義。老丙 3

　　2. 㥈（仁）型（形）於內胃（謂）之惪（德）之行。五行 1

　　3. 不㥈（仁），思不能清（清—精）。五行 9

4. 不惥(仁)不䎱〈智〉。五行9

5. ［不］惥(仁)，思不能淯(清—精)。五行11

6. 不惥(仁)不聖(聖)。五行11

7. 惥(仁)之思也淯(清—精)。五行12

8. 型(形)䞀(則)惥(仁)。五行13

9. 不䎱(智)不_惥_(不仁,不仁)不安(安)。五行21

10. 不惡(愛)不惥(仁)。五行21

11. 䎱(智—知)而安(安)之,惥(仁)也。五行28

12. 䎱(智—知)而安(安)之,惥(仁)也。五行30

13. 惥(仁)義,豊(禮)所䋽〈繇(由)〉生也。五行31

14. 惡(愛)父,亓(其)秅(稽—繼)惡(愛)人,惥(仁)也。五行33

15. 匿(暱),五行40惥(仁)之方也。41

16. 矛(柔),惥(仁)之方也。五行41

17. 志(仁)之至也。唐虞2

18. 窳(窮)忈(仁)歆(歟—矣)。唐虞3

19. 孝,忈(仁)之免(冕)也。唐虞7

20. 忈(仁)而未義也。唐虞8

21. 我(義)而未忈(仁)也。唐虞9

22. 忈(仁)昌(以)遉(逢)旹(時)。唐虞14

23. 從(縱)忈(仁)、咠(聖)可牙(與),旹(時)弗可及歆(歟—矣)。唐虞15

24. 亟(極)志(仁)唐虞19之至。20

25. 忠,志(仁)之實(實)也。忠信8

26. 惥(仁)爲可新(親)尊德義3也。4

27. 䞀(則)民淂(淫)悃遠豊(禮)亡(無)新(親)惥(仁)。尊德義16

28. 眷(尊)惥(仁)。尊德義20

29. 管(篤),志(仁)之方也。性命39

30. 惥(仁),昔(性)之方也。性命39

31. 售(唯)昔(性)惡(愛)爲近惥(仁)。性命40

32. 售(唯)亞(惡)不志(仁)爲忻(近)宜(義)。性命41

33. 訢(慎),志(仁)之方也。性命49

34. 管(篤)於惥(仁)者也。性命55

35. 攸(修)身近至惥(仁)。性命57

36. 惥(仁)、宜(義)也。六德1

37. 悬(仁)牙(與)宜(義)臱(就)豆(喜—矣)。六德 2

38. 非悬(仁)宜(義)者莫之能也。六德 4

39. ［謂之］悬(仁)。六德 23

40. 悬(仁)者,子悳(德)也。六德 23

41. 悬(仁),内也。六德 26

42. 悬(仁)頪(類)蓻〈莖(薹—柔)〉而速(束)。六德 31

43. 悬(仁)蓻〈莖(薹—柔)〉而敔(晤)。六德 32

44. 聖(聖)生悬(仁)。六德 35

45. 又(有)悬(仁)又(有)智(智)。語叢一 16

46. 塹(邎—由)中出者,悬(仁)、忠、訐(信)。語叢一 21

47. 悬(仁)生於人。語叢一 22

48. 疉(厚)於義,尃(薄)於悬(仁)。語叢一 82

49. 憋(慁—愛)膳(善)之胃(謂)悬(仁)。語叢一 92

50. 悬(仁)悬(義)爲之楻(桌)。語叢一 93

51. 喪,悬(仁)之耑(端)也。語叢一 98

52. 悬(仁),疉(厚)之[□也]。語叢三 22

53. 未又(有)亓(其)至勘(則)悬(仁)。語叢三 28

54. 喪,悬(仁)也。語叢三 35

55. 憋(慁—愛),悬(仁)語叢三 35 也。36

56. 勿(物)不菥(備),不城(成)悬(仁)。語叢三 39

57. 厌於語叢三 50 悬(仁)。51

58. 悬(仁),人也。殘 8

59. ☑悬(仁)。殘 14

二、對人親善,仁愛。

1. 上好悬(仁),鼎(勘—則)下之爲緇衣 10 悬(仁)也极(耕—爭)先。11

2. 塹(禹)立三年,百眚(姓)吕(以)悬(仁)道(道),剀(豈)必緇衣 12 聿(盡)(盡)悬(仁)? 13

3. 鼎(勘—則)好悬(仁)不咢(䂍—堅)而亞₌(亞亞—惡惡)不屨(著)也。緇衣 44

4. 聟(聞)道(道)而兌(悅)者,好悬(仁)者也。五行 49

5. 父聖(聖),子悬(仁)。六德 34

三、舊指具有仁德的人。

1. 古舀(昔)◾及(叞—賢)悉(仁)罜(聖)者女(如)此。唐虞 2

2. 悉(仁)者爲此進。唐虞 28

0626 伯　　伯

【用字】　白、故

【解字】

《窮達》簡14"母"讀爲"梅"從陳劍先生意見①。

【詞義】

一、古爵位名。五等爵位的第三等。

　　1. 白(百)里迟(遷)逍(鷖)五羊,爲故(伯)歖(牧)牛。窮達7

二、人名。

　　1. 母(梅)白(伯)窮達14 觌(初)浩(醯)酶(醢)。9

三、巷伯。宦官;太監。因居宮巷,掌管内事,故稱。

　　1. 亞=(亞亞—惡惡)女(如)亞(惡)遄(巷)白(伯)。緇衣1

0627 伊　　伊　　古文 㱃

【用字】　尹

【詞義】

一、人名。"伊尹"。

　　1. 隹(唯)尹身(允)及湯,咸又(有)一悳(德)。緇衣5

0628 何　　何

【用字】　可

【詞義】

一、代詞。表示疑問。什麽;怎麽;多少。

　　1. 虘(吾)可(何)目(以)智(智—知)亓(其)肰(然)也。老甲30

　　2. 相去幾可(何)？老乙4

　　3. 相去可(何)若？老乙4

　　4. 可(何)胃(謂)悳(寵)老乙5 憂(辱)？6

　　5. 或可(何)[患焉]？老乙7

　　6. 虘(吾)可(何)目(以)智(智—知)天[下之然哉]？老乙18

　　7. 可(何)蔓(懂—難)之又(有)才(哉)？窮達2

<hr>

① 陳劍:《郭店簡〈窮達以時〉〈語叢四〉的幾處簡序調整》,《戰國竹書論集》,上海古籍出版社,2013年,第4—13頁。

8. 可(何)胃(謂)六惪(德)? 六德1

0629 備　　偣

【用字】　備、偹、葡

【解字】

《語叢一》簡94"備"字作偣,與楚文字常見"備"字形體不同,右下部分似"女"而非。古文字往往在人形的足部加"止"形,進而演變爲該字右下之形。

【詞義】

一、具備;齊備;全。

    1. 罜(聖)道(道)備歖(歟一矣)。唐虞3

    2. 勿(物)不葡(備),不城(成)悬(仁)。語叢三39

    3. 備之胃(謂)聖(聖)。語叢一94

二、用爲"服",參閱本卷"服"(第443頁)。

0630 位　　位

【用字】　位、立

【詞義】

一、職位;官爵。

    1. 悬(情一靖)共(恭)尒(爾)立(位)。緇衣3

    2. 方才(在)下立(位)。唐虞18

    3. 朝(潮一朝)廷之立(位)。成之34

    4. 雀(爵)立(位),所目(以)訐(信)亓(其)肰(然)也。尊德義2

二、職分。

    1. [此]六立(位)也。六德8

    2. 歆(既)又(有)六德9夫六立(位)也。10

    3. 内立(位),父、子、六德26夫也。27

    4. 外立(位),君、臣、婦也。六德27

    5. 君子訢(慎)六立(位)目(以)巳(祀)天臸(常)。成之40

三、所在的位置。

    1. 君衰絑(絰)而尻(處)立(位)。成之8

四、用爲"蒞",參閱卷一"蒞"(第38頁)。

0631 倫 

【用字】 侖、緐

【詞義】

一、倫常；綱紀。

1. 天夆（降）大祟（常），㠯（以）里（理）人侖（倫）。成之 31
2. 君子訂（治）人侖（倫）㠯（以）川（順）成之 32 天悳（德）。33
3. 明虐（唬—乎）民侖（倫）。尊德義 1
4. 斈（學）非改（改）侖（倫）也，斈（學）异（㠱—己）也。尊德義 5
5. 非侖（倫）而民備（服）殜（御），此嬰（亂）矣。尊德義 25
6. 快（慧）不足㠯（以）䛳（智—知）侖（倫）。尊德義 35
7. 天生緐（倫），人生卯（謀）。語叢一 3
8. 而句（後）語叢一 4 又（有）緐（倫）。5

二、條例；順序。

1. 侖（倫）隶（列）亓（其）頪（類）尊德義 30 女（安—焉）。31

0632 依 

【用字】 依、衣

【解字】

楚文字“衣”“卒”二字混用，“衣”字及作爲偏旁的“衣”多寫作“卒”。參閱本卷“卒”（第 437 頁）。

【詞義】

一、依託；依靠。

1. 依惠勳（則）民材（財）足。尊德義 32

二、根據；按照。

1. 叓（文）衣（依）勿（物），㠯（以）青（青—情）行之者。語叢三 44

0633 側 

【用字】 昃

【詞義】

一、旁邊。

1. 臤（臤—賢）人不才（在）昃（側）。語叢四 12

0634 作　　𠆧

【用字】　乍、复、隻、㦅、迮、㹜、亡、妟、甲

【解字】

　　古文字"亡""乍"常常訛混，"妟"即"复"之訛寫。

【詞義】

一、產生；興起。

　　1. 愚（化）而雒（欲）复（作）。老甲13

　　2. 萬勿（物）隻（作）而弗忓（始）也。老甲17

　　3. 萬勿（物）方（並）妟〈复（作）〉。老甲24

　　4. 㞢（待）勿（物）而句（後）复（作）。性命1

　　5. 豊（禮）妟〈复（作）〉於亯（青—情）。性命18

　　6. 蘿（觀）《埜（賚）》《武》鼎（勑—則）齊女（如）也畀（斯）妟〈复（作）〉。性命25

　　7. 而峇（獄—獄）奮〈訟〉亡（無）繇（由）迮（作）也。六德24

　　8. 緍（昏）所由繇（由）㦅（作）也。六德38

　　9. 戈（垰—詩）遴（邎—由）敬乍（作）。語叢一95

　　10. 凡敓（悦），乍（作）於忞（㥶—譽）者也。語叢二42

　　11. 此飤（食）乍（作）妛（安—焉）。語叢三56

二、始。

　　1. 戁（儀）坓（刑）文王，萬邦乍（作）孚。緇衣2

　　2. 不遻（還—率）大昄（夏—夏），文王复（作）罚（罰）。成之38

三、振作。

　　1. 不又（有）夫惥（奮）性命46 㹜（作）之亯（青—情）鼎（勑—則）悉（侮）。47

四、制定。

　　1. 隹（唯）乍（作）五瘧（瘧—虐）之坓（刑）曰瀞（法）。緇衣27

　　2. 乍（作）豊（禮）樊（樂），㪔（折—制）坓（刑）牏（法）。六德2

五、從事或進行某種活動。

　　1. 三者，忠人弗乍（作），訐（信）人弗爲也。忠信6

六、訛寫爲"亡"。產生；興起。

　　1. 而峇（獄—獄）奮〈訟〉戔（蔑）繇（由）亡〈乍（作）〉也。六德36

七、訛寫爲"甲"。始。

　　1. 九咸（城—成）之臺（臺）甲〈乍（作）〉［於纍土］。老甲26

0635 僅　僅

【用字】　堇
【詞義】
一、纔;只;不過。
　　1. 上士昏(聞)道(道),堇(僅)能行於丌(其)中。老乙 9

0636 儀　儀

【用字】　義、愬
【詞義】
一、效法;取法。
　　1. 愬(儀)型(刑)文王,萬邦乍(作)孚。緇衣 2
二、容止;儀表。
　　1. 㝅(淑)人君子,元(其)義(儀)不緇衣 4 弋(忒)。5
　　2. 訢(慎)尒(爾)出話(話),敬尒(爾)愄(畏—威)義(儀)。緇衣 30
　　3. 㝅(淑)訢(慎)尒(爾)坓(止),不侃(諐—愆)于義(儀)。緇衣 32
　　4. 㝅(淑)人君子,甘(箕—其)義(儀)弌(一)也。緇衣 39
　　5. 㬎(攝)㠯(以)愄(畏—威)義(儀)。緇衣 45
　　6. 妟(淑)人君子,元(其)義(儀)罷(一)也。五行 16

0637 任　任

【用字】　弋、貢、妊
【詞義】
一、擔當;承受。
　　1. 凡㤅(憂)患之事谷(欲)妊(任)。性命 62
二、使用;利用。
　　1. 聚人民,貢(任)墬(土地)。六德 4
三、委任;任用。
　　1. 㠯(以)貢(任)此[六職]也。六德 10
　　2. 貢(任)者(諸)子弟。六德 13
四、聽任;任憑。
　　1. 聖(聖—聽)之弋(任)之。窮達 14

0638 儉　　儉

【用字】　龤

【解字】

　　“龤”舊多隸定爲“龤”,字右下當从“甘”。

【詞義】

一、行爲約束而有節制。

　　1. 虞(吾)夫=(大夫)共(恭)寠(且)龤(儉)。緇衣 26

0639 使　　俟

【用字】　叟、囟

【解字】

　　在楚系簡帛文獻中,“囟”字與“思”字經常用來記録“使”這個動詞,可以表示派遣、命令、叫嚷、役使等動作性較强的意義,也可以用來表示致使、讓等動作性較弱的意義①。

【詞義】

一、讓;致使。

　　1. 不囟(使)相尚。太一 12

　　2. 民可叟(使)道(道—導)尊德義 21 之,而不可叟(使)晉(智—知)之。22

　　3. 或叟(使)之也。性命 8

　　4. 耆(教)叟(使)肰(然)也。性命 9

　　5. 必叟(使)又(有)末。性命 60

　　6. 孝(教)此民尒(爾)叟(使)六德 2 之又(有)峕(嚮)也。3

　　7. 叟(使)之足吕(以)生,足吕(以)死。六德 14

　　8. 不叟(使)此民也惪(憂)丌(其)身。六德 41

　　9. 叟(使)民相新(親)也戁(難)。六德 49

二、役使;任用。

　　1. 又(有)叟(使)人者,又(有)事人[者]。六德 9

---

① 陳偉:《包山楚司法簡 131—139 號考析》,《江漢考古》1994 年第 4 期,第 66—71 頁;《郭店竹書別釋》,湖北教育出版社,2003 年,第 31 頁。孟蓬生:《上博竹書(二)字詞札記》,簡帛研究網,2003 年 1 月 14 日;《上博竹書(四)閒詁》,簡帛研究網,2005 年 2 月 15 日。沈培:《周原甲骨文裏的“囟”和楚墓竹簡裏的“囟”和“思”》,《漢字研究》第 1 輯,學苑出版社,2005 年,第 345—366 頁。陳斯鵬:《論周原甲骨和楚系簡帛中的“囟”和“思”——兼論卜辭命辭的性質》,《文史》,2006 年第 1 期,第 5—20 頁。

2. 㠯(以)宜(義)叓(使)人多(者)。**六德 15**

3. 善叓(使)亓(其)下。**語叢四 17**

4. 善皃〈叓(使)〉**語叢四 20** 亓(其)民者。**21**

三、支使;支配。

1. 心叓(使)燹(燹—氣)曰弜(勥—強)。**老甲 35**

2. 宜(義)叓(使)忠(忠)。**六德 35**

四、用也。

1. 三言㠯(以)**老甲 1** 爲叓(使)不足。**2**

0640 傳 

【用字】 連、傳

【詞義】

一、轉達;遞送。

1. 速虐(唬—乎)楮(置)蚤(郵)而連(傳)**尊德義 28** 㦿(命)。**29**

二、繼承;延續。

1. 禮(禮—禪)而不傳(傳)。**唐虞 1**

2. 禮(禮—禪)而不傳(傳)。**唐虞 1**

3. 禮(禮—禪)而不遭(傳)。**唐虞 13**

0641 倍 

【用字】 伓

【詞義】

一、加倍;倍數。

1. 㡭(蠿—絶)𢜔(智—知)弃(棄)攴(鞭—辨),民秎(利)百伓(倍)。**老甲 1**

二、違背;背叛。後作"背"。

1. 訐(信)㠯(以)結之,鼎(鼎力—則)民不伓(倍)。**緇衣 25**

2. 訐(信)人不伓(倍)。**忠信 3**

3. 古(故)不𡊄(皇—誑)生,不伓(倍)死也。**忠信 3**

4. 至訐(信)不伓(倍)。**忠信 4**

5. 伓(倍)生於念(貪),**語叢二 13** 㝏生於伓(倍)。**14**

0642　偏　　偏

【用字】　攴、卞、斅

【解字】

《六德》"斅"字,李零先生認爲左半與《性自命出》簡 54"禮"字同,右半从攴,釋爲"體"①。趙建偉先生讀《六德》簡 41"斅"字爲"倫",訓爲"序"②。陳偉先生認爲字从册从攴,當釋爲"編",在此似讀爲"偏"。"一偏"指一小局部,簡書中具體指"孝悌";"失其偏"是説不讓民衆失去孝悌這一基本倫常③。丁原植先生釋爲"體",認爲簡 40"一體"可訓作"一偏",指整體的一部分;簡 41"體"指宗族的一體④。劉信芳先生隸定爲"斅",讀爲"獵","失其獵"意謂失其取捨之度⑤。劉釗先生認爲《六德》簡 40、41 隸定爲"斅",讀爲"偏",指一個方面⑥。

【詞義】

一、副佐。

　　1. 是吕(以)攴(鞭—偏)酒(牆—將)老丙 8 匔(軍)居左。9

二、偏私;不公正;不平均。

　　1. 君子不卞(偏)女(如)衍(道)。六德 5

三、部分;局部。

　　1. 君子於此弍(一)斅(偏)者亡(無)所媾(法—廢)。六德 40

　　2. 達(逸—失)亓(其)斅(偏)。六德 41

0643　僻　　僻

【用字】　避

【詞義】

一、邪惡;不端。

　　1. 因亟(亙—恆)勲(則)古(固),戠(察)迋(迡—慝)勲(則)亡(無)避(僻)。尊德義 17

---

① 李零:《郭店楚簡校讀記》,《道家文化研究》第 17 輯(郭店楚簡專號),生活·讀書·新知三聯書店,1999 年,第 520 頁。

② 趙建偉:《郭店竹簡〈忠信之道〉〈性自命出〉校釋》,《中國哲學史》,1999 年第 2 期,第 39 頁。

③ 陳偉:《郭店楚簡〈六德〉諸篇零釋》,《武漢大學學報(哲學社會科學版)》,1999 年第 5 期,第 32 頁;《郭店竹書別釋》,湖北教育出版社,2003 年,第 132 頁。

④ 丁原植:《郭店竹簡儒家佚籍四種釋析》,臺灣古籍出版有限公司,2000 年,第 257—259 頁。

⑤ 劉信芳:《郭店簡文字例解三則》,《"中研院"歷史語言研究所集刊》第 71 本第 4 分,2000 年,第 933、939 頁。

⑥ 劉釗:《郭店楚簡校釋》,福建人民出版社,2005 年,第 119 頁。

0644　偽　　𤔡

【用字】　爲、愚

【詞義】

一、欺詐；假裝。

　　1. 凡人愚（偽）爲可亞（惡）也。**性命 48**

　　2. 愚（偽）斝（斯）笑（鄰—隱）壴（喜—矣）。**性命 48**

　　3. 言及鼎（勮—則）**性命 59** 明豈（舉—舉）之而毋愚（偽）。**60**

　　4. 慮〈慮（慮）〉谷（欲）困（淵）而毋爲（偽）。**性命 62**

　　5. 谷（欲）旮（皆）夏（文）而毋愚（偽）。**性命 65**

0645　倡　　�

【用字】　昌

【詞義】

一、提倡；宣揚。

　　1. 古（故）大人不昌（倡）湩（流）。**緇衣 30**

　　2. 疌（上）句（苟）昌（倡）之，勮（則）民鮮不從悡（疑—矣）。**成之 9**

0646　佚　　𠈆

【用字】　蒽

【詞義】

一、"游佚"，優游安逸。①

　　1. 遊**語叢三 14** 蒽（佚），㝵（嗌—益）。**15**

0647　侮　　𠈆　　古文 伸

【用字】　烾、悉

【詞義】

一、輕視；輕慢。

　　1. 亓（其）即（次）烾（侮）之。**老丙 1**

---

① 按：此語見於《墨子·尚同下》："是故古者天子之立三公、諸侯、卿之宰、鄉長、家君，非特富貴游佚而擇之也，將使助治亂刑政也。"

2. 不又（有）夫悫（奮）**性命46** 狅（作）之晝（青—情）鼎（勴—則）悉
（悔）。**47**

0648 仆　　仆

【用字】　豈

【解字】

　　"豈"即"蹼"字,爲《説文》"僕"字古文。

【詞義】

一、仆倒。

　　1. 眾而不韧（割）＝（害,割）而不豈（蹼—僕—仆）。**語叢四 18**

0649 傷　　傷

【用字】　剔、戕

【詞義】

一、創傷;受傷。

　　1. 古（故）江（功）城（成）而身不剔（傷）。**太一 12**

　　2. 女（安）命而弗宊（夭）,敉（養）生而弗戕（傷）。**唐虞 11**

二、傷害;使受傷。

　　1. 遑（往）言剔（傷）人,坴（來）言剔（傷）吕（己）。**語叢四 2**

0650 仇　　仇

【用字】　戕、聲

【解字】

　　"戕"或隸定爲"戴",認爲左側即"棗"字,異體作"棶";或隸定爲"戕"。
今依形隸定爲"戕"。陳劍先生認爲字左邊由"夅"形演變而來①。

【詞義】

一、配偶。

　　1. 君子好戕（仇）。**緇衣 43**

---

　　① 陳劍:《據郭店簡釋讀西周金文一例》,《甲骨金文考釋論集》,綫裝書局,2007 年,第 20—
38 頁。

二、仇敵。

  1. 弗惡(愛)，劓(則)臀(仇)也。尊德義 26

三、"仇仇"，傲慢的樣子。

  1. 鞢(執)我緇衣18 戟=(仇仇)，亦不我力。19

0651　伐　　伐

【用字】　伐、夒、肇

【詞義】

一、誇耀。

  1. 果而弗夒(夒—伐)。老甲 7

  2. 至忠女(如)土，蠆(化)勿(物)而不肇(夒—伐)。忠信 2

二、減損。

  1. 伐於弱(勞—強)，賁(賁)於[□]。太— 9

三、敗。

  1. 少(小)不忍，伐大杉(謀)。語叢二 51

0652　咎　　咎

【用字】　咎、智

【解字】

  "智"即"咎"字訛寫，"人"旁訛爲"刃"。

【詞義】

一、過失；罪過。

  1. 咎莫憯(僉—憯)𠦪(虎—乎)谷(欲)旻(得)。老甲 5

二、責備；追究罪過。

  1. 速，愳(謀)之方也，又(有)怎(過)鼎(劓—則)咎。性命 49

三、災禍。

  1. 貴票(福—富)喬(喬—驕)，自遉(遺)智(咎)老甲 38 也。39

四、用爲"皋"，參閱卷十"皋"(第 516 頁)。

0653　倦　　倦

【用字】　朕

【詞義】

一、疲勞。

1. 三(四)枳(肢)胅(倦)陞(隓—惰)。唐虞 26

0654 佐

【用字】 䞶

【解字】

"䞶"即"差"字,金文寫作(同簋,《集成》4271),从來从手,象以手搓麥形,爲"搓"之初文。後出於表音的需要,纍加工或口而改手形爲"左"。《説文》小篆"差"字寫作"(𢀩)",即由此訛變而來。《説文》認爲"差"字从"𠂹"並不可信。《説文》:"𠂹,艸木華葉𠂹。""𠂹",《玉篇》以爲古文垂字,與"來"字不同。《説文》無"佐"字,此意寫作"左"。段注:"左者,今之佐字,《説文》無佐也。"

【詞義】

一、輔助。

1. 㠯(以)衍(道)䞶(差—佐)人宔(主)者。老甲 6

2. 㝔(斁—釋)板(版)筥(築)而䞶(差—佐)天子。窮達 4

0655 免

【用字】 免、字、孶

【解字】

從形體上看,"免""孶""字"皆當爲分娩之字(《説文》作"㝃"),"人"旁、"子"旁可以代换。從理論上講,"免"字也可看做"冕"字初文,但上博二《容成氏》簡 52"冕"字作"㒰",所以"免"用爲"冕"當是假借用法。

【詞義】

一、脱掉。

1. 袓(袒)字(娩—免),爲宗族也。六德 28

二、逃脱;免禍。

1. 鼎(鼽—則)民又(有)孶(娩—免)心。緇衣 24

三、用爲"冕",參閲卷七"冕"(第 401 頁)。

四、用爲"勉",參閲卷十三"勉"(第 706 頁)。

0656 佑

【用字】 右

【解字】

　　"佑"字,《説文》作"右",重見於卷二《口部》、卷三《又部》。卷二曰:
"右,助也。从口从又。"徐鍇曰:"言不足以左,復手助之。"卷三:"右,手口
相助也。从又从口。"臣鉉等曰:"今俗别作佑。"爲了與左右的"右"區别,今
"佑"歸本卷,"右"歸卷三。

【詞義】

一、保佑。

　　1. 天陸(地)右(佑)之。**唐虞 15**

0657 化

【用字】 愳、蟲、蝸

【解字】

　　"蝸""蟲"皆由"爲"字訛變而來,參閲卷三"爲"(第 157 頁)。

【詞義】

一、感化;教化。

　　1. 而萬勿(物)牆(牆—將)自愳(化)。**老甲 13**

　　2. 愳(化)而雒(欲)复(作)。**老甲 13**

　　3. 我亡(無)爲而民自蟲(蝸—化)。**老甲 32**

　　4. 至忠女(如)土,蝸(化)勿(物)而不肇(羑—伐)。**忠信 2**

　　5. 受(授)▌又(叹—賢)鼎(勬—則)民興效(教)而蝸(化)虎(乎)迪
(道)。**唐虞 21**

　　6. 不遹(遷—禪)而能蝸(化)民者,自生民未之又(有)也。**唐虞 21**

　　7. 講(察)天迪(道)旨(以)愳(化)民焚(燹—氣)。**語叢一 68**

二、用"禍",參閲卷一"禍"(第 22 頁)。

0658 從

【用字】 從、从、寔

【解字】

　　"寔"字,黄德寬、徐在國先生認爲該字从"止"从"帝"省訛,釋爲"適",

從也;後認爲“適”與“從”爲義近互换①。不少學者同意釋爲“適”,但訓釋不盡相同,如劉信芳先生訓爲“宜”②;陳斯鵬先生訓爲“善”③。劉桓、張桂光等先生認爲該字與“夏”字古文相近,釋爲“夏”,讀爲“雅”④。李零先生認爲字从“甬”得聲,讀爲“從”⑤。張富海先生認爲是“從”字異體或與“從”音近的字⑥。李家浩先生疑應釋爲“逯”,讀爲“從”⑦。劉樂賢先生認爲該字讀音與“讒”“朁”接近,可能是“疌”字,音近讀爲“從”⑧。

【詞義】

一、隨行;跟隨。

1. 神明從。**唐虞 15**
2. 民之從之也難。**成之 15**
3. 民箮(孰)弗從? **成之 24**
4. 善取,人能從之,上也。**尊德義 11**
5. 可從也而不可及也。**尊德義 23**
6. 從丌(其)所爲。**性命 36**
7. 又(有)從人者。**六德 8**

二、使隨行、跟隨。

1. 吕(以)訐(信)從人多(者)也。**六德 20**

三、爲;從事。

1. 吕(以)**太一 10** 道(道)從事者必厇(託)丌(其)明(名)。**11**
2. 聖(聖)人之從事也,亦厇(託)丌(其)**太一 11** 明(名)。**12**
3. 口叀(惠)而實(實)弗从(從)。**忠信 5**

---

① 黄德寬、徐在國:《郭店楚簡文字考釋》,《吉林大學古籍整理研究所建所十五周年紀念文集》,吉林大學出版社,1998 年,第 102 頁;《〈上海博物館藏戰國楚竹書(一)緇衣·性情論〉釋文補正》,《古籍整理研究學刊》,2002 年第 2 期,第 2 頁。

② 劉信芳:《郭店簡〈緇衣〉解詁》,《郭店楚簡國際學術研討會論文集》,湖北人民出版社,2000 年,第 170 頁。

③ 陳斯鵬:《初讀上博楚簡》,簡帛研究網(http://www.jianbo.org/Wssf/2002chensipeng01.htm),2002 年 2 月 5 日。

④ 劉桓:《讀〈郭店楚墓竹簡〉札記》,《簡帛研究二〇〇一》,廣西師範大學出版社,2001 年,第 62 頁。張桂光:《〈郭店楚墓竹簡〉釋注續商榷》,《簡帛研究二〇〇一》,廣西師範大學出版社,2001 年,第 189 頁。

⑤ 李零:《郭店楚簡校讀記(增訂本)》,北京大學出版社,2002 年,第 53 頁。

⑥ 張富海:《郭店楚簡〈緇衣〉篇研究》,北京大學碩士學位論文,2002 年,第 18 頁。

⑦ 李家浩:《戰國竹簡〈緇衣〉中的“逯”》,《古墓新知——紀念郭店楚簡出土十周年論文專輯》,國際炎黄文化出版社,2003 年,第 21 頁。

⑧ 劉樂賢:《讀楚簡札記二則》,簡帛研究網(http://www.jianbo.org/admin3/list.asp?id=1207),2004 年 5 月 29 日。

4. 下交旻(得)性命56 眾近從正(政)。57

四、聽從;依順。

1. 下之事上也,不從丌(其)所㠯(以)命,而從丌(其)所行。緇衣 14

2. 行不訏(信)勭(則)龠(命)不從。成之 1

3. 民不從上之龠(命)。成之 2

4. 民弗從之惢(疑—矣)。成之 5

5. 勭(則)民鮮不從惢(疑—矣)。成之 9

6. 非從末湝(流)者之貴。成之 11

7. 非從末湝(流)者之貴。成之 14

8. 下之事上也,不從亓(其)所龠(命),而從亓(其)所行。尊德義 36

9. 從生於丣(好)。語叢二 22

10. 從所少好,牙(與)所少樂,鼏(鼎—員—損)。語叢三遺簡

11. 者迬憂不逮從一衍(道)。語叢一 75

五、隨著;接著。

1. 言從行之,鼏(勭—則)行不可匿。緇衣 34

2. 身必從之。性命 59

3. 或(又)從而孝(教)慸(誨)之。六德 21

六、追溯。

1. 句(苟)不從丌(其)繇(由)。成之 12

2. 句(苟)不從丌(其)繇(由)。成之 14

七、介詞。表示起點,相當於"自""由"。

1. 從允惥(憚—釋)怹(過)。成之 36

八、"從容"。舒緩安適,不慌不忙。

1. 宭(從)頌(容)又(有)棠(常)。緇衣 16

九、用爲"縱",參閱卷十三"縱"(第676頁)。

0659 比　　𠤃

【用字】　比

【詞義】

一、排列;比次。

1. 瞀(智)而比卲(次),勭(則)民谷(欲)丌(其)瞀(智)之述(遂)也。成之 17

2. 聖(聖)人比亓(其)性命16 頪(類)而侖(論)㑹(會)之。17

二、同;齊同。

  1. 酓(含)惪(德)之靐(厚)者,比於赤子。**老甲 33**

0660 北   𠤎

【用字】 北

【詞義】

一、方位名。北面。

  1. [天不足]太—**12** 於西北,亓(其)下高昌(以)弱(𩂖—強)。**13**

二、打敗仗。

  1. 北生於慰(疑)。**語叢二 37**

0661 虛   𧆠

【用字】 虗

【解字】

  “虛”字下本從“丘”作“虗”,隸變異寫作“虛”。

【詞義】

一、空虛,與“盈”相對。

  1. 虗(虛)而不屈(屈),遑(動)而愙(愈)出。**老甲 23**

  2. 至虗(虛),亟(亙—極)也。**老甲 24**

0662 眾   𥅆

【用字】 眾

【詞義】

一、眾人;大家。

  1. 遉(復)眾之所[=]华(過)。**老甲 12**

  2. 遉(復)眾斋=(之所)迖(過)。**老丙 13**

  3. 是昌(以)上之亟(亙—亟)成之 **24** 炗(務)才(在)訐(信)於眾。**25**

  4. 言訐(信)於眾之可昌(以)成之 **25** 淒(濟)惪(德)也。**26**

  5. 哉(勇)不足昌(以)沫(勵)眾。**尊德義 35**

  6. 下交旻(得)性命 **56** 眾近從正(政)。**57**

二、多;盛多。

  1. 善者民必眾_(眾,眾)未必訇(治)。**尊德義 12**

　　2. 眾而不靭(割)〓(害,割)而不嗇(暵—僕—仆)。語叢四 18
三、各種。
　　1. 眾弪(強)甚多不女(如)岜(時)。語叢四 25

0663　聚　𣏌

【用字】　聚
【詞義】
一、會合;聚集。
　　1. 貧而民聚女(安—焉),又(有)衕(道)者也。性命 53
　　2. 聚人民,賣(任)堕〓(土地)。六德 4

0664　徵　𢽾　古文 𢽾

【用字】　正、諓
【詞義】
一、求;取。
　　1. 宭(賓)客之用緒(幣)也,非正(徵),語叢三 55 內(納)賕(貨)也。60
二、證明。
　　1. 尚(幣)帛,所吕(以)爲訐(信)牙(與)諓(徵)也。性命 22

0665　重　𩊚

【用字】　重、至、童
【詞義】
一、厚重。多指分量重,重量大,與"輕"相對。
　　1. 皋(罪)莫㞢(重)虘(唬—乎)甚欲(欲)。老甲 5
　　2. 翠(翠—輕)𢆶(𢆶—絕)貧戔(賤)而㞢(重)𢆶(𢆶—絕)頁(富)貴。
　　　緇衣 44
　　3. 文王之型(刑)莫㞢(重)女(安—焉)。成之 39
　　4. 亓(其)峯(載)也亡(無)㞢(重)女(安—焉)。尊德義 29
二、貴重;重要。
　　1. 及亓(其)又(有)天下也,不吕(以)天下爲重。唐虞 19
三、威重;威望。
　　1. 亓(其)重也弗多㤥(疑—矣)。成之 10

四、加重;增加。

　　1. 民必因此至(重)也成之 **18** 昌(以)遠(復)之。**19**

五、重視;崇尚。

　　1. 是 語叢四 **13** 胃(謂)童(重)亞(基)。**14**

六、重疊;重複。

　　1. 童(重)義巢(葉—襲)蚩(釐—理)。尊德義 **39**

0666 監　　　盩　　　古文 盩

【用字】　監

【詞義】

一、"監門",看守門户的門徒。

　　1. 戰(守)監門 窮達 **4** 坴(棘)墅(地)。**5**

二、待考。

　　1. 監生於瞿(懼),語叢二 **32** 望生於監。**33**

0667 臨　　　臨

【用字】　臨、學

【解字】

　　西周金文"臨"字寫作 盩(毛公鼎,《集成》2841)、盩(弔臨父簋,《集成》3760)等形,从臣从人,品聲。楚文字典型的寫法作 盩(上博五《三德》簡22)、盩(上博五《弟子問》簡9),"臣"下"品"上的三條豎畫已類化爲"人"形。《老甲》11"臨"字寫作 盩,右上"勿"爲"人"形之訛(楚文字常見"人"訛爲"刀"或"勿"之例),左下"各"形爲"人"與"口"形結合之訛。"學"即"挈"字異體,爲"臨"字訛寫。

【詞義】

一、察視;居上視下。

　　1. 上帝學(挈〈臨〉)女(汝),毋戎(式—貳)尒(爾)心。五行 **48**

二、面對。

　　1. 臨(臨)事之紀。老甲 **11**

0668 身　　　盩

【用字】　身、窮("身窮"合文)

【詞義】

一、身體；人或動物的軀體。

　　1. 貴大患若身。老乙 5

　　2. [何謂貴大患]老乙 6 若身？7

　　3. 爲虖(吾)又(有)身。老乙 7

　　4. 返(及)虖(吾)亡(無)身。老乙 7

　　5. 炁(愛)呂(以)身爲天下。老乙 8

　　6. 古(故)糺(功)城(成)而身不剔(傷)。太一 12

　　7. 夫爲亓(其)君之古(故)殺亓(其)身者。魯穆公 5

　　8. 夫爲亓(其)君之古(故)殺亓(其)身者。魯穆公 6

　　9. 是古(故)亡虖(乎)亓(其)身而成之 4 麿(存)虖(唬—乎)亓(其)訇(詞)。5

　　10. 甬(用)身之覍(覍—變)者，兌(悦)爲甚。性命 43

　　11. 身谷(欲)寅(寅—靜)而毋訦(訦—滯)。性命 62

　　12. 孨＿(君子)身呂(以)爲宝(主)心。性命 67

二、自身；本身。

　　1. 呂(以)身遂(後)之。老甲 3

　　2. 攻(功)述(遂)身遏(退)。老甲 39

　　3. 甘(箕—其)集大命于氐(厥)身。緇衣 37

　　4. 窮＿(身窮)不塈(均)。唐虞 2

　　5. 身必從之。性命 59

　　6. 不叀(使)此民也惥(憂)亓(其)身。六德 41

三、生命。

　　1. 明(名)與身箮(孰)新(親)？老甲 35

　　2. 身與貨老甲 35 箮(孰)多？36

　　3. 宎(終)身不孟(瞀)。老乙 13

　　4. 宎(終)身不垫(救)。老乙 13

　　5. 古(故)事成(城—成)而身長。太一 11

　　6. 宎(終)身弗改(改)之豈(喜—矣)。六德 19

　　7. 宎(終)六德 19 身不爲(家—嫁)。20

四、親自。

　　1. 身備(服)善呂(以)先之。成之 3

　　2. 是古(故)成之 6 走(上)句(苟)身備(服)之。7

五、體驗；實行。

　　1. 繇(由)走(上)之弗身也。成之 6

六、品德;才能。

　　1. 攸(攸—修)之身。老乙 16

　　2. 朼(必)正丌(其)身。唐虞 3

　　3. 攸(修)身者也。性命 56

　　4. 攸(修)身近至㥯(仁)。性命 57

　　5. 凡君子所己(以)立身大㩜(法)厽(三)。六德 44

　　6. 少(小)者,己(以)攸(修)丌(其)身。六德 47

0669 衣　　　　　　衣

【用字】　衣

【解字】

　　"衣"與"卒"爲一字分化,西周金文皆以衣爲卒,後來爲了區別,才在"衣"上增筆,或增加圓點,或加粗筆畫,後變爲一横畫,分化出"卒"字。分化後二字使用並非涇渭分明,混用是常態,這在楚文字中尤爲明顯,如郭店簡"衣"字皆寫作"卒"。楚文字中的"卒"多寫作"采","爪"形的有無是"卒"與"衣"的區别標誌。《唐虞之道》篇"卒"字如字作,與典型的楚文字寫法不同,學者多認爲該篇是具有齊系文字特點的抄本,齊文字"卒"字正如此作。需要説明的是,在文字隸定時,目前通行的做法是,除了"采"所從的"卒""衣"加以區分外,其他寫作"卒"形的"衣"字,一般都直接寫作"衣"。

【詞義】

一、泛指衣服。

　　1. 好媓(媄—美)女(如)好兹(緇)衣。緇衣 1

　　2. 衣備(服)不改(改)。緇衣 16

　　3. 句(苟)又(有)衣,必見丌(其)尙(敝)。緇衣 40 正

二、穿戴。

　　1. 咎(皋)繇(陶)衣胸(梟)蓋(褐)。窮達 3

三、用爲"依",參閲本卷"依"(第 417 頁)。

0670 裹(表)　　　　　　裹

【用字】　菓

【解字】

　　"菓"字,整理者(133 頁注[四四])釋爲"葉",讀爲"柬"。李零先生認爲該字應釋爲"標"或"藨",用爲"表",但對於字形分析前後有異:起初認

爲該字中間的圓圈内是"少"字,之後據上博本《緇衣》對應之字認爲"這一部分還是與'黑'字上部更接近,圓圈内並非'少'字"①。劉曉東先生疑是"杪"字古文,變易爲"藨""標",借爲"幖"或"剽"②。白於藍先生疑字上部从"少"聲,釋爲"杪",杪、表字音和字義的關係均十分密切③。孟蓬生先生釋爲"菜",讀爲"憲",法也、表也④。

【詞義】

一、準則;標準。

　　1. 古(故)上之好亞(惡)不可不訢(慎)也,民之菜(表)也。緇衣 15

0671 袀　　　袀

【用字】　簅

【解字】

　　"簅"字,整理者(168 頁)隸定爲"簅"。李零先生認爲从竹从尋从攴,疑讀"簟"或"袀","簟"是定母侵部字,"袀"是日母侵部字,"尋"是邪母侵部字,讀音相近⑤。何琳儀先生讀爲"簜",大竹也⑥。劉樂賢先生隸定爲"簅",字下部所从也許就是"攴"的變體,讀爲"寢"。"寢席",即寢臥之席⑦。李學勤先生隸定爲"簅",讀爲"簟"。"尋"聲的字每每與"覃"聲的字通用,如《説文通訓定聲》所説,"蕁"或作"薄","樳"或作"杸"⑧。趙平安先生認爲字下所从與包山 120"莜"所从相近,應隸作"簽"⑨。劉釗先生認爲"簅"从"竹""尋"聲,應即"簟"字異體⑩。《禮記·坊記》:"袀席之上,讓而坐下,民

①　李零:《郭店楚簡校讀記》,《道家文化研究》第 17 輯(郭店楚簡專號),生活·讀書·新知三聯書店,1999 年,第 486 頁;《郭店楚簡校讀記(增訂本)》,北京大學出版社,2002 年 3 月,第 64、66—67 頁。

②　劉曉東:《〈郭店楚墓竹簡·緇衣〉初探》,《蘭州大學學報(社會科學版)》,2000 年第 4 期,第 113 頁。

③　白於藍:《郭店楚簡拾遺》,《華南師範大學學報》,2000 年第 3 期,第 90 頁。

④　孟蓬生:《郭店楚簡字詞考釋(續)》,《簡帛語言文字研究》第 1 輯,巴蜀書社,2002 年,第 27 頁。

⑤　李零:《郭店楚簡校讀記》,《道家文化研究》第 17 輯(郭店楚簡專號),生活·讀書·新知三聯書店,1999 年,第 515 頁。

⑥　何琳儀:《郭店楚簡選釋》,《簡帛研究二〇〇一》,廣西師範大學出版社,2001 年,第 165 頁。

⑦　劉樂賢:《讀郭店楚簡札記三則》,《中國哲學》第 20 輯,遼寧教育出版社,1999 年,第 361—362 頁。

⑧　李學勤:《續釋"尋"字》,《故宮博物院院刊》,2000 年第 6 期,第 8—11 頁。

⑨　趙平安:《郭店簡〈成之聞之〉中的"迻"字》,《清華簡帛研究》第 1 輯,清華大學思想文化研究所,2000 年,第 204—206 頁注 1。

⑩　劉釗:《郭店楚簡校釋》,福建人民出版社,2005 年,第 143 頁。

猶犯貴;朝廷之位,讓而處賤,民猶犯君"。可與簡文對讀,今讀爲"衽"。

【詞義】

一、衽,臥席。衽席,指宴席、坐席。

　　1. 孚=(君子)簋(衽)筈(席)之上,叚(讓)而受學(幽)。**成之 34**

0672　襲　　㸚　　籀文　㸚

【用字】　葉

【解字】

　　"葉"即"葉"字,鄧少平先生認爲"葉"从"集"得聲,上古音"集"爲從母緝部,"襲"爲邪母緝部,二字韻部相同,聲母同爲齒頭音,可以通假。"重 X 襲 Y"古書多見,如《楚辭·九章·懷沙》"重仁襲義"、《淮南子·氾論》"重仁襲恩"等。"重義襲理"就是重複義、因襲理,也就是遵循義理之意①。今從之。

【詞義】

一、因襲。

　　1. 童(重)義葉(葉—襲)釐(釐—理),言此章也。**尊德義 39**

0673　褻　　㸚

【用字】　埶

【詞義】

一、親近;寵幸。

　　1. 鼎(勖—則)大臣不台(以)而埶(埶—褻)臣㤖(託)也。**緇衣 21**

二、輕慢;不恭敬。

　　1. 古(故)上不可目(以)埶(埶—褻)坓(刑)而翠(輕)雀(爵)。**緇衣 28**

　　2. 勖(則)民埶(埶—褻)陰(陵)倀(長)貴目(以)忘(妄)。**尊德義 14**

0674　祖　　㫃

【用字】　㫃

【詞義】

一、行禮時脱去外衣左袖,漏出裼衣。

　　1. 㫃(祖)字(娩—免),爲宗族也。**六德 28**

---

① 鄧少平:《郭店楚簡〈成之聞之〉〈尊德義〉補釋》,《中國文字》新 36 期,藝文印書館,2011年,第 81—88 頁。

0675 褐　　褐

【用字】 蓋

【詞義】

一、用獸毛或粗麻製成的衣服。

1. 咎（皋）繇（陶）衣腵（枲）蓋（褐）。窮達 3

0676 衰　　衰　　古文 蔉

【用字】 衰、蓑、惪

【解字】

"衰"字本作 衣（《唐虞》簡 26），象蓑衣之形，爲"蓑"的本字，後來演變爲"衰"。"蔉"（《語叢四》簡 22）字可隸定爲"蓑"，是在"衰"字基礎上又增加了"艹"旁以表意。

【詞義】

一、減退。

1. 非亓（其）督（智—知）窮達 9 惪（衰）也。10

2. 耳目耵（聰）明衰。唐虞 26

二、衰減；減少。

1. 成槑（無）蓑（衰）勳（則）坨（阤）。語叢四 22

三、古代用粗麻布製成的毛邊喪服。

1. 君衰絽（絰）而尻（處）立（位）。成之 8

2. 絙（疏）衰六德 27 齊，戊（牡）秣（麻）寘（實—絰）。28

0677 卒　　卒

【用字】 卒、釆

【詞義】

一、副詞。終於；最終。

1. 君民而不乔（喬—驕），卒王天下而不矣（喜）。唐虞 18

二、用爲"瘁"，參閱卷七"瘁"（第 399 頁）。

0678 袀

【用字】 黝

【解字】

　　整理者(167 頁)隸定爲"均"。裘錫圭先生"按語"(169 頁注[七])認爲釋"均"可疑,但確是从"勻"聲的字,似當讀爲"袀"。李零先生疑字从"今"从"巺",讀爲"衿"①。周鳳五先生認爲上半從"勻",下半爲"巺"之省形,兩者均爲聲符,讀爲"袀"或"純"②。

【詞義】

一、純服。

　　1. 君黔(袀)褍(冕)而立於戈(阼)。成之 7

0679 求　　𣏾

【用字】　求、怵、隶

【詞義】

一、謀求;追求。

　　1. 怵(怵—求)者,亡(無)又(有)自埅(來)也。語叢一 99

二、要求;責求。

　　1. 求之於弖(己)爲亙(亙—亟)。成之 1

　　2. 是古(故)君子之求者(諸)弖(己)也深。成之 10

　　3. 害(蓋)成之 37 言釿(愼)求之於弖(己)。38

三、尋找;探索。

　　1. 不求者(諸)亓(其)杏(本)而戎(攻)者(諸)亓(其)成之 10 末。11

　　2. 所求之不遠。成之 19

　　3. 是弖(以)輆(智—知)而求之不疾。成之 21

　　4. 唯君子道(道)可近求而可遠道也。成之 37

　　5. 民心又(有)悤(恆),求亓(其)兼(養)。尊德義 39

　　6. 求亓(其)心。性命 37

　　7. 君子女(如)谷(欲)求人術(道)。六德 6

　　8. 售(唯—雖)㽙(堯)求之弗旻(得)也。六德 7

　　9. 求敓(養)新(親)志_(之志)。六德 33

① 李零:《郭店楚簡校讀記》,《道家文化研究》第 17 輯(郭店楚簡專號),生活·讀書·新知三聯書店,1999 年,第 514 頁。

② 周鳳五:《讀郭店竹簡〈成之聞之〉札記》,《古文字與古文獻》試刊號,楚文化研究會籌備處,1999 年,第 45 頁。

四、請求。

　　1. 皮(彼)求我鼎(劓—則),女(如)不我旻(得)。緇衣 18

五、謁寫爲"隶"。觸及;達到①。

　　1. 凡學者隶〈求〉丌(其)心爲難。性命 36

0680 衮

【解字】

　　袁國華先生釋爲"裕",認爲與《國語·周語》"光裕大德"相當;馮勝君師同之②。張光裕先生釋爲"依"③。讀爲"裕"亦通。李天虹先生認爲該字從"衣"從"別",讀爲"別"④。顔世鉉先生疑從"衣""八"聲,讀爲"別",猶"辨",分別之意;亦可訓爲"明",分明之意⑤。何琳儀先生認爲該字從"衣""八"聲,"襻"字異體。《廣雅·釋詁》:"攀,引也。"⑥吕浩先生疑從"穴"從"衣",讀爲"衣","衣六德"義謂"被服而施行"六德⑦。林素清先生認爲該字與《古文四聲韻》所收"奢"字古文形近,疑當釋爲"奢",讀爲"主"。《廣雅·釋詁》:"主,守也。"⑧

【詞義】

一、待考。

　　1. 六敢(職)歆(既)分,吕(以)衮(裕?)六惪(德)。六德 10

0681 老　　🖃

【用字】　老

───────────

① 陳偉:《郭店簡書〈人雖有性〉校釋》,《中國哲學史》,2000 年第 4 期,第 10 頁。

② 袁國華:《郭店楚簡文字考釋十一則》,《中國文字》新 24 期,藝文印書館,1998 年,第 144 頁;馮勝君:《讀〈郭店楚墓竹簡〉札記(四則)》,《古文字研究》第 22 輯,中華書局,2000 年,第 211 頁。

③ 張光裕:《〈郭店楚簡研究文字編〉緒説》,《中國出土資料研究》第 3 號,中國出土資料研究學會,1999 年,第 11 頁。

④ 李天虹:《郭店楚簡文字雜釋》,《郭店楚簡國際學術研討會論文集》,湖北人民出版社,2000 年,第 97 頁。

⑤ 顔世鉉:《郭店楚簡〈六德〉箋釋》,《"中研院"歷史語言研究所集刊》第 72 本第 2 分,2001 年,第 452 頁。

⑥ 何琳儀:《郭店竹簡選釋》,《簡帛研究二〇〇一》,廣西教育出版社,2001 年,第 166 頁。

⑦ 吕浩:《〈郭店楚簡〉釋文訂補》,《中國文字研究》第 2 輯,廣西教育出版社,2001 年,第 288 頁。

⑧ 林素清:《郭店楚簡〈六德〉文字新考》,《語言文字學研究》,中國社會科學出版社,2005 年,第 14 頁。

【詞義】

一、年歲大的,或指年歲大的人。

　　1. 惛(智—知)丌(其)能救(養)天下**唐虞22** 之老也。**23**

二、衰弱;衰落。

　　1. 勿(物)壑(壯)鼎(勒—則)老。**老甲35**

0682 考　　　𦒱

【用字】　考

【解字】

　　"考"字,白於藍先生讀爲"孝","孝後"意即繼後聖之志①。何琳儀先生引《國語·周語》注:"考,合也。"②裘錫圭先生訓爲"考查""考究","考後"就是《荀子》的"法後王"③。林志鵬先生認爲"考後"指先聖(指堯)考驗後聖(指舜)之言行④。

【詞義】

一、考查;考究。

　　1. 考迻(後)而遏(歸)先。**唐虞6**

0683 孝　　　𡥙

【用字】　孝

【詞義】

一、孝順;善事父母。

　　1. 女(安—焉)又(有)孝孳(孳—慈)。**老丙3**

　　2. 效(教)民孝也。**唐虞5**

　　3. 悉(愛)**唐虞6** 睪(親)古(故)孝。**7**

　　4. 孝之布(殺),悉(愛)天下之民。**唐虞7**

　　5. 孝,忞(仁)之免(冕)也。**唐虞7**

---

① 白於藍:《〈郭店楚墓竹簡〉讀後記》,《中國古文字研究》第1輯,吉林大學出版社,1999年,第111—112頁。

② 何琳儀:《郭店竹簡選釋》,《簡帛研究二〇〇一》,廣西教育出版社,2001年,第163頁。

③ 裘錫圭:《讀〈郭店楚墓竹簡〉札記三則》,《上海博物館集刊》第9輯,上海書畫出版社,2002年,第178—179頁。

④ 林志鵬:《郭店楚墓竹書〈唐虞之道〉重探》,《楚地出土簡帛思想研究(三)》,湖北教育出版社,2007年,第497頁。

6. 乃弋(式)丌(其)孝。唐虞 **9**

7. 昏(聞)㙂(舜)孝。唐虞 **22**

8. 古(故)丌(其)爲宀(瞽)寞(瞍)子也,甚孝。唐虞 **24**

9. 胃(謂)之孝。六德 **22**

10. 訇(始)於孝弟(悌)。六德 **40**

11. 孝,杳(本)也。六德 **41**

12. 爲孝,此非孝也。語叢一 **55**

13. 長弟(悌),孝語叢三 **6** 之紡(方)也。**7**

14. 父孝子慇(惡—愛),非又(有)爲也。語叢三 **8**

15. 孝。語叢三 **61**

0684 居　居

【用字】　居、凥

【解字】

"凥"爲"居"字異體,或隸定爲"伝"。

【詞義】

一、處;住。

1. 居吕(以)須〈募(寡—顧)〉遐(復)也。老甲 **24**

2. 夫古者唐虞 **15** 㙂(舜)凥(居)於茅﹦(艸茅—草茅)之中而不惪(憂)。**16**

3. 凥(居)茅﹦(艸茅—草茅)之中而不惪(憂)。唐虞 **16**

4. 丌(其)居卽(次)也舊(久)。性命 **26**

二、行。

1. 是老甲 **16** 吕(以)聖(聖)人居亡(無)爲之事。老甲 **17**

三、處在;處於。

1. 是吕(以)攴(鞭—偏)牁(牂—將)老丙 **8** 甸(軍)居左,上牁(牂—將)甸(軍)居右,言吕(以)嶲(喪)豊(禮)居之也。**9**

2. 戠(戰)歽(勝)勴(則)吕(以)嶲(喪)豊(禮)居之。老丙 **10**

四、自居。

1. 成(城—成)而弗居。老甲 **17**

2. 天〈夫〉售(唯)老甲 **17** 弗居也,是吕(以)弗去也。**18**

五、平時;平常。

1. 君子居勴(則)貴左,甬(用)兵勴(則)貴右。老丙 **6**

六、"居喪"。因喪守制。

　　1. 居龓(喪)必又(有)夫繗_(蠻蠻—戀戀)之态(哀)。**性命 67**

0685 展　　　屧

【用字】　廛
【詞義】

一、誠實;確實。

　　1. 身(允)也君子,廛(展)也大成(城—成)。**緇衣 36**

0686 屠　　　屠

【用字】　肯
【詞義】

一、宰殺牲畜。

　　1. 行年七十而肯(腤—屠)牛於軨(潮—朝)訶(歌)。**窮達 5**

0687 屢　　　屢

【用字】　婁
【詞義】

一、多次。

　　1. 是古(故)塁(畏—威)備(服)型(刑)尉(罰)之婁(屢)行也。**成之 5**

0688 屬　　　屬

【用字】　豆
【詞義】

一、歸屬。

　　1. 或命(令)之,或虖(唬—呼)豆(屬)。**老甲 2**

0689 屈　　　屈

【用字】　屘
【解字】

　　"屘"與篆文同,今寫作"屈"。

【詞義】

一、彎曲;不直。

　　1. 虘(虛)而不屈(屈),遑(動)而窓(愈)出。老甲 23

　　2. 槀(植一直)老乙 14 若屈(屈)。15

0690 舟　　　月

【用字】　舟

【詞義】

一、船。

　　1. 艣(津)汋(梁)艣(婧一爭)舟。成之 35

0691 服　　服　　古文 肌

【用字】　備、備、葡

【解字】

　　"備"爲"備"字異體,"人"旁訛爲"彳"。《語叢三》簡54"備"字寫作🖊,增加聲符"凡"以表音。《成之聞之》簡3"備"字寫作🖊,與楚文字常見"備"字形體不同,右下部分變化可參照郭店簡"鳶"字(🖊,《語叢四》簡9;🖊,《成之》簡9)。

【詞義】

一、從事;做。

　　1. 備(服)之亡(無)愳(憚一斁)。緇衣 41

二、服從;歸順。

　　1. 是呂(以)杲(早)¦是呂(以)杲(早)¦備(備一服)。老乙 1

　　2. 虽(夏)用戈,正(征)不備(服)也。唐虞 13

　　3. 非命(倫)而民備(服)殏(御)。尊德義 25

　　4. 百之而句(後)葡(服)。尊德義 27

三、名詞。衣服。

　　1. 衣備(服)不改(改)。緇衣 16

四、實行。

　　1. 身備(服)善呂(以)先之。成之 3

　　2. 是古(故)成之 6 走(上)句(苟)身備(服)之。7

　　3. 樂,備(服)悳(德)者之所樂也。語叢三 54

五、畏服;懾服。

　　1. 是古(故)塱(畏—威)備(服)型(刑)誯(罰)之奏(屢)行也。成之 5

0692　方　　𠃌

【用字】　方、紡

【詞義】

一、方形。跟"圓"相對。

　　1. 大方亡(無)禺(隅)。老乙 12

二、品類;輩類。

　　1. 丌(其)亞(惡)又(有)方。緇衣 43

三、義理;道理。

　　1. 爲古(故)衛(衛—率)民占(嚮)方者,售(唯)惪(德)可。尊德義 28

　　2. 同方而交,㠯(以)道(道)者也。性命 57

　　3. 不同方而[交,以故者也]。性命 57

四、齊等;相當。

　　1. 古(故)怣(過)丌(其)方。太一 12

五、法度;準則。

　　1. 東〈朿(簡)〉,義之方也。五行 40

　　2. 匿(暱),五行 40 悥(仁)之方也。41

　　3. 弜(勞—剛),義之方。五行 41

　　4. 矛(柔),悥(仁)之方也。五行 41

　　5. 戁(歡),思之方也。性命 32

　　6. 𥎊,宜(義)之方也。性命 38

　　7. 宜(義),敬之方也。性命 39

　　8. 箹(篤),悥(仁)之方也。性命 39

　　9. 悥(仁),眚(性)之方也。性命 39

　　10. 忠(忠),訐(信)性命 39 之方也。40

　　11. 訐(信),青(青—情)之方也。性命 40

　　12. 新(慎),悥(仁)之方也。性命 49

　　13. 速,悉(謀)之方也。性命 49

　　14. 長弟(悌),孝語叢三 6 之紡(方)也。7

　　15. 㠯(義),蕭(膳—善)之方也。語叢三 25

六、副詞。表示時間。

（一）相當於“始”“才”。

1. 方才（在）下立（位）。**唐虞 18**

（二）相當於“且”“將”。

1. 民五之方各（格），**尊德義 26** 十之方静（静—爭）。**27**

七、殷、周稱邦國之辭。

1. 四方𢘅（順）之。**緇衣 12**

八、常法；定規。

1. 堂（堂—當）事因方而斱（折—制）之。**性命 19**

九、用爲“並”，參閱卷十“並”（第 519 頁）。

0693 允 

【用字】 允、身

【詞義】

一、信；誠。

1. 身（允）也君子，廛（展）也大成（城—成）。**緇衣 36**

2. 允帀（師）淒（濟）悳（德）。**成之 25**

3. 從允悬（懌—釋）怂（過）。**成之 36**

二、“允及”。以及。

1. 隹（唯）尹身（允）及湯，咸又（有）一悳（德）。**緇衣 5**

0694 兑 

【用字】 逽

【詞義】

一、孔竅。

1. 閈〈閟（閉）〉亓（其）逽（兑）。**老甲 27**

2. 賓（賽—塞）亓（其）逽（兑）。**老乙 13**

3. 啟亓（其）逽（兑）。**老乙 13**

二、用爲“説”，參閱卷三“説”（第 138 頁）。

三、用爲“脱”，參閱卷四“脱”（第 232 頁）。

四、用爲“悦”，參閱卷十“悦”（第 552 頁）。

0695 兄　　兄

【用字】　兄、悌（“兄弟”合文）

【詞義】

一、兄長；哥哥。

1. 宷（中）心兌（悅）圼（亶—亹），蹕（遷）五行 32 於悌﹍（兄弟）。33
2. 父兄之所樂（樂）。性命 61
3. ［任］者（諸）父兄。六德 13
4. 兄弟，至先逡（後）也。語叢一 70

0696 競（兢）　　競

【用字】　兢、懃

【解字】

“竺”字，整理者（203 頁）隸定爲“宔”，讀爲“望”。連劭名先生訓“望”爲責怨；劉釗先生疑“望”用爲責望之意①。黃德寬、徐在國先生釋爲“圭”，讀爲“狂”；“竺”爲“狂”之變體②。李零先生認從文義上看，應是與“敬”含義相近的詞，疑是景仰之義③。何琳儀先生據《古文四聲韻》下平蒸韻“兢”字引《古老子》作“竺”，釋“竺”爲“兢”，“竺”爲繁文。《爾雅·釋訓》“兢兢，戒也”，《說文》“兢，敬也”，簡文“兢生於敬，恥生於兢”，大意謂“兢戒由恭敬而生，羞恥由兢戒而生”④。何有祖先生贊同何琳儀先生意見，認爲“兢”也許作戒慎之義解⑤。

【詞義】

一、戒慎。

1. 兢生於敬。語叢二 3
2. 恥生於懃（兢）。語叢二 3

① 連劭名：《郭店楚簡〈語叢〉叢釋》，《孔子研究》，2003 年第 2 期，第 29 頁。劉釗：《郭店楚簡校釋》，福建人民出版社，2005 年，第 248 頁。
② 黃德寬、徐在國：《郭店楚簡文字考釋》，《吉林大學古籍整理研究所建所十五周年紀念文集》，吉林大學出版社，1998 年，第 108 頁。
③ 李零：《郭店楚簡校讀記（增訂本）》，北京大學出版社，2002 年，第 172 頁。
④ 何琳儀：《郭店簡古文二考》，《古籍整理研究學刊》，2002 年第 5 期，第 2—3 頁。
⑤ 何有祖：《楚簡釋讀七則》，《江漢考古》，2006 年第 1 期，第 91 頁。

0697　皃（貌）　　皃　　或體 貌　　籀文 貌

【用字】　㝫、届、佲

【解字】

　　《説文》“廟”之古文作“庿”，《語叢四》簡27“届”（届）爲“廟”之異體，《性自命出》篇作“㝫”。

【詞義】

一、容貌。

　　1. 㒣_（㒣色—顔色）佲（容）佲（貌），愳（恩—溫）夏（㑥—弁—變）也。五行 32

　　2. 至（致）頌（容）㝫（庿—廟—貌）所昌（以）㬅（文）卽（節）也。性命 20

　　3. 㝫（庿—廟—貌）谷（欲）壯（莊）而毋果（拔）。性命 63

　　4. 貝（視）届（庿—廟—貌）而内（納）之。語叢四 27 上

0698　先　　　先

【用字】　先、之

【詞義】

一、時間或次序在前的。

　　1. 先迻〈迻（後）〉之相墮（墮—隨）也。老甲 16

　　2. 先天陞（地）生。老甲 21

　　3. 上好慐（仁），鼎（勠—則）下之爲 緇衣 10 慐（仁）也杚（耕—爭）先。11

　　4. 是古（故）谷（欲）人之㤅（愛）昌（己）也，勠（則）必先㤅（愛）人。成之 20

　　5. 谷（欲）人之敬昌（己）也，勠（則）必先敬人。成之 20

　　6. 丌（其）先也不若丌（其）迻（後）也。成之 35

　　7. 勠（則）先者余（豫），埊（來）者訐（信）。成之 36

　　8. 亓（其）先迻（後）之舍（舍—序），鼎（勠—則）宜（義）衍（道）也。性命 19

　　9. 是古（故）先王之六德 39 耆（教）民也。40

　　10. 是古（故）先六德 40 王之孚（教）民也。41

　　11. 兄弟，至先迻（後）也。語叢一 70

　　12. 必先與之昌（以）爲堋（朋）。語叢四 14

二、先王。

　　1. 先罟（聖）唐虞 5 牙（與）迻（後）卽（聖），考迻（後）而逼（歸）先。6

三、先行;先做某事。

1. 身備(服)善吕(以)先之。**成之 3**

2. 先_(先之)吕(以)悳(德),勸(則)民進善女(安—焉)。**尊德義 16**

四、首要的事情。

1. 是吕(以)君子人道(道)之取先。**尊德義 8**

2. 喬(教)道(道—導)**尊德義 12** 之取先。**13**

五、謁省爲“之”。

1. 堇(觀)亓(其)之〈先〉逶〈逡(後)〉而逆訓(順)之。**性命 17**

0699 見　　𧡀

【用字】　見、貝

【解字】

　　裘錫圭先生指出①: 在商代和西周文字中,“見”“視”二字形體有別,“視”字下從直立人形作“貝”,“見”字下所從人形作跪坐之姿(或隸定從“卩”,今直接釋爲“見”)。雖偶有訛混,但總體來看差異還是比較明顯的。到了戰國時代,楚文字較爲嚴格地沿襲了這一用字特點,而楚系之外的他系文字,已經出現了以“貝”爲｛見｝的情況,而｛視｝則用“睍”“覞”“眠”“䁯”“視”等異體來表示。如在三晉文字中,除侯馬盟書偶有以“貝”爲｛視｝外,基本上都以“貝”爲｛見｝了。陳煒湛先生全面討論了各種材料中的“視”與“見”字,認爲“貝”形應釋爲“見”,雖有幾例可讀爲“視”,但不可徑釋爲“視”②。目前多數學者信從裘錫圭先生意見。郭店簡《五行》篇“見”字皆寫作“貝”,形體主要可以分爲兩類:一是“目”下從直立人形;一種是下部人形兩筆之間加一道或兩道橫劃,這也許仍是爲了與“視”相區別而有意爲之。馮勝君師曾指出《五行》篇中存在許多非楚文字因素,明顯是受到他系文字底本的一些影響③。《五行》篇以“貝”爲“見”,與典型的楚文字不同。《五行》簡 27“見”字出現兩次,分別寫作 𧡀、𧡀,後者下部所從人形中代表手臂的筆畫向內彎曲,與新蔡簡零 198+203 中的“見”字(　　)相似,或可直接釋

　　① 裘錫圭:《甲骨文中的見與視》,《甲骨文發現一百周年學術研討會論文集》,文史哲出版社,1998 年,第 1—6 頁;《〈戰國文字及其文化意義研究〉緒言》,《出土文獻與古文字研究》第 6 輯,上海古籍出版社,2015 年,第 225—227 頁。

　　② 陳煒湛:《戰國楚簡“見”字説》,《古文字研究》第 26 輯,中華書局,2006 年,第 257—262 頁。

　　③ 馮勝君:《談談郭店簡〈五行〉篇中的非楚文字因素》,《郭店簡與上博簡對比研究》,綫裝書局,2007 年,第 320—327 頁。

爲"見"。《五行》簡23"貝"()所从"目"旁寫法特殊,同類的寫法又見於同篇簡24""字。

【詞義】

一、看見;看到。

1. 貝(視)之不足見。老丙 5

2. 未見聖(聖),如亓(其)弗克見。緇衣 19

3. 我歔(既)見,我弗迪(由)聖(聖)。緇衣 19

4. 句(苟)又(有)車,必見甘(箕—其)歔(歚—轍)。緇衣 40

5. 句(苟)又(有)衣,必見亓(其)耑(敝)。緇衣 40

6. 句(苟)又(有)行,必見甘(箕—其)成(城—成)。緇衣 40

7. 未見君子,息(憂)心五行 9 不能惄=(惄惄)。五行 10

8. 歔(既)見君子,心不能兑(悦)。五行 10

9. 亦歔(既)見坒(之),亦歔(既)詢(覯)坒(之)。五行 10

10. 未見君子,息(憂)心不能惥_(忡忡—忡忡)。五行 12

11. 歔(既)見君子,心不能降。五行 12

12. 明勳(則)見_殹_人_(見賢人,見賢人)勳(則)玉色。五行 14

13. 未尚(嘗)貝(視—見)殹(臤—賢)人,胃(謂)之不明。五行 23

14. 貝(視—見)殹(臤—賢)人而不聟(智—知)亓(其)又(有)悳(德)也。五行 24

15. 貝(視—見)而聟(智—知)之,聟(智)也。五行 25

16. 貝(視—見)殹(臤—賢)人,明也。五行 27

17. 貝(視—見)而聟(智—知)之,五行 27 聟(智)也。28

18. 文王之貝(視—見)也女(如)此。五行 29

19. 貝(視—見)而聟(智—知)之,聟(智)也。五行 30

20. 凡見者之胃(謂)勿(物)。性命 12

21. 不見江沽(湖)之水。語叢四 10

二、拜見;謁見。

1. 成(城—成)孫弋見。魯穆公 2

三、被看見;出現。

1. 及亓(其)見於外,鼎(勳—則)勿(物)取之也。性命 2

2. 戔(察)亓(其)見者。性命 38

0700 視 　祝 　古文

【用字】 貝

【解字】

　　“貝”即“視”字。“見”與“視”的區別,在於“目”下“人”形是跪坐還是站立,裘錫圭先生已經有很好的解說,詳參“見”字。在楚文字中,視、見作獨體字時區分較爲明顯,作偏旁時,“見”多寫作“貝”。

【詞義】

一、看。

　　1. 貝(視)之不足見。老丙 5

　　2. 貝(視)窗(庿—廟—貌)而内(納)之。語叢四 27 上

二、活;生存。

　　1. 長生售(舊—久)貝(視)之道也。老乙 3

三、比;近。

　　1. 貝(視)索(素)保(抱)蓎(蹼—僕—樸)。老甲 2

四、用爲“示”,參閱卷一“示”(第 14 頁)。

0701　觀　　觀　　古文 𥄎

【用字】　䕐、蓳

【解字】

　　《性自命出》3 例“蓳”字上部的“卝”訛變爲“亼”或“宀”形,作爲偏旁的“蓳”(如在“觀”“懽”等字中)亦多如此。

【詞義】

一、觀看。

　　1. 蓳(觀)亓(其)之〈先〉迻〈後(後)〉而逆訓(順)之。性命 17

　　2. 蓳(觀)《垄(賚)》《武》鼎(勩—則)齊女(如)也旲(斯)攴〈复(作)〉。性命 25

　　3. 蓳(觀)《卲(韶)》《顝(夏)》鼎(勩—則)免(勉)女(如)也性命 25 旲(斯)睿(僉—斂)。26

　　4. 蓳(觀)者(諸)《哉(㫺—詩)》《箸(書)》鼎(勩—則)亦才(在)壴(喜—矣),蓳(觀)者(諸)六德 24《豊(禮)》《樂(樂)》鼎(勩—則)亦才(在)壴(喜—矣),蓳(觀)者(諸)《易》《眘(春)絑(秋)》鼎(勩—則)亦才(在)壴(喜—矣)。25

二、觀察;審查。

　　1. 㠯(以)苷(鄉)䕐(觀)苷(鄉),㠯(以)邦䕐(觀)邦,㠯(以)天下䕐(觀)天下。老乙 18

2. 畓(昔)才(在)上帝戡(割)繩(申)矘(觀)文王悳(德)。緇衣 37

0702 靚　　觀

【用字】　訽
【詞義】

一、遇見。

1. 亦歆(既)見坒(之)，亦歆(既)訽(觀)坒(之)。五行 10

0703 覺　　覺

【用字】　廾

【解字】

　　"廾"簡文作"廾"，今本作"梏"。黃錫全先生認爲字當是與"梏"音同或音近之字……簡文所从之"●"，恐非"言"省。金文"共"字有作、、，或許廾即填實形。梏，今本《詩·大雅·抑》作"覺"。共，群母東部。梏、覺屬見母覺部。共與梏、覺聲韻相近。是簡借共爲梏或覺。但戰國楚"共"字多作、或，則廾也可能不是"共"字，此形究竟應該釋爲何字，還有待確定①。顏世鉉先生認爲字與金文""（亞共且乙父己卣）、（牧共簋）形近②。張光裕先生隸定變"共"，讀爲"格"③。李零先生認爲簡文此字象雙手捧肉，疑即"肴"，讀爲"覺"。"覺"是見母覺部字，"肴"是疑母幽部字，讀音相近④。廖名春先生同意此説，甲文有"肴"字，正象雙手持肉饋贈形，"肴""梏""覺"音近，故可互用，"覺"當爲本字⑤。李學勤先生認爲該字是"梏"的同音通假，或者就是"梏"的古體，與"覺"均爲見母覺部字，古音相通⑥。周鳳五先生認爲字从"璧"象形，从廾，廾亦聲，蓋取"拱璧"意以造字，音拱。拱，古音見母東部；覺、梏並見母覺部，楚國方言幽

---

① 黃錫全：《楚簡續貂》，《簡帛研究》第 3 輯，廣西教育出版社，1998 年，第 77—81 頁。
② 顏世鉉：《郭店楚墓竹簡儒家典籍文字考釋》，《經學研究論叢》第 6 輯，學生書局，1999 年，第 171—188 頁。
③ 張光裕主編：《郭店楚簡研究》第一卷《文字編》，藝文印書館，1999 年，第 668 頁。
④ 李零：《郭店楚簡校讀記》，《道家文化研究》第 17 輯（郭店楚簡專號），生活·讀書·新知三聯書店，1999 年，第 486 頁。
⑤ 廖名春：《郭店楚簡〈緇衣〉篇引〈詩〉考》，《華學》第 4 輯，紫禁城出版社，2000 年，第 62—75 頁。
⑥ 李學勤：《論上海博物館所藏的一支〈緇衣〉簡》，《齊魯學刊》，1999 年第 2 期，第 28—29 頁。

部與東部通,覺爲幽部入聲,故三字可以通假①。程元敏先生認爲字當爲
"喜"之異寫,从言从廾,後改"喜"爲"弇",告、誥、喜音義皆同,"梏",手械
也,與"拲"同字,梏、弇、喜古音同②。近藤浩之先生讀爲"弁"③。劉曉東先
生讀爲"拲"④。孔仲溫先生釋爲"共",讀爲"恭"⑤。張富海先生讀爲
"糾"⑥。黄人二先生讀爲"拱"⑦。吳辛丑先生認爲字當爲"梏"字楚地寫
法,象雙手加梏之形,"●"即刑具之象。字在此當爲"誥"字之通假⑧。劉
釗先生認爲字乃"梏"之古文,象兩手戴梏形,在簡文中讀爲"覺","覺"有
"正直"意⑨。禤健聰先生認爲此字是"拲"的初文。《説文·手部》:"拲,
兩手同械也。从手、从共,共亦聲。"楚簡此字正象"兩手同械"之形。
"覺""梏""拲"三者爲異文關係⑩。郭靜雲先生認爲字可能是"舉"字的古
字,"舉德行"就是守持德行、舉行德政、使"德"興起。從用法而言,"~德"
與《禮記》所言的"興德"意思接近⑪。

【詞義】
一、高大;正直。

　　1. 又(有)廾(糾—覺)悳(德)行,四方恿(順)之。緇衣 12

0704 親　　親

【用字】　新、新、䍹

① 周鳳五:《郭店楚簡識字札記》,《張以仁先生七秩壽慶論文集》,學生書局,1999 年,第
　351—352 頁。
② 程元敏:《〈郭店楚簡〉〈緇衣〉引書考》,《古文字與古文獻》試刊號,1999 年,第 8 頁。
③ 近藤浩之:《郭店楚墓竹簡〈緇衣〉譯注(上)第六章(第十號簡~第十二號簡)》,東京大學
　郭店楚簡研究會編:《郭店楚簡の思想史的研究》第 3 卷,2000 年,第 44 頁。
④ 劉曉東:《〈郭店楚墓竹簡·緇衣〉初探》,《蘭州大學學報(社會科學版)》,2000 年第 4 期,
　第 108—115 頁。
⑤ 孔仲溫:《郭店楚簡〈緇衣〉字詞補釋》,《古文字研究》第 22 輯,中華書局,2000 年,第
　245—246 頁。
⑥ 張富海:《郭店楚簡〈緇衣〉篇研究》,北京大學碩士學位論文,2002 年,第 12 頁。
⑦ 黄人二:《上海博物館藏戰國楚竹書(一)研究》,高文出版社,2002 年,第 127—128 頁。
⑧ 吳辛丑:《簡帛典籍異文與古文字資料的釋讀》,《古文字研究》24 輯,中華書局,2002 年,
　第 367 頁。
⑨ 劉釗:《郭店楚簡校釋》,福建人民出版社,2005 年,第 56 頁。
⑩ 禤健聰:《新出楚簡零札》,《康樂集——曾憲通教授七十壽慶論文集》,中山大學出版社,
　2006 年,第 220—221 頁。
⑪ 郭靜雲:《甲骨、金、簡文"廾"字的通考》,《古文字研究》第 27 輯,中華書局,2008 年,第
　135—140 頁、第 140 頁注 15。

【詞義】

一、親近;親愛。與"疏"相對。

1. 古(故)不可昙(得)天〈而〉新(親)。老甲 28

2. 明(名)與身箸(孰)新(親)？老甲 35

3. 兀(其)卽(即—次)新(親)譽之。老丙 1

4. 大人不新(親)亓(其)所殹(臤—賢)。緇衣 17

5. 大臣之不新(親)也。緇衣 20

6. 鼎(勸—則)民又(有)新(新—親)。緇衣 25

7. 齊而緇衣 38 新(親)之。39

8. 臺(就—戚)勜(則)新_(親,親)勜(則)悉(愛)。五行 13

9. 不臺(就—戚)不_新_(不親,不親)不悉(愛)。五行 21

10. 臺(就—戚)而訐(信)之,新(親)。五行 33

11. 新(親)而箸(篤)之,悉(愛)也。五行 33

12. 效(教)民又(有)新(新—親)也。唐虞 4

13. 忠碤(積)鼎(勸—則)可罙(親)也。忠信 1

14. 忠忠信 1 訐(信)碤(積)而民弗罙(親)訐(信)者。2

15. 心疋(疏)[而貌]忠信 5 罙(親)。6

16. 古(故)繅(肇—蠻)罙(親)専(附)也。忠信 8

17. 悬(仁)爲可新(親)尊德義 3 也。4

18. 勜(則)民浧(淫)悃遠豊(禮)亡(無)新(親)悬(仁)。尊德義 16

19. 畲(尊)悬(仁)、新(親)忠(忠)。尊德 20

20. 不尊德義 32 悉(愛)勜(則)不新(親)。33

21. 新(親)此多(者)也。六德 25

22. 父子新(親)生言(焉)。六德 34

23. 父子不新(親)。六德 39

24. 父子不新(親)。六德 39

25. 新(親)逗(邌—就—戚)逗(遠)近。六德 48

26. 民之父母新(親)民易,叟(使)民相新(親)也戁(難)。六德 49

27. 罙(親)而語叢一 77 不隓(隓—尊)。82

28. 又(有)罙(親)又(有)隓(尊)。語叢一 78

29. 隓(尊)而不罙(親)。語叢一 79

30. 長弟(悌),罙(親)道(道)也。語叢一 80

31. ……母(毋)罙(親)也。語叢一 81

32. 罙(親)生於愍(慇—愛),語叢二 8 忠生於罙(親)。9

33. 慭(慭—愛)叵(治)者罜(親)。語叢三 30

二、使……親近;親愛。

1. 新(親)父子,和大臣。六德 3

三、父母。也單指父親或母親。

1. 恖(愛)罜(親)障(尊)ᑆ(臤—賢)。唐虞 6

2. 恖(愛)唐虞 6 罜(親)古(故)孝。7

3. 恖(愛)罜(親)宂(忘)ᑆ(臤—賢)。唐虞 8

4. 算(尊)ᑆ(臤—賢)唐虞 8 遅(遺)罜(親)。9

5. 恖(愛)罜(親)算(尊)ᑆ(臤—賢)。唐虞 10

6. 求敎(養)新(親)志_(之志)。六德 33

7. 慭(慭—愛)罜(親)勎(則)亓(其)布(殺)慭(慭—愛)人。語叢三 40

四、泛指有血統關係或婚姻關係的人。

1. 六新(親)不和。老丙 3

2. 耆(著)爲父子之新(親)。成之 31

3. 非我血歆(旣—氣)之新(親)。六德 15

4. 厽(三)新(親)不刦〈刴(斷)〉。六德 30

五、親自;自己參與。

1. 新(新—親)事且(祖)潯(廟)。唐虞 5

2. 天子罜(親)齒。唐虞 5

0705　歟　　　鼹

【用字】　嬰、與

【詞義】

一、句末語氣詞,表示疑問或感歎。

1. 丌(其)猷(猶)囤(橐)箟(籥)與(歟)? 老甲 23

2. 丌(其)古之遅(遺)言嬰(歟)? 緇衣 46

0706　欲　　　鯜

【用字】　欲、谷、忿、雒

【解字】

"欲"即"欲"字;"忿"即"忿"之省。

【詞義】

一、貪欲;欲望。

1. 少厶(私)須〈募(寡)〉欲(欲)。老甲2

2. 章(彰)好曰(以)貝(視—示)民㥃(慾—欲)。緇衣6

3. 不曰(以)旨(旨—嗜)谷(欲)萬(害)亓(其)義匋(包)。尊德義26

4. 㥉(㥉—欲)生於眚(性),慮(慮)生於㥉(㥉—欲)。語叢二10

5. 㥃(貪)生於㥉(㥉—欲)。語叢二13

6. 㥅(諼)生於㥉(㥉—欲)。語叢二15

7. 淁(浸)生於㥉(㥉—欲)。語叢二17

8. 返(及)生於㥉(㥉—欲)。語叢二19

二、希望;想要。

1. 辠(罪)莫至(重)虖(唬—乎)甚欲(欲)。老甲5

2. 咎莫憯(僉—憯)虖(唬—乎)谷(欲)旻(得)。老甲5

3. 不谷(欲)曰(以)兵弜(強)老甲6 於天下。7

4. 保此術(道)者不谷(欲)尙(尚)呈(呈—盈)。老甲10

5. 聖(聖)人谷(欲)老甲11 不谷(欲)。12

6. 愚(化)而雒(欲)复(作)。老甲13

7. 我谷(欲)不谷(欲)而民自檏(樸)。老甲32

8. 是曰(以)聖(聖)老丙12 人欲(欲)不欲(欲)。13

9. 君好鼎(勸—則)民㥃(慾—欲)緇衣8 之。9

10. 勳(則)民谷(欲)亓(其)䝸(智)之述(遂)也。成之17

11. 勳(則)民谷(欲)亓(其)成之17 禀(福—富)之大也。18

12. 勳(則)民谷(欲)亓(其)貴之上也。成之18

13. 是古(故)谷(欲)人之恶(愛)㠯(己)也。成之20

14. 谷(欲)人之敬㠯(己)也。成之20

15. 谷(欲)亓(其)性命58 夗(宛)也。59

16. 谷(欲)亓(其)樺(折)也。性命59

17. 凡息(憂)患之事谷(欲)妊(任),樂(樂)事谷(欲)逡(後)。性命62

18. 身谷(欲)𩇕(宵—靜)而毋訦(訦—滯),慮〈慮(慮)〉谷(欲)困(淵)而毋爲(僞),性命62 行谷(欲)悳(勇)而必至,宙(廟—廟—貌)谷(欲)壯(莊)而毋梟(拔),谷(欲)柔齊而泊,憙(憙—喜)谷(欲)䝸(智)而亡(無)末,63 樂(樂)谷(欲)罩(釋)而又(有)𥄂(止),息(憂)谷(欲)僉(僉—斂)而毋惛(昏),悊(怒)谷(欲)浧(浧—盈)而毋暴(暴),進谷(欲)孫(遜)而毋攷(巧),64 退谷(欲)

肅而毋望(望—輕)：谷(欲)皆曼(文)而毋愚(偽)。**65**

19. 君子女(如)谷(欲)求人術(道)。**六德 6**

0707 歌　　𤟥　　或體 𧨝

【用字】　訶
【詞義】
一、歌謠。

1. 昏(聞)訶(歌)誺(謠)鼎(勮—則)舀(陶)女(如)也斯(斯)奮(奮)。
性命 24

二、用於地名，"朝訶"，即"朝歌"。

1. 行年七十而肯(膴—屠)牛於朝(潮—朝)訶(歌)。**窮達 5**

0708 歎　　𩱗　　籀文 𩱗

【用字】　戁
【詞義】
一、吟誦。

1. 聖(聖—聽)盉(琴)开(瑟)之聖(聖—聲)**性命 24** 鼎(勮—則)誃(悸)
女(如)也斯(斯)戁(歎)。**25**

2. 戁(歎)，思之方也。**性命 32**

3. 憨(慼)**性命 34** 昇(斯)戁＿(歎，歎)昇(斯)虡(呼)。**35**

0709 次　　𣥧　　古文 𣥺

【用字】　卽、卽、旣
【解字】

"卽"爲"卽"字異體，"卽"字左下"匕"形或寫作"口"形。"旣"即"旣"字。郭店簡多用"卽"來表示"次"這個詞，《老子》丙本簡 1 有一例使用"旣"字。《性自命出》簡 26"卽"字，劉釗先生讀爲"節"，訓爲節奏、節拍①。廖名春先生認爲"居節"即"居序"，意義近於守節、守序②。郭沂先生訓"居次"爲停留③。

---

① 劉釗：《郭店楚簡校釋》，福建人民出版社，2003 年，第 97 頁。
② 廖名春：《新出楚簡試論》，臺灣古籍出版有限公司，2001 年，第 148 頁。
③ 郭沂：《郭店竹簡與先秦學術思想》，上海教育出版社，2001 年，第 246 頁。

【詞義】

一、次序;位次。

　　1. 督(智)而比卽(次)。成之 17

二、按順序敘事,居於前項之後的稱次。

　　1. 丌(其)卽(即—次)新(親)譽之。老丙 1

　　2. 丌(其)歆(既—次)愳(畏)之。老丙 1

　　3. 丌(其)卽(次)炃(侮)之。老丙 1

三、駐留;停留。

　　1. 亓(其)居卽(次)也舊(久)。性命 26

0710 欺　　𣦶

【用字】　忎

【詞義】

一、騙;欺詐。

　　1. 不忎(惎—欺)弗督(智—知)。忠信 1

　　2. 是胃(謂)自忎(惎—欺)。語叢四 13

0711 盜　　𥁍

【用字】　覘

【詞義】

一、從事盜竊活動的人。

　　1. 覘(盜)愯(惻—賊)亡(無)又(有)。老甲 1

　　2. 覘(盜)愯(惻—賊)多又(有)。老甲 31

卷 九

0712 顔 顔 籀文 顔

【用字】 麿

【解字】

"麿","顔色"合文。《段注》籀文作"顔",認爲大徐本《説文》籀文右半有誤。從理論上來説,將"麿"字看作"麿色"或"彦色"合文都是可以的,但清華六《鄭武夫人規孺子》、清華七《越公其事》、上博五《融師有成氏》等篇皆有"顔色"一詞,均直接寫作"麿色"二字,並不作合文。因此,"麿"可以看作增加了"色"旁的"顔"字,將郭店簡"麿"字看作"麿色"合文似乎更合理一些。

【詞義】

一、臉色。

　1. 麿_(麿色—顔色)松(容)佼(貌),愿(恩—溫)臱(弁—變)也。五行 **32**

0713 顧 顧

【用字】 須、賜

【詞義】

一、視;看。

　1. 居吕(以)須〈募(募—顧)〉逮(復)也。老甲 **24**

　2. 古(故)君子賜(顧)言而緇衣 **34** 行。**35**

二、古書篇名。

　1.《晉(晉—祭)公之募(募—顧)令(命)》鼎(員—云):……緇衣 **22**

0714 順 順

【用字】 川、訓、忌

【詞義】

一、順應;依順。

　1. 又(有)廾(匊—覺)惪(德)行,四方忎(順)之。緇衣 12

　2. 效(教)民大川(順)之道(道)也。唐虞 6

　3. 君子釛(治)人侖(倫)㠯(以)川(順)成之 32 天惪(德)。33

　4. 而可㠯(以)至川(順)天棠(常)怣(疑—矣)。成之 38

　5. 不釛(治)不_川_(不順,不順)不坓(坪—平)。尊德義 12

　6. 凡遑(動)民必訓(順)民心。尊德義 39

　7. 藋(觀)亓(其)之〈先〉迻〈迻(後)〉而逆訓(順)之。性命 17

　8. 亓(其)出內(入)也訓(順)。性命 27

0715　頓　　頓

【用字】　屯

【詞義】

一、損壞;敗壞。

　1. 歬(則)民臧〈咸〉放(飭)而埅(刑)不屯(頓)。緇衣 1

0716　煩　　熛

【用字】　繸

【詞義】

一、煩擾。

　1. 菩(教)此㠯(以)達(逸—失),民此㠯(以)繸(統—煩)。緇衣 18

0717　面　　圉

【用字】　面

【詞義】

一、向;對著。

　1. 南面而王而〈天〉下而甚君。唐虞 25

二、用爲"湎",參閱卷十一"湎"(第 571 頁)。

0718　首　　𦣻

【用字】　首

【詞義】

一、初始;開端。

　　1. 凡敓(説)之道(道),級(急)者爲首。語叢四 5

0719 形　　形

【用字】　型、甓、悜

【詞義】

一、形象;形體。

　　1. 天象亡(無)甓(形)。老乙 12

　　2. 又(有)迆(地)又(有)型(形)又(有)聿(盡)。語叢一 6

　　3. 又(有)天又(有)龠(命),又(有)迆(地)又(有)悜(形)。語叢一 12

　　4. 天型(形)成(城—成),人异(與)勿(物)斯(斯)里(理)。語叢三 17

　　5. 爲亓(其)型(形)語叢三 70 下

二、對照;比較。

　　1. 長耑(短)之相型(形)也。老甲 16

三、形成。

　　1. 悬(仁)型(形)於內胃(謂)之悳(德)之行,不型(形)於內胃(謂)之
　　　行。義型(形)於內胃(謂)之悳(德)之五行 1 行,不型(形)於內胃
　　　(謂)之行。豊(禮)型(形)於內胃(謂)之悳(德)之行,不型(形)於
　　　內胃(謂)之2[行。智形]於內胃(謂)之悳(德)之行,不型(形)於內
　　　胃(謂)之行。聖(聖)型(形)於內胃(謂)之悳(德)3 之行,不型
　　　(形)於內胃(謂)之{悳(德)之}行。4

　　2. 五行咎(皆)型(形)于內而戠(時)行五行 6 之。7

　　3. [思不輕]不型(形)。五行 8

　　4. 不型(形)不安。五行 8

　　5. 玉色劢(則)型_(形,形)劢(則)悬(仁)。五行 13

　　6. 玉色劢(則)型_(形,形)五行 14 劢(則)晢(智)。15

　　7. 翠(翠—輕)劢(則)型_(形,形)劢(則)不亡(忘)。五行 15

　　8. 玉音劢(則)型_(形,形)五行 15 劢(則)聖(聖)。16

　　9. 型(形)於宷(中),雙(戔—發)於色。成之 24

0720 修　　修

【用字】　攸、攸

【解字】

"彶"爲"攸"字異體,"人"旁訛爲"彳"。

【詞義】

一、(學問、品行方面)學習和鍛煉。

1. 彶(攸—修)之身,亓(其)惪(德)乃由(貞)。老乙 **16**

2. 彶(攸—修)之豪(家),亓(其)惪(德)又(有)舍(舍—餘)。老乙 **16**

3. 彶(攸—修)老乙 **16** 之呂(鄉),亓(其)惪(德)乃長。 **16**

4. 彶(攸—修)之邦,亓(其)惪(德)乃奉(豐)。老乙 **17**

5. 彶(攸—修)之天下,[其德乃溥]。老乙 **17**

6. 昏(聞)道(道)反吕(己),攸(修)身者也。性命 **56**

7. 攸(修)身近至悬(仁)。性命 **57**

8. 下攸(修)忑(惎—惎)六德 **41** 杏(本)。 **42**

9. 少(小)者,吕(以)攸(修)亓(其)身。六德 **47**

0721 彰　　彰

【用字】　章

【詞義】

一、彰顯;表露。

1. 又(有)邺(國)者章(彰)好章(彰)亞(惡),吕(以)貝(視—示)民㝬(厚)。緇衣 **2**

2. 古(故)君民者,章(彰)好吕(以)貝(視—示)民忿(慾—欲)。緇衣 **6**

3. 古(故)倀(長)民者章(彰)志吕(以)卲(昭)百眚(姓)。緇衣 **11**

二、彰明。

1. 褺(法)勿(物)慈(慈—滋)章(彰),覸(盜)悬(惻—賊)多又(有)。老甲 **31**

0722 弱　　翡

【用字】　溺、休、臥、勺

【解字】

"臥"字,裘錫圭先生"按語"(206 頁注[九])認爲是"休"字訛體。休,《説文》訓爲"没也",段注以爲"溺"之本字。

【詞義】

一、差,微薄。與"強"相對。

1. 天道(道)貴溺(弱)。太一 **9**

二、柔弱。

1. 骨溺(弱)菫(筋)秣(柔)而捉老甲33固。34

2. 溺(弱)也者,遒(道)之甬(用)也。老甲37

三、軟弱;懦弱。

1. 臥〈㤅(弱)〉生於眚(性),慜(疑)生於㤅(弱)。語叢二36

四、言語無力。

1. 勮(則)言談不語叢四23勹(弱)。24

0723 文

【用字】 文、㝵

【解字】

"㝵"字,整理者隸定爲"厦",學者從之,裘錫圭先生"按語"(182頁注[一〇][一三][一四]、200頁注[三][一三][二〇]、206頁注[二]、213頁注[八]、218頁注[六])讀爲"序""度"等字。林素清先生釋爲"度",通"斁",閉也①。李天虹先生認爲"厦"字所從 可能是"麟"的象形字,古"文"爲明母文部字,"麟"爲來母真部字,兩者聲韻均近可以通轉。簡文"厦"從"又"從"麟",自可讀爲"文",放到相關辭例中皆得通解②。李家浩先生認爲讀作"文"是正確的,這個字見於《古文四聲韻》、《汗簡》引石經,爲古文"閔"字③。李學勤先生認爲"厦"上部所從非"鹿"亦非"虎",而爲"民"字,下部所從爲"㫐",可讀爲"閔"。"厦"應爲"閩"字異體。從"彡"之形也就是《説文》"彣"字,即文章之"文"④。李零先生指出《古文四聲韻》"閔"字作" "" "" "等,黃錫全改釋爲"愳"(《汗簡注釋》322頁、379頁、426頁),其所從皆爲"每"非"民"。郭店簡諸字皆應爲"敏"字,其中《性自命出》簡65、《尊德義》簡17用爲本字,餘皆讀爲"文"⑤。陳劍先生認爲"厦"字"除掉上半的'民'和右旁的兩斜撇或'彡'旁"後,剩下部分形體作"㫐",與金文中的" "(方尊,《集成》11.6005)等字同,讀音與"啟"字相近。如

① 林素清:《郭店竹簡〈語叢四〉箋釋》,《郭店楚簡國際學術研討會論文集》,湖北人民出版社,2000年,第391—392頁。

② 李天虹:《釋楚簡文字"厦"》,《華學》第4輯,紫禁城出版社,2000年,第85—88頁。

③ 張富海:《北大中國古文獻研究中心"郭店楚簡研究"項目新動態》,簡帛研究網 http://www.jianbo.org/Xyxw/Beida.htm,2003年6月2日。

④ 李學勤:《試解郭店簡讀"文"之字》,《孔子·儒學研究文叢》第1輯,齊魯書社,2001年,第117—120頁

⑤ 李零:《郭店楚簡中的"敏"字和"文"字》,《古文字研究》第24輯,中華書局,2002年,第389—391頁。

此,它出現在所謂古文"閔"字的"旻"形里就很好解釋了,正如"閔"字所從的"門""文"都是聲旁一樣,"旻"所從的"民"和"旻"都是聲旁①。該字又見於包山、望山、上博、仰天湖等多批材料。

【詞義】

一、禮樂制度。

　　1. 行此旻(文)也,肰(然)句(後)可遃(遵—就)也。尊德義 17

　　2. 元(其)晷(數),旻(文)也。性命 22

　　3. 又(有)龠(命)又(有)旻(文)又(有)明(名)。語叢一 4

　　4. 三迵(踊),旻(文)也。語叢三 41

　　5. 旻(文)衣(依)勿(物),㠯(以)青(青—情)行之者。語叢三 44

二、"文章"。禮樂制度。

　　1. 遑(起)習(習)旻(文)彰(章),㫃(嗌—益)。語叢三 10

三、符合禮儀規範。

　　1. 或舍(舍—序)爲性命 19 之卽(節),鼎(勬—則)旻(文)也。20

　　2. 至(致)頌(容)宙(廟—貌)所㠯(以)旻(文)卽(節)也。性命 20

　　3. 谷(欲)㒥(皆)旻(文)而毋愿(偽)。性命 65

四、"節文"。

　　(一) 節度。

　　　1. 體元(其)宜(義)而卽(節)旻(文)之。性命 17

　　(二) 禮節、儀式。

　　　1. 豊(禮)因人之悳(情)而爲之語叢一 31 卽(節)旻(文)者也。97

五、文飾。

　　1. 𡧛(賓)客,青(青—清)漳(廟)之旻(文)也。語叢一 88

　　2. 命牙(與)旻(文)牙(與)語叢三 71 上

六、掩飾。

　　1. 必旻(文)㠯(以)訛。語叢四 6

七、美;善。

　　1. 正(政)不達旻(文)。語叢一 60

　　2. 旻(文)生於豊(禮),專(博)生於旻(文)。語叢二 5

八、文王。帝號。指周文王。

　　1. 悳(儀)蛬(刑)文王,萬邦乍(作)孚。緇衣 2

---

　① 陳劍:《甲骨金文舊釋"尤"之字及相關諸字新釋》,《甲骨金文考釋論集》,綫裝書局,2007年,第 59—80 頁。

2. 穆=(穆穆)緇衣 **33** 文王。**34**

3. 箈(昔)才(在)上帝戜(割)繐(申)鸌(觀)文王悳(德)。緇衣 **37**

4. 壄(壝—遇)周文也。窮達 **5**

5. 文王之貝(視—見)也女(如)此。五行 **29**

6. 文五行 **29**［王在上,於昭］于而〈天〉。**30**

7. 不遝(還—率)大暊(夏—夓),文王复(作)罰(罰)。成之 **38**

8. 文王之型(刑)莫至(重)女(安—焉)。成之 **39**

九、待考。

1. ▢夐(文)殘簡 **18**

0724　后　　后

【用字】　后、句

【詞義】

一、帝王之妻。

1. 毋㠯(以)卑(嬖)御慂(息—疾)妝(莊)句(后)。緇衣 **23**

二、"后稷",周的始祖。

1. 后襫(襫—稷)犳(治)土。唐虞 **10**

2. 句(后)襫(襫—稷)之蠚(執—藝)陞(地)。尊德義 **7**

三、用爲"後",參閱卷二"後"(第 104 頁)。

0725　司　　司

【用字】　司、魰

【詞義】

一、掌管;主持。

1. 宏(容)㩉(色),目魰(司)也。語叢—**50**

2. 聖(聖—聲),耳魰(司)語叢—**50** 也。**51**

3. 臭(嗅),臭〈畀(鼻)〉魰(司)也。語叢—**51**

4. 未(味),口魰(司)語叢—**51** 也。**52**

5. 燓(燓—氣),宏(容)魰(司)也。語叢—**52**

6. 志,心魰(司)。語叢—**52**

二、"少司馬"。職官名。

1. 孙(孫)㕑(叔)三躲(舍)邪(耶—期)思少司馬。窮達 **8**

0726 詞　　詞

【用字】 訇、訇

【詞義】

一、言詞;詞句。

　　1. 是古(故)亡虔(乎)丌(其)身而成之 **4** 鷹(存)虖(唬—乎)丌(其)訇(詞)。**5**

　　2. 害(蓋)遧(道)不説(悦)之訇(詞)也。成之 **29**

　　3. 丌(其)訇(詞),宜(義)道(道)也。性命 **22**

　　4. 人之攷(巧)性命 **45** 言稱(利)訇(詞)者。**46**

　　5. 各吕(以)豪(澹—譫)語叢一 **107** 訇(詞)敳(毀)也。**108**

　　6. 言吕(以)訇(詞),青(青—静)以舊(久)。語叢四 **1**

0727 令　　令

【用字】 命

【詞義】

一、發出命令。

　　1. 或命(令)之或虖(唬—呼)豆(屬)。老甲 **2**

　　2. 民莫之命(令)天〈而〉自呈(均)女(安—焉)。老甲 **19**

二、使;讓。

　　1. 母(毋)命(令)替(智—知)我。語叢四 **6**

三、職官名。令尹。

　　1. 出而爲命(令)尹。窮達 **8**

0728 色　　色　　古文 艴

【用字】 色、頗、魤、頴、奚、乿

【解字】

　　"魤""頴"二字,裘錫圭先生認爲是"頗"字之譌;陳斯鵬先生、李守奎先生認爲是"色"字異體①。"色""印"二字形體相近,或以"印"爲"色",李家

①　陳斯鵬:《郭店楚簡解讀四則》,《古文字研究》第 24 輯,中華書局,2002 年,第 409—412 頁。李守奎:《〈説文〉古文與楚文字互證三則》,《古文字研究》第 24 輯,中華書局,2002 年,第 468—472 頁。

浩先生有論説①。陳劍先生認爲"毷""頛"皆讀爲"色","疑"跟"色"古音相近,可以相通②。劉釗先生認爲"毷"爲"色"之異體,"頛"爲"色"之繁體③。《語叢一》簡13"奚"字,原作𡗜,整理者(193頁)釋爲"家"。劉樂賢先生疑爲"再"字,下部有訛變,讀爲"稱"④。劉信芳先生隸定爲"奚",認爲字從"矣"聲,讀爲"色",指顔氣,即物之色彩⑤。劉釗先生初釋爲"䟓",讀爲"原",指起源、來源;後轉從劉樂賢先生意見⑥。《郭店楚墓竹書》(145頁注[15])指出該字下部與"家""再"均存在差別,與同篇簡47"臭"字下部相同。按:劉信芳先生的意見是正確的,但該字當嚴格隸定爲"奚",從"矣"而非"矣"。同篇簡50"毷"字作𡗜,所從"矣"旁正可與"奚"字對應。

"麅","顔色"合文。

【詞義】

一、容色;面部表情。

1. 悉(愛)勮(則)玉 色 (玉色,玉色)勮(則)型(形)。**五行 13**

2. 見肞(臤—賢)人勮(則)玉 色 (玉色,玉色)勮(則)型(形)。**五行 14**

3. 麅 (麅色—顔色)松(容)伿(貌),㤈(恩—溫)戛(弁—變)也。**五行 32**

4. 型(形)於宷(中),雙(登—發)於色。**成之 24**

5. 又(有)奚(色)又(有)明(名)。**語叢—13**

6. 亓(其)豊(體)**語叢—46** 又(有)仌(容)又(有)頗(色)。**47**

7. 仌(容)毷(色),目皲(司)也。**語叢—50**

二、顔色。

1. 目之好**性命43** 色,耳之樂(樂)聖(聖—聲)。**44**

三、情慾;性慾。

1. 飤(食)牙(與)頛(色)牙(與)疾(息)。**語叢—110**

① 李家浩:《從戰國"忠信"印談古文字中的異讀現象》,《北京大學學報(哲學社會科學版)》,1982年第2期,第9—19頁。

② 陳劍:《據戰國竹簡文字校讀古書兩則》,《第四屆國際中國古文字學研討會論文集》,香港中文大學中國語言及文學系,2003年,第373—379頁。

③ 劉釗:《郭店楚簡校釋》,福建人民出版社,2005年,第191、192頁。

④ 劉樂賢:《郭店楚簡雜考(五則)》,《古文字研究》第22輯,中華書局,2000年,第208頁。

⑤ 劉信芳:《郭店簡〈語叢〉文字試解》,《簡帛研究二○○一》,廣西師範大學出版社,2001年,第203頁。

⑥ 劉釗:《郭店楚簡〈語叢一〉箋釋》,《吉林大學古籍研究所建所二十周年紀念文集》,吉林文史出版社,2003年,第55頁;《郭店楚簡校釋》,福建人民出版社,2005年,第184頁。

0729　卿　　　

【用字】　卿

【詞義】

一、官名。周制,宗周及諸侯皆有卿,位在大夫之上,或曰上大夫爲卿。

  1. 毋吕(以)卑(嬖)士愳(息—疾)夫₌(大夫)卿事(士)。**緇衣 23**

  2. 㝃(斁—釋)板(鞭)桎(箠)而爲皂卿。**窮達 7**

二、用爲"享",參閲卷五"享"(第 292 頁)。

0730　匎

【解字】

  "匎"字整理者隸定爲"匎",學者已經指出該字當从"皂"。黄德寬、徐在國先生疑是"即"字,讀爲"節"①。李零先生疑爲"簋"字别體,讀爲"軌"。劉釗先生釋爲"匒",讀爲"究",《尊德義》簡 24 訓爲究竟,簡 26 訓爲窮盡②。張光裕先生認爲此字从皂勹聲,當爲"飽"之古體,簡中叚爲"報"③。顔世鉉先生認爲當釋爲"即"字,近也,簡文"即民愛"即親民以愛之,與"即民心"之意相近④。陳劍先生隸定爲"匒"。西周金文該字作🖼(毛公旅鼎,《集成》5.2724)、🖼(晨鼎,《集成》6.3367),所从"🖼"形突出腹部,與普通的"勹"不同,簡文此兩形所从尚保留了這個特徵。"匒"从"叚","叚"本从"皂"得聲,故"匒"字可省作"匎"形。"匒"讀爲"究",意爲"竟;終"⑤。顧史考先生釋爲"節",讀爲"即"或"齊"⑥。

【詞義】

一、待考。

  1. 䖒袋(勞)之,匎也。**尊德義 24**

  2. 不吕(以)旨(旨—嗜)谷(欲)萭(害)亓(其)義匎。**尊德義 26**

① 黄德寬、徐在國:《郭店楚簡文字續考》,《江漢考古》,1999 年第 2 期,第 76 頁。

② 劉釗:《郭店楚簡校釋》,福建人民出版社,2005 年,第 132—133 頁。

③ 張光裕主編:《郭店楚簡研究》第一卷《文字編》,藝文印書館,1999 年,緒言第 7 頁。

④ 顔世鉉:《郭店楚墓竹簡儒家典籍文字考釋》,《經學研究論叢》第 6 輯,學生書局,1999 年,第 171—187 頁。

⑤ 陳劍:《郭店簡〈尊德義〉和〈成之聞之〉的簡背數字與其簡序關係的考察》,《戰國竹書論集》,上海古籍出版社,2013 年。

⑥ 顧史考:《郭店楚簡〈尊德義〉篇簡序調整三則》,復旦大學出土文獻與古文字研究中心網站(http://www.gwz.fudan.edu.cn/SrcShow.asp?Src_ID=1328),2010 年 12 月 15 日。

0731 敬　　敬

【用字】　敬、敬

【詞義】

一、恭敬;嚴肅。

1. 鼎(鼒—則)忠敬不足而賈(富)貴巳(已)迚(過)也。緇衣 20

2. 穆=(穆穆)緇衣 33 文王,於訊(緝)迴(熙)敬坒(止)。34

3. 不嫁(遠)不_敬_(不敬,不敬)不嚞(嚴)。五行 22

4. 安(安)而敬(敬)之,豊(禮)也。五行 28

5. 行而敬(敬)之,豊(禮)也。五行 31

6. 遠(遠)而眉(莊)之,敬(敬)也。五行 36

7. 敬(敬)而不卻(懈),嚞(嚴)也。五行 36

8. 敬訢(慎)吕(以)肘(守)之。成之 3

9. 一宮之人不奊(勝)成之 7 丌(其)敬。8

10. 敬壯(莊)。尊德義 20

11. 是吕(以)敬女(安—焉)。性命 21

12. 宜(義),敬之方也。性命 39

13. 敬,勿(物)之卽(節)也。性命 39

14. 絫(祭)祀之豊(禮)必又(有)夫齊_(齊齊)之敬。性命 66

15. 耂(坴—詩)遒(邎—由)敬乍(作)。語叢一 95

16. 敬生於厰(嚴)。語叢二 2

17. 競生於敬。語叢二 3

二、尊敬;尊重。

1. 此吕(以)大臣不可不敬。緇衣 21

2. 效(教)民唐虞 4 又(有)敬也。5

3. 谷(欲)人之敬吕(己)也,鼒(則)必先敬人。成之 20

三、慎重。

1. 敬緇衣 28 明乃罰。29

2. 敬尒(爾)愚(畏—威)義(儀)。緇衣 30

3. 是吕(以)民可成之 15 敬迱(道—導)也。16

0732 畏　　畏　　古文 畏

【用字】　鼍、愚、𢁫

【解字】

　　甲骨文"畏"从"卜(象杖形)","鬼"聲,金文有的添加"心"旁或"攴"旁以表意。楚文字"畏"或从鬼从心,與《説文》"愧"並非一字。或从鬼从止,"止"旁爲"卜"形訛變而來。也有从鬼从止从心的寫法,見於上博二《從政》簡8(𩵋)。"䰩",《説文》以爲"鬼"之古文。

【詞義】

一、害怕;畏懼。

　　1. 猷(猶)膚(虖—乎)丌(其)老甲8 奴(如)愚(畏)四戔(鄰)。9

　　2. 人舚𢎘(之所)㬬(䰩—鬼—畏),亦不可㠯(以)不㬬(䰩—鬼—畏)人。老乙5

　　3. 丌(其)歈(既—次)愧(畏)之。老丙1

　　4. 遬(肆)而不墨(畏)弻(弲—強)語(御),果也。五行34

　　5. 辻(上)愚(畏)斸(則)□。尊德義18

　　6. 未型(刑)而民愚(畏),又(有)性命52 心愚(畏)者也。53

二、敬;敬服。

　　1. 嚴(嚴)而墨(畏)五行36 之,隣(尊)也。37

　　2. 聲(聞)道(道)而墨(畏)者,好五行49 義者也。50

三、用爲"威",參閲卷十二"威"(第622頁)。

四、用爲"夔",參閲卷五"夔"(第296頁)。

五、"思"之訛寫,參閲卷十"思"(第520頁)。

0733　山　　山

【用字】　山

【詞義】

一、地面上有土石構成的隆起部分。

　　1. 糕(無—璑)莕(璐)菫(瑾)愈(瑜)坴(寶)山石。窮達13

　　2. 旹(時)事山川。唐虞4

　　3. 山亡(無)陉(陸—墮)斸(則)坨(陁)。語叢四22

二、"歷山"。古山名。相傳舜耕歷山。所在地點説法不一。

　　1. 羖(舜)畞(耕)於㽁(歷)山。窮達2

三、"常山"。古山名。

　　1. 驦(驥)馰(約)張(常)山。窮達10

0734 密

【用字】 審

【解字】

　　顔世鉉先生認爲字从余从曰，讀爲“敘”或“舒”，順次、依循之意①。李零先生讀爲“欽”②。陳偉先生讀爲“余”③。徐在國先生釋爲“蜜”，讀爲“密”，親近④。

【詞義】

一、靠近；親近。

　　1. 審（蜜—密）此多（者）［也］。　**六德 25**

二、待考。

　　1. ▢＼逪審（蜜—密）。　**殘簡 11**

0735 隓

【用字】 陸

【解字】

　　整理者（217 頁）釋爲“堅（？）”。李零先生隸定爲“陶”，指坡、阪，即山坡⑤。林素清先生釋爲“墮”，讀爲“隓”⑥。陳松長先生認爲是“堋”字異構，讀爲“崩”⑦。劉信芳先生釋爲“陸”，讀爲“隓”，認爲整句話是説“主峰無群巒陪侍，則易崩阤也”⑧。劉釗先生隸定爲“陸”，認爲是“隋”字異體，讀爲“墮”，簡文中指“山之緩緩垂下，非陡峭直矗”⑨。按：今從劉釗先生意見隸

---

① 顔世鉉：《郭店楚墓竹簡儒家典籍文字考釋》，《經學研究論叢》第 6 輯，學生書局，1999 年，第 183 頁。

② 李零：《郭店楚簡校讀記》，《道家文化研究》第 17 輯（郭店楚簡專號），生活·讀書·新知三聯書店，1999 年，第 520 頁。

③ 陳偉：《郭店竹書別釋》，湖北教育出版社，2003 年，第 121 頁。

④ 徐在國：《上博竹書（二）文字雜考》，《學術界》，2003 年第 1 期，第 100—101 頁。

⑤ 李零：《郭店楚簡校讀記》，《道家文化研究》第 17 輯（郭店楚簡專號），生活·讀書·新知三聯書店，1999 年，第 481 頁。

⑥ 林素清：《郭店竹簡〈語叢四〉箋釋》，《郭店楚簡國際學術研討會論文集》，湖北人民出版社，2000 年，第 393 頁。

⑦ 陳松長：《郭店楚簡〈語叢〉小識（八則）》，《古文字研究》第 22 輯，中華書局，2000 年，第 261 頁。

⑧ 劉信芳：《郭店簡〈語叢〉文字試解（七則）》，《簡帛研究二〇〇一》，廣西師範大學出版社，2001 年，第 205 頁。

⑨ 劉釗：《郭店楚簡校釋》，福建人民出版社，2005 年，第 232—233 頁。

定爲"陸",即《説文》"陸"字,今寫作"墮",讀爲"隋"。《説文》:"墮,山之墮墮者。"訓釋從劉信芳先生意見。

【詞義】

一、小山。

　　1. 山亡(無)陸(陸—隋)勤(則)坨(阤)。**語叢四 22**

0736 崇　　崇

【用字】　嵩

【詞義】

一、尊敬;尊重。

　　1. 嵩(崇)志,昌(嗌—益)。**語叢三 15**

0737 序　　序

【用字】　舍

【解字】

　　"舍"即"舍"字,用爲"序"。

【詞義】

一、次序;順序。

　　1. 亓(其)先遂〈逡(後)〉之舍(舍—序)。**性命 19**

二、依次序排列。

　　1. 或舍(舍—序)爲**性命 19** 之即(節),鼎(勤—則)叟(文)也。**20**

0738 廣　　廣

【用字】　坓

【解字】

　　《性命》簡 65"坓坓",李零先生釋爲"往往",讀爲"廣廣","遠大"之義①。劉桓先生讀爲"皇皇"。《孟子・滕文公下》:"孔子三月無君,則皇皇如也。"②陳

①　李零:《郭店楚簡校讀記》,《道家文化研究》第 17 輯(郭店楚簡專號),生活・讀書・新知三聯書店,1999 年,第 511 頁。

②　劉桓:《讀〈郭店楚墓竹簡〉札記》,《簡帛研究二〇〇一》,廣西師範大學出版社,2001 年,第 64 頁。

偉先生釋爲"往往",嚮往的樣子,古書中寫作"皇皇"①。劉釗先生讀爲"皇皇",《禮記·少儀》"祭祀之美,齊齊皇皇。"鄭玄注:"齊齊皇皇,讀爲歸往之往。"孔疏引皇侃云:"謂心所繫往。"②上博一《性情論》對應之字作"柱",陳劍先生釋爲"杭",讀爲"亢"、"伉"或"抗",高③。

【詞義】

一、遠大;高尚。

1. 坓(往—廣)惪(德)女(如)不足。**老乙11**

二、"廣廣"。遠大。

1. 孚̲(君子)紈(執)志必又(有)夫坓̲(往往—廣廣)之心。**性命65**

0739　廉　　　䊴

【用字】　䊴

【解字】

裘錫圭先生"按語"(205頁注[一])疑是"兼"之訛體,讀爲"廉"。李零先生讀爲"廉",訓爲正直④。連劭名先生認爲"廉"與"利"義通⑤。劉釗先生讀爲"慊",義爲怨恨不滿⑥。

【詞義】

一、待考。

1. 稝(黎—利)生於愳(恥),䊴(廉)生於稝(黎—利)。**語叢二4**

0740　庶　　　庻

【用字】　庶、徎

【解字】

"庶"字本從"火"從"石"作"炻",楚文字承之;又所從"石"或訛作"广"下"廿",寫作"庻",郭店《緇衣》簡40(庻)即是如此,後爲小篆所承。"徎"寫作徎,即"徎"字。

①　陳偉:《郭店竹書別釋》,湖北教育出版社,2003年,第201頁。
②　劉釗:《郭店楚簡校釋》,福建人民出版社,2005年,第106頁。
③　陳劍:《試説戰國文字中寫法特殊的"亢"和從"亢"諸字》,《出土文獻與古文字研究》第3輯,復旦大學出版社,2010年,第152—182頁。
④　李零:《郭店楚簡校讀記(增訂本)》,北京大學出版社,2002年,第170、174頁。
⑤　連劭名:《郭店楚簡〈語叢〉叢釋》,《孔子研究》,2003年第2期,第29頁。
⑥　劉釗:《郭店楚簡校釋》,福建人民出版社,2005年,第201頁。

【詞義】

一、眾多。

1. 出内(入)自尒(爾)帀(師)，于緇衣**39** 庶(庶)言同。**40**

2. 古(故)孚₌(君子)不貴徣(徝—庶)勿(物)而貴與成之**16** 民又(有)同也。**17**

0741　廢　　廚

【用字】　燮、墫、隸

【解字】

　　《緇衣》"燮"即"灋(法)"字，古文字偏旁位置不固定。裘錫圭先生"按語"(132 頁注[二七])讀爲"廢"。劉曉東先生讀爲"乏"，訓爲廢棄①。劉信芳先生認爲灋者，模也，範也②。上博本《緇衣》與"灋"對應之字爲"鴌"；今本作"全"。馮勝君先生指出"鴌"讀"存"，"故心以體存，君以民亡"似乎可以理解爲互文見義，相當於"故心以體存，亦以體亡；君以民存，亦以民亡"；今本"全"可能是"仝"(古文灋)字之訛。由此，郭店簡"灋"字或許也是"鴌"誤寫③。

【詞義】

一、廢除；停止。

1. 古(故)大老丙**2** 道(道)燮(癹—廢)，女(安—焉)又(有)悬(仁)義。**3**

2. 君子於此戈(弋—一)歔(偏)者亡(無)所墫(法—廢)。六德**40**

二、敗壞；損壞。

1. 故心以體隸(法—廢)，君以民芒(喪—亡)。緇衣**9**

0742　廟　　廟　　古文 宙

【用字】　渾、宙、庙

【解字】

　　宙、庙(庿)與"廟"字古文同。

---

① 劉曉東：《〈郭店楚墓竹簡・緇衣〉初探》，《蘭州大學學報(社會科學版)》，2000 年第 4 期，第 112 頁。

② 劉信芳：《郭店簡〈緇衣〉解詁》，《郭店楚簡國際學術研討會論文集》，湖北人民出版社，2000 年，第 168 頁。

③ 馮勝君：《郭店簡與上博簡對比研究》，綫裝書局，2007 年，第 106—110 頁。

【詞義】

一、宗廟，設置先祖牌位以供祭祀的建築。

  1. 新（新—親）事且（祖）<u>㝵</u>（廟），效（教）民孝也。**唐虞5**

  2. 㝵（賓）客，青（青—清）<u>㝵</u>（廟）之㝵（文）也。**語叢一88**

二、用爲"貌"，參閱卷八"貌"（第447頁）。

0743 庀

【解字】

"庀"字見於《老子》甲本簡10，整理者（114頁注［二七］）隸定爲"庀"，疑爲"安"字誤寫。崔仁義先生認爲簡文厂下似可釋作"人"字，若然，从厂與从宀義近，从人與从女義同，故亦可作爲安的同義詞對待①。劉釗先生認爲"庀"是"安"字的一種異體②。袁國華先生認爲該字與"匕"字形體比較，只在於右下的筆畫改變，使之音化，遂成从"匕"得聲的聲化字。"匕"上古音屬幫母脂部，又屬並母脂部；"匕"屬滂母質部，幫、滂、並發音部位相同，脂、質二部可旁轉，故"匕"可从"匕"聲。後又進一步讀作"宓"，"安靜"義③。劉信芳先生隸定爲"戹"，从戉、匕聲，爲"牝"之異構④；廖名春先生同意此說⑤。趙建偉先生認爲"庀"疑當作"庀"，讀爲"橐"，訓爲"虛"⑥。顏世鉉先生認爲"庀"當讀爲"宓"，安也。"庀"爲滂紐脂部，"宓"爲明紐質部，旁紐陰入對轉⑦。蘇建洲先生認爲字从匕、马聲，《說文》"马，讀若含"。含，匣紐侵部；安，影紐元部。聲同爲喉音，韻部似遠，但从"马"得聲的字，如犯、範、泛、范皆爲談部，而談、元主要元音相同可通轉⑧。許文獻先生疑此字與"从"字構形有關，或即"旅"字之異化，是帛書本"女"、王本

---

① 崔仁義：《荊門郭店楚簡〈老子〉研究》，科學出版社，1998年，第65頁注263。

② 劉釗：《郭店楚簡校釋》，福建人民出版社，2005年，第11頁。

③ 袁國華：《郭店楚簡文字考釋十一則》，《中國文字》新24期，1998年，藝文印書館，第138—139頁；《郭店楚墓竹簡從"匕"諸字及相關字詞考釋》，《"中研院"歷史語言研究所集刊》第74本第1分，2003年，第23—25頁。

④ 劉信芳：《荊門郭店竹簡老子解詁》，藝文印書館，1999年，第13頁。

⑤ 廖名春：《楚簡老子校釋（九）》，《簡帛研究二〇〇一》，廣西師範大學出版社，2001年，第87頁。

⑥ 趙建偉：《郭店竹簡〈老子〉校釋》，《道家文化研究》第17輯（郭店楚簡專號），生活·讀書·新知三聯書店，1999年，第262、266—267頁。

⑦ 顏世鉉：《郭店楚簡散論》（一），《郭店楚簡國際學術研討會論文集》，湖北人民出版社，2000年，第101頁。

⑧ 蘇建洲：《〈郭店楚簡〉考釋二則》，簡帛研究網（http：//www.jianbo.org/Wssf/2003/sujianzhou03.htm），2003年1月8日。

"安"之通假字①。

【詞義】

一、安。

　　1. 竺(孰)能庀呂(以)迬(動)者。老甲 10

0744 厥　　厥

【用字】 乒

【詞義】

一、代詞。相當於"其"。

　　1. 甘(箕—其)集大令(命)于乒(厥)身。緇衣 37

0745 厲　　厲

【用字】 萬

【解字】

　　《説文》曰:"厲,旱石也。"今作"礪"。

【詞義】

一、磨煉;勉勵。

　　1. 或萬(厲)之。性命 10

　　2. 萬(厲)訾(性)者,宜(義)也。性命 11

0746 厭　　厭

【用字】 詀、猒

【詞義】

一、滿足。

　　1. 天下樂(樂)進而弗詀(厭)。老甲 4

二、憎惡;嫌棄。

　　1. 我電(龜)欨(既)猒(厭),緇衣 46 不我告猷。47

---

① 許文獻:《楚簡中幾個特殊關係異文字組釋讀》,《第四屆國際中國古文字學研討會論文集》,香港中文大學中國語言及文學系,2003 年,第 447 頁。

0747 ⿸厂㚘

【用字】 ⿸厂㚘

【解字】

"⿸厂㚘"字,顔世鉉釋爲"依",《古文四聲韻》卷一"依"字引《雲臺碑》作,字象"宀"下二人側立之形,古文字从"厂"與从"宀"偏旁可通用……又"二人正面並立"與"二人側立"也可相通,如《説文》:"比,密也。二人爲從,反從爲比。"而其古文則作"夶",段注云:"蓋從二大也。二大者,二人也。"故簡文"⿸厂㚘"字即《雲臺碑》的"⿱宀从"字,均當釋爲"依"字①。李學勤先生認爲此字下部如果理解爲兩個"大",則無法解讀。其實是"衣"的訛變,即重寫了上端的"∧"形。字應隸定爲"⿸厂衣",讀爲依②。陳偉先生初釋爲"依",後來改釋爲"比",指出《説文》"比"字古文作"夶",正與此字下部相同。所从之"厂"則可通作"广"。因而此字應是"庇"字異構。庇亦有憑依義,與傳世本《論語》"依"字相通③。李零先生讀爲"比",親近義④。

【詞義】

一、待考。

1. ⿸厂㚘於**語叢三 50** 悬(仁)。**51**

0748 危 

【用字】 厃、⿰阝⿱禾心

【解字】

郭店《緇衣》簡 31"、"字,整理者(135 頁注[七八])隸定爲"⿰阝⿱禾心",今本作"危",鄭注:"危猶高也。"簡文此字从"秝"省。裘錫圭先生"按語"(135 頁注[七八])認爲當从"禾"聲,讀爲"危","禾""危"古音相近。何琳儀先生認爲此字从"阜","⿱禾心"聲,疑即《説文》"垝"之或體"陒"字異文,"⿱禾心"疑"委"之異文⑤。劉信芳先生認爲乃"恑"之異構,讀爲"危"⑥。趙平

① 顔世鉉:《郭店楚簡散論(二)》,《江漢考古》,2000 年第 1 期,第 40—41 頁。

② 李學勤:《〈語叢〉與〈論語〉》,廖名春主編《清華大學思想文化研究所集刊》第 2 輯,2002 年,第 5 頁。

③ 陳偉:《郭店竹書别釋》,《江漢考古》,1998 年第 4 期,第 71 頁。

④ 李零:《郭店楚簡校讀記(增訂本)》,北京大學出版社,2002 年,第 153 頁。

⑤ 何琳儀:《郭店楚簡選釋》,《簡帛研究二〇〇一》,廣西師範大學出版社,2001 年,第 161 頁。

⑥ 劉信芳:《郭店簡〈緇衣〉解詁》,《郭店楚簡國際學術研討會論文集》,湖北人民出版社,2000 年,第 175 頁。

安先生認爲从"禾"聲,"禾""危"同爲歌部字,聲母發音部位也相近,顯然是借用爲危①。楊澤生先生認爲"禾""危"古音較遠,古書未見相通之例,而"禾"與"咼"古音較近,古書有相通之例,疑可讀爲"過"或"禍",更傾向於後者。若讀爲"過",簡文説的是"言行一致";若讀爲"禍",可訓爲"危害、損害"②。張靜先生認爲中山器之大鼎有从"匸"从"禾"之字,讀"委"。禾,匣紐歌部;委,影紐微部;危,疑紐微部,聲爲喉牙通轉,韻部相近,三字讀音相近。"陒"字从"禾"聲,可讀爲"危"③。劉釗先生認爲从"心"从"阜","禾"聲,古音"禾"在匣紐歌部,"危"在疑紐歌部,韻部相同,聲爲喉牙通轉,可以相通④。

　　《六德》"屳"字(☖)从人从山,象人站在山頂之上,會危險之意。同樣的字形還見於清華二《繫年》簡 15。《玉篇·山部》:"屳,人在山上。今作危。""危"从"厃",《説文》:"厃,仰也。从人在厂上。"厂,《説文》:"山石之厓巖。"上博一《緇衣》簡 9{瞻}从"厃",蓋會人站在山厓以瞻望之意。楚文字"危"或从"厃",見於上博五《季庚子問於孔子》簡 20、清華六《子產》簡 11 等。山、厂表意相近,故屳、厃爲一字異體。綜上,"厃"可用來記錄{危}{瞻}這兩個語義相關但讀音遠隔的詞。《説文》又有"仚"字,即"仙"字異體,與"屳"字不同。

【詞義】

一、高於;超過。

　　1. 鼎(勛—則)民言不陒(危)行[=](行,行)不陒(危)緇衣 31 言。32

二、動詞。使……危。

　　1. 屳(危)亓(其)死弗敆(敢)悉(愛)也。六德 17

0749　石　　　　🄿

【用字】　石

【詞義】

一、石頭。

　　1. 粦(無—璑)茖(璐)堇(瑾)愈(瑜)埭(寶)山石。窮達 13

---

① 　趙平安:《上博藏〈緇衣〉簡字詁四篇》,《上博館藏戰國楚竹書研究》,上海書店出版社,2002 年,第 441 頁。

② 　楊澤生:《關於郭店楚簡〈緇衣〉篇的兩處異文》,《孔子研究》,2002 年第 1 期,第 36—37 頁。

③ 　張靜:《郭店楚簡文字研究》,安徽大學博士學位論文,2002 年,第 174 頁。

④ 　劉釗:《郭店楚簡校釋》,福建人民出版社,2005 年,第 62 頁。

二、特指石制的樂器。

　　1. 金石之又(有)聖(聖—聲)〔也〕。**性命 5**

三、"砥"字省訛,用爲"玷",參閱卷一"玷"(第 26 頁)。

0750 破　　昄

【用字】　皮

【詞義】

一、破亡;滅亡。

　　1. 皮(破)邦芒(喪)**語叢四 6** 寙(牖—牆—將)。**7**

0751 礦(磨)　　廲

【用字】　礬

【解字】

　　段注:"礦今字省作磨。"今暫依"礦"字卷次排序。

【詞義】

一、治石曰磨。

　　1. 白珪(圭)之石〈砥(玷)〉,尚可緇衣 **35** 礬(磨)也。**36**

0752 長　　髟　　古文 朮、羌

【用字】　長、倀、倀

【詞義】

一、空間、時間距離較大者。與"短"相對。

　　1. 長尚(短)之相型(形)也。**老甲 16**

　　2. 及兀(其)尃(博)長而薴(厚)**成之 27** 大也。**28**

二、長久;久遠。

　　1. 兀(其)**老甲 7** 事好長。**8**

　　2. 可**老甲 36** 㠯(以)長舊(久)。**37**

　　3. 可㠯(以)長〔久〕。**老乙 2**

　　4. 長生售(舊—久)貝(視)之道(道)也。**老乙 3**

　　5. 兀(其)惪(德)乃長。**老乙 17**

　　6. 古(故)事成(城—成)而身長。**太一 11**

　　7. 思不倀(長)〔不得〕。**五行 8**

　　8. 思不能倀(長)。五行 9

　　9. 智(智)之思也倀_(長,長)勛(則)旻(得)。五行 14

三、副詞。經常;長期。

　　1. 不可長保也。老甲 38

　　2. 下難緇衣 5 智(智—知)鼎(勛—則)君倀(長)裳(勞)。6

四、動詞。領導;主管。

　　1. 古(故)倀(長)民者章(彰)志吕(以)卲(昭)百眚(姓)。緇衣 11

　　2. 倀(長)民者。緇衣 16

　　3. 倀(長)民者。緇衣 23

五、老人;年長的人。

　　1. 智(智—知)丌(其)能紀(事)天下之長也。唐虞 23

六、首領;尊長。

　　1. 勛(則)民蛰(執—褻)隆(陵)倀(長)貴吕(以)忘(妄)。尊德義 14

七、增長;使增長。

　　1. 或長之。性命 10

　　2. 長眚(性)者,衍(道)也。性命 12

八、動詞。尊敬(年長的人)。

　　1. 長弟(悌),翠(親)道(道)也。語叢一 80

　　2. 長弟(悌),孝語叢三 6 之紡(方)也。7

九、長處;優點。

　　1. 會(會)埻(埻—最)長材六德 21 吕(以)事上。22

0753 肆

【用字】 逴、希

【詞義】

一、直;正。

　　1. 不悳(直)不_逴_(不肆,不肆)不果。五行 21

　　2. 悳(直)而述(遂)之,逴(肆)也。五行 34

　　3. 逴(肆)而不墨(畏)弜(弼—強)語(御),果也。五行 34

　　4. 希(肆)生於易,公(容)生於希(肆)。語叢二 24

0754 勿　　勿　　或體 㱾

【用字】 勿

【詞義】

一、副詞,表示戒止。不要。

1. 凡兑(悦)人勿㥯(隱)也,身必從之。**性命 59**

2. 巳(已)鼎(鼎—則)勿返(復)言也。**性命 61**

二、用爲"物",參閱卷二"勿"(第 480 頁)。

0755 而 

【用字】 而、天

【詞義】

一、如;像似。

1. 口不新(慎)而床(户)之閟(閉)。**語叢四 4**

二、副詞。

(一) 相當於"才""乃"。

1. 可(何)女(如)而可胃(謂)忠臣?**魯穆公 1**

2. 古者㫚(聖)人廿(二十)而**唐虞 25** 冒(冠),卅(三十)而又(有)家,卒=(五十)而紿(治)天下,𠦃=(七十)而至(致)正(政)。**26**

(二) 表示範圍,相當於"只""唯獨"。

1. 是古(故)亡虖(乎)丌(其)身而**成之 4** 廌(存)虖(唬—乎)丌(其)訂(詞)。**5**

(三) 表示繼續,相當於"猶""還"。

1. 行年七十而肙(賭—屠)牛於朝(潮—朝)訶(歌)。**窮達 5**

三、連詞。

(一) 表示並列,相當於"和""與";"並且""又"。

1. 古(故)事减(城—成)而身長。**太一 11**

2. 鼎(則)民臧〈咸〉放(飭)而荎(刑)不屯(頓)。**緇衣 1**

3. 鼎(鼎—則)忠敬不足而貢(富)貴巳(已)逃(過)也。**緇衣 20**

4. 鼎(鼎—則)大臣不台(以)而埶(埶—褻)臣託(託)也。**緇衣 21**

5. 鼎(鼎—則)荎(刑)罰不**緇衣 27** 足恥,而雀(爵)不足蘁(懽—勸)也。**28**

6. 古(故)上不可㠯(以)埶(埶—褻)荎(刑)而翌(翌—輕)雀(爵)。**緇衣 28**

7. 君子道(道—導)人㠯(以)言,而恆(亟—極)㠯(以)行。**緇衣 32**

8. 鼎(鼎—則)民新(慎)於言而蓮(慬—謹)於行。**緇衣 33**

9. 鼎(鼽—則)民不能大甘(箕—其)娧(媄—美)而少(小)甘(箕—其)亞(惡)。**緇衣 35**
10. 此吕(以)佊(邇)者不賊(惑)而遠者不悆(疑)。**緇衣 43**
11. 翌(翠—輕)齒(𢇍—絶)貧戔(賤)而至(重)齒(𢇍—絶)貢(富)貴,鼎(鼽—則)好息(仁)不臤(臤—堅)而亞=(亞亞—惡惡)不㕟(著)也。**緇衣 44**
12. 金聖(聖—聲)而玉晨(晨—振)之。**五行 19**
13. 肰(然)句(後)能金聖(聖—聲)而玉晨(晨—振)之。**五行 20**
14. 遠(遠)而牆(莊)之,敬(敬)也。**五行 36**
15. 敬(敬)而不卸(懈),嚴(嚴)也。**五行 36**
16. 嚴(嚴)而畏(畏)**五行 36** 之,障(尊)也。**37**
17. 障(尊)而不喬(喬—驕),共(恭)也。**五行 37**
18. 共(恭)而尃(博)交,豊(禮)也。**五行 37**
19. 大而晏(晏—罕)者也。**五行 40**
20. 少(小)而訪〈診(軫)〉者也。**五行 40**
21. 大而**五行 42** 晏(晏—罕)者,能又(有)取安(安—焉)。**43**
22. 少(小)而軫者,能又(有)取安(安—焉)。**五行 43**
23. 考逡(後)而逯(歸)先。**唐虞 6**
24. 是古(故)**成之 33** 唯君子道(道)可近求而可遠遣也。**37**
25. 百工不古(楛),而人敹(養)膚(皆)足。**忠信 7**
26. 羣(群)勿(物)谷(皆)成,而百善膚(皆)立。**忠信 7**
27. 丌(其)生而未又(有)非之。**成之 26**
28. 及丌(其)尃(博)長而䨔(厚)**成之 27** 大也。**28**
29. 息(仁)蓟〈䒤(䒤—柔)〉而㪏(暱),宜(義)弜(強—剛)而柬(簡)。**六德 32**
30. 少(小)而**六德 32** 貟(軫)多(者)也。**33**

(二) 表示承接。

1. 悬(化)而雒(欲)复(作)。**老甲 13**
2. 違(動)而瘛(愈)出。**老甲 23**
3. 亦不可旻(得)而疋(疏)。**老甲 28**
4. 不可旻(得)而称(利),亦不可旻(得)而叡(害)。**老甲 28**
5. 不可旻(得)而貴,亦{可}不可旻(得)而戔(賤)。**老甲 29**
6. 我粿(無)事而民自稟(福—富)。**老甲 31**
7. 我亡(無)爲而民自蟲(蝺—化)。**老甲 32**

8. 我好青(青—靜)而民自正。**老甲 32**

9. 我谷(欲)不谷(欲)而民自檏(樸)。**老甲 32**

10. 朱(持)而浧(浧—盈)**老甲 37** 之,不⌇不⌇若巳(已)。**38**

11. 湍(揣)而羣(群)之,不可長保也。**老甲 38**

12. 成(城—成)事述(遂)社(功),而百眚(姓)曰我自肰(然)也。**老丙 2**

13. 徍(往)而不害(害),女(安—焉)坓(坪—平)大。**老丙 4**

14. 成(城—成)散(歲)**太一 3** 而坒(止)。**4**

15. 逊(周)而或(又)〔始〕。**太一 6**

16. 爲上可望(望)而斳(智—知)也,爲下**緇衣 3** 可頪(類)而箮(識)也。**4**

17. 古(故)君子顅(顧)言而**緇衣 34** 行。**35**

18. 公不敓(悅),耳(揖)而退(退)之。**魯穆公 2**

19. 募(寡)人惑女(安—焉),而未之旻(得)也。**魯穆公 4**

20. 〔爲〕義而遠彔(彔—祿)箮(箮—爵)。**魯穆公 7**

21. 謥(察)天人之分,而斳(智—知)所行矣。**窮達 1**

22. 立而爲天子。**窮達 3**

23. 夒(釋—釋)板(版)箮(築)而奓(差—佐)天子。**窮達 4**

24. 舉(舉)而爲天子帀(師)。**窮達 5**

25. 夒(釋—釋)杙(械)櫒(枊)而爲者(諸)厌(矦—侯)槻(相)。**窮達 6**

26. 夒(釋—釋)板(鞭)桎(箠)而爲譻卿。**窮達 7**

27. 出而爲命(令)尹。**窮達 8**

28. 五行谷(皆)型(形)于内而散(時)行**五行 6** 之。**7**

29. 貝(視—見)而斳(智—知)之,斳(智)也。**五行 25**

30. 耸(聞)而斳(智—知)之,聖(聖)也。**五行 25**

31. 耸(聞)而斳(智—知)之,聖(聖)也。**五行 26**

32. 斳(智—知)而行之,義也。**五行 27**

33. 行之而散(時),悳(德)也。**五行 27**

34. 貝(視—見)而斳(智—知)之,**五行 27** 斳(智)也。**28**

35. 斳(智—知)而安(安)之,愳(仁)也。**五行 28**

36. 安(安)而敬(敬)之,豊(禮)也。**五行 28**

37. 貝(視—見)而斳(智—知)之,斳(智)也。**五行 30**

38. 㑆(智—知)而安(安)之,愳(仁)也。**五行 30**

39. 安(安)**五行 30** 而行之,義也。**31**

40. 行而敬(敬)之,豊(禮)也。**五行 31**

41. 亯(就—戚)而訐(信)之,新(親)。五行33

42. 新(親)而箮(篤)之,炁(愛)也。五行33

43. 又(有)大辠(罪)而大叞(誅)之,行也。五行35

44. 又(有)大辠(罪)而大叞(誅)之,柬〈柬(簡)〉也。五行38

45. 又(有)少(小)辠(罪)而亦(赦)之,匿也。五行38

46. 君五行43 子智(智—知)而與(舉)之。44

47. 智(智—知)而事之。五行44

48. 目而智(智—知)之胃(謂)之進之。五行47

49. 俞(喻)而智(智—知)之胃(謂)之進之。五行47

50. 辟(譬)而智(智—知)之胃(謂)之進之。五行47

51. 幾而智(智—知)之,天也。五行48

52. 聖(聞)道(道)而兑(悅)者,好悬(仁)者也。五行49

53. 聖(聞)道(道)而塈(畏)者,好五行49 義者也。50

54. 聖(聞)道(道)而共(恭)者,好豊(禮)者也。五行50

55. 聖(聞)道(道)而譽(樂)者,好惪(德)者也。五行50

56. 古者埜(堯)生於天子而又(有)天下。唐虞14

57. 上直(直—德)鼎(勳—則)天下又(有)君而唐虞20 世明。21

58. 夏(受—授)▪又(臤—賢)鼎(勳—則)民興効(教)而蝸(化)虎(乎)道(道)。唐虞21

59. 埜(堯)僵(亶—禪)天下唐虞24 而受(授)之。25

60. 南面而王而〈天〉下而甚君。唐虞25

61. 僵(亶—禪)天下而唐虞26 夏(受—授)▪又(臤—賢),遏(退)而教(養)丌(其)生。27

62. 古(故)行而鱛(鰆—爭)兑(悅)民。忠信6

63. 古(故)徂(遵)而可夏(受)也。忠信8

64. 君黝(袀)襏(冕)而立於复(阼)。成之7

65. 君衰磊(絰)而尻(處)立(位)。成之8

66. 戠(察)反者(諸)吕(己)而可目(以)成之19 智(智—知)人。20

67. 售(唯—雖)又(有)丌(其)瓪(亙—亟)而成之29 可能。30

68. 言余之此而氏(宅—度)於天心也。成之33

69. 叚(讓)而夏(受)學(學)。成之34

70. 叚(讓)而处(處)戋(賤)。成之34

71. 害(蓋)成之37 言訢(慎)求之於吕(己),而可目(以)至川(順)天棠(常)怠(疑—矣)。38

72. 夫生而又(有)戠(職)事者也,非香(教)所及也。**尊德義 18**

73. 古(故)朵(終)是勿(物)也而又(有)深女(安─焉)者。**尊德義 19**

74. 行矣而亡(無)慝(違)。**尊德義 21**

75. 遬(速)虘(唬─乎)楷(置)蚤(郵)而迻(傳)**尊德義 28** 龠(命)。**29**

76. 古(故)惪(德)可易而伩(攼─施)可迲(遷)也。**尊德義 37**

77. 聖(聖)人比亓(其)**性命 16** 頪(類)而侖(論)酓(會)之,蘁(觀)亓(其)之〈先〉迻〈逤(後)〉而逆訓(順)之,體亓(其)宜(義)而卽(節)夏(文)之,里(理)**17** 亓(其)青(青─情)而出內(入)之。**18**

78. 鼎(勮─則)非亓(其)聖(聖─聲)而從(縱)之也。**性命 27**

79. 言及鼎(勮─則)**性命 59** 明呈(擧─舉)之而毌愚(僞)。**60**

80. 身谷(欲)靑(靑─靜)而毌訰(訰─滯),慮〈慮(慮)〉谷(欲)困(淵)而毌爲(僞),**性命 62** 行谷(欲)惪(勇)而必至,畜(廟─貌)谷(欲)壯(莊)而毌果(拔),谷(欲)柔齊而泊,熹(憙─喜)谷(欲)晢(智)而亡(無)末,**63** 樊(樂)谷(欲)睪(釋)而又(有)止(止),息(憂)谷(欲)睿(僉─斂)而毌惛(昏),恚(怒)谷(欲)浧(涅─盈)而毌暴(暴),進谷(欲)孫(孫─遜)而毌玫(巧),**64** 退(退)谷(欲)肅而毌巠(至─輕):谷(欲)昝(皆)夏(文)而毌愚(僞)。**65**

81. 牛生而倀(粻),鴈(鴈─雁)生而戠(陣)。**性命 7**

82. [人生]**性命 7** 而學,或夏(使)之也。**8**

83. 因而它(施)泉(禄)女(安─焉)。**六德 14**

84. 或(又)從而孚(教)(誨)之。**六德 21**

85. 豊(禮)因人之惪(情)而爲之**語叢─31** 卽(節)夏(文)者也。**97**

86. 正(政)亓(其)虞(然)而行。**語叢─ 59**

87. 政亓(其)虞(然)而行,怘(息)女(安─焉)。**語叢─ 67**

88. 而**語叢─ 71** 亡(無)非呂(己)取之者。**72**

89. 勿(物)又(有)里(理)而**語叢三 18**

90. 亞(惡)言返(復)己而死糀(無)日。**語叢四 4**

91. 潼(流)溴(澤)而行。**語叢四 7**

92. 若齒之事胑(舌),而舁(終)弗齧(噬)。**語叢四 19**

93. 若兩輪之相浿(轉),而舁(終)不相敗(敗)。**語叢四 20**

94. 若四旹(時)一遚(逝)一垄(來),而民弗書(害)也。**語叢四 21**

95. 聖(聖─聽)君而酓(會),貝(視)庿(廟─貌)而內(納)之。**語叢四 27 上**

96. 至(致)而**語叢四 27 下** 亡(無)及也已(已)。**27 背上**

（三）表示假設，相當於“如果”。

1. 人而亡（無）贄（貫—恆），不可爲緇衣 **45** 卜箸（筮）也。**46**

2. 言語叢四 **1** 而狗（苟），牆（墙）又（有）耳。**2**

3. 鈆之而不可。語叢四 **6**

4. 及語叢四 **5** 之而弗亞（惡）。**15**

5. 聿（盡）之而惫（疑）。語叢四 **15**

（四）表示因果，相當於“因而”“所以”。

1. 厌（矦—侯）王能守之，而萬勿（物）陠（牆—將）自愚（化）。老甲 **13**

2. 夫天多昇（期—忌）韋（諱），而民爾（彌）畓（畔—叛）。老甲 **30**

3. 民多衳（利）器，而邦慈（慈—滋）昏。老甲 **30**

4. 下，土也，而胃（謂）之墬（地）。太— **10**

5. 上，燹（燹—氣）也，而胃（謂）之天。太— **10**

6. 可孝（教）也而不可迪其民，而民不可耑（止）也。尊德義 **20**

7. 六者客（各）六德 **23** 行亓（其）戠（職），而岙（嶽—獄）奞〈訟〉亡（無）繇（由）迮（作）也。**24**

8. 羕（詠）思而勑（動）心。性命 **26**

9. 恳（仁）頪（類）薊〈叓（薆—柔）〉而遫（速—束），宜（義）頪（類）弃（剛）六德 **31** 而峽（豳—絶）。**32**

10. 此六者客（各）六德 **35** 行亓（其）戠（職），而岙（嶽—獄）奞〈訟〉戏（薆）繇（由）亡〈乍（作）〉也。**36**

（五）表示轉折，相當於“卻”“然而”。

1. 天下僕（樂）進而弗詀（厭）。老甲 **4**

2. 果而弗雙（墢—伐），果而弗雋（喬—驕），果而弗秈（矜），是胃（謂）果而不罡（強）。老甲 **7**

3. 是古（故）聖（聖）人能尃（輔）萬勿（物）之自肰（然）而弗老甲 **12** 能爲。**13**

4. 萬勿（物）复（作）而弗怨（始）也，爲而弗志（恃）也，戜（城—成）而弗居。老甲 **17**

5. 虐（虛）而不屈（屈）。老甲 **23**

6. 骨溺（弱）董（筋）秣（柔）而捉老甲 **33** 固。**34**

7. 宎（終）日虖（虖—呼）而不憂（嚘）。老甲 **34**

8. 亡（無）爲而亡（無）不爲。老乙 **4**

9. 貝（視）之不足見，聖（聖—聽）之不足聒（聞），而不可飮（既）也。老丙 **5**

10. 是吕（以）能桰（輔）蠆（萬）勿（物）老丙 13 之自狀（然）而弗敢（敢）爲。14

11. 古（故）社（功）城（成）而身不剔（傷）。太一 12

12. 不從亓（其）所吕（以）命，而從亓（其）所行。緇衣 14

13. 大人不新（親）亓（其）所臤（臤—賢），而緇衣 17 訐（信）亓（其）所戔（賤）。18

14. 古（故）穿（窮）而不窮達 11 ［□］。12

15. 古（故）莫之督（智—知）而不笞（鄰—閔）。窮達 12

16. ［不以無人］噢（鼻—嗅）而不芳。窮達 13

17. 聲（聞）君子道（道）而不督（智—知）五行 23 亓（其）君子道（道）也。24

18. 貝（視—見）臤（臤—賢）人而不督（智—知）亓（其）又（有）惪（德）也。五行 24

19. 又（有）大辠（罪）而弗大五行 38 敓（誅）也。39

20. 又（有）少（小）辠（罪）而弗亦（赦）也。五行 39

21. 徸（襢—禪）而不徸（傳）。唐虞 1

22. 秒（利）天下而弗秒（利）也。唐虞 1

23. 徸（襢—禪）而不徸（傳）。唐虞 1

24. 秒（利）天下而弗秒（利）也。唐虞 2

25. 旻（没）唐虞 2 而弗秒（利）。3

26. 忈（仁）而未義也。唐虞 8

27. 我（義）而未忈（仁）也。唐虞 9

28. 女（安）命而弗宎（夭），救（養）生而弗戙（傷）。唐虞 11

29. 恝（愛）而正（征）之。唐虞 13

30. 徸（襢—禪）而不遣（傳）。唐虞 13

31. 夫古者唐虞 15 奎（舜）厔（居）於草茅＝（艸茅—草茅）之中而不惪（憂），升爲天子而不喬（喬—驕）。16

32. 厔（居）草茅＝（艸茅—草茅）之中而不惪（憂）。唐虞 16

33. 升爲天子而不喬（喬—驕），不湍（流）也。唐虞 17

34. 君民而不喬（喬—驕），卒王天下而不矣（喜）。唐虞 18

35. 秒（利）天下而弗秒（利）也。唐虞 20

36. 不逼（遭—禪）而能蝎（化）民者。唐虞 21

37. 忠忠信 1 訐（信）碄（積）而民弗罜（親）訐（信）者。2

38. 蝎（化）勿（物）而不肇（癹—伐）。忠信 2

39. 朮（必）至而不結。忠信 2

40. 大舊（久）而不俞（渝）。忠信 3

41. 不兑（說）而足妟（養）者，墬（地）也。忠信 4

42. 不昇（期）忠信 4 而可蟶（要）者，天也。5

43. 口叀（惠）而實（實）弗从（從）。忠信 5

44. 民不從上之僉（命），不訐（信）亓（其）言，而能念（含）悳（德）者，未
之成之 2 又（有）也。3

45. 不求者（諸）亓（其）杳（本）而攼（攻）者（諸）亓（其）成之 10 末。11

46. 是昌（以）民可成之 15 敬遉（道—導）也，而不可穿（弇—掩）也。16

47. 可馯（馭—御）也，而不可攣（掔—牽）也。成之 16

48. 古（故）孚＝（君子）不貴徚（徙—庶）勿（物）而貴與成之 16 民又（有）
同也。17

49. 聟（智）而比卽（次）。成之 17

50. 禀（福—富）而貧（分）賤。成之 17

51. 貴而罷（攝）緻（纕—讓）。成之 18

52. 是昌（以）聟（智—知）而求之不疾。成之 21

53. 敢（勇）而行之不果。成之 21

54. 此昌（以）民咎（皆）又（有）眚（性）而聖（聖）人不可莫（慕）也。成
之 28

55. 又（有）聟（智—知）吕（己）而不聟（智—知）僉（命）者，亡（無）聟
（智—知）僉（命）而不聟（智—知）吕（己）者。尊德義 10

56. 又（有）尊德義 10 聟（智—知）豊（禮）而不聟（智—知）樂（樂）者，亡
（無）聟（智—知）樂（樂）而不聟（智—知）豊（禮）者。11

57. 可學也而不可矣（疑）也。尊德義 19

58. 可孯（教）也而不可迪其民，而民不可聖（止）也。尊德義 20

59. 日㝵（嗌—益）而不自聟（智—知）也。尊德義 21

60. 民可叟（使）道（道—導）尊德義 21 之，而不可叟（使）聟（智—知）
之。22

61. 民可道（道—導）也，而不可弻（勥—強）也。尊德義 22

62. 傑（傑—桀）不胃（謂）亓（其）民必嬰（亂），而民又（有）尊德義 22 爲
嬰（亂）矣。23

63. 爰不若也，可從也而不可及也。尊德義 23

64. 爲邦而不吕（以）豊（禮）。尊德義 24

65. 非豊（禮）而民兑（悅）尊德義 24 厷（戴）。25

66. 非侖(倫)而民備(服)殜(御)。尊德義 25
67. 交矣而弗䛩(智—知)也。尊德義 29
68. 不從亓(其)所僉(命),而從亓(其)所行。尊德義 36
69. 退(邅)而大又(有)憲(害)者。尊德義 38
70. 退(邅)而大又(有)秎(利)者。尊德義 38
71. 肰(然)而亓(其)怢(過)不亞(惡)。性命 49
72. 未言而訐(信),又(有)娧(媄—美)青(青—情)者也。性命 51
73. 未耆(教)性命 51 而民丞(亙—恆)。52
74. 未賞而民薫(懽—勸),含禀(福—富)者也。性命 52
75. 未型(刑)而民愳(畏)。性命 52
76. 戔(賤)而民貴之。性命 53
77. 貧而民聚女(安—焉)。性命 53
78. 蜀(蜀—獨)凥(處)而樊(樂)。性命 54
79. 亞(惡)之而不可非者。性命 54
80. 非之性命 54 而不可亞(惡)者。55
81. 不可爲也,語叢一 56 而不可不爲也。57
82. 罤(親)而語叢一 77 不隫(尊)82
83. 隫(尊)而不罤(親)。語叢一 79
84. 未又(有)善事人而不返者。語叢二 45
85. 未又(有)噚(嘩—華)而忠者。語叢二 46
86. 又(有)行而不遖(繇—由),又(有)遖(繇—由)而語叢二 53 不行。54
87. 不語叢三 4 我(義)而加(加)者(諸)己,弗叒(受)也。5
88. 凥(處)而亡(無)斁語叢三 12 習(習)也,鼎(鼎—員—損)。13
89. 眾而不勧(割)₌(害,割)而不菐(蹼—僕—仆)。語叢四 18

(六) 連接修飾語與動詞。

1. [不]老丙 6 旻(得)巳(已)而甬(用)之。7
2. 古(故)君子多聒(聞),齊而戰(獸—守)之。緇衣 38
3. 多志(識),齊而緇衣 38 新(親)之。39
4. 精(精)䛩(智—知),逨(略)而行之。緇衣 39
5. 宔(中)心五行 33 該(辯)肰(然)而正行之,㮚(植—直)也。34
6. 㥁(直)而述(遂)之,遙(肆)也。五行 34
7. 遙(肆)而不畏(畏)彊(㢝—強)語(御),果也。五行 34
8. 堂(堂—當)事因方而斷(折—制)之。性命 19
9. 同方而交,吕(以)道(道)者也。五行 57

10. 不同方而［交,以故者也］。性命 57

11. 同兑（悦）而交,㠯（以）惪（德）者也。五行 58

12. 不同兑（悦）而交,㠯（以）猷者也。性命 58

（七）提出程度更甚的明顯事例爲襯托,下半句常用"何況""而況"相呼
　　應,相當於"且""尚且"。

1. 黽（龜）䇫（筮）猷（猶）弗智（智—知）,而皇（況）於人虖（唬—乎）?
　　緇衣 46

四、形近譌誤。

（一）譌寫爲"天"。

1. 民莫之命（令）天〈而〉自㘴（均）女（安—焉）。老甲 19

2. 古（故）不可㝵（得）天〈而〉新（親）。老甲 28

3. 人多 老甲 30 智（智—知）,天〈而〉哦（奇）勿（物）慈（慈—滋）记
　　（起）。31

（二）"天"字形近譌寫,參閱卷一"天"（第 5 頁）。

五、"而後"。然後;以後。

1. 傑（傑—桀）不易 尊德義 5 垔（禹）民而句（後）嬰（亂）之,湯不易傑
　　（傑—桀）民而句（後）釘（治）之。6

2. 智（智—知）僉（命）而句（後）智（智—知）道（道）。尊德義 9

3. 智（智—知）道（道）而句（後）智（智—知）行。尊德義 9

4. 百之而句（後）菔（服）。尊德義 27

5. 㞢（待）勿（物）而句（後）复（作）,㞢（待）兑（悦）而句（後）行,㞢
　　（待）習（習）而句（後）性命 1 異（奠—定）。2

6. 凡惥（憂）,思而句（後）悲。性命 31

7. 凡樊（樂）,思而句（後）忻。性命 32

8. 而句（後）語叢—4 又（有）鯀（倫）。5

9. 而句（後）語叢—6 又（有）㲜（厚）。7

10. 而句（後）好亞（惡）語叢—8 生。9

11. 而句（後）語叢—10 酓（教）生。11

12. 智（智—知）忌（己）而句（後）智_人_（智人—知人,知人）而句
　　（後）語叢—26 智_豊_（智禮—知禮,知禮）而句（後）智（智—知）
　　行。27

13. 善里（理）而句（後）樂生。語叢—32

六、"而已"。助詞。表示僅止於此。猶罷了。

1. 善者果而已（已）。老甲 7

2. 訇(治)民非退(還—懷)生而巳(已)也。**尊德義 25**

3. 衍(道)之而巳(已)。**性命 15**

4. 孚_(君子)不帝(啻)明虗(乎)民敚(微)而巳(已)。**六德 38**

七、用爲"爾",參閲卷三"爾"(第 192 頁)。

八、待考。

1. 窑而者尚。**忠信 3**

2. □而上又(有)**殘簡 24**

0756 豲

【用字】 豲

【解字】

　　《語叢二》簡 14"豲"字,整理者(203 頁)隸定爲"豲"。李零先生認爲該字讀音可能與"緣"有關①。劉釗先生認爲該字从豕从肉从主,疑爲"冢"省聲,讀爲"忡",憂愁②。鄧少平先生贊同此説,進而認爲"冢"戰國文字多假借爲"重","豲"疑讀爲"勆"③。相似的字形還見於清華十一《五紀》簡 4 豲(从豕从肉从又)、清華六《子産》簡 20 豲(从犬从肉从又)、清華十四《兩中》簡 5,整理者釋爲"循",程浩先生認爲三者皆當看作"緣"省,進而認爲在《五紀》中讀爲"遥",在《子産》中讀爲"由",在《兩中》及郭店簡《語叢二》中皆讀爲"謡"④。今按:郭店簡"豲"字右半是否从"肉"从"又"與清華簡諸字相同還不能遽定,即便將右下看作"又",但在"肉"與"又"之間的一横筆要怎麽解釋恐怕也需要進一步思考。

【詞義】

一、待考。

1. 豲生於伓(倍)。**語叢二 14**

0757 易　易

【用字】 易、惕

---

① 李零:《郭店楚簡校讀記(增訂本)》,北京大學出版社,2002 年,第 253 頁。

② 劉釗:《郭店楚簡校釋》,福建人民出版社,2005 年,第 253 頁。

③ 北京大學《儒藏》編纂與研究中心編:《郭店楚墓竹簡十二種校釋》,北京大學出版社,2023 年,第 419 頁。

④ 程浩:《清華簡第十四輯整理報告拾遺》,《西南大學漢語言文獻研究所建所四十周年紀念會暨古文字與古文獻國際學術研討會論文集》,西南大學,2024 年,第 29 頁。

【解字】

"惖"即"惕"字異體。

【詞義】

一、容易。跟"難"相對。

1. 大少(小)之多惖(惕—易)必多鼙(難)。老甲 14

2. 戁(戁—難)惖(惕—易)之相城(成)也。老甲 16

3. 亓(其)安(安)也,易县(持)也。亓(其)未茈(兆)也,易惥(謀)也。亓(其)霂(霂—雪—脆)也,易畔(判)也。亓(其)幾也,易俴(散)也。老甲 25

4. 民之父母新(親)民易。六德 49

二、改變;改易。

1. 傑(傑—桀)不易 尊德義 5 坒(禹)民而句(後)嬰(亂)之,湯不易傑(傑—桀)民而句(後)訇(治)之。6

2. 夫售(唯)是,古(故)悳(德)可易而攽(攽—施)可迌(邅)也。尊德義 37

三、和悦。

1. 子生於眚(性),易生於子。語叢二 23

2. 希(肆)生於易,公(容)生於希(肆)。語叢二 24

四、《周易》,古書名。

1. 藿(觀)者(諸)《易》《旹(春)秌(秋)》鼎(劇—則)亦才(在)壴(喜—矣)。六德 25

2. 《易》,所吕(以)䢔(會)天術(道)人術(道)語叢一 36 也。37

0758 象　　象

【用字】 象

【詞義】

一、大道;常理。

1. 天象亡(無)堥(形)。老乙 12

2. 槷(執—設)大象,天下徍(往)。老丙 4

0759 豫　　豫　　古文 豫

【用字】 夽、余、夽

【解字】

《六德》簡 33"⟨字⟩"字,整理者(188 頁)隸定爲"𧰨"。黄德寬、徐在國先生隸定爲"𧰨",釋爲"豫",訓爲"樂"①。顏世鉉先生初隸定爲"𧳟",讀爲"弅";後釋爲"豫",讀爲"舍";又認爲字从谷从象,讀爲"欲",訓爲婉順②。李零先生釋爲"逸"③;廖名春先生從之,讀爲"弅",壓抑之意④。劉國勝先生認爲該字从"去"从"象",古文字象、兔二字形近易混,釋爲"逸",訓爲隱匿⑤。陳立先生隸定爲"𧳟","欲"字異體,欲望、想要之意⑥。劉信芳先生釋爲"豫"讀爲"舍",簡文舍、求相對爲文⑦;李家浩先生從之,訓"志"爲私意⑧。涂宗流、劉祖信先生釋爲"靖",訓爲安⑨。周鳳五先生隸定爲"𧳟",讀爲"捐"⑩。李天虹先生認爲兔、象二字上部形體雖然接近,但也存在一定程度的差異,進而隸定爲"𧰨"釋爲"逸",可當隱匿或閒適、安樂講⑪。劉釗先生隸定爲"𧳟",釋爲"抒"⑫。曹錦炎先生隸定爲"𧰨",讀爲"豫",同時指出象、兔二字之别:"象"首構形的最後一筆往右下延伸較長,而"兔"字構形中兔首的最後一筆往往上翹⑬。張崇禮先生釋爲"豫",訓爲"樂"⑭。單育辰先生認爲左爲"予"字訛變,右爲"象",象、兔在楚簡中常訛混不分,不能

---

① 黄德寬、徐在國:《郭店楚簡文字考釋》,《吉林大學古籍整理研究所建所十五周年紀念文集》,吉林大學出版社,1998 年,第 106—107 頁。

② 顏世鉉:《郭店楚簡淺釋》,《張以仁先生七秩壽慶論文集》,學生書局,1999 年,第 379—396 頁;《郭店楚簡散論(三)》,《大陸雜志》第 101 卷第 2 期,2000 年,第 74—85 頁;《郭店楚簡〈六德〉箋釋》,《"中研院"歷史語言研究所集刊》第 72 本第 2 分,2001 年,第 482 頁。

③ 李零:《郭店楚簡校讀記》,《道家文化研究》第 17 輯(郭店楚簡專號),生活·讀書·新知三聯書店,1999 年,第 520 頁。

④ 廖名春:《郭店楚簡〈六德〉篇校釋》,《清華簡帛研究》第 1 輯,清華大學思想文化研究所,2000 年,第 82 頁。

⑤ 劉國勝:《郭店竹簡釋字八則》,《武漢大學學報》,1999 年第 5 期,第 42 頁。

⑥ 陳立:《郭店竹簡〈六德〉文字零拾》,《第一屆"出土文獻研討會"論文集》,"中研院"歷史語言研究所出土文獻研究室,2000 年 6 月 8 日。

⑦ 劉信芳:《郭店楚簡〈六德〉解詁一則》,《古文字研究》第 22 輯,中華書局,2000 年,第 216 頁。

⑧ 李家浩:《關於郭店竹簡〈六德〉"仁類蕁而速"一段文字的解讀》,《出土文獻研究》第 10 輯,2011 年,第 42—55 頁。

⑨ 涂宗流、劉祖信:《郭店簡先秦儒家佚書校釋》,萬卷樓圖書有限公司,2001 年,第 189—219 頁。

⑩ 周鳳五:《〈孔子詩論〉新釋文及注解》,《上博館藏戰國楚竹書研究》,上海書店出版社,2002 年,第 158 頁。

⑪ 李天虹:《釋"𧰨""𧳟"》,《古文字研究》第 24 輯,中華書局,2002 年,第 401 頁。

⑫ 劉釗:《郭店楚簡校釋》,福建人民出版社,2005 年,第 118 頁。

⑬ 曹錦炎:《楚簡文字中"兔"及相關諸字》,《新出土文獻與古代文明研究》,上海大學出版社,2004 年,第 112—115 頁。

⑭ 張崇禮:《郭店楚簡〈六德〉31—33 簡考釋》,復旦大學出土文獻與古文字研究中心網站(http://www.guwenzi.com/SrcShow.asp?Src_ID=313),2008 年 1 月 17 日。

強行區別,釋爲"豫",讀爲"予"(或"舍"),給予義①。豫,《説文》:"从象予聲。""吕"字由兩個圓圈組成,象金屬塊之形,"予"爲"吕"的分化字。在楚文字中,作爲偏旁的"予"(或將其中一個圓圈省寫作兩短橫,如上博《顔淵問於孔子》簡12;或直接省寫作一個圓圈,亦有填實寫法,郭店簡此"豫"字所從即是如此),常加"八"或"宀"形作爲區別符號,如⽊(上博四《曹沫之陣》簡19)、⽊(上博一《孔子詩論》簡4)等形,其左下所從並非"口"形,郭店簡"⽊"字左下寫作一墨點。所以"豫"字左半部分並非"谷"字,應該是"予"字的訛變。楚文字"象""兔"二字形體相近,一般認爲"象"首最後一筆平直或往右下延伸,而"兔"首的最後一筆往往上翹,但從實際情況來看,"象""兔"二字無論是作爲偏旁還是單字出現,都有相互訛混之例。古音"豫""予"皆爲魚部,"象"爲陽部,二部相近,亦可表聲;"兔"爲魚部,從語音的角度而言,與"豫"更近。《六德》簡33"⽊(豫)"字或讀爲"舍",楚簡中"豫"讀爲"舍"的例子多見。"豫其志"在簡文中是表達積極的意義,若將"豫"讀爲"舍",則"志"自然當解釋爲"私意"爲好。但"舍其志"的説法往往用於否定句子中(不舍其志),表示一個人意志堅定,文獻中未見用"舍其志"來表達。

　　"⽊"從亦從夕,即"夜"字。"夜"字小篆寫作⽊,《説文》分析爲"從夕亦省聲",省聲的寫法楚文字也多見。

【詞義】

一、猶豫;遲疑。

　　1. ⽊(夜—豫)唐(虖—乎)奴(如)各(冬)涉川。老甲8

二、喜歡;快樂。

　　1. 勮(則)先者余(豫),坴(來)者訐(信)。成之36

三、樂也。動詞。

　　1. ⽊(豫)丌(其)志,求敆(養)新(親)志_(之志)。六德33

---

①　單育辰:《郭店〈尊德義〉〈成之聞之〉〈六德〉三篇整理與研究》,科學出版社,2015年,第302頁。

卷 十

0760 馬 ![古文] 古文 ![籀文] 籀文

【用字】 馬

【詞義】

一、馬,畜名。

　　1. 戝(戚—造)父之馭(馭—御)馬也,馬之道(道)也。**尊德義 7**

二、職官名。少司馬。

　　1. 弲(孫)啔(叔)三躲(舍)邨(耶—期)思少司馬。**窮達 8**

0761 騏 ![篆文]

【用字】 騏

【詞義】

一、"騏驥"。駿馬;良馬。

　　1. 騏(騏)空(穴—?)於台(皋)楚(棘)。**窮達 10**

0762 驥 ![篆文]

【用字】 驥

【詞義】

一、"騏驥"。駿馬;良馬。

　　1. 驥(驥)駒(約)張(常)山。**窮達 10**

0763 驕 ![篆文]

【用字】 喬

【詞義】

一、傲慢；驕矜。

　　1. 果而弗喬（喬—驕）。老甲 7

　　2. 貴禀（福—富）喬（喬—驕）。老甲 38

　　3. 隓（尊）而不喬（喬—驕），共（恭）也。五行 37

　　4. 升爲天子而不喬（喬—驕）。唐虞 16

　　5. 升爲天子而不喬（喬—驕）。唐虞 17

　　6. 君民而不喬（喬—驕）。唐虞 18

0764 篤　　箼

【用字】　箼

【解字】

　　“箼”“篤”《説文》分爲兩字，前者釋曰“厚也”，後者釋曰“馬行頓遲”。今“篤厚”之意以“篤”字爲之。

【詞義】

一、用於思想品行方面，指誠而厚重，心意不改變。

　　1. 獸（獸—守）中，箼（篤）也。老甲 24

　　2. 新（親）而箼（篤）之，悉（愛）也。五行 33

　　3. 古者吳（虞）坴（舜）箼（篤）事宂（瞽）寞（瞍）。唐虞 9

　　4. 箼（篤），悉（仁）之方也。性命 39

　　5. 箼（篤）於悬（仁）者也。性命 55

0765 瀣（法）　　𤅢　　省體 𤂁　　古文 金

【用字】　𤂁、𤂁、墟

【解字】

　　“瀣”從水從廌從去。郭店簡寫作“𤂁”“𤂁”，古文字偏旁位置不固定；或省略“水”旁寫作“墟”，如《六德》3 例（簡 2 𤂁、簡 40 𤂁、簡 44 𤂁）。“廌”旁或寫作與“民”近同，如《緇衣》2 例（簡 9 𤂁、簡 27 𤂁）。“去”即“盍”之初文（“去”亦爲“呿”之初文），“盍”“瀣”古音皆葉部。楚文字“去”從大從口，“大”或訛爲“夫”，如《老子》甲本 5 例（簡 23 𤂁、𤂁、𤂁、𤂁；簡 31 𤂁），同樣的寫法包山簡中多見；“口”旁可以省寫作一粗橫筆，如《六德》3 例，也可以與“水”旁形成借筆，如《老子》甲本 5 例。

　　《老子》甲本簡 31"灋物"，丁原植先生認爲意指"典章制度之事"①。裘錫圭先生認爲"灋物"很可能是指灋令一類事物而言的②。魏啟鵬先生讀爲"灋貨"，指錢幣③。趙建偉先生據《後漢書·光武帝紀》注"灋物，謂大駕鹵簿儀式也"認爲，引申之指統治者所積藏珍好之物，諸如黃金珠玉、女樂玩好之類。《黃帝四經·經法·四度》"黃金珠玉藏積，怨之本也；女樂玩好燔材（蕃載，義猶盛置），亂之基也"即此"灋物滋彰，盜賊多有"④。劉信芳先生認爲"灋物"應指法律及其載體⑤。劉國勝先生讀爲"廢物"，猶言敗物、壞物⑥。陳錫勇先生認爲"灋物"乃禮制儀式之文飾⑦。劉釗先生認爲"灋物"意同"奇物"，也是"不可多得之物"的意思⑧。李零先生讀爲"乏物"，指稀缺之物⑨。

【詞義】

一、法令；法律。

　　1. 佳（唯）乍（作）五瘧（瘧—虐）之莖（刑）曰灋（法）。**緇衣 27**

　　2. 乍（作）豊（禮）樂（樂），斳（折—制）莖（刑）灋（法）。**六德 2**

二、準則。

　　1. 凡君子所㠯（以）立身大灋（法）厽（三）。**六德 44**

三、效法；仿效。

　　1. 人**老甲 22** 灋（法）坒（地，地）灋（法）天＝（天，天）灋（法）道＝（道，道）灋（法）自肰（然）。**23**

四、待考。

　　1. 灋（法）勿（物）慈（慈—滋）章（彰）。**老甲 31**

五、用爲"廢"，參閱卷九"廢"（第 474 頁）。

---

① 丁原植：《郭店竹簡〈老子〉釋析與研究（增修版）》，萬卷樓圖書有限公司，1999 年，第192—193 頁。

② 裘錫圭：《郭店〈老子〉簡初探》，《道家文化研究》第 17 輯（郭店楚簡專號），生活·讀書·新知三聯書店，1999 年，第 57 頁。

③ 魏啟鵬：《楚簡〈老子〉柬釋》，《道家文化研究》第 17 輯（郭店楚簡專號），生活·讀書·新知三聯書店，1999 年，第 231 頁。

④ 趙建偉：《郭店楚簡〈老子〉校釋》，《道家文化研究》第 17 輯（郭店楚簡專號），生活·讀書·新知三聯書店，1999 年，第 291 頁。

⑤ 劉信芳：《荊門郭店竹簡老子解詁》，藝文印書館，1999 年，第 39—40 頁。

⑥ 劉國勝：《郭店〈老子〉札記》，《郭店楚簡國際學術研討會論文集》，湖北人民出版社，2000年，第 158 頁。

⑦ 陳錫勇：《郭店楚簡老子論證》，里仁書局，2005 年，第 183 頁。

⑧ 劉釗：《郭店楚簡校釋》，福建人民出版社，2005 年，第 23 頁。

⑨ 李零：《郭店楚簡校讀記（增訂本）》，北京大學出版社，2002 年，第 18—20 頁。

0766　塵（塵）　　　　　籀文

【用字】　斱

【解字】

　　“斱”即“慎”字。郭店簡“慎”字有“斱”“斱”“詬”三種寫法，陳劍先生指出，這些形體皆來源於西周金文中的“䜌”和“惥”，從“所”聲①。“惥”或省寫作“忢”，“斱”疑爲其進一步訛變之形。“斱”字，裘錫圭先生認爲從“斱”省從“針”之初文“丨”或“十”得聲②，似也可看作從“䜌”省從“針”聲。“詬”爲“憖”（見於上博一《孔子詩論》簡28）之省。

【詞義】

一、世俗。

　　1. 迵（同）亓（其）斱（慎—塵）。老甲 27
　　　　　　　　　　　　·

0767　逸　　　　　

【用字】　鮸

【詞義】

一、閒適；安逸。

　　1. 鮸（豫）亓（其）志，求救（養）新（親）志﹏（之志），害（蓋）亡（無）不昌
　　　·
　　（以）也，是㠯（以）敨（暖）也。六德 33

0768　狀　　　　　

【用字】　宿、狀

【解字】

　　《老子》甲本簡21“宿”字，整理者（116頁注［五一］）疑讀作“道”，帛書本作“物”，即指“道”。崔仁義先生讀爲“將”；劉信芳先生同意此説，認爲從“爿”之字多以“爿”爲聲符③。魏啓鵬先生認爲該字從“爿”，百聲。百，《廣韻》書九切，《集韻》始九切。《説文》：“百，頭也。象形。”同書《首部》：“首，

①　陳劍：《説慎》，《甲骨金文考釋論集》，綫裝書局，2007年，第39—53頁。

②　裘錫圭：《釋郭店〈緇衣〉“出言有丨，黎民所訐”——兼説“丨”爲“針”之初文》，《古墓新知——紀念郭店楚簡出土十周年論文專輯》，國際炎黃文化出版社，2003年，第1—8頁。

③　崔仁義：《荊門郭店楚簡〈老子〉研究》，科學出版社，1998年，第56頁；劉信芳：《荊門郭店竹簡老子解詁》，藝文印書館，1999年。

百同,古文百也。"道字从辵从首會意,首亦聲也。疑讀爲道,二字皆首聲,古韻同隸幽部,其聲書、定舌音準旁紐,故得通借。"物"可訓爲"象","象"猶"道","物"亦猶"道"①。趙建偉先生認爲此字當爲从百(首)或从頁、丬聲之字,蓋爲"狀貌"之"狀"的本字。此字及《五行》之字皆應讀爲"象",丬聲、象聲之字皆屬陽部,古每相通,狀與象音義本相通②。裘錫圭先生認爲應分析爲从"百(首)","丬"聲,依文義當讀爲"狀","狀"也从"丬"聲③。黃錫全先生釋爲"狀",讀爲"象"④。劉釗先生認爲从"百","丬"聲,讀爲"狀"⑤。廖名春先生讀爲"狀",認爲該字从"丬"聲,"百(首)"疑爲義符,以"百(首)"表狀貌之義,由特指人之狀貌引申指一般之狀況⑥。今按:目前多數學者從釋"狀"之説,此外同樣的字形還見於《五行》簡36,整理者讀爲"莊",指出該字對應帛書本作"裝",解説部分作"莊"。學者多從之,李零先生認爲二者皆應釋讀爲"狀"⑦。

【詞義】

一、形貌;形狀。

　　1. 非亡(無)膿(體)壯(狀)也。窮達 10

　　2. 又(有)牀(狀)蟲(蟲—混)成(城—成)。老甲 21

0769　狎　　　柙

【用字】　麀

【詞義】

一、親近;接近。

　　1. 志於衍(道),麀(狎)於惪(德)。語叢三 50

①　魏啓鵬:《楚簡〈老子〉柬釋》,《道家文化研究》第 17 輯(郭店楚簡專號),生活·讀書·新知三聯書店,1999 年,第 222 頁。

②　趙建偉:《郭店竹簡〈老子〉校釋》,《道家文化研究》第 17 輯(郭店楚簡專號),生活·讀書·新知三聯書店,1999 年,第 271—272 頁。

③　裘錫圭:《郭店〈老子〉簡初探》,《道家文化研究》第 17 輯(郭店楚簡專號),生活·讀書·新知三聯書店,1999 年,第 45—46 頁。

④　黃錫全:《讀郭店楚簡〈老子〉札記三則》,《郭店楚簡國際學術研討會論文集》,湖北人民出版社,2000 年,第 459—460 頁。

⑤　劉釗:《郭店楚簡校釋》,福建人民出版社,2005 年,第 17 頁。

⑥　廖名春:《郭店楚簡老子校釋》,清華大學出版社,2003 年,第 207 頁。

⑦　李零:《郭店楚簡校讀記》,《道家文化研究》第 17 輯(郭店楚簡專號),生活·讀書·新知三聯書店,1999 年,第 465 頁。

0770 犯　　杙

【用字】　犯

【詞義】

一、侵犯。

　　1. 卯(謀)勸(則)蘁(難)犯(犯)也。**語叢三 45**

0771 猛　　燵

【用字】　獸

【詞義】

一、凶猛;凶惡。

　　1. 攫鳥獸(猛)獸(獸)弗扣。**老甲 33**

0772 戾　　屍

【用字】　繺

【詞義】

一、"忿戾"。蠻橫無理,動輒發怒。

　　1. 淮(推)忿繺(肇—戾)。**尊德義 1**

0773 獨　　樏

【用字】　蜀

【解字】

　　"蜀"似也可直接釋爲"蜀","勹"形與"虫"字上部共用筆畫。

【詞義】

一、獨處;獨居。

　　1. 镕(慎)亓蜀(蜀—獨)也。**五行 16**

二、獨自;單獨。

　　1. 蜀(蜀—獨)立不亥(改)。**老甲 21**

　　2. [□之不可]**性命 6** 蜀(蜀—獨)行,獸(猶)口之不可蜀(蜀—獨)言也。**7**

　　3. 蜀(蜀—獨)尻(處)而樂(樂)。**性命 54**

　　4. 毋蜀(蜀—獨)言。**性命 60**

　　5. 蜀(蜀—獨)**性命 60** 尻(處)鼎(勸—則)習(習)。**61**

0774　類　　頪

【用字】　頪

【詞義】

一、種類。

   1. 侖(倫)隶(列)亓(其)頪(類)**尊德義 30** 女(安一焉)。**31**

   2. 聖(聖)人比亓(其)**性命 16** 頪(類)而侖(論)會(會)之。**17**

   3. 炁(愛)頪(類)七,唯眚(性)炁(愛)爲近惪(仁)。**性命 40**

   4. 昬(智)頪(類)五,售(唯)**性命 40** 宜(義)衟(道)爲忻(近)忠(忠)。**41**

   5. 亞(惡)頪(類)厽(三),售(唯)亞(惡)不惪(仁)爲忻(近)宜(義)。
     性命 41

二、動詞。分類。

   1. 季(教)爲可頪(類)也。**尊德義 4**

三、相似;好像。

   1. 惪(仁)頪(類)蓳〈蕘(蕘一柔)〉而遬(速一束),宜(義)頪(類)夰
     (剛)**六德 31** 而嫠(嫠一絕)。**32**

四、類比,比照事例而分類。

   1. 爲上可瞿(望)而昬(智一知)也,爲下**緇衣 3** 可頪(類)而簭(識)也。**4**

0775　猶　　猷

【用字】　猷

【詞義】

一、猶豫。

   1. 猷(猶)膚(虖一乎)亓(其)**老甲 8** 奴(如)愄(畏)四笭(鄰)。**9**

二、如同;好像。

   1. 猷(猶)少(小)浴(谷)之与(與)江沽(海)。**老甲 20**

   2. 亓(其)猷(猶)囤(橐)籊(籥)與(歟)? **老甲 23**

   3. 猷(猶)馭(御)之亡(無)遚(策)也。**尊德義 24**

   4. 猷(猶)口之不可量(蜀一獨)言也。**性命 7**

   5. 君猷(猶)父也,亓(其)弗亞(惡)**語叢三 1** 也,猷(猶)三冠(軍)之斿(旃)
     也,正也。**2**

三、"猶乎",同於"猶然",舒遲貌。

   1. 猷(猶)膚(虖一乎),亓(其)貴言也。**老丙 2**

四、副詞。還;仍然。

　　1. 是吕(以)聖(聖)人老甲14 猷(猶)鸛(難)之。15

　　2. 節(即)於而(爾)也,成之26 勳(則)猷(猶)是也。27

五、副詞。尚且。

　　1. 黾(龜)峇(筮)猷(猶)弗智(智—知)。緇衣46

六、等於説。古注術語。

　　1. 東〈柬(簡)〉之爲言猷(猶)練五行39 也。40

　　2. 匼(暱)之爲言也猷(猶)匼_(暱暱)也。五行40

　　3. 啟(暱)之爲言也猷(猶)啟_(暱暱)也。六德32

七、搖動。通"搖"。

　　1. 羕(詠)畀(斯)猷_(猶,猶)畀(斯)辻(舞)。性命34

0776 猷

【用字】　猷

【解字】

　　《説文》:"猷,玃屬。从犬,酋聲。一曰隴西謂犬子爲猷。"依《説文》,則"猶""猷"爲一字。段注:"今字分猷謀字,犬在右;語助字,犬在左。"在"計劃、謀劃"以及"道、道術"兩個意義上多寫作"猷",但也有寫作"猶"的。"猶"的其他意義都不寫作"猷"。

【詞義】

一、道;道術。

　　1. 我黾(龜)歕(既)猷(厭),緇衣46 不我告猷。47

二、計謀;謀劃。

　　1. 不同兑(悦)而交,吕(以)猷者也。性命58

三、用爲"猶",參閱本卷"猶"(第501頁)。

0777 獄　　　𤞤

【用字】　峚

【詞義】

一、訴訟。

　　1. 而峚(獄—獄)奢〈訟〉亡(無)緜(由)迮(作)也。六德24

　　2. 而峚(獄—獄)奢〈訟〉戜(蔑)緜(由)亡〈乍(作)〉也。六德36

3. 可吕（以）軔（斷）岙（嶽—獄）。六德 42

4. 肰（然）句（後）可吕（以）軔（斷）岙（嶽—獄）。六德 43

5. 是吕（以）丌（其）軔（斷）岙（嶽—獄）邀（速）。六德 44

0778 能

【用字】 能

【解字】

一般認爲“能”爲“熊”之初文，到了楚文字，熊的嘴部訛變爲“肉”，頭部變形聲化爲“吕”，仍保留雙足之形。此形省略了“吕”旁，這種寫法集中出現於《唐虞之道》篇（簡 19 兩見：、；簡 22 兩見：、；簡 23 一見：）。也可以看作是一種“借筆”寫法，即本在“肉”旁上部的“吕”旁與象徵熊足的部分共用筆畫，遂成此形。

《語叢三》簡 19“能”字寫作，所從“吕”旁寫法特殊，本爲一筆而成，此分解爲兩筆。又或增加一筆，遂成《語叢一》簡 53、54，《語叢三》簡 13之形，此類寫法的“吕”旁或許就是促成出現在《唐虞之道》篇中那些“吕”旁與熊足形成借筆的“能”字的原因。

【詞義】

一、勝任；能做到。

1. 言亓（其）所不能，不訋（辭）亓（其）所能。緇衣 7

2. 售（唯—雖）又（有）丌（其）丞（亙—亟）而成之29 可能。30

3. 非聖（聖）叡（智）者莫之能也。六德 3

4. 非悬（仁）宜（義）者莫之能也。六德 4

5. 非忠（忠）訐（信）者莫之能也。六德 5

6. 自貝（視—示）丌（其）所能，鼎（鼎—員—損）。語叢三 13

二、可以；能夠。

1. 吕（以）亓（其）老甲2 能爲百衆（浴—谷）下，是吕（以）能爲百衆（浴—谷）王。3

2. 古（故）天下莫能异（與）之齰（靜—爭）。老甲5

3. 竺（孰）能濕（濁）吕（以）朿（靜）老甲9 者。10

4. 竺（孰）能庀吕（以）迬（動）者。老甲10

5. 是古（故）聖（聖）人能専（輔）萬勿（物）之自肰（然）而弗老甲12 能爲。13

6. 厌（矣—侯）王能守之。老甲13

7. 戾（俟—侯）王女（如）能 老甲18 獸（獸—守）之。19

8. 莫能獸（獸—守）也。老甲38

9. 堇（僅）能行於亓（其）中。老乙9

10. 是呂（以）能楠（輔）蕫（萬）勿（物）老丙13 之自肰（然）而弗敔
　　（敢）爲。14

11. 此天斎＝（之所）不能殺，埅（地）斎＝（之所）太一7 不能蓳（蟄—埋），
　　佘（陰）易（陽）斎＝（之所）不能成（城—成）。8

12. 鼎（勳—則）民不能大甘（箕—其）媖（媄—美）而少（小）甘（箕—
　　其）亞（惡）。緇衣35

13. 售（唯）君子能好甘（箕—其）駇（匹），少（小）|＝|人剴（豈）能好亓
　　（其）駇（匹）。緇衣42

14. 思不能漬（清—精）。五行9

15. 思不能倀（長）。五行9

16. 惥（憂）心五行9 不能惡＝（惙惙）。10

17. 心不能兌（悅）。五行10

18. 思不能漬（清—精）。五行11

19. 思不能翟（翟—輕）。五行11

20. 惥（憂）心不能忩＿（怲怲—忡忡）。五行12

21. 心不能降。五行12

22. 能爲罷（一），肰（然）句（後）能爲君子。五行16

23. 能遱（差）沱（池）亓（其）翠（羽），肰（然）句（後）能至哀。五行17

24. 肰（然）句（後）能金聖（聖—聲）而玉昬（晨—振）之。五行20

25. 能進之爲君子，弗能進也，各坒（止）於亓（其）里。五行42

26. 能又（有）取安（安—焉）。五行43

27. 能又（有）取安（安—焉）。五行43

28. 又（有）天下弗能晜（嗌—益），亡（無）天下弗能鼎（員—損）。唐虞19

29. 不遹（遭—禪）而能蜗（化）民者。唐虞21

30. 能呂（以）天下徻（襢—禪）歖（歟—矣）。唐虞22

31. 替（智—知）亓（其）能敉（養）天下唐虞22 之老也。23

32. 替（智—知）亓（其）能紀（事）天下之長也。唐虞23

33. 而能念（含）惪（德）者。成之2

34. 未又（有）能深之者也。成之23

35. 善取，人能從之，上也。尊德義11

36. 替（智—知）宜（義）者能内（入）之。性命4

37. 售(唯—雖)能丌(其)事,不能丌(其)心,不貴。**性命 37**

38. 人之不能㠯(以)爲也。**性命 37**

39. 能獸(獸—守)戈(弌——一)凵(曲)女(安—焉)。**六德 43**

40. 義亡(無)能爲也。**語叢一 53**

41. 叚(臤—賢)者能里(理)之。**語叢一 54**

42. 人亡(無)能爲。**語叢一 83**

43. 坓(地)能貪(含)之生之者。**語叢三 19**

三、用爲"一",參閱卷一。

0779　火　　　火

【用字】 火

【詞義】

一、物體燃燒時所產生的光和焰。

　1. 胐(脂—益)䌛(治)火。**唐虞 10**

0780　然　　　然　　　或體 難

【用字】 肰、虇

【詞義】

一、代詞。相當於"如此""這樣"。

　1. 虘(吾)可(何)㠯(以)䚔(智—知)丌(其)肰(然)也? **老甲 30**

　2. 售(唯—雖)肰(然),丌(其)膓(存)也不畾(厚)。**成之 9**

　3. 所㠯(以)訐(信)丌(其)肰(然)也。**尊德義 2**

　4. 萫(教)叓(使)肰(然)也。**性命 9**

　5. 丌(其)心夑(弁—變)鼎(勮—則)丌(其)聖(聖—聲)亦肰(然)。**性命 33**

　6. 爲君亦肰(然)。**六德 27**

　7. 爲妻亦肰(然)。**六德 28**

　8. 爲弸(朋)睿(友)**六德 28** 亦肰(然)。**29**

　9. 正(政)丌(其)虇(然)而行,怘(怠)安(安—焉)尒(爾)也。**語叢一 59**

　10. 生虎(乎)不達**語叢一 60** 丌(其)虇(然)也。**61**

　11. 政丌(其)虇(然)而行,怘(怠)女(安—焉)。**語叢一 67**

二、助詞。用作形容詞或副詞詞尾,表示狀態。

　1. 审(中)心五行**五行 33** 䜘(辯)肰(然)而正行之。**34**

2. 慈(慼)肰(然)昌(以)卒(終)。性命 30

3. 絛(悠)肰(然)昌(以)思。性命 31

4. 人之逸(悦)肰(然)可牙(與)和女(安)者。性命 46

三、是;對。

1. [□□]者悲(義)肰(然)不肰(然)。語叢一 76

四、以……爲是、對。

1. [□□]者悲(義)肰(然)不肰(然)。語叢一 76

五、"然後"。承接連詞。表示某事接在前句所述事情之後。

1. 肰(然)句(後)能爲君子。五行 16

2. 肰(然)句(後)能至哀。五行 17

3. 肰(然)句(後)能金聖(聖—聲)而玉脣(晨—振)之。五行 20

4. 肰(然)后(後)正世。唐虞 3

5. 肰(然)句(後)可遣(遝—就)也。尊德義 17

6. 肰(然)句(後)遝(復)昌(以)膏(教)。性命 18

7. 肰(然)句(後)亓(其)内(入)臾(拔—撥)人之心也敂(厚)。性命 23

8. 肰(然)句(後)可昌(以)剢(斷)峜(獄—獄)。六德 43

9. 肰(然)句(後)是也。六德 46

10. 虡(然)句(後)智(智—知)숍(命)。語叢一 28

11. 虡(然)句(後)智(智—知)道(道)。語叢一 30

12. 智(智—知)道(道)虡(然)句(後)智(智—知)숍(命)。語叢一 30

13. 智(智—知)豊(禮)虡(然)句(後)智(智—知)型(刑)。語叢一 63

六、"自然"。天然,非人爲的。

1. 是古(故)聖(聖)人能尃(輔)萬勿(物)之自肰(然)而弗老甲 12 能
爲。13

2. 道(道)蠜(法)自肰(然)。老甲 23

3. 而百眚(姓)曰我自肰(然)也。老丙 2

4. 是昌(以)能補(輔)䜌(萬)勿(物)老丙 13 之自肰(然)而弗敓(敢)
爲。14

七、"然而"。連詞。表示轉折關係,相當於"然而""但是"。

1. 肰(然)而亓(其)悲(過)不亞(惡)。性命 49

八、用爲"熱",參閱本卷"熱"(第 508 頁)。

0781 烈　　熨

【用字】　剌

【詞義】

一、甚;厲害。

1. 亓刺(烈)繰‿(蠻蠻—戀戀)女(如)也。**性命30**
2. 丌(其)刺(烈)鼎(勵—則)湦(流)女(如)也㠯(以)悲。**性命31**
3. 凡交毋刺(烈),必叟(使)又(有)末。**性命60**

0782　煬　　　煬

【用字】　煬

【解字】

　　"煬"字,廖名春先生讀爲"養"或"詳"①。丁原植先生訓爲"融鑠"②。涂宗流、劉祖信兩位先生訓爲"溫和"③。顏世鉉先生讀爲"揚",彰顯之意④。吕浩先生訓爲遮蔽、壅蔽⑤。李零先生讀爲"誠"⑥。陳偉先生讀爲"陽",虛飾、假裝之義,亦作"佯"⑦。周鳳五先生認爲右旁是"尋",讀爲"靭"⑧。單育辰先生認爲从火从尋,讀爲"訧(忧)"⑨。

【詞義】

一、待考。

1. 君子言,訫(信)言佘(爾)言,煬言佘(爾)戜(語)。**六德36**

0783　光　　　灶　　古文　灶、灶

【用字】　光

【詞義】

一、光耀。

1. 和亓(其)光。**老甲27**

────────

①　廖名春:《郭店楚簡〈六德〉篇校釋》,《清華簡帛研究》第1輯,清華大學思想文化研究所,
　　2000年,第83頁。

②　丁原植:《郭店楚簡儒家佚籍四種釋析》,臺灣古籍出版有限公司,2000年。

③　涂宗流、劉祖信:《郭店楚簡先秦儒家佚書校釋》,萬卷樓圖書有限公司,2001年,第189—
　　219頁。

④　顏世鉉:《郭店楚簡〈六德〉箋釋》,《"中研院"歷史語言研究所集刊》第72本第2分,2001
　　年,第484頁。

⑤　吕浩:《〈郭店楚簡〉釋文訂補》,《中國文字研究》第2輯,廣西教育出版社,2001年,第287頁。

⑥　李零:《郭店楚簡校讀記(增訂本)》,北京大學出版社,2002年,第137頁。

⑦　陳偉:《郭店簡〈六德〉校讀》,《古文字研究》第24輯,中華書局,2002年,第397—398頁。

⑧　周鳳五:《郭店竹簡〈語叢一〉重編新釋》,2000年稿本。

⑨　單育辰:《郭店〈尊德義〉〈成之聞之〉〈六德〉三篇整理與研究》,科學出版社,2015年,第
　　310頁。

0784 熱　　斵

【用字】　然

【解字】

　　《老乙》簡15"然"字左上"肉"旁訛爲"象"頭。

【詞義】

一、溫度高。跟"冷"相對。

　　1. 青(青—靜)勢(勝)然(熱)。老乙 15

　　2. 是弖(以)成(城—成)倉(寒)然(熱)。太一 3

　　3. 倉(寒)然(熱)返(復)相槫(輔)也。太一 3

　　4. 淫(濕)澡(燥)者,倉(寒)然(熱)斎=(之所)生也。太一 4

　　5. 倉(寒)然(熱)者,[四時之所生也]。太一 4

0785 燥　　燦

【用字】　梟、澡

【詞義】

一、乾燥。

　　1. 梟(躁)勢(勝)蒼(寒)。老乙 15

　　2. 是弖(以)成(城—成)淫(濕)澡(燥)。太一 3

　　3. 淫(濕)澡(燥)返(復)相槫(輔)也。太一 3

　　4. 古(故)歲(歲)者,淫(濕)澡(燥)斎=(之所)生也。太一 4

　　5. 淫(濕)澡(燥)者,倉(寒)然(熱)斎=(之所)生也。太一 4

0786 熙　　熙

【用字】　逗

【詞義】

一、光明。

　　1. 穆=(穆穆)緇衣 33 文王,於臤(緝)逗(熙)敬止(止)。34

0787 虜

【用字】　虜

【解字】

“嗅”字,劉釗先生讀爲“鼻”①。

【詞義】

一、待考。

1. 遊(遂—由)嗅(鼻?)鯀生。語叢二 44

0788 黨 

【用字】 党、尚

【解字】

《説文》:“攩,朋羣也。”段注:“此鄉黨、黨與本字。俗用黨者,叚借字也。”

【詞義】

一、偏私;偏袒。

1. 不党(黨)勳(則)亡(無)尊德義 17 悁(怨)。18

2. 尚(黨)生於靜(靜—爭)。語叢二 12

0789 赤  古文 

【用字】 赤

【詞義】

一、“赤子”。初生的嬰兒。

1. 酓(含)悳(德)之䢃(厚)者,比於赤子。老甲 33

0790 赫 

【用字】 虩

【詞義】

一、“赫赫”。顯赫盛大的樣子。

1. 虘=(虩虩—赫赫)帀(師)尹,民具尒(爾)賍(瞻)。緇衣 16

2. 虘=(虩虩—赫赫),聖(聖)也。五行 25

3. 虘=(虩虩—赫赫)五行 25 才(在)上。26

① 劉釗:《郭店楚簡校釋》,福建人民出版社,2005 年,第 206 頁。

0791　大　　大

【用字】　大
【詞義】

一、超過一般或超過所比對象。與“小”相對。

　　1. 大少(小)之多惥(惕—易)必多鞯(難)。老甲 14

　　2. 化(禍)莫大唐(虖—乎)不脣(智—知)足。老甲 6

　　3. 貴大患若身。老乙 5

　　4. 虘(吾)所吕(以)又(有)大患者。老乙 7

　　5. 毋吕(以)少(小)怽(謀)敓(敗)大緇衣 22 悳(圖)。23

　　6. 不五行 34 吕(以)少(小)道(道)蠹(害)大诣(道)。35

　　7. 又(有)大辠(罪)而大敓(誅)之,行也。五行 35

　　8. 又(有)大辠(罪)而大敓(誅)之,東〈柬(簡)〉也。五行 38

　　9. 又(有)大辠(罪)而弗大五行 38 敓(誅)也,不行也。39

　　10. 勮(則)民谷(欲)丌(其)成之 17 畐(福—富)之大也。18

　　11. 及丌(其)尃(博)長而㬅(厚)成之 27 大也。28

　　12. 虔(且)莫大唐(虖—乎)豊(禮)樂(樂)。尊德義 29

　　13. 迡(遭)而大又(有)悳(害)者。尊德義 38

　　14. 迡(遭)而大又(有)称(利)者。尊德義 38

　　15. 句(苟)毋(無)大害。性命 61

　　16. 大生於▢。語叢二 6

　　17. 少(小)不忍,伐大杉(謀)。語叢二 51

二、指(思想、品德)高尚;(知識、著作等)淵博,(技藝、技巧等)精湛。

　　1. 大白女(如)辱(辱)。老乙 11

　　2. 大而旻(晏—罕)者也。五行 40

　　3. 大而五行 42 旻(晏—罕)者。43

　　4. 大材毇(執—設)者(諸)六德 13 大官。14

三、用作狀語,表示範圍或程度的廣深,大大地。

　　1. 甚怸(愛)必大賈(費)。老甲 36

　　2. 下士昏(聞)道(道),大芖(笑)之。老乙 9

　　3. 弗大老乙 9 芖(笑),不足吕(以)爲道(道)矣。10

　　4. 身(允)也君子,廛(展)也大成(城—成)。緇衣 36

　　5. 又(有)大辠(罪)而大敓(誅)之,行也。五行 35

　　6. 又(有)大辠(罪)而大敓(誅)之,東〈柬(簡)〉也。五行 38

7. 又(有)大皋(罪)而弗大五行 **38** 敓(誅)也,不行也。**39**

四、誇大;自誇。

  1. 鼎(勛—則)民不能大甘(箕—其)媕(媄—美)而少(小)甘(箕—其)亞(惡)。緇衣 **35**

五、極;最。

  1. 大方亡(無)禺(隅),大器曼成(城—成),大音鬶(祇—希)聖(聖—聲)。老乙 **12**

  2. 大成(城—成)若老乙 **13** 夬(缺)。**14**

  3. 大涅(涅—盈)若中(沖)。老乙 **14**

  4. 大攷(巧)若仳(拙),大成(成—盛)若詘(絀),大槀(植—直)老乙 **14** 若屈(屈)。**15**

  5. 㙴(執—設)大象,天下徍(往)。老丙 **4**

  6. 君子㝹(集)大成(城—成)。五行 **42**

  7. 效(教)民大川(順)之道(道)也。唐虞 **6**

  8. 大舊(久)而不俞(渝),忠之至也。忠信 **3**

  9. 大忠不兌(説),大訐(信)不昪(期)。忠信 **4**

六、《大雅》,《詩經》篇名。

  1.《大顥(夏—雅)》鼎(員—云):……緇衣 **7**

  2.《大虽(夏—雅)》云:……緇衣 **35**

七、《大禹》,《尚書》篇名。

  1.《大墅(禹)》曰:……成之 **33**

八、敬詞。

 (一) 大人。

  1. 大人不新(親)亓(其)所臤(臤—賢)。緇衣 **17**

  2. 古(故)大人不昌(倡)濧(流)。緇衣 **30**

  3. 汖虍(乎)大人之興,散(微)也。唐虞 **17**

 (二) 大臣。

  1. 大臣之不新(親)也。緇衣 **20**

  2. 鼎(勛—則)大臣不台(以)而㙴(執—褻)臣㕓(託)也。緇衣 **21**

  3. 此昌(以)大臣不可不敬也。緇衣 **21**

  4. 鼎(勛—則)大臣不悁(怨)。緇衣 **22**

  5. 新(親)父子,和大臣。六德 **3**

 (三) 大官。

  1. 大材㙴(執—設)者(諸)六德 **13** 大官。**14**

九、古職官名。大夫。

    1. 毋昌（以）卑（嬖）士愬（息—疾）夫=（大夫）卿事（士）。緇衣 23

    2. 虗（吾）夫=（大夫）共（恭）虔（且）韽（儉），杸（靡）人不斂（斂）。緇衣 26

十、通泰；康泰。通“泰”。

    1. 徍（往）而不害（害），女（安—焉）坒（坪—平）大。老丙 4

十一、根本的；基本的。

    1. 凡君子所昌（以）立身大攄（法）厽（三）。六德 44

十二、道家哲學術語。

    1. 虗（吾）老甲 21 弜（勥—強）爲之明（名）曰大。22

    2. 大曰醬=（噬—逝，逝）曰迯（轉），迯（轉）曰反（返）。老甲 22

    3. 天大，陞（地）大，道（道）大，王亦大。老甲 22

    4. 固（囿—國）中又（有）四大女（安—焉），王尻（處）一女（安—焉）。老甲 22

十三、大事。

    1. 古（故）緇衣 21 君不與少（小）愳（謀）大。22

十四、“大命”，天命。

    1. 甘（箕—其）集大令（命）于氒（厥）身。緇衣 37

十五、“大時”，天時。

    1. 未嘗壾（堣—遇）〔□□〕。唐虞 14 竝（並）於大旹（時）。15

十六、“大明”，指“日”。

    1. 大明不出，旬（丏—萬）勿（物）膚（皆）旬（暗）。唐虞 27

十七、大道。哲學術語，指天地運行規律。

    1. 古（故）大老丙 2 道（道）雙（癹—廢），女（安—焉）又（有）悬（仁）義。3

    2. 是古（故）小人變（亂）天棠（常）昌（以）逆大道（道）。成之 33

十八、“大常”，指本性；常道。

    1. 天㚟（降）大棠（常），昌（以）里（理）人侖（倫）。成之 31

    2. 害（蓋）此言也，言不霏（奉）大棠（常）者。成之 39

十九、“大夏”，即“大常”。

    1. 不遝（還—率）大頋（夏—夏）。成之 38

二十、“天”字形近譌寫，參閱卷一“天”（第 5 頁）。

二十一、用爲“太”，參閱卷十一“太”（第 571 頁）。

0792 夷 夷

【用字】 迡、寺

【解字】

《説文》以"迡"爲"遲"字古文。

【詞義】

一、平坦;平易。

1. 迡(遲—夷)道(道)**老乙 10** 女(如)繢(纇)。**殘簡 20**

二、人名。管夷吾。

1. 夰(管)叏(寺—夷)虡(吾)㤅(拘)緐(囚)弇(束)縛。**窮達 6**

0793 亦 夵

【用字】 亦

【詞義】

一、副詞。

（一）相當於"又"。

1. 鞁(執)我緇衣 **18** 戕=(仇仇),亦不我力。**19**

（二）相當於"也""也是"。

1. 夫**老甲 13** 亦牆(牆—將)晢(智—知)足。**14**

2. 明(名)**老甲 19** 亦猷(既)又(有),夫亦牆(牆—將)晢(智—知)岜(止)。**20**

3. 天大,陞(地)大,道(道)大,王亦大。**老甲 22**

4. 亦不可旻(得)而疋(疏)。**老甲 28**

5. 亦不可旻(得)而叔(害)。**老甲 28**

6. 亦{可}不可旻(得)而戔(賤)。**老甲 29**

7. 人帠=(之所)槀(褀—鬼—畏),亦不可㠯(以)不槀(褀—鬼—畏)人。**老乙 5**

8. 道(道)亦丌(其)恙(字)也。**太一 10**

9. 聖(聖)人之從事也,亦㤼(託)丌(其)**太一 11** 明(名)。**12**

10. 少(小)民亦隹(唯)日悁(怨)。**緇衣 10**

11. 亦非又(有)譯(澤)婁(藪)㠯(以)多也。**成之 27**

12. 哭亦悲。**性命 29**

13. 丌(其)心夏(弁—變)鼎(則—則)丌(其)聖(聖—聲)亦肰(然)。

性命 **33**

14. 蓳（觀）者（諸）《㦻（時—詩）》、《箸（書）》鼎（勮—則）亦才（在）壴（喜—矣），蓳（觀）者（諸）六德 **24**《豐（禮）》《樂（樂）》鼎（勮—則）亦才（在）壴（喜—矣），蓳（觀）者（諸）《易》、《萅（春）秌（秋）》鼎（勮—則）亦才（在）壴（喜—矣）。**25**

15. 爲君亦肰（然）。六德 **27**

16. 爲妻亦肰（然）。六德 **28**

17. 爲弸（朋）酓（友）六德 **28** 亦肰（然）。**29**

二、助詞。無義。

1. 亦飮（既）見壯（之），亦飮（既）詢（覯）壯（之）。五行 **10**

三、用爲"赦"，參閱卷三"赦"（第 185 頁）。

0794 夭　　大

【用字】 宎

【詞義】

一、早死；殤亡。

1. 女（安）命而弗宎（夭）。唐虞 **11**

0795 交　　交

【用字】 交

【詞義】

一、結交；交往。

1. 弖（以）亓（其）审（中）心與人交。五行 **32**

2. 弖（以）亓（其）外心與人交。五行 **36**

3. 共（恭）而尃（博）交。五行 **37**

4. 交矣而弗斱（智—知）也。尊德義 **29**

5. 上交者也。性命 **55**

6. 下交者也。性命 **56**

7. 上交近事君，下交旻（得）性命 **56** 眾近從正（政）。**57**

8. 同方而交，弖（以）道（道）者也。性命 **57**

9. 同兑（悅）而交，弖（以）惪（德）者也。性命 **58**

10. 不同兑（悅）而交，弖（以）猷者也。性命 **58**

11. 凡交毋剌（烈），必旻（使）又（有）末。性命 **60**

　　12. 豊(禮),交之行述(術)也。**語叢一 42**

二、用爲"效",參閱卷三"效"(第 179 頁)。

三、待考。

　　1. 交行勳(則)〳〵▢。**語叢三 34**

0796 執　　鞁

【用字】　鞁
【詞義】

一、拿著;握持。

　　1. 鞁(執)之者遠**老甲 10** 之。**11**

　　2. 亡(無)鞁(執)古(故)亡(無)遾(逸—失)。**老甲 11**

　　3. 鞁(執)之者遾(逸—失)之。**老丙 11**

　　4. 無鞁(執)古(故)［無失］。**老丙 11**

二、把持;控制。

　　1. 鞁(執)我**緇衣 18** 敊₌(仇仇),亦不我力。**19**

三、守;保持。

　　1. 孚_(君子)鞁(執)志必又(有)夫坒_(往往—廣廣)之心。**性命 65**

0797 暴(暴)　　　🀀

【用字】　暴
【解字】

　　"暴"字,《性自命出》簡 64 寫作"🀀"、《唐虞之道》簡 12 寫作"🀀"。《説文》:"暴,疾有所趣也。"引申出"倉促""猛烈""暴虐""暴亂"等義,今假借"暴"爲之。"暴"是曝曬的"曝"的本字,《説文》卷七《日部》作"暴",釋曰"晞也",今寫作"曝"。暴、暴本就是兩個不同的字①。

【詞義】

一、凶殘;暴虐。

　　1. 皋(罪)涇〈淫〉暴(暴)▢**唐虞 12**

　　2. 惹(怒)谷(欲)涅(涅—盈)而毋暴(暴)。**性命 64**

---

① 　李學勤主編:《字源》,天津古籍出版社,2012 年,第 606 頁。

0798 皋　　皋

【用字】　呇、咎

【解字】

　　《窮達以時》簡10"呇"字,整理者(145頁)釋爲"邵"。徐在國先生讀爲"鳩","鳩棘"義爲叢棘①。白於藍先生讀爲"枳"②。王志平先生讀爲"皋"③。

【詞義】

一、人名。皋陶,傳説禹時司法官。

　　1. 呇(皋)繇(陶)衣腏(枲)蓋(褐)。 **窮達 3**

　　2. 咎(皋)采(陶)內用五型(刑)。 **唐虞 12**

二、沼澤。

　　1. 騹(驥)空(穴一?)於呇(皋)垈(棘)。 **窮達 10**

0799 夫　　夫

【用字】　夫、天

【詞義】

一、成年男子的通稱。

　　1. 不呂(以)匹夫爲**唐虞 18**坙(坙一輕)。 **19**

　　2. 戎(農)夫秂(務)飤(食)不彊(强)咖(耕)。 **成之 13**

　　3. 佖(匹)婦禺(愚)夫。 **語叢四 10**

二、女子的配偶。

　　1. 分**成之 31** 爲夫婦之攴(鞭一辨)。 **32**

　　2. 胃(謂)之夫。**六德 18**

　　3. 軺(智)也者,夫恵(德)也。**六德 19**

　　4. 是古(故)夫死又(有)宝(主)。**六德 19**

　　5. 古(故)夫_(夫夫)、婦_(婦婦)、父_(父父)、子_(子子)、君_(君君)、臣_(臣臣)。**六德 23**

　　6. 內立(位),父、子、**六德 26** 夫也。**27**

---

① 徐在國:《郭店楚簡文字三考》,《簡帛研究二〇〇一》,廣西師範大學出版社,2001年,第178頁。

② 白於藍:《郭店楚墓竹簡考釋(四篇)》,《簡帛研究二〇〇一》,廣西師範大學出版社,2001年,第192—198頁。

③ 王志平:《郭店簡〈窮達以時〉校釋》,《簡牘學研究》第3輯,甘肅人民出版社,2002年,第63頁。

7. 夫督（智），婦訐（信）。六德 **34**

8. 古（故）夫‗（夫夫）、婦‗（婦婦）、父‗（父父）、子‗（子子）、君‗（君
君）、臣‗（臣臣）。六德 **35**

9. 夫不夫，婦不婦。六德 **37**

10. 生民斯（斯）必又（有）夫婦、父子、君臣。六德 **42**

三、指示代詞。用作定語，等於"彼"或"此"。

1. 不又（有）夫柬‗（簡簡）之心鼎（勴—則）采。性命 **45**

2. 不又（有）夫丞（亙—亟）忐（忌—殆）志‗（之志）鼎（勴—則）縵
（慢）。性命 **45**

3. 不又（有）夫詘‗（詘詘）之心鼎（勴—則）淺（流）。性命 **46**

4. 不又（有）夫奮（奮）性命 **46** 狞（作）之啻（青—情）鼎（勴—則）悉
（悔）。**47**

5. 孚‗（君子）鞁（執）志必又（有）夫呈‗（往往—廣廣）之心。性命 **65**

6. 出言必又（有）性命 **65** 夫柬‗（簡簡）之訏（信）。**66**

7. 寀（賓）客之豊（禮）必又（有）夫齊‗（齊齊）之頌（容）。性命 **66**

8. 祭（祭）祀之豊（禮）必又（有）夫齊‗（齊齊）之敬。性命 **66**

9. 居甍（喪）必又（有）夫繺‗（戀戀—戀戀）之恣（哀）。性命 **67**

10. 歔（既）又（有）六德 **9** 夫六立（位）也。**10**

11. 句（苟）淒（濟）夫人之善它（也）。六德 **16**

四、大夫。職官名。

1. 毋曰（以）卑（嬖）士慁（息—疾）夫＝（大夫）卿事（士）。緇衣 **23**

2. 虗（吾）夫＝（大夫）共（恭）叟（且）贛（儉）。緇衣 **26**

五、"夫子"。專指孔子。

1. 夫子曰：……緇衣 **1**

六、助詞。

（一）用在句首，有提示作用。

1. 夫老甲 **13** 亦牉（牂—將）督（智—知）足。**14**

2. 夫亦牉（牂—將）督（智—知）虫（止）。老甲 **20**

3. 夫天多昇（期—忌）韋（諱）。老甲 **30**

4. 夫售（唯）嗇。老乙 **1**

5. 夫樊（樂）〔殺〕。老丙 **7**

6. 夫爲亓（其）君之古（故）殺亓（其）身者。魯穆公 **5**

7. 夫爲亓（其）君之古（故）殺亓（其）身者。魯穆公 **6**

8. 夫睪（聖）人上事天。唐虞 **4**

9. 夫古者唐虞**15** 灥(舜)尻(居)於茅〓(屮茅—草茅)之中而不悳(憂)。**16**①

10. 夫此之胃(謂)此〈也〉。忠信 **4**

11. 夫生而又(有)戠(職)事者也。尊德義 **18**

12. 夫售(唯)是。尊德義 **37**

（二）用於句中。

1. 虐(虖—呼)牙(與)公(容)牙(與)夫丌(其)行者。語叢一 **109**

2. 才(在)夫亓(其)埶(執—勢)□殘簡 **1**

七、動詞。爲夫之事。

1. 古(故)夫﹍(夫夫)、婦﹍(婦婦)、父﹍(父父)、子﹍(子子)、君﹍(君君)、臣﹍(臣臣)。六德 **23**

2. 古(故)夫﹍(夫夫)、婦﹍(婦婦)、父﹍(父父)、子﹍(子子)、君﹍(君君)、臣﹍(臣臣)。六德 **35**

3. 夫不夫,婦不婦。六德 **37**

八、形近譌誤。

（一）譌爲"天"。

1. 天〈夫〉售(唯)老甲 **17** 弗居也。**18**

（二）"天"字譌寫,參閱卷一"天"(第 5 頁)。

0800 立　　　🏠

【用字】　立、竝("並立"合文)

【詞義】

一、站立。

1. 君黔(袀)褻(冕)而立於竝(阼)。成之 **7**

二、立身;立足。

1. 凡君子所吕(以)立身大㿻(法)厽(三)。六德 **44**

三、存在。

1. 虽(蜀—獨)立不亥(改)。老甲 **21**

2. 天陞(地)明(名)厽(字)竝〓(並立)。太一 **12**

3. 君子所生牙(與)之立。六德 **46**

---

① 按:此句"夫"字,牛新房先生改屬上讀,尉侯凱先生從之,今仍從整理者意見。參閱牛新房:《讀上博(五)〈弟子問〉札記一則》,簡帛網(http://www.bsm.org.cn/?chujian/4478.html),2006 年 3 月 4 日。尉侯凱:《郭店簡零釋三則》,《戰國文字研究》第 2 輯,安徽大學出版社,2020 年,第 75—76 頁。

四、樹立。

　　1. 羣(群)勿(物)昝(皆)成,而百善膚(皆)立。**忠信 7**

五、成就。

　　1. 立生於彊(強)。**語叢二 34**

　　2. 靭(斷)生於立。**語叢二 35**

六、帝王或諸侯即位。

　　1. 塺(禹)立三年。**緇衣 12**

　　2. 立而爲天子。**窮達 3**

七、用爲"位",參閱卷八"位"(第 416 頁)。

八、用爲"莅",參閱卷一"莅"(第 38 頁)。

0801　端

【用字】　耑

【詞義】

一、發端;開頭。

　　1. 喪,慰(仁)之耑(端)也。**語叢一 98**

　　2. [□,□]之耑(端)也。**語叢三 23**

0802　靖

【用字】　悳

【解字】

　　"悳"即"情"字,參閱本卷"情"(第 526 頁)。

【詞義】

一、恭敬;謹慎。

　　1. 悳(情—靖)共(恭)尔(爾)立(位)。**緇衣 3**

0803　並

【用字】　竝、方

【解字】

　　《唐虞》簡 15"並"字,李零先生疑讀爲"秉"①。周鳳五先生釋爲"替",

---

① 李零:《郭店楚簡校讀記》,《道家文化研究》第 17 輯(郭店楚簡專號),生活·讀書·新知
　　三聯書店,1999 年,第 500 頁。

"替於大時"指爲時所廢,即生不逢時①。陳偉先生讀爲"傍",依順②。劉釗先生亦讀爲"傍",依也③。黃錫全先生讀爲"屏",遮蔽④。

【詞義】

一、副詞。一齊;一並。

　　1. 萬勿(物)方(並)复〈复(作)〉。老甲 24

　　2. 天堕(地)明(名)芯(字)竝=(並立)立。太一 12

二、待考。

　　1. 竝於大旹(時)。唐虞 15

0804 思

【用字】　思、慝

【詞義】

一、思考;思慮。

　　1. 督(智)弗思不旻(得)。五行 8

　　2. 思不清(清—精)不謷(察),思不倀(長)[不得]。五行 8

　　3. 不悬(仁),思不能清(清—精)。五行 9

　　4. 不督(智),思不能倀(長)。五行 9

　　5. [不]悬(仁),思不能清(清—精)。五行 11

　　6. 不聖(聖),思不能翌(翌—輕)。五行 11

　　7. 悬(仁)之思也清(清—精)。五行 12

　　8. 督(智)之思也倀(長)。五行 14

　　9. 聖(聖)之思也翌(翌—輕)。五行 15

　　10. 羕(詠)思而歓(動)心。性命 26

　　11. 條(悠)肰(然)昌(以)思。性命 31

　　12. 凡悬(憂),思而句(後)悲。性命 31

　　13. 凡樊(樂),思而句(後)忻。性命 32

　　14. 凡思之甬(用)心爲甚。性命 32

　　15. 戁(歎),思之方也。性命 32

①　周鳳五:《郭店楚墓竹簡〈唐虞之道〉新釋》,《"中研院"歷史語言研究所集刊》第 70 本第 3 分,1999 年,第 752 頁。

②　陳偉:《郭店竹書別釋》,湖北教育出版社,2003 年,第 69 頁。

③　劉釗:《郭店楚簡校釋》,福建人民出版社,2005 年,第 155 頁。

④　黃錫全:《〈唐虞之道〉疑難字句新探》,《長沙三國吳簡暨百年來簡帛發現與研究國際學術研討會論文集》,中華書局,2005 年,第 221 頁。

16. 凡甬(用)心之臭(躁)者,思爲戡(甚)。**性命 42**

二、助詞。用於句首或句中,起調整音節的作用。

1. 思亡(無)彊(疆),思亡(無)亓(期),思亡(無)紕(邪),思**語叢三 48** 亡(無)不遝(遒—由)我者。**49**

三、"子思"。人名,孔子之孫孔伋的字。

1. 魯(魯)穆公昏(問)於子思曰:……**魯穆公 1**

2. 子思曰:……**魯穆公 1**

3. 古(嚮)者虗(吾)昏(問)忠臣於子ニ思ニ(子思,子思)曰:……**魯穆公 3**

4. 非**魯穆公 7** 子思,虗(吾)亞(惡)昏(聞)之矣。**8**

四、"期思"。地名。

1. 孫(孫)昃(叔)三躳(舍)邪(邘—期)思少司馬。**窮達 8**

五、形近訛寫爲"愚"。

1. 凡於迮(路)毋愚〈思〉。**性命 60**①

0805 慮

【用字】　慮、慮、慮

【解字】

　　"慮"字,裘錫圭先生"按語"(113 頁注[三])以及後來的文章認爲該字聲旁爲"虘","虘"從"且"聲,"且"聲又與"乍"聲相通,所以該字可以讀爲"詐"②。龐樸先生認爲"虘"字虎頭且聲,大徐本《說文》讀昨何切;現在下面加意符"心",表示心態,似乎可以釋爲"作"字;作,存心造也,與"僞"字義近③。季旭昇先生認爲"慮"從"虘"聲,"虘"從"且"聲,可讀爲"作",也表示心的作爲④。池田知久、崔仁義、許抗生、韓禄伯等學者皆釋爲"慮",即思慮、謀劃之意⑤。裘錫圭先生後來改從釋"慮"之說,認爲楚簡從"虘"之字的

① 按:上博本此句作"凡於道路毋思"。李零先生指出"思""愚"形近,必有一誤(《郭店楚簡校讀記(增訂本)》,北京大學出版社,2002 年,第 115 頁)。

② 裘錫圭:《以郭店〈老子〉簡爲例談談古文字的考釋》,《中國哲學》第 21 輯,遼寧教育出版社,2000 年,第 186 頁。

③ 龐樸:《初讀郭店楚簡》,《歷史研究》,1998 年第 4 期,第 10 頁。

④ 季旭昇:《讀郭店楚墓竹簡札記:卞、絕爲棄作、民復季子》,《中國文字》新 24 期,藝文印書館,1998 年,第 131—132 頁。

⑤ 池田知久:《荆門市博物館〈郭店楚墓竹簡〉筆跡》,"1998 年美國達慕斯大學郭店《老子》國際研討會"論文。高明:《讀郭店〈老子〉》,《中國文物報》,1998 年 10 月 28 日,第 3 版。崔仁義:《荆門郭店楚簡〈老子〉研究》,科學出版社,1998 年,第 44 頁。許抗生:《初讀郭店竹簡〈老子〉》,《中國哲學(郭店楚簡研究)》第 20 輯,遼寧教育出版社,1999（轉下頁）

“虘”旁，其下部既可作“目”形，也可在“目”形下加一横，所以該字可能是从“心”“虘”聲之字；又“虘”與“慮”字形相近，該字可能被抄寫者誤書爲从“虘”。從文義理解上來看，後一種解説爲佳，該字應釋爲“慮”或視爲“慮”的誤字①。李零先生認爲從上博楚簡看到的“僞詐”（按：上博五《三德》簡2）一詞看，其寫法正與這裏的寫法相同，而絶不可能讀爲“僞慮”②。今按：該字當釋爲“慮”，上博五《三德》簡2“詐”字从“叔”非从“虘”，二者當有別；同篇簡15有“慮”字，辭例爲“慮事不成”，再次證明釋“慮”是正確的。陳偉先生指出《三德》“2號簡的字虘下从又从心，與15號簡的字只是从心並不相同。迄今所見的楚簡讀爲‘且’的字，大都从虘从又，此字之下又从心的字讀爲‘詐’，或有可説。但从虘从心即郭店《老子》中裘先生釋爲‘慮’的字，構形上固有差別，不當混同”③。清華簡中也有“詐”字，寫作“叔”。如清華五《命訓》簡9“亟罰則民多＝叔＝則民不忠”、簡11“罰莫大於多”，這兩句簡文對應《逸周書·命訓》篇作“極罰則民多詐，多詐則民不忠”、“罰莫大於貪詐”④。

　　需要説明的是，郭店簡《性自命出》篇“慮”字三見，其中簡48兩見，皆寫作“慮”；簡62“慮”字作“𧢲”，形體特殊，在“目”與“心”之間還存有比較複雜的筆畫，可能是“慮”字誤抄，也可能是《老子》甲本簡1“慮”形的誤寫。今暫從後一種意見。

【詞義】

一、思考；謀劃。

　　1. 佳（監—絶）愚（僞）弃（棄）慮〈慮（慮）〉。老甲1
　　2. 古（故）言緇衣32鼎（勉—則）慮（慮）丌（其）所冬（終）。33
　　3. 癹（鄰—隱）昗（斯）慮（慮）壴（喜—矣）。性命48
　　4. 慮（慮）昗（斯）莫牙（與）之性命48結壴（喜—矣）。49
　　5. 慮〈慮（慮）〉谷（欲）困（淵）而毋爲（僞）。性命62
　　6. 慮（慮）生於态（忩—欲）。語叢二10
　　7. 悥（偝）生於慮（慮）。語叢二11

（接上頁）年，第102頁注①。韓禄伯：《治國大綱——試讀郭店〈老子〉甲組的第一部分》，《道家文化研究》第17輯（郭店楚簡專號），生活·讀書·新知三聯書店，1999年，第190頁。

①　裘錫圭：《糾正我在郭店〈老子〉簡釋讀中的一個錯誤》，《郭店楚簡國際學術研討會論文集》，湖北人民出版社，2000年，第26頁。
②　李零：《郭店竹簡校讀記（增訂本）》，北京大學出版社，2002年，第15頁。
③　陳偉：《上博五〈三德〉初讀》，簡帛網（http://www.bsm.org.cn/show_article.php?id=201），2006年2月19日。
④　清華大學出土文獻研究與保護中心編：《清華大學藏戰國竹簡（伍）》，中西書局，2015年，129頁注［二四］、130頁注［二七］。

0806 心　　　𢗆

【用字】　心
【詞義】

一、心臟。內臟之一。人和脊椎動物身體內推動血液循環的器官。

1. 民昌(以)君爲心。緇衣 8
2. 古(故)心昌(以)體灋(法─廢)。緇衣 9
3. 心好鼎(勮─則)體安(安)之。緇衣 8

二、古代以心爲思維器官,故沿用爲腦的代稱。

1. 耳官(目)鼻口乎(手)足六者,心之设(役)也。心曰售(唯),莫敢(敢)不售(唯)。五行 45

三、内心。

1. 君子亡(無)审(中)心之意(憂)勮(則)亡_审_心_之_智_(無中心之智,無中心之智)勮(則)亡_审_心_五行 5[之_悦_](無中心之悦,無中心之悦)[則]不_安_(不安,不安)勮(則)不_樂_(不藥─不樂,不樂)勮(則)亡(無)悳(德)。6
2. 未見君子,悥(憂)心五行 9 不能惄_(惙惙)。10
3. 歙(既)見君子,心不能兌(悦)。五行 10
4. 我心勮(則)五行 10[悦]。11
5. 未見君子,悥(憂)心不能惄(佟佟─忡忡)。五行 12
6. 歙(既)見君子,心不能降。五行 12
7. 昌(以)亓(其)审(中)心與人交,兌(悦)也。五行 32
8. 审(中)心兌(悦)嫥(壇─旃),舉(遷)五行 32 於㙷_(兄弟)。33
9. 审(中)心五行 33 誖(辯)朕(然)而正行之,槀(植─直)也。34
10. 心疋(疏)[而貌]。忠信 5 罜(親)。6
11. 凡心又(有)志也。性命 6
12. 凡衜(道),心述(術)爲宝(主)。性命 14
13. 孚_(君子)身昌(以)爲宝(主)心。性命 67
14. 志,心毇(司)。語叢一 52

四、思想;心思。

1. 鼎(勮─則)民又(有)蘦(懽─勸)心。緇衣 24
2. 鼎(勮─則)民又(有)孚(娩─免)心。緇衣 24
3. 鼎(勮─則)民緇衣 25 又(有)悉(慫─遜)心。26
4. 心亡(無)寞(奠─定)志。性命 1

5. 戲遊(由)心也。**性命 33**

6. 凡學者隶〈求〉亓(其)心爲難。**性命 36**

7. 售(唯—雖)能亓(其)事,不能亓(其)心,不貴。**性命 37**

8. 求亓(其)心,又(有)爲也,弗旻(得)之壴(喜—矣)。**性命 37**

9. 亓(其)心必才女(安—焉)。**性命 38**

10. 不又(有)夫柬_(簡簡)之心鼎(勴—則)采。**性命 45**

11. 不又(有)夫詘_(詘詘)之心鼎(勴—則)湮(流)。**性命 46**

12. 又(有)**性命 52** 心愳(畏)者也。**53**

13. 孚_(君子)報(執)志必又(有)夫坒_(往往—廣廣)之心。**性命 65**

五、心意;意念。

1. 吕(以)亓(其)外心與人交,遠(遠)也。**五行 36**

2. 上帝鼳〈墅(臨)〉女(汝),毋戉(式—貳)尒(爾)心。**五行 48**

3. 余才(茲)厇(宅—度)天心。**成之 33**

4. 言余之此而厇(宅—度)於天心也。**成之 33**

5. 凡遑(動)民必訓(順)民心,民心又(有)悉(恆),求亓(其)羕(養)。
   尊德義 39

6. 才(存)心,昌(嗌—益)。**語叢三 15**

六、心性;性情。

1. 心叟(使)燚(燚—氣)曰弱(勞—強)。**老甲 35**

2. 羕(養)心於子佷(諒),忠(忠)訐(信)。**尊德義 21**

3. [人]售(唯—雖)又(有)眚(性)心,弗取不出。**性命 6**

4. 是古(故)亓(其)心**性命 29** 不遠。**30**

七、心情;心境。

1. 亓(其)內(入)枈(拔—撥)人之心也敂(厚)。**性命 23**

2. 羕(詠)思而敀(動)心。**性命 26**

3. 凡古樊(樂)龍心。**性命 28**

4. 哭之敀(動)心也。**性命 30**

5. 樊(樂)之敀(動)心也。**性命 30**

6. 亓(其)心叟(弁—變)鼎(勴—則)亓(其)聖(聖—聲)亦脒(然)。**性命 33**

八、思慮;謀劃。

1. 亓(其)甬(用)心各異。**性命 9**

2. 凡思之甬(用)心爲甚。**性命 32**

3. 凡甬(用)心之枭(躁)者,思爲戠(甚)。**性命 42**

0807 息   息

【用字】　愬、疾

【解字】

　　《緇衣》簡23“愬”字,整理者(134頁注［六二］)釋爲“息”,讀爲“塞”,絕也。劉釗先生認爲“愬”即“息”字繁文,讀爲“塞”,古音“息”“塞”皆在心紐職部,於音可通。黃德寬、徐在國先生疑該字應分析爲从“心”“䏌”聲,古音自、疾並爲從紐質部字,故可假爲“疾”①。李零先生疑今本作“疾”,簡文可能是“盡”字的省體,“盡”是曉母職部字,“疾”是從母質部字,“息”是心母職部字,“盡”是傷痛之義,與“疾”含義相近②。程元敏先生釋爲“息”,音近借爲“塞”,阻不通也③。廖名春先生認爲是“息”字之繁化,借爲“肅”,義爲“疾”④。劉信芳先生讀作“息”,休也,止也,猶棄也⑤。涂宗流、劉祖信先生認爲“息”猶“棄”⑥。孟蓬生先生讀爲“塞”,或作“固”,禁錮之錮。典籍或作“嫉”,古音息聲、塞聲與疾聲相通⑦。陳偉先生認爲字本从二“自”从“心”形。在《汗簡》卷下之二録有一個近似“心”的“疾”字。而《説文・米部》“竊”字下云:“廿,古文疾字。”簡文中此字的“心”形,疑即《説文》中的“廿”與《汗簡》中的“疾”。雖然其上所从二“自”形尚無合適解釋,對照傳世本,將此字讀爲“疾”,應該問題不大⑧。劉釗先生認爲“愬”即“息”字繁文,讀爲“塞”,古音“息”“塞”皆在心紐職部,於音可通⑨。上博本《緇衣》對應之字作“畫”,馮勝君師認爲“䀇”應該是“䏌”字的訛體。古文字中尚未發現獨體的“䏌”字,郭店簡的“愬”和上博簡的“畫”都應該是从“䏌”聲的⑩。

---

① 黃德寬、徐在國:《郭店楚簡文字考釋》,《吉林大學古籍整理研究所建所十五周年紀念論文集》,吉林大學出版社,1998年,第103頁。

② 李零:《郭店楚簡校讀記》,《道家文化研究》第17輯(郭店楚簡專號),生活・讀書・新知三聯書店,1999年,第486頁。

③ 程元敏:《〈郭店楚簡〉〈緇衣〉引書考》,《古文字與古文獻》試刊號,1999年,第31頁。

④ 廖名春:《郭店楚簡引〈書〉論〈書〉考》,《郭店楚簡國際學術研討會論文集》,2000年,湖北人民出版社,第116—117頁。

⑤ 劉信芳:《郭店簡〈緇衣〉解詁》,《郭店楚簡國際學術研討會論文集》,湖北人民出版社,2000年,第172頁。

⑥ 涂宗流、劉祖信:《郭店楚簡先秦儒家佚書校釋》,萬卷樓圖書有限公司,2001年,第355頁。

⑦ 孟蓬生:《郭店楚簡字詞考釋(續)》,《簡帛語言文字研究》第1輯,巴蜀書社,2002年,第28頁。

⑧ 陳偉:《郭店竹書別釋》,湖北教育出版社,2003年,第40頁。

⑨ 劉釗:《郭店楚簡校釋》,福建人民出版社,2005年,第59頁。

⑩ 馮勝君:《郭店簡與上博簡對比研究》,綫裝書局,2007年,第144頁。

上博五《鮑叔牙與隰朋之諫》簡5"人之生三,食、色、息"一句,施謝捷先生認爲可與《語叢一》簡110"食與色與疾"對應。"息"字原作"🐟",李天虹先生釋爲"息",侯乃峰先生進一步指出《鶡冠子‧道端》有"凡可無學而能者,唯息與食也",正把"息"與"食"視爲人的天性。因此,《語叢一》簡110"疾"當讀爲"息"。"愍"當爲"息"之繁構,讀爲"疾",與本對應。

【詞義】

一、呼吸時進出的氣;氣息。

　　1. 飤(食)牙(與)穎(色)牙(與)疾(息)。**語叢一110**

二、用爲"疾",參閱卷七"疾"(第398頁)。

0808　情　　情

【用字】　悥、憙、青、𤯍

【解字】

　　楚文字"青"字及作爲偏旁的"青"基本上都增加"口"形,"青"即"青"字,"𤯍"即"𤯍"字,"悥"即"情"字(郭店簡中僅《性命》簡29"悥(情)"字一例不從"青")。

【詞義】

一、感情;情緒。

　　1. 衍(道)訂(始)於青_(青—情,情)生於眚(性)。**性命3**

　　2. 訂(始)者近青(青—情)。**性命3**

　　3. 智(智—知)青(青—情)[者能**性命3**出之。**4**

　　4. 豊(禮)攴〈复(作)〉於青(青—情)。**性命18**

　　5. 凡聖(聖—聲),亓(其)出於悥(情)也訐(信)。**性命23**

　　6.《卲(韶)》《顗(夏)》樂(樂)悥(情)。**性命28**

　　7. 凡至樂(樂)必悲,哭亦悲,旮(皆)至丌(其)悥(情)也。**性命29**

　　8. 青(青—情)女(安)達(逸—失)才(哉)?**性命38**

　　9. 訐(信),青(青—情)之方也。**性命40**

　　10. 青(青—情)出於眚(性)。**性命40**

　　11. 甬(用)青(青—情)之**性命42**至者。**43**

　　12. 不又(有)夫悥(奮)**性命46**狂(作)之青(青—情)鼎(勮—則)悉(侮)。**47**

　　13. 又(有)婌(娸—美)青(青—情)者也。**性命51**

　　14. 豊(禮)因人之悥(情)而爲之**語叢一31**即(節)夋(文)者也。**32**

15. 悥(情)生於眚(性),豊(禮)生於悥(情)。**語叢二 1**

16. 夏(文)衣(依)勿(物),吕(以)青(青—情)行之者。**語叢三 44**

二、心情;願望。

1. 鼎(勮—則)民緇衣 2 青(青—情)不紎(忒)。**3**

三、實情;情形。

1. 宍虎(乎)脂膚血勞(勞—氣)之青(青—情)。**唐虞 11**

2. 里(理)**性命 17** 亓(其)青(青—情)而出内(入)之。**18**

四、真情。

1. 凡人青(青—情)爲可兌(悦)也。**性命 50**

2. 句(苟)吕(以)亓(其)青(青—情)。**性命 50**

3. 不吕(以)亓(其)青(青—情)。**性命 50**

4. 句(苟)又(有)亓(其)青(青—情)。**性命 51**

五、情性。

1. 孯_(君子)媄(媄—美)亓(其)青(青—情)。**性命 20**

六、用爲"靖",參閲本卷"靖"(第519頁)。

0809 性   㓗

【用字】 眚

【詞義】

一、本性;天性。

1. 聖(聖)人之眚(性)與中人之眚(性)。**成之 26**

2. 此吕(以)民舎(皆)又(有)眚(性)而聖(聖)人不可莫(慕)也。**成之 28**

3. 凡人售(唯—雖)又(有)眚(性)。**性命 1**

4. 悥(悥—喜)蒸(怒)态(哀)悲之燮(燮—氣),眚(性)也。**性命 2**

5. 眚(性)自侖(命)出。**性命 2**

6. 青(青—情)生於眚(性)。**性命 3**

7. 好亞(惡),眚(性)也。**性命 4**

8. 凡眚(性)爲宔(主),勿(物)取之也。**性命 5**

9. [人]售(唯—雖)又(有)眚(性)心,弗取不出。**性命 6**

10. 亓(其)眚(性)[也。人生]。**性命 7**

11. 亓(其)眚(性)戈(弌——一)也。**性命 9**

12. 凡眚(性),**性命 9** 或戡(動)之,或逆之……**10**

13. 凡歆(動)旹(性)性命10者,勿(物)也。11

14. 逆旹(性)者,兌(悅)也。性命11

15. 室(節)旹(性)者,古(故)也。性命11

16. 萬(厲)旹(性)者,宜(義)也。性命11

17. 出旹(性)者,殼(埶─勢)也。性命11

18. 羕(養)旹(性)性命11者,習(習)也。12

19. 長旹(性)者,衍(道)也。性命12

20. 又(有)㠯(以)習(習)亓(其)旹(性)也。性命14

21. 忞(哀)、檗(樂),丌(其)旹(性)相近也。性命29

22. 忎(仁),旹(性)之方也,旹(性)或生之。性命39

23. 旹(青─情)出於旹(性)。性命40

24. 售(唯)旹(性)悉(愛)爲近忎(仁)。性命40

25. 旹(性)善者也。性命52

26. 悳(情)生於旹(性)。語叢二1

27. 憨(愍─愛)生於旹(性)。語叢二8

28. 忿(忿─欲)生於旹(性)。語叢二10

29. 替(智─知)生於旹(性)。語叢二20

30. 子生於旹(性)。語叢二23

31. 惡生於旹(性)。語叢二25

32. 悳(憙─喜)生於旹(性)。語叢二28

33. 愳(惱)生於旹(性)。語叢二30

34. 瞿(懼)生於旹(性)。語叢二32

35. 彊(強)生於旹(性)。語叢二34

36. 臥〈伋(弱)〉生於旹(性)。語叢二36

37. 人之旹(性)非與止虖(乎)亓(其)語叢三57

38. 又(有)旹(性)又(有)生,虖(呼)生。語叢三58

39. 又(有)旹(性)又(有)生,虖(呼)。語叢三68下

40. 又(有)旹(性)又(有)生。語叢三71下

41. ☒旹(性),又(有)逆旹(性)☒。殘簡9

二、性命;生命。

　　1. 敉(養)旹(性)命之正。唐虞11

三、待考。

　　1. ☒旹☒殘簡26

0810 志 志

【用字】 志、㞢、憶、之

【解字】

《性命》簡64"志"字,上從"之",下部模糊。整理者(181頁)釋爲"志",似乎認爲下部爲"心";劉釗先生從之①;趙建偉先生讀爲"持"②。吕浩先生認爲下爲"止",字即"止","有止"與"無末"相對③。《郭店楚墓竹書》認爲該字下部非"心",亦非"止",而與"出"最爲接近,字是否是"志"或楚簡多見的"㞢"的訛字,待考。如果是"㞢",讀"止"可從④。今按:從字形看,該字或當從吕浩先生意見釋爲"㞢",讀爲"止",容止、禮貌之義。

【詞義】

一、志願;志向。

1. [不可]老丙7 呂(以)旻(得)志於天下。老丙8

2. 古(故)倀(長)民者章(彰)志呂(以)卲(昭)百眚(姓)。緇衣11

3. 此呂(以)生不可妝(奪)志。緇衣38

4. 士又(有)志於君子道(道)胃(謂)之㞢(時—志)士。五行7

5. 心亡(無)奠(奠—定)志。性命1

6. 凡心又(有)志也。性命6

7. 不又(有)夫巫(互—亟)怂(怠—殆)志(之志)鼎(勵—則)縵(慢)。性命45

8. 孚(君子)輗(執)志必又(有)夫堂(往往—廣廣)之心。性命65

9. 餿(豫)丌(其)志,求敓(養)新(親)志(之志)。六德33

10.《譏(詩)》,所呂(以)會(會)古含(今)之憶(恃—志)語叢一38 也者。39

11. 又(有)燮(燹—氣)又(有)志。語叢一48

12. 志,心皈(司)。語叢一52

13. 嵩(崇)志,昇(嗌—益)。語叢三15

---

① 劉釗:《郭店楚簡校釋》,福建人民出版社,2005年,第105頁。

② 趙建偉:《郭店竹簡〈忠信之道〉〈性自命出〉校釋》,《中國哲學史》,1999年第2期,第39頁。

③ 吕浩:《〈郭店楚簡〉釋文訂補》,《中國文字研究》第2輯,廣西教育出版社,2001年,第280頁。

④ 武漢大學簡帛研究中心、荆門市博物館編著:《郭店楚墓竹書》,文物出版社,2011年,第121頁注[84]。

二、向慕;期望。

　　1. 惪(德)弗_{五行 7}之(志)不成(城—成),智(智)弗思不旻(得)。_{五行 8}

　　2. 志於衍(道),廛(狎)於惪(德)。_{語叢三 50}

三、德行;節操。

　　1. 士又(有)志於君子道(道)胃(謂)之嵗(時—志)士。_{五行 7}

四、用爲“識”,參閱卷三“識”(第 135 頁)。

五、用爲“恃”,參閱本卷“恃”(第 540 頁)。

0811 意 　　𡐨

【用字】 𡐨

【詞義】

一、猜測;料想。

　　1. 亡(毋)𡐨(意),亡(毋)古(固)。_{語叢三 64}

0812 慎 　　𢛦 　　古文 𣧢

【用字】 訢、訢、�、丨

【解字】

　　關於“慎”字的訢、訢、誮等形體的構形,陳劍先生認爲都來源於西周金文中的“訢”與“惁”,應分析爲“從言(或又從心)所聲(或所省聲)”。因爲楚簡中“糸”經常寫作“糸”,“幺”經常寫作“彡”(參見《楚系簡帛文字編》第887—947 頁從糸諸字),所以陳劍先生懷疑“幺”和“彡”的關係或許可以與訢形中的“彡”和訢形中的“彡”的關係聯繫起來①。

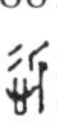

　　“丨”字的釋讀頗多爭議。《説文》卷一有“丨”字,釋曰:“上下通也。引而上行讀若囟,引而下行讀若退。”部分學者認爲郭店簡“丨”字即《説文》“丨”字,但多數學者並不贊同。按: 今依據字形隸定如此,並非認“丨”爲《説文》之“丨”字。

　　“丨”字除了見於郭店《緇衣》簡 17 外,還見於上博簡《容成氏》簡 1、《用曰》簡 3、《李頌》簡 1 背。同時也是郭店《緇衣》簡 17、上博《緇衣》簡 10“訓”字所從。今本《緇衣》與“丨”對應之字爲“章”,與“訓”對應之字爲“望”。“丨”及“訓”字有多種釋讀意見:郭店簡整理者(130、134 頁)將前字隸定爲“丨”,“疑爲字之未寫全者”;後字釋爲“信”。陳高志先生認爲是

_____

① 陳劍:《説慎》,《簡帛研究二〇〇一》,廣西師範大學出版社,2001 年,第 207—214 頁。

"璋"的象形文字①；周鳳五先生認爲是玉璋省體之形②。李零先生疑此字爲"川"字之省，在簡文中讀爲"訓"，與"信"押韻③。程元敏先生認爲首字爲"章"之省體象形，"章"是"璋"之初文，訓爲法度。末字爲"信"，"信""望"異字，所據《詩》之版本不同故也④。劉信芳先生認爲前字釋爲"丨"，讀作"引"；後字讀爲"信"，二者押韻⑤。廖名春先生認爲"又丿"即"有訓"，也就是"有故""有法"。"所信"即"所望"⑥。顔世鉉先生認爲"丿"當讀爲"文"，"文"與"章"義近可通，均指"禮法"而言。簡文所引《詩》，韻腳爲"文""信"，前者爲文部，後者爲真部，真文合韻，二部是旁轉的關係⑦。白於藍先生將前字釋爲"乀"，《説文》："乀，左戾也。"後字隸定爲"訉"⑧。張富海先生認爲"訉"非"信"字甚明。"丨""訉"正當韻腳，"訉"當从"丨"得聲，釋讀待考⑨。王寧先生認爲首字音"凶"（心真），讀爲"絢"（曉真），與下文"信"押韻，亦與"章"義近⑩。禤健聰先生釋前字爲"〈"，《説文》曰："水小流也。"或可引申爲有度有序，與"章"義近⑪。虞萬里先生認爲"丨"是"人"字之未寫全者，人即"仁"。仁、信相諧，古音皆屬真部⑫。裘錫圭先生認爲"丨"爲"針"之象形初文，有真部、文部音，故此句可讀爲"出言有遜，黎民所訓"；或"出言有慎，黎民所信"⑬。孟蓬生先生信從釋"針"之説，但讀"丨"

①　陳高志：《〈郭店楚墓竹簡·緇衣篇〉部分文字隸定檢討》，《張以仁先生七秩壽慶論文集》，學生書局，1999 年，第 366 頁。

②　周鳳五：《郭店楚簡識字札記》，《張以仁先生七秩壽慶論文集》，學生書局，1999 年，第 352 頁。

③　李零：《郭店楚簡校讀記》，《道家文化研究》第 17 輯（郭店楚簡專號），生活·讀書·新知三聯書店，1999 年，第 486 頁。

④　程元敏：《〈郭店楚簡〉〈緇衣〉引書考》，《古文字與古文獻》試刊號，楚文化研究會籌備處，1999 年。

⑤　劉信芳：《郭店簡〈緇衣〉解詁》，《郭店楚簡國際學術研討會論文集》，湖北人民出版社，2000 年，第 107 頁。

⑥　廖名春：《郭店楚簡〈緇衣〉篇引〈詩〉考》，《華學》第 4 輯，紫禁城出版社，2000 年。

⑦　顔世鉉：《郭店楚簡散論》（三），《大陸雜誌》第 101 卷第 2 期，2000 年。

⑧　白於藍：《郭店楚墓竹簡考釋（四篇）》，《簡帛研究二〇〇一》，廣西師範大學出版社，2001 年，第 192—193 頁。

⑨　張富海：《郭店楚簡〈緇衣〉研究》，北京大學碩士學位論文，2002 年。

⑩　王寧：《郭店簡〈緇衣〉文字補釋》，簡帛研究網（http://www.bamboosilk.org/Wssf/2002/wangning03.htm），2002 年 9 月 12 日。

⑪　禤健聰：《讀楚簡零識》，簡帛研究網（http://www.bamboosilk.org/Wssf/2003/xuanjianchong01.htm），2003 年 1 月 3 日。

⑫　虞萬里：《上博簡、郭店簡〈緇衣〉與傳本合校補證（中）》，《史林》，2003 年第 3 期，第 3 頁。

⑬　裘錫圭：《釋郭店〈緇衣〉"出言有丨，黎民所訉"——兼説"丨"爲"針"之初文》，《古墓新知——紀念郭店楚簡出土十周年論文專輯》，國際炎黃文化出版社，2003 年，第 1—8 頁。

爲"章",讀"訐"爲"瞻"①。李鋭先生認爲"丨"古音見紐文部,疑讀爲"悃"(溪紐文部),誠也。"訐"字不誤,亦見於上博簡,《龍龕手鑒·言部》有"訐"字,音"歡",或有所本,今讀爲歡,待考。"歡"古音曉紐元部,文元旁轉協韻②。馮勝君師認爲"訐"字從裘氏讀爲訓,"丨"在簡文中用爲"箴",是"針(鍼)"的異體,規誡之意③。楊澤生先生釋"丨"爲"及","出言有及"當是出言有及古之法度;末字讀爲"慎",可訓作"重"④。葉曉鋒先生釋"丨"爲"芒"或"萌",讀爲"章","訐"讀爲"望"⑤。張金良先生釋"丨"爲"乁",讀爲"儀",法度;"訐"音"歡",或讀爲"瞻"⑥。俞紹宏先生釋"丨"爲"杖",讀爲"章";讀"訐"爲"望""仗"或"長"⑦。按:今暫從裘錫圭先生意見,讀"丨"爲"慎",讀"訐"爲信。

上博二《容成氏》簡1"丨"字,廖名春先生認爲該字是郭店《老子》乙本簡16的"乚",釋爲"屯",讀爲"沌",即"混沌氏"。何琳儀先生認爲"樟丨"與典籍"渾沌""渾敦""混沌""渾淪""昆侖""倱伅"等,皆一音之轉;郭店簡之字應據其有"囟"之讀音而讀爲"細",微也。蘇建洲先生認爲字當即《説文》的"丨"(讀"退",透物),在《容成氏》中讀爲"沌"(定文),聲紐同爲端系,韻部陽入對轉。郭店"丨"(定文或透物)或可讀爲"類"(來物),聲紐"來定"或"來透"同爲舌音,韻部"文物"有陽入對轉關係,若讀作"物"則是叠韻關係;末字讀作"述",船紐物部;與"丨"(沌,定文;退,透物),聲紐同爲舌音,韻部文物對轉或迭韻。⑧

上博六《用曰》簡3"丨"字,整理者釋作"十"。陳偉先生釋作"章",顯

---

① 孟蓬生:《"出言又(有)丨,利(黎)民所訐"音釋——談魚通轉例説之四》,《簡帛》第7輯,2012年,第123—130頁。
② 李鋭:《郭店楚墓竹簡補釋(二)》,《古墓新知——紀念郭店楚簡出土十周年論文專輯》,國際炎黃文化出版社,2003年,第77—98頁。
③ 馮勝君:《郭店簡與上博簡對比研究》,綫裝書局,2007年,第134—135頁。
④ 楊澤生:《戰國竹書研究》,中山大學博士學位論文,2002年;《上博簡〈用曰〉中的"及"和郭店簡〈緇衣〉中的"出言有及,黎民所慎"》,簡帛網(http://www.bsm.org.cn/show_article.php?id=680),2007年7月30日。
⑤ 葉曉鋒:《關於楚簡中的"丨"字》,復旦大學出土文獻與古文字研究中心網站(http://www.fdgwz.org.cn/Web/Show/446),2008年5月29日。
⑥ 張金良:《釋乁》,復旦大學出土文獻與古文字研究中心網站(http://www.fdgwz.org.cn/Web/Show/685),2009年2月3日。
⑦ 俞紹宏:《楚簡中的"丨"字補説》,《文獻》,2018年第3期,第14—23頁。
⑧ 廖名春:《讀上博簡〈容成氏〉札記(一)》,簡帛研究網(http://www.jianbo.org/Wssf/2002/liaominchun03.htm),2002年12月27日。何琳儀:《滬簡二册選釋》,簡帛研究網(http://www.bamboosilk.org/Wssf/2003/helinyi01.htm),2003年1月14日。蘇建洲:《〈郭店〉〈上博(二)〉考釋五則》,《中國文字》新29期,2003年,第209—225頁。

示義。"章其有成德"與"重其有中墨"對應。李鋭先生釋作"謹"。"謹其有成德,閉言自關",所説當即是慎言之類的話。楊澤生先生認爲是"針"的初文,在簡文中讀作"及"。①

上博八《李頌》簡 1 背面的"▎"字,鄔可晶先生認爲即《説文》"引而上行讀若囟"的"丨",屬真部,與上句屬於脂部的"貳"可押韻②。

今暫從裘錫圭先生意見,"丨""訊"分别讀爲"慎""信"。

【詞義】

一、謹慎;慎重。

1. 訊(慎)各(冬—終)女(如)忽(始)。**老甲 11**

2. 訊(慎)卆(終)若訊(始)。**老丙 12**

3. 古(故)上之好亞(惡)不可不訊(慎)也。**緇衣 15**

4. 出言又(有)丨(針—慎),秎(利—黎)民所訊(信)。**緇衣 17**

5. 訊(慎)尒(爾)出話(話),敬尒(爾)愳(畏—威)義(儀)。**緇衣 30**

6. 咠(淑)訊(慎)尒(爾)㞢(止),不侃(愆—愆)于義(儀)。**緇衣 32**

7. 鼎(勛—則)民訊(慎)於言而惠(懂—謹)於行。**緇衣 33**

8. 諡(慎)亓量(蜀—獨)也。**五行 16**

9. 君子諡(慎)亓(其)**五行 17**［獨也］。**18**

10. 敬訊(慎)弖(以)肘(守)之。**成之 3**

11. 可不訊(慎)啻(虖—乎)? **成之 19**

12. 害(蓋)**成之 37**言訊(慎)求之於㠯(己)。**38**

13. 是**成之 39**古(故)君子訊(慎)六立(位)弖(以)巳(祀)天棠(常)。**40**

14. 丌(其)反善逯(復)訊(始)也**性命 26**訊(慎)。**27**

15. 訊(慎),忎(仁)之方也。**性命 49**

16. 人不訊(慎)哭(斯)又(有)悆(過),訊(信)壴(喜—矣)。**性命 49**

17. 又(有)㟒(慎)又(有)懇(莊)。**語叢一 46**

18. 口不訊(慎)而床(户)之閟(閉)。**語叢四 4**

①　陳偉:《〈用曰〉校讀》,簡帛網(http://www.bsm.org.cn/show_article.php?id=623),2007 年 7 月 15 日;李鋭:《讀〈用曰〉札記(二)》,簡帛網(http://www.bsm.org.cn/show_article.php?id=638),2007 年 7 月 20 日;楊澤生:《上博簡〈用曰〉中的"及"和郭店簡〈緇衣〉中的"出言有及,黎民所慎"》,簡帛網(http://www.bsm.org.cn/show_article.php?id=680),2007 年 7 月 30 日。

②　復旦吉大古文字專業研究生聯合讀書會:《上博八〈李頌〉校讀》文後評論,復旦大學出土文獻與古文字研究中心網站(http://www.gwz.fudan.edu.cn/SrcShow.asp?Src_ID=1596),2011 年 7 月 17 日。

0813　忠　　忠

【用字】　忠、中、忠、宜
【詞義】

一、忠誠無私;竭盡心力。

1. 鼎(勛—則)忠敬不足而賈(富)貴巳(已)迚(過)也。緇衣 20

2. 可(何)女(如)而可胃(謂)忠臣？魯穆公 1

3. 可胃(謂)忠臣矣。魯穆公 2

4. 峕(嚮)者虘(吾)昏(問)忠臣於子思。魯穆公 3

5. 可胃(謂)忠魯穆公 3 臣矣。4

6. 忠事帝壄(堯)。唐虞 9

7. 及亓(其)爲壄(堯)臣也,甚忠。唐虞 24

8. 忠之至也。忠信 1

9. 忠碐(積)鼎(勛—則)可罙(親)也。忠信 1

10. 忠忠信 1 訐(信)碐(積)而民弗罙(親)訐(信)者。2

11. 至忠女(如)土。忠信 2

12. 忠人亡(無)忠信 2 譌(訛)。3

13. 忠之至也。忠信 3

14. 至忠亡(無)譌(訛)。忠信 4

15. 大忠不兑(說)。忠信 4

16. 忠訐(信)之胃(謂)此〈也〉。忠信 5

17. 忠人弗乍(作)。忠信 6

18. 忠之爲忠信 6 術(道)也。7

19. 斈(君子)亓(其)它(施)也忠信 7 忠。8

20. 忠,忎(仁)之實(實)也。忠信 8

21. 忠(忠)爲可訐(信)也。尊德義 4

22. 酓(尊)㥯(仁)、新(親)忠(忠)。尊德義 20

23. 羕(養)心於子俍(諒),忠(忠)訐(信)。尊德義 21

24. 不忠(忠)勛(則)不訐(信)。尊德義 33

25. 忠(忠),訐(信)性命 39 之方也。40

26. 隹(唯)性命 40 宜(義)術(道)爲忻(近)忠(忠)。41

27. 忠(忠)、訐(信)也。六德 1

28. 忠(忠)牙(與)訐(信)臱(就)[矣]。六德 2

29. 非忠(忠)訐(信)者莫之能也。六德 5

30. 㠯(以)忠(忠)戶(事)人多(者)。六德 17

31. 忠(忠)者,臣惪(德)也。六德 17

32. 宜(義)戶(使)忠(忠)。六德 35

33. 躛(邎—由)中出者,㤅(仁)、忠、訐(信)。語叢一 21

34. 忠生於䜀(親)。語叢二 9

35. 未又(有)嘮(嘩—華)而忠者。語叢二 46

36. 忠勮(則)會(會)。語叢三 63

二、譌寫爲"宜"。

1. 君宜(義),六德 34 臣宜〈忠〉。35

三、用爲"中",參閱卷一"中"(第 28 頁)。

0814 快　　怏

【用字】　快

【詞義】

一、高興;愉快。

1. 快於㠯(己)者之胃(謂)兌(悅)。性命 12

二、用爲"慧",參閱本卷"慧"(第 536 頁)。

三、用爲"決",參閱卷十一"決"(第 569 頁)。

0815 忻　　忻

【用字】　忻

【詞義】

一、喜。同"欣"。

1. 凡樊(樂),思而句(後)忻。性命 32

二、用爲"近",參閱卷二"近"(第 90 頁)。

0816 惇　　愇

【用字】　惇

【詞義】

一、敦厚;篤實。

1. 古(故)君子惇(惇)於忎(反)㠯(己)。窮達 15

0817　願　　原

【用字】　菉

【解字】

　　《性命》簡47"菉"字，舊皆隸定爲"菉"，認爲从艸从泉，誤。鄔可晶先生指出字从"屮"而非"艸"，可從。"屮"爲聲旁，該字並非"泉"字，而當爲"原(源)"字異體。《説文》："泉，水原也。"古文字"泉"象泉水從岩穴中流出之形，本義是泉水、泉源。從郭店簡的用字情況來看，"源"字兩見，一例寫作"湶"，一例增加了"屮"旁；兩例皆从"泉"，可爲佐證。參閲卷十一"源"（第573頁）。

　　關於"菉"字的釋讀，學界多有爭論。前期學者皆隸定爲"菉"：趙建偉先生疑假借爲"悷"，《説文》："謹也。"① 劉昕嵐先生從李零先生意見，讀爲"淵"，《廣雅·釋詁》："淵，深也。"② 廖名春先生釋爲"原"，讀爲"願"，"願如"，謹慎、拘謹的樣子③。陳偉先生提出兩種釋讀可能，一是釋爲"原"，後世寫作"願"，謹慎老實義；一是釋爲"淵"，深沉義④。劉釗先生讀爲"淵"，訓爲深邃，即"塞淵"之"淵"，"塞淵"典籍又作"淵塞"，指内心深遠誠實⑤。鄔可晶、郭永秉兩位先生改隸爲"菉"，爲"原"字異體，從廖名春先生意見讀爲"願"⑥。按：郭店簡"淵"字寫作"困"，見於同篇簡62，二者有別。

【詞義】

一、謹慎。"願如"，謹慎、拘謹的樣子。

　　1. 又（有）丌（其）爲人之菉（原—願）女（如）也，**性命 47** 弗杦（輔）不足。**48**

0818　慧　　慧

【用字】　快

① 趙建偉：《郭店竹簡〈忠信之道〉〈性自命出〉校釋》，《中國哲學史》，1999年第2期，第39頁。

② 劉昕嵐：《郭店楚簡〈性自命出〉篇箋釋》，《郭店楚簡國際學術研討會論文集》，湖北人民出版社，2000年，第346頁。

③ 廖名春：《郭店楚簡〈性自命出〉篇校釋》，《清華簡帛研究》第1輯，清華大學思想文化研究所，2000年，第57—58頁注174。

④ 陳偉：《郭店竹書別釋》，湖北教育出版社，2003年，第206頁。

⑤ 劉釗：《郭店楚簡校釋》，福建人民出版社，2005年，第102頁。

⑥ 鄔可晶、郭永秉：《從楚文字"原"的異體談到三晉的原地與原姓》，《出土文獻》第11輯，中西書局，2017年，第225—238頁。

【詞義】

一、聰明;有才智。

    1. 快(慧)不足吕(以)訢(智—知)侖(倫)。**尊德義 35**

    2. 又(有)亓(其)爲人之快(慧)女(如)也。**性命 47**

0819　恭

【用字】　共、龏

【詞義】

一、肅敬;恭敬。

    1. 悳(情—靖)共(恭)尒(爾)立(位)。**緇衣 3**

    2. 共(恭)吕(以)位(涖)之。**緇衣 25**

    3. 虗(吾)夫=(大夫)共(恭)叀(且)龏(儉)。**緇衣 26**

    4. 不隓(尊)不_共_(不恭,不恭)亡(無)豊(禮)。**五行 22**

    5. 隓(尊)而不喬(喬—驕),共(恭)也。**五行 37**

    6. 共(恭)而尃(博)交,豊(禮)也。**五行 37**

    7. 聖(聞)道(道)而共(恭)者,好豊(禮)者也。**五行 50**

    8. 龏(恭)劼(則)民不悁(怨)。**尊德義 34**

0820　慈

【用字】　孲、㡭、子

【解字】

    孲、㡭即孳、茲二字異體。

【詞義】

一、慈愛。

    1. 六新(親)不和,女(安—焉)又(有)孝孲(孳—慈)。**老丙 3**

    2. 古(故)孲(孳—慈)吕(以)恶(愛)之,鼎(劼—則)民又(有)新
    (新—親)。**緇衣 25**

    3. 昏(聞)㙒(舜)㡭(茲—慈)虎(乎)弟[□□□□□□]**唐虞 23** 爲民宔
    (主)也。**24**

二、用爲"滋",參閱卷十一"滋"(第568頁)。

0821　恩

【用字】　恩、刃、紉

【解字】

鄔可晶先生讀"刃""紉"爲"仁",訓爲親近①。

【詞義】

一、德惠;恩惠。

1. 少(小)人成之 **34** 不經(逞)人於刃(恩),君子不經(逞)人於豊(禮)。**35**

2. 門内六德 **30** 之絅(治)紉(恩)穽(弇—掩)宜(義),門外之絅(治)宜(義)斬紉(恩)。**31**

二、用爲"溫",參閱卷十一"溫"(第 558 頁)。

0822　慶　　麐

【用字】　慶

【解字】

"慶"字古本從"廌"從"心"(圖,五祀衛鼎,《集成》2832),楚文字承之,亦有將"廌"旁替換爲"鹿",如郭店《緇衣》簡 13"圖",還見於包山簡 13(圖)、清華《禱辭》簡 15(圖)及楚璽(圖,《古玉印集存》103;圖,《古璽彙編》5624)等材料中。《說文》認爲"慶"字從"鹿",或是受此類形體的影響。需要指出的是,雖然將"廌"替換成"鹿",但"慶"字下方仍然保留了"廌"的尾巴②。也有從兩個尾巴的"慶"字,如上博《舉治王天下》簡 3"圖"、望山 1 號墓簡 2"圖"等,尾巴的形狀與楚文字"虫"相似,故而出現了偏旁纍增現象。此外,《緇衣》簡 13"圖"字所從的"白"旁,當是"心"之訛③。

【詞義】

一、善。

1. 一人又(有)慶,蕇(萬)民賱(賴)緇衣 **13** 之。**14**

二、獎賞;賞賜。

1. □而上又(有)殘簡 **24** 賞慶女(安—焉)。六德 **11**

0823　懷　　懷

【用字】　遝、罢、塞

① 鄔可晶:《〈左傳〉"不義不暱"新證》,《傳統文化研究》,2024 年第 3 期,第 45—51 頁。

② 魏宜輝:《楚系簡帛文字形體訛變分析》,南京大學博士學位論文,2003 年,第 42—43 頁。

③ 張富海:《郭店楚簡〈緇衣〉篇研究》,北京大學碩士學位論文,2002 年,第 16 頁。

【解字】

《緇衣》簡 41"塦"字，用爲"懷"。陳偉先生疑是"壞"字異構或譌體①。陳高志先生釋爲"壞"，讀爲"懷"②。上博簡《緇衣》對應之字作"褱"，李零、劉樂賢等先生認爲是"褱"字的誤寫③。劉曉東先生認爲"塦"是"褱"字古文④。何琳儀先生讀"塦"爲"擾"，"塦"與"壞"字形相近，故訛作"懷"，又音變爲"歸"⑤。魏宜輝、周言先生認爲"塦"字應作"擾"，訓爲亂⑥。季旭昇先生認爲"塦"字从馬衣生，與"褱"同音假借⑦。包山簡 72 有"褱"字，簡 119 反有"懷"字，皆用爲人名"宵～"。何琳儀先生認爲"懷"字从心褱聲，是"褱"字繁文⑧。劉信芳先生認爲"懷"是"懷"字，"褱"爲"褢"⑨。安大簡《詩經》"褱"字三見，皆用爲"懷"，辭例分別爲"嗟我懷人"（《周南·卷耳》簡 6）、"維以永懷"（《周南·卷耳》簡 7）、"有女懷春"（《召南·野有死麕》簡 38）。李家浩先生懷疑以"褱"爲"褢"爲楚人書寫習慣，與《説文》訓爲"以組帶馬也"的"褢"並不是一個字⑩。秦漢簡中也有"褱"字也有出現，如嶽麓肆《律壹》簡 213、張家山漢簡《二年律令》簡 356 等。洪颺、于雪先生對"褱"字及从"褱"的"塦""懷"等字有專門的討論⑪。

《尊德義》簡 25"還"字爲"還"之省寫。

【詞義】

一、歸附；依附。

1. 不惄（惄—寬）勣（則）弗㦥（懷）。尊德義 33

---

① 陳偉：《郭店楚簡別釋》，《江漢考古》，1998 年第 4 期，第 68 頁。
② 陳高志：《〈郭店楚墓竹簡·緇衣篇〉部分文字隸定檢討》，《張以仁先生七秩壽慶論文集》，學生書局，1999 年，第 372 頁。
③ 李零：《上博楚簡三篇校讀記》，萬卷樓圖書有限公司，2002 年，第 59 頁。劉樂賢：《讀上博簡札記》，《上海館藏戰國楚竹書研究》，上海書店出版社，2002 年，第 386 頁。
④ 劉曉東：《郭店楚墓竹簡〈緇衣〉初探》，《蘭州大學學報（社會科學版）》，2000 年第 4 期，第 115 頁。
⑤ 何琳儀：《郭店楚簡選釋》，《簡帛研究二〇〇一》，廣西師範大學出版社，2001 年，第 163—164 頁。
⑥ 魏宜輝、周言：《讀〈郭店楚墓竹簡〉札記》，《古文字研究》第 22 輯，中華書局，2000 年，第 234 頁。
⑦ 季旭昇主編：《〈上海博物館藏戰國楚竹書（一）〉讀本》，北京大學出版社，2009 年，第 142—143 頁。
⑧ 何琳儀：《戰國古文字典——戰國文字聲系》，中華書局，1998 年，第 315 頁。
⑨ 劉信芳：《包山楚簡解詁》，藝文印書館，2003 年，第 39、106 頁。
⑩ 安徽大學漢字發展與應用研究中心編：《安徽大學藏戰國竹簡（一）》，中西書局，2019 年，第 75 頁注[三]。
⑪ 洪颺、于雪：《安大簡〈詩經〉"懷（褱）"字及相關諸字》，《古文字研究》第 34 輯，中華書局，2022 年，第 329—332 頁。

二、懷藏。

　　1. 厶（私）惠不塞（壞—懷）惪（德）。緇衣 **41**

三、"懷生"，安於生計。

　　1. 訇（治）民非遝（還—懷）生而巳（已）也。尊德義 **25**

0824　懼　　懼　　　古文 眔

【用字】　瞿

【詞義】

一、恐懼。

　　1. 瞿（懼）生於眚（性），監生於瞿（懼）。語叢二 **32**

0825　恃　　　恃

【用字】　志、愄

【解字】

　　《語叢一》簡 38 有"愄（恃）"字，用爲｛志｝。

【詞義】

一、依靠；憑藉。

　　1. 爲而弗志（恃）也。老甲 **17**

二、用爲"志"，參閱本卷"志"（第 529 頁）。

0826　慕　　　慕

【用字】　莫

【詞義】

一、模擬；仿效。

　　1. 此㠯（以）民叴（皆）又（有）眚（性）而聖（聖）人不可莫（慕）也。成之 **28**

0827　急　　　急

【用字】　級

【詞義】

一、迫切；急迫。

　　1. 凡敚（説）之道（道），級（急）者爲首。語叢四 **5**

2. 猷(既)旻(得)丌(其)級(急),言必又(有)及。**語叢四 5**

0828 忒

【用字】 弋、紽

【詞義】

一、差誤。

    1. 鼎(勳—則)民緇衣**2** 叀(青—情)不紽(忒)。**3**

    2. 亓(其)義(儀)不緇衣**4** 弋(忒)。**5**

0829 愚

【用字】 禺

【詞義】

一、愚笨;無知。

    1. 佖(四)婦禺(愚)夫。**語叢四 10**

0830 慢

【用字】 縵、䛼

【解字】

    "䛼"字原作"",劉釗先生認爲从言丏聲,可隸定爲"䛼",讀爲"慢",古音"丏""曼"皆在明紐元部①。陳偉先生讀爲"萬","萬"與"曼"上古均在元部明紐,音同可通,簡文此字當可讀爲"謾"或"慢",指輕慢②。按:該字當隸定爲"䛼",即"訽"字異體,讀爲"慢"。

【詞義】

一、怠惰;懈怠。

    1. 不又(有)夫巠(亙—亟)怠(怠—殆)志(之志)鼎(勳—則)縵(慢)。**性命 45**

    2. 豊(禮)霝(靈)勳(則)䛼(訽—慢)。**語叢一 35**

---

① 劉釗:《讀郭店楚簡字詞札記》,《郭店楚簡國際學術研討會論文集》,湖北人民出版社,2000 年,第 85 頁。

② 陳偉:《〈語叢〉一、三中有關"禮"的幾條簡文》,《郭店楚簡國際學術研討會論文集》,湖北人民出版社,2000 年,第 145 頁。

0831　怠　　𣆶

【用字】　𣆶

【解字】

　　郭店《語叢一》兩例"𣆶"字,裴錫圭先生"按語"(200 頁注[一三])在"行"字後斷句,讀爲"治";劉釗先生從此説,訓爲治理①。李零先生讀爲"怠",初在"行"字後斷句,後在"然"字後斷句②。

【詞義】

一、用爲"殆",參閱卷四"殆"(第 229 頁)。

二、待考。

　　1. 正(政)亓(其)虞(然)而行,𣆶(怠)安(安—焉)尒(爾)也。語叢一 59

　　2. 政亓(其)虞(然)而行,𣆶(怠)女(安—焉)。語叢一 67

0832　懈　　𢤩

【用字】　卻

【解字】

　　整理者疑是"節"字。帛書本作"解(懈)"。裴錫圭先生"按語"(153 頁注[四八])疑是書手寫錯之字。李零先生説 36 簡背面有"解"字,應即改錯之字③。李家浩先生初疑是古文"解(懈)"的另一種寫法;後來補充討論認爲"卻"非錯字,"懈"也非改错之字,應爲"音隱"或"義隱",即古人爲古籍注音、注義,早期往往寫在被注字相應的背面④。

【詞義】

一、懈怠;懶惰。

　　1. 敬(敬)而不卻(懈),戠(嚴)也。五行 36

---

①　劉釗:《郭店楚簡校釋》,福建人民出版社,2005 年,第 193 頁。

②　李零:《郭店楚簡校讀記》,《道家文化研究》第 17 輯(郭店楚簡專號),生活·讀書·新知三聯書店,1999 年,第 534 頁;《郭店楚簡校讀記(增訂本)》,北京大學出版社,2002 年,第 160—161 頁。

③　李零:《郭店楚簡校讀記(增訂本)》,北京大學出版社,2002 年,第 83 頁。

④　馮勝君:《談談郭店簡〈五行〉篇中的非楚文字因素》,《簡帛》第 1 輯,上海古籍出版社,2006 年,第 50 頁。李家浩:《郭店楚簡〈五行〉中的"卻""懈"二字》,《出土文獻》第 15 輯,中西書局,2019 年,第 137—141 頁。

0833 惰(惰)　　惰　　或體 惰　　古文 惰

【用字】　陸

【解字】

《説文》：“惰，不敬也。”段注：“今書皆作惰。”

【詞義】

一、懈怠；懶惰。

　1. 三(四)枳(肢)朕(倦)陸(陸—惰)。唐虞 26

0834 怫　　　怫

【用字】　脅

【解字】

“脅”即“臂”字之省，“臷”《説文》以爲“誖”字籀文，學者多讀爲“鬱”，臷、鬱二字古音皆爲物部。張富海、鄔可晶等先生認爲臷、鬱二字聲母分別爲唇音和喉音，差別較大，無由通假，進而讀“脅”爲“怫”。《説文》：“怫，鬱也。”①

【詞義】

一、悒鬱；鬱結。

　1. 濱(潛)深脅(臷—怫)舀(陶)。【性命 31】
　2. 脅(臷—怫)舀(陶)之熨(熨—氣)也。【性命 44】

0835 忘　　　忘

【用字】　亡、㤃

【詞義】

一、忘記。

　1. 旻(得)勮(則)不_亡_(不忘，不忘)勮(則)明。五行 14
　2. 型(形)勮(則)不_亡_(不忘，不忘)勮(則)聅(聰)。五行 15
　3. 惡(愛)罩(親)㤃(忘)攼(攼—賢)。唐虞 8

二、用爲“妄”，參閲卷十二“妄”(第 543 頁)。

三、用爲“誑”，參閲卷三“誑”(第 141 頁)。

---

①　復旦大學出土文獻與古文字研究中心編：《出土文獻與古文字教程》，中西書局，2024 年，第 75—76、143 頁。

0836 悸　　锋

【用字】　諄

【詞義】

一、心驚跳。

　　1. 聖（聖—聽）孟（琴）开（瑟）之聖（聖—聲）**性命 24** 鼎（勛—則）諄（悸）女（如）也斯（斯）戁（歎）。**25**

0837 愆（譽）　　燚　　或體 爨　　籀文 愆

【用字】　侃

【詞義】

一、過失；錯誤。簡文用爲動詞。

　　1. 叴（淑）訢（慎）尒（爾）㞢（止），不侃（愆）于義（儀）。**緇衣 32**

0838 惑　　惑

【用字】　惑、賦

【詞義】

一、迷亂。

　　1. 是 **語叢四 12** 胃（謂）迷惑。**13**

二、疑惑。

　　1. 臣不惑於君。**緇衣 4**

　　2. 上人悉（疑）鼎（勛—則）百眚（姓）賦（惑）。**緇衣 5**

　　3. 鼎（勛—則）民不賦（惑）。**緇衣 6**

　　4. 此㠯（以）褸（邇）者不賦（惑）而遠者不悉（疑）。**緇衣 43**

　　5. 募（寡）人惑女（安—焉）。**魯穆公 4**

0839 忌　　㤅

【用字】　昇、惎、惥

【詞義】

一、猜忌；嫉妒。

　　1. 淮（推）忩（緐—庚），改（改）惥（忌）朁（勝）。**尊德義 1**

　　2. 惎（基—忌）生於籠（乘—勝）。**語叢二 26**

3. 憗(惻—賊)生於忞(惎—忌)。語叢二 27

二、禁忌;忌諱。

1. 夫天多异(期—忌)韋(諱),而民爾(彌)畜(畔—叛)。老甲 30

三、用爲"己",參閱卷十四"己"(第 739 頁)。

0840 忩

【用字】　忩
【詞義】

一、憤怒;怨恨。

1. 淮(推)忩縊(肇—庱)。尊德義 1

0841 怨

【用字】　悁、䚛

【解字】

《尊德義》簡 3"䚛"字整理者(173 頁)隸定爲"䚛"。李零先生懷疑是"害"字誤寫①。顧史考先生認爲字左上似"刀"或"刃"字的異體,此字疑爲"劈"字省體,在此讀爲"辟","除辟"亦即古書中的"辟除"②。劉釗、黃德寬等先生隸定爲"䚛",讀爲"怨"③。

【詞義】

一、怨恨;仇恨。

1. 少(小)緇衣 9 民隹(唯)曰悁(怨)。10

2. 鬈(晉)各(冬)旨(旨—祁)滄(寒),少(小)民亦隹(唯)曰悁(怨)。

　　緇衣 10

3. 鼎(鼽—則)大臣不悁(怨)。緇衣 22

4. 殺氂(瘮—戮),所㠯(以)敔(敘—除)䚛(怨)也。尊德義 3

5. 不堂(黨)勑(則)亡(無)尊德義 17 悁(怨),让(上)愄(畏)勑(則)□

　　18

————————

① 李零:《郭店楚簡校讀記》,《道家文化研究》第 17 輯(郭店楚簡專號),生活·讀書·新知三聯書店,1999 年,第 524 頁。

② 顧史考:《讀〈尊德義〉札記》,《第四屆國際中國古文字學術研討會論文集》,香港中文大學中國語言及文學系,2003 年,第 319—330 頁。

③ 劉釗:《郭店楚簡校釋》,福建人民出版社,2005 年,第 125 頁。黃德寬:《戰國楚竹書(二)釋文補正》,《上博館藏戰國楚竹書研究續編》,上海書店出版社,2004 年,第 440 頁。

6. 龏(恭)劮(則)民不悁(怨)。尊德義 34

0842 怒

【用字】　恕、忞

【詞義】

一、發怒;動氣。

1. 憙(憙—喜)恕(怒)忞(哀)悲之燰(燰—氣),眚(性)也。性命 2

2. 恕(怒)谷(欲)浧(浧—盈)而毋暴(暴)。性命 64

3. 暦(麿—皆)又(有)憙(憙—喜)語叢一 45 又(有)忞(怒)。46

4. 忞(怒)生於惡。語叢二 25

5. 夗(乘—勝)生於忞(怒)。語叢二 26

二、勃起。

1. 未替(智—知)牝戉(牡)之會(合)家(脧)恕(怒),精(精)之至也。
老甲 34

0843 慍

【用字】　恧、悥

【解字】

　　該字從"囟",何琳儀先生認爲從人從甬省,會包蘊之義①。《語叢二》
"慍"字三見,皆寫作"恧,"從"千"不從"人"。"千"從"人"聲,作爲偏旁常
可代換,如"仁"字有的從"人"寫作"忈",也有的從"千"寫作"忎"。

【詞義】

一、惱怒。

1. 恧(慍)斯(斯)悥(憂)。性命 34

2. 通(踊),恧(慍)之卒(終)也。性命 35

3. 恧(慍)生於悥(憂)。語叢二 7

4. 恧(慍)生於眚(性)。語叢二 30

5. 悥(憂)生於恧(慍)。語叢二 30

0844 惡

【用字】　亞

---

① 何琳儀:《戰國古文字典——戰國文字聲系》,中華書局,1998 年,第 1310 頁。

【詞義】

一、醜陋。與"美"相對。

　　1. 天下咎(皆)睯(智—知)歚(美)之爲媺(媄—美)也,亞(惡)已(已)。老甲 15

　　2. 覍(美)牙(與)亞(惡),相去可(何)若? 老乙 4

二、壞;不好。與"好"相對。

　　1. 亞₌(亞亞—惡惡)女(如)亞(惡)迣(巷)白(伯)。緇衣 1

　　2. 又(有)郏(國)者章(彰)好章(彰)亞(惡),吕(以)貝(視—示)民臱(厚)。緇衣 2

　　3. 蕙(懂—謹)亞(惡)吕(以)濼(御)民淫〈淫〉。緇衣 6

　　4. 鼎(勬—則)好悬(仁)不曓(睯—堅)而亞₌(亞亞—惡惡)不屨(著)也。緇衣 44

三、粗野的;惡毒的。

　　1. 亞(惡)言遝(復)已而死粖(無)日。語叢四 4

四、憎恨;討厭。

　　1. 亞₌(亞亞—惡惡)女(如)亞(惡)迣(巷)白(伯)。緇衣 1

　　2. 古(故)上之好亞(惡)不可不訢(慎)也。緇衣 15

　　3. 亓(其)亞(惡)又(有)方。緇衣 43

　　4. 鼎(勬—則)好悬(仁)不曓(睯—堅)而亞₌(亞亞—惡惡)不屨(著)也。緇衣 44

　　5. 好亞(惡),眚(性)也。性命 4

　　6. 所好所亞(惡),勿(物)也。性命 4

　　7. 亞(惡)頪(類)厽(三),售(唯)亞(惡)不悬(仁)爲忻(近)宜(義)。性命 41

　　8. 凡人愳(僞)爲可亞(惡)也。性命 48

　　9. 肰(然)而丌(其)怣(過)不亞(惡)。性命 49

　　10. 售(唯—雖)怣(過)不亞(惡)。性命 50

　　11. 亞(惡)之而不可非者,遧(達)於義者也。性命 54

　　12. 非之性命 54 而不可亞(惡)者,篤(篤)於悬(仁)者也。55

　　13. 而句(後)好亞(惡)語叢一 8 生。9

　　14. 惡生於眚(性),忞(怒)生於惡。語叢二 25

　　15. 父亡(無)亞(惡),君猒(猶)父也,亓(其)弗亞(惡)語叢三 1 也。2

　　16. 及語叢四 5 之而弗亞(惡)。15

五、罪過;罪惡。與"善"相對。

　　1. 鼎(勬—則)民不能大甘(箕—其)媺(媄—美)而少(小)甘(箕—其)

亞（惡）。緇衣 35

2. 惎（恆—亟）叟（再—稱）魯穆公 1 亓（其）君之亞（惡）者。魯穆公 2

3. 丞（亙—亟）叟（再—稱）亓（其）君之亞（惡）者。魯穆公 3

4. 丞（亙—亟）叟（再—稱）亓（其）君之亞（惡）者。魯穆公 5

5. 丞（亙—亟）魯穆公 6［稱其君］之亞（惡）者。7

6. 可吕（以）絆（緯—違）六德 43 亓（其）亞（惡）。44

7. 父亡（無）亞（惡），君獸（猶）父也，亓（其）弗亞（惡）語叢三 1 也。2

六、代詞。表示疑問，相當於“何”“怎麼”。

1. 虘（吾）亞（惡）昏（聞）之矣！魯穆公 8

2. 飤（食）韭亞（惡）智（智—知）宎（終）亓（其）葉。語叢四 11

0845 悔

【用字】　悉

【詞義】

一、後悔。

1. 智（智）叟（治）者賓（寡）悉（悔）。語叢三 31

0846 懵

【用字】　僉

【詞義】

一、副詞。表示程度深，相當於“甚”。

1. 咎莫僉（僉—懵）唐（虖—乎）谷（欲）叟（得）。老甲 5

0847 悲

【用字】　悲

【詞義】

一、哀痛；傷心。

1. 古（故）殺［人眾］，老丙 9 勳（則）吕（以）忑（哀）悲位（蒞）之。10

2. 惥（憙—喜）蒁（怒）忑（哀）悲之燮（燮—氣），眚（性）也。性命 2

3. 凡至樂（樂）必悲，哭亦悲，昚（皆）至亓（其）惥（情）也。性命 29

4. 亓（其）剌（烈）鼎（勳—則）潼（流）女（如）也吕（以）悲。性命 31

5. 凡憂（憂），思而句（後）悲。性命 31

6. 悲岸〈屵（喪）〉亓（其）所也。語叢一 73

7. 悲生於樂。語叢二 **29**

0848 惄

【用字】 惄

【詞義】

一、憂愁。

   1. 未見君子,慐(憂)心五行 **9** 不能惄_(惄惄)。**10**

0849 悠

【用字】 條

【詞義】

一、閒適貌。

   1. 條(悠)肰(然)吕(以)思。性命 **31**

0850 忡

【用字】 忥

【詞義】

一、憂慮不安貌。

   1. 未見君子,慐(憂)心不能忥_(忡忡—忡忡)。五行 **12**

0851 慽(慼)

【用字】 慼、蘂

【解字】

   "慼"即"慼"字。《説文》有"慽"無"慼",段注:"(慽)或書作慼"。

【詞義】

一、憂愁;憂傷。

   1. 蘂(慽)肰(然)吕(以)卒(終)。性命 **30**

   2. 慐_(憂,憂)异(斯)慼_(慽,慽)性命 **34** 异(斯)戁_(歎,歎)。**35**

0852 患 　　　古文

【用字】 患

【詞義】

一、憂慮。

1. 甬(用)暂(智)之疾者,患爲甚。**性命 42**
2. 凡惪(憂)患之事谷(欲)怔(任)。**性命 62**

二、憂患;禍害。

1. 貴大患若身。**老乙 5**
2. 虗(吾)所呂(以)又(有)大患者,爲虗(吾)又(有)身。**老乙 7**

0853　憚　　　憚

【用字】　罝

【詞義】

一、畏難;畏懼。

1. 憥(勞)亓(其)朓(股)忚(肱)之力弗敢(敢)罝(單—憚)也。**六德 16**

0854　恥　　　恥

【用字】　恥、悬

【詞義】

一、恥辱。

1. 恥生於慈(兢)。**語叢二 3**
2. 愁(黎—利)生於悬(恥)。**語叢二 4**

二、感到恥辱;以……爲恥辱。

1. 鼎(勶—則)坴(刑)罰不繲衣 **27** 足恥。**28**

0855　惡　　　惡

【用字】　惡

【解字】

劉信芳、李零等先生訓爲慚愧①。劉釗先生讀爲"慝",奸邪②。

---

① 劉信芳:《郭店簡〈語叢〉文字試解(七則)》,《簡帛研究二〇〇一》,廣西師範大學出版社, 2001 年,第 204 頁。李零:《郭店楚簡校讀記(增訂本)》,北京大學出版社,2002 年,第 174 頁。
② 劉釗:《郭店楚簡校釋》,福建人民出版社,2005 年,第 254 頁。

【詞義】

一、待考。

　　1. 惡生於淾(浸)，語叢二 17 逃生於惡。18

0856 忍

【用字】 忍
【詞義】

一、忍耐；容忍。

　　1. 少(小)不忍，伐大杸(謀)。語叢二 51

0857 悌

【用字】 弟
【詞義】

一、敬愛兄長。

　　1. 效(教)民弟(悌)也。唐虞 5
　　2. 昏(聞)坴(舜)弟(悌)。唐虞 23
　　3. 訂(始)於孝弟(悌)。六德 40
　　4. 爲弟(悌)，語叢一 55 此非弟(悌)也。56
　　5. 長弟(悌)，罕(親)道(道)也。語叢一 80
　　6. 長弟(悌)，孝語叢三 6 之紡(方)也。7

0858 愈

【用字】 愈、㥮
【解字】

　　該字學者多隸定爲“愉”，簡文多作上下結構，隸定爲“愈”即可。“愈”字在郭店簡中出現 3 次，一次寫作“愈”（，《窮達》簡 13），剩下兩次皆省寫作“㥮”（，《老子》甲本簡 23；，《老子》乙本簡 11）。

【詞義】

一、更加。

　　1. 虗(虛)而不屈(屈)，遉(動)而㥮(愈)出。老甲 23

二、用爲“瑜”，參閱卷一“瑜”（第 25 頁）。

三、用爲“渝”，參閱卷十一“渝”（第 572 頁）。

0859 悦

【用字】 説、敓、兑、逆

【解字】

《説文》“悦懌”之字寫作“説”，後來寫作“悦”。爲了“説”字區別，暫將“悦懌”之意歸入“悦”字下，列入本卷。《老子》甲本簡21“敓繆”，整理者（112頁）釋爲“敓繆（穆）”。崔仁義先生釋爲“敓綉”，通作“寞寥”①。魏啟鵬先生讀“敓”爲“悦”；穆，和美也；“敓（悦）穆”，謂莊敬肅穆也②。趙建偉先生讀“敓”爲“侻”或“娧”，《説文》“侻，好也，與娧同”；“繆”即“穆”；“娧穆”，美好莊嚴的樣子③。劉釗先生讀爲“悦穆”，“繆”爲“繆”字異體，“悦穆”意爲愉悦和樂④。李零先生認爲“敓”字爲《説文》“奪”字的古文，疑是“祝”字之誤；下字相當今“繆”字，疑從今本讀“寂寥”⑤。廖名春先生認爲“敓”即“挩”，通“涗”，清也；疑本字爲“清”，同義互用爲“涗”，楚簡借爲“敓”。“繆”與“寥”音近通用⑥。黎廣基先生認爲“敓”字讀爲“莌”或“鋭”，“繆”讀爲“穆”，幽微之義，“莌穆”乃近義連字詞，義爲微妙無形之貌⑦。何琳儀、程燕先生認爲“敓”，帛甲作“繡”，帛乙作“蕭”，王本、傅本作“寂”；“繡”“蕭”與“寂”均屬齒音幽部；“寂”從叔得聲，“叔”與“敓”均屬舌音。“繆”，帛甲作“繆”，帛乙作“潵”，河本、王本作“寥”，想本作“漠”，傅本作“寞”；皐、翏均屬幽部，聲系可通；寥、寞義近可通⑧。今按：《文子·精誠》：“悦穆胸中，廓然無形，寂然無聲。”可資比對。

【詞義】

一、喜歡；愉快。

1. 公不敓（悦），耳（揖）而逆（退）之。魯穆公2

---

① 崔仁義：《荊門郭店楚簡〈老子〉研究》，科學出版社，1998年，第56頁。
② 魏啟鵬：《楚簡〈老子〉柬釋》，萬卷樓圖書有限公司，1999年，第222頁。
③ 趙建偉：《郭店竹簡〈老子〉校釋》，《道家文化研究》第17輯（郭店楚簡專號），生活·讀書·新知三聯書店，1999年，第272頁。
④ 劉釗：《郭店楚簡校釋》，福建人民出版社，2005年，第17頁。
⑤ 李零：《郭店楚簡校讀記》，《道家文化研究》第17輯（郭店楚簡專號），生活·讀書·新知三聯書店，1999年，第465—466頁。
⑥ 廖名春：《郭店簡〈老子〉校釋札記》，《華學》第5輯，紫禁城出版社，2001年，第184頁。
⑦ 黎廣基：《郭店楚簡〈老子〉“敓繆”考》，《中國文字研究》第3輯，廣西教育出版社，2002年，第207—213頁。
⑧ 何琳儀、程燕：《郭店簡〈老子〉校記（甲篇）》，《簡帛研究二〇〇二、二〇〇三》，廣西師範大學出版社，2005年，第38頁。

2. 歓(既)見君子,心不能兌(悦)。五行 10

3. 愿(恩—溫)勮(則)兌_(悦,悦)勮(則)臱(就—戚)。五行 13

4. 不叟(弁—變)不_兌_(不悦,不悦)不臱(就—戚)。五行 21

5. 吕(以)亓(其)审(中)心與人交,兌(悦)也。五行 32

6. 审(中)心兌(悦)寞(壇—旖),壁(遷)五行 32 於㦸_(兄弟)。33

7. 聒(聞)道(道)而兌(悦)者,好悬(仁)者也。五行 49

8. 害(蓋)逌(道)不説(悦)之訇(詞)也。成之 29

9. 坒(待)兌(悦)而句(後)行。性命 1

10. 逆眚(性)者,兌(悦)也。性命 11

11. 快於吕(己)者之胃(謂)兌(悦)。性命 12

12. 兌(悦)亓(其)誊(教)。性命 21

13. 甬(用)身之臾(弁—變)者,兌(悦)爲甚。性命 43

14. 人之逆(悦)肰(然)可牙(與)和女(安)者。性命 46

15. 凡人喜(青—情)爲可兌(悦)也。性命 50

16. 同兌(悦)而交,吕(以)悳(德)者也;不同兌(悦)而交,吕(以)猷者也。性命 58

17. 敓(悦)生於卯(謀),厈(好)生於敓(悦)。語叢二 21

18. 凡敓(悦),乍(作)於悫(悤—譽)者也。語叢二 42

二、悦服。

1. 非豊(禮)而民兌(悦)尊德義 24 杰(戴)。25

2. 不敓(悦),可去也。語叢三 4

三、取悦。

1. 鼎(勮—則)民至(致)行异(冥—己)吕(以)敓(悦)上。緇衣 11

2. 古(故)行而鰆(鯖—爭)兌(悦)民,孚(君子)弗采(由)也。忠信 6

3. 凡兌(悦)人勿悫(隱)也,身必從之。性命 59

四、"悦穆"。

1. 又(有)䡎(狀)蟲(蚰—混)成(城—成),先天堼(地)生,敓(悦)繆(穆),虽(蜀—獨)立不亥(改),可吕(以)爲天下母。老甲 21

0860 戀

【用字】　繺

【解字】

"繺"字,整理者(183 頁注[三〇])認爲即"䜌",疑讀爲"戀"。周鳳五先生讀爲"灐",煩悶①。趙建偉先生讀爲"孌",孌孌,繫聯不斷之貌②。李零讀爲"戀","戀戀"似是一種悲哀的情緒③。郭沂先生認爲"戀戀"爲不舍貌④。廖名春先生認爲"戀戀"形容非常顧念、思念⑤。何琳儀先生讀爲"漣",認爲簡 30 句意爲"發自内心的哭泣如漸漬之水,最終漣漣不已"⑥。李天虹先生認爲"戀戀"於簡文似具哀思縷縷、不絕於心之義⑦。

【詞義】

一、待考。

    1. 亓刺(烈)繺_(簪簪—戀戀)女(如)也。**性命 30**

    2. 居蒰(喪)必又(有)夫繺_(簪簪—戀戀)之忞(哀)。**性命 67**

0861 嵆

【解字】

    黄德寬、徐在國先生釋爲"㒹",从心,离省聲,"㒹勞"猶"憂勞"⑧。何琳儀先生讀爲"離勞",認爲即"離騷"⑨。陳偉武先生釋爲"蒠","蒠勞"猶"憂勞"⑩。陳偉先生讀爲"惠"⑪。劉釗先生讀爲"㒹",訓爲遭受⑫。陳劍先生隸定爲"蒠",讀爲"劬"⑬。

【詞義】

一、待考。

    1. 嵆裚(勞)之,旬也。**尊德義 24**

0862 悃

【用字】　悃

---

① 周鳳五:《郭店楚簡識字札記》,《張以仁先生七秩壽慶論文集》,學生書局,1999 年,第 360 頁。

② 趙建偉:《郭店竹簡〈忠信之道〉〈性自命出〉校釋》,《中國哲學史》,1999 年第 2 期,第 37 頁。

③ 李零:《郭店楚簡校讀記》,《道家文化研究》第 17 輯(郭店楚簡專號),生活·讀書·新知三聯書店,1999 年,第 509 頁。

④ 郭沂:《郭店竹簡與先秦學術思想》,上海教育出版社,2001 年,第 248 頁。

⑤ 廖名春:《新出楚簡試論》,臺灣古籍出版有限公司,2001 年,第 152 頁。

⑥ 何琳儀:《郭店竹簡選釋》,《簡帛研究二〇〇一》,廣西教育出版社,2001 年,第 166 頁。

⑦ 李天虹:《郭店竹簡〈性自命出〉研究》,湖北教育出版社,2003 年,第 166 頁。

⑧ 黄德寬、徐在國:《郭店楚簡文字續考》,《江漢考古》,1999 年第 2 期,第 76 頁。

⑨ 何琳儀:《郭店竹簡選釋》,《簡帛研究二〇〇一》,廣西教育出版社,2001 年,第 165 頁。

⑩ 陳偉武:《郭店楚簡識小録》,《華學》第 4 輯,紫禁城出版社,2000 年,第 77 頁。

⑪ 陳偉:《郭店竹書别釋》,湖北教育出版社,2003 年,第 157 頁。

⑫ 劉釗:《郭店楚簡校釋》,福建人民出版社,2005 年,第 132 頁。

⑬ 陳劍:《郭店簡〈尊德義〉和〈成之聞之〉的簡背數字與其簡序關係的考察》,《戰國竹書論集》,上海古籍出版社,2013 年,第 216—217 頁。

【解字】

　　李家浩先生據《汗簡》《古文四聲韻》所引古文"昆""混",釋此字爲
"焜","焜"與"淫"義近。黄德寬、徐在國先生釋爲"焜"。《廣雅·釋詁》:
"焜,亂也。"《玉篇》:"焜,惛也。"李零先生認爲該字寫法與《六德》"昆"字
同,讀爲"昏"。陳秉新先生釋爲"忶"。宋華强先生認爲"淫焜"就是見諸傳
世文獻的"淫昏"。

【詞義】

一、亂;迷昏。

　　1. 勑(則)民溓(淫)焜遠豊(禮)亡(無)新(親)悥(仁)。**尊德義 16**

0863 惓

【用字】　伴

【解字】

　　"伴"字,李零先生認爲與"察"字相似①。連劭名先生認爲从人从業,讀
爲"業",訓爲"捷",與"急"義近②。劉釗先生認爲該字右半爲"察""竊"
"淺"三字聲旁,在此讀爲"惓"。《集韻》:"惓,忮也。"訓爲狠戾③。按:"忮"
有嫉妒義,此處當如此訓釋。

【詞義】

一、嫉妒。

　　1. 迖(及)生於忿(忿—欲),伴(惓)生於迖(及)。**語叢二 19**

0864 慁

【用字】　迬

【詞義】

一、惡;邪惡。

　　1. 戠(察)迬(迬—慁)勑(則)亡(無)避(僻)。**尊德義 17**

0865 悋

【用字】　忩

①　李零:《郭店楚簡校讀記》,《道家文化研究》第 17 輯(郭店楚簡專號),生活·讀書·新知
　　三聯書店,1999 年,第 504 頁。
②　連劭名:《郭店楚簡〈語叢〉叢釋》,《孔子研究》,2003 年第 2 期,第 31 頁。
③　劉釗:《郭店楚簡校釋》,福建人民出版社,2005 年,第 205 頁。

【解字】

《玉篇》《集韻》皆有"悕"字,"恃也",與"悊"並非一字。"悊"即"悟"字,《玉篇·心部》:"悟,怒也。""音"字及作爲偏旁的"音",多由"否"字訛變而來。"音"字異體作"杏",見於《玉篇》《集韻》等。段玉裁《説文解字注》:"从丶从否,(《不部》曰:'否,不也。'从否丶者,主於不然也。)丶亦聲。(丶各本作'否',非,今正。)"將"音"字與"否"字聯繫起來是正確的,但所謂"丶"筆,實際上是由"不"字橫畫上面的飾筆訛變而來,以之爲聲並不可信。"悊"字多讀爲"倍",從用字習慣上看,楚文字"倍"字多寫作"伓",郭店簡皆是如此,故"悊"似不當讀爲"倍",依字釋爲"悟"文意可通。"悟"字或以爲"悟"字異體,《集韻·有韻》:"悟,匹九切。小怒也。或從音。"《説文》"悟"字爲充世切,段注已言"斷不讀充世切也",今暫依《集韻》。

【詞義】

一、怒。

1. 悊(悟)生於慮(慮),靜(靜—爭)生於悊(悟)。語叢二 11

卷 十 一

0866 水　　〳〳〳

【用字】　水

【詞義】

一、水,無色無味的透明液體,分子式爲 H_2O。

   1. 大(太)一生水,水反補(輔)大(太)一。太一1

   2. 是古(故)大(太)一贜(贜—藏)於水,行於敱(時)。太一6

二、江、河、湖、海的通稱。

   1. 塁(禹)幻(治)水。唐虞10

   2. 塁(禹)尊德義6之行水,水之道(道)也。7

   3. 不見江沽(湖)之水。語叢四10

0867 河　　〳河

【用字】　河

【詞義】

一、上古爲黃河的專稱。

   1. 窑(陶)笞(拍)窮達2於河匽(浦)。3

0868 江　　〳江

【用字】　江

【詞義】

一、江河的通稱。

   1. 江沔(海)所吕(以)爲百汆(浴—谷)王,吕(以)亓(其)老甲2能爲百
     汆(浴—谷)下。3

2. 猷(猶)少(小)浴(谷)之與江湉(海)。**老甲 20**

3. 車歔(散—轍)之莖(穌)酳(鮪),不見江沽(湖)之水。**語叢四 10**

0869 溫　　　溫

【用字】　愐

【解字】

《五行》"愐"字,整理者(149、150 頁)隸定爲"悃",讀爲"溫"。劉信芳先生釋爲"盈"①。張光裕先生釋爲"恩"②;李守奎先生從之,讀爲"溫"③。陳偉先生認爲字從心從函,"函(函)"即矢置函中之形,字應釋爲"悃","函"有包含、容納之義;另一種可能是"悃"借爲"溫"④。劉釗先生認爲字從函從心,"函"爲"盈"之初文,讀爲"溫"⑤。按:該字原作（簡 13）、（簡 32）,多數學者讀爲"溫"應該是正確的,柔和、寬厚之義,帛書本《五行》對應之字正作"溫"。但關於構形的解析則頗多爭議,不少學者將該字上部所從與"函(函)"字聯繫起來。"函"字金文作（集成 4328）、毛公鼎（集成 2841）等形,本象收藏箭矢的矢函,右上的小圈爲矢函的提手。但郭店簡"愐"字上部所從"函"的外部輪廓隨"矢"形詰屈,作束腰之狀,與"函"字會矢函的主體輪廓形體有異,而與楚文字"因"字相近,"因"字或從大作（上博二《容成氏》簡 18）,或從矢作（上博三《彭祖》簡 1）。清華六《鄭武夫人規孺子》簡 3 有"函"字作（讀爲"陷")、《古璽彙編》第 5269 號璽印作,形體與郭店簡"愐"字所從近似,但這種寫法的"函"字十分少見。"因"字甲骨文作（《合集》5651),象人被衣服包裹之形,本義是人在衣中⑥,是"裀"的初文⑦,與"函"字來源不同。古音"函"在侵部,"溫"在文部,二者韻部還是有些距離。"愐"字所從"函"形頂部還有向右的一筆,近似"函"字中表示矢函提手的部分,當是受到了"函"字的影響。同類現象如

① 劉信芳:《簡帛五行解詁》,藝文印書館,2000 年,第 35 頁。

② 張光裕:《〈郭店楚簡研究文字編〉緒說》,《中國出土資料研究》第 3 號,中國出土資料研究學會,1999 年,第 195 頁。

③ 李守奎:《楚文字編》,華東師範大學出版社,2003 年,第 609 頁。

④ 陳偉:《郭店竹書別釋》,湖北教育出版社,2003 年,第 52 頁。

⑤ 劉釗:《郭店楚簡校釋》,福建人民出版社,2005 年,第 76 頁。

⑥ 裘錫圭:《甲骨文字考釋(續)》,《裘錫圭學術文集·甲骨文卷》,復旦大學出版社,2012 年,第 177—179 頁。

⑦ 李學勤主編:《字源》,天津古籍出版社,2012 年,第 561 頁。按:陳漢平認爲"因"字所從的外部輪廓爲"裀"(《古文字釋叢》,《甲骨文與殷商史》,第 58—63 頁)。

王孫誥鐘的"卤(盈)"字，或有提手作 ▨，或無提手作 ▨[①]。"恩"字還見於上博五《姑成家父》簡9，寫作 ▨，上所從"因"字雖與楚文字常見作束腰形的寫法不同，但這樣寫法的"因"字楚文字也屢見，如上博二《容成氏》簡19"因"字寫作 ▨。從用字習慣上來看，"愿"雖然可以釋爲"恩"，但並不意味著"恩=｛恩｝"。郭店簡"愿"字用爲"溫"，《容成氏》"恩"字用爲"忍"。楚文字｛恩｝並不寫作"恩"，在郭店簡中，｛恩｝出現三次，《成之聞之》簡9借"刃"爲之，《六德》簡31出現兩次皆借"籾"爲之。"恩"從"因"聲，"因"爲影母真部，"盈"爲影母文部，二者聲母相同，韻部真、文相通，如楚文字"軍"字爲文部，而聲旁"勻"爲真部；上博《容成氏》簡38"昏"（文部）讀爲"岷（岷山氏）"（真部）[②]。

　　從理論上來説，"愿(恩)"也有可能就是"恩"字的異寫。"盈"字甲骨文寫作"卤"，原作 ▨（《合集》28909）[③]、▨（《合集》21374）[④]等形，所從"人"旁有正、側之別。上文已言，楚文字"大"常寫作"矢"，所以郭店簡"愿"字所從的"卤"有可能就是"卤"的異寫，其外部輪廓受到了"因"字影響。如此，"愿"即"慍"字，讀爲"溫"。郭店簡中有"慍"字，皆從"人"或"千"寫作 ▨（《性自命出》簡34）、▨（《語叢二》簡30）等形；清華簡、安大簡作 ▨（清華簡《子儀》簡6）、▨（安大簡《詩經》45），字形右上方增加"提手"之形。"愿"與常見的"慍"字相比，字形上還是存在一定差距，形體演變還缺乏必要的中間環節。

　　金文"溫"字多借"卤"爲之，也偶有借"盈"字，見於秦子簋蓋，寫作 ▨（▨，摹本），在"卤"字基礎上增加了"皿"旁。甲骨文有"溫"字，寫作 ▨（《合集》1824）、▨（《合集》18527）等形，"盈"字從"皿"，或是受到了"溫"字的影響。

【詞義】

一、柔和；寬厚。

　　1. 安勪(則)愿＿(恩—溫，溫)勪(則)兑(悅)。五行 13

　　2. 虒＿(彥色—顏色)伀(容)仅(貌)，愿(恩—溫)复(弁—變)也。五行 32

---

① 劉釗：《釋慍》，《出土簡帛文字叢考》，臺灣古籍出版有限公司，2004年，第235—241頁。陳劍：《甲骨金文考釋論集》，綫裝書局，2007年，第427—436頁。

② 趙彤：《戰國楚方言音系》，中國戲劇出版社，2006年，第99頁。

③ 劉桓：《殷契新釋·釋盈》，河北教育出版社，1989年，第174—180頁。劉啟益：《試説甲骨文中的 ▨ 字》，《中原文物》，1990年第3期。

④ 陳劍：《甲骨金文考釋論集》，綫裝書局，2007年，第427—436頁。劉釗主編：《新甲骨文編（增訂本）》，2014年，第309—311頁。

0870　汝　　　𣲘

【用字】　女

【詞義】

一、第二人稱代詞。你；你們。

　　1. 上帝臨〈𢻹(臨)〉女(汝)。五行 48

0871　深　　　𣲚

【用字】　深、𣳪

【詞義】

一、深奧；深刻。

　　1. 深不可志(識)。老甲 8

　　2. 濱(濱)深脅(臂—佛)舀(陶)。性命 31

二、副詞。表示程度，相當於"甚""很"。

　　1. 勮(則)丌(其)澐(淳—敦)也弗深悆(疑—矣)。成之 4

　　2. 是古(故)君子之求者(諸)呂(己)也深。成之 10

三、從水面到水底的距離大。與"淺"相對。

　　1. 樊(樂)，慼〈憙(喜)〉之深澤也。性命 23

四、深入。

　　1. 𣳪(深)，莫敢(敢)不𣳪(深)。五行 46

　　2. 未又(有)能深之者也。成之 23

　　3. 古(故)𠂔(終)是勿(物)也而又(有)深女(安—焉)者。尊德義 19

0872　濕　　　𤂽

【用字】　溼

【解字】

　　《説文》："濕，水。出東郡東武陽，入海。""溼，幽溼"。潮濕之意本當作"溼"，今寫作"濕"。

【詞義】

一、潮濕。

　　1. 是呂(以)成(城—成)溼(濕)澡(燥)。太一 3

　　2. 溼(濕)澡(燥)遼(復)相桷(輔)也。太一 3

3. 古(故)戢(歲)者,溼(濕)澡(燥)𣃍=(之所)生也。太一4
4. 溼(濕)澡(燥)者,倉(寒)然(熱)𣃍=(之所)生也。太一4

0873 濁 

【用字】 湿

【解字】

"湿"字似也可直接釋爲"濁","蜀"旁所从"勹"與"虫"字上部使用共同的筆畫。

【詞義】

一、(水、氣)混濁。

1. 坉唇(唬—乎)亓(其)奴(如)湿(濁)。老甲9
2. 竺(孰)能湿(濁)㠯(以)朿(靜)老甲9 者。10

0874 治 

【用字】 紿、紂、紃、訂、兌、𠂤

【詞義】

一、治理;統治。

1. 紿(治)之於亓(其)未𠬪(亂—亂)。老甲26
2. 紿(治)人事天,莫若嗇。老乙1
3. 吳(虞)𡕒(夏)之紂(治)也。唐虞13
4. 義𠄢(亙—恆)[□□]唐虞13 紂(治)也。14
5. 𠦃=(五十)而紃(治)天下。唐虞26
6. 紂(治)之至,敎(養)不喿(肖)。唐虞28
7. 訂(治)之工(功)也。成之23
8. 君子訂(治)人侖(倫)㠯(以)川(順)成之32 天悳(德)。33
9. 墨(禹)㠯(以)人道(道)訂(治)亓(其)民。尊德義5
10. 聖(聖)人之訂(治)民,民之道(道)也。尊德義6
11. 訂(治)民遉(復)豊(禮)。尊德義23
12. 訂(治)民非退(還—懷)生而巳(已)也。尊德義25
13. 訂(治)樊(樂)和忞(哀)。尊德義31
14. 門内之紿(治)。性命58
15. 門外之紿(治)。性命59

16. 門內 六德 **30** 之緎(治)紉(恩)窘(弇—掩)宜(義),門外之緎(治)宜
(義)斬紉(恩)。**31**

17. 乿(治)者至亡(無) 語叢三 **26** 閔(間—間)。**27**

18. 𢓓(治)者 語叢三 **28** 至亡(無)閔(間—間)勑(則)城(成)明(名)。**29**

19. 慭(慇—愛)𢓓(治)者罜(親)。語叢三 **30**

20. 替(智)𢓓(治)者霣(寡)忢(悔)。語叢三 **31**

21. [□]乿(治)者卯(謀)。語叢三 **32**

22. 及行勑(則)乿(治)者中。語叢三 **33**

二、整治;修治。

1. 墨(禹)幻(治)水,腓(脜—益)幻(治)火,后裸(稷—稷)幻(治)土。
   唐虞 **10**

三、社會安定,太平(跟"亂"相對)。

1. 湯不易傑(傑—桀)民而句(後)訓(治)之。尊德義 **6**

四、有秩序;嚴整。

1. 眾未必訓(治)。尊德義 **12**

2. 不訓(治)不川(順)。尊德義 **12**

0875 濅(浸)   🔲

【用字】 瀳、浸

【解字】

今寫作"浸",當爲省體。

【詞義】

一、逐漸;漸進。

1. 丌(其)遒(道—導)民也不憲(浸)。成之 **4**

2. 哭之數(動)心也,瀳(浸)澈(殺)。性命 **30**

二、沉溺。

1. 浸(浸)生於忿(忿—欲),惡生於浸(浸)。語叢二 **17**

0876 渚   🔲

【用字】 渚

【詞義】

一、小洲;水中的小塊陸地。

1. 利(利)丌(其)渚者,不寶(賽—塞)丌(其)溪(溪)。語叢四 **17**

0877 濟

【用字】 淒

【詞義】

一、成功;成就。

    1. 允帀(師)淒(濟)悳(德)。成之 25

    2. 此言也,言訐(信)於衆之可吕(以)成之 25淒(濟)悳(德)也。26

二、救助;拯救。

    1. 句(苟)淒(濟)夫人之善它(也)。六德 16

0878 洰(泊)

【用字】 泊

【解字】

    《説文》:"洰,淺水也。"段注:"案《説文》此字古泊字也。"

【詞義】

一、靜默;淡薄。

    1. 谷(欲)柔齊而洰。性命 63

0879 海

【用字】 洢、洰

【解字】

    "毋"字從"母"字分化而來,楚文字二者每互作:"海"字或從"母",或從"毋";"毎"字或寫作"毋"。

【詞義】

一、本指承受大陸江河流水的地球上最大的水域;後指鄰接大陸而小於洋的水域。

    1. 江洢(海)所吕(以)爲百衆(浴—谷)王。老甲 2

    2. 猷(猶)少(小)浴(谷)之與江洢(海)。老甲 20

    3. 穿(窮)四洢(海),至千窮達 10 里。11

    4. 四洢(海)之内,亓(其)眚(性)戈(弌—一)也。性命 9

0880 衍

【用字】 籲

【解字】

　　"覨"字,李零先生疑讀爲"衍"①。何琳儀先生讀爲"覙",《説文》:"覙,並視也。從二見。"②陳偉先生疑即《説文》訓作"並視"的"覙"字。"並視"蓋指合併觀之,"其覨十又二"大概是説君義、臣忠等六個方面均是兩兩相輔相存,從相互角度看構成十二個因素③。涂宗流、劉祖信先生認爲字從竹從二見,見亦聲,疑讀爲"見"④。顏世鉉先生認爲"覙"字之義猶"眮",即左右視之意,亦有正反相違之意,簡文"覨"字可讀作"覙",其意指從正反兩個角度來看。字亦可能讀作"散","其散十又二",指分開來説,又可分爲十二種情形⑤。劉釗先生疑即"筧"字繁體,讀爲"貫"。古音"貫"和"見"皆在見紐元部,"貫"意爲"貫通"⑥。

【詞義】

一、衍生。

　　1. 丌(其)覨(衍)十又二。**六德 45**

0881　混　　劖

【用字】　蟲

【解字】

　　"蟲"字,整理者(116 頁注[五一])認爲是"蚰"字之訛,"蚰"爲昆蟲之"昆"的本字,可讀爲"混"。劉釗先生指出:古文字中相同偏旁從兩個或三個經常無別,所以"蟲"字可看作"蚰"字的繁體,可讀爲"混"⑦。

【詞義】

一、指陰陽二氣混沌未分、純樸未散的狀態。

　　1. 又(有)靤(狀)蟲(蚰—混)成(城—成)。**老甲 21**

---

① 李零:《郭店楚簡校讀記》,《道家文化研究》第 17 輯(郭店楚簡專號),生活·讀書·新知三聯書店,1999 年,第 521 頁。

② 何琳儀:《郭店楚簡選釋》,《簡帛研究二〇〇一》,廣西師範大學出版社,2001 年,第 167 頁。

③ 陳偉:《郭店楚簡〈六德〉諸篇零釋》,《武漢大學學報(哲學社會科學版)》,1999 年第 5 期,第 32—33 頁。

④ 涂宗流、劉祖信:《郭店楚簡先秦儒家佚書校釋》,萬卷樓圖書有限公司,2001 年,第 218 頁。

⑤ 顏世鉉:《郭店楚簡〈六德〉箋釋》,《"中研院"歷史語言研究所集刊》第 72 本第 2 分,2001 年,第 489 頁。

⑥ 劉釗:《郭店楚簡校釋》,福建人民出版社,2005 年,第 120 頁。

⑦ 劉釗:《郭店楚簡校釋》,福建人民出版社,2005 年,第 17 頁。

0882　渙　　(字形)

【用字】　觀

【詞義】

一、渙散。

    1. 觀(渙)虖(嘑—乎)丌(其)奴(如)悥(懌—釋)。**老甲 9**

0883　況　　(字形)

【用字】　皇

【詞義】

一、用爲"況",表示遞進關係。

    1. 而皇(況)於人虖(嘑—乎)? **緇衣 46**

0884　沖　　(字形)

【用字】　中

【詞義】

一、空虛。

    1. 大涅(涅—盈)若中(沖)。**老乙 14**

0885　淑　　(字形)

【用字】　叔、㛿、冊

【解字】

    《尊德義》簡 13"淑"字原作"(字形)",周鳳五先生釋爲"弗",讀爲"弼"①。張光裕先生認爲从"弔",讀爲"淑"②。李零先生疑是"弗"字的草寫③;陳偉先生亦釋爲"弗",《説文》:"弗,矯也。"④劉釗先生隸定爲"冊",釋爲"淑",

---

①　周鳳五:《郭店楚簡識字札記》,《張以仁先生七秩壽慶論文集》,學生書局,1999 年,第 359 頁。

②　張光裕:《〈郭店楚簡研究文字編〉緒説》,《中國出土資料研究》第 3 號,中國出土資料研究會,1999 年,第 11 頁。

③　李零:《郭店楚簡校讀記》,《道家文化研究》第 17 輯(郭店楚簡專號),生活·讀書·新知三聯書店,1999 年,第 525 頁。

④　陳偉:《郭店竹書別釋》,湖北教育出版社,2003 年,第 158 頁。

"淑德"即美德①。今暫從此説。

【詞義】

一、善良;美好。

 1. 叴(淑)人君子,亓(其)義(儀)不繼衣**4** 弌(忒)。**5**

 2. 叴(淑)訢(慎)尒(爾)峀(止),不侃(諐—愆)于義(儀)。**繼衣 32**

 3. 叴(淑)人君子,甘(箕—其)義(儀)弋(弌—一)也。**繼衣 39**

 4. 娿(淑)人君子,亓(其)義(儀)罷(一)也。**五行 16**

 5. 畜(教)弖(以)樊(樂),勮(則)民刜(淑)恴(德)清(清)牺。**尊德義 13**

0886 清   𣿇

【用字】　淸、靑

【解字】

 淸、靑分別爲清、青二字異體。

【詞義】

一、清澈。

 1. 牺(牆—將)舍(舍—徐)淸(清)。**老甲 10**

二、清廉;清高。

 1. 畜(教)弖(以)樊(樂),勮(則)民刜(淑)恴(德)淸(清)牺。**尊德義 13**

三、"清廟"。古代帝王的宗廟。

 1. 宭(賓)客,靑(青—清)諥(廟)之夐(文)也。**語叢一 88**

四、"清靜"。寧靜不煩擾。

 1. 淸﹦(清青—清靜)爲天下定(正)。**老乙 15**

五、用爲"精",參閱卷七"精"(第 380 頁)。

0887 淵   𣶒   或體 𣶒   古文 𠜜

【用字】　困

【詞義】

一、深;深邃。

 1. 慮〈慮(慮)〉谷(欲)困(淵)而毋爲(僞)。**性命 62**

---

① 劉釗:《郭店楚簡校釋》,福建人民出版社,2005 年,第 133 頁。

0888 澤　　譯

【用字】　澤、譯、澤（"淺澤"合文）、溴

【解字】

　　"溴"字从水从臭，"澤"字異體。上博三《彭祖》簡6有"臬"（臬）字，與之形近。《説文》"臭"字，"古文以爲澤字"，當爲"臭"字之訛。"溴"則是在"臭"字基礎上增加水旁以表意。

【詞義】

一、聚水的窪地。

　　1. 售（唯—雖）丌（其）於善道（道）也，亦非又（有）譯（澤）婁（藪）曰（以）多也。**成之 27**

　　2. 芙（笑），悳〈悥（喜）〉之澤＿（淺澤）也。**性命 22**

　　3. 樊（樂），悳〈悥（喜）〉之深澤也。**性命 23**

二、恩澤。

　　1. 皮（破）邦芒（喪）**語叢四 6** 痟（牆—將），湻（流）溴（澤）而行。**7**

0889 淫　　淫

【用字】　溼、潯、鐕

【解字】

　　《成之聞之》簡24"鐕"字，李零先生認爲似是从"易"得聲的字，疑讀爲"誠"①。廖名春先生認爲該字从金从炅，讀爲"慎"，誠也②。趙彤先生認爲左旁爲宷（審），右旁爲"尋"，隸定爲"鐕"，是"宷（審）"字加注聲符的異體，簡文中是真實的意思③。周鳳五先生認爲該字右旁與傳抄古文"淫"字右旁相同，是"尋"字之譌，"尋""淫"音通，即"淫"字異構④。徐在國先生認爲該字从宷从呈，兩偏旁音近，均爲聲符，疑讀爲"審"，訓爲信、誠能⑤。劉

①　李零：《郭店楚簡校讀記（增訂本）》，北京大學出版社，2002年，第127頁。

②　廖名春：《郭店簡〈成之聞之〉篇校釋札記》，《古籍整理研究學刊》，2001年第5期，第1—7頁。

③　趙彤：《郭店、上博楚簡釋讀的幾個問題》，簡帛研究網（http://www.jianbo.org/Wssf/2002/zhaotong02.htm），2002年10月2日。

④　周鳳五：《郭店竹簡文字補釋》，《古墓新知——紀念郭店楚簡出土十周年論文專輯》，香港國際炎黄文化出版社，2003年，第66頁。

⑤　徐在國：《郭店簡文字補釋一則》，《古墓新知——紀念郭店楚簡出土十周年論文專輯》，香港國際炎黄文化出版社，2003年，第56頁。

釗先生疑从"易"得聲,讀爲"蕩",指心受到震動①。李天虹先生認爲左旁爲"宋",讀爲"審"②。陳靖欣先生認爲右旁爲"㞷",讀爲"枕",訓爲誠③。《尊德義》簡16"淫"字,整理者(173頁)釋爲"湯"。李家浩先生認爲與《古文四聲韻》所引"淫"字古文相似④。李零先生釋爲"潯",讀爲"淫"⑤。

【詞義】

一、浸淫。

　　1. 亓(其)犀(淫)也固悆(疑—矣)。**成之 24**

二、放縱;恣肆。

　　1. 勸(則)民潯(淫)愄遠豊(禮)亡(無)新(親)怠(仁)。**尊德義 16**

三、誤寫爲"涇"。

　(一)貪婪;奢侈。

　　1. 蕙(懂—謹)亞(惡)吕(以)溧(御)民涇〈淫〉。**緇衣 6**

　(二)放縱;恣肆。

　　1. 皋(罪)涇〈淫〉暴(暴)▢**唐虞 12**

0890 淺　　㵻

【用字】　潒、㵻("淺㵻"合文)

【詞義】

一、水不深。

　　1. 芺(笑),憙〈憙(喜)〉之㵻＿(淺㵻)也。**性命 22**

二、明白易懂。

　　1. 潒(淺),莫敢(敢)不潒(淺)。**五行 46**

0891 滋　　㵼

【用字】　慈

①　劉釗:《郭店楚簡校釋》,福建人民出版社,2005年,第145頁。

②　李天虹:《〈上海博物館藏戰國竹書(二)〉雜識》,《武漢大學學報(哲學社會科學版)》,2004年第4期,第500—502頁。

③　陳靖欣:《〈郭店楚簡·教(成之聞之)〉文字研究》,臺灣師範大學碩士學位論文,2005年。

④　李家浩:《讀〈郭店楚墓竹簡〉瑣議》,《中國哲學》第20輯(郭店楚簡研究),遼寧教育出版社,1999年,第344頁。

⑤　李零:《郭店楚簡校讀記》,《道家文化研究》第17輯(郭店楚簡專號),生活·讀書·新知三聯書店,1999年,第525頁。

【詞義】

一、副詞。表示程度,相當於"愈益""更加"。

　　1. 民多秝(利)器,而邦慈(慈—滋)昏。老甲30

　　2. 人多老甲30 智(智—知),天〈而〉哉(奇)勿(物)慈(慈—滋)记(起),
　　　　鏨(法)勿(物)慈(慈—滋)章(彰),親(盜)愳(惻—賊)多又
　　　　(有)。31

0892 浦　　　𤄕

【用字】 匜

【詞義】

一、水濱。

　　1. 窑(陶)笘(拍)窮達2 於河匜(浦)。3

0893 湖　　　𣶒

【用字】 沽

【詞義】

一、湖泊。

　　1. 不見江沽(湖)之水。語叢四 10

0894 決　　　𣴵

【用字】 快

【詞義】

一、決斷;決定。

　　1. 快(決)牙(與)訐(信),器也。語叢一 107

0895 津(津)　　　𣸣　　　古文 𣲷

【用字】 灂、𤄷

【詞義】

一、渡口。

　　1. 灂(津)汓(梁)煪(婧—爭)舟。成之 35

二、地名。棘津。

　　1. 邵(呂)室(望)爲牂(臧)埊(棘)灂(津)。窮達 4

0896　沒　　𣸣

【用字】　𣸎

【詞義】

一、死。

　　1. 𣸎(沒)唐虞 2 而弗秝(利)。3

0897　滯　　𧮫

【用字】　訞

【解字】

　　整理者(181 頁)隸定爲"訞"。陳偉先生認爲左半"言"實爲"書"之異構,字從"書"從"欠",即"遣"字,讀爲"譴"或"愆","毋譴(或愆)"是不致獲罪之意①。劉信芳先生讀爲"讞"②。劉釗先生讀爲"感"或"撼",訓爲"動"③。李零先生讀爲"羨",健羨之意④。白於藍先生讀爲"諂"⑤。陳劍先生認同陳偉先生對該字字形的解析,但讀爲"滯",訓爲"止"⑥。

【詞義】

一、止。

　　1. 身谷(欲)青(青—靜)而毋訞(訞—滯)。性命 62

0898　湯　　𤄰

【用字】　湯

【詞義】

一、商湯,商王朝的建立者。

　　1. 佳(唯)尹身(允)及湯,咸又(有)一惪(德)。緇衣 5

　　2. 湯不易傑(傑—桀)民而句(後)訇(治)之。尊德義 6

①　陳偉:《〈太一生水〉考釋》,《古文字與古文獻》試刊號,楚文化研究會籌備處,1999 年,第 31 頁。

②　劉信芳:《郭店竹簡文字考釋拾遺》,《江漢考古》,2000 年第 1 期,第 45 頁。

③　劉釗:《讀郭店楚簡字詞札記》,《郭店楚簡國際學術研討會論文集》,湖北人民出版社,2000 年,第 89 頁。

④　李零:《郭店楚簡校讀記(增訂本)》,北京大學出版社,2002 年,第 148 頁。

⑤　白於藍:《〈上海博物館藏戰國楚竹書(一)釋注商榷〉》,《華南師範大學學報》,2002 年第 5 期,第 103 頁。

⑥　陳劍:《郭店簡補釋三篇》,《古墓新知——紀念郭店楚簡出土十周年論文專輯》,國際炎黃文化出版社,2003 年,第 121—125 頁。

二、用爲“唐”,參閲卷二“唐”(第 64 頁)。

0899 湎

【用字】　面

【詞義】

一、沉湎;沉迷。

　　1. 蕾(教)弖(以)事,勮(則)民力竭(竭)弖(以)面(湎)称(利)。**尊德義 15**

0900 淡

【用字】　淡

【詞義】

一、味薄。

　　1. 淡可(呵)亓(其)糕(無)杳(味)也。**老丙 5**

0901 泰（太）　　　　古文

【用字】　大

【解字】

　　《説文》“太”爲“泰”字古文。

【詞義】

一、極;最。“太上”,最上;最高。

　　1. 大(太)上下暫(智—知)又(有)之。**老丙 1**

二、“太一”,即道家所稱的“道”,古指宇宙萬物的本原、本體;又古代指天地

　　未分前的混沌之氣。

　　1. 大(太)一生水,水反補(輔)大(太)一。**太—1**

　　2. 天反補(輔)大(太)一,是弖(以)成(城—成)堅(地)。**太—1**

　　3. 大(太)一齋=(之所)生也。**太—6**

　　4. 是古(故)大(太)一贊(臧—藏)於水,行於哉(時)。**太—6**

三、“太學”,我國古代的最高學府。

　　1. 大(太)敳(教—學)之中,天子罩(親)齒。**唐虞 5**

0902 泣

【用字】　深

【詞義】

一、無聲或低聲地哭。

　　1. 㴴（泣）涕女（如）雨。五行 17

0903 涕

【用字】　涕

【詞義】

一、眼淚。

　　1. 㴴（泣）涕女（如）雨。五行 17

0904 渝

【用字】　俞、寙

【解字】

　　"寙"即"愈"之省。

【詞義】

一、變易；變化。

　　1. ［質］貞（貞）女（如）寙（愈—渝）。老乙 11

　　2. 太舊（久）而不俞（渝），忠之至也。忠信 3

0905 滅

【用字】　烕

【詞義】

一、消滅；消除。

　　1. 嬰（亂）之至，烕（滅）𢏩（臤—賢）。唐虞 28

0906 池

【用字】　沱

【詞義】

一、"差池"。猶參差，不齊貌。

　　1. 能遲（差）沱（池）亓（其）罺（羽）。五行 17

0907 溪

【用字】　漻

【解字】

《説文》有"谿"字,釋曰:"山瀆无所通者。"

【詞義】

一、山間小河溝。

　　1. 不寶(賽—塞)亓(其)溪(溪)。語叢四 17

0908 涘

【解字】

　　"涘"字,裘錫圭先生"按語"(159 頁注[二三])疑讀爲"求"。周鳳五先生讀爲"述",比擬、相較①。劉釗先生讀爲"仇",匹配、對比②。黄錫全先生疑讀爲"究",追究;也可讀爲"求",探求、尋找③。

【詞義】

一、待考。

　　1. 涘虎(乎)大人之興,敓(微)也。唐虞 17

0909 沌

【用字】   坉

【詞義】

一、混沌,古代傳説中指世界開闢前元氣未分、模糊一團的狀態。

　　1. 坉(沌)唐(虖—乎)亓(其)奴(如)湼(濁)。老甲 9

0910 源

【用字】   湶、漾

【解字】

　　《説文》無"源"字,泉源之字寫作"厵",釋曰:"水泉本也。从灥出厂下。"篆文作"原(原)",徐鉉曰:"今別作源,非是。"段注:"以小篆作原,知厵乃古文、籀文也。後人以原代高平曰邍之邍,而別製源字爲本原之原,積非成是久矣。"

---

①　周鳳五:《郭店楚墓竹簡〈唐虞之道〉新釋》,《"中研院"歷史語言研究所集刊》第 70 本第 3 分,1999 年,第 753 頁。

②　劉釗:《郭店楚簡校釋》,福建人民出版社,2005 年,第 156 頁。

③　黄錫全:《〈唐虞之道〉疑難字句新探》,《長沙三國吳簡暨百年來簡帛發現與研究國際學術研討會論文集》,中華書局,2005 年,第 222—223 頁。

湶、灝皆爲"源"字異體。《字彙補》:"湶與泉同。""湶"當即"源"字而非"泉"。《説文》:"泉,水原也。"古文字"泉"象泉水從岩穴中流出之形,本義是泉水、泉源。後來在"泉"上加增象徵岩崖之形的義符"厂",分化出"原"字專門來表示泉源之義,今寫作"源",則是進一步增添義符"水"而成。郭店簡"源"字寫作"湶",可以看作是在"源"字古形基礎上增加"水"旁而成。"灝"字則在"湶"字基礎上增加了聲旁"廾",以往誤將"廾"認作"艸",鄔可晶、郭永秉兩位先生指出其非①。參閱卷十"愿"(第 536 頁)。

【詞義】

一、來源;根源。

1. 竆(竆—窮)灝(源)反杳(本)者之貴。**成之 11**
2. 竆(窮)湶(源)反杳(本)者之貴。**成之 14**

0911　滰(流)　　　【篆字圖】　　　篆文【篆字圖】

【用字】　流、湮、湩

【解字】

《唐虞之道》簡 7、17 的"湩"字,整理者未釋。張光裕先生釋爲"流"②。李零先生認爲右側从更从虫,讀爲"傳"③。周鳳五先生釋爲"涷",讀爲"重"④。劉釗先生釋爲"流",傳佈、流行之意⑤。王輝先生釋爲"朝",讀爲"廟"⑥。何琳儀先生釋爲"涷",讀爲"動",訓爲行⑦。白於藍先生釋爲"涷",讀爲"等"⑧。彭裕商先生疑爲"溥"字,廣、遍之意⑨。李鋭先生釋爲

---

① 鄔可晶、郭永秉:《從楚文字"原"的異體談到三晉的原地與原姓》,《出土文獻》第 11 輯,中西書局,2017 年,第 225—238 頁。

② 張光裕:《〈郭店楚簡研究文字編〉緒説》,《中國出土資料研究》第 3 號,中國出土資料研究學會,1999 年,第 10 頁。

③ 李零:《郭店楚簡校讀記》,《道家文化研究》第 17 輯(郭店楚簡專號),生活·讀書·新知三聯書店,1999 年,第 499 頁。

④ 周鳳五:《郭店楚墓竹簡〈唐虞之道〉新釋》,《"中研院"歷史語言研究所集刊》第 70 本第 3 分,1999 年,第 747 頁。

⑤ 劉釗:《讀郭店楚簡字詞札記》,《郭店楚簡國際學術研討會論文集》,湖北人民出版社,2000 年,第 80 頁。

⑥ 王輝:《郭店楚簡零釋三則》,《中國文字》新 26 期,藝文印書館,2000 年,第 156 頁。

⑦ 何琳儀:《郭店竹簡選釋》,《簡帛研究二〇〇一》,廣西教育出版社,2001 年,第 164 頁。

⑧ 白於藍:《郭店楚墓竹簡釋讀札記》,《考古與文物》叢刊第 4 號(《古文字論集(二)》),2001 年,第 176 頁。

⑨ 彭裕商:《讀〈郭店楚墓竹簡〉札記》,《古文字研究》第 24 輯,中華書局,2002 年,第 393 頁。

"涷",讀爲"緟",增益也①。《十四種》(64 頁注[22])疑字从"叀('傳'之省)""流"省聲,讀爲"流","流""傳"義近。今暫從之。

【詞義】

一、虛浮。

    1. 古(故)大人不昌(倡)漣(流)。**緇衣 30**

    2. 不又(有)夫詘_(詘詘)之心鼎(勩—則)流。**性命 46**

二、流傳;傳布。

    1. 亶(亶—禪)之漣(流),世亡(無)忘(隱)直(直—德)。**唐虞 7**

    2. 惪(德)之漣(流),遬(速)虖(虖—乎)楮(置)蚤(郵)而連(傳)**尊德義 28 龠(命)。29**

三、放縱。

    1. 升爲天子而不奮(喬—驕),不漣(流)也。**唐虞 17**

    2. 亓(其)剌(烈)鼎(勩—則)流女(如)也曰(以)悲。**性命 31**

四、部分;分支。

    1. 非從末漣(流)者之貴,窞(窮)濾(源)反杏(本)者之貴。**成之 11**

    2. 非從末漣(流)者之貴,窞(窮)淲(源)反杏(本)者之貴。**成之 14**

五、古代的一種刑罰,把罪人放逐到遠方。

    1. 漣(流)溲(澤)而行。**語叢四 7**

0912 淵(涉) 篆文

【用字】 涉

【詞義】

一、步行渡水。引申爲渡水。

    1. 麥(夜—豫)虖(虖—乎)奴(如)各(冬)涉川。**老甲 8**

0913 川

【用字】 川

【詞義】

一、河流。

    1. 麥(夜—豫)虖(虖—乎)奴(如)各(冬)涉川。**老甲 8**

---

① 李銳:《孔孟之間"性"論研究——以郭店、上博簡爲基礎》,清華大學博士學位論文,2005年,第 26 頁。

2. 旹（時）事山川。**唐虞 4**

二、用爲“順”，參閱卷九“順”（第 459 頁）。

0914　侃　　俋

【用字】　羴
【解字】

“羴”字見於郭店簡《性命》和上博一《性情論》，李零先生釋爲“鮮”，“鮮如”猶“粲然”①；劉釗先生也讀爲“鮮”，訓爲“鮮明”②；陳霖慶先生訓讀爲“鮮”，訓爲開朗之意③。黃傑先生釋爲“侃”④。

【詞義】

一、和悦貌。

1. 聑（聞）芺（笑）聖（聖—聲）鼎（劻—則）羴（侃）女（如）也斯（斯）悥（悥—喜）。**性命 24**

二、用爲“愆”，參閱卷十“愆”（第 544 頁）。

0915　谷　　甹

【用字】　谷、浴、粂
【詞義】

一、兩山之間的夾道或流水道。

1. 江沔（海）所呂（以）爲百粂（浴—谷）王，呂（以）亓（其）**老甲 2** 能爲百粂（浴—谷）下，是呂（以）能爲百粂（浴—谷）王。**3**

2. 猷（猶）少（小）浴（谷）之與江沔（海）。**老甲 20**

3. 上悳（德）女（如）浴（谷）。**老乙 11**

二、用爲“欲”，參閱卷八“欲”（第 454 頁）。

---

① 李零：《郭店楚簡校讀記》，《道家文化研究》第 17 輯（郭店楚簡專號），生活·讀書·新知三聯書店，1999 年，第 508 頁。

② 劉釗：《郭店楚簡校釋》，福建人民出版社，2005 年，第 96 頁。

③ 季旭昇：《〈上海博物館藏戰國楚竹書（一）〉讀本》，萬卷樓圖書股份有限公司，2004 年，第 177 頁。

④ 黃傑：《據清華簡〈繫年〉釋讀楚簡二則》，武漢大學簡帛研究網（http://www.bsm.org.cn/show_article.php?id=1608），2011 年 12 月 27 日。

0916 容(濬)　　𩏑　　或體 𤀰　　古文 𩏑

【用字】　濬

【詞義】

一、深。

　　1. 樊(樂)之敷(動)心也, **性命30** 濬(濬)深脅(脅—怫)舀(陶)。**31**

0917 冬　　𡘜　　古文 𡗜

【用字】　各

【解字】

　　學者或將"𡗜"字直接釋爲"冬",從郭店簡用字習慣來看,"𡗜"字皆用爲"終","冬"字寫作"各";"各"可用爲"終",但"𡗜"未見用爲"冬"字之例,二者有別。

【詞義】

一、一年四季的最後一季,農曆十月至十二月。

　　1. 夌(夜—豫)麿(唬—乎)奴(如)各(冬)涉川。**老甲 8**

　　2. 霣(晉)各(冬)旨(旨—祁)滄(寒)。**緇衣 10**

二、用爲"終",參閱卷十三"終"(第 678 頁)。

0918 雨　　雨　　古文 𩅀

【用字】　雨

【詞義】

一、從雲層中降向地面的水滴。

　　1. 㴑(泣)涕女(如)雨。**五行 17**

二、降雨。

　　1. 日𧊒(暑)雨。**緇衣 9**

0919 雲(云)　　雲　　古文 云、⎰

【用字】　云、𩅀

【解字】

　　雲氣之本作"云"形,因常被借用來表示曰、説之意,後增加"雨"旁分化出"雲"字。

【詞義】

一、曰；説。

    1.《叏（寺—詩）》緇衣 1 鼎（員—云）：……2

    2.《叏（寺—詩）》鼎（員—云）：……緇衣 3

    3.《叏（寺—詩）》鼎（員—云）：……緇衣 4

    4.《尹亯（誥）》鼎（員—云）：……緇衣 5

    5.《大顝（夏—雅）》鼎（員—云）：……緇衣 7

    6.《少（小）顝（夏—雅）》鼎（員—云）：……緇衣 7

    7.《叏（寺—詩）》鼎（員—云）：……緇衣 9

    8.《君臿（牙）》鼎（員—云）：……緇衣 9

    9.《叏（寺—詩）》鼎（員—云）：……緇衣 12

    10.《叏（寺—詩）》鼎（員—云）：……緇衣 13

    11.《邵（呂）坓（刑）》鼎（員—云）：……緇衣 13

    12.《叏（寺—詩）》緇衣 15 鼎（員—云）：……16

    13.《叏（寺—詩）》鼎（員—云）：……緇衣 17

    14.《叏（寺—詩）》鼎（員—云）：……緇衣 18

    15.《君迪（陳）》鼎（員—云）：……緇衣 19

    16.《鄩（晉—祭）公之募（寡—顧）令（命）》鼎（員—云）：……緇衣 22

    17.《叏（寺—詩）》鼎（員—云）：……緇衣 26

    18.《呂坓（刑）》鼎（員—云）：……緇衣 26

    19.《康亯（誥）》鼎（員—云）：……緇衣 28

    20.《呂坓（刑）》鼎（員—云）：……緇衣 29

    21.《叏（寺—詩）》鼎（員—云）：……緇衣 30

    22.《叏（寺—詩）》鼎（員—云）：……緇衣 32

    23.《叏（寺—詩）》鼎（員—云）：……緇衣 33

    24.《大虽（夏—雅）》云：……緇衣 35

    25.《少（小）顝（夏—雅）》鼎（員—云）：……緇衣 36

    26.《君奭》鼎（員—云）：……緇衣 36

    27.《叏（寺—詩）》鼎（員—云）：……緇衣 39

    28.《君迪（陳）》鼎（員—云）：……緇衣 39

    29.《叏（寺—詩）》鼎（員—云）：……緇衣 41

    30.《叏（寺—詩）》鼎（員—云）：……緇衣 41

    31.《叏（寺—詩）》鼎（員—云）：……緇衣 43

    32.《叏（寺—詩）》鼎（員—云）：……緇衣 45

33.《耎（寺—詩）》鼎（員—云）：……緇衣 **46**

0920 鮪　　𩵋

【用字】　酺
【詞義】
一、鱘魚和鰉魚的古稱。"鰊鮪"，泛指小魚。

1. 車歔（散—轍）之莖（鰊）酺（鮪），不見江沽（湖）之水。語叢四 **10**

0921 鰊　　鰊

【用字】　鰊
【詞義】
一、用爲"倫"，參閱卷八"倫"（第 417 頁）。
二、待考。

1. 遜（邎—由）臾（鼻?）鰊生。語叢二 **44**

0922 鮮　　鮮

【用字】　鮮
【詞義】
一、少。

1. 赴（上）句（苟）昌（倡）之，勳（則）民鮮不從朶（疑—矣）。成之 **9**

0923 鮢

【用字】　莖
【解字】
　　"莖"字原作"𦸇"，整理者（217 頁）隸定爲"莖"，"莖酺"讀爲"醢盉"。隸定學者多從之，但對於"莖酺"的讀法，又有多種意見。李零先生讀爲"醢醢"，指肉羹①。林素清先生讀爲"密閣"，意爲封閉阻隔②。劉信芳先生讀

① 李零：《郭店楚簡校讀記》，《道家文化研究》第 17 輯（郭店楚簡專號），生活·讀書·新知三聯書店，1999 年，第 480 頁。
② 林素清：《郭店竹簡〈語叢四〉箋釋》，《郭店楚簡國際學術研討會論文集》，湖北人民出版社，2000 年，第 392 頁。

爲"魜鮪"①。陳偉先生初讀爲"鮒鰭","鮒"是一種小魚,"鰭"通"鰍",指泥鰍;後改讀爲"蜉蝣"或"浮遊",指一種昆蟲②。楊澤生、白於藍等先生讀爲"蔽晦",訓爲掩蔽或蒙蔽③;劉釗先生贊同此説,又提出讀爲"蔽翳"的可能,訓爲遮擋④。顧史考先生讀爲"鯢鰍"⑤。林清源先生讀爲"黽鰭","黽"訓爲黿鼉,指蝌蚪⑥。按:"[字]"字隸定有誤,清華三《赤鵠之集湯之屋》簡14有"[字]"字,與"[字]"字相比,僅上部少了"艸"部。整理者認爲該字从必从土,讀爲"發"⑦。劉樂賢先生認爲該字从未从土,當爲"㙋"之異體,義爲挖掘⑧。溜達溜達(網名)據此認爲郭店簡"[字]"字,當隸定爲"㙋","㙋酋"當即《爾雅》之"魜鮪"⑨。這種意見是正確的,不過"[字]"當嚴格隸定爲"荃","荃酋"讀爲"魜鮪",泛指小魚。段注於"鮥"下解作"叔鮪",認爲《字林》作"魜"爲俗字。張新俊先生從之,認爲"叔"有"小"或"少"的意思⑩。

【詞義】

一、較小的鱘類魚。"魜鮪",泛指小魚。

　　1. 車㪗(散—轍)之荃(魜)酋(鮪),不見江沽(湖)之水。語叢四 10

0924 龍　　龍

【用字】　龍

① 劉信芳:《郭店簡〈語叢〉文字試解(七則)》,《簡帛研究二〇〇一》,廣西師範大學出版社,2001 年,第 205 頁。

② 陳偉:《郭店竹書別釋》,湖北教育出版社,2003 年,第 235—236 頁;《郭店簡〈語叢四〉考釋(七則)》,《新出簡帛研究——新出簡帛國際學術研討會文集》,文物出版社,2004 年,第 324 頁。

③ 白於藍:《釋"㪗"》,《古文字研究》第 24 輯,中華書局,2002 年,第 356—357 頁;楊澤生:《〈語叢四〉札記》,簡帛研究網(http://www.jianbo.org/Wssf/2002/yangzesheng04.htm),2002 年 3 月 23 日。

④ 劉釗:《郭店楚簡校釋》,福建人民出版社,2005 年,第 228 頁。

⑤ 顧史考:《郭店楚簡〈語叢四〉篇韻讀新解三則》,《簡帛》第 1 輯,上海古籍出版社,2006 年,第 67—69 頁。

⑥ 林清源:《郭店楚簡〈語叢四〉"[字][字]"考釋》,《古文字研究》第 27 輯,中華書局,2008 年,第 411—417 頁。

⑦ 清華大學出土文獻研究與保護中心編:《清華大學藏戰國竹簡(叁)》,中西書局,2012 年,第 170 頁注[二八]。

⑧ 劉樂賢:《釋〈赤鵠之集湯之屋〉的"㙋"字》,清華大學出土文獻研究與保護中心網站,2013 年。

⑨ 溜達達達:《〈清華(叁)〉〈赤鵠之集湯之屋〉初讀》,簡帛網·簡帛論壇(http://www.bsm.org.cn/forum/forum.php?mod=viewthread&tid=3051&extra=page%3D3&page=4),2013 年 1 月 12 日,第 35 樓。

⑩ 張新俊:《郭店簡〈語叢〉四"叔鮪"考釋》,未刊稿。

【解字】

　　“龏”字,李學勤先生讀爲“和”①。趙建偉先生認爲“龏”猶言“適”②。廖名春先生讀爲“寵”,尊崇③。李零先生讀爲“弄”,演奏④。劉釗先生讀爲“弄”,撩撥、挑逗⑤。陳霖慶先生讀爲“萌”,萌起、興發⑥。該字對應上博一《性情論》簡17作“蘴”。

【詞義】

一、待考。

　　1. 凡古樂(樂)龏心,弇(嗌—益)樂(樂)龏耜(指),旮(皆)耆(教)亓(其)人者也。**性命28**

0925　非　　𩙿

【用字】　非

【詞義】

一、無;没有。

　　1. 非**魯穆公7**子思,虐(吾)亞(惡)昏(聞)之矣。**8**

二、違;違背。

　　1. 非豊(禮)而民兑(悦)**尊德義24** 忎(戴)。**25**

　　2. 非侖(倫)而民備(服)。**尊德義25**

三、不同;差異。

　　1. 亓(其)生而未又(有)非之。**成之26**

四、責怪;反對。

　　1. 亞(惡)之而不可非者,遱(達)於義者也。**性命54**

　　2. 非之**性命54**而不可亞(惡)者,篙(篤)於息(仁)者也。**55**

五、副詞。相當於“不”“不是”。

　　1. 非亓(其)**緇衣7** 出(止)之共,唯王悊(邛)。**8**

---

① 李學勤:《郭店簡與〈樂記〉》,《中國哲學的詮釋與發展——張岱年先生九十壽慶紀念論文集》,北京大學出版社,1999年,第26頁。

② 趙建偉:《郭店竹簡〈忠信之道〉〈性自命出〉校釋》,《中國哲學史》,1999年第2期,第37頁。

③ 廖名春:《郭店簡〈性自命出〉篇校釋札記》,《新出楚簡試論》,臺灣古籍出版有限公司,2001年,第150頁。

④ 李零:《郭店楚簡校讀記(增訂本)》,北京大學出版社,2002年,第113頁。

⑤ 劉釗:《郭店楚簡校釋》,福建人民出版社,2005年,第98頁。

⑥ 轉引自季旭昇:《〈上海博物館藏戰國楚竹書(一)〉讀本》,萬卷樓圖書股份有限公司,2004年,第182頁。

2. 非甬(用)銍,斷(折—制)㠯(以)埜(刑)。緇衣 26

3. 非亓(其)惪(德)加。窮達 9

4. 非亓(其)智(智)窮達 9 惪(衰)也。10

5. 非亡醴(體)壯(狀)也。窮達 10

6. 童(動)非爲達也。窮達 11

7. 非從末湰(流)者之貴。成之 11

8. 非從末湰(流)者之貴。成之 14

9. 亦非又(有)譯(澤)婁(藪)㠯(以)多也。成之 27

10. 斋(教)非改(改)道(道)也。尊德義 4

11. 學(學)非改(改)侖(倫)也。尊德義 5

12. 非斋(教)所及也。尊德義 18

13. 訒(治)民非遝(還—懷)生而已(已)也。尊德義 25

14. 舁(奠—鄭)埁(衛)之樊(樂),鼎(勳—則)非亓(其)聖(聖—聲)而從(縱)之也。性命 27

15. 非聖(聖)智(智)者莫之能也。六德 3

16. 非息(仁)宜(義)者莫之能也。六德 4

17. 非忠(忠)訐(信)者莫之能也。六德 5

18. 非我血猷(既—氣)之新(親)。六德 15

19. 厽(三)者不迵(通),非言行也。六德 45

20. 爲孝,此非孝也。語叢一 55

21. 爲弟(悌),語叢一 55 此非弟(悌)也。56

22. 爲之,語叢一 57 此非也。58

23. 弗爲,此非也。語叢一 58

24. 型(刑)非詣(嚴)也。語叢一 64

25. 訐(信)非至齊也。語叢一 66

26. 而語叢一 71 亡(無)非㠯(己)取之者。72

27. 悲峚〈芒(喪)〉丌(其)所也,亡(無)非是語叢一 73……

28. 父孝子慇(悆—愛),非又(有)爲也。語叢三 8

29. 寽(賓)客之用綃(幣)也,非正(徵)。語叢三 55

30. 人之眚(性)非與止虍(乎)亓(其)語叢三 57……

31. 亡(無)非樂者。語叢三 66 下

六、用爲"微",參閱卷二"微"(第 103 頁)。

七、用爲"靡",參閱本卷"靡"(第 583 頁)。

0926 靡 𡹉

【用字】 杕、非

【詞義】

一、無;沒有。

1. 虗(吾)大夫共(恭)夏(且)韓(儉),杕(靡)人不敽(斂)。緇衣 26

2. 非(靡)言不賹(讎),非(靡)悳(德)亡(無)遚(復)。語叢四 1

卷　十　二

0927 不 

【用字】 不

【詞義】

一、副詞。表示否定。

1. 三言弖(以)**老甲 1** 爲叓(使)不足。**2**
2. 弖(以)丌(其)不静(静—爭)也。**老甲 5**
3. 化(禍)莫大虐(唬—乎)不智(智—知)足。**老甲 6**
4. 不谷(欲)弖(以)兵弜(強)**老甲 6** 於天下。**7**
5. 不弖(以)取弜(強)。**老甲 7**
6. 是胃(謂)果而不弜(強)。**老甲 7**
7. 深不可志(識)。**老甲 8**
8. 保此衍(道)者不谷(欲)尚(尚)呈(呈—盈)。**老甲 10**
9. 聖(聖)人谷(欲)**老甲 11** 不谷(欲),不貴難㝵(得)之貨,孝(教)不孝(教),遉(復)眾之所{=}𨒪(過)。**12**
10. 皆(皆)智(智—知)善,此丌(其)不善巳(已)。**老甲 15**
11. 行不言之孝(教)。**老甲 17**
12. 智(智—知)岦(止)所弖(以)不訂(殆)。**老甲 20**
13. 蜀(蜀—獨)立不亥(改)。**老甲 21**
14. 虛(虛)而不屈(屈)。**老甲 23**
15. 古(故)不可㝵(得)天〈而〉新(親),亦不可㝵(得)而疋(疏);不可㝵(得)而秎(利),亦不可㝵(得)而害(害);**老甲 28** 不可㝵(得)而貴,亦{可}不可㝵(得)而戔(賤)。**29**
16. 我谷(欲)不谷(欲)而民自樸(樸)。**老甲 32**
17. 終(終)日虐(唬—呼)而不㥯(嚘)。**老甲 34**
18. 是胃(謂)不道(道)。**老甲 35**

19. 古（故）替（智—知）足不厚（辱），替（智—知）㞢（止）不怠（怠—殆）。老甲36

20. 不〔不〕若已（已）。老甲38

21. 不可長保也。老甲38

22. ［重積德則無］老乙1 不₌叙₌（不克，不克）鼎（勅—則）莫智（智—知）亓（其）死（亟—極）。2

23. 亡（無）爲而亡（無）不爲。老乙4

24. 亦不可己（以）不纍（禔—鬼—畏）人。老乙5

25. 不足己（以）爲道（道）矣。老乙10

26. 㞢（往—廣）悳（德）女（如）不足。老乙11

27. 卒（終）身不孟（督）。老乙13

28. 卒（終）身不坴（救）。老乙13

29. 亓（其）甬（用）不尚（敝）。老乙14

30. 亓（其）甬（用）不穿（窮—窮）。老乙14

31. 善聿（建）者不杲（拔），善休（抱）者老乙15 不兌（脱），孫₌（子孫）己（以）亓（其）祭（祭）祀不毛（輟）。16

32. 訐（信）不足，女（安—焉）老丙1 又不訐（信）。2

33. 六新（親）不和。老丙3

34. 徃（往）而不害（害）。老丙4

35. 貝（視）之不足見，聖（聖—聽）之不足聒（聞），而不可歓（既）也。老丙5

36. 是己（以）［聖］老丙12 人欲（欲）不欲（欲），不貴戁（難）旻（得）之貨，學不學，逯（復）眾斎₌（之所）迚（過）。13

37. 此天斎₌（之所）不能殺，坒（地）斎₌（之所）太一7 不能堇（埋），侌（陰）昜（陽）斎₌（之所）不能成（城—成）。8

38. 古（故）社（功）城（成）而身不剔（傷）。太一12

39. 不囟（使）相尚。太一12

40. 坒（地）不足於東南。太一13

41. 不足於下者，又（有）余（餘）於上。太一14

42. 勅（則）民臧〈咸〉放（飭）而莝（刑）不屯（頓）。緇衣1

43. 鼎（勅—則）民緇衣2 青（青—情）不紈（忒）。3

44. 鼎（勅—則）君不怠（疑）亓（其）臣₌（臣，臣）不惑於君。緇衣4

45. 亓（其）義（儀）不緇衣4 弋（忒）。5

46. 鼎（勅—則）民不賊（惑）。緇衣6

47. 臣事君,_{緇衣6} 言亓(其)所不能,不訂(辭)亓(其)所能,鼎(勳—則)君不裦(勞)。₇

48. 不自爲貞(貞—正)。_{緇衣9}

49. 不從亓(其)所呂(以)命。_{緇衣14}

50. 古(故)上之好亞(惡)不可不訢(慎)也。_{緇衣15}

51. 衣備(服)不改(改)。_{緇衣16}

52. 亓(其)頌(容)不改(改)。_{緇衣17}

53. 大人不新(親)亓(其)所臤(臤—賢)。_{緇衣17}

54. 皮(彼)求我鼎(勳—則),女(如)不我旻(得)。_{緇衣18}

55. 鞁(執)我_{緇衣18} 戠_(仇仇),亦我力。₁₉

56. 大臣之不新(親)也。_{緇衣20}

57. 邦豪(家)之不窋(窋—寧)_{緇衣20} 也,鼎(勳—則)大臣不台(以)而毅(執—褻)臣怎(託)也。₂₁

58. 此呂(以)大臣不可不敬。_{緇衣21}

59. 古(故)_{緇衣21} 君不與少(小)愳(謀)大,鼎(勳—則)大臣不悁(怨)。₂₂

60. 訐(信)呂(以)結之,鼎(勳—則)民不怀(倍)。_{緇衣25}

61. 虔(吾)大夫共(恭)虔(且)韇(儉),林(靡)人不斂(斂)。_{緇衣26}

62. 正(政)之不行,孝(教)之不咸(城—成)也,鼎(勳—則)迮(刑)罰不_{緇衣27}足恥,而雀(爵)不足蘲(懂—勸)也。₂₈

63. 古(故)上不可呂(以)毅(執—褻)迮(刑)而翌(翟—輕)雀(爵)。_{緇衣28}

64. 古(故)大人不昌(倡)溰(流)。_{緇衣30}

65. 可言_{緇衣30} 不可行,君子弗言;可行不可言,君子弗行。₃₁

66. 鼎(勳—則)言不陈(危)行[=](行,行)不陈(危)_{緇衣31}言。₃₂

67. 丮(淑)訢(慎)尔(爾)毕(止),不偘(愆—愆)于義(儀)。_{緇衣32}

68. 言從行之,鼎(勳—則)行不可匿。_{緇衣34}

69. 鼎(勳—則)民不能大甘(箕—其)娍(媄—美)而少(小)甘(箕—其)亞(惡)。_{緇衣35}

70. 此言之砧(玷),不可爲也。_{緇衣36}

71. 此呂(以)生不可敓(奪)志,死不可敓(奪)名。_{緇衣38}

72. 厶(私)惠不墾(壞—懷)悬(德),君子不自審(留)女〈女(安—焉)〉。_{緇衣41}

73. 此呂(以)褸(邇)者不賦(惑)而遠者不悉(疑)。_{緇衣43}

74. 鼎(動—則)好惥(仁)不罾(罟—堅)而亞_(亞亞—惡惡)不屚(著)也。緇衣44

75. 人售(唯—雖)曰不秎(利),虔(吾)弗訐(信)緇衣44之矣。45

76. 不可爲緇衣45卜箬(筮)也。46

77. 我黽(龜)欯(既)猒(厭),緇衣46不我告猷。47

78. 公不敓(悅)。魯穆2

79. 塱(堣—遇)不塱(堣—遇),天也。窮達11

80. 童(動)非爲達也,古(故)穿(竆—窮)而不窮達11[□]。12

81. [□非]爲明(名)也,古(故)莫之智(智—知)而不㝅(鄰—閔)。窮達12

82. [不以無人]嗅(嗔—嗅)而不芳。窮達13

83. 不爲[□□□□]窮達13不菫(理)。15

84. 穿(竆—窮)達呂(以)岂(時),孯(幽)明不再。窮達15

85. 不型(形)於內(謂)之行。五行1

86. 不型(形)於內胃(謂)之行。五行2

87. 不型(形)於內胃(謂)之五行2[行]。3

88. 不型(形)於內胃(謂)之行。五行3

89. 不型(形)於內胃(謂)之{惥之}行。五行4

90. 亡(無)审(中)心[之悅則]不_安_(不安,不安)動(則)不_樂_(不藥—不樂,不樂)動(則)亡(無)惪(德)。五行6

91. 惪(德)弗五行7之(志)不成(城—成),智(智)弗思不昙(得)。8

92. 思不淸(清—精)不諜(察),思不伥(長)[不得,思不輕]不型(形)。五行8

93. 不型(形)不_安_(不安,不安)不_槳_(不藥—不樂,不樂)五行8亡惪(德)。9

94. 不惥(仁),思不能淸(清—精)。五行9

95. 不智(智),思不能伥(長)。五行9

96. 不惥(仁)不聒〈智〉。五行9

97. 未見君子,惪(憂)心五行9不能惙_(惙惙);欯(既)見君子,心不能兑(悅)。10

98. [不]惥(仁),思不能淸(清—精)。五行11

99. 不聖(聖),思不能翌(翌—輕)。五行11

100. 不惥(仁)不聖(聖),五行11未見君子,惪(憂)心不能惢_(忡忡—忡忡);欯(既)見君子,心不能降。12

101. 旻(得)勮(則)不ˍ亡ˍ(不忘,不忘)勮(則)明。五行 14

102. 型(形)勮(則)不ˍ亡ˍ(不忘,不忘)勮(則)聸(聰)。五行 15

103. 不聸(聰)不明,不聖(聖)不ˍ五行 20 晢(不智,不智)不ˍ悤ˍ(不仁,不仁)不ˍ安ˍ(不安,不安)不ˍ樂ˍ(不樂,不樂)亡(無)惪(德)。21

104. 不夏(弁—變)不ˍ兑ˍ(不悦,不悦)不ˍ喜ˍ(不就—不戚,不戚)不ˍ新ˍ(不親,不親)不ˍ悉ˍ(不愛,不愛)不悤(仁)。五行 21

105. 不惪(直)不ˍ遙ˍ(不肆,不肆)不ˍ果ˍ(不果,不果)五行 21 不ˍ束ˍ(不簡,不簡)不ˍ行ˍ(不行,不行)不義。22

106. 不聟(遠)不ˍ敬ˍ(不敬,不敬)不ˍ嚴ˍ(不嚴,不嚴)不ˍ障ˍ(不尊,不尊)不ˍ共ˍ(不恭,不恭)亡(無)豊(禮)。五行 22

107. 胃(謂)之不聸(聰)。五行 23

108. 胃(謂)之不明。五行 23

109. 聳(聞)君子道(道)而不晢(智—知)五行 23 亓(其)君子道(道)也,胃(謂)之不聖(聖)。24

110. 炅(視—見)臤(臤—賢)人而不晢(智—知)亓(其)又(有)惪(德)也,胃(謂)之不晢(智)。五行 24

111. 遙(肆)而不畏(畏)弼(勇—強)語(禦)。五行 34

112. 不五行 34 㠯(以)少(小)道(道)軎(害)大道(道)。35

113. 敬(敬)而不卻(懈),戥(嚴)也。五行 36

114. 障(尊)而不喬(喬—驕),共(恭)也。五行 37

115. 不束〈柬(簡)〉,不行。五行 37

116. 不匵,不美(察)五行 37 於道(道)。38

117. 又(有)大臯(罪)而弗大五行 38 敋(誅)也,不行也。39

118. 又(有)少(小)臯(罪)而弗亦(赦)也,不美(察)於道(道)也。五行 39

119. 不弼(勇—強)不林(綠),不弱(勇—剛)不矛(柔)。五行 41

120. 心曰售(唯),莫敔(敢)不售(唯);如(諾),莫敔(敢)不如(諾);五行 45 進,莫敔(敢)不進;遙(逡—後),莫敔(敢)不遙(後);汖(深),莫敔(敢)不汖(深);㴉(淺),莫敔(敢)不㴉(淺)。46

121. 徑(徲—禪)而不徔(傳)。唐虞 1

122. 徑(徲—禪)而不徔(傳)。唐虞 1

123. 身窷(窮)不堲(均)。唐虞 2

124. 虽(夏)用戈,正(征)不備(服)也。唐虞 13

125. 徸（徸—禪）而不遣（傳）。唐虞 13

126. 夫古者唐虞 15 坴（舜）屋（居）於茅₌（艸茅—草茅）之中而不憂（憂），升爲天子而不喬（喬—驕）。16

127. 屋（居）茅₌（艸茅—草茅）之中而不憂（憂）。唐虞 16

128. 升爲天子而不喬（喬—驕），不溜（流）也。唐虞 17

129. 未唐虞 17 年不弋（式）。18

130. 君民而不喬（喬—驕），卒王天下而不矣（喜）。唐虞 18

131. 方才（在）下立（位），不昌（以）庀（匹）夫爲唐虞 18 坙（至—輕）；及丌（其）又（有）天下也，不昌（以）天下爲重。19

132. 不遄（遄—禪）而能蝸（化）民者，自生民未之又（有）也。唐虞 21

133. 大明不出，旬（丏—萬）勿（物）膚（皆）旬（暗）。唐虞 27

134. 罟（聖）唐虞 27 者不才（在）上，天下𣏌（必）堁（壞）。28

135. 幻（治）之至，敄（養）不枭（肖）。唐虞 28

136. 不譌（訛）不窑（謠），忠之至也。忠信 1

137. 不忢（基—欺）弗替（智—知），訏（信）之至也。忠信 1

138. 至忠女（如）土，蝸（化）勿（物）而不肇（殳—伐）。忠信 2

139. 至訏（信）女（如）旹（時），𣏌（必）至而不結。忠信 2

140. 忠人亡（無）忠信 2 譌（訛），訏（信）人不怀（倍）。3

141. 古（故）不𥪡（皇—誑）生，不怀（倍）死也。忠信 3

142. 大舊（久）而不俞（渝），忠之至也。忠信 3

143. 至訏（信）不怀（倍）。忠信 4

144. 大忠不兑（說），大訏（信）不昇（期）。忠信 4

145. 不兑（說）而足敄（養）者，坒（地）也。忠信 4

146. 不昇（期）忠信 4 而可蝨（要）者，天也。5

147. 忠之爲忠信 6 術（道）也，百工不古（楛）。7

148. 行不訏（信）鄸（則）龠（命）不從，成之 1 訏（信）不惹（著）鄸（則）言不樊（樂）。2

149. 民不從上之龠（命），不訏（信）丌（其）言。成之 2

150. 亓（其）遄（道—導）民也不憲（浸）。成之 4

151. 一宫之人不奘（勝）成之 7 丌（其）敬。8

152. 一宫之人不奘（勝）丌（其）[哀]。成之 8

153. 一旬（軍）之人不奘（勝）丌（其）戙（勇）。成之 9

154. 赱（上）句（苟）昌（倡）之，鄸（則）民鮮不從恙（疑—矣）。成之 9

155. 丌（其）蔦（存）也不畾（厚）。成之 9

156. 不求者（諸）其杏（本）而戈（攻）者（諸）兀（其）**成之 10** 末，弗叟（得）怠（疑—矣）。**11**

157. 句（苟）不從兀（其）繇（由），不反兀（其）杏（本），未有可叟（得）也者。**成之 12**

158. 君上卿（享）成（城—成）不唯杏（本）。**成之 12**

159. 戎（農）夫炗（務）飤（食）不弜（強）咖（耕），糧弗足怠（疑—矣）。**成之 13**

160. 士成（城—成）言不行，明（名）弗叟（得）怠（疑—矣）。**成之 13**

161. 句（苟）不從兀（其）繇（由），**成之 14** 不反其杏（本），唯（雖）弜（強）之弗内（入）怠（疑—矣）。**15**

162. 上不弖（以）兀（其）道（道），民之從之也難。**成之 15**

163. 是弖（以）民可**成之 15** 敬遒（道—導）也，而不可穿（弇—掩）也；可馭（馭—御）也，而不可壆（掔—牽）也。**16**

164. 古（故）孚＝（君子）不貴仿（徆—庶）勿（物）而貴與**成之 16** 民又（有）同也。**17**

165. 可不斳（慎）膚（虖—乎）？**成之 19**

166. 古（故）君子所遏（復）之不多，所求之不遠〈遠〉。**成之 19**

167. 是弖（以）弻（智—知）而求之不疾。**成之 21**

168. 哉（勇）而行之不果。**成之 21**

169. 疾之，**成之 22** 行之不疾，未又（有）能深之者也。**23**

170. 勬（則）聖（聖）人不可由與壆（墂）之。**成之 28**

171. 此弖（以）民合（皆）又（有）眚（性）而聖（聖）人不可莫（慕）也。**成之 28**

172. 害（蓋）遒（道）不説（悦）之訇（詞）也。**成之 29**

173. 桌（槁）木三年，不必爲邦羿（旗）。**成之 30**

174. 所厇（宅—度）不遠〈遠〉怠（疑—矣）。**成之 34**

175. 少（小）人**成之 34** 不經（逞）人於刃（恩），君子不經（逞）人於豊（禮）。**35**

176. 兀（其）先也不若兀（其）遂（後）也。**成之 35**

177. 兀（其）夯（勝）也不若兀（其）巳（已）也。**成之 36**

178. 不遏（還—率）大暊（夏—夏）。**成之 38**

179. 害（蓋）此言也，言不霏（奉）大棠（常）者。**成之 39**

180. 不繇（由）亓（其）道（道），不行。**尊德義 3**

181. 傑（傑—桀）不易**尊德義 5** 畢（禹）民而句（後）嬰（亂）之，湯不易傑（傑—桀）民而句（後）釕（治）之。**6**

182. 莫_{尊德義 7} 不又（有）道（道）女（安—焉），人道（道）爲近。₈

183. 又（有）**惁**（智—知）**呂**（己）而不**惁**（智—知）**佥**（命）者，亡（無）**惁**（智—知）**佥**（命）而不**惁**（智—知）**呂**（己）者。_{尊德義 10}

184. 又（有）_{尊德義 10}**惁**（智—知）豊（禮）而不**惁**（智—知）樂（樂）者，亡（無）**惁**（智—知）樂（樂）而不**惁**（智—知）豊（禮）者。₁₁

185. 不訇（治）不_川_（不順，不順）不坙（坪—平）。_{尊德義 12}

186. 不堂（黨）勳（則）亡（無）_{尊德義 17}悁（怨）。₁₈

187. 不**香**（教）亓（其）人。_{尊德義 19}

188. 可學也而不可矣（疑）也。_{尊德義 19}

189. 可季（教）也而不可迪亓（其）民，而民不可坓（止）也。_{尊德義 20}

190. 日**戶**（嗌—益）而不自**惁**（智—知）也。_{尊德義 21}

191. 民可复（使）道（道—導）_{尊德義 21}之，而不可复（使）**惁**（智—知）之。₂₂

192. 民可道（道—導）也，而不可弜（勞—強）也。_{尊德義 22}

193. 傑（傑—桀）不胃（謂）亓（其）民必嬰（亂）。_{尊德義 22}

194. 爰不若也，可從也而不可及也。_{尊德義 23}

195. 爲邦而不呂（以）豊（禮）。_{尊德義 24}

196. 不呂（以）旨（旨—嗜）谷（欲）褭（害）亓（其）義包。_{尊德義 26}

197. 不和不_女_（不安，不安）不樊（樂）。_{尊德義 27}

198. 訇（治）樊（樂）和忞（哀），民不可**坓**也。_{尊德義 31}

199. 坙（刑）不隶（逮）於君子，豊（禮）不_{尊德義 31}隶（逮）於尖_（少人—小人）。₃₂

200. 不峕（時）勳（則）亡（無）蘲（懂—勸）也。_{尊德義 32}

201. 不_{尊德義 32}忞（愛）勳（則）不新（親），不寥（悁—寬）勳（則）弗罦（懷），不堇（理）勳（則）亡（無）愄（威），不忠（忠）勳（則）不訐（信）。₃₃

202. **刹**勳（則）民不悝（悝—輕），正勳（則）民不㚟（隱），畀（恭）勳（則）民不悁（怨）。_{尊德義 34}

203. 坙（均）不足呂（以）坙（坪—平）正（政），寥（悁—寬）_{尊德義 34}不足呂（以）女（安）民，戢（勇）不足呂（以）沫（勵）眾，尃（博）不足呂（以）**惁**（智—知）善，快（慧）不足呂（以）**惁**（智—知）侖（倫），殺₃₅不足呂（以）夯（夯—勝）民。₃₆

204. 下之事上也，不從亓（其）所佥（命），而從亓（其）所行。_{尊德義 36}

205. 善不［善，性也］。_{性命 4}

206. 所善所不善，埶（埶—勢）也。_{性命 5}

207. ［人］售（唯—雖）又（有）眚（性）心，弗取不出。**性命 6**

208. 凡心又（有）志也，亡（無）牙（與）不［可］。**性命 6**

209. 猷（猶）口之不可量（蜀—獨）言也。**性命 7**

210. 凡勿（物）亡（無）不異也者。**性命 8**

211. 是古（故）丌（其）心**性命 29** 不遠。**30**

212. 不女（如）㠯（以）樂（樂）之遬（速）也。**性命 36**

213. 售（唯—雖）能丌（其）事，不能丌（其）心，不貴。**性命 37**

214. 人之不能㠯（以）爲也，**性命 37** 可䎽（智—知）也。**38**

215. 售（唯）亞（惡）不忎（仁）爲忻（近）宜（義）。**性命 41**

216. 人不難爲之死。**性命 44**

217. 不又（有）夫柬_（簡簡）之心䎽（勳—則）采。**性命 45**

218. 不又（有）夫殟（豆—嘔）怠（怠—殆）志_（之志）䎽（勳—則）縵
　　（慢）。**性命 45**

219. 不又（有）夫詘_（詘詘）之心䎽（勳—則）㳟（流）。**性命 46**

220. 不又（有）夫蒍（奮）**性命 46** 狌（作）之青（青—情）䎽（勳—則）忎
　　（侮）。**47**

221. 弗牧〈敄（養）〉不可。**性命 47**

222. 弗杸（輔）不足。**性命 48**

223. 狀（然）而丌（其）怣（過）不亞（惡）。**性命 49**

224. 人不釿（慎）舁（斯）又（有）怣（過），訐（信）壴（喜—矣）。**性命 49**

225. 售（唯—雖）怣（過）不亞（惡）。**性命 50**

226. 不㠯（以）丌（其）青（青—情），售（唯—雖）難不貴。**性命 50**

227. 亞（惡）之而不可非者，遉（達）於義者也。**性命 54**

228. 非之**性命 54** 而不可亞（惡）者。**55**

229. 行之不怣（過），䎽（智—知）道（道）者也。**性命 55**

230. 不同方而［交，以故者也］。**性命 57**

231. 不同兌（悅）而交，㠯（以）猷者也。**性命 58**

232. 君子不卞（偏）女（如）衍（道）。**六德 5**

233. 䎽（智—知）可**六德 17** 爲者，䎽（智—知）不可爲者。**18**

234. 䎽（智—知）行者，䎽（智—知）不行者。**六德 18**

235. 冬（終）**六德 19** 身不褧（家—嫁）。**20**

236. 不爲君醬（醬—絕）父。**六德 29**

237. 不爲妻醬（醬—絕）昆弟。**六德 29**

238. 不爲彊（朋）替（友）丽（麗—離）宗族。**六德 30**

239. 厽(三)新(親)不剸〈剸(斷)〉。六德 30

240. 害(蓋)亡(無)不㠯(以)也。六德 33

241. 夫不夫,婦不婦,父不父,子不子,君不君,六德 37 臣不臣。38

242. 孚＿(君子)不帝(啻)明虖(乎)民敓(微)而已(已)。六德 38

243. 男女不卞(辨),父子不新(親)。六德 39

244. 父子不新(親),君臣亡(無)宜(義)。六德 39

245. 不夏(使)此民也愳(憂)亓(其)身。六德 41

246. 衒(道)不可徧(徧)也。六德 43

247. 厽(三)者不迵(通),非言行也。六德 45

248. 不夏(得)亓(其)人鼎(勶—則)止也。六德 48

249. 不可爲也,語叢一 56 而不可不爲也。57

250. 正(政)不達旻(文),生虗(乎)不達語叢一 60 亓(其)臱(然)也。61

251. 亡(無)勿(物)不勿(物)。語叢一 71

252. 者迻㥅不逮從一衒(道)。語叢一 75

253. [□□]者悆(義)肰(然)不肰(然)。語叢一 76

254. 隟(尊)而不罜(親)。語叢一 79

255. 罜(親)而語叢一 77 不隟(尊)。82

256. 憥(察)所不督(智—知)。語叢一 85

257. 婁(數),不羃(盡)也。語叢一 90

258. 豊(禮)不同,不寁(豐)不布(殺)。語叢一 103

259. 凡比〈北(必)〉,又(有)不行者也。語叢二 39

260. 未又(有)善事人而不返者。語叢二 45

261. 又(有)悳(德)者不迻(移)。語叢二 48

262. 少(小)不忍,伐大籵(謀)。語叢二 51

263. 又(有)行而不遜(邎—由),又(有)遜(邎—由)而語叢二 53 不行。54

264. 君臣不相才(存)也。語叢三 3

265. 不敓(悦),可去也。語叢三 4

266. 不語叢三 4 我(義)而弜(加)者(諸)己,弗叐(受)也。5

267. 牙(與)不好語叢三 11 敩(教—學)者遊,晶(鼎—員—損)。12

268. 自貝(視—示)亓(其)所不族(足),嗌(益)。語叢三 14

269. 所不行,㠯(嗌—益)。語叢三 16

270. 峕(音—春)穆〈秋〉亡(無)不㠯(以)亓(其)生也亡語叢三 20

271. 不膳(善)罜(擇),不爲督(智—知)。語叢三 38

272. 勿(物)不甫(備),不城(成)悬(仁)。語叢三 39

273. 或遹(遹—由)元(其)不語叢三 42 聿(盡)。43

274. 思語叢三 48 亡(無)不遹(遹—由)我者。49

275. 亡(無)勿(物)不勿(物)。語叢三 64 下

276. 非(靡)言不賭(讎)。語叢四 1

277. 不足昌(以)出亡(喪—亡)。語叢四 3

278. 口不訢(慎)而宋(戶)之閔(閉)。語叢四 4

279. 銛之而不可。語叢四 6

280. 不見江沽(湖)之水。語叢四 10

281. 不鼙(智—知)元(其)占(鄉)之少人、君子。語叢四 11

282. 臤(臤—賢)人不才(在)戾(側)。語叢四 12

283. 不與鼙(智)愻(謀),是胃(謂)自恧(甚—欺)。語叢四 13

284. 秒(利)木會(陰)者,不斯(折)語叢四 16 元(其)枳(枝)。17

285. 秒(利)元(其)渚者,不實(賽—塞)元(其)溓(溪)。語叢四 17

286. 眔而不劃(割)=(害,割)而不畳(躠—仆)。語叢四 18

287. 若兩輪之相遄(轉),而弇(終)不相毀(敗)。語叢四 20

288. 士亡(無)友不可。語叢四 22

289. 君又(有)語叢四 22 愻(謀)臣,斳(則)毀(壞)堅(地)不鈔(削)。23

290. 士又(有)愻(謀)友,斳(則)言談不語叢四 23 勺(弱)。24

291. 唯(雖)戝(勇)力畼(聞)於邦不女(如)材。語叢四 24

292. 金玉湼(湼—盈)室不語叢四 24 女(如)愻(謀)。24

293. 眔弜(強)甚多不女(如)旹(時)。語叢四 25

294. ☐元(其)亡(無)不繇(由)☐殘簡 10

二、衍文。

　　1. 不{不}若已(已)。老甲 38

三、用爲"丕",參閱卷一"丕"(第9頁)。

0928 至　　古文

【用字】　至

【詞義】

一、到;來到。

　　1. 糒(精)之至也。老甲 34

　　2. 至千窮達 10 里。11

　　3. 朼(必)至而不結。忠信 2

4. 麿(麿—皆)至女(安—焉)。語叢— 71

5. 麿(麿—皆)至女(安—焉)。語叢三 65 下

二、及;達到。

1. 呂(以)至亡(無)爲老乙 3 也。4

2. 攸(修)身近至悬(仁)。性命 57

3. 行谷(欲)悪(勇)而必至。性命 63

4. 悳(德)至區者,爻(治)者至亡(無)語叢三 26 閔(閒—間)。27

5. 未又(有)亓(其)至勮(則)悬(仁),叟(治)者語叢三 28 至亡(無)閔(閒—間)勮(則)城(成)明(名)。29

三、到達了極點;極點。

1. 和之至也。老甲 34

2. 怎(仁)之至也。唐虞 2

3. 徸(徸—禪),義之至也。唐虞 8

4. 亟(極)怎(仁)唐虞 19 之至。20

5. 幻(治)之至。唐虞 28

6. 嬰(亂)之至。唐虞 28

7. 忠之至也。忠信 1

8. 訏(信)之至也。忠信 1

9. 忠之至也。忠信 3

10. 訏(信)忠信 3 之至也。4

11. 甬(用)喜(青—情)之性命 42 至者。43

四、極;最。

1. 至虗(虛),死(互—極)也。老甲 24

2. 肰(然)句(後)能至哀。五行 17

3. 至忠女(如)土。忠信 2

4. 至訏(信)女(如)旹(時)。忠信 2

5. 至忠亡(無)謉(訛),至訏(信)不伓(倍)。忠信 4

6. 凡至樂(樂)必悲,哭亦悲,皆(皆)至亓(其)意(情)也。性命 29

7. 訏(信)非至齊也。語叢— 66

8. 父子,至上下也。語叢— 69

9. 兄弟,至先遂(後)也。語叢— 70

五、大;程度最高的。

1. 而可呂(以)至川(順)天棠(常)惩(疑—矣)。成之 38

六、用爲"致",參閱卷五"致"(第 294 頁)。

0929　臺　　🔺

【用字】　臺

【詞義】

一、高而上平的建築物。

　　1. 九成(城—成)之臺(臺)甲〈乍(作)〉[於絫土]。**老甲 26**

0930　銍　　🔺

【用字】　銍

【解字】

　　"銍",對應今本《緇衣》作"命",《尚書・呂刑》作"靈"。陳高志先生認爲是"晉"之異體①。顔世鉉先生認爲通"至",訓爲"善"②。李零先生讀爲"臻",完美③。廖名春先生認爲是"至"字繁文,訓爲"善"④。白於藍先生釋爲"晉",認爲"晉"與"戔"音近,从"戔"聲之"踐"古可通"善"⑤。何琳儀先生認爲是"晉"之省簡,讀爲"命"⑥。張富海先生疑讀爲"令"或"靈",訓爲"善"⑦。饒宗頤先生讀爲"晉",與"齊"通用,中正之義⑧。

【詞義】

一、待考。

　　1. 非甬(用)銍,斯(制)㠯(以)坴(刑)。**緇衣 26**

0931　西　　🔺　　　或體　🔺　　古文　🔺　　籀文　🔺

【用字】　西

---

①　陳高志:《〈郭店楚墓竹簡・緇衣篇〉部分文字隸定檢討》,《張以仁先生七秩壽慶論文集》,學生書局,1999 年,第 367 頁。

②　顔世鉉:《郭店楚簡淺釋》,《張以仁先生七秩壽慶論文集》,學生書局,1999 年,第 383—384 頁。

③　李零:《郭店楚簡校讀記》,《道家文化研究》第 17 輯(郭店楚簡專號),生活・讀書・新知三聯書店,1999 年,第 487 頁。

④　廖名春:《郭店楚簡引〈書〉論〈書〉考》,《郭店楚簡國際學術研討會論文集》,湖北人民出版社,2000 年,第 114 頁。

⑤　白於藍:《郭店楚簡補釋》,《江漢考古》,2001 年第 2 期,第 57—58 頁。

⑥　何琳儀:《郭店竹簡選釋》,《簡帛研究二〇〇一》,廣西教育出版社,2001 年,第 161 頁。

⑦　張富海:《郭店楚簡〈緇衣〉篇研究》,北京大學碩士學位論文,2002 年,第 22 頁。

⑧　饒宗頤:《由刑德二柄談"銍"字——經典異文探討一例》,《語言文字學研究》,中國社會科學出版社,2005 年,第 3—4 頁。

【詞義】

一、方位詞。西方。與"東"相對。

　　1.［天不足］太一 **12** 於西北。**13**

0932　戶　　尸　　古文 屍

【用字】　床

【詞義】

一、單扇的門;泛指房屋的出入口。

　　1. 口不訢(慎)而床(戶)之閟(閉)。語叢四 **4**

0933　門　　門

【用字】　門

【詞義】

一、房屋或區域的可以開關的出入口。

　　1. 戰(守)監門窮達 **4** 坔(棘)墬(地)。**5**

　　2. 門内之綑(治),谷(欲)亓(其)性命 **58** 鯍(宛)也。**59**

　　3. 門外之綑(治),谷(欲)亓(其)楒(折)也。性命 **59**

　　4. 門内六德 **30** 之綑(治)紉(恩)弇(弁—掩)宜(義),門外之綑(治)宜
　　　 (義)斬紉(恩)。**31**

二、喻事物的關鍵、門徑。

　　1. 寋(賽—塞)亓(其)門。老甲 **27**

　　2. 閟(閉)亓(其)門。老乙 **13**

三、家族;門第。

　　1. 者(諸)厌(矦—侯)之門,義士語叢四 **8** 之所厴(存)。**9**

0934　闗　　闗　　古文 閞

【用字】　閟

【詞義】

一、待考。

　　1. 或遊(邎—由)亓(其)閟(闗)。語叢三 **42**

0935 閒(間)  古文 

【用字】 外刃、閉

【解字】

“閉”即“閒”字,“間”“閒”爲一字異體,《説文》有“閒”而無“間”。爲與“閒暇”義之“閒”區别,列於“閒”字頭下而仍釋寫爲“間”。段注“閒”字古文作“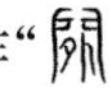”,從戰國文字來看,“閒”或从“外”“刃”“夕”作,或直接寫作“刃”,今本《説文》古文形體不確。

【詞義】

一、中間。

1. 天埅(地)之刃(間)。**老甲 23**

二、“無間”,極小細微處①。

1. 兊(治)者至亡(無)**語叢三 26** 閉(閒—間)。**27**

2. 𨋩(治)者**語叢三 28** 至亡(無)閉(閒—間)勳(則)城(成)明(名)。**29**

0936 閉 

【用字】 閟、腁

【解字】

《説文》:“閟,閉門也。閉,闔門也。”今二義皆以“閉”字表示。“腁”當爲“閟”字形近訛寫。

【詞義】

一、關門。

1. 口不訢(慎)而床(户)之閟(閉)。**語叢四 4**

二、關閉;堵塞。

1. 腁〈閟(閉)〉亓(其)逸(兑)。**老甲 27**

2. 閟(閉)亓(其)門。**老乙 13**

0937 閔  古文 

【用字】 𡦗

---

① 劉釗:《郭店楚簡校釋》,福建人民出版社,2005 年,第 216 頁。按:陳偉先生認爲“無間”即無懈可擊之意(《郭店竹書别釋》,湖北教育出版社,2003 年,第 218 頁)。

【解字】

“筡”字从竹从吝，“筊”字異體。“吝”字所从“口”旁以一粗橫筆代替。

【詞義】

一、憂也。

　　1. 古（故）莫之惛（智—知）而不筡（鄰—閔）。窮達 12

0938 閔

【解字】

　　“閔嘍”，周鳳五先生讀爲“蠻貉”。亦作“蠻貊”，泛指四方落後部族。《論語・衛靈公》：“言忠信，行篤敬，雖蠻貊之邦行矣。”①馮時先生讀爲“端愨”，意爲謹慎樸實，專誠不貳②。劉信芳先生讀爲“煩僂”，泛指廢疾者③。鄭剛先生認爲“閔”是“啟”或“刻”的異體，指“漏刻”或“刻漏”④。劉剛先生讀爲“辟陋”，指代楚、莒之類所謂的蠻夷之邦⑤。邱德修先生讀爲“開嘍”⑥。目前，多數學者贊同讀爲“蠻貉”。

【詞義】

一、待考。

　　1. 氏（是）古﹎（故古）之所忠信 8 曰（以）行虖（乎）閔嚳（嘍）者。9

0939 耳　　目

【用字】　耳

【詞義】

一、耳朵，人體的器官，主聽。

　　1. 耳官（目）鼻口手足六者，心之㼌（役）也。五行 45

---

① 周鳳五：《郭店楚簡〈忠信之道〉考釋》，《中國哲學》第 21 輯，遼寧教育出版社，2000 年，第 143 頁。

② 馮時：《戰國竹書〈忠信之道〉釋論》，《古墓新知——紀念郭店楚簡出土十周年論文專輯》，國際炎黃文化出版社，2003 年，第 49—52 頁。

③ 劉信芳：《楚簡〈容成氏〉官廢疾者文字叢考》，《古文字研究》第 25 輯，中華書局，2004 年，第 327 頁。

④ 鄭剛：《忠信之道的比喻、所指和內容》，《楚簡孔子論說辯證》，汕頭大學出版社，2004 年，第 18—19 頁。

⑤ 劉剛：《說“閔嘍”》，復旦大學出土文獻與古文字中心網站（http：//www.gwz.fudan.edu.cn/SrcShow.asp?Src_ID＝534），2008 年 10 月 27 日。

⑥ 邱德修：《郭簡〈忠信之道〉“（閔）嘍”新證》，《傳統中國研究集刊》，2009 年第 1 期，第 62—72 頁。

2. 耳目耴（聰）明衰。唐虞 26

3. 耳之樂（樂）聖（聖—聲），臔（臡—怫）舀（陶）之燚（燹—氣）也。性命 44

4. 聖（聖—聲），耳嘅（司）語叢— 50 也。51

5. 言語叢四 1 而狗（苟），牆（墙）又（有）耳。2

二、語氣詞。表示肯定或語句的停頓與結束。相當於"了""啊""也"。

1. 耳。語叢三 21

0940　聖

【用字】　聖、聖、睪、睪、耵、晢

【解字】

　　楚文字"聖"從"壬"聲，可隸定爲"聖"，同小篆（隸變改從"王"），"壬"或訛省爲"土"而整字寫作"聖"。"睪"字從聖從口，"聖"字異體。"聖"字最下一橫筆與"口"形最上一橫筆共用一筆。《唐虞》簡 3"睪"爲"聖"字異體。《唐虞之道》篇"聖"字多寫作從聖從口，"聖"字最下一橫筆與"口"形最上一橫筆共用一筆，此或即此類形體之訛省。理論上也有可能就是"聖"字直接訛省最後一橫筆而成。

【詞義】

一、德行高尚的人。

1. 聖（聖）人之才（在）民峀（前）也，㠯（以）身遂（後）之。老甲 3

2. 是㠯（以）聖（聖）人亡（無）爲古（故）亡（無）敗（敗）。老甲 11

3. 聖（聖）人谷（欲）老甲 11 不谷（欲），不貴難旻（得）之貨。12

4. 是古（故）聖（聖）人能尃（輔）萬勿（物）之自肰（然）而弗老甲 12 能爲。13

5. 是㠯（以）聖（聖）人老甲 14 猷（猶）難（難）之。15

6. 是老甲 16 㠯（以）聖（聖）人居亡（無）爲之事。17

7. 是㠯（以）聖（聖）人之言曰：……老甲 31

8. 聖（聖）人羕（無）爲古（故）羕（無）敗（敗）也。老丙 11

9. 是㠯（以）聖（聖）老丙 12 人欲（欲）不欲（欲）。13

10. 聖（聖）人之從事也，亦㤅（託）兀（其）太— 11 明（名）。12

11. 聖（聖）人暂（智—知）而〈天〉五行 26 道（道）也。27

12. 夫睪（聖）人上事天，效（教）民又（有）尊（尊）也。唐虞 4

13. 先睪（聖）唐虞 5 牙（與）遂（後）耴（聖）。6

14. 睪（聖）吕（以）壄（坶—遇）命，忈（仁）吕（以）遣（逢）旹（時）。唐虞 14

15. 從（縱）忈（仁）、睪（聖）可牙（與），旹（時）弗可及歀（歡—矣）。唐虞 15

16. 古者哲（聖）人廾（二十）而唐虞 25 冐（冠）。26

17. 睪（聖）唐虞 27 者不才（在）上，天下朼（必）堁（壞）。28

18. 聖（聖）人之眚（性）與中人之眚（性）。成之 26

19. 勑（則）聖（聖）人不可由與壄（坶）之。成之 28

20. 此吕（以）民各（皆）又（有）眚（性）而聖（聖）人不可莫（慕）也。成之 28

21. 聖（聖）人天悳（德）。成之 37

22. 聖＝（聖人）之訉（治）民，民之道（道）也。尊德義 6

23. 聖（聖）人比亓（其）性命 16 頪（類）而侖（論）會（會）之。17

二、聖道。

1. 未見聖（聖），如亓（其）弗克見。緇衣 19

2. 我歆（既）見，我弗迪（由）聖（聖）。緇衣 19

三、聰明；聖明。

1. 聖（聖）型（形）於内胃（謂）之悳（德）五行 3 之行。4

2. 不聖（聖），思不能翠（翠—輕）。五行 11

3. 不悬（仁）不聖（聖）。五行 11

4. 聖（聖）之思也翠（翠—輕）。五行 15

5. 型（形）五行 15 勑（則）聖（聖）。16

6. 玉音，聖（聖）也。五行 19

7. 不聖（聖）不五行 20 智（智）。21

8. 胃（謂）之不聖（聖）。五行 24

9. 聋（聞）而智（智—知）之，聖（聖）也。五行 25

10. 虞＿（虢虢—赫赫），聖（聖）也。五行 25

11. 聋（聞）而智（智—知）之，聖（聖）也。五行 26

12. 聖（聖）智（智），豊（禮）樂（藥—樂）之所彜〈繇（由）〉生也。五行 28

13. 聖（聖）、智（智）也。六德 1

14. 聖（聖）牙（與）智（智）豪（就）壴（喜—矣）。六德 1

15. 非聖（聖）智（智）者莫之能也。六德 3

16. 胃（謂）之聖（聖）。六德 21

17. 聖（聖）也者，父悳（德）也。六德 21

18. 父聖(聖),子悬(仁)。六德 34

19. 聖(聖)生悬(仁)。六德 35

20. 又(有)聖(聖)又(有)善。語叢一 17

21. 備之胃(謂)聖(聖)。語叢一 94

四、賢聖。

1. 徨(徨—禪)而不悳(傳),罢(聖)之唐虞 1 盛也。2

2. 古酱(昔)▮又(臤—賢)忢(仁)罢(聖)者女(如)此。唐虞 2

3. 睪(聖)逍(道)備歕(歆—矣)。唐虞 3

五、用爲"聲",參閱本卷"聲"(第 605 頁)。

六、用爲"聽",參閱本卷"聽"(第 604 頁)。

0941 聰   聰

【用字】 聦、聠

【解字】

　　《唐虞》簡 26"聠"字,劉信芳先生認爲从目午聲,隸定爲"聠",讀如"許","耳目聠明衰",蓋謂耳之聽衰,目之明衰①。李零先生認爲整理者釋爲从耳从午,所謂"午"乃"虫"字誤解,當作"聩",即"聰"字。"蟲"是定母冬部字,作偏旁往往省作"虫","聰"是清母東部字,字音相近②。周鳳五先生認爲此字當以"午"爲聲符,午,古音疑母魚部;聰,清母東部。楚國國方言東、冬、陽三部互通,魚部爲陽部的陰聲韻,則午與聰二字旁對轉可通,簡文聰作"聠",正反映楚國方言此一特色③。白於藍先生釋爲"聒",从"午"聲屬聲符互換。《廣韻》暮韻:"聒,聽也。"《論衡·禍虛》"耳目失明聽",也是用"聽""明"來説明"耳""目",與簡文可相參照④。何琳儀先生認爲楚簡文字"攴"旁往往誤作"午"形,隸定爲"敢",讀爲輒,猶"則"。"耳目則明衰"是説"耳目則明顯衰退"⑤。馮勝君師隸定爲"敢"。郭店簡中有些"攴"字寫法與"午"字很相似。如《五行》第 38、39 號簡兩見"敢"字,分別作"敢""敢",其中第一種形體所從之"攴"寫法就與"午"字很相似。因此,該字很

① 劉信芳:《郭店竹簡文字考釋拾遺》,《江漢考古》,2000 年第 1 期,第 42 頁。

② 李零:《郭店楚簡校讀記》,《道家文化研究》第 17 輯(郭店楚簡專號),生活·讀書·新知三聯書店,1999 年,第 500 頁。

③ 周鳳五:《郭店楚墓竹簡〈唐虞之道〉新釋》,《"中研院"歷史語言研究所集刊》,第 70 本第 3 分,1999 年,第 755 頁。

④ 白於藍:《郭店楚簡補釋》,《江漢考古》,2001 年第 2 期,第 57 頁。

⑤ 何琳儀:《郭店竹簡選釋》,《簡帛研究二〇〇一》,廣西教育出版社,2001 年,第 164 頁。

可能應分析爲从耳从攴,釋爲"取"。取,在此應讀爲"聰"。"聰"字數見於《五行》簡,均寫作""。但郭店簡中一字異形及通假之例甚多,上引簡文假"取"爲"聰"並不奇怪。取,清紐侯部字;聰,清紐東部字。二字聲紐相同,韻爲陰陽對轉,古音極近①。吳良寶先生認爲應隸定爲"斯",看來是可信的,它與"聰"字應是一種省形關係,是將聲符進一步省略②。劉釗先生認爲"取"字讀爲"聰",古音"取"在清紐侯部,"聰"在清紐東部,聲紐相同,韻爲陰陽對轉,故可相通③。黃錫全先生認爲此字可能从"蟲"聲④。

【詞義】

一、聽;聽覺。

 1. 耳目昕(聰)明衰。唐虞 26

二、聰明;有才智。

 1. 不亡(忘)勧(則)聡_(聰,聰)勧(則)聲(聞)君子道(道)。五行 15

 2. 不聡(聰)不明。五行 20

 3. 胃(謂)之不聡(聰)。五行 23

 4. 聲(聞)君子道(道),聡(聰)也。五行 26

0942 聽

【用字】 聖

【詞義】

一、用"耳"去接受聲音。

 1. 昃(視)之不足見,聖(聖—聽)之不足睯(聞)。老丙 5

 2. 聖(聖—聽)孟(琴)歼(瑟)之聖(聖—聲)性命 24 鼎(勧—則)諮(悸)女(如)也斯(斯)戁(歡)。25

 3. 涅(涅—盈)聖(聖—聽)之胃(謂)聖(聖—聲)。語叢一 100

二、聽憑;聽任。

 1. 譽(譽)皇(毀)才(在)仿(旁),聖(聖—聽)之弋(任)之。窮達 14

三、聽從;順從;服從。

 1. 聖(聖—聽)君而旨(會)。語叢四 27 上

---

① 馮勝君:《讀〈郭店楚墓竹簡〉札記四則》,《古文字研究》第 22 輯,中華書局,2002 年,第212—213 頁。

② 吳良寶:《讀郭店楚簡札記(三則)》,《古籍整理研究學刊》,2001 年第 5 期,第 8 頁。

③ 劉釗:《郭店楚簡校釋》,福建人民出版社,2005 年,第 158 頁。

④ 黃錫全:《〈唐虞之道〉疑難字句新探》,《長沙三國吳簡暨百年來簡帛發現與研究國際學術研討會論文集》,中華書局,2005 年,第 224 頁。

0943 職 戠

【用字】 戠

【詞義】

一、職責。

1. 夫生而又(有)戠(職)事者也,非弅(教)所及也。**尊德義 18**

2. 此六戠(職)也。**六德 9**

3. 六戠(職)飮(既)分,呂(以)裕六惪(德)。**六德 10**

4. 六者客(各)**六德 23** 行亓(其)戠(職)。**24**

5. 此六者客(各)**六德 35** 行亓(其)戠(職)。**36**

0944 聲 聲

【用字】 聖、聖

【詞義】

一、聲音;樂音。動物、人、樂器等發出的音。

1. 音聖(聖—聲)之相和也。**老甲 16**

2. 大音鬵(祇—希)聖(聖—聲)。**老乙 12**

3. 人緇衣 **40** 正上句(苟)又(有)言,必睧(聞)亓(其)聖(聖—聲)。**40 背**

4. 金聖(聖—聲)而玉晋(晨—振)之。**五行 19**

5. 金聖(聖—聲),善也。**五行 19**

6. 肰(然)句(後)能金聖(聖—聲)而玉晋(晨—振)之。**五行 20**

7. 金石之又(有)聖(聖—聲)[也,弗扣]**性命 5**[不鳴]。**6**

8. 凡聖(聖—聲),亓(其)出於惪(情)也訐(信)。**性命 23**

9. 睧(聞)芺(笑)聖(聖—聲)鼎(勮—則)鮮(侃)女(如)也斯(斯)惪(憙—喜)。**性命 24**

10. 聖(聖—聽)盃(琴)开(瑟)之聖(聖—聲)**性命 24** 鼎(勮—則)誃(悸)女(如)也斯(斯)戁(歎)。**25**

11. 羿(奠—鄭)壑(衛)之樊(樂),鼎(勮—則)非亓(其)聖(聖—聲)而從(縱)之也。**性命 27**

12. 亓(其)聖(聖—聲)夏(兊—弁—變)鼎(勮—則)[心從之],**性命 32** 亓(其)心夏(兊—弁—變)鼎(勮—則)亓(其)聖(聖—聲)亦肰(然)。**33**

13. 嚭(誂—啾)遊(由)聖(聖—聲)。**性命 33**

14. 耳之樂(樂)聖(聖—聲)。**性命 44**

15. 又(有)聖(聖—聲)又(有)臭(嗅)**語叢— 47** 又(有)未(味)。**48**

16. 聖(聖—聲),耳鈙(司)**語叢— 50** 也。**51**

17. 埶(埶—勢)牙(與)聖(聖—聲)爲可憐(察)也。**語叢— 86**

18. 涅(涅—盈)聖(聖—聽)之胃(謂)聖(聖—聲)。**語叢— 100**

0945 聞　聞

【用字】　昏、聳、聒

【詞義】

一、聽見;聽到;聽説。

1. 上士昏(聞)道(道)。**老乙 9**

2. 中士昏(聞)道(道)。**老乙 9**

3. 下士昏(聞)道(道)。**老乙 9**

4. 聖(聖—聽)之不足聒(聞)。**老丙 5**

5. 人**緇衣 40** 正上句(苟)又(有)言,必聒(聞)丌(其)聖(聖—聲)。**40 背**

6. 虖(吾)亞(惡)昏(聞)之矣。**魯穆公 8**

7. 聰(聰)勬(則)聳⸗君⸗子⸗道⸗(聞君子道,聞君子道)鼎(勬—則)玉音。**五行 15**

8. 未尚(嘗)**五行 22** 聳(聞)君子道(道)。**23**

9. 聳(聞)君子道(道)而不聟(智—知)**五行 23** 丌(其)君子道(道)也。**24**

10. 聳(聞)而聟(智—知)之,聖(聖)也。**五行 25**

11. 聳(聞)君子道(道),聰(聰)也。**五行 26**

12. 聳(聞)而聟(智—知)之,聖(聖)也。**五行 26**

13. 聳(聞)道(道)而兑(悦)者,好息(仁)者也。**五行 49**

14. 聳(聞)道(道)而墼(畏)者,好**五行 49** 義者也。**50**

15. 聳(聞)道(道)而共(恭)者,好豊(禮)者也。**五行 50**

16. 聳(聞)道(道)而醔(樂)者,好惪(德)者也。**五行 50**

17. 昏(聞)埜(舜)孝。**唐虞 22**

18. 昏(聞)埜(舜)弟(悌)也。**唐虞 23**

19. 昏(聞)埜(舜)丝(慈)虎(乎)弟。**唐虞 23**

20. 聒(聞)之曰:……**成之 1**

21. 聒(聞)芺(笑)聖(聖—聲)鼎(勬—則)聾(侃)女(如)也斯(斯)憙

（意—喜），昏（聞）訶（歌）諑（謠）鼎（勮—則）舀（陶）女（如）也斯（斯）奋（奮）。**性命 24**

22. 昏（聞）道（道）反上，上交者也。**性命 55**

23. 昏（聞）衍（道）反下，下交者也。**性命 56**

24. 昏（聞）道（道）反旨（己），攸（修）身者也。**性命 56**

二、被聽到；被傳播。即聞名；著稱。

1. 唯（雖）戡（勇）力瑉（聞）於邦不女（如）材。**語叢四 24**

三、聽取；接受。

1. 古（故）君子多瑉（聞），齊而獃（獸—守）之。**緇衣 38**

0946　手　　屮　　古文 𦬠

【用字】　𠬻

【詞義】

一、人體上肢的總稱，一般指腕以下持物的部分。

1. 耳宦（目）鼻口𠬻（手）足六者，心之役（役）也。**五行 45**

0947　指　　𦘔

【用字】　𦘔

【解字】

　　"𦘔"即"指"字，李學勤先生、陳偉先生、李零先生等訓爲手指①。趙建偉先生、劉釗先生等讀爲"嗜"②。廖名春先生讀爲"旨"，訓爲"意"③。

【詞義】

一、意圖；主旨。

1. 凡古樂（樂）龍心，咠（嗌—益）樂（樂）龍𦘔（指），㠯（皆）香（教）亓（其）人者也。**性命 28**

---

① 李學勤：《郭店簡與〈樂記〉》，《中國哲學的詮釋與發展——張岱年先生九十壽慶紀念論文集》，北京大學出版社，1999 年，第 26 頁。陳偉：《郭店簡書〈人雖有性〉校釋》，《中國哲學史》，2000 年第 4 期，第 10—11 頁。李零：《郭店楚簡校讀記（增訂本）》，北京大學出版社，2002 年，第 113 頁。

② 趙建偉：《郭店竹簡〈忠信之道〉〈性自命出〉校釋》，《中國哲學史》，1999 年第 2 期，第 37 頁。劉釗：《郭店楚簡校釋》，福建人民出版社，2003 年，第 98 頁。

③ 廖名春：《郭店簡〈性自命出〉篇校釋札記》，《新出楚簡試論》，臺灣古籍出版有限公司，2001 年，第 150 頁。

0948 揖　　揖

【用字】　茸、罷

【解字】

《成之》簡 18"罷"字,裘錫圭先生"按語"(169 頁注〔二十〕)讀爲"能"。《六德》簡 19"能與之齊"中的"能"讀爲"一",這似乎從側面印證了"罷"讀爲"能"的可能性,故其後學者多從之。也有不同的意見,如李天虹先生讀爲"揖"①;季旭昇先生讀爲"抑"或"摶","抑讓""摶讓"都是謙讓的意思②。"罷"還見於上博五《君子爲禮》簡 9"貴而揖讓",正可與《成之》簡 18 對讀,整理者讀爲"能"③。裘錫圭先生據此放棄讀爲"能"的説法,而從季旭昇先生的意見讀爲"抑",同時認爲"揖讓"的意思太具體④。清華簡十三《大夫食禮》簡 2—3 有這樣一句話:"主人去處,茸(揖)君子。既罷(揖)君子,乃出逆,右屏,出門少左,唇客而立。""罷"原作"罷",整理者讀爲"揖"⑤,可信,屬於一簡之中異字同用現象⑥。石小力先生進而指出郭店《成之》簡 18"罷"字當從李天虹先生意見讀爲"揖","揖讓"即作揖禮讓之意⑦。寧鎮疆先生認爲郭店《成之》簡 18、《五行》簡 16(淑人君子,其儀罷也,能爲罷,然後能爲君子)中的"罷"皆當讀爲"抑",克抑之義;《六德》簡 19 的"能與之齊"之"能"爲"罷"之省,也應讀爲"抑",訓爲克抑⑧。

【詞義】

一、拱手爲禮;作揖。

　1. 茸(揖)而退(退)之。**魯穆公 2**

　2. 貴而罷(揖)緻(纏—讓)。**成之 18**

---

① 李天虹:《郭店楚簡文字雜釋》,《郭店楚簡國際學術研討會論文集》,湖北人民出版社,2000 年,第 94—95 頁。

② 季旭昇:《説文新證》,福建人民出版社,2010 年,第 35—36 頁。

③ 馬承源主編:《上海博物館藏戰國楚竹書(五)》,上海古籍出版社,2005 年,第 260 頁。

④ 裘錫圭:《"東皇太一"與"大奫伏羲"》,《裘錫圭學術文集·簡牘帛書卷》,復旦大學出版社,2012 年,第 555—556 頁。

⑤ 黃德寬主編:《清華大學藏戰國竹簡》,中西書局,2023 年,第 107 頁注〔六〕。

⑥ 陳偉武:《一簡之内同字異用與異字同用》,氏著《愈愚齋磨牙二集:古文字與古文獻研究叢稿》,中西書局,2018 年,第 28—40 頁。

⑦ 石小力:《清華簡第十三輯中的新用字現象》,《出土文獻》,2023 年第 4 期,第 35—36 頁。

⑧ 寧鎮疆:《説楚簡中用爲"抑"的"罷"字》,"西南大學漢語言文獻研究所建所 40 周年紀念會暨古文字與古文獻國際學術研討會"論文(散發),西南大學,2024 年。

0949　捧（拜）　𤿤　或體 𢪏　古文 𤼽

【用字】　𢪏

【詞義】

一、表示恭敬的一種禮節。古之拜，惟拱手彎腰而已，如今之揖。後來指屈
　　膝頓首，兩手著地或叩頭及地爲拜。

　　1. 𢪏（拜），所吕（以）［□□也］。**性命 21**

0950　推　　𤄷

【用字】　淮

【解字】

　　"𤄷"字整理者隸定爲"灘"，顔世鉉先生初讀爲"摧"或"推"；後認爲該
字與《説文》"津"字古文形近，釋爲"津"，讀爲"盡"，絶、除、止之意①。李零
先生認爲似是"濩"字的省體，這里讀爲"去"，"去"是溪母魚部字，"濩"是
匣母鐸部字，讀音相近②。張新俊先生同意李零先生意見，認爲該字從水、
腰聲，但應讀爲"卻"，訓爲"節"，"卻忿戾"是節制憤怒的意思③。王凱博先
生贊同張新俊先生的意見，但訓爲防禁、禦止④。何琳儀先生隸定爲"𤀟"，
釋爲"津"，此處讀爲"盡"，止也⑤。陳偉先生認爲該字從"水"從"雎"，讀爲
"沮"，終止、阻遏義⑥。劉釗先生讀爲"推"，排除⑦。涂宗流、劉祖信先生認
爲此字簡文從水從雎，雎亦聲，疑借爲"搥"，引申爲"鞭"⑧。顧史考先生讀
爲"濟"⑨。陳劍先生疑釋爲"淮"，讀爲"綏"⑩。廣瀬薫雄先生釋爲"淮"，

───────────

①　顔世鉉：《郭店楚簡淺釋》，《張以仁先生七秩壽慶論文集》，學生書局，1999 年；《郭店楚簡
　　散論》（三），《大陸雜誌》第 101 卷第 2 期，2000 年 8 月 15 日，第 78 頁。

②　李零：《郭店楚簡校讀記》，《道家文化研究》第 17 輯（郭店楚簡專號），生活·讀書·新知
　　三聯書店，1999 年，第 523 頁。

③　張新俊：《夕陽破楚簡中的"越濩君"新釋》，《吉林大學古籍整理研究所建所三十周年紀念
　　文集》，上海古籍出版社，2014 年，第 89—97 頁。

④　王凱博：《出土文獻資料疑義探研》，吉林大學博士學位論文，2018 年，第 11 頁。

⑤　何琳儀：《郭店竹簡選釋》，《簡帛研究二〇〇一》，廣西教育出版社，2001 年，第 165 頁。

⑥　陳偉：《郭店簡書〈尊德義〉校釋》，《中國哲學史》，2001 年第 3 期，第 109 頁。

⑦　劉釗：《郭店楚簡校釋》，福建人民出版社，2005 年，第 125 頁。

⑧　涂宗流、劉祖信：《郭店楚簡先秦儒家佚書校釋》，萬卷樓圖書有限公司，2001 年。

⑨　顧史考：《讀〈尊德義〉札記》，《第四屆國際中國古文字學術研討會論文集》，香港中文大學
　　中國語言及文學系，2003 年，第 322 頁。

⑩　陳劍：《郭店簡〈尊德義〉和〈成之聞之〉的簡背數字與其簡序關係的考察》，《簡帛》第 2
　　輯，上海古籍出版社，2007 年，第 209—225 頁。

讀爲“推”，排除①。按：學者已經指出，楚文字“隹”字左邊常加飾筆“卜”，或依形隸定爲“丹”或“月”，似可不必。該字可直接釋爲“淮”，讀爲“推”。

【詞義】

一、排除。

　　1. 淮（推）忿纆（肇—戾）。尊德義1

0951 挫　　𣂐

【用字】　劀

【解字】

　　“劀其竊”，帛書甲本作“坐其閱”，乙本作“銼其兑”，今本作“挫其鋭”。池田知久先生認爲是“副”的假借字②。崔仁義先生認爲“劀，从畜从刃，畜亦聲，通留、劉”③。劉信芳先生認爲“劀”字讀如“剄”，折傷也④。魏啓鵬先生認爲字从刀，畜聲，古音透母覺部，以聲類求之，其義殆訓爲“斲”，謂打擊、砍削⑤。趙建偉先生讀爲“逐”，意爲除去⑥。黃德寬、徐在國先生指出《汗簡·手部》“撤”字作🖫，《古文四聲韻·薛韻》引《古老子》“轍”字作🖬。撤字古音屬透紐元部，挫字屬精紐歌部，挫撤古音近。疑該字應隸定爲“劀”，讀爲“挫”⑦。黃錫全先生釋爲“蓄”，“蓄其鋭”，就是蓄其精鋭、不露鋒芒。根據文義，很可能蓄爲本字，挫爲借字。當然此字从刀、畜聲，也有可能是剄字異體⑧。李零先生懷疑爲“剉”的訛寫（“銼”，古書亦作“錯”，或“剉”“剒”），或者是個含義相近的字（今字書無此字），暫讀爲“銼”⑨。韓禄

---

①　廣瀨薰雄：《郭店楚簡〈尊德義〉和〈成之聞之〉的簡背數字補論》，《簡帛研究論集》，上海古籍出版社，2019年，第56—65頁。

②　池田知久：《荆門市博物館〈郭店楚墓竹簡〉筆記》，郭店《老子》國際學術研討會論文，1998年。

③　崔仁義：《荆門郭店楚簡〈老子〉研究》，科學出版社，1998年，第60—61頁。

④　劉信芳：《荆門郭店竹簡老子解詁》，藝文印書館，1999年，第35頁。

⑤　魏啓鵬：《楚簡〈老子〉柬釋》，《道家文化研究》第17輯（郭店楚簡專號），生活·讀書·新知三聯書店，1999年，第228頁。

⑥　趙建偉：《郭店楚簡〈老子〉校釋》，《道家文化研究》第17輯（郭店楚簡專號），生活·讀書·新知三聯書店，1999年，第289頁。

⑦　黃德寬、徐在國：《郭店楚簡文字考釋》，《吉林大學古籍整理研究所建所十五周年紀念文集》，吉林大學出版社，1998年，第100頁。

⑧　黃錫全：《讀郭店楚簡〈老子〉札記三則》，《郭店楚簡國際學術研討會論文集》，湖北人民出版社，2000年，第458—459頁。

⑨　李零：《郭店楚簡校讀記（增訂本）》，北京大學出版社，2002年，第13頁。

伯先生認爲字爲"刨"的假借字①。廖名春先生認爲"劃"字當系"畜"之繁文,"畜"有藏義,可引申爲掩藏、掩蓋②。劉釗先生認爲"劃"字疑讀爲"抽",古音"畜"在透紐覺部,"抽"在透紐幽部,聲紐相同,韻爲對轉。③ 陳錫勇先生讀爲"挫",訓爲減損④。彭裕商、吳毅強先生讀爲"挫",訓爲收斂⑤。

【詞義】

一、收斂。

　　1. 劃(挫)亓(其)籲(銳)。老甲 27

0952　持　　㭪

【用字】　枽、貴、志

【詞義】

一、執;握。

　　1. 亓(其)安(安)也,易枽(持)也。老甲 25

二、持有。

　　1. 貴(持)與貢(亡)筥(孰)疠(病)? 老甲 36

　　2. 枽(持)而浧(涅—盈)老甲 37 之,不{不}若巳(已)。38

0953　攝　　攝

【用字】　㒼

【詞義】

一、佐理;輔助。

　　1. 傰(朋)盍(友)卣(攸)㒼=(攝,攝)㠯(以)愳(威)義(儀)。緇衣 45

0954　擇　　擇

【用字】　罜、臬

① 韓禄伯著,邢文改編,余瑾譯:《簡帛老子研究》,學苑出版社,2002 年,第 77 頁。

② 廖名春:《郭店楚簡老子校釋》,清華大學出版社,2003 年,第 281—282 頁。

③ 劉釗:《郭店楚簡校釋》,福建人民出版社,2005 年,第 21 頁。

④ 陳錫勇:《郭店楚簡老子論證》,里仁書局,2005 年,第 168—169 頁。

⑤ 彭裕商、吳毅強:《郭店楚簡老子集釋》,巴蜀書社,2011 年,第 289—290 頁。

【詞義】

一、選擇;挑選。

1. 君臣、朋眷(友),亓(其)臭(罤—擇)者也。語叢一 87

2. 不膳(善)罤(擇),不爲耆(智—知)。語叢三 38

0955 捉　　抯

【用字】　捉

【詞義】

一、握;持。

1. 骨溺(弱)菫(筋)秩(柔)而捉老甲 33 固。34

0956 授　　搁

【用字】　叚

【解字】

　　"受"字本從二"又(手形)"從"舟","舟"亦聲。《唐虞之道》篇"受"字 4 見(簡 20 叚、簡 21 叚、簡 25 叚、簡 27 叚),寫法特殊,在上部"丨"筆下端寫有向右下的一斜筆,或爲與從"臼"從"丨"之形區別而故意爲之。需要注意的是,增加了這一斜筆後,容易被誤認爲是與下"又"旁一起組成"支"字(作爲偏旁,又、支可替換),但從《唐虞之道》簡 20、25 兩例來看,這一斜筆是與"丨"筆一體而成,與"支"字無關。

【詞義】

一、授予;付給。

1. 上直(直—德)叚(受—授)▪又(臤—賢)之胃(謂)也。唐虞 20

2. 叚(受—授)▪又(臤—賢)鼎(勴—則)民興效(教)而蝸(化)虎(乎)道(道)。唐虞 21

3. 埜(堯)徝(𦔻—禪)天下唐虞 24 而叚(受—授)之。25

4. 徝(𦔻—禪)天下而唐虞 26 叚(受—授)▪又(臤—賢)。27

0957 揣　　㨮

【用字】　湍

【詞義】

一、持。

1. 湍(揣)而羣(群)之,不可長保也。老甲 38

0958 揚  古文 

【用字】 昜

【詞義】

一、傳播;稱頌。

1. 刌(初)湝(醢)酭(醢),逡(後)明(名)昜(揚)。**窮達 9**

0959 舉 

【用字】 舉、與、與、譽、舁、㫐

【解字】

“㫐”即“舉”字,“與”即“舉”下部省略“廾”(兩手形),“舁”即“與”字。“譽”字與、呂皆聲,是一個雙聲符字,《窮達以時》簡 14 有“𠁗”字,二者並非一字之繁簡。“𠁗”是“譽”字異體,口、言作爲表意偏旁可以代换,參閱卷三“譽”(第 140 頁)。

【詞義】

一、舉薦;選用。

1. 譽(舉)而爲天子帀(師)。**窮達 5**
2. 君**五行 43** 子智(智—知)而與(舉)之。**44**
3. 古者堯(堯)之舁(與—舉)夋(舜)也。**唐虞 22**
4. 旻(得)亓(其)人鼎(勳—則)舉(舉—舉)女(安—焉)。**六德 48**

二、行動。

1. 《豊(禮)》《樊(樂)》,又(有)爲㫐(舉—舉)之也。**性命 16**
2. [不]怭(過)十㫐(舉—舉),丌(其)心必才女(安—焉)。**性命 38**
3. 言及鼎(勳—則)**性命 59** 明㫐(舉—舉)之而毋憍(僞)。**60**

三、振興。

1. 又(有)悳(德)鼎(則)邦豪(家)舉(舉)。**五行 29**

四、待考。

1. 所㠯(以)舉(舉)也。**尊德義 3**

0960 振 

【用字】 䢅

【解字】

“䢅”當爲“晨”字異體,糅合了“晨”“晨”兩個形體而成,二者共用“辰”

旁。中山王鼎"奮鼓晨（振）鐸"，"振"字與《五行》"瞥"字所從相同。楚帛書甲本亦有"瞥"字，讀爲"震"。"晨"，《説文》曰："早昧爽也。"分析有誤，疑爲"振"之古字。

【詞義】

一、收；止。

1. 金聖（聖—聲）而玉瞥（晨—振）之，又（有）惪（德）者也。五行 **19**

2. 售（唯）又（有）惪（德）者，肰（然）句（後）能金聖（聖—聲）而玉瞥（晨—振）之。五行 **20**

0961 損　　損

【用字】　鼎、鼎

【解字】

　　"員"字本從"○"（圓之初文）從"鼎"，楚文字繼承了這種寫法，但少部分形體受到"異"字影響，除仍保留"○"形外，餘下部分已經與"異"字無別了，如《老子》乙本簡3"㝵、㝵"兩例即是如此。楚文字中個別"異"字也有寫作從"○"的，與《老子》乙本簡3中的"員"字形體相同，如上博六《用曰》簡14、上博七《凡物流形》甲本簡7和乙本簡6等。或以爲此類寫法是"異"字訛寫，而直接釋爲"異"。"異"字從"○"，確實可以看作是受"員"字影響而部分發生訛變，但此類寫法的"員"卻不宜釋爲"異"而仍應釋爲"員"。原因在於，無論"員"字如何變化，始終保留從"○"（少數訛爲"日"，見於《語叢三》）的根本特點，從未見從類似"田"形的殊異頭部（舊以爲"甾"字）。

　　《語叢三》"員"字6見（包括"遺簡"），除了簡16上從"○"外，其他5例皆從"日"（簡11㝵、簡12㝵、簡13㝵、簡13㝵、遺簡㝵）。上從"日"而非"○"（圓之初文），原因有二：一是"日"爲"○"之訛寫；二是"日"亦爲圓形，作爲表意部分可以與"○"替換（但是無法替代"○"的表音功能）。

【詞義】

一、減少。

1. 爲道（道）者日鼎=（員—損。損）之或（又）鼎（員—損），吕（以）至亡（無）爲老乙 **3** 也。**4**

2. 亡（無）天下弗能鼎（員—損）。唐虞 **19**

二、損失。

1. 牙（與）㝵者凥（處），鼎（鼎—員—損）。語叢三 **11**

2. 牙（與）不好語叢三 **11** 敓（教—學）者遊，鼎（鼎—員—損）。**12**

3. 凥(處)而亡(無)斁語叢三 12 習(習)也,鼏(鼏—員—損)。13

4. 自臮(視—示)丌(其)所能,鼏(鼏—員—損)。語叢三 13

5. 北(必)行,鼏(員—損)。語叢三 16

6. 從所少好,牙(與)所少樂,鼏(鼏—員—損)。遺簡

0962 失 𦙂

【用字】 遳

【解字】

　　"遳"字早期見於楚帛書、包山簡等材料,主要有"達"①"逆"②兩種釋讀意見。郭店簡公佈後,通過辭例可知當釋爲"失"。關於該字的構形學者有不同意見:廖名春先生隸定爲"遳",字從"逢","逢"本作"達",而"達"實"迭"的形訛,可借爲"失"③。黃德寬、徐在國先生疑此字所從之"羊"乃"矢"形之訛,楚文字中"矢"字或作"羊"(包 260)、羊羊羊(並"射"字所從,《簡帛編》417頁)等形,與"羊"形近。如此則可隸作"遳",爲"迭"字繁化。"迭"可分析爲從"辵""矢"聲,古音"矢"屬書紐脂部,"失"屬書紐質部,脂、質陰入對轉,故"迭"字可讀爲"失"④。劉信芳先生認爲從"羊"聲,讀若"亡",逃亡也⑤。李家浩先生釋爲"迭",讀爲"失"⑥。周鳳五先生釋爲"佚",讀爲"失"⑦。趙

① 商承祚:《戰國楚帛書述略》,《文物》,1964 年第 9 期,第 8—22、60—63 頁。饒宗頤:《楚繒書疏證》,《"中研院"歷史語言研究所集刊》第 40 冊上,1968 年,第 1—35 頁。陳邦懷:《戰國楚帛書文字考證》,《古文字研究》第 5 輯,中華書局,1981 年,第 233—242 頁。高明:《楚繒書研究》,《古文字研究》第 12 輯,中華書局,1985 年,第 383—384 頁。滕壬生:《楚系簡帛文字編》,湖北教育出版社,1995 年,第 143 頁。

② 李學勤:《論楚帛書中的天象》,《湖南考古輯刊》第 1 集,嶽麓書社,1982 年,第 68—72 頁。饒宗頤:《楚帛書新證》,《楚地出土文獻三種研究》,中華書局,1993 年,第 229—283 頁。李零:《〈長沙子彈庫戰國楚帛書研究〉補正》,《古文字研究》第 20 輯,2000 年,第 154—178 頁。何琳儀:《戰國古文字典——戰國文字聲系》,中華書局 1998 年,第 674 頁。曾憲通撰集:《長沙楚帛書文字編》,中華書局,1993 年,第 96—97 頁。

③ 廖名春:《楚文字考釋三則》,《吉林大學古籍整理研究所建所十五周年紀念論文集》,吉林大學出版社,1998 年,第 87—97 頁。

④ 黃德寬、徐在國:《郭店楚簡文字考釋》,《吉林大學古籍整理研究所建所十五周年紀念論文集》,吉林大學出版社,1998 年,第 99—100 頁。

⑤ 劉信芳:《郭店簡文字例解三則》,《"中研院"歷史語言研究所集刊》第 71 本第 4 分,2000 年,第 933—955 頁。

⑥ 李家浩:《讀〈郭店楚墓竹簡〉瑣議》,《中國哲學》第 20 輯(郭店楚簡研究),遼寧教育出版社,1999 年,第 346 頁。

⑦ 周鳳五:《郭店楚簡識字札記》,《張以仁先生七秩壽慶論文集》,學生書局,1999 年,第 351—362 頁。

建偉先生疑爲"逸"之或體,逸、失古通作①。何琳儀先生認爲字从"羊"聲,羊,喻四等,古讀定紐;失,審紐,古讀透紐。定與透均屬舌音,自可通假。郭店簡以"遳"爲"失"乃假借,與形體似無涉。至於楚帛書之"遊"疑讀"逆",既有音變,亦有形誤②。董琨先生同意何琳儀對字形的解釋,讀爲"逆",訓爲"失"。王念孫《廣雅疏證》"逆,通作'錯'","錯"有"失"意③。趙平安先生認爲"此説於字形仍有未安",所謂遊,實際上應隸作遳,它由辵和牵兩部份組成。牵是由甲骨文夆演變而來的。甲骨文中的"'夆'从止从牵,而止在牵外,本義當爲逃逸"④。"迗"爲"遳"之省體。今按:"遳"字據形本當隸定爲"遳",但追溯形體來源,所謂"牵"形本爲"夆"之訛變,所謂"羊"形由"牵"訛變而來。"遳"字是在"牵"字基礎上纍增意符"辵"而成。在楚文字中,"遳"基本都用爲"失",古音逸、失二字皆爲質部,聲母同爲舌音。

【詞義】

一、喪失;失去。

1. 亡(無)靯(執)古(故)亡(無)遳(逸—失)。老甲 11

2. 昃(得)之若纓(督—榮),遳(逸—失)之若纓(督—榮)。老乙 6

3. 爲之者戝(敗)之,靯(執)之者遳(逸—失)之。老丙 11

4. 耆(教)此吕(以)遳(逸—失),民此吕(以)緦(統—煩)。緇衣 18

5. 青(青—情)女(安)遳(逸—失)才(哉)? 性命 38

6. 遳(逸—失)亓(其)瞥(偏)。六德 41

7. 凡迏(過)正一吕(以)遳(逸—失)亓(其)迚(它)語叢二 40 者也。41

8. 母(毋)遳(逸—失)虖(吾)杉(謀)。語叢二 50

9. 昃(得)者樂,遳(逸—失)者哀。語叢三 59

0963 撥　　撥

【用字】 稾

① 趙建偉:《郭店竹簡〈老子〉校釋》,《道家文化研究》第 17 輯(郭店楚簡專號),生活·讀書·新知三聯書店,1999 年,第 260—298 頁。

② 何琳儀《郭店竹簡選釋》,《簡帛研究二○○一》,廣西師範大學出版社,2001 年,第 159 頁。

③ 董琨:《郭店楚簡〈老子〉的語言學札記》,《古文字研究》第 24 輯,中華書局,2002 年,第 384—388 頁。

④ 趙平安:《戰國文字的"遊"與甲骨文"牵"爲一字説》,《古文字研究》第 22 輯,中華書局,2000 年,第 275—278 頁。

【詞義】

一、撥動;挑動。

　　1. 肰(然)句(後)亓(其)內(入)枼(拔—撥)人之心也敏(厚)。**性命 23**

0964 攫　　攫

【用字】　攫

【詞義】

一、"攫鳥",鷙鳥;凶猛的鳥。

　　1. 攫鳥猒(猛)戰(獸)弗扣。**老甲 33**

0965 拔　　拔

【用字】　枼

【解字】

　　《性命》簡 63"枼(拔)"字,李零先生讀爲"伐"①;劉昕嵐先生進一步訓爲"誇耀"②。劉釗先生訓"疾","毋拔"即"不失節"③。廖名春先生訓爲移易④。陳偉武先生讀"拂",訓爲"逆"⑤。陳偉先生訓爲急速⑥。

【詞義】

一、移易;動搖。

　　1. 善畫(建)者不枼(拔)。**老乙 15**

二、猝然;急速。

　　1. 笛(庿—廟—貌)谷(欲)壯(莊)而毋枼(拔)。**性命 63**

三、用爲"撥",參閱本卷"撥"(第 616 頁)。

0966 技　　技

【用字】　只

---

① 李零:《郭店楚簡校讀記》,《道家文化研究》第 17 輯(郭店楚簡專號),生活·讀書·新知三聯書店,1999 年,第 507 頁。

② 劉昕嵐:《郭店楚簡〈性自命出〉篇箋釋》,《郭店楚簡國際學術研討會論文集》,湖北人民出版社,2000 年,第 352 頁。

③ 劉釗:《讀郭店楚簡字詞札記》,《郭店楚簡國際學術研討會論文集》,湖北人民出版社,2000 年,第 89 頁。

④ 廖名春:《新出楚簡試論》,臺灣古籍出版有限公司,2001 年,第 166 頁。

⑤ 陳偉武:《楚系簡帛釋讀掇瑣》,《古文字研究》第 24 輯,中華書局,2002 年,第 361 頁。

⑥ 陳偉:《郭店竹書別釋》,湖北教育出版社,2003 年,第 200 頁。

【詞義】

一、技藝;本領。

    1. 睿(教)㠯(以)只(技),**尊德義 14** 勮(則)民少(小)㠯(以)㥀(鄰—隱)。**15**

0967 拙　　秕

【用字】　佖

【詞義】

一、笨拙;遲鈍。

    1. 大攷(巧)若佖(拙)。**老乙 14**

0968 掩　　㭴

【用字】　弇、弇

【詞義】

一、隱蔽;遮蔽。

    1. 是㠯(以)民可**成之 15** 敬退(道—導)也,而不可弇(弇—掩)也。**16**

    2. 門內**六德 30** 之紃(治)紉(恩)弇(弇—掩)宜(義),門外之紃(治)宜(義)斬紉(恩)。**31**

0969 播　　播　　古文 䭫

【用字】　翻

【詞義】

一、施行。

    1. 翻(播)㞷(刑)之迪。**緇衣 29**

0970 扣　　扣

【用字】　扣

【詞義】

一、擊。

    1. 蟲(虺)蠆=(蠆虫)它(蛇)弗蛋(螫),攫鳥猷(猛)獸(獸)弗扣。**老甲 33**

0971 拍

【用字】　笛

【解字】

今作"拍"。"拍",《説文》作"拍"。

【詞義】

一、搏埴。

　　1. 窑(陶)笛(拍)窮達2 於河匝(浦)。3

0972 抱

【用字】　仴、保

【解字】

"仴"或即"保"字省譌。《説文》有"捊"字,"抱"爲"捊"字或體。

【詞義】

一、兩臂合圍持物。

　　1. 善仴(保—抱)者老乙 15 不兑(脱)。16

二、持守;奉。

　　1. 貝(視)索(素)保(抱)蜀(蹼—僕—樸)。老甲 2

0973 女

【用字】　女

【詞義】

一、女性。與"男"相對。

　　1. 男女六德 33 卞(辨)生言(焉)。34

　　2. 男女不卞(辨),父子不新(親)。六德 39

二、用爲"如",參閲本卷"如"(第 624 頁)。

三、"安"字形近訛省,參閲卷四"安"(第 384 頁)。

0974 姓

【用字】　眚

【詞義】

一、"百姓"。人民;民眾。

　　1. 咸(城—成)事述(遂)釭(功),而百眚(姓)曰我自肰(然)也。老丙 2

　　2. 上人悉(疑)鼎(勛—則)百眚(姓)賦(惑)。緇衣 5

　　3. 釆(卒—瘁)袋(勞)百眚(姓)。緇衣 9

　　4. 古(故)倀(長)民者章志吕(以)卲(昭)百眚(姓)。緇衣 11

　　5. 畕(禹)立三年,百眚(姓)吕(以)惥(仁)道(道)。緇衣 12

0975 嫁　　𤕟

【用字】　爾

【解字】

　　整理者(187 頁)隸定爲"戀",讀爲"變"。裘錫圭先生"按語"(189 頁注[一三])認爲字與《説文》"戀"字古文形近,"變"從"戀"聲,故釋此字爲"戀",讀爲"變"。陳偉先生認爲字與楚文字常見的"家"字近似,也許是"家"的變體,讀爲"嫁"①。劉國勝先生隸定爲"㣇",讀爲"嫁",子彈庫楚帛書"不可以嫁女"之"嫁"正作此形②。劉釗先生隸定爲"爾",即"㣇"字繁寫,楚文字中用爲"家",在此讀爲"嫁"③。

【詞義】

一、女子適人,與"娶"相對。

　　1. 卆(終)六德 19 身不爾(家—嫁)。20

0976 妻　　𡜌　　古文 𡜌

【用字】　妻

【詞義】

一、男子的配偶。

　　1. 爲妻亦肰(然)。六德 28

　　2. 爲昆弟㡭(㡭—絶)妻,不爲妻㡭(㡭—絶)昆弟。六德 29

二、用爲"齊",參閱卷七"齊"(第 373 頁)。

三、用爲"細",參閱卷十三"細"(第 676 頁)。

---

① 陳偉:《郭店竹書別釋》,《江漢考古》,1998 年第 4 期,第 71 頁。

② 劉國勝:《郭店竹簡釋字八則》,《武漢大學學報(哲學社會科學版)》,1999 年第 5 期,第 42—44 頁。

③ 劉釗:《郭店楚簡校釋》,福建人民出版社,2005 年,第 114 頁。

0977 婦 　婦

【用字】 婦

【詞義】

一、婦女。

　1. 佖（匹）婦禺（愚）夫。語叢四 10

二、妻子。

　1. 分成之 31 爲夫婦之支（鞭—辨）。32

　2. 胃（謂）之婦。六德 20

　3. 訐（信）也者，婦惪（德）也。六德 20

　4. 古（故）夫_（夫夫）、婦_（婦婦）、父_（父父）、子_（子子）、君_（君君）、臣_（臣臣）。六德 23

　5. 外立（位），君、臣、婦也。六德 27

　6. 父聖（聖），子悬（仁），夫督（智），婦訐（信），君宜（義）。六德 34

　7. 古（故）夫_（夫夫）、婦_（婦婦）、父_（父父）、子_（子子）、君_（君君）、臣_（臣臣）。六德 35

　8. 夫不夫，婦不婦，父不父，子不子，君不君，六德 37 臣不臣。38

　9. 生民斯（斯）必又（有）夫婦、父子、君臣。六德 42

三、動詞。爲妻之事；盡妻的本分。

　1. 古（故）夫_（夫夫）、婦_（婦婦）、父_（父父）、子_（子子）、君_（君君）、臣_（臣臣）。六德 23

　2. 古（故）夫_（夫夫）、婦_（婦婦）、父_（父父）、子_（子子）、君_（君君）、臣_（臣臣）。六德 35

　3. 夫不夫，婦不婦，父不父，子不子，君不君，六德 37 臣不臣。38

0978 嬰 　嬰

【用字】 敪

【詞義】

一、"嬰婳"，嬰兒。

　1. 一王母語叢四 26 保三殹（嬰）兒（婳）。27

0979 婳 　婳

【用字】 兒

【詞義】

一、"嬰娩",嬰兒。

1. 一王母**語叢四 26** 保三毆(嬰)兒(娩)。**27**

0980 母 

【用字】 母

【詞義】

一、母親。

1. 一王母**語叢四 26** 保三毆(嬰)兒(娩)。**27**

2. 民之父母新(親)民易。**六德 49**

二、根本;本源。

1. 可㠯(以)爲天下母。**老甲 21**

2. 又(有)郊(國)之母,可㠯(以)長[久]。**老乙 2**

3. [以己爲]**太一 6** 萬(萬)勿(物)母。**7**

三、用爲"梅",參閱卷六"梅"(第 299 頁)。

四、用爲"毋",參閱本卷"毋"(第 626 頁)。

0981 威 

【用字】 畏、愄、戝

【解字】

"戝"从"愄(畏)"从"戈",即"威"字。該字左上"鬼"旁下"人(或'卩')"形與"戈"上一横筆形成借筆,上博《用曰》簡 16"㙲"字寫作"","鬼"旁下"人(或'卩')"形書寫較爲平直,可資比較;也可看作"鬼"旁下省略了"人(或'卩')"形,若此則可隸定爲"戝"。

【詞義】

一、尊嚴;威嚴。

1. 敬尔(爾)愄(畏—威)義(儀)。**緇衣 30**

2. 槼(攝)㠯(以)愄(畏—威)義(儀)。**緇衣 45**

3. 不耊(理)勳(則)亡(無)愄(畏—威)。**尊德義 33**

二、刑罰。

1. ▨**唐虞 12** 用戝(威),虽(夏)用戈。**13**

三、武力。

1. 是古(故)畏(畏—威)備(服)型(刑)罰(罰)之婁(屢)行也。**成之 5**

0982　始　　𦫵

【用字】　忥、訆、𦥑、紿

【詞義】

一、開始;最初。

1. 訢(慎)各(冬—終)女(如)忥(始)。老甲 11

2. 萬勿(物)𢀴(作)而弗忥(始)也。老甲 17

3. 𦥑(始)斲(折—制)又(有)明(名)。老甲 19

4. 訢(慎)𡖊(終)若𦥑(始)。老丙 12

5. 又(有)與𦥑(始),又(有)與各(冬—終)也。五行 18

6. ［有與］𦥑(始),亡(無)殘簡 21［與］𡖊(終)也。五行 19

7. 術(道)𦥑(始)於𢎻(青—情)。性命 3

8. 𦥑(始)者近𢎻(青—情)。性命 3

9. 亓(其)𦥑(始)出𣈼(皆)生性命 15 於人。16

10. 亓(其)反善遉(復)𦥑(始)也性命 26 訢(慎)。27

11. 𦥑(始)於孝弟(悌)。六德 40

12. 又(有)𣃚(終)又(有)紿(始)。語叢一 49

0983　好　　𡛪

【用字】　好、𡛪

【詞義】

一、美好;良好;善。

1. 亓(其)老甲 7 事好長。8

2. 又(有)郮(國)者章好章亞(惡),㠯(以)𥄳(視—示)民蚕(厚)。緇衣 2

3. 古(故)君民者,章好㠯(以)𥄳(視—示)民𢟒(慾—欲)。緇衣 6

4. 君子好戜(仇)。緇衣 43

二、喜愛。

1. 我好𤔲(青—靜)而民自正。老甲 32

2. 好媓(媄—美)女(如)好茲(緇)衣。緇衣 1

3. 好氏(是)貞(貞—正)䢅(植—直)。緇衣 3

4. 心好鼎(勳—則)體安(安)之,君好鼎(勳—則)民𢟒(慾—欲)緇衣 8 之。9

5. 上好㤅(仁),鼎(勳—則)下之爲緇衣 10 㤅(仁)也𥝥(耕—爭)先。11

6. 上好此勿(物)也,繼衣14下必又(有)甚女(安—焉)者矣。15

7. 古(故)上之好亞(惡)不可不訢(慎)也。繼衣15

8. 人之好我,繼衣41旨(旨—示)我周行。42

9. 售(唯)君子能好甘(箕—其)駆(匹),少(小)人|=|剴(豈)能好亓(其)駆(匹)。繼衣42

10. 鼎(勵—則)好悬(仁)不礜(礜—堅)而亞=(亞亞—惡惡)不㞢(著)也。繼衣44

11. 聟(聞)道(道)而兑(悦)者,好悬(仁)者也。五行49

12. 聟(聞)道(道)而墾(畏)者,好五行49義者也。50

13. 聟(聞)道(道)而共(恭)者,好豊(禮)者也。五行50

14. 聟(聞)道(道)而鑾(樂)者,好悳(德)者也。五行50

15. 上好是勿(物)也,尊德義36下必又(有)甚女(安—焉)者。37

16. 好亞(惡),眚(性)也。性命4

17. 所好所亞(惡),勿(物)也。性命4

18. 好亓(其)頌(容)。性命21

19. 目之好性命43色。44

20. 而句(後)好亞(惡)語叢一8生。9

21. 多廾(好)者,亡(無)廾(好)者也。語叢一89

22. 廾(好)生於敄(悦)。語叢二21

23. 從生於廾(好)。語叢二22

24. 牙(與)不好語叢三11敎(教—學)者遊。12

25. 從所少好,牙(與)所少樂,晶(晶—員—損)。遺簡

0984 如 和

【用字】 如、女、奴

【詞義】

一、如同;好像。

1. 麥(夜—豫)唐(唬—乎)奴(如)各(冬)涉川,猷(猶)唐(唬—乎)丌(其)老甲8奴(如)愚(畏)四笺(鄰),敢(敢—嚴)唐(唬—乎)丌(其)奴(如)客,觀(渙)唐(唬—乎)丌(其)奴(如)憝(懌—釋),屯唐(唬—乎)丌(其)奴(如)樻(樸),坉唐(唬—乎)亓(其)奴(如)湿(濁)。9

2. 訢(慎)各(冬—終)女(如)忽(始)。老甲11

3. 明道(道)女(如)孛(昧)，辺(遲—夷)道(道)_{老乙 10}女(如)繢(纇)，[進]_{殘簡 20}道(道)若退(退)。_{老乙 11}

4. 上惠(德)女(如)浴(谷)，大白女(如)憂(辱)，辻(往—廣)惠(德)女(如)不足，畫(建)惠(德)女(如)[偷，質]貞(貞)女(如)愉(渝)。_{老乙 11}

5. 好媺(媄—美)女(如)好茲(緇)衣，亞=(亞亞—惡惡)女(如)亞(惡)遞(巷)白(伯)。_{緇衣 1}

6. 皮(彼)求我鼎(勵—則)，女(如)不我复(得)。_{緇衣 18}

7. 未見聖(聖)，如亓(其)弗克見。_{緇衣 19}

8. 王言女(如)絲，亓(其)出女(如)綸。_{緇衣 29}

9. 王言女(如)索，_{緇衣 29}亓(其)出女(如)綍(綍)。₃₀

10. 溁(泣)涕女(如)雨。_{五行 17}

11. 文王之見也女(如)此。_{五行 29}

12. 古䎽(昔)⿰又(臤—賢)㤅(仁)䎽(聖)者女(如)此。_{唐虞 2}

13. 女(如)此也。_{唐虞 25}

14. 女(如)此也。_{唐虞 29}

15. 至忠女(如)土。_{忠信 2}

16. 至訏(信)女(如)旹(時)。_{忠信 2}

17. 君子女(如)此。_{忠信 3}

18. 女(如)此也。_{忠信 9}

19. 君子不卞(偏)女(如)衍(道)。_{六德 5}

20. 畜我女(如)亓(其)_{六德 15}子弟。₁₆

二、及；比得上。

1. 不女(如)㠯(以)樊(樂)之遬(速)也。_{性命 36}

2. 唯(雖)敢(勇)力聏(聞)於邦不女(如)材。_{語叢四 24}

3. 金玉涅(涅—盈)室不_{語叢四 24}女(如)惎(謀)。₂₅

4. 眾弪(強)甚多不女(如)旹(時)。_{語叢四 25}

三、連詞。表示假設關係，相當於"假如""如果"。

1. 厌(疾—侯)王女(如)能_{老甲 18}獸(獸—守)之。₁₉

2. 君子女(如)谷(欲)求人衍(道)。_{六德 6}

3. 女(如)牾(牆—將)又(有)敗(敗)，骹(雄)是爲觢(割—害)。_{語叢四 16}

四、"何如""如何""如之何""奚如"，怎樣。

1. 可(何)女(如)而可胃(謂)忠臣？_{魯穆公 1}

五、形容詞詞尾。

1. 瞎（聞）芺（笑）聖（聖—聲）鼎（勲—則）羼（侃）女（如）也斯（斯）惪（憙—喜）性命24

2. 聖（聖—聽）孟（琴）开（瑟）之聖（聖—聲）性命24 鼎（勲—則）誎（悸）女（如）也斯（斯）戁（歉）。25

3. 蓳（觀）《垄（賚）》《武》鼎（勲—則）齊女（如）也昇（斯）攴〈复（作）〉。性命25

4. 蓳（觀）《卲（韶）》《頣（夏）》鼎（勲—則）免（勉）女（如）也性命25 昇（斯）睿（僉—斂）。26

5. 羕（詠）思而敕（動）心，胄（喟）女（如）也。性命26

6. 亓刺（烈）緣（戀戀—戀戀）女（如）也。性命30

7. 丌（其）刺（烈）鼎（勲—則）湭（流）女（如）也㠯（以）悲。性命31

8. 又（有）亓（其）爲人之迎（節節）女（如）也。性命44

9. 又（有）亓（其）爲人之柬（簡簡）女（如）也。性命45

10. 又（有）丌（其）爲人之快（慧）女（如）也。性命47

11. 又（有）丌（其）爲人之蒙（原—愿）女（如）也。性命47

六、用爲"諾"，參閲卷三"諾"（第131頁）。

0985 嬖

【用字】 卑

【詞義】

一、寵愛。

1. 毋㠯（以）卑（嬖）御慁（息—疾）妝（莊）句（后），毋㠯（以）卑（嬖）士慁（息—疾）大夫卿事（士）。緇衣23

0986 妄

【用字】 忘

【詞義】

一、狂亂。

1. 勲（則）民蛪（執—褻）陉（陵）倀（長）貴㠯（以）忘（妄）。尊德義14

0987 毋

【用字】 毋、母、亡

【詞義】

一、不要,表示禁止。

1. 毌吕(以)少(小)悬(謀)敗(敗)大縞衣 22 悫(圖),毌吕(以)卑(嬖)御悤(息—疾)妝(莊)句(后),毌吕(以)卑(嬖)士悤(息—疾)大夫卿事(士)。23

2. 毌成(弌—貳)尔(爾)心。 五行 48

3. 言及鼎(勵—則) 性命 59 明豈(嬰—舉)之而毌愚(僞)。60

4. 凡交毌刺(烈),必叀(使)又(有)末。 性命 60

5. 凡於迖(路)毌愚〈思〉,毌虽(蜀—獨)言。 性命 60

6. 身谷(欲)睛(睛—靜)而毌訦(訦—滯)。 性命 62

7. 慮〈慮(慮)〉谷(欲)困(淵)而毌爲(僞)。 性命 62

8. 宙(廟—廟—貌)谷(欲)壯(莊)而毌枼(拔)。 性命 63

9. 悬(憂)谷(欲)睿(僉—斂)而毌惛(昏)。 性命 64

10. 恙(怒)谷(欲)浧(涅—盈)而毌暴(暴)。 性命 64

11. 進谷(欲)孙(孫—遜)而毌攷(巧)。 性命 64

12. 退(退)谷(欲)肅而毌巠(巠—輕):谷(欲)咎(皆)夏(文)而毌愚(僞)。 性命 65

13. 母(毌)罕(親)也。 語叢一 81

14. 母(毌)蓬(逸—失)虔(吾)杙(謀)。 語叢二 50

15. 亡(毌)啻(意),亡(毌)古(固), 語叢三 64 上 亡(毌)義(我),亡(毌)必。 65 上

16. 母(毌)命(令)督(智—知)我。 語叢四 6

二、用爲“無”,參閱本卷“無”(第 664 頁)。

0988 民　　民　　古文 ⺖

【用字】　民

【詞義】

一、百姓。古代指有别於君主、群臣百官和士大夫以上各階層的庶民(多與“君”“臣”“人”相對)。

1. 民秎(利)百伓(倍)。 老甲 1

2. 民复(復)季子。 老甲 1

3. 聖(聖)人之才(在)民苇(前)也,吕(以)身遥(後)之。 老甲 3

4. 亓(其)才(在)民上也,吕(以) 老甲 3 言下之。 4

5. 亓(其)才(在)民上也,民弗蠠(厚)也。老甲4

6. 亓(其)才(在)民毒(前)也,民弗畵(害)也。老甲4

7. 民莫之命(令)天〈而〉自坒(均)女(安—焉)。老甲19

8. 夫天多忌(期—忌)韋(諱),而民爾(彌)畕(畔—叛)。老甲30

9. 民多秒(利)器,而邦慈(慈—滋)昏。老甲30

10. 我糕(無)事而民自寏(福—富)。老甲31

11. 我亡(無)爲而民自蠱(蝸—化)。老甲32

12. 我好嘼(青—靜)而民自正。老甲32

13. 我谷(欲)不谷(欲)而民自檻(樸)。老甲32

14. 勵(則)民臧〈咸〉放(飭)而莝(刑)不屯(頓)。緇衣1

15. 又(有)郼(國)者章好章亞(惡),弖(以)貝(視—示)民蠠(厚),夋(則)民緇衣2 嘼(青—情)不紽(忒)。3

16. 古(故)君民者,章好弖(以)貝(視—示)民忿(慾—欲),蕓(懂—謹)亞(惡)弖(以)溙(御)民淫〈淫〉,鼎(勵—則)民不賊(惑)。緇衣6

17. 上帝板=(板板),下民卒(卒—瘁)殂(擔—癉)。緇衣7

18. 民弖(以)君爲心,君弖(以)民爲體。緇衣8

19. 心好鼎(勵—則)體安(安)之,君好鼎(勵—則)民忿(慾—欲)緇衣8 之。9

20. 古(故)心弖(以)體槷(法—廢),君弖(以)民芒(喪—亡)。緇衣9

21. 少(小)緇衣9 民佳(唯)日悁(怨)。10

22. 少(小)民亦佳(唯)日悁(怨)。緇衣10

23. 古(故)倀(長)民者章志弖(以)卲(昭)百眚(姓),鼎(勵—則)民至(致)行异(異—己)弖(以)敓(悅)上。緇衣11

24. 一人又(有)慶,蓳(萬)民購(賴)緇衣13 之。14

25. 民之菓(表)也。緇衣15

26. 虜=(號號—赫赫)帀(師)尹,民具尔(爾)贍(瞻)。緇衣16

27. 倀(長)民者,衣備(服)不改(改),宖(從)頌(容)又(有)崇(常),鼎(勵—則)民愿(德)緇衣16 戈(弌——)。17

28. 秒(利—黎)民所訓(信)。緇衣17

29. 民此弖(以)緵(統—煩)。緇衣18

30. 民之蕰(葢)也。緇衣21

31. 倀(長)民者,喬(教)之緇衣23 弖(以)愿(德),齊之弖(以)豊(禮),鼎(勵—則)民又(有)蕓(懂—勸)心。24

32. 鼎(勵—則)民又(有)孚(婏—免)心。緇衣24

33. 鼎(勵—則)民又(有)斳(新—親)。緇衣25

34. 鼎(勳—則)民不怀(倍)。緇衣 **25**

35. 鼎(勳—則)民緇衣 **25** 又(有)慈(慈—遜)心。**26**

36. 鼎(勳—則)民言不隘(危)行[=](行，行)不隘(危)緇衣 **31** 言。**32**

37. 鼎(勳—則)民訢(慎)於言而蕙(懂—謹)於行。緇衣 **33**

38. 鼎(勳—則)民不能大甘(箕—其)媓(娸—美)而少(小)其亞(惡)。緇衣 **35**

39. 效(教)民又(有)算(尊)也。唐虞 **4**

40. 效(教)民又(有)新(新—親)也。唐虞 **4**

41. 效(教)民唐虞 **4** 又(有)敬也。**5**

42. 效(教)民孝也。唐虞 **5**

43. 效(教)民弟(悌)也。唐虞 **5**

44. 效(教)民大川(順)之道(道)也。唐虞 **6**

45. 孝之布(殺)，忞(愛)天下之民。唐虞 **7**

46. 足民敉(養)也。唐虞 **10**

47. 孫(孫—遜)民效(教)也。唐虞 **12**

48. 君民而不喬(喬—驕)。唐虞 **18**

49. 爰(受—授)▪(臤—賢)鼎(勳—則)民興效(教)而蝸(化)虎(乎)道(道)。唐虞 **21**

50. 不遹(遹—禪)而能蝸(化)民者，自生民未之又(有)也。唐虞 **21**

51. 昏(聞)坴(舜)丝(慈)虎(乎)弟[□□□□□□]唐虞 **23** 爲民宝(主)也。**24**

52. 忠忠信 **1** 訐(信)碌(積)而民弗罪(親)訐(信)者。**2**

53. 古(故)行而鱐(鱐—爭)兌(悅)民，君子弗采(由)也。忠信 **6**

54. 古之甬(用)民者，求之於㠱(己)爲延(互—亟)。成之 **1**

55. 民不從上之龠(命)。成之 **2**

56. 古(故)君子之立(蒞)民也。成之 **3**

57. 亓(其)遹(道—導)民也不憃(浸)。成之 **4**

58. 民弗從之惫(疑—矣)。成之 **5**

59. 勳(則)民必有甚女(安—焉)者。成之 **7**

60. 勳(則)民鮮不從惫(疑—矣)。成之 **9**

61. 民之從之也難。成之 **15**

62. 是㠱(以)民可成之 **15** 敬遹(道—導)也。**16**

63. 而貴與成之 **16** 民又(有)同也。**17**

64. 勳(則)民谷(欲)亓(其)督(智)之述(遂)也。成之 **17**

65. 勳(則)民谷(欲)亓(其)成之 **17** 槀(槀—福—富)之大也。**18**

66. 勳(則)民谷(欲)丌(其)貴之上也。成之18

67. 民必因此至(重)也成之18 吕(以)返(復)之。19

68. 民箸(孰)弗從？成之24

69. 民箸(孰)弗訐(信)？成之24

70. 此吕(以)民卺(皆)又(有)眚(性)而聖(聖)人不可莫(慕)也。成之28

71. 明虗(嘑─乎)民侖(倫)。尊德義1

72. 堲(禹)吕(以)人道(道)訇(治)亓(其)民，傑(傑─桀)吕(以)人道(道)嬰(亂)亓(其)民。尊德義5

73. 傑(傑─桀)不易尊德義5 堲(禹)民而句(後)嬰(亂)之，湯不易傑(傑─桀)民而句(後)訇(治)之。6

74. 聖₌(聖人)之訇(治)民，民之道(道)也。尊德義6

75. 善者民必眾。尊德義12

76. 勳(則)民果吕(以)堊(至─勁)。尊德義13

77. 勳(則)民鬧(淑)惪(德)湆(清)𥁊。尊德義13

78. 勳(則)民懾(執─褻)陸(陵)很(長)貴吕(以)忘(妄)。尊德義14

79. 勳(則)民埜(野)吕(以)靜(靜─爭)。尊德義14

80. 勳(則)民少(小)吕(以)笺(鄰─隱)。尊德義15

81. 勳(則)民話(訏)吕(以)募(寡)訐(信)。尊德義15

82. 勳(則)民力𤸸(稽)吕(以)面(㴑)秒(利)。尊德義15

83. 勳(則)民潯(淫)悃遠豊(禮)亡(無)新(親)悬(仁)。尊德義15

84. 勳(則)民進善女(安─焉)。尊德義16

85. 可孚(教)也而不可迪亓(其)民，而民不可𢼄(止)也。尊德義20

86. 民可叟(使)道(道─導)尊德義21 之。22

87. 民可道(道─導)也。尊德義22

88. 傑(傑─桀)不胃(謂)丌(其)民必嬰(亂)，而民又(有)尊德義22 爲嬰(亂)矣。23

89. 君民者，訇(治)民返(復)豊(禮)，民余(捨)惪(害)㬊(智─知)尊德義23 生。23

90. 非豊(禮)而民兌(悅)尊德義24 忨(戴)。25

91. 非侖(倫)而民備(服)。尊德義25

92. 訇(治)民非逻(還─懷)生而巳(已)也。尊德義25

93. 民悉(愛)，勳(則)子也。尊德義26

94. 民五之方各(格)。尊德義26

95. 善者民必稟(福─富)。尊德義27

96. 爲古(故)衞(衛—率)民苦(嚮)方者,售(唯)悳(德)可。尊德義 28

97. 民不可亞也。尊德義 31

98. 依惠勵(則)民材(財)足。尊德義 32

99. 利勵(則)民不愋(愋—輕),正勵(則)民不夋(鄰—隱),郭(恭)勵(則)民不悁(怨)。尊德義 34

100. 愳(懁—寬)尊德義 34 不足吕(以)女(安)民。35

101. 殺尊德義 35 不足吕(以)夯(勢—勝)民。36

102. 凡道(動)民必訓(順)民心,民心又(有)悉(恆),求亓(其)羕(養)。尊德義 39

103. 未喬(教)性命 51 而民亟(亙—恆)。52

104. 未賞而民懽(懽—勸)。性命 52

105. 未型(刑)而民愚(畏)。性命 52

106. 戔(賤)而民貴之。性命 53

107. 貧而民聚女(安—焉)。性命 53

108. 孚(教)此民尒(爾)叓(使)六德 2 之又(有)苦(嚮)也。3

109. 聚人民,貢(任)土壁(地),足此民尒(爾)六德 4 生死之甬(用)。5

110. 生民六德 7[□□□夫婦、父子、君臣,此]六立(位)也。8

111. 孚_(君子)不帝(啻)明虖(乎)民散(微)而巳(已)。六德 38

112. 是古(故)先王之六德 39 喬(教)民也,訇(始)於孝弟(悌)。40

113. 是古(故)先六德 40 王之孚(教)民也,不叓(使)此民也悬(憂)亓(其)身。41

114. 生民斦(斯)必又(有)夫婦、父子、君臣。六德 42

115. □人民。六德 47

116. 民之父母新(親)民易,叓(使)民相新(親)也戁(難)。六德 49

117. 譁(察)天道(道)吕(以)愚(化)民燅(燅—氣)。語叢一—68

118. 善叓(使)語叢四 20 亓(其)民者,若四甞(時)一逋(逝)一埭(來),而民弗書(害)也。21

0989 弗 弗

【用字】 弗

【詞義】

一、副詞。表示否定,相當於"不"。

　　1. 民弗耋(厚)也。老甲 4

2. 民弗蕁(害)也。老甲 4

3. 天下樂進而弗詀(厭)。老甲 4

4. 果而弗斀(發—伐),果而弗喬(喬—驕),果而弗斿(矜)。老甲 7

5. 是古(故)聖(聖)人能專(輔)萬勿(物)之自狀(然)而弗老甲 12 能
爲。13

6. 萬勿(物)迮(作)而弗忈(始)也,爲而弗志(恃)也,戍(城—成)而弗
居。老甲 17

7. 天〈夫〉售(唯)老甲 17 弗居也,是呂(以)弗去也。18

8. 天墬(地)弗敳(敢)臣。老甲 18

9. 耤(智—知)之者弗言=(言,言)之者弗耤(智—知)。老甲 27

10. 蟲(虺)蠶=(蠆虫)它(蛇)弗蚩(螫),攫鳥猒(猛)猒(獸)弗扣。老
甲 33

11. 弗大老乙 9 芺(笑),不足呂(以)爲道(道)矣。10

12. 弗娗(媄—美)也。老丙 7

13. 而弗敳(敢)爲。老丙 14

14. 未見聖(聖),如亓(其)弗克見。緇衣 19

15. 我歔(既)見,我弗迪(由)聖(聖)。緇衣 19

16. 可言緇衣 30 不可行,君子弗言。31

17. 可行不可言,君子弗行。緇衣 31

18. 虗(吾)弗訐(信)緇衣 44 之矣。45

19. 黽〈龜〉鲁(筮)猒(猶)弗耤(智—知)。緇衣 46

20. 售(唯—雖)㜑(臤—賢)弗行矣。窮達 2

21. 善弗爲亡(無)近,惪(德)弗五行 7 之(志)不戍(城—成),耤(智)弗
思不旻(得)。8

22. 又(有)大皋(罪)而弗大五行 38 敪(誅)也。39

23. 又(有)少(小)皋(罪)而弗亦(赦)也。五行 39

24. 弗能進也,各坒(止)於亓(其)里。五行 42

25. 矷(利)天下而弗矷(利)也。唐虞 1

26. 矷(利)天下而弗矷(利)也。唐虞 2

27. 旻(没)唐虞 2 而弗矷(利)。3

28. 女(安)命而弗夭(夭),敉(養)生而弗戕(傷)。唐虞 11

29. 峕(時)弗可及歔(歟—矣)。唐虞 15

30. 又(有)天下弗能嗌(嗌—益),亡(無)天下弗能鼎(員—損)。唐虞 19

31. 矷(利)天下而弗矷(利)也。唐虞 20

32. 此吕(以)督(智—知)丌(其)弗秎(利)也。**唐虞27**

33. 不忍(惎—欺)弗督(智—知)。**忠信1**

34. 忠**忠信1**訐(信)碄(積)而民弗罬(親)訐(信)者。**2**

35. 口更(惠)而實(實)弗从(從)，君子弗言尔(爾)。**忠信5**

36. 孚(君子)弗申尔(爾)。**忠信6**

37. 孚(君子)弗采(由)也。**忠信6**

38. 忠人弗乍(作)，訐(信)人弗爲也。**忠信6**

39. 勶(則)丌(其)漳(淳—敦)也弗深怠(疑—矣)。**成之4**

40. 民弗從之怠(疑—矣)。**成之5**

41. 繇(由)走(上)之弗身也。**成之6**

42. 丌(其)重也弗多怠(疑—矣)。**成之10**

43. 弗旻(得)怠(疑—矣)。**成之11**

44. 糧弗足怠(疑—矣)。**成之13**

45. 明(名)弗旻(得)怠(疑—矣)。**成之13**

46. 唯(雖)弜(強)之弗内(入)怠(疑—矣)。**成之15**

47. 丌(其)迖(去)人弗遠怠(疑—矣)。**成之21**

48. 丌(其)怠(疑)也弗桯(枉—往)怠(疑—矣)。**成之21**

49. 民箮(孰)弗從? **成之24**

50. 民箮(孰)弗訐(信)? **成之24**

51. 正(政)弗行矣。**尊德義19**

52. 弗恖(愛)，勶(則)瞀(仇)也。**尊德義26**

53. 交矣而弗訐(智—知)也。**尊德義29**

54. 不惥(惄—寬)勶(則)弗罜(懷)。**尊德義33**

55. 弗惠(勇)勶(則)**尊德義33**亡(無)遑(復)。**34**

56. [人]售(唯—雖)又(有)售(性)心，弗取不出。**性命6**

57. 弗旻(得)之豈(喜—矣)。**性命37**

58. 弗牧〈敉(養)〉不可。**性命47**

59. 弗校(輔)不足。**性命48**

60. 售(唯—雖)姚(堯)求之弗旻(得)也。**六德7**

61. 悡(勞)丌(其)腘(股)忲(肱)之力弗敢(敢)嘼(單—憚)也。**六德16**

62. 亾(危)丌(其)死弗敢(敢)恖(愛)也。**六德17**

63. 宎(終)身弗改之豈(喜—矣)。**六德19**

64. 弗爲，此非也。**語叢一58**

65. ……之弗也。**語叢一74**

66. 亓(其)弗亞(惡)語叢三 1 也。2

67. 不語叢三 4 我(義)而加(加)者(諸)己,弗夏(受)也。5

68. 及語叢四 5 之而弗亞(惡)。15

69. 而卒(終)弗齜(噬)。語叢四 19

70. 而民弗菁(害)也。語叢四 21

0990 弋   爻

【用字】 弋

【解字】

　　"弋"字本象橛杙之形,楚文字"弋"斜豎筆下方或加一圓點作"弋"(《唐虞》簡 18),更多地是將圓點變成小短撇,與"戈"(斜豎筆下方爲一長撇)近似而異。

【詞義】

一、人名。

　　1. 成(城—成)孫(孫)弋見。魯穆公 2

　　2. 成(城—成)孫(孫)弋曰:……魯穆公 4

二、用爲"式",參閱卷五"式"(第 259 頁)。

三、用爲"任",參閱卷八"任"(第 419 頁)。

四、用爲"忒",參閱卷十"忒"(第 541 頁)。

0991 也   㐬   秦刻石 㐬

【用字】 也、它

【解字】

　　郭店《六德》簡 16"句(苟)淒(濟)夫人之善也"一句,"也"字作"㐬",袁國華先生釋爲"它",讀"施"①。李零先生初認爲寫法與"它"相似,似是語尾助詞,暫讀爲"也";後又認爲此句可在"善"字下斷讀,"㐬"字爲下句之首,含義類似表示條件的"雖"字②。顏世鉉先生釋爲"施",施行③。劉釗

---

① 袁國華:《郭店楚簡文字考釋十一則》,《中國文字》新 24 期,藝文印書館,1998 年,第 145 頁。

② 李零:《郭店楚簡校讀記》,《道家文化研究》第 17 輯(郭店楚簡專號),生活·讀書·新知三聯書店,1999 年,第 519 頁;《郭店楚簡校讀記(增訂本)》,北京大學出版社,2002 年,第 136 頁。

③ 顏世鉉:《郭店楚簡〈六德〉箋釋》,《"中研院"歷史語言研究所集刊》第 72 本第 2 分,2001 年,第 426 頁。

先生釋爲"也"①。

【詞義】

一、語氣詞。用在句末。

（一）表示判斷或肯定語氣。

1. 亓（其）才（在）民上也，民弗戛（厚）也。老甲 4

2. 亓（其）才（在）民𠂇（前）也，民弗害（害）也。老甲 4

3. 又（有）亡（無）之相生也，老甲 15 戁（戁—難）惕（惕—易）之相城（成）也，長耑（短）之相型（形）也，高下之相涅（涅—盈）也，音聖（聖—聲）之相和也，先逡（後）之相隓（墮—隨）也。16

4. 天〈夫〉售（唯）老甲 17 弗居也，是目（以）弗去也。18

5. 卑（譬）道（道）之才（在）天下也。老甲 20

6. 至虛（虛），死（亙—極）也。老甲 24

7. 獸（獸—守）中，篤（篤）也。老甲 24

8. 居目（以）募〈（寡—顧）〉遝（復）也。老甲 24

9. 亓（其）安（安）也，易枼（持）也。老甲 25

10. 亓（其）未芷（兆）也，易愳（謀）也。老甲 25

11. 亓（其）毳（霏—雪—脆）也，易畔（畔—判）也。老甲 25

12. 亓（其）幾也，易後（散）也。老甲 25

13. 爲之於亓（其）老甲 25 亡（無）又（有）也。26

14. 精（精）之至也。老甲 34

15. 和之至也。老甲 34

16. 返（反）也者，道（道）〔之〕僮（動）也。老甲 37

17. 溺（弱）也者，道（道）之甬（用）也。老甲 37

18. 不可長保也。老甲 38

19. 莫能獸（獸—守）也。老甲 38

20. 自遺（遺）智（咎）老甲 38 也。39

21. 天之道（道）也。老甲 39

22. 長生售（舊—久）見（視）之道（道）也。老乙 3

23. 目（以）至亡（無）爲老乙 3 也。4

24. 丌（其）貴言也。老丙 2

25. 而百眚（姓）曰我自肰（然）也。老丙 2

26. 淡可（呵）丌（其）糕（無）杏（味）也。老丙 5

---

① 劉釗：《郭店楚簡校釋》，福建人民出版社，2005 年，第 108 頁。

27. 炅(視)之不足見,聖(聖—聽)之不足睧(聞),而不可飲(既)也。老丙 5

28. 鎬(銛)纏(功)爲上,弗媸(媸—美)也。老丙 7

29. 言吕(以)薨(喪)豊(禮)居之也。老丙 9

30. 聖(聖)人槑(無)爲古(故)槑(無)敗(敗)也。老丙 11

31. 淫(濕)澡(燥)斎=(之所)生也。太一 4

32. 倉(寒)然(熱)斎=(之所)生也。太一 4

33. 神明斎=(之所)生也。太一 5

34. 天陛(地)斎=(之所)生也。太一 5

35. 大(太)一斎=(之所)生也。太一 6

36. 古(故)上之好亞(惡)不可不訢(慎)也,民之菓(表)也。緇衣 15

37. 鼎(勧—則)忠敬不足而賈(富)貴已(已)迪(過)也。緇衣 20

38. 邦豪(家)之不窏(窋—寧)緇衣 20 也,鼎(勧—則)大臣不台(以)而

  埶(埶—褻)臣忐(託)也。21

39. 民之藍(蓙)也。緇衣 21

40. 孝(教)之不成(城—成)也。緇衣 27

41. 而雀(爵)不足蘴(懽—勸)也。緇衣 28

42. 白珪(圭)之石〈砧(玷)〉,尚可緇衣 35 礜(磨)也。36

43. 此言之砧(玷),不可爲也。緇衣 36

44. 咢(淑)人君子,甘(箕—其)義(儀)戈(弋—一)也。緇衣 39

45. 鼎(勧—則)好㥯(仁)不礜(礜—堅)而亞=(亞亞—惡惡)不屬(著)

  也。緇衣 44

46. 不可爲緇衣 45 卜箸(筮)也。46

47. 募(寡)人惑女(安—焉),而未之旻(得)也。魯穆公 4

48. 未之又(有)也。魯穆公 6

49. 交(效)桑(泉—禄)舊(雀—爵)者也。魯穆公 6

50. 壿(塯—遇)尢(堯)也。窮達 3

51. 壿(塯—遇)武丁也。窮達 4

52. 壿(塯—遇)周文也。窮達 5

53. 壿(塯—遇)齊逗(桓)也。窮達 6

54. 壿(塯—遇)楚臧(臧—莊)也。窮達 8

55. 非亓(其)智(智)窮達 9 慁(衰)也。10

56. 非亡體(體)壯(狀)也。窮達 10

57. 壿(塯—遇)呑(造)古(父)也。窮達 11

58. 壂(塓—遇)不壂(塓—遇),天也。窮達 11

59. 惪(德)行弍(弌—一)也。窮達 14

60. 善,人五行 4 逈(道)也。5

61. 惪(德),天逈(道)也。五行 5

62. 要(淑)人君子,亓(其)義(儀)罷(一)也。五行 16

63. 謐(慎)亓量(蜀—獨)也。五行 16

64. 又(有)與訇(始),又(有)與各(冬—終)也。五行 18

65. 君子之爲惪(德)也,五行 18 [有與]訇(始),亡(無)殘簡 21 [與]宎(終)也。19

66. 金聖(聖—聲)而玉晷(晨—振)之,又(有)惪(德)者也。五行 19

67. 金聖(聖—聲),善也。五行 19

68. 玉音,聖(聖)也。五行 19

69. 善,人五行 19 道(道)也。20

70. 貝(視—見)而瞀(智—知)之,瞀(智)也。五行 25

71. 耸(聞)而瞀(智—知)之,聖(聖)也。五行 25

72. 明_(明明),瞀(智)也。五行 25

73. 虩_(虩虩—赫赫),聖(聖)也。五行 25

74. 此之胃(謂)也。五行 26

75. 耸(聞)君子道(道),聰(聰)也。五行 26

76. 耸(聞)而瞀(智—知)之,聖也。五行 26

77. 聖(聖)人瞀(智—知)而〈天〉五行 26 道(道)也。27

78. 瞀(智—知)而行之,義也。五行 27

79. 行之而敱(時),惪(德)也。五行 27

80. 貝(視—見)臤(臤—賢)人,明也。五行 27

81. 貝(視—見)而瞀(智—知)之,五行 27 瞀(智)也。28

82. 瞀(智—知)而安(安)之,悬(仁)也。五行 28

83. 安(安)而敬(敬)之,豊(禮)也。五行 28

84. 五五行 28 [行之所和]也。29

85. 此之胃(謂)也。五行 30

86. 貝(視—見)而瞀(智—知)之,瞀(智)也。五行 30

87. 謌(智—知)而安(安)之,悬(仁)也。五行 30

88. 安(安)五行 30 而行之,義也。31

89. 行而敬(敬)之,豊(禮)也。五行 31

90. 悬(仁)義,豊(禮)所毿〈絲(由)〉生也,四行之所和也。五行 31

91. 嵒_（嵒色—顏色）㚄（容）伩（貌），悤（恩—溫）夓（弁—變）也。五行 **32**

92. 吕（以）亓（其）审（中）心與人交，兌（悅）也。五行 **32**

93. 审（中）心兌（悅）覃（壇—旃），墨（遷）五行 **32** 於兄弟，橐（就—戚）也。**33**

94. 新（親）而簹（篤）之，惡（愛）也。五行 **33**

95. 惡（愛）父，亓（其）秜（稽—繼）惡（愛）人，悬（仁）也。五行 **33**

96. 审（中）心五行 **33** 誃（辯）肰（然）而正行之，橐（植—直）也。**34**

97. 惪（直）而述（遂）之，遝（肆）也。五行 **34**

98. 遝（肆）而不塁（畏）弻（𢼠—強）語（禦），果也。五行 **34**

99. 不五行 **34** 吕（以）少（小）道（道）盡（害）大道（道），柬（簡）也。**35**

100. 又（有）大辠（罪）而大敓（誅）之，行也。五行 **35**

101. 貴_（貴貴），亓（其）坒（等）隯（尊）臤（臤—賢），義也。五行 **35**

102. 吕（以）亓（其）外心與人交，遠（遠）也。五行 **36**

103. 遠（遠）而滫（莊）之，敬（敬）也。五行 **36**

104. 敬（敬）而不卻（懈），嚴（嚴）也。五行 **36**

105. 嚴（嚴）而塁（畏）五行 **36** 之，隯（尊）也。**37**

106. 隯（尊）而不喬（喬—驕），共（恭）也。五行 **37**

107. 共（恭）而尃（博）交，豊（禮）也。五行 **37**

108. 又（有）大辠（罪）而大敓（誅）之，柬〈柬（簡）〉也。五行 **38**

109. 又（有）少（小）辠（罪）而亦（赦）之，匿也。五行 **38**

110. 又（有）大辠（罪）而弗大五行 **38** 敓（誅）也，不行也。**39**

111. 不羮（察）於道（道）也。五行 **39**

112. 大而旻（晏—罕）者也。五行 **40**

113. 少（小）而訪〈诊（軫）〉者也。五行 **40**

114. 柬〈柬（簡）〉，義之方也。五行 **40**

115. 匿（暱），五行 **40** 悬（仁）之方也。**41**

116. 矛（柔），悬（仁）之方也。五行 **41**

117. 此之胃（謂）五行 **41** 也。**42**

118. 胃（謂）之隯（尊）臤（臤—賢）者也。五行 **44**

119. 逡（後），士之隯（尊）臤（臤—賢）者也。五行 **44**

120. 耳官（目）鼻口坙（手）足六者，心之逧（役）也。五行 **45**

121. 幾而䝁（智—知）之，天也。五行 **48**

122. 此之胃（謂）也。五行 **48**

123. 大〈天〉陞(施)者(諸)亓(其)人,天也。五行 48

124. 亓(其)五行 48 人陞(施)者(諸)人,儷也。49

125. 好悬(仁)者也。五行 49

126. 好五行 49 義者也。50

127. 好豊(禮)者也。五行 50

128. 好悳(德)者也。五行 50

129. 秒(利)天下而弗秒(利)也。唐虞 1

130. 署(聖)之唐虞 1 盛也。2

131. 秒(利)天下而弗秒(利)也,忎(仁)之至也。唐虞 2

132. 古(故)湯(唐)吳(虞)之興[□□]唐虞 3 也。4

133. 效(教)民又(有)算(尊)也。唐虞 4

134. 效(教)民又(有)新(新一親)也。唐虞 4

135. 效(教)民唐虞 4 又(有)敬也。5

136. 效(教)民孝也。唐虞 5

137. 效(教)民弟(悌)也。唐虞 5

138. 效(教)民大川(順)之道(道)也。唐虞 6

139. 孝,忎(仁)之免(冕)也。唐虞 7

140. 徨(徨一禪),義之至也。唐虞 8

141. 六帝興於古,虜〈虜(皆)〉采(由)此也。唐虞 8

142. 忎(仁)而未義也。唐虞 8

143. 我(義)而未忎(仁)也。唐虞 9

144. 吳(虞)坴(舜)亓(其)人也。唐虞 10

145. 墅(畏一夔)守樂,弘(孫一遜)民效(教)也。唐虞 12

146. 正(征)不備(服)也。唐虞 13

147. 吳(虞)虽(夏)之幻(治)也。唐虞 13

148. 義죠(互一恆)[□□]唐虞 13 幻(治)也。14

149. 尻(居)草茅之中而不悥(憂),督(智一知)命唐虞 16 也。17

150. 升爲天子而不奮(喬一驕),不淜(流)也。唐虞 17

151. 泳虎(乎)大人之興,散(微)也。唐虞 17

152. 亟(極)忎(仁)唐虞 19 之至,秒(利)天下而弗秒(利)也。20

153. 上直(直一德)爰(受一授)▪叹(叹一賢)之胃(謂)也。唐虞 20

154. 自生民未之又(有)也。唐虞 21

155. 督(智一知)亓(其)能敦(養)天下唐虞 22 之老也。23

156. 督(智一知)亓(其)能紀(事)天下之長也。唐虞 23

157. 昏（聞）坴（舜）丝（慈）虍（乎）弟［□□□□□□］唐虞23 爲民宝
（主）也。24

158. 古（故）埜（堯）之徣（徝—禪）虍（乎）坴（舜）也，女（如）此也。唐虞25

159. 此㠯（以）䞇（智—知）丌（其）弗秎（利）也。唐虞27

160. 女（如）此也。唐虞29

161. 不謉（訛）不宭（諂），忠之至也。忠信1

162. 不忞（惎—欺）弗䞇（智—知），訏（信）之至也。忠信1

163. 忠碄（積）鼎（勬—則）可罜（親）也，訏（信）碄（積）鼎（勬—則）可
訏（信）也。忠信1

164. 未之又（有）也。忠信2

165. 古（故）不壴（皇—誑）生，不伓（倍）死也。忠信3

166. 大舊（久）而不俞（渝），忠之至也。忠信3

167. 宭而者尚，訏（信）忠信3 之至也。4

168. 不兑（說）而足救（養）者，坠（地）也。忠信4

169. 不昇（期）忠信4 而可蹮（要）者，天也。5

170. 古（故）行而鮹（鯖—爭）兑（悅）民，君子弗采（由）也。忠信6

171. 三者，忠人弗乍（作），訏（信）人弗爲也。忠信6

172. 古（故）纞（䜌—䜌）罜（親）専（附）也。忠信8

173. 古（故）徂（逪）而可爱（受）也。忠信8

174. 忠，㤅（仁）之實（實）也。忠信8

175. 訏（信），䛨（義）之昇（期—基）也。忠信8

176. 女（如）此也。忠信9

177. 未之成之2 又（有）也。3

178. 是古（故）坴（畏—威）備（服）型（刑）嬰（罰）之婁（屢）行也，成之5
緜（由）辵（上）之弗身也。6

179. 戰與型（刑）人，君子之述（墜）惪（德）也。成之6

180. 是㠯（以）民可成之15 敬遄（道—導）也，而不可穽（弇—掩）也。16

181. 可駇（馭—御）也，而不可睪（堅—牽）也。成之16

182. 古（故）君子不貴徣（徸—庶）勿（物）而貴與成之16 民又（有）同
也。17

183. 鼎（則）民谷（欲）丌（其）䞇（智）之述（遂）也。成之17

184. 鼎（則）民谷（欲）丌（其）成之17 髹（福—富）之大也。18

185. 貴而罷（揖）緅（纕—讓），鼎（則）民谷（欲）丌（其）貴之上也。成
之18

186. 害(蓋)言疾也。成之 22
187. 行之不疾,未又(有)能深之者也。成之 23
188. 孚(娩—勉)之述(遂)也,弜(強)之工(功)也。成之 23
189. 墮(墮)之穿(弇)也,詞(治)之工(功)也。成之 23
190. 此言也,言訐(信)於眾之可㠯(以)成之 25 淒(濟)惪(德)也。26
191. 節(即)於而(爾)也,成之 26 勳(則)猷(猶)是也。27
192. 售(唯—雖)丌(其)於善道(道)也,亦非又(有)譯(澤)婁(藪)㠯(以)多也。成之 27
193. 此㠯(以)民皆(皆)又(有)眚(性)而聖(聖)人不可莫(慕)也。成之 28
194. 害(蓋)道(道)不說(悅)之詞(詞)也。成之 29
195. 害(蓋)言寠之也。成之 30
196. 害(蓋)此言也,言余之此而厇(宅—度)於天心也。成之 33
197. 欐(津)汅(梁)䢖(埥—爭)舟,丌(其)先也不若丌(其)遂(後)也。成之 35
198. 丌(其)雩(勝)也不若丌(其)巳(已)也。成之 36
199. 唯君子道(道)可近求而可遠遣也。成之 37
200. 爲人上者之柔(務)也。尊德義 1
201. 所㠯(以)訐(信)亓(其)肰(然)也。尊德義 2
202. 所㠯(以)𦥯(舉)也。尊德義 3
203. 所㠯(以)斂(敘—除)㕩(怨)也。尊德義 3
204. 悬(仁)爲可新(親)尊德義 3 也,義爲可㝵(尊)也,忠(忠)爲可訐(信)也,孛(學)爲可㝵(嗌—益)也,季(教)爲可頪(類)也。4
205. 季(教)非改道(道)也,斅(教)之也。尊德義 4
206. 孛(學)非改侖(倫)也,孛(學)异(㠱—己)也。尊德義 5
207. 民之道(道)也。尊德義 6
208. 水之道(道)也。尊德義 7
209. 戕(戚—造)父之馯(馭—御)馬也,馬之道(道)也。尊德義 7
210. 墬(地)之道(道)也。尊德義 7
211. 善取,人能從之,上也。尊德義 11
212. 行此夏(文)也,肰(然)句(後)可遉(遼—就)也。尊德義 17
213. 夫生而又(有)戠(職)事者也,非季(教)所及也。尊德義 18
214. 可學也而不可矣(疑)也。尊德義 19
215. 可季(教)也而不可迪亓(其)民,而民不可岦(止)也。尊德義 20

216. 日舀(嗌—益)而不自斝(智—知)也。**尊德義 21**

217. 民可道(道—導)也,而不可弱(勞—強)也。**尊德義 22**

218. 爰不若也,可從也而不可及也。**尊德義 23**

219. 崀袋(勞)之,旬也。**尊德義 24**

220. 猷(猶)厌(御)之亡(無)递(策)也。**尊德義 24**

221. 民,惡(愛)勥(則)子也,弗惡(愛),勥(則)礐(仇)也。**尊德義 26**

222. 元(其)軎(載)也亡(無)至(重)女(安—焉)。**尊德義 29**

223. 交矣而弗斝(智—知)也。**尊德義 29**

224. 民不可亦也。**尊德義 31**

225. 不旹(時)勥(則)亡(無)蘁(懂—勸)也。**尊德義 32**

226. 夫售(唯)是,古(故)悳(德)可易而攸(攸—施)可迌(遒)也。**尊德義 37**

227. 童(重)義巣(巣—襲)董(理),言此章也。**尊德義 39**

228. 憙(惪—喜)蕊(怒)态(哀)悲之燞(燞—氣),售(性)也。**性命 2**

229. 及元(其)見於外,鼎(勥—則)勿(物)取之也。**性命 2**

230. 好亞(惡),售(性)也。**性命 4**

231. 所好所亞(惡),勿(物)也。**性命 4**

232. 所善所不善,墢(執—勢)也。**性命 5**

233. 凡售(性)爲宝(主),勿(物)取之也。**性命 5**

234. 猷(猶)口之不可量(蜀—獨)言也。**性命 7**

235. 或叟(使)之也。**性命 8**

236. 凡勿(物)亡(無)不異也者。**性命 8**

237. 剛之桓(樹)也,剛取之也。**性命 8**

238. 柔之**性命 8**約,柔取之也。**9**

239. 四洀(海)之内,元(其)售(性)戈(弌—一)也。**性命 9**

240. 元(其)甬(用)心各異,香(教)叟(使)肰(然)也。**性命 9**

241. 凡敫(動)售(性)**性命 10**者,勿(物)也;逆售(性)者,兑(悦)也;室(節)售(性)者,古(故)也;萬(厲)售(性)者,宜(義)也;出售(性)者,墢(執—勢)也;兼(養)售(性)**11**者,習(習)也;長售(性)者,衍(道)也。**12**

242. 義也者,羣(群)善之蘁(蕰)也。**性命 13**

243. 又(有)㠯(以)習(習)元(其)售(性)也。**性命 14**

244. 售(唯)**性命 14**人衍(道)爲可衍(道)也。**15**

245.《蒔(時—詩)》,又(有)爲_(爲爲)之也。**性命 16**

246. 《箸(書)》,又(有)爲言之也。性命 16

247. 《豐(禮)》《樂(樂)》又(有)爲遉(舉—舉)之也。性命 16

248. 香(教),所吕(以)生悳(德)于审(中)者也。性命 18

249. 豐(禮)夊〈复(作)〉於青(青—情),性命 18 或興之也。19

250. 亓(其)先遂〈迻(後)〉之舍(舍—序),鼎(勛—則)宜(義)術(道)也。性命 19

251. 或舍(舍—序)爲性命 19 之即(節),鼎(勛—則)叟(文)也。20

252. 至(致)頌(容)宙(庿—貌)所吕(以)叟(文)即(節)也。性命 20

253. 亓(其)睿(數),叟(文)也。性命 22

254. 牀(幣)帛,所吕(以)爲訐(信)牙(與)諀(徵)也。性命 22

255. 亓(其)訇(詞),宜(義)道(道)也。性命 22

256. 芺(笑),慜〈悥(喜)〉之淺澤也。性命 22

257. 樂(樂),慜〈悥(喜)〉之深澤也。性命 23

258. 菁(喟)女(如)也。性命 26

259. 訋(殆)亓(其)悳(德)也。性命 27

260. 鼎(勛—則)非亓(其)聖(聖—聲)而從(縱)之也。性命 27

261. 谷(皆)香(教)亓(其)人者也。性命 28

262. 凡至樂(樂)必悲,哭亦悲,谷(皆)至亓(其)悥(情)也。性命 29

263. 忞(哀)、樂(樂),亓(其)耂(性)相近也。性命 29

264. 戁(歎),思之方也。性命 32

265. 噆(吟)遊(由)忞(哀)也。性命 33

266. 杲(謀)遊(由)樂(樂)也。性命 33

267. 戲遊(由)心也。性命 33

268. 辺(舞),悥(悥—喜)之穷(終)也。性命 34

269. 通(踊),忍(慍)之穷(終)也。性命 35

270. 不女(如)吕(以)樂(樂)之遬(速)也。性命 36

271. 人之不能吕(以)爲也,性命 37 可顫(智—知)也。38

272. 𣃔,宜(義)之方也。性命 38

273. 宜(義),敬之方也。性命 39

274. 敬,勿(物)之即(節)也。性命 39

275. 簹(篤),忈(仁)之方也。性命 39

276. 忈(仁),耂(性)之方也。性命 39

277. 忠(忠),訐(信)性命 39 之方也。40

278. 訐(信)，旹(青—情)之方也。性命 **40**

279. 售(唯)人術(道)爲性命 **41** 可衍(道)也。**42**

280. 又(有)媖(媄—美)旹(青—情)者也。性命 **51**

281. 旹(性)善者也。性命 **52**

282. 含禀(福—富)者也。性命 **52**

283. 又(有)性命 **52** 心愄(畏)者也。**53**

284. 戔(賤)而民貴之，又(有)悳(德)者也。性命 **53**

285. 又(有)衍(道)者也。性命 **53**

286. 又(有)內醔者也。性命 **54**

287. 遜(達)於義者也。性命 **54**

288. 箮(篤)於㥊(仁)者也。性命 **55**

289. 智(智—知)道(道)者也。性命 **55**

290. 上交者也。性命 **55**

291. 下交者也。性命 **56**

292. 攸(修)身者也。性命 **56**

293. 同方而交，吕(以)道(道)者也。性命 **57**

294. 同兌(悦)而交，吕(以)悳(德)者也。性命 **58**

295. 不同兌(悦)而交，吕(以)猷者也。性命 **58**

296. 谷(欲)亓(其)性命 **58** 毼(宛)也。**59**

297. 谷(欲)亓(其)樺(折)也。性命 **59**

298. 凡兌(悦)人勿惹(隱)也。性命 **59**

299. 內(納)之可也，已(已)鼎(勩—則)勿遝(復)言也。性命 **61**

300. 聖(聖)、智(智)也，㥊(仁)、宜(義)也，忠(忠)、訐(信)也。六德 **1**

301. 孝(教)此民尒(爾)叟(使)六德 **2** 之又(有)古(嚮)也，非聖(聖)智(智)者莫之能<u>也</u>。**3**

302. 非㥊(仁)宜(義)者莫之能也。六德 **4**

303. 非忠(忠)訐(信)者莫之能也。六德 **5**

304. 售(唯—雖)枕(堯)求之弗旻(得)也。六德 **7**

305. [此]六立(位)也。六德 **8**

306. 此六戠(職)也。六德 **9**

307. 吕(以)賁(任)此[六職]也。六德 **10**

308. 智(智—知)亓(其)吕(以)又(有)所逗(歸)也。六德 **11**

309. 宜(義)者，君悳(德)也。六德 **15**

310. 懷(勞)亓(其)朒(股)忕(肱)之力弗敓(敢)旹(單—憚)也。六

德 16

311. 忠(忠)者,臣惪(德)也。六德 17

312. 𪟽(智)也者,夫惪(德)也。六德 19

313. 㠯(以)訐(信)從人多(者)也。六德 20

314. 訐(信)也者,婦惪(德)也。六德 20

315. 聖(聖)也者,父惪(德)也。六德 21

316. 怠(仁)者,子惪(德)也。六德 23

317. 而峇(獄—獄)奢〈訟〉亡(無)繇(由)迮(作)也。六德 24

318. 新(親)此多(者)也,審(密)此多(者)[也],六德 25 頪(媄—美)此多(者)也。26

319. 怠(仁),內也。六德 26

320. 宜(義),外也。六德 26

321. 豊(禮)樂(樂),共也。六德 26

322. 內立(位),父、子、六德 26 夫也。27

323. 外立(位),君、臣、婦也。六德 27

324. 敂(暱)之爲言也猷(猶)敂_(暱暱)也,少(小)而 六德 32 㝅(軺)多(者)也。33

325. 害(蓋)亡(無)不㠯(以)也。六德 33

326. 是㠯(以)敂(暱)也。六德 33

327. 而峇(獄—獄)奢〈訟〉戔(蔑)繇(由)亡〈乍(作)〉也。六德 36

328. 外 六德 36 內皆旻(得)也。37

329. 緍(昏)所由繇(由)茳(作)也。六德 38

330. 孝,杳(本)也。六德 41

331. 厽(三)者不迵(通),非言行也。六德 45

332. 肰(然)句(後)是也。六德 46

333. 死牙(與)之逝(敝)也。六德 46

334. 不旻(得)亓(其)人鼎(勵—則)止也。六德 48

335. 人 語叢—18 之道(道)也。19

336.《易》,所㠯(以)會(會)天術(道)人術(道)語叢—36 也。37

337.《誜(詩)》,所㠯(以)會(會)古含(今)之慳(㤅—志)語叢—38 也者。39

338.《旹(春)穆〈秋〉》,所㠯(以)會(會)古含(今)之 語叢—40 事也。41

339. 豊(禮),交之行述(術)也。語叢—42

340. 樂,或生或敎(教)者也。語叢—43

341. □者也。語叢一44

342. 宏(容)艴(色)，目皈(司)也。語叢一50

343. 聖(聖—聲)，耳皈(司)語叢一50也。51

344. 臭(嗅)，臭〈罘—畀(鼻)〉皈(司)也。語叢一51

345. 未(味)，口皈(司)語叢一51也。52

346. 燚(燚—氣)，宏(容)皈(司)也。語叢一52

347. 義亡(無)能爲也。語叢一53

348. 爲孝，此非孝也。語叢一55

349. 爲弟(悌)，語叢一55此非弟(悌)也。56

350. 不可爲也，語叢一56而不可不爲也。57

351. 爲之，語叢一57此非也。58

352. 弗爲，此非也。語叢一58

353. 正(政)亓(其)廄(然)而行，志(怠)安(安—焉)介(爾)也。語叢一59

354. 生虐(乎)不達語叢一60亓(其)廄(然)也。61

355. 斆=(學，學)丌(己)也。語叢一61

356. 型(刑)非詣(嚴)也。語叢一64

357. 訏(信)非至齊也。語叢一66

358. 父子，至上下也。語叢一69

359. 兄弟，至先遂(後)也。語叢一70

360. 之弗也。語叢一74

361. 長弟(悌)，罘(親)道(道)也。語叢一80

362. 母(毋)罘(親)也。語叢一81

363. 墊(埶—勢)牙(與)聖(聖—聲)爲可憭(察)也。語叢一86

364. 君臣、朋魯(友)，丌(其)臭(罘—擇)者也。語叢一87

365. 宵(賓)客，昔(青—清)漳(廟)之复(文)也。語叢一88

366. 多冊(好)者，亡(無)冊(好)者也。語叢一89

367. 婁(數)，不聿(盡)也。語叢一90

368. 夬(缺)生虐(乎)未旻(得)也。語叢一91

369. 豊(禮)因人之悥(情)而爲之語叢一31卲(節)复(文)者也。97

370. 喪，怠(仁)之尚(端)也。語叢一98

371. 亡(無)又(有)自坴(來)也。語叢一99

372. 各旨(以)豂(澹—譫)語叢一107訋(詞)毁(毀)也。108

373. 凡悬(謀)，巳(已)衡(道)者也。語叢二38

374. 凡比〈北(必)〉，又(有)不行者也。語叢二 **39**

375. 凡迅(過)正一昌(以)達(逸—失)亓(其)迋(它)語叢二 **40** 者也。**41**

376. 凡敓(悦)，乍(作)於惡(惡—譽)者也。語叢二 **42**

377. 嘕(嘩—華)，自惡(惡—宴)也。語叢二 **43**

378. 慇(惻—賊)，遏(退)人也。語叢二 **43**

379. 明(名)，婁(數)也。語叢二 **44**

380. 君猒(猶)父也。語叢三 **1**

381. 亓(其)弗亞(惡)語叢三 **1** 也，猒(猶)三冤(軍)之旃也，正也。**2**

382. 君臣不相才(存)也。語叢三 **3**

383. 不敓(悦)，可去也。語叢三 **4**

384. 弗叟(受)也。語叢三 **5**

385. 峇(友)，君臣之衙(道)也。語叢三 **6**

386. 孝語叢三 **6** 之紡(方)也。**7**

387. 父孝子慇(惡—愛)，非又(有)爲也。語叢三 **8**

388. 尻(處)而亡(無)歠語叢三 **12** 習(習)也。**13**

389. [□，□]之耑(端)也。語叢三 **23**

390. 惎(義)，惠(德)之聿(盡)也。語叢三 **24**

391. 惎(義)，蕭(膳—善)之方也。語叢三 **25**

392. 喪，惎(仁)也。語叢三 **35**

393. 惎(義)，宜也。語叢三 **35**

394. 慇(惡—愛)，惎(仁)語叢三 **35** 也。**36**

395. 惎(義)尻(處)之也。語叢三 **36**

396. 豊(禮)行之語叢三 **36** 也。**37**

397. 迵(踊)，哀也。語叢三 **41**

398. 三迵(踊)，夏(文)也。語叢三 **41**

399. 卯(謀)勳(則)雄(難)墼(犯)也。語叢三 **45**

400. 彊(強)之鼓(樹)也，彊(強)取之也。語叢三 **46**

401. 樂，備(服)惠(德)者之所樂也。語叢三 **54**

402. 亡﹦(無無)緣(由)也者。語叢三 **66上**

403. 若四峕(時)一適(逝)一坙(來)，而民弗書(害)也。語叢四 **21**

404. 至(致)而語叢四 **27** 下亡(無)及也已(已)。**27背**

405. 惎(仁)，人也。殘簡 **8**

(二) 訛寫爲"此"。

1. 夫此之胃(謂)<u>此</u>〈也〉。忠信 **4**

2. 忠訐（信）之胃（謂）此〈也〉。忠信 5

（三）表示疑問或反問語氣。

1. 虞（吾）可（何）㠯（以）智（智—知）亓（其）肰（然）也。老甲 30

二、助詞①。用在句中，表示停頓。

1. 人之敗（敗）也，死（亙—恆）於亓（其）叀（且）成（城—成）也敗（敗）之。老丙 12

2. 身（允）也君子，麈（展）也大成（城—成）。緇衣 36

3. 古（故）君子之睿（友）也緇衣 42 又（有）苷（嚮）。43

4. 悬（仁）之思也清（清—精）。五行 12

5. 智（智）之思也倀（長）。五行 14

6. 聖（聖）之思也翌（翠—輕）。五行 15

7. 文王之貝（視—見）也女（如）此。五行 29

8. 匿（曀）之爲言也猷（猶）匿_（曀曀）也。五行 40

9. 君子亓（其）它（施）也忠信 7 忠。8

10. 君子之於斉（教）也，亓（其）遁（道—導）民也不憲（浸），勶（則）亓（其）漳（敦）也弗深怠（疑—矣）。成之 4

11. 亓（其）膺（存）也不曡（厚）。成之 9

12. 亓（其）重也弗多怠（疑—矣）。成之 10

13. 是古（故）君子之求者（諸）㠯（己）也深。成之 10

14. 未有可旻（得）也者。成之 12

15. 反此道也，民必因此至（重）也成之 18 㠯（以）返（復）之。19

16. 截（勇）而行之不果，亓（其）怠（疑）也弗桱（枉—往）怠（疑—矣）。成之 21

17. 亓（其）羃（淫）也固怠（疑—矣）。成之 24

18. 亓（其）先也不若亓（其）逡（後）也。成之 35

19. 亓（其）翁（勝）也不若亓（其）巳（已）也。成之 36

20. 古（故）羕（終）是勿（物）也而又（有）深女（安—焉）者。尊德義 19

21. 可學也而不可矣（疑）也。尊德義 19

22. 可從也而不可及也。尊德義 23

23. 亓（其）葷（載）也亡（無）至（重）女（安—焉）。尊德義 29

24. 又（有）爲也者之胃（謂）古（故）。性命 13

25. 凡聖（聖—聲），亓（其）出於意（情）也訐（信），肰（然）句（後）亓

───────────

① 按：或"語氣詞"。

（亓）内（入）枭（拔—撥）人之心也敏（厚）。**性命 23**

26. 睧（聞）芺（笑）聖（聖—聲）鼎（勛—則）龏（侃）女（如）也斯（斯）憙（憙—喜）。**性命 24**

27. 昏（聞）訶（歌）諑（謠）鼎（勛—則）舀（陶）女（如）也斯（斯）畜（奮）。**性命 24**

28. 聖（聖—聽）盔（琴）玨（瑟）之聖（聖—聲）**性命 24** 鼎（勛—則）誺（悸）女（如）也斯（斯）戁（歎）。**25**

29. 蓳（觀）《垇（賚）》《武》鼎（勛—則）齊女（如）也㐄（斯）攴〈复（作）〉。**性命 25**

30. 蓳（觀）《卲（韶）》《頤（夏）》鼎（勛—則）免（勉）女（如）也**性命 25** 㐄（斯）睿（僉—斂）。**26**

31. 亓（其）居卽（次）也舊（久），丌（其）反善遉（復）訇（始）也**性命 26** 斲（慎），亓（其）出内（入）也訓（順）。**27**

32. 丌（其）罕（繹）之也**六德 44 六。45**

33. 民之父母新（親）民易，叓（使）民相新（親）也戁（難）。**六德 49**

34. 丌（其）生也亡（無）爲虗（乎）丌（其）型（刑）。**語叢一 62**

35. 峕（旹—春）穆〈秋〉亡（無）不㠯（以）丌（其）生也亡**語叢三 20**

36. 臤（賢）**語叢三 52** 者隹（唯）亓（其）止也㠯（以）異。**53**

三、助詞①。用來引起下文。

1. 聖（聖）人之才（在）民耑（前）也，㠯（以）身遶（後）之。**老甲 3**

2. 亓（其）才（在）民上也，㠯（以）**老甲 3** 言下之。**4**

3. 亓（其）才（在）民上也，民弗臺（厚）也。**老甲 4**

4. 亓（其）才（在）民耑（前）也，民弗害（害）也。**老甲 4**

5. 㠯（以）丌（其）不靜（靜—爭）也，古（故）天下莫能㠯（與）之龘（靜—爭）。**老甲 5**

6. 衍（道）厇（亙—恆）亡（無）爲也，医（矦—侯）王能守之，而萬勿（物）牆（牆—將）自愿（化）。**老甲 13**

7. 天下峕（皆）智（智—知）散（美）之爲婒（媄—美）也，亞（惡）已（已）。**老甲 15**

8. 萬勿（物）复（作）而弗忿（始）也，爲而弗志（恃）也，成（城—成）而弗居。**老甲 17**

9. 天〈夫〉售（唯）**老甲 17** 弗居也，是㠯（以）弗去也。**18**

---

① 按：或"語氣詞"。

10. 天陸(地)相畫(合)也，呂(以)遊(逾)昌〈甘〉雺(露)。老甲 19

11. 亓(其)安(安)也，易杲(持)也。老甲 25

12. 亓(其)未菲(兆)也，易懇(謀)也。老甲 25

13. 亓(其)霝(霝—雪—脆)也，易畜(畔—判)也。老甲 25

14. 亓(其)幾也，易俊(散)也。老甲 25

15. 返(反)也者，道(道)[之]僮(動)也。老甲 37

16. 溺(弱)也者，道(道)之甬(用)也。老甲 37

17. 慇(寵)爲下也，旻(得)之若緊(督—榮)，遂(逸—失)之若緊(督—榮)。老乙 6

18. 人之敗(敗)也，死(互—恆)於亓(其)寞(且)成(城—成)也敗(敗)之。老丙 12

19. 天陸(地)[復相輔]太—1也，是呂(以)成(城—成)神明。2

20. 神明遠(復)相桷(輔)也，是呂(以)成(城—成)会(陰)易(陽)。太—2

21. 会(陰)易(陽)遠(復)相桷(輔)也，是呂(以)成(城—成)四時。太—2

22. 四歲(時)太—2遠(復)桷(輔)也，是呂(以)成(城—成)倉(寒)然(熱)。3

23. 倉(寒)然(熱)遠(復)相桷(輔)也，是呂(以)成(城—成)淫(濕)澡(燥)。太—3

24. 淫(濕)澡(燥)遠(復)相桷(輔)也，成(城—成)戲(歲)太—3而坒(止)。4

25. 下，土也，而胃(謂)之陸(地)。太—10

26. 上，燚(燚—氣)也，而胃(謂)之天。太—10

27. 道(道)亦亓(其)志(字)也，青(青—請)昏(問)亓(其)明(名)。太—10

28. 聖(聖)人之從事也，亦歿(託)亓(其)太—11明(名)。12

29. 爲上可壁(望)而卆(智—知)也，爲下緇衣 3 可頪(類)而蒤(識)也，鼎(勳—則)君不怠(疑)亓(其)臣=(臣，臣)不惑於君。4

30. 上好惌(仁)，鼎(勳—則)下之爲緇衣 10 惌(仁)也柀(耕—爭)先。11

31. 下之事上也，不從亓(其)所呂(以)命，而從亓(其)所行。緇衣 14

32. 上好此勿(物)也，緇衣 14 下必又(有)甚女(安—焉)者矣。15

33. 古(故)上之好亞(惡)不可不訢(慎)也，民之菓(表)也。緇衣 15

34. 大臣之不新(親)也，鼎(勳—則)忠敬不足而賈(富)貴巳(已)迚(過)也。緇衣 20

35. 邦豪(家)之不窋(窋—寧)緇衣 20 也，鼎(勳—則)大臣不台(以)而毀(執—褻)臣忢(託)也。21

36. 童(動)非爲達也,古(故)穿(窮—窮)而不窮達11[□]。12

37. [□非]爲眀(名)也,古(故)莫之瞀(智—知)而不筡(鄰—閔)。窮達12

38. 善怀(否),㝵(己)也,穿(窮—窮)達㫐(以)峕(時)。窮達14

39. [君]子之爲善也,又(有)與訂(始),又(有)與各(冬—終)也。五行18

40. 君子之爲惪(德)也,五行18[有與]訂(始),亡(無)殘簡21[與]宄(終)也。五行19

41. 聲(聞)君子道(道)而不瞀(智—知)五行23亓(其)君子道(道)也,胃(謂)之不聖(聖)。24

42. 貝(視—見)臤(臤—賢)人而不瞀(智—知)亓(其)又(有)惪(德)也,胃(謂)之不瞀(智)。五行24

43. 聖(聖)瞀(智),豊(禮)樂(藥—樂)之所豙〈繇(由)〉生也,五五行28[行之所和]也。29

44. 又(有)大皐(罪)而弗大五行38敓(誅)也,不行也。39

45. 又(有)少(小)皐(罪)而弗亦(赦)也,不業(察)於道(道)也。五行39

46. 柬〈柬(簡)〉之爲言猷(猶)練五行39也,大而旻(晏—罕)者也。40

47. 匿(暱)之爲言也猷(猶)匿_(暱暱)也,少(小)而訪〈診(軫)〉者也。五行40

48. 能進之爲君子,弗能進也,各坓(止)於亓(其)里。五行42

49. 及亓(其)又(有)天下也,不㫐(以)天下爲重。唐虞19

50. 逼(遭—禪)也者,上直(直—德)叟(受—授)臤(臤—賢)之胃(謂)也。唐虞20

51. 古者堃(堯)之异(與—舉)坴(舜)也,昏(聞)坴(舜)孝,瞀(智—知)亓(其)能敓(養)天下唐虞22之老也。23

52. 古(故)亓(其)爲宓(瞽)寏(瞍)子也,甚孝;及亓(其)爲堃(堯)臣也,甚忠。唐虞24

53. 古(故)堃(堯)之徸(禪—禪)虗(乎)坴(舜)也,女(如)此也。唐虞25

54. 佁(配)天壑(地)也者,忠訐(信)之胃(謂)此〈也〉。忠信5

55. 忠之爲忠信6衕(道)也,百工不古(楛),而人敓(養)膚(皆)足。7

56. 訐(信)之爲衕(道)也,羣(群)勿(物)峇(皆)成,而百善膚(皆)立。忠信7

57. 君子亓(其)它(施)也忠信7忠,古(故)繎(肇—蠻)罙(親)尃(附)

也。**8**

58. 古(故)君子之立(蒞)民也,身備(服)善吕(以)先之,敬釿(慎)吕 (以)肘(守)之。**成之 3**

59. 君子之於菓(教)也,亓(其)遒(道—導)民也不憲(浸),勮(則)丌 (其)漳(敦)也弗深悆(疑—矣)。**成之 4**

60. 是古(故)塁(畏—威)備(服)型(刑)罰(罰)之婁(屢)行也,**成之 5** 繇(由)走(上)之弗身也。**6**

61. 是君子之於言也,非從末溓(流)者之貴,竆(窮)滐(源)反杳(本) 者之貴。**成之 11**

62. 是古(故)君子**成之 13** 之於言也,非從末溓(流)者之貴,竆(窮)淏 (源)反杳(本)者之貴。**14**

63. 上不吕(以)丌(其)道(道),民之從之也難。**成之 15**

64. 是吕(以)民可**成之 15** 敬遒(道—導)也,而不可穽(弇—掩)也。**16**

65. 可駍(馭—御)也,而不可擘(掔—牽)也。**成之 16**

66. 反此道(道)也,民必因此至(重)也**成之 18** 吕(以)遉(復)之。**19**

67. 是古(故)谷(欲)人之惡(愛)吕(己)也,勮(則)必先惡(愛)人;谷 (欲)人之敬吕(己)也,勮(則)必先敬人。**成之 20**

68. 孚(娩—勉)之述(遂)也,罡(強)之工(功)也。**成之 23**

69. 墮(墮)之穽(弇)也,釕(治)之工(功)也。**成之 23**

70. 此言也,言訐(信)於眾之可吕(以)**成之 25** 凄(濟)悳(德)也。**26**

71. 節(即)於而(爾)也,**成之 26** 勮(則)猷(猶)是也。**27**

72. 售(唯—雖)丌(其)於善道(道)也,亦非又(有)譯(澤)婁(藪)吕 (以)多也。**成之 27**

73. 及丌(其)專(博)長而蔞(厚)**成之 27** 大也,勮(則)聖(聖)人不可由 與墨(墇)之。**28**

74. 害(蓋)此言也,言余之此而厇(宅—度)於天心也。**成之 33**

75. 害(蓋)此言也,言不霏(奉)大棠(常)者,文王之型(刑)莫至(重) 女(安—焉)。**成之 39**

76. 柴(禍)稟(福)之羿(基)也,或(又)肯(耑—前)之者矣。**尊德義 2**

77. 菓(教)非改道(道)也,斁(教)之也。**尊德義 4**

78. 睪(學)非改侖(倫)也,睪(學)异(異—己)也。**尊德義 5**

79. 行此戛(文)也,肰(然)句(後)可遉(邊—就)也。**尊德義 17**

80. 夫生而又(有)戠(職)事者也,非菓(教)所及也。**尊德義 18**

81. 古(故)糸(終)是勿(物)也而又(有)深女(安—焉)者,可睪(學)也而不

可矣(疑)<u>也</u>。**尊德義 19**

82. 可孚(教)<u>也</u>而不可迪亓(其)民,而民不可畁(止)也。**尊德義 20**

83. 民可道(道—導)<u>也</u>,而不可勥(勞—強)也。**尊德義 22**

84. 爰不若<u>也</u>,可從也而不可及也。**尊德義 23**

85. 釘(治)民非退(還—懷)生而巳(已)<u>也</u>,**尊德義 25** 不曰(以)旨(旨—嗜)谷(欲)萬(害)亓(其)義匋。**26**

86. 下之事上<u>也</u>,不從亓(其)所氽(命),而從亓(其)所行。**尊德義 36**

87. 上好是勿(物)<u>也</u>,**尊德義 36** 下必又(有)甚女(安—焉)者。**37**

88. 凡心又(有)志<u>也</u>,亡(無)牙(與)不[可]。**性命 6**

89. 剛之桓(樹)<u>也</u>,剛取之也。**性命 8**

90. 義<u>也</u>者,羣(群)善之蕝(蕝)也。**性命 13**

91. 習(習)<u>也</u>**性命 13** 者,又(有)旨(以)習(習)亓(其)眚(性)也。**14**

92. 哭之敚(動)心也,瀩(浸)潋(殺),亓剌(烈)繺_(鑾鑾—戀戀)女(如)也,慈(慽)狀(然)旨(以)帠(終)。**性命 30**

93. 樊(樂)之敚(動)心<u>也</u>,**性命 30** 濱(潛)深臂(臂—怫)舀(陶),亓(其)剌(烈)鼎(勣—則)洼(流)女(如)也旨(以)悲,條(悠)狀(然)旨(以)思。**31**

94. 求亓(其)心,又(有)爲也,弗夏(得)之壴(喜—矣)。**性命 37**

95. 人之不能旨(以)爲<u>也</u>,**性命 37** 可瞽(智—知)也。**38**

96. 目之好**性命 43**色,耳之樊(樂)聖(聖—聲),臂(臂—怫)舀(陶)之燮(燮—氣)也,人不難爲之死。**44**

97. 又(有)亓(其)爲人之迎_(節節)女(如)也,**性命 44** 不又(有)夫柬_(簡簡)之心鼎(勣—則)采。**45**

98. 又(有)亓(其)爲人之柬_(簡簡)女(如)也,不又(有)夫丕(互—亟)忩(怠—殆)志_(之志)鼎(勣—則)縵(慢)。**性命 45**

99. 又(有)亓(其)爲人之快(慧)女(如)也,弗牧〈牧(養)〉不可。**性命 47**

100. 又(有)亓(其)爲人之原(原—愿)女(如)也,**性命 47**弗校(輔)不足。**48**

101. 凡人愄(偽)爲可亞(惡)也,愄(偽)旻(斯)妥(鄰—隱)壴(喜—矣),妥(鄰—隱)旻(斯)慮(慮)壴(喜—矣),慮(慮)旻(斯)莫牙(與)之**性命 48**結壴(喜—矣)。**49**

102. 訢(慎),悉(仁)之方也,狀(然)而亓(其)恁(過)不亞(惡)。**性命 49**

103. 邎(速),㥍(謀)之方也,又(有)怸(過)鼎(勳—則)咎。**性命 49**

104. 凡人青(青—情)爲可兌(悅)也,句(苟)㠯(以)兀(其)青(青—情),售(唯—雖)怸(過)不亞(惡)。**性命 50**

105. 内(納)之可也,巳(已)鼎(勳—則)勿逯(復)言也。**性命 61**

106. 孝(教)此民余(爾)叟(使)**六德 2** 之又(有)古(嚮)也,非聖(聖)智(智)者莫之能也。**3**

107. 猷(既)又(有)**六德 9** 夫六立(位)也,㠯(以)貢(任)此[六職]也。**10**

108. 句(苟)淒(濟)夫人之善它(也),懞(勞)丌(其)胭(股)忕(肱)之力弗敊(敢)畕(單—憚)也。**六德 16**

109. 懞(勞)丌(其)胭(股)忕(肱)之力弗敊(敢)畕(單—憚)也,**六德 16** 凸(危)丌(其)死弗敊(敢)恶(愛)也,胃(謂)之[臣],㠯(以)宙(忠)夏(事)人多(者)。**17**

110. 子也者,會(會)埠(埠—最)長材**六德 21** 㠯(以)事上。**22**

111. 綖(疏)斬布,實(實—経),丈(杖),爲父也,爲君亦肰(然)。**六德 27**

112. 綖(疏)衰**六德 27** 齊,戊(牡)枺(麻)實(實—経),爲昆弟也,爲妻亦肰(然)。**28**

113. 晨(袒)兔,爲宗族也,爲弸(朋)客(友)**六德 28** 亦肰(然)。**29**

114. 啟(暱)之爲言也猷(猶)啟_(暱暱)也,少(小)而**六德 32** 嵐(斬)多(者)也。**33**

115. 是古(故)先王之**六德 39** 喬(教)民也,訇(始)於孝弟(悌)。**40**

116. 是古(故)先**六德 40** 王之孝(教)民也,不叟(使)此民也惪(憂)丌(其)身,逹(逸—失)丌(其)戲(偏)。**41**

117. 衙(道)不可徧(徧)也,能狀(獸—守)弍(弌—一)凵(曲)女(安—焉)。**六德 43**

118. 不可爲也,**語叢一 56** 而不可不爲也。**57**

119. 悲岸〈芒(喪)〉丌(其)所也,亡(無)非是**語叢一 73**

120. 快(決)牙(與)訐(信),器也,各㠯(以)㦸(滄—譖)**語叢一 107** 訇(詞)毀(毀)也。**108**

121. 兀(其)弗亞(惡)**語叢三 1** 也,猷(猶)三兊(軍)之旆也,正也。**2**

122. 彊(強)之鼓(樹)也,彊(強)取之也。**語叢三 46**

123. 㝔(賓)客之用綵(幣)也,非正(徵),**語叢三 55** 内(納)賆(貨)也,豊(禮)朮(必)及。**60**

0992 戈　　戋

【用字】 戈

【詞義】

一、我國青銅器時代的主要兵器。引申指武力。

　　1. 虽(夏)用戈,正(征)不備(服)也。**唐虞 13**

0993 賊　　䁁

【用字】 愻、㦇

【解字】

　　"愻"爲"㦇"字省寫,二者皆爲"惻"字異體。

【詞義】

一、搶劫或偷竊財物的人。

　　1. 覜(盜)愻(惻—賊)亡(無)又(有)。**老甲 1**

　　2. 覜(盜)愻(惻—賊)多又(有)。**老甲 31**

二、害;傷害。

　　1. 㦇(惻—賊)生於忑(惎—忌)。**語叢二 27**

　　2. 㦇(惻—賊),遏(退)人也。**語叢二 43**

0994 戰　　戰

【用字】 戰、戰

【解字】

　　"戰"即"戰"字異體。古文字材料中屢見"單"字(或作偏旁)寫作"嘼",1973 年,巴納德在 *Chu Silk Manuscript Translation and Commentary* 一書中較早將楚帛書中的"嘼"字釋爲"單",李零先生信從此説並有所闡發①。何琳儀先生認爲"單、嘼一音之轉,古均屬舌頭音"②。後來李零先生重申自己的意見,指出:"'嘼'釋爲'單'有以下數證:(1)甲骨文'獸'字皆从單作;(2)正始石經、《四聲韻》和楚王酓忎鼎'戰'字皆从嘼;(3)《四聲韻》

_____

① 李零:《長沙子彈庫戰國楚帛書研究》,中華書局,1985 年,第 70 頁注①。

② 何琳儀:《長沙帛書通釋》,《江漢考古》,1986 年第 2 期,81 頁注[25]。

‘瞿’(引者按:“單”字之誤)字古文作‘瞿’”①。這種意見現在看來是十分正確的,不斷被新出現的文字材料所證實②。

【詞義】

一、戰鬥;作戰。

  1. 戩(戰)雾(勝)勳(則)昌(以)麂(喪)豊(禮)居之。**老丙 10**

二、戰爭。

  1. 戰與型(刑)人,君子之述(墜)悳(德)也。**成之 6**

三、用爲“守”,參閲卷七“守”(第 388 頁)。

0995 或　　或　　或體 域

【用字】　或

【解字】

“或”字本象一種納柲的兵器之形(或以爲“管鈘斧”),寫作 (簸或父癸甗),借爲表示疆域、國家等義的{國}。在文獻中,“或”字未見其本義的用例,反而假借義被廣泛地接受。或許是受假借義的影響,“或”字的柲形與“○”形分離,而“○”和“口”在古文字中常用來表示人居住的區域(如正、韋、畾等字所從)。或認爲“○”從柲上脱落屬於變形音化現象,“○”即“圓”之初文,“圓”爲匣母文部字,與匣母職部字的“或”音近可通。“國”字是在“或”字基礎上增加“口”旁而成,楚文字“國”主要有四種寫法:一是從“口”寫作 (清華六《鄭文公問太伯》甲本簡 7);二是從“匚”寫作 (上博一《緇衣》簡 1);三是從“宀”寫作 (郭店《緇衣》簡 9);四是從“邑”寫作 (郭店《緇衣》簡 2)。楚文字“或”字“○”形下面的橫筆部分已經變爲“匸”形,導致此類形體與從“匚”的“國”字相近。關於二者之間的關係,可以有兩種解釋:一是“匸”“匚”作爲偏旁可以代换,如“匿”字從“匸”與從“匚”之形皆見;二是“匸”與“戈”旁上面的橫筆形成借筆,即爲“匚”。如此,從“匸”的“或”似當看作從“匚”的“國”字異體。但是“或”本就是爲“國”之初文,從“匸”的“或”似不必釋爲“國”,且上列清華六《鄭文公問太伯》甲本(同樣的字形也見於乙本簡 6)中的“國”字所從的“或”就寫作從“匸”。此外,從用字習慣來看,郭店簡{或}{國}有異,{或}皆寫作“或”,而{國}則增加宀或邑旁寫作“邨”或“或”等。

---

① 李零:《論東周時期的楚國典型銅器群》,《古文字研究》第 19 輯,中華書局,1992 年,173—174 頁。

② 劉傳賓:《郭店竹簡文本研究綜論》,上海古籍出版社,2017 年,第 506—511 頁。

【詞義】

一、代詞。有人；有的。

  1. 或命（論）之，或羕（養）之，或緣（由）忠（中）出，或蟄（埶一設）之外。尊德義 30

  2. 或戁（動）之，或逆之，或室（節）之，或萬（屬）之，或出之，或羕（養）之，或長之。性命 10

  3. 或舍（舍一序）爲性命 19 之即（節），鼎（勒一則）曼（文）也。20

  4. 或（又）㠯（以）督（智一知）六德 38 丌（其）戈（弍一一）壴（喜一矣）。39

  5. 或遊（邎一由）中出，或語叢一 19 遊（邎一由）外內（入）。20

  6. 或生於內，或生於外。語叢一 23

  7. 樂，或生或敎（教）者也。語叢一 43

  8. 或遊（邎一由）亓（其）不語叢三 42 聿（盡），或遊（邎一由）丌（其）可。43

二、連詞。表示選擇或列舉。

  1. 或命（令）之或虘（虖一呼）豆（屬）。老甲 2

三、有。

  1. 或命（令）之或虘（虖一呼）豆（屬）。老甲 2

  2. 返（及）虐（吾）亡（無）身，或可（何）［患焉］？老乙 7

  3. ［人生］性命 7 而學，或叏（使）之也。8

  4. 豊（禮）妏〈复（作）〉於青（青一情），性命 18 或興之也。19

  5. 㤅（仁），眚（性）之方也，眚（性）或生之。性命 39

四、副詞。又。

  1. 鼎（員一損）之或（又）鼎（員一損）。老乙 3

  2. 迵（周）而或（又）［始］。太一 6

  3. 賞與坓（刑），紊（禍）祟（福）之羿（基）也，或（又）肯（祷一前）之者矣。尊德義 2

  4. 或（又）從而孝（教）悡（誨）之，胃（謂）之聖（聖）。六德 21

  5. 內（納）之或內（納）之，至（致）之或至（致）之。語叢四 27 背下

0996　戮　　戮

【用字】　㣎、㝠

【解字】

　　《尊德義》簡 3 “㝠”（㝠）即“㝠”字異體，今寫作“戮”。楚文字“戮”字或

從"歹"作"殍",《康熙字典》等也以"殍"爲"戮"字俗體,郭店簡此字從"死"。

【詞義】

一、殺。

　　1. 子疋(胥)帣(前)多紅(功),逡(後)寥(戮)死。窮達 9

　　2. 殺毊(殍—戮),所吕(以)敆(敘—除)舀(怨)也。尊德義 3

0997　武　　㞢

【用字】　武

【詞義】

一、武丁。商代國王名。後世稱爲高宗。

　　1. 髮(靷—釋)板(版)篙(築)而眘(差—佐)天子,壨(堲—遇)武丁也。
　　　　窮達 4

二、樂名。頌武王克殷武功之樂。

　　1. 蓳(觀)《垐(賚)》《武》鼎(勴—則)齊女(如)也㫃(斯)攴〈复(作)〉。性命 25

　　2. 《垐(賚)》《武》樊(樂)取(趣)。性命 28

0998　戚　　戚

【用字】　戚、臱、遌

【解字】

　　"遌"(遌,《六德》簡 48)即"遠"之異體,亦見於《尊德義》簡 17(遌),形體有省略。《六德》簡 48"新遌",整理者(188 頁)讀爲"親戚"。陳偉、廖名春兩位先生將"親遌"讀爲"新舊"①。顏世鉉先生認爲"新舊"猶"新故",指新人與老臣;又疑讀爲"親讎",指親近者與有仇怨者②。"新遌遠近"從文意上看似當爲"親疏遠近","遌"字並無"疏"意,或爲誤寫。

　　"戚"字甲骨文寫作 (《合集》34400)、 (《合集》34287)等形,象一種長柄有齒牙狀刃部的斧鉞類兵器,多用作禮器。西周金文變爲 (戚姬

① 陳偉:《關於郭店楚簡〈六德〉諸篇編連的調整》,《江漢考古》,2000 年第 1 期,第 49—51 頁;廖名春:《郭店楚簡〈六德〉篇校釋》,《清華簡帛研究》第 1 輯,清華大學思想文化研究所,2000 年,第 72 頁。

② 顏世鉉:《郭店楚簡〈六德〉箋釋》,《"中研院"歷史語言研究所集刊》第 72 本第 2 分,2001 年,第 458—459 頁。

篋),从"戈""未"聲,楚文字或如此作 (清華五《湯在啻門》簡9),但更多
寫作"戜"形,郭店簡中兩例 (《尊德義》簡7)、(《語叢一》簡34)皆是如
此。"戜"繼承了由甲骨文象形的寫法,是一種存古現象。此類寫法亦見於
詛楚文 (《湫淵》)及馬王堆帛書 (《老子》甲本卷後古佚書188)等材
料,林澐先生釋爲"戚",認爲是甲骨文"戚"字的簡化①。《字彙・戈部》:
"戜,與戚同。""戜"即由"戜"字演變而來。

【詞義】

一、親近;親密。

1. 兌(悦)勮(則)彙_(就—戚,戚)勮(則)新(親)。五行 **13**

2. 不兌(悦)不_彙_(不就—不戚,不戚)不新(親)。五行 **21**

3. 审(中)心兌(悦)宧(壇—旃),蹩(遷)五行 **32** 於娣_(兄弟),彙(就—
   戚)也。**33**

4. 彙(就—戚)而訐(信)之,新(親)。五行 **33**

5. 新(親)遒(邎—就—戚)造(遠)近,售(唯)丌(其)人所才(在)。六
   德 **48**

二、用爲"造",參閱卷二"造"(第82頁)。

三、用爲"蹙",參閱卷二"蹙"(第119頁)。

0999 我　　　我　　　古文 求

【用字】 我、義

【詞義】

一、代詞。表示第一人稱。

1. 我綝(無)事而民自竇(福—富)。老甲 **31**

2. 我亡(無)爲而民自蠱(蝸—化)。老甲 **32**

3. 我好青(青—靜)而民自正。老甲 **32**

4. 我谷(欲)不谷(欲)而民自檣(樸)。老甲 **32**

5. 而百眚(姓)曰我自肰(然)也。老丙 **2**

6. 皮(彼)求我鼎(勮—則),女(如)不我戛(得)。緇衣 **18**

7. 鞁(執)我緇衣 **18** 敤=(仇仇),亦不我力。**19**

8. 我歆(既)見,我弗迪(由)聖(聖)。緇衣 **19**

9. 人之好我,緇衣 **41** 旨(旨—示)我周行。**42**

---

① 林澐:《說戚、我》,《古文字研究》第17輯,中華書局,1989年,第198—205頁。

10. 我電(龜)欨(既)獣(厭),緇衣 46 不我告獣。47

11. 我心穐(則)五行 10 [悦]。11

12. 殹(噎)我二人,毋(無)又(有)曶(合)才(在)言。成之 29

13. 非我血歃(既—氣)之新(親),畜我女(如)丌(其)六德 15 子弟。16

14. 我行語叢一 105 惎(怵—求)者,亡(無)又(有)自垚(來)也。99

15. 思語叢三 48 亡(無)不遚(邎—由)我者。49

16. 膳(善)日過我,我日過膳(善)。語叢三 52

17. 亡(毋)啻(意),亡(毋)古(固),語叢三 64 上亡(毋)義(我),亡(毋)必。65 上

18. 母(毋)命(令)眷(智—知)我。語叢四 6

二、用爲"義",參閱本卷"義"(第 660 頁)。

1000 義　義

【用字】　義、我、眷、愁、宜

【詞義】

一、社會認爲合宜的道理和行爲。

1. 女(安—焉)又(有)悬(仁)義。老丙 3

2. [爲]義而遠彔(彔—禄)簹(箸—爵)。魯穆公 7

3. 義型(形)於内胃(謂)之悬(德)之五行 1 行。2

4. 不行不義。五行 22

5. 眷(智—知)而行之,義也。五行 27

6. 安(安)五行 30 而行之,義也。31

7. 悬(仁),義豐(禮)所夐〈繇(由)〉生也。五行 31

8. 貴_(貴貴),亓(其)垫(等)障(尊)段(叚—賢),義也。五行 35

9. 束〈柬(簡)〉,義之方也。五行 40

10. 弜(勞—剛),義之方。五行 41

11. 聖(聞)道(道)而塗(畏)者,好五行 49 義者也。50

12. 僤(僤—禪),義之至也。唐虞 8

13. 悬(仁)而未義也。唐虞 8

14. 我(義)而未悬(仁)也。唐虞 9

15. 義殙(亙—恆)[□□]唐虞 13 幻(治)也。14

16. 訏(信),眷(義)之昇(期—基)也。忠信 8

17. 斲(折—制)爲君臣之義。成之 31

18. 畜（尊）惪（德）義。**尊德義 1**

19. 義爲可畜（尊）也。**尊德義 4**

20. 不㠯（以）旨（旨—嗜）谷（欲）萬（害）亓（其）義㣉。**尊德義 26**

21. 童（重）義枼（枼—襲）𪓐（釐—理），言此章也。**尊德義 39**

22. 宩（終）者近義。**性命 3**

23. 智（智—知）宜（義）者能内（入）之。**性命 4**

24. 萬（屬）㫄（性）者，宜（義）也。**性命 11**

25. 義也者，羣（群）善之蓝（萫）也。**性命 13**

26. 體亓（其）宜（義）而卽（節）𢽾（文）之。**性命 17**

27. 鼎（劥—則）宜（義）衍（道）也。**性命 19**

28. 亓（其）訇（詞），宜（義）道（道）也。**性命 22**

29. 𩵋，宜（義）之方也。**性命 38**

30. 宜（義），敬之方也。**性命 39**

31. 售（唯）**性命 40**宜（義）衍（道）爲忻（近）惪（忠）。**41**

32. 售（唯）亞（惡）不忢（仁）爲忻（近）宜（義）。**性命 41**

33. 遉（達）於義者也。**性命 54**

34. 聖（聖）、智（智）也，㤅（仁）、宜（義）也，惪（忠）、訐（信）也。**六德 1**

35. 㤅（仁）牙（與）宜（義）臱（就）［矣］。**六德 2**

36. 非㤅（仁）宜（義）者莫之能也。**六德 4**

37. 㠯（以）宜（義）叟（使）人多（者）。**六德 15**

38. 宜（義）者，君惪（德）也。**六德 15**

39. 子也者，會（會）埠（埠—最）長材**六德 21**㠯（以）事上，胃（謂）之宜（義），
上共下之宜（義），㠯（以）奉袒＝（社稷—社稷），胃（謂）之孝。**22**

40. 宜（義），外也。**六德 26**

41. 門内**六德 30**之絅（治）㤅（恩）宩（弇—掩）宜（義），門外之絅（治）宜
（義）斬㤅（恩）。**31**

42. 宜（義）頪（類）㝵（剛）**六德 31**而豳（豳—絕）。**32**

43. 宜（義）㝵（強—剛）而柬（簡）。**六德 32**

44. 君臣宜（義）生言（焉）。**六德 34**

45. 君宜（義），**六德 34**臣宜〈忠〉。**35**

46. 宜（義）叟（使）惪（忠）。**六德 35**

47. 君臣亡（無）宜（義）。**六德 39**

48. 又（有）義又（有）豊（禮）。**語叢一 16**

49. 我（義）生於道（道）。**語叢一 22**

50. 義亡(無)能爲也。語叢一 53
51. [□□]者𢖫(義)肰(然)不肰(然)。語叢一 76
52. [厚仁,薄]於義。語叢一 77
53. 䧘(厚)於義,専(薄)於𢜫(仁)。語叢一 82
54. 𢜫(仁)𢖫(義)爲之桯(臬)。語叢一 93
55. 不語叢三 4 我(義)而矤(加)者(諸)己,弗𠬝(受)也。5
56. 牙(與)爲𢖫(義)者遊,昇(嗌—益)。語叢三 9
57. 𢖫(義),悳(德)之𦘔(盡)也。語叢三 24
58. 𢖫(義),膳(膳—善)之方也。語叢三 25
59. 𢖫(義),宜也。語叢三 35
60. 𢖫(義)凥(處)之也。語叢三 36
61. 義,天道(道)☐殘簡 7
62. 義,[道也]。殘簡 8

二、適宜。

1. 𢖫(義),宜也。語叢三 35

三、行爲超出常人的;有正義感的。

1. 義士語叢四 8 之所廌(存)。9

四、"忠"字訛寫。

1. 君宜(義),六德 34 臣宜〈忠〉。35

五、用爲"儀",參閱卷八"儀"(第 419 頁)。

六、用爲"我",參閱本卷"我"(第 659 頁)。

1001 琴  古文 

【用字】 𢑥

【詞義】

一、撥弦樂器。也稱"七弦琴",俗稱"古琴"。傳説始爲五弦,周初增爲七弦。

1. 聖(聖—聽)𢑥(琴)开(瑟)之聖(聖—聲)性命 24 鼎(鼽—則)諪(悸)女(如)也斯(斯)𪏱(歎)。25

1002 瑟  古文 

【用字】 开

【詞義】

一、古撥弦樂器。形似古琴,每弦一柱,但無徽位。

　　1. 聖(聖—聽)蛮(琴)玨(瑟)之聖(聖—聲)**性命 24** 鼎(勮—則)諤(悸)
　　　女(如)也斯(斯)戀(歟)。**25**

1003 直　　直　　古文 棄

【用字】　棄、惪

【解字】

　　"惪"即《說文》"悳"字,在郭店簡中多用爲"德"。

【詞義】

一、成直綫形狀,與"曲"相反。

　　1. 大棄(植—直)**老乙 14** 若屈(屈)。**15**

二、正直。

　　1. 好氏(是)貞(貞—正)棄(植—直)。**緇衣 3**

　　2. 宇(中)心**五行 33** 諓(辯)肰(然)而正行之,棄(植—直)也。**34**

三、坦率;率直。

　　1. 不惪(直)不_遬_(不肆,不肆)不果。**五行 21**

　　2. 惪(直)而述(遂)之,遬(肆)也。**五行 34**

1004 亡　　乚

【用字】　芒、亡

【解字】

　　"芒"當爲"喪"字之省,參閱卷二"喪"(第69頁)。

【詞義】

一、逃亡。

　　1. 不足目(以)出芒(喪—亡)。**語叢四 3**

二、失去;遺失。

　　1. 貴(持)與亡(亡)管(孰)疠(病)? **老甲 36**

　　2. 佝(厚)贊(贜—藏)必多亡(亡)。**老甲 36**

三、滅亡;消亡;不存在。

　　1. 君目(以)民芒(喪—亡)。**緇衣 9**

　　2. 是古(故)亡虖(乎)丌(其)身而**成之 4** 鳶(存)虖(唬—乎)丌(其)訇(詞)。**5**

　　3. 交矣而弗臤（智—知）也，亡。尊德義 **29**

　　4. 旹（旹—春）穆〈秋〉亡（無）不吕（以）丌（其）生也亡語叢三 **20**

四、用爲“毋”，參閱本卷“毋”（第 626 頁）。

五、用爲“無”，參閱本卷“無”（第 664 頁）。

六、用爲“忘”，參閱卷十“忘”（第 543 頁）。

七、“乍（作）”字訛誤，參閱卷八“作”（第 418 頁）。

1005 望　　　

【用字】　望、瞳、室

【詞義】

一、向高處、遠處看。

　　1. 爲上可瞳（望）而臤（智—知）也。緇衣 **3**

二、責怨；埋怨。

　　1. 望生於監。語叢二 **33**

三、人名。周初人吕尚，世稱吕望、太公望。

　　1. 郘（吕）室（望）爲祥（臧）埜（棘）澦（津）。窮達 **4**

四、用爲“無”，參閱本卷“無”（第 664 頁）。

1006 無（潕）　　　　　奇字

【用字】　潕、亡、忘、室、望、毋

【解字】

　　“潕”，《説文》曰“亡也”，有無之“無”本字。《説文》卷六有“潕”（隸變寫作“無”），曰“豐也”。“潕”“潕”二者《説文》認爲是不同的字。有無之意今寫作“無”。“潕”即“無”字異體。

【詞義】

一、没有，跟“有”相對。

　　1. 覾（盜）惎（惻—賊）亡（無）又（有）。老甲 **1**

　　2. 此亡（無）敗（敗）事矣。老甲 **11**

　　3. 酒（牆—將）貞（貞—鎮）之吕（以）亡（無）明（名）之樸（蹼—僕—樸）。老甲 **13**

　　4. 古（故）旻（終）亡（無）難（難）。老甲 **15**

　　5. 道（道）死（亙—恆）亡（無）明（名）。老甲 **18**

　　6. 豳（豳—絶）學（學）亡（無）惪（憂）。老乙 **4**

7. 返(及)虗(吾)亡(無)身,或可(何)[患焉]? 老乙 7

8. 中士昏(聞)道(道),若昏(聞)若亡。老乙 9

9. 大方亡(無)禺(隅)。老乙 12

10. 天象亡(無)型(形)。老乙 12

11. 淡可(呵)丌(其)㮚(無)杳(味)也。老丙 5

12. 訢(慎)㝵(終)若訂(始),勮(則)㮚(無)敗事壴(喜一矣)。老丙 12

13. 人而亡(無)𧗌(恆一恆),不可爲緇衣 45 卜筮(筮)也。46

14. 又(有)亓(其)人,亡(無)亓(其)窮達 1 殜(世)。2

15. 非亡(無)膿(體)壯(狀)也。窮達 10

16. 君子亡(無)审(中)心之㥈(憂)勮(則)亡_审_心_之_䚾_(無中心之智,無中心之智)勮(則)亡_审_心_五行 5[之_悦_](無中心之悦,無中心之悦)[則]不_安_(不安,不安)勮(則)不_樂(藥)_(不樂,不樂)勮(則)亡(無)悳(德)。6

17. 不㮚(藥一樂)五行 8 亡(無)悳(德)。9

18. [有與]訂(始),亡(無)殘簡 21[與]㝵(終)也。五行 19

19. 不樂亡(無)悳(德)。五行 21

20. 不共(恭)亡(無)豊(禮)。五行 22

21. 徝(徸一襌)之湩(流),世亡(無)忈(隱)直(直一德)。唐虞 7

22. 又(有)天下弗能㷊(嗌一益),亡(無)天下弗能鼎(員一損)。唐虞 19

23. 叕(雙)我二人,毋(無)又(有)酓(合)才(在)言。成之 29

24. 亡(無)䚾(智一知)螆(命)而不䚾(智一知)㠯(己)者。尊德義 10

25. 亡(無)䚾(智一知)樊(樂)而不䚾(智一知)豊(禮)者。尊德義 11

26. 猷(猶)馭(御)之亡(無)迚(策)也。尊德義 24

27. 心亡(無)舅(奠一定)志。性命 1

28. 凡勿(物)亡(無)不異也者。性命 8

29. 句(苟)毋(無)大害,少(小)桎(枉),内(納)之可也。性命 61

30. 悳(悳一喜)谷(欲)䚾(智)而亡(無)末。性命 63

31. 求敉(養)新(親)之志_(之志),害(蓋)亡(無)不吕(以)也。六德 33

32. 父子不新(親),君臣亡(無)宜(義)。六德 39

33. 君子於此戈(弋——一)䣁(偏)者亡(無)所㩃(法一廢)。六德 40

34. 亡(無)勿(物)不勿(物),膚(膚一皆)至女(安一焉)。語叢一 71

35. 而語叢一 71 亡(無)非吕(己)取之者。72

36. 悲岸〈芒(喪)〉丌(其)所也,亡(無)非是語叢一 73

37. 又（有）憿（察）膳（善），亡（無）爲膳（善）。語叢一 84

38. 亡（無）丣（好）者也。語叢一 89

39. 亡（無）又（有）自埜（來）也。語叢一 99

40. 父亡（無）亞（惡）。語叢三 1

41. 旹〈昔—春〉穆〈秋〉亡（無）不㠯（以）亓（其）生也亡。語叢三 20

42. 戔（治）者至亡（無）語叢三 26 閔（閒—間）。27

43. 戔（治）者語叢三 28 至亡（無）閔（閒—間）勅（則）城（成）明（名）。29

44. 思亡（無）彊（疆），思亡（無）亓（期），思亡（無）紉（邪），思語叢三 48 亡（無）不遄（邅—由）我者。49

45. 亡（無）勿（物）不勿（物）。語叢三 64 下

46. 亡＝（無無）繇（由）也者。語叢三 66 上

47. 亡（無）非樂者。語叢三 66 下

48. 山亡（無）陸（陸—隆）勅（則）坨（阤），成（城）槑（無）蓑（衰）勅（則）坨（阤），土亡（無）友不可。語叢四 22

49. ☐亓（其）亡（無）不繇（由）☐殘簡 10

二、道家哲學概念。

1. 又（有）亡（無）之相生也。老甲 15

2. 爲之於亓（其）老甲 25 亡（無）又（有）也。26

3. 天下之勿（物）生於又（有），生於亡（無）。老甲 37

4. 凡勿（物）繇（由）室（望—無）生。語叢一 1

5. 凡勿（物）塦（邅—由）望（無）生。語叢一 104

三、副詞。表示否定，相當於"不"。

1. 是㠯（以）聖（聖）人亡（無）爲古（故）亡（無）敗（敗）。老甲 11

2. 亡（無）靫（執）古（故）亡（無）達（逸—失）。老甲 11

3. 衏（道）死（亙—恆）亡（無）爲也。老甲 13

4. 爲亡（無）爲，事亡（無）事，未（味）亡（無）未（味）。老甲 14

5. 是老甲 16 㠯（以）聖（聖）人居亡（無）爲之事。17

6. 㠯（以）亡（無）事老甲 29 取（取）天下。30

7. 我槑（無）事而民自寞（福—富）。老甲 31

8. 我亡（無）爲而民自蟲（蝸—化）。老甲 32

9. 㠯（以）至亡（無）爲老乙 3 也。4

10. 亡（無）爲而亡（無）不爲。老乙 4

11. 聖（聖）人槑（無）爲古（故）槑（無）敗（敗）也。老丙 11

12. 槑（無）靫（執）古（故）［無失］。老丙 11

13. 備(服)之亡(無)惥(懌—斁)。緇衣 41

14. 善弗爲亡(無)近。五行 7

15. 忠人亡(無)忠信 2 譌(訛)。3

16. 至忠亡(無)譌(訛),至訐(信)不怀(倍)。忠信 4

17. 型(刑)絲(茲)亡(無)惥(赦)。成之 39

18. 勮(則)民淳(淫)惃遠豊(禮)亡(無)新(親)惥(仁)。尊德義 16

19. 戬(察)迀(迡—惡)勮(則)亡(無)避(僻),不黨(黨)勮(則)亡
　　(無)尊德義 17 悁(怨)。18

20. 行矣而亡(無)慅(違)。尊德義 21

21. 亓(其)韋(載)也亡(無)至(重)女(安—焉)。尊德義 29

22. 不峕(時)勮(則)亡(無)蘲(懂—勸)也。尊德義 32

23. 不惷(理)勮(則)亡(無)惥(畏—威),不悥(忠)勮(則)不訐(信),
　　弗悥(勇)勮(則)尊德義 33 亡(無)遆(復)。34

24. 凡心又(有)志也,亡(無)牙(與)不[可]。性命 6

25. 而峇(獄—獄)奢〈訟〉亡(無)繇(由)迮(作)也。六德 24

26. 義亡(無)能爲也。語叢一 53

27. 丌(其)生也亡(無)爲虎(乎)丌(其)型(刑)。語叢一 62

28. 人亡(無)能爲。語叢一 83

29. 凡勿(物)壐(遙—由)望(無)生。語叢一 104

30. 晢(智—知)侖(命)者亡(無)朼(必)。語叢二 47

31. 尻(處)而亡(無)斂語叢三 12 習(習)也,鼎(鼎—員—損)。13

32. 非(靡)言不贖(讎),非(靡)惪(德)亡(無)遆(復)。語叢四 1

33. 至(致)而語叢四 27 下亡(無)及也巳(已)。語叢四 27 背上

四、"無日",即"不日",爲時不久。《詩·小雅·頍弁》:"死喪無日,無幾
　　相見。"

　　1. 亞(惡)言遆(復)已而死粜(無)日。語叢四 4

五、用爲"珤",參閱卷一"珤"(第 25 頁)。

1007 區 　　區

【用字】　區
【詞義】

一、小;微。

　　1. 惥(德)至區者,戋(治)者至亡(無)語叢三 26 閑(閒—間)。27

1008 匿

【用字】 匿

【詞義】

一、隱藏;隱瞞。

　　1. 言從行之,鼎(勬—則)行不可匿。緇衣34

　　2. 不匿,不裧(察)五行37 於道(道)。38

　　3. 又(有)少(小)辠(罪)而亦(赦)之,匿也。五行38

二、用爲"暱",參閱卷七"暱"(第358頁)。

1009 匹

【用字】 匹、佖、駜

【解字】

　　在楚文字中,｛匹｝主要使用"匹""佖""駜"三種形體。"匹"或源自"丙"之半,"佖"爲"匹夫"之｛匹｝的專字,"駜"爲"馬匹"之｛匹｝的專字,今統一以"匹"字代替。"佖""駜"二字使用並不嚴格區別,"匹夫"之｛匹｝也可使用"駜"字(郭店《緇衣》簡42兩見)。《説文》有訓爲"威儀也"之"佖"和訓爲"馬飽也"之"駜",與楚文字用爲｛匹｝的"佖""駜"並非一字。

【詞義】

一、朋友。

　　1. 售(唯)君子能好甘(箕—其)駜(匹),少(小)｜=｜人剴(豈)能好亓(其)駜(匹)。緇衣42

二、"匹夫""匹婦"。古代指平民中的男子、女子。亦泛指平民百姓。

　　1. 不吕(以)匹夫爲唐虞18 巠(至—輕)。19

　　2. 佖(匹)婦禺(愚)夫。語叢四10

1010 曲　　　　古文

【用字】

【詞義】

一、局部;一部分。

　　1. 能獸(獸—守)戈(弌—一)凵(曲)女(安—焉)。六德43

1011 發 　𤼲

【用字】 𤼲

【詞義】

一、呈現;顯現。

　　1. 型(形)於审(中),𤼲(癹—發)於色。**成之 24**

1012 彌

【用字】 爾

【詞義】

一、副詞。表示程度加深。

　　1. 夫天多异(期—忌)韋(諱),而民爾(彌)笝(畔—叛)。**老甲 30**

1013 孫 　𤔋

【用字】 孭

【解字】

　　"孭"即"孫"字。

【詞義】

一、兒子的兒子。

　　1. 孭₌(子孫)目(以)亓(其)祭(祭)祀不毛(輟)。**老乙 16**

二、人名。

　（一）成孫弋。人名。

　　1. 咸(城—成)孭(孫)弋見。**魯穆公 2**

　　2. 咸(城—成)孭(孫)弋曰:……**魯穆公 4**

　（二）孫叔。人名。春秋楚人。

　　1. 孭(孫)昬(叔)三躲(舍)邶(邮—期)思少司馬。**窮達 8**

三、用爲"遜",參閱卷二"遜"(第 87 頁)。

1014 由 　𤓯

【用字】 由、迪、䌛、𦂅、𩁻、遙、遹、墒、墒、遊、采

【解字】

　　"䌛"字西周金文从言从𤠺①,在郭店簡中,本象"𤠺"之形訛變分解爲月

---

① 曾憲通:《説䌛》,《古文字研究》第 10 輯,中華書局,1983 年,第 23—36 頁。按:單育辰先
生認爲"䌛"字所从動物之形非"𤠺"而是"狐"形之變,參閱單育辰:《甲骨文所見動物研
究》,上海古籍出版社,2020 年,第 34—35 頁。

（肉）、糸兩個部分。“觠”爲“緐”字異體。楚文字“緐”字右上多從“糸（或省作‘幺’）”，此改從“木”。《説文》有“櫒”字，當與此無關。“緐”字從“音”，“緐”字異體，作爲偏旁，音、言常可代換。“邎”字，在郭店簡中見於《語叢》一至三篇，從“辵”（或從“止”）從“月（肉）”從“幺（‘糸’之省寫）”從“丙”（或增加“口”旁），肉、糸、丙本當是由“鼬”之象形訛變分解而來，“丙”爲“鼬”尾巴之訛變。

　　“由”字唐蘭先生認爲是由“胄”之初文省略而來，象古時戰士所戴之頭盔之形[1]。其後學者多贊同此説。甲骨文“胄”字作（《合集》36492），張玉金先生認爲“‘胄’只是從‘由’爲聲旁，‘胄’所從的‘’才是‘胄’的象形”。陳劍先生同意這種意見，進而認爲“由”甲骨、金文從口丨聲，從裘錫圭先生意見認爲“丨”爲“針”的初文，“針”“由”古音相近[2]。

　　《説文》無“由”字，卷十二有“緐”字，曰：“隨從也。”段注本在“緐”字下補“由”之篆文，曰：“（由）或緐字，古緐由通用一字也。各本無此篆。”字頭“由”字篆文即取自段注。今此字暫歸於此卷。

　　又按：《説文》卷七有“甹”字，其下徐鍇按語曰：“《説文》無由字，今《尚書》只作‘由枿’，蓋古文省马，而後人因省之。通用爲因由等字。”

【詞義】

一、介詞。自；從。

1. 聖（聖）智（智），豊（禮）樂（藥—樂）之所觢〈緐（由）〉生也。五行 **28**

2. 息（仁）義，豊（禮）所觢〈緐（由）〉生也。五行 **31**

3. 觠（緐—由）豊（禮）智（智—知）尊德義 **9** 樊（樂），觠（緐—由）樊（樂）智（智—知）态（哀）。**10**

4. 或緐（由）忠（忠—中）出，或埶（執—設）之外。尊德義 **30**

5. 而岙（嶽—獄）奮〈訟〉亡（無）緐（由）迮（作）也。六德 **24**

6. 而岙（嶽—獄）奮〈訟〉戝（蔑）緐（由）亡〈乍（作）〉也。六德 **36**

7. 緍（昏）所由緐（由）岦（作）也。六德 **38**

8. 凡勿（物）緐（由）室（望—無）生。語叢—**1**

9. 或邎（邎—由）中出，或語叢—**19** 邎（邎—由）外内（入）。**20**

10. 塈（邎—由）中出者，息（仁）、忠、信。語叢—**21**

11. 塈（邎—由）語叢—**21**［外入者，……］

---

① 唐蘭：《天壤閣甲骨文存考釋》，1939 年，第 49—50 頁。
② 陳劍：《釋“山”》，《出土文獻與古文字研究》第 3 輯，復旦大學出版社，2010 年，第 1—89 頁。

12. 遹(遥—由)樂語叢— 24 智(智—知)型(刑)。25

13. 歨(坿—詩)遹(遥—由)敬乍(作)。語叢— 95

14. 凡勿(物)壐(遥—由)望(無)生。語叢— 104

15. 遹(遥—由)臾(鼻?)鯀生。語叢二 44

16. 或遹(遥—由)亓(其)阙(闕),或遹(遥—由)亓(其)不語叢三 42 聿(進?),或遹(遥—由)亓(其)可。43

17. 思語叢三 48 亡(無)不遹(遥—由)我者。49

二、遵從;遵照。

1. 我弗迪(由)聖(聖)。緇衣 19

2. 處〈虘(皆)〉采(由)此也。唐虞 8

3. 孚(君子)弗采(由)也。忠信 6

4. 不繇(由)亓(其)道(道),不行。尊德義 3

5. [不]繇(由)亓(其)衍(道)。六德 7

6. 爲衍(道)者必繇(由)六德 47 此。48

7. 又(有)行而不遹(遥—由),又(有)遹(遥—由)而語叢二 53 不行。54

8. □亓(其)亡(無)不繇(由)□殘簡 10

三、原因;緣由。

1. 句(苟)不從亓(其)繇(由)。成之 12

2. 句(苟)不從亓(其)繇(由)。成之 14

3. 亡＝(無無)繇(由)也者。語叢三 66 上

四、因爲;由於。

1. 繇(由)赱(上)之弗身也。成之 6

2. 噥(吟)遊(由)忞(哀)也,桌(譟)遊(由)樊(樂)也,譬(詼—啾)遊(由)聖(聖—聲),戲遊(由)心也。性命 33

五、開始。

1. 又(有)勿(物)又(有)繇(繇—由)又(有)緤。語叢— 10

六、待考。

1. 勛(則)聖(聖)人不可由與壆(墠)之。成之 28

卷 十 三

1015 繹　　繹

【用字】　罜

【詞義】

一、演繹;解析。

　　1. 丌(其)罜(繹)之也六德 **44** 六。**45**

1016 經　　經

【用字】　經

【解字】

　　"巠"是"經"的初文,本寫作〓(大盂鼎,《集成》2837),本義是垂直的經綫。楚文字"巠"字下部多已變形音化爲"壬",《太一》簡 7"經"字寫作〓,正是如此。參見卷十四"輕"(第 722 頁)。

【詞義】

一、指義理;法則;原則等。

　　1. 㠯(以)忌(己)爲釐(萬)勿(物)經(經)。太一 **7**

1017 紀　　紀

【用字】　紀

【詞義】

一、要領;法則。

　　1. 𦦨(臨)事之紀,訢(慎)各(冬—終)女(如)忌(始),此亡(無)敗(敗)事矣。老甲 **11**

1018 纇   纇

【用字】 纇

【詞義】

一、不平。

  1. 迡（遲—夷）道（道）老乙 10 女（如）纇（纇），［進］殘 20 道（道）若退（退）。老乙 11

1019 絶   絶   古文 蠿

【用字】 㡭、㡭

【解字】

  《説文》以"蠿"爲"絶"字古文，以"㡭"爲"繼"字或體，並言"反蠿爲繼"。在郭店簡中，"㡭""㡭"皆爲"㡭"字簡體，在簡文中皆用爲"絶"。整理者(113 頁注[一])認爲"㡭""㡭"是楚簡文字中特殊的寫法，與《説文》古文"絶"字略同。裘錫圭先生認爲"字象以刀斷絲"，《説文》誤將刀形斷開，從"幺"從二"幺"同意，所以該字是"絶"字簡體①。《六德》簡 29 的"㡭"字，陳偉先生釋爲"繼"，"繼者，相次之辭，猶云比也"②。魏啟鵬先生也釋爲"繼"，並試圖從"刀"形二橫筆中上面一筆的有無來區別"絶""繼"二字，認爲有則爲"絶"，無則爲"繼"，簡 29 最後一個字形爲誤書③。今按：上述各形皆應釋爲"絶"。

【詞義】

一、斷；不再延續。

  1. 㡭（㡭—絶）𣃚（智—知）弃（棄）攴（鞭—辨）。老甲 1

  2. 㡭（㡭—絶）攷（巧）弃（棄）秒（利）。老甲 1

  3. 㡭（㡭—絶）愍（爲）弃（棄）慮〈（慮—慮）〉。老甲 1

  4. 㡭（㡭—絶）學亡（無）息（憂）。老乙 4

  5. 翠（翠—輕）㡭（㡭—絶）貧戔（賤）而至（重）㡭（㡭—絶）賈（富）貴。
    緇衣 44

---

① 裘錫圭：《以郭店〈老子〉爲例談談古文字》，《中國哲學》第 21 輯，遼寧教育出版社，2000 年，第 181—182 頁。

② 陳偉：《郭店簡書〈大常〉校釋》，《楚地出土簡帛文獻思想研究（一）》，湖北教育出版社，2002 年，第 49—50 頁。

③ 魏啟鵬：《釋〈六德〉"爲父繼君"——兼答彭林先生》，《中國哲學史》，2001 年第 2 期，第 103—106 頁。

6. 爲父凶(凶—絶)君,不爲君凶(凶—絶)父。六德 29

7. 爲昆弟凶(凶—絶)妻,不爲妻凶(凶—絶)昆弟。六德 29

8. 宜(義)頪(類)弃(剛)六德 31 而凶(凶—絶)。32

1020 納　　納

【用字】　内

【詞義】

一、接受;接納。

　　1. 少(小)楼(枉),内(納)之可也。性命 61

二、交納;貢獻。

　　1. 内(納)賹(貨)也,豊(禮)朼(必)及。語叢三 60

三、致。

　　1. 貝(視)庿(庿—廟—貌)而内(納)之。語叢四 27

　　2. 内(納)之或内(納)之。語叢四 27 背

1021 繼　　繼

【用字】　秳

【解字】

　　《五行》簡 33"秳"字,原作"𥞤",整理者(153 頁注[四二])隸定爲"秋","攸"字異體,讀爲"迪"。《爾雅·釋詁》:"迪,進也"。帛書本作"絲",整理者釋作"繼"。裘錫圭先生"按語"(153 頁注[四二])認爲簡文此字疑是"稽"之異體,讀爲"繼"。二字古音極近。魏啓鵬先生認爲"秋(攸)"借爲"逐",二字爲定紐雙聲,其韻幽、覺對轉,故得通借①。徐在國先生認爲當釋爲"殺"。從"攴"從"人",所從"𣎳"似是"𣎳"形譌變。"殺",義爲"衰減"②。劉釗先生隸定爲"𥝉",認爲是"稽"字初文,讀爲"繼",古音"稽"在見紐脂部,"繼"在見紐錫部,聲紐相同,韻部主要元音相同,可以通轉③。

【詞義】

一、隨後;跟著。

　　1. 炁(愛)父,亓(其)秳(稽—繼)炁(愛)人,㤣(仁)也。五行 33

---

① 魏啓鵬:《簡帛〈五行〉箋釋》,萬卷樓圖書有限公司,2000 年,第 38 頁。

② 徐在國:《郭店楚簡文字三考》,《簡帛研究二〇〇一》,廣西師範大學出版社,2001 年,第 184 頁。

③ 劉釗:《郭店楚簡校釋》,福建人民出版社,2005 年,第 82 頁。

1022 縱　　縋

【用字】　從

【詞義】

一、放縱;不加拘束。

　　1. 舁(奠—鄭)衛之樊(樂),鼎(勅—則)非亓(其)聖(聖—聲)而從
　　　(縱)之也。**性命 27**

二、連詞。表示假設關係,相當於"即使"。

　　1. 從(縱)忎(仁)、曓(聖)可牙(與),旹(時)弗可及歔(歈—矣)。**唐
　　　虞 15**

1023 細　　紲

【用字】　妻

【解字】

　　"妻"字,整理者(112 頁)讀爲"微"。陳偉先生認爲字从女占聲,即
"姑"字。《説文》:"姑,小弱也。"①廖名春先生認爲此字爲妻字古文"㜘"之
異寫②。劉信芳先生認爲"僕唯妻"者,僕應答妻,亦即聽從妻的使唤③。李
零先生釋爲"妻",讀爲"細"。"妻"是清母脂部字,"細"是心母脂部字,讀
音接近④。魏啟鵬先生疑"妻"借爲稗,同"稊"。"稊",小也,帛書本、今本
正作"樸雖小"⑤。趙建偉先生認爲"妻"當讀爲"稊"或"稗",同"稚"⑥。顏
世鉉認爲"妻"當讀作"瘠",意爲"小"。妻爲清紐脂部,齊爲從紐脂部,妻、
瘠爲疊韻,可通假⑦。何琳儀先生認爲"妻"應讀"稊"。與"稚"義同⑧。劉
釗先生認爲"妻"讀爲"細",古音妻在清紐脂部,細在心紐脂部,聲爲一系,

① 陳偉:《郭店竹書別釋》,湖北教育出版社,2003 年,第 19 頁。
② 廖名春:《楚簡〈老子〉校釋之一》,《華學》第 3 輯,紫禁城出版社,1998 年,第 201 頁。
③ 劉信芳:《荆門郭店竹簡老子解詁》,藝文印書館,1999 年,第 23 頁。
④ 李零:《郭店楚簡校讀記》,《道家文化研究》第 17 輯(郭店楚簡專號),生活·讀書·新知
　三聯書店,1999 年,第 464、469 頁。
⑤ 魏啟鵬:《楚簡〈老子〉柬釋》,萬卷樓圖書有限公司,1999 年,第 220 頁。
⑥ 趙建偉:《郭店竹簡〈老子〉校釋》,《道家文化研究》第 17 輯(郭店楚簡專號),生活·讀
　書·新知三聯書店,1999 年,第 277 頁。
⑦ 顏世鉉:《郭店楚簡散論》(一),《郭店楚簡國際學術研討會論文集》,湖北人民出版社,
　2000 年,第 101 頁。
⑧ 何琳儀:《郭店楚簡選釋》,《簡帛研究二〇〇一》,廣西師範大學出版社,2001 年,第
　159 頁。

韻部相同,故可相通,意爲小①。

【詞義】

一、小的,與"大"相對。

　　1. 道(道)恆(亙—恆)亡(無)明(名),僮(僕—樸)售(唯—雖)妻
　　(細),天墬(地)弗敢(敢)臣。老甲 18

1024 約　　約

【用字】　約、駒

【解字】

　　"駒"字,李零先生讀爲"厄"②。周鳳五先生讀爲"驚"③。徐在國先生讀爲"約",意爲窮、困④。白於藍先生讀爲"約",認爲與《淮南子·俶真訓》"是猶絆其騏驥而求其致千里也"的"絆"字同⑤。羅濤先生讀爲"靮",本義是馬韁繩,用來牽制馬,在簡文中用爲動詞,這句話的意思是說,驥在"張山"這個地方用馬韁繩牽制住了⑥。

【詞義】

一、纏束;捆縛。

　　1. 柔之性命 8 約,柔取之也。9

二、困。

　　1. 驥(驥)駒(約)張(常)山。窮達 10

1025 結　　結

【用字】　結

---

①　劉釗:《郭店楚簡校釋》,福建人民出版社,2005 年,第 15—16 頁。

②　李零:《郭店楚簡校讀記》,《道家文化研究》第 17 輯(郭店楚簡專號),生活·讀書·新知三聯書店,1999 年,第 496 頁。

③　周鳳五:《郭店楚簡識字札記》,《張以仁先生七秩壽慶論文集》,學生書局,1999 年,第 355—356 頁。

④　徐在國:《郭店楚簡文字三考》,《簡帛研究二〇〇一》,廣西師範大學出版社,2001 年,第 177—178 頁。

⑤　白於藍:《郭店楚墓竹簡考釋(四篇)》,《簡帛研究二〇〇一》,廣西師範大學出版社,2001 年,第 196 頁。

⑥　羅濤:《郭店簡〈窮達以時〉"駒"字小議》,簡帛網(http://www.bsm.org.cn/?chujian/7682.html),2017 年 12 月 4 日。

【詞義】

一、結交。

　　1. 訐(信)弖(以)結之,鼎(勸—則)民不怀(倍)。_{緇衣 25}

　　2. 慮(慮)昃(斯)莫牙(與)之_{性命 48}結亖(喜—矣)。₄₉

二、止。

　　1. 至訐(信)女(如)峕(時),北(必)至而不結。_{忠信 2}

1026　縛　　縛

【用字】　縛

【詞義】

一、束;捆綁。

　　1. 乔(管)叟(寺—夷)虗(吾)宎(拘)緜(囚)昪(束)縛。_{窮達 6}

1027　綠　　綠

【用字】　梂

【詞義】

一、急;急躁。

　　1. 不勇(強)不梂(綠),不弱(弜—剛)不矛(柔)。_{五行 41}

1028　終　　終　　_{古文} 兂

【用字】　紁、宂、各、夅

【解字】

　　《尊德義》簡 19"夅"字作" "整理者(173 頁)疑釋爲"終"。何琳儀先生釋爲"共",認爲與楚帛書"共"形最近①。陳偉先生認爲从"冬"从"丌"②。李零先生認爲是"共"字別體;劉釗先生亦釋爲"共"③。李銳先生認爲从"丌""終"聲,讀爲"崇"④。今從整理者意見釋爲"終"。

① 何琳儀:《郭店竹簡選釋》,《簡帛研究二〇〇一》,廣西教育出版社,2001 年,第 165 頁。

② 陳偉:《郭店簡書〈尊德義〉校釋》,《中國哲學史》,2001 年第 3 期,第 119 頁。

③ 李零:《郭店楚簡校讀記(增訂本)》,北京大學出版社,2002 年,第 143 頁。劉釗:《郭店楚簡校釋》,福建人民出版社,2005 年,第 123 頁。

④ 李銳:《郭店楚墓竹簡補釋(二)》,《古墓新知——紀念郭店楚簡出土十周年論文專輯》,國際炎黃文化出版社,2003 年,第 91 頁。

【詞義】

一、結局;最後。與"始"相對。

　1. 訢(慎)各(冬—終)女(如)忞(始)。老甲 11

　2. 古(故)宎(終)亡(無)難(難—難)。老甲 15

　3. 訢(慎)宎(終)若訋(始)。老丙 12

　4. 古(故)言緇衣 32 鼎(勛—則)慮(慮)亓(其)所宎(終)。33

　5. 又(有)與各(冬—終)也。五行 18

　6. 亡(無)殘簡 21〔與〕宎(終)也。五行 19

　7. 宎(終)者近義。性命 3

　8. 迖(舞),憙(憙—喜)之宎(終)也。性命 34

　9. 通(踊),恖(慍)之宎(終)也。性命 35

　10. 又(有)紋(終)又(有)綹(始)。語叢一 49

二、從開始到結束(就一段時間言)。

　1. 宎(終)日嗥(唬—呼)而不恩(嚘)。老甲 34

　2. 宎(終)身不孞(瞀)。老乙 13

　3. 宎(終)身不坴(救)。老乙 13

　4. 宎(終)身弗改(改)之豆(喜—矣)。六德 19

　5. 宎(終)六德 19 身不犪(家—嫁)。20

　6. 足吕(以)宎(終)喋(世)。語叢四 3

三、成就;完成;盡。

　1. 能宎(終)之爲難。成之 30

　2. 古(故)夅(終)是勿(物)也而又(有)深女(安—焉)者。尊德義 19

　3. 飤(食)韭亞(惡)智(智—知)宎(終)亓(其)葉。語叢四 11

四、終止;停止(不再延續)。

　1. 慈(慽)肰(然)吕(以)宎(終)。性命 30

五、副詞。至始至終,指時間久。

　1. 若齒之事胭(舌),而宎(終)弗齒(噬)。語叢四 19

　2. 若兩輪之相迿(轉),而宎(終)不相敗(敗)。語叢四 20

1029 練　　練

【用字】　練

【詞義】

一、簡練;精煉。

　1. 柬〈柬(簡)〉之爲言猷(猶)練五行 39 也。40

1030 紬　　紲

【用字】 詘

【詞義】

一、虧損;減少。

　　1. 大成(城—盛)若詘(紬)。老乙 14

1031 緇　　緇

【用字】 茲

【詞義】

一、黑色。

　　1. 好媺(媄—美)女(如)好茲(緇)衣。緇衣 1

1032 緐(繁)　　緐　　　籀文 緐

【用字】 莓

【解字】

　　"每"字本象女子頭上佩笄之形,下从女或母,上笄形多有變化,在楚文字中多與"來"形同,或爲變形音化的結果,每、母、來古音皆爲之部。《説文》"緐"字段注:"俗改其字作繁,俗形行而本形廢。"今即寫作"繁"。

【詞義】

一、繁多。

　　1. 樂莓(每—繁)語叢一 34 豊(禮)霝(靈)劋(則)詥(詬—慢)。35

1033 紛　　紛

【用字】 紛

【詞義】

一、糾紛;爭執。

　　1. 靭(解)亓(其)紛。老甲 27

1034 緍　　緍

【用字】 緍

【解字】

　　《緇衣》簡29"緡"字,整理者(135頁注[七四])隸定爲"結",指出今本作"綸"。裘錫圭先生"按語"(135頁注[七四])釋爲"緡",即"緡","緡""綸"都可當釣魚的絲繩講,《緇衣》鄭注解"綸"爲"綬",似非。陳高志先生認爲即"紖"字,《玉篇》零卷"紖"字下引《説文》:"機上縷也。"①劉信芳先生認爲"結"即"綎"之異構,《説文》:"綎,系綬也。"②劉釗先生指出,"緡",《爾雅・釋言》"綸也","綸"指綬帶③。今按:"緡"讀本字即可,當如裘錫圭先生所言訓爲釣絲。

【詞義】

一、釣絲。

　　1. 王言女(如)絲,亓(其)出女(如)緡。緇衣 29

二、用爲"昏",參閱卷七"昏"(第357頁)。

1035　緝　　絹

【用字】　耴

【解字】

　　整理者(135頁注[八三])釋爲"俦",讀作"緝";裘錫圭先生"按語"疑爲《説文》"肝"字訛變而成。陳偉武先生隸定爲"耴",認爲是从耳从入的雙聲符字,耳、入古音近④。

【詞義】

一、明;光明。

　　1. 穆=(穆穆)緇衣 33 文王,於耴(緝)迥(熙)敬屮(止)。34

1036　經　　繩

【用字】　裦、磊、寊

【詞義】

一、服喪期戴在頭上或結在腰間的麻帶。

　　1. 君衰磊(經)而尻(處)立(位)。成之 8

---

① 陳高志:《讀〈郭店楚墓竹簡〉札記》,《中國哲學》第21輯(郭店簡與儒學研究),遼寧教育出版社,2000年,第239—240頁。

② 劉信芳:《郭店簡〈緇衣〉解詁》,《郭店楚簡國際學術研討會論文集》,湖北人民出版社,2000年,第174頁。

③ 劉釗:《郭店楚簡校釋》,福建人民出版社,2005年,第62頁。

④ 陳偉武:《雙聲符字綜論》,《愈愚齋磨牙集》,中西書局,2014年,第210頁。

　2. 綎(疏)斬布,實(實—絰),丈(杖)。六德 27

　3. 綎(疏)衰六德 27 齊,戉(牡)枊(麻)實(實—絰)。28

二、麻布帽冠。

　1. 冒(帽)裘(絟—絰)冡(蒙)薏(懂—巾)。窮達 3

1037 絥　　絥

【用字】　絥

【解字】

　　"絥"字,今本作"綍";整理者(135 頁注[七五])讀爲"絥"。裘錫圭先生"按語"(135 頁注[七五])認爲"絥""綍"字書以爲一字異體,"聿""弗"皆物部字;又疑"絥"所从"聿"實當讀爲"筆","筆""絥"聲韻皆近。劉釗先生認爲"絥"義爲引棺的大繩索①。

【詞義】

一、繩索。

　　1. 王言女(如)索,緇衣 29 亓(其)出女(如)絥(絥)。30

1038 素　　素

【用字】　索

【詞義】

一、指事物的原本性質,本然的純潔性。

　　1. 貝(視)索(素)保(抱)莖(蹼—僕—樸),少厶(私)須〈募(寡)〉欲(欲)。老甲 2

1039 絲　　絲

【用字】　絲

【解字】

　　《王力古漢語字典》解釋"絲"的一個義項爲:"長度或重量的微量單位。十忽爲一絲,十絲爲一毫。形容極爲細微。"引《緇衣》篇"王言如~,其出如綸"爲書證。這種解釋是建立在將"綸"字解釋爲"綬帶"的基礎上,裘錫圭先生在郭店《緇衣》篇按語(135 頁注[七四])中説,"綸"當釣魚的絲繩講,

_____

　① 劉釗:《郭店楚簡校釋》,福建人民出版社,2005 年,第 62 頁。

《緇衣》鄭注解"綸"爲"綬",似非。

【詞義】

一、蠶絲;如蠶絲一樣的絲縷。

　　1. 王言女(如)絲,亓(其)出女(如)緡。緇衣 **29**

1040 練

【解字】

　　"練"字原作"𤣥",黃德寬、徐在國先生釋爲"績"①;顧史考先生從之,疑通"饋",讀爲"歸"②。劉信芳先生讀爲"毀"。周鳳五先生讀爲"遺"。李零先生認爲其右旁下半與 62 號簡等"虎"字所從相同③。劉釗先生疑該字從"㚒"得聲,讀爲"尾";又疑讀爲"惟",思也④。

【詞義】

一、待考。

　　1. 又(有)勿(物)又(有)緜(緜—由)又(有)練。語叢一 **10**

1041 絮

【用字】　絮

【詞義】

一、待考。

　　1. □ ▮ 絮□殘簡 **27**

1042 紃

【用字】　紃

【詞義】

一、待考。

　　1. 聿(盡)亓(其)紃術(道)□殘 **2**

---

① 黃德寬、徐在國:《郭店楚簡文字考釋》,《吉林大學古籍整理研究所建所十五周年紀念文集》,吉林大學出版社,1998 年,第 107 頁。

② 顧史考:《郭店楚簡〈成之〉等篇雜誌》,《清華大學學報》,2006 年第 1 期,第 91 頁。

③ 李零:《郭店楚簡校讀記(增訂本)》,北京大學出版社,2002 年,第 164 頁。

④ 劉釗:《郭店楚簡校釋》,福建人民出版社,2005 年,第 184—185 頁;《郭店楚簡〈語叢一〉箋釋》,《吉林大學古籍整理研究所建所十五周年紀念文集》,吉林大學出版社,1998 年,第 57 頁。

1043　率　　

【用字】　衛、邌

【解字】

　　“率”字本从“糸”从四點作（大盂鼎，《集成》2837），後來四點因形近而訛爲“行”（同時也有可能是受到“率”字語義與道路相關的影響），又在“糸”下添加“止”旁（“止”旁也有可能是由“糸”下的綫緒訛變而成），遂變成郭店簡（《尊德義》簡28），《説文》“衛”字當是由此而來。《説文》亦有“邌”字，《玉篇》以爲古文“帥”字。《正字通·辵部》：“邌，與衛通。”邌、衛本爲一字，皆當由“率”分化而來，《説文》誤分爲二。“邌”即“還”之省寫。

【詞義】

一、率領。

　　1. 爲古（故）衛（衛—率）民古（嚮）方者，售（唯）惪（德）可。尊德義 28

　　2. 又（有）衛（衛—率）人者，又（有）從人者。六德 8

　　3. 吕（以）幇（智）衛（衛—率）人多（者）。六德 18

　　4. 聖（聖）生悬（仁），幇（智）衛（衛—率）訐（信），宜（義）叟（使）恵（忠）。六德 35

二、遵循。

　　1. 不邌（還—率）大頤（夏—夏），文王复（作）罰（罰），成之 38 型（刑）絲（茲）亡（無）恕（赦）。39

1044　虫　　

【用字】　蠱（“蠱虫”合文）

【解字】

　　《説文》收有蠱、虫二字，詞義有别。“蠱，有足謂之蠱，無足謂之豸。”“虫，一名蝮，博三寸，首大如擘指。象其臥形。物之微細，或行，或毛，或蠃，或介，或鱗，以虫爲象。”《老子》甲本簡 34“蠱蠱＝它”當讀爲“蠱（虺）蠱＝（蠱虫）它（蛇）”，學者一般認爲“蠱＝”爲“蠱蠱”合文，誤，實當爲“蠱虫”合文。原因有二：一是從合文的角度來看，借用“蠱”字形體的當是“虫”，而非“蠱”。二是“蠱”字郭店簡有見，同篇簡 21 整理者（116 頁注［五一］）認爲是“蚰”字之訛，當釋爲“蚰（昆）”，讀爲“混”。此外，包山簡 191 用爲人名“周蠱”，也應該讀爲“昆”，而不是“蠱”或“虫”。《説文》以“蚰”爲昆蟲之

"昆",楚文字用字習慣來看,當以"蟲"爲"昆"。劉釗先生指出:古文字中相同偏旁從兩個或三個經常無別,所以"蟲"字可看作"蚰"字的繁體,字可讀爲"混"①。這種意見是正確的。

【詞義】

一、毒蛇。這個意義又寫作"虺"。

  1. 蟲(虺)蠆_(蠆虫)它(蛇)弗螫(螫)。老甲 33

1045 雖 　雖

【用字】　佳、唯、售

【詞義】

一、連詞。雖然;縱使;即使。

  1. 道(道)丕(亙—恆)亡(無)明(名),僮(僕—樸)售(唯—雖)妻(細),天堕(地)弗敢(敢)臣。老甲 18

  2. 人售(唯—雖)曰不稱(利),虞(吾)弗訐(信)緇衣 44 之矣。45

  3. 售(唯—雖)殴(臤—賢)弗行矣。窮達 2

  4. 售(唯—雖)蔂(厚)丌(其)龠(命),民弗從之惢(疑—矣)。成之 5

  5. 售(唯—雖)肰(然),……成之 9

  6. 唯(雖)弡(強)之弗内(入)惢(疑—矣)。成之 15

  7. 售(唯—雖)丌(其)於善道(道)也。成之 27

  8. 售(唯—雖)又(有)丌(其)丕(亙—亟)而成之 29 可能。30

  9. 凡人售(唯—雖)又(有)眚(性),心亡(無)奠(奠—定)志。性命 1

  10. [人]售(唯—雖)又(有)眚(性)心,弗取不出。性命 6

  11. 售(唯—雖)能丌(其)事,不能丌(其)心,不貴。性命 37

  12. 售(唯—雖)愄(過)不亞(惡)。性命 50

  13. 售(唯—雖)難不貴。性命 50

  14. 售(唯—雖)未之爲。性命 51

  15. 售(唯—雖)抌(堯)求之弗旻(得)也。六德 7

  16. 售(唯—雖)才(在)中(草)茆(茆—茅)之审(中)。六德 12

  17. 售(唯—雖)戁(難)語叢四 14 亓(其)興。16

  18. 唯(雖)敢(勇)力睧(聞)於邦不女(如)材。語叢四 24

---

 ① 劉釗:《郭店楚簡校釋》,福建人民出版社,2005 年,第 17 頁。

1046 虫虫

【用字】 蟲

【解字】

　　"蟲蚰=(蚰虫)它(蛇)"四字對應今本作"蜂蠆虫虫蛇",簡本釋讀存在爭議:"蟲"字,整理者(113 頁)釋爲"蜮";裘錫圭先生"按語"(116 頁注[五九])讀爲"蝟";李零先生、劉信芳先生讀爲"虫虫"①。黃錫全先生讀爲"蠱"②。"虫"字,整理者釋爲"蟲",學者多從之,裘錫圭先生"按語"(116 頁注[五九])讀爲"虫虫"。因爲裘錫圭先生將所謂"蟲"字讀爲"虫虫",則"蟲"字一定不能讀"虫虫";同理李零先生、劉信芳先生等讀"蟲"爲"虫虫",則所謂"蟲"字不能讀爲"虫虫",一般都按"蟲"字理解。從字形看,"蟲"字釋爲"虫虫"似乎是一種比較好的選擇,但是問題在於所謂"蟲"字按本意理解似乎不是很恰當,"虫蛇"文獻多連用,指毒蛇一類爬行動物。而且,所謂"蟲"字本當爲"虫",二者詞義有別。原文"蚰"字下有合文符號,當是"蚰虫"二字的合文,而非"蚰蟲"。"蚰"即"蚰"字,從"蚰"作可參考"蟲"字。因此,"蚰(蚰)虫它(蛇)"三字與今本一致當無問題。關鍵在於"蟲"字的釋讀,黃錫全先生讀爲"蠱"是一種比較理想的方向,但是字形上的證據不足;釋爲"虫虫"於字形有徵但與"虫"字意義衝突。目前沒有太好的解決方法,仍釋"蟲"字爲"虫虫"。

【詞義】

一、毒蛇。

　　1. 蟲(虫虫)蚰=(蚰虫)它(蛇)弗螫(螫)。**老甲 33**

1047 強　　　　　　籀文

【用字】 弜、勞、弻、彊、彊

【詞義】

一、強,"弱"的反面。

　　1. 善者果而已(已),不吕(以)取弜(強)。**老甲 7**

　　2. 伐於勞(勞—強),賓(賓)於[□]。**太一 9**

---

① 李零:《郭店楚簡校讀記》,《道家文化研究》第 17 輯(郭店楚簡專號),生活·讀書·新知三聯書店,1999 年,第 466—467 頁。劉信芳:《荊門郭店竹簡老子解詁》,藝文印書館,1999 年,第 41 頁。

② 黃錫全:《讀郭店楚簡〈老子〉札記三則》,《郭店楚簡國際學術研討會論文集》,湖北人民出版社,2000 年,第 457—458 頁。

3. 丌(其)下高㠯(以)弜(弜—強)。太一 13

4. 眔弙(強)甚多不女(如)当(時)。語叢四 25

二、勉強。

1. 虗(吾)老甲 21 弜(弜—強)爲之名曰大。22

三、固執。

1. 心叏(使)燹(燹—氣)曰弜(弜—強)。老甲 35

2. 遙(肆)而不塁(畏)弜(弜—強)語(禦),果也。五行 34

四、勉力;勤勉。

1. 戎(農)夫炅(務)飤(食)不弜(強)咖(耕)。成之 13

五、強迫。

1. 唯(雖)弙(強)之弗内(入)忢(疑—矣)。成之 15

2. 民可道(道—導)也,而不可弜(弜—強)也。尊德義 22

六、堅定;堅決。

1. 孚(娩—勉)之述(遂)也,弙(強)之工(功)也。成之 23

七、剛強。

1. 慭(強)生於眚(性),立生於慭(強)。語叢二 34

2. 彊(強)之鼓(樹)也,彊(強)取之也。語叢三 46

八、逞強。

1. 不谷(欲)㠯(以)兵弙(強)老甲 6 於天下。7

2. 是胃(謂)果而不弙(強)。老甲 7

九、用爲"剛",參閱卷四"剛"(第 241 頁)。

十、待考。

1. 不弜(弜—強)不梂(綠)。① 五行 41

1048 螆 螆

【用字】 蚕

【解字】

《説文》:"螆,蟲行毒也。"又:"蚕,螆也。"段注:"蚕、螆蓋本一字。"此義文獻多寫作"螆"。

【詞義】

一、毒蟲或毒蛇咬刺。

1. 蟲(虺)蠱=(蚕虫)它(蛇)弗蚕(螆)。老甲 33

---

① 按:《詩經》此句作"不競不絿","競"爲爭鬥之義。

1049　蚣　　蚗

【用字】　蚰

【詞義】

一、百足蟲,即馬陸。《集韻·腫韻》:"蚣,蟲名,百足也。"

　　　1. 若語叢四 **17** 蚚(蚚)蚰(蚣)之足。**18**

1050　蠻　　蠻

【用字】　繺

【解字】

　　"繺"即"蠻"字。

【詞義】

一、舊指我國古代南方的民族,也泛指少數民族。

　　　1. 古(故)繺(肇—蠻)罙(親)尃(附)也。忠信 **8**

1051　蚚

【用字】　蚰

【詞義】

一、馬蚿,即馬陸,百足蟲。

　　　1. 若語叢四 **17** 蚚(蚚)蚰(蚣)之足。**18**

1052　它　　它　　或體 蚗

【用字】　它、迱

【解字】

　　"它"作"別的、其他的"之意講,後作"他"。

【詞義】

一、別的;其他的。

　　　1. 凡迱(過)正一㠯(以)逢(逸—失)丌(其)迱(它)語叢二 **40** 者也。**41**

二、用爲"施",參閱卷七"施"(第 363 頁)。

三、用爲"蛇",參閱本卷"蛇"(第 689 頁)。

四、用爲"也",參閱卷十二"也"(第 634 頁)。

1053 蛇　　🐍

【用字】　它
【解字】

　　"它"爲"蛇"的本字,"蛇"爲後起分化字。《説文》"蛇"爲"它"字或體。因爲簡文中｛它｝｛蛇｝二詞皆見,爲了區別,今分爲兩個字頭。

【詞義】

一、爬行動物。

　　1. 蟲(虺)蟲﹦(蟲虫)它(蛇)弗蓄(螫)。老甲 33

1054 龜　　🐢　　古文 🐢

【用字】　黽
【詞義】

一、烏龜。因以烏龜爲靈物,故取其甲占卜。

　　1. 黽(龜)昝(筮)獣(猶)弗智(智—知)。緇衣 46
　　2. 我黽(龜)欤(既)猒(厭),緇衣 46 不我告猷。47

1055 𪛖

【解字】

　　"𪛖"字舊多隸定爲"𪛖"。整理者(145 頁)釋讀爲"朝";劉釗先生同意整理者意見,認爲"'𪛖'即'鼂'字異體,'鼂''朝'古音皆在定紐宵部,故可相通①。白於藍先生指出該字下部從"甘",不從"旦"或"皀",應該隸定"𪛖"②。裘錫圭先生認爲字從"黽"聲,讀"𪛖卿"爲"名卿"。馮勝君師釋讀爲"軍","軍卿"與百里奚有武功的文獻記載相符③。禤健聰先生讀爲"耆卿"④。宋華强先生初讀爲"命卿";後釋爲"𪛖"字,認爲該字很可能是由"蠅"字象形初文綴加"口"旁的異體演變而來,"蠅卿"認同馮勝君先生意見

---

① 劉釗:《郭店楚簡校釋》,福建人民出版社,2005 年,第 172 頁。
② 白於藍:《〈包山楚簡文字編〉校訂》,《中國文字》新 25 期,藝文印書館,1999 年,第 175—204 頁。
③ 馮勝君:《戰國楚文字"黽"字用作"龜"字補議》,《漢字研究》第 1 輯,學苑出版社,2005 年,第 477—479 頁。按:裘錫圭先生意見爲北京大學"郭店竹簡研究"課堂講義,轉引自馮勝君師此文。
④ 禤健聰:《戰國楚簡字詞研究》,中山大學博士學位論文,2006 年。

讀爲“軍卿”;後又讀爲“丞”①。劉洪濤先生贊同將“瞿”字釋讀爲“蠅”,但讀爲“尊”②。新近公佈的清華七相關字形作: (《趙簡子》簡1)、(《趙簡子》簡2)、(《子犯子餘》簡12),再次引起學者注意。楊蒙生先生認爲從“黽”得聲,讀爲“命”;陳偉先生贊同;林少平先生讀爲“次”;陳治軍先生讀爲“繩”,訓爲“正”,“正卿”即“上卿”③。薛後生(網名)認爲從“龜”得聲讀爲“君”④。蘇建洲先生隸定爲“瞿”,認爲從“龜”得聲,讀爲“國”⑤。單育辰先生隸定爲“瞿”,釋爲“貴”,認爲下部所從“日”旁由“口”形中間加一橫筆而成,“瞿”可能不是形聲字,是用“龜”加“口”表示“貴”義⑥。今按:“瞿”及從“瞿”之字多次出現,除郭店簡外,還見於包山簡、新蔡簡、清華簡、荊門左冢漆梮、信陽簡、天星觀簡、嚴倉簡等材料,目前還無法確釋。

【詞義】

一、待考。

1. 曼(戁—釋)板(鞭)柊(箠)而爲瞿卿。窮達7

1056　二　　二　　　古文 弍

【用字】　二、弍、戍

【詞義】

一、數詞。一加一的和。

1. 二十又三 緇衣47

---

① 宋華强:《戰國楚文字從“黽”從“甘”之字新考》,《簡帛》第13輯,上海古籍出版社,2016年,第1—10頁。

② 劉洪濤:《楚系古文字中的“瞿(蠅)”字》,《簡帛研究二〇一八(春夏卷)》,廣西師範大學出版社,2018年,第10—22頁。

③ 清華大學出土文獻讀書會(石小力整理):《清華七整理報告補正》,清華大學出土文獻研究與保護中心網站(http://www.tsinghua.edu.cn/publish/cetrp/6831/2017/20170423065227407873210/20170423065227407873210_.html),2017年4月23日;陳偉:《也説楚簡從“黽”之字》,簡帛網(http://www.bsm.org.cn/show_article.php?id=2792),2017年4月29日;林少平:《也説清華簡〈趙簡子〉從黽字》,復旦大學出土文獻與古文字研究中心網站(http://www.gwz.fudan.edu.cn/web/show/3042),2017年5月10日;陳治軍:《清華簡〈趙簡子〉中從“黽”字釋例》,復旦大學出土文獻與古文字研究中心網站(http://www.gwz.fudan.edu.cn/Web/Show/3017),2017年4月29日。

④ “bulang”:《清華六〈管仲〉初讀》,簡帛網論壇(2016年4月17日),“薛後生”2016年8月20日第70樓發言。

⑤ 蘇建洲:《論楚文字的“龜”與“瞿”》《出土文獻與物質文化》,中華書局(香港)有限公司,2017年,第1—35頁。

⑥ 單育辰:《談楚文字中的“瞿”》,《第三屆“戰國文字研究”青年學者論壇會議論文集》,安徽大學,2024年,第177—185頁。

2. 七十二成之 13 背

3. 毅(豰)我二人,毋(無)又(有)會(合)才(在)音〈言〉。成之 29

4. 亓(其)籧(衍)十又二。六德 45

5. 明(名)弍(二),勿(物)參(三)。語叢三 67 上

二、用爲“貳”,參閱卷六“貳”(第 341 頁)。

1057 亟　　亟

【用字】　丞、悉

【解字】

“丞”字與《説文》“恆”字古文同形,但郭店簡中有“恆”字作“悉”,故釋“丞”爲“亙”。楚文字“亟”“亙”二字形體常常混同,裘錫圭先生曾有論述,可參閱①。

【詞義】

一、緊急;急迫。

1. 古之甬(用)民者,求之於㠯(己)爲丞(亙—亟)。成之 1

2. 是㠯(以)上之丞(亙—亟)成之 24 癹(務)才(在)訐(信)於眾。25

3. 售(唯—雖)又(有)亓(其)丞(亙—亟)而成之 29 可能,㝵(終)之爲難。30

二、肅敬。

1. 不又(有)夫丞(亙—亟)忬(怠—殆)志﹏(之志)鼎(勳—則)纓(慢)。性命 45

三、副詞。屢次;一再。

1. 悉(恆—亟)叓(再—稱)魯穆公 1 亓(其)君之亞(惡)者。2

2. 丞(亙—亟)叓(再—稱)亓(其)君之亞(惡)者。魯穆公 3

3. 丞(亙—亟)叓(再—稱)亓(其)君之亞(惡)者。魯穆公 5

4. 丞(亙—亟)魯穆公 6[稱其君]之亞(惡)者。7

1058 恆　　頓　　古文 丞

【用字】　悉、丞、貹

---

① 裘錫圭:《是“恆先”還是“極先”?》,《裘錫圭學術文集·古代歷史、思想、民俗卷》,復旦大學出版社,2012 年,第 326—337 頁。

【解字】

“賷”即“貭”字，見於《緇衣》簡 45，讀爲“恆”。

【詞義】

一、長久；固定不變。

1. 智(智—知)足之爲足，此死(亙—恆)足矣。**老甲 6**
2. 衍(道)死(亙—恆)亡(無)爲也。**老甲 13**
3. 道(道)死(亙—恆)亡(無)明(名)。**老甲 18**
4. 義死(亙—恆)[□□]**唐虞 13** 紿(治)也。**14**
5. 因死(亙—恆)勳(則)古(固)。**尊德義 17**
6. 民心又(有)悉(恆)。**尊德義 39**
7. 未夤(教)**性命 51** 而民死(亙—恆)，眚(性)善者也。**52**

二、副詞。經常；常常。

1. 人之敗(敗)也，死(亙—恆)於丌(其)虘(且)戚(城—成)也敗(敗)之。**老丙 12**

三、恆心。

1. 人而亡(無)賷(貭—恆)，不可爲**緇衣 45** 卜筶(筮)也。**46**

1059 凡 

【用字】 凡

【詞義】

一、概況之詞。所有的；凡是。

1. 是古隹(唯—雖)(故)凡勿(物)才(在)疾之。**成之 22**
2. 凡遼(動)民必訓(順)民心。**尊德義 39**
3. 凡人又(有)眚(性)。**性命 1**
4. 凡眚(性)爲宔(主)，勿(物)取之也。**性命 5**
5. 凡心又(有)志也。**性命 6**
6. 凡勿(物)亡(無)不異也者。**性命 8**
7. 凡眚(性)，**性命 9** 或數(動)之，或逆之……**10**
8. 凡數(動)眚(性)**性命 10** 者，勿(物)也。**11**
9. 凡見者之胃(謂)勿(物)。**性命 12**
10. 凡衍(道)，心述(術)爲宔(主)。**性命 14**
11. 凡聖(聖—聲)，亓(其)出於憙(情)也訐(信)。**性命 23**
12. 凡古樂(樂)龍心，㠯(嗌—益)樂(樂)龍鞛(指)。**性命 28**

13. 凡至樂(樂)必悲。_{性命 29}

14. 凡悥(憂),思而句(後)悲。_{性命 31}

15. 凡樂,思而句(後)忻。

16. 凡思之甬(用)心爲甚。_{性命 32}

17. 凡學者隶〈求〉丌(其)心爲難。_{性命 36}

18. 凡甬(用)心之杲(躁)者,思爲戡(甚)。_{性命 42}

19. 凡人愚(僞)爲可亞(惡)也。_{性命 48}

20. 凡人喜(青—情)爲可兑(悦)也。_{性命 50}

21. 凡兑(悦)人勿悉(隱)也。_{性命 59}

22. 凡交毋剌(烈),必叓(使)又(有)末。_{性命 60}

23. 凡於达(路)毋愳〈思〉,毋蜀(蜀—獨)言。_{性命 60}

24. 凡悥(憂)患之事谷(欲)妊(任)。_{性命 62}

25. 凡君子所㠯(以)立身大攠(法)厽(三)。_{六德 44}

26. 凡勿(物)繇(由)室(望—無)生。_{語叢一 1}

27. 凡又(有)血燹(燹—氣)者。_{語叢一 45}

28. 凡勿(物)_{語叢一 48}又(有)盃(本)又(有)卯(標)。₄₉

29. 凡同(痛)者迵(踊)。_{語叢一 102}

30. 凡勿(物)膻(繇—由)望(無)生。_{語叢一 104}

31. 凡愍(謀),巳(已)銜(道)者也。_{語叢二 38}

32. 凡比〈北(必)〉,又(有)不行者也。_{語叢二 39}

33. 凡迚(過)正一㠯(以)達(逸—失)丌(其)迌(它)_{語叢二 40}者也。₄₁

34. 凡敓(悦),乍(作)於惥(惥—譽)者也。_{語叢二 42}

35. 凡敓(説)之道(道),級(急)者爲首。_{語叢四 5}

1060 土　　　土

【用字】　土、墬("土地"合文)

【詞義】

一、土地;田地。

1. 下,土也。_{太一 10}

2. 成(城—成)王之孚,下土之弋(式)。_{緇衣 13}

3. 后稷(稷)幻(治)土。_{唐虞 10}

4. 至忠女(如)土,蜎(化)勿(物)而不發(發—伐)。_{忠信 2}

5. 聚人民,貢(任)墬(土地)。_{六德 4}

1061 地   坔   籀文 墬

【用字】 墬、墜、迻

【詞義】

一、大地。與"天"相對。

  1. 天墬(地)弗敢(敢)臣。老甲18

  2. 天墬(地)相膏(合)也。老甲19

  3. 先天墬(地)生。老甲21

  4. 天大,墬(地)大。老甲22

  5. 人老甲22 縶(法)墬₌(地,地)縶(法)天。23

  6. 天墬(地)之刧(間)。老甲23

  7. 是吕(以)咸(城—成)墬(地)。太一1

  8. 天墬(地)[復相輔]太一1也。2

  9. 神明者,天墬(地)斎₌(之所)生也。太一5

  10. 天墬(地)太一5者,大(太)一斎₌(之所)生也。6

  11. 墬(地)斎₌(之所)太一7不能童(埋)。8

  12. 下,土也,而胃(謂)之墬(地)。太一10

  13. 天墬(地)明(名)忐(字)竝₌(並立)。太一12

  14. 墬(地)不足於東南。太一13

  15. 下事墬(地),效(教)民又(有)新(新—親)也。唐虞4

  16. 天墬(地)右(佑)之。唐虞15

  17. 仳(配)天墜(地)也者。忠信5

  18. 又(有)迻(地)又(有)型(形)又(有)聿(盡)。語叢一6

  19. 又(有)迻(地)又(有)悜(形)。語叢一12

二、土地;田地。

  1. 不兌(說)而足敓(養)者,墜(地)也。忠信4

  2. 句(后)禝(稷)之蓺(埶—藝)墬₌(地,地)之道(道)也。尊德義7

  3. 聚人民,貢(任)墬₌(土地)。六德4

  4. 墬(地)能貪(含)之生之者,才(在)曓(早)。語叢三19

三、疆土。

  1. 勮(則)叚(壤)墬(地)不鈔(削)。語叢四23

四、地區;區域。

  1. 戩(守)監門窮達4 埮(棘)墬(地)。5

1062 均　　坓

【用字】　坓、塦、塦

【解字】

《唐虞》簡2"塦"字,整理者(157頁)讀爲"均"。劉釗先生讀爲"困"①。周鳳五先生認爲該字从里勻聲(或从田均聲),讀作"慍"②。黃錫全先生認爲應分析爲从里今聲,可隸定作"黔",很可能是"坅"字別體。"窮而不坅",可能是指人窮志不窮③。陳偉先生讀爲"愍",憂也④。李零先生認爲該字从里从今,讀爲"貪"⑤。陳偉武先生認爲是"均"之繁文⑥。鄭剛先生讀爲"徇",或作"循""徇""殉",營求,求利己⑦。李鋭先生該字原从"里"形从"勻",當从勻聲,疑讀爲"徇"⑧。林志鵬先生從周鳳五先生説,認爲劉釗先生的意見不可信⑨。李天虹先生認爲"勻"和"今"形體或混,疑此字从"土""旬"聲,"旬"所从"日"改寫爲"田",是"均"字異體⑩。今按:"塦""塦"皆爲"均"之異體。"塦"字還見於上博二《容成氏》簡30(圖);《尊德義》簡34"塦"字寫作圖,同樣的形體還見於上博四《曹沫之陣》簡35(圖)。

【詞義】

一、平均;均匀;公平。

1. 民莫之命(令)天〈而〉自坓(均)女(安—焉)。**老甲19**

2. 窮=(身窮)不塦(均)。**唐虞2**

3. 塦(均)不足吕(以)坓(坪—平)正(政)。**尊德義34**

---

① 劉釗:《郭店楚簡校釋》,福建人民出版社,2005年,第151頁。

② 周鳳五:《郭店楚墓竹簡〈唐虞之道〉新釋》,《"中研院"歷史語言研究所集刊》第70本第3分,1999年,第742頁。

③ 黃錫全:《〈唐虞之道〉疑難字句新探》,《長沙三國吳簡暨百年來簡帛發現與研究國際學術研討會論文集》,2005年,第216頁。

④ 陳偉:《郭店楚簡別釋》,《江漢考古》,1998年第4期,第69頁。

⑤ 李零:《郭店楚簡校讀記》,《道家文化研究》第17輯(郭店楚簡專號),生活·讀書·新知三聯書店,1999年,第498頁。

⑥ 陳偉武:《郭店楚簡〈漢語大字典〉所無之字》,《中國文字研究》第3期,廣西教育出版社,2002年,第126頁。

⑦ 鄭剛:《〈唐虞之道〉中的仁義聖三范疇》,《楚簡孔子論説辨證》,汕頭大學出版社,2004年,第75頁。

⑧ 李鋭:《讀上博四札記(一)》,簡帛研究網(http://www.jianbo.org/admin3/2005/lirui001.htm),2005年2月20日。

⑨ 林志鵬:《郭店楚墓竹書〈唐虞之道〉重探》,《楚地簡帛思想研究(三)——"新出楚簡國際學術研討會"論文集》,湖北教育出版社,2007年,第491頁。

⑩ 李天虹:《釋〈唐虞之道〉中的"均"》,《楚地簡帛思想研究(三)——"新出楚簡國際學術研討會"論文集》,湖北教育出版社,2007年,第478—480頁。

1063 壞　　壞

【用字】　毇

【詞義】

一、疆域;地區。

　　1.君又(有)語叢四 22 悉(謀)臣,勦(則)毇(壞)堅(地)不鈔(削)。23

1064 基　　箕

【用字】　𡉈、羿、昪

【詞義】

一、本;基礎。

　　1.訐(信),畬(義)之昪(期—基)也。忠信 8

　　2.賞與埜(刑),枼(禍)禀(福)之羿(基)也,或(又)肯(牼—前)之者矣。尊德義 2

　　3.曩(早)與督(智)悉(謀),是語叢四 13 胃(謂)童(重)𡉈(基)。14

1065 在　　𡉈

【用字】　才

【詞義】

一、存;存在。

　　1.卑(譬)道(道)之才(在)天下也。老甲 20

　　2.舉(譽)皇(毀)才(在)仿(旁)。窮達 14

　　3.明_(明明)才(在)下,虜_(虩虩—赫赫)五行 25 才(在)上。26

　　4.[不]迷(過)十㞷(舉—舉),丌(其)心必才(在)女(安—焉)。性命 38

　　5.蘿(觀)者(諸)《岢(時—詩)》《箸(書)》鼎(勦—則)亦才(在)壴(喜—矣),蘿(觀)者(諸)六德 24《豊(禮)》《樂(樂)》鼎(勦—則)亦才(在)壴(喜—矣),蘿(觀)者(諸)《易》《眚(春)縣(秋)》鼎(勦—則)亦才(在)壴(喜—矣)。25

　　6.新(親)道(邍—就—戚)造(遠)近,售(唯)丌(其)人所才(在)。六德 48

二、居於;處於。

　　1.罟(聖)人之才(在)民峕(前)也,吕(以)身迻(後)之。老甲 3

　　2.亓(其)才(在)民上也,吕(以)老甲 3 言下之。4

3. 亓(其)才(在)民上也,民弗曑(厚)也。**老甲 4**

4. 亓(其)才(在)民眚(前)也,民弗蔖(害)也。**老甲 4**

5. 售(唯一雖)方才(在)下立(位)。**唐虞 18**

6. 罺(聖)**唐虞 27** 者不才(在)上,天下牝(必)㙫(壞)。**28**

7. 才(在)中(草)邲(茆—茅)之宇(中)。**六德 12**

8. 殹(臤—賢)人不才(在)昃(側)。**語叢四 12**

三、在於。

1. 是古(故)凡勿(物)才(在)疾之。**成之 22**

2. 是昌(以)上之亙(亙—亟)**成之 24** 伇(務)才(在)訐(信)於衆。**25**

3. 陞(地)能貪(含)之生之者,才(在)曐(早)。**語叢三 19**

4. 才(在)夫亓(其)埶(埶—勢)□**殘簡 1**

四、在……方面;在……上。

1. 殹(曩)我二人,毋(無)又(有)曶(合)才(在)音〈言〉。**成之 29**

五、用在時間詞之後。"昔在"也可説成"在昔",往昔、從前。

1. 箚(昔)才(在)上帝截繡(申)瞿(觀)文王悳(德)。**緇衣 37**

1066 城 𤔲 籀文 𤔲

【用字】 城、成

【解字】

"城"之初文爲"成",甲骨文从戌从口,"口"象城邑之形,西周金文不从"口"而从一豎筆"丨"。後來豎筆中間增加了一圓點,或將改圓點爲一短横,楚文字"成"字即是如此("戌"旁或寫作"戈")。或以爲"成"字从"丁"聲,恐並不可信。後來"戌"旁内部的横畫與這一豎筆相接並逐步發生訛變,遂形成今天的"成"字。"城"字是在"成"字上纍加"土"旁分化出來的。楚文字"城"字主要有兩種寫法,一種从成从土,"土"旁與"成"字豎筆共用筆畫;另一種寫法"成"字从"壬"聲,"土"旁與"壬"旁共用筆畫,這種寫法的"城"較爲多見。古音壬、成皆爲耕部,故可作爲聲旁。在郭店簡中,只有《老子》甲本簡16、《太一》簡12、《語叢三》簡29和39中的四個"城"字从土作,餘皆从"壬"。

【詞義】

一、都邑四周用作防守的墙垣,内稱城,外城郭。

1. 成(城)粦(無)褢(衰)勎(則)坨(阤)。**語叢四 22**

二、用爲"成",參閲卷十四"成"(第737頁)。

1067 塞　塞

【用字】　實、寶、寶

【解字】

　　“寶”字從二工,與“實”互爲異體,古文字偏旁往往單複無別。賽,《説文》新附曰:“從貝,塞省聲。”《説文》卷十三《土部》有“塞”字,卷五《珡部》有“寋”字,二者本當爲一字,“寋”下段注:“凡填塞字皆當作寋。”“塞”字當是在“寋”字基礎上增加“土”旁而成。“賽”字構形可分析爲從貝塞省聲,也可以分析爲從貝寋聲。“實”字從“珏”,或由“珡”形訛變而來。此外,“賽”有酬報神明之義,卜筮祭禱簡中常見“賽禱”之語,包山簡中“賽”字常見字下加“廾”(二手形)的寫法,或表示雙手捧持貝、玉以酬神之意。

【詞義】

一、堵塞;填塞。

　　1. 胐〈閟(閉)〉元(其)逸(兑),實(賽—塞)元(其)門。老甲 27
　　2. 閟(閉)元(其)門,實(賽—塞)元(其)逸(兑)。老乙 13
　　3. 啟元(其)逸(兑),實(賽—塞)元(其)事。老乙 13
　　4. 秒(利)元(其)渚者,不實(賽—塞)元(其)㴱(溪)。語叢四 17

1068 塦　塦

【用字】　里

【解字】

　　“里”即“塦”字,爲裘錫圭先生所釋(170 頁注[二七]“裘按”)。陳寧先生讀爲“擅”,專有之義①。顏世鉉先生讀爲“單”,訓爲“盡”②。李零先生認爲“塦”有除的意思③。劉釗先生讀爲“憚”④。李學勤先生讀爲“敫(效)”⑤。陳偉先生初讀爲“單”,訓爲大;後改讀爲“守”,保守、持有之

①　陳寧:《〈郭店楚墓竹簡〉中的儒家人性言論初探》,《中國哲學史》,1998 年第 4 期,第 40 頁。
②　顏世鉉:《郭店楚墓竹簡儒家典籍文字考釋》,《經學研究論叢》第 6 輯,學生書局,1999 年,第 178 頁。
③　李零:《郭店楚簡校讀記》,《道家文化研究》第 17 輯(郭店楚簡專號),生活·讀書·新知三聯書店,1999 年,第 515 頁。
④　劉釗:《讀郭店楚簡字詞札記》,《郭店楚簡國際學術研討會論文集》,湖北人民出版社,2000 年,第 92 頁。
⑤　李學勤:《試説郭店簡〈成之聞之〉兩章》,《煙台大學學報》,2000 年第 4 期,第 458 頁。

義①。丁四新先生讀爲“禪”，傳讓之義②。涂宗流、劉祖信先生讀爲“繟”③。顧史考先生讀爲“捨”或“休”④。李鋭先生讀爲“嬋”，訓爲盡⑤。單育辰先生認爲該字從土從商，重新隸定爲“墒”，疑讀爲“上（尚）”，在……之上的意思⑥。

【詞義】

一、待考。

  1. 及丌（其）尃（博）長而晕（厚）_{成之 27} 大也，劓（則）聖（聖）人不可由與墨（埻）之。₂₈

1069 毀　𣪍　　古文 𣪘

【用字】　敗、𣪘

【解字】

　　“𣪘”字黄德寬先生等主編的《古文字譜系疏證》一書認爲从“齒”之楚文，可能是毀齒之“毀”的本字⑦。《説文》：“毀，缺也。从土，毇省聲。”“毇”字見於上博《容成氏》簡 21，寫作“𥺮”。馮勝君師指出，《説文》認爲“毀”从“毇”省聲不可信，實際上是“毇”从“毀”省聲。同時指出：“如果單純從‘毀’這一字形來看，所从‘臼’旁也可能表示坎臼，从攴或支表動作。從偏旁組合關係來看，應該是圖形式表意字，很可能是表舂揄義的‘毇’的初文。‘𣪘’可能是‘毀’的省體。”⑧

【詞義】

一、誹謗；毀謗。

  1. 舉（譽）𣪘（毀）才（在）仿（旁）。_{窮達 14}

二、破壞；毀滅；毀壞。

  1. 各㠯（以）緣（澹—譫）_{語叢一 107} 訇（詞）敗（毀）也。₁₀₈

---

① 陳偉：《郭店竹書別釋》，湖北教育出版社，2003 年，第 142 頁。

② 丁四新：《郭店楚墓竹簡思想研究》，東方出版社，2000 年。

③ 涂宗流、劉祖信：《郭店楚簡先秦儒家佚書校釋》，萬卷樓圖書有限公司，2001 年，第 95 頁。

④ 顧史考：《郭店楚簡〈成之〉等篇雜誌》，《清華大學學報（哲學社會科學版）》，2006 年第 1 期，第 80—92 頁。

⑤ 李鋭：《郭店楚墓竹簡補釋》，《華學》第 8 輯，紫禁城出版社，2006 年，第 171—183 頁。

⑥ 單育辰：《郭店〈尊德義〉〈成之聞之〉〈六德〉三篇整理與研究》，科學出版社，2015 年，第 193 頁。

⑦ 黄德寬主編：《古文字譜系疏證》，商務印書館，2007 年，第 2863 頁。

⑧ 馮勝君：《説毀》，《“戰國文字研究的回顧與展望”國際學術研討會論文集》，復旦大學出土文獻與古文字研究中心，2015 年。

1070 壞　　壞　　籀文 　　古文

【用字】　堁、𡎕

【詞義】

一、衰敗。

  1. 罟(聖)唐虞 **27** 者不才(在)上,天下杝(必)堁(壞)。**28**

二、用爲“懷”,參閲卷十“懷”(第 538 頁)。

1071 圭　　圭　　古文 珪

【用字】　珪

【詞義】

一、古代帝王、諸侯舉行隆重儀式時所用的玉製禮器,上尖下方。

  1. 白珪(圭)之石〈砧(玷)〉,尚可緇衣 **35** 礊(磨)也。**36**

1072 墜　　陸

【用字】　述

【解字】

　　《説文》新附:“墜,陊也。从土,隊聲。古通用碌。”卷十四《𨸏部》有“隊”字,曰:“從高隊也。”卷九《石部》有“碌”字,曰:“陊也。”段注認爲“隊墜正俗字,古書多用隊,今則墜行而隊廢矣”,又認爲“碌與隊音義同”。從古文字資料來看,“墜”字甲骨文作   (前 5.21.1)、   (菁 3.1)等形,从𨸏从子或人,表示人從高處墜落之意。後世改意符“子”或“人”爲聲符“豕”,又增加“土”旁表意,如包山簡 168 有“   ”字,當爲後世“墜”字所自出①。

【詞義】

一、喪失;衰落。

  1. 戰與型(刑)人,君子之述(墜)悳(德)也。成之 **6**

1073 埋

【用字】　𡐭

---

①　季旭昇:《説文新證》,福建人民出版社,2010 年,第 983 頁。

【解字】

《説文》卷一有"薶"字,曰:"瘞也。"段注:"今俗作埋。"

【詞義】

一、掩埋;埋藏。

　　1. 堲(地)斎=(之所)太—7 不能蓳(薶—埋)。8

1074 埒

【用字】　彶

【解字】

　　"彶"即"埒"字,周鳳五先生讀爲"志"①。連劭名先生讀爲"特",訓爲"守"②。劉釗先生讀爲"詩",又疑讀爲"時",祭壇③。

【詞義】

一、待考。

　　1. 彶(埒)遳(邎—由)敬乍(作)。語叢—95

1075 堯　　堯　　古文 𡼀

【用字】　兂、赺、埀

【詞義】

一、古帝陶唐氏之號。

　　1. 壘(塭—遇)兂(堯)也。窮達 3

　　2. 埀(堯)坙(舜)之王。唐虞 1

　　3. 埀(堯)坙(舜)之行。唐虞 6

　　4. 忠事帝埀(堯)。唐虞 9

　　5. 古者埀(堯)生於天子而又(有)天下。唐虞 14

　　6. 古者埀(堯)之㪯(與—舉)坙(舜)也。唐虞 22

　　7. 及丌(其)爲埀(堯)臣也,甚忠。唐虞 24

　　8. 埀(堯)徏(亶—禪)天下唐虞 24 而㝼(受—授)之。25

　　9. 古(故)埀(堯)之徏(亶—禪)虎(乎)坙(舜)也。唐虞 25

---

①　周鳳五:《郭店竹簡〈語叢一〉重編新釋》,2000 年稿本。

②　連劭名:《郭店楚簡〈語叢〉叢釋》,《孔子研究》,2003 年第 2 期,第 27 頁。

③　劉釗:《郭店楚簡校釋》,福建人民出版社,2005 年,第 197 頁;《郭店楚簡〈語叢一〉箋釋》,《吉林大學古籍研究所建所二十周年紀念文集》,吉林文史出版社,2003 年,第 75 頁。

10. 售(唯—雖)枕(堯)求之弗旻(得)也。六德 7

1076 里　　里

【用字】　里

【詞義】

一、宅院;住所。

　　1. 能進之爲君子,弗能進也,各坒(止)於亓(其)里。五行 42

二、長度單位。古以三百步爲一里,也有以三百六十步爲一里的。

　　1. 穿(窮)四海(海),至千窮達 10 里。11

三、人名。"百里",即百里奚。

　　1. 白(百)里迡(遭)逤(鬻)五羊。窮達 7

四、用爲"理",參閱卷一"理"(第 25 頁)。

1077 野　　野　　古文 ⦗古文字⦘

【用字】　埜

【詞義】

一、粗野;不合禮儀。

　　1. 耆(教)㠯(以)㙚(埶—藝),勳(則)民埜(野)㠯(以)靜(靜—爭)。
　　　　尊德義 14

1078 略　　略

【用字】　迚

【詞義】

一、簡略。

　　1. 精(精)斝(智—知),迚(略)而行之。緇衣 39

1079 當　　當

【用字】　㙷

【解字】

　　"堂"字初文作"冂",後添加"土"旁,"冂"變形聲化爲"尚"。在楚文字中,"土"多訛變爲"立"。郭店簡該字寫作 ⦗古文字⦘,"立"形省略了象徵人的兩臂之形。

【詞義】

一、對著;針對。

　　1. 堂(堂—當)事因方而斲(折—制)之。**性命 19**

1080　留　　畱

【用字】　畱

【詞義】

一、接受。

　　1. 君子不自畱(留)女〈女(安—焉)〉。**緇衣 41**

1081　畜　　畗　　　或體 畜畜

【用字】　畜

【詞義】

一、養育。

　　1. 畜我女(如)丌(其)**六德 15** 子弟。**16**

　　2. 歔(既)生畜之,**六德 20** 或(又)從而孝(教)㤅(誨)之。**21**

1082　畺(疆)　　畺　　　或體 疆

【用字】　疆

【詞義】

一、邊際;止境。

　　1. 思亡(無)畺(疆),思亡(無)亓(期)。**語叢三 48**

1083　男　　𭷫

【用字】　男

【詞義】

一、男子;男性。

　　1. 男女**六德 33** 卞(辨)生言(焉)。**34**

　　2. 男女不卞(辨),父子不新(親)。**六德 39**

1084 力　　刕

【用字】　力

【詞義】

一、力氣;力量。

　　1. 甬(用)力之聿(盡)者,秒(利)爲甚。**性命43**

　　2. 懅(勞)丌(其)㪍(股)忲(肱)之力弗敢(敢)矏(單—憚)也。**六德16**

二、役使;任用。

　　1. 䡈(執)我繮衣18 载=(仇仇),亦不我力。**19**

三、能力;威力。

　　1. 唯(雖)䤋(勇)力睯(聞)於邦不女(如)材。**語叢四24**

四、副詞。盡力地;竭力地。

　　1. 耆(教)㠯(以)事,勶(則)民力臞(稽)㠯(以)面(湎)秒(利)。**尊德義15**

1085 功　　玏

【用字】　攻、工、缸、繾

【解字】

　　《老子》丙本簡7"鎬繾",整理者(122頁注[一一])讀爲"恬淡"。裘錫圭先生讀爲"銛功","銛功爲上"就是説兵器以堅韌爲上①。魏啟鵬先生讀爲"銛鏦",意爲"長矛、短矛"②。李零先生認爲上字右半厂下从肉之字正是楚文字中的"舌"字,讀"恬"是可以的;下字从龔,古書从龍之字多在東部,當然與"淡"字的讀音相差較遠,即使如馬甲本作"襲",讀音也有差距,但古書有"豐"字,是章母葉部字,與"淡"字讀音相近,馬乙本从心从龔的字也可能是這個字,照後一種情況,讀"淡"也是可以的③。史杰鵬先生認爲"繾"从"龒"聲,而"龒"字从"龍"聲,古音"龍"在來紐東部,"淡"在定紐談部,聲雖可通,韻卻遠隔。秦地方言有些收尾音有唇、喉不分的現象。所以"繾"可與"淡"相通④。何琳儀先生讀上字爲"厭",右半所從即"厭"之省文,它本或

① 裘錫圭:《郭店〈老子〉簡初探》,《道家文化研究》第17輯(郭店楚簡專號),生活·讀書·新知三聯書店,1999年,第51—52頁。

② 魏啟鵬:《楚簡〈老子〉柬釋》,萬卷樓圖書有限公司,1999年,第256—257頁。

③ 李零:《郭店楚簡校讀記》,《道家文化研究》第17輯(郭店楚簡專號),生活·讀書·新知三聯書店,1999年,第495頁。

④ 史杰鵬:《〈儀禮〉今古文差異釋例》,《古籍整理研究學刊》,1999年第3期,第2頁。

作"銛""恬",《説文通訓定聲》均隸屬"甘"聲首,例可通假。讀下字爲"降","龍""降"聲系可通①。劉信芳先生讀爲"括籠",乃收束兵器之意②。廖名春先生讀爲"銛襲",意爲掩藏兵鋒③。劉樂賢先生讀爲"銛剡"或"銛錟",是鋒利、鋭利之意④。劉釗先生初讀"銛縛"爲"恬淡"或"恬愉";後認爲上字當讀爲"銛",下字"縛"从"龏"聲,讀爲"功"⑤。

【詞義】

一、功績;功勞。

1. 攻(功)述(遂)身逞(退),天之道(道)也。老甲39

2. 戚(城—成)事述(遂)杠(功),而百眚(姓)曰我自肰(然)也。老丙2

3. 古(故)杠(功)城(成)而身不剔(傷)。太一12

4. 子疌(胥)峀(前)多杠(功),逡(後)翏(戮)死。窮達9

5. 君上卿(享)戚(城—成)不唯杳(本),工(功)□□□□。成之12

6. 孞(娩—勉)之述(遂)也,弪(強)之工(功)也。成之23

7. 墮(墮)之穽(弇)也,釙(治)之工(功)也。成之23

二、堅牢;精美。

1. 鏅(銛)縛(功)爲上,弗媓(媄—美)也。老丙7

1086　務　　　

【用字】　犮

【詞義】

一、事務。

1. 是呂(以)上之坏(互—亟)成之24犮(務)才(在)訐(信)於眾。25

2. 爲人上者之犮(務)也。尊德義1

二、致力;從事。

1. 戎(農)夫犮(務)飤(食)不弪(強)咖(耕)。成之13

① 何琳儀:《郭店楚簡選釋》,《簡帛研究二〇〇一》,廣西師範大學出版社,2001年,第160頁。

② 劉信芳:《荊門郭店竹簡老子解詁》,藝文印書館,1999年,第71頁。

③ 廖名春:《郭店楚簡老子校釋》,清華大學出版社,2003年,第542—544頁。

④ 劉樂賢:《談簡帛本〈老子〉的"銛錟"》,《長沙三國吳簡暨百年來簡帛發現與研究國際學術研討會論文集》,中華書局,2005年,第269—272頁。

⑤ 劉釗:《讀郭店楚簡字詞札記》,《郭店楚簡國際學術研討會論文集》,湖北人民出版社,2000年,第75—77頁。劉釗:《郭店楚簡校釋》,福建人民出版社,2005年,第40頁。

1087 勁　　勁

【用字】　巠

【解字】

《尊德義》簡 13“巠”字,李零先生讀爲“勁”;劉釗先生從之,“果勁”意思是果敢強勁①。陳偉先生讀爲“輕”,但輕捷抑或輕財、輕死,似難確認②。參見卷十四“輕”(第 722 頁)。

【詞義】

一、強勁。

　　1. 耆(教)㠯(以)豊(禮),勸(則)民果㠯(以)巠(巠—勁)。尊德義 13

1088 勉　　勉

【用字】　免、孚

【詞義】

一、努力;盡力。

　　1. 孚(娩—勉)之述(遂)也,弜(強)之工(功)也。成之 23

　　2. 蒮(觀)《卲(韶)》《頋(夏)》鼎(勸—則)免(勉)女(如)也性命 25 旱(斯)睿(僉—斂)。26

1089 勸　　勸

【用字】　懽

【詞義】

一、鼓勵;勉勵。

　　1. 而雀(爵)不足懽(懽—勸)也。緇衣 28

二、努力。

　　1. 齊之㠯(以)豊(禮),鼎(勸—則)民又(有)懽(懽—勸)心。緇衣 24

　　2. 不旹(時)勸(則)亡(無)懽(懽—勸)也。尊德義 32

　　3. 未賞而民懽(懽—勸),含稟(福—富)者也。性命 52

① 李零:《郭店楚簡校讀記》,《道家文化研究》第 17 輯(郭店楚簡專號),生活·讀書·新知三聯書店,1999 年,第 525 頁。劉釗:《郭店楚簡校釋》,福建人民出版社,2005 年,第 133 頁。

② 陳偉:《郭店簡書〈尊德義〉校釋》,《中國哲學史》,2001 年第 3 期,第 113 頁。

1090 勝　勝

【用字】　勝、勑、覴、鞏、夯

【解字】

　　“夯”當爲“勝”譌省。《成之》簡36“勝”字“力”旁上部有兩橫筆,或當爲飾筆,也有可能是以兩橫筆代“几”旁。《成之》篇“勝”字四見,其他三例皆寫作“勝”,所以第一種可能性較大。

【詞義】

一、戰勝;打勝仗。

　　1. 戰(戰)勝(勝)勴(則)㠯(以)㬥(喪)豊(禮)居之。老丙 10

二、勝過;超過。

　　1. 杲(躁)勝(勝)蒼(寒),靑(青—靜)勝(勝)然(熱)。老乙 15

　　2. 丌(其)勝(勝)也不若丌(其)巳(已)也。成之 36

三、力能擔任;禁得起。

　　1. 一宮之人不勝(勝)成之 7 丌(其)敬。8

　　2. 一宮之人不勝(勝)丌(其)[哀]。成之 8

　　3. 一匐(軍)之人不勝(勝)丌(其)戜(勇)。成之 9

四、克制;制服。

　　1. 殺尊德義 35 不足㠯(以)夯(勝—勝)民。36

五、爭勝。

　　1. 攺(改)㤎(忌)勝(勝)。尊德義 1

　　2. 覴(乘—勝)生於忎(怒),忈(惎—忌)生於鞏(乘—勝)。語叢二 26

1091 動　動　古文 連

【用字】　連、迬、童、僮、敷、敳

【詞義】

一、改變事物原來的位置或狀態。與“靜”相對。

　　1. 竺(孰)能庀㠯(以)迬(動)者。老甲 10

　　2. 連(動)而愈(愈)出。老甲 23

　　3. 道(道)[之]僮(動)也。老甲 37

二、感應;感動。

　　1. 或敷(動)之,或逆之。性命 10

　　2. 凡敷(動)眚(性)性命 10 者,勿(物)也。11

3. 羕(詠)思而<u>敫</u>(動)心。性命 26
4. 哭之<u>敫</u>(動)心也。性命 30
5. 樂(樂)之<u>敫</u>(動)心也。性命 30

三、行動;爲實現某種意圖而進行活動。

1. <u>童</u>(動)非爲達也。窮達 11

四、調動。

1. 凡<u>逮</u>(動)民必訓(順)民心。尊德義 39

1092 勞  古文 

【用字】 裳、憹

【詞義】

一、辛苦;勞苦。

1. 下難緇衣 5 䜣(智—知)鼎(勳—則)君倀(長)<u>裳</u>(勞)。6
2. 鼎(勳—則)君不<u>裳</u>(勞)。緇衣 7
3. 嵓<u>裳</u>(勞)之,旬也。尊德義 24

二、使……辛苦;勞苦。

1. 䘚(卒—瘁)<u>裳</u>(勞)百眚(姓)。緇衣 9
2. <u>憹</u>(勞)丌(其)朌(股)怯(肱)之力弗敌(敢)單(單—憚)也。六德 16

1093 加 

【用字】 加、㚸

【解字】

"㚸"字原作,"力"上纍加"爪(手形)"旁後,與"爭"字形近。郭店《老子》甲本簡 5"靜"字寫作,其右所从與"㚸"字近同。楚文字中也有从"加"的"靜"字,寫作(上博四《內豊》簡 10)。

【詞義】

一、增加;增益。

1. 非亓(其)悳(德)<u>加</u>。窮達 9

二、施及;施加。

1. 不語叢三 4 我(義)而<u>㚸</u>(加)者(諸)已,弗叐(受)也。5

1094 勇  或體  古文 

【用字】 甬、恿

【解字】

龐樸先生認爲“惎”“戠”二字有一定區別,前者指心態上的勇,後者指行爲上的勇①。

【詞義】

一、勇敢;有膽量。

1. 一匐(軍)之人不奰(勝)兀(其)戠(勇)。成之 9

2. 戠(勇)而行之不果,兀(其)惉(疑)也弗桎(枉—往)惉(疑—矣)。成之 21

3. 弗惎(勇)勮(則)尊德義 33 亡(無)遑(復)。34

4. 戠(勇)不足㠯(以)沬(勵)眾。尊德義 35

5. 行谷(欲)惎(勇)而必至。性命 63

6. 唯(雖)戠(勇)力睧(聞)於邦不女(如)材。語叢四 24

1095 飭　　飴

【用字】　放

【解字】

郭店《緇衣》“放”(裘錫圭先生“按語”隸定爲“放”)字、上博《緇衣》“扐”字,對應今本作“服”。“放”字,李零先生讀爲“力”②。周鳳五先生釋爲“服”,以力服人的會意專字③。白於藍、孔仲溫先生等認爲从“攴”“力”聲,讀爲“服”④。劉信芳先生認爲是“扐”字異構⑤。劉曉東先生認爲郭店本“放”讀“勑”,順也⑥。上博簡“扐”字,原作𥏿,黃德寬、徐在國先生从“來”“力”雙聲;李銳釋“勑”,讀本字,順也⑦。李零先生釋爲“扐”⑧。李學

---

① 龐樸:《郢燕書説——郭店楚簡及中山三器心旁文字試説》,《燕京學報》新 7 期,北京大學出版社,1999 年,第 145—153 頁。

② 李零:《郭店楚簡校讀記》,《道家文化研究》第 17 輯(郭店楚簡專號),生活·讀書·新知三聯書店,1999 年,第 485 頁。

③ 周鳳五:《郭店楚簡識字札記》,《張以仁先生七秩壽慶論文集》,學生書局,1999 年,第 351 頁。

④ 白於藍:《郭店楚簡拾遺》,《華南師範大學學報》,2000 年第 3 期,第 89 頁。孔仲溫:《郭店楚簡〈緇衣〉字詞補釋》,《古文字研究》第 22 輯,中華書局,2000 年,第 243—244 頁。

⑤ 劉信芳:《郭店簡〈緇衣〉解詁》,《郭店楚簡國際學術研討會論文集》,湖北人民出版社,2000 年,第 165—166 頁。

⑥ 劉曉東:《郭店楚簡〈緇衣〉初探》,《蘭州大學學報(社會科學版)》,2000 年第 4 期,第 111 頁。

⑦ 黃德寬、徐在國:《〈上海博物館藏戰國楚竹書(一)緇衣·性情論〉釋文補正》,《古籍整理研究學刊》,2002 年第 2 期,第 1 頁。

⑧ 李零:《上博楚簡校讀記之二:〈緇衣〉》,《上博館藏戰國楚竹書研究》,上海書店出版社,2002 年,第 408 頁。

勤先生認爲上博簡該字本系"服"字,因形近誤爲楚文字的"放",又被誤認爲"㡿",轉寫爲此形①。黄錫全先生認爲字从力㔾省聲。郭店楚簡的"放",應該理解爲从力支聲的形聲字。支,滂母屋部;服,並母職部②。林素清先生認爲字从力,來聲,與"服"古同爲之部字,故可通假③。李鋭先生認爲郭店、上博二字皆从力得聲,讀爲"協",服也。"力""協"二字古音並不相近,疑屬同義换讀現象④。馮勝君師認爲二字皆从"力"聲,讀爲"飭",整治⑤。今按:上博簡"𦂃"字非从"來",當隸定爲"扐"。二字可從馮勝君師讀爲"飭",亦可讀爲"敕"。

【詞義】

一、整飭;治理。

1. 勳(則)民臧〈咸〉放(飭)而坓(刑)不屯(頓)。緇衣 1

1096 勢　　　𩱋

【用字】　𡎯

【解字】

《性自命出》篇"𡎯"字 4 見,分别寫作𦙫(簡 5)、𦙫(簡 11)、𦙫(簡 13)、𦙫(簡 13),左下"土"旁的最下一横筆與"女"旁共用一筆,同樣的寫法還見於《六德》簡 13(𦙫)。殘簡 1"𡎯"字寫作𦙫,右上"丮"旁訛省,與"肉"近似。參見卷一"藝"(第 37 頁)、卷三"設"(第 139 頁)。

【詞義】

一、權勢;權力。

1. 𡎯(執—勢)牙(與)聖(聖—聲)爲可憐(察)也。語叢一 86

二、情勢;形勢。

1. 所善所不善,𡎯(執—勢)也。性命 5

2. 出眚(性)者,𡎯(執—勢)也。性命 11

3. 勿(物)性命 12 之𡎯(執—勢)者之胃(謂)𡎯(執—勢)。13

① 李學勤:《論楚簡〈緇衣〉首句》,《清華簡帛研究》2 期,清華大學思想文化研究所,2002 年,第 20—22 頁。

② 黄錫全:《讀上博簡札記》,《新出楚簡與儒學思想國際學術研討會論文集》,清華大學思想文化研究所,2002 年,第 2627 頁。

③ 林素清:《郭店、上博〈緇衣〉簡之比較——兼論戰國文字的國别問題》,《新出土文獻與古代文明》,上海大學出版社,2004 年,第 83—96 頁。

④ 李鋭:《郭店楚墓竹簡補釋》,《華學》第 6 輯,紫禁城出版社,2003 年,第 85 頁。

⑤ 馮勝君:《郭店簡與上博簡對比研究》,綫裝書局,2007 年,第 75 頁。

4. 才（在）夫亓（其）埶（埶—勢）▢殘1

1097　勵

【用字】　沬

【詞義】

一、激勵。

　　1. 甈（勇）不足吕（以）沬（勵）眾。**尊德義 35**

卷 十 四

1098 金　　金　　古文 金

【用字】　金

【詞義】

一、錢財；貨幣。

 1. 金玉涅（涅—盈）室，莫能獸（獸—守）也。**老甲 38**

 2. 金玉涅（涅—盈）室不語叢四 **24** 女（如）恳（謀）。**25**

二、八音之一，指鉦、鐘一類金屬打擊樂器。

 1. 金聖（聖—聲）而玉昬（晨—振）之，又（有）惪（德）者也。**五行 19**

 2. 金聖（聖—聲），善也。**五行 19**

 3. 朕（然）句（後）能金聖（聖—聲）而玉昬（晨—振）之。**五行 20**

 4. 金石之又（有）聖（聖—聲）[也]。**性命 5**

1099 銛　　銛

【用字】　鋗

【解字】

 "鋗纙"，整理者（122 頁注 [一一]）讀爲"恬淡"。尹振環先生讀爲"銛襲"，"銛"，鋒利也；"襲"，輕裝突然襲擊。"銛襲爲上"，即銳利、輕裝的突擊爲最好，這是不得已用兵時的上策①。參閱卷十三"功"（第 704 頁）。

【詞義】

一、鋒利。

 1. 鋗（銛）纙（功）爲上，弗媄（媄—美）也。**老丙 7**

---

 ① 尹振環：《論〈郭店楚墓竹簡老子〉——簡帛〈老子〉比較研究》，《文獻》，1999 年第 3 期，第 19 頁。

1100 鎮　　鎮

【用字】　貞

【詞義】

一、重;壓。

> 1. 愿(化)而雒(欲)复(作),牁(牂—將)貞(貞—鎮)之呂(以)亡(無)
>   明(名)之薁(蹼—僕—樸)。**老甲 13**

1101 銳　　銳　　籀文 [圖]

【用字】　鎿

【解字】

　　"鎿"字,今本作"銳"。池田知久先生、丁原植先生、趙建偉先生等釋讀爲"攖",亂也①。崔仁義先生隸定爲"鎟",《龍龕手鑑·小部》:"尜,同麽"。"鎟",讀如"縈",會意,即小貝相連的頸飾②。劉信芳先生認爲字從"尒","賏"聲,讀如"嬰",繞也③。魏啓鵬先生疑此字即"賏"之繁構,從貝尒聲,二"貝"乃義符之疊加繁化。"尒"同"爾",在簡文此句中讀爲"邇",其義爲進④。黃德寬、徐在國先生認爲《古文四聲韻·薛韻》引《古老子》"閱"字作[圖],從心賏聲。古音閱屬余紐月部,貝屬幫紐月部,二字音近。疑該字應分析爲從尒賏聲,讀爲"銳"⑤。黃錫全先生認爲此字上部所從的所謂"爾"的上面"八",未封口,與簡 30 之"爾(彌)"有別,頗疑此字有可能是從"关"省,從貝,即"賸"字,與朕音義同。賸屬喻母蒸部,與銳、閱雙聲。此處借爲銳⑥。李零先生、劉釗先生讀爲"穎",劉釗先生認爲字從"賏"得聲,讀爲

① 池田知久:《荊門市博物館〈郭店楚墓竹簡〉筆記》,郭店《老子》國際學術研討會論文,1998
　　年。丁原植:《郭店竹簡〈老子〉釋析與研究(增修版)》,萬卷樓圖書有限公司,1999 年,第
　　183 頁。趙建偉:《郭店竹簡〈老子〉校釋》,《道家文化研究》第 17 輯(郭店楚簡專號),生
　　活·讀書·新知三聯書店,1999 年,第 289 頁。

② 崔仁義:《荊門郭店楚簡〈老子〉研究》,科學出版社,1998 年,第 60—61 頁。

③ 劉信芳:《荊門郭店竹簡老子解詁》,藝文印書館,1999 年,第 35 頁。

④ 魏啓鵬:《楚簡〈老子〉柬釋》,《道家文化研究》第 17 輯(郭店楚簡專號),生活·讀書·新
　　知三聯書店,1999 年,第 228 頁。

⑤ 黃德寬、徐在國:《郭店楚簡文字考釋》,《吉林大學古籍整理研究所建所十五周年紀念文
　　集》,吉林大學出版社,1998 年,第 100 頁。

⑥ 黃錫全:《讀郭店楚簡〈老子〉札記三則》,《郭店楚簡國際學術研討會論文集》,湖北人民出
　　版社,2000 年,第 458—459 頁。

"潁",古音"賏"在影紐耕部,"潁"在喻紐耕部,韻部相同,聲可通轉①。韓
禄伯先生釋爲"纓"②。廖名春先生認爲字上從"金",下從兩"尹","尹"古
音與"允"同,而從"允"之字與從"兌"之字可通用,故字可讀爲"鋭"③。陳
錫勇先生讀爲"鋭",鋒芒之意④。彭裕商、吴毅强先生讀爲"鋭",訓爲
鋒芒⑤。

【詞義】

一、鋒芒。

　　1. 韌(挫)亓(其)顈(鋭)。**老甲 27**

1102　鑵

【解字】

　　"鑵"字,劉釗先生疑讀爲"權",權勢⑥。連劭名先生讀爲"觀",訓
爲"見"⑦。

【詞義】

一、待考。

　　1. 鑵,可去可遝(歸)。**語叢一 101**

1103　処(處)　　　𢀰　　　或體　𤕠

【用字】　尻

【解字】

　　"尻"字有主要有釋"處""居"兩種意見,郭店簡《成之聞之》裘錫圭先
生"按語"(169 頁注[九])認爲字本作"尻",《説文》以爲居處之"居"的本
字。鄂君啟節銘文"尻""居"二字並見,有人因此釋此字爲處(處),其理由
並不充分。但包山楚簡"居尻"連文(簡 32 有"居尻名族"之語),似乎此字
確當釋"處"。今按: 此字始見於鄂君啟節作𠇵,包山簡中多有出現。其中

---

① 李零:《郭店楚簡校讀記(增訂本)》,北京大學出版社,2002 年,第 13 頁;劉釗:《郭店楚簡
校釋》,福建人民出版社,2005 年,第 21 頁。

② 韓禄伯著,邢文改編,余瑾譯:《簡帛老子研究》,學苑出版社,2002 年,第 77 頁。

③ 廖名春:《郭店楚簡老子校釋》,清華大學出版社,2003 年,第 281—282 頁。

④ 陳錫勇:《郭店楚簡老子論證》,里仁書局,2005 年,第 168—169 頁。

⑤ 彭裕商、吴毅强:《郭店楚簡老子集釋》,巴蜀書社,2011 年,第 289—290 頁。

⑥ 劉釗:《讀郭店楚簡字詞札記》,《郭店楚簡國際學術討論會論文集》,湖北人民出版社,
2000 年,第 85—86 頁。

⑦ 連劭名:《郭店楚簡〈語叢〉叢釋》,《孔子研究》,2003 年第 2 期,第 28 頁。

簡 32"所死於其州者之 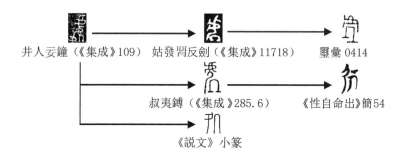 名族"一句,居和 連文,釋文作"居處",甚是。林澐先生認爲:"'尻'即處之異體,字並从几。……當逕讀爲處。"①李家浩先生不同意這種意見,認爲"'尻'應當是居處之'尻',而不是居處之'処'。從字形來説也是如此。'尻'从'尸'从'几','処'从'夊'从'几',二字寫法截然不同"②。後來李先生也放棄了將"尻"讀爲"居"的觀點,而改讀爲"處"③。馮勝君師認爲"從字形的角度考慮,將'尻'釋爲'處'也有充分的根據":

井人妄鐘(《集成》109)　姑發胃反劍(《集成》11718)　璽彙 0414

叔夷鎛(《集成》285.6)　《性自命出》簡 54

《説文》小篆

從上圖不難看出,"処"字是寫作 形的"處"字省去"虍"旁而成,而"尻"字則是寫作 形的"處"字省去"虍"旁而成。④

【詞義】

一、占據;據有。

    1. 王尻(處)一女(安一焉)。**老甲 22**

二、處於;置身。

    1. 君衰絰(絰)而尻(處)立(位)。**成之 8**

    2. 朝(潮—朝)廷之立(位),戁(讓)而尻(處)戔(賤)。**成之 34**

三、審度。

    1. 悆(義)尻(處)之也。**語叢三 36**

四、居住;棲止。

    1. 蜀(蜀—獨)尻(處)而樂(樂)。**性命 54**

    2. 蜀(蜀—獨)**性命 60** 尻(處)鼎(勛—則)習(習)。**61**

    3. 尻(處)而亡(無)斁**語叢三 12** 習(習)也,鼎(鼎—員—損)。**13**

① 林澐:《讀包山楚簡札記七則》,《江漢考古》,1992 年第 4 期。

② 湖北省文物考古研究所、北京大學中文系編:《九店楚簡》,中華書局,2000 年,第 112 頁。

③ 李家浩:《包山卜筮簡 218—219 號研究》,《長沙三國吳簡暨百年來簡帛發現與研究國際學術研討會論文集》,中華書局,2005 年,第 196—197 頁。

④ 馮勝君:《郭店簡與上博簡對比研究》,綫裝書局,2007 年,第 242 頁。

五、相處;交往。

 1. 牙(與)𤞤(莊)語叢三 9 者尻(處),㝬(嗌—益)。10

 2. 牙(與)𤝗者尻(處),晶(晶—員—損)。語叢三 11

1104 且　　　且

【用字】　且、�

【解字】

 "𠫑"在楚文字中多用爲{且},《說文》有"戲"字(釋"又卑也"),二者雖然構形部件相同,但恐非一字。

【詞義】

一、連詞。表示並列或遞進關係,相當於"又""而且"。

 1. 虗(吾)夫=(大夫)共(恭)�(且)贛(儉)。緇衣 26

二、副詞。將要。

 1. 人之敗(敗)也,丞(亙—恆)於丌(其)𠫑(且)成(城—成)也敗(敗)之。老丙 12

三、助詞。用於句首或句中,無實在意義。

 1. 惪(德)者,𠫑(且)莫大唬(唬—乎)豊(禮)樂(樂)。尊德義 29

四、用爲"祖",參閱卷一"祖"(第 20 頁)。

1105 所　　　𣂐

【用字】　所、𣂈("之所"合文)

【詞義】

一、宜;適宜。

 1. 上下膚(膚—皆)旻(得)丌(其)所之胃(謂)訐(信)。語叢一 65

 2. 勿(物)各止於丌(其)所。語叢一 105

二、地位;位置。

 1. 莫旻(得)膳(善)丌(其)所。語叢三 47

 2. 悲㟸〈芒(喪)〉丌(其)所也。語叢一 73

三、"所"字與後面的動詞相結合,構成名詞性結構。

 1. 逗(復)眾之所⌊=⌋ㄓ(過)。老甲 12

 2. 人𣂈=(之所)𣸛(褽—鬼—畏),亦不可㠯(以)不𣸛(褽—鬼—畏)人。老乙 5

3. 遉(復)眾斎〓(之所)迊(過)。老丙 13

4. 淫(濕)澡(燥)斎〓(之所)生也。太一 4

5. 倉(寒)然(熱)斎〓(之所)生也。太一 4

6. 侌(陰)昜(陽)斎〓(之所)生〔也〕。太一 5

7. 神明斎〓(之所)生也。太一 5

8. 天坓(地)斎〓(之所)生也。太一 5

9. 大(太)一斎〓(之所)生也。太一 6

10. 此天斎〓(之所)不能殺,坓(地)斎〓(之所)太一 7 不能堇(釐一埋),
侌(陰)昜(陽)斎〓(之所)不能成(城一成)。8

11. 臣事君,緇衣 6 言亓(其)所不能,不訰(辭)亓(其)所能。7

12. 下之事上也,不從亓(其)所㠯(以)命,而從亓(其)所行。緇衣 14

13. 秒(利一黎)民所訕(信)。緇衣 17

14. 大人不新(親)亓(其)所戝(臤一賢),而緇衣 17 訐(信)亓(其)所戔
(賤)。18

15. 古(故)言緇衣 32 鼎(勀一則)慮(慮)亓(其)所甹(終),行鼎(勀一
則)餂(稽)亓(其)所㡀(敝)。33

16. 詻(察)天人之分,而暜(智一知)所行矣。窮達 1

17. 亓(其)所才(存)者内(入)惢(疑一矣)。成之 3

18. 古(故)君子所遉(復)之不多,所求之不迬〈遠〉。成之 19

19. 所厇(宅一度)不迬〈遠〉惢(疑一矣)。成之 34

20. 非喬(教)所及也。尊德義 18

21. 下之事上也,不從亓(其)所龠(命),而從亓(其)所行。尊德義 36

22. 所好所亞(惡),勿(物)也。性命 4

23. 所善所不善,㙻(埶一勢)也。性命 5

24. 從亓(其)所爲。性命 36

25. 所爲衕(道)者四。性命 41

26. 父兄之所樊(樂)。性命 61

27. 暜(智一知)亓(其)㠯(以)又(有)所逗(歸)也。六德 11

28. 君子於此戈(弌一一)歠(偏)者亡(無)所墦(法一廢)。六德 40

29. 君子所生牙(與)之立。六德 46

30. 售(唯)亓(其)人所才(在)。六德 48

31. 暜(智一知)天所爲,暜(智一知)人所爲。語叢一 29

32. 憐(察)所暜(智一知),憐(察)所不暜(智一知)。語叢一 85

33. 亓(其)所之同。語叢二 52

34. 自臮（視—示）丌（其）所能，鼎（鼎—員—損）。語叢三 13

35. 自臮（視—示）亓（其）所不族（足），旹（嗌—益）。語叢三 14

36. 所不行，旹（嗌—益）。語叢三 16

37. 樂，備（服）惪（德）者之所樂也。語叢三 54

38. 從所少好，牙（與）所少樂，鼎（鼎—員—損）。遺簡

39. 義士語叢四 8 之所鷹（存）。9

四、"所以"。

（一）用以；用來。此類用法多爲"所+以+動詞"的結構。

1. 下之事上也，不從丌（其）所吕（以）命，而從丌（其）所行。緇衣 14

2. 氒（是）古_（故古）之所忠信 8 吕（以）行虖（乎）閔霅（嘆）者。9

3. 所吕（以）訐（信）亓（其）狀（然）也。尊德義 2

4. 所吕（以）尊德義 2 戉（攻）[□也]。3

5. 所吕（以）𢼄舉（舉）也。尊德義 3

6. 所吕（以）敓（敘—除）咎（怨）也。尊德義 3

7. 戠（察）者（諸）出所吕（以）辪＝尊德義 8 旨＝（智己—知己，知己）所吕（以）辪＝人＝（智人—知人，知人）所吕（以）辪（智—知）龠（命）。9

8. 季（教），所吕（以）生惪（德）于审（中）者也。性命 18

9. 至（致）頌（容）宙（廟—廟—貌）所吕（以）㬉（文）卲（節）也。性命 20

10. 䛊（拜），所吕（以）[□□也]。性命 21

11. 尚（幣）帛，所吕（以）爲訐（信）牙（與）諅（徵）也。性命 22

12. 凡君子所吕（以）立身大墟（法）厽（三）。六德 44

13.《易》，所吕（以）會（會）天術（道）人術（道）語叢一 36 也。37

14.《誢（詩）》，所吕（以）會（會）古含（今）之愄（恃—志）語叢一 38 也者。39

15.《旾（春）穆〈秋〉》，所吕（以）會（會）古含（今）之語叢一 40 事也。41

（二）表示因果關係。此類用法的"所以"近於連詞。

1. 江湳（海）所吕（以）爲百眔（浴—谷）王。老甲 2

2. 辪（智—知）止（止）所吕（以）不訽（殆）。老甲 20

3. 虔（吾）所吕（以）又（有）大患者。老乙 7

4. 所語叢三 2 吕（以）異於父。3

五、"所"字+其他介詞。

1. 聖（聖）辪（智），豊（禮）樂（藥—樂）之所彖〈繇（由）〉生也。五行 28

2. 惎（仁）義，豊（禮）所彖〈繇（由）〉生也，四行之所和也。五行 31

3. 緍（昏）所由繇（由）𢆶（作）也。六德 38

1106 斯　　𣂁

【用字】 斯、㤅

【解字】

　　"斯"字即"斯"字，"㤅"爲省寫。魏宜輝先生認爲"曰"與"其"音近①。徐寶貴先生認爲"斯"字省掉"其"旁主體部分而加注"齒"聲②。

【詞義】

一、助詞。

1. 晤（聞）芙（笑）聖（聖—聲）鼎（劓—則）龏（侃）女（如）也斯（斯）憙（憙—喜）。**性命 24**

2. 昏（聞）訶（歌）誺（謠）鼎（劓—則）舀（陶）女（如）也斯（斯）奞（奮）。**性命 24**

3. 聖（聖—聽）盃（琴）玨（瑟）之聖（聖—聲）**性命 24** 鼎（劓—則）誖（悸）女（如）也斯（斯）戁（嘆）。**25**

4. 萑（觀）《坙（賚）》《武》鼎（劓—則）齊女（如）也㤅（斯）攴〈复（作）〉。**性命 25**

5. 萑（觀）《卲（韶）》《夏》鼎（劓—則）免（勉）女（如）也**性命 25** 㤅（斯）僉（僉—斂）。**26**

二、連詞。則；乃。

1. 憙（憙—喜）㤅（斯）慆_（陶，陶）㤅（斯）舀_（奮，奮）㤅（斯）義_（詠，詠）㤅（斯）獣_（猶，猶）㤅（斯）辵（舞）。**性命 34**

2. 惌（慍）㤅（斯）悥_（憂，憂）㤅（斯）慼_（慽，慽）**性命 34** 㤅（斯）戁_（歎，歎）㤅（斯）虖_（呼，呼）㤅（斯）通（踊）。**35**

3. 愚（偶）㤅（斯）㤅（鄰—隱）壴（喜—矣），㤅（鄰—隱）㤅（斯）慮（慮）壴（喜—矣），慮（慮）㤅（斯）莫牙（與）之**性命 48** 結壴（喜—矣）。**49**

4. 人不訢（慎）㤅（斯）又（有）怣（過），訐（信）壴（喜—矣）。**性命 49**

5. 㤅（斯）人訐（信）之壴（喜—矣）。**性命 51**

6. 生民斯（斯）必又（有）夫婦、父子、君臣。**六德 42**

7. 天型成（城—成），人㫃（與）勿（物）斯（斯）里（理）。**語叢三 17**

---

① 魏宜輝：《楚系簡帛文字形體訛變分析》，南京大學博士學位論文，2003 年，第 101—102 頁。

② 徐寶貴：《楚墓竹簡文字考釋》，《清華大學學報（哲學社會科學版）》，2005 年第 3 期，第 73—76 頁。

1107 斷 𣃔 古文 𢇍、𢇍

【用字】 劕、剆

【解字】

劕、剆二字簡文分別作 ▢（《六德》簡 43）、▢（《六德》簡 30），"剆"當爲"劕"字訛省。

【詞義】

一、斷絕;隔絕。

1. 人又(有)六惪(德)，厽(三)新(親)不剆〈劕(斷)〉。六德 30

二、判斷;決斷。

1. 可㠯(以)劕(斷)峈(獄—獄)。六德 42

2. 狀(然)句(後)可㠯(以)劕(斷)峈(獄—獄)。六德 43

3. 是㠯(以)亓(其)劕(斷)峈(獄—獄)邀(速)。六德 44

4. 劕(斷)生於立。語叢二 35

1108 升 𦫵

【用字】 升

【詞義】

一、上升;登。

1. 升爲天子而不喬(喬—驕)。唐虞 16

2. 升爲天子而不喬(喬—驕)，不洰(流)也。唐虞 17

1109 矜 矜

【用字】 矜

【詞義】

一、自負;自誇。

1. 果而弗矜(矜)。老甲 7

1110 車 車 籀文 䡅

【用字】 車

【詞義】

一、車子,陸地上有輪子的交通工具。

1. 句(苟)又(有)車,必見其(箕—其)敒(敨—轍)。緇衣 40

2. 車斁(散—轍)之荃(鮇)酺(鮪)，不見江沽(湖)之水。語叢四 **10**

1111 輕　　輕

【用字】　堅、翌、悝

【解字】

　　"堅"即"坙"字，"坙"字本寫作 （大盂鼎，《集成》2837）形，楚文字 "坙"旁下部變形音化爲"壬"，與《說文》古文（ ）形體近同。郭店簡"堅" 字3見，分別寫作 （《唐虞》簡19）、 （《尊德義》簡13）、 （《性命》簡 65）。《性命》簡65、《唐虞》簡19 的"堅"字，整理者（158 頁）釋"坙"，讀爲 "輕"；廖名春先生從之，訓爲輕率、隨意①。白於藍先生讀爲"徑"②。施謝 捷先生釋爲"至"，認爲是"坙"字訛字③。"至"字從"爪"從"壬"，《唐虞》簡 19"堅"字上部受到"至"字影響而變與"爪"形同，但"爪"與"壬"之間仍存 有一橫筆，故仍當釋爲"坙"。《性命》簡65 之字隸定爲"堅"無問題。"翌" 字郭店簡4見，分別寫作 （《緇衣》28）、 （《緇衣》44）、 （《五行》11）、 （《五行》15），其中《五行》兩例，整理者（149 頁）讀爲"輕"。帛書本對應之 字，整理者讀爲"徑"，直也，捷速也④。龐樸先生引《荀子·不苟》"操而得 之則輕，輕則獨行"作解⑤。郭沂、孫開泰等先生從帛書本《經》之《說》"輕 者尚矣"，訓爲"尚"⑥。廖名春先生讀爲"經"，訓爲"常"⑦。《尊德義》簡34 "悝"字，李零先生認爲是惱恨之義⑧。劉釗先生也認爲義爲恨⑨。劉信芳 先生讀爲"淫"。陳偉先生讀爲"輕"，輕視⑩；單育辰先生亦讀"輕"，認爲是 輕死之義⑪。此句後兩句話爲"正勳(則)民不爰(鄰—隱)，弆(恭)勳(則)

---

① 廖名春：《郭店簡〈性自命出〉篇校釋札記》，《新出楚簡試論》，臺灣古籍出版有限公司， 2001 年，第 168 頁。

② 白於藍：《郭店楚墓竹簡釋讀札記》，《考古與文物》叢刊第 4 號（《古文字論集（二）》）， 2001 年，第 175 頁。

③ 施謝捷：《隨縣包山望山江陵郭店楚簡釋文》電子稿本，2003 年。

④ 國家文物局古文獻研究室編：《馬王堆漢墓帛書（壹）》，文物出版社，1980 年，第 25 頁。

⑤ 龐樸：《竹帛〈五行〉篇校注及研究》，萬卷樓圖書有限公司，2000 年，第 37 頁。

⑥ 郭沂：《郭店竹簡與先秦學術思想》，上海教育出版社，2001 年，第 153 頁。孫開泰：《〈郭店 楚墓竹簡·五行〉篇釋》，《簡帛研究二〇〇一》，廣西師範大學出版社，2001 年，第 140 頁。

⑦ 廖名春：《出土簡帛叢考》，湖北教育出版社，2004 年，第 111 頁。

⑧ 李零：《郭店楚簡校讀記》，《道家文化研究》第 17 輯（郭店楚簡專號），生活·讀書·新知 三聯書店，1999 年，第 524 頁。

⑨ 劉釗：《郭店楚簡校釋》，福建人民出版社，2005 年，第 129 頁。

⑩ 陳偉：《郭店簡書〈尊德義〉校釋》，《中國哲學史》，2001 年第 3 期，第 117 頁。

⑪ 單育辰：《郭店〈尊德義〉〈成之聞之〉〈六德〉三篇整理與研究》，科學出版社，2015 年，第 78 頁。

民不惕(怨)"，皆有否定副詞"不"，單育辰先生疑"悝"前亦脱"不"字。

【詞義】

一、輕賤，價值或地位低。

　　1. 不㠯(以)匹夫爲唐虞18 巠(巠—輕)。19

二、輕視;看不起。

　　1. 古(故)上不可㠯(以)褻(執—褻)坓(刑)而翠(翠—輕)雀(爵)。緇衣28

　　2. 剞劻(則)民不悝(悝—輕)。尊德義34

三、輕易;輕率。

　　1. 翠(翠—輕)㡭(㡭—絶)貧戔(賤)而至(重)㡭(㡭—絶)賈(富)貴。緇衣44

　　2. 遐(退)谷(欲)肅而毋巠(巠—輕)。性命65

四、待考。

　　1. 不聖(聖)，思不能翠(翠—輕)。五行11

　　2. 聖(聖)之思也翠(翠—輕)。五行15

　　3. 翠(翠—輕)劻(則)型(形)。五行15

1112　軫　　輨

【用字】　軫、訪、㷉

【解字】

　　"㷉"字，整理者釋爲"寮"。李零先生認爲是古"熱"字，讀爲"折"。劉釗先生認爲該字从"炅"，即"慎"字古文，疑讀爲"實"。顔世鉉先生認爲是"炅"字異體，從"火"、"日"聲，讀爲"軫"，訓爲"多"。《六德》此語可與《五行》簡40"匿之爲言猶匿匿也，小而軫者也"對讀，對應之字正作"軫"。所以讀爲"軫"或爲可信，但字形解説有待於進一步研究。

【詞義】

一、湊集，多盛貌。

　　1. 少(小)而軫者，能又(有)取安(安—焉)。五行43

　　2. 少(小)而六德32 㷉(軫)多(者)也。33

二、譌寫爲"訪"。

　　1. 少(小)而訪〈訡(軫)〉者也。五行40

1113　載　　載

【用字】　軰

【詞義】

一、負荷；負載。

　　1. 亓（其）軵（載）也亡（無）至（重）女（安—焉）。尊德義 **29**

1114 軍　　軍

【用字】　匌、叀

【解字】

　　"匌"字從"勻"聲，"叀"爲"軍"字異體①。

【詞義】

一、軍隊。

　　1. 一匌（軍）之人不芻（勝）亓（其）戝（勇）。成之 **9**

　　2. 猷（猶）三叀（軍）之旅也，正也。語叢三 **2**

二、"將軍"，戰國時始爲武將名。

　　1. 是呂（以）攴（鞭—偏）酒（牆—將）老丙 **8** 匌（軍）居左，上酒（牆—將）

　　　匌（軍）居右。**9**

1115 轉　　轉

【用字】　連、逜

【詞義】

一、轉換；轉變。

　　1. 大曰鎰＝（噬—逝，逝）曰連＝（轉，轉）曰反（返）。老甲 **22**

二、轉動；旋轉。

　　1. 若兩輪之相逜（轉），而宑（終）不相敗（敗）。語叢四 **20**

1116 輟　　輟

【用字】　乇

【解字】

　　《老子》乙本簡 16" "，整理者釋爲"屯"，裘錫圭先生"按語"（120 頁
注[二七]）疑爲"乇"。李零先生指出馬王堆甲本作"絕"，乙本殘，王弼本作

---

①　劉釗：《郭店楚簡校釋》，福建人民出版社，2005 年，第 210 頁。

“輟”，今讀爲“輟”①。劉信芳先生釋爲“弋”，讀爲“忒”，意爲“代”②。張桂光先生、白於藍先生等釋爲“ㄴ”，讀爲“輟”③。

【詞義】

一、停止；廢止。

1. 孫＝(子孫)㠯(以)丌(其)祭(祭)祀不乇(輟)。老乙 **16**

1117　輪　　輪

【用字】　輪

【詞義】

一、車輪。

1. 若兩輪之相逪(轉)，而宔(終)不相敗(敗)。語叢四 **20**

1118　斬　　斬

【用字】　斬

【詞義】

一、喪服不縫衣旁和下邊。

1. 紤(疏)斬布，實(實—絰)，丈(杖)，爲父也，爲君亦肰(然)。六德 **27**

二、切斷；斷絶。

1. 門外之綱(治)宜(義)斬紉(恩)。六德 **31**

1119　輔　　輔

【用字】　尃、補、杦

【詞義】

一、輔助；佐助。

1. 是古(故)聖(聖)人能尃(輔)萬勿(物)之自肰(然)而弗老甲 **12** 能爲。**13**

---

① 李零：《郭店楚簡校讀記》，《道家文化研究》第 17 輯(郭店楚簡專號)，生活·讀書·新知三聯書店，1999 年，第 473 頁。

② 劉信芳：《荊門郭店竹簡老子解詁》，藝文印書館，1999 年，第 66 頁。

③ 張桂光：《〈郭店楚墓竹簡〉釋注續商榷》，《簡帛研究二〇〇一》，廣西師範大學出版社，2001 年，第 187—188 頁。白於藍：《郭店楚簡補釋》，《江漢考古》，2001 年第 2 期，第 55 頁。

2. 是呂（以）能補（輔）蔓（萬）勿（物）**老丙 13** 之自胗（然）而弗敓（敢）爲。**14**

3. 大（太）一生水,水反補（輔）大（太）一,是呂（以）成（城—成）天。**太一 1**

4. 天反補（輔）大（太）一,是呂（以）成（城—成）墬（地）。**太一 1**

5. 神明遆（復）相補（輔）也,是呂（以）成（城—成）佥（陰）易（陽）。**太一 2**

6. 佥（陰）易（陽）遆（復）相補（輔）也,是呂（以）成（城—成）四戠（時）。**太一 2**

7. 四戠（時）**太一 2** 遆（復）補（輔）也,是呂（以）成（城—成）倉（寒）然（熱）。**3**

8. 倉（寒）然（熱）遆（復）相補（輔）也,是呂（以）成（城—成）淫（濕）澡（燥）。**太一 3**

9. 淫（濕）澡（燥）遆（復）相補（輔）也,成（城—成）戠（歲）**太一 3** 而㞢（止）。**4**

10. 弗杸（輔）不足。**性命 48**

1120 轍　轍　古文 轍

【用字】　敠

【解字】

　　徐在國先生認爲該字从呂从丙从攴,呂、丙皆爲聲符,寫法跟"轍"字傳抄古文所从的部分近同,即"敠"字①。

【詞義】

一、車輪壓出的痕跡。

1. 句（苟）又（有）車,必見甘（箕—其）敠（敠—轍）。**緇衣 40**

2. 車敠（敠—轍）之莝（鮏）酋（鮪）,不見江沽（湖）之水。**語叢四 10**

1121 官　官

【用字】　官

---

① 徐在國:《釋楚簡"敠"及相關字》,《古文字研究》第 25 輯,中華書局,2004 年,第 347—351 頁。

【詞義】

一、官職;職位。

　　1. 大材埶(埶—設)者(諸)六德13大官,少(小)材埶(埶—設)者(諸)少
　　　(小)官。14

1122　陵　　㥄

【用字】　陰

【解字】

　　《説文》有"夌"字,曰:"越也。"

【詞義】

一、侵犯;欺侮。

　　1. 勴(則)民埶(埶—褻)陰(陵)倀(長)貴㠯(以)忘(妄)。尊德義14

1123　陰　　侌

【用字】　侌

【解字】

　　《説文》:"陰,闇也。水之南,山之北也。"又有"霒"字,曰:"雲覆日
也。"古文作"侌"。今二義皆以"陰"字表示。

【詞義】

一、古代哲學觀念,與"陽"相對。

　　1. 是㠯(以)成(城—成)侌(陰)昜(陽)。太一2
　　2. 侌(陰)昜(陽)遆(復)相補(輔)也。太一2
　　3. 四歲(時)太一4者,侌(陰)昜(陽)斋=(之所)生[也]。5
　　4. 侌(陰)昜(陽)者,神明斋=(之所)生也。太一5
　　5. 侌(陰)昜(陽)斋=(之所)不能成(城—成)。太一8

二、樹蔭。

　　1. 秱(利)木侌(陰)者,不斱(折)語叢四16元(其)枳(枝)。17

1124　陽　　昜

【用字】　昜

【詞義】

一、古代哲學概念,與"陰"相對。

　　1. 是㠯(以)成(城—成)侌(陰)昜(陽)。太一2

2. 佥（陰）昜（陽）遉（復）相楠（輔）也。太一 2

3. 佥（陰）昜（陽）斋＝（之所）生［也］。太一 5

4. 佥（陰）昜（陽）者，神明斋＝（之所）生也。太一 5

5. 佥（陰）昜（陽）斋＝（之所）不能成（城—成）。太一 8

1125 隅　　　𣆟

【用字】　禺

【詞義】

一、角落。

    1. 大方亡（無）禺（隅）。老乙 12

1126 降　　　𨽌

【用字】　降、夅

【詞義】

一、降落；降予。

    1. 天夅（降）大棠（常），吕（以）里（理）人侖（倫）。成之 31

    2. 眚（性）自龠（命）出，龠（命）性命 2 自天降。3

二、放心；放下。

    1. 猷（既）見君子，心不能降。五行 12

1127 阤　　　𨽑

【用字】　坨

【詞義】

一、崩潰。

    1. 山亡（無）陞（陞—墮）勪（則）坨（阤），咸（城）粜（無）襄（衰）勪（則）坨（阤）。語叢四 22

1128 陞（墮）　　　𨾱　　篆文 𡸯

【用字】　陞、墮

【解字】

    "陞"即《說文》"陞"字，楚文字多寫"陞"，或省作"陵"。《成之》簡 23

"墮"字,李零先生認爲該字右旁與"申"相似①。周鳳五先生釋爲"隨",讀爲"橢"②。劉釗先生讀爲"陳"③。鄧少平先生釋爲"墮",讀爲"惰",偷惰④。

【詞義】

一、待考。

　　1. 墮(墮)之穷(弇)也,訓(治)之工(功)也。**成之 23**

二、用爲"隨",參閱卷二"隨"(第 78 頁)。

三、用爲"隋",參閱卷九"隋"(第 471 頁)。

1129　附　　𨸯

【用字】　尃

【詞義】

一、親近;歸附。

　　1. 古(故)緣(肇—蠻)罜(親)尃(附)也。**忠信 8**

1130　隱　　𨼆

【用字】　㦎、㥯、忎

【解字】

　　"㦎"及從"㦎"諸字多見,整理者(111 頁、173 頁、174 頁、184 頁注[四八]、187 頁)隸定爲"叟",《老子》甲本簡 9、《六德》簡 3 讀爲"鄰",《尊德義》讀爲"吝",餘皆只作隸定而無説。除了讀爲"鄰"字的兩例外,其餘諸例皆有爭論:《窮達以時》簡 12 黃人二先生讀爲"閔",慜也,憂也⑤。河井義樹先生認爲大概是"憐"的借假字⑥。王志平先生讀爲"吝",恨也⑦。陳劍

---

①　李零:《郭店楚簡校讀記》,《道家文化研究》第 17 輯(郭店楚簡專號),生活·讀書·新知三聯書店,1999 年,第 514 頁。

②　周鳳五:《讀郭店竹簡〈成之聞之〉札記》,《古文字與古文獻》試刊號,楚文化研究會籌備處,1999 年,第 50 頁。

③　劉釗:《郭店楚簡校釋》,福建人民出版社,2005 年,第 146 頁。

④　鄧少平:《郭店〈成之聞之〉23 號簡試釋》,復旦大學出土文獻與古文字研究中心網站(http://www.guwenzi.com/SrcShow.asp?Src_ID=1019),2009 年 12 月 18 日。

⑤　黃人二:《郭店楚簡〈窮達以時〉考釋》,《古文字與古文獻》試刊號,楚文化研究會籌備處,1999 年,第 132 頁。

⑥　河井義樹:《〈窮達以時〉譯注》,大東大學郭店楚簡研究班,《郭店楚簡の研究(一)》,1999 年。

⑦　王志平:《〈窮達以時〉簡釋》,《清華簡帛研究》第 1 輯,2000 年,第 201 頁。

先生讀爲"慍",存有疑問①。《性自命出》中的例子,裘錫圭先生讀爲"矜"②。劉昕嵐先生讀爲"吝",鄙嗇貪利③。郭沂先生讀爲"懼"④。龐樸先生、李天虹先生讀爲"隱"⑤。陳偉先生讀爲"遜",審慎、不輕易之義⑥。《尊德義》之例,邱德修先生讀爲"惛"⑦。陳偉先生讀爲"閔"⑧。也有學者對"叟"及從"叟"諸字進行綜合研究,李學勤先生讀爲"隱"⑨。林素清先生除《窮達以時》讀爲"憐",餘皆讀爲"吝"⑩。陳劍先生認爲該字當用爲動詞,讀爲"閔""憫""惛""悶"等,意爲感到憂愁⑪。劉釗先生認爲上部是"鄰"字古文,即从兩個並排的城邑形,以表示相鄰之鄰,"文"爲纍加之聲符⑫。上博簡《孔子詩論》簡1有""字,整理者釋爲"離",學者有讀爲"泯""隱""吝""陵""憐""文""忞"等多種意見,此不贅述。

　　"忘"从乚从心,"隱"字異體。《說文》卷十二有"乚"字,曰:"匿也。象迟曲隱蔽形。凡乚之屬皆从乚。讀若隱。"

【詞義】

一、隱藏;隱瞞。

　　1. 世亡(無)忘(隱)直(直—德)。唐虞7

　　2. 觌(則)民少(小)㠯(以)㚟(鄰—隱)。尊德義15

　　3. 正觌(則)民不㚟(鄰—隱)。尊德義34

　　4. 愚(僞)旲(斯)㚟(鄰—隱)壴(喜—矣),㚟(鄰—隱)旲(斯)慮(慮)

---

① 陳劍:《郭店簡〈窮達以時〉〈語叢四〉的幾處簡序調整》,《國際簡帛研究通訊》第2卷第5期,2002年,第2頁。

② 裘錫圭:《糾正我在郭店〈老子〉簡釋讀中的一個錯誤——關於"絶僞棄詐"》,《郭店楚簡國際學術研討會論文集》,湖北人民出版社,2000年,第26頁。

③ 劉昕嵐:《郭店楚簡〈性自命出〉篇箋釋》,《郭店楚簡國際學術研討會論文集》,湖北人民出版社,2000年,第347頁。

④ 郭沂:《郭店楚簡與先秦學術思想》,上海教育出版社,2001年,第258頁。

⑤ 龐樸:《上博藏簡零箋》,《上博館藏戰國楚竹書研究》,上海書店出版社,2002年,第241—242頁。李天虹:《〈性命出〉"叟""惡"二字補釋》,《簡帛》第1輯,上海古籍出版社,2006年,第53—58頁。

⑥ 陳偉:《郭店竹書別釋》,湖北教育出版社,2003年,第206頁。

⑦ 邱德修:《〈上博簡〉(一)"詩亡隱志"考》,《上博館藏戰國楚竹書研究》,上海書店出版社,2002年,第292—306頁。

⑧ 陳偉:《郭店竹書別釋》,湖北教育出版社,2003年,第165頁。

⑨ 李學勤:《談〈詩論〉"詩亡隱志"章》,《文藝研究》,2002年第2期,第31—32頁。

⑩ 林素清:《釋吝——兼論楚簡的用字特徵》,《"中研院"歷史語言研究所集刊》第74本第2分,2003年,第293—305頁。

⑪ 陳劍:《郭店簡補釋三篇》,《古墓新知——紀念郭店楚簡出土十周年論文專輯》,國際炎黃文化出版社,2003年,第114—117頁。

⑫ 劉釗:《郭店楚簡校釋》,福建人民出版社,2005年,第9—10頁。

壴（喜—矣）。性命 48

5. 凡兑（悦）人勿㥯（隱）也，身必從之。性命 59

1131 陳  古文 

【用字】 迧

【解字】

《説文》："陳，宛丘，舜後嬀滿之所封。""敶，列也。"《説文》無"陣"字。"敶"在《攴部》，段注："此本敶列字，後人假借'陳'爲之，陳行而敶廢矣。亦本軍敶字。……讀若軍敶之敶是也。後人别製無理之'陣'字，陣行而敶又廢矣"。

【詞義】

一、《君陳》。古文《尚書》篇名。

1. 《君迧（陳）》鼎（員—云）：……緇衣 19

2. 《君迧（陳）》鼎（員—云）：……緇衣 39

1132 陶 

【用字】 繇、窑、舀、慆、采

【解字】

"慆"即"慆"字異體。"采"還見於《唐虞》簡 8、《忠信》簡 6，用爲"由"。

【詞義】

一、動詞。製作陶器。

1. 窑（陶）笞（拍）窮達 2 於河匠（浦）。3

二、樂；喜悦。

1. 昏（聞）訶（歌）謡（謡）鼎（勳—則）舀（陶）女（如）也斯（斯）畜（奮）。性命 24

2. 濬（濬）深膂（鬱—怫）舀（陶）。性命 31

3. 憙（憙—喜）븟（斯）慆_（慆—陶，陶）븟（斯）沓（奮）。性命 34

4. 膂（鬱—怫）舀（陶）之㗊（嘆—氣）也。性命 44

三、人名。"皋陶"，傳説虞舜時的司法官。

1. 㚖（皋）繇（陶）衣胒（枲）蓋（褐）。窮達 3

2. 咎（皋）采（陶）内用五型（刑）。唐虞 12

1133 除 

【用字】 舍、余

【詞義】

一、去掉;清除。

  1. 殺麂(瘳—戮),所吕(以)敊(敘—除)咎(怨)也。**尊德義 3**

  2. 民余(除)蠤(害)晳(智—知)**尊德義 23** 生。**六德 49**

1134　阼　　　腂

【用字】　复

【詞義】

一、古時稱大堂前東面主人迎接賓客的台階。

  1. 君黂(袀)禩(冕)而立於复(阼)。**成之 7**

1135　陣

【用字】　戧

【詞義】

一、列陣。

  1. 鳶(鴈)生而戧(陣)。

1136　四　　　四　　　古文 𦉭　　　籀文 亖

【用字】　四、亖、厶

【解字】

  《尊德義》簡 12 背"四"字寫作"𠔼",當釋爲"厶"讀爲"四"。此類寫法的"四",貨幣文字中多見,舊多釋爲"百",何琳儀先生改釋爲"厶",讀爲"四",並認爲"戰國文字'四'是在'厶'的基礎上增加兩撇筆演變而來"①。此外,清華二《系年》篇簡背數字"四"也皆寫作"厶"。

【詞義】

一、數詞。表示數目或序數。

  1. 猷(猶)唇(虖—乎)丌(其)**老甲 8** 奴(如)愚(畏)四茭(鄰)。**9**

  2. 固(囿—國)中又(有)四大女(安—焉)。**老甲 22**

  3. 是吕(以)成(城—成)四畞(時)。**太一 2**

  4. 四畞(時)**太一 2** 遉(復)補(輔)也。**3**

---

①　何琳儀:《釋四》,《文物春秋》,1993 年第 4 期,第 39—40 頁。

5. 四嵗(時)太一4者,会(陰)易(陽)齋﹦(之所)生[也]。5

6. 又(有)卉(匊—覺)惪(德)行,四方忑(順)之。緇衣 12

7. 穿(竆—窮)四海(海),至千竆達10里。11

8. 四行和胃(謂)之善。五行 4

9. 四行之所和也。五行 31

10. 亖(四)枳(肢)朕(倦)陸(陸—惰)。唐虞 26

11. 百厶(四)。尊德義 12 背

12. 四沺(海)之内,亓(其)眚(性)弋(弌—一)也。性命 9

13. 衕(道)四述(術)。性命 14

14. 所爲衕(道)者四。性命 41

15. 帰(寢)四矢(鄰)六德 3 之帝(啻)唐(虖—呼)。4

16. 若四旹(時)一逪(逝)一坕(來)。語叢四 21

1137　五　　𝕏　　古文　X

【用字】　五

【詞義】

一、數詞。表示數目或序數。

1. 隹(唯)乍(作)五瘧(瘧—虐)之莖(刑)曰懲(法)。緇衣 27

2. 白(百)里迌(遑)道(𧗲)五羊,爲敀(伯)數(牧)牛。竆達 7

3. 五行:……五行 1

4. 惪(德)之行五。五行 4

5. 五行舎(皆)型(形)于内而嵗(時)行五行 6 之。7

6. 五五行28[行之所和]也。29

7. 咎(皋)采(陶)内用五型(刑),出弋(式)兵革。唐虞 12

8. 五十而紀(治)天下。唐虞 26

9. 民,五之方各(格)。尊德義 26

10. 暜(智)穎(類)五。性命 40

1138　六　　𠔁

【用字】　六

【詞義】

一、數詞。表示數目或序數。

1. 六新(親)不和,女(安—焉)又(有)孝学(孶—慈)。老丙 3

2. 耳官(目)鼻口乎(手)足六者,心之役(役)也。五行 45

3. 六帝興於古,虗〈膚(皆)〉采(由)此也。唐虞 8

4. 是成之 39 古(故)君子訢(慎)六立(位)吕(以)巳(祀)天棠(常)。40

5. 可(何)胃(謂)六惪(德)? 六德 1

6. [此]六立(位)也。六德 8

7. 此六戠(職)也。六德 9

8. 歓(既)又(有)六德 9 夫六立(位)也,吕(以)貢(任)此[六職]也。10

9. 六戠(職)歓(既)分,吕(以)衣(裕?)六惪(德)。六德 10

10. 六惪(德)者六德 10 □

11. 六者客(各)六德 23 行亓(其)戠(職)。24

12. 人又(有)六惪(德),厽(三)新(親)不朙〈朝(斷)〉。六德 30

13. 此六者客(各)六德 35 行亓(其)戠(職)。36

14. 孚_(君子)明虗(乎)此六德 42 六者。43

15. 亓(其)罩(繹)之也六德 44 六。45

1139　七　　　𠂇

【用字】　七

【詞義】

一、數詞。表示數目或序數。

1. 行年七十而膏(膡—屠)牛於朝(潮—朝)訶(歌)。窮達 5

2. 七十而至(致)正(政)。唐虞 26

3. 七十二成之 13 背

4. 悉(愛)頪(類)七。性命 40

1140　九　　　𠃉

【用字】　九

【詞義】

一、數詞。表示數目或序數。

1. 九成(城—成)之臺(臺)甲〈乍(作)〉[於纍土]。老甲 26

1141　萬　　　𤓰

【用字】　萬、蕫、兮

【詞義】

一、極言其多。

　　1. 是古（故）聖（聖）人能尃（輔）萬勿（物）之自肰（然）而弗老甲12能

　　　　爲。13

　　2. 而萬勿（物）牁（牂—將）自愚（化）。老甲13

　　3. 萬勿（物）牁（牂—將）自定。老甲14

　　4. 萬勿（物）隻（作）而弗忽（始）也。老甲17

　　5. 萬勿（物）牁（牂—將）自賓（賓）。老甲19

　　6. 萬勿（物）方（並）夊〈复（作）〉老甲24

　　7. 是呂（以）補（輔）蘲（萬）勿（物）老丙13之自肰（然）而弗敢（敢）

　　　　爲。14

　　8. ［以己爲］太—6蘲（萬）勿（物）母。7

　　9. 呂（以）忌（己）爲蘲（萬）勿（物）經（經）。太—7

　　10. 㦸（儀）䋯（刑）文王，萬邦乍（作）孚。緇衣2

　　11. 一人又（有）慶，蘲（萬）民賰（賴）緇衣13之。14

　　12. 大明不出，夯（丐—萬）勿（物）贗（皆）訇（暗）。唐虞27

二、用爲“屬”，參閱卷九“屬”（第476頁）。

1142 禹 ‎ 古文 ‎

【用字】　壘

【詞義】

一、夏朝開國的君主，亦稱大禹、夏禹或禹。禹，姒姓，名文命。鯀的兒子。
　　因領導人民治水有功，得舜禪位，立國爲夏。

　　1. 壘（禹）立三年，百眚（姓）呂（以）息（仁）道（道）。緇衣12

　　2. 壘（禹）幻（治）水。唐虞10

　　3. 壘（禹）呂（以）人道（道）訇（治）亓（其）民。尊德義5

　　4. 傑（傑—桀）不易尊德義5壘（禹）民而句（後）嬰（亂）之。6

　　5. 壘（禹）尊德義6之行水，水之道（道）也。7

二、《大禹》。古書篇名。指《尚書·大禹謨》。

　　1. 《大壘（禹）》曰：……成之33

1143 獸 ‎

【用字】　獸

【詞義】

一、野獸。

 1. 攫鳥猷（猛）獸（獸）弗扣。老甲 33

二、用爲"守"，參閱卷七"守"（第 388 頁）。

1144 亂　　𤲞

【用字】　叟、嬰、変、嬰

【解字】

《老子》丙本簡 3 字殘作▦，裘錫圭先生"按語"（112 頁注［六］）認爲該字與《老子》甲本簡 26 之字形合，今暫從之。《老子》甲本簡 26"叟"字所從"幺"形左右兩邊各有一豎筆，或爲《成之》簡 32"変"字之省，該字與《老子》丙本簡 3 殘字皆爲"亂"字（省略了上部的"手"形），用爲"亂"。楚文字"亂"或作"嬰"，理論上"叟"也存在此類形體省寫的可能。《唐虞》簡 28"亂"字原作▧，所從"幺"形上部頗疑爲"爪"形之訛，若如是，則該字或當隸定爲"嬰"。

楚文字"亂"較爲完整的形體寫作"嬰"，從"㗊"從"亂"，與"亂"字有別。《説文》："亂，治也。"傳抄古文"亂"字或寫作"嬰"，此即"亂"字；《説文》"絲"古文作"嬰"，當是借"亂"爲之（"亂"字傳抄古文也有從"絲"之形）。"亂"會兩手治絲之意，絲綫在未治之前是亂的，故亦可表示｛亂｝，屬於"一形多用／一字多讀"現象。後來爲了區別｛亂｝和｛亂｝，遂在"亂"字基礎上增加了"㗊"旁寫作"嬰"。這種情況就如同"桑"字，增加"口"（甲骨文多從三"口"形，金文多從四"口"形爲"㗊"）旁表示｛喪｝，以示二者區別。"亂""嬰"在楚文字中常可省略上面的"手"形，前者可寫作"変"（《成之聞之》簡 32），後者寫作"嬰"。

【詞義】

一、動蕩；不安定。

 1. 紃（治）之於亓（其）未叟（亂—亂）。老甲 26

 2. 邦豪（家）緍（昏）叟（亂—亂）。老丙 3

 3. 嬰（亂）之至，洂（滅）▪攼（臤—賢）。唐虞 28

 4. 非侖（倫）而民備（服）殊（御），此嬰（亂）矣。尊德義 25

二、擾亂。

 1. 是古（故）尖₌（少人—小人）変（亂—亂）天棠（常）㠯（以）逆大道（道）。成之 32

三、使……亂;使不太平、不安定。

1. 傑(傑—桀)吕(以)人道(道)嬰(亂)亓(其)民。尊德義 5

2. 傑(傑—桀)不易尊德義 5 墨(禹)民而句(後)嬰(亂)之。6

四、叛亂。

1. 傑(傑—桀)不胃(謂)丌(其)民必嬰(亂),而民又(有)尊德義 22 爲嬰(亂)矣。23

1145 丁 

【用字】 丁

【詞義】

一、人名。“武丁”,商代國王名,後世稱爲高宗。

1. 㝅(斁—釋)板(版)筥(築)而砉(差—佐)天子,堣(堣—遇)武丁也。窮達 4

1146 成  古文 

【用字】 成、城、威

【解字】

“威”即“城”字,楚文字“城”字主要有从“土”和从“壬”兩種寫法(詳參卷十三“城”字),在簡文中多用爲{成}。

【詞義】

一、完成;實現。

1. 威(城—成)而弗居。老甲 17

2. 又(有)䚻(狀)蟲(蚰—混)威(城—成)。老甲 21

3. 大器曼威(城—成)。老乙 12

4. 威(城—成)事述(遂)社(功)。老丙 2

5. 人之敗(敗)也,亙(亙—恆)於丌(其)𧩿(且)威(城—成)也敗(敗)之。老丙 12

6. 雀(削)威(城—成)者吕(以)冃(嗌—益)生者。太一 9

7. 古(故)事威(城—成)而身長。太一 11

8. 古(故)社(功)城(成)而身不剔(傷)。太一 12

9. 正(政)之不行,季(教)之不威(城—成)也。緇衣 27

10. 古(故)君子賜(顧)言而緇衣 34 行,吕(以)成其訐(信)。35

11. 句(苟)又(有)行,必見甘(箕—其)威(城—成)。緇衣 40

12. 惪(德)弗五行 7 之(志)不成(城—成)。8

13. 羣(群)勿(物)殸(皆)成,而百善虗(皆)立。忠信 7

14. 是呂(以)孚₌(君子)貴成之 30 成(城—成)之。1

15. 士成(城—成)言不行,明(名)弗昊(得)怠(疑—矣)。成之 13

16. 天型成(城—成),人异(與)勿(物)斯(斯)里(理)。語叢三 17

17. 燹(治)者語叢三 28 至亡(無)閔(間—間)勴(則)城(成)明(名)。29

18. 勿(物)不葡(備),不城(成)悬(仁)。語叢三 39

二、成就;成績。

1. 大成(城—成)若老乙 13 夬(缺)。14

2. 身(允)也君子,廛(展)也大成(城—成)。緇衣 36

3. 君子寁(集)大成(城—成)。五行 42

4. 君上卿(享)成(城—成)不唯杏(本)。成之 12

三、變成;成爲。

1. 是呂(以)成(城—成)天。太一 1

2. 是呂(以)成(城—成)埅(地)。太一 1

3. 是呂(以)成(城—成)神明。太一 2

4. 是呂(以)成(城—成)侌(陰)昜(陽)。太一 2

5. 是呂(以)成(城—成)四戠(時)。太一 2

6. 是呂(以)成(城—成)倉(寒)然(熱)。太一 3

7. 是呂(以)成(城—成)淫(濕)澡(燥)。太一 3

8. 成(城—成)戠(歲)太一 3 而坓(止)。4

四、重;疊。

1. 九成(城—成)之臺(臺)甲〈乍(作)〉[於絫土]。老甲 26

五、生成;形成。

1. 戁(戁—難)惕(惕—易)之相城(成)也。老甲 16

2. 侌(陰)昜(陽)斋₌(之所)不能成(城—成)。太一 8

六、國政;政務。

1. 隹(誰)秉彧(國)成(城—成)。緇衣 9

七、人名。

(一)成孫弋。

1. 成(城—成)孫(孫)弋見。魯穆公 2

2. 成(城—成)孫(孫)弋曰:……魯穆公 4

(二)成王。周成王,姓姬名誦,武王之子。

1. 成(城—成)王之孚,下土之弋(式)。緇衣 13

八、用爲"城",參閱卷十三"城"（第 697 頁）。

1147 己　㠱　古文 正

【用字】　己、弓、异、忌、丌

【解字】

　　《尊德義》簡 5"㠱（异）"字,整理者(173 頁)讀爲"己"。陳斯鵬先生認爲"學己"是使動句式,意即"使己學（覺悟）"①。陳偉先生讀爲"其"②。劉釗先生讀爲"己"③。

【詞義】

一、自己。

1. 弓（以）忌（己）爲蟲（萬）勿（物）經（經）。太一7

2. 鼎（勑一則）民至（致）行异（㠱一己）弓（以）敓（悦）上。緇衣11

3. 善怀（否）,弓（己）也。窮達14

4. 古（故）君子憛（惇）於忌（反）弓（己）。窮達15

5. 古之甬（用）民者,求之於弓（己）爲死（亙一亟）。成之1

6. 是古（故）君子之求者（諸）弓（己）也深。成之10

7. 戠（察）反者（諸）弓（己）而可弓（以）成之19 暜（智一知）人。20

8. 是古（故）谷（欲）人之忢（愛）弓（己）也,勑（則）必先忢（愛）人。成之20

9. 谷（欲）人之敬弓（己）也,勑（則）必先敬人。成之20

10. 害（蓋）成之37 言新（慎）求之於弓（己）。38

11. 學（學）非改（改）侖（倫）也,學（學）异（㠱一己）也。尊德義5

12. 戠（察）者（諸）出所弓（以）暜＝尊德義8 弓＝（智己一知己,知己）所弓（以）暜（智一知）人。9

13. 又（有）暜（智一知）弓（己）而不暜（智一知）龠（命）者,亡（無）暜（智一知）龠（命）而不暜（智一知）弓（己）者。尊德義10

14. 快於弓（己）者之胃（謂）兌（悦）。性命12

15. 昏（聞）道（道）反弓（己）,攸（修）身者也。性命56

16. 暜（智一知）忌（己）而句（後）暜（智一知）人。語叢一26

17. 敎＝（學,學）丌（己）也。語叢一61

①　陳斯鵬:《郭店楚墓竹簡考釋補正》,《華學》第 4 輯,紫禁城出版社,2000 年,第 81—82 頁。

②　陳偉:《郭店竹書別釋》,湖北教育出版社,2003 年,第 154 頁。

③　劉釗:《郭店楚簡校釋》,福建人民出版社,2005 年,第 126 頁。

18. 而_{語叢一} **71** 亡(無)非㠯(己)取之者。**72**

19. 不_{語叢三} **4** 我(義)而和(加)者(諸)己,弗叟(受)也。**5**

20. 遉(往)言剔(傷)人,埜(來)言剔(傷)㠯(己)。_{語叢四} **2**

21. 亞(惡)言退(復)己而死粜(無)日。_{語叢四} **4**

1148　辭　　辭　　籀文 辭

【用字】　釛

【詞義】

一、推辭;辭謝。

1. 不釛(辭)亓(其)所能。_{緇衣} **7**

1149　辯　　辯

【用字】　諓、攴

【詞義】

一、明晰;清楚。

1. 審(中)心_{五行} **33** 諓(辯)肰(然)而正行之,桌(植—直)也。**34**

二、巧言;善言辭。

1. 耆(教)_{尊德義} **13** 㠯(以)攴(鞭—辯)兑(説),勭(則)民蛪(埶—褻)隌(陵)㠰(長)貴㠯(以)忘(妄)。**14**

1150　子　　子　　古文 子　　籀文 子

【用字】　子、孫("子孫"合文)、孚("君子"合文)

【詞義】

一、兒女。後來專指兒子。

1. 古(故)亓(其)爲宧(瞽)寞(瞍)子也,甚孝。_{唐虞} **24**

2. 斮(折—制)爲君臣之義,者(著)爲父子之新(親)。_{成之} **31**

3. 新(親)父子,和大臣。_{六德} **3**

4. 貢(任)者(諸)子弟。_{六德} **13**

5. 畜我女(如)亓(其)_{六德} **15** 子弟。**16**

6. 子也者,會(會)墇(埻—最)長材_{六德} **21** 㠯(以)事上。**22**

7. 㥝(仁)者,子惪(德)也。_{六德} **23**

8. 古(故)夫_(夫夫)、婦_(婦婦)、父_(父父)、子_(子子)、君_(君

君）、臣﹍（臣臣）。六德 23

9. 内立（位），父、子、六德 26 夫也。27

10. 父子新（親）生言（焉）。六德 34

11. 父聖（聖），子慇（仁）。六德 34

12. 古（故）夫﹍（夫夫）、婦﹍（婦婦）、父﹍（父父）、子﹍（子子）、君﹍（君君）、臣﹍（臣臣）。六德 35

13. 父不父，子不子。六德 38

14. 父子不新（親）。六德 39

15. 父子不新（親）。六德 39

16. 生民斯（斯）必又（有）夫婦、父子、君臣。六德 42

17. 父子，至上下也。語叢一 69

18. 父孝子慇（慇—愛），非又（有）爲也。語叢三 8

二、動詞。盡兒女之道，善事父母。

1. 古（故）夫﹍（夫夫）、婦﹍（婦婦）、父﹍（父父）、子﹍（子子）、君﹍（君君）、臣﹍（臣臣）。六德 23

2. 古（故）夫﹍（夫夫）、婦﹍（婦婦）、父﹍（父父）、子﹍（子子）、君﹍（君君）、臣﹍（臣臣）。六德 35

3. 父不父，子不子。六德 37

三、慈愛，像對子女一樣地愛護。

1. 羕（養）心於子佷（良）。尊德義 21

2. 民，悉（愛）勶（則）子也。尊德義 26

3. 子生於眚（性），易生於子。語叢二 23

四、嬰兒；小孩。

1. 民复（復）季子。老甲 1

2. 酓（含）悳（德）之靠（厚）者，比於赤子。老甲 33

五、子孫。兒子和孫子，也泛指後代。

1. 孙﹍（子孫）目（以）丌（其）祭（祭）祀不乇（輟）。老乙 16

六、天子。古以君權爲神授，故稱帝王爲天子。

1. 立而爲天子。窮達 3

2. 夐（夐—釋）板（版）管（築）而碐（差—佐）天子。窮達 4

3. 醫（舉）而爲天子市（師）。窮達 5

4. 天子罩（親）齒。唐虞 5

5. 古者埜（堯）生於天子而又（有）天下。唐虞 14

6. 升爲天子而不鴌（喬—驕）。唐虞 16

7. 升爲天子而不鬻(喬─驕)。唐虞 17

七、君子。對統治者和貴族男子的通稱,或泛指才德出眾的人。

1. 君子居鄦(則)貴左。老丙 6

2. 君子暂(智─知)此之胃(謂)□太一 8

3. 叟(淑)人君子,亓(其)義(儀)不繼衣 4 弋(忒)。5

4. 可言繼衣 30 不可行,君子弗言。31

5. 可行不可言,君子弗行。繼衣 31

6. 君子道(道─導)人吕(以)言。繼衣 32

7. 古(故)君子賜(顧)言而繼衣 34 行。35

8. 身(允)也君子,廛(展)也大成(城─成)。繼衣 36

9. 君子言又(有)勿(物)。繼衣 37

10. 古(故)君子多睹(聞),齊而獸(獸─守)之。繼衣 38

11. 叟(淑)人君子,甘(箕─其)義(儀)戈(弍──一)也。繼衣 39

12. 君子不自審(留)女〈女(安─焉)〉。繼衣 41

13. 售(唯)君子能好甘(箕─其)駁(匹)。繼衣 42

14. 古(故)君子之眷(友)也繼衣 42 又(有)苷(嚮)。43

15. 君子好戟(仇)。繼衣 43

16. 古(故)君子懌(惇)於忌(反)吕(己)。窮達 15

17. 君子亡(無)审(中)心之悥(憂)鄦(則)亡(無)审(中)心之暂(智)。五行 5

18. 士又(有)志於君子道(道)胃(謂)之戠(時─志)士。五行 7

19. 未見君子,悥(憂)心五行 9 不能惄₌(惄惄)。10

20. 歔(既)見君子,心不能兌(悅)。五行 10

21. 未見君子,悥(憂)心不能忠₌(忡忡─忡忡)。五行 12

22. 歔(既)見君子,心不能降。五行 12

23. 聰(聰)鄦(則)聖₌君₌子₌道₌(聞君子道,聞君子道)鼎(鄦─則)玉音。五行 15

24. 叟(淑)人君子,亓(其)義(儀)罷(一)也。五行 16

25. 能爲罷(一),肰(然)句(後)能爲君子。五行 16

26. 君子誩(慎)亓(其)五行 17[獨也]。18

27. [君]子之爲善也。五行 18

28. 君子之爲悳(德)也。五行 18

29. 未尚(嘗)五行 22 聖(聞)君子道(道)。23

30. 聖(聞)君子道(道)而不暂(智─知)五行 23 亓(其)君子道(道)

也。24

31. 聲(聞)君子道(道),聰(聰)也。五行 26

32. 君子寡(集)大成(城—成)。五行 42

33. 能進之爲君子。五行 42

34. 疕膚_(膚膚)達者(諸)君子道(道)。五行 43

35. 君五行 43 子晢(智—知)而與(舉)之。44

36. 孚(君子)女(如)此。忠信 3

37. 孚(君子)弗言尒(爾)。忠信 5

38. 孚(君子)弗申尒(爾)。忠信 6

39. 孚(君子)弗采(由)也。忠信 6

40. 孚(君子)亓(其)它(施)也忠信 7 忠。8

41. 古(故)孚_(君子)之立(涖)民也。成之 3

42. 君子之於香(教)也。成之 4

43. 畣(昔)者君子有言曰:"戰與型(刑)人,君子之述(墜)惪(德)也。"
成之 6

44. 是古(故)君子之求者(諸)吕(己)也深。成之 10

45. 是古(故)孚_(君子)成之 13 之於言也。14

46. 古(故)孚_(君子)不貴復(徠—庶)勿(物)而貴與成之 16 民又(有)
同也。17

47. 古(故)君子所逻(復)之不多,所求之不逯〈遠〉。成之 19

48. 君子曰:……成之 22

49. 孚_(君子)曰:……成之 29

50. 是昌(以)孚_(君子)貴成之 30 咸(城—成)之。1

51. 是君子之於言也。成之 11

52. 君子訇(治)人侖(倫)昌(以)川(順)成之 32 天惪(德)。33

53. 孚_(君子)籔(衽)筶(席)之上,叚(讓)而爰(受)學(幽)。成之 34

54. 君子不綆(逞)人於豊(禮)。成之 35

55. 君子曰:……成之 36

56. 是古(故)成之 33 唯君子道(道)可近求而可遠逗也。37

57. 畣(昔)者孚_(君子)有言曰:……成之 37

58. 是成之 39 古(故)君子斳(慎)六立(位)昌(以)巳(祀)天棠(常)。40

59. 是昌(以)君子人道(道)之取先。尊德義 8

60. 莖(刑)不隶(逮)於君子。尊德義 31

61. 孚_(君子)婈(媄—美)亓(其)青(青—情)。性命 20

62. 孚_(君子)鞎(執)志必又(有)夫坒_(往往—廣廣)之心。**性命 65**

63. 孚_(君子)身㠯(以)爲宝(主)心。**性命 67**

64. 君子不卞(偏)女(如)衍(道)。**六德 5**

65. 君子女(如)谷(欲)求人衍(道)。**六德 6**

66. 君子言,訐(信)言尒(爾)言,煬言尒(爾)鼓(語)。**六德 36**

67. 孚_(君子)不帝(啻)明虘(乎)民散(微)而巳(已)。**六德 38**

68. 君子於此戈(弍——)歔(偏)者亡(無)所墻(法—廢)。**六德 40**

69. 孚_(君子)明虘(乎)此**六德 42**六者。**43**

70. 凡君子所㠯(以)立身大墻(法)厽(三)。**六德 44**

71. 君子所生牙(與)之立。**六德 46**

72. 不暜(智—知)亓(其)㕥(鄉)之厼=(少人—小人)、君子。**語叢四 11**

八、古人對自己老師或對請教的對方的稱呼。專指孔子。

1. 夫子曰:……**緇衣 1**

2. 子曰:……**緇衣 2**

3. 子曰:……**緇衣 3**

4. 子曰:……**緇衣 5**

5. 子曰:……**緇衣 8**

6. 子曰:……**緇衣 10**

7. 子曰:……**緇衣 12**

8. 子曰:……**緇衣 14**

9. 子曰:……**緇衣 16**

10. 子曰:……**緇衣 17**

11. 子曰:……**緇衣 19**

12. 子曰:……**緇衣 23**

13. 子曰:……**緇衣 27**

14. 子曰:……**緇衣 29**

15. 子曰:……**緇衣 30**

16. 子曰:……**緇衣 32**

17. 子曰:……**緇衣 34**

18. 子曰:……**緇衣 37**

19. 子曰:……**緇衣 40**

20. 子曰:……**緇衣 41**

21. 子曰:……**緇衣 42**

22. 子曰:……**緇衣 43**

23. 子曰：……**緇衣 45**

九、子思。人名。孔伋,字子思,孔子的嫡孫,孔子之子孔鯉的兒子。

　　1. 魯(魯)穆公昏(問)於子思曰：……**魯穆公 1**

　　2. 子思曰：……**魯穆公 1**

　　3. 古(嚮)者虐(吾)昏(問)忠臣於子＝思＝(子思,子思)曰：……**魯穆公 3**

　　4. 非**魯穆公 7** 子思,虐(吾)亞(惡)昏(聞)之矣。**8**

十、子胥。人名。即伍子胥,名員,字子胥,楚國人,春秋末期吳國大夫、軍事家。

　　1. 子疋(胥)寿(前)多红(功),逡(後)翏(戮)死。**窮達 9**

1151 字　　𡥀

【用字】　㝵、绎

【詞義】

一、人的表字。

　　1. 道(道)亦丌(其)㝵(字)也。**太一 10**

　　2. 天陛(地)明(名)㝵(字)竝＝(並立)。**太一 12**

二、給人取表字。

　　1. 绎(字)之曰道(道)。**老甲 21**

三、用爲"免",參閱卷八"免"(第 426 頁)。

1152 季　　𥝢

【用字】　季

【解字】

　　郭店《老子》甲本簡 1"季子",傳世本《老子》作"孝慈",帛書《老子》甲本作"畜兹",乙本作"孝兹"。整理者(111 頁)從今本讀作"孝慈"。丁原植先生認爲"季"爲"孝"字之誤,"子"與"慈"音近假借①。季旭昇先生認爲"季子"可照原文讀,《説文》:"季,少偁也。从子稚省,稚亦聲。"《老子》常以"嬰兒"比喻原始渾樸的善德,今本第十章:"專氣致柔,能嬰兒乎?"二十章:"我獨泊分其未兆,如嬰兒之未孩。"《郭店》本章的"季子",猶言"嬰

---

①　丁原植:《郭店竹簡〈老子〉釋析與研究(增修版)》,萬卷樓圖書有限公司,1999 年,第 10 頁。

兒",也是指道德純樸的本質①。崔仁義先生認爲"季子"據傳世本、帛書本當訓爲"孝慈",但傳世本、帛書本是對仁義而言,而竹簡本《老子》則是對"愚(爲)慮"而言。所以,"季子"應指小兒的精神狀態,與"比於赤子"相應。《玉篇·子部》:"季,小稱。"②劉信芳先生亦讀爲"季子"③。廖名春先生讀如本字,"季子"就指小子、稚子,與"赤子"義同④。劉釗先生認爲"季子"即"稚子",猶言"嬰兒"⑤。

【詞義】

一、季子。嬰兒。

　　1. 民复(復)季子。老甲 1

1153 存　　𥝩

【用字】　鴈、才

【詞義】

一、存在;生存。與"亡"相對應。

　　1. 是古(故)亡虗(乎)丌(其)身而成之 4 鴈(存)虗(唬—乎)丌(其)訇(詞),售(唯—雖)曩(厚)丌(其)龠(命),民弗從之㤅(疑—矣)。5

　　2. 者(諸)戻(矦—侯)之門,義士語叢四 8 之所鴈(存)。9

二、存恤;撫恤。

　　1. 丌(其)所才(存)者内(入)㤅(疑—矣)。成之 3

　　2. 丌(其)鴈(存)也不曩(厚),成之 9 丌(其)重也弗多㤅(疑—矣)。10

　　3. 君臣不相才(存)也。語叢三 3

三、存養。

　　1. 才(存)心,㝵(嗌—益)。語叢三 15

1154 疑　　𥎊

【用字】　毕、慇、㤅、㥻、矣、㤅

①　季旭昇:《讀郭店楚墓竹簡札記:卜、絕爲棄作、民復季子》,《中國文字》新 24 期,藝文印書館,1998 年,第 133—134 頁。

②　崔仁義:《荊門郭店楚簡〈老子〉研究》,科學出版社,1998 年,第 62 頁注(227)。

③　劉信芳:《荊門郭店竹簡老子解詁》,藝文印書館,1999 年,第 2 頁。

④　廖名春:《郭店楚簡老子校釋》,清華大學出版社,2003 年,第 12 頁。

⑤　劉釗:《郭店楚簡校釋》,福建人民出版社,2005 年,第 5 頁。

【解字】

“疑”字本象人持杖徘徊猶豫的樣子（或从彳、辵作），戰國文字中杖形訛爲“匕”，如《語叢三》簡62“⿰矣匕”，簡文中用爲“矣”；又有進一步增加“心”旁以表意，寫作“⿱⿰矣匕心”，如《語叢二》簡37；《語叢二》簡36“⿱⿰矣匕心”字寫法特殊，“匕”中的撇筆與人撇筆共用筆畫。“疑”字也有省略杖形寫作“⿱厶天”，如《語叢二》簡50，簡文中用爲“矣”；也有進一步增加“心”旁以表意，寫作“⿱⿱厶天心”，如《語叢二》簡49。楚文字中常見“⿱矣心”字，即“疑”字異體，在郭店簡中，“⿱矣心”字多用爲{矣}，集中出現於《成之聞之》篇，還可用爲{嘻}等。

【詞義】

一、猜忌；猜疑。

1. 鼎（⿰鼎力—則）君不⿱矣心（疑）亓（其）臣=（臣，臣）不惑於君。**緇衣4**
2. 上人⿱矣心（疑）鼎（⿰鼎力—則）百眚（姓）賊（惑）。**緇衣5**
3. 此㠯（以）偠（邇）者不賊（惑）而遠者不⿱矣心（疑）。**緇衣43**
4. ⿱⿰矣匕心（疑）生於休（弱），**語叢二36** 北生於⿱⿰矣匕心（疑）。**37**

二、疑惑；不明白。

1. 𦘒（盡）之而⿱矣心（疑）。**語叢四15**

三、猶豫；不果斷。

1. 丌（其）⿱矣心（疑）也弗桂（枉—往）⿱矣心（疑—矣）。**成之21**

四、懷疑。

1. 可學也而不可⿱厶天（疑）也。**尊德義19**
2. ⿱⿱厶天心（疑）取再。**語叢二49**

1155 疏 

【用字】 疋、綖

【詞義】

一、粗糙。

1. 綖（疏）斬布，實（實—絰），丈（杖），爲父也，爲君亦肰（然）。**六德27**
2. 綖（疏）衰**六德27**齊，戊（牡）林（麻）實（實—絰），爲昆弟也，爲妻亦肰（然）。**28**

二、疏遠；不親近。

1. 古（故）不可旻（得）天〈而〉新（親），亦不可旻（得）而疋（疏）。**老甲28**
2. 心疋（疏）[而貌]**忠信5** 罜（親），⿱君子（君子）弗申尒（爾）。**6**

1156　審

【解字】

　　該字張光裕先生隸定爲"審"。李零先生認爲从寅从口,讀爲"寅",敬也;又疑讀爲"偃"①。周鳳五先生認爲上半从"夾",指破敗、朽敗②。陳偉先生釋爲"寅",下"日"爲增衍的部分③。劉信芳先生隸定爲"曐",讀爲"朽"④。郭沂先生釋爲"寅",引也⑤。李學勤先生疑爲"富"字誤寫,讀爲"逼",意思是近,指時間過於短暫⑥。劉釗先生讀爲"陳",陳舊⑦。單育辰先生隸定爲"審",讀爲"貴"⑧。該字下从"甘",當隸定爲"審"。

【詞義】

一、待考。

　　1. 害(蓋)言審之也。成之30

1157　辱　　　𨑊

【用字】　𨑊、𨑊

【解字】

　　"𨑊"字,何有祖、徐少華先生讀爲"振"或"震"⑨;陳偉先生認爲"𨑊"爲"辱"字譌寫⑩。今按:𨑊、𨑊皆爲"辱"字異體。甲骨文"辱"字从辰从又,"辰"爲農具,全字象手持農具,除草開荒,爲"耨"之初文。上博簡、清華簡"辱"字屢見,皆从辰从又。郭店簡與此不同,在辰和又之間增加了"口"或

① 李零:《郭店楚簡校讀記》,《道家文化研究》第17輯(郭店楚簡專號),生活·讀書·新知三聯書店,1999年,第515頁;《郭店楚簡校讀記(增訂本)》,北京大學出版社,2002年,第124、127頁。

② 周鳳五:《讀郭店竹簡〈成之聞之〉札記》,《古文字與古文獻》試刊號,楚文化研究會籌備處,1999年,第53頁。

③ 陳偉:《郭店楚簡〈六德〉諸篇零釋》,《武漢大學學報》,1999年第5期,第30頁。

④ 劉信芳:《郭店竹簡文字考釋拾遺》,《江漢考古》,2000年第1期,第43頁。

⑤ 郭沂:《郭店竹簡與先秦學術思想》,上海教育出版社,2001年,第214頁。

⑥ 李學勤:《郭店簡〈君子貴誠之〉試解》,《中國歷史文物》,2002年第1期,第32頁。

⑦ 劉釗:《郭店楚簡校釋》,福建人民出版社,2005年,第144頁。

⑧ 單育辰:《楚地出土戰國簡帛與傳世文獻對讀之研究》,中華書局,2014年,第108—109頁。

⑨ 何有祖:《讀〈上博六〉札記》,簡帛網(http://www.bsm.org.cn/show_article.php?id=596),2007年7月9日。徐少華:《上博簡〈申公臣靈王〉及〈平王與王子木〉兩篇疏正》,《古文字研究》第27輯,中華書局,2008年,第478—484頁。

⑩ 陳偉:《讀〈上博六〉條記》,簡帛網(http://www.bsm.org.cn/show_article.php?id=597),2007年7月9日。

"日"旁。

【詞義】

一、恥辱。

　　1. 慰(寵)憂(辱)若纓(嬰—榮)。老乙 5

　　2. 可(何)胃(謂)慰(寵)老乙 5 憂(辱)？6

　　3. 是胃(謂)慰(寵)憂(辱)纓(嬰—榮)。老乙 6

二、受辱。

　　1. 古(故)替(智—知)足不憂(辱)。老甲 36

三、污濁。

　　1. 大白女(如)憂(辱)。老乙 11

1158 已

【用字】　已

【詞義】

一、句末語氣詞。

　　1. 善者果而巳(已)，不目(以)取㹂(強)。老甲 7

　　2. 天下皆(皆)替(智—知)娧(美)之爲散(媺—美)也，亞(惡)巳(已)。老甲 15

　　3. 皆(皆)替(智—知)善，此亓(其)不善巳(已)。老甲 15

　　4. 釕(治)民非遳(還—懷)生而巳(已)也。尊德義 25

　　5. 亓(其)厽(三)述(術)者，術(道)之而巳(已)。性命 15

　　6. 孚_(君子)不帝(啻)明虘(乎)民散(微)而巳(已)。六德 38

　　7. 至(致)而語叢四 27 下亡(無)及也巳(已)。27 背上

二、止；停止。

　　1. 朱(持)而涅(浧—盈)老甲 37 之，不{不}若巳(已)。38

　　2. 亓(其)斿(勝)也不若亓(其)巳(已)也。成之 36

　　3. 君臣不相才(存)也，語叢三 3 勴(則)可巳(已)。4

三、完成；完畢。

　　1. 巳(已)鼎(勴—則)勿遉(復)言也。性命 61

四、廢棄。

　　1. 凡愁(謀)，巳(已)衛(道)者也。語叢二 38

五、"不得已"，無可奈何；不能不如此。

　　1. [不]老丙 6 旻(得)巳(已)而甬(用)之。7

六、副詞。表示動作、變化達到的程度,相當於"已經"。

　　1. 鼎(觮—則)忠敬不足而賈(富)貴巳(已)迖(過)也。繻衣 20

1159 呂　　呂

【用字】　呂、台

【解字】

　　"呂"即"以"字。

【詞義】

一、用;使用。

　　1. 鼎(觮—則)大臣不台(以)而撥(執—褻)臣恐(託)也。繻衣 21

　　2. 肰(然)句(後)遼(復)呂(以)耆(教)。性命 18

　　3. 句(苟)呂(以)亓(其)耆(青—情)。性命 50

　　4. 不呂(以)亓(其)耆(青—情),售(唯—雖)難不貴。性命 50

　　5. 害(蓋)亡(無)不呂(以)也。六德 33

二、使;令。

　　1. 竺(孰)能濕(濁)呂(以)束(靜)老甲 9 者。10

　　2. 竺(孰)能庀呂(以)迚(動)者。老甲 10

三、爲;做;從事。

　　1. 百眚(姓)呂(以)惪(仁)道(道)。繻衣 12

　　2. 上不呂(以)亓(其)道(道),民之從之也難。成之 15

　　3. 人之不能呂(以)爲也,性命 37 可暂(智—知)也。38

四、原因;緣故。

　　1. 又(有)呂(以)習(習)亓(其)耆(性)也。性命 14

　　2. 暂(智—知)亓(其)呂(以)又(有)所逞(歸)也。六德 11

五、可以;能夠。

　　1. 或(又)呂(以)暂(智—知)六德 38 其弍(弍——一)豆(喜—矣)。39

　　2. 少(小)者,呂(以)攸(修)亓(其)身。六德 47

六、介詞。

（一）表示對事物的處置,相當於"用""拿""把"。

　　1. 三言呂(以)老甲 1 爲叟(使)不足。2

　　2. 呂(以)身遼(後)之。老甲 3

　　3. 呂(以)老甲 3 言下之。4

　　4. 呂(以)衕(道)睿(差—佐)人宝(主)者,不谷(欲)呂(以)兵弪(強)

老甲6於天下。7

5. 善者果而已(已),不㠯(以)取弝(強)。老甲7
6. 牆(牆—將)貞(貞—鎮)之㠯(以)亡(無)明(名)之蔓(䉼—僕—樸)。老甲13
7. 㠯(以)正之邦,㠯(以)敧(奇)甬(用)兵,㠯(以)亡(無)事老甲29取(取)天下。30
8. 炁(愛)㠯(以)身爲天下。老乙8
9. 㠯(以)苷(鄉)貍(觀)苷(鄉),㠯(以)邦貍(觀)邦,㠯(以)天下貍(觀)天下。老乙18
10. 㠯(以)忌(己)爲蔓(萬)勿(物)經(經)。太一7
11. 㠯(以)太一10道(道)從事者必㡯(託)丌(其)明(名)。11
12. 民㠯(以)君爲心,君㠯(以)民爲體。緇衣8
13. 香(教)之緇衣23㠯(以)悳(德),齊之㠯(以)豊(禮)。24
14. 香(教)之㠯(以)正(政),齊之㠯(以)荎(刑)。緇衣24
15. 古(故)孳(孳—慈)㠯(以)炁(愛)之。緇衣25
16. 訐(信)㠯(以)結之。緇衣25
17. 共(恭)㠯(以)位(涖)之。緇衣25
18. 君子道(道—導)人㠯(以)言,而䢔(亟—極)㠯(以)行。緇衣32
19. 巺(攝)㠯(以)愄(畏—威)義(儀)。緇衣45
20. 㠯(以)亓(其)审(中)心與人交,兑(悦)也。五行32
21. 㠯(以)亓(其)外心與人交,遠(遠)也。五行36
22. 不㠯(以)匹夫爲唐虞18坙(巠—輕)。19
23. 不㠯(以)天下爲重。唐虞19
24. 能㠯(以)天下徸(禪—禪)歖(欸—矣)。唐虞22
25. 墨(禹)㠯(以)人道(道)訂(治)亓(其)民,傑(傑—桀)㠯(以)人道(道)嬰(亂)亓(其)民。尊德義5
26. 香(教)㠯(以)豊(禮),鼎(則)民果㠯(以)坙(巠—勁)。尊德義13
27. 香(教)㠯(以)樂(樂),鼎(則)民刑(淑)悳(德)清(清)酒。尊德義13
28. 香(教)尊德義13㠯(以)支(鞭—辯)兑(説),鼎(則)民埶(埶—褻)陵(陵)倀(長)貴㠯(以)忘(妄)。14
29. 香(教)㠯(以)埶(埶—藝),鼎(則)民埜(野)㠯(以)静(静—爭)。尊德義14
30. 香(教)㠯(以)只(技),尊德義14鼎(則)民少(小)㠯(以)笑(鄰—

隱）。**15**

31. 旮（教）昌（以）言，勬（則）民話（訏）昌（以）募（寡）訐（信）。**尊德義 15**

32. 旮（教）昌（以）事，勬（則）民力䊸（穑）昌（以）面（湎）秒（利）。**尊德義 15**

33. 旮（教）昌（以）䜌（懂—權）愳（謀），勬（則）民瀞（淫）悃遠豊（禮）亡（無）新（親）愳（仁）。**尊德義 16**

34. 先_（先之）昌（以）惪（德），勬（則）民進善女（安—焉）。**尊德義 16**

35. 爲邦而不昌（以）豊（禮）。**尊德義 24**

36. 不女（如）昌（以）樊（樂）之遬（速）也。**性命 36**

37. 孛_（君子）身昌（以）爲宔（主）心。**性命 67**

38. 昌（以）宜（義）叟（使）人多（者）。**六德 15**

39. 昌（以）忠（忠）叟（事）人多（者）。**六德 17**

40. 昌（以）智（智）衛（衛—率）人多（者）。**六德 18**

41. 昌（以）訐（信）從人多（者）也。**六德 20**

42. 昌（以）青（青—情）行之者。**語叢三 44**

43. 臤（賢）**語叢三 52** 者佳（唯）亓（其）止也昌（以）異。**53**

44. 言昌（以）訇（詞），膏（膏—情）昌（以）舊（久）。**語叢四 1**

45. 銐（喻）之而不可，必曼（文）昌（以）詓。**語叢四 6**

（二）表示方式、依憑，相當於"依""按""憑"。

1. 言昌（以）甕（喪）豊（禮）居之也。**老丙 9**

2. 古（故）殺［人眾］，**老丙 9** 勬（則）昌（以）态（哀）悲位（蒞）之。**10**

3. 戠（戰）努（勝）勬（則）昌（以）甕（喪）豊（禮）居之。**老丙 10**

4. 斲（折—制）昌（以）坓（刑）。**緇衣 26**

5. 穿（窮—窮）達昌（以）眚（時）。**窮達 14**

6. 穿（窮—窮）達昌（以）眚（時）。**窮達 15**

7. ［□］勿（物）昌（以）日。**語叢三 18**

（三）表示行爲産生的原因，相當於"因爲""由於"。

1. 昌（以）亓（其）**老甲 2** 能爲百㟵（浴—谷）下。**3**

2. 昌（以）亓（其）不静（静—爭）也。**老甲 5**

3. 孫_（子孫）昌（以）亓（其）祭（祭）祀不乇（輟）。**老乙 16**

4. 古（故）心昌（以）體灋（法—廢），君昌（以）民芒（喪—亡）。**緇衣 9**

5. 旮（教）此昌（以）逹（逸—失），民此昌（以）綟（統—煩）。**緇衣 18**

6. 此昌（以）大臣不可不敬，民之蓝（蒞）也。**緇衣 21**

7. 毋㠯(以)少(小)慐(謀)敗(敗)大緇衣 22 慮(圖)，毋㠯(以)卑(嬖)
御憇(息—疾)妝(莊)句(后)，毋㠯(以)卑(嬖)士憇(息—疾)夫=
（大夫）卿事(士)。23

8. 此㠯(以)生不可敓(奪)志，死不可敓(奪)名。緇衣 38

9. 此㠯(以)邇(邇)者不贼(惑)而遠者不惑(疑)。緇衣 43

10. 不五行34 㠯(以)少(小)道(道)蚩(害)大道(道)，柬(簡)也。35

11. 此㠯(以)智(智—知)丌(其)弗秝(利)也。唐虞 27

12. 此㠯(以)民㕙(皆)又(有)眚(性)而聖(聖)人不可莫(慕)也。成
之 28

13. 不㠯(以)旨(旨—嗜)谷(欲)蚩(害)丌(其)義包。尊德義 26

14. 同方而交，㠯(以)道(道)者也。性命 57

15. 同兑(悦)而交，㠯(以)惪(德)者也。性命 58

16. 不同兑(悦)而交，㠯(以)獻者也。性命 58

17. 各㠯(以)繇(澹—譫)語叢一 107 釕(詞)敦(毁)也。108

18. 㫄(昏—春)穆〈秋〉亡(無)不㠯(以)丌(其)生也亡語叢三 20

七、連詞。

（一）表示並列關係，相當於"和""而"。

1. 丌(其)下高㠯(以)弱(努—強)。太一 13

2. 智(智—知)足㠯(以)柬(靜)。老甲 14

（二）表示順承關係，用於兩個動作之間，前者爲後者的方式，後者爲前者
的目的或結果，相當於"而"。

1. 天埅(地)相尃(合)也，㠯(以)遊(逾)甘〈甘〉雺(露)。老甲 19

2. 居㠯(以)須〈募(寡—顧)〉返(復)也。老甲 24

3. 鼎(員—損)之或(又)鼎(員—損)，㠯(以)至亡(無)爲老乙 3 也。4

4. 睪(聖)㠯(以)塈(堨—遇)命，㣺(仁)㠯(以)遣(逢)㫄(時)。唐虞 14

5. 身備(服)善㠯(以)先之，敬訢(慎)㠯(以)肘(守)之。成之 3

6. 民必因此至(重)也成之 18 㠯(以)返(復)之。19

7. 亦非又(有)譯(澤)婁(藪)㠯(以)多也。成之 27

8. 是古(故)夵=(少人—小人)娈(䜌—亂)天棠(常)㠯(以)逆大道
(道)，君子釕(治)人侖(倫)㠯(以)川(順)成之32 天惪(德)。33

9. 慹(慽)肰(然)㠯(以)卆(終)。性命 30

10. 丌(其)刺(烈)鼎(勴—則)㵒(流)女(如)也㠯(以)悲，條(悠)肰
(然)㠯(以)思。性命 31

11. 欼(既)又(有)六德 9 夫六立(位)也，㠯(以)貢(任)此［六職］也。10

12. 六戠（職）歓（既）分，㠯（以）衮（裕?）六惪（德）。**六德 10**

13. 凡沘（過）正一㠯（以）逢（逸—失）丌（其）迆（它）**語叢二 40** 者也。**41**

14. 必先與之㠯（以）爲堋（朋）。**語叢四 14**

（三）表示目的，相當於"去""用來"等。

1. 雀（削）成（城—成）者㠯（以）㝡（嗌—益）生者。**太一 9**

2. 又（有）邦（國）者章好章亞（惡），㠯（以）貝（視—示）民曡（厚）。**緇衣 2**

3. 古（故）君民者，章好㠯（以）貝（視—示）民愆（慾—欲），蕙（懂—謹）亞（惡）㠯（以）渫（御）民淫〈淫〉。**緇衣 6**

4. 古（故）倀（長）民者章志㠯（以）卲（昭）百眚（姓），鼎（勶—則）民至（致）行异（巽—己）㠯（以）敓（悅）上。**緇衣 11**

5. 古（故）君子賕（顧）言而**緇衣 34** 行，㠯（以）成其訐（信）。**35**

6. 天夅（降）大棠（常），㠯（以）里（理）人侖（倫）。**成之 31**

7. 是**成之 39** 古（故）君子斳（慎）六立（位）㠯（以）巳（祀）天棠（常）。**40**

8. 子也者，臽（會）墫（埻—最）長材**六德 21** 㠯（以）事上，胃（謂）之宜（義），上共下之宜（義），㠯（以）奉裡₌（社稷—社稷），胃（謂）之孝。**22**

9. 譇（察）天道（道）㠯（以）愚（化）民燊（燹—氣）。**語叢一 68**

八、"可以"。表示可能或能夠。

1. 可㠯（以）爲天下母。**老甲 21**

2. 可**老甲 36** 㠯（以）長舊（久）。**37**

3. 莫智（智—知）丌（其）죤（亙—極）可㠯（以）又（有）邦（國）。**老乙 2**

4. 又（有）邦（國）之母，可㠯（以）長［久］。**老乙 2**

5. 人斋₌（之所）㥋（褁—鬼—畏），亦不可㠯（以）不㥋（褁—鬼—畏）人。**老乙 5**

6. 若可㠯（以）凥（託）天下矣。**老乙 8**

7. 若可㠯（以）迖（寄）天下矣。**老乙 8**

8. ［不可］**老丙 7** 㠯（以）旻（得）志於天下。**8**

9. 古（故）上不可㠯（以）褻（執—褻）基（刑）而翌（輕）雀（爵）。**緇衣 28**

10. 戠（察）反者（諸）㠯（己）而可㠯（以）**成之 19** 習（智—知）人。**20**

11. 言訐（信）於眾之可㠯（以）**成之 25** 淒（濟）惪（德）也。**26**

12. 而可㠯（以）至川（順）天棠（常）怠（疑—矣）。**成之 38**

13. 明虘（虖—乎）民侖（倫），可㠯（以）爲君。**尊德義 1**

14. 可㠯（以）靭（斷）岙（獄—獄）。**六德 42**

15. 肰（然）句（後）可㠯（以）靭（斷）岙（獄—獄）。**六德 43**

16. 可目（以）緯（緯—違）六德 43 丌（其）亞（惡）。44

九、"足以"。完全可以；夠得上。

1. 不足目（以）爲道（道）矣。老乙 10

2. 埅（均）不足目（以）坓（坪—平）正（政），窓（愇—寬）尊德義 34 不足目（以）女（安）民，戜（勇）不足目（以）沬（勵）眾，尃（博）不足目（以）䎀（智—知）善，快（慧）不足目（以）䎀（智—知）侖（倫），殺 35 不足目（以）夸（劵—勝）民。36

3. 叏（使）之足目（以）生，足目（以）死。六德 14

4. 足目（以）帠（終）殜（世）。語叢四 3

5. 不足目（以）出芒（喪—亡）。語叢四 3

十、"所以"。

（一）表示因果關係。用在上半句，由果探因。

1. 江海（海）所目（以）爲百㟑（浴—谷）王。老甲 3

2. 虐（吾）所目（以）又（有）大患者。老乙 7

3. 氏（是）古＿（故古）之所忠信 8 目（以）行虎（乎）閔罶（嘍）者。9

（二）表示因果關係。引出結果。

1. 䎀（智—知）峠（止）所目（以）不訇（殆）。老甲 20

2. 戜（察）者（諸）出所目（以）䎀＿尊德義 8 昌＿（智己—知己，知己）所目（以）䎀＿人＿（智人—知人，知人）所目（以）䎀（智—知）佘（命）。9

3. 至（致）頌（容）宿（庿—廟—貌）所目（以）夏（文）郎（節）也。性命 20

（三）與形容詞或動詞組成名詞性詞組，仍表示原因、情由。

1. 不從丌（其）所目（以）命。緇衣 14

2. 凡君子所目（以）立身大㩬（法）厽（三）。六德 44

3. 所語叢三 2 目（以）異於父，君臣不相才（存）也。3

（四）用來；用以。

1. 所目（以）訏（信）亓（其）肰（然）也。尊德義 2

2. 所目（以）尊德義 2 攻（攻）［□也］。3

3. 所目（以）釁擧（舉）也。尊德義 3

4. 所目（以）敔（敘—除）㝅（怨）也。尊德義 3

5. 犟（拜），所目（以）［□□也］。性命 21

6. 尙（幣）帛，所目（以）爲訏（信）牙（與）諓（徵）也。性命 22

7.《易》，所目（以）畬（會）天術（道）人術（道）語叢— 36 也。37

8.《諼（詩）》，所目（以）畬（會）古含（今）之慢（恃—志）語叢— 38 也者。39

9.《旮(春)穆〈秋〉》,所㠯(以)會(會)古含(今)之語叢一 40 事也。41

十一、"是以"。所以;因此。

1. 是㠯(以)能爲百浴(浴—谷)王。老甲 3

2. 是㠯(以)爲之頌(容)。老甲 8

3. 是㠯(以)聖(聖)人亡(無)爲古(故)亡(無)敗(敗)。老甲 11

4. 是㠯(以)聖(聖)人 老甲 14 猷(猶)難(難)之。15

5. 是 老甲 16 㠯(以)聖(聖)人居亡(無)爲之事。17

6. 是㠯(以)弗去也。老甲 18

7. 是㠯(以)聖(聖)人之言曰:……老甲 31

8. 夫售(唯)嗇,是㠯(以)枭(早)¦是㠯(以)枭(早)¦備(備—服)。老乙 1

9. 是㠯(以)畫(建)言又(有)之:……老乙 10

10. 是㠯(以)攴(鞭—偏)牺(牆—將)老丙 8 匐(軍)居左。9

11. 是㠯(以)聖(聖)老丙 12 人欲(欲)不欲(欲)。13

12. 是㠯(以)能楠(輔)蕫(萬)勿(物)老丙 13 之自肰(然)而弗敨(敢)爲。14

13. 是㠯(以)成(城—成)天。太一 1

14. 是㠯(以)成(城—成)墬(地)。太一 1

15. 是㠯(以)成(城—成)神明。太一 2

16. 是㠯(以)成(城—成)佘(陰)易(陽)。太一 2

17. 是㠯(以)成(城—成)四歲(時)。太一 2

18. 是㠯(以)成(城—成)倉(寒)然(熱)。太一 3

19. 是㠯(以)成(城—成)淫(濕)澡(燥)。太一 3

20. 是㠯(以)民可 成之 15 敬逗(道—導)也。16

21. 是㠯(以)替(智—知)而求之不疾。成之 21

22. 是㠯(以)上之㞷(互—呕)成之 24 炙(務)才(在)訐(信)於眾。25

23. 是㠯(以)孚﹦(君子)貴 成之 30 成(城—成)之。1

24. 是㠯(以)君子人道(道)之取先。尊德義 8

25. 是㠯(以)爲正(政)者。尊德義 12

26. 是㠯(以)敬女(安—焉)。性命 21

27. 是㠯(以)攺(晤)也。六德 33

28. 是㠯(以)丌(其)剓(斷)岙(獄—獄)趚(速)。六德 44

十二、"何以"。用什麼;怎麼。

1. 虙(吾)可(何)㠯(以)替(智—知)亓(其)肰(然)也。老甲 30

2. 虔(吾)可(何)㠯(以)智(智—知)天[下之然哉]? 老乙 18

十三、衍文。

1. 夫售(唯)齒,是㠯(以)杲(早)｜是㠯(以)杲(早)｜備(備—服)。老
乙 1

1160 未 米

【用字】 未

【詞義】

一、副詞。表示否定。

（一）相當於"不"。

1. 未智(智—知)亓(其)明(名)。老甲 21

2. 未智(智—知)牝戊(牡)之會(合)家(朘)蓯(怒)。老甲 34

3. 忢(仁)而未義也。唐虞 8

4. 我(義)而未忢(仁)也。唐虞 9

5. 未唐虞 17 年不弋(式)。18

（二）相當於"没有"；"不曾"。

1. 亓(其)未菲(兆)也,易愳(謀)也。老甲 25

2. 絧(治)之於亓(其)未叟(爵—亂)。老甲 26

3. 未見聖(聖),如亓(其)弗克見。緇衣 19

4. 而未之旻(得)也。魯穆公 4

5. 未之又(有)也。魯穆公 6

6. 未見君子,慐(憂)心五行 9 不能惄₌(惙惙)。10

7. 未見君子,慐(憂)心不能惄₌(忡忡—忡忡)。五行 12

8. 未尚(嘗)五行 22 聖(聞)君子道(道)。23

9. 未尚(嘗)貝(視—見)臤(臤—賢)人。五行 23

10. 未嘗塁(塈—遇)[□□]。唐虞 14 竝(並)於大旹(時)。15

11. 自生民未之又(有)也。唐虞 21

12. 未之又(有)也。忠信 2

13. 未之成之 2 又(有)也。3

14. 未有可旻(得)也者。成之 12

15. 未又(有)能深之者也。成之 23

16. 亓(其)生而未又(有)非之。成之 26

17. 售(唯—雖)未之爲。性命 51

18. 未言而訐(信)。**性命 51**

19. 未菁(教)**性命 51** 而民丕(互—恆)。**52**

20. 未賞而民蠤(懽—勸)。**性命 52**

21. 未型(刑)而民愳(畏)。**性命 52**

22. 夬(缺)生虎(乎)未旻(得)也。**語叢一 91**

23. 未又(有)善事人而不返者,**語叢二 45** 未又(有)嘼(嘩—華)而忠者。**46**

24. 未又(有)亓(其)至夠(則)慁(仁)。**語叢三 28**

二、"未必"。不一定。

1. 眾未必訋(治)。**尊德義 12**

2. 稟(福—富)未必和。**尊德義 27**

三、用爲"味",參閱卷二"味"(第 50 頁)。

1161 申　　屮　　古文 ⊗　　籀文 ⻏

【用字】　申

【解字】

《忠信》簡 6"申"字,李天虹先生讀爲"陳"①。

【詞義】

一、一再;重複。

1. 畬(昔)才(在)上帝戢(割)繡(申)儺(觀)文王悳(德)。**緇衣 37**

二、待考。

1. 心疋(疏)〔而貌〕**忠信 5** 罕(親),孚(君子)弗申尒(爾)。**忠信 6**

1162 配　　配

【用字】　仳

【解字】

整理者(164 頁)隸定爲"仳",讀爲"節"。李零先生讀爲"似"②。黄德寬、徐在國先生隸定为"仳",讀爲"範",法也③。趙建偉先生釋爲"即",讀

---

① 李天虹:《郭店竹簡〈性自命出〉研究》,湖北教育出版社,2003 年,第 250 頁。
② 李零:《郭店楚簡校讀記》,《道家文化研究》第 17 輯(郭店楚簡專號),生活·讀書·新知三聯書店,1999 年,第 502 頁。
③ 黄德寬、徐在國:《郭店楚簡文字考釋》,《吉林大學古籍整理研究所所建所十五周年紀念文集》,吉林大學出版社,1998 年,第 104—105 頁。

爲“則”，效法①。袁國華先生隸定作“卭”，讀爲“昭”②。周鳳五先生讀爲
“巽”，順也③。陳偉先生釋爲“妃”，讀爲“配”④。陳劍先生隸定为“仳”，讀
爲“配”⑤。

【詞義】

一、配合；匹配。

　　1. 仳（配）天墜（地）也者，忠訐（信）之胃（謂）此〈也〉。**忠信 5**

1163　醓　　　　〔篆〕　　　籀文〔籀〕

【用字】　酳

【詞義】

一、將人剁成肉醬。古代的一種酷刑。

　　1. 母（梅）白（伯）**窮達 14** 韧（初）湉（醓）酳（醢），逡（後）明（名）昜
　　（揚），非亓（其）惪（德）加。**9**

1164　醢

【用字】　湉

【解字】

　　《説文》卷四有“肱”字，釋曰：“肉汁滓也。”段注：“今字作醢。”

【詞義】

一、肉醬。這裏用作動詞，做成肉醬。

　　1. 母（梅）白（伯）**窮達 14** 韧（初）湉（醓）酳（醢），逡（後）明（名）昜
　　（揚），非亓（其）惪（德）加。**9**

1165　尊（尊）　　　〔篆〕　　　或體〔籀〕

【用字】　隣、隌、算、酋

①　趙建偉：《郭店竹簡〈忠信之道〉〈性自命出〉校釋》，《中國哲學史》，1999 年第 2 期，第
　　35 頁。
②　袁國華：《郭店竹簡“卭”（卭）、“其”、“卡”（卞）諸字考釋》，《中國文字》第 25 期，藝文印
　　書館，1999 年，第 162—164 頁。
③　周鳳五：《郭店楚簡〈忠信之道〉考釋》，《中國哲學》第 21 輯，遼寧教育出版社，2000 年，第
　　140—141 頁。
④　陳偉：《郭店竹書別釋》，湖北教育出版社，2003 年，第 80—81 頁。
⑤　陳劍：《郭店簡〈窮達以時〉〈語叢四〉的幾處簡序調整》，《國際簡帛研究通訊》第 2 卷第 5
　　期，2002 年，第 2—6 頁。

【解字】

　　“隥”從“酉”作，與“隮”爲一字異體。“酓”字，整理者（173 頁）隸定爲“酓”，裘錫圭先生“按語”（174 頁注［一］）認爲是“尊”字異體。何琳儀先生認爲“酓”字從“夺”得聲，疑讀“勝”①。劉國勝先生認爲該字從酉夺聲，是“尊”之異體②。陳偉先生認爲字從酉從关（“朕”之所從。《説文》從“夺”），尊、朕二字爲文、侵通轉，讀音近通，訓爲尊崇、敬重之義③。劉釗先生隸定爲“酓”，認爲從“酉”“关（养）”聲，“关”即《説文》之“夺”，讀爲“尊”④。

【詞義】

一、尊重；敬重。

　1. 不嚴不＿隮＿（尊，不尊）不共（恭）。五行 22

　2. 貴＿（貴貴），亓（其）坒（等）隮（尊）殹（臤—賢），義也。五行 35

　3. 嚴而坒（畏）五行 36 之，隮（尊）也。37

　4. 隮（尊）而不酓（喬—驕），共（恭）也。五行 37

　5. 胃（謂）之隮（尊）殹（臤—賢）。五行 44

　6. 胃（謂）之隮（尊）殹（臤—賢）者也。五行 44

　7. 逡（後），士之隮（尊）殹（臤—賢）者也。五行 44

　8. 效（教）民又（有）算（尊）也。唐虞 4

　9. 悉（愛）罕（親）隮（尊）叺（臤—賢）。唐虞 6

　10. 算（尊）叺（臤—賢）古（故）徸（徸—禪）。唐虞 7

　11. 算（尊）叺（臤—賢）唐虞 8 遝（遺）罕（親）。9

　12. 悉（愛）罕（親）算（尊）叺（臤—賢）。唐虞 10

　13. 酓（尊）惪（德）義。尊德義 1

　14. 義爲可酓（尊）也。尊德義 4

　15. 酓（尊）悬（仁）、新（親）忠（忠）。尊德義 20

　16. 又（有）罕（親）又（有）隮（尊）。語叢一 78

　17. 隮（尊）而不罕（親）。語叢一 79

　18. 罕（親）而語叢一 77 不隮（隮—尊）。82

①　何琳儀：《郭店竹簡選釋》，《簡帛研究二〇〇一》，廣西師範大學出版社，2001 年，第 165 頁。
②　劉國勝：《信陽長臺關楚簡〈遣策〉編聯二題》，《江漢考古》，2001 年第 3 期，第 67 頁。
③　陳偉：《郭店簡書〈尊德義〉校釋》，《中國哲學史》，2001 年第 3 期，第 109 頁。
④　劉釗：《郭店楚簡校釋》，福建人民出版社，2003 年，第 125 頁。

卷十五　未　隸　定　字

1166 〔字形〕　~虎（乎）脂膚血勞（勞—氣）之耆（青—情）。唐虞 11

【解字】

　　整理者（157 頁）疑讀爲“節”。李零先生認爲該字從卩寸聲，疑讀爲“順”。“寸”是清母文部字，“順”是船母文部字，讀音相近①。周鳳五先生認爲從人巽聲，隸定作“僎”，讀爲“巽”。巽，順也②。涂宗流、劉祖信先生釋爲“節”，節制、管束③。陳偉先生認爲從“人”從“卩”，先秦古文字中“配”從“卩”作，而人、女作爲形旁常可通用，如此該字可釋爲“妃”，讀爲“配”，爲匹配、偶合之義。“配乎脂膚血氣之情”大致是説合乎人的生理規律④。劉釗先生釋爲“節”，但存有疑問⑤。黄錫全先生認爲字形左部不清，右從卩，義當爲“節”⑥。李鋭先生轉引李家浩先生的意見，認爲該字從“尤”從“卩”，在此基礎上讀爲“述”，訓爲“循”⑦。

1167 〔字形〕　神明~從，天墬（地）右（佑）之。唐虞 15

【解字】

　　整理者（157 頁）疑爲“均”。李零先生認爲該字從爿從月從才，釋爲

---

① 李零：《郭店楚簡校讀記》，《道家文化研究》第 17 輯（郭店楚簡專號），生活·讀書·新知三聯書店，1999 年，第 500 頁。

② 周鳳五：《郭店楚墓竹簡〈唐虞之道〉新釋》，《“中研院”歷史語言研究所集刊》，第 70 本第 3 分，1999 年，第 754 頁。

③ 涂宗流、劉祖信：《郭店楚簡先秦儒家佚書校釋》，萬卷樓圖書有限公司，2001 年，第 49 頁。

④ 陳偉：《郭店竹書別釋》，湖北教育出版社，2003 年，第 70 頁。

⑤ 劉釗：《郭店楚簡校釋》，福建人民出版社，2005 年，第 154 頁。

⑥ 黄錫全：《〈唐虞之道〉疑難字句新探》，《長沙三國吳簡暨百年來簡帛發現與研究國際學術研討會論文集》，2005 年，第 223 頁。

⑦ 李鋭：《孔孟之間“性”論研究——以郭店、上博簡爲基礎》，清華大學博士學位論文，2005 年，第 27 頁。

"將"①。周鳳五先生疑當讀爲"慍"②。黃錫全先生認爲左從"爿",右從
"士"從"卪",似可釋爲"壯"。壯似可讀爲"裝","裝扮"之意。簡文"裝從"
即裝服,義爲裝扮服從,因爲此句的前提是不能實現的假設,猶如現在的"假
裝"。也有可能是"御"字別構,義爲"侍"③。尉侯凱先生認爲左從舟,右上
爲"卪",右下爲手字變體,應釋爲"服"④。

1168 ⚘ 民不可～也。尊德義 31

【解字】

整理者(174 頁)釋爲"或",讀爲"惑"。陳偉先生認爲此字寫法與楚簡
常見的"或"字有別,釋爲"或"不大有把握。但同時也指出,若能釋爲"或",
則讀爲"惑"是很合適的⑤。何有祖先生認爲該字從戈、五聲,可能是"敔"之
異體,訓爲禁止⑥。

1169 ⚘ ～則民不慳(慳—輕)。尊德義 34

【解字】

該字李零先生釋爲"咎",原省口,怪罪之義⑦。劉信芳先生也懷疑是
"咎"之省形,《廣雅·釋詁》:"咎,惡也。"⑧涂宗流、劉祖信先生疑該字從人
從攴,讀爲"侮"⑨。陳偉先生認爲"咎"指罪過;劉釗先生訓爲責怪⑩。黃德

---

① 李零:《郭店楚簡校讀記》,《道家文化研究》第 17 輯(郭店楚簡專號),生活·讀書·新知
三聯書店,1999 年,第 501 頁。
② 周鳳五:《郭店楚墓竹簡〈唐虞之道〉新釋》,《"中研院"歷史語言研究所集刊》第 70 本第 3
分,1999 年,第 753 頁。
③ 黃錫全:《〈唐虞之道〉疑難字句新探》,《長沙三國吳簡暨百年來簡帛發現與研究國際學術
研討會論文集》,2005 年,第 221—222 頁。
④ 尉侯凱:《郭店簡零釋三則》,《戰國文字研究》第 2 輯,安徽大學出版社,2020 年,第 75 頁
注①。
⑤ 陳偉:《郭店簡書〈尊德義〉校釋》,《中國哲學史》,2001 年第 3 期,第 116 頁。
⑥ 何有祖:《楚簡札記二則》,《簡帛》第 2 輯,上海古籍出版社,2007 年,第 349—350 頁。
⑦ 李零:《郭店楚簡校讀記》,《道家文化研究》第 17 輯(郭店楚簡專號),生活·讀書·新知
三聯書店,1999 年,第 524 頁。
⑧ 劉信芳:《郭店竹簡文字考釋拾遺》,《江漢考古》,2000 年第 1 期,第 45 頁。
⑨ 涂宗流、劉祖信:《郭店楚簡先秦儒家佚書校釋》,萬卷樓圖書有限公司,2001 年,第
133 頁。
⑩ 陳偉:《郭店竹書別釋》,湖北教育出版社,2003 年,第 165 頁。劉釗:《郭店楚簡校釋》,福
建人民出版社,2005 年,第 129 頁。

寬先生疑是"夗"字變形，意近"曲"①。連劭名先生認爲咎、舊古通，義同於久②。單育辰先生認爲此字和"咎"字上部有一定相似，但釋"咎"不辭，疑爲"安"字之訛誤寫法③。

1170 𧮫　～，宜（義）之方也。性命 38

【解字】

該字張光裕先生釋爲"訨"，讀爲"此"④。陳來先生釋爲"簡"⑤。劉昕嵐先生讀爲"察"，明辨、詳審⑥。梁立勇先生認爲此形與《性命》簡 9 的"海"字所從相同，可釋爲"誨"⑦。丁原植先生初讀爲"察"，指對外在事物處置得宜的審察，故稱之爲"義之方"；後來認爲此字的字義或包含"堅定""剛直""不屈""審察"等意涵，意謂保持堅定的信念以審視外在事物，並加以處置⑧。白於藍先生認爲當分析爲从言女聲，右旁所從實女字，隸作"詉"，釋爲"恕"⑨。陳偉先生認爲無論讀爲"恕"或"誨"，於"義"都不大相合，似當釋爲"誨"，讀爲"敏"。敏有敏捷、審慎、莊敬等義，似皆與"義"相關⑩。劉釗先生認爲該字右旁書寫草率，疑爲"女"字之譌，隸定爲"詉"，从"女"聲，故可讀爲"恕"⑪。劉桓先生隸定爲"訧"，讀爲"訮"⑫。

---

①　黄德寬：《戰國楚竹書（二）釋文補正》，《上海館藏戰國楚竹書研究續編》，上海書店出版社，2004 年，第 440 頁。

②　連劭名：《郭店楚簡〈尊德義〉考述》，《人文論叢（2007 年卷）》，中國社會科學出版社，2008 年，第 321—340 頁。

③　單育辰：《郭店〈尊德義〉〈成之聞之〉〈六德〉三篇整理與研究》，科學出版社，2015 年，第 78 頁。

④　張光裕主編：《郭店楚簡研究》第一卷《文字編》，藝文印書館，1999 年，第 702 頁。

⑤　陳來：《荊門竹簡之〈性自命出〉篇初探》，《中國哲學》第 20 輯（郭店楚簡研究），遼寧教育出版社，1999 年，第 313 頁。

⑥　劉昕嵐：《郭店楚簡〈性自命出〉篇箋釋》，《郭店楚簡國際學術研討會論文集》，湖北人民出版社，2000 年，第 344 頁。

⑦　梁立勇：《郭店楚簡〈性自命出〉篇研究》，清華大學碩士學位論文，2000 年。

⑧　丁原植：《郭店竹簡儒家佚籍四種試析》，臺灣古籍出版有限公司，2000 年，第 86 頁。丁原植：《楚簡儒家性情説研究》，萬卷樓圖書有限公司，2002 年，第 227—228 頁。

⑨　白於藍：《郭店楚墓竹簡考釋（四篇）》，《簡帛研究二〇〇一》，廣西師範大學出版社，2001 年，第 198 頁。

⑩　陳偉：《郭店竹書別釋》，湖北教育出版社，2003 年，第 202—203 頁。

⑪　劉釗：《郭店楚簡校釋》，福建人民出版社，2005 年，第 100 頁。

⑫　劉桓：《郭店楚簡札記》，《簡帛研究二〇〇二、二〇〇三》，廣西師範大學出版社，2005 年，第 62 頁。

1171 牙(與)~者凥(處)。語叢三 11

【解字】

李零先生認爲該字可能同"鞏",讀爲"褻","褻者"是輕慢無禮的小人①。劉釗先生釋爲"曼",讀爲"慢",意爲驕傲②。

1172 曩(早)與臤(臤—賢)人,是胃(謂)~行。語叢四 12

【解字】

整理者(218 頁注[十])隸定爲"浹",讀爲"訣"。林素清先生讀爲"央",訓爲"久"③。陳偉先生釋爲"浦",讀爲"輔"或"旁";"輔行"即以賢人輔助而行,"旁行"是遍行四方的意思④。劉釗先生釋爲"寖",讀爲"浸",意爲滲透,引申爲"漸漸"⑤。冀小軍先生認爲該字從宀從浦,讀爲"薄","薄行"指人的品行輕薄,不厚道⑥。顧史考先生讀爲"抗","抗行"指高尚絶倫之德行⑦。

1173 坓(刑)所吕(以)~舉(舉)也。尊德義 3

【解字】

李零先生認爲該字似從"貝"⑧。陳偉先生認爲該字下從"貝",上部筆畫殘泐,似與《尊德義》簡 17"黨"字所從相近,疑即"賞"字⑨。涂宗流、劉祖信先生釋爲"不","不舉",不檢舉、不揭發⑩。

---

① 李零:《郭店楚簡校讀記》,《道家文化研究》第 17 輯(郭店楚簡專號),生活·讀書·新知三聯書店,1999 年,第 529 頁。

② 劉釗:《郭店楚簡校釋》,福建人民出版社,2005 年,第 212 頁。

③ 林素清:《郭店竹簡〈語叢四〉箋釋》,《郭店楚簡國際學術研討會論文集》,湖北人民出版社,2000 年,第 392 頁。

④ 陳偉:《郭店竹書別釋》,湖北教育出版社,2003 年,第 237—238 頁。

⑤ 劉釗:《郭店楚簡校釋》,福建人民出版社,2005 年,第 229 頁。

⑥ 冀小軍:《釋楚簡中的 字》,簡帛研究網(http://www.jianbo.org/Wssf/2002/jixiaojun01.htm),2002 年 7 月 21 日。

⑦ 顧史考:《郭店楚簡先秦儒書宏微觀》,學生書局,2006 年,第 248 頁。

⑧ 李零:《郭店楚簡校讀記》,《道家文化研究》第 17 輯(郭店楚簡專號),生活·讀書·新知三聯書店,1999 年,第 523—524 頁。

⑨ 陳偉:《郭店簡書〈尊德義〉校釋》,《中國哲學史》,2001 年第 3 期,第 110 頁。

⑩ 涂宗流、劉祖信:《郭店楚簡先秦儒家佚書校釋》,萬卷樓圖書有限公司,2001 年,第 115 頁。

1174　　　　埊(刑)～。**尊德義 3**

【解字】

　　儘存文字右下角,無法確認爲何字,多數學者以缺字符號"□"代替。李零先生補全爲"罰"字;劉釗先生從之①。涂宗流、劉祖信先生補全爲"坐","刑坐"猶連坐②。

1175　　　　辻愚(畏)則□～。**尊德義 18**

【解字】

　　該字儘存少量墨跡,無法辨識。

1176　　　　～□**六德 6**

【解字】

　　儘存文字右上角,無法確認爲何字。

1177　　　　交行勶(則)～□**語叢三 34**

【解字】

　　文字下半殘損,無法確認爲何字。

1178　　　　弜(强—剛)葻(柔)膚(膚—皆)～□**殘 5**

【解字】

　　文字下半殘損,無法確認爲何字。

1179　　　　□～逍審(蜜—密)。**殘 11**

【解字】

　　文字上半殘損,無法確認爲何字。

---

① 李零:《郭店楚簡校讀記》,《道家文化研究》第 17 輯(郭店楚簡專號),生活·讀書·新知三聯書店,1999 年,第 523 頁。劉釗:《郭店楚簡校釋》,福建人民出版社,2005 年,第 122 頁。

② 涂宗流、劉祖信:《郭店楚簡先秦儒家佚書校釋》,萬卷樓圖書有限公司,2001 年,第 115 頁。

1180 □遣(遠)~□殘 15

【解字】

　　文字下半殘損，無法確認爲何字。

1181 □勳(則)~□殘 17

【解字】

　　文字下半殘損，無法確認爲何字。

1182 □~專(？)□殘 22

【解字】

　　文字上半殘損，無法確認爲何字。

1183 □天下~□殘 23

【解字】

　　文字下半殘損，無法確認爲何字。

1184 □~絜□殘 27

【解字】

　　文字上半殘損，無法確認爲何字。

後　　記

　　近年來，出土文獻資料越來越受到學界重視，一方面因爲出土文獻去古未遠，減少了流傳過程中傳抄、刊刻之誤和人爲竄改，較爲真實地保存了當時語言文字的真實面貌。另一方面是因爲先秦傳世文獻數量有限，出土文獻可以彌補其不足，如郭店簡除了《老子》《緇衣》等篇外，其他皆未見於傳世文獻。由此可見，出土文獻的重要價值是不言而喻的。郭店簡是楚文字資料的代表，是戰國古書類簡牘首次集中、大批量發現，一經公佈就得到了學界的關注，相關研究 30 年來持續不斷。

　　詞義研究是出土文獻研究的重要內容，其重要性體現在兩個方面：一是驗證經傳詞義訓詁的正確性，並提供時代更早的證據，豐富文獻用例。二是可以發現一些久已失傳的古義，加深我們對詞義系統地全面理解，也有利於彌補相關工具書的不足。相較於經傳訓詁而言，出土文獻詞義研究首先要對文字進行考釋，解決文字的釋讀問題，釋讀無誤，纔能準確地解析詞義。文字考釋，林澐先生歸納爲兩方面內容：

　　　　第一是要認出目前尚未識讀的先秦文字是後代的什麽字，第二是要在識字的基礎上解釋文句所表達的意義，也就是確定這些字在具體使用場合下的特定含義。①

文字是形、音、義的結合體，文字考釋的理想狀態是識其字、知其讀、明其義，三者融爲一體，不可偏廢。但從目前古文字研究的實際情況來看，"識字"經常被放在更爲突出、重要的地位，而詞義研究往往只被看作是"識字"一種手段，其重要性常被忽略。基本上能讀通辭例、貫通上下文意即可，並不追求更深入的解析。劉釗先生曾指出：

---

① 　林澐：《古文字學簡論》，中華書局，2012 年，第 5 頁。

古文字研究釋字不是終極目的,更重要的是讀懂字義。要透過字面,讀懂字中的含意,甚至字背後隱匿的含意①。

這是十分正確的。古文字考釋,探析文字構形特點和形體發展規律固然是重要的内容,但很多時候,明晰詞義、讀通文獻纔是文字考釋的最終目的。

郭店簡詞義研究成果豐碩,但同時做得還很不夠,還有很大的提升空間。説成果豐碩,是因爲郭店簡詞義研究多伴隨文字考釋一同進行,而文字考釋的成果非常豐富,有很多突破性進展。但不足也非常明顯:一、詞義研究多處於從屬地位,深入的研究討論較少;二、詞義研究多是就一個或幾個字詞展開討論,而且研究成果分散,不易搜求使用;三、尚未見全面系統的詞義總結和研究的論著。本書對郭店簡詞義進行了系統的整理和研究,一定程度上彌補了目前研究存在的不足,主要内容分爲"郭店簡詞義研究概述"和"郭店簡詞義通解"兩個部分。"郭店簡詞義通解"部分,對歸納總結出來的1 184個單詞,按《説文》體例進行排序,依常見辭書體例逐一進行訓釋研究;每詞首列義項,每個義項下窮盡式列出所有郭店簡用例;疑難字詞簡要列出相關釋讀意見,以備查考使用。"郭店簡詞義研究概述"部分共分爲五個小節,在"詞義通解"的基礎上,對郭店簡文字總體情況、文字釋讀、詞義解析、字詞對應關係等多個方面的研究情況進行了全面的歸納和總結。

這本書只是對郭店簡詞義整理和研究的一次嘗試,還有很多問題没有解決,限於體例,也有很多内容並未涉及。對於詞義研究而言,除了共時研究之外,還需要進行歷時研究,總結不同時代詞義的發展演變及詞語使用的異同,兩個維度相輔相成,纔能構建起整個詞義系統的框架。郭店簡是戰國楚文字資料的一部分,詞義研究的成果在一定程度上反映了戰國楚地語言文字的基本面貌,但無法涵蓋所有現象,這需要我們未來及時對其他批次材料也進行系統的詞義研究和總結。陳偉先生曾指出:"那種畢其功於一役的願望或期待,是很不切實際的。"②相信隨著新資料的不斷發現和研究的不斷深入,出土文獻詞義研究一定會越來越完備。

---

① 劉釗:《出土簡帛文字叢考》,臺灣古籍出版有限公司,2004年,第275頁。
② 陳偉:《郭店竹書别釋》序言,湖北教育出版社,2003年,第3頁。

參 考 文 獻

一、專著及學位論文

A

安徽大學漢字發展與應用研究中心編:《安徽大學藏戰國竹簡(一)》,中西書局,2019 年。

B

白於藍編著:《簡牘帛書通假字字典》,福建人民出版社,2008 年。

白於藍編著:《戰國秦漢簡帛古書通假字彙纂》,福建人民出版社,2012 年。

北京大學出土文獻研究所編:《北京大學藏西漢竹書(貳)》,上海古籍出版社,2012 年。

北京大學出土文獻研究所編:《北京大學藏西漢竹書(伍)》,上海古籍出版社,2014 年。

北京大學出土文獻研究所編:《北京大學藏西漢竹書(壹)》,上海古籍出版社,2015 年。

北京大學出土文獻研究所編:《北京大學藏西漢竹書(叁)》,上海古籍出版社,2015 年。

C

蔡宏煒:《放馬灘秦簡字詞關係及相關問題研究》,鄭州大學碩士學位論文,2020 年。

陳初生編纂,曾憲通審校:《金文常用字典(修訂本)》,陝西人民出版社,2004 年。

陳漢平:《金文編訂補》,中國社會科學出版社,1993 年。

陳靖欣:《〈郭店楚簡·教(成之聞之)〉文字研究》,臺灣師範大學碩士學位論文,2005 年。

陳夢兮:《楚簡"一詞多形"現象研究》,浙江大學博士學位論文,2017 年。

陳年福:《甲骨文詞義論稿》,上海古籍出版社,2007 年。

陳仁仁:《戰國楚竹書〈周易〉研究》,武漢大學出版社,2010 年。

陳斯鵬:《楚系簡帛中字形與音義關係研究》,中國社會科學出版社,2011 年。

陳斯鵬主編:《漢語字詞關係研究(2)》,中西書局,2021 年。

陳偉:《郭店竹書別釋》,湖北教育出版社,2003 年。

陳偉等:《楚地出土戰國簡册[十四種]》,經濟科學出版社,2009 年。

陳錫勇:《郭店楚簡老子論證》,里仁書局,2005 年。

崔恆昇編著:《簡明甲骨文詞典(增訂本)》,安徽教育出版社,2001 年。

崔仁義:《荆門郭店楚簡〈老子〉研究》,科學出版社,1998 年。

D

鄧亞楠:《〈銀雀山漢墓竹簡·壹〉字詞關係研究》,東北師範大學碩士學位論文,2021 年。

丁原植:《郭店竹簡〈老子〉釋析與研究》,萬卷樓圖書有限公司,1998 年。

丁原植:《郭店竹簡儒家佚籍四種試析》,臺灣古籍出版有限公司,2000 年。

杜易芹:《商代金文通用字整理與研究》,西南大學碩士學位論文,2020 年。

F

馮勝君:《二十世紀古文獻新證研究》,齊魯書社,2006 年。

馮勝君:《郭店簡與上博簡對比研究》,綫裝書局,2007 年。

復旦大學出土文獻與古文字研究中心編:《出土文獻與古文字教程》,中西書局,2024 年。

G

高亨注譯:《商君書注譯》,中華書局,1974 年。

高明:《帛書老子校注》,中華書局,1996 年。

葛紅麗:《〈居延新簡〉詞語通釋》,華東師範大學博士學位論文,2007 年。

顧史考:《郭店楚簡先秦儒書宏微觀》,學生書局,2006 年。

郭若愚編著:《戰國楚簡文字編》,上海書畫出版社,1994 年。

郭沂:《郭店竹簡與先秦學術思想》,上海教育出版社,2001 年。

國家文物局古文獻研究室編:《馬王堆漢墓帛書(壹)》,文物出版社,1980 年。

H

韓禄伯著,邢文改編,余瑾譯:《簡帛老子研究》,學苑出版社,2002 年。

何琳儀：《戰國古文字典——戰國文字聲系》，中華書局，1998年。

何挺：《甲骨文一字記録多詞釋例》，浙江大學碩士學位論文，2020年。

何余華：《殷商已見通今詞的用字歷史研究》，博士學位論文，北京師範大學，2018年。

湖北省荆沙鐵路考古隊編：《包山楚簡》，文物出版社，1991年。

湖北省文物考古研究所、北京大學中文系編：《九店楚簡》，中華書局，2000年。

湖南省博物館、復旦大學出土文獻與古文字研究中心編纂：《長沙馬王堆漢墓簡帛集成（全七册）》，中華書局，2014年。

黄德寬主編：《古文字譜系疏證》，商務印書館，2007年。

黄人二：《上海博物館藏戰國楚竹書（一）研究》，高文出版社，2002年。

黄欣：《郭店楚簡用字研究》，中國人民大學碩士學位論文，2005年。

J

季旭昇主編：《〈上海博物館藏戰國楚竹書（一）〉讀本》，萬卷樓圖書有限公司，2004年。

季旭昇：《説文新證》，福建人民出版社，2010年。

賈淑傑：《戰國楚簡〈五行〉校注》，東北師範大學碩士學位論文，2002年。

蔣禮鴻：《讀〈同源字論〉後記》，《懷任齋文集》，上海古籍出版社，1986年。

蔣紹愚：《古漢語詞彙綱要》，商務印書館，2021年。

荆門市博物館編：《郭店楚墓竹簡》，文物出版社，1998年。

L

雷黎明：《戰國楚簡字義通釋》，上海古籍出版社，2020年。

黎廣基：《郭店楚簡老子叢考》，香港中文大學碩士學位論文，2003年。

李濟中、姚錫遠主編：《現代漢語專題》，中國社會出版社，1997年。

李零：《上博楚簡三篇校讀記》，萬卷樓圖書有限公司，2002年。

李零：《郭店楚簡校讀記（增訂本）》，北京大學出版社，2007年。

李零：《人往低處走：〈老子〉天下第一》，生活·讀書·新知三聯書店，2008年。

李鋭：《孔孟之間"性"論研究——以郭店、上博簡爲基礎》，清華大學博士學位論文，2005年。

李守奎：《漢字學論稿》，人民美術出版社，2016年。

李天虹：《郭店竹簡〈性自命出〉研究》，湖北教育出版社，2003年。

李學勤：《古文字學初階》，中華書局，2006年。

李學勤主編：《字源》，天津古籍出版社，2012年。

李運富、汪維輝主編：《漢語字詞關係研究(1)》，中西書局，2021 年。

梁立勇：《郭店楚簡〈性自命出〉篇研究》，清華大學碩士學位論文，2000 年。

廖名春：《新出楚簡試論》，臺灣古籍出版有限公司，2001 年。

廖名春：《郭店楚簡老子校釋》，清華大學出版社，2003 年。

廖名春：《出土簡帛叢考》，湖北教育出版社，2004 年。

林嵐：《西漢早期簡牘(18 種)用字習慣研究》，華東師範大學碩士學位論文，2021 年。

林澐：《古文字學簡論》，中華書局，2012 年。

劉暢：《包山楚簡字用研究》，北京師範大學碩士學位論文，2001 年。

劉傳賓：《郭店竹簡研究綜論(文本研究篇)》，吉林大學博士學位論文，2010 年。

劉傳賓：《郭店竹簡文本研究綜論》，上海古籍出版社，2017 年。

劉師培：《老子斠補》，《劉申叔遺書》，江蘇古籍出版社，1997 年。

劉信芳：《荊門郭店竹簡老子解詁》，藝文印書館，1999 年。

劉信芳：《簡帛五行解詁》，藝文印書館，2000 年。

劉信芳：《包山楚簡解詁》，藝文印書館，2003 年。

劉信芳：《楚簡帛通假彙釋》，高等教育出版社，2011 年。

劉釗：《郭店楚簡校釋》，福建人民出版社，2005 年。

劉釗、馮克堅主編：《甲骨文常用字字典》，中華書局，2018 年。

羅振玉：《增訂殷虛書契考釋》，東方學會，1927 年。

M

馬承源主編：《上海博物館藏戰國楚竹書(一)》，上海古籍出版社，2001 年。

馬承源主編：《上海博物館藏戰國楚竹書(二)》，上海古籍出版社，2002 年。

馬承源主編：《上海博物館藏戰國楚竹書(三)》，上海古籍出版社，2003 年。

馬承源主編：《上海博物館藏戰國楚竹書(四)》，上海古籍出版社，2004 年。

馬承源主編：《上海博物館藏戰國楚竹書(五)》，上海古籍出版社，2005 年。

馬承源主編：《上海博物館藏戰國楚竹書(六)》，上海古籍出版社，2007 年。

馬承源主編：《上海博物館藏戰國楚竹書(七)》，上海古籍出版社，2008 年。

馬承源主編：《上海博物館藏戰國楚竹書(八)》，上海古籍出版社，2011 年。

馬承源主編：《上海博物館藏戰國楚竹書(九)》，上海古籍出版社，2012 年。

馬王堆漢墓帛書整理小組編：《馬王堆漢墓帛書(叁)》，文物出版社，1983 年。

馬王堆漢墓帛書整理小組編：《馬王堆漢墓帛書(肆)》，文物出版社，1985 年。

馬王堆漢墓帛書整理小組編：《戰國縱橫家書》，文物出版社，1976 年。

P

龐樸：《竹帛〈五行〉篇校注及研究》，萬卷樓圖書有限公司，2000 年。

彭浩：《郭店楚簡〈老子〉校讀》，湖北人民出版社，2000 年。

彭裕商、吳毅強：《郭店楚簡老子集釋》，巴蜀書社，2011 年。

朴仁順：《殷商甲骨文形義關係研究》，中國社會科學出版社，2006 年。

Q

清華大學出土文獻研究與保護中心編：《清華大學藏戰國竹簡（壹）》，中西書局，2011 年。

清華大學出土文獻研究與保護中心編：《清華大學藏戰國竹簡（貳）》，中西書局，2011 年。

清華大學出土文獻研究與保護中心編：《清華大學藏戰國竹簡（叁）》，中西書局，2012 年。

清華大學出土文獻研究與保護中心編：《清華大學藏戰國竹簡（肆）》，中西書局，2013 年。

清華大學出土文獻研究與保護中心編：《清華大學藏戰國竹簡（伍）》，中西書局，2015 年。

清華大學出土文獻研究與保護中心編：《清華大學藏戰國竹簡（陸）》，中西書局，2016 年。

清華大學出土文獻研究與保護中心編：《清華大學藏戰國竹簡（柒）》，中西書局，2017 年。

清華大學出土文獻研究與保護中心編：《清華大學藏戰國竹簡（捌）》，中西書局，2018 年。

清華大學出土文獻研究與保護中心編：《清華大學藏戰國竹簡（玖）》，中西書局，2019 年。

清華大學出土文獻研究與保護中心編：《清華大學藏戰國竹簡（拾）》，中西書局，2020 年。

清華大學出土文獻研究與保護中心編：《清華大學藏戰國竹簡（拾壹）》，中西書局，2021 年。

清華大學出土文獻研究與保護中心編：《清華大學藏戰國竹簡（拾貳）》，中西書局，2022 年。

裘錫圭：《裘錫圭學術文集》，復旦大學出版社，2012 年。

裘錫圭：《文字學概要（修訂本）》，商務印書館，2013 年。

曲冰:《〈上海博物館藏戰國楚竹書〉(1~5)佚書詞語研究》,吉林大學博士學位論文,2010 年。

S

單育辰:《郭店〈尊德義〉〈成之聞之〉〈六德〉三篇整理與研究》,科學出版社,2015 年。

單育辰:《甲骨文所見動物研究》,上海古籍出版社,2020 年。

邵成山:《〈上海博物館藏戰國楚竹書(九)〉字用研究》,安徽大學碩士學位論文,2019 年。

沈剛:《居延漢簡語詞匯釋》,科學出版社,2008 年。

蘇娜:《清華大學藏戰國竹簡(壹—捌)字詞關係研究》,濟南大學碩士學位論文,2021 年。

孫濤:《東漢出土文獻用字習慣研究——以石刻和簡牘文獻爲中心》,華東師範大學碩士學位論文,2019 年。

孫文麗:《郭店楚簡用字研究》,中國人民大學碩士學位論文,2008 年。

孫詒讓:《古籀餘論》,中華書局,1989 年。

T

湯餘惠:《戰國銘文選》,吉林大學出版社,1993 年。

滕壬生:《楚系簡帛文字編》,湖北教育出版社,1995 年。

田煒:《西周金文字詞關係研究》,上海古籍出版社,2016 年。

田曉紅:《安大簡〈詩經〉字詞對應關係研究》,天津師範大學碩士學位論文,2022 年。

涂彝琛:《北大漢簡〈妄稽〉篇字詞關係及相關問題研究》,鄭州大學碩士學位論文,2020 年。

涂宗流、劉祖信:《郭店楚簡先秦儒家佚書校釋》,萬卷樓圖書有限公司,2001 年。

W

王輝:《〈天水放馬灘秦簡〉字用及字詞關係研究》,西北師範大學碩士學位論文,2020 年。

王凱博:《出土文獻資料疑義探研》,吉林大學博士學位論文,2018 年。

王寧主編:《漢字學概要》,北京師範大學出版社,2001 年。

王寧主編:《訓詁學(第 2 版)》,高等教育出版社,2010 年。

王天嬌：《西周金文高頻字記詞職能研究》，山東理工大學碩士學位論文，2020 年。

王挺斌：《戰國秦漢簡帛古書訓釋研究》，清華大學博士學位論文，2018 年。

王文耀編：《簡明金文詞典》，上海辭書出版社，1998 年。

魏啟鵬：《楚簡〈老子〉柬釋》，萬卷樓圖書有限公司，1999 年。

魏啟鵬：《簡帛〈五行〉箋釋》，萬卷樓圖書有限公司，2000 年。

武漢大學簡帛研究中心、荊門市博物館編著：《郭店楚墓竹書》，文物出版社，2011 年。

X

西林昭一編：《簡牘名蹟選》(3)，二玄社，2009 年。

胥紫翼：《〈嶽麓書院藏秦簡(壹~肆)〉字形與音義關係研究》，湖南大學碩士學位論文，2018 年。

徐新新：《郭店竹簡〈唐虞之道〉〈忠信之道〉〈魯穆公問子思〉〈窮達以時〉集釋——兼論竹簡的歷史背景和古書經傳情況》，華東師範大學碩士學位論文，2014 年。

徐亦磊：《〈嶽麓書院藏秦簡(壹~伍)〉字詞關係研究》，河北師範大學碩士學位論文，2020 年。

徐中舒主編：《甲骨文字典》，四川辭書出版社，1989 年。

禤健聰：《戰國楚簡字詞研究》，中山大學博士學位論文，2006 年。

禤健聰：《戰國楚系簡帛用字習慣研究》，科學出版社，2017 年。

Y

楊樹達：《積微居金文說(增訂本)》，中華書局，1997 年。

楊樹達：《積微居甲文說》，上海古籍出版社，2013 年。

楊澤生：《戰國竹書研究》，中山大學博士學位論文，2002 年。

于省吾：《甲骨文字釋林》，中華書局，1979 年。

Z

曾憲通撰集：《長沙楚帛書文字編》，中華書局，1993 年。

章士釗：《中等國文典》，商務印書館，1907 年。

張富海：《郭店楚簡〈緇衣〉篇研究》，北京大學碩士學位論文，2002 年。

張光裕主編：《郭店楚簡研究》第一卷《文字編》，藝文印書館，1999 年。

張靜：《郭店楚簡文字研究》，安徽大學博士學位論文，2002 年。

張士博：《包山楚簡詞義研究》,華東師範大學碩士學位論文,2011 年。

張世超、孫凌安、金國泰、馬如森：《金文形義通解》,中文出版社,1996 年。

張守中等撰集：《郭店楚簡文字編》,文物出版社,2000 年。

張通海：《楚系簡帛文字字用研究》,安徽大學博士學位論文,2009 年。

張再興主編：《秦漢簡帛文獻斷代用字譜》,上海辭書出版社,2021 年。

趙誠編著：《甲骨文簡明詞典》,中華書局,2009 年。

趙菁華：《郭店楚簡〈老子〉與馬王堆帛書〈老子〉用字比較研究》,北京師範
　　大學碩士學位論文,2000 年。

趙明：《〈清華大學藏戰國竹簡〉一～四字形與音義關係研究》,哈爾濱師範
　　大學碩士學位論文,2015 年。

鄭剛：《楚簡孔子論説辨證》,汕頭大學出版社,2004 年。

鍾林：《金文解析大字典》,三秦出版社,2017 年。

周法高主編：《金文詁林》,香港中文大學,1974 年。

周朋升：《西漢初簡帛用字習慣研究(文獻用例篇)》,吉林大學博士學位論
　　文,2015 年。

周士琦編著：《實用解字組詞詞典》,上海辭書出版社,1986 年。

二、單篇論文

B

白於藍：《〈包山楚簡文字編〉校訂》,《中國文字》新 25 期,藝文印書館,
　　1999 年。

白於藍：《〈郭店楚墓竹簡〉讀後記》,《中國古文字研究》第 1 輯,吉林大學
　　出版社,1999 年。

白於藍：《郭店楚簡〈老子〉“孞”“賽”“坙”校釋》,《古籍整理研究學刊》,
　　2000 年第 2 期。

白於藍：《郭店楚簡拾遺》,《華南師範大學學報(社會科學版)》,2000 年第
　　3 期。

白於藍：《郭店楚簡補釋》,《江漢考古》,2001 年第 2 期。

白於藍：《郭店楚墓竹簡考釋(四篇)》,《簡帛研究二○○一》,廣西師範大
　　學出版社,2001 年。

白於藍：《郭店楚墓竹簡釋讀札記》,《古文字論集(二)》(《考古與文物》叢
　　刊第 4 號),2001 年。

白於藍：《〈上海博物館藏戰國楚竹書(一)〉釋注商榷》,《華南師範大學學
　　報》,2002 年第 5 期。

白於藍:《釋“敔”》,《古文字研究》第 24 輯,中華書局,2002 年。

白於藍:《讀郭店簡瑣記(三篇)》,《古文字研究》第 26 輯,中華書局,2006 年。

白於藍:《釋“杉”》,復旦大學出土文獻與古文字研究中心網站(http://www.gwz.fudan.edu.cn/SrcShow.asp?Src_ID=1213),2010 年 7 月 9 日。

白於藍:《釋“宲”——兼論今本〈老子〉第三十二章“萬物將自賓”》,《文史》,2014 年第 4 輯。

C

曹方向:《小議清華簡〈繫年〉及郭店簡中的“京”字》,簡帛網(http://www.bsm.org.cn/show_article.php?id=1615),2012 年 1 月 2 日。

曹錦炎:《楚簡文字中的“兔”及相關諸字》,《新出土文獻與古代文明研究》,上海大學出版社,2004 年。

曹錦炎:《上博竹書〈卉茅之外〉注釋》,《簡帛》第 18 輯,上海古籍出版社,2019 年。

晁繼周:《二十世紀的現代漢語詞彙學》,《二十世紀的中國語言學》,北京大學出版社,1998 年。

陳邦懷:《戰國楚帛書文字考證》,《古文字研究》第 5 輯,中華書局,1981 年。

陳高志:《讀〈郭店楚墓竹簡〉札記》,《中國哲學(郭店楚簡研究)》第 20 輯,遼寧教育出版社,1999 年。

陳高志:《〈郭店楚墓竹簡·緇衣篇〉部分文字隸定檢討》,《張以仁先生七秩壽慶論文集》,學生書局,1999 年。

陳劍:《說慎》,《簡帛研究二○○一》,廣西師範大學出版社,2001 年。

陳劍:《釋〈忠信之道〉的“配”字》,《國際簡帛研究通訊》第 2 卷第 6 期,2002 年。

陳劍:《郭店簡補釋三篇》,《古墓新知——紀念郭店楚簡出土十周年論文專輯》,國際炎黃文化出版社,2003 年。

陳劍:《據戰國竹簡文字校讀古書兩則》,《第四屆國際中國古文字學研討會論文集》,香港中文大學中國語言及文學系,2003 年。

陳劍:《郭店簡〈語叢四〉考釋(七則)》,《新出簡帛研究》,文物出版社,2004 年。

陳劍:《據郭店簡釋讀西周金文一例》,《甲骨金文考釋論集》,綫裝書局,2007 年。

陳劍:《釋“琮”及相關諸字》,《甲骨金文考釋論集》,綫裝書局,2007 年。

陳劍：《説"安"字》，《甲骨金文考釋論集》，綫裝書局，2007 年。

陳劍：《郭店簡〈尊德義〉和〈成之聞之〉的簡背數字與其簡序關係的考察》，《簡帛》第 2 輯，上海古籍出版社，2007 年。

陳劍：《讀〈上博（六）〉短札五則》，簡帛網（http：//www.bsm.org.cn/show_article.php?id=643），2007 年 7 月 20 日。

陳劍：《甲骨金文舊釋"尤"之字及相關諸字新釋》，《甲骨金文考釋論集》，綫裝書局，2007 年。

陳劍：《〈上博（六）·孔子見季桓子〉重編新釋》，《出土文獻與古文字研究》第 2 輯，復旦大學出版社，2008 年。

陳劍：《郭店簡〈六德〉用爲"柔"之字考釋》，《戰國竹書論集》，上海古籍出版社，2013 年。

陳劍：《上博竹書〈曹沫之陳〉新編釋文》，《戰國竹書論集》，上海古籍出版社，2013 年。

陳劍：《試説戰國文字中寫法特殊的"兂"和从"兂"諸字》，《戰國竹書論集》，上海古籍出版社，2013 年。

陳劍：《詞義研究數則：以出土文獻爲中心》，香港浸會大學饒宗頤國學院講座（http：//jas.hkbu.edu.hk/ycy.php?page=event/ycy/detail&id=124），2018 年 3 月 16 日。

陳劍：《簡談安大簡中幾處攸關〈詩〉之原貌原義的文字錯訛》，《中國文字》，2019 年冬季號。

陳劍：《説〈性自命出〉的"牛生而悢"及相關問題》，復旦大學出土文獻與古文字研究中心網站（http：//www.fdgwz.org.cn/Web/Show/7837），2021 年 10 月 29 日。

陳侃理：《里耶秦方與"書同文字"》，《文物》，2014 年第 9 期。

陳來：《荆門竹簡之〈性自命出〉篇初探》，《中國哲學（郭店楚簡研究）》第 20 輯，遼寧教育出版社，1999 年。

陳立：《郭店竹簡〈六德〉文字零拾》，《第一屆"出土文獻研討會"論文集》，"中研院"歷史語言研究所出土文獻研究室，2000 年。

陳寧：《〈郭店楚墓竹簡〉中的儒家人性言論初探》，《中國哲學史》，1998 年第 4 期。

陳斯鵬：《讀郭店楚墓竹簡札記（十則）》，《中山大學學報論叢》，1999 年第 6 期。

陳斯鵬：《郭店楚墓竹簡考釋補正》，《華學》第 4 輯，紫禁城出版社，2000 年。

陳斯鵬：《初讀上博楚簡》，簡帛研究網（http：//www.jianbo.org/Wssf/2002/

chensipeng01.htm），2002 年 2 月 5 日。

陳斯鵬：《郭店楚簡解讀四則》，《古文字研究》第 24 輯，中華書局，2002 年。

陳斯鵬：《論周原甲骨和楚系簡帛中的"凶"和"思"——兼論卜辭命辭的性質》，《文史》，2006 年第 1 期。

陳斯鵬：《楚簡"史""弁"續辨》，《古文字研究》第 27 輯，中華書局，2008 年。

陳斯鵬：《從楚系簡帛看字詞關係變化中的代價現象》，《中山大學學報（社會科學版）》，2011 年第 4 期。

陳松長：《郭店楚簡〈語叢〉小識（八則）》，《古文字研究》第 22 輯，中華書局，2000 年。

陳偉：《〈鄂君啟節〉之"鄂"地探討》，《江漢考古》，1986 年第 2 期。

陳偉：《包山楚司法簡 131～139 號考析》，《江漢考古》，1994 年第 4 期。

陳偉：《郭店楚簡別釋》，《江漢考古》，1998 年第 4 期。

陳偉：《郭店楚簡〈六德〉諸篇零釋》，《武漢大學學報（哲學社會科學版）》，1999 年第 5 期。

陳偉：《〈太一生水〉考釋》，《古文字與古文獻》試刊號，楚文化研究會籌備處，1999 年。

陳偉：《讀郭店竹書〈老子〉札記（四則）》，《江漢論壇》，1999 年第 10 期。

陳偉：《關於郭店楚簡〈六德〉諸篇編連的調整》，《江漢考古》，2000 年第 1 期。

陳偉：《郭店楚墓竹簡考釋補正》，《華學》第 4 輯，紫禁城出版社，2000 年。

陳偉：《郭店簡書〈人雖有性〉校釋》，《中國哲學史》，2000 年第 4 期。

陳偉：《〈語叢〉一、三中有關"禮"的幾條簡文》，《郭店楚簡國際學術研討會論文集》，湖北人民出版社，2000 年。

陳偉：《郭店簡書〈尊德義〉校釋》，《中國哲學史》，2001 年第 3 期。

陳偉：《郭店簡書〈大常〉校釋》，《楚地出土簡帛文獻思想研究（一）》，湖北教育出版社，2002 年。

陳偉：《郭店簡書〈德義〉校釋》，《楚地出土簡帛文獻思想研究（一）》，湖北教育出版社，2002 年。

陳偉：《上博、郭店二本〈緇衣〉對讀》，《上博館藏戰國楚竹書研究》，上海書店出版社，2002 年。

陳偉：《郭店簡〈語叢四〉考釋（七則）》，《新出簡帛研究——新出簡帛國際學術研討會文集》，文物出版社，2004 年。

陳偉：《上博五〈三德〉初讀》，簡帛網（http：//www. bsm. org. cn/show_article.php?id=201），2006 年 2 月 19 日。

陳偉：《讀〈上博六〉條記》,簡帛網(http://www.bsm.org.cn/show_article.php?id=597),2007 年 7 月 9 日。

陳偉：《〈用曰〉校讀》,簡帛網(http://www.bsm.org.cn/show_article.php?id=623),2007 年 7 月 15 日。

陳偉：《〈鄂君啟節〉——延綿 30 年的研讀》,簡帛網(http://www.bsm.org.cn/?guwenzi/5336.html#_edn12),2009 年 8 月 25 日。

陳偉：《讀〈吳命〉札記》,《新出楚簡研讀》,武漢大學出版社,2010 年。

陳偉：《也説楚簡從"黽"之字》,簡帛網(http://www.bsm.org.cn/show_article.php?id=2792),2017 年 4 月 29 日。

陳偉武：《戰國楚簡考釋斠議》,《第三屆國際中國古文字學研討會論文集》,香港中文大學中國文化研究所、中國語言及文學系,1997 年。

陳偉武：《郭店楚簡識小録》,《華學》第 4 輯,紫禁城出版社,2000 年。

陳偉武：《楚系簡帛釋讀掇瑣》,《古文字研究》第 24 輯,中華書局,2002 年。

陳偉武：《郭店楚簡〈漢語大字典〉所無之字》,《中國文字研究》第 3 輯,廣西教育出版社,2002 年。

陳偉湛：《戰國楚簡"見"字説》,《古文字研究》第 26 輯,中華書局,2006 年。

陳偉武：《從楚簡和秦簡看上古漢語詞彙研究的若干問題》,《歷史語言學研究》第 7 輯,商務印書館,2014 年。

陳偉武：《雙聲符字綜論》,《愈愚齋磨牙集》,中西書局,2014 年。

陳治軍：《清華簡〈趙簡子〉中從"黽"字釋例》,復旦大學出土文獻與古文字研究中心網站(http://www.gwz.fudan.edu.cn/Web/Show/3017),2017 年 4 月 29 日。

程浩：《上博逸詩〈卉茅之外〉考論》,清華大學出土文獻研究與保護中心網站,2019 年 7 月 3 日。

程元敏：《〈郭店楚簡〉〈緇衣〉引書考》,《古文字與古文獻》試刊號,楚文化研究會籌備處,1999 年。

船越昭生：《鄂君啟節について》,《東方學報》第 43 册,1972 年。

崔永東：《讀郭店楚簡〈成之聞之〉與〈老子〉札記》,《簡帛研究二○○一》,廣西師範大學出版社,2001 年。

D

大西克也：《談談郭店楚簡〈老子甲本〉"𢝊"字的讀音和訓釋問題》,《中國出土資料研究》第 4 號,中國出土資料研究學會,2000 年。

鄧少平：《郭店〈成之聞之〉23 號簡試釋》,復旦大學出土文獻與古文字研究

中心網站(http://www.guwenzi.com/SrcShow.asp?Src_ID = 1019),2009
年 12 月 18 日。

鄧少平:《郭店楚簡〈成之聞之〉〈尊德義〉補釋》,《中國文字》新 36 期,藝文
印書館,2011 年。

董琨:《郭店楚簡〈老子〉的語言學札記》,《古文字研究》24 輯,2002 年。

董珊:《讀〈上博六〉雜記(續四)》,簡帛網(http://www.bsm.org.cn/show_
article.php?id = 649),2007 年 7 月 21 日。

董珊:《讀清華簡〈繫年〉》,《簡帛文獻考釋論叢》,上海古籍出版社,
2014 年。

董珊:《上博簡〈艸茅之外〉的再理解》,"先秦秦漢史"微信公衆號
(https://mp.weixin.qq.com/s/BWcegJNuyipVmqHD-ICU0A),2019 年
7 月 28 日。

F

范常喜:《〈郭店楚墓竹簡〉中兩個省聲字小考》,簡帛網(http://www.
bsm.org.cn/show_article.php?id = 390),2006 年 8 月 1 日。

范常喜:《新蔡楚簡"𣌅禱"即"○(從羽從能)禱"説》,簡帛網(http://
www.bsm.org.cn/show_article.php?id = 440#_edn26),2006 年 10 月
17 日。

范常喜:《郭店簡〈六德〉"宜頪弅而𡇯"新詮》,《古文字研究》第 34 輯,中華
書局,2022 年。

范麗梅:《郭店楚簡〈六德〉"仁類葮而束"相關段落釋讀》,《楚地簡帛思想
研究(三)——"新出楚簡國際學術研討會"論文集》,湖北教育出版社,
2007 年。

馮勝君:《讀〈郭店楚墓竹簡〉札記四則》,《古文字研究》第 22 輯,中華書
局,2002 年。

馮勝君:《戰國楚文字"電"字用作"龜"字補議》,《漢字研究》第 1 輯,學苑
出版社,2005 年。

馮勝君:《談談郭店簡〈五行〉篇中的非楚文字因素》,《簡帛》第 1 輯,上海
古籍出版社,2006 年。

馮勝君:《説毀》,《"戰國文字研究的回顧與展望"國際學術研討會論文
集》,復旦大學出土文獻與古文字研究中心,2015 年。

馮時:《戰國竹書〈忠信之道〉釋論》,《古墓新知——紀念郭店楚簡出土十
周年論文專輯》,國際炎黄文化出版社,2003 年。

G

高明：《楚繒書研究》，《古文字研究》第 12 輯，中華書局，1985 年。

高明：《讀郭店〈老子〉》，《中國文物報》，1998 年 10 月 28 日第 3 版。

高佑仁：《郭店〈成之聞之〉簡補釋四則》，《第十二屆中國文字國際學術研討會會議論文集》，臺灣中山大學，2009 年。

顧史考：《讀〈尊德義〉札記》，《第四屆國際中國古文字學術研討會論文集》，香港中文大學中國語言及文學系，2003 年。

顧史考：《郭店楚簡〈成之〉等篇雜志》，《清華大學學報（哲學社會科學版）》，2006 年第 1 期。

顧史考：《郭店楚簡〈語叢四〉篇韻讀新解三則》，《簡帛》第 1 輯，上海古籍出版社，2006 年。

顧史考：《郭店楚簡〈尊德義〉篇簡序調整三則》，復旦大學出土文獻與古文字研究中心網站（http://www.gwz.fudan.edu.cn/SrcShow.asp?Src_ID = 1328），2010 年 12 月 15 日。

顧史考：《“刟”字讀法試解》，《古文字研究》第 28 輯，中華書局，2010 年。

官瓊梅：《郭店楚簡背面新發現的字跡》，《中國文物報》，2013 年 5 月 8 日第 8 版。

廣瀨薰雄：《郭店楚簡〈尊德義〉和〈成之聞之〉的簡背數字補論》，《簡帛研究論集》，上海古籍出版社，2019 年。

郭靜雲：《甲骨、金、簡文“廾”字的通考》，《古文字研究》第 27 輯，中華書局，2008 年。

郭靜雲：《“虘”與“御”論二字在商周語文中的涵義以及其在戰國漢代時期的關係》，簡帛研究網（http://www.bamboosilk.org/admin3/2009/guojingyun012.htm#_ftn4），2008 年 10 月 23 日。

郭沫若：《關於鄂君啟節的研究》，《文物參考資料》，1958 年第 4 期。

郭永秉：《由〈凡物流形〉“鳶”字寫法推測郭店〈老子〉甲組與“腏”相當之字應爲“鳶”字變體》，復旦大學出土文獻與古文字研究中心網站（http://www.gwz.fudan.edu.cn/SrcShow.asp?Src_ID = 583），2008 年 12 月 31 日。

郭永秉：《談古文字中的“要”字和从“要”之字》，《古文字研究》第 28 輯，中華書局，2010 年。

郭永秉：《從戰國文字所見的類“倉”形“寒”字論古文獻中表“寒”義的“滄/凔”是轉寫誤釋的產物》，《出土文獻與古文字研究》第 6 輯，上海古籍出版社，2015 年。

H

韓禄伯:《治國大綱——試讀郭店〈老子〉甲組的第一部分》,《道家文化研究》第 17 輯(郭店楚簡專號),生活·讀書·新知三聯書店,1999 年。

何琳儀:《郭店楚簡選釋》,《簡帛研究二○○一》,廣西師範大學出版社,2001 年。

何琳儀:《郭店簡古文二考》,《古籍整理研究學刊》,2002 年第 5 期。

何琳儀:《滬簡二册選釋》,簡帛研究網(http://www.bamboosilk.org/Wssf/2003/helinyi01.htm),2003 年 1 月 14 日。

何琳儀:《釋兢》,《新出土文獻與古代文明研究》,上海大學出版社,2004 年。

何琳儀、程燕:《郭店簡〈老子〉校記(甲篇)》,《簡帛研究二○○二、二○○三》,廣西師範大學出版社,2005 年。

何琳儀:《貴尹求義》,《楚地簡帛思想研究(三)》,湖北教育出版社,2007 年。

何有祖:《楚簡釋讀七則》,《江漢考古》,2006 年第 1 期。

何有祖:《楚簡札記二則》,《簡帛》第 2 輯,上海古籍出版社,2007 年。

何有祖:《讀〈上博六〉札記》,簡帛網(http://www.bsm.org.cn/show_article.php?id=596),2007 年 7 月 9 日。

何有祖:《上博楚簡釋讀札記》,簡帛網(http://www.bsm.org.cn/show_article.php?id=1525),2011 年 7 月 24 日。

河井義樹:《〈窮達以時〉譯注》,大東大學郭店楚簡研究班,《郭店楚簡の研究(一)》,1999 年。

洪颺、于雪:《安大簡〈詩經〉"懷(裹)"字及相關諸字》,《古文字研究》第 34 輯,中華書局,2022 年。

胡蘭江:《郭店楚墓竹簡研究綜述》,《北京大學中國古文獻研究中心集刊》第 3 輯,北京大學出版社,2002 年。

湖北省荆門市博物館:《荆門郭店一號楚墓》,《文物》,1997 年第 7 期。

黃德寬、徐在國:《郭店楚簡文字考釋》,《吉林大學古籍整理研究所建所十五周年紀念論文集》,吉林大學出版社,1998 年。

黃德寬、徐在國:《郭店楚簡文字續考》,《江漢考古》,1999 年第 2 期。

黃德寬、徐在國:《〈上海博物館藏戰國楚竹書(一)緇衣·性情論〉釋文補正》,《古籍整理研究學刊》,2002 年第 2 期。

黃德寬：《戰國楚竹書（二）釋文補正》，《上海館藏戰國楚竹書研究續編》，上海書店出版社，2004 年。

黃德寬：《從出土文獻資料看漢語字詞關係的複雜性》，《歷史語言學研究》第 7 輯，商務印書館，2014 年。

黃傑：《據清華簡〈繫年〉釋讀楚簡二則》，武漢大學簡帛研究網（http：//www.bsm.org.cn/show_article.php?id＝1608），2011 年 12 月 27 日。

黃傑：《新見有關郭店簡〈尊德義〉等篇編聯的重要信息》，簡帛網（http：//www.bsm.org.cn/show_article.php?id＝1857），2013 年 6 月 6 日。

黃人二：《郭店楚簡〈窮達以時〉考釋》，《古文字與古文獻》試刊號，楚文化研究會籌備處，1999 年。

黃盛璋：《關於鄂君啟節交通路綫的復原問題》，《中華文史論叢》第 5 輯，1964 年。

黃錫全：《楚簡續貂》，《簡帛研究》第 3 輯，廣西教育出版社，1998 年。

黃錫全：《讀上博楚簡札記》，《新出楚簡與儒學思想國際學術研討會論文集》，清華大學思想文化研究所，2002 年。

黃錫全：《郭店上海楚簡對讀札記》，《古墓新知——紀念郭店楚簡出土十周年論文專輯》，國際炎黃文化出版社，2003 年。

黃錫全：《讀上博楚簡札記》，《新出簡帛研究》，文物出版社，2004 年。

黃錫全：《〈唐虞之道〉疑難字句新探》，《長沙三國吳簡暨百年來簡帛發現與研究國際學術研討會論文集》，2005 年。

黃釗：《竹簡〈老子〉的版本歸屬及其文獻價值探微》，《郭店楚簡國際學術研討會論文集》，湖北人民出版社，2000 年。

J

季旭昇：《讀郭店楚墓竹簡札記：卞、絕爲棄作、民復季子》，《中國文字》新 24 期，藝文印書館，1998 年。

冀小軍：《釋楚簡中的 ✿ 字》，簡帛研究網（http：//www.jianbo.org/Wssf/2002/jixiaojun01.htm），2002 年 7 月 21 日。

姜廣輝：《郭店楚簡與早期儒學》，簡帛研究網（http：//www.jianbo.org/Wssf/Jiangguanghui1.htm，http：//www.jianbo.org/Wssf/Jiang2.htm），2000 年 3 月 3 日。

近藤浩之：《郭店楚墓竹簡〈緇衣〉譯注（上）第六章（第十號簡～第十二號簡）》，東京大學郭店楚簡研究會編：《郭店楚簡の思想史的研究》第 3 卷，2000 年。

K

孔仲溫:《楚簡中有關祭禱的幾個固定字詞試釋》,《第三届國際中國古文字學研討會論文集》,香港中文大學中國文化研究所、中國語言及文學系,1997年。

孔仲溫:《郭店楚簡〈緇衣〉字詞補釋》,《古文字研究》第22輯,中華書局,2000年。

L

黎廣基:《郭店楚簡〈老子〉"攸纑"考》,《中國文字研究》第3輯,廣西教育出版社,2002年。

李家浩:《從戰國"忠信"印談古文字中的異讀現象》,《北京大學學報(哲學社會科學版)》,1982年第2期。

李家浩:《讀〈郭店楚墓竹簡〉瑣議》,《中國哲學》第20輯(郭店楚簡研究),遼寧教育出版社,1999年。

李家浩:《楚大府鎬銘文新釋》,《語言學論叢》第22輯,商務印書館,1999年。

李家浩:《楚墓竹簡中的"昆"字及從"昆"之字》,《著名中年語言學家自選集:李家浩卷》,安徽教育出版社,2002年。

李家浩:《戰國竹簡〈緇衣〉中的"逯"》,《古墓新知——紀念郭店楚簡出土十周年論文專輯》,國際炎黃文化出版社,2003年。

李家浩:《包山卜筮簡218—219號研究》,《長沙三國吳簡暨百年來簡帛發現與研究國際學術研討會論文集》,中華書局,2005年。

李家浩:《關於郭店楚墓竹簡〈語叢二〉51號簡文的釋讀》,《新出楚簡國際學術研討會會議論文集(郭店·其他簡卷)》,武漢大學,2006年。

李家浩:《楚簡所記楚人祖先"媸(鬵)熊"與"穴熊"爲一人說——兼說上古音幽部與微、文二部音轉》,《文史》,2010年第3輯。

李家浩:《關於郭店竹書〈六德〉"仁類薆而速"一段文字的釋讀》,《出土文獻研究》第10輯,2011年。

李家浩:《郭店楚簡〈五行〉中的"卻""懈"二字》,《出土文獻》第15輯,2019年。

李零:《楚國銅器銘文匯釋》,《古文字研究》第13輯,中華書局,1986年。

李零:《古文字雜識(兩篇)》,《于省吾教授百年誕辰紀念文集》,吉林大學出版社,1996年。

李零:《郭店楚簡校讀記》,《道家文化研究》第 17 輯(郭店楚簡專號),生活·讀書·新知三聯書店,1999 年。

李零:《〈長沙子彈庫戰國帛書研究〉補正》,《古文字研究》第 20 輯,2000 年。

李零:《郭店楚簡研究中的兩個問題——美國達慕斯學院郭店楚簡〈老子〉國際學術討論會感想》,《郭店楚簡國際學術研討會論文集》,湖北人民出版社,2000 年。

李零:《郭店楚簡中的“敏”字和“文”字》,《古文字研究》第 24 輯,中華書局,2002 年。

李零:《上博楚簡校讀記之二:〈緇衣〉》,《上博館藏戰國楚竹書研究》,上海書店出版社,2002 年。

李銳:《郭店楚墓竹簡補釋(二)》,《古墓新知——紀念郭店楚簡出土十周年論文專輯》,國際炎黃文化出版社,2003 年。

李銳:《郭店楚墓竹簡補釋》,《華學》第 6 輯,紫禁城出版社,2003 年。

李銳:《讀楚簡〈周易〉札記一則》,孔子 2000 網(http://www.confucius2000.com/qhjb/dcjzyzjlze.htm),2004 年 4 月 24 日。

李銳:《讀上博四札記(一)》,簡帛研究網(http://www.jianbo.org/admin3/2005/lirui001.htm),2005 年 2 月 20 日。

李銳:《〈曹劌之陳〉釋文新編》,清華大學簡帛研究網(http://www.confucius2000.com/admin/list.asp?id=1623),2005 年 2 月 22 日。

李銳:《讀〈用曰〉札記(二)》,簡帛網(http://www.bsm.org.cn/show_article.php?id=638),2007 年 7 月 20 日。

李若暉:《郭店〈老子〉校注簡論(上)》,《郭店楚簡國際學術研討會論文彙編》第二冊,武漢大學,1999 年。

李若暉:《郭店楚簡“衍”字略考》,《郭店竹書老子論考》,齊魯書社,2004 年。

李守奎:《江陵九店 56 號墓竹簡考釋四則》,《江漢考古》,1997 年第 4 期。

李守奎:《〈説文〉古文與楚文字互證三則》,《古文字研究》第 24 輯,中華書局,2007 年。

李守奎:《異源字的楚化過程與外來文本的流傳》,《中國文字學會第八屆學術年會論文集》,中國人民大學,2015 年。

李守奎:《“俞”字的考釋與闡釋》,《首屆新語文學與早期中國研究國家研討會論文集》,澳門大學,2016 年。

李守奎:《再論隸定——〈楚文字編〉隸定之檢討》,《漢字學論稿》,人民美術出版社,2016 年。

李松儒、單育辰:《談安大簡〈詩經〉中的一些文字問題》,《戰國文字研究》
　　第 2 輯,安徽大學出版社,2020 年。

李天虹:《郭店楚簡文字雜釋》,《郭店楚簡國際學術研討會論文集》,湖北人
　　民出版社,2000 年。

李天虹:《郭店楚簡與傳世文獻互徵七則》,《江漢考古》,2000 年第 3 期。

李天虹:《釋楚簡文字“廈”》,《華學》第 4 輯,紫禁城出版社,2000 年。

李天虹:《釋郭店楚簡〈成之聞之〉篇中的“肘”》,《古文字研究》第 22 輯,
　　2000 年。

李天虹:《釋“镴”“饒”》,《古文字研究》第 24 輯,中華書局,2002 年。

李天虹:《〈上海博物館藏戰國竹書(二)〉雜識》,《武漢大學學報(哲學社會
　　科學版)》,2004 年第 4 期。

李天虹:《釋曾侯乙墓竹簡的“𦥑”》,《古文字研究》第 26 輯,中華書局,
　　2006 年。

李天虹:《〈性自命出〉“叟”、“噩”二字補釋》,《簡帛》第 1 輯,上海古籍出版
　　社,2006 年。

李天虹:《釋〈唐虞之道〉中的“均”》,《楚地簡帛思想研究(三)——“新出
　　楚簡國際學術研討會”論文集》,湖北教育出版社,2007 年。

李學勤:《論楚帛書中的天象》,《湖南考古輯刊》第 1 集,嶽麓書社,1982 年。

李學勤:《説郭店簡“衍”字》,《簡帛研究》第 3 輯,廣西教育出版社,
　　1998 年。

李學勤:《釋郭店簡祭公之顧命》,《中國哲學》第 20 輯(郭店楚簡研究),遼
　　寧教育出版社,1999 年。

李學勤:《論上海博物館所藏的一支〈緇衣〉簡》,《齊魯學刊》,1999 年第
　　2 期。

李學勤:《郭店簡與〈樂記〉》,《中國哲學的詮釋與發展——張岱年先生九
　　十壽慶紀念論文集》,北京大學出版社,1999 年。

李學勤:《續釋“尋”字》,《故宮博物院院刊》,2000 年第 6 期。

李學勤:《試説郭店簡〈成之聞之〉兩章》,《煙台大學學報》,2000 年第 4 期;
　　又見《清華簡帛研究》第 1 輯,清華大學思想文化研究所,2000 年。

李學勤:《試解郭店簡讀“文”之字》,《孔子·儒學研究文叢》第 1 輯,齊魯
　　書社,2001 年。

李學勤:《〈語叢〉與〈論語〉》,《清華大學思想文化研究所集刊》第 2 輯,
　　2002 年。

李學勤:《論楚簡〈緇衣〉首句》,《清華簡帛研究》2 期,清華大學思想文化研究所,2002 年。

李學勤:《郭店簡"君子貴誠之"試解》,《中國歷史文物》,2002 年第 1 期。

李學勤:《談〈詩論〉"詩亡隱志"章》,《文藝研究》,2002 年第 2 期。

李學勤:《楚簡〈子羔〉研究》,《上博舘藏戰國楚竹書研究續編》,上海書店出版社,2004 年。

李學勤:《試論楚簡中的〈説命〉佚文》,《煙台大學學報》,2008 年第 2 期。

李運富:《論漢語字詞形義關係的表述》,《湖北民族學院學報(社會科學版)》,1997 年第 4 期。

李運富:《論漢字職能的變化》,《古漢語研究》,2001 年第 4 期。

李運富:《論漢字的記錄職能(上)》,《徐州師範大學學報(哲學社會科學版)》,2003 年第 1 期。

李運富:《論漢字的記錄職能(下)》,《徐州師範大學學報(哲學社會科學版)》,2003 年第 2 期。

李運富:《論出土文本字詞關係的考證與表述》,《古漢語研究》,2005 年第 2 期。

李運富:《論漢字職用的考察和描寫》,《上海師範大學學報(哲學社會科學版)》,2017 年第 1 期。

李運富:《漢語字詞關係研究之檢討》,《温州大學學報(社會科學版)》,2020 年第 1 期。

連劭名:《郭店楚簡〈語叢〉叢釋》,《孔子研究》,2003 年第 2 期。

連劭名:《郭店楚簡〈尊德義〉考述》,《人文論叢(2007 年卷)》,中國社會科學出版社,2008 年。

梁立勇:《郭店簡二三字試釋》,簡帛研究網(http://www.jianbo.org/Wssf/2003/liangliyong01.htm),2003 年 1 月 17 日。

廖名春:《楚簡〈老子〉校釋之一》,《華學》第 3 輯,紫禁城出版社,1998 年。

廖名春:《楚文字考釋三則》,《吉林大學古籍整理研究所建所十五周年紀念論文集》,吉林大學出版社,1998 年。

廖名春:《從荊門楚簡論先秦儒家與〈周易〉的關係》,《國際易學研究》第 4 輯,華夏出版社,1998 年。

廖名春:《荊門郭店楚簡與先秦儒學》,《中國哲學》第 20 輯(郭店楚簡研究),遼寧教育出版社,1999 年。

廖名春:《〈老子〉"無爲而無不爲"説新證》,《中國哲學》第 20 輯(郭店楚簡研究),遼寧教育出版社,1999 年。

廖名春：《上海博物館藏〈孔子閒居〉和〈緇衣〉楚簡管窺》，《中國思想史論集》，廣西師範大學出版社，2000 年。

廖名春：《郭店楚簡〈六德〉篇校釋》，《清華簡帛研究》第 1 輯，清華大學思想文化研究所，2000 年。

廖名春：《郭店楚簡〈性自命出〉篇校釋》，《清華簡帛研究》第 1 輯，清華大學思想文化研究所，2000 年。

廖名春：《郭店楚簡引〈書〉論〈書〉考》，《郭店楚簡國際學術研討會論文集》，湖北人民出版社，2000 年。

廖名春：《郭店楚簡〈緇衣〉篇引〈詩〉考》，《華學》第 4 輯，2000 年。

廖名春：《郭店簡〈成之聞之〉篇校釋札記》，《古籍整理研究學刊》，2001 年第 5 期。

廖名春：《楚簡老子校釋（九）》，《簡帛研究二○○一》，廣西師範大學出版社，2001 年。

廖名春：《郭店簡〈老子〉校釋札記》，《華學》第 5 輯，紫禁城出版社，2001 年。

廖名春：《郭店簡〈六德〉校釋札記》，《新出楚簡試論》，臺灣古籍出版有限公司，2001 年。

廖名春：《郭店簡〈性自命出〉篇校釋札記》，《新出楚簡試論》，臺灣古籍出版有限公司，2001 年。

廖名春：《讀上博簡〈容成氏〉札記（一）》，簡帛研究網（http：//www.jianbo.org/Wssf/2002/liaominchun03.htm），2002 年 12 月 27 日。

廖名春：《郭店簡从"朱"之字考釋》，《華學》第 6 輯，紫禁城出版社，2003 年。

林虹瑛、村瀨望、古屋昭弘：《戰國文字"罷"について》，《中國語學研究·開篇》第 23 期，2004 年。

林素清：《郭店竹簡〈語叢四〉箋釋》，《郭店楚簡國際學術研討會論文集》，湖北人民出版社，2000 年。

林素清：《釋吝——兼論楚簡的用字特徵》，《"中研院"歷史語言研究所集刊》第 74 本第 2 分，2003 年。

林素清：《重編郭店楚簡〈六德〉》，《古墓新知——紀念郭店楚簡出土十周年論文專輯》，香港國際炎黃文化出版社，2003 年。

林素清：《郭店、上博〈緇衣〉簡之比較——兼論戰國文字的國別問題》，《新出土文獻與古代文明》，上海大學出版社，2004 年。

林素清：《郭店楚簡〈六德〉文字新考》，《語言文字學研究》，中國社會科學出版社，2005 年。

林清源：《郭店楚簡〈語叢四〉"楚𦐇"考釋》，《古文字研究》第 27 輯，中華書局，2008 年。

林澐：《説戚、我》，《古文字研究》第 17 輯，中華書局，1989 年。

林澐：《讀包山楚簡札記七則》，《江漢考古》，1992 年第 4 期。

林志鵬：《郭店楚墓竹書〈唐虞之道〉重探》，《楚地出土簡帛思想研究（三）》，湖北教育出版社，2007 年。

溜溜達達：《〈清華（叁）〉〈赤鵠之集湯之屋〉初讀》，簡帛網·簡帛論壇（http：//www. bsm. org. cn/forum/forum. php? mod = viewthread&tid = 3051&extra = page%3D3&page = 4），2013 年 1 月 12 日，第 35 樓。

劉傳賓：《"㝨"字釋讀的整理與研究》，《語言研究集刊》第 15 輯，2015 年。

劉傳賓：《讀簡札記三則》，《中國文字研究》第 22 輯，上海書店出版社，2015 年。

劉傳賓：《"倉""寒"二字譌混現象補説》，紀念于省吾先生誕辰 120 周年、姚孝遂先生誕辰 90 周年學術研討會，2016 年。

劉傳賓：《楚系簡帛文獻"女"、"安"二形與"安"、"{焉}"二詞對應關係研究》，《出土文獻》第 11 輯，2017 年。

劉傳賓：《"倍死忘生"解詁》，《古文字研究》第 33 輯，中華書局，2020 年。

劉傳賓：《郭店簡〈成之聞之〉〈尊德義〉簡背文字的性質、功用及其對編連的意義》，未刊。

劉傳賓：《上博六〈平王問鄭壽〉札記兩則》，《南開語言學刊》，2020 年第 2 期。

劉傳賓：《"亐"字試論》，《中國文字研究》第 33 輯，華東師範大學出版社，2021 年。

劉剛：《説"閔嘍"》，復旦大學出土文獻與古文字研究中心網站（http：//www.gwz.fudan.edu.cn/SrcShow.asp?Src_ID = 534），2008 年 10 月 27 日。

劉國勝：《郭店竹簡釋字八則》，《武漢大學學報（哲學社會科學版）》，1999 年第 5 期。

劉國勝：《郭店〈老子〉札記》，《郭店楚簡國際學術研討會論文集》，湖北人民出版社，2000 年。

劉和惠：《鄂君啟節新探》，《考古與文物》，1982 年第 5 期。

劉洪濤：《郭店竹簡〈唐虞之道〉"瞽瞍"補釋》，《江漢考古》，2010 年第 4 期。

劉洪濤：《楚系古文字中的"𪒠（蠅）"字》，《簡帛研究二〇一八（春夏卷）》，廣西師範大學出版社，2018 年。

劉桓：《讀〈郭店楚墓竹簡〉札記》，《簡帛研究二〇〇一》，廣西師範大學出版社,2001 年。

劉桓:《郭店楚簡札記》,《簡帛研究二〇〇二、二〇〇三》,廣西師範大學出
版社,2005 年。

劉樂賢:《讀郭店楚簡札記三則》,《中國哲學》第 20 輯(郭店楚簡研究),遼
寧教育出版社,1999 年。

劉樂賢:《讀上博簡札記》,《上博館藏戰國楚竹書研究》,上海書店出版社,
2002 年。

劉樂賢:《讀楚簡札記二則》,簡帛研究網(http://www.jianbo.org/admin3/
list.asp?id=1207),2004 年 5 月 29 日。

劉樂賢:《談簡帛本〈老子〉的"銛錟"》,《長沙三國吳簡暨百年來簡帛發現
與研究國際學術研討會論文集》,中華書局,2005 年。

劉樂賢:《釋〈赤鵠之集湯之屋〉的"埱"字》,清華大學出土文獻研究與保護
中心網站,2013 年。

劉先枚:《釋罷》,《江漢考古》,1985 年第 3 期。

劉曉東:《〈郭店楚墓竹簡·緇衣〉初探》,《蘭州大學學報(社會科學版)》,
2000 年第 4 期。

劉昕嵐:《郭店楚簡〈性自命出〉篇箋釋》,《郭店楚簡國際學術研討會論文
集》,湖北人民出版社,2000 年。

劉信芳:《郭店楚簡〈六德〉解詁一則》,《古文字研究》第 22 輯,2000 年,中
華書局。

劉信芳:《郭店簡文字例解三則》,《"中研院"歷史語言研究所集刊》第 71
本第 4 分,2000 年。

劉信芳:《郭店簡〈緇衣〉解詁》,《郭店楚簡國際學術研討會論文集》,湖北
人民出版社,2000 年。

劉信芳:《郭店竹簡文字考釋拾遺》,《江漢考古》,2000 年第 1 期。

劉信芳:《郭店簡〈語叢〉文字試解(七則)》,《簡帛研究二〇〇一》,廣西師
範大學出版社,2001 年。

劉信芳:《楚簡〈容成氏〉官廢疾者文字叢考》,《古文字研究》第 25 輯,中華
書局,2004 年。

劉雲:《釋"鵻"及相關諸字》,復旦大學出土文獻與古文字研究中心網站
(http://www.guwenzi.com/SrcShow.asp?Src_ID=1147),2010 年 5 月
12 日。

劉釗:《郭店楚簡〈語叢一〉箋釋》,《吉林大學古籍整理研究所建所十五周
年紀念文集》,吉林大學出版社,1998 年。

劉釗:《讀郭店楚簡字詞札記》,《郭店楚簡國際學術研討會論文集》,湖北人民出版社,2000 年。

劉釗:《郭店楚簡〈語叢一〉箋釋》,《吉林大學古籍研究所建所二十周年紀念文集》,吉林文史出版社,2003 年。

劉釗:《埱》,《辭書研究》,2022 年第 5 期。

劉祖信、鮑雲豐:《郭店楚簡背面記數文字考》,《新出楚簡國際學術研討會會議論文集(郭店·其他簡卷)》,2006 年。

龍永芳:《湖北荆門發現一枚遺漏的"郭店楚簡"》,《中國文物報》,2002 年5 月 3 日。

吕浩:《〈郭店楚簡〉釋文訂補》,《中國文字研究》第 2 輯,廣西教育出版社,2001 年。

羅濤:《郭店簡〈窮達以時〉"駒"字小議》,簡帛網(http://www.bsm.org.cn/?chujian/7682.html),2017 年 12 月 4 日。

M

孟蓬生:《郭店楚簡字詞考釋》,《古文字研究》24 輯,2002 年。

孟蓬生:《郭店楚簡字詞考釋(續)》,《簡帛語言文字研究》第 1 輯,巴蜀書社,2002 年。

孟蓬生:《上博簡〈緇衣〉三解》,《上博館藏戰國楚竹書研究》,上海書店出版社,2002 年。

孟蓬生:《上博竹書(二)字詞札記》,簡帛研究網,2003 年 1 月 14 日。

孟蓬生:《上博竹書(四)閒詁(續)》,簡帛研究網(http://www.jianbo.org/admin3/2005/mengpengsheng002.htm),2005 年 3 月 6 日。

孟蓬生:《"出言又(有)丨,利(黎)民所訓"音釋——談魚通轉例説之四》,《簡帛》第 7 輯,2012 年。

N

牛新房:《讀上博(五)〈弟子問〉札記一則》,簡帛網(http://www.bsm.org.cn/?chujian/4478.html),2006 年 3 月 4 日。

P

龐樸:《初讀郭店楚簡》,《歷史研究》,1998 年第 4 期。

龐樸:《撫心曰辟》,《中國哲學》第 20 輯(郭店楚簡研究),遼寧教育出版社,1999 年。

龐樸:《郳燕書説——郭店楚簡及中山三器心旁文字試説》,《燕京學報》新7期,北京大學出版社,1999 年。

龐樸:《上博藏簡零箋》,《上博館藏戰國楚竹書研究》,上海書店出版社,2002 年。

彭林:《〈郭店楚簡·性自命出〉補釋》,《中國哲學》第 20 輯(郭店楚簡研究),遼寧教育出版社,1999 年。

彭林:《再論郭店簡〈六德〉“爲父絶君”及相關問題》,《中國哲學史》,2001年第 2 期。

彭裕商:《讀〈郭店楚墓竹簡〉札記》,《古文字研究》第 24 輯,中華書局,2002 年。

彭裕商:《讀楚簡隨記》,《考古與文物》,2003 年第 6 期。

Q

清華大學出土文獻讀書會(石小力整理):《清華七整理報告補正》,清華大學出土文獻研究與保護中心網站(http://www.tsinghua.edu.cn/publish/cetrp/6831/2017/20170423065227407873210/20170423065227407873210_.html),2017 年 4 月 23 日。

邱德修:《〈上博簡〉(一)“詩亡隱志”考》,《上博館藏戰國楚竹書研究》,上海書店出版社,2002 年。

邱德修:《郭簡〈忠信之道〉“(閔)嘍”新證》,《傳統中國研究集刊》,2009 年第 1 期。

裘錫圭:《談談隨縣曾侯乙墓的文字資料》,《文物》,1979 年第 7 期。

裘錫圭:《釋“柲”——附:釋“弋”》,《古文字論集》,中華書局,1992 年。

裘錫圭:《甲骨文中的見與視》,《甲骨文發現一百周年學術研討會論文集》,文史哲出版社,1998 年。

裘錫圭:《郭店〈老子〉簡初探》,《道家文化研究》第 17 輯(郭店楚簡專號),生活·讀書·新知三聯書店,1999 年。

裘錫圭:《以郭店〈老子〉爲例談談古文字》,《中國哲學》第 21 輯,遼寧教育出版社,2000 年。

裘錫圭:《糾正我在郭店〈老子〉簡釋讀中的一個錯誤》,《郭店楚簡國際學術研討會論文集》,湖北人民出版社,2000 年。

裘錫圭:《讀〈郭店楚墓竹簡〉札記三則》,《上海博物館集刊》第 9 輯,上海書畫出版社,2002 年。

裘錫圭:《釋郭店〈緇衣〉“出言有丨,黎民所訂”——兼説“丨”爲“針”之初文》,《古墓新知——紀念郭店楚簡出土十周年論文專輯》,國際炎黃文化出版社,2003 年。

裘錫圭:《談談上博簡和郭店簡中的錯別字》,《華學》第 6 輯,紫禁城出版社,2003 年。

裘錫圭:《關於〈老子〉的"絕仁棄義"和"絕聖"》,《出土文獻與古文字研究》第 1 輯,復旦大學出版社,2006 年。

裘錫圭:《是"恆先"還是"極先"?》,《裘錫圭學術文集·古代歷史、思想、民俗卷》,復旦大學出版社,2012 年。

裘錫圭:《"寵辱若驚"是"寵辱若榮"的誤讀》,《中華文史論叢》,2013 年第 3 期。

R

饒宗頤:《楚繒書疏證》,《"中研院"歷史語言研究所集刊》第 40 本(上),1968 年。

饒宗頤:《楚帛書新證》,《楚地出土文獻三種研究》,中華書局,1993 年。

饒宗頤:《從郭店楚簡談古代樂教》,《郭店楚簡國際學術研討會論文集》,湖北人民出版社,2000 年。

饒宗頤:《説蠲——〈老子〉"大曰逝"説》,《長沙三國吳簡暨百年來簡帛發現與研究國際學術研討會論文集》,中華書局,2005 年。

饒宗頤:《由刑德二柄談"銍"字——經典異文探討一例》,《語言文字學研究》,中國社會科學出版社,2005 年。

S

單育辰:《佔畢隨録之十四》,簡帛網(http://www.bsm.org.cn/show_article.php?id=1421),2011 年 3 月 25 日。

單育辰:《佔畢隨録之十六》,簡帛網(http://www.bsm.org.cn/show_article.php?id=1798),2013 年 1 月 9 日。

商承祚:《戰國楚帛書述略》,《文物》,1964 年第 9 期。

商承祚:《鄂君啟節考》,《文物精華》第 3 輯,上海教育出版社,1987 年。

沈培:《卜辭"雉眾"補釋》,《語言學論叢》第 26 輯,商務印書館,2002 年。

沈培:《郭店楚簡札記四則》,《簡帛語言文字研究》第 1 輯,巴蜀書社,2002 年。

沈培:《周原甲骨文裏的"囟"和楚墓竹簡裏的"囟"和"思"》,《漢字研究》第 1 輯,學苑出版社,2005 年。

沈培：《略説〈上博（七）〉新見的"一"字》，復旦大學出土文獻與古文字研究中心網站（http：//www.gwz.fudan.edu.cn/Web/Show/582），2008 年 12 月 31 日。

石小力：《清華簡〈五紀〉的"壇"與郭店簡〈唐虞之道〉的"禪"》，《出土文獻》，2021 年第 4 期。

石小力：《説戰國楚文字中用爲"一"的"翼"字》，《中國語文》，2022 年第 1 期。

石小力：《説戰國文字"𪔂"字的來源》，《古文字研究》第 34 輯，中華書局，2022 年。

石小力：《清華簡第十三輯中的新用字現象》，《出土文獻》，2023 年第 4 期。

史傑鵬：《〈儀禮〉今古文差異釋例》，《古籍整理研究學刊》，1999 年第 3 期。

史傑鵬：《釋郭店老子簡的"勃"字》，簡帛網（http：//www.bsm.org.cn/show_article.php?id=1052），2009 年 5 月 14 日。

宋華强：《楚簡"罷禱"新釋》，簡帛網（http：//www.bsm.org.cn/show_article.php?id=412），2006 年 9 月 3 日。

宋華强：《戰國楚文字從"黽"從"甘"之字新考》，《簡帛》第 13 輯，上海古籍出版社，2016 年。

蘇建洲：《〈郭店楚簡〉考釋二則》，簡帛研究網（http：//www.jianbo.org/Wssf/2003/sujianzhou03.htm），2003 年 1 月 8 日。

蘇建洲：《〈郭店〉〈上博（二）〉考釋五則》，《中國文字》新 29 期，藝文印書館，2003 年。

蘇建洲：《上博楚簡（四）考釋六則》，《中國文字》新 31 期，藝文印書館，2006 年。

蘇建洲：《〈上博七·凡物流形〉"一""逐"二字小考》，古文字網，2009 年 1 月 2 日。

蘇建洲：《説北大簡〈趙正書〉的"揄趣至"》，《文史》，2021 年第 4 期。

孫剛、李瑶：《試説戰國齊、楚兩系文字中的"達"》，《江漢考古》，2018 年第 6 期。

孫開泰：《〈郭店楚墓竹簡·五行〉篇校釋》，《簡帛研究二〇〇一》，廣西師範大學出版社，2001 年。

T

湯餘惠：《釋"旆"》，《吉林大學古籍整理研究所建所十五周年紀念文集》，吉林大學出版社，1998 年。

湯餘惠、吳良寶：《郭店楚簡文字拾零（四篇）》，《簡帛研究二〇〇一》，廣西師範大學出版社，2001 年。

湯志彪：《郭店簡補議兩則》，《第一屆文史青年論壇論文集》，華東師範大學，2018 年。

田煒：《西周金文字詞關係的共時與歷時考察》，《出土文獻與古文字研究》第 5 輯，上海古籍出版社，2013 年。

田煒：《西周金文與傳世文獻字詞關係之對比研究》，《出土文獻與古文字研究》第 6 輯，上海古籍出版社，2015 年。

田煒：《論出土秦和西漢早期文獻中的"生"和"産"》，《中國語文》，2016 年第 2 期。

W

王貴元：《簡帛文獻用字研究》，《西北大學學報（哲學社會科學版）》，2008 年第 3 期。

王輝：《郭店楚簡零釋三則》，《中國文字》新 26 期，藝文印書館，2000 年。

王輝：《郭店楚簡釋讀五則》，《簡帛研究二〇〇一》，廣西師範大學出版社，2001 年。

王寧：《釋郭店楚簡中的"噬"與"澨"》，簡帛研究網（http：//www.jianbo.org/Wssf/2002/wangning02.htm），2002 年 8 月 27 日。

王寧：《郭店楚簡〈緇衣〉文字補釋》，簡帛研究網（http：//www.bamboosilk.org/Wssf/2002/wangning03.htm），2002 年 9 月 12 日。

王寧：《釋"徝"》，簡帛研究網（http：//www.jianbo.org/Wssf/2003/wangning01.htm），2003 年 2 月 15 日。

王寧：《漢字與漢語的辯證關係》，《漢字六論》，中國大百科全書出版社，2017 年。

王志平：《〈窮達以時〉簡釋》，《清華簡帛研究》第 1 輯，2000 年。

王志平：《郭店簡〈窮達以時〉校釋》，《簡牘學研究》第 3 輯，甘肅人民出版社，2002 年。

王志平：《説"索繐繐"》，《簡帛語言文字研究》第 1 輯，巴蜀書社，2002 年。

王志平：《"罷"字的讀音及相關問題》，《古文字研究》第 27 輯，中華書局，2008 年。

王子今：《郭店簡〈六德〉"奢狃""蚓狃"試解》，《清華簡帛研究》第 1 輯，2000 年。

魏啟鵬：《楚簡〈老子〉柬釋》，《道家文化研究》第 17 輯（郭店楚簡專號），生活·讀書·新知三聯書店,1999 年。

魏啟鵬:《釋〈六德〉"爲父繼君"——兼答彭林先生》,《中國哲學史》,2001年第 2 期。

魏宜輝、周言:《讀〈郭店楚墓竹簡〉札記》,《古文字研究》第 22 輯,中華書局,2000 年。

鄔可晶:《關於郭店簡〈窮達以時〉"空"的一點推測》,《中國文字》新 40 期,藝文印書館,2014 年。

鄔可晶、郭永秉:《從楚文字"原"的異體談到三晉的原地與原姓》,《出土文獻》第 11 輯,中西書局,2017 年。

吳國升:《出土春秋文獻中一詞對應多字現象的初步考察(名詞篇)》,《出土文獻綜合研究集刊》第 10 輯,巴蜀書社,2019 年。

吳良寶:《讀郭店楚簡札記(三則)》,《古籍整理研究學刊》,2001 年第 5 期。

吳辛丑:《簡帛典籍異文與古文字資料的釋讀》,《古文字研究》第 24 輯,2002 年。

吳鬱芳:《〈包山楚簡〉卜禱簡牘釋讀》,《考古與文物》,1996 年第 2 期。

吳振武:《趙錛銘文"伐器"解》,《訓詁論叢》第 3 輯,文史哲出版社,1997 年。

吳振武:《假設之上的假設——金文"彙公"的文字學解釋》,《吉林大學古籍整理研究所建所二十周年紀念論文集》,吉林文史出版社,2003 年。

吳振武:《談齊"左掌客亭"陶璽——從構形上解釋戰國文字中舊釋爲"亳"的字應是"亭"字》,《社會科學戰線》,2012 年第 12 期。

X

蕭旭:《郭店楚簡〈老子〉"𠂔"字考》,未刊。

謝明文:《釋甲骨文中的"叔"字》,《商周文字論集》,上海古籍出版社,2017 年。

徐寶貴:《楚墓竹簡文字考釋》,《清華大學學報(哲學社會科學版)》,2005年第 3 期。

徐少華:《上博簡〈申公臣靈王〉及〈平王與王子木〉兩篇疏正》,《古文字研究》第 27 輯,中華書局,2008 年。

徐在國:《郭店楚簡文字三考》,《簡帛研究二〇〇一》,廣西師範大學出版社,2001 年。

徐在國:《郭店簡文字補釋一則》,《古墓新知——紀念郭店楚簡出土十周年論文專輯》,香港國際炎黃文化出版社,2003 年。

徐在國:《上博竹書(二)文字雜考》,《學術界》,2003 年第 1 期。

徐在國:《釋楚簡"散"及相關字》,《古文字研究》第 25 輯,中華書局, 2004 年。

徐在國:《說楚簡"叚"兼及相關字》,簡帛網(http://www.bsm.org.cn/show_ article.php?id=1113),2009 年 7 月 15 日。

許抗生:《初讀郭店竹簡〈老子〉》,《中國哲學》第 20 輯(郭店楚簡研究),遼 寧教育出版社,1999 年。

許文獻:《楚簡中幾個特殊關係異文字組釋讀》,《第四屆國際中國古文字學 研討會論文集》,香港中文大學中國語言及文學系,2003 年。

許文獻:《"朱"字與從"朱"之字相關問題再釋》,《中國學術年刊》第 28 期 (春季號),2006 年。

禤健聰:《讀楚簡零識》,簡帛研究網(http://www.bamboosilk.org/Wssf/ 2003/xuanjianchong01.htm),2003 年 1 月 3 日。

禤健聰:《新出楚簡零札》,《康樂集——曾憲通教授七十壽慶論文集》,中山 大學出版社,2006 年。

禤健聰:《楚簡釋讀瑣記(五則)》,《古文字研究》第 27 輯,中華書局, 2008 年。

Y

顔世鉉:《郭店楚簡淺釋》,《張以仁先生七秩壽慶論文集》,學生書局, 1999 年。

顔世鉉:《郭店楚墓竹簡儒家典籍文字考釋》,《經學研究論叢》第 6 輯,學生 書局,1999 年。

顔世鉉:《郭店楚簡散論(二)》,《江漢考古》,2000 年第 1 期。

顔世鉉:《郭店楚簡散論》(三),《大陸雜誌》第 101 卷第 2 期,2000 年。

顔世鉉:《郭店楚簡散論(一)》,《郭店楚簡國際學術研討會論文集》,湖北 人民出版社,2000 年。

顔世鉉:《郭店楚簡〈六德〉箋釋》,《"中研院"歷史語言研究所集刊》第 72 本第 2 分,2001 年。

顔世鉉:《利用語文學與新出土文獻校讀古書舉隅——以〈淮南子〉爲例》, "首屆新語文學與早期中國研究國際研討會"論文,澳門大學,2016 年。

楊琳:《楚簡〈老子〉男陰之"鳥"考釋》,《中國文字研究》第 22 輯,上海書店 出版社,2015 年。

楊秀恩:《春秋金文用字研究》,《寶鷄文理學院學報(社會科學版)》,2011

年第 3 期。

楊澤生：《關於郭店楚簡〈緇衣〉篇的兩處異文》,《孔子研究》,2002 年第
　　1 期。

楊澤生：《〈語叢四〉札記》,簡帛研究網(http://www.jianbo.org/Wssf/2002/
　　yangzesheng04.htm),2002 年 3 月 23 日。

楊澤生：《上博簡〈用曰〉中的"及"和郭店簡〈緇衣〉中的"出言有及,黎民所
　　慎"》,簡帛網(http://www.bsm.org.cn/show_article.php?id=680),2007
　　年 7 月 30 日。

楊澤生：《上博簡〈凡物流形〉中的"一"字試解》,《古文字論壇》第 1 輯(曾
　　憲通教授八十慶壽專號),中山大學出版社,2015 年。

姚漢源：《鄂君啟節釋文——戰國時長江中游的水運》,《安徽省考古學會會
　　刊》第 7 輯,1983 年。

姚孝遂：《古漢字的形體結構及其發展階段》,《古文字研究》第 4 輯,中華書
　　局,1980 年。

葉曉鋒：《關於楚簡中的"丨"字》,復旦大學出土文獻與古文字研究中心網
　　站(http://www.fdgwz.org.cn/Web/Show/446),2008 年 5 月 29 日。

殷滌非、羅長銘：《壽縣出土的"鄂君啟金節"》,《文物參考資料》,1958 年第
　　4 期。

尹振環：《論〈郭店楚墓竹簡老子〉——簡帛〈老子〉比較研究》,《文獻》,
　　1999 年第 3 期。

于豪亮：《中山三器銘文考釋》,《考古學報》,1979 年第 2 期。

于省吾：《"鄂君啟節"考釋》,《考古》,1963 年第 8 期。

俞紹宏：《楚簡中的"丨"字補說》,《文獻》,2018 年第 3 期。

虞萬里：《由甲骨刻辭"多字結構"說到"多""諸"之音義及其民族與時地》,
　　《中國文字研究》第 2 輯,廣西教育出版社,2001 年。

虞萬里：《上博簡、郭店簡〈緇衣〉與傳本合校補證(上)》,《史林》,2002 年
　　第 2 期。

虞萬里：《上博簡、郭店簡〈緇衣〉與傳本合校補證(中)》,《史林》,2003 年
　　第 3 期。

尉侯凱：《郭店簡零釋三則》,《戰國文字研究》第 2 輯,安徽大學出版社,
　　2020 年。

尉侯凱：《也談安大簡〈羔羊〉中的"後人自公"》,《戰國文字研究——青年
　　學者論壇論文集》,2022 年。

袁國華：《郭店楚簡文字考釋十一則》,《中國文字》新 24 期,藝文印書館,

1998 年。

袁國華:《郭店竹簡"卯"(邵)、"其"、"卡"(下)諸字考釋》,《中國文字》新
　　25 期,藝文印書館,1999 年。

袁國華:《郭店楚墓竹簡從"匕"諸字及相關字詞考釋》,《"中研院"歷史語
　　言研究所集刊》第 74 本第 1 分,2003 年。

袁瑩:《戰國秦漢文字中"俞"聲字讀爲"降"補論》,《古文字研究》第 34 輯,
　　中華書局,2022 年。

Z

曾憲通:《説緣》,《古文字研究》第 10 輯,中華書局,1983 年。

張崇禮:《郭店楚簡〈語叢四〉解詁一則》,簡帛網(http://www.bsm.org.cn/
　　show_article.php?id=544),2007 年 4 月 7 日。

張崇禮:《郭店楚簡〈六德〉31—33 簡考釋》,復旦大學出土文獻與古文字研
　　究中心網站(http://www.guwenzi.com/SrcShow.asp?Src_ID=313),2008
　　年 1 月 17 日。

張富海:《北大中國古文獻研究中心"郭店楚簡研究"項目新動態》,簡帛研
　　究網(http://www.jianbo.org/Xyxw/Beida.htm),2003 年 6 月 2 日。

張富海:《楚先"穴熊""鬻熊"考辨》,《簡帛》第 5 輯,上海古籍出版社,
　　2010 年。

張光裕:《〈郭店楚簡研究文字編〉緒説》,《中國出土資料研究》第 3 號,中
　　國出土資料研究學會,1999 年。

張光裕:《〈郭店楚簡研究〉第一卷〈文字編〉校補》,《長沙三國吳簡暨百年
　　來簡帛發現與研究國際學術研討會論文集》,2005 年。

張桂光:《〈郭店楚墓竹簡〉釋注續商榷》,《簡帛研究二〇〇一》,廣西師範
　　大學出版社,2001 年。

張金良:《釋乀》,復旦大學出土文獻與古文字研究中心網站(http://www.
　　fdgwz.org.cn/Web/Show/685),2009 年 2 月 3 日。

張世超:《釋"逸"》,《中國文字研究》第 6 輯,廣西教育出版社,2005 年。

張世超:《北京大學藏西漢竹書的文字學啟示》,《古代文明》,2014 年第
　　4 期。

張素鳳:《〈郭店楚墓竹簡〉中一形數用現象分析》,《勵耘語言學刊》,2016
　　年第 2 輯。

張新俊:《據新出楚簡談談甲骨卜辭中的"枯""圍"等字》,"楚簡·楚文化
　　與先秦歷史文化國際學術研討會"會議論文,2011 年。

張新俊:《夕陽破楚簡中的"越濩君"新釋》,《吉林大學古籍整理研究所建
　　　所三十周年紀念文集》,上海古籍出版社,2014 年。

張再興:《〈兩周出土文獻語義詞典〉的編制》,《中國文字研究》第 16 輯,上
　　　海人民出版社,2012 年。

張政烺:《庚壺釋文》,《張政烺文史論集》,中華書局,2004 年。

趙建偉:《郭店竹簡〈老子〉校釋》,《道家文化研究》第 17 輯(郭店楚簡專
　　　號),生活·讀書·新知三聯書店,1999 年。

趙建偉:《郭店竹簡〈忠信之道〉〈性自命出〉校釋》,《中國哲學史》,1999 年
　　　第 2 期。

趙平安:《戰國文字的"遊"與甲骨文"𡙾"爲一字説》,《古文字研究》第 22
　　　輯,2000 年。

趙平安:《釋郭店簡〈成之聞之〉中的"遠"字》,《簡帛研究二〇〇一》,廣西
　　　師範大學出版社,2001 年。

趙平安:《上博藏〈緇衣〉簡字詁四篇》,《上博館藏戰國楚竹書研究》,上海
　　　書店出版社,2002 年。

趙平安:《釋"靭"及相關諸字》,《新出簡帛與古文字古文獻研究》,商務印
　　　書館,2009 年。

趙平安:《"京"、"亭"考辨》,《復旦學報(社會科學版)》,2013 年第 4 期。

趙彤:《郭店、上博楚簡釋讀的幾個問題》,簡帛研究網(http://www.jianbo.
　　　org/Wssf/2002/zhaotong02.htm),2002 年 10 月 2 日。

鄭剛:《所謂唐虞之道》,《楚簡孔子論説辨證》,汕頭大學出版社,2004 年。

鄭剛:《〈唐虞之道〉中的仁義圣三范疇》,《楚簡孔子論説辨證》,汕頭大學
　　　出版社,2004 年。

鄭剛:《五際例:〈六德〉篇"仁內義外章"通解》,《楚簡孔子論説辨證》,汕
　　　頭大學出版社,2004 年。

鄭剛:《由簡文解經典文字例:釋"辟"》,《楚簡孔子論説辨證》,汕頭大學出
　　　版社,2004 年。

鄭剛:《〈尊德義〉中的禮與性》,《康樂集——曾憲通教授七十壽慶論文
　　　集》,中山大學出版社,2006 年。

鄭偉:《古代楚方言"罷"字的來源》,《中國語文》,2007 年第 4 期。

周鳳五:《郭店楚簡〈忠信之道〉考釋》,《中國文字》新 24 期,藝文印書館,
　　　1998 年。

周鳳五:《楚簡文字瑣記(三則)》,中國文化大學史學系"第一屆簡帛學術
　　　討論會"宣讀論文,1999 年。

周鳳五:《讀郭店竹簡〈成之聞之〉札記》,《古文字與古文獻》試刊號,楚文化研究會籌備處,1999 年。

周鳳五:《郭店楚簡識字札記》,《張以仁先生七秩壽慶論文集》,學生書局,1999 年。

周鳳五:《郭店楚墓竹簡〈唐虞之道〉新釋》,《"中研院"歷史語言研究所集刊》,第 70 本第 3 分,1999 年。

周鳳五:《郭店楚簡〈語叢一〉重編新釋》,2000 年稿本。

周鳳五:《郭店楚簡〈忠信之道〉考釋》,《中國哲學》第 21 輯,遼寧教育出版社,2000 年。

周鳳五:《〈孔子詩論〉新釋文及注解》,《上博館藏戰國楚竹書研究》,上海書店出版社,2002 年。

周鳳五:《上博〈性情論〉小箋》,《齊魯學刊》,2002 年第 4 期。

周鳳五:《郭店竹簡文字補釋》,《古墓新知——紀念郭店楚簡出土十周年論文專輯》,國際炎黃文化出版社,2003 年。

周桂鈿:《郭店楚簡〈緇衣〉校讀札記》,《中國哲學》第 20 輯(郭店楚簡研究),遼寧教育出版社,1999 年。

周忠兵:《甲骨文中幾個從凵(牡)字的考辨》,《中國文字研究》第 7 輯,廣西教育出版社,2006 年。

周祖謨:《漢字和漢語的關係》,《周祖謨語言學論文集》,商務印書館,2001 年。

朱德熙、李家浩:《鄂君啟節考釋(八篇)》,《朱德熙文集》第 5 卷,中華書局,1999 年。

朱德熙、裘錫圭:《平山中山王墓銅器銘文的初步研究》,《朱德熙文集》第 5 卷,商務印書館,1999 年。

朱德熙:《釋櫜》,《朱德熙古文字論集》,中華書局,1995 年。

朱德熙:《説"屯(純)、鎮、衛"——爲〈唐蘭先生紀念論文集〉作》,《朱德熙古文字論集》,中華書局,1995 年。

朱生玉:《甲骨文"牢""陷""坎""沈""逐"系等字詞關係再研究》,《語言研究》,2019 年第 2 期。

子居:《清華簡八〈治邦之道〉解析》,中國先秦史網(https://www.preqin.tk/2019/05/10/735/),2019 年 5 月 10 日。

三

圖書在版編目（CIP）數據

郭店簡詞義整理與研究 ／ 劉傳賓著. -- 上海 ： 上
海古籍出版社，2025.5. -- ISBN 978-7-5732-1477-5

Ⅰ. H121

中國國家版本館 CIP 數據核字第 2025EX1951 號

郭店簡詞義整理與研究

（全二册）

劉傳賓　著

上海古籍出版社出版發行

（上海市閔行區號景路 159 弄 1-5 號 A 座 5F　郵政編碼 201101）

（1）網址：www.guji.com.cn

（2）E-mail：guji1@guji.com.cn

（3）易文網網址：www.ewen.co

商務印書館上海印刷有限公司印刷

開本 787×1092　1/16　印張 54　插頁 4　字數 940,000

2025 年 5 月第 1 版　2025 年 5 月第 1 次印刷

ISBN 978-7-5732-1477-5

H·287　定價：268.00 元

如有質量問題，請與承印公司聯繫